Collins
Irish
Dictionary

Collins

Collins
Irish
Dictionary

rperCollins Publishers
Westerhill Road
Bishopbriggs
Glasgow
G64 2QT
Great Britain

First Edition 2009

Reprint 10 9 8 7 6 5 4 3

© HarperCollins Publishers 2009

ISBN 978-0-00-729844-0

Collins® is a registered trademark of
HarperCollins Publishers Limited

www.collinslanguage.com

A catalogue record for this book is
available from the British Library

Typeset by Davidson Pre-Press,
Glasgow

Printed in India by
Gopsons Papers Limited

Acknowledgements
We would like to thank those authors and
publishers who kindly gave permission for
copyright material to be used in the Collins
Word Web. We would also like to thank
Times Newspapers Ltd for providing
valuable data.

MANAGING EDITOR
Gaëlle Amiot-Cadey

EDITOR
Maggie Seaton

CONTRIBUTORS
Neil Comer
Daphne Day
Diarmuid de Brún
Malachy Duffin
Máire Nic Mhaoláin
Cathal Ó Manacháin
Malachy Ó Néill
Marianne Noble
Peter Race

COMPUTING SUPPORT
Thomas Callan

SERIES EDITOR
Rob Scriven

William Collins' dream of knowledge for all began with the publication of his first book in 1819. A self-educated mill worker, he not only enriched millions of lives, but also founded a flourishing publishing house. Today, staying true to this spirit, Collins books are packed with inspiration, innovation, and practical expertise. They place you at the centre of a world of possibility and give you exactly what you need to explore it.

Language is the key to this exploration, and at the heart of Collins Dictionaries is language as it is really used. New words, phrases, and meanings spring up every day, and all of them are captured and analysed by the Collins Word Web. Constantly updated, and with over 2.5 billion entries, this living language resource is unique to our dictionaries.

Words are tools for life. And a Collins Dictionary makes them work for you.

Collins. Do more.

Contents

Introduction

Collins Easy Learning Irish Dictionary is an innovative dictionary designed specifically for anyone starting to learn Irish. We are grateful to everyone who has contributed to the development of the Easy Learning series, and acknowledge the help of the examining boards in providing us with word lists and exam papers, which we carefully studied when compiling this dictionary.

Free downloadable resources are now available for teachers and learners of Irish at **www.collinslanguage.com**.

Note on trademarks

Words which we have reason to believe constitute trademarks have been designated as such. However, neither the presence nor the absence of such designation should be regarded as affecting the legal status of any trademark.

Dictionary skills

Using a dictionary is a skill you can improve with practice and by following some basic guidelines. This section gives you a detailed explanation of how to use the dictionary to ensure you get the most out of it.

The answers to the questions in this section are on page 18.

Make sure you look on the right side of the dictionary

The Irish–English side comes first. You look there to find the meaning of an Irish word. The second part is English–Irish. That's what you need for translating into Irish. At the side of every page you, you will see a tab with either **Irish-English** or **English-Irish**. The **Irish-English** side has a blue tab and the **English-Irish** has a black tab, so you can see immediately if you've got the side you want.

1 **Which side of the dictionary would you need to look up to translate 'rothar'?**

Finding the word you want

When you are looking for a word, for example **dearg**, look at the first letter – **d** – and find the **D** section in the Irish-English side. Look at page 68. At the top of the page you'll find the words **dealbh** and **deich**. These are the first and last words on that page. Remember that even if a letter has an accent on it, it makes no difference to the alphabetical order.

2 **Which comes first – 'teas' or 'tonn'?**
3 **Does 'dún' come before or after 'duais'?**
4 **Does 'beartaigh' come before or after 'bearbóir'?**

To help you expand your vocabulary, we have also suggested possible alternatives in the WORD POWER features at the most common adjectives in English – try looking up **great** on page 353 and learning some of the words you could use.

Make sure you look at the right entry

An entry is made up of a **word**, its translations and, often, example phrases to show you how to use the translations. If there is more than one entry for the same word, then there is a note to tell you so. Look at the following example entries:

flat ADJECTIVE
  ▷ *see also* **flat** NOUN
  cothrom
  □ a flat roof díon cothrom □ flat shoes bróga cothroma
  ■ **I've got a flat tyre.** Tá roth pollta agam.

flat NOUN
  ▷ *see also* **flat** ADJECTIVE
  árasán *masc1*
  □ She lives in a flat. Tá sí ina cónaí in árasán.

5 **Which of the entries above will help you translate the phrase 'My car has a flat tyre'? Look for the two clues which are there to help you:**
  > **an example similar to what you want to say**
  > **the word ADJECTIVE**

Look out for information notes which have this symbol on the left-hand side. They will give you guidance on grammatical points, and tell you interesting things about certain words.

Choosing the right translation

The main translation of a word is shown on a new line and is underlined to make it stand out from the rest of the entry. If there is more than one main translation for a word, each one is numbered.

Often you will see phrases in light blue, preceded by a white square □. These show how the translation they follow can be used. They also help you choose the translation you want because they give you examples of the context in which it can be used.

6 Use the dictionary to translate 'That question is very hard'.

Words often have more than one meaning and more than one translation: if you don't *get* to the station on time, you don't arrive on time, but if you say 'I don't *get* it', you mean you don't understand. When you are translating from English, be careful to choose the Irish word that has the particular meaning you want. The dictionary offers you a lot of help with this. Look at the following entry:

pool NOUN
1 slodán *masc1 (puddle)*
2 linn *fem2 (pond)*
3 linn snámha *fem2 (for swimming)*
4 púl *masc4 (game)*

A **pool** can be a puddle, a pond or a swimming pool; **pool** can also be a game. Underlining highlights all the main translations, the numbers tell you that there is more than one possible translation and the words in bracket in *italics* after the translation help you choose the translation you want.

7 How would you translate 'I like playing pool'?

Never take the first translation you see without looking at the others. Always look to see if there is more than one translation underlined.

Phrases in **bold type** preceded by a blue or black square ■/■ are phrases which are particularly common or important. Sometimes the phrases have a completely different translation from the main translation; sometimes the translation is the same. For example:

banna MASC NOUN4
1 bond *(financial)*
  □ bannaí cúig bliana a five-year bond
  ■ **Mise i mbannaí ort go mbuafaidh siad!** I guarantee you they'll win!
2 bail *(legal)*
  □ Ligeadh amach ar bhannaí é. He was released on bail.
3 band *(musicians)*
  □ banna práis a brass band

to **hand** VERB
  ▷ *see also* **hand** NOUN
  tabhair do
  □ He handed me the book. Thug sé an leabhar dom.
  ■ **to hand something in** rud a thabhairt isteach □ He handed his exam paper in. Thug sé a pháipéar scrúdaithe isteach.
  ■ **to hand something out** rud a thabhairt amach □ The teacher handed out the books. Thug an múinteoir na leabhair amach.

When you look up a word, make sure you look beyond the main translations to see if the entry includes any **bold phrases**.

8 **In a job advert you see that applicants are required to have 'céim onóracha'. What must they hold?**

Look up 'céim' and find the answer as quickly as possible by skimming down the *bold phrases*.

Making use of phrases in the dictionary

Sometimes when you look up a word you will find not only the word, but the exact phrase you were looking for. For example you might want to say *'What's the date today?'* Look up **date** and you will find:

date NOUN
1 dáta *masc4*
  □ my date of birth mo dháta breithe
  ■ **What's the date today?** Cén dáta é inniu?

Sometimes you have to adapt what you find in the dictionary. If you want to say *'I play darts'* and look up **dart** you will find:

dart NOUN
  ga *masc4*
  ■ **to play darts** dairteanna a imirt

You have to substitute **imrím** *'I play'* for the verbal noun form **imirt**, and change the order of the two Irish words as well. You will often have to adapt verbal forms in this way, adding the correct ending for the person of the verb, and choosing the present, past or other tense as needed. Verbs are subject to lenition and eclipsis in certain cases. For help with this, look at the verb tables and the guide to lenition and eclipsis in the middle section of the dictionary.

9 **How would you say *'We played football'*?**

Phrases containing nouns and adjectives also need to be adapted. You may need to make the noun plural, or use a different grammatical form, or it may need leniting or eclipsing. An adjective may need to be plural, or changed in grammatical form, or lenited. Remember that some nouns and adjectives have irregular forms, and these are given with entries in the Irish–English side.

10 **How would you say *'She sold the beautiful jewels'*?**

Don't overuse the dictionary

It takes time to look up words, so try to avoid using the dictionary unnecessarily, especially in exams. Think carefully about what you want to say and see if you can put it another way, using words you already know. To rephrase things you can:

> Use a word with a similar meaning. This is particularly easy with adjectives, as there are a lot of words which mean *good*, *bad*, *big* etc., and you're sure to know at least one.

> Use negatives: if the cake you made was a total disaster, you could just say it wasn't very good.

> Use particular examples instead of general terms. If you are asked to describe the sports facilities in your area, and time is short, don't look up *facilities* – say something like *'In our town there is a swimming pool and a football ground.'*

11 **You want to ask *'Have you got any pets?'*. How could you avoid using the word *'pet'* if you don't know it?**

12 **How could you say *'Croke Park is huge'*, without looking up the word *'huge'*?**

You can often guess the meaning of an Irish word by using others to give you a clue. If you see the sentence *'Éistim le ceol rac'*, you may not know the meaning of the word **éistim**, but you know it's a verb because it's at the beginning of the sentence, and it ends in **-im**, so it's the first person singular. You know that **ceol** is music. Therefore it must be something you can do to music: **listen**. So the translation is *I listen to rock music*.

13 **In a description of a holiday centre you see a picture of bikes and read 'Is féidir rothar a fháil ar cíos: €10 sa lá'. You may not know the meaning of 'cíos' but you can see that you have to pay 10 euro per day, which gives a clue as to what it could mean. What can you do – ride bikes, borrow bikes or hire bikes?**

Parts of speech

There are three entries for **present** because this word can be a noun or an adjective or a verb. It helps to choose correctly if you know how to recognize these different types of words.

Nouns and pronouns

Nouns often appear in English with words like *a, the, this, that, my, your* and *his*. They can be singular (abbreviated to SING in the dictionary):

his **dog**   her **cat**   a **street**

or plural (abbreviated to PL in the dictionary):

the **facts**   those **people**   his **shoes**   our **holidays**

They can be the subject of a verb:
Vegetables *are good for you.*

or the object of a verb:
I play **tennis***.*

Words like *I, me, you, he, she, him, her* and *they* are pronouns in English. They can be used instead of nouns. You can refer to a person as *he* or *she* and to a thing as *it*.

I bought my mother a box of chocolates.
14 Which three words are nouns in this sentence?
15 Which of the nouns is plural?
16 Which word is a pronoun?

All Irish nouns are either masculine or feminine. There is no indefinite article in Irish.

There are four major groups of nouns. All regular Irish nouns are assigned a number (*1, 2, 3* or *4*) in this dictionary, and their gender is indicated by the abbreviations *masc* for masculine and *fem* for feminine.

The tables on pages 18-19 in the middle section of the dictionary show examples of the various grammatical forms in each group. There are a few other nouns which are not completely regular and their irregular forms are given in the entry in the Irish side. Such nouns have no number in the dictionary.

Tá pictiúir an-deas sa leabhar seo.

17 **Two words in this sentence are nouns. Which ones?**

18 **Are they singular or plural?**

Adjectives

Flat can be an adjective as well as a noun. Adjectives describe nouns: your tyre can be **flat**, you can have a pair of **flat** shoes. In Irish adjectives normally follow nouns.

19 **'Dark' is an adjective in one of these sentences and a noun in the other. Which is which?**
I'm not afraid of the dark.
She's got dark hair.

In Irish, adjectives can be singular or plural or in the genitive case, depending on the noun they describe. They may also be subject to lenition:

gasúr beag	a little boy (MASC SING)
girseach bheag	a little girl (FEM SING)
gasúir bheaga	little boys (MASC PL)
girseacha beaga	little girls (FEM PL)
peann an ghasúir bhig	the little boy's pen (GEN SING MASC)
peann na girsí bige	the little girls's pen (GEN SING FEM)

The tables on pages 20-21 in the middle section of the dictionary will help you choose the correct forms, and the notes on pages 22-24 will help you decide if you need to lenite an adjective.

Verbs

She's going to record the programme for me.
His time in the race was a new world record.

Record in the first sentence is a verb. In the second it is a noun.
A verb may be recognized in English because it frequently follows a
pronoun such as **I**, **you** or **she**, or somebody's name. Verbs can relate
to the present, past or future. They have a number of different forms
to show this: **I'm going** (present), **he will go** (future), and **Nicola
went by herself** (past). Often verbs appear with **to**: **They promised
to go**. This basic form of the verb in English is called the infinitive.
In English entries, verbs are preceded by 'to' so you can identify them
at a glance. No matter which of the four previous examples you want
to translate, you should look up 'to **go**', not '**going**' or '**went**'. If you
want to translate '**I thought**', look up 'to **think**'.

20 **What would you look up to translate the verbs in these
phrases?**

*I **went***	*she**'s crying***	*he **was lying***
*I **did** it*	*he**'s out*	*they**'ve gone***

Verbs are easy to recognize in Irish because they generally come first
in a sentence. They have different endings depending on who you are
talking about, as well as having different forms for the present, future,
past, etc: **brisim** (*I break* = present), **bhriseamar** (*we broke* = past).
In Irish entries, verbs are listed under the root, which in this case
is **bris**.

Sometimes the verb changes completely between its various forms.
For example *I go* is **téim** in Irish, but *I am going* is **tá mé ag dul**, and
I went is **chuaigh mé**. **Déanaimid** (*we do*) is present tense, but this
becomes **rinneamar** (*we did*) in the past.

In the middle section of the dictionary you will find tables setting
out the forms of the most important verbs in Irish. These have been
assigned numbers, and all verbs in the Irish side have a number
corresponding to the verb pattern they follow.

This will help you work out which is the correct form you need, whether the verb is regular or irregular.

21 Which verb form does the verb mothaigh follow?

Adverbs

An adverb is a word that describes a verb or an adjective:

*Write **soon**.*   *Check your work **carefully**.*
*They arrived **late**.*   *The film was **very** good.*

In the sentence '*The swimming pool is open daily*', **daily** is an adverb describing the adjective **open**. In the phrase '*my daily routine*', **daily** is an adjective describing the noun **routine**. We use the same word in English but to get the right Irish translation, it is important to know if it's being used as an adjective or an adverb. When you look up **daily** you find:

daily ADJECTIVE, ADVERB
1 laethúil
   □ It's part of my daily routine. Tá sé mar chuid de mo ghnáthamh laethúil.
2 gach lá
   □ The pool is open daily. Tá an linn snámha oscailte gach lá.

The examples will help you choose the correct Irish translation.

Take the sentence '*The menu changes daily*'.
22 Does '*daily*' go with the noun '*menu*' or the verb '*changes*'?
23 Is it an adverb or an adjective?
24 How would you translate '*daily*' in this sentence?

Prepositions

Prepositions are words like **for**, **with** and **across** which are followed in English by nouns or pronouns:
*I've got a present **for** David.   Come **with** me.   He ran **across** the road.*

The party's over.
The shop's just over the road.

25 In one of these sentences 'over' is an adjective describing a noun, in the other it is a preposition followed by a noun. Which is which?

Answers

1 the Irish side
2 **teas**
3 **dún** comes after **duais**
4 **beartaigh** comes after **bearbóir**
5 the first entry (the ADJECTIVE entry)
6 **Tá an cheist sin an-deacair.**
7 **Is maith liom púl a imirt.**
8 they must all hold an **honours degree**
9 **D'imríomar peil.**
10 **Dhíol sí na seoda áille.**
11 you could ask 'Have you got a cat or a dog?'
12 you could say 'very big'
13 you can **hire** bikes
14 **mother**, **box** and **chocolates** are nouns
15 **chocolates** is plural
16 **I** is a pronoun
17 **pictiúir** and **leabhar** are nouns
18 **pictiúir** is plural, **leabhar** is singular
19 **dark** in the first sentence is a noun and in the second it's an adjective
20 to **go**, to **cry**, to **lie**, to **do**, to **be**, to **go**
21 **mothaigh** follows the same verb form as **beannaigh**
22 **daily** goes with the verb **changes**
23 it is an adverb
24 **gach lá**
25 in the first sentence, **over** is an adjective, and in the second it's a preposition

Aa

a PRONOUN, CONJUNCTION
> *see also* **a** ADJECTIVE
1 which
□ an bord atá sa choirnéal the table which is in the corner □ an bord a bhfuil leabhar air the table on which there is a book
2 who
□ an bhean a thagann liom gach lá the woman who comes with me every day □ an fear a chaill a chóta the man who lost his coat
3 whose
□ an fear a bhfuil a chóta caillte the man whose coat has been lost
■ **a Sheáin, a chara** Dear John
■ **a haon, a dó, a trí** *(with numbers)* one, two, three

a ADJECTIVE
> *see also* **a** PRONOUN, CONJUNCTION
1 his
□ a bhagáiste his luggage □ a athair his father
2 her
□ a bagáiste her luggage □ a hathair her father
3 their
□ a mbagáiste their luggage □ a n-athair their father

á ADJECTIVE
1 him
□ Bhí siad á bhualadh. They were hitting him.
2 her
□ Bhí siad á bualadh. They were hitting her.
3 them
□ Bhí siad á mbualadh. They were hitting them.

ab MASC NOUN3
abbot

abair VERB [1]
1 to say
□ Cuir amach do theanga agus abair 'ah'.
Stick your tongue out and say 'ah'.
□ Abair sin arís. You can say that again.
2 to sing
□ Abair amhrán. Sing a song.

abairt FEM NOUN2
sentence
□ Cad é an chiall atá leis an abairt seo? What does this sentence mean?

ábalta ADJECTIVE
able
□ Ádhúil go leor, bhí siad ábalta an carr a dheisiú ar an láthair. Luckily they were able to mend the car on the spot.

abar MASC NOUN1
■ **dul in abar** to get into difficulties
□ Chuaigh sí in abar leis an scrúdú scríofa. She got into difficulties with the written exam.

abhaile ADVERB
home
□ Téigh abhaile. Go home. □ Is dócha go ndeachaigh sé abhaile. I suppose he went home.
■ **rud a chur abhaile ar dhuine** to impress something on somebody

abhainn (GEN SING **abhann**, PL **aibhneacha**) FEM NOUN
river
□ Chuaigh sé ag iascaireacht san abhainn. We went fishing in the river. □ Tá an abhainn sínte leis an chanáil. The river runs alongside the canal.
■ **ar bhruach na habhann** on the river bank

ábhar MASC NOUN1
1 cause
□ ábhar imní cause for concern
2 subject *(at school)*
□ Déanaim staidéar ar ocht n-ábhar ar scoil. I study eight subjects at school. □ Cad é an t-ábhar is fearr leat? What's your favourite subject?

■ **Is saineolaí ar an ábhar seo é.** He's an expert in this field.
■ **Ní bhaineann sé le hábhar.** It's irrelevant.
■ **ar an ábhar seo** for this reason
■ **ábhar machnaimh** food for thought

abhcóide MASC NOUN4
barrister

abhus ADVERB
here
□ **abhus anseo** over here □ **thall agus abhus** here and there

acadamh MASC NOUN1
academy
□ **acadamh míleata** a military academy
■ **Acadamh Ríoga na hÉireann** the Royal Irish Academy

acadúil ADJECTIVE
academic

ach CONJUNCTION
1 but
□ **Tá sé mór ach níl sé láidir.** He's big but he's not strong.
2 only (with negative)
□ **Níl mé ach ag magadh.** I'm only joking.

achainí (PL **achainíocha**) FEM NOUN4
request

achar MASC NOUN1
■ **Cén t-achar é go Corcaigh?** How far is it to Cork?
■ **Bhí sé achar fada anseo.** He was here a long time.
■ **Tá achar 1500m² sa pháirc.** The field has an area of 1500m².

achomharc MASC NOUN1
appeal (in court)
■ **Rinne siad achomarc in aghaidh na breithe.** They appealed against the judgement.

achrann MASC NOUN1
difficulty
■ **bheith ag achrann le chéile** to be squabbling
■ **Stadaigí den achrann!** Stop squabbling!

acht (PL **achtanna**) MASC NOUN3
act (of parliament)

aclaí ADJECTIVE
fit
□ **Is maith leis a bheith aclaí.** He likes to stay fit. □ **Déanann sí aeróbaic le coinneáil aclaí.** She does aerobics to keep fit.

aclaíocht FEM NOUN3
keep-fit (exercise)

acmhainn FEM NOUN2
means (way, money)

□ **Déanfaidh sé é trí acmhainn éigin.** He'll do it by any possible means.
■ **acmhainn grinn** sense of humour
■ **Níl acmhainn agam ar fhuacht.** I can't stand the cold.

acra MASC NOUN4
acre

adamhach ADJECTIVE
atomic
□ **buama adamhach** an atomic bomb
□ **cumhacht adamhach** atomic power

ádh MASC NOUN1
luck
□ **Ní raibh mórán áidh uirthi.** She hasn't had much luck.
■ **an t-ádh a bheith ort** to be lucky
■ **Ádh mór ort!** Good luck!
■ **le barr áidh** by mere chance

adhairt (PL **adhairteanna**) FEM NOUN2
pillow

adharc FEM NOUN2
horn (of animal)
■ **in adharca a chéile** at loggerheads

adhlacadh (GEN SING **adhlactha**, PL **adhlacthaí**) MASC NOUN
burial

adhlacóir MASC NOUN3
undertaker

adhmad MASC NOUN1
wood
□ **Tá sé déanta d'adhmad.** It's made of wood.

adhmadóireacht FEM NOUN3
woodwork
□ **Is í an adhmadóireacht an caitheamh aimsire atá agam.** My hobby is woodwork.

ádhúil ADJECTIVE
lucky
■ **Ní raibh sé ag cur báistí, ádhúil go leor.** Fortunately, it wasn't raining.

admhaigh VERB [12, VN **admháil**]
1 to admit
□ **D'admhaigh sé go raibh an ceart agam.** He admitted that I was right.
2 to confess
□ **D'admhaigh sé a choir sa deireadh.** He finally confessed his crime.

admháil FEM NOUN3
receipt (for parcel, payment)

aduaidh ADJECTIVE
from the north (wind)
■ **an ghaoth aduaidh** the north wind

ae (PL **aenna**) MASC NOUN4
liver

aer MASC NOUN1
air
□ Tá aer úr de dhíth orm. I need some fresh air.
■ faoin aer outdoors

aeráid FEM NOUN2
climate

aerárthach (PL aerárthaí) MASC NOUN1
aircraft

aerasól MASC NOUN1
aerosol

aerfhórsa MASC NOUN4
air force

aerfort MASC NOUN1
airport
□ Tá an t-óstán áisiúil don aerfort.
The hotel's convenient for the airport.

aerghunna MASC NOUN4
air gun

aerlíne FEM NOUN4
airline

aerlínéar MASC NOUN1
airliner

aeróbaíocht FEM NOUN3
aerobics

aeróg FEM NOUN2
aerial

aeroiriúnú MASC NOUN
air conditioning

aeróstach MASC NOUN1
flight attendant
□ Tá sí ina haeróstach. She's a flight
attendant.

aerphíobán MASC NOUN1
snorkel

aerphost MASC NOUN1
airmail

aer-ruathar MASC NOUN1
air raid

áfach ADVERB
however

Afraic FEM NOUN2
■ an Afraic Africa □ san Afraic in Africa
■ an Afraic Theas South Africa

ag PREPOSITION

> LANGUAGE TIP Prepositional pronouns
> are agam, agat, aige, aici, againn,
> agaibh, acu.

at (position, time)
□ ag an bhaile at home □ ag an scoil at
school □ ag a trí a chlog at three o'clock

> LANGUAGE TIP ag can be used with
> verbal nouns for continuous activity.

□ ag obair working □ ag caint talking

> LANGUAGE TIP ag can be used to show
> possession.

□ Tá deich euro agam. I have ten euros.
□ an teach s'againne our house

> LANGUAGE TIP ag can be used to
> describe people.

□ Tá súile gorma ag Caitríona. Catherine has
blue eyes.

> LANGUAGE TIP ag can be used to say
> what someone can do.

□ Tá tiomáint ag Deirdre. Deirdre is able to
drive. □ Tá snámh ag Rachel. Rachel can
swim. □ Tá Gaeilge agam. I can speak Irish.
■ Tá agam leis an dinnéar a dhéanamh
réidh. I have to make the dinner.
■ Tá cúig euro agam air. He owes me five
euros.
■ Tá dhá orlach agam ar Bhríd. I'm two
inches taller than Brigit.
■ gach duine acu every one of them
■ Tá cion agam air. I like him.

agallamh MASC NOUN1
interview
□ Craoladh an t-agallamh inné. The
interview was broadcast yesterday.

aghaidh (PL aghaidheanna) FEM NOUN2
1 face
□ aghaidh aithnidiúil a familiar face □ Nigh
mé m'aghaidh ar maidin. I washed my face
this morning. □ Bhí m'aghaidh dóite ón
ngrian. My face was sunburnt.
■ Las sí san aghaidh. She blushed.
2 front (of building)
□ aghaidh an tí the front of the house
■ Ar aghaidh libh! Go on!
■ in aghaidh against □ Caithfimid troid ina
n-aghaidh. We must fight against them.
■ in aghaidh na bliana per annum
■ 3 chúl in aghaidh a 2 3 goals to 2

agóid FEM NOUN2
protest
■ agóid a dhéanamh in éadan ruda
to protest against something

aguisín MASC NOUN4
appendix (in book)

agus CONJUNCTION
1 and
□ Tá Seán agus Áine ag an doras. John and
Ann are at the door. □ Tháinig sé isteach
agus shuigh sé síos. He came in and sat
down.
2 as
□ Chonaic mé é agus mé ag teacht abhaile.
I saw him as I was coming home.
■ Bhí sé ina sheasamh ansin agus a
dhroim leis an mballa. He stood there
with his back to the wall.

■ **Tháinig mé abhaile agus mé tuirseach cloíte.** I came home exhausted.

áibhéil FEM NOUN2
exaggeration

■ **áibhéil a dhéanamh** to exaggerate
■ **gan bhréag gan áibhéil** in plain fact

aibhinne MASC NOUN4
avenue

aibhléis FEM NOUN2
electricity

aibí ADJECTIVE
ripe

□ Tá an t-úll aibí. The apple is ripe.
■ **mac léinn aibí** a mature student

aibítir (GEN SING **aibítre**, PL **aibítrí**) FEM NOUN2
alphabet

■ **in ord aibítre** in alphabetical order

Aibreán MASC NOUN1
April

□ An t-ochtú lá is fiche d'Aibreáin atá ann.
It's the 28th of April.
■ **in mí Aibreán** in April

aice FEM NOUN4

■ **in aice le** beside □ Tá Seán in aice leis an doras. Sean is beside the door. □ in aice leis an teilifíseán beside the television □ an teach in aice leis an scoil the house beside the school
■ **An bhfuil peann in aice láimhe agat?**
Have you got a pen handy?

aicearra MASC NOUN4
shortcut

□ Ghearr mé aicearra tríd an pháirc. I took a shortcut through the park.

aicíd FEM NOUN2
disease

aicme FEM NOUN4
1 group
2 class

□ aicme shóisialta a social class

Aidbhint FEM NOUN2

■ **an Aidbhint** Advent

aidhm (PL **aidhmeanna**) FEM NOUN2
1 aim

□ Tá sé mar aidhm ag an bhféile airgead a thógáil. The aim of the festival is to raise money.
2 goal

□ Is é an aidhm atá aige ná a bheith ina churadh domhanda. His goal is to become the world champion.

aidiacht FEM NOUN3
adjective

aidréanailín MASC NOUN4
adrenaline

aiféala MASC NOUN4
regret

□ Níl lá aiféala orm. I've got no regrets.
■ **Beidh aiféala ort.** You'll regret it.

Aifreann MASC NOUN1
Mass

□ Bhí mé ar Aifreann. I was at Mass.

aigéan MASC NOUN1
ocean

■ **an tAigéan Antartach** the Antarctic Ocean
■ **an tAigéan Artach** the Arctic Ocean
■ **an tAigéan Atlantach** the Atlantic Ocean
■ **an tAigéan Ciúin** the Pacific

aigne FEM NOUN4
mind

□ Cad é atá ar d'aigne? What's on your mind?

áiléar MASC NOUN1
attic

□ Tá an t-áiléar lán de sheanmhangarae.
The attic's full of junk.

aill (PL **aillte**) FEM NOUN2
cliff

áilleacht FEM NOUN3
beauty

ailléirge FEM NOUN4
allergy

■ **ailléirge a bheith ar dhuine le rud** to be allergic to something □ Tá ailléirge orm le fionnadh cait. I'm allergic to cat hair.

ailse FEM NOUN4
cancer

□ ailse chraicinn skin cancer □ Tá ailse air.
He's got cancer.

ailtire MASC NOUN4
architect

□ Tá sí ina hailtire. She's an architect.

aimplitheoir MASC NOUN3
amplifier

aimsigh VERB [11]
1 to find (locate)

□ D'aimsigh siad roinnt óir. They found some gold.
2 to hit (target)

□ D'aimsigh an tsaighead an sprioc.
The arrow hit the target.
3 to aim (gun)

aimsir FEM NOUN2
1 weather

□ Cad é mar a bhí an aimsir? What was the weather like? □ Tá an aimsir galánta.
The weather is lovely.
2 time

□ Is maith an scéalaí an aimsir. Time will tell.

■ **caitheamh aimsire** a hobby □ Is í an tseoltóireacht an caitheamh aimsire s'aige. His hobby is sailing.

aineolach ADJECTIVE
ignorant
■ **bheith aineolach ar rud** to be unaware of something

aineolas MASC NOUN1
ignorance
■ **bheith ar an aineolas** to be in the dark

aingeal MASC NOUN1
angel

aingíne FEM NOUN4
angina

ainm (PL **ainmneacha**) MASC NOUN4
name
□ Cén t-ainm atá ort? What's your name? □ Seán Pádraig Ó Néill an t-ainm iomlán atá orm. My full name is John Patrick O'Neill. □ Ní thig liom cuimhneamh ar a ainm. I can't remember his name.
■ **In ainm Dé!** For goodness sake!
■ **ainm baiste** Christian name

ainmfhocal MASC NOUN1
noun

ainmhí MASC NOUN4
animal
□ ainmhí baineann a female animal □ ainmhí fiáin a wild animal

ainneoin NOUN
■ **d'ainneoin** in spite of □ d'ainneoin na ndeacrachtaí uile in spite of all the difficulties □ In ainneoin na stailce, tá na haerfoirt ag feidhmiú mar is gnách. In spite of the strike, the airports are working normally.

aintín FEM NOUN4
aunt
□ Rinne m'aintín comhghairdeas liom faoi mo chuid torthaí. My aunt congratulated me on my results.

aipindicíteas MASC NOUN1
appendicitis

aird FEM NOUN2
1 attention
■ **aird a thabhairt ar** to pay attention to □ Ní raibh aird aige ar an méid a bhí mé a rá. He didn't pay attention to what I was saying. □ Tabhair aird ar an múinteoir. Pay attention to the teacher.
■ **Níl a dhath eile ar a aird.** He thinks of nothing else.
2 direction
□ as gach aird from all directions

airde FEM NOUN4
height
□ Is féidir leat airde na cathaoireach a athrú. You can adjust the height of the chair.
■ **Cén airde atá ionat?** How tall are you?
■ **... ar airde** ... high □ Tá an sliabh sin 5000 troigh ar airde. That mountain is 5000 feet high.

aire FEM NOUN4
▷ see also **aire** MASC NOUN4
care
□ le haire with care
■ **aire a thabhairt do dhuine** to take care of someone □ Tugaim aire do na páistí ar an Satharn. I take care of the children on Saturdays.
■ **Aire!** Danger!

aire MASC NOUN4
▷ see also **aire** FEM NOUN4
minister (in government)
□ an tAire Spóirt the Sports Minister

áireamh MASC NOUN1
■ **rud a chur san áireamh** to include something □ Beidh 200 euro air, cáin san áireamh. It will be 200 euros, including tax.
■ **Níl seirbhís san áireamh.** Service is not included.

áireamhán MASC NOUN1
calculator

airéine FEM NOUN4
arena

airgead (GEN SING, PL **airgid**) MASC NOUN1
1 money
□ Níl aon airgead agam. I have no money. □ Tá airgead á bhailiú ag an scoil le haghaidh giomnáisiam nua. The school is raising money for a new gym. □ Chuir sí an t-airgead sa taisceadán. She put the money in the safe.
■ **airgead póca** pocket money
2 cash
□ £2000 in airgead tirim £2000 in cash
■ **airgead tirim a íoc** to pay cash
3 silver
□ fáinne airgid a silver ring

airgeadra MASC NOUN4
currency
□ airgeadra eachtrach foreign currency

airíoch MASC NOUN1
janitor
□ Is airíoch é. He's a janitor.

áirithe ADJECTIVE
▷ see also **áirithe** FEM NOUN4
certain
□ ceisteanna áirithe certain issues □ duine áirithe a certain person

■ **i gcásanna áirithe** in some cases
■ **Tá méid áirithe agam.** I've got some.
■ **go háirithe** especially

áirithe FEM NOUN4
▷ see also **áirithe** ADJECTIVE

■ **tábla a chur in áirithe** to book a table □ Chuir mé tábla in áirithe. I booked a table.
■ **Níor chuireamar seomra in áirithe.** We haven't booked a room.

áirse FEM NOUN4
arch

airtríteas MASC NOUN1
arthritis

ais FEM NOUN2
■ **ar ais** back □ Scríobhfaidh mé ar ais chugat. I will write back to you. □ Fuair sé a chuid airgid ar ais. He got his money back. □ Cén t-am a tháinig tú ar ais? What time did you get back?
■ **droim ar ais** back to front
■ **ar ais nó ar éigean** at all costs

áis (PL **áiseanna**) FEM NOUN2
aid
□ áis éisteachta a hearing aid
■ **áiseanna** facilities □ Tá cuid mhór áiseanna sa cheantar seo. There are a lot of facilities in this area.

aisce FEM NOUN4
■ **in aisce** free □ íoslódail saor in aisce a free download □ bróisiúr saor in aisce a free brochure
■ **turas in aisce** a wasted journey

aiseolas MASC NOUN1
feedback (information)

áisiúil ADJECTIVE
1 useful
□ Bhí an leabhar sin an-áisiúil. That book was very useful.
2 convenient
□ Tá an t-óstán áisiúil don aerfort. The hotel's convenient for the airport. □ An mbeadh an Luan áisiúil duit? Would Monday be convenient for you?

aisling FEM NOUN2
dream

aiste FEM NOUN4
essay
■ **aiste bia** a diet

aisteach ADJECTIVE
strange
□ Thug sí amharc aisteach orm. She looked at me in a strange way. □ Tá sé sin aisteach! That's strange!
■ **aisteach go leor** oddly enough

aistear MASC NOUN1
journey

aisteoir MASC NOUN3
actor
□ Tá Brad Pitt ina aisteoir iomráiteach. Brad Pitt is a well-known actor. □ an duais don aisteoir is fearr the award for the best actor
■ **aisteoir breise** (in film) an extra

aisteoireacht FEM NOUN3
acting

aistrigh VERB [11]
1 to move (house)
2 to translate
□ Aistrigh an abairt seo go Béarla. Translate this sentence into English.

aistritheoir MASC NOUN3
translator

aistriúchán MASC NOUN1
translation

ait ADJECTIVE
strange
□ duine ait a strange person □ Is ait an mac an saol. Life is strange.

áit (PL **áiteanna**) FEM NOUN2
1 place (position)
■ **Fuair sí an dara háit.** She came second.
2 room (space)
□ Déan áit dom. Make room for me.
■ **áit ar bith** 1 anywhere □ An bhfaca tú mo chóta áit ar bith? Have you seen my coat anywhere? 2 (with negative) nowhere □ Níl sé le feiceáil áit ar bith. He is nowhere to be seen.
■ **gach áit** everywhere
■ **áit éigin** somewhere
■ **in áit na mbonn** immediately

aithin VERB [21]
to recognize
□ Aithneoidh tú mo ghruaig rua. You'll recognize me by my red hair.
■ **D'aithin muid go raibh rug éigin cearr.** We realized that something was wrong.

aithne (PL **aitheanta**) FEM NOUN4
1 recognition
■ **aithne a bheith agat ar dhuine** to know someone □ Tá aithne agam ar Mháire. I know Mary.
2 commandment
□ na Deich nAithne the Ten Commandments

aithris VERB [19, 3RD PRES aithrisíonn, VN aithris]
to recite (poetry)
■ **aithris a dhéanamh ar dhuine** to imitate somebody

Irish-English

a

áitiúil ADJECTIVE
local
□ Is í an comhairleoir áitiúil í. She's the local councillor.

áitritheoir MASC NOUN3
inhabitant

ál (PL **álta**) MASC NOUN1
litter (of animals)

álainn (GEN SING FEM, PL, COMPAR **áille**) ADJECTIVE
beautiful
□ Tá sí sárálainn. She's beautiful! □ óstán atá suite in áit álainn a hotel in beautiful surroundings
■ Bhí an aimsir go hálainn. The weather was lovely.

aláram MASC NOUN1
alarm
□ D'fheistigh sé aláram ina charr. He fitted an alarm in his car. □ Shocraigh mé an t-aláram faoi choinne 7 a chlog. I set the alarm for 7 o'clock.
■ aláram dóiteáin a fire alarm
■ clog aláraim an alarm clock

Albain FEM NOUN
Scotland
□ Tá Dún Éideann in Albain. Edinburgh is in Scotland. □ Cuireann sé Albain i gcuimhne dom. It reminds me of Scotland.

albam MASC NOUN1
album
□ Tá siad díreach tar éis a n-albam nua a thaifeadadh. They've just recorded their new album.
■ albam stampaí a stamp album

alcól MASC NOUN1
alcohol
■ faoi thionchar an alcóil under the influence of alcohol

alcólach ADJECTIVE, MASC NOUN1
alcoholic
□ Is alcólaí é. He's an alcoholic.

allas MASC NOUN1
sweat
□ Tháinig allas fuar leis. He broke into a cold sweat.
■ bheith ag cur allais to be sweating

allta ADJECTIVE
wild (animal)

alp VERB [23, VA alptha]
to swallow
■ D'alp sé a chuid bia. He bolted his food.
■ D'alp mo dhearthair na ceapairí ar fad. My brother scoffed all the sandwiches.

Alpa (GEN PL **Alp**) PL NOUN
■ na hAlpa the Alps

alsáiseach MASC NOUN1
Alsatian (dog)

alt MASC NOUN1
joint (of body)
■ as alt dislocated □ Tá mo ghualainn as alt. I have dislocated my shoulder

altaigh VERB [12]
■ altú le bia (before meals) to say grace

altóir FEM NOUN3
altar

altram MASC NOUN3
■ athair altrama foster father

alúmanam MASC NOUN1
aluminium

am (PL **amanna**) MASC NOUN3
time
□ Cén t-am é? What time is it? □ am tae tea time □ am luí bedtime
■ ó am go ham occasionally
■ thar am overdue
■ am crua a thabhairt do dhuine to give somebody a hard time
■ san am céanna nonetheless

amach ADVERB
out
□ Thug sé na páipéir scrúdaithe amach. He gave out the exam papers. □ Théadh sí amach go minic lena cairde. She often went out with her friends.
■ Labhair amach. Speak up.
■ as seo amach from now on
■ amach anseo in future □ Bí níos cúramaí as seo amach. Be more careful in future.
■ amach agus amach through and through
■ 'Amach' 'Way Out'
■ Amach leat! Get out!
■ amach agus isteach le approximately

amadán MASC NOUN1
1 fool
■ amadán Aibreáin April Fool
2 idiot
□ D'iompair sé é féin mar a bheadh amadán ann. He behaved like an idiot.

amaideach ADJECTIVE
foolish
□ Ná bí amaideach. Don't be foolish.

amaidí FEM NOUN4
nonsense
□ Níl ann ach amaidí. It's nothing but nonsense.

amaitéarach ADJECTIVE, MASC NOUN1
amateur

amárach ADVERB, NOUN
tomorrow

□ maidin amárach tomorrow morning
□ Amárach an Aoine. It's Friday tomorrow.
□ Tabhair cuairt uirthi amárach. Visit her tomorrow.

ambasadóir MASC NOUN3
ambassador

ambasáid FEM NOUN2
embassy
□ Ambasáid Mheiriceá the American Embassy

amchlár MASC NOUN1
timetable

ámh ADVERB
however

amháin ADVERB
only
□ Ag Seán amháin a bhí a fhios. Only John knew.
■ uair amháin eile once more
■ d'aon iarracht amháin in one go

amharc MASC NOUN1
▷ see also **amharc** VERB
sight
□ as amharc out of sight
■ dul as amharc to disappear

amharc VERB [23, VA amhartha, VN amharc]
▷ see also **amharc** MASC NOUN1
to watch
□ D'amharc mé ar an teilifís aréir. I watched TV last night.
■ amharc thart to look around

amharclann FEM NOUN2
theatre
□ Thóg sé amach chuig an amharclann í. He took her out to the theatre.

amhlaidh ADVERB
1 so
□ Bíodh amhlaidh. So be it. □ Rinne mé amhlaidh. I did so.
2 the same
□ Gurab amhlaidh duitse! The same to you!
■ más amhlaidh if so □ Más amhlaidh atá, níor chóir dó teacht. If so, he shouldn't come.
■ is amhlaidh is fearr all the better

amhrán MASC NOUN1
song
□ D'fhéach mé le hamhrán a chumadh. I tried to write a song.
■ an tAmhrán Náisiúnta the National Anthem

amhránaí MASC NOUN4
singer
□ Is í Emma an t-amhránaí is fearr. Emma is the best singer.

amhránaíocht FEM NOUN3
singing
■ comórtas amhránaíochta a singing competition

amhras MASC NOUN1
doubt
□ gan amhras without doubt □ Tá amhras orm. I have my doubts.
■ amhras a chaitheamh ar dhuine to cast suspicion on somebody

amhrasach ADJECTIVE
doubtful
□ Tá sé amhrasach. It's doubtful.
■ bheith amhrasach faoi rud to be dubious about something □ Bhí mo thuismitheoirí rud beag amhrasach faoi. My parents were a bit dubious about it.

amú ADVERB
■ Ní maith liom airgead a chur amú. I don't like wasting money.
■ am a chur amú to waste time □ Níl am ar bith le cur amú. There's no time to waste.

amuigh ADJECTIVE, PREPOSITION
out
□ Bhí mé amuigh aréir. I was out last night.
□ Tá sé fuar amuigh ansin. It's cold out there.
■ taobh amuigh outside □ Thug sí ordú dúinn fanacht taobh amuigh. She told us to wait outside.
■ amuigh faoin aer outdoor □ linn snámha amuigh faoin aer an outdoor swimming pool
■ bliain amuigh a gap year □ Tá mo dheirfiúr san Astráil ar a bliain amuigh. My sister's in Australia on her gap year.

an (GEN SING FEM, PL na) ARTICLE
□ an buachaill the boy □ an ghirseach the girl □ an sagart the priest □ an tsráid the street □ an t-am the time □ an aimsir the weather
■ cúig euro an ceann five euros each

LANGUAGE TIP an is used in expressions of time, but is not translated.

□ An Domhnach Sunday □ ar an Aoine on Fridays □ an Cháisc Easter □ i gceann na gcúpla lá in a couple of days □ an eagla fear

LANGUAGE TIP an is used in titles and in names, but is not translated.

□ an tUasal Ó Laoire Mr. O'Leary □ an Dochtúir de Brún Dr. Brown □ an Daingean Dingle □ an Ghearmáin Germany □ an Eoraip Europe

LANGUAGE TIP an is used for languages, but is not translated.
□ an Ghearmáinis German □ an Iodáilis Italian

LANGUAGE TIP an is used for illnesses, but is not translated.
□ an fliú flu □ an déideadh toothache

LANGUAGE TIP an is used instead of 'my', 'his', 'her' etc.
□ Tá an chos briste agam. My leg is broken.
□ Tá an lámh nimhneach aici. Her hand is sore.

LANGUAGE TIP an is also used for emphasis.
□ Bhí na mílte acu ann. There were thousands of them. □ Chaith sé na blianta ann. He spent years there. □ Is aige atá an eagna chinn. He is really intelligent.
■ **an ceann seo** this one

an- PREFIX
1 very
□ an-mhaith very good
2 really
□ an-deacair really hard
■ **an-fhear** a great man

anaemach ADJECTIVE
anaemic

anáil FEM NOUN3
breath
□ anáil throm a tharraingt to take a deep breath
■ **as anáil** out of breath
■ **anáil a tharraingt** to breathe

anailís FEM NOUN2
analysis

anaireicse FEM NOUN4
anorexia

anam (PL **anamacha**) MASC NOUN3
soul
■ **M'anam!** Dear me!

anann MASC NOUN1
pineapple

anarac MASC NOUN1
anorak

ancaire MASC NOUN4
anchor

andúil FEM NOUN2
addiction
■ **Tá andúil sa hearóin aici.** She's addicted to heroin.

andúileach MASC NOUN1
addict
□ Is andúileach drugaí í. She's a drug addict.

aneas ADJECTIVE
from the south (wind)
■ **an ghaoth aneas** the south wind

anfa MASC NOUN4
storm

Anglacánach ADJECTIVE, MASC NOUN1
Anglican

Angla-Éireannach ADJECTIVE
Anglo-Irish

aniar ADJECTIVE
from the west (wind)
■ **an ghaoth aniar** the west wind

aníos ADVERB, PREPOSITION
up (from below)
□ Tar aníos anseo! Come up here!

anlann MASC NOUN1
1 dressing
□ anlann sailéid salad dressing
2 sauce
□ Cad iad na luibheanna a úsáideann tú san anlann seo? What herbs do you use in this sauce?

ann ADVERB
there
□ Bhí sé ann. He was there.
■ **bheith in ann** to be able to □ Níl mé in ann an carr a fheiceáil. I can't see the car.
□ Ní raibh mé in ann é a dhéanamh agus mar sin ghéill mé. I couldn't do it, so I gave up.

annamh ADJECTIVE
rare
□ planda annamh a rare plant

anocht ADVERB, NOUN
tonight
□ Tá mé ag dul amach anocht. I'm going out tonight. □ Tá dhá thicéad agam don oíche anocht. I've got two tickets for tonight. □ Cad é atá tú a dhéanamh anocht? What are you doing this evening?

anoir ADJECTIVE
from the east (wind)
■ **an ghaoth anoir** the east wind

anois ADVERB
now
□ Cad é atá tú a dhéanamh anois? What are you doing now? □ Tá tú sábháilte anois. You're safe now.
■ **anois díreach** right now
■ **anois agus arís** now and then

anonn ADVERB
over
□ An dtiocfadh leat bogadh anonn rud beag? Could you move over a bit? □ Tá mé díreach ag sciorradh anonn tigh John. I'm just popping over to John's. □ Chuamar anonn go hAlbain. We went over to Scotland.
■ **dul anonn agus anall** to go back and forth
■ **anonn sa lá** late in the day

anraith MASC NOUN4

soup

□ Théigh sé an t-anraith. He heated the soup up. □ anraith glasraí vegetable soup

anseo ADVERB

here

□ Cá fhad atá tú anseo? How long have you been here? □ Tá mé i mo chónaí anseo. I live here.

■ **istigh anseo** in here

■ **abhus anseo** over here

■ **anseo is ansiúd** here and there

ansin ADVERB

there

□ An dtabharfaidh tú ansin mé? Will you take me there? □ Ní rachaidh mé ansin arís. I won't go there again.

■ **thall ansin** over there

■ **istigh ansin** in there

antaiseipteach ADJECTIVE

antiseptic

antaiseipteán MASC NOUN1

antiseptic

antalóp MASC NOUN1

antelope

Antartach ADJECTIVE, MASC NOUN1

■ **an tAntartach** the Antarctic

■ **an tAigéan Antartach** the Antarctic Ocean

anuas ADVERB

down (from above)

□ Anuas leat! Come down here!

■ **le blianta beaga anuas** for the past few years

anuraidh ADVERB, NOUN

last year

□ Tháinig Uncail Seán abhaile anuraidh. Uncle Sean came home last year.

aoi (PL **aíonna**) MASC NOUN4

guest

□ Tá aíonna ag fanacht againn. We have guests staying with us.

aoibh FEM NOUN2

smile

■ **Tá aoibh an gháire air.** He's smiling.

■ **Tháinig aoibh air.** His face lit up.

■ **aoibh mhaith a bheith ort** to be in good spirits

Aoine (PL **Aointe**) FEM NOUN4

■ **An Aoine** Friday

■ **Dé hAoine** on Friday

■ **ar an Aoine** on Fridays □ Bailíonn siad an bruscar ar an Aoine. They collect the rubbish on Fridays.

■ **Aoine an Chéasta** Good Friday

aoire MASC NOUN4

shepherd

aois (PL **aoiseanna**) FEM NOUN2

1 age

□ ag aois a 16 at the age of 16

■ **Cá haois tú?** How old are you?

■ **Tá sé 10 mbliana d'aois.** He's 10 years old

2 century

□ an fichiú haois the twentieth century

aoisghrúpa MASC NOUN4

age group

aon MASC NOUN1

▷ see also **aon** ADJECTIVE

1 one

□ aon phunt one pound

■ **fiche a haon** twenty one

■ **a haon a chlog** one o'clock

■ **gach aon acu** every one of them

■ **aon ... déag** eleven

LANGUAGE TIP **aon** is usually followed by a singular noun.

□ aon chileagram déag eleven kilos

■ **Tá sí aon bhliain déag d'aois.** She's eleven.

■ **aon uair amháin** once

2 ace (in cards)

□ an t-aon spéireata the ace of spades

aon ADJECTIVE

▷ see also **aon** MASC NOUN1

1 any

□ An bhfuil aon dea-rúin agat don Athbhliain? Have you made any New Year's resolutions? □ Níl aon airgead agam. I haven't any money. □ Níl aon chreidmheas fágtha agam ar mo ghuthán. I haven't any credit left on my phone.

2 only

□ An Luan an t-aon lá a bhím saor. Monday is the only day I'm free. □ Gaeilge an t-aon ábhar a bhfuil dúil agam ann. Irish is the only subject I like.

3 same

□ san aon teach in the same house

■ **gach aon** every □ gach aon choiscéim den bhealach every step of the way

■ **d'aon turas** deliberately □ Rinne sí d'aon turas é. She did it deliberately.

aonach (PL **aontaí**) MASC NOUN1

fair

□ Chuaigh siad ar an aonach. They went to the fair.

aonad MASC NOUN1

unit

□ aonad tomhais a unit of measurement

Irish-English

aonair ADJECTIVE
1 only
  □ páiste aonair an only child
2 individual
  □ scileanna aonair individual skills
  ■ ruathar aonair ar an ngiotár a guitar solo
aonar MASC NOUN1
  ■ bheith i d'aonar to be alone □ Tá sí ina haonar She's all alone.
Aontachtaí MASC NOUN4
  Unionist
aontaigh VERB [12]
  to agree
  □ An aontaíonn tú? — Ní aontaím. Do you agree? — No, I don't. □ Tá amhras orm an aontóidh sé. I doubt he'll agree. □ Aontaím go bhfuil sé deacair. I agree that it's difficult.
  ■ aontú le to agree with □ Aontaím le Máire. I agree with Mary.
aontaithe ADJECTIVE
  united
  ■ na Stáit Aontaithe the United States
aontas MASC NOUN1
  union
  ■ Aontas na hEorpa the European Union
aontíos MASC NOUN1
  ■ bheith in aontíos to live together
Aontroim MASC NOUN3
  Antrim
aos MASC NOUN3
  people
  ■ an t-aos óg the young
  ■ aos ceoil musicians
aosta ADJECTIVE
  old
  □ na daoine aosta the old people
  ■ óg agus aosta young and old
ar PREPOSITION

  LANGUAGE TIP Prepositional pronouns are orm, ort, air, uirthi, orainn, oraibh, orthu.

1 on
  □ ar an mbord on the table □ ar an mballa on the wall
2 in
  □ ar an gClochán Liath in Dungloe
3 at
  □ ar thosach an tslua at the front of the crowd □ ar bhainis Mháire at Mary's wedding □ ar scoil at school □ ar a trí a chlog at 3 o'clock
4 for
  □ Cheannaigh mé ar dhá euro é. I bought it for two euros. □ Dhíol mé ar euro an ceann iad. I sold them for a euro each.

  ■ ar maidin this morning
  ■ ar ball soon
  ■ méadar ar airde a meter high
  ■ Tá slaghdán orm. I have a cold.
  ■ Tá moill éisteachta uirthi. She is hard of hearing.
  ■ Tá tart orm. I'm thirsty.
  ■ Cad é atá ort? What's wrong with you?
  ■ Tá bród mór orm as. I'm really proud of him.
  ■ Beidh ort fanacht. You will have to wait.
  ■ Tá báisteach air. It's going to rain.
  ■ Tá cosa móra fada air. He has long legs.
ár ADJECTIVE
1 our
  □ ár dteach our house
2 us
  □ Tá siad ina gcónaí os ár gcomhair amach. They live opposite us.
araile PRONOUN
  ■ agus araile et cetera
Árainn FEM NOUN
  Aran
  ■ Oileáin Árann the Aran Islands
arán MASC NOUN1
  bread
  □ arán bán white bread □ arán donn brown bread □ arán agus im bread and butter
araon ADJECTIVE, ADVERB
  both
  □ Tá sibh araon contráilte. You are both wrong. □ sibh araon both of you
áras MASC NOUN1
  ■ Áras an Uachtaráin the President's Residence
árasán MASC NOUN1
  flat
  □ Tá sí ina cónaí in árasán. She lives in a flat. □ an t-árasán thuas the flat above
arbhar MASC NOUN1
  cereal
  □ Ithim arbhar le haghaidh an bhricfeasta. I have cereal for breakfast.
ard (PL arda) MASC NOUN1
  ▷ see also **ard** ADJECTIVE
  height (high ground)
  ■ in ard a chinn at the top of his voice
ard ADJECTIVE
  ▷ see also **ard** MASC NOUN1
1 high
  □ Tá sé ró-ard. It's too high. □ teocht ard a high temperature □ Bhí an ráta úis ar a chárta creidmheasa iontach ard. The interest rate on his credit card was very high.
2 tall (person)

□ fear ard a tall man
■ **os ard** out loud □ Léigh an téacs amach os ard. Read the text out loud.

ardaigh VERB [12]
to raise
□ D'ardaigh Peter a lámh. Peter raised his hand.

ardaitheoir MASC NOUN3
lift (elevator)

ardán MASC NOUN1
1 platform (at station)
   □ ar ardán 7 on platform 7
2 stage (in theatre)
3 stand (at sports ground)
4 terrace (in street names)

ardeaglais FEM NOUN2
cathedral

ardeaspag MASC NOUN1
archbishop

Ard Mhacha MASC NOUN
Armagh

ardmháistir (PL **ardmháistrí**) MASC NOUN4
headmaster

ardmháistreás FEM NOUN3
headmistress

ardoifig FEM NOUN2
head office

ardscoil FEM NOUN2
high school

ardteicneolaíochta ADJECTIVE
hi-tech
□ scoil ardteicneolaíochta a hi-tech school

ardteistiméireacht FEM NOUN3
leaving certificate (school)

ardú MASC NOUN
1 rise
   □ ardú pá a pay rise □ ardú teochta a rise in temperature □ Léiríonn an chairt an t-ardú sa dífhostaíocht. The chart shows the rise in unemployment.
2 increase
   □ ardú ar líon na dtimpistí bóthair an increase in road accidents
   ■ **ardú céime** promotion

aréir ADVERB, NOUN
last night
□ Níor chodail mé aréir. I didn't sleep last night.
■ **arú aréir** the night before last

argóint FEM NOUN2
argument
□ D'éirigh an argóint an-teasaí. The argument became heated.
■ **Ní stadann siad ach ag argóint.** They never stop arguing.

arís ADVERB
again
□ Tá siad mór le chéile arís. They're friends again. □ Ní rachaidh mé ansin arís. I won't go there again.
■ **arís eile** once again
■ **anois agus arís** now and then
■ **choíche arís** never again
■ **arís is arís eile** over and over again

arm MASC NOUN1
1 arm (weapon)
   □ arm tine a firearm
2 army
   □ Tá sé san arm. He's in the army.
   ■ **Arm an tSlánaithe** the Salvation Army

armlón MASC NOUN1
ammunition

arsa VERB
   LANGUAGE TIP **arsa** means 'says' or 'said' in direct speech.
□ 'Amach leat,' arsa Seán. 'Get out,' said John.

ársa ADJECTIVE
ancient

Artach ADJECTIVE, MASC NOUN1
■ **an tArtach** the Arctic
■ **an tAigéan Artach** the Arctic Ocean

artola FEM NOUN4
petrol

arú ADVERB
■ **arú aréir** the night before last
■ **arú inné** the day before yesterday

as PREPOSITION
   LANGUAGE TIP Prepositional pronouns are **asam, asat, as, aisti, asainn, asaibh, astu**.
1 from
   □ Is as Baile Átha Cliath é. He's from Dublin.
2 out of
   □ as an gcosán out of the way □ D'éirigh mé as an gcarr. I got out of the car.
   ■ **as Gaeilge** in Irish
   ■ **Go raibh maith agat as ...** Thank you for ...
   ■ **go maith as** well off
   ■ **as a chéile** gradually

asal MASC NOUN1
donkey

ascaill FEM NOUN2
1 armpit
   ■ **faoi d'ascaill** under one's arm
2 avenue (in street names)

aschur MASC NOUN1
output (computing)

asma MASC NOUN4
asthma
□ Tá asma orm. I've got asthma.
aspairín MASC NOUN4
aspirin
asphrionta MASC NOUN4
print-out *(computer)*
Astráil FEM NOUN2
■ **an Astráil** Australia □ san Astráil in Australia □ go dtí an Astráil to Australia
astralaíocht FEM NOUN3
astrology
ateangaire MASC NOUN4
interpreter
□ Tá sí mar ateangaire aige. She acts as his interpreter.
athair (GEN SING athar, PL aithreacha)
MASC NOUN
father
□ m'athair my father
■ **athair baiste** godfather
■ **athair céile** father-in-law
■ **athair mór** grandfather
■ **an tAthair Micheál** *(priest)* Father Michael
áthas MASC NOUN1
happiness
■ **Tá áthas air.** He's happy.
■ **Beidh áthas air tú a fheiceáil.** He'll be delighted to see you.
athbhliain FEM NOUN3
■ **an Athbhliain** the New Year □ san Athbhliain in the New Year □ An bhfuil aon dea-rúin agat don Athbhliain? Have you made any New Year's resolutions?
athchraoladh MASC NOUN
repeat *(on radio, TV)*

athchúrsáil VERB [25]
to recycle *(materials)*
athimirt FEM NOUN3
replay
□ Beidh athimirt ann Dé hAoine. There will be a replay on Friday.
athlá MASC NOUN
■ **rud a chur ar athlá** to postpone something □ Cuireadh an cluiche ar athlá. The game was postponed.
athrach MASC NOUN1
change
□ athrach aeráide a change of climate
■ **chomh dócha lena athrach** as likely as not
■ **Tá a athrach le déanamh agam.** I have better things to do.
athraigh VERB [12]
to change
□ Is mór a d'athraigh sé. He's changed a lot. □ D'athraigh muid páirtnéirí We changed partners. □ D'athraigh sí le dul ar an chóisir. She changed for the party.
■ **éadach a athrú** to change clothes
athrú MASC NOUN
change
□ Tá athrú plean ann. There's been a change of plan. □ Imrímis leadóg mar athrú. Let's play tennis for a change.
athuair ADVERB
■ **an athuair** again □ Phós sí an athuair. She got married again.
Atlantach MASC NOUN1
■ **an tAigeán Atlantach** the Atlantic
atlas MASC NOUN1
atlas
aturnae MASC NOUN4
solicitor
□ Is aturnae é. He's a solicitor.

Bb

b

ba ▷ *see* is, bó
bá (PL **bánna**) FEM NOUN4
1 bay *(of sea)*
2 sympathy *(for person)*
  ■ **Tá bá agam leis.** I like him.
  ■ **Bhí bá aige leis an eite chlé.**
  He sympathized with the Left.
báb FEM NOUN2
1 baby
2 babe *(informal: woman)*
babaí MASC NOUN4
  baby
babhla MASC NOUN4
  bowl
babhlaer MASC NOUN1
  bowler hat
babhlálaí MASC NOUN4
  bowler *(in cricket)*
babhta MASC NOUN4
1 occasion
  ■ **Scaoilfidh mé leat an babhta seo.**
  I'll let you off this time.
2 round *(in sport)*
  □ Tá súil againn an babhta ceannais a bhaint amach. We hope to reach the final round.
babhtáil VERB [25]
  to exchange
  ■ **Babhtálfaidh mé leat!** I'll swop you!
bábóg FEM NOUN2
  doll
  □ bábóg éadaigh a rag doll
bac MASC NOUN1
  ▷ *see also* **bac** VERB
  barrier
  ■ **Níl aon duine ag cur baic ort.**
  Nobody's stopping you.
bac VERB [14]
  ▷ *see also* **bac** MASC NOUN1
  to block *(sport)*
  ■ **Ná bac leis.** Don't bother with it.

bacach MASC NOUN1
  ▷ *see also* **bacach** ADJECTIVE
  beggar
bacach ADJECTIVE
  ▷ *see also* **bacach** MASC NOUN1
  lame
  ■ **bheith bacach** to have a limp
bácáil VERB [25]
  ▷ *see also* **bácáil** FEM NOUN3
  to bake
  □ Bhácáil sí na prátaí ar dtús. First she baked the potatoes.
  ■ **pónairí bácáilte** baked beans
bácáil FEM NOUN3
  ▷ *see also* **bácáil** VERB
  baking
bacainn FEM NOUN2
  barrier
  ■ **bacainn bhóthair** a roadblock
bacán MASC NOUN1
  arm *(forearm)*
  □ Bhí a chóta leis ar bhacán a láimhe.
  He was carrying his coat over his arm.
bachlóg FEM NOUN2
  sprout
  ■ **bachlóga Bruiséile** Brussels sprouts
  ■ **Tá bachlóg ar a theanga.** He's slurring his speech.
bácús MASC NOUN1
  bakery
bád MASC NOUN1
  boat
  □ bád iascaigh a fishing boat □ bád iomartha a rowing boat □ bád tarrthála a lifeboat
  ■ **bád farantóireachta** a ferry
bád MASC NOUN4
  baud *(computing)*
badhbh FEM NOUN2
  vulture
badhró MASC NOUN4
  ballpoint pen

badmantan MASC NOUN1
badminton
□ Imrím badmantan ar an Déardaoin. I play badminton on Tuesdays.

bádóireacht FEM NOUN3
boating

bagair VERB [19, VA bagartha]
to threaten
□ Bhagair sé an dlí orm. He threatened to sue me.

bagairt (PL **bagairtí**, GEN SING **bagartha**) FEM NOUN3
threat

bagáiste MASC NOUN4
luggage
□ bagáiste láimhe hand luggage
■ **bagáiste breise** excess baggage

bagún MASC NOUN1
bacon
□ bagún agus uibheacha bacon and eggs

báicéir MASC NOUN3
baker
□ Is báicéir é. He's a baker.

báicéireacht FEM NOUN3
baking

báigh VERB [24]
1 to drown
□ Bádh buachaill anseo inné. A boy drowned here yesterday.
2 to sink
□ Is iomaí long a bádh sa stoirm sin. A lot of ships sank in that storm.

bail FEM NOUN2
condition
■ **Féach an bhail atá ort!** Look at the state of you!
■ **Chuir sé bail ar an rothar dom.** He mended the bicycle for me.

baile MASC NOUN4
▷ see also **baile** ADJECTIVE
1 home
□ Cén t-am a bhain sé an baile amach? What time did he get home?
■ **ag baile** at home
2 town
□ baile beag suaimhneach a quiet little town □ Tá an baile 2 chilimédar ar shiúl. The town is 2 kilometres away.

baile ADJECTIVE
▷ see also **baile** MASC NOUN4
1 home
□ Cén seoladh baile atá agat? What's your home address?
■ **obair bhaile** homework
2 home-made

□ arán baile home-made bread

bailé (PL **bailéanna**) MASC NOUN4
ballet
□ Chuamar chuig an mbailé. We went to the ballet. □ ceachtanna bailé ballet lessons

baileach ADJECTIVE
exact
■ **go baileach** exactly □ Ní cuimhin liom go baileach. I don't remember exactly.

bailéad MASC NOUN1
ballad

Baile Átha Cliath MASC NOUN4
Dublin
□ Ní raibh mé riamh i mBaile Átha Cliath. I've never been to Dublin.

bailí ADJECTIVE
valid
□ Tá an ticéad seo bailí ar feadh trí mhí. This ticket is valid for three months.

bailigh VERB [11]
1 to collect
□ Bailíonn sé stamapaí. He collects stamps.
2 to gather
□ Bhailigh slua taobh amuigh den halla. A crowd gathered outside the hall. □ Bailigh na seanéadaí sin le chéile. Gather those old clothes up.
3 to pick up
□ Baileoidh mé ón stáisiún thú. I'll pick you up from the station.

bailitheoir MASC NOUN3
collector

bailiú MASC NOUN
collection
□ bailiú bruscair refuse collection

bailiúchán MASC NOUN1
collection
□ bailiúchán stampaí a stamp collection

bain VERB [15, VN baint]
1 to take
□ Bain giota eile de. Take another bit off it. □ Bain anuas den tseilf é. Take it down from the shelf. □ Bainfear as do phá é. It will be taken out of your wages.
2 to win (game, prize)
□ Bhain mé céad punt. I won a hundred pounds. □ Bhaineamar an cluiche. We won the game.
3 to touch
□ Ná bain don cheamara sin. Don't touch that camera.

bain amach VERB
1 to remove (stain)
2 to reach (destination)

b

bain as VERB
to run off
□ Bhaineamar as chomh gasta agus a bhí ionainn. We ran off as fast as we could.

bain de VERB
to take off *(clothes)*
□ Bain díot na héadaí fliucha sin. Take off those wet clothes.
■ Bhí me díreach ag baint díom san am. I was just getting undressed at the time.

bain do VERB
1 to touch
□ Ná bain dó. Don't touch it.
2 to happen
□ Cad é a bhain dó? What happened to him?

bain faoi VERB
to settle
□ Bhain sí fúithi i gCorcaigh. She settled in Cork.

bain le VERB
1 to meddle with
■ Ná bain leis an gclog. Don't meddle with the clock.
2 to concern
□ Ní bhaineann sé leat. It doesn't concern you.
■ Baineann an litir sin le cúrsaí árachais. That letter relates to insurance.

bain ó VERB
to subtract from
□ Bain 3 ó 5. Subtract 3 from 5.

baincéir MASC NOUN3
banker

baincéireacht FEM NOUN3
banking

baineann ADJECTIVE
female
□ ainmhí baineann a female animal

baineannach MASC NOUN1
female

baininscneach ADJECTIVE
feminine *(grammar)*

bainis (PL **bainiseacha**) FEM NOUN2
wedding
□ Cheannaigh sí feisteas nua don bhainis. She bought a new outfit for the wedding.

bainisteoir MASC NOUN3
manager
□ Tá mé ag dul a dhéanamh gearáin leis an mbainisteoir. I'm going to complain to the manager.

bainistíocht FEM NOUN3
management
□ bainistíocht shinsearach senior management □ Tá sé freagrach as bainistíocht an chomhlachta. He's responsible for the management of the company.
■ 'faoi bhainistíocht nua' 'under new management'

bainistreás FEM NOUN3
manageress

bainne MASC NOUN4
milk
□ bainne milis fresh milk

bainseo (PL **bainseonna**) MASC NOUN4
banjo

baint FEM NOUN2
connection
■ Níl aon bhaint agam leo. I have nothing to do with them.

baintreach FEM NOUN2
widow
■ baintreach fir a widower

báire MASC NOUN4
1 goal
□ Eisean a scóráil an cúl a bhuaigh an cluiche dóibh. He scored the winning goal.
■ cúl báire a goalkeeper
2 hurling *(game)*
■ Bhí an báire linn. We won the day.
■ i lár báire in the middle
■ i dtús báire first of all

bairéad MASC NOUN1
beret

bairille MASC NOUN4
barrel

báirse MASC NOUN4
barge

báisín MASC NOUN4
basin

báisteach FEM NOUN2
rain
□ Bhí báisteach throm ann aréir. There was heavy rain last night.
■ Bhí sé ag báisteach ar feadh an lae. It was raining all day.

baisteadh (GEN SING **baiste**, PL **baistí**)
MASC NOUN
christening
■ ainm baiste Christian name

baistí ADJECTIVE
■ athair baistí godfather
■ máthair bhaistí godmother

báite ADJECTIVE
soaking
□ Bhíomar fliuch báite. We were soaking wet.

baithis FEM NOUN2
forehead
■ ó bhaithis go bonn from top to toe

baitsiléir MASC NOUN3
bachelor

bál MASC NOUN1
ball

balbh ADJECTIVE
1 dumb
□ Tá sí bodhar balbh. She's deaf and dumb.
2 silent *(letter)*

balcais FEM NOUN2
garment
■ balcaisí clothes □ Bhuail mé orm mo chuid balcaisí. I threw on my clothes.

balcóin FEM NOUN2
balcony

ball MASC NOUN1
1 member *(of organization)*
□ Ní ball den chumann é, go fiú. He's not even a member of the club.
2 part *(of machine)*
3 item
□ ball éadaigh an item of clothing
4 mark *(stain)*
□ Tá ball ar do léine. There's a mark on your shirt.
■ ball broinne a birthmark
■ ball dobhráin *(on skin)* a mole
■ ball te *(for Wi-Fi)* hotspot
■ ball troscáin a piece of furniture
■ Tá sé thart anseo i mball éigin. It's around here somewhere.
■ Bhí gach aon bhall díom brúite. I was bruised all over.
■ i lár baill in the middle
■ ar ball later □ Glaofaidh mé ar ais ar ball. I'll ring back later.

balla MASC NOUN4
wall
□ ar an mballa on the wall □ balla cloiche a stone wall □ na ballaí seachtracha the outside walls

ballóid FEM NOUN2
ballot

ballraíocht FEM NOUN3
membership

bálseomra MASC NOUN4
ballroom

balún MASC NOUN1
balloon
□ Phléasc an balún. The balloon burst.
■ balún d'aer te a hot-air balloon

bambú (PL **bambúnna**) MASC NOUN4
bamboo

ban ▷ see **bean**

ban- PREFIX
female
□ banchointóir a female offender

bán ADJECTIVE
▷ see also **bán** MASC NOUN1
1 white
□ gúna dearg agus spotaí bána air a red dress with white spots □ Tá dath bán ar an teach. The house is white.
2 blank *(page)*
□ seic bán a blank cheque
3 empty *(place)*

bán MASC NOUN1
▷ see also **bán** ADJECTIVE
white
□ Ní théann an bán go maith leis. The white doesn't go well with it.

bán- PREFIX
pale
□ léine bhánghorm a pale blue shirt

bánaigh VERB [12]
to empty
□ Bánaíodh an halla in achar gearr. The hall quickly emptied.

banaisteoir MASC NOUN3
actress
□ Is bainaisteoir iomráiteach í Julia Roberts. Julia Roberts is a well-known actress.

banaltra FEM NOUN4
nurse
□ Tá sí ina banaltra. She's a nurse. □ Chuir an bhanaltra bindealán ar a lámh. The nurse bandaged his arm. □ banaltra fir a male nurse

banaltracht FEM NOUN3
nursing *(profession)*

banana MASC NOUN4
banana
□ craiceann banana a banana skin

bánbhuí ADJECTIVE
cream *(colour)*

banc MASC NOUN1
bank
□ Tá an banc druidte. The bank's closed.
■ banc taisce a savings bank
■ robáil bainc a bank robbery

banchara MASC NOUN4
girlfriend

banchliamhain (PL **banchliamhaineacha**) MASC NOUN4
daughter-in-law

bánchorcra ADJECTIVE
mauve

banda MASC NOUN4
band

□ banda rubair a rubber band
■ **banda leathan** broadband □ An bhfuil banda leathan agat? Do you have broadband?

bándearg ADJECTIVE, MASC NOUN1
pink

bandiúc MASC NOUN1
duchess

banéigean MASC NOUN1
rape

bang (PL **banganna**) MASC NOUN3
stroke *(in swimming)*
□ Níl bang agam. I can't swim a stroke.

bangharda MASC NOUN4
policewoman
□ Is bangharda í. She's a policewoman.

bánghnéitheach ADJECTIVE
pallid

banlaoch MASC NOUN1
heroine

banna MASC NOUN4
1 bond *(financial)*
□ bannaí cúig bliana a five-year bond
■ **Mise i mbannaí ort go mbuafaidh siad!** I guarantee you they'll win!
2 bail *(legal)*
□ Ligeadh amach ar bhannaí é. He was released on bail.
3 band *(musicians)*
□ banna práis a brass band

bánna ▷ *see* **bá**

banphóilín MASC NOUN4
policewoman
□ Is banphóilín í. She's a policewoman.

banphrionsa MASC NOUN4
princess

banríon (PL **banríonacha**) FEM NOUN3
queen
□ Banríon na Spáinne the Queen of Spain
□ an bhanríon hart the queen of hearts

bantiarna FEM NOUN4
lady *(title)*

> **LANGUAGE TIP** Note that **bantiarna** is a feminine noun. Most words formed with **ban** plus a masculine noun are also masculine.

bánú MASC NOUN
■ **le bánú an lae** at daybreak

baoi (PL **baoithe**) MASC NOUN4
buoy

baoite MASC NOUN4
bait

baol MASC NOUN1
danger
□ Tá a bheatha i mbaol. His life is in danger.

■ **Ní baol duit!** You needn't worry!
■ **Beag an baol!** Not likely!
■ **Níl sé baol ar chomh hard leatsa.** He's not nearly as tall as you.

baolach ADJECTIVE
dangerous
■ **Is baolach nach bhfuil a fhios agam.** I'm afraid I don't know.

baoth ADJECTIVE
foolish *(behaviour)*

bara MASC NOUN4
■ **bara rotha** a wheelbarrow

baracáid FEM NOUN2
barricade

baraiméadar MASC NOUN1
barometer

barántas MASC NOUN1
warrant *(to arrest, search)*
□ barántas cuardaigh a search warrant

barántúil ADJECTIVE
authentic

barbaiciú MASC NOUN4
barbecue

bard MASC NOUN1
bard

barda MASC NOUN4
ward *(in hospital)*

bardach MASC NOUN1
warden
□ bardach eaglaise a church warden

barr (PL **barra**) MASC NOUN1
1 top
□ Bhain sí an barr den bhuidéal. She took the top off the bottle. □ ó bhun go barr from top to bottom □ Shroicheamar barr an tsléibhe faoi dheireadh. We finally reached the top of the mountain.
■ **ar bharr an uisce** on the surface of the water
■ **teacht ar barr** to come to the surface
2 tip
□ barr méire a fingertip
3 crop
□ barr maith úll a good crop of apples
■ **thar barr** excellent □ Bhí an ceol thar barr. The music was excellent.
■ **dá bharr sin** consequently

barra MASC NOUN4
bar
□ barra iarainn an iron bar
■ **barra uirlisí** *(computer)* toolbar

barrachód MASC NOUN1
bar code

barraicín MASC NOUN4
■ **ar do bharraicíní** on tiptoe

barraíocht FEM NOUN3
1 <u>too much</u>
□ Thug tú barraíocht dom. You've given me too much. □ Tá barraíocht le rá aici. She has too much to say. □ barraíocht airgid too much money
■ **Ghearr siad barraíocht orainn as an mbéile.** They overcharged us for the meal.
2 <u>too many</u>
□ Bíonn barraíocht athchraoltaí ar an teilifís. There are too many repeats on TV. □ Bhí barraíocht daoine ann. There were too many people there.

barrchóir FEM NOUN3
<u>top</u> *(garment)*

barriall (GEN SING **barréille**, PL **barriallacha**) FEM NOUN2
<u>shoelace</u>

barróg FEM NOUN2
<u>hug</u>
□ Rug sí barróg orthu. She gave them a hug.

barúil (PL **barúlacha**) FEM NOUN3
<u>idea</u>
□ Tá barúil mhaith agam. I have a fair idea.
■ **Cad é do bharúil orthu?** What do you think of them?
■ **Níl barúil agam.** I haven't a clue.

bás (PL **básanna**) MASC NOUN1
<u>death</u>
■ **bás a fháil** to die □ Fuair sé bás anuraidh. He died last year.

básaigh VERB [12]
1 <u>to die</u>
□ Bhásaigh sé. He died.
2 <u>to execute</u>
□ Básaíodh na céadta faoin réimeas sin. Hundreds were executed under that regime.

basal MASC NOUN4
<u>basil</u>

basc VERB [23, VA basctha]
<u>to crush</u>
□ Bascadh a lán daoine nuair a thit an balla. Many people were crushed when the wall collapsed.

Bascach ADJECTIVE, MASC NOUN1
<u>Basque</u>
□ Tír na mBascach the Basque Country

bascaed MASC NOUN1
<u>basket</u>

básta MASC NOUN4
<u>waist</u>

bástcóta MASC NOUN4
<u>waistcoat</u>

basún MASC NOUN1
<u>bassoon</u>
□ Seinnim ar an basún. I play the bassoon.

bata MASC NOUN4
<u>stick</u>
□ bata siúil a walking stick
■ **Tugadh bata is bóthar dó.** He was sacked.

bataire MASC NOUN4
<u>battery</u>

báúil ADJECTIVE
<u>sympathetic</u>
■ **Tá sí báúil leis an gcúis.** She sympathizes with the cause.

BCE ABBREVIATION *(= Banc Ceannais na hEorpa)*
<u>ECB</u> *(= European Central Bank)*

beacán MASC NOUN1
<u>mushroom</u>
■ **beacán bearaigh** a toadstool

beach FEM NOUN2
<u>bee</u>
■ **beach chapaill** a wasp

beacht ADJECTIVE
<u>exact</u>
□ tomhas beacht an exact measure

beag (PL **beaganna**) MASC NOUN1
▷ *see also* **beag** ADJECTIVE
<u>small amount</u>
■ **Tá an bóthar díreach, a bheag nó a mhór.** The road is straight, more or less.
■ **Déan a bheag nó a mhór de.** Make what you like of it.

beag (COMPAR **lú**) ADJECTIVE
▷ *see also* **beag** MASC NOUN1
1 <u>small</u>
□ Carr beag a bhí ann, ach d'éirigh linn brú isteach. It was a small car, but we managed to squeeze in.
2 <u>slight</u>
□ fadhb bheag a slight problem
■ **Tháinig feabhas beag air i rith na hoíche.** He improved slightly during the night.
■ **Is beag nár thit mé.** I nearly fell.
■ **le blianta beaga anuas** in the last few years

beagán MASC NOUN1
▷ *see also* **beagán** ADVERB
<u>a little</u> *(small amount)*
□ Tabhair beagán eile dom. Give me a little more.
■ **Is buí le bocht an beagán.** Beggars can't be choosers.
■ **i mbeagán focal** in short

beagán ADVERB

▷ *see also* **beagán** MASC NOUN1

rather

□ Tá sé beagán fuar inniu. It's rather cold today.

beagnach ADVERB

almost

□ Is féidir stampaí a cheannach beagnach áit ar bith. You can buy stamps almost anywhere. □ Bhíomar beagnach marbh leis an teas. We were almost dead with the heat.

■ **beagnach trí mhíle ó bhaile** nearly three miles from home

beairic FEM NOUN2

barracks

béal MASC NOUN1

1 mouth *(of person, animal)*

□ Bhí milseán ina béal ag Máire. Mary had a sweet in her mouth.

■ **Ná lig thar do bhéal é.** Don't breathe a word of it.

■ **Labhair siad as béal a chéile.** They all spoke at once.

■ **Abair suas lena bhéal é.** Say it to his face.

2 edge

□ i mbéal na trá at the water's edge

■ **Bhí sé ina chónaí i mbéal an dorais againn.** He lived right next door to us.

■ **Rachaidh mé ann ar béal maidine.** I'll go first thing in the morning.

■ **Thiontaigh an bád béal fúithi.** The boat capsized.

bealach (PL **bealaí**) MASC NOUN1

1 way

□ Cén bealach? — An bealach seo. Which way? — This way. □ Stadamar ar an mbealach. We stopped on the way. □ bealach níos fearr chun é a dhéanamh a better way to do it

2 channel *(on TV)*

3 road

□ bealach mór a main road

4 route

□ an bealach is dírí the most direct route

■ **Chuamar bealach Dhoire.** We went via Derry.

■ **bealach amach** exit □ Ní féidir liom an bealach amach a fháil. I can't find the exit.

■ **ar bhealach** in a way

■ **bheith sa bhealach ar dhuine** to be in somebody's way

bealaí ▷ *see* **bealach**

bealaithe ADJECTIVE

greasy

□ Tá gruaig bhealaithe air. He has greasy hair.

béaldath (PL **béaldathanna**) MASC NOUN3

lipstick

Béal Feirste MASC NOUN

Belfast

□ Tháinig sé as Béal Feirste leis an traein. He came from Belfast by train.

Bealtaine FEM NOUN4

May

□ Is é an 2ú lá de Bhealtaine an spriocdháta. The deadline is May 2nd.

■ **i mí Bhealtaine** in May

■ **bheith idir dhá thine Bhealtaine** to be in a quandary

bean (GEN SING, PL **mná**, GEN PL **ban**) FEM NOUN

1 woman

□ Bhí bean éigin ar do lorg. Some woman was looking for you.

2 wife

□ Seán agus a bhean John and his wife

■ **Is bean tí í.** She's a housewife.

■ **Bean Mhic Gabhann** Mrs Smith

■ **bean rialta** a nun

■ **'Mná'** *(sign)* 'Ladies'

beannacht FEM NOUN

benediction *(religious)*

■ **Beannacht Dé ort.** God bless you.

■ **Beir mo bheannacht chuige.** Give him my regards.

beannaigh VERB [12]

to bless

□ Bheannaigh an Pápa an slua. The Pope blessed the crowd.

■ **Bheannaigh sí dom ag dul thart di.** She greeted me as she passed.

■ **Ní bheannaíonn siad dá chéile.** They don't speak.

beannaithe ADJECTIVE

holy

beannú MASC NOUN

greeting

beár MASC NOUN1

bar *(in pub)*

béar MASC NOUN1

bear

□ béar bán a polar bear

beara ▷ *see* **bior**

bearbóir MASC NOUN3

barber

Béarla MASC NOUN4

English *(language)*

□ Is cor cainte Béarla é. It's an English expression. □ céim i mBéarla a degree in English

Béarlóir MASC NOUN3
English speaker

bearna FEM NOUN4
gap
□ Tá bearna san fhál. There's a gap in the hedge. □ bearna ceithre bliana a gap of four years
■ **Líon isteach na bearnaí.** Fill in the blanks.

bearnach ADJECTIVE
incomplete

bearnas MASC NOUN1
pass (in mountains)

bearr VERB [14]
1 to clip (hair, nails)
2 to shave (beard)

bearradh MASC NOUN
shave
■ **bearradh gruaige** a haircut □ Tá mé díreach tar éis bearradh gruaige a fháil. I've just had a haircut.
■ **bearradh agus séideadh tirim** a cut and blow-dry

beart (PL **bearta**) MASC NOUN1
1 parcel
□ Fuair mé beart sa phost. I got a parcel in the post.
2 plan
□ Níor cuireadh an beart i gcrích riamh. The plan didn't work out.
3 byte (computing)
■ **B'amaideach an beart aige é.** It was a silly thing for him to do.
■ **Déanfaidh sé sin an beart i gceart.** That will do nicely.
■ **i mbearta crua** in dire straits

beartaigh VERB [12]
1 to plot
□ Bhí siad ag beartú in aghaidh an rialtais. They were plotting against the government.
2 to decide
□ Bheartaigh sí imeacht. She decided to go.
■ **Sin an rud a bhí beartaithe acu.** That's what they intended to do.

beartaíocht FEM NOUN3
tactics

béas (GEN SING, PL **béasa**, GEN PL **béas**)
MASC NOUN3
1 habit
□ Rinne siad béas de bheith ag teacht an bealach seo. They got into the habit of coming this way.
2 manners
□ Bíodh béasa ort! Mind your manners!

■ **Ní maith an béas é sin agat.** That's no way to behave.

béasach ADJECTIVE
polite

beatha FEM NOUN4
1 life
■ **Tá an fear sin ina bheatha fós.** That man is still alive.
2 living
□ Bhain sé a bheatha as an iascaireacht. He made his living from fishing. □ Cad é a dhéanann sí lena beatha a thabhairt i dtír? What does she do for a living?
3 food
□ Tá an bheatha daor ar na saolta seo. Food is expensive these days.
■ **Thug sí beatha do na cearca.** She fed the hens.
■ **beatha dhuine a thoil** each to his own

beathaigh VERB [12]
to feed (person, animal)

beathaithe ADJECTIVE
fat (person, animal)

béic VERB [13]
▷ see also **béic** FEM NOUN2
to yell

béic FEM NOUN2
▷ see also **béic** VERB
yell
■ **Lig se béic orainn.** He yelled at us.

béil ADJECTIVE
oral
□ an traidisiún béil the oral tradition

béile MASC NOUN4
meal
□ béile den chéad scoth a first-class meal

Beilg FEM NOUN2
■ **an Bheilg** Belgium □ sa Bheilg in Belgium

Beilgeach ADJECTIVE, MASC NOUN1
Belgian
□ seacláid Bheilgeach Belgian chocolate
□ Is Beilgeach í. She's Belgian.
■ **na Beilgigh** (people) the Belgians

beilt (PL **beilteanna**) FEM NOUN2
belt

béim (PL **béimeanna**) FEM NOUN2
1 stress
□ Tá an bhéim ar an gcéad siolla. The stress is on the first syllable.
■ **Cuireadh béim ar an bpointe sin.** That point was emphasized.
2 blow
■ **béim ghréine** sunstroke

beir VERB [2]
1 to give birth to
  □ Rugadh mac di. She gave birth to a son.
  ■ **Cár rugadh í?** Where was she born?
2 to lay *(egg)*
  □ Tá na cearca ag breith. The hens are laying.
3 to take
  □ Beir leat an mála sin. Take that bag with
  you. □ Bhí an chuideachta ag breith
  buntáiste ar na fostaithe. The company was
  taking advantage of the employees.
4 to catch
  □ Rug sé ar an liathróid. He caught the ball.

beirigh VERB [11]
1 to boil
2 to bake *(bread)*

béirín MASC NOUN4
  teddy bear

beiriste MASC NOUN4
  bridge
  □ Bhí siad ag imirt beiriste. They were
  playing bridge.

beirt (PL **beirteanna**) FEM NOUN2
1 two *(people)*
  □ Tá iníon agus beirt mhac acu. They've got
  a girl and two boys. □ Chuaigh beirt phóilíní
  thart. Two policemen went by.
  ■ **ina mbeirteanna** in twos
2 both
  □ Is múinteoirí muid beirt. We are both
  teachers. □ D'fhág siad beirt. Both of them
  left.

beithíoch MASC NOUN1
  animal
  ■ **beithíoch allta** a wild beast

beo MASC NOUN4
  ▷ *see also* **beo** ADJECTIVE
1 life
  □ Shábháil na fir dhóiteáin a bheo. The
  firemen saved his life. □ Ní rachainn ar ais
  dá mbeadh mo bheo i ngeall air. I wouldn't
  go back if my life depended on it.
2 living
  □ Tá a mbeo ar an iascaireacht. They make
  their living from fishing.

beo ADJECTIVE
  ▷ *see also* **beo** MASC NOUN4
  alive
  □ Tá a n-athair beo beathach go fóill. Their
  father is still alive and well.
  ■ **Bhí an baile beo le daoine.** The town
  was full of people.
  ■ **bolcán beo** an active volcano
  ■ **sreang bheo** *(electrical)* a live wire
  ■ **Tar anseo go beo!** Come here quick!

beoga ADJECTIVE
1 lively
  □ ceol beoga lively music
2 vivid
  □ cuntas beoga a vivid account

beoir (GEN SING **beorach**, PL **beoracha**)
  FEM NOUN
  beer
  □ canna beorach a can of beer

bh *(remove "h")*

bhur ADJECTIVE
  your *(plural)*
  □ bhur gcarr your car □ bhur mála your bag
  □ bhur n-uncail your uncle

bí VERB [3]
  to be
  □ Ba mhaith liom bheith i mo dhochtúir.
  I'd like to be a doctor. □ Ná bí dalba! Don't
  be cheeky!
  ■ **bheith go maith** to be well

bia (PL **bianna**) MASC NOUN4
1 food
  □ An maith leat bia Síneach? Do you like
  Chinese food?
  ■ **bia beagmhaitheasa** junk food
  ■ **bia folláin** health food
  ■ **bia mara** seafood
2 meal
  □ Réitigh Emma bia dúinn. Emma prepared
  a meal for us.
  ■ **bia agus leaba** board and lodging

biabhóg FEM NOUN2
  rhubarb
  □ toirtín biabhóige a rhubarb tart

biachlár MASC NOUN1
  menu
  □ biachlár socraithe a set menu

bialann FEM NOUN2
  restaurant
  □ bialann Shíneach a Chinese restaurant

biatas MASC NOUN1
  beetroot
  ■ **biatas siúcra** sugar beet

bibe MASC NOUN4
  bib

bicíní MASC NOUN4
  bikini

bídeach ADJECTIVE
  tiny
  □ rud beag bídeach a little tiny thing

bileog FEM NOUN2
  leaflet
  □ Bhí daoine ag tabhairt amach bileog ag an
  gcruinniú. People were distributing leaflets
  at the meeting.

■ **bileog pháipéir** a sheet of paper
■ **bileog nuachta** a newsletter
■ **bileog oibre** a worksheet

bille MASC NOUN4
bill
□ An bille, le do thoil. The bill, please.

billéardaí PL NOUN
□ D'imríomar billéardaí aréir. We played billiards last night.

billiún MASC NOUN1
billion
□ billiún euro a billion euros

bindealán MASC NOUN1
bandage
□ Chuir an bhanaltra bindealán ar a lámh. The nurse put a bandage on his arm.

binn (PL **beanna**, GEN PL **beann**) FEM NOUN2
▷ see also **binn** ADJECTIVE
1 cliff
□ Thit an carr le binn. The car fell down the cliff.
2 gable (of house)

binn ADJECTIVE
▷ see also **binn** FEM NOUN2
sweet (sound)
□ glór binn a sweet voice

binse MASC NOUN4
bench
■ **binse oibre** a workbench

Bíobla MASC NOUN4
Bible

biocáire MASC NOUN4
vicar

bíogúil ADJECTIVE
lively (music)

biongó MASC NOUN4
bingo

bior (GEN SING **beara**, PL **bioranna**) MASC NOUN3
point
□ peann luaidhe le bior géar a pencil with a sharp point
■ **bior a chur ar pheann luaidhe** to sharpen a pencil
■ **bior fiacla** a toothpick
■ **bior seaca** an icicle
■ **bheith ar bior le rud a dhéanamh** to be dying to do something

biorán MASC NOUN1
pin
□ biorán dúnta a safety pin □ biorán gruaige a hairpin
■ **biorán cniotála** a knitting needle
■ **rud a bheith ar na bioráin agat** to have something in hand

bioróir MASC NOUN3
■ **bioróir peann luaidhe** pencil sharpener

biotáille FEM NOUN4
spirits
□ Ní ólaim biotáille. I don't drink spirits.
■ **biotáille mheitileach** methylated spirit

bís FEM NOUN2
1 spiral
□ staighre bíse a spiral staircase
2 vice (tool)
■ **Bhíomar ar bís leis an mbabhta ceannais a fheiceáil.** We couldn't wait to see the final.

biseach MASC NOUN1
improvement (in health)
■ **Tá biseach orm.** I'm better.
■ **Fuair sé biseach.** He recovered.
■ **bliain bhisigh** a leap year

bisigh VERB [11]
to improve (health)

bith MASC NOUN3
■ **ar bith 1** any □ An bhfuil im ar bith agat? Have you any butter? □ An bhfuil clann ar bith agat? Have you any children? **2** (with negative) no □ Níl am ar bith le cur amú. There's no time to waste.
■ **ar scor ar bith** anyway
■ **ar chor ar bith** at all
■ **áit ar bith** anywhere □ Ní fheicim áit ar bith é. I don't see him anywhere. □ Is féidir stampaí a cheannach beagnach áit ar bith. You can buy stamps almost anywhere.
■ **duine ar bith 1** anybody □ Is féidir le duine ar bith snámh a fhoghlaim. Anybody can learn to swim. □ Ní fheicim duine ar bith. I don't see anybody. **2** nobody □ Níor tháinig duine ar bith. Nobody came.
■ **rud ar bith 1** anything □ Ní chluinim rud ar bith. I don't hear anything. □ Ar mhaith leat rud ar bith le hithe? Would you like anything to eat? **2** nothing □ Níl rud ar bith cosúil leis. There's nothing like it.

bitheolaíocht FEM NOUN3
biology

bladhaire MASC NOUN4
flame

bladhm (PL **bladhmanna**) FEM NOUN3
flame

blagadach ADJECTIVE
bald

blagaid FEM NOUN2
bald head
■ **Tá blagaid ann.** He's bald.

blaincéad MASC NOUN1
blanket
□ blaincéad leictreach an electric blanket

Irish-English

b

blais VERB [15]
to taste (*food, wine*)
blaistigh VERB [11]
to season (*food*)
blaistiú MASC NOUN
seasoning (*of food*)
blaosc FEM NOUN2
1 skull (*of person, animal*)
2 shell (*of egg, nut, crab*)
blár MASC NOUN1
field
■ **blár catha** a battlefield
blas (PL **blasanna**) MASC NOUN1
1 flavour
□ Tá blas iontach láidir air. It has a very strong flavour. □ Cén blas d'uachtar reoite ba mhaith leat? Which flavour of ice cream would you like?
■ **Cad é an blas atá air?** What does it taste like?
■ **Tá blas an éisc air.** It tastes of fish.
2 accent
□ blas Albanach a Scottish accent □ Tá blas coimhthíoch ar a chuid cainte. He has a foreign accent.
blastán MASC NOUN1
seasoning
bláth (PL **bláthanna**) MASC NOUN3
flower
bláthadóir MASC NOUN3
florist
bleachtaire MASC NOUN4
detective
□ Is bleachtaire príobháideach é. He's a private detective.
bleachtaireacht FEM NOUN3
■ **úrscéal bleachtaireachta** a detective novel
bléasar MASC NOUN1
blazer
bliain (PL **blianta**) FEM NOUN3
year
□ Tá sé dífhostaithe le bliain. He's been unemployed for a year. □ Tá mo dheirfiúr san Astráil ar a bliain amuigh. My sister's in Australia on her gap year.
■ **an bhliain seo chugainn** next year
■ **An Bhliain Úr** the New Year
■ **bliain bhisigh** a leap year
■ **in aghaidh na bliana** per annum

> LANGUAGE TIP Numbers in Irish are usually followed by a singular noun, but to translate 'years' after numbers 3 to 10 use the plural form **bliana**.

□ trí bliana three years □ ocht mbliana

eight years □ deich mbliana ten years
■ **fiche bliain ó shin** 20 years ago
bliantúil ADJECTIVE
annual
□ cruinniú bliantúil an annual meeting
bliosán MASC NOUN1
artichoke
blípire MASC NOUN4
bleeper
bloc MASC NOUN1
block
□ Tá sí ina cónaí i mbloc s'againne. She lives in our block.
bloclitreacha FEM PL NOUN
block capitals
blogh FEM NOUN3
fragment
blúire MASC NOUN4
scrap
□ blúire páipéir a scrap of paper
blús (PL **blúsanna**) MASC NOUN1
blouse
bó (PL **ba**, GEN PL **bó**) FEM NOUN
cow
bob (PL **bobanna**) MASC NOUN4
trick
■ **bob a bhualadh ar dhuine** to play a trick on somebody
bobghaiste MASC NOUN4
booby trap
boc MASC NOUN1
buck (*male deer*)
■ **boc mór** a big shot
■ **an boc mór** the big fellow
bocáil VERB [25]
1 to toss
□ Bhí an bád á bocáil ar na tonnta. The boat was being tossed about on the waves.
2 to bounce
□ Bhocáil sé an liathróid in aghaidh an bhalla He bounced the ball against the wall.
bocaire MASC NOUN4
muffin (*cake*)
bocht ADJECTIVE
poor
□ Bhí a mhuintir bocht. His family were poor. □ An diabhal bocht! The poor devil!
■ **Tá oíche bhocht ann.** It's an awful night.
bochtaineacht FEM NOUN3
poverty
bod MASC NOUN1
penis
bodhar (PL **bodhra**) ADJECTIVE
deaf
□ Tá sí bodhar balbh. She's deaf and dumb.

bodhraigh VERB [12]
1 to deafen
  □ Bhodhródh an gleo san áit seo thú.
  The noise in this place would deafen you.
2 to bother
  □ Ná bodhraigh mé leis. Don't bother me
  with it.
bodhrán MASC NOUN1
  hand drum *(in traditional music)*
bog VERB [14]
  ▷ *see also* **bog** ADJECTIVE
  to move
  □ Ní thiocfadh liom mo chos a bhogadh.
  I couldn't move my leg. □ Caithfimid na
  málaí a bhogadh. We have to move the
  bags. □ Níor bhog sé ó shin. He hasn't
  moved since.
  ■ **D'fhanamar gan bogadh.** We remained
  perfectly still.
  ■ **Bog leat!** Clear off!
bog ADJECTIVE
  ▷ *see also* **bog** VERB
1 soft
  □ leaba bhog a soft bed □ éadach bog soft
  material □ croí bog a soft heart
2 tender
  □ feoil bhog tender meat
3 easy *(life, work)*
  ■ **bheith bog le duine** to go easy on
  somebody
bogadh (GEN SING **bogtha**) MASC NOUN
  movement
  ■ **Níl bogadh ann.** He can't move.
bogearraí MASC PL NOUN4
  software *(computing)*
  □ bogearraí frithvíreas antivirus software
bogha (PL **boghanna**) MASC NOUN4
  bow *(weapon, for musical instrument)*
  □ bogha agus saigheada a bow and arrows
  ■ **bogha báistí** a rainbow
bogshodar MASC NOUN1
  jogging
  □ Téim ag bogshodar gach maidin. I go
  jogging every morning.
bogtha ▷ *see* **bogadh**
bogthe ADJECTIVE
  lukewarm
boilgeog FEM NOUN2
  bubble
boilsciú MASC NOUN
  inflation *(financial)*
bóín FEM NOUN4
  ■ **bóín Dé** a ladybird
boiseog FEM NOUN2
  slap

  ■ **boiseog a thabhairt do dhuine** to slap
  somebody
Boisnia FEM NOUN4
  Bosnia
bóitheach MASC NOUN1
  byre
bóithre ▷ *see* **bóthar**
bóithrín MASC NOUN4
  lane
bólacht FEM NOUN3
  cattle
boladh (PL **bolaithe**) MASC NOUN1
  smell
  □ boladh bréan a nasty smell
bolaigh VERB [12]
  to smell
bolb MASC NOUN1
  caterpillar
bolcán MASC NOUN1
  volcano
bolg MASC NOUN1
1 stomach *(abdomen)*
2 hold *(of ship)*
bolgán MASC NOUN1
  bubble
  ■ **bolgán solais** a light bulb
bolgóid FEM NOUN2
  bubble
bollaí MASC PL NOUN4
  bowls
  □ Imríonn siad bollaí ar an Domhnach.
  They play bowls on Sundays.
bollán MASC NOUN1
  boulder
bolscaire MASC NOUN4
  announcer
bolscaireacht FEM NOUN3
1 commercial *(on TV, radio)*
2 publicity
  □ Ní raibh sé ach ag déanamh
  bolscaireachta dá chomhlacht féin. He was
  only creating publicity for his own company.
bolta MASC NOUN4
  bolt *(on door)*
bomaite MASC NOUN4
  minute
  □ idir 15 agus 20 bomaite between 15 and
  20 minutes □ An dtiocfadh leat fanacht cúpla
  bomaite? Could you wait a couple of minutes?
  □ Tharraing siad siar ag an mbomaite
  deiridh. They backed out at the last minute.
bómánta ADJECTIVE
  stupid
  □ Rud bómánta ar fad a rinne mé! That was
  a really stupid thing I did!

Irish-English

b

■ **go bómánta** stupidly □ D'amharc sé orm go bómánta. He looked at me stupidly.

bóna MASC NOUN4
collar

bónas MASC NOUN1
bonus

bonn MASC NOUN1
1 sole (of shoe, foot)
■ **bonn istigh** an insole
■ **dul ar do cheithre boinn** to go on all fours
■ **ar aon bhonn** on equal footing
2 basis
□ An bhfuil bonn ar bith leis an scéal sin? Is there any basis for that story?
3 medal
□ an bonn cré-umha the bronze medal
4 coin
□ bonn 2 euro a 2 euro coin
■ **bonn deich bpingine** a ten-pence piece
■ **gan phingin gan bhonn** penniless
■ **láithreach bonn** immediately
□ Féachfaidh mé chuige láithreach bonn. I'll see to it immediately.

bonnán MASC NOUN1
1 horn (of car)
2 siren (of police car, ambulance)

bonnóg FEM NOUN2
scone

bonsach FEM NOUN2
javelin

borb ADJECTIVE
1 harsh (voice)
2 rich
□ bia borb rich food

bord MASC NOUN1
1 table
□ bord darach an oak table
2 board
□ bord iarnála an ironing board
■ **bord bainstíochta** (of company) board
3 deck (of ship)
■ **ar bord loinge** on board
■ **thar bord** overboard

borradh (GEN SING **borrtha**) MASC NOUN
surge (of electricity)
■ **Tá borradh faoin eacnamaíocht i láthair na huaire.** The economy is expanding at present.

borróg FEM NOUN2
bun (small cake)

borrtha ADJECTIVE
swollen
■ **féitheacha borrtha** varicose veins

bos FEM NOUN2
palm (of hand)
■ **bualadh bos** a round of applause
■ **bos go cos** (Gaelic football) hand-to-toe
■ **airgead boise** ready cash
■ **ar iompú boise** instantly

bosca MASC NOUN4
box
□ bosca seacláidí a box of chocolates
□ bosca cairtchláir a cardboard box
■ **bosca bruscair** a bin
■ **bosca ceoil** an accordion
■ **bosca gutháin** a phone box
■ **bosca litreach** a postbox

both (PL **bothanna**) FEM NOUN3
1 hut
2 kiosk
□ both nuachtán a news kiosk

bothán MASC NOUN1
1 cabin
2 shed
■ **bothán na gcearc** a henhouse

bóthar (PL **bóithre**) MASC NOUN1
road
□ bóthar leathan a wide road □ An é seo an bóthar ceart chun na Gaillimhe? Is this the right road for Galway?
■ **Tugadh an bóthar dó.** He was sacked.

bothóg FEM NOUN2
cabin

botún MASC NOUN1
mistake
□ botún litrithe a spelling mistake
■ **botún a dhéanamh** to make a mistake
□ Tá brón orm, rinne mé botún. I'm sorry, I made a mistake.

brabach MASC NOUN1
profit
■ **brabach a bhreith ar dhuine** to take advantage of somebody

brabhsálaí MASC NOUN4
browser
□ brabhsálaí gréasáin a web browser

brabús MASC NOUN1
profit
□ Shocraigh siad ar an mbrabús a roinnt. They decided to split the profits.

brabúsach ADJECTIVE
profitable

brac MASC NOUN1
bracket (for shelf)

brách NOUN
■ **go brách 1** for ever □ Beidh cuimhne orthu go brách. They'll be remembered for ever. **2** never □ Ní thiocfaidh sí ar ais go

b

brách. She'll never come back. □ Is fearr go mall ná go brách. Better late than never.
■ **As go brách leo!** Off they went!

brachán MASC NOUN1
porridge
■ **brachán a dhéanamh de rud** to make a mess of something

brád ▷ see **bráid**

bradán MASC NOUN1
salmon

brádán MASC NOUN1
drizzle

bráid (GEN SING **brád**, PL **bráide**) FEM NOUN
neck
■ **dealbh bhrád** (sculpture) a bust

braillín FEM NOUN2
sheet (on bed)

brainse MASC NOUN4
branch

bráisléad MASC NOUN1
bracelet

braith VERB [16]
1 to feel
□ pian a bhrath to feel pain
■ **Bhraith mé go raibh duine éigin ag breathnú orm.** I sensed somebody was watching me.
2 to intend
□ Tá mé ag brath fanacht. I intend to stay.
3 to depend
□ Braitheann sé! That depends! □ ag brath ar an toradh depending on the result □ Ná bí ag brath air. Don't depend on him.

bráithre ▷ see **bráthair**

branda MASC NOUN4
1 brand
□ branda caifé atá i mbéal an phobail a well-known brand of coffee
2 brandy

braon (PL **braonta**) MASC NOUN1
drop
□ braon uisce a drop of water □ braon beag eile a little drop more

Brasaíl FEM NOUN2
■ **an Bhrasaíl** Brazil □ sa Bhrasaíl in Brazil

brat MASC NOUN1
1 cloak
2 curtain (in theatre)
3 coat
□ brat péinte a coat of paint
4 layer
□ brat réidh sneachta an even layer of snow
□ an brat ózóin the ozone layer
■ **brat deataigh** a smoke screen
■ **brat urláir** a carpet

bratach FEM NOUN2
flag (banner)

brathadóir MASC NOUN3
■ **brathadóir miotail** a metal detector

bráthair (GEN SING **bráthar**, PL **bráithre**) MASC NOUN
brother
□ an Bráthair Pádraig Brother Patrick

breá (GEN SING MASC **breá**, GEN SING FEM, PL, COMPAR **breátha**) ADJECTIVE
1 excellent
□ Is breá an ceoltóir é. He's an excellent musician.
2 grand
□ Tá Síle ina cónaí i dteach an-bhreá. Sheila lives in a very grand house.
3 fine
□ lá breá a fine day □ Tá sé go breá anois. He's fine now.
■ **Ba bhreá liom dul.** I'd love to go.
■ **Is breá liom seacláid.** I love chocolate.

breacadh MASC NOUN
■ **le breacadh an lae** at daybreak

breacán NOUN MASC NOUN1
tartan
□ ruga breacáin a tartan rug

bréag FEM NOUN2
lie
□ Bréag atá an! That's a lie! □ Ní insím bréaga riamh. I never tell lies.

bréagach ADJECTIVE
false

bréagadóir MASC NOUN3
liar

bréagán MASC NOUN1
toy

bréagéide FEM NOUN4
fancy dress

bréagfholt MASC NOUN1
wig

bréagriocht (GEN SING **bréagreachta**) MASC NOUN3
disguise

breall FEM NOUN2
blemish
■ **Tá breall ort.** You are badly mistaken.

breallán MASC NOUN1
fool

bréan ADJECTIVE
smelly
■ **Tá boladh bréan as.** It smells terrible.
■ **bheith bréan de rud** to be tired of something □ Tá mé bréan bailithe de. I'm really tired of it.

b

Breatain FEM NOUN2
- **an Bhreatain** Britain □ sa Bhreatain in Britain
- **an Bhreatain Mhór** Great Britain
- **an Bhreatain Bheag** Wales

breátha ▷ see **breá**

breáthacht FEM NOUN3
beauty

breathnaigh VERB [12]
1 to look
- □ Tá tú ag breathnú go maith. You are looking well.
2 to watch
- □ Bhíomar ag breathnú ar chlár spóirt. We were watching a sports programme.
3 to look at
- □ Breathnaigh a bhfuil de charranna ann! Look at all the cars!
4 to look after
- □ Bhí Sorcha ag breathnú i ndiaidh an tseanduine. Sarah was looking after the old man.
5 to review
- □ Breathnófar an cás arís i gceann bliana. The case will be reviewed after a year.

breathnóir MASC NOUN3
1 spectator (at event)
2 viewer (TV)

Breatnach ADJECTIVE
▷ see also **Breatnach** MASC NOUN1
Welsh

Breatnach MASC NOUN1
▷ see also **Breatnach** ADJECTIVE
Welshman
- **Breatnach mná** a Welshwoman

Breatnais FEM NOUN2
Welsh (language)

bréid (PL **bréideanna**) MASC NOUN4
bandage
- □ Chuir sí bréid ar mo mhéar. She put a bandage on my finger.

bréidín MASC NOUN4
tweed

bréige ADJECTIVE
false
- □ ainm bréige a false name
- **deora bréige** crocodile tears

breis (PL **breiseanna**) FEM NOUN2
top-up (for mobile phone)
- □ Glaoigh ar an uimhir seo chun breis a fháil. Phone this number to get a top-up.
- **breis agus** more than □ Tá breis agus bliain ó bhí sé anseo. It's more than a year since he was here.

breise ADJECTIVE
extra
- □ blaincéad breise an extra blanket
- **am breise** (in game) extra time

breith (PL **breitheanna**) FEM NOUN2
1 sentence
- □ breith an bháis a death sentence
2 verdict (of jury)
3 birth
- □ dáta breithe date of birth
- **lá breithe** birthday

breitheamh (PL **breithiúna**) MASC NOUN1
judge

breitheanna ▷ see **breith**

breithiúnas MASC NOUN1
judgement
- **Fágfaidh mé ar do bhreithiúnas féin é.** I'll leave it up to you to decide.
- **breithiúnas aithrí** penance

breithlá MASC NOUN
birthday
- □ Cá huair a bhíonn do bhreithlá ann? When's your birthday?

breoite ADJECTIVE
ill

breoiteacht FEM NOUN3
illness

breosla MASC NOUN4
fuel

brí (PL **bríonna**) FEM NOUN4
1 strength
- **bheith in ísle brí** to be run down
2 meaning
- □ Cad is brí don fhocal sin? What's the meaning of that word?
- **Sin an bhrí a bhain mé as.** That's what I understood by it.
- **de bhrí go** because
- **dá bhrí sin** therefore

briathar (PL **briathra**) MASC NOUN1
verb
- □ briathar rialta a regular verb

bríce MASC NOUN4
brick
- □ balla bríce a brick wall

bríceadóir MASC NOUN3
bricklayer

bricfeasta MASC NOUN4
breakfast
- □ Cad é ba mhaith leat le haghaidh bricfeasta? What would you like for breakfast?

bricín MASC NOUN4
freckle

brídeach FEM NOUN2
bride

Brídíní FEM PL NOUN4
Brownies
briocht MASC NOUN3
charm *(object)*
□ briocht óir a gold charm
briogáid FEM NOUN2
brigade
□ briogáid dóiteáin fire brigade
brionglóid FEM NOUN2
dream
□ Ní raibh ann ach brionglóid. It was just a
dream.
■ **Rinneadh brionglóid dom go raibh mé
sa Róimh.** I dreamt I was in Rome.
brionglóideach FEM NOUN2
dreaming
■ **bheith ag brionglóideach ar rud** to be
dreaming of something
bríonna ▷ *see* **brí**
briosca MASC NOUN4
biscuit
□ Thum sé an briosca ina chuid tae.
He dipped the biscuit into his tea.
brioscán MASC NOUN1
crisp
□ brioscáin phrátaí potato crisps □ mála
brioscán a bag of crisps
brioscarán MASC NOUN1
shortbread
Briotanach ADJECTIVE
British
■ **na Briotanaigh** *(people)* the British
■ **na hOileáin Bhriotanacha** the British
Isles
bris VERB [15]
▷ *see also* **bris** FEM NOUN2
to break
□ Bí cúramach, brisfidh tú rud éigin!
Careful, you'll break something! □ Bhris mé
mo chos. I broke my leg.
■ **Briseadh an ghloine.** The glass was
smashed.
■ **d'fhocal a bhriseadh** to break one's
word
■ **bris isteach** *(burglar)* to break in
■ **Briseadh as a phost é.** He was dismissed
from his post.
■ **seic a bhriseadh** to cash a cheque
bris FEM NOUN2
▷ *see also* **bris** VERB
loss
□ Ní maith liom do bhris. My condolences
on your loss.
briseadh (GEN SING **briste**, PL **bristeacha**)
MASC NOUN

1 break
□ Bhí briseadh sa chlár. There was a break
in the programme.
2 fracture
□ briseadh simplí a simple fracture
3 defeat
□ briseadh Eachroma the defeat at Aughrim
4 change
□ briseadh puint change of a pound
briste ADJECTIVE
broken
□ Tá sé briste. It's broken. □ cos bhriste
a broken leg
■ **Tá a croí briste.** She's heartbroken.
bríste MASC NOUN4
trousers
□ Dhoirt sé caifé ar a bhríste. He spilled
coffee on his trousers.
■ **bríste deinim** denims
■ **bríste géine** jeans
■ **bríste snámha** swimming trunks
bristeacha ▷ *see* **briseadh**
brístín MASC NOUN4
pants *(women's)*
broc MASC NOUN1
badger
brocailí MASC NOUN4
broccoli
brocamas MASC NOUN1
dirt
bród MASC NOUN1
pride
■ **Tá bród orm as.** I'm proud of it.
bródúil ADJECTIVE
proud
bróg FEM NOUN2
shoe
□ bróga cothroma flat shoes □ bróga
faoi shála arda high-heeled shoes
□ Roghnaigh sí na bróga dearga faoi
dheireadh. She finally chose the red
shoes.
■ **bróga gleacaíochta** gym shoes
■ **bróga móra** boots
■ **bróga peile** football boots
■ **bróga siúil** walking shoes
■ **bróga traenála** trainers
broghach ADJECTIVE
dirty
broidiúil ADJECTIVE
busy
bróidnéireacht FEM NOUN3
embroidery
broidtráth MASC NOUN3
rush hour

broincíteas MASC NOUN1
bronchitis

broinn (PL **broinnte**) FEM NOUN2
womb

bróisiúr MASC NOUN1
brochure

bróiste MASC NOUN4
brooch

brollach MASC NOUN1
1 breast
□ brollach sicín a chicken breast
2 foreword (in book)

brón MASC NOUN1
sadness
■ **Tá brón uirthi.** She's sad.
■ **Tá brón orm cur isteach ort.** I'm sorry
to disturb you.

brónach ADJECTIVE
sad

bronnadh (GEN SING **bronnta**, PL **bronntaí**)
MASC NOUN
presentation
■ **bronnadh na gcéimeanna** graduation
■ **bronnadh duaiseanna** prizegiving

bronntanas MASC NOUN1
present
□ Fuair mé cuid mhaith bronntanas. I got
lots of presents. □ Bhaineamar na clúdaigh
de na bronntanais Nollag. We unwrapped
the Christmas presents.

bronntóir MASC NOUN3
donor

brostaigh VERB [12]
to hurry
□ Brostaigh ort! Hurry up!

brú MASC NOUN4
1 bruise
2 pressure
□ brú fola blood pressure □ brú boinn tyre
pressure
■ **bheith faoi bhrú** to be under pressure
■ **brú tráchta** a traffic jam □ Bhíomar gafa
i mbrú tráchta. We got stuck in a traffic jam.
3 hostel
□ Tá brú na hóige gar don stáisiún. The
youth hostel is close to the station.

bruach MASC NOUN1
1 bank (of river, lake)
■ **cur thar bruach** (river) to overflow
2 shore (of sea)

bruachbhaile (PL **bruachbhailte**) MASC
NOUN4
suburb
□ bruachbhaile de chuid Bhaile Átha Cliath
a suburb of Dublin

brúcht VERB [25, VA brúchta]
to erupt (volcano)

brúchtadh (GEN SING **brúchta**) MASC NOUN
eruption (of volcano)

brúigh VERB [24]
1 to crush
□ Brúdh cuid mhór daoine nuair a thit an
díon. Many people were crushed when the
roof collapsed.
2 to push
□ Brúigh an cnaipe. Push the button.
3 to mash (potatoes)

bruíon (PL **bruíonta**) FEM NOUN2
1 fight (physical)
2 quarrel (argument)

Bruiséil FEM NOUN2
■ **an Bhruiséil** Brussels □ sa Bhruiséil in
Brussels

bruite ADJECTIVE
boiled
□ ubh bhruite a boiled egg □ prátaí bruite
boiled potatoes

brúite ADJECTIVE
mashed (potatoes)

bruith VERB [16, VN bruith]
1 to bake (cake)
2 to boil (egg)
3 to burn
□ Bhruith mé mo mhéara. I burned my fingers.

brúitín MASC NOUN4
mashed potatoes
■ **brúitín a dhéanamh de rud** to crush
something

bruitíneach FEM NOUN2
measles
■ **bruitíneach dhearg** German measles

bruscar MASC NOUN1
rubbish
□ Bailítear an bruscar ar an Aoine. The
rubbish is collected on Fridays.

bruth MASC NOUN3
1 surf (waves)
2 rash (on skin)

bruthaire MASC NOUN4
cooker

bua (PL **buanna**) MASC NOUN4
1 victory
■ **an bua a fháil i gcluiche** to win a game
■ **Tá sé dóchasach go mbeidh an bua
aige.** He's hopeful of winning.
2 talent
□ Tá bua an cheoil ag Dave. Dave has a
talent for singing.

buacach ADJECTIVE
cheerful (person)

□ Tá sí go buacach inniu. She's very cheerful today.

buacaire MASC NOUN4
tap

buachaill MASC NOUN3
1 boy
□ Imríonn na buachaillí peil sa gharraí. The boys play football in the garden.
■ **buachaill bó** a cowboy
2 boyfriend
□ Tá buachaill nua aici anois. She has a new boyfriend now.

buaf FEM NOUN2
toad

buaigh VERB [24, VN buachan]
to win
□ Bhuamar an cluiche. We won the game.
□ Bhuaigh Áine an duais. Anne won the prize.
■ **buaigh ar** to defeat □ Buadh orainn sa chluiche ceannais. We were defeated in the final.

buail VERB [15, VN bualadh]
1 to hit
□ Bhuail sé an liathróid. He hit the ball.
□ Bualadh sa cheann é. He was hit on the head.
2 to beat
□ Buaileadh sa chluiche muid. We were beaten in the match.
3 to play
□ Buaileann sí ar an bpianó. She plays the piano.
4 to ring (bell)
5 to strike
□ Chuala mé an clog ag bualadh a deich. I heard the clock strike ten.
6 to knock
□ Bhí duine eigin ag bualadh ar an doras. Somebody was knocking on the door.
■ **buail isteach 1** to call in □ Buail isteach ar do bhealach abhaile. Call in on your way home. **2** (on computer) to key in
■ **bualadh le duine** to meet somebody

buaile (PL **buailte**) FEM NOUN4
■ **Níl an dara suí sa bhuaile agat.** You've no alternative.

buailte ADJECTIVE
defeated

buair VERB [13, VN buaireamh, VA buartha]
1 to bother
□ Ná buair mé leis! Don't bother me with it!
2 to worry
□ Ná buair do cheann faoi. Don't worry about it.

buairt (GEN SING **buartha**, PL **buarthaí**)
FEM NOUN3
worry

buaiteoir MASC NOUN3
winner

bualadh (GEN SING, PL **buailte**) MASC NOUN
beating
□ Fuair sé bualadh millteanach. He got an awful beating.
■ **bualadh bos** a round of applause

buama MASC NOUN4
bomb
□ buama adamhach an atomic bomb

buamadóir MASC NOUN3
bomber

buamáil VERB [25]
▷ see also **buamáil** FEM NOUN3
to bomb

buamáil FEM NOUN3
▷ see also **buamáil** VERB
bombing

buan ADJECTIVE
lasting
■ **cara buan** a firm friend

buanna ▷ see **bua**

buanordú MASC NOUN
standing order

buanseasmhach ADJECTIVE
reliable

buartha ADJECTIVE
sorry
□ Tá mé iontach buartha. I'm really sorry.
■ **Ná bí buartha.** Don't worry.

buatais FEM NOUN2
boot
■ **buataisí rubair** wellingtons

búcla MASC NOUN4
1 buckle
2 ringlet (in hair)

Búdachas MASC NOUN1
Buddhism

Búdaí MASC NOUN4
Buddhist

Búdaíoch ADJECTIVE
Buddhist

budragár MASC NOUN1
budgerigar

buí MASC NOUN4, ADJECTIVE
yellow
■ **Fear Buí** (informal) an Orangeman

buicéad MASC NOUN1
bucket

buidéal MASC NOUN1
bottle
□ buidéal fíona a bottle of wine

□ Coinníonn an buidéal seo lítear.
This bottle holds one litre.

buifé MASC NOUN4
buffet

buile FEM NOUN4
- **dul ar buile** to go mad
- **bheith ar buile le duine** to be furious with somebody
- **fear buile** a madman
- **buile bóthair** road rage

builín MASC NOUN4
loaf
□ builín aráin a loaf of bread

buille MASC NOUN4
blow
- **buille ar an gcloigeann** a bang on the head
- **buille faoi thuairim** a guess □ Tabhair buille faoi thuairim! Have a guess!
- **buille scoir** *(in boxing)* a knockout
- **ar bhuille a trí** on the stroke of three

buimpéis FEM NOUN2
pump *(shoe)*

buinneach FEM NOUN2
diarrhoea

buíocán MASC NOUN1
yolk *(of egg)*

buíoch ADJECTIVE
grateful

buíochas MASC NOUN1
thanks
- **buíochas a ghabháil le duine** to thank somebody □ Ná déan dearmad scríobh agus buíochas a ghabháil leo. Don't forget to write and thank them.
- **Buíochas le Dia!** Thank God!
- **Níl a bhuíochas ort!** *(reply to thanks)* Don't mention it!

buíon (PL **buíonta**) FEM NOUN2
gang *(of workmen)*
- **buíon cheoil** *(musicians)* a band

búir VERB [13, VN búireach]
▷ *see also* **búir** FEM NOUN2
to roar *(person, animal)*

búir (PL **búireanna**) FEM NOUN2
▷ *see also* **búir** VERB
roar
□ Lig an leon búir ard as. The lion gave a loud roar.

buirgléir MASC NOUN3
burglar
□ D'éalaigh duine de na buirgléirí. One of the burglars got away.

buirgléireacht FEM NOUN3
burglary

buiséad MASC NOUN1
budget

búiste MASC NOUN4
stuffing

búistéir MASC NOUN3
butcher
□ Is búistéir é. He's a butcher.

búit MASC NOUN4
boot *(of car)*

buitléir MASC NOUN3
butler

bulaí MASC NOUN4
bully
□ Is bulaí mór é. He's a big bully.

bulba MASC NOUN4
bulb

Bulgáir FEM NOUN2
- **an Bhulgáir** Bulgaria

bulla MASC NOUN4
buoy

bullán MASC NOUN1
bullock

bultúr MASC NOUN1
vulture

bumbóg FEM NOUN2
bumble bee

bun (PL **bunanna**) MASC NOUN1
1 bottom *(of container, sea)*
□ ag bun an tsléibhe at the bottom of the mountain
- **bun na spéire** the horizon
2 end
□ Tá teach s'againne ag bun na sráide. Our house is at the end of the road.
- **bun toitín** a cigarette butt
3 basis
□ bun scéil a basis for a story
- **Tá bun ar an aimsir.** The weather is settled.
- **dul i mbun oibre** to set to work
- **Céard atá ar bun agat?** What are you doing?
- **fanacht i mbun duine** to stay with somebody

bunachar MASC NOUN1
base *(foundation)*
- **bunachar sonraí** *(computing)* database

bunadh MASC NOUN1
people
- **bunadh an tí** the household
- **bunadh na háite** the locals

bunaigh VERB [12]
to establish

bunaíocht FEM NOUN3
establishment

bunáit (PL **bunáiteanna**) FEM NOUN2
base (military)
bunaitheoir MASC NOUN3
founder
bunanna ▷ see **bun**
bunc MASC NOUN4
bunk
□ leaba bunc a bunk bed
bunchóip FEM NOUN2
original (book, picture)
bundúchasach MASC NOUN1
aborigine
bundún MASC NOUN1
bottom (of person)
■ **siar go bundún** to the bitter end
■ **Tá bundún ort.** You're talking nonsense.
bungaló (PL **bungalónna**) MASC NOUN4
bungalow
bunóc FEM NOUN2
infant
bunoideachas MASC NOUN1
primary education
bunoscionn ADJECTIVE
upside down
□ Tá an phéinteáil sin bunoscionn.
That painting is upside down.
■ **Tá rud eigin bunoscionn leis.**
There's something wrong with it.
bunscoil (PL **bunscoileanna**) FEM NOUN2
primary school
□ Tá sí ar an mbunscoil go fóill. She's still
at primary school.
buntáiste MASC NOUN4
1 advantage

□ Tá mórán buntáistí ag baint le saol na
hOllscoile. University life has many
advantages.
■ **buntáiste a bhreith ar dhuine** to take
advantage of somebody □ Bhí an
chuideachta ag breith buntáiste ar a cuid
fostaithe. The company was taking
advantage of its employees.
2 handicap (in golf)
bunús MASC NOUN1
1 origin
■ **Is Ciarraíoch ó bhunús é.** He's originally
from Kerry.
2 most
□ Bhí a mbunús ann. Most of them were
there. □ bunús an ama most of the time
bunúsach ADJECTIVE
basic
□ Is sampla bunúsach é. It's a basic
example. □ Tá an lóistín bunúsach go
maith. The accommodation is pretty
basic.
■ **go bunúsach** basically □ Go bunúsach,
ní maith liom é. Basically, I just don't like
him.
burla MASC NOUN4
bundle
bus (PL **busanna**) MASC NOUN4
bus
□ Tá sé níos saoire dul ar an mbus.
It's cheaper by bus.
■ **bus dhá urlár** a double-decker
busáras MASC NOUN1
central bus station

Cc

cá PRONOUN
1 where
□ Cá dtéann tú ar laethanta saoire? Where do you go on holidays? □ Cá bhfuil tú i do chónaí? Where do you live?
■ **Cá bhfuair tú é?** Where did you get it?

LANGUAGE TIP The form **cár** is used with the past tense of regular verbs.
□ Cár chuir tú é? Where did you put it? □ Cár fhág tú an carr? Where did you leave the car?

LANGUAGE TIP The forms **cárb** and **cárbh** are also used.
□ Cárb as tú? Where do you come from? □ Cárbh as é? Where was he from?
2 what
□ Cá air a bhfuil tú ag caint? What are you talking about?
3 how
□ Cá mhinice a thagann sé? How often does he come? □ Cá mhéad atá air? How much does it cost?
■ **cár bith** whatever □ cár bith is maith leat whatever you like

cabaireacht FEM NOUN3
chatter
■ **bheith ag cabaireacht** to chatter

cabáiste MASC NOUN4
cabbage

cábán MASC NOUN1
cab (of lorry)
■ **cábán píolóta** (of plane) cockpit

cabaret MASC NOUN4
cabaret

cabhair (GEN SING **cabhrach**) FEM NOUN
help
□ An bhfuil cabhair de dhíth ort? Do you need any help?
■ **cabhair a fháil ó dhuine** to get help from somebody
■ **cabhair airgid** a subsidy

Cabhán MASC NOUN1
Cavan

cabhlach MASC NOUN1
navy

cabhraigh VERB [12]
to help
□ Chabhraigh mé le Seán. I helped John.

cabhsa MASC NOUN4
lane

cábla MASC NOUN4
cable

cáca MASC NOUN4
cake
□ Ar mhaith leat píosa eile cáca? Would you like another piece of cake?
■ **cácaí milse** pastries

cách MASC NOUN4
everybody

cachtas MASC NOUN1
cactus

cad PRONOUN
1 what
□ Cad é atá tú a dhéanamh? What are you doing? □ Cad é atá do do bhuaireamh? What's bothering you? □ Cad é an t-am é? What time is it? □ Cad is ainm duit? What's your name? □ Cad é an dath atá air? What colour is it?
2 why
□ Cad chuige ar bhris tú é? Why did you break it? □ Cad ina thaobh ar tháinig tú? Why did you come?
■ **cad é mar** how □ Cad é mar a tháinig tú? How did you come? □ Cad é mar atá tú? How are you?
■ **cad eile** what else □ Cad eile céard a déarfá? What else would you say?

cadás MASC NOUN1
cotton
□ léine chadáis a cotton shirt

cadhnra MASC NOUN4
battery

cadóg FEM NOUN2
haddock
□ cadóg dheataithe smoked haddock

cadránta ADJECTIVE
stubborn
□ fear cadránta a stubborn man

caibidil (GEN SING **caibidle**, PL **caibidlí**)
FEM NOUN2
chapter
□ leath bealaigh tríd an gcaibidil halfway through the chapter
■ **faoi chaibidil** under discussion

caibinéad MASC NOUN1
cabinet
□ caibinéad comhad a filing cabinet

caid (PL **caideanna**) FEM NOUN2
football

caidéal MASC NOUN1
pump
□ caidéal peitril a petrol pump

cáidheach ADJECTIVE
filthy
□ Tá an t-urlár seo cáidheach. This floor is filthy.

caidhp (PL **caidhpeanna**) FEM NOUN2
cap

caidreamh MASC NOUN1
relationship
□ Tá caidreamh maith eadrainn. We have a good relationship.
■ **caidreamh poiblí** public relations

caife MASC NOUN4
1 coffee
□ caife bán white coffee □ Cupán caife, le do thoil. A cup of coffee, please.
2 café
□ caife idirlín an internet café

caifitéire MASC NOUN4
cafeteria

caighdeán MASC NOUN1
standard
□ Tá an caighdeán iontach ard. The standard is very high. □ caighdeán maireachtála standard of living

cáil (PL **cáileanna**) FEM NOUN2
fame

cailc FEM NOUN2
chalk

cáiligh VERB [11]
to qualify
□ Cháiligh muid don bhabhta ceannais. We qualified for the final.

cailín MASC NOUN4
1 girl

□ cailín cúig bliana d'aois a five-year-old girl
□ cailín Éireannach an Irish girl
2 girlfriend
□ Siobhán an t-ainm atá ar chailín Eoin. Ian's girlfriend is called Susan.
■ **cailín beáir** a barmaid □ Is cailín beáir í. She's a barmaid.
■ **cailín freastail** a waitress
■ **cailín coimhdeachta** a bridesmaid

cáilíocht FEM NOUN3
1 quality
□ Tá a lán cáilíochtaí maithe aici. She's got lots of good qualities.
2 qualification
□ D'fhág sí an scoil gan cáilíochtaí ar bith aici. She left school without any qualifications.

cailís FEM NOUN2
chalice

cáiliúil ADJECTIVE
famous
□ Is údar cáiliúil í. She's a famous author.

caill (PL **cailleanna**) FEM NOUN2
▷ see also **caill** VERB
loss
□ Is mór an chaill dó é. It's a great loss to him.

caill VERB [15]
▷ see also **caill** FEM NOUN2
1 to lose
□ Chaill Seán a chuid airgid. John lost his money.
2 to miss
□ Chaill mé an bus. I missed the bus.
■ **Ná caill do mhisneach!** Don't give up hope!
■ **Níl caill air.** It's not bad.

caille FEM NOUN4
veil

cailleach FEM NOUN2 *cailleach dearg*
witch *=> poppy.*
■ **cailleach feasa** a fortune teller

caillte ADJECTIVE
1 lost
□ Tá an cat caillte. The cat is lost.
2 perished
□ Tá mé caillte leis an bhfuacht. I'm perished with the cold.

caimiléir MASC NOUN3
crook

caimiléireacht FEM NOUN3
dishonesty

cáin (GEN SING **cánach**, PL **cánacha**) FEM NOUN
▷ see also **cáin** VERB
tax

□ Beidh 200 euro air, cáin san áireamh.
It will be 200 euros, including tax.
■ **cáin ioncaim** income tax
■ **saor ó cháin** tax-free

cáin VERB [15]
▷ see also **cáin** FEM NOUN
to criticize
□ Cháin sé an réiteoir. He criticized the referee.

cainéal MASC NOUN1
channel (on TV)
□ Tá peil ar an gcainéal eile. There's football on the other channel.

cainneann FEM NOUN2
leek

cainneon MASC NOUN1
canyon

cainníocht FEM NOUN3
quantity

caint (PL **cainteanna**) FEM NOUN2
1 speech
□ Dhírigh sé a chuid cainte orm. He aimed his speech at me.
2 language
□ droch-chaint bad language
■ **leagan cainte** an expression □ Is leagan cainte Béarla é. It's an English expression.
■ **bheith ag caint seafóide** to talk nonsense
■ **Lean sí uirthi ag caint** She carried on talking.
■ **Cad é an chaint atá ort?** What are you talking about?

cainte ADJECTIVE
oral
□ scrúdú cainte an oral examination

cainteach ADJECTIVE
talkative
□ Tá an rang seo iontach cainteach. This class is very talkative.

cainteoir MASC NOUN3
speaker
□ cainteoir dúchais Gaeilge a native speaker of Irish

cáipéis FEM NOUN2
document
□ cáipéis HTML an HTML document

caipín MASC NOUN4
cap
□ caipín snámha a swimming cap
■ **caipín glúine** a kneecap
■ **caipín súile** an eyelid

cairde MASC NOUN4
credit
■ **ar cairde** on credit □ Cheannaigh mé an carr ar cairde. I bought the car on credit.

cairdeagan MASC NOUN1
cardigan

cairdeas MASC NOUN1
friendship
■ **cairdeas a dhéanamh le duine** to make friends with somebody

cairdín MASC NOUN4
accordion

cairdinéal MASC NOUN1
cardinal

cairdiúil ADJECTIVE
1 friendly
□ Tá sí iontach cairdiúil. She's really friendly.
2 user-friendly (computer, website)

cairéad MASC NOUN1
carrot

cairéal MASC NOUN1
quarry (for stone)

cairpéad MASC NOUN1
carpet

cairt (PL **cairteacha**) FEM NOUN2
chart
□ Tá an t-albam seo ar uimhir a haon sna cairteacha. This album is number one in the charts.

cairtchlár MASC NOUN1
cardboard
□ bosca cairtchláir a cardboard box

cáis (PL **cáiseanna**) FEM NOUN2
cheese
□ ceapaire cáise a cheese sandwich

Cáisc FEM NOUN3
Easter
□ Chuamar go teach mo sheantuismitheoirí don Cháisc. We went to my grandparents' for Easter.
■ **Domhnach Cásca** Easter Sunday

caisearbhán MASC NOUN1
dandelion

caisíne MASC NOUN4
casino

caisleán MASC NOUN1
castle
□ Thaispeáin an treoraí an caisleán dúinn. The guide showed us round the castle.
□ caisleán gainimh a sand castle

caismír FEM NOUN2
cashmere

caite ADJECTIVE
worn
□ Tá an brat urláir rud beag caite. The carpet is a bit worn.
■ **seo caite** last □ an tseachtain seo caite last week □ Dé hAoine seo caite last Friday

■ **Cad é atá ag cur caite ort?** What's troubling you?

caiteoir MASC NOUN3
consumer

■ **caiteoir tobac** a smoker

caith VERB [16]

1 to throw
□ Chaith Máire a cóta ar an gcathaoir. Mary threw her coat on the chair.

2 to wear
□ Caitheann Peadar spéaclaí. Peter wears glasses. □ Caith rud éigin te. Wear something warm.

3 to wear out
□ Tá na bróga seo caite. These shoes are worn out.

4 to spend (money, time)
□ Chaith sé a cuid airgid ar éadaí. He spent his money on clothes. □ Caitheann muid an Domhnach sa bhaile. We spend Sunday at home.

5 to take
□ An gcaitheann tú siúcra? Do you take sugar?

6 to smoke (cigarettes)
□ Caitheann sé fiche sa lá. He smokes twenty a day. □ Ní chaithim. I don't smoke.

■ **Caithfidh tú é a dhéanamh.** You've got to do it.

■ **Caithfidh sé go bhfuil sé ann faoi seo.** He must be there by now.

caith amach VERB
to throw out
□ Chaith sé amach an t-uisce. He threw out the water.

caith aníos VERB
to throw up
□ Caith aníos chugam é. Throw it up to me. □ Chaith sé aníos an bia. He threw up the food.

caith anuas VERB
to throw down
□ Caith anuas chugam é. Throw it down to me.

caith le VERB

1 to throw at
□ Chaith sé cloch léi. He threw a stone at her.

2 to treat (behave towards)
□ Caitheann siad go maith liom. They treat me well.

caitheamh MASC NOUN1
throw

■ **i gcaitheamh na seachtaine** during the week

■ **caitheamh aimsire** a hobby □ Júdó an caitheamh aimsire atá agam. My hobby is judo.

■ **caitheamh an oird** hammer-throwing

Caitliceach ADJECTIVE, MASC NOUN1
Catholic
□ an creideamh Caitliceach the Catholic faith □ Is Caitliceach mé. I'm a Catholic.

■ **Caitliceach Rómhánach** Roman Catholic

cál MASC NOUN1
cabbage

■ **cál faiche** nettles

caladh (PL calaí) MASC NOUN1
harbour

calafort MASC NOUN1
port

calaois FEM NOUN2
foul (in sport)

call MASC NOUN4
need
□ Níl call leis sin. There's no need for that.

callaire MASC NOUN4
loudspeaker

callán MASC NOUN1
noise
□ Cad é an callán é sin? What's that noise? □ Ní féidir liom cur suas leis an gcallán seo. I can't stand all this noise.

callánach ADJECTIVE
noisy

calma ADJECTIVE
brave

calóg FEM NOUN2
flake
□ calóg shneachta a snowflake □ calóga arbhair cornflakes

calra MASC NOUN4
calorie

cálslá MASC NOUN4
coleslaw

cam ADJECTIVE
dishonest
□ duine cam a dishonest person

camall MASC NOUN1
camel

camán MASC NOUN1
hurling stick

■ **idir chamáin** under discussion

camchosach ADJECTIVE
bandy-legged

camchuairt FEM NOUN2
tour
□ Thug muid camchuairt na hÉireann anuraidh. We went on a tour of Ireland last year.

camóg FEM NOUN2
1 comma *(punctuation)*
2 camogie stick *(sport)*
camógaíocht FEM NOUN3
camogie
campa MASC NOUN4
camp
□ campa saoire a holiday camp
campáil VERB [25]
to camp
■ **Chuamar a champáil i nGaillimh.**
We went camping in Galway.
campálaí MASC NOUN4
camper
campas MASC NOUN1
campus
can VERB [23]
to sing
□ Canfaidh Síle amhrán anois. Sheila will
sing a song now.
cána MASC NOUN4
cane
■ **cána siúcra** sugar cane
canáil FEM NOUN3
canal
canáraí MASC NOUN4
canary
canbhás MASC NOUN1
canvas
candaí MASC NOUN4
candy
■ **candaí cadáis** candy floss
cangarú MASC NOUN4
kangaroo
canna MASC NOUN4
can
□ canna pónairí a can of beans
cannabas MASC NOUN1
cannabis
cantalach ADJECTIVE
grumpy
□ Bíonn sé iontach cantalach ar maidin.
He's very grumpy in the morning.
canú (PL **canúnna**) MASC NOUN4
canoe
caoch (PL **caocha**) MASC NOUN1
▷ *see also* **caoch** ADJECTIVE, VERB
blind person
caoch (GEN SING MASC **caoch**) ADJECTIVE
▷ *see also* **caoch** MASC NOUN1, VERB
blind
■ **chomh caoch le cloch** as blind as a bat
caoch VERB [23]
▷ *see also* **caoch** MASC NOUN1, ADJECTIVE
to wink

□ Chaoch sé orm. He winked at me.
caoga (GEN SING **caogad**, PL **caogaidí**, DAT SING
caogaid) MASC NOUN
fifty

LANGUAGE TIP caoga is followed by a
singular noun.

□ caoga duine fifty people
■ **Tá sé caoga bliain d'aois.** He's fifty.
caoi (PL **caíonna**) FEM NOUN4
1 way
■ **Cén chaoi a bhfuil tú?** How are you?
■ **ar chaoi éigin** somehow
2 opportunity
□ Déan é má bhíonn caoi agat. Do it if you
get the opportunity.
3 condition
□ Tá caoi mhaith air. It's in good condition.
caoin ADJECTIVE
▷ *see also* **caoin** VERB
1 gentle
□ glór caoin a gentle voice
2 mild
□ aimsir chaoin mild weather
caoin VERB [15]
▷ *see also* **caoin** ADJECTIVE
to cry
□ Tá an leanbh ag caoineadh. The baby's
crying. □ Chaoin sí uisce a cinn. She cried
her eyes out.
caoireoil FEM NOUN3
mutton
caol ADJECTIVE
▷ *see also* **caol** MASC NOUN1
1 thin *(person)*
2 slim
□ coim chaol a slim waist
3 narrow
□ bóthar caol a narrow road
■ **Tar caol díreach abhaile.** Come straight
home.
caol (PL **caolta**) MASC NOUN1
▷ *see also* **caol** ADJECTIVE
■ **caol na láimhe** wrist
■ **caol na coise** an ankle
caolaigeanta ADJECTIVE
narrow-minded
caolsráid (PL **caolsráideanna**) FEM NOUN2
alley
caomhnaigh VERB [12]
to preserve
□ Ní mór dúinn ár gcultúr a chaomhnú.
We must preserve our culture.
caonach MASC NOUN1
moss
□ caonach móna peat moss

caor FEM NOUN2
berry
■ **caor fíniúna** a grape
■ **caor thine** a meteor

caora (GEN SING, GEN PL **caorach**, PL **caoirigh**) FEM NOUN
sheep
□ tréad caorach a flock of sheep

caorán MASC NOUN1
bog

capaillín MASC NOUN4
pony

capall MASC NOUN1
horse
□ Ní thiocfadh liom an capall a smachtú.
I couldn't control the horse.
■ **ar mhuin capaill** on horseback

capán MASC NOUN1
■ **capán glúine** a kneecap

capsúl MASC NOUN1
capsule

captaen MASC NOUN1
captain

cár MASC NOUN1
teeth
□ Tá mo chár ag greadadh ar a chéile.
My teeth are chattering.
■ **Chuir sé cár air féin liom.** He grimaced at me.

cara (GEN SING, GEN PL **carad**, PL **cairde**) MASC NOUN
friend
□ An féidir liom cara a thabhairt liom? Can I bring a friend? □ Tá sé ag imirt lena chairde.
He's playing with his friends.
■ **cara Críost** a godparent
■ **a Chara** Dear Sir/Madam

carachtar MASC NOUN1
character

caramal MASC NOUN1
caramel

carbhán MASC NOUN1
caravan
□ Tá an carbhán trealmhaithe faoi choinne ceathrair. The caravan is equipped for four people. □ láithreán carbhán a caravan site

carbhat MASC NOUN1
tie
■ **carbhat cuachóige** a bow tie

carcair (GEN SING **carcrach**, PL **carcracha**) FEM NOUN
jail

Carghas MASC NOUN1
■ **an Carghas** Lent □ Rinne mé an Carghas ar na milseáin. I gave up sweets for Lent.

carn MASC NOUN1
▷ see also **carn** VERB
1 heap
□ carn cloch a heap of stones
■ **ar an gcarn aoiligh** on the scrapheap
2 pile
□ carn leabhar a pile of books
■ **carn fuílligh** a dump

carn VERB [14]
▷ see also **carn** MASC NOUN1
to pile up
■ **Tá sé ag carnadh airgid.** He is making piles of money.

carnabhal MASC NOUN1
carnival

carr (PL **carranna**) MASC NOUN1
car
□ Tá carr nua agam. I have a new car.
□ Chuaigh Sharon isteach sa charr.
Sharon got into the car.
■ **sa charr** by car □ Chuamar sa charr.
We went by car.
■ **carr cábla** a cable car
■ **carr campála** (vehicle) a camper
■ **carr sleamhnáin** a sledge

carraig (PL **carraigeacha**) FEM NOUN2
rock

carráiste MASC NOUN4
carriage

carrbhealach MASC NOUN1
■ **carrbhealach dúbailte** a dual carriageway

carrchlós MASC NOUN1
car park
□ carrchlós faoi thalamh an underground car park

carrfholcadh (GEN SING **carrfholctha**) MASC NOUN
car wash

carrfón MASC NOUN1
car phone

carrghlanadh (GEN SING **carrghlanta**) MASC NOUN
car wash

carria MASC NOUN4
deer

carróstlann FEM NOUN2
motel

cárta MASC NOUN4
card
□ Chuir sí cárta lá breithe chugam. She sent me a card for my birthday.
■ **cluiche cártaí** a game of cards
■ **cárta airgid** a cash card
■ **cárta bordála** (for plane) a boarding card

Irish-English

- **cárta breisithe** (for mobile phone) a top-up card
- **cárta creidmheasa** a credit card
- **cárta cuimhne** (for computer) a memory card
- **cárta gutháin** a phonecard
- **cárta Nollag** a Christmas card
- **cárta SIM** (for mobile phone) a SIM card

cártafón MASC NOUN1
cardphone

cartán MASC NOUN1
carton

carthanacht FEM NOUN
charity
□ Tá siad ag bailiú ar son na carthanachta. They're collecting for charity.

cartlann FEM NOUN2
archives

cartún MASC NOUN1
cartoon

cartús MASC NOUN1
cartridge
□ cartús caoch a blank cartridge

cas VERB [23]
1 to twist
□ Chas mé mo mhurnán. I twisted my ankle.
2 to wind (clock)
3 to sing (song)
□ Casfaidh mé amhrán. I'll sing a song.
- **cas le** to meet □ Casadh Seán liom. I met John.
- **cas ar ais** (person, vehicle) to turn back
- **'Ná castar ar clé'** 'No left turn'

cás (PL **cásanna**) MASC NOUN1
case
□ i naoi gcás as deich gcinn in 9 cases out of 10 □ i gcásanna áirithe in some cases □ i gcás ar bith in any case □ sa chás sin in that case
- **cás cúirte** a court case
- **cás pacála** a packing case
- **cuir i gcás** for instance
- **Is trua liom do chás.** I'm sorry for your trouble.
- **Nach bocht an cás é?** Aren't things in a bad way?

casacht FEM NOUN3
cough
□ Tá casacht orm. I've got a cough.
- **Rinne mé casacht.** I coughed.

casaoid FEM NOUN2
complaint
- **Rinne Máire casaoid leis an múinteoir.** Mary complained to the teacher.

casaról MASC NOUN1
casserole
□ Tá mé ag dul a dhéanamh casaróil. I'm going to make a casserole.

casóg FEM NOUN2
jacket
□ casóg dheinim a denim jacket □ Tá an chasóg ag cur leis an mbríste. The jacket matches the trousers. □ Croch do chasóg ar an gcrúca. Hang your jacket on the hook.
- **casóg dinnéir** a dinner jacket

casta ADJECTIVE
1 complicated
□ Tá an cheist seo iontach casta. This question is very complicated.
2 winding (road, river)
□ Tá an bóthar sin casta. That road is winding.

castán MASC NOUN1
chestnut

casúr MASC NOUN1
hammer

cat MASC NOUN1
cat
□ Ar chothaigh tú an cat? Have you fed the cat? □ cat strae a stray cat

catach ADJECTIVE
curly (hair)
□ Tá gruaig chatach air. He has curly hair.

catalóg FEM NOUN2
catalogue

cath (PL **cathanna**) MASC NOUN3
battle

cathain ADVERB
when
□ Cathain a tháinig sé? When did he come?

cathair (GEN SING **cathrach**, PL **cathracha**) FEM NOUN
city
□ Is cathair dheas í an tlúr. Newry is a nice city.
- **lár na cathrach** the city centre

cathaoir (GEN SING **cathaoireach**, PL **cathaoireacha**) FEM NOUN
chair
□ cathaoir adhmaid a wooden chair □ Choinnigh sé greim ar an gcathaoir. He held on to the chair.
- **cathaoir deice** a deckchair
- **cathaoir rothaí** a wheelchair
- **cathaoir uilleach** an armchair
- **cathaoir luascáin** a rocking chair

cathaoirleach MASC NOUN1
chairperson

cathú MASC NOUN
temptation
■ **cathú a chur ar dhuine** to tempt somebody

cé PRONOUN
▷ *see also* **cé** CONJUNCTION, FEM NOUN4
1 who
□ Cé hé? Who is he? □ Cé a rinne é? Who did it? □ Cé aige a bhfuil an t-airgead? Who has the money? □ Cérbh iad na fir sin? Who were those men?
2 whom
□ Cé leis a raibh tú ag caint? With whom were you talking? □ Cé dó ar thug tú é? To whom did you give it? □ Cé uaidh a bhfuair tú é? From whom did you get it?
3 what

LANGUAGE TIP **cé** becomes **cén** or **cé na** with a noun.

□ Cén t-am é? What time is it? □ Cén aois tú? What age are you? □ Cé na leabhair a scríobh sí? What books did she write?
4 whose
□ Cé leis an leabhar seo? Whose is this book?
■ **cén uair** when □ Cén uair a tháinig sí? When did she come?
■ **cén fáth** why □ Cén fáth ar tháinig sí? Why did she come?
■ **cén áit** where □ Cén áit a bhfuil tú? Where are you?
■ **cén chaoi** how □ Cén chaoi a bhfuil tú? How are you?
■ **cé acu** which □ Cé acu peann a thóg sé? Which pen did he take? □ Cé acu ceann is fearr leat? Which do you prefer?

cé CONJUNCTION
▷ *see also* **cé** PRONOUN, FEM NOUN4
■ **cé go** although □ Cé go raibh tuirse uirthi, d'fhan sí ina suí go mall. Although she was tired, she stayed up late.

cé (PL **céanna**) FEM NOUN4
▷ *see also* **cé** PRONOUN, CONJUNCTION
quay

ceacht (PL **ceachtanna**) MASC NOUN3
lesson
□ Tá sí ag glacadh ceachtanna tiomána. She's taking driving lessons. □ ceachtanna bailé ballet lessons

céachta MASC NOUN4
plough
■ **céachta sneachta** a snowplough

ceachtar PRONOUN
1 either
□ Tóg ceachtar acu. Take either of them.

2 neither
□ Ní raibh ceachtar den bheirt ann. Neither of the two was there.

cead MASC NOUN3
permission
□ le do chead with your permission
■ **cead pleanála** planning permission
■ **An bhfuil cead agam ceist a chur?** Can I ask a question?
■ **cead isteach** admission □ Cead isteach saor in aisce. Free admission.

céad (PL **céadta**) MASC NOUN1
▷ *see also* **céad** ADJECTIVE
1 hundred

LANGUAGE TIP **céad** is followed by a singular noun.

□ céad euro a hundred euros □ Bhí céad iarratasóir ar an bpost. There were a hundred applicants for the job.
■ **céad go leith** one hundred and fifty
2 century
□ an t-aonú céad is fiche the twenty-first century

céad ADJECTIVE
▷ *see also* **céad** MASC NOUN1
first
□ an chéad doras ar dheis the first door on the right □ Tá a oifig thíos ar an gcéad urlár. His office is down on the first floor. □ an chéad ghiar first gear
■ **an chéad duine eile** the next person

ceadaigh VERB [12]
to allow
□ Cheadaigh a mháthair dó dul amach. His mum allowed him to go out.

Céadaoin (PL **Céadaoineacha**) FEM NOUN4
■ **An Chéadaoin** Wednesday
■ **Dé Céadaoin** on Wednesday
■ **ar an gCéadaoin** on Wednesdays
□ Tagann sé ar an gCéadaoin. He comes on Wednesdays.
■ **Céadaoin an Luaithrigh** Ash Wednesday

céadfa MASC NOUN4
sense
□ na cúig chéadfaí the five senses

céaduair ADVERB
■ **a chéaduair** at first □ Shíl mé a chéaduair gur ag magadh a bhí tú. I thought at first you were joking.

ceadúnas MASC NOUN1
licence
■ **ceadúnas tiomána** a driving licence
■ **ceadúnas teilifíse** a TV licence

ceaintín MASC NOUN4
canteen

ceal MASC NOUN4
- ■ **cuir ar ceal** to cancel □ Cuireadh an cluiche ar ceal. The match was cancelled.

cealg VERB [14]
- ▷ *see also* **cealg** FEM NOUN2
- to sting *(insect)*

cealg FEM NOUN2
- ▷ *see also* **cealg** VERB
- sting
- □ cealg ó bheach a bee sting

cealú, cealúchán MASC NOUN1
- cancellation

ceamara MASC NOUN4
- camera
- □ An mbeidh tú ag glacadh do cheamara nua leat? Are you taking your new camera?
- □ Ná fág do cheamara sa charr. Don't leave your camera in the car.
- ■ **ceamara digiteach** a digital camera
- ■ **ceamara gréasáin** a webcam

ceamaradóir MASC NOUN3
- cameraman

ceamthaifeadán MASC NOUN1
- camcorder

Ceanada MASC NOUN4
- Canada
- □ i gCeanada in Canada □ go Ceanada to Canada

ceangail VERB [19, VN ceangal, VA ceangailte]
1 to tie
- □ Cheangail mé an an dá leabhar le chéile. I tied the two books together.
2 to attach
- □ Níl eolas aige ar an dóigh le grianghraf a cheangal de r-phost. He doesn't know how to attach a photo to an email.
- ■ **Bhí Seán le ceangal.** *(very angry)* John was fit to be tied.

ceangaltán MASC NOUN1
- attachment *(to email)*

ceann (GEN SING, PL **cinn**, GEN PL **ceann**, DAT SING **cionn**) MASC NOUN1
1 head
- □ Tá pian i mo cheann. I have a sore head.
2 end
- □ thíos ag ceann an bhealaigh down at the end of the road
3 one
- □ an chéad cheann the first one □ Is doiligh ceann a roghnú. It's difficult to choose one.
- □ ceann ar cheann one by one □ na cinn mhóra the big ones
4 roof
- ■ **teach ceann tuí** a thatched cottage

- ■ **ó cheann ceann na bliana** all the year round
- ■ **faoi cheann seachtaine** in a week's time
- □ Beidh mé ar ais faoi cheann seachtaine. I will be back in a week's time.
- ■ **os cionn 1** above □ os cionn na fuinneoige above the window **2** more than □ os cionn fiche more than twenty
- ■ **thar ceann** on behalf of □ thar ceann an aire on behalf of the minister

céanna ADJECTIVE
- same
- □ an leabhar céanna the same book □ san am céanna at the same time

ceannadhairt (PL **ceannadhairteanna**) FEM NOUN2
- pillow

ceannaigh VERB [12, VN ceannach]
- to buy
- □ Cheannaigh muid bróga nua. We bought new shoes.

ceannaire MASC NOUN4
- leader

ceannaitheoir MASC NOUN3
- buyer

ceannann ADJECTIVE
- ■ **an fear ceannann céanna** the very same man

ceannáras MASC NOUN1
- headquarters

ceannas MASC NOUN1
- command
- ■ **bheith i gceannas ar rud** to be in charge of something □ Bhí Iníon Uí Néill i gceannas ar an ngrúpa. Ms O'Neill was in charge of the group.

ceannasaí MASC NOUN4
- commander

ceanncheathrú (GEN SING **ceanncheathrún**, PL **ceanncheathrúna**) FEM NOUN
- headquarters
- □ ceanncheathrú na Náisiún Aontaithe the headquarters of the United Nations

ceanndána ADJECTIVE
- stubborn
- □ Tá Liam iontach ceanndána. Liam is very stubborn.

ceannfort MASC NOUN1
1 commander *(army)*
2 superintendent *(police)*

ceannlíne (PL **ceannlínte**) FEM NOUN4
- headline
- □ ceannlínte na nuachta the news headlines

ceannlitir (GEN SING **ceannlitreach**, PL **ceannlitreacha**) FEM NOUN
capital letter

ceannsolas MASC NOUN1
headlight

ceannteideal MASC NOUN1
heading

ceant (PL **ceantanna**) MASC NOUN4
auction
■ **rud a chur ar ceant** to auction something

ceantálaí MASC NOUN4
auctioneer

ceantar MASC NOUN1
1 district
□ ceantar cónaithe a residential district
2 region
□ Níl mé i mo chónaí sa cheantar seo. I don't live in this region.
■ **an ceantar máguaird** the surrounding area

ceanúil ADJECTIVE
loving
■ **Tá sí ceanúil air.** She's fond of him.

ceap (PL **ceapa**) MASC NOUN1
▷ see also **ceap** VERB
1 block
□ ceap oifigí an office block
2 pad
□ ceap nótaí a notepad
■ **Rinne siad ceap magaidh de.** They made fun of him.

ceap VERB [14]
▷ see also **ceap** MASC NOUN1
1 to think
□ Ceapaim go ndearna tú an rud ceart. I think you did the right thing.
2 to catch
□ Cheap Seán an sliotar. John caught the sliotar.
3 to compose
□ Cheap Máire dán nua. Mary composed a new poem.
■ **Ceapaim go mbeidh sé fliuch amárach.** I reckon that it will be wet tomorrow.

ceapaire MASC NOUN4
sandwich
□ ceapaire cáise a cheese sandwich

cearc (GEN SING **circe**) FEM NOUN2
hen
■ **cearc fhraoigh** a grouse
■ **cearc cholgach** a shuttlecock

céard PRONOUN
what
□ Céard atá ar siúl agat? What are you doing? □ Céard fúmsa? What about me?

ceardchumann MASC NOUN1
trade union

ceardscoil (PL **ceardscoileanna**) FEM NOUN2
technical school

cearn FEM NOUN3
corner
■ **Beidh daoine ann as gach cearn den tír.** There will be people there from all over the country.

cearnóg FEM NOUN2
square
□ cearnóg agus triantán a square and a triangle
■ **cearnóg an bhaile** the town square

cearpantóir MASC NOUN3
carpenter

cearr ADJECTIVE
wrong
□ Cad é atá cearr? What's wrong?
□ D'aithin muid go raibh rud éigin cearr. We realized that something was wrong.

cearrbhach MASC NOUN1
gambler

ceart (PL **cearta**) MASC NOUN1
▷ see also **ceart** ADJECTIVE
right
□ cearta sibhialta civil rights

ceart ADJECTIVE
▷ see also **ceart** MASC NOUN1
right (correct)
□ an freagra ceart the right answer □ An é seo an bóthar ceart chun na Gaillimhe? Is this the right road for Galway? □ An bhfuil an t-am ceart agat? Do you have the right time?
■ **i gceart** right □ An bhfuil mé á fhuaimniú i gceart? Am I pronouncing it right?
■ **an ceart a bheith agat** to be right □ Bhí an ceart agat! You were right!
■ **ceart go leor** all right □ Bhí gach rud ceart go leor sa deireadh. Everything turned out all right. □ An bhfuil tú ceart go leor? Are you all right?
■ **Ba cheart go mbainfeadh sé.** He ought to win.
■ **Ba cheart dom imeacht.** I should go.

ceartaigh VERB [12]
to correct
□ Cheartaigh an múinteoir an aiste. The teacher corrected the essay.

céatadán MASC NOUN1
percentage

ceathair (PL **ceathaireanna**) MASC NOUN4
four

LANGUAGE TIP **ceathair** is used for telling the time and for counting.
□ ar a ceathair a chlog at four o'clock □ A dó faoina dó sin a ceathair. Two times two is four. □ Níl seacht inroinnte ar a ceathair. Four into seven won't go.

Ceatharlach MASC NOUN1
Carlow

ceathrar MASC NOUN1
four people
■ **ceathrar ban** four women

ceathrú (GEN SING **ceathrún**, PL **ceathrúna**, DAT SING **ceathrúin**) FEM NOUN
▷ see also **ceathrú** ADJECTIVE
1 quarter
□ ceathrú uaire quarter of an hour □ ceathrú i ndiaidh a hocht quarter past eight
2 thigh (on body)
■ **ceathrú uaineola** a leg of lamb

ceathrú ADJECTIVE
▷ see also **ceathrú** FEM NOUN
fourth
□ an ceathrú fear the fourth man □ an ceathrú hurlár the fourth floor

céile MASC NOUN4
partner
■ **fear céile** husband
■ **bean chéile** wife
■ **a chéile** each other □ Is fuath leo a chéile. They hate each other.
■ **le chéile** together □ An féidir linn bualadh le chéile anocht? Could we get together this evening?
■ **de réir a chéile** gradually □ D'éirigh muid cleachta leis de réir a chéile. We gradually got used to it.
■ **ó am go chéile** from time to time

céilí MASC NOUN4
ceilidh

ceiliúir VERB [17]
to celebrate

ceiliúr MASC NOUN1
greeting
■ **ceiliúr pósta a chur ar dhuine** to propose to somebody □ Chuir Liam ceiliúr pósta ar Mháire. Liam proposed to Mary.

ceiliúradh (GEN SING **ceiliúrtha**) MASC NOUN
celebration
□ ceiliúradh céad bliain a centenary celebration

céillí ADJECTIVE
1 sensible
□ duine céillí a sensible person
2 wise

□ Ba chéillí an beart é sin. That was a wise move.

Ceilteach ADJECTIVE
Celtic

céim (PL **céimeanna**) FEM NOUN2
1 step
□ Baineadh tuisle aisti ar an gcéim. She tripped over the step. □ Thug sé céim chun tosaigh. He took a step forward.
■ **céim ar chéim** step by step
2 degree
□ Bhí an teocht os cionn tríocha céim. The temperature was over thirty degrees.
■ **céim onórach** an honours degree
■ **ardú céime** promotion

céimí MASC NOUN4
graduate

ceimic FEM NOUN2
chemistry
□ an tsaotharlann cheimice the chemistry lab

ceimiceoir MASC NOUN3
chemist (scientist)

ceimiteiripe FEM NOUN4
chemotherapy

ceint MASC NOUN4
cent (coin)

ceinteagrád MASC NOUN1
centigrade
□ 20 céim ceinteagráid 20 degrees centigrade

ceintiméadar MASC NOUN1
centimetre

ceird FEM NOUN2
trade (work)

ceirneoir MASC NOUN3
disc jockey

ceist (PL **ceisteanna**) FEM NOUN2
1 question
□ An bhfuil cead agam ceist a chur? Can I ask a question? □ Is crua an cheist í sin. That's a difficult question. □ Chuir sé ceist orm. He asked me a question.
2 issue
□ ceist chonspóideach a controversial issue
■ **ceisteanna coitianta** frequently asked questions

ceistigh VERB [11]
to question
□ Cheistigh na póilíní é. He was questioned by the police.

ceistneoir MASC NOUN3
questionnaire

ceithre MASC NOUN4
four

LANGUAGE TIP ceithre is used to give the number of objects and is usually followed by a singular noun. □ ceithre bhuidéal four bottles
■ **Tá sí ceithre bliana d'aois.** She's four.
■ **ar ceithre boinn** on all fours
■ **ceithre ... déag** fourteen □ ceithre dhuine dhéag fourteen people

ceo MASC NOUN4
1 fog
   ■ **Tá ceo ann.** It's foggy.
2 mist
   □ Scaip an ceo. The mist cleared.

ceol (PL **ceolta**) MASC NOUN1
   music
   □ Is maith liom ceol clasaiceach. I like classical music.
   ■ **ceol Gaelach** Irish music
   ■ **ceol tíre** folk music
   ■ **Níl ceol agam.** I can't sing.
   ■ **gléas ceoil** a musical instrument

ceoláras MASC NOUN1
   concert hall

ceolchoirm (PL **ceolchoirmeacha**)
   FEM NOUN2
   concert
   □ Beidh ceolchoirm sa scoil amárach. There will be a concert in school tomorrow.

ceoldráma MASC NOUN4
   opera
   □ Is maith liom ceoldrámaí. I like opera.

ceolfhoireann (GEN SING, PL **ceolfhoirne**)
   FEM NOUN2
   orchestra
   □ Seinnim le ceolfhoireann na scoile. I play in the school orchestra.

ceolmhar ADJECTIVE
   musical
   □ Is duine ceolmhar é Seán. John is a musical person.

ceoltóir MASC NOUN3
1 musician
   □ Is ceoltóir breá é. He's a fine musician.
2 singer
   □ Tá ceoltóir agus giotáraí sa bhuíon. The band consists of a singer and a guitarist.

ceomhar ADJECTIVE
   foggy
   □ lá ceomhar a foggy day

cha ADVERB
   not
   □ chan go fóill not yet
   ■ **An mbuailfidh tú leis? — Cha bhuailim!** Will you see him? — No way!

cheana ADVERB
   ■ **cheana féin** already □ Shábháil mé £50 cheana féin. I've saved £50 already. □ Bhí Pádraigín ar shiúl cheana féin. Patricia had already gone.

choíche ADVERB
1 ever
   □ Is é an scannán is fearr é a fheicfidh tú choíche. It's the best film you'll ever see.
2 never
   □ Ní fhillfidh sí choíche. She'll never return.

chomh ADVERB
1 as
   ■ **chomh ... le** as ... as □ Tá Peadar chomh cliste le Micheál. Peter is as clever as Michael.
   ■ **chomh maith** as well □ Chuamar go Gaillimh chomh maith. We went to Galway as well.
   ■ **chomh luath agus is féidir** as soon as possible □ Déanfaidh mé é chomh luath agus is féidir. I'll do it as soon as possible.
2 so
   □ Níl sé chomh sean sin. He's not so old.
   □ Siúlann Maitiú chomh gasta sin nach dtig liom coinneáil suas leis. Matthew walks so fast I can't keep up.

chuig PREPOSITION
   to
   □ Chuaigh mé chuig an dochtúir. I went to the doctor. □ An mbeidh tú ag dul chuig an damhsa anocht? Are you going to the dance tonight?
   ■ **an tseachtain seo chugainn** next week
   ■ **Cad chuige?** Why?

chun PREPOSITION
1 to
   □ Beidh mé dul chun na Róimhe amárach. I will be going to Rome tomorrow.
2 in order to
   □ Stopann an t-eitleán i mBostún chun athbhreoslú. The plane stops in Boston in order to refuel.
3 for
   □ An é seo an bóthar ceart chun na Gaillimhe? Is this the right road for Galway?
   ■ **cúig chun a hocht** five to eight

ciall (GEN SING **céille**, DAT SING **céill**) FEM NOUN2
   sense
   □ Bíodh ciall agat! Have some sense!

ciallaigh VERB [12]
1 to mean
   □ Ciallaíonn an comhartha sin go bhfuil cosc ar tobac. That sign means that smoking is prohibited. □ Ciallaíonn é sin go mbeidh

muid saor amárach That means that we'll be free tomorrow.

2 to stand for
□ Ciallaíonn 'BT' 'British Telecom'. 'BT' stands for 'British Telecom'.

ciallmhar ADJECTIVE
sensible

cian (PL **cianta**, DAT SING **céin**, DAT PL **cianaibh**) FEM NOUN
▷ see also **cian** ADJECTIVE, MASC NOUN4
■ **na cianta ó shin** ages ago
■ **leis na cianta** for ages □ Ní fhaca mé Máire leis na cianta. I haven't seen Mary for ages.
■ **ó chianaibh** recently

cian (GEN SING MASC **céin**, GEN SING FEM, COMPAR **céine**) ADJECTIVE
▷ see also **cian** FEM NOUN, MASC NOUN4
far
■ **i gcéin agus i gcóngar** far and near

cian MASC NOUN4
▷ see also **cian** ADJECTIVE, FEM NOUN
sadness
■ **faoi chian** sad
■ **cian a thógáil de dhuine** to cheer somebody up □ Bhí mé ag iarraidh cian a thógáil de. I was trying to cheer him up.

cianrialaithe ADJECTIVE
remote-controlled

ciar (GEN SING MASC **céir**, GEN SING FEM, COMPAR **céire**) ADJECTIVE
dark (hair, complexion)

ciaróg FEM NOUN2
beetle
■ **ciaróg dhubh** a cockroach
■ **Aithníonn ciaróg ciaróg eile.** Birds of a feather flock together.

Ciarraí FEM NOUN4
Kerry

ciarsúr MASC NOUN1
handkerchief
■ **ciarsúr páipéir** a tissue

cibé PRONOUN
1 whatever
□ Déan cibé rud is gá. Do whatever is necessary. □ cibé a tharlóidh whatever happens
2 whoever
□ Cuir ceist ar cibé duine is mian leat. Ask whoever you like.
■ **cibé ar bith** anyhow

cic (PL **ciceanna**) FEM NOUN2
kick
□ cic shaor a free kick

ciceáil VERB [25]
to kick

ciclipéid FEM NOUN2
encyclopedia

cigire MASC NOUN4
inspector

cileagram MASC NOUN1
kilogramme
■ **30 pingin an cileagram** 30p a kilo
■ **cileagram plúir** a kilo of flour

cilí MASC NOUN4
chilli

ciliméadar MASC NOUN1
kilometre
□ 10 gciliméadar san uair 10 kilometres an hour

cill (PL **cealla**, GEN PL **ceall**) FEM NOUN2
cell
■ **cill fola** a blood cell

Cill Chainnigh FEM NOUN
Kilkenny

Cill Dara FEM NOUN
Kildare

cillín MASC NOUN4
cell (in prison)

Cill Mhantáin FEM NOUN
Wicklow
□ Bhí mé ar saoire i gCill Mhantáin an samhradh seo caite. I was on holiday in Wicklow last summer.

cime MASC NOUN4
prisoner

Cincís FEM NOUN2
■ **an Chincís** Pentecost
■ **Domhnach Cincíse** Whit Sunday

cine (PL **ciníocha**) MASC NOUN4
race
□ an cine daonna the human race

cineál (PL **cineálacha**) MASC NOUN1
▷ see also **cineál** ADVERB
kind
□ Tá carr den chineál sin iontach daor. That kind of car is very expensive.

cineál ADVERB
▷ see also **cineál** MASC NOUN1
rather
□ Tá mo thuismitheoirí cineál seanaimseartha. My parents are rather old-fashioned.

cineálta ADJECTIVE
kind
□ duine cineálta a kind person
■ **go cineálta** kindly □ 'Ná bí buartha,' ar sise go cineálta. 'Don't worry,' she said kindly.

cineáltas MASC NOUN1
kindness

ciníoch (GEN SING MASC **ciníoch**) ADJECTIVE
racial
□ idirdhealú ciníoch racial discrimination

ciníochas MASC NOUN1
racism

cinn VERB [15]
to overcome
□ Cinneann foighne ar gach ní. Patience overcomes all obstacles.
■ **cinn ar** to decide to □ Chinn Seán ar dhul go Meiriceá. John decided to go do America.

cinneadh MASC NOUN1
decision
□ Ba é sin cinneadh an choiste. That was the decision of the committee.
■ **Ní fúmsa atá sé cinneadh a dhéanamh.** It's not for me to decide.

cinniúint (GEN SING **cinniúna**) FEM NOUN3
destiny
□ Níl a fhios agam cad é atá sa chinniúint agam. I don't know where my destiny lies.
■ **Chuir sé cor i mo chinniúint.** It changed my life.

cinnte ADJECTIVE
sure
□ Tá mé cinnte dearfa gurb eisean a bhí ann. I'm absolutely sure it was him.
■ **déanamh cinnte** to make sure □ Déan cinnte go mbeidh sé anseo. Make sure that he will be here.
■ **Níl a fhios agam go cinnte.** I don't know for certain.
■ **Cinnte!** Certainly!

cíoch FEM NOUN2
breast
■ **an chíoch a thabhairt do leanbh** to breastfeed a child

cíochbheart MASC NOUN1
bra

cíocras MASC NOUN1
craving
□ Tá cíocras milseán air. He has a craving for sweets.
■ **Tá cíocras orm.** I'm absolutely starving.

cion (GEN SING **ceana**) MASC NOUN3
▷ see also **cion** MASC NOUN4
love
■ **ainm ceana** a pet name
■ **cion a bheith agat ar dhuine** to be fond of somebody □ Tá cion ag Máire ar Liam. Mary is fond of Liam.

cion MASC NOUN4
▷ see also **cion** MASC NOUN4

1 share
□ Déanaim mo chion den obair. I do my share of the work.
2 offence
□ Is cion coiriúil é. It's a criminal offence.

ciontach ADJECTIVE
guilty
□ Fuarthas ciontach í. She was found guilty.

ciontaí NOUN
■ **Eisean is ciontaí.** He's to blame.

ciontaigh VERB [12]
to convict
□ Ciontaíodh sa dúnmharú é. He was convicted of the murder.

ciontóir MASC NOUN3
offender

cíor FEM NOUN2
▷ see also **cíor** VERB
comb
■ **cíor mheala** a honeycomb
■ **Tá an seomra ina chíor thuathail acu.** They have the room turned upside down.

cíor VERB [14]
▷ see also **cíor** FEM NOUN2
to comb
□ Chíor mé mo chuid gruaige ar maidin. I combed my hair this morning.
■ **do chuimhne a chíoradh** to rack one's brains

ciorcad MASC NOUN1
circuit

ciorcal MASC NOUN1
circle
■ **ciorcal lochtach** a vicious circle

ciorclach ADJECTIVE
circular

ciorclán MASC NOUN1
circular (letter)

cíos (PL **cíosanna**) MASC NOUN3
rental
□ Tá carrchíos san áireamh sa phraghas. Car rental is included in the price.
■ **carr a fháil ar cíos** to hire a car
□ Gheobhaidh muid carr ar cíos sa Fhrainc. We will hire a car in France.
■ **teach a ligean ar cíos** to let a house
□ Lig muid an teach againn ar cíos. We let our house.

ciotach ADJECTIVE
1 left-handed
□ Tá Seán ciotach. John is left-handed.
2 awkward
□ ceist chiotach an awkward question

cipín MASC NOUN4
match

□ **bosca cipíní** a box of matches
■ **ar cipíní** in suspense □ Bhí muid ar cipíní go deireadh an chluiche. We were in suspense till the end of the game.
■ **cipíní itheacháin** chopsticks
círéib (PL **círéibeacha**) FEM NOUN2
riot
ciseán MASC NOUN1
basket
cispheil FEM NOUN2
basketball
ciste MASC NOUN4
fund
□ **ciste pinsean** a pension fund
císte MASC NOUN4
cake
□ **císte seacláide** a chocolate cake
cistin (PL **cistineacha**) FEM NOUN2
kitchen
□ **cistin fheistithe** a fitted kitchen
citeal MASC NOUN1
kettle
□ Cuir síos an citeal anois. Put on the kettle now.
cith (GEN SING **ceatha**, PL **ceathanna**) MASC NOUN3
shower (of rain)
□ **ceathanna minice** frequent showers
cithfholcadán MASC NOUN1
shower (in bathroom)
cithfholcadh (GEN SING **cithfholctha**, PL **cithfholcthaí**) MASC NOUN
shower
■ **cithfholcadh a bheith agat** to have a shower □ Beidh cithfholcadh agam. I'm going to have a shower.
citseap MASC NOUN1
ketchup
citreas MASC NOUN1
citrus
□ **toradh citris** citrus fruit
ciú (PL **ciúnna**) MASC NOUN4
queue
ciúb (PL **ciúbanna**) MASC NOUN1
cube
□ **ciúb oighir** an ice cube □ **ciúb stoic** a stock cube
ciúbach ADJECTIVE
cubic
□ **méadar ciúbach** a cubic metre
ciúin ADJECTIVE
quiet
□ Tá tú iontach ciúin inniu. You're very quiet today.

ciúnadóir MASC NOUN3
silencer (on car)
ciúnaigh VERB [12]
to calm down
■ Chiúnaigh an ghaoth. The wind died down.
ciúnas MASC NOUN1
silence
□ 'Ciúnas, le bhur dtoil.' 'Silence, please.'
clábar MASC NOUN1
mud
cladach MASC NOUN1
seashore
□ **ar an gcladach** on the seashore
cladhaire MASC NOUN4
coward
□ Is cladhaire é. He's a coward.
claí (PL **claíocha**) MASC NOUN4
1 wall
□ **claí cloch** a stone wall
2 fence
□ Chaith Pól an liathróid thar an gclaí. Paul threw the football over the fence.
claibín MASC NOUN4
top (of bottle)
claíomh (PL **claimhte**) MASC NOUN1
sword
cláirnéid FEM NOUN2
clarinet
□ Seinnim ar an gcláirnéid. I play the clarinet.
cláirseach FEM NOUN2
harp
□ Seinnim ar an gcláirseach. I play the harp.
clamhsán MASC NOUN1
complaint
■ Bíonn sé i gcónaí ag clamhsán. He's always complaining.
clann FEM NOUN2
1 children
□ An bhfuil clann ar bith agat? Have you any children?
2 family
□ **triúr clainne** three of a family
■ Tá sí ag iompar clainne. She's pregnant.
claon (PL **claonta**) MASC NOUN1
▷ see also **claon** VERB
1 slope
□ **claon an chnoic** the slope of the hill
2 tendency
□ **claonta an duine** human tendencies
claon VERB [23]
▷ see also **claon** MASC NOUN1
■ **do cheann a chlaonadh** to bow one's head □ Chlaon sé a cheann. He bowed his head.

claonadh (GEN SING **claonta**) MASC NOUN
inclination

■ **claonadh a bheith agat le rud a dhéanamh** to be inclined to do something □ Tá claonadh ann teacht mall. He's inclined to arrive late.

claonta ADJECTIVE
biased

□ duine claonta a biased person

Clár MASC NOUN1
■ **an Clár** Clare

clár MASC NOUN1
1 board

□ Chóipeáil sí na ceisteanna ón gclár. She copied the questions from the board.
2 lid (of pot, container)

■ **clár ábhair** a table of contents
■ **clár ama** a timetable □ clár ama suas chun dáta an up-to-date timetable
■ **clár fógraí** a notice board
■ **clár oibre** an agenda □ clár oibre chruinniú an lae inniu the agenda for today's meeting
■ **clár scátála** a skateboard
■ **clár teilifíse** a TV programme
■ **clár toinne** a surfboard

cláraigh VERB [12]
1 to register

□ Chláraigh mé leis an leabharlann inniu. I registered with the library today.
2 to enrol

□ Chláraigh na páistí leis an scoil inné. The children enrolled with the school yesterday.

cláraithe ADJECTIVE
registered (letter, parcel)

□ litir chláraithe a registered letter

clárlann FEM NOUN2
registry office

clasaiceach ADJECTIVE
classical

□ ceol clasaiceach classical music

clé FEM NOUN4
▷ see also **clé** ADJECTIVE, ADVERB
left

■ **ar clé** left □ Tiontaigh ar clé ag na soilse tráchta. Turn left at the traffic lights.
■ **'Ná castar ar clé'** 'No left turn'

clé ADJECTIVE, ADVERB
▷ see also **clé** FEM NOUN4
left

□ lámh chlé left hand □ cos chlé left foot
■ **ar thaobh na láimhe clé** on the left
□ Ná déan dearmad tiomáint ar thaobh na láimhe clé. Remember to drive on the left.

cleacht VERB [23, VA cleachta]
to practise

□ Beidh muid ag cleachtadh iomána inniu. We will be practising hurling today.

cleachta ADJECTIVE
■ **bheith cleachta le** to be used to □ Ní raibh sé cleachta le bheith ag tiomáint ar thaobh na láimhe deise. He wasn't used to driving on the right. □ Ná bí buartha, tá mé cleachta leis. Don't worry, I'm used to it.

cleachtadh (PL **cleachtaí**) MASC NOUN1
1 practice

□ as cleachtadh out of practice
2 rehearsal

□ cleachtadh deiridh a dress rehearsal

cleas (PL **cleasa**) MASC NOUN1
trick

□ Níl sé furasta; tá cleas air. It's not easy; there's a trick to it.
■ **cleas a imirt ar duine** to play a trick on somebody □ D'imir sé cleas orm. He played a trick on me.

cleasach ADJECTIVE
tricky

□ imreoir cleasach a tricky player
■ **Is cleasach an peata an saol.** There are many surprising turns in life.

cleasghleacaí MASC NOUN4
acrobat

□ Is cleasghleacaí é. He's an acrobat.

cleathóg FEM NOUN2
cue (snooker)

cléireach MASC NOUN1
1 clerk

□ cléireach siopa a sales clerk
2 altar boy

cleite MASC NOUN4
feather

cleiteán MASC NOUN1
brush (for painting)

cliabh (GEN SING, PL **cléibh**) MASC NOUN1
chest

■ **cara cléibh** a bosom buddy

cliabhán MASC NOUN1
cradle

■ **cliabhán iompair** a carrycot

cliabhrach MASC NOUN1
chest

cliamhain (PL **cliamhaineacha**) MASC NOUN4
son-in-law

cliant MASC NOUN1
client

cliath (GEN SING **cléithe**) FEM NOUN2
hurdle (sport)

c

cliathánaí MASC NOUN4
winger *(sport)*

clibirt FEM NOUN2
scrum *(rugby)*

cliceáil VERB [25]
to click
□ Cliceáil faoi dhó air. Double-click on it.

cling (PL **clingeacha**) FEM NOUN2
1 ping *(noise)*
2 ring
□ Mhúscail cling chlog an dorais mé. I was woken by a ring at the door.

clingcheol MASC NOUN1
ringtone *(on mobile phone)*

clinic MASC NOUN4
clinic
□ clinic réamhbhreithe an antenatal clinic

clis VERB [15]
to fail
□ Chlis uirthi sa scrúdú. She failed the exam.
■ Chlis an carr. The car broke down.

cliseadh (GEN SING **cliste**) MASC NOUN
breakdown
□ cliseadh néarógach a nervous breakdown
■ cliseadh a bhaint as duine to startle someone □ Bhain an cat cliseadh asam. The cat startled me.

cliste ADJECTIVE
1 clever
□ Níl sí chomh cliste lena deartháir. She's not so clever as her brother. □ Nach cliste an smaoineamh é! What a clever idea!
2 intelligent
□ Tá sí iontach cliste. She's very intelligent.

cló (PL **clónna**) MASC NOUN4
print *(letters)*
□ i gcló beag in small print
■ i gcló trom in bold
■ cló iodálach italics
■ as cló out of print □ Tá an leabhar sin as cló. That book is out of print.

clóca MASC NOUN4
cloak

cloch FEM NOUN2
stone
□ cloch chora a stepping stone □ Tá ocht gcloch meáchain. I weigh eight stone.
■ clocha sneachta hailstones

clochán MASC NOUN1
causeway
□ Tarraingíonn Clochán an Aifir cuid mhór turasóirí. The Giant's Causeway attracts lots of tourists.

clochar MASC NOUN1
convent

clódóir MASC NOUN3
printer

clódóireacht FEM NOUN3
printing

clog MASC NOUN1
1 clock
□ clog na heaglaise the church clock □ clog rabhaidh an alarm clock □ Tá an clog sin luath. That clock's fast.
■ clog gréine a sundial
■ 7 a chlog ar maidin 7 o'clock in the morning
2 bell
□ Bhuail mé an clog trí huaire. I rang the bell three times.

clogad MASC NOUN1
helmet
□ clogad cosanta a crash helmet

cloicheán MASC NOUN1
prawn
□ manglam cloicheán prawn cocktail
■ cloicheáin fhriochta scampi

cloigeann (PL **cloigne**) MASC NOUN1
head
□ Fuair mé buille sa chloigeann. I got a bang on the head.

cloígh VERB [18]
to defeat
□ Chloígh siad an namhaid. They defeated the enemy.

cloigín MASC NOUN4
bell
■ cloigín dorais a doorbell
□ Buaileadh cloigín an dorais. The doorbell rang.

clois VERB [26]
to hear
□ Ní chloisim thú. I can't hear you.

cloíte ADJECTIVE
exhausted
□ Bhi mé cloíte tar éis an chluiche. I was exhausted after the game.

clós MASC NOUN1
yard
□ clós na scoile school yard

clóscríobh VERB [23, VN clóscríobh, VA clóscríofa]
to type

clóscríobhaí MASC NOUN4
typist

cluas FEM NOUN2
1 ear
□ Tá cluasa pollta agam. I've got pierced ears.
2 handle *(of cup)*

cluasáin MASC PL NOUN1
headphones

club (PL **clubanna**) MASC NOUN4
club
□ An bhfuil tú i do bhall de chlub ar bith?
Do you belong to any clubs? □ Tá mé chun
clárú sa chlub sciála. I'm going to join the
ski club.
■ **club oíche** a night club
■ **club óige** a youth club

clúdach MASC NOUN1
cover
■ **clúdach litreach** an envelope
■ **leabhar faoi chlúdach páipéir** a paperback

clúdaigh VERB [12, VN clúdach]
to cover
□ Tá sé clúdaithe le goiríní. He's covered in
spots. □ Níor chlúdaigh ár n-árachas é.
Our insurance didn't cover it.

cluiche MASC NOUN4
1 game
□ cluiche peile a game of football □ cluiche
cártaí a game of cards
2 match
□ Cuireadh an cluiche ar ceal. The match
was called off.
■ **cluiche ceannais** a final □ cluiche
ceannais na hÉireann the All-Ireland Final
■ **cluiche leathcheannais** a semifinal
■ **na Cluichí Oilimpeacha** the Olympic
Games

clúidín MASC NOUN4
nappy

cluin VERB [26]
to hear
□ Níor chuala mé é. I didn't hear him.

clúiteach ADJECTIVE
famous
□ Tá Máire iontach clúiteach. Mary is very
famous.

cnag MASC NOUN1
▷ see also cnag VERB
knock (sound)

cnag VERB [14]
▷ see also cnag MASC NOUN1
to knock
□ Chnag Liam ar an doras. Liam knocked at
the door.

cnaipe MASC NOUN4
button

cnámh FEM NOUN2
bone
□ Bhris mé cnámh an smiolgadáin. I broke
my collarbone.
■ **lomchnámh na fírinne** the plain truth

cnámharlach MASC NOUN1
skeleton

cnap (PL **cnapanna**) MASC NOUN1
heap
□ Tá cnap airgid ag Seán. John has a heap
of money.
■ **Thit sé ina chnap codlata.** He fell fast
asleep.

cneas (PL **cneasa**) MASC NOUN1
skin

cneasaigh VERB [12]
to heal
□ Cneasaíodh an chneá gan mhoill.
The wound soon healed.

cniotáil VERB [25]
▷ see also cniotáil FEM NOUN3
to knit
□ Chniotáil mo mháthair geansaí deas dom.
My mother knitted me a lovely jumper.

cniotáil FEM NOUN3
▷ see also cniotáil VERB
knitting
□ Is maith liom bheith ag cniotáil. I like
knitting.

cnó (PL **cnónna**) MASC NOUN4
nut
■ **cnó capaill** a horse chestnut

cnoc MASC NOUN1
hill
□ Shiúil sí suas an cnoc. She walked up the
hill.
■ **cnoc oighir** an iceberg

cnocadóireacht FEM NOUN3
hillwalking

cnuasaigh VERB [12, VN cnuasach]
to collect
□ Cnuasaíonn sé leabhair ealaíne.
He collects art books.

Cóc MASC NOUN4
Coke®

cóc MASC NOUN1
coke

cócaire MASC NOUN4
cook
□ Is cócaire iontach é Tomás. Thomas is an
amazing cook.

cócaireacht FEM NOUN3
cooking
□ Molann gach duine a cuid cócaireachta.
Everyone praises her cooking.
■ **an chócaireacht a dhéanamh** to do the
cooking

cócaireán MASC NOUN1
cooker
□ cócaireán gáis a gas cooker

cócaon MASC NOUN1
cocaine

cochall MASC NOUN1
hood

cochán MASC NOUN1
straw

cócó MASC NOUN4
cocoa
□ cupán cócó a cup of cocoa
■ cnó cócó a coconut

cód MASC NOUN1
code
■ cód diailithe a dialling code
■ cód poist a postcode

codail VERB [19, VN codladh]
to sleep
□ Chodail mé go sámh aréir. I slept soundly last night.

codladh (GEN SING codlata) MASC NOUN3
sleep
□ codladh sámh a sound sleep
■ bheith i do chodladh to be asleep □ Tá Máire ina codladh go fóill. Mary is still asleep.
■ Tá sé ina chnap codlata. He's fast asleep.
■ dul a chodladh to go to sleep □ Chuaigh an leanbh a chodladh ar a sé. The child went to sleep at 6.00.
■ codladh a bheith ort to be sleepy □ Bhí codladh orm. I was sleepy.
■ codladh gliúragáin pins and needles
■ codladh thar oíche a sleepover

cófra MASC NOUN4
cupboard
□ Cuir an t-arán sa chófra. Put the bread in the cupboard.

cogadh (PL cogaí) MASC NOUN1
war
□ cogadh cathartha a civil war
■ Cogaí na Croise the Crusades

cogain VERB [19]
to chew
□ Cogain do bhia go maith. Chew your food well.

cógaiseoir MASC NOUN3
pharmacist

cogar MASC NOUN1
whisper

cógas MASC NOUN1
medicine

cógaslann FEM NOUN2
pharmacy

coicís FEM NOUN2
fortnight

□ Chonaic mé Liam coicís ó shin. I saw Liam a fortnight ago.

coigil VERB [21]
to save up
□ Tá mé ag coigilt airgid le haghaidh rothar nua. I'm saving up for a new bike.

coileach MASC NOUN1
cock (male bird)
■ coileach gaoithe a weathercock

coiléar MASC NOUN1
collar

cóilis FEM NOUN2
cauliflower

coill (PL coillte) FEM NOUN2
wood
□ Chuardaigh siad an choill faoina coinne. They searched the wood for her.

coim FEM NOUN2
waist
□ mo thoise coime my waist measurement
■ faoi choim na hoíche under cover of darkness

coimeád VERB [23, VN coimeád]
to keep
□ Coimeád an leabhar go dtí amárach. Keep the book till tomorrow.
■ do ghealltanas a choimeád to keep one's promise

cóiméad MASC NOUN1
comet

coimeádaí MASC NOUN4
keeper

coimeádán MASC NOUN1
container

coiméide FEM NOUN4
comedy

coimhéad VERB [23, VN coimhéad]
to watch (TV, film)
□ Choimhéad muid an scannán aréir. We watched the film last night.

coimhthíoch MASC NOUN1
▷ see also coimhthíoch ADJECTIVE
foreigner

coimhthíoch ADJECTIVE
▷ see also coimhthíoch MASC NOUN1
1 foreign
□ tír choimhthíoch a foreign country
2 strange
□ Tá cuma choimhthíoch ar an duine sin. That person looks strange.

coincleach FEM NOUN2
mould
■ Tá coincleach ar an arán. The bread is mouldy.

cóineartú MASC NOUN
confirmation *(religious)*

coinfití MASC NOUN4
confetti

coinín MASC NOUN4
rabbit
□ Chuaigh an coinín síos an poll. The rabbit went down the hole.

coinne FEM NOUN4
1 appointment
□ Tá coinne agam leis an dochtúir inniu. I've got an appointment with the doctor today.
2 date
□ Tá coinne le Seán aici anocht. She's got a date with John tonight.

coinneal (GEN SING, PL **coinnle**) FEM NOUN2
candle
□ solas coinnle candlelight
■ **coinnle corra** bluebells

coinnigh VERB [11, VN coinneáil]
1 to keep
□ Choinnigh sí an madra sa ghairdín. She kept the dog in the garden. □ Coinním dialann. I keep a diary.
2 to hold onto
□ Coinnigh greim ar an téad. Hold onto the rope.
■ **súil a choinneáil ar** to watch □ Caithfidh mé súil a choinneáil ar mo chruth. I have to watch my figure.

coinníoll (PL **coinníollacha**) MASC NOUN1
condition
□ Déanfaidh mé é, ar choinníoll amháin. I'll do it, on one condition.

coinnleoir MASC NOUN3
candlestick
■ **coinnleoir craobhach** a chandelier

cóip (PL **cóipeanna**) FEM NOUN2
copy
□ cóip chrua hard copy

cóipleabhar MASC NOUN1
jotter *(exercise book)*

coir (PL **coireanna**) FEM NOUN2
crime
□ láthair na coire the scene of the crime
□ Rinne sé coir. He committed a crime.

cóir (GEN SING MASC **cóir**, GEN SING FEM, PL, COMPAR **córa**) ADJECTIVE
fair
□ praghas cóir a fair price
■ **mar is cóir** properly □ Déan mar is cóir é. Do it properly.

cóirigh VERB [11]
to fix

□ Chóirigh mé an carr aréir. I fixed the car last night.
■ **leaba a chóiriú** to make a bed □ Cóirím an leaba gach maidin. I make the bed every morning.

coirm (PL **coirmeacha**) FEM NOUN2
party
■ **coirm cheoil** a concert □ Beidh coirm cheoil sa halla anocht. There's a concert in the hall tonight.

coirnéad MASC NOUN1
cornet
□ Seinneann sé ar an gcoirnéad. He plays the cornet.

coirnéal MASC NOUN1
corner
□ i gcoirnéal an tseomra in the corner of the room □ Tá sí ina cónaí go díreach thart an coirnéal. She lives just round the corner.

coirpeach MASC NOUN1
criminal

coiscéim (PL **coiscéimeanna**) FEM NOUN2
footstep

coisí MASC NOUN4
pedestrian

cóisir FEM NOUN2
party
□ Beidh cóisir bhreithlae agam. I'm going to have a birthday party.

coisric VERB [17, VN coisreacan]
to bless
□ Coisric thú féin. Bless yourself.

coisricthe ADJECTIVE
holy
□ uisce coisricthe holy water

coiste MASC NOUN4
committee

cóiste MASC NOUN4
coach
□ Chuamar ann ar an gcóiste. We went there by coach.

coitianta ADJECTIVE
common
□ Sloinne iontach coitianta is ea 'Mac Gabhann'. 'Smith' is a very common surname.

coitinne FEM NOUN4
■ **i gcoitinne** in general

col (PL **colanna**) MASC NOUN1
■ **col ceathrair** a cousin

coláiste MASC NOUN4
college
□ coláiste teicneolaíochta a technical college

colbha MASC NOUN4
side
■ Shuigh sí ag colbha na leapa. She sat by the bed.
colscaradh (GEN SING colscartha, PL colscarthaí) MASC NOUN
divorce
colún MASC NOUN1
1 pillar
2 column (in newspaper)
□ colún pearsanta personal column
colúr MASC NOUN1
pigeon
□ colúr frithinge a homing pigeon
comaoineach FEM NOUN4
communion
□ mo Chéad Chomaoineach my First Communion
comhad MASC NOUN1
file
□ Cuir an páipéar sin sa chomhad. Put that paper in the file.
■ comhad a íoslódáil to download a file
■ comhad cúltaca a backup file
comhadchaibinéad MASC NOUN1
filing cabinet
comhair PREPOSITION
opposite
□ Shuigh sé os a comhair. He sat down opposite her.
■ os comhair in front of □ os comhair an tí in front of the house
■ i gcomhair an lóin for lunch □ Rachaidh muid amach i gcomhair an lóin. We'll go out for lunch.
comhairle FEM NOUN4
advice
□ píosa comhairle a piece of advice □ Chuir sé comhairle mhaith orm. He gave me good advice.
comhaois FEM NOUN2
■ Tá mé ar comhaois leis. I'm the same age as him.
comhaontas MASC NOUN1
alliance
■ An Comhaontas Glas the Green Party
comhaontú MASC NOUN
agreement
□ an Comhaontú Angla-Éireannach the Anglo-Irish agreement
comharsa (GEN SING, GEN PL comharsan, PL comharsana) FEM NOUN
neighbour
□ Tá na comharsana againn an-deas. Our neighbours are very nice.

■ comharsa bhéal dorais next-door neighbour
comhartha MASC NOUN4
sign
□ comhartha bóthair a road sign
comhdháil FEM NOUN3
conference
comhéadan MASC NOUN1
interface (computer)
comhfhreagraí MASC NOUN4
correspondent
□ ár gcomhfhreagraí eachtrach our foreign correspondent
comhfhreagras MASC NOUN1
correspondence
■ cúrsa comhfhreagrais a correspondence course
comhghairdeas MASC NOUN1
congratulations
□ Comhghairdeas ar do phost nua! Congratulations on your new job!
■ comhghairdeas a dhéanamh le duine faoi rud to congratulate somebody on something □ Rinne m'aintín comhghairdeas liom faoi mo chuid torthaí. My aunt congratulated me on my results.
comhghuaillí MASC NOUN4
ally
■ na Comhghuaillithe the Allies
comhlacht MASC NOUN3
company
□ Tá comhlacht mór á reáchtáil aige. He runs a large company.
comhlánaigh VERB [12]
to complete
□ Comhlánaigh an fhoirm seo, le do thoil. Complete this form, please.
comhoibrigh VERB [11]
to cooperate
□ Tá na daltaí ag comhoibriú le chéile. The pupils are cooperating with each other.
comhoibriú MASC NOUN
cooperation
comhphobal MASC NOUN1
community
■ An Comhphobal Eorpach the European Community
comhrá (PL comhráite) MASC NOUN4
conversation
□ Bhí comhrá fada agam le Máire. I had a long conversation with Mary.
■ rang comhrá a conversation class
■ Is maith leo bheith ag comhrá ar líne. They like to chat online.

comhscór MASC NOUN1
draw
□ Chríochnaigh an cluiche ar comhscór. The game ended in a draw.

comónta ADJECTIVE
common

comóradh MASC NOUN1
celebration
□ Bhí comóradh mór ann nuair a tháinig an fhoireann abhaile. There was a great celebration when the team came home.

comórtas MASC NOUN1
competition
□ Beidh comórtas peile ann amárach. There will be a football competition tomorrow.
■ **comórtas singil na mban** the women's singles

comparáid FEM NOUN2
comparison
□ Tá Gaillimh beag i gcomparáid le Baile Átha Cliath. Galway is small in comparison to Dublin.

compás MASC NOUN1
compass

compordach ADJECTIVE
comfortable
□ Tá mé iontach compordach, go raibh maith agat. I'm very comfortable, thanks.

cón MASC NOUN1
cone
□ cón uachtair reoite an ice-cream cone

cónaí (GEN SING, PL **cónaithe**) MASC NOUN
residence
■ **scoil chónaithe** a boarding school
■ **ceantar cónaithe** a residential area
■ **i gcónaí** always □ Bíonn sé i gcónaí toilteanach cuidiú a thabhairt. He's always ready to help.

cónaigh VERB [12, VN cónaí]
to live
□ Cónaíonn siad sa Fhrainc. They live in France.

conáil VERB [25]
to freeze
□ Chonálfadh sé na corra. It's freezing.

conáilte ADJECTIVE
freezing
■ **bheith conáilte** to be frozen stiff
□ Tá mé conáilte. I am frozen stiff.

conas ADVERB
how
□ Conas tá tú? How are you? □ Conas a d'éirigh leat? How did you manage?

confach ADJECTIVE
1 angry

□ Tá an múinteoir iontach confach inniu. The teacher's very angry today.
2 vicious
□ Tá an madra sin iontach confach. That dog's very vicious.

cóngarach ADJECTIVE
near
□ Tá na siopaí cóngarach don teach. The shops are near the house.

Connachta (GEN PL **Connacht**) MASC PL NOUN
■ **Cúige Chonnacht** Connacht

cónra FEM NOUN4
coffin

conradh (GEN SING **conartha**, PL **conarthaí**) MASC NOUN
1 contract
□ Tá conradh bliana ag an imreoir leis an chlub. The player has a year's contract with the club.
2 bargain
□ Fuair tú conradh maith. You got a good bargain.
■ **Conradh na Gaeilge** the Gaelic League

consól MASC NOUN1
console (games, computer)

conspóideach ADJECTIVE
controversial
□ leabhar conspóideach a controversial book

constábla MASC NOUN4
constable

constaic FEM NOUN2
obstacle
■ **constaicí a chur i mbealach duine** to put obstacles in someone's way
■ **Tá constaic bheag ann.** There's been a slight hitch.

contae (PL **contaetha**) MASC NOUN4
county

contráilte ADJECTIVE
wrong
□ Tá tú contráilte ansin. You're wrong about that.
■ **an taobh contráilte** the wrong side
□ Bhí sé ag tiomáint ar an taobh contráilte den bhóthar. He was driving on the wrong side of the road.

contúirt FEM NOUN2
danger
□ Tá contúirt dóiteáin ann. There is a danger of fire.
■ **i gcontúirt** in danger □ Bhí sé i gcontúirt a bháite. He was in danger of drowning.
■ **slán ó chontúirt** out of harm's way

contúirteach ADJECTIVE
dangerous
□ Tá an bóthar sin contúirteach. That road is dangerous.

cor (PL **cora**) MASC NOUN1
reel (dance, music)
■ **ar aon chor** anyway
■ **ar chor ar bith** at all □ Níl caill ar sin ar chor ar bith. That's not bad at all.

cór MASC NOUN1
choir
□ Canaim i gcór na scoile. I sing in the school choir.

coradh (GEN SING **cortha**, PL **corthaí**) MASC NOUN
bend
□ coradh sa bhothar a bend in the road

coraí MASC NOUN4
wrestler

coraíocht FEM NOUN3
wrestling

córas MASC NOUN1
system
□ córas cliste a clever system

corc MASC NOUN1
cork

Corcaigh (GEN SING **Chorcaí**) FEM NOUN2
Cork

corcra ADJECTIVE, MASC NOUN4
purple

corcscriú MASC NOUN4
corkscrew

corn VERB [14]
▷ see also **corn** MASC NOUN1
to roll up
□ Chorn mé suas mo mhuinchillí. I rolled up my sleeves.

corn MASC NOUN1
▷ see also **corn** VERB
1 horn
□ Seinnim ar an gcorn francach. I play the French horn.
2 cup (sport)
□ Bhain muid an corn. We won the cup.
■ **Corn an Domhain** the World Cup

coróin (GEN SING **corónach**, PL **corónacha**)
FEM NOUN
crown
■ **Coróin Mhuire** rosary beads

corp MASC NOUN1
1 body
□ corp an duine the human body
■ **corp agus anam** body and soul
2 corpse (dead body)

corpán MASC NOUN1
corpse (dead body)

corpoideachas MASC NOUN1
physical education

corr (GEN SING MASC **coirr**) ADJECTIVE
odd
□ uimhir chorr an odd number
■ **an ceann corr** the odd one out

corrach ADJECTIVE
unsteady
□ Bhí sé corrach ar a chosa. He was unsteady on his feet.

corradh MASC NOUN
■ **corradh le** more than □ corradh le seachtain ó shin more than a week ago

corraigh VERB [12, VN **corraí**]
to move
□ Ná corraigh. Don't move.

corraithe ADJECTIVE
excited
□ Bhí na páistí iontach corraithe. The children were very excited.

corrmhéar FEM NOUN2
index finger

corróg FEM NOUN2
hip

corruair ADVERB
occasionally
□ Feicim Seán corruair. I see John occasionally.

cos (DAT SING **cois**) FEM NOUN2
1 leg
□ Bhris mé mo chos. I broke my leg.
■ **cos sicín** a chicken leg
2 foot
□ Tá mo chos dheas nimhneach. My right foot is sore.
3 handle (of knife)
■ **cois** along □ Shiúil muid cois na farraige. We walked along the shore.
■ **Cad é atá ar cois?** What's up?

cosain VERB [19]
1 to defend
□ Chosain sé í. He defended her.
2 to cost
□ Chosain an leabhar 10 euro. The book cost 10 euros.

cosán MASC NOUN1
path
□ Siúil ar an gcosán. Walk on the path.

cosantóir MASC NOUN3
defender (sport)

cosc MASC NOUN1
ban
■ **Tá cosc iomlán ar an tobac.** Smoking is strictly forbidden.

coscairt (GEN SING **coscartha**) FEM NOUN3
thaw
■ **Tháinig an choscairt.** It thawed.

coscán MASC NOUN1
brake
□ coscán láimhe a handbrake

coslia (PL **coslianna**) MASC NOUN4
chiropodist
□ Is coslia é. He's a chiropodist.

cósta MASC NOUN4
coast
□ Tá sé ar chósta thiar na hÉireann. It's on the west coast of Ireland.

costas MASC NOUN1
1 cost
□ Déan iarracht costas óstáin a fhiosrú. Try to find out the cost of a hotel.
2 expense
□ ar mo chostas féin at my own expense

costasach ADJECTIVE
expensive
□ Tá na héadaí sin iontach costasach. Those clothes are very expensive.

cóstóir MASC NOUN3
■ **cóstóir roithleáin** a roller coaster

cosúil ADJECTIVE
1 like
□ tíortha teo cosúil leis an India hot countries like India
2 alike
□ Tá an bheirt bhan cosúil le chéile. The two women look alike.

cóta MASC NOUN4
coat
□ cóta te a warm coat □ cóta báistí a raincoat

cothrom ADJECTIVE
▷ *see also* **cothrom** MASC NOUN1
1 level
□ Caithfidh tábla snúcair a bheith cothrom ar fad. A snooker table must be perfectly level.
2 flat
□ díon cothrom a flat roof □ bróga cothroma flat shoes
3 fair
□ Níl sé sin cothrom. That's not fair.
■ **cothrom na Féinne** fair play □ Ní bhfuair muid cothrom na Féinne. We didn't get fair play.
■ **go cothrom** fairly □ Roinneadh an cáca go cothrom. The cake was divided fairly.

cothrom MASC NOUN1
▷ *see also* **cothrom** ADJECTIVE
balance

□ Baineadh dá cothrom í. She lost her balance.

cothromaigh VERB [12]
to equalize *(in sport)*
□ Chothromaigh muid an scór sa nóiméad deiridh. We equalized in the final minute.

cothú MASC NOUN
nourishment
■ **cothú sláintiúil** a healthy diet
■ **cothú cothrom** a balanced diet

cotúil ADJECTIVE
shy
□ Tá an leanbh iontach cotúil. The child is very shy.

crá MASC NOUN4
■ **crá croí** nuisance □ Crá croí atá ann! It's a damn nuisance!

crág FEM NOUN2
clutch *(on car)*
■ **crág airgid** a handful of money

craic (PL **craiceanna**) FEM NOUN2
crack *(fun)*
□ Tá craic mhaith leis. He's good crack.

craiceann (PL **craicne**) MASC NOUN1
skin
□ daoine le craiceann fionn people with fair skin □ craiceann banana a banana skin
■ **craiceann istigh** inside out
■ **an craiceann a bhaint d'oráiste** to peel an orange

craicear MASC NOUN1
cracker *(biscuit)*

cráigh VERB [24]
to annoy
□ Ná bí do mo chrá. Don't annoy me.

crampa MASC NOUN4
cramp

crandaí MASC NOUN4
hammock
■ **crandaí bogadaí** a seesaw

crann MASC NOUN1
1 tree
□ crann úll an apple tree
2 mast *(radio, TV)*
3 pole
□ crann brataí a flagpole

crannchur MASC NOUN1
lottery
■ **An Crannchur Náisiúnta** the National Lottery

craobh (PL **craobhacha**, GEN PL **craobh**) FEM NOUN2
1 branch *(of tree)*
2 championship *(in sport)*

□ craobh an chontae the county championship □ Craobh na hÉireann the All-Ireland championship

craol VERB [23]
to broadcast
□ Craoladh an t-agallamh inné. The interview was broadcast yesterday.

craoladh (GEN SING **craolta**, PL **craoltaí**) MASC NOUN
broadcast

cráta MASC NOUN4
crate

cré FEM NOUN4
soil

créafóg FEM NOUN2
clay

creagach ADJECTIVE
rocky

creatlach FEM NOUN2
skeleton

créatúr MASC NOUN1
creature
■ **An créatúr!** Poor thing!

creid VERB [15, VN creidiúint]
to believe
□ Ní chreidim thú. I don't believe you.
□ Creidim i nDia. I believe in God.

creideamh MASC NOUN1
1 faith
□ an creideamh Caitliceach the Catholic faith
2 religion
□ Cén creideamh lena mbaineann tú? What religion are you?

creidmheas MASC NOUN3
credit
□ Níl aon chreidmheas fágtha agam ar mo ghuthán. I've got no credit left on my phone.

créip FEM NOUN2
crepe (pancake)

cré-umha MASC NOUN4
bronze
□ bonn cré-umha a bronze medal

crián MASC NOUN1
crayon

críoch (DAT SING **crích**) FEM NOUN2
1 end
□ Tá an cluiche ag teacht chun críche. The game is coming to an end.
2 finish
□ Chonaiceamar críoch Mharatón Bhaile Átha Cliath. We saw the finish of the Dublin Marathon.
■ **mar chríoch** in conclusion

críochfort MASC NOUN1
terminal (at airport)

críochnaigh VERB [12]
to finish
□ Chríochnaigh sí a hobair baile. She's finished her homework. □ Chríochnaigh mé an leabhar. I've finished the book.

criogar MASC NOUN1
cricket (insect)

críonna ADJECTIVE
1 prudent
□ duine críonna a prudent person
2 cunning
□ chomh críonna le sionnach as cunning as a fox

crios (GEN SING **creasa**, PL **criosanna**) MASC NOUN3
belt
■ **crios tarrthála** a seat belt
■ **crios leaisteach** an elastic band

Críost MASC NOUN4
Christ

Críostaí ADJECTIVE, MASC NOUN4
Christian

Críostaíocht FEM NOUN3
■ **An Chríostaíocht** Christianity

criostal MASC NOUN1
crystal

crith (GEN SING **creatha**, PL **creathanna**) MASC NOUN3
shiver
■ **Tá mé ar crith le fuacht.** I'm shivering with cold.
■ **crith talún** an earthquake □ Rinne an crith talún damáiste fairsing. The earthquake caused extensive damage.

criticeoir MASC NOUN3
critic

criticiúil ADJECTIVE
critical
□ ráiteas criticiúil a critical remark

criú MASC NOUN4
crew

cró (PL **cróite**) MASC NOUN4
1 ring
□ cró dornálaíochta a boxing ring
2 eye
□ cró snáthaide the eye of a needle
■ **cró coinín** a rabbit hutch

croch VERB [23]
to hang
□ Croch do chasóg ar an gcrúca. Hang your jacket on the hook.
■ **Croch leat!** Get lost!

crochadán MASC NOUN1
hanger

cróga ADJECTIVE
brave

crogall MASC NOUN1
crocodile

croí MASC NOUN4
1 heart
  □ Thit mo chroí. My heart sank.
  ■ **taom croí** a heart attack
2 core (of fruit)
  □ croí úill an apple core
  ■ **a chroí** my dear

croíbhriste ADJECTIVE
broken-hearted
  □ Bhí mé croíbhriste. I was broken-hearted.

croiméal MASC NOUN1
moustache

croith VERB [16, VN croitheadh]
1 to shake
  □ Chroith siad lámha le chéile They shook hands.
2 to wag
  □ Chroith an madra a eireaball. The dog wagged its tail.
3 to wave
  □ Chroith muid bratach na scoile ag an gcluiche. We waved the school flag at the match.

crom VERB [14]
1 to bend
  □ Ní féidir liom mo lámh a chromadh. I can't bend my arm.
2 to lean over
  □ Ná crom amach thar an ráille! Don't lean over the rail!

cromán MASC NOUN1
hip

cronaigh VERB [12]
to miss
  □ Cronaím an chraic. I miss the crack.
  □ Cronaím go mór thú. I miss you a lot.

cros FEM NOUN2
  ▷ see also **cros** VERB
cross
  □ fíor na Croise the sign of the cross
  ■ **cros chéasta** a crucifix
  ■ **an Chros Dhearg** the Red Cross

cros VERB [23]
  ▷ see also **cros** FEM NOUN2
1 to forbid
  □ Crosaim ort dul amach. I forbid you to go out.
2 to ban

  □ Tá cros ar an leabhar sin. That book is banned.
  ■ **Tá sin crosta.** That's not allowed.

crosbhealach MASC NOUN1
crossroads

crosfhocal MASC NOUN1
crossword
  □ Is maith liom crosfhocail a dhéanamh. I like doing crosswords.

crua ADJECTIVE
1 hard
  □ talamh crua hard ground □ drugaí crua hard drugs
2 difficult
  □ ceist chrua a difficult question

cruach FEM NOUN4
steel
  □ doras cruach a steel door
  ■ **cruach dhosmálta** stainless steel

cruadhiosca MASC NOUN4
hard disk (of computer)

cruálach ADJECTIVE
cruel

crúb FEM NOUN2
1 claw (of bird)
2 hoof (of horse)

crúca MASC NOUN4
hook
  □ Croch do chasóg ar an gcrúca. Hang your jacket on the hook.

cruicéad MASC NOUN1
cricket (game)

cruinn ADJECTIVE
1 round
  □ tábla cruinn a round table
2 accurate
  □ cur síos cruinn an accurate description

cruinne FEM NOUN4
universe

cruinniú MASC NOUN
meeting
  □ Tá sí ar chruinniú. She's at a meeting.
  □ cruinniú bliantúil an annual meeting

crúiscín MASC NOUN4
jug

cruit (PL **cruiteanna**) FEM NOUN2
harp

cruithneacht FEM NOUN3
wheat

cruógach ADJECTIVE
busy
  □ Bhí muid ag obair go cruógach inniu. We were busy working today.

crústa MASC NOUN4
crust

cruth (PL **cruthanna**) MASC NOUN3
appearance
■ **Cuir cruth ort féin.** Tidy yourself up.
cruthaigh VERB [12]
1 to create
□ Chruthaigh Dia gach rud. God created all
things.
2 to prove
□ Chruthaigh sé go raibh an ceart aige.
He proved that he was right.
cruthú MASC NOUN
proof
□ Níl aon chruthú agam. I've no proof.
cú (PL **cúnna**, GEN SING, GEN PL **con**) MASC NOUN4
greyhound
cuach FEM NOUN2
cuckoo
cuaille MASC NOUN4
pole
□ cuaille sciála a ski pole
■ **cuaille báire** a goalpost
■ **cuaille lampa** a lamppost
cuairt (PL **cuairteanna**) FEM NOUN2
visit
■ **cuairt a thabhairt ar dhuine** to visit
somebody □ Is minic a thugaim cuairt ar
mo sheanmháthair. I often visit my
grandmother.
cuairteoir MASC NOUN3
visitor
cuan (PL **cuanta**) MASC NOUN1
harbour
■ **Cuan Bhaile Átha Cliath** Dublin Bay
cuarán MASC NOUN1
sandal
□ péire cuarán a pair of sandals
cuardaigh VERB [12, VN cuardach]
to search
□ Chuardaigh mé an teach ó bhun go barr.
I searched the house from top to bottom.
cúcamar MASC NOUN1
cucumber
cuibhreann MASC NOUN1
field
cuid (GEN SING **coda**, PL **codanna**) FEM NOUN3
part
□ an chéad chuid the first part
■ **cuid de** some of □ Beidh cuid den rang
as láthair inniu. Some of the class will be
absent today.
■ **cuid mhaith** a lot □ cuid mhaith airgid a
lot of money □ Bíonn sé ag báisteach cuid
mhaith anseo. It rains a lot here.
■ **Tá mo chuid gruaige fliuch.** My hair's
wet.

cuideachta FEM NOUN4
company
□ Is cuideachta an-mhór í. It is a very big
company.
■ **cuideachta a choinneáil le duine** to
keep somebody company □ Coinneoidh mé
cuideachta leat. I'll keep you company.
■ **i gcuideachta a chéile** together
cuidigh VERB [11]
to help
□ Chuidigh sí liom an t-airgead a chuntas.
She helped me to count the money.
cuidiú (GEN SING **cuidithe**) MASC NOUN
help
□ An bhfuil cuidiú ar bith de dhíth ort?
Do you need any help?
■ **lámh chuidithe** a helping hand
cuidiúil ADJECTIVE
helpful
□ Bhí sé iontach cuidiúil. He was very helpful.
cúig MASC NOUN4
five

⚬ LANGUAGE TIP **cúig** is usually followed
by a singular noun.

□ cúig charr five cars □ Dhíol mé ar chúig
euro é. I sold it for five euros.
■ **Tá sé cúig bliana d'aois.** He's five.
■ **cúig ... déag** fifteen □ cúig dhuine dhéag
fifteen people
cúige MASC NOUN4
province
■ **Cúige Chonnacht** Connacht
■ **Cúige Laighean** Leinster
■ **Cúige Mumhan** Munster
■ **Cúige Uladh** Ulster
cúigear MASC NOUN1
five people
■ **cúigear fear** five men
■ **cúigear ban** five women
cúigiú ADJECTIVE
fifth
□ an cúigiú bliain the fifth year
■ **an cúigiú lá de Lúnasa** the fifth of
August
cuileann MASC NOUN1
holly
cuileog FEM NOUN2
fly (insect)
cuilt (PL **cuilteanna**) FEM NOUN2
quilt
cuimhne FEM NOUN4
memory
■ **cuimhní cinn** memoirs
■ **ar feadh mo chuimhne** as far as I
remember

Irish-English

■ **rud a chur i gcuimhne do dhuine** to remind somebody of something □ Cuireann sé Albain i gcuimhne dom. It reminds me of Scotland.

cuimhnigh VERB [11, VN cuimhneamh]
to remember
□ Cuimhnigh do phas! Remember your passport! □ Cuimhnigh d'ainm a scríobh ar an fhoirm. Remember to write your name on the form.

cuimil VERB [21, VA cuimilte]
1 to rub
□ Ná cuimil do shúile! Don't rub your eyes!
2 to wipe
□ Cuimil do chosa! Wipe your feet!

cuimilteoir MASC NOUN3
wiper
□ cuimilteoir gaothscátha a windscreen wiper

cuimsitheach ADJECTIVE
comprehensive
□ scoil chuimsitheach a comprehensive school

cúinne MASC NOUN4
corner

cuir VERB [14, VN cur, VA curtha]
1 to put
□ Cár chuir tú an peann? Where did you put the pen?
2 to bury
□ Cuireadh Seán inniu. John was buried today.
3 to plant (seed)
□ Chuir muid prátaí inné. We planted potatoes yesterday.
4 to send
□ Chuir mé litir chuig Máire. I sent Mary a letter.
■ **ceist a chur** to ask a question □ Cuir ceist ar an múinteoir. Ask the teacher.
■ **Tá sé ag cur sneachta.** It's snowing.
■ **Tá sé ag cur fearthainne.** It's raining.

cuir amach VERB
1 to pour (drink)
□ Cuir amach deoch duit féin. Pour a drink for yourself.
2 to be sick (vomit)
□ Bhí sí ag cur amach. She was sick.

cuir ar VERB
1 to put
□ Níor chuir mé siúcra ar an gcaife. I didn't put any sugar in the coffee.
2 to put on
□ Cuir ort do chóta. Put your coat on.

3 to turn on
□ Chuir sé air an raidió. He turned on the radio.

cuir as VERB
1 to turn off
□ Chuir sí an solas as. She turned off the light.
2 to put out
□ Ghlac sé cúig huaire an chloig orthu an tine a chur as. It took them five hours to put out the fire.
■ **Tá na scrúduithe ag cur as di.** She's worried about the exams.

cuir chuig VERB
to send to
□ Chuir mé téacs chuig mo chara. I sent my friend a text.

cuir faoi VERB
to put under
□ Cuir an stól faoin mbord. Put the stool under the table.

cuir i VERB
to put in
□ Chuir sé a lámh ina phóca. He put his hand in his pocket.

cuir isteach VERB
1 to put in
□ Cuir an leabhar isteach i do mhála. Put the book in your bag.
2 to insert
□ Cuir isteach an diosca. Insert the disk.
3 to annoy (person)
□ Tá sé ag cur isteach go mór orm. He's really annoying me.

cuir siar VERB
to postpone
□ Cuireadh an cluiche siar. The game was postponed.

cuir síos VERB
to put down
□ Cuir síos do pheann, le do thoil. Put down your pen, please.
■ **cuir síos ar** to describe □ An féidir leat cur síos a dhéanamh air dom? Can you describe him for me?
■ **an citeal a chur síos** to put the kettle on

cuir suas VERB
to put up
□ Cuidigh liom an póstaer seo a chur suas. Help me to put up this poster.
■ **Ní féidir liom cur suas leis an gcallán seo.** I can't stand all this noise.

cuireadh MASC NOUN1
invitation

Irish-English

c

■ **cuireadh a thabhairt do dhuine** to invite somebody □ Níor tugadh cuireadh dó. He's not invited.

cuireata MASC NOUN4
jack *(in cards)*

cuirín MASC NOUN4
currant

■ **cuirín dearg** a redcurrant

cúirt (PL **cúirteanna**) FEM NOUN2
court
□ Bhí sí os comhair na cúirte inné. He was up in court yesterday.

■ **cúirt leadóige** a tennis court

cuirtín MASC NOUN4
curtain
□ Tarraing na cuirtíní. Draw the curtains.

cúis (PL **cúiseanna**) FEM NOUN2
1 cause
□ Mise is cúis leis. I am the cause of it.
2 grounds
□ Tá cúis ghearáin againn. We've got grounds for complaint.

cúisigh VERB [11 VN cúiseamh]
to charge
□ Chúisigh na póilíní i ndúnmharú é. The police have charged him with murder.

cúisín MASC NOUN4
cushion

cuisle FEM NOUN4
pulse
□ D'fhéach an bhanaltra a chuisle. The nurse took his pulse.

cuisneoir MASC NOUN3
fridge
□ Tá bainne sa chuisneoir. There's milk in the fridge.

cúiteamh MASC NOUN1
compensation
□ Fuair siad 2000 euro de chúiteamh. They got 2000 euros compensation.

cuiteog FEM NOUN2
worm

cuitléireacht FEM NOUN3
cutlery

cúl (PL **cúla**) MASC NOUN1
1 back
□ ag an gcúl at the back □ cúl an tí the back of the house □ i gcúl an bhus in the back of the bus

■ **ar chúl** behind □ Tá an mála ar chúl an dorais. The bag is behind the door. □ Tá mé ar gcúl le mo chuid staidéir. I'm behind with my revision.
2 rear
□ i gcúl na traenach at the rear of the train

3 goal
□ Eisean a scóráil an cúl a bhuaigh an cluiche dóibh. He scored the winning goal.

■ **cúl báire** a goalkeeper

cúlaí MASC NOUN4
back *(football, rugby)*

cúlaigh VERB [12]
to reverse *(car)*
□ Chúlaigh sé gan amharc thart. He reversed without looking.

culaith (PL **cultacha**) FEM NOUN2
suit

■ **culaith shnámha** a swimsuit
■ **culaith sciála** a ski suit

cúlbhuille MASC NOUN4
backhand *(tennis)*

cúlchaint FEM NOUN2
gossip

cúlra MASC NOUN4
background
□ teach sa chúlra a house in the background □ cúlra a theaghlaigh his family's background

cúlspás MASC NOUN1
backspace *(on keyboard)*

cúltaca ADJECTIVE
backup
□ cóip chúltaca a backup copy

cultúr MASC NOUN1
culture

■ **an cultúr Gaelach** the Irish Culture

cum VERB [14]
to compose
□ Chum mé dán inniu. I composed a poem today.

cuma FEM NOUN4
1 shape
□ cuma neamhghnách an unusual shape
2 appearance
□ Bíonn sí iontach cúramach faoina cuma. She takes great care over her appearance.

■ **Tá cuma bhuartha air.** He looks worried.
■ **ar chuma éigin** somehow
■ **ar aon chuma** anyway □ Beidh mise ann ar aon chuma. I'll be there anyway.
■ **Is cuma liom.** I don't care.

cumadóir MASC NOUN3
composer

cumann MASC NOUN1
1 club
□ Rinne na péas ruathar ar an gcumann. The police raided the club.

■ **cumann gailf** *(building)* a golf club
2 society
□ cumann drámaíochta a drama society

cumann carthannachta a charity
Cumann Lúthchleas Gael the Gaelic
Athletic Association

cumas MASC NOUN1
ability
Níl ar mo chumas siúl fós. I'm not able
to walk yet.

cumasach ADJECTIVE
competent
□ Tá sí iontach cumasach. She's very
competent.

cumha MASC NOUN4
homesick
□ Bhí cumha orm nuair a bhí mé thall sa
Fhrainc I was homesick when I was over
in France.

cumhacht FEM NOUN3
power
□ Tá an chumhacht druidte. The power's
off.
cumhacht núicléach nuclear power
gearradh cumhachta a power cut
stáisiún cumhachta a power station

cumhachtach ADJECTIVE
powerful
□ Tá an carr sin iontach cumhachtach.
That car's very powerful.

cumhdach MASC NOUN1
cover
□ Cuir cumhdach ar an leabhar sin anocht.
Put a cover on that book tonight.

cumhdaigh VERB [12 VN cumhdach]
to cover
□ Cumhdaigh thú féin go maith. Cover
yourself up well.

cumhrán MASC NOUN1
perfume

cúnamh MASC NOUN1
help
cúnamh a thabhairt do dhuine to help
somebody □ Thug mé cúnamh don
mhúinteoir. I helped the teacher.

cúng ADJECTIVE
narrow
□ Tá an bóthar iontach cúng. The road is
very narrow.

cúngaigeanta ADJECTIVE
narrow-minded

cuntar MASC NOUN1
counter *(in shop)*
ar chuntar go ... on condition that ...

cuntas MASC NOUN1
account
cuntas bainc a bank account
cuntas reatha a current account

cuntas a thabhairt ar rud to give an
account of something □ Thug sé cuntas ar
an dráma. He gave an account of the
drama.

cuntasaíocht FEM NOUN3
accountancy *(subject)*

cuntasóir MASC NOUN3
accountant
□ Is cuntasóir í. She's an accountant.

cuntasóireacht FEM NOUN3
accountancy *(profession)*

cúntóir MASC NOUN3
assistant
□ cúntóir pearsanta a personal assistant

cupán MASC NOUN1
cup
cupán tae a cup of tea □ D'iarr sé
cupán tae orm. He asked me for a cup
of tea.

cúpla MASC NOUN4
1 twins
An Cúpla Gemini □ Is mise An Cúpla.
I'm Gemini.
2 a couple of
□ An dtiocfadh leat fanacht cúpla bomaite?
Could you wait a couple of minutes?
□ Bhíomar ag stopadh i mBéal Feirste ar
feadh cúpla lá. We were staying in Belfast
for a couple of days.

cúpón MASC NOUN1
coupon

cur MASC NOUN1
round
□ Cheannaigh sé cur deochanna. He bought
a round of drinks.

cúr MASC NOUN1
foam
□ cúr bearrtha shaving foam

curach FEM NOUN2
canoe

curachóireacht FEM NOUN3
canoeing
□ Chuamar ag curachóireacht. We went
canoeing.

curaclam MASC NOUN1
curriculum

curadh MASC NOUN1
champion
curadh an domhain world champion

curaí MASC NOUN4
curry
□ curaí an-teobhlasta a very hot curry

cúram (PL **cúraimí**) MASC NOUN1
1 care
fear cúraim a caretaker

2 children
  □ An bhfuil cúram ar bith ort? Have you any children?
  ■ **Ní de do chúramsa é.** It's none of your business.
cúramach ADJECTIVE
  careful
  □ Bí cúramach ar an mbóthar. Be careful on the road.
  ■ **go cúramach** carefully □ Lean na treoracha go cúramach. Follow the instructions carefully.
  ■ **'Láimhsigh go cúramach'** 'Handle with care'
curfá MASC NOUN4
  chorus
curiarracht FEM NOUN3
  record (in sport)
  □ curriarracht an domhain the world record
curiarrachtaí MASC NOUN4
  record holder
cúrsa MASC NOUN4
  course
  □ Eagraíonn siad cúrsaí ceoil sna laethanta saoire. They run music courses in the holidays.
  □ cúrsa ríomhaireachta a computer course

  ■ **cúrsaí 1** affairs □ cúrsaí reatha current affairs **2** matters □ Sin mar atá cúrsaí faoi láthair. That's how matters stand at the moment.
cúrsáil FEM NOUN3
  ▷ see also **cúrsáil** VERB
  cruise
  ■ **long chúrsála** a cruise ship
cúrsáil VERB [25]
  ▷ see also **cúrsáil** FEM NOUN3
  to cruise
custaiméir MASC NOUN3
  customer
custam MASC NOUN1
  customs
  ■ **oifigeach custaim** a customs officer
custard MASC NOUN1
  custard
cuthach MASC NOUN1
  rage
  □ Bhí cuthach feirge uirthi. She was in a rage.
cúthail ADJECTIVE
  shy
  □ Tá an páiste iontach cúthail. The child is very shy.

Dd

dá CONJUNCTION

if

□ Cad é a dhéanfá dá mbeadh míle euro agat? What would you do if you had a thousand euros? □ Dá gcuirfeá an t-airgead sa bhanc bheifeá saibhir. If you were to put the money in the bank you would be rich. □ Dá mbeadh a fhios agat! If you only knew! □ dá mba mhaith leat if you like

> **LANGUAGE TIP** dá formed from do or de plus a possessive adjective means 'to his', 'her' etc. Scan the examples below to find one that is close to what you want.

□ Thug mé an cárta dá mháthair. I gave the card to his mother. □ Fuair siad bronntanas dá dtuismitheoirí. They got a present for their parents. □ duine dá chairde one of his friends □ duine dá cairde one of her friends □ Bhain sí an fáinne dá méar. She took the ring off of her finger.

■ gach pingin dá bhfuil agaibh every penny you have

dabhach (GEN SING **daibhche**, PL **dabhcha**) FEM NOUN2

tank (for fish)

dabht (PL **dabhtanna**) MASC NOUN4

doubt

■ gan dabht without a shadow of a doubt

dada MASC NOUN4

1 anything

□ má bhíonn dada uait if you need anything

2 nothing

□ Níl dada le feiceáil ann. There is nothing to see there. □ dada le hadmháil nothing to declare

daibhir (GEN SING FEM, PL, COMPAR **daibhre**) MASC NOUN4

▷ see also **daibhir** ADJECTIVE

poor person

■ an saibhir agus an daibhir the rich and the poor

daibhir ADJECTIVE

▷ see also **daibhir** MASC NOUN4

poor

daichead (PL **daichidí**) MASC NOUN1

forty

> **LANGUAGE TIP** daichead is followed by a singular noun.

□ daichead bliain forty years □ daichead duine forty people

■ Tá sé daichead bliain d'aois. He's forty.

daid (PL **daideanna**) MASC NOUN4

dad

□ mo dhaid my dad □ Cuirfidh mé ceist ar mo dhaid. I'll ask my dad. □ Tá cuma fheargach ar Dhaid. Dad looks very angry.

daideo MASC NOUN4

grandad

daidí MASC NOUN4

daddy

□ Abair haileo le do dhaidí! Say hello to your daddy!

■ Daidí na Nollag Santa Claus

dáigh ADJECTIVE

obstinate

dáil FEM NOUN3

parliament

■ Dáil Éireann the Irish Parliament

■ dála an scéil by the way □ Dála an scéil, ní bheidh mise anseo anocht. By the way, I won't be here tonight.

dáilcheantar MASC NOUN1

constituency

daingean (GEN SING FEM, PL, COMPAR **daingne**) ADJECTIVE

▷ see also **daingean** MASC NOUN1

1 firm

□ greim daingean a firm grip

2 secure

□ doras daingean a secure door

3 strong

□ fear daingean a strong man

4 solid
  □ balla daingean a solid wall

daingean MASC NOUN1
  ▷ *see also* **daingean** ADJECTIVE
  fortress

dainséar MASC NOUN1
  danger

dair (GEN SING, GEN PL **darach**, PL **daracha**)
  FEM NOUN
  oak
  □ bord darach an oak table

dáiríre ADVERB
1 really
  □ An é sin a mheasann tú, dáiríre? Do you
  really think so? □ An mian leat dul? — Ní
  mian, dáiríre. Do you want to go? — Not
  really.
2 serious
  □ Tá cuma iontach dáiríre ort. You look very
  serious.
  ■ **Ach i ndáiríre …** But seriously …

dairt FEM NOUN2
  dart

daite ADJECTIVE
  coloured
  ■ **teilifíseán daite** a colour TV

dálach MASC NOUN1
  ■ **Domhnach agus dálach** seven days a
  week □ Bíonn Seán ag obair Domhnach
  agus dálach. John works seven days a
  week.

dalba ADJECTIVE
1 naughty
  □ gasúr dalba a naughty boy □ Ná bí dalba!
  Don't be naughty!
  ■ **Gasúr dalba!** You bad boy!
2 cheeky
  □ Ná bí dalba! Don't be cheeky!

dall ADJECTIVE
  ▷ *see also* **dall** MASC NOUN1
  blind
  □ fear dall a blind man

dall MASC NOUN1
  ▷ *see also* **dall** ADJECTIVE
  blind person

dalladh (GEN SING **dallta**) MASC NOUN
  plenty .
  □ Tá dalladh airgid ag Máire. Mary has
  plenty of money. □ Tá dalladh ama againn.
  We have plenty of time.

dallamullóg MASC NOUN4
  deception
  ■ **dallamullóg a chur ar dhuine** to fool
  somebody □ Chuir Liam dallamullóg orm.
  Liam fooled me.

dallóg FEM NOUN2
  blind *(for window)*
  ■ **dallóg veinéiseach** a Venetian blind

dalta (PL **daltaí**) MASC NOUN4
  pupil *(at school)*
  □ Cá mhéad dalta atá sa rang? How many
  pupils are there in the class? □ Chuaigh na
  daltaí abhaile go luath. The pupils went
  home early.

damáiste MASC NOUN4
  damage
  □ Rinne an crith talún damáiste go
  forleathan. The earthquake caused
  extensive damage.

damba MASC NOUN4
  dam

damhán MASC NOUN1
  ■ **damhán alla** spider

damhsa MASC NOUN4
1 dance
  □ Beidh damhsa sa halla anocht. There'll be
  a dance in the hall tonight. □ an damhsa
  deireanach the last dance
2 dancing
  □ damhsa Gaelach Irish dancing □ Téim ar
  cheachtanna damhsa. I go to dancing classes.
  □ Téimis ag damhsa! Let's go dancing!

damhsóir MASC NOUN3
  dancer
  □ Is damhsóir í. She's a dancer.

dán (PL **dánta**) MASC NOUN1
  poem
  □ Chum mé dán aréir. I wrote a poem last
  night. □ Léigh sé an dán os ard. He read the
  poem aloud.
  ■ **Níl a fhios agam cad é atá i ndán dom.**
  I don't know what the future holds for me.

dána ADJECTIVE
  naughty
  □ leanbh dána a naughty child

dánlann FEM NOUN2
  art gallery

daol MASC NOUN1
  beetle
  ■ **chomh dubh leis an daol** jet-black

daonáireamh MASC NOUN1
  census

daonlathach ADJECTIVE
  democratic

daonlathas MASC NOUN1
  democracy

daonna ADJECTIVE
  human
  □ taisí daonna human remains
  ■ **an cine daonna** the human race

daonra MASC NOUN4
population

daor ADJECTIVE
▷ see also **daor** VERB
expensive
□ Tá an carr sin iontach daor. That car's very expensive.

daor VERB [14]
▷ see also **daor** ADJECTIVE
to condemn
□ Daoradh chun báis iad. They were condemned to death.

daoraí NOUN
■ **bheith ar an daoraí le duine** to be furious with somebody □ Beidh an múinteoir ar an daoraí liom. The teacher will be furious with me.

dar PREPOSITION
■ **dar le** in the opinion of □ Dar liom go bhfuil tú ceart. In my opinion you are right.
■ **Dar leis, bhí gach duine ar shiúl.** According to him, everyone had gone.

dár PREPOSITION
■ **duine dár ngaolta** one of our relations
■ **Tabhair dár gcairde iad.** Give them to our friends.
■ **an bhliain dár gcionn** the following year

dara ADJECTIVE
second
□ ar an dara hurlár on the second floor
□ ar an dara leathanach on the second page
■ **dara ... déag** twelfth □ an dara lá déag the twelfth day
■ **Níl an dara rogha agam.** I've got no option.
■ **Sa dara cás ...** Secondly ... □ Sa chéad chás, tá sé ródhaor. Sa dara cás, ní oibreodh sé cibé ar bith. Firstly, it's too expensive. Secondly, it wouldn't work anyway.
■ **gach dara lá** every other day

dáta MASC NOUN4
date
□ mo dháta breithe my date of birth
■ **clár ama suas chun dáta** an up-to-date timetable

dath MASC NOUN3
1 colour
□ Thréig an dath faoin ngrian. The colour faded in the sun.
■ **Tá dath donn ar a chuid gruaige.** He has brown hair.
■ **Ní aithníonn sé idir dath dearg agus dath glas.** He can't tell red from green.
■ **a dhath** anything □ An bhfeiceann tú a dhath ar bith? Do you see anything?

□ Níor ith mé a dhath inniu. I haven't eaten anything today.
2 nothing
□ Níl a dhath aige. He has nothing.

dathaigh VERB [12]
to colour

dathdhall ADJECTIVE
colour-blind

dátheangach ADJECTIVE
bilingual

dathúil ADJECTIVE
good-looking
□ Tá Peadar iontach dathúil. Peter is very good-looking.

de PREPOSITION
> LANGUAGE TIP Prepositional pronouns are **díom, díot, de, di, dínn, díbh, díobh.**
1 of
□ ceann de na leabhair one of the books
□ taobh thiar den teach at the back of the house □ déanta d'adhmad made of wood
2 like
□ carr den chineál seo a car like this
■ **de ghnáth** usually
■ **cur de ghlanmheabhair** to learn by heart
□ Chuir mé an dán de ghlanmheabhair. I learned the poem by heart.

Dé NOUN
■ **Dé Luain** on Monday

dea- PREFIX
good-
□ Ar chuala tú an dea-scéal? Did you hear the good news?
■ **ar an dea-uair** fortunately
■ **dea-mhúinte** polite

deacair (GEN SING FEM, PL, COMPAR **deacra**) ADJECTIVE
difficult
□ focal deacair a difficult word □ Tá sé deacair rogha a dhéanamh. It's difficult to choose. □ Bhí an jab sin deacair. That was a difficult job.

déag MASC NOUN4
> LANGUAGE TIP **déag** is used with other numbers to translate '-teen'. It is usually preceded by a singular noun.
□ seacht mbuidéal déag seventeen bottles
□ sé dhuine dhéag sixteen people
■ **aon ... déag** eleven □ aon bhliain déag eleven years
■ **dó ... dhéag** twelve □ dhá euro dhéag twelve euros

déagóir MASC NOUN3
teenager

dealbh FEM NOUN2
statue
dealg FEM NOUN2
thorn
dealraigh VERB [12, VN dealramh]
1 to shine
□ Tá an ghrian ag dealramh inniu. The sun's shining today.
2 to appear
□ Dealraíonn sé go … It appears that …
dealramh MASC NOUN1
■ de réir dealraimh apparently
dea-mhéin FEM NOUN2
■ le dea-mhéin with kind regards
dea-mhúinte ADJECTIVE
well-mannered
déan VERB [4]
1 to do
□ Déanfaidh mé an obair bhaile anois. I'll do my homework now. □ Déan do dhícheall. Do your best.
2 to make
□ Rinne mé cupán tae. I made a cup of tea.
■ Déan deifir. Hurry up. □ Déan deifir, nó beidh tú mall! Hurry up or you'll be late!
■ Rinne mé dearmad air. I forgot it.
déanach ADJECTIVE
late
■ bheith ag obair moch déanach to work all hours
déanaí FEM NOUN4
■ le déanaí lately □ Ní fhaca mé Seán le déanaí. I haven't seen John lately.
deannach MASC NOUN1
dust
deara NOUN
■ rud a thabhairt faoi deara to notice something □ Thug mé an madra faoi deara. I noticed the dog.
dearbhán MASC NOUN1
voucher
■ dearbhán lóin a luncheon voucher
dearcán MASC NOUN1
acorn
Déardaoin MASC NOUN4
■ An Déardaoin Thursday
■ Déardaoin on Thursday
■ ar an Déardaoin on Thursdays □ Tagann sé ar an Déardaoin. He comes on Thursdays.
dearfa ADJECTIVE
certain
□ Níl mé cinnte dearfa de. I'm not absolutely certain.
■ go dearfa certainly

dearg VERB [14]
▷ see also **dearg** ADJECTIVE
1 to blush
□ Dhearg sé go bun na gcluas. He blushed up to his ears
2 to light
□ Dhearg sé toitín He lit a cigarette.
dearg ADJECTIVE
▷ see also **dearg** VERB
red
□ Bhí gúna dearg uirthi. She was wearing a red dress. □ Roghnaigh sí bróga dearga faoi dheireadh. She finally chose the red shoes.
■ dearg te red hot
■ fíon dearg red wine
dearmad MASC NOUN1
mistake
■ trí dhearmad by mistake □ Thóg mé do leabhar trí dhearmad. I took your book by mistake.
■ dearmad a dhéanamh de rud to forget something □ Rinne mé dearmad de mo leabhar. I forgot my book.
dearmadach ADJECTIVE
absent-minded
□ Tá sí cineál dearmadach. She's a bit absent-minded.
dearthháir (GEN SING dearthár, PL deartháireacha) MASC NOUN
brother
□ mo dhearthháir my brother □ an dearthháir is óige agam my youngest brother □ Tá aithne agam ar a dhearthháir. I know his brother.
deas ADJECTIVE
1 nice
□ Duine deas é Liam. Liam is a nice person.
□ Tá sé deas, ach é rud beag leadránach. He's nice, but a bit dull.
2 right (position)
□ an taobh deas the right-hand side
deasc FEM NOUN2
desk
deatach MASC NOUN1
smoke
deich MASC NOUN4
ten
LANGUAGE TIP **deich** is usually followed by a singular noun.
□ deich mbuidéal ten bottles
■ Tá sé deich mbliana d'aois. He's ten.
■ a deich a chlog ten o'clock □ D'fhan mé go dtí a deich a chlog. I waited until ten o'clock.

deichniúr MASC NOUN1
ten people
□ Bhí deichniúr ar an gcóisir aréir. There were ten people at the party last night.
■ **deichniúr ban** ten women

déideadh MASC NOUN1
toothache
□ Bhí déideadh orm aréir. I had a toothache last night.

deifir (GEN SING **deifre**) FEM NOUN2
hurry
□ Tá deifir orm. I am in a hurry.
■ **Déan deifir!** Hurry up!

deilf (PL **deilfeanna**) FEM NOUN2
dolphin

deilgneach FEM NOUN2
chickenpox
□ Tá an deilgneach ar mo dheirfiúr óg. My young sister has chickenpox.

deilí MASC NOUN4
deli (delicatessen)

deimhin (GEN SING FEM, PL, COMPAR **deimhne**) ADJECTIVE
sure
■ **go deimhin** indeed

deinim MASC NOUN4
denim
□ casóg dheinim a denim jacket
■ **bríste deinim** jeans

déirc FEM NOUN2
charity
□ Coinnigh agat féin do chuid déirce! I don't want your charity!

deireadh (PL **deirí**) MASC NOUN1
1 end
□ deireadh an scannáin the end of the film
□ deireadh na laethanta saoire the end of the holidays
■ **sa deireadh** in the end □ Sa deireadh shocraigh mé ar fhanacht sa bhaile. In the end I decided to stay at home. □ Thiontaigh sé amach i gceart sa deireadh. It turned out all right in the end.
■ **an deireadh seachtaine** the weekend
□ Ní stadann sé den obair, fiú ag an deireadh seachtaine. He never stops working, not even at the weekend.
■ **deireadh na míosa** the end of the month
2 everything
□ Tá deireadh réidh. Everything is ready.
□ D'ith siad deireadh. They ate everything.
■ **faoi dheireadh thiar thall** at long last
■ **an oíche faoi dheireadh** the other night
■ **roth deiridh** back wheel □ roth deiridh mo rothair the back wheel of my bike

Deireadh Fómhair MASC NOUN
October
■ **i mí Dheireadh Fómhair** in October

deireanach ADJECTIVE
1 last
□ Seo an milseán deireanach. This is the last sweet.
2 late
□ go deireanach aréir late last night
3 latest
□ an chóip is deireanaí the latest copy

deirfiúr (GEN SING **deirféar**, PL **deirfiúracha**) FEM NOUN
sister
□ mo dheirfiúr bheag my little sister
□ Tá mo dheirfiúr san Astráil. My sister's in Australia.

deis FEM NOUN2
1 right
□ Cas ar dheis. Turn right. □ Tiomáin ar thaobh na láimhe deise, le do thoil. Please drive on the right.
2 opportunity
□ Ní raibh an deis riamh agam dul thar lear. I've never had the opportunity to go abroad.
■ **Tapaigh an deis.** Seize the moment.

deisceart MASC NOUN1
south
□ sa deisceart in the south
■ **an Deisceart** the South

deisigh VERB [11]
to repair
□ Dheisigh m'athair an carr. My father repaired the car.

déistin FEM NOUN2
disgust
■ **déistin a chur ar dhuine** to disgust somebody □ Chuir an bia déistin orm. The food disgusted me.
■ **Bhí an-déistin orm.** I was absolutely disgusted.

deo NOUN
never
□ Go deo arís! Never again!
■ **go deo** for ever □ Beidh mé dílis go deo. I will be faithful for ever.

deoch (GEN SING **dí**, PL **deochanna**) FEM NOUN
drink
□ deoch bhainne a drink of milk

deoir (PL **deora**, GEN PL **deor**) FEM NOUN2
tear
■ **Tháinig na deora leis.** He began to cry.

deontas MASC NOUN1
grant

Irish-English

d

deontóir MASC NOUN3
donor
■ **deontóir fola** a blood donor

deoraí MASC NOUN4
exile
■ **Ní raibh duine ná deoraí ann.** There wasn't a soul there.

dhá MASC NOUN4
two

> LANGUAGE TIP **dhá** is used to give the number of objects and is usually followed by a singular noun.

□ dhá chloch mhóra two large stones

> LANGUAGE TIP **dhá** changes to **dá** when it follows **an**.

□ Bhuail an dá charr in éadan a chéile. The two cars collided.
■ **Tá sí dhá bhliain d'aois.** She's two.
■ **dhá ... dhéag** twelve □ dhá bhuidéal déag twelve bottles

dháréag MASC NOUN4
twelve people
■ **dáréag ban** twelve women

dia (GEN SING **dé**, PL **déithe**), **Dia** MASC NOUN
God
□ Creidim i nDia. I believe in God.
■ **Dia duit!** Hello!
■ **Dia linn!** *(after sneeze)* Bless you!
■ **Buíochas le Dia!** Thank God!

diabhal MASC NOUN1
devil
□ An diabhal bocht! Poor devil!

diaibéiteas MASC NOUN1
diabetes

diaidh NOUN
■ **i ndiaidh** after □ Beidh mé ar ais i ndiaidh na scoile. I'll be back after school.
□ Chuaigh mé abhaile i ndiaidh an chluiche. I went home after the match.
■ **Tá sé fiche i ndiaidh a trí.** It is twenty past three.
■ **ina dhiaidh seo** after this
■ **diaidh ar ndiaidh** gradually

diailigh VERB [11]
to dial

dialann FEM NOUN2
diary
□ Coinním dialann. I keep a diary.
□ Tá a huimhir ghutháin i mo dhialann agam. I've got her phone number in my diary.

diallait FEM NOUN2
saddle

diamant MASC NOUN1
diamond

dian (GEN SING MASC **déin**, GEN SING FEM, COMPAR **déine**) ADJECTIVE
difficult
■ **go dian** hard □ D'oibrigh sé go dian. He worked hard.

dícheall MASC NOUN1
■ **do dhícheall a dhéanamh** to do one's best □ Rinne mé mo dhícheall. I did my best.

dícheallach ADJECTIVE
hard-working
□ duine dícheallach a hard-working person

difear MASC NOUN1
difference
□ Tá difear mór idir an dá scoil. There is a big difference between the two schools.
■ **Is beag an difear é.** It doesn't matter.

dífhostaíocht FEM NOUN3
unemployment
■ **lucht dífhostaíochta** the unemployed

dífhostaithe ADJECTIVE
unemployed
□ Tá a lán daoine dífhostaithe faoi láthair. A lot of people are unemployed at present.

difríocht FEM NOUN3
difference
□ Tá difríocht mhór idir an dá fhoireann. There is a big difference between the two teams.

difriúil ADJECTIVE
1 different
□ Tá an geansaí sin difriúil leis an gceann seo. That jersey is different from this one.
2 various
□ Cheannaigh mé rudaí difriúla. I bought various things.

dil ADJECTIVE
dear
□ cara dil a dear friend

díle (GEN SING **díleann**, PL **díl**) FEM NOUN
flood
■ **díle bháistí** a downpour

dílis (GEN SING FEM, PL, COMPAR **dílse**) ADJECTIVE
1 loyal
□ cara dílis a loyal friend
2 dear
□ A mháthair dhílis ... Dear mother ...
■ **ainm dílis** a proper name

dílleachta MASC NOUN4
orphan

dílleachtlann FEM NOUN2
orphanage

dinnéar MASC NOUN1
dinner
□ dinnéar na Nollag Christmas dinner
■ **am dinnéir** dinner time

díobháil FEM NOUN3
harm
- **díobháil a dhéanamh do dhuine**
to harm somebody

díogha MASC NOUN4
worst
- díogha agus deireadh the worst thing
possible

díograiseach ADJECTIVE
enthusiastic
- Tá Seán iontach díograiseach faoin
bpeil. John's very enthusiastic about
football.

díograiseoir MASC NOUN3
enthusiast

díol VERB [23, VN díol]
1 to sell
- Dhíol muid an teach inné. We sold the
house yesterday.
- **'Le díol'** 'For sale'
2 to pay
- Dhíol Tomás as an mbéile. Thomas paid
for the meal.

díolachán MASC NOUN1
sale
- Beidh díolachán sa halla inniu. There will
be a sale in the hall today.

díoltas MASC NOUN1
revenge

díoltóir MASC NOUN3
seller

díomá FEM NOUN4
disappointment
- **díomá a bheith ort** to be disappointed
- Bhí díomá orm nár tháinig tú. I was
disappointed you didn't come.

díon (PL díonta) MASC NOUN1
roof
- díon cothrom a flat roof

dioplóma MASC NOUN4
diploma

díosal MASC NOUN1
diesel

diosca MASC NOUN4
disk
- an diosca crua the hard disk

dioscó MASC NOUN4
disco

dioscólann FEM NOUN2
discotheque

díospóireacht FEM NOUN3
debate
- Beidh díospóireacht ar siúl sa halla
anocht. There'll be a debate in the hall
tonight.

dírbheathaisnéis FEM NOUN2
autobiography

díreach ADJECTIVE
▷ see also **díreach** ADVERB
straight
- líne dhíreach a straight line □ gruaig
dhíreach straight hair

díreach ADVERB
▷ see also **díreach** ADJECTIVE
just
- anois díreach just now
- **go díreach** exactly □ Tá sé a dó go
díreach. It's exactly two.
- **D'amharc sé go díreach roimpi.**
He looked straight ahead.

díshioc VERB [14, VN díshioc]
to defrost

díth (PL díotha, GEN PL díoth) FEM NOUN2
need
- **rud a bheith de dhíth ort** to need
something □ Tá airgead de dhíth orm.
I need money. □ Tá bia agus drugaí de dhíth
orthu. They need food and drugs.
- **díth céille** foolishness

diúilicín MASC NOUN4
mussel

diúltaigh VERB [12]
to refuse
- Dhiúltaigh sé dul a luí. He refused to go
to bed.

diúracán MASC NOUN1
missile

dízipeáil VERB [25]
to unzip (file)

dlí (PL dlíthe) MASC NOUN4
law
- Tá mo dheirfiúr ag déanamh staidéir ar
an dlí. My sister's studying law. □ Tá sé in
éadan an dlí. It's against the law.

dlíodóir MASC NOUN3
lawyer
- Is dlíodóir í mo mháthair. My mother's
a lawyer.

dlúthdhiosca MASC NOUN4
CD
- seinnteoir dlúthdhioscaí a CD player

do ADJECTIVE
▷ see also **do** PREPOSITION
your (singular)
- do charr your car

   LANGUAGE TIP **do** changes to **d'** before
   a vowel.
- d'aghaidh your face

do PREPOSITION
▷ see also **do** ADJECTIVE

Irish-English

d

> **LANGUAGE TIP** Prepositional pronouns are **dom, duit, dó, di, dúinn, daoibh, dóibh**.

1 to
□ Tabhair an leabhar do Mháire. Give the book to Mary.

> **LANGUAGE TIP** **do** changes to **d'** before a vowel.

□ d'Áine to Anne

2 for
□ Déanfaidh mé cupán tae duit. I'll make a cup of tea for you.
■ **Is fíor duit.** You're right.
■ **Cad is ainm duit?** What's your name?
■ **Cárb as di?** Where's she from?

dó MASC NOUN4
two

> **LANGUAGE TIP** **dó** is used for telling the time and for counting.

□ óna haon a chlog go dtí a dó from one o'clock to two
■ **dó dhéag** twelve □ A dó faoina sé sin dó dhéag. Two times six is twelve.

dobharchú MASC NOUN4
otter

dobhareach MASC NOUN1
hippopotamus

dócha (COMPAR **dóichí**) ADJECTIVE
likely
□ Is dócha go mbeidh sé anseo anocht. It's likely that he'll be here tonight.

dochar MASC NOUN1
harm
■ **dochar a dhéanamh do rud** to harm something □ Déanann toitíní dochar don tsláinte. Cigarettes harm your health

dóchas MASC NOUN1
hope
□ Ná caill do chuid dóchais! Don't give up hope!
■ **Tá dóchas agam go ...** I hope that ...
□ Tá dóchas agam go mbeidh an aimsir go maith. I hope that the weather will be nice.

dóchasach ADJECTIVE
hopeful
□ Tá muid dóchasach go mbainfidh muid an cluiche. We're hopeful of winning the game.

dochtúir MASC NOUN3
doctor
□ Is dochtúir í. She's a doctor. □ Ba mhaith liom a bheith i mo dhochtúir. I'd like to be a doctor.

dodhéanta ADJECTIVE
impossible

□ Tá an cheist seo dodhéanta. This question is impossible

doicheallach ADJECTIVE
unwelcoming

doiciméad MASC NOUN1
document

dóigh FEM NOUN2
> *see also* **dóigh** VERB

1 way
□ D'amharc sí orm ar dhóigh aisteach. She looked at me in a strange way. □ Níl an dara dóigh air. There's no other way.
■ **Déanfaidh mé ar dhóigh éigin é.** I'll do it somehow.

2 condition
□ dóigh mhaith ar in good condition
■ **Cén dóigh atá ort?** How are you keeping?
■ **Tá dóigh mhaith orthu.** They're well off.
■ **ar dóigh** excellent □ Is tiománaí ar dóigh í. She's an excellent driver.
■ **is dóigh liom ...** I think ... □ Is dóigh liom go mbeidh Seán ar ais. I think John'll be back.

dóigh VERB [24]
> *see also* **dóigh** VERB
to burn
□ Dhóigh siad an páipéar. They burned the paper.

dóighiúil ADJECTIVE
good-looking
□ Tá Peadar iontach dóighiúil. Peter is very good-looking.

doiligh (GEN SING FEM, PL, COMPAR **doilí**) ADJECTIVE
difficult
□ Is doiligh ceann a roghnú. It's difficult to choose one.

doineann FEM NOUN2
bad weather
■ **Tá doineann air.** There is a storm brewing.

Doire MASC NOUN4
Derry
□ Is as Doire dom. I come from Derry.

dóire MASC NOUN4
burner
■ **dóire CDanna** a CD burner
■ **dóire DVD** a DVD burner

doirseoir MASC NOUN3
1 janitor
□ Is doirseoir é. He's a janitor.
2 porter
□ Is doirseoir oíche é. He's a night porter.

doirteal MASC NOUN1
1 sink *(in kitchen)*

2 <u>basin</u> *(in bathroom)*

dóite ADJECTIVE
  <u>burned</u>
    □ Tá mé dóite ag an ngrian. I'm sunburned.
    ■ **bheith dubh dóite** to be fed up □ Tá mé dubh dóite den obair seo. I am fed up with this work.

dóiteán MASC NOUN1
  <u>fire</u>
    □ Tá contúirt dóiteáin ann. There is a danger of fire.
    ■ **inneall dóiteáin** a fire engine
    ■ **aláram dóiteáin** a fire alarm
    ■ **fear dóiteáin** a fireman □ Is fear dóiteáin é. He's a fireman.

dól MASC NOUN1
  <u>dole</u>
    □ Tá cuid mhaith daoine ar an dól. A lot of people are on the dole.

dollar MASC NOUN1
  <u>dollar</u>
    □ nóta cúig dhollar a five-dollar bill

domhain (GEN SING FEM, PL, COMPAR **doimhne**) ADJECTIVE
  <u>deep</u>
    □ Tá an abhainn iontach domhain. The river's very deep. □ An bhfuil sé domhain? Is it deep? □ Cé chomh domhain is atá an loch? How deep is the lake?

domhan MASC NOUN1
  <u>world</u>
    □ an domhan iomlán the whole world □ ar fud an domhain all over the world □ Is é an aidhm atá aige bheith ina churadh domhanda. His goal is to become the world champion.
    ■ **an Tríú Domhan** the Third World
    ■ **curiarracht an domhain** a world record □ Socraíodh curiarracht an domhain anuraidh. The world record was set last year.
    ■ **an Domhan** *(planet)* the Earth
    ■ **Bhí fearg an domhain air.** He was extremely angry.

Domhnach (PL **Domhnacha**) MASC NOUN1
    ■ **An Domhnach** Sunday
    ■ **Dé Domhnaigh** on Sunday
    ■ **ar an Domhnach** on Sundays
    □ Tagann sé ar an Domhnach. He comes on Sundays.

dona ADJECTIVE
  <u>bad</u>
    □ scannán dona a bad film □ Ní raibh a fhios agam go raibh sé chomh dona sin. I didn't know it was that bad.

    ■ **An bhfuil sé gortaithe go dona?** Is he badly hurt?
    ■ **Tá mo chuid litrithe go dona.** My spelling is terrible.
    ■ **Tá sí go dona.** She's poorly.
    ■ **Dona go leor!** Hard luck!

donn ADJECTIVE
  <u>brown</u>
    □ arán donn brown bread

doras (PL **doirse**) MASC NOUN1
  <u>door</u>
    □ an chéad doras ar dheis the first door on the right □ Druid an doras, le do thoil. Close the door, please. □ doras cúil the back door □ doras tosaigh the front door
    ■ **doras éalaithe** an emergency exit

dorcha ADJECTIVE
  <u>dark</u>
    □ Tá sé dorcha. It's dark. □ Tá sé ag éirí dorcha. It's getting dark.

dorchadas MASC NOUN1
  <u>darkness</u>

dorchla MASC NOUN4
  <u>corridor</u>

dordveidhil FEM NOUN2
  <u>cello</u>
    □ Seinnim ar an dordveidhil. I play the cello.

dorn (PL **doirne**) MASC NOUN1
  <u>fist</u>

dornálaí MASC NOUN4
  <u>boxer</u>

dornálaíocht FEM NOUN3
  <u>boxing</u>

dornán MASC NOUN1
  <u>handful</u>
    ■ **dornán airgid** some money
    ■ **dornán daoine** a few people

dosaen (PL **dosaenacha**) MASC NOUN4
  <u>dozen</u>
    □ dosaen uibheacha a dozen eggs □ dhá dhosaen two dozen

dóthain FEM NOUN4
  <u>enough</u>
    □ Tá mo dhóthain agam. I've got enough.
    ■ **Ith do dhóthain.** Eat your fill.

dóú ADJECTIVE
  <u>second</u>
    □ an dóú duine the second person

draein (GEN SING **draenach**, PL **draenacha**) FEM NOUN
  <u>drain</u>
    □ Tá na draenacha blocáilte. The drains are blocked.

dragan MASC NOUN1
  <u>dragon</u>

draighneán MASC NOUN1
blackthorn

draíocht (GEN SING, PL **draíochta**) FEM NOUN3
spell *(magic)*
□ Chuir sé faoi dhraíocht mé. He cast a spell on me.
■ **Tá draíocht ag baint leis an áit seo.** This place is magic.

dráma MASC NOUN4
play
□ Dírímis ar scéal an dráma. Let's focus on the plot of the play.
■ **dráma grinn** a comedy

drámaíocht FEM NOUN3
drama
□ Is í an drámaíocht an t-ábhar is fearr liom. Drama is my favourite subject.
■ **scoil drámaíochta** drama school
□ Ba mhaith liom freastal ar scoil drámaíochta. I'd like to go to drama school.
■ **ceardlann drámaíochta** a drama workshop
■ **compántas drámaíochta** a theatre company

drámata ADJECTIVE
dramatic
□ Bhí sé an-drámata ar fad! It was really dramatic!

dream MASC NOUN3
group *(of people)*

dreancaid FEM NOUN2
flea

dreap VERB [14]
to climb
□ Dhreap sé an dréimire. He climbed the ladder.

dreapadóir MASC NOUN3
climber

dreapadóireacht FEM NOUN3
climbing
□ Táimid ag dul a dhreapadóireacht in Albain. We're going climbing in Scotland.

dréim VERB [13, VN dréim]
to expect
□ Ní raibh mé ag dréim leis an litir. I wasn't expecting the letter.

dréimire MASC NOUN4
ladder

drioglann FEM NOUN2
distillery

dris (PL **driseacha**) FEM NOUN2
bramble

drisiúr MASC NOUN1
dresser *(furniture)*

droch- PREFIX
1 bad
□ droch-chaint bad language □ drochnós a bad habit □ Tá drochscéala agam. I have some bad news.
2 poor
□ Tá drochradharc aige. He has poor sight.
■ **Bhain drochthitim di.** She had a nasty fall.

drochbhéasach ADJECTIVE
rude
□ Duine drochbhéasach é Liam. Liam's a rude person.

drochíde FEM NOUN4
abuse
■ **drochíde a thabhairt do dhuine** to ill-treat somebody □ Thug sé drochíde don mhadra. He ill-treated the dog.

drochmhúinte ADJECTIVE
rude

drochuair FEM NOUN2
crisis
■ **ar an drochuair** unfortunately □ Ar an drochuair, tháinig mé mall. Unfortunately, I arrived late.

drogall MASC NOUN1
■ **drogall a bheith ort rud a dhéanamh** to be reluctant to do something □ Bhí drogall orm dul amach aréir. I was reluctant to go out last night.

droichead MASC NOUN1
bridge
□ droichead crochta a suspension bridge

droim (PL **dromanna**) MASC NOUN3
1 back
□ Cuir an mála ar do dhroim. Put the bag on your back. □ Bhain mé stangadh as mo dhroim. I strained my back.
■ **droim ar ais** back to front
2 ridge *(of hill)*
■ **droim dubhach** depression

dromchla MASC NOUN4
surface

drualus MASC NOUN3
mistletoe

druga MASC NOUN4
drug
□ Tá bia agus drugaí de dhíth orthu. They need food and drugs. □ drugaí crua hard drugs

drugadóir MASC NOUN3
pharmacist
□ Is drugadóir é. He's a pharmacist.

druglann FEM NOUN2
drugstore

druid VERB [23, VN druidim]
to close
□ Druid an doras, le do thoil. Close the door, please.
■ **Druid do bhéal!** Shut up!

druidte ADJECTIVE
closed
□ Tá an banc druidte. The bank's closed.

druilire MASC NOUN4
drill *(tool)*

druma MASC NOUN4
drum
□ Buailim ar na drumaí. I play the drums.

drumadóir MASC NOUN3
drummer

dtí ADVERB
■ **go dtí** to □ Tógann an turas go dtí an scoil leath uair an chloig. The journey to school takes half an hour. □ Chuaigh mé go dtí an siopa. I went to the shop.
■ **Tá sé ceathrú go dtí a dó.** It's a quarter to two.

dua MASC NOUN4
effort
■ **obair gan dua** effortless work

duais (PL duaiseanna) FEM NOUN2
1 prize
□ Fuair sé an chéad duais. He got first prize.
2 award
□ Bhain sé duais He won an award.
□ an duais don aisteoir is fearr the award for the best actor

dualgas MASC NOUN1
duty
■ **ar dualgas** on duty □ Tá sé ar dualgas tráthnóna. He's on duty this evening.
■ **Caithfidh tú glacadh le do chuid dualgas.** You must face up to your responsibilities.

duán MASC NOUN1
kidney *(in body)*
□ Tá na duáin ag cur air. He's got kidney trouble.

dúbailte ADJECTIVE
double
□ seomra dúbailte a double room □ leaba dhúbáilte a double bed

dubh ADJECTIVE
1 black
□ Tá gruaig dhubh air. He's got black hair.
□ An é seo a cóta? — Ní hé, tá a ceannsa dubh. Is this her coat? — No, hers is black.
□ Bhí éadaí dubha á gcaitheamh aici. She was wearing black clothes.

2 black-haired
□ gasúr beag dubh a little black-haired boy
3 crowded *(with people)*
□ Bhí an trá dubh le daoine. The beach was crowded.
■ **Tá mé dubh dóite.** I'm fed up.
■ **Thug sé amharc dubh orm.** He gave me a nasty look.

dúch MASC NOUN1
ink

dúchais ADJECTIVE
native
□ cainteoir dúchais Ghaeilge a native speaker of Irish

dúchas MASC NOUN1
heritage
■ **Tá an ceol sa dúchas aige.** He has music in his blood.
■ **Is Éireannach ó dhúchas é.** He is Irish by birth.
■ **Níl Béarla ó dhúchas acu.** English is not their native language.

dufair FEM NOUN2
jungle

duga MASC NOUN4
dock *(for ship)*

dúghorm ADJECTIVE
navy-blue
□ léine dhúghorm a navy-blue shirt

duibheagán MASC NOUN1
depth
■ **i nduibheagán na hoíche** in the middle of the night

dúiche FEM NOUN4
area
□ Tógadh sa dúiche seo mé. I was brought up in this area.

dúil FEM NOUN2
☼ **LANGUAGE TIP** dúil can be used to say what you like.
□ Tá dúil agam sa cheol. I like music.
□ Gaeilge an t-aon ábhar a bhfuil dúil agam ann. Irish is the only subject I like.
□ Tá an-dúil aici ann. She likes it very much.
■ **Tá dúil aici ann.** She's fond of him.
☼ **LANGUAGE TIP** dúil can be used to say what you expect.
□ Bhí mé ag dúil le rud níos fearr. I expected something better.
■ **Tá mé ag dúil go mór leis an gceolchoirm.** I'm really looking forward to the concert.

duilleog FEM NOUN2
leaf

□ Bhí duilleog ar snámh ar an uisce. There was a leaf floating on the water.

duine (PL **daoine**) MASC NOUN4

person

□ Is duine an-ionraic í. She's a very honest person.

■ **duine óg** a young person □ cárta iarnróid duine óig a young person's railcard

■ **fiche duine** twenty people

■ **duine éigin** somebody □ Tá duine éigin ag bualadh ar an doras. Somebody's knocking at the door.

■ **duine fásta** an adult

■ **duine ar bith 1** anybody □ An bhfaca duine ar bith an madra? Did anyone see the dog? **2** nobody □ Ní raibh duine ar bith sa teach. There was nobody in the house. □ Cé atá ag dul leat? — Duine ar bith. Who's going with you? — Nobody.

■ **gach duine** everybody □ Chuaigh gach duine amach de ruathar Everybody rushed outside.

■ **An chéad duine eile, le do thoil!** Next please!

dúiseacht FEM NOUN3

■ **bheith i do dhúiseacht** to be awake □ Tá mé i mo dhúiseacht le cúpla uair an chloig. I've been awake for a couple of hours.

dúisigh VERB [11, VN dúiseacht]

to wake up

□ Dhúisigh mé ar a seacht. I woke up at seven.

dul MASC NOUN3

way

□ Níl aon dul as. There is no way of avoiding it.

dúlra MASC NOUN4

nature

□ tearmann dúlra a nature reserve

dumpáil VERB [25]

to dump

□ Dhumpáil sé an seantroscán. He dumped the old furniture.

Dún MASC NOUN1

■ **an Dún** Down

dún (PL **dúnta**) MASC NOUN1

▷ see also **dún** VERB

fort

dún VERB [23]

▷ see also **dún** MASC NOUN1

to close

□ Dún an doras. Close the door.

■ **Dún do chlab!** Shut up!

dúnmharaigh VERB [12]

to murder

dúnmharfóir MASC NOUN3

murderer

dúnmharú MASC NOUN

murder

□ Saoradh í sa dúnmharú. She was cleared of murder. □ Chúisigh na póilíní i ndúnmharú é. The police have charged him with murder.

Dún na nGall MASC NOUN

Donegal

dúnta ADJECTIVE

closed

□ Tá an fhuinneog dúnta. The window is closed.

dúrud MASC NOUN3

loads

□ Tá an dúrud airgid aige. He has loads of money.

dúshlán MASC NOUN1

challenge

□ Beidh cluiche dúshláin againn inniu. We have a challenge match today.

dusta MASC NOUN4

dust

Ee

é PRONOUN
1 he

 □ Is múinteoir é. He's a teacher. □ Cé hé
 féin? Who is he? □ Maraíodh é. He was
 killed.
2 him

 □ Chonaic mé inné é. I saw him yesterday.
 □ Tá Seán bliain níos sine ná é. John's a year
 older than him.
3 it

 □ Tóg é. Lift it. □ Is maith an rud é. It's a
 good thing. □ Áit ghalánta é. It's a lovely
 place. □ Déantar go minic ar an gcaoi sin é.
 It's often done like that.

 ■ Is é mo bharúil go ... It is my opinion
 that ...

 ■ Tháinig sé abhaile agus é fliuch báite.
 (indicating manner) He came home soaking
 wet.

 ■ An é nach bhfuil a fhios agat? Do you
 mean to say you don't know?

ea PRONOUN

 ⦂ **LANGUAGE TIP** ea is usually not
 translated.

 □ Dlíodóir is ea Tomás. Thomas is a lawyer.
 □ Múinteoirí ba ea iad. They were teachers.
 □ Is dóigh liom gur dlíodóir gurb ea é.
 I think he's a lawyer. □ Dúirt sé gur
 mhúinteoirí gurbh ea iad. He said they
 were teachers.

 ⦂ **LANGUAGE TIP** ea can be used to
 answer questions.

 □ An tuirseach atá tú? — Is ea. Are you
 tired? — Yes. □ Nach inné a tháinig sé?
 — Is ea. Wasn't it yesterday he came? —
 Yes, it was. □ An ag ól atá siad? — Ní hea,
 ach ag ithe. Are they drinking? — No,
 they're eating.

 ■ Ba bhád mór í, nárbh ea? It was a big
 boat, wasn't it?

 ■ Creidim, ní hea, táim cinnte de go ...
 I believe, no, I am certain that ...

each MASC NOUN1
 horse
éachtach ADJECTIVE
 extraordinary
eachtra FEM NOUN4
1 adventure *(thrilling experience)*
2 event

 □ Tá an scannán bunaithe ar fhíoreachtraí.
 The film is based on actual events.
eachtrannach ADJECTIVE

 ▷ *see also* **eachtrannach** MASC NOUN1
 foreign

 □ ár gcomhfhreagraí eachtrannach our
 foreign correspondent
eachtrannach MASC NOUN1

 ▷ *see also* **eachtrannach** ADJECTIVE
 foreigner
eacnamaíoch ADJECTIVE
 economic
eacnamaíocht FEM NOUN3
1 economy *(of country)*
2 economics

 □ Tá sé ag déanamh staidéir ar an
 eacnamaíocht. He's studying economics.
eacstais FEM NOUN2
 ecstasy
éad MASC NOUN3
 envy

 ■ éad a bheith ort le duine to be jealous
 of somebody
éadach (PL éadaí) MASC NOUN1
1 cloth *(fabric)*

 □ Bhí an mála déanta d'éadach garbh.
 The bag was made of coarse cloth.
2 clothes

 □ éadaí neamhfhoirmiúla casual clothes
 □ éadaí fliucha wet clothes □ Caitheann sí
 éadaí seanfhaiseanta. She wears
 old-fashioned clothes.

 ■ do chuid éadaigh a chur ort to put on
 one's clothes

 ■ éadach soithí a dishcloth

e

- **éadach boird** a tablecloth
- **éadach leapa** bedclothes
- **éadaí olla** woollens

éadaingean (GEN SING FEM, PL, COMPAR **éadaingne**) ADJECTIVE
unsteady

éadan MASC NOUN1
1 forehead
2 face
  □ Nigh d'éadan. Wash your face.
3 front (of building)
  - **in éadan** against □ Chuir mé mo rothar in éadan an bhalla. I rested my bike against the fence. □ Tá mé in éadan na seilge. I'm against hunting. □ Tá sé in éadan na rialacha. It's against the rules.
  - **Níor chuir duine ar bith inár n-éadan.** Nobody opposed us.

éadmhar ADJECTIVE
envious

éadóchas MASC NOUN1
despair
  - **Ná tit in éadóchas.** Don't despair.

éadóchasach ADJECTIVE
desperate
  □ cás éadóchasach a desperate situation
  □ Bhí mé ag éirí éadóchasach. I was getting desperate.

éadóigh ADJECTIVE
unlikely
  □ Is éadóigh go dtiocfaidh sé anois. He's unlikely to come now.

éadomhain ADJECTIVE
shallow

eadraibh, eadrainn ▷ see idir

éadrom ADJECTIVE
light (in weight)

éadulangach ADJECTIVE
intolerant

eagal ADJECTIVE
  - **Is eagal liom go bhfuil tú rómhall.** I am afraid you're too late.
  - **Ní heagal duit.** You're in no danger.

éagaoin VERB [15]
to moan
  □ Bíonn sí i gcónaí ag éagaoin. She's always moaning.

eagar MASC NOUN1
arrangement
  - **in eagar ceart** properly arranged
  - **Chuireamar eagar ar an seomra.** We tidied up the room.
  - **leabhar a chur in eagar** to edit a book

eagarthóir MASC NOUN3
editor

eagarthóireacht FEM NOUN3
editing
  - **foireann eagarthóireachta** editorial staff

eagla FEM NOUN4
fear
  - **Tá eagla orm!** I'm frightened!
  - **Bhí eagla ar na páistí roimh an madra.** The children were afraid of the dog.
  - **ar eagla na heagla** just in case □ Tabhair leat airgead, ar eagla na heagla. Take some money, just in case.

eaglais FEM NOUN2
church
  □ clog na heaglaise the church clock
  □ seirbhís eaglaise a church service

éagmais FEM NOUN2
lack
  - **déanamh in éagmais ruda** to do without something

eagna FEM NOUN4
wisdom
  - **eagna chinn** intelligence

éagnach MASC NOUN1
groan

eagnaí ADJECTIVE
wise

éagóir (PL **éagóracha**) FEM NOUN3
injustice
  - **Cúisíodh san éagóir é.** He was wrongly accused.
  - **Bhí tú san éagóir orm ansin.** You were wrong about me there.

éagoiteann ADJECTIVE
uncommon

éagothrom ADJECTIVE
uneven (surface)

eagraí MASC NOUN4
organizer

eagraigh VERB [12]
to organize
  □ Eagraíonn siad cúrsaí ceoil sna laethanta saoire. They organize music courses in the holidays.

eagraíocht FEM NOUN3
organization (political)

eagrán MASC NOUN1
1 edition (book)
2 issue (magazine)
  □ san eagrán is déanaí de ... in the latest issue of ...

éagsamhalta ADJECTIVE
extraordinary

éagsúil ADJECTIVE
different

□ Tá siad éagsúil le chéile. They are different from one another.

■ Bhí rudaí éagsúla le déanamh agam. I had various things to do.

éagumasach ADJECTIVE
incapable

eala FEM NOUN4
swan

éalaigh VERB [12]

1 to escape (prisoners)

■ D'éalaigh mé amach gan fhios. I slipped out unnoticed.

2 to elope

□ D'éalaigh an lánúin le chéile. The couple eloped.

ealaín (PL **ealaíona**, GEN PL **ealaíon**) FEM NOUN2
art

□ na healaíona uaisle the fine arts

ealaíonta ADJECTIVE
skilful

■ go healaíonta skilfully □ Rinneadh go healaíonta é. It was skilfully done.

ealaíontóir MASC NOUN3
artist

□ Is ealaíontóir í. She's an artist.

eallach (PL **eallaí**) MASC NOUN1
cattle

ealta FEM NOUN4
flock (of birds)

éan MASC NOUN1
bird

□ tréad éan a flock of birds □ éan creiche a bird of prey

■ éan corr odd man out

Eanáir MASC NOUN4
January

■ i mí Eanáir in January

éanfhairtheoir MASC NOUN3
bird-watcher

éanlaith FEM NOUN2
birds

□ éanlaith mhara sea birds

earc (PL **earca**) MASC NOUN1
lizard

■ earc luachra a newt

earcach MASC NOUN1
recruit

éarlais FEM NOUN2
deposit (down payment)

■ éarlais a chur ar rud put down a deposit on something

■ éarlais leabhair a book token

éarlamh MASC NOUN1
patron saint

earraí PL NOUN
goods

□ earraí tomhaltais consumer goods

■ earraí gloine glassware

earrach MASC NOUN1
spring (season)

■ san earrach in spring

earráid FEM NOUN2
error

□ earráid chló a typing error

eas (PL **easanna**) MASC NOUN3
waterfall

easaontaigh VERB [12]
to disagree

□ Easaontaíonn sé liom. He disagrees with me.

easaontas MASC NOUN1
disagreement

éasc MASC NOUN1
fault (geological)

■ Fuair sé an t-éasc ionat an iarraidh sin. He found your weak spot that time.

éasca ADJECTIVE
easy

□ Bhí an obair sin éasca go leor. That work was quite easy.

eascaine FEM NOUN4
curse

eascairdiúil ADJECTIVE
unfriendly

eascann FEM NOUN2
eel

easláinte FEM NOUN4
ill-health

easlán MASC NOUN1
invalid (sick person)

easna (PL **easnacha**) FEM NOUN4
rib

easnamh MASC NOUN1
shortage

■ Tá punt fós in easnamh orainn. We're still a pound short.

■ in easnamh missing □ Tá ceann amháin in easnamh. There's one missing.

easpa FEM NOUN4
lack

■ Tá easpa taithí air. He lacks experience.

■ Tá duine in easpa orainn. We're a man short.

easpag MASC NOUN1
bishop

easpórtáil VERB [25]
to export

easpórtálaí MASC NOUN4
exporter

eastát MASC NOUN1
eastát
□ eastát tionsclaíoch an industrial estate □ eastát tithíochta a housing estate
■ eastát réadach real estate

easumhal (PL easumhla) ADJECTIVE
1 disobedient (to parents)
2 insubordinate (to officers)

eatarthu ▷ see idir

eatramh MASC NOUN1
interval (between showers)
■ Rinne sé eatramh beag. It cleared up a little.
■ Tá eatramh ann. It's stopped raining.

eatramhach ADJECTIVE
interim
□ socrú eatramhach an interim arrangement

eibhear MASC NOUN1
granite

éiceachóras MASC NOUN1
ecosystem

éiceolaíoch ADJECTIVE
ecological

éiceolaíocht FEM NOUN3
ecology

éadaí ▷ see éadach

éide FEM NOUN4
uniform
□ éide scoile school uniform
■ éide spóirt sportswear

éideimhin ADJECTIVE
uncertain

eidhneán MASC NOUN1
ivy

éidreorach ADJECTIVE
helpless

éifeachtach ADJECTIVE
1 effective (policy)
2 efficient (worker)
■ go héifeachtach efficiently
3 capable (person)

éigean MASC NOUN1
force (violence)
■ B'éigean dom imeacht. I had to leave.
■ ar éigean hardly □ Ar éigean a bhí mé in ann siúl. I could hardly walk.

éigeandáil FEM NOUN3
emergency

éigin ADJECTIVE
some
□ Bhí bean éigin ar do lorg. Some woman was looking for you □ lá éigin some day
■ duine éigin someone □ Tá duine éigin ag

bualadh ar an doras. Someone's knocking at the door.
■ ar dhóigh éigin somehow □ Déanfaidh mé ar dhóigh éigin é. I'll do it somehow.
■ míle éigin euro about a thousand euros

éiginnte ADJECTIVE
uncertain

Éigipt FEM NOUN2
■ an Éigipt Egypt □ san Éigipt in Egypt

Éigipteach ADJECTIVE, MASC NOUN1
Egyptian

éignigh VERB [11]
to rape

éigniú MASC NOUN
rape

éigse FEM NOUN4
poetry

eile ADJECTIVE, ADVERB, PRONOUN
1 other
□ Rinne siad pleananna eile. They made other plans.
2 another
□ leabhar eile another book □ Ar mhaith leat píosa eile cáca? Would you like another piece of cake?
■ Cé eile? Who else?
■ duine amháin eile one more person
■ cailín eile ar fad a completely different girl

éileamh MASC NOUN1
1 claim
□ Ba cheart duit éileamh a chur isteach. You should send in a claim.
2 request
□ Tháinig éileamh ar bhreis airgid.. A request came in for more money.
■ Tá éileamh mór ar an leabhar sin. That book is in great demand.
3 complaint (ailment)

eilifint FEM NOUN2
elephant

éiligh VERB [11]
1 to claim
□ D'éilíomar ar ár n-árachas. We claimed on our insurance.
■ rud a éileamh to demand something
2 to complain
□ Bhí sé ag éileamh as a dhroim. He was complaining of a sore back.
■ Tá sé ag éileamh le tamall. He has been ill for some time.

eilimint FEM NOUN2
element

éilitheach ADJECTIVE
demanding

éill, éille ▷ *see* **iall**

éillín MASC NOUN4
1 clutch *(eggs)*
2 brood *(chicks)*

Eilvéis FEM NOUN2
- **an Eilvéis** Switzerland □ san Eilvéis in Switzerland

Eilvéiseach ADJECTIVE, MASC NOUN1
Swiss
□ Is Eilvéiseach í. She's Swiss.

éindí NOUN
- **in éindí** together □ Bhíomar in éindí. We were together.
- **Bhí m'athair in éindí liom.** My father was with me.

éineacht NOUN
at the same time
□ Ná bígí ag labhairt uilig in éineacht. Don't all speak at the same time.
- **in éineacht** together
- **Tiocfaidh mé in éineacht leat.** I'll come with you.

eipeasóid FEM NOUN2
episode

Éire (DAT SING **Éirinn**, GEN SING **Éireann**) FEM NOUN
Ireland *(Eire)*
□ in Éirinn in Ireland
- **Muir Éireann** the Irish Sea
- **muintir na hÉireann** the Irish people
- **Poblacht na hÉireann** the Republic of Ireland

eireaball MASC NOUN1
tail
- **treabhadh as d'eireaball féin** to fend for yourself

Éireann ▷ *see* **Éire**

Éireannach ADJECTIVE
▷ *see also* **Éireannach** MASC NOUN1
Irish

Éireannach MASC NOUN1
▷ *see also* **Éireannach** ADJECTIVE
Irish person

éirí MASC NOUN4
- **éirí na gréine** sunrise

éiric FEM NOUN2
revenge
- **éiric a bhaint as duine i rud** to get one's own back on somebody for something
- **cic éirice** a penalty kick

éirigh VERB [11, VN éirí]
1 to rise
□ Éiríonn an ghrian go luath i Meitheamh. The sun rises early in June.
2 to get up *(out of bed)*

□ Ba chóir dom éirí níos luaithe. I ought to get up earlier. □ Caithfidh mé éirí go luath. I have to get up early.
3 to get *(become)*
□ Tá sé ag éirí fuar. It's getting cold.
□ Bhí mé ag éirí éadóchasach. I was getting desperate.
- **D'éirigh leis sa scrúdú.** He passed the exam.
- **Cad é mar atá ag éirí leat?** How are you getting on?
- **Cad é a d'éirigh dó?** What happened to him?
- **D'éirigh eatarthu.** They fell out.

éirim FEM NOUN2
1 intellect
2 talent
□ Tá éirim an cheoil inti. She has a talent for music.
3 gist
□ Sin é éirim an scéil. That's the gist of the matter.

éirimiúil ADJECTIVE
talented
- **eolaí éirimiúil** a brilliant scientist

Éirinn ▷ *see* **Éire**

éis NOUN
- **tar éis** after □ tar éis dúinn filleadh after our return □ tar éis an tsaoil after all
- **fiche tar éis a trí** twenty past two

éisc ▷ *see* **iasc**

eisceachtúil ADJECTIVE
exceptional

eisdíritheach ADJECTIVE, MASC NOUN1
extrovert

éisealach ADJECTIVE
squeamish

eisean PRONOUN
1 he
□ Eisean an t-údar. He's the author.
2 him
□ Tá mé cinnte gurbh eisean a bhí ann. I'm certain it was him. □ Chonaic mé eisean ach ní fhaca mé ise. I saw him but not her.
- **Eisean a bhí ann.** *(for emphasis)* It was HIM.

eisigh VERB [11, VN eisiúint]
to issue

eisimirceach ADJECTIVE, MASC NOUN1
emigrant

eisiúint (GEN SING **eisiúna**) FEM NOUN3
issue *(of shares)*
- **an eisiúint is deireanaí ón mbanna** the band's latest release

eisreachtaí MASC NOUN4
outlaw

éist VERB [15, VN éisteacht]
to listen
□ Éistim leis an nuacht gach maidin. I listen to the news every morning.
■ **éisteacht le duine** to listen to somebody
□ Ní éistfeadh siad liom. They wouldn't listen to me.
■ **Éist!** Look here!
■ **Éist do bhéal!** Shut up!
■ **cás a éisteacht** (in court) to hear a case

éisteacht FEM NOUN3
hearing
□ Níl an éisteacht go maith aige. His hearing is not good.

éisteoir MASC NOUN3
listener (to the radio)

eite FEM NOUN4
wing
■ **an eite chlé** (politics) the Left Wing

eiteach MASC NOUN1
refusal
□ eiteach dearg a flat refusal

eiteog FEM NOUN2
wing (of bird)

eitigh VERB [11, VN eiteach]
to refuse

eitil VERB [21]
to fly
□ Ní féidir eitilt go díreach ó Chorcaigh go Nice. You can't fly to Nice direct from Cork.
□ D'eitil an t-eitleán tríd an oíche. The plane flew through the night.

eitilt FEM NOUN2
flight
□ eitilt intíre a domestic flight □ Cén t-am a bheidh an eitilt go Páras? What time is the flight to Paris? □ Bhí moill ar an eitilt. The flight was delayed.

eitinn FEM NOUN2
tuberculosis

eitleán MASC NOUN1
plane
□ Thuairteáil an t-eitleán. The plane crashed.
□ Stopann an t-eitleán i mBostún chun athbhreoslú. The plane stops in Boston to refuel.

■ **ar an eitleán** by air □ Is fearr liom taisteal ar an eitleán. I prefer to travel by air.

eitleog FEM NOUN2
1 kite (toy)
2 volley (in tennis)

eitneach ADJECTIVE
ethnic

eitpheil FEM NOUN2
volleyball

eochair (GEN SING **eochrach**, PL **eochracha**)
FEM NOUN
key
□ Fág d'eochair ag an deasc fáiltithe, le do thoil. Please leave your key at reception.
□ Chaill mé m'eochair. I've lost my key.

eochairchlár MASC NOUN1
keyboard

eolaí MASC NOUN4
1 expert
2 scientist
□ Cuireadh oiliúint eolaí air. He was trained as a scientist.

eolaíoch ADJECTIVE
scientific

eolaíocht FEM NOUN3
science

eolaire MASC NOUN4
directory (book)

eolas MASC NOUN1
knowledge
■ **Níl aon eolas agam faoi.** I know nothing about it.
■ **An bhfuil eolas agat ar Bhéal Feirste?** Do you know your way around Belfast?
■ **de réir m'eolais** as far as I know
■ **eolas an bhealaigh a chur** to ask directions
■ **oifig eolais** an information office

Eoraip FEM NOUN3
■ **an Eoraip** Europe □ Thaistil sé go fairsing san Eoraip. He has travelled extensively in Europe.

Eorpach ADJECTIVE, MASC NOUN1
European

euro MASC NOUN4
euro (currency)
□ céad euro a hundred euros □ Beidh 200 euro air, cáin san áireamh. It will be 200 euros, including tax. □ bonn 2 euro a 2 euro coin

Ff

fabhar MASC NOUN1
favour
- **bheith i bhfabhar le rud** to be in favour of something

fabhcún MASC NOUN1
falcon

fabhra MASC NOUN4
1 eyelash
2 eyebrow

fabhtach ADJECTIVE
faulty *(flawed)*
- **croí fabhtach** a weak heart

fabraic FEM NOUN2
fabric

fách NOUN
- **bheith i bhfách le rud** to be in favour of something

facs MASC NOUN4
fax

facsáil VERB [25]
to fax

fad MASC NOUN1
1 length
- **sé mhéadar ar fad** 6 metres long
- **ar a fhad** lengthwise
- **faoi fhad láimhe de** within reach of
2 duration
- **an lá ar fad** all day
- **Cá fhad?** How long?
3 distance
- **Cá fhad atá sé go Corcaigh?** How far is it to Cork?
- **ar fad** altogether □ rud eile ar fad another matter altogether
- **fad is nach mbeidh tú mall** as long as you're not late
- **i bhfad ró-bheag** far too small
- **i bhfad ó shin** long ago
- **dul a fhad le duine** to approach somebody
- **Fad saoil duit!** Bravo!

fada (COMPAR **faide**) ADJECTIVE
long

□ scéal fada a long story □ Ní raibh mé sa bhaile le fada. I haven't been home for a long time.
- **le fada an lá** for a long time past
- **Is fada ó ...** It's a long time since ... □ Is fada ó chonaic mé Pádraig. It's a long time since I saw Patrick.

fadálach ADJECTIVE
1 slow
2 tedious
□ obair fhadálach tedious work

fadcheannach ADJECTIVE
astute

fadfhulangach ADJECTIVE
long-suffering

fadhb (PL **fadhbanna**) FEM NOUN2
problem
□ D'éirigh linn an fhadhb a réiteach. We managed to solve the problem.

fadó ADVERB
long ago
- **san am fadó** in olden times

fadtéarmach ADJECTIVE
long-term

fadtonn FEM NOUN2
long wave *(radio)*

fadtréimhseach ADJECTIVE
long-term

fadú MASC NOUN
extension *(to house)*

fág VERB [14, VN **fágáil**]
to leave
□ D'fhág mé an teach ar a hocht. I left the house at eight.
- **rud a fhágáil ag duine** to leave something with somebody □ Fágfaidh mé an leabhar ag Máire. I will leave the book with Mary.
- **D'fhág mé slán ag Seán.** I said goodbye to John.
- **rud a fhágáil amach** to leave something out

■ **rud a fhágáil ar dhuine** to attribute something to somebody □ Ná fág ormsa é. Don't attribute it to me.
■ **rud a fhágáil faoi dhuine** *(decision)* to leave something up to somebody □ Fágfaidh mé fút féin é. I will leave it up to you.

faic FEM NOUN4
nothing
□ Ní dhéanann sé faic. He does nothing.
■ **faic na fríde** nothing at all

faiche FEM NOUN4
1 lawn
2 ground
□ faiche imeartha playground

faichill FEM NOUN2
caution
■ **bheith ar d'fhaichill roimh dhuine** to be wary of somebody

faichilleach ADJECTIVE
cautious

fáidh (PL **fáithe**) MASC NOUN4
prophet
□ Ní fáidh fear ina dhúchas féin. No man is a prophet in his own country.

faigh VERB [5]
1 to get
□ Faigh an leabhar. Get the book.
■ **rud a fháil ar ais** to get something back
2 to find
□ Fuair mé mo sparán. I found my purse.
■ **faigh amach** to discover □ Fuair mé amach go raibh Liam tinn. I discovered that Liam was sick.
3 to receive
□ Gheobhaidh tú litir sa phost. You will receive a letter in the post.
■ **rud a fháil déanta** to get something done
■ **Ní bhfuair mé labhairt leis.** I didn't get to speak with him.
■ **locht a fháil ar rud** to find fault with something
■ **ar fáil** available □ Níl fáil air. He isn't available.

faighin (GEN SING **faighne**, PL **faighneacha**) FEM NOUN2
vagina

faighneog FEM NOUN2
pod
□ faighneoga píse pea pods

fáilí ADJECTIVE
stealthy
■ **teacht go fáilí ar dhuine** to sneak up on somebody

faill (PL **failleanna**) FEM NOUN2
1 opportunity
□ Seo faill iontach. This is a wonderful opportunity.
■ **faill a bhreith ar dhuine** to take somebody at a disadvantage
2 time
□ Níl faill suí agam. I don't have time to sit down.
■ **faill a thabhairt do dhuine rud a dhéanamh** to give somebody time to do something

faillí (PL **faillíocha**) FEM NOUN4
oversight
■ **faillí a dhéanamh i rud** to neglect something

fáilte FEM NOUN4
welcome
■ **Fáilte romhat!** Welcome!
■ **fáilte a chur roimh dhuine** to welcome somebody

fáilteoir MASC NOUN3
receptionist

fáiltigh VERB [11]
to welcome
■ **fáiltiú roimh rud** to welcome something

fáiltiú MASC NOUN
reception

fainic VERB
to take care

LANGUAGE TIP The only form of this verb used is the imperative, **fainic**.
□ Fainic an mbrisfeá é. Take care not to break it.
■ **Fainic thú féin ar an madra.** Beware of the dog.

fáinleog FEM NOUN2
swallow *(bird)*

fáinne MASC NOUN4
1 ring
□ fáinne pósta a wedding ring
2 circle
□ fáinne lochtach a vicious circle
3 ringlet *(hair)*
■ **fáinne geal an lae** the dawning of the day

fair VERB [13, VN **faire**]
to watch
□ ag faire na huaire watching the clock
■ **duine a fhaire** to watch over someone

faire FEM NOUN4
1 watch
■ **fear faire** sentry
■ **focal faire** a password
2 wake *(for dead person)*

fairsing ADJECTIVE
1 wide
  □ doras fairsing a wide door
2 extensive
  □ radharc fairsing an extensive view
3 spacious
  □ seomra fairsing a spacious room
4 plentiful
  □ Tá an t-airgead fairsing. The money is plentiful.
fairsingiú MASC NOUN
  expansion
fairtheoir MASC NOUN3
  watchman
  □ fairtheoir oíche a night watchman
fáisc VERB [13, VN fáscadh]
1 to squeeze
  □ rud a fháscadh i do lámh to squeeze something in your hand □ D'fháisc mé an liathróid i mo lámh. I squeezed the ball in my hand.
2 to wring
  □ Bhain sé de a chuid éadaigh gur fháisc sé iad. He took off his wet socks and wrung them out.
3 to tighten
  □ téad a fháscadh to tighten a rope
fáisceán MASC NOUN1
  bandage
fáiscín MASC NOUN4
  clip
  □ fáiscín páipéir a paper clip
faisean MASC NOUN1
  fashion
  □ san fhaisean in fashion □ as faisean out of fashion
faiseanta ADJECTIVE
  fashionable
  ■ siopa éadaigh faiseanta a fashion boutique
faisnéis FEM NOUN2
1 information
  ■ faisnéis duine a chur to inquire about somebody
  ■ faisnéis na haimsire weather report
2 intelligence (military)
faiteach ADJECTIVE
  shy
  □ leanbh faiteach a shy child
fáithim FEM NOUN2
  hem
faithne MASC NOUN4
  wart
faitíos MASC NOUN1
1 fear

  □ ar fhaitíos go ... for fear that ...
  ■ Tá faitíos orm. I am afraid.
2 shyness
  ■ Bhí faitíos ar an leanbh. The child was shy.
fál (PL fálta) MASC NOUN1
1 hedge
  □ fál bosca a box hedge
2 fence
  □ fál sreinge a wire fence
3 wall
  ■ Ní fál go haer é. This problem can be solved.
fallaing (PL fallaingeacha) FEM NOUN2
  cloak
  ■ fallaing folctha a bathrobe
  ■ fallaing sheomra a dressing gown
falsa ADJECTIVE
  lazy
  □ duine falsa a lazy person
  ■ airgead falsa counterfeit money
falsacht FEM NOUN3
  laziness
falsóir MASC NOUN3
  lazy person
fámaireacht FEM NOUN3
  sightseeing
fan VERB [23, VN fanacht]
1 to stay
  □ D'fhan sé as an mbealach He stayed out of the way.
  ■ fanacht ag duine to stay with somebody
2 to wait
  □ Fan nóiméad! Wait a minute!
  ■ Fan go fóill! Hold on!
  ■ fanacht le duine to wait for somebody
fán MASC NOUN1
  ■ ar fán astray
  ■ imeacht ar fán to wander off
  ■ lucht fáin vagrants
fána FEM NOUN4
  slope
  ■ dul le fána to decline
fánach ADJECTIVE
1 futile
  □ Tá sé fánach agam bheith ag caint leis. It's futile for me to talk to him.
2 occasional
  □ ceathanna fánacha occasional showers
3 trivial (matter, cause)
4 random
  □ sampla fánach a random sample
fanaiceach MASC NOUN1
  fanatic

fanaile MASC NOUN4
vanilla

fann ADJECTIVE
1 feeble
□ glór fann a feeble voice
2 limp
□ bláth fann a limp flower

fanntais FEM NOUN2
■ dul i bhfanntais to faint

fánsruth MASC NOUN3
rapids

fantaisíocht FEM NOUN3
fantasy

faobhrach ADJECTIVE
1 sharp-edged
2 eager (person)

faoi PREPOSITION

> **LANGUAGE TIP** Prepositional pronouns are fúm, fút, faoi, fúithi, fúinn, fúibh, fúthu.

1 under
□ faoin tábla under the table
2 about
□ ag caint faoin aimsir talking about the weather □ Tá mé ar buile faoin mhoill. I'm furious about the delay.
3 within
□ faoi choicís den Nollaig within a fortnight of Christmas □ faoi mhíle den teach within a mile of the house
■ Tá fúm dul amach anocht. I intend to go out tonight.
■ Bhuail sé faoin mballa. He hit the wall.
■ Is cuma faoi. That doesn't matter.
■ faoi láthair at the moment
■ faoin tuath in the country
■ faoi bhláth in flower

faoileán MASC NOUN1
seagull

faoileoir MASC NOUN3
glider

faoileoireacht FEM NOUN3
gliding

faoiseamh MASC NOUN1
relief
□ Is mór an faoiseamh dom é. It's a great relief to me.

faoiste MASC NOUN4
fudge (sweet)

faoistin FEM NOUN2
confession (in church)
■ faoistin a dhéanamh i rud to confess something

faolchú (PL faolchúnna) MASC NOUN4
wolf

faon ADJECTIVE
limp

farantóireacht FEM NOUN3
■ bád farantóireachta a ferry

faraor EXCLAMATION
alas

farraige FEM NOUN4
sea
■ fharraige mhór an ocean

fás VERB [23, VN fás]
to grow
□ Fásann féar go gasta. Grass grows quickly.
□ Nach tusa atá ag fás! Haven't you grown!
□ Bíonn prátaí ag fás ag mo dhaid. My dad grows potatoes.

fásta ADJECTIVE
grown up
■ duine fásta an adult

fáth (PL fáthanna) MASC NOUN3
reason
■ Cén fáth? Why?

fathach MASC NOUN1
giant

feabhas MASC NOUN1
improvement (in health, weather)
■ Tá an aimsir ag dul i bhfeabhas. The weather is improving.
■ Tá feabhas mór air. He has improved a lot.
■ ar fheabhas excellent □ Tá an aimsir ar fheabhas. The weather is excellent.

Feabhra FEM NOUN4
February
■ i mí Feabhra in February

feabhsaigh VERB [12]
to improve

feabhsaitheoir MASC NOUN3
conditioner

feabhsú MASC NOUN
improvement

feac VERB [14]
to bend (knee)

féach VERB [23, VN féachaint]
to look
□ Féach an chuma atá air. Look at his appearance. □ Tá tú ag féachaint go maith. You are looking well.
■ féach ar rud to watch something □ Bhí mé ag féachaint ar an teilifís. I was watching TV.
■ féach ort (clothes) to try on □ D'fhéach sí gúna dearg uirthi. She tried on a red dress.
■ féachaint le rud to try to do something
□ D'fhéach mé leis an gcarraig a thógáil. I tried to lift the rock.
■ Féach leis! Have a go!

féachaint (GEN SING **féachana**) FEM NOUN3
look
- **lucht féachana** spectators

feachtas MASC NOUN1
campaign

fead FEM NOUN2
whistle
- **fead a ligean le duine** to whistle at somebody

féad VERB [23, VN féadachtáil]
1 can
□ Ní fhéadfaí é a dhéanamh. It couldn't be done. □ Féadaim a rá go ... I can safely say that ...
- **Féadann tú imeacht.** You may go.
2 should
□ D'fhéad tú a rá leis. You should have told him.

feadair VERB
- **Ní fheadar.** I don't know.
- **An bhfeadraís?** Do you know?

feadh MASC NOUN3
- **ar feadh míle** for a mile
- **feadh an bhóthair** along the road
- **ar feadh sé mhí** for six months
- **ar feadh scathaimh** for a while
- **ar feadh a shaoil** all his life
- **ar feadh m'eolais** as far as I know

feadóg FEM NOUN2
whistle
□ Shéid an réiteoir a fheadóg. The referee blew his whistle.
- **feadóg mhór** a flute

feall MASC NOUN1
▷ see also **feall** VERB
1 deceit
- **feall a dhéanamh ar dhuine** to deceive someone
2 betrayal
□ feall ar iontaoibh a betrayal of trust
3 foul (in sport)

feall VERB [23]
▷ see also **feall** MASC NOUN1
- **fealladh ar dhuine** to let somebody down □ Ná feall orm. Don't let me down.

fealsúnacht FEM NOUN3
philosophy

feamainn FEM NOUN2
seaweed

feanntach ADJECTIVE
1 piercing (wind)
2 bitter (cold)
□ Tá sé feanntach inniu. It's bitter today.

fear (GEN SING, PL **fir**) MASC NOUN1
man

- **Fear Buí** an Orangeman
- **fear buile** a madman
- **fear céile** a husband
- **fear dóiteáin** a fireman
- **fear ionaid** (in sport) a substitute
- **fear an phoist** a postman
- **fear singil** a bachelor
- **fear sneachta** a snowman
- **'Fir'** 'Gents'

féar (PL **féara**) MASC NOUN1
1 grass
□ Tá an féar fada. The grass is long.
2 hay

fearadh MASC NOUN
- **Tá fearadh na fáilte romhat.** You're very welcome.

féaráilte ADJECTIVE
fair
□ Níl sin féaráilte. That's not very fair.

fearas MASC NOUN1
1 appliance
□ fearas iascaigh fishing gear
2 kit
□ fearas lámhshaor a hands-free kit
□ fearas garchabhrach a first-aid kit
□ fearas deisithe poill a puncture repair kit
3 order
- **rud a chur i bhfearas** to fix something
□ Chuir sé an t-inneall i bhfearas. He fixed the engine.

fearg (GEN SING **feirge**, DAT SING **feirg**)
FEM NOUN2
anger
- **fearg a bheith ort** to be angry
- **fearg a chur ar dhuine** to make somebody angry

feargach ADJECTIVE
angry

Fear Manach MASC NOUN
Fermanagh

fearthainn FEM NOUN2
rain
□ fearthainn throm heavy rain
- **ag cur fearthainne** raining □ Tá sé ag iarraidh dul amach, cé go bhfuil sé ag cur fearthainne. He wants to go out, even though it's raining.

féasóg FEM NOUN2
beard
□ Tá féasóg air. He's got a beard.

feasta ADVERB
from now on
- **lá ar bith feasta** any day now

feic VERB [6]
1 to see

□ Chonaic mé Seán inné. **I saw John yesterday.**
■ Fan go bhfeicfidh mé. **Let me see.**
■ le feiceáil **to be seen** □ Ní raibh sé le feiceáil thoir ná thiar. **He was nowhere to be seen.**

2 **to seem**
□ Feictear dom go ... **It seems to me that ...**

féidearthacht FEM NOUN3
possibility

feidhm (PL feidhmeanna) FEM NOUN2
function
□ Ní bhainim úsáid as an fheidhm seo ar mo ríomhaire. **I don't use this function on my computer.**
■ feidhm a bhaint as rud **to use something**
■ dul i bhfeidhm ar dhuine **to influence somebody**
■ as feidhm **out of order**
■ Níl feidhm leis. **It isn't necessary.**
■ Níl feidhm dom ... **I don't have to ...**

feidhmeannach MASC NOUN1
1 **official**
□ feidhmeannach poiblí **a public official**
2 **executive**
□ Is feidhmeannach é. **He's an executive.**

feidhmeannas MASC NOUN1
1 **office**
□ Tá an t-uachtarán nua i bhfeidhmeannas anois. **The new president is now in office.**
2 **executive** *(ruling body)*
■ an Feidhmeannas **the Executive**

feidhmiúil ADJECTIVE
efficient

féidir NOUN
■ b'fhéidir **maybe**
■ Is féidir é a fheiceáil. **It is possible to see it.**
■ An féidir liom caitheamh? **May I smoke?**
■ chomh mór agus is féidir **as big as possible**
■ más féidir **if possible**
■ Ní féidir liom teacht. **I cannot come.**

feighil FEM NOUN2
care
■ bheith i bhfeighil duine **to be looking after somebody** □ Tá mé i bhfeighil an linbh. **I am looking after the child.**

feighlí MASC NOUN4
caretaker *(of building)*
■ feighlí páistí **baby-sitter**

feil VERB [15, VN feiliúint]
to suit
■ feiliúint do dhuine **to suit somebody**

féile (PL féilte) FEM NOUN4
1 **festival**
■ Lá Fhéile Pádraig **St Patrick's Day**
■ Lá Fhéile Vailintín **St Valentine's Day**
2 **generosity**
■ Is é croí na féile é. **He's very generous.**

féileacán MASC NOUN1
butterfly

féilire MASC NOUN4
calendar

feiliúnach ADJECTIVE
suitable
□ aimn feiliúnach **a suitable name**

feilt FEM NOUN2
felt

feiminí MASC NOUN4
feminist

féin PRONOUN
▷ *see also* **féin** ADVERB
1 **self**
□ mé féin **myself** □ tú féin **yourself** □ Nigh siad iad féin **They washed themselves.**
□ Bríd féin a d'inis dom é. **Bridget told me herself.** □ Ghortaigh sí í féin. **She hurt herself.**
□ Tháinig sí léi féin. **She came by herself.**
2 **own**
□ mo leabhar féin **my own book** □ Is leo féin an t-airgead. **It's their own money.**

féin ADVERB
▷ *see also* **féin** PRONOUN
■ mar sin féin **nevertheless**
■ go deimhin féin **indeed**
■ cheana féin **already**
■ Má tá sé fuar féin níl sé fliuch.
Even though it's cold it's not wet.
■ anois féin **even now**
■ Ní hé sin féin é. **That's not quite the whole story.**

féinchosaint FEM NOUN3
self-defence

féinfhostaithe ADJECTIVE
self-employed

féinmharú MASC NOUN
suicide

féinmhuinín FEM NOUN2
self-confidence

féinseirbhís FEM NOUN2
self-service

féinsmacht MASC NOUN3
self-control

feirc FEM NOUN2
1 **peak** *(of cap)*
2 **hilt** *(of knife)*

féirín MASC NOUN4
present *(gift)*

feirm (PL feirmeacha) FEM NOUN2
farm
■ feirm ghaoithe a wind farm
feirmeoir MASC NOUN3
farmer
□ Is feirmeoir é. He's a farmer.
feirmeoireacht FEM NOUN3
farming
feis (PL feiseanna) FEM NOUN2
festival
■ Ard-Fheis (political) National Convention
Feisire MASC NOUN4
■ Feisire Parlaiminte (in Britain) Member of Parliament
■ Feisire Eorpach Member of the European Parliament
feisteas MASC NOUN1
1 furnishings
□ feisteas tí house furnishings
2 outfit (clothes)
3 costume (in theatre)
■ seomra feistis a changing room
feistigh VERB [11]
to arrange
□ D'fheistigh sí na bláthanna i vása. She arranged the flowers in a vase.
■ an tábla a fheistiú to set the table
□ D'fheistigh mé an tábla. I set the table.
féith (PL féitheacha) FEM NOUN2
vein
feitheamh MASC NOUN1
wait
■ seomra feithimh waiting room
feitheoir MASC NOUN3
1 invigilator (in exam)
2 supervisor (at work)
feithicil (GEN SING feithicle, PL feithiclí) FEM NOUN2
vehicle
feithid FEM NOUN2
insect
feoigh VERB [20]
to wither
feoil (PL feolta, GEN SING feola) FEM NOUN3
meat
□ Ní ithim feoil ná iasc. I don't eat meat or fish.
feoilséantóir MASC NOUN3
vegetarian
□ Is feoilséantóir mé. I'm a vegetarian.
feothan MASC NOUN1
1 breeze
2 gust
□ feothan gaoithe a gust of wind

fia (PL fianna) MASC NOUN4
roe deer
■ fia rua red deer
fiabheatha FEM NOUN4
wildlife
fiabhras MASC NOUN1
fever
□ fiabhras léana hay fever
fiacail (PL fiacla) FEM NOUN2
tooth
□ Scuabaim mo chuid fiacla gach oíche. I brush my teeth every night.
■ fiacla bréige false teeth
■ fiacail forais a wisdom tooth
■ Níor chuir sé fiacail ann. He didn't mince his words.
fiach (GEN SING féich, PL fiacha, GEN PL fiach) MASC NOUN1
debt
□ Tá cuid mhaith fiacha aige. He's got a lot of debts.
■ fiacha a bheith ort rud a dhéanamh to have to do something
fiaclóir MASC NOUN3
dentist
□ Is fiaclóir í Catherine. Catherine is a dentist.
fiaclóireacht FEM NOUN3
dentistry
fiafheoil FEM NOUN3
venison
fiafraigh VERB [12, VN fiafraí]
to ask (inquire)
□ D'fhiafraigh sé a haois di. He asked her how old she was.
■ fiafraí faoi rud to ask about something
□ Bhí sé ag fiafraí faoi leabhar éigin. He was asking about some book or other.
fiafraitheach ADJECTIVE
inquisitive
fiaile FEM NOUN4
weed
□ Tá an gairdín lán fiailí. The garden's full of weeds.
fiáin ADJECTIVE
wild
□ ainmhí fiáin a wild animal
fial (GEN SING MASC féil, GEN SING FEM, COMPAR féile) ADJECTIVE
generous
fianaise FEM NOUN4
evidence
■ fianaise a thabhairt to testify
■ i bhfianaise duine in the presence of somebody

fiancé MASC NOUN4
fiancé
fiancée
□ Is í fiancé s'agamsa í. She's my
fiancée.
Fiann (GEN SING **Féinne**, GEN PL **Fiann**,
PL **Fianna**) FEM NOUN2
■ cothrom na Féinne fair play
■ Fianna Fáil (political party) Fianna Fáil
fiche (GEN SING **fichead**, PL **fichidí**, DAT SING
fichid) MASC NOUN
twenty

> **LANGUAGE TIP** fiche is usually
> followed by a singular noun.

□ Tá sé níos mó ná fiche cíleagram. It's over
twenty kilos.
■ Tá mé fiche bliain d'aois. I'm twenty.
ficheall FEM NOUN2
chess
□ Imrím ficheall corruair le m'athair.
I sometimes play chess with my father.
fichiú ADJECTIVE
twentieth
□ an fichiú lá de Bhealtaine the twentieth
of May
ficsean MASC NOUN1
fiction
fidil (GEN SING **fidle**, PL **fidleacha**) FEM NOUN2
fiddle
□ Seineann sí ar an bhfidil. She plays the
fiddle.
fidléir MASC NOUN3
fiddler
fige FEM NOUN4
fig
figiúr (PL **figiúirí**) MASC NOUN1
figure
□ An dtiocfadh leat na figiúirí cuí a thabhairt
dom? Can you give me the appropriate
figures?
file MASC NOUN4
poet
filíocht FEM NOUN3
poetry
fill VERB [15]
1 to return
□ D'fhill sé abhaile. He returned home.
2 to fold up
□ D'fhill sí na héadaí. She folded up the
clothes.
3 to wrap up
□ Tá sí ag filleadh a cuid bronntanas Nollag
i bpáipéar. She's wrapping her Christmas
presents.
4 to backfire (plans)

filléad MASC NOUN1
fillet
fillte ADJECTIVE
return (ticket)
□ ticéad fillte a return ticket
fillteach ADJECTIVE
folding
□ bord fillteach a folding table
fillteán MASC NOUN1
folder
□ Choinnigh sí a cuid litreacha ar fad i
bhfillteán. She kept all her letters in a
folder.
fínéagar MASC NOUN1
vinegar
fíneáil FEM NOUN3
fine
□ Gearradh fíneáil £50 uirthi. She got a
£50 fine.
fínéalta ADJECTIVE
fine (delicate)
□ éadach fínéalta fine cloth
finné (PL **finnéithe**) MASC NOUN4
witness
□ Ní raibh finnéithe ar bith ann. There were
no witnesses.
■ finné fir best man
finscéal (PL **finscéalta**) MASC NOUN1
fiction
□ Is iontaí fírinne ná finscéal. Truth is
stranger than fiction.
finscéalaíocht FEM NOUN3
fiction
fíochmhar ADJECTIVE
ferocious
fíon (PL **fíonta**) MASC NOUN3
wine
□ buidéal fíona a bottle of wine
fíonchaor FEM NOUN2
grape
fíonghort MASC NOUN1
vineyard
fionn ADJECTIVE
fair
□ Tá a chuid gruaige fionn. He's got fair hair.
fionnadh MASC NOUN1
1 hair
□ Tá ailléirge orm le fionnadh cait.
I'm allergic to cat hair.
2 fur
□ Chaitheadh sí fionnadh bréagach.
She wore fake fur.
fionnuar ADJECTIVE
cool
□ tráthnóna fionnuar a cool evening

fionraí FEM NOUN4
suspension
■ **duine a chur ar fionraí** to suspend somebody

fiontar MASC NOUN1
risk
□ Ná téigh i bhfiontar. Don't take a risk.
■ **dul i bhfiontar le rud** to gamble on something

fíor ADJECTIVE
▷ see also **fíor** FEM NOUN
true
□ cara fíor a true friend □ Ach, ní fíor seo. This, however, isn't true.
■ **Is fíor duit.** You're right.

fíor (GEN SING **fíorach**) FEM NOUN
▷ see also **fíor** ADJECTIVE
figure
■ **fíor na Croise** the sign of the Cross

fíor- PREFIX
true
□ fíorchara a true friend

fíoruisce MASC NOUN4
spring water

fios (GEN SING **feasa**) MASC NOUN3
1 knowledge
■ **Cá bhfios duit?** How do you know?
■ **fios do ghnóthaí a bheith agat** to know one's business
2 to send for
□ Chuir mé fios ar an dochtúir. I sent for the doctor.
■ **bean feasa** a fortune-teller

fiosrach ADJECTIVE
inquisitive

fiosrú MASC NOUN
investigation (of crime)

fiosrúchán MASC NOUN1
inquiry (investigation)

fireannach MASC NOUN1
▷ see also **fireannach** ADJECTIVE
male

fireannach ADJECTIVE
▷ see also **fireannach** MASC NOUN1
male

fíric FEM NOUN2
fact

fírinne FEM NOUN4
truth
□ D'inis mé an fhírinne dóibh. I told them the truth.
■ **de dhéanta na fírinne** as a matter of fact

fírinneach ADJECTIVE
truthful

fís (PL **físeanna**) FEM NOUN2
vision

físeán MASC NOUN1
video
□ físeán de mo theaghlach ar saoire a video of my family on holiday

fisic FEM NOUN2
physics

fisiceoir MASC NOUN3
physicist

fisiteiripe FEM NOUN4
physiotherapy

fís-scannán MASC NOUN1
video (film)

fístéip FEM NOUN2
video tape

fiú NOUN
worth
□ Is fiú céad euro é. It is worth a hundred euros. □ B'fhiú duit dul. It would be worth your while to go.
■ **Ní fiú labhairt leis.** There's no point talking to him.

fiuch VERB [23]
to boil
□ Tá an t-uisce fiuchta. The water's boiled.
■ **ar fiuchadh** (water) boiling

fiúntach ADJECTIVE
1 worthwhile (work)
2 decent (person)

fiús (PL **fiúsanna**) MASC NOUN1
fuse

flaigín MASC NOUN4
flask

flainín MASC NOUN4
flannel

flaith (GEN SING, PL **flatha**) MASC NOUN3
prince

flaithis MASC PL NOUN1
■ **na flaithis** heaven

flannbhuí ADJECTIVE
orange (colour)

fleá (PL **fleánna**) FEM NOUN4
festival (music)
■ **Fleá Cheoil na hÉireann** All-Ireland Fleá

fleasc MASC NOUN3
flask

fleiscín MASC NOUN4
hyphen

flichshneachta MASC NOUN4
sleet

flíp FEM NOUN2
whisk

fliú MASC NOUN4
  flu
  ■ **fliú a bheith ort** to have flu
fliuch ADJECTIVE
  wet
  □ Tá an talamh fliuch. **The ground's wet.**
  ■ **fliuch báite** soaking wet
fliúit (PL fliúiteanna) FEM NOUN2
  flute
  ■ **fliúit Shasanach** recorder
fobhríste MASC NOUN4
  underpants
focal MASC NOUN1
1 word
  □ Ní thuigim an focal seo. **I don't understand this word.**
  ■ **focal faire** password
2 remark
  □ Ghoill na focail sin go mór orm. **Those remarks really hurt me.**
  ■ **i mbeagán focal** in a nutshell
fócas MASC NOUN1
  focus
  □ Tá an teach as fócas sa ghrianghraf seo. **The house is out of focus in this photo.**
fochéimí MASC NOUN4
  undergraduate
fochupán MASC NOUN1
  saucer
foclóir MASC NOUN3
1 vocabulary
2 dictionary
  □ An bhfuil cead againn úsáid a bhaint as foclóir sa scrúdú? **Can we use a dictionary in the exam?**
fód MASC NOUN1
  ■ **an fód a sheasamh** to make a stand
fo-éadaí MASC PL NOUN1
  underwear
fógair VERB [19]
1 to announce
  □ D'fhógair an múinteoir go mbeadh muid saor amárach. **The teacher announced that we would be free tomorrow.**
2 to advertise
  □ Fógraíonn siad a gcuid earraí ar líne. **They advertise their products online.**
foghlaí MASC NOUN4
  intruder
  ■ **foghlaí mara** pirate
foghlaim VERB [19, 3RD PRES foghlaimíonn, VN foghlaim, VA foghlamtha]
  to learn
  □ Is féidir le duine ar bith snámh a fhoghlaim. **Anybody can learn to swim.**

foghlaimeoir MASC NOUN3
  learner
  □ foghlaimeoir tiomána **a learner driver**
fo-ghúna MASC NOUN4
  slip *(underskirt)*
fógra MASC NOUN4
1 advertisement
2 notice
  □ Chuir mé fógra in airde faoi dhioscó. **I put up a notice about the disco.**
fógraíocht FEM NOUN3
  advertising
fóibe FEM NOUN4
  phobia
foighne FEM NOUN4
  patience
  ■ **foighne a dhéanamh** to be patient
foighneach ADJECTIVE
  patient
fóill ADJECTIVE
  ■ **go fóill** yet □ Níl sé réidh go fóill. **It is not finished yet.**
  ■ **Slán go fóill!** So long!
foilsigh VERB [11]
  to publish
foilsitheoir MASC NOUN3
  publisher
foilsitheoireacht FEM NOUN3
  publishing
foinse FEM NOUN4
  source
fóir (GEN SING fóireach, PL fóireacha) FEM NOUN2
  ▷ *see also* **fóir** VERB
  boundary
  ■ **dul thar fóir le rud** to overdo something
  ■ **thar fóir** excessive
fóir VERB [13, VN fóirithint]
  ▷ *see also* **fóir** FEM NOUN
  ■ **fóirithint ar dhuine** to help somebody
  ■ **Fóir orm!** Help!
foireann (GEN SING, PL foirne) FEM NOUN2
1 staff *(of company)*
2 team *(in sport)*
3 crew *(of boat)*
4 cast
  □ foireann Eastenders **the cast of Eastenders**
5 set *(chess)*
  ■ **foireann chló** *(in printing)* font
foirfe ADJECTIVE
  perfect
  □ Níl sé foirfe, ach rinne mé mo dhícheall. **It's not perfect, but I did my best.**
foirgneamh MASC NOUN1
  building

foirgneoir MASC NOUN3
builder

foirgníocht FEM NOUN3
construction *(industry)*

foirm (PL foirmeacha) FEM NOUN2
form
  □ foirm ordaithe an order form

foirmiúil ADJECTIVE
formal

foirmle FEM NOUN4
formula

foirnéis FEM NOUN2
furnace

fóirsteanach ADJECTIVE
suitable

folach MASC NOUN1
hiding
  ■ rud a chur i bhfolach to hide something

folachán MASC NOUN1
hiding
  ■ bheith ag folacháin a dhéanamh to play hide-and-seek

foláir NOUN
  ■ Ní foláir. It's necessary.
  ■ Ní foláir dom imeacht. I have to go.

foláireamh MASC NOUN1
warning

folamh (GEN SING FEM, COMPAR foilmhe, PL folmha) ADJECTIVE
1 empty
  □ próca folamh an empty jar
2 blank *(page)*

folcadán MASC NOUN1
bath *(bathtub)*
  □ Glan an folcadán. Clean the bath.

folcadh (GEN SING folctha, PL folcthaí) MASC NOUN
bath
  □ Bhí folcadh agam aréir. I had a bath last night.
  ■ folcadh béil mouthwash

folíne (PL folínte) FEM NOUN4
extension *(telephone)*

folláin ADJECTIVE
healthy
  □ bia folláin healthy food

folmhaigh VERB [12]
to empty

folt MASC NOUN1
hair
  □ Tá folt breá air. He has a good head of hair.

folúntas MASC NOUN1
vacancy

folúsfhlaigín MASC NOUN4
vacuum flask

folúsghlantóir MASC NOUN3
vacuum cleaner

fómhar MASC NOUN1
autumn
  ■ san Fhómhar in autumn

fomhuireán MASC NOUN1
submarine

fón MASC NOUN1
phone
  ■ fón ceamara a camera phone
  ■ fón póca a mobile phone

fónamh MASC NOUN1
  ■ bheith ar fónamh to feel fine

fonn MASC NOUN1
1 mood
  ■ fonn a bheith ort rud a dhéanamh to feel like doing something □ Níl fonn rómhór orm dul ann. I don't feel like going.
2 tune
  □ Ar chan tú an fonn seo riamh? Have you ever sung this tune before?

fonnadóir MASC NOUN3
singer

fonnadóireacht FEM NOUN3
singing

fonnmhar ADJECTIVE
eager

fonóta MASC NOUN4
footnote

fóram MASC NOUN1
forum

foraois FEM NOUN2
forest

foras MASC NOUN1
institute
  ■ Foras na Gaeilge The Irish Language Body

forbairt (GEN SING forbartha) FEM NOUN3
development
  □ na forbairtí is déanaí the latest developments

forbhríste MASC NOUN4
overall

forc MASC NOUN1
fork

foréigean MASC NOUN1
violence

forhalla MASC NOUN4
entrance hall

forleathan (GEN SING FEM, COMPAR forleithne) ADJECTIVE
widespread
  □ Beidh an fhearthainn forleathan inniu. There will be widespread rain today.

forlíonadh (PL forlíontaí) MASC NOUN1
  supplement (in magazine)
formad MASC NOUN1
  envy
formáid FEM NOUN2
  format
formáidigh VERB [11]
  to format (also computing)
formhéadaigh VERB [12]
  to magnify
formhór MASC NOUN1
  majority
  □ formhór na ndaoine the majority of the
  people
forneart MASC NOUN1
  violence
forógra MASC NOUN4
  proclamation
  ■ Forógra na Saoirse the Declaration
  of Freedom
fórsa MASC NOUN4
  force
  □ fórsa an phléasctha the force of the
  explosion
fortheideal MASC NOUN1
  caption
fós ADVERB
1 yet
  □ Tá sé luath fós. It is early yet.
2 still
  □ Tá sé ann fós. He is still here.
  ■ níos fearr fós better still
foscadh (PL foscaí) MASC NOUN1
  shelter
fosciorta MASC NOUN4
  underskirt
foscript FEM NOUN2
  subscript
fosta ADVERB
  too (also)
  □ An féidir liom teacht fosta? Can I come too?
fostaí MASC NOUN4
  employee
fostaigh VERB [12]
  to employ
  □ Tá 600 duine fostaithe sa mhonarcha.
  The factory employs 600 people.
fostaíocht FEM NOUN3
  employment
fostóir MASC NOUN3
  employer
fostú MASC NOUN
  entanglement
  ■ dul i bhfostú i rud to get caught up in
  something

fótachóip (PL fótachóipeanna) FEM NOUN2
  photocopy
fótachóipire MASC NOUN4
  photocopier (machine)
fótagraf MASC NOUN1
  photograph
fotheideal MASC NOUN1
  subtitle (in film)
Frainc FEM NOUN2
  ■ an Fhrainc France □ sa Fhrainc in France
Fraincis FEM NOUN2
  French (language)
fráma MASC NOUN4
  frame
frámaigh VERB [12]
  to frame
Francach ADJECTIVE
  ▷ see also Francach MASC NOUN1
  French
Francach MASC NOUN1
  ▷ see also Francach ADJECTIVE
  Frenchman
  ■ Francach mná Frenchwoman
francach MASC NOUN1
  rat
fraoch (GEN SING fraoigh) MASC NOUN1
  heather
frása MASC NOUN4
  phrase
freagair VERB [19]
  to answer
  □ Níor fhreagair sé an cheist. He didn't
  answer the question.
freagra MASC NOUN4
  answer
  □ an freagra ceart the correct answer
freagrach ADJECTIVE
  responsible
  ■ bheith freagrach as rud to be
  responsible for something
freastail VERB [19, 3RD PRES freastalaíonn,
  VN freastal, VA freastalta]
  to attend
  □ Bhí orm freastal ar chruinniú. I had to
  attend a meeting.
freastalaí MASC NOUN4
1 waiter
  □ Is freastalaí é. He's a waiter. □ Ghlac an
  freastalaí an t-ordú uainn. The waiter took
  our order.
  ■ freastalaí siopa a sales assistant
  ■ freastalaí beáir a bartender
2 server (for computer)
freasúra MASC NOUN4
  opposition (also in politics)

fríd FEM NOUN2
- faic na fríde nothing at all

frídín MASC NOUN4
germ

frioch VERB [23]
to fry

friochadh (GEN SING friochta) MASC NOUN
fry-up (meal)

friochta ADJECTIVE
fried
□ ubh fhriochta a fried egg

friochtán MASC NOUN1
frying pan

frithir ADJECTIVE
sore

frithnúicléach ADJECTIVE
antinuclear

frithreo MASC NOUN4
antifreeze

frithsheipteach ADJECTIVE
antiseptic

frithsheipteán MASC NOUN1
antiseptic

frithshóisialta ADJECTIVE
antisocial

frithvíreas ADJECTIVE
antivirus
- bogearraí frithvíreas antivirus software

frog (PL froganna) MASC NOUN1
frog

fuacht MASC NOUN3
cold
- Tá mé caillte leis an bhfuacht. I'm really cold.

fuadach MASC NOUN1
1 kidnapping (of person)
2 hijacking (of plane)

fuadaigh VERB [12, VN fuadach]
1 to kidnap (person)
2 to hijack (plane)

fuadaitheoir MASC NOUN3
1 kidnapper (of person)
2 hijacker (of plane)

fuadar MASC NOUN1
rush
□ Ní féidir liom labhairt anois, tá fuadar fúm. I can't talk now, I'm in a rush.

fuaigh VERB [24, VN fuáil]
to sew

fuáil FEM NOUN3
sewing

fuaim (PL fuaimeanna) FEM NOUN2
sound

fuaimnigh VERB [11]
to pronounce

fuaimniú MASC NOUN
pronunciation

fuaimrian MASC NOUN1
soundtrack

fuaire FEM NOUN4
coldness
- dul i bhfuaire (weather) to get cold

fuar ADJECTIVE
cold
□ Tá mé fuar. I'm cold.

fuaraigh VERB [12]
to cool down
□ Tá an t-uisce ag fuarú. The water is cooling down.

fuascail VERB [19, VA fuascailte]
1 to release (prisoners)
2 to solve (problem)

fuascailt FEM NOUN2
solution (to a problem)
□ Tá fuascailt na ceiste sin agam anois. I can find a solution to the problem now.

fuath (PL fuathanna) MASC NOUN3
hate
- Is fuath liom é. I hate it.

fud NOUN
- ar fud throughout □ ar fud na tíre throughout the country

fuidreamh MASC NOUN1
batter (in cooking)

fuil (GEN SING, PL fola) FEM NOUN3
blood
- fuil a chur to bleed □ Tá sé ag cur fola. He's bleeding.

fuinneamh MASC NOUN1
energy

fuinneog FEM NOUN2
window
□ fuinneog bhriste a broken window
□ Ghlan sé na fuinneoga. He cleaned the windows.
- fuinneog dhín a skylight

fuinseog FEM NOUN2
ash (tree)

fuíoll MASC NOUN1
1 remainder
2 surplus (extra)
- fuíoll bia (food) left-overs

fuip (PL fuipeanna) FEM NOUN2
whip

fuirseoir MASC NOUN3
comedian

fuisce MASC NOUN4
1 whiskey (Irish, American)
2 whisky (Scottish)

fuiseog FEM NOUN2
  lark *(bird)*

fulacht FEM NOUN3
  barbecue

fulaing VERB [19, 3RD PRES fulaingíonn,
  VA fulaingthe]

1 to suffer
  □ Bhí sí ag fulaingt go mór. **She was really
  suffering.** □ Bím ag fulaingt faoi fhiabhras
  léana. **I suffer from hay fever.**

2 to put up with
  □ Ní thuigim cad chuige a bhfulaingíonn
  tú é. **I don't know why you put up with
  him.**

furasta (COMPAR **fusa**) ADJECTIVE
  easy
  □ Tá pasta furasta a chócaráil. **Pasta is easy
  to cook.**

Gg

ga (PL **gathanna**) MASC NOUN4
1 ray *(of light)*
2 radius *(in maths)*

gá MASC NOUN4
  need
  □ Ní gá deifriú. **There's no need to rush.**
  ■ **Ní gá duit sin a dhéanamh. You don't
  need to do that.**
  ■ **más gá** if necessary

gabh VERB [23, VA **gabháil**, VA **gafa**]
1 to accept
  □ Ghabh an múinteoir a leithscéal.
  The teacher accepted his excuse.
2 to catch
  □ Chuaigh an robáil amú agus gabhadh iad.
  **The robbery went wrong and they got
  caught.**
  ■ **slaghdán a ghabháil** to catch a cold
3 to arrest
  □ Ghabh na gardaí an gadaí. **The police
  arrested the thief.**
4 to sing
  □ Gabh amhrán dúinn. **Sing us a song.**
5 to go
  □ ag gabháil abhaile **going home**
6 to come
  □ Gabh isteach! **Come in!**
  ■ **seilbh a ghabháil ar rud** to take
  possession of something □ Ghabh siad
  seilbh ar an teach. **They took possession
  of the house.**
  ■ **Gabh mo leithscéal!** Excuse me!
  ■ **Tá an t-inneall ag gabháil.** The engine
  is running.
  ■ **Níl sé ag gabháil a fhanacht leat.**
  He's not going to wait for you.

gabh ag VERB
  to forgive
  ■ **Gabhaim pardún agat!** I beg your
  pardon!

gabh ar VERB
  ■ **rud a ghabháil ort féin** to undertake to

do something □ Ghabh sé air féin an obair
a dhéanamh. **He undertook to do the work.**

gabh as VERB
  to go out *(light)*
  □ Tá an solas ag gabháil as. **The light is
  going out.**

gabh do VERB
1 to work at
  □ Tá mé ag dul don obair bhaile.
  I'm working at the homework.
2 to annoy
  □ Ná bí ag dul do Mháire. **Stop annoying
  Mary.**
3 to suit
  □ Gabhann an cóta sin go breá duit.
  That coat suits you.
4 to owe
  □ Cá mhéad atá ag gabháil dóibh?
  How much are they owed?

gabh faoi VERB
  to undergo
  □ Gabhfaidh sé faoi scian amárach. **He will
  undergo an operation tomorrow.**

gabh i VERB
  to go into
  □ Bhí an madra ag gabháil isteach san uisce.
  The dog was going into the water.

gabh le VERB
1 to go with *(accompany)*
  □ Gabhfaidh mé abhaile leat. **I'll go home
  with you.**
2 to go out with
  □ Tá Seán ag gabháil amach le Síle. **John is
  going out with Sheila.**
  ■ **buíochas a ghabháil le duine** to thank
  somebody □ Ghabh mé buíochas leis an
  múinteoir. **I thanked the teacher.**

gabh thar VERB
1 to go over
  □ Tá an liathróid ag gabháil thar an mballa.
  The ball's going over the wall.
2 to go past

g

□ Chonaic mé Peadar ag gabháil thar an doras. I saw Peter going past the door.

gabh trí VERB
to go through

□ Beidh muid ag gabháil tríd an gcoill ar an mbealach abhaile. We'll be going through the wood on the way home.

gabha (PL **gaibhne**) MASC NOUN4
■ **gabha dubh** a blacksmith

gabhal MASC NOUN1
junction *(in road)*

gabhar MASC NOUN1
goat
■ **An Gabhar** Capricorn □ Is mise An Gabhar. I'm Capricorn.

gabhdán MASC NOUN1
container

gach ADJECTIVE
every
□ Scuabaim mo chuid fiacla gach oíche. I brush my teeth every night.
■ **gach lá** every day □ Téim chuig an ngiomnáisiam gach lá. I go to the gym every day.
■ **gach dara lá** every other day
■ **gach Aoine** every Friday
■ **gach duine** everybody □ Bhí gach duine ar shiúl. Everybody had gone.
■ **gach rud** everything □ D'imigh gach rud i gceart. Everything went OK.

gadaí MASC NOUN4
thief
□ Rug siad ar an ngadaí. They caught the thief.

gadaíocht FEM NOUN3
theft

gadhar MASC NOUN1
dog *(hunting)*

Gaeilge FEM NOUN4
Irish *(language)*
□ Tá Gaeilge líofa aige. He speaks fluent Irish.

Gaeilgeoir MASC NOUN3
Irish speaker
□ Is Gaeilgeoir mé. I'm an Irish speaker.

Gael MASC NOUN1
Irishman
Irishwoman

Gaelach ADJECTIVE
Irish
□ an cultúr Gaelach the Irish culture

Gaeltacht FEM NOUN3
Irish speaking district

gafa ADJECTIVE
caught

□ Bhí mé gafa sa trácht. I was caught in the traffic.
■ **Tá tú gafa!** You're under arrest!

gail FEM NOUN
■ **bheith ar gail** to be boiling □ Tá an t-uisce ar gail. The water is boiling.

gaileadán MASC NOUN1
boiler

gailearaí MASC NOUN4
gallery
□ gailearaí ealaíne an art gallery

Gaillimh FEM NOUN2
Galway
□ Chuamar a champáil i nGaillimh. We went camping in Galway.

gaineamh MASC NOUN1
sand
□ Thóg na páistí caisleán sa ghaineamh. The children built a castle in the sand.

gaineamhchloch FEM NOUN2
sandstone

gáir FEM NOUN2
▷ *see also* **gáir** VERB
shout
■ **gáir mholta** a cheer
■ **Chuaigh an gháir amach.** The word spread.
■ **Bhí a gháir ar fud na tíre.** The whole country was talking about him.

gáir VERB [13, VN gairm]
▷ *see also* **gáir** FEM NOUN2
to laugh
□ Rinne sé gáire, nach ndearna? He laughed, didn't he?
■ **bheith ag gáire faoi** to laugh at □ Bhí siad ag gáire fúithi. They laughed at her.
■ **gáire a bhaint as duine** to make somebody laugh

gairbhéal MASC NOUN1
gravel

gairdín MASC NOUN4
garden
□ Tá an gairdín lán bláthanna. The garden is full of flowers.
■ **gairdín na n-ainmhithe** a zoo

gáire MASC NOUN4
laugh

gaireas MASC NOUN1
device

gairid ADJECTIVE
short
□ bríste gairid short trousers
■ **le gairid** recently □ Bhí mé ann le gairid. I was there recently.
■ **go gairid ina dhiaidh** soon after

gairleog FEM NOUN2
garlic
□ ionga gairleoige a clove of garlic

gairm (PL **gairmeacha**) FEM NOUN2
profession
□ Tá gairm dochtúra aige. He is a doctor by profession.

gairm- PREFIX
vocational
□ gairmchúrsa a vocational course

gairmiúil ADJECTIVE
professional
□ ceoltóir gairmiúil a professional musician
■ **go gairmiúil** professionally □ Canann sí go gairmiúil. She sings professionally.

gairmscoil (PL **gairmscoileanna**) FEM NOUN2
vocational school

gaisce MASC NOUN4
1 boasting
■ **gaisce a dhéanamh as rud** to boast about something
2 achievement
□ Tá gaisce déanta agat. That was an achievement.

gaiscéad MASC NOUN1
gasket (for car)

gaiscíoch MASC NOUN1
hero

gaiste MASC NOUN4
trap
■ **gaiste a chur** to set a trap

gal FEM NOUN2
steam
□ Tá gal ag teacht as an gciteal. There's steam coming from the kettle.
■ **inneall gaile** a steam engine

gála MASC NOUN4
gale (wind)
□ Tá sé ina ghála. It's blowing a gale.

galánta ADJECTIVE
beautiful
□ Lá galánta atá ann. It's a beautiful day.

galar MASC NOUN1
disease
□ galar croí heart disease

galf MASC NOUN1
golf
□ Imríonn mo dhaid galf. My dad plays golf.

galfaire MASC NOUN4
golfer

galfchúrsa MASC NOUN4
golf course

gallda ADJECTIVE
foreign

galltacht FEM NOUN3
anglicization
■ **Galltacht** a non-Irish speaking area

gallúnach FEM NOUN2
soap

galún MASC NOUN1
gallon

gamhain (GEN SING, PL **gamhna**) MASC NOUN3
calf

gan PREPOSITION
without
□ gan amhras without doubt □ gan mhoill without delay □ Tá an teach ciúin gan na páistí. The house is quiet without the children.
■ **gan rath** futile
■ **B'fhearr liom gan fanacht.** I'd rather not stay.
■ **gan ach** only □ gan ach triúr fágtha with only three remaining

gangaideach ADJECTIVE
bitter
□ duine gangaideach a bitter person

gann ADJECTIVE
scarce
□ Tá an bia gann. Food is scarce.

gannchuid (GEN SING **gannchoda**) FEM NOUN3
scarcity
■ **bheith ar an ngannchuid** to live in poverty

ganntanas MASC NOUN1
shortage
□ ganntanas uisce a water shortage

gaofar ADJECTIVE
windy
□ Ta sé gaofar. It's windy.

gaol (PL **gaolta**) MASC NOUN1
relative
□ a gaolta uile all her relatives □ mo ghaolta my relatives □ Tá gaolta liom i Londain. I've got relatives in London.

gaoth FEM NOUN2
wind
□ gaoth mhór a high wind
■ **gaoth an fhocail** the slightest hint
■ **ar nós na gaoithe** like a flash □ Rith sé leis ar nós na gaoithe. He ran off like a flash.

gaothrán MASC NOUN1
fan (machine)

gaothscáth (PL **gaothscáthanna**) MASC NOUN3
windscreen
□ cuimilteoir gaothscátha a windscreen wiper

gaothuirlis FEM NOUN2
wind instrument *(in music)*
- **gaothuirlis adhmaid** woodwind

gar (PL **garanna**) MASC NOUN1
▷ *see also* **gar** ADJECTIVE
favour
- **gar a dhéanamh do dhuine** to do somebody a favour □ An dtiocfadh leat gar a dhéanamh dom? Could you do me a favour?

gar ADJECTIVE
▷ *see also* **gar** MASC NOUN1
near
□ Tá brú na hóige gar don stáisiún. The youth hostel is near the station.
- **i ngar agus i gcéin** near and far
- **bheith gar do rud** to be near something
- **Is mór an gar go ...** It's just as well that ...
- **Níl gar a bheith leis.** There's no use talking to him.

garáiste MASC NOUN4
garage
□ garáiste in aice láimhe a nearby garage
□ Tá sé ag tógáil garáiste. He's building a garage.

garathair (GEN SING **garathar**, PL **garaithreacha**) MASC NOUN
great-grandfather

garbh ADJECTIVE
1 rough
□ talamh garbh rough ground
2 coarse
□ Bhí an mála déanta d'éadach garbh. The bag was made of coarse cloth.

garchabhair (GEN SING **garchabhrach**)
FEM NOUN
first aid
- **fearas garchabhrach** a first aid kit

garda MASC NOUN4
1 guard
□ Leag siad amach an garda slándála. They knocked out the security guard.
- **garda cósta** a coastguard
2 policeman
□ Ghabh an garda an gadaí. The policeman arrested the thief.

gariníon (PL **gariníonacha**) FEM NOUN2
granddaughter

garmhac MASC NOUN1
grandson

garneacht FEM NOUN3
grandniece

garnia MASC NOUN4
grandnephew

garraí (PL **garraithe**) MASC NOUN4
garden

- **garraí margaidh** a market garden

garraíodóir MASC NOUN3
gardener
□ Is garraíodóir é. He's a gardener.

garraíodóireacht FEM NOUN3
gardening
□ Is breá le Mairéad an gharraíodóireacht. Margaret loves gardening.

garsún MASC NOUN1
boy

gas MASC NOUN1
stem *(of flower)*
- **gas féir** a blade of grass

gás MASC NOUN1
gas
□ cócaireán gáis a gas cooker

gásailín MASC NOUN4
gasolene

gásmhéadar MASC NOUN1
gas meter

gasóg FEM NOUN2
boy scout

gasta ADJECTIVE
1 fast
□ carr gasta a fast car
2 quick
□ lón gasta a quick lunch
- **go gasta** quickly □ Leath an scéal go gasta. The news spread quickly.
3 clever
□ Tá sé gasta ar scoil. He is clever at school.

gasúr MASC NOUN1
boy

gátar MASC NOUN1
need
□ in am an ghátair in time of need

gé (PL **géanna**) FEM NOUN4
goose
- **na Géanna Fiáine** the Wild Geese

geabaire MASC NOUN4
chatterbox

geábh (PL **geábhanna**) MASC NOUN3
1 ride
□ Níl ann ach geábh gairid ar an mbus go dtí lár an mbaile. It's a short bus ride to the town centre.
2 drive
□ Thug muid geábh faoin tuath sa charr. We went for a drive in the country.

géag FEM NOUN2
branch *(of tree)*
□ Bhris an ghéag. The branch snapped.
- **géaga ginealaigh** a family tree

geaitín MASC NOUN4
wicket *(in cricket)*

geáitse MASC NOUN4
gesture

■ geáitsí antics

■ **bheith ag ligean geáitsí ort féin** to show off

geal MASC NOUN1

▷ see also **geal** ADJECTIVE, VERB

white

geal ADJECTIVE

▷ see also **geal** MASC NOUN1, VERB

1 bright

□ dath geal a bright colour

■ **i lár an lae ghil** in broad daylight

2 white

□ arán geal white bread □ fíon geal white wine

geal VERB [23]

▷ see also **geal** MASC NOUN1, ADJECTIVE

to dawn (day)

■ **Gheal an lá.** Dawn broke.

gealacán MASC NOUN1
white (of eye, egg)

gealach FEM NOUN2
moon

□ Tá gealach lán ann anocht. There's a full moon tonight.

■ oíche ghealaí a moonlit night

gealán MASC NOUN1
bright spell

■ cith is gealán sunshine and showers

■ gealáin (in hair) highlights

■ na Gealáin Thuaidh the Northern Lights

gealasacha MASC PL NOUN1
braces (for trousers)

gealbhan MASC NOUN1
sparrow

gealgháireach ADJECTIVE
cheerful

□ duine gealgháireach a cheerful person

geall (PL geallta) MASC NOUN1

▷ see also **geall** VERB

bet

□ Chuirfinn geall as! I'd put a bet on it!

■ **geall a chur ar rud** to bet on something

□ Chuir sé geall ar chapall. He bet on a horse

geall VERB [23]

▷ see also **geall** MASC NOUN1

to promise

□ Gheall sé go mbeadh sé anseo amárach. He promised to be here tomorrow.

geallghlacadóir MASC NOUN3
bookmaker

geallta ADJECTIVE
engaged

□ Tá sí geallta le Liam. She's engaged to Liam.

gealltanas MASC NOUN1
promise

□ Rinne sé gealltanas dom. He made me a promise.

■ gealltanas pósta an engagement

■ **fáinne gealltanais** an engagement ring

gealt (GEN SING geilte) FEM NOUN2
madman

geamaireacht FEM NOUN3
pantomime

gean MASC NOUN3
affection

■ **gean a bheith agat ar dhuine** to be fond of somebody

geanc FEM NOUN2

■ **geanc a chur ort féin le rud** to turn one's nose up at something

geansaí MASC NOUN4

1 sweater

□ geansaí muineál-V a V-neck sweater

2 jersey

□ geansaí peile a football jersey

geanúil ADJECTIVE
affectionate (loving)

□ duine geanúil an affectionate person

géar ADJECTIVE

▷ see also **géar** MASC NOUN1

1 sharp

□ scian ghéar a sharp knife

2 sour

□ bainne géar sour milk

géar MASC NOUN1

▷ see also **géar** ADJECTIVE

sharp (in music)

gearán MASC NOUN1

▷ see also **gearán** VERB

complaint

□ Is mian liom gearán a dhéanamh. I wish to make a complaint.

■ **Rinneamar gearán faoin gcallán.** We complained about the noise.

gearán VERB [23, VN gearán]

▷ see also **gearán** MASC NOUN1

to complain

géarchéim (PL géarchéimeanna) FEM NOUN2

1 emergency

2 crisis

□ géarchéim airgid a money crisis

géarchúiseach ADJECTIVE
astute

□ duine géarchúiseach an astute person

Gearmáin FEM NOUN2
  ■ **an Ghearmáin** Germany □ **sa Ghearmáin** in Germany □ **chun na Gearmáine** to Germany
Gearmáinis FEM NOUN2
  German *(language)*
Gearmánach ADJECTIVE, MASC NOUN1
  German
  □ **Is Gearmánach é.** He's German.
gearr (GEN SING MASC **gearr**, GEN SING FEM, COMPAR **giorra**) ADJECTIVE
  ▷ *see also* **gearr** VERB
  short
  □ **tamall gearr ó shin** a short while ago
  ■ **i bhfad agus i ngearr** far and near
gearr VERB [14]
  ▷ *see also* **gearr** ADJECTIVE
  1 to cut
  □ **Ghearr mé mo lámh.** I cut my hand.
  2 to charge
  □ **Ghearr siad céad euro orm.** They charged me a hundred euros.
  ■ **léim a ghearradh** to jump □ **Ghearr sé léim thar an abhainn.** He jumped over the river.
gearradh (GEN SING **gearrtha**, PL **gearrthacha**) MASC NOUN
  1 cut
  □ **gearradh cumhachta** a power cut
  2 deduction *(from wage)*
  ■ **gearradh Caesarach** a Caesarean section
gearrán MASC NOUN1
  horse
gearrchaile MASC NOUN4
  young girl
gearrliosta MASC NOUN4
  shortlist
gearrscríobh (GEN SING **gearrscríofa**) MASC NOUN
  shorthand
gearr-radharcach ADJECTIVE
  short-sighted
gearrthán MASC NOUN1
  clipping *(from newspaper)*
gearrthóg FEM NOUN2
  1 cutlet *(meat)*
  2 clip *(from film)*
  □ **roinnt gearrthóg ón scannán is déanaí aici** some clips from her latest film
geasróg FEM NOUN2
  charm *(spell)*
geata MASC NOUN4
  gate

géill VERB [15]
  1 to surrender
  2 to give in
  □ **Ghéill a mháthair agus lig dó dul amach.** His Mum gave in and let him go out.
  ■ **'Géill Slí'** 'Give Way'
geilleagar MASC NOUN1
  economy
geimhleach MASC NOUN1
  captive
geimhreadh (PL **geimhrí**) MASC NOUN1
  winter
  □ **Bíonn na geimhrí measartha séimh.** The winters are quite mild.
  ■ **sa gheimhreadh** in winter
géin FEM NOUN2
  gene
  ■ **brístí géine** jeans □ **Stróic mé mo bhrístí géine.** I've ripped my jeans.
géinathraithe ADJECTIVE
  genetically modified
géiniteach ADJECTIVE
  genetic
geir (PL **geireacha**) FEM NOUN2
  fat
  □ **Tá cuid mhór geire ann.** It's very high in fat.
geireach ADJECTIVE
  fatty *(food)*
geirm FEM NOUN2
  germ
geis (PL **geasa**, GEN PL **geas**) FEM NOUN2
  spell
  ■ **bheith faoi gheasa ag duine** to be under somebody's spell
geistear MASC NOUN1
  gesture
geit (PL **geiteanna**) VERB [15]
  ▷ *see also* **geit** FEM NOUN2
  to jump *(with fright)*
geit FEM NOUN2
  ▷ *see also* **geit** VERB
  ■ **geit a bhaint as duine** to startle somebody
  ■ **Baineadh geit asam.** I was shocked.
  ■ **de gheit** suddenly
geiteach ADJECTIVE
  jumpy *(nervous)*
geografach ADJECTIVE
  geographical
geografaíocht FEM NOUN3
  geography
geolaíoch ADJECTIVE
  geological

geoiméadracht FEM NOUN3
geometry

geolaíocht FEM NOUN3
geology

geolán MASC NOUN1
fan (electrical)

giall (GEN SING **géill**, PL **gialla**) MASC NOUN1
1 jaw
2 hostage
  ■ **giall a ghabháil** to take somebody hostage

giar (PL **giaranna**) MASC NOUN1
gear (of car)
  □ an tríú giar third gear
  ■ **giar a athrú** to change gear

giarbhosca MASC NOUN4
gear box

gin (PL **ginte**) FEM NOUN2
birth
  □ gin Chríost the Birth of Christ

gineadóir MASC NOUN3
generator

ginealach MASC NOUN1
pedigree

ginearál MASC NOUN1
general

ginearálta ADJECTIVE
general
  □ eolas ginearálta general knowledge

giniúint (GEN SING **giniúna**) FEM NOUN3
conception
  □ Giniúint Mhuire gan Smál the Immaculate Conception
  ■ **stáisiún giniúna** a generating station

ginmhilleadh (GEN SING **ginmhillte**) MASC NOUN
abortion

giobal MASC NOUN1
rag

giodalach ADJECTIVE
1 cheeky
  □ duine giodalach a cheeky person
2 vain
  □ Tá sé iontach giodalach! He's so vain!

giolla MASC NOUN4
1 porter (for luggage)
2 servant

giomnáisiam MASC NOUN4
gym
  □ Téim chuig an ngiomnáisiam gach lá. I go to the gym every day. □ ranganna giomnáisiam gym classes

giorraisc ADJECTIVE
1 abrupt
  □ Bhí sé cineál giorraisc liom. He was a bit abrupt with me.
2 gruff (manner)

giorria (PL **giorriacha**) MASC NOUN4
hare

giortach ADJECTIVE
1 short
  □ duine giortach a short person
2 skimpy (clothes)
  □ in éide ghiortach in skimpy clothes

giosán MASC NOUN1
sock

giosta MASC NOUN4
yeast

giota MASC NOUN4
1 piece
  □ giota páipéir a piece of paper
2 a bit
  □ Nach féidir leat teacht giota níos luaithe? Can't you come a bit sooner?

giotán MASC NOUN1
bit (in computing)

giotár MASC NOUN1
guitar
  □ Seinnim ar an ngiotár. I play the guitar.

girseach FEM NOUN2
girl

Giúdach MASC NOUN1
▷ see also **Giúdach** ADJECTIVE
Jew

Giúdach ADJECTIVE
▷ see also **Giúdach** MASC NOUN1
Jewish

giúiré (PL **giúiréithe**) MASC NOUN4
jury

giúmar MASC NOUN1
mood
  □ Tá giúmar maith air. He's in a good mood.

glac VERB [14]
1 to accept
  □ Ghlac sé leis an bhronntanas He accepted the gift.
2 to take
  □ Glac an t-úll. Take the apple.
  □ Ghlacamar scíth. We took a break.
  ■ **pictiúr a ghlacadh** to take a picture
  □ Ghlac mé pictiúr den teach. I took a picture of the house.
  ■ **Glac d'am!** Take your time!

glacadóir MASC NOUN3
receiver (of phone)

glacadóireacht FEM NOUN3
reception (on radio)

glan ADJECTIVE
▷ see also **glan** ADVERB, VERB

Irish-English

1 clean
□ léine ghlan a clean shirt
2 clear
□ Tá an bóthar glan anois. The road's clear now.
glan ADVERB
▷ *see also* **glan** ADJECTIVE, VERB
completely
□ Rinne mé dearmad glan de. I completely forgot about it.
glan VERB [23]
▷ *see also* **glan** ADJECTIVE, ADVERB
1 to clean
□ Ghlan mé an t-urlár. I cleaned the floor.
2 to remove *(dirt)*
□ Ar ghlan tú an smál? Did you remove the stain?
■ fiacha a ghlanadh to pay off debts
■ **Glan leat!** Go away!
glanmheabhair NOUN
■ rud a bheith de ghlanmheabhair agat to know something off by heart
glantach MASC NOUN1
detergent
glantóir MASC NOUN3
cleaner *(person)*
□ D'fhostaigh siad glantóir. They hired a cleaner.
■ glantóir mná a cleaning lady
glao (PL **glaonna**) MASC NOUN4
call
□ Cuirfidh mé glao ort tráthnóna. I'll give you a call this evening. □ An bhfuil cead agam glao gutháin a dhéanamh? Can I make a phone call?
■ glao áitiúil a local call
glaoch MASC NOUN1
call
■ **Cuir glaoch orm.** Give me a call.
glaoigh VERB [24, VN glaoch]
to shout
□ Ghlaoigh sí os ard. She shouted.
glas MASC NOUN1
▷ *see also* **glas** ADJECTIVE
1 lock
□ Tá an glas briste. The lock is broken.
■ glas a chur ar rud to lock something
□ Cuir an glas ar an doras. Lock the door.
■ an glas a bhaint de rud to unlock something
2 green
glas ADJECTIVE
▷ *see also* **glas** MASC NOUN1
1 green
□ carr glas a green car □ solas glas a green light □ pónairí glasa green beans

2 grey
□ iora glas a grey squirrel
glasáil VERB [25]
to lock
□ Ghlasáil Máire an carr. Mary locked the car.
Glaschú MASC NOUN4
Glasgow
□ Tá sí ina cónaí i nGlaschú. She lives in Glasgow.
glasra MASC NOUN4
vegetable
□ anraith glasraí vegetable soup
gleacaí MASC NOUN4
gymnast
□ Is gleacaí í. She's a gymnast.
gleacaíocht FEM NOUN3
gymnastics
□ Déanann sí gleacaíocht. She does gymnastics.
gleann (PL **gleannta**) MASC NOUN3
glen *(valley)*
gléas (PL **gléasanna**) MASC NOUN1
▷ *see also* **gléas** VERB
1 instrument
□ gléas ceoil a musical instrument
2 means
□ gléas iompair means of transport
3 key *(in music)*
■ gléas freagartha an answering machine
■ as gléas out of order
■ i ngléas ready for use
gléas VERB [23]
▷ *see also* **gléas** MASC NOUN1
to dress up
■ tú féin a ghléasadh to dress yourself
□ Ghléas sé é féin ar maidin. He dressed himself this morning.
gléasta ADJECTIVE
dressed
□ gléasta go néata neatly dressed
gleo (PL **gleonna**) MASC NOUN4
din
□ Ná déan an gleo sin. Stop making that din.
gleoite ADJECTIVE
1 delightful
□ radharc gleoite a delightful view
2 pretty
□ gúna gleoite a pretty dress
glic ADJECTIVE
1 clever *(intelligent)*
2 cunning
□ chomh glic le sionnach as cunning as a fox

g

gligín MASC NOUN4
rattle *(for baby)*

gliomach MASC NOUN1
lobster

gliondar MASC NOUN1
delight
■ **Tá gliondar orm.** I am delighted.

gliú MASC NOUN4
glue

gliúragán MASC NOUN1
■ **codladh gliúragáin** pins and needles

glób MASC NOUN1
globe

gloine FEM NOUN4
glass
□ Ghearr mé mo chos ar phíosa gloine. I cut
my foot on a piece of glass. □ Líon sí an
ghloine le huisce. She filled the glass with
water.
■ **gloiní** glasses
■ **gloiní gréine** sunglasses

gloiniú MASC NOUN
■ **gloiniú dúbailte** double glazing

glór (PL **glórtha**) MASC NOUN1
voice
□ de ghlór ard in a loud voice □ Ísligh do
ghlór, le do thoil. Lower your voice, please.

glórmhar ADJECTIVE
glorious

glórphost MASC NOUN1
voice mail

glóthach FEM NOUN2
1 gel
□ glóthach chithfholctha shower gel
□ glóthach ghruaige hair gel
2 jelly *(food)*

gluaiseacht FEM NOUN3
1 motion
□ gluaiseacht na mara the motion of the
sea
2 movement *(campaign)*

gluaisrothaí MASC NOUN4
biker *(motorcyclist)*

gluaisrothar MASC NOUN1
motorbike

gluaisteán MASC NOUN1
car

gluaisteánaí MASC NOUN4
motorist

glúin (GEN SING, PL **glúine**, GEN PL **glún**) FEM
NOUN2
knee
□ Ghortaigh Seán a ghlúin. John hurt his
knee. □ Caithfidh sé scíth a thabhairt dá
ghlúin. He has to rest his knee.

■ **dul ar do ghlúine** to kneel □ Chuaigh mé
ar mo ghlúine lena taobh. I knelt beside her.

gnách ADJECTIVE
normal *(habitual)*
■ **mar is gnách** as usual
■ **Ba ghnách léi é a dhéanamh.** She used
to do it.

gnaoi FEM NOUN4
beauty
□ Nochtann grá gnaoi. Beauty is in the eye
of the beholder.

gnáth (PL **gnátha**) MASC NOUN1
custom
■ **de ghnáth** normally
■ **mar is gnáth** as usual □ Tháinig sé mall,
mar is gnáth. He showed up late as usual.

gnáthdhuine (PL **gnáthdhaoine**) MASC
NOUN4
ordinary person

gnáthéadach MASC NOUN1
plain clothes

gné (PL **gnéithe**) FEM NOUN4
1 aspect
□ Déan staidéar ar gach gné den scéal.
Study every aspect of the story.
2 appearance *(of person)*
□ gné na sláinte a healthy appearance

gné-alt MASC NOUN1
feature *(article)*

gnéas (PL **gnéasanna**) MASC NOUN1
sex

gnéasach ADJECTIVE
sexual

gnéaschlaonta ADJECTIVE
sexist

gnéchlár MASC NOUN1
feature *(programme)*

gníomh (PL **gníomhartha**) MASC NOUN1
1 action
□ Chuir sé an plean i ngníomh. He put the
plan into action.
2 act *(of play)*

gníomhach ADJECTIVE
active
□ Is duine iontach gníomhach é. He's a very
active person.

gníomhaíocht FEM NOUN3
1 activity
□ gníomhaíochtaí amuigh faoin aer outdoor
activities □ Bíonn gníomhaíochtaí spóirt
ann i ndiaidh am scoile. There are sporting
activities held after school.
2 action
□ gníomhaíocht thionsclaíoch industrial
action

g

gníomhaire MASC NOUN4
agent
■ **gníomhaire eastáit** an estate agent
■ **gníomhaire taistil** a travel agent □ Chuir an gníomhaire taistil na háirithintí trína chéile. The travel agent mixed up the bookings.

gníomhaireacht FEM NOUN3
agency

gnó (PL **gnóthaí**) MASC NOUN4
1 business
□ Scrios an botún amháin sin an gnó. That one mistake ruined the business.
■ **fear gnó** a businessman
2 concern
□ Ní de do ghnósa é. It's none of your concern.
■ **Déanfaidh sin gnó.** That will do.
■ **d'aon ghnó** deliberately

gnólacht MASC NOUN3
firm *(company)*
□ Bíonn sé ag obair le gnólacht mór i Londain. He works for a large firm in London.

gnóthach ADJECTIVE
busy
□ Tá mé cineál gnóthach anois. I'm rather busy just now.

gnóthaigh VERB [12]
to win
□ Ghnóthaigh sé duais ar scoil. He won a prize at school.

gnúis (PL **gnúiseanna**) FEM NOUN2
face

go PREPOSITION
▷ *see also* **go** CONJUNCTION
1 to
□ Tá mé ag dul go Corcaigh. I'm going to Cork.
2 for
□ Beidh sí ar shiúl go ceann míosa. She'll be away for a month.
3 until
□ Beidh mé anseo go maidin. I'll be here until morning.
■ **go deo** for ever □ Beidh siad anseo go deo. They'll be here forever.
■ **go dtí** to □ Tá sé ceathrú go dtí a trí. It's a quarter to three.
■ **go fóill** still □ Tá sé anseo go fóill. He's still here.
■ **Slán go fóill.** Goodbye for now.

go CONJUNCTION
▷ *see also* **go** CONJUNCTION
that

□ Deir Seán go bhfuil sé tinn. John says that he's sick.
■ **B'fhéidir go mbeidh sé fliuch.** It may be wet.
■ **cionn is go** because □ D'fhan mé sa teach cionn is go raibh sé fuar. I stayed in the house because it was cold.
■ **Go raibh míle maith agat.** Thank you very much.
■ **go maith** well □ Ar chodail tú go maith? Did you sleep well?
■ **go gasta** quickly □ Rith sé amach go gasta. He ran out quickly.
■ **go réidh** gently □ Téigh go réidh go ceann 5 bhomaite. Heat gently for 5 minutes.
■ **go háirithe** especially □ Scannán spreagúil a bhí ann, go háirithe an deireadh. It was an exciting film, especially the ending.
■ **go léir** all □ Tá na daoine go léir anseo anois. All the people are here now.
■ **go minic** often □ Théadh sí amach go minic lena cairde. She often went out with her friends.

gob (PL **goba**) MASC NOUN1
▷ *see also* **gob** VERB
1 beak *(of bird)*
2 gob *(informal: mouth)*

gob VERB [14]
▷ *see also* **gob** MASC NOUN1
■ **gob amach** to stick out □ Bhí peann ag gobadh amach as a phóca. There was a pen sticking out of his pocket.

gobán MASC NOUN1
dummy *(for baby)*

gobharnóir MASC NOUN3
governor

goid VERB [15, VN goid]
to steal
□ Goideadh a vallait. His wallet was stolen.

goil VERB [15, VN gol]
to cry
□ Ghoil sí uisce a cinn. She cried her heart out.

goile MASC NOUN4
1 stomach
□ Tá an goile ag cur air. He has stomach trouble.
■ **tinneas goile** stomachache
2 appetite
□ Tá mo ghoile caillte agam. I've lost my appetite.

goill VERB [15]
to hurt

□ Ghoill a chuid cainte go mór orm. His remarks really hurt me.

goilliúnach ADJECTIVE
sensitive *(person)*
□ Tá sí iontach goilliúnach. She's very sensitive.

goin (PL **gonta**) FEM NOUN3
▷ *see also* **goin** VERB
wound
■ **goin ghréine** sunstroke □ Fuair sé goin ghréine. He got sunstroke.

goin VERB [15, VN goin, VA gonta]
▷ *see also* **goin** FEM NOUN3
to wound
□ Goineadh go dona é. He was badly wounded.

goirín MASC NOUN4
spot *(pimple)*
■ **goirín dubh** a blackhead

gol MASC NOUN1
crying
■ **Bhris a gol uirthi.** She started to cry.

goradán MASC NOUN1
incubator

goradh (GEN SING **gortha**) MASC NOUN
warmth
■ **Déan do ghoradh.** Get warmed up.

goraille MASC NOUN4
gorilla

gorm ADJECTIVE, MASC NOUN1
blue
□ gúna gorm a blue dress
■ **na gormacha** the blues

gort MASC NOUN1
field

gorta MASC NOUN4
hunger
■ **an Gorta Mór** the Great Famine

gortaigh VERB [12]
1 to hurt
□ Ghortaigh sí a cos. She hurt her foot.
2 to injure
□ Gortaíodh go dona sa taisme í. She was seriously injured in the crash.

gortaithe ADJECTIVE
hurt
□ An bhfuil sé gortaithe go dona? Is he badly hurt? □ Ar a laghad ní raibh duine ar bith gortaithe. At least nobody was hurt.

gortú MASC NOUN
injury
□ Bhain gortú do Sheán. John sustained an injury.

gorún MASC NOUN1
hip

grá MASC NOUN4
love
□ Tá sí i ngrá le Paul. She's in love with Paul.
■ **titim i ngrá le duine** to fall in love with somebody
■ **An bhfuil grá agat dom? — Ar ndóigh, tá!** Do you love me? — Of course I do!
■ **Le grá, Peadar.** Love, Peter.

grád MASC NOUN1
grade
□ Fuair sé gráid mhaithe ina scrúduithe. He got good grades in his exams.
■ **carráiste den chéad ghrád** a first class carriage

gradam MASC NOUN1
distinction
□ Bhain mé gradam amach i mo scrúdú pianó. I got a distinction in my piano exam.

graf MASC NOUN1
graph

grafaicí FEM PL NOUN2
graphics

graffiti MASC PL NOUN
graffiti
□ Spraeáil duine éigin graifítí ar an mballa. Somebody had sprayed graffiti on the wall.

graificí FEM PL NOUN2
graphics

gráigh VERB [24]
to love
□ Gráim thú. I love you.

gráin (GEN SING **gránach**) FEM NOUN
disgust
■ **Is gráin liom é.** I hate it.
■ **gráin a bheith agat ar dhuine** to despise somebody

gráinne MASC NOUN4
grain

gráinneog FEM NOUN2
hedgehog
□ Tá gráinneog cheansa acu. They've got a tame hedgehog.

gráinnín MASC NOUN4
pinch *(of salt, pepper)*
□ gráinnín salainn a pinch of salt

gram MASC NOUN1
gramme
□ 500 gram cáise 500 grammes of cheese

gramadach FEM NOUN2
grammar

grán MASC NOUN1
grain

gránbhiorach ADJECTIVE
■ **peann gránbhiorach** a ball-point pen

gránna ADJECTIVE
ugly
□ aghaidh ghránna an ugly face

grásta (GEN SING, PL **grásta**, GEN PL **grást**)
MASC NOUN4
grace
□ lán de ghrásta full of grace
■ **faic na ngrást** nothing whatsoever

grátáil VERB [25]
to grate
□ Ghrátáil sí beagán cáise. She grated some cheese.

gread VERB [23]
to strike
□ Ghread sé lena dhorn é. He struck him with his fist.
■ **Gread leat!** Beat it!

Gréagach ADJECTIVE
▷ *see also* **Gréagach** MASC NOUN1
Greek
□ Is Gréagach í. She's Greek.

Gréagach MASC NOUN1
▷ *see also* **Gréagach** ADJECTIVE
Greek *(person)*

greamaigh VERB [12]
1 to stick
□ Greamaigh na stampaí ar an gclúdach. Stick the stamps on the envelope.
2 to jam
□ Tá an fhuinneog greamaithe. The window's jammed.

greamaithe ADJECTIVE
stuck
□ Tá sé greamaithe. It's stuck.

greamán MASC NOUN1
clasp *(for hair)*

greamú MASC NOUN
tackle *(in rugby)*

greann MASC NOUN1
fun
□ Rinne sé le greann é. He did it for fun.
■ **fear grinn 1** a comedian **2** a clown
■ **scéal grinn** a funny story

greannán MASC NOUN1
comic *(magazine)*

greannmhar ADJECTIVE
funny
□ Bhí sé iontach greannmhar. It was really funny.

gréasaí MASC NOUN4
shoemaker

gréasán MASC NOUN1
web
□ gréasán damhain alla a spider's web

■ **an Gréasán Domhanda** the World Wide Web

Gréig FEM NOUN2
■ **an Ghréig** Greece □ an tSean-Ghréig ancient Greece □ sa Ghréig in Greece
□ chun na Gréige to Greece

Gréigis FEM NOUN2
Greek *(language)*

greille FEM NOUN4
grill *(on cooker)*

greim (PL **greamanna**) MASC NOUN3
1 hold
■ **Beir greim ar an bpeann.** You hold the pen.
2 grip
□ greim an fhir bháite a tight grip
■ **greim a choinneáil ar rud** to hold on to something □ Choinnigh sé greim ar an gcathaoir. He held on to the chair.
■ **greim a bhaint as rud** to take a bite of something □ Bhain sé greim as an úll. He took a bite of the apple.

greimlín MASC NOUN4
plaster *(for cut)*

gréisc FEM NOUN2
grease

gréiscdhíonach ADJECTIVE
greaseproof

gréithe PL NOUN
dishes
□ Nigh mé na gréithe. I washed the dishes.

grian (GEN SING **gréine**, PL **grianta**, DAT SING **gréin**) FEM NOUN2
sun
□ Tá an ghrian an-láidir inniu. The sun is very strong today. □ faoin ngrian in the sun
■ **éirí na gréine** sunrise
■ **luí na gréine** sunset

grianchumhacht FEM NOUN3
solar power

griandaite ADJECTIVE
suntanned

griandó MASC NOUN4
sunburn

griandóite ADJECTIVE
sunburned

grianghraf MASC NOUN1
photo
□ An maith leat an grianghraf seo? Do you like this photo? □ Níor tháinig grianghraf ar bith de mo chuid amach. None of my photos came out.
■ **grianghraf a thógáil de rud** to take a photo of something

grianghrafadóir MASC NOUN3
photographer

grianghrafadóireacht FEM NOUN3
photography

grianmhar ADJECTIVE
sunny
□ Beidh sé grianmhar inniu. It will be sunny today.

grinneall MASC NOUN1
bed
□ grinneall na farraige the sea bed

gríos MASC NOUN1
rash (on skin)
□ gríos clúidín nappy rash

gríosc VERB [14]
to grill

gríscín MASC NOUN4
chop
□ gríscín uaineola a lamb chop

grósaeir MASC NOUN3
grocer
□ Is grósaeir é. He's a grocer.

grua (PL gruanna) FEM NOUN4
cheek (on face)

gruagaire MASC NOUN4
hairdresser
□ Is gruagaire é. He's a hairdresser. □ ag an siopa gruagaire at the hairdresser's

gruagaireacht FEM NOUN3
hairdressing

gruaig FEM NOUN2
hair
□ Tá gruaig fhada uirthi. She's got long hair.
□ Tá gruaig dhubh air. He's got black hair.
■ do chuid gruaige a ní to wash one's hair
□ Caithfidh mé mo chuid gruaige a ní.
I need to wash my hair.

gruaim FEM NOUN2
■ bheith faoi ghruaim to be depressed
□ Tá mé faoi ghruaim. I'm depressed.

gruama ADJECTIVE
1 gloomy
□ Tá sé ina chónaí in árasán beag gruama.
He lives in a small gloomy flat.
2 overcast
□ Bhí an spéir gruama. The sky was overcast.

grúdlann FEM NOUN2
brewery

grúm MASC NOUN1
groom
□ an grúm agus a fhinné fir the groom and his best man

grúpa MASC NOUN4
group
□ grúpa daoine a group of people

gual MASC NOUN1
coal
□ tine ghuail a coal fire

gualainn (PL guaillí) FEM NOUN2
shoulder
□ Bhí mála ar a ghualainn aige. He was carrying a bag on his shoulder.

guí (PL guíonna) FEM NOUN4
prayer

guigh VERB [22]
to pray
■ rud a ghuí do dhuine to wish something for somebody □ Guím sonas ort. I wish you happiness.

guma MASC NOUN4
gum
■ guma coganta chewing gum

gúna MASC NOUN4
dress
□ Tá an gúna seo rud beag tanaí. This dress is a bit tight.
■ gúna damhsa a ballgown

gunna MASC NOUN4
gun
□ Scaoileadh an gunna. The gun went off.
□ Tá gunna ag mo chara. My friend has a gun.

gusta MASC NOUN4
gust
□ gusta gaoithe a gust of wind

guta MASC NOUN4
vowel

guth (PL guthanna) MASC NOUN3
voice
□ Chuala mé guth Mháire. I heard Mary's voice.
■ d'aon ghuth unanimously

guthán MASC NOUN1
phone
□ Cá bhfuil an guthán? Where's the phone?
□ An bhfuil cead agam an guthán a úsáid, le do thoil? Can I use the phone, please? □ Bhí an guthán gafa. The phone was engaged.
■ guthán póca a mobile phone
■ Chuir sé an guthán síos orm. He hung up on me.

g

Hh

haca MASC NOUN4
hockey
□ Imrím haca. I play hockey.
■ **haca oighir** ice hockey

haingear MASC NOUN1
hangar

hairicín MASC NOUN4
hurricane

haiste MASC NOUN4
hatch

halla MASC NOUN4
hall
□ halla an tsráidbhaile the village hall
□ D'fholúsghlan sí an halla. She vacuumed the hall.
■ **hallaí cónaithe** halls of residence

hamstar MASC NOUN1
hamster

hanla MASC NOUN4
handle

hart (PL **hairt**) MASC NOUN1
heart *(in cards)*
□ an bhanríon hart the queen of hearts

hata MASC NOUN4
hat
□ Bhí sí ag caitheamh hata. She was wearing a hat.

hearóin FEM NOUN2
heroin

héileacaptar MASC NOUN1
helicopter

hidrigin FEM NOUN2
hydrogen

hidrileictreach ADJECTIVE
hydroelectric

hiéana MASC NOUN4
hyena

hi-fi MASC NOUN4
hi-fi

hiodrálach ADJECTIVE
hydraulic

Hiondúch ADJECTIVE, MASC NOUN1
Hindu

hiopnóisigh VERB [11]
to hypnotize

hipearnasc MASC NOUN
hyperlink

histéireach ADJECTIVE
hysterical

homaighnéasach ADJECTIVE,
MASC NOUN1
homosexual

huscaí MASC NOUN4
husky *(dog)*

I i

i PREPOSITION

> **LANGUAGE TIP** Prepositional pronouns are **ionam, ionat, ann, inti, ionainn, ionaibh, iontu**.

1 in

□ i rang a haon in class one □ Maraíodh é i dtimpiste bhóthair. He was killed in a car accident. □ Rinne mé i dtrí huaire an chloig é. I did it in 3 hours.

■ **i mí Eanáir** in January

> **LANGUAGE TIP** i plus an becomes **sa** before a singular word beginning with a consonant.

□ sa bhanc in the bank □ sa Spáinn in Spain

> **LANGUAGE TIP** i plus an becomes **san** before a singular word beginning with a vowel; **san** is also used before a word beginning with 'f' plus a vowel and in this case, 'f' changes to 'fh'.

□ san oirthuaisceart in the northeast □ san fharraige in the sea

> **LANGUAGE TIP** i plus an becomes **sna** before a plural word.

□ sna bailte móra in the larger towns □ sna Stáit Aontaithe in the United States

■ **sa samhradh** in summer
■ **i nglór íseal** in a low voice
■ **i mBéarla** in English □ céim i mBéarla a degree in English
■ **i dtobainne** suddenly

2 into

□ Caith i bhfarraige é. Throw it into the sea. □ Cuir sa bhanc é. Put it into the bank. □ Chuaigh sé isteach sa charr. He got into the car.

■ **daichead euro sa lá** forty euros per day
■ **50 ciliméadar san uair** 50 kilometres per hour

í PRONOUN

1 she

□ Is múinteoir í. She is a teacher.
□ Gortaíodh í. She was injured.

2 her

□ Ní fheicim í. I can't see her.

iad PRONOUN

1 they

□ Cé hiad? Who are they? □ Toghadh iad. They were elected.

2 them

□ Is maith liom iad. I like them.

iall (GEN SING **éille**, PL **iallacha**, DAT SING **éill**) FEM NOUN2

lace (for shoe)

■ **d'iallacha a cheangal** to tie one's laces

iarann MASC NOUN1

iron

iardheisceart MASC NOUN1

south-west

Iarmhí FEM NOUN4

■ **an Iarmhí** Westmeath

iarnáil VERB [25]

to iron

□ D'iarnáil sé a léine. He ironed his shirt.

iarnóin (PL **iarnónta**) FEM NOUN3

afternoon

□ Beidh mé ar ais san iarnóin. I will be back in the afternoon.

■ **a cúig iarnóin** five pm

iarnród MASC NOUN1

railway

iaróg FEM NOUN2

row

□ Thóg sé iaróg. He caused a row.

iarr VERB [14, VN iarraidh]

1 to ask

□ Ní dhéanfainn sin go deo, fiú dá n-iarrfá orm. I'd never do that, even if you asked me.

■ **rud a iarraidh ar dhuine** to ask somebody for something □ D'iarr sé punt orm. He asked me for a pound.

2 to want

□ Cad é atá tú a iarraidh? What do you want?

iarracht FEM NOUN3

1 effort

■ **iarracht a thabhairt ar rud a dhéanamh** to try to do something □ Thug mé iarracht ar an gcloch a thogáil. I tried to lift the stone.

■ **An-iarracht!** Good try!

2 a little
□ Tá iarracht den íoróin ann. It's a little ironic.

iarraidh (GEN SING **iarrata**, PL **iarrataí**) FEM NOUN

1 attempt
■ **iarraidh a thabhairt ar rud** to try something □ Thug mé iarraidh ar an gloch a thógáil. I tried lifting the stone.

2 demand
■ **Tá iarraidh mhór ar an tseirbhís nua.** The new service is in great demand.

3 time
□ an iarraidh seo this time
■ **iarraidh a thabhairt ar dhuine** to attack somebody □ Thug sé iarraidh orm. He attacked me.
■ **bheith ar iarraidh** to be missing □ Tá an madra ar iarraidh. The dog is missing.

iarratas MASC NOUN1
application
□ iarratas poist a job application
■ **iarratas a dhéanamh ar phost** to apply for a job
■ **foirm iarratais** an application form

iarrthóir MASC NOUN3
applicant
□ Bhí céad iarratasóir ar an bpost. There were a hundred applicants for the job.

iarsmalann FEM NOUN2
museum

iarthar MASC NOUN1
west
□ iarthar na hÉireann the west of Ireland
■ **an tIarthar** the West

iartharach ADJECTIVE
western

iarthuaisceart MASC NOUN1
northwest
□ san iarthuaisceart in the northwest

iasacht FEM NOUN3
loan
■ **rud a fháil ar iasacht** to borrow something □ Fuair mé airgead ar iasacht ó Mháire. I borrowed money from Mary.
■ **rud a thabhairt ar iasacht do dhuine** to lend something to somebody □ Thug mé an leabhar ar iasacht do Sheán. I lent the book to John.
■ **ón iasacht** from abroad

iasachtaí MASC NOUN4
borrower

iasachtóir MASC NOUN3
lender

iasc (GEN SING, PL **éisc**) MASC NOUN1
fish
■ **iasc órga** a goldfish □ Tá iasc órga agam sa bhaile. I have a goldfish at home.
■ **Na hÉisc** Pisces □ Is mise Na hÉisc. I'm Pisces.

iascaire MASC NOUN4
fisherman
□ Is iascaire m'athair. My father is a fisherman.

iascaireacht FEM NOUN3
fishing
□ Is breá liom an iascaireacht. I love fishing.
■ **slat iascaireachta** a fishing rod
■ **iascaireacht slaite** angling

idé (PL **idéanna**) FEM NOUN4
idea

íde FEM NOUN4
abuse
■ **íde béil a thabhairt do dhuine** to tell somebody off □ Thug sí íde béil dom cionn is go raibh mé mall. She told me off for being late.

idéalach ADJECTIVE
ideal
□ saol idéalach an ideal life

idéalachas MASC NOUN1
idealism

idéalaí MASC NOUN4
idealist

ídigh VERB [11]
to use up

idir PREPOSITION

LANGUAGE TIP Prepositional pronouns are **léi, eadrainn, eadraibh, eatarthu.**

1 between
□ Shín siad rópa idir dhá chrann. They stretched a rope between two trees.
□ Ná bí ag ithe idir bhéilí. Don't eat between meals. □ idir Gaillimh agus Baile Átha Cliath between Galway and Dublin

2 among
□ idir chairde among friends
■ **idir ... agus ...** both ... and ... □ idir shaibhir agus dhaibhir both rich and poor
□ Bhí idir bhuachaillí agus chailíní ann. There were both boys and girls there.

idirbheartaíocht FEM NOUN3
negotiations

idirchum MASC NOUN4
intercom
idiréadan MASC NOUN1
interface (computing)
idirghníomhach ADJECTIVE
interactive (computing)
idirlinn (PL **idirlinnte**) FEM NOUN2
interval
■ **san idirlinn** in the meantime
Idirlíon MASC NOUN1
internet
□ ar an Idirlíon on the internet
■ **scimeáil ar an Idirlíon** to surf the Net
idirmheánach ADJECTIVE
intermediate
idirnáisiúnta ADJECTIVE
international
ifreann MASC NOUN1
hell
ilchríoch FEM NOUN2
continent
□ Cá mhéad ilchríoch atá ann? How many
continents are there?
ildathach ADJECTIVE
multicoloured
iliomad NOUN
a lot of
□ Bhí an iliomad daoine ann. There were a
lot of people there.
im (GEN SING **ime**, PL **imeanna**) MASC NOUN
butter
□ arán agus im bread and butter
imeacht MASC NOUN3
■ **in imeacht na hoíche** during the night
imeachtaí MASC PL NOUN3
events
□ Beidh imeachtaí spóirt ann anocht.
Sporting events will be held tonight.
imeagla FEM NOUN4
fear
■ **imeagla a chur ar dhuine** to terrorize
someone
■ **Cuireann sé imeagla orm.** It gives me
the creeps.
imeall MASC NOUN1
1 edge
□ Bhí mé i mo sheasamh in imeall na
farraige. I was standing by the edge of the
sea.
2 outskirts
□ ar imeall na cathrach on the outskirts of
the city
imeasctha ADJECTIVE
integrated
□ scoil imeasctha an integrated school

imigéin NOUN
■ **in imigéin** far away
imigh VERB [11, VN imeacht]
1 to leave
□ D'imigh sé as an tír. He left the country.
2 to depart
□ D'imigh an bus ar a trí. The bus departed
at three.
3 to pass (time)
□ D'imigh an t-am go gasta. The time
passed quickly.
4 to escape
□ D'imigh an gadaí ar na péas. The thief
escaped from the police.
■ **D'imigh an traein orm.** I missed the
train.
■ **Imigh leat!** Get lost!
imir VERB [21]
to play
□ Imrím peil gach lá. I play football every
day.
■ **cleas a imirt ar dhuine** to play a trick on
somebody □ D'imir Máire cleas ar Sheán.
Mary played a trick on John.
imirce FEM NOUN4
emigration
■ **imirce a dhéanamh** to emigrate □ Rinne
m'uncail imirce go Meiriceá. My uncle
emigrated to America.
imirt (GEN SING **imeartha**) FEM NOUN3
■ **páirc imeartha** playing field
imleabhar MASC NOUN1
volume (book)
imní FEM NOUN4
concern
□ Léirigh siad imní faoina sláinte. They
showed concern about her health.
■ **imní a bheith ort faoi rud** to be worried
about something □ Tá imní orm faoin
gcluiche amárach. I'm worried about the
game tomorrow.
impigh VERB [11, VN impí]
to beg
□ D'impigh sé orm dul amach leis anocht.
He begged me to go out with him tonight.
□ D'impigh sí ar a tuismitheoirí capaillín a
cheannach. She begged her parents to buy
a pony.
impire MASC NOUN4
emperor
impireacht FEM NOUN3
empire
□ Impireacht na Róimhe the Roman Empire
imreoir MASC NOUN3
player

□ Is é an t-imreoir is fearr é. **He's the best player.** □ Rinne an t-imreoir feall. **The player committed a foul.**

imshaol MASC NOUN1
environment

in-athscríofa ADJECTIVE
rewritable *(CD, DVD)*

inchinn FEM NOUN2
brain

inchloiste, inchluinte ADJECTIVE
audible

inchreidte ADJECTIVE
plausible
□ Tá an scéal sin inchreidte. **The story is plausible.**

inchurtha ADJECTIVE
equal
■ **bheith inchurtha le duine** to be a good match for somebody □ Tá Máire inchurtha le Nóra. **Mary is a a good match for Nora.**

indéanta ADJECTIVE
possible
□ Níl sé indéanta. **It isn't possible.**

India FEM NOUN4
■ **an India** India □ san India in India
□ chun na hIndia to India

indibhidiúil ADJECTIVE
individual

infheicthe ADJECTIVE
visible

infheistíocht FEM NOUN3
investment
□ Ba chóir go mbeadh níos mó infheistíochta san oideachas. **There should be more investment in education.**

infheisteoir MASC NOUN3
investor

infheistigh VERB [11]
to invest
□ D'infheistigh siad cuid mhór airgid ann. **They invested a lot of money in it.**

ingearán MASC NOUN1
helicopter

inghlactha ADJECTIVE
acceptable
□ Níl an leithscéal sin inghlactha. **That excuse is not acceptable.**

Inid FEM NOUN2
■ **Máirt Inide** Shrove Tuesday

inimirce FEM NOUN4
immigration

inimirceach ADJECTIVE, MASC NOUN1
immigrant

Iníon FEM NOUN2
Miss

□ Iníon Uí Cheallaigh **Miss Kelly**

iníon (PL iníonacha) FEM NOUN2
daughter
□ Tá iníon amháin ag Seán. **John has one daughter.**
■ **iníon bhaistí** a goddaughter

iníoslódála ADJECTIVE
downloadable

inis (GEN SING inse, PL insí) FEM NOUN2
▷ *see also* **inis** VERB
island

inis VERB [21, VN insint, VA inste]
▷ *see also* **inis** FEM NOUN2
to tell
□ Ar inis tú do do mháthair? **Did you tell your mother?** □ D'inis sé scéal. **He told a story.**
■ **rud a insint do dhuine** to tell somebody something □ Inis lomchnámh na fírinne dom. **Tell me the actual truth.** □ Ar aghaidh leat, inis dom cad é an fhadhb! **Go on, tell me what the problem is!**
■ **bréag a insint** to tell a lie

inléite ADJECTIVE
legible
□ Níl an aiste seo inléite. **This essay is not legible.**

inleithscéil ADJECTIVE
excusable
□ Níl an callán seo inleithscéil. **This noise is not excusable.**

inmhe FEM NOUN4
ability
■ **bheith in inmhe rud a dhéanamh** to be able to do something □ Níl mé in inmhe an obair seo a dhéanamh. **I can't do this work.**

inmholta ADJECTIVE
advisable
□ Níl sé inmholta sin a dhéanamh. **It is not advisable to do that.**

inné ADVERB, NOUN
yesterday
□ Ní raibh mé ar scoil inné. **I wasn't at school yesterday.** □ Chonaic mé inné é. **I saw him yesterday.** □ maidin inné yesterday morning

innéacs (PL innéacsanna) MASC NOUN4
index

inneall MASC NOUN1
1 machine
□ Tá an t-inneall seo lochtach. **This machine is faulty.**
■ **inneall níocháin** a washing machine
2 engine
□ Tá an t-inneall iontach ciúin. **The engine's very quiet.**

■ **inneall dóiteáin** a fire engine

innealra MASC NOUN4
machinery

innealtóir MASC NOUN3
engineer

□ Is innealtóir é. He's an engineer.

innealtóireacht FEM NOUN3
engineering

□ innealtóireacht shibhialta civil engineering

inniu ADVERB, NOUN
today

□ Tá sé fuar inniu. It's cold today. □ Cad é a rinne tú inniu? What did you do today?

■ **seachtain agus an lá inniu** a week ago today

inólta ADJECTIVE

■ **uisce inólta** drinking water

inscríbhinn FEM NOUN2
inscription

insint FEM NOUN2
version (of facts)

□ Bhí a insint féin aige. He had his own version.

inslin FEM NOUN2
insulin

insliú MASC NOUN
insulation

inspioráid FEM NOUN2
inspiration

insroichte ADJECTIVE
accessible (place)

instealladh (GEN SING **insteallta**, PL **instealltaí**) MASC NOUN
injection

□ Fuair mé instealladh inniu. I got an injection today. □ Maolóidh an t-instealladh seo an phian. This injection will relieve the pain.

instinn FEM NOUN2
instinct

institiúid FEM NOUN2
institute

intinn FEM NOUN2
mind

□ D'athraigh Seán a intinn. John changed his mind.

■ **Cad é atá ar d'intinn?** What are you thinking about?

■ **bheith ar aon intinn** to be in agreement
□ Bhí gach duine ar aon intinn le Caoimhín. Everybody was in agreement with Kevin.

■ **é a bheith ar intinn agat rud éigin a dhéanamh** to intend to do something
□ Tá sé ar intinn agam dul amach anocht. I intend to go out tonight.

intleacht FEM NOUN3
intellect

■ **intleacht shaorga** artificial intelligence

intleachtach ADJECTIVE
intellectual

■ **Sárintleachtach atá inti!** She's a genius!

intreoir (GEN SING **intreorach**) FEM NOUN
introduction

intuigthe ADJECTIVE

1 understandable

□ Tá sé intuigthe má fhanann sé sa bhaile. It's understandable if he stays at home.

2 intelligible

□ Níl an abairt sin intuigthe. That sentence is not intelligible.

íobairt (GEN SING **íobartha**) FEM NOUN3
sacrifice

íoc VERB [14, VN **íoc**]
to pay

□ Is gá éarlais a íoc. You have to pay a deposit. □ Íocann gach duine a chuid féin. Everybody pays their share. □ D'íoc sí le cárta creidmheasa. She paid by credit card.

■ **íoc as rud** to pay for something □ D'íoc mé as na bróga. I paid for the shoes.

■ **bille a íoc** to pay a bill □ D'íoc mé an bille leictreachais. I paid the electricity bill.

íocaí MASC NOUN4
payee

íocaíocht FEM NOUN3
payment

□ a íocaíocht iomarcaíochta his redundancy payment

íochtar MASC NOUN1

1 bottom

□ íochtar an bhalla the bottom of the wall

2 north (part)

□ íochtar na hÉireann the north of Ireland

íoclann FEM NOUN2
doctor's surgery

íocóir MASC NOUN3

■ **íocóir rátaí** a ratepayer

íocón MASC NOUN1
icon (computing)

Iodáil FEM NOUN2

■ **an Iodáil** Italy □ san Iodáil in Italy
□ chun na hIodáile to Italy

Iodáilis FEM NOUN2
Italian (language)

Iodálach ADJECTIVE, MASC NOUN1
Italian

□ Is maith liom bia Iodálach. I like Italian food.

iodálach ADJECTIVE, MASC NOUN1
italic (type)

■ **in gcló iodálach** in italics

iógart MASC NOUN1
yoghurt

iolar MASC NOUN1
eagle

iomad NOUN
1 too much
□ Tá an iomad le rá agat. You have too much to say. □ an iomad airgid too much money
2 too many
□ an iomad daoine too many people

iomaí ADJECTIVE
many
□ Is iomaí uair a bhí mé mall. I was late many a time.
■ **Is iomaí duine ag Dia.** It takes all kinds to make a world.

iomáin FEM NOUN3
hurling (sport)
□ Beidh cluiche iomána ar an teilifís anocht. There will be a game of hurling on TV tonight.

iomáint (GEN SING **iomána**) FEM NOUN3
hurling (sport)

iomaíocht FEM NOUN3
competition (economic)
■ **bheith san iomaíocht do rud** to be in the running for something □ Tá mé san iomaíocht don dhuais mhór. I am in the running for the big prize.

iomair VERB [19, VN iomramh, VA iomartha]
to row
□ D'iomair siad an bád thart ar an oileán. They rowed the boat around the island.

iomaitheoir MASC NOUN3
competitor

iománaí MASC NOUN4
hurler (sport)

iománaíocht FEM NOUN3
hurling
□ D'imir mé iománaíocht inniu. I played hurling today.

iomann MASC NOUN1
hymn

iomarca FEM NOUN4
excess
■ **an iomarca** too much □ an iomarca airgid too much money

íomhá (PL **íomhánna**) FEM NOUN4
image

iomláine FEM NOUN4
entirety
■ **ina iomláine** in its entirety □ D'inis sé an scéal ina iomláine. He told the story in its entirety.

iomlán ADJECTIVE
▷ see also **iomlán** MASC NOUN1
1 whole
□ an lá iomlán a whole day □ an rang iomlán the whole class
2 complete
□ liosta iomlán a complete list
■ **iomlán gealaí** a full moon □ Bhí iomlán gealaí ann. There was a full moon.
■ **ainm iomlán** full name □ Seán Pádraig Ó Néill an t-ainm iomlán atá orm. My full name is John Patrick O'Neill.

iomlán MASC NOUN1
▷ see also **iomlán** ADJECTIVE
the lot (all)
□ Cheannaigh mé milseáin agus d'ith Peadar an t-iomlán. I bought sweets and Peter ate the lot.
■ **i ndiaidh an iomláin** after all □ I ndiaidh an iomláin, ní féidir le duine ar bith tabairt orainn dul. After all, nobody can make us go.
■ **ar an iomlán** overall □ Bhí mo chuid torthaí réasúnta maith ar an iomlán. My results were quite good overall.
■ **mar bharr ar an iomlán** into the bargain □ Agus, mar bharr ar an iomlán, bhí mé mall don scoil. And, into the bargain, I was late for school.

iomlatach ADJECTIVE
mischievous
□ páiste iomlatach a mischievous child

iompaigh VERB [12]
to turn over (person)
■ **iompú thart** to turn round □ Iompaigh thart, le do thoil. Turn round, please.
■ **rud a iompú béal faoi** to turn something upside down □ D'iompaigh sé an buicéad béal faoi. He turned the bucket upside down.

iompair VERB [19, VN iompar, VA iompartha]
1 to carry
□ D'iompair sé an mála isteach sa teach. He carried the bag into the house.
2 to behave
□ D'iompair sé é féin mar a bheadh amadán ann. He behaved like an idiot. □ D'iompair sí í féin go holc. She behaved very badly.

iompar MASC NOUN1
transport
■ **iompar poiblí** public transport
■ **rud a bheith ar iompar agat** to be carrying something □ Bhí mála ar iompar aige. He was carrying a bag.
■ **bheith ag iompar clainne** to be pregnant □ Tá sí ag iompar clainne le sé mhí anuas. She's six months pregnant.

iompórtálaí MASC NOUN4
importer

iompú MASC NOUN
turn
- **ar iompú boise** like a flash

iomrá MASC NOUN4
rumour
- **Tá iomrá na hintleachta air.** He's supposed to be intelligent.
- **Níl iomrá ar bith air.** There's no sign of him.
- **Ar chuala tú iomrá riamh ar ...?** Did you ever hear of ...?

iomráiteach ADJECTIVE
famous
□ duine iomráiteach a famous person □ Tá Brad Pitt ina aisteoir iomráiteach. Brad Pitt is a famous actor.

iomrall MASC NOUN1
mistake
- **iomrall aithne** mistaken identity

iomrascáil FEM NOUN3
wrestling

iomrascálaí MASC NOUN4
wrestler

iomróir MASC NOUN3
rower

ionad MASC NOUN1
1 place
- **ionad saoire** a holiday resort □ Is ionad saoire é ar an Costa del Sol. It's a holiday resort on the Costa del Sol.
2 centre
□ Sholáthair an t-ionad an trealamh uile dúinn. The centre supplied us with all the equipment.
- **ionad glaonna** a call centre
- **ionad pobail** a community centre
- **ionad siopadóireachta** a shopping centre
- **in ionad an** instead of □ Chuaigh mé in ionad an mhúinteora. I went instead of the teacher □ Tháinig Máire i m'ionad. Mary came instead of me.
- **fear ionaid** (in sport) substitute

ionadaí MASC NOUN4
1 representative (person)
2 substitute (in sport)

ionadaíocht FEM NOUN3
representation
□ ionadaíocht chionmhar proportional representation

ionadh (PL **ionaí**) MASC NOUN1
surprise
- **Tá ionadh orm gur tháinig sé.** I'm surprised he came.

- **ní nach ionadh** not surprisingly

ionann ADJECTIVE
same
□ Is ionann méid dóibh. They're the same size.
- **murab hionann agus ...** unlike ...
□ Murab ionann agus eisean, taitníonn bheith ag eitilt liom. Unlike him, I really enjoy flying.
- **ionann is** almost □ Tá an obair seo ionann is déanta agam. I have almost finished this work.

ionas ADVERB
- **ionas go** so that □ Déan deifir ionas go mbeidh muid in am. Hurry up so that we will be in time.

ioncam MASC NOUN1
income

ionchur MASC NOUN1
input
□ Níl aon ionchur agam sa scéal. I have no input into the issue.

iondúil ADJECTIVE
usual
- **go hiondúil** usually □ Is iondúil go mbíonn sé in am. He is usually in time.

ionfhabhtú MASC NOUN
infection
□ ionfhabhtú cluaise an ear infection

ionga (GEN SING **iongan**, PL **ingne**) FEM NOUN
nail
□ Ná hith do chuid ingne! Don't bite your nails!
- **ionga méire** a fingernail
- **ionga gairleoige** a clove of garlic
- **vearnais iongan** nail varnish

ionlach MASC NOUN1
lotion
- **ionlach gréine** suntan lotion

ionracas MASC NOUN1
honesty

ionradh (PL **ionraí**) MASC NOUN1
invasion

ionraic ADJECTIVE
honest
□ Is duine ionraic é. He's an honest person.

ionróir MASC NOUN3
invader

ionsá MASC NOUN4
insertion

ionsaí MASC NOUN4
attack
□ ionsaí fíochmhar a vicious attack
□ ionsaí sceimhlitheoireachta a terrorist attack

■ **ionsaí a dhéanamh ar dhuine** to attack somebody

ionsaigh VERB [12, VN ionsaí]
to attack
□ D'ionsaigh an madra í. The dog attacked her.

ionsáigh VERB [24]
to insert

ionsaitheach ADJECTIVE
aggressive

ionsaitheoir MASC NOUN3
striker (football)

ionsar PREPOSITION

> **LANGUAGE TIP** Prepositional pronouns are ionsorm, ionsort, ionsair, ionsuirthi, ionsorainn, ionsoraibh, ionsorthu.

towards
□ Tháinig Máire ionsorm. Mary came towards me.

ionstraim FEM NOUN2
instrument

ionstraimeach ADJECTIVE
instrumental (music)

ionstraimí MASC NOUN4
instrumentalist

ionsú MASC NOUN4
absorption

ionsúigh VERB [24]
to absorb

ionsúiteach ADJECTIVE
absorbent

iontach ADVERB
1 very
□ Tá sí iontach tarraingteach. She's very attractive. □ Níl sé iontach cliste. He's not very bright. □ Beidh sé iontach géar. It's going to be very close.
■ **lá iontach te go deo** a boiling hot day
2 really
□ Bhí mé iontach corraithe. I was really touched. □ Bhí sé iontach scanrúil. It was really scary.
3 wonderful
□ Is iontach an radharc é. It's a wonderful sight.
■ **D'imir sé go hiontach.** He played brilliantly.
4 surprising
□ Is iontach liom go … I find it surprising that …

iontaise FEM NOUN4
fossil

iontaobhaí MASC NOUN4
trustee

iontaofa ADJECTIVE
1 trustworthy
□ duine iontaofa a trustworthy person
2 reliable
□ Ní duine ró-iontaofa é. He's not very reliable.
■ **Sin comhairle iontaofa.** That's sound advice.

iontaoibh FEM NOUN2
confidence
■ **iontaoibh a bheith agat as duine** to have confidence in somebody □ Tá iontaoibh agam as Emma. I trust Emma.

iontas MASC NOUN1
surprise
□ Chuir sé iontas ort mar sin? Was it a surprise then? □ A leithéid d'iontas breá! What a lovely surprise!
■ **iontas a bheith ort** to be surprised □ Bhí iontas orm gur tháinig sé. I was surprised that he came. □ Bhí iontas orm gur éirigh liom é a dhéanamh. I was surprised that I managed to do it.
■ **iontais na cathrach** the sights of the city

iontógáil FEM NOUN3
intake

iontráil VERB [25]
▷ see also **iontráil** FEM NOUN3
to enter (data)

iontráil FEM NOUN3
▷ see also **iontráil** VERB
entry
□ Is é an 2ú Bealtaine spriocdháta faoi choinne iontrálacha. The deadline for entries is May 2nd.
■ **foirm iontrála** an entry form

iontrálaí MASC NOUN4
entrant

ionúin ADJECTIVE
beloved

iora MASC NOUN4
squirrel
■ **iora glas** a grey squirrel
■ **iora rua** a red squirrel

íoróin FEM NOUN2
irony

íorónta ADJECTIVE
ironic
■ **go híorónta** tongue in cheek

iorras MASC NOUN1
promontory

Íosa MASC NOUN4
Jesus

Íosánach ADJECTIVE, MASC NOUN1
Jesuit

íosbhealach MASC NOUN1
subway

íoslach MASC NOUN1
basement

íoslaghdaigh VERB [12]
to minimize

íosmhéid FEM NOUN2
minimum

íospairt (GEN SING **íospartha**) FEM NOUN3
ill-treatment

iostas MASC NOUN1
1 lodging
  □ iostas na hoíche a night's lodging
2 hostel
  □ iostas mac léinn a student hostel

iPod® MASC NOUN
iPod®

iris FEM NOUN2
1 magazine
2 strap (of bag)

iriseoir MASC NOUN3
journalist
  □ Is iriseoirí. She's a journalist.

iriseoireacht FEM NOUN3
journalism

irisleabhar MASC NOUN1
magazine

is COPULA

> **LANGUAGE TIP** Look in the grammar section for more information on the copula in Irish. **is** is used in the present tense without a negative.

□ Is dochtúir é. He is a doctor. □ Is maith sin. That's good. □ Is breá liom an léitheoireacht. I love reading. □ Is do Sheán a thug mé é. I gave it to John. □ Is as Corcaigh é. He's from Cork. □ Is inné a tharla sé. It happened yesterday.

> **LANGUAGE TIP** **is** changes to **ní** in the present tense with a negative.

□ Ní saineolaí é. He isn't an expert. □ Ní minic a tharlaíonn sin. That doesn't happen often. □ Ní hé is fearr orthu. He's not the best of them. □ Ní hé an t-ardmháistir é. He isn't the principal. □ Ní ar Sheán a bhí mé ag caint. I wasn't talking about John.

> **LANGUAGE TIP** **is** changes to **an** in the present tense with a question.

□ An éan é? Is it a bird? □ An miste leat má imím? Do you mind if I leave? □ An é an múinteoir é? Is he the teacher? □ An ar an bhus a casadh ort é? Did you meet him on the bus?

> **LANGUAGE TIP** **is** changes to **gur** or **gurb** in the present dependent tense without a negative.

□ Ceapaim gur mac léinn é. I think he is a student. □ Is cosúil gurb é amháin a chonaic é. It appears that he alone saw it. □ Gura fada buan iad. Long may they live.

> **LANGUAGE TIP** **is** changes to **ar** or **arb** in the present tense in indirect relative clauses without a negative.

□ na mic léinn ar féidir leo na ceisteanna ar fad a fhreagairt the students who can answer all the questions

> **LANGUAGE TIP** **is** changes tos **nach** in the present tense in indirect relative clauses with negative questions.

□ Nach múinteoir é? Isn't he a teacher? □ Nach mór an trua gur imigh sé? Isn't it a great pity he left? □ Deir sé nach maith leis tae. He says he doesn't like tea. □ Tá spéaclaí de dhíth ar dhuine ar bith nach féidir leis sin a fheiceáil. Anyone who can't see that should get glasses.

> **LANGUAGE TIP** **is** changes to **nára** or **nárab** in the present subjunctive tense without a negative.

□ Nára fada go bhfille siad. May it not be long until they return.

> **LANGUAGE TIP** **is** changes to **ba** or **b'** in past or conditional tenses without a negative.

□ Ba dhochtúir í. She was a doctor. □ Ba í Máire ba shine. Mary was the eldest. □ Ba bhreá liom dul ann. I would love to go there. □ B'as Londain í. She was from London.

> **LANGUAGE TIP** **is** changes to **níor** or **níorbh** in past or conditional tenses with a negative.

□ Níor cheoltóir í. She wasn't a musician. □ Níorbh aisteoir í. She wasn't an actress. □ Níorbh eol di sin. She wasn't aware of that.

> **LANGUAGE TIP** **is** changes to **ar** or **arbh** in past or conditional tenses in indirect relative clauses without a negative.

□ Ar chuidiú ar bith é dá ...? Would it be any help if ...? □ an bhean arbh fhiaclóir a hathair the woman whose father was a dentist

> **LANGUAGE TIP** **is** changes to **gur** or **gurbh** in past or conditional dependent tenses without a negative.

□ Cheap sí gur chigire é. She thought he was an inspector.

> **LANGUAGE TIP** **is** changes to **ba** or **ab** in past or conditional tenses in direct relative clauses without a negative.

□ an léim ab fhaide the longest jump

> **LANGUAGE TIP is** changes to **nár** or **nárbh** in past dependent or conditional tenses in questions or relative clauses with a negative.

□ Nár bhainistreás í? Wasn't she a manageress? □ Nárbh fhile í? Wasn't she a poet? □ Nárbh fhearr leat fanacht? Would you not rather stay?

íseal (GEN SING FEM, PL, COMPAR **ísle**) ADJECTIVE

low

□ balla íseal a low wall

■ **go híseal** low □ Tá an t-eitleán sin ag eitilt go han-íseal. The plane is flying very low.

■ **os íseal** quietly

■ **de ghlór íseal** in a soft voice

ísealaicme FEM NOUN4

lower class

Ísiltír FEM NOUN2

■ **an Ísiltír** the Netherlands □ san Ísiltír in the Netherlands

íslígh VERB [11]

1 to lower

□ Íslígh do ghlór. Lower your voice.

2 to dip (headlight)

□ Íslígh na ceannsoilse. Dip the headlights.

ísliú MASC NOUN

reduction

□ Tá ísliú ar na praghsanna inniu. There is a price reduction today.

■ **ísliú céime** (in sport) relegation

ispín MASC NOUN4

sausage

□ ispíní gan feoil vegetarian sausages

■ **ispíní agus brúitín** bangers and mash

isteach ADVERB

1 in

□ Tháinig sé isteach agus mé ag imeacht. He came in as I was leaving. □ Tar isteach! Come in! □ Bhuail sé ar an doras agus chuaigh sé isteach. He knocked on the door and went in.

2 into

□ Dhoirt sí roinnt uisce isteach sa sáspan. She poured some water into the pan.

■ **cead isteach** admission □ 'cead isteach saor in aisce' 'admission free'

■ **bog isteach i** (to a house) to move in

□ Beidh siad ag bogadh isteach an tseachtain seo chugainn. They're moving in next week.

istigh ADVERB

1 in

□ An bhfuil aon duine istigh? Is there anyone in? □ Tá an t-aer plúchtach istigh anseo. It's really stuffy in here. □ B'fhearr liom fanacht istigh anocht. I'd rather stay in tonight.

2 up

□ Tá an t-am istigh. Time's up.

■ **taobh istigh de** within □ taobh istigh d'uair an chloig within an hour

ith VERB [7]

to eat

□ Ní ithim feoil ná iasc. I don't eat meat or fish. □ Ní féidir liom sin uile a ithe. I can't eat all that.

■ **Ith leat!** Dig in!

■ **d'ingne a ithe** to bite one's nails

itheachán MASC NOUN1

eating

■ **seomra itheacháin** a dining room

■ **cipíní itheacháin** chopsticks

lúil MASC NOUN4

July

□ an fichiú lá d'Iúil on July 20th

■ **i mí Iúil** in July

iúl MASC NOUN1

1 knowledge

■ **rud a chur in iúl do dhuine** to let somebody know something □ Cuir in iúl don mhúinteoir go mbeidh tú mall. Let the teacher know that you will be late.

2 to pretend

□ Chuir sé in iúl go raibh sé tinn. He pretended to be sick.

■ **d'iúl a bheith ar rud** to concentrate on something □ Bhí a iúl ar an obair. He concentrated on the work.

Jj

jab (PL **jabanna**) MASC NOUN4
  job
   □ Tá a jab caillte aige. He's lost his job.
   □ Tá jab Sathairn agam. I've got a Saturday
   job. □ Bhí an jab sin deacair. That was a
   difficult job.
jacaí MASC NOUN4
  jockey

jíp (PL **jípeanna**) MASC NOUN4
  jeep
júdó MASC NOUN4
  judo
   □ Júdó an caitheamh aimsire atá agam.
   My hobby is judo.
jumbó MASC NOUN4
   ■ **scairdeitleán jumbó** jumbo jet

j

Kk

karaté MASC NOUN4
karate

kebab MASC NOUN4
kebab

Ll

lá (GEN SING **lae**, PL **laethanta**) MASC NOUN
day
□ Lá amháin d'imigh sé go deo. One day he left for good. □ Bhíomar ag stopadh i mBéal Feirste ar feadh cúpla lá. We were staying in Belfast for a few days.
■ **sa lá atá inniu ann** nowadays
■ **gach lá** every day □ Téim chuig an ngiomnáisiam gach lá. I go to the gym every day.
■ **lá breithe** birthday □ Cad é a fuair tú ar do lá breithe? What did you get for your birthday?
■ **lá saoire** holiday □ Is lá saoire é Dé Luain seo chugainn. Next Monday is a holiday.
□ Tá rún agam post a fháil sna laethanta saoire. I'm planning to get a job in the holidays.
■ **Lá Fhéile Pádraig** St Patrick's Day
■ **Lá Fhéile Stiofáin** Boxing Day
■ **Lá Nollag** Christmas Day
■ **Lá Nollag Beag** New Year's Day
■ **Is fada an lá ó ...** It's a long time since ...
■ **Níl lá eagla orm.** I'm not the least bit afraid.
■ **Ní raibh lá rúin aige dul.** He had no intention of going.

lábán MASC NOUN1
mud

lábánach ADJECTIVE
muddy

labhair VERB [19, VA labhartha]
to speak
□ Ar labhair tú leis? Have you spoken to him? □ Labhair amach! Speak up!
■ **labhairt le duine faoi rud** to speak to somebody about something □ Labhair sé liom faoi. He spoke to me about it.
■ **Ná labhair le strainséirí.** Don't talk to strangers.

labhairt (GEN SING **labhartha**) FEM NOUN3
speaking

■ **lucht labhartha na Gaeilge** Irish speakers

labhandar MASC NOUN1
lavender

lacáiste MASC NOUN4
discount
□ lacáiste do mhic léinn a discount for students
■ **rud a fháil ar lacáiste** to get something at a discount

lách (GEN SING MASC **lách**) ADJECTIVE
good-natured
□ duine lách a good-natured person

lacha (PL **lachain**, GEN SING, GEN PL **lachan**)
FEM NOUN
duck

ládáil FEM NOUN3
cargo

ladar MASC NOUN1
ladle
■ **do ladar a chur i rud** to interfere in something □ Ná cuir do ladar sa scéal sin. Don't interfere in that issue.

ladhar (GEN SING **laidhre**, PL **ladhracha**) FEM NOUN2
toe

laethúil ADJECTIVE
daily
□ nuachtán laethúil a daily newspaper
■ **ar bhonn laethúil** on a daily basis
□ Tagann sé anseo ar bhonn laethúil. He comes here on a daily basis.
■ **go laethúil** daily □ Tá an linn snámha oscailte go laethúil. The pool is open daily.

laftán MASC NOUN1
ledge (of rock)

lag ADJECTIVE
1 weak
□ Tá mé lag leis an ocras. I'm weak with hunger.
2 faint
□ Bhí a ghuth iontach lag. His voice was very faint.

lagaigh VERB [12]
to weaken
- **Lagaigh sé mo chroí.** It made me feel downhearted.
- **Nár lagaí Dia thú!** Good on you!

Lagán NOUN
- **Abhainn an Lagáin** *(river)* the Lagan

lagar (PL **lagracha**) MASC NOUN1
weakness
- **lagar a theacht ort** to become faint
- □ Tháinig lagar orm. I became faint.

lagbhríoch ADJECTIVE
weak

laghad MASC NOUN4
- **dá laghad** however little □ Dá laghad é is maith liom agam é. However little it is I am glad to have it.
- **ar a laghad** at least □ míle ar a laghad a mile at least

laghairt FEM NOUN2
lizard

laghdaigh VERB [12]
to go down *(reduce)*
- □ Laghdaíodh praghas na ríomhairí. The price of computers has gone down.

laghdaitheach ADJECTIVE
decreasing

laghdú MASC NOUN
1 decrease
- □ Bhí laghdú ar líon na mac léinn. There was a decrease in the number of students.
2 reduction
- □ Bhí laghdú ar na praghsanna. There was a price reduction.

lagrach MASC NOUN1
depression *(weather)*

láí (PL **lánta**) FEM NOUN4
spade

láib FEM NOUN2
mud

laibhe FEM NOUN4
lava

Laidin FEM NOUN2
Latin *(language)*

láidir (GEN SING FEM, PL, COMPAR **láidre**) ADJECTIVE
strong
- □ Tá sé iontach láidir. It's very strong. □ Tá blas iontach láidir air. It has a very strong flavour. □ Bhí gaoth láidir ann. There was a strong wind.
- **go láidir** strongly □ Ní mhothaím go láidir faoi. I don't feel strongly about it.
- **lámh láidir** violence □ gadaíocht le lámh láidir robbery with violence

láidreacht FEM NOUN3
strength

laige FEM NOUN4
weakness
- **titim i laige** to faint □ Go tobann thit sí i laige. All of a sudden she fainted.

Laighin (GEN PL **Laighean**) MASC PL NOUN
- **Cúige Laighean** Leinster

Laighneach MASC NOUN1
Leinsterman
Leinsterwoman

láimh ▷ *see* **lámh**

láimhseáil VERB [25]
to handle
- □ Is deacair an capall seo a láimhseáil It's difficult to handle this horse.

láimhsigh VERB [11]
to handle *(physically)*
- □ Láimhsigh go socair iad. Handle them gently.

laindéar MASC NOUN1
lantern

láine FEM NOUN4
1 fullness
2 volume *(sound)*

lainseáil VERB [25]
to launch *(boat)*

láir (GEN SING **lárach**, PL **láracha**) FEM NOUN
mare

láirig (PL **láirigeacha**) FEM NOUN2
thigh

laiste MASC NOUN4
latch

laistiar ADVERB
- **laistiar de** behind □ laistiar den teach behind the house

laistigh PREPOSITION, ADJECTIVE, ADVERB
inside
- □ laistigh den gheata inside the gate
- □ laistigh de sheachtain inside a week

láithreach ADJECTIVE, ADVERB
1 present
- □ an luach láithreach the present value
- □ an aimsir láithreach the present tense
2 instant
- □ Bhí rath air láithreach. It was an instant success.
3 immediately
- □ Déan láithreach é. Do it immediately.
- **láithreach bonn** instantly

láithreán MASC NOUN1
site
- □ láithreán carbhán a caravan site
- □ láithreán tógála a building site
- **láithreán gréasáin** a website

láithreoir MASC NOUN3
presenter
□ Is láithreoir teilifíse í. She's a TV presenter.
lamairne MASC NOUN4
jetty
lámh (DAT SING **láimh**) FEM NOUN2
1 hand
□ mo lámh dheas my right hand □ Tá mo
lámha salach. My hands are dirty.
2 arm
□ D'fhill sí a lámha. She folded her arms.
■ **lámh chuidithe a thabhairt do dhuine**
to give somebody a hand □ An féidir leat
lámh chuidithe a thabhairt dom? Can you
give me a hand? □ Thug Máire lámh
chuidithe dom. Mary gave me a hand.
■ **Tá lámh is focal eatarthu.** They are
engaged.
■ **lámh a chur i do bhás féin** to commit
suicide □ Chuir sé lámh ina bhás féin.
He committed suicide.
■ **do lámh a chur le rud** to sign something
■ **in aice láimhe** nearby □ garáiste in aice
láimhe a nearby garage
■ **láimh le** near □ Tá an t-óstán láimh
le lár an bhaile. The hotel is near the town
centre.
■ **fearas lámhshaor** a hands-free kit
lámhach MASC NOUN1
1 gunfire
□ Chuala siad lámhach. They heard gunfire.
2 shooting
□ lámhach fánach a random shooting
■ **sos lámhaigh** a cease-fire
lamháil FEM NOUN3
allowance (money)
lámhainn FEM NOUN2
glove
■ **lámhainní dornála** boxing gloves
lámhchleasaí MASC NOUN4
juggler
lámhchrann MASC NOUN1
handle
lámhdhéanta ADJECTIVE
handmade
lámhleabhar MASC NOUN1
handbook (manual)
lámh-mhaisiú MASC NOUN
manicure
lamhnán MASC NOUN1
bladder
lámhráille MASC NOUN4
handrail
lámhscríbhinn FEM NOUN2
manuscript

lámhscríbhneoireacht FEM NOUN3
handwriting
lampa MASC NOUN4
lamp
lán ADJECTIVE
▷ see also **lán** MASC NOUN1
full
□ Tá an ghloine lán bainne. The glass is full
of milk.
■ **lán go doras** full □ Bhí an halla lán go
doras. The hall was full.
lán MASC NOUN1
▷ see also **lán** ADJECTIVE
■ **lán gloine** a glassful
■ **dhá lán spúnóige** two spoonfuls
■ **a lán** a lot of □ Tá a lán airgid aici.
She's got a lot of money.
■ **a lán rudaí** many things
lána MASC NOUN4
lane
lánaimseartha ADJECTIVE
full-time
□ Fuair sí post lánaimseartha. She got a
full-time job.
■ **go lánaimseartha** full time □ Oibríonn sí
go lánaimseartha. She works full time.
lánchúlaí MASC NOUN4
full-back (in sport)
lándúiseacht FEM NOUN3
■ **Tá sí ina lándúiseacht.** She's wide awake.
lánfhada ADJECTIVE
full-length
□ gúna lánfhada a full-length dress
lánléargas MASC NOUN1
panorama
lánluas MASC NOUN1
■ **ar lánluas** at full speed
lann FEM NOUN2
blade
■ **lann rásúir** a razor blade
■ **péire lann rollála** a pair of Rollerblades®
lánseol NOUN
■ **faoi lánseol** in full swing □ Tá an céilí faoi
lánseol anois. The ceilidh is in full swing
now.
lánstad (PL **lánstadanna**) MASC NOUN4
full stop
lántáille FEM NOUN4
full fare
lánúin (PL **lánúineacha**) FEM NOUN2
couple
□ an lánúin atá ina gcónaí béal dorais the
couple who live next door
■ **lánúin phósta** a married couple
■ **lánúin nuaphósta** newly-weds

lao (PL **laonna**) MASC NOUN4
calf

laoch (GEN SING **laoich**, PL **laochra**) MASC NOUN1
hero
□ Is laoch é! He's a hero!

laofheoil FEM NOUN3
veal

Laoi FEM NOUN4
■ **an Laoi** (river) the Lee

laoi (PL **laoithe**) FEM NOUN4
poem
■ **Laoi Oisín** the Lay of Oisín

Laois FEM NOUN2
Laois

laom (PL **laomanna**) MASC NOUN3
1 flash
2 fits and starts
□ Tagann sé ina laomanna. It comes in fits and starts.

lapa MASC NOUN4
1 paw (of animal)
2 flipper (of seal, dolphin)
3 webbed foot (of bird)

lár MASC NOUN1
1 centre
□ Tá sé i lár na cathrach. It's in the city centre.
2 middle
□ lár na hoíche the middle of the night
■ **i lár báire** in the middle
■ **lár na páirce** midfield
■ **ar lár** missing □ an lúb ar lár the missing link

lárach, láracha ▷ see **láir**

laraingíteas MASC NOUN1
laryngitis

lardrús MASC NOUN1
larder

lárionad MASC NOUN1
centre
□ lárionad siopadóireachta a shopping centre

lárlíne (PL **lárlínte**) FEM NOUN4
diameter

lárnach ADJECTIVE
central
□ téamh lárnach central heating

lárphointe MASC NOUN4
centre
□ lárphointe ciorcail centre of circle

las VERB [23]
1 to light (fire)
2 to blush
□ Las sí san aghaidh. She blushed.

lása MASC NOUN4
lace
□ bóna lása a lace collar

lasadh (GEN SING **lasta**) MASC NOUN
lighting

lasair (GEN SING **lasrach**, PL **lasracha**) FEM NOUN
flame
■ **ar bharr lasrach** on fire □ Bhí an teach ar bharr lasrach. The house was on fire.
■ **ar luas lasrach** in a flash

lasairéan MASC NOUN1
flamingo

lasán MASC NOUN1
match
□ bosca lasán a box of matches

lasc FEM NOUN2
switch
□ Bhuail sí an lasc leis an solas a chur air. She flicked the switch to turn the light on.
■ **lasc ama** a time switch

lascaine FEM NOUN4
discount
□ lascaine de 5% a 5% discount
■ **lascaine 10%** 10% off
■ **ar lascaine** at a reduced price

lasmuigh ADJECTIVE, ADVERB, PREPOSITION
outside
□ lasmuigh den teach outside the house
■ **lasmuigh de** apart from □ D'ith mé gach rud, lasmuigh den phráta rósta. I ate everything, apart from the roast potato.

lasnairde ADJECTIVE
overhead
□ cáblaí lasnairde overhead cables

lasrach, lasracha ▷ see **lasair**

lasta MASC NOUN4
▷ see also **lasta** ADJECTIVE
load

lasta ADJECTIVE
▷ see also **lasta** MASC NOUN4
1 lit
□ Tá an tine lasta. The fire is lit.
2 flushed
□ Tá tú iontach lasta san aghaidh. You look very flushed.

lastall ADJECTIVE, ADVERB, PREPOSITION
beyond
□ lastall den droichead beyond the bridge

lastlong FEM NOUN2
freighter (ship)

lastóir MASC NOUN3
lighter (for cigarettes)

lathach FEM NOUN2
mud

láthair (GEN SING **láithreach**, PL **láithreacha**)
FEM NOUN
1 <u>place</u>
  □ an láthair oibre the work place
2 <u>scene</u>
  □ Bhí na póilíní ar an láthair go gasta.
  The police were soon on the scene.
  □ láthair na coire the scene of the
  crime

  ■ **bheith as láthair** to be absent □ Tá
  Micheál as láthair inniu. Michael's absent
  today.

  ■ **bheith i láthair** to be present □ Beidh
  Máire i láthair anocht. Mary will be present
  tonight.

  ■ **faoi láthair** at the moment □ Tá mé ar
  saoire faoi láthair. I'm on holiday at the
  moment.

  ■ **ar an láthair** on the spot □ Ádhúil go
  leor, bhí siad ábalta an carr a dheisiú ar an
  láthair. Luckily they were able to mend the
  car on the spot.

  ■ **ar láthair amuigh** (filming) on location

le PREPOSITION
  LANGUAGE TIP Prepositional pronouns
  are **liom, leat, leis, léi, linn, libh, leo;**
  le becomes **leis** before the definite
  article.

1 <u>with</u>
  □ Tabhair do leabhar leat. Take your book
  with you. □ Bhí mé lag leis an ocras. I was
  weak with hunger.
2 <u>to</u>
  □ Níor chuir sé leis an díospóireacht. He
  didn't contribute to the discussion.
3 <u>by</u>
  □ Tháinig sé as Béal Feirste leis an traein.
  He came from Belfast by train.
4 <u>for</u> (time)
  □ Táimid anseo le seachtain. We've been
  here for a week.

  ■ **le mo sholas** as long as I live
  ■ **le bánú an lae** at daybreak

  LANGUAGE TIP You can use **le** to say
  what you like.

  □ Is maith liom tae. I like tea. □ Is maith leo
  bheith ag comhrá ar líne. They like to chat
  online.

  LANGUAGE TIP You can use **le** to give
  an opinion.

  □ Is dóigh léi go bhfuil sé sa bhaile. She
  thinks he's at home. □ Is cuma liom. I don't
  mind.

  LANGUAGE TIP You can use **le** to show
  that an action is continuing.

  □ Abair leat. Carry on with what you're
  saying. □ Tá mé ag foghlaim liom. I'm
  learning all the time.

  LANGUAGE TIP You can use **le** for
  comparisons.

  □ Tá Seán chomh hard le Séamas. John is as
  tall as James. □ Tá Máire ar aon aois le Síle.
  Mary is the same age as Sheila. □ Tá Liam
  cosúil le Peadar. Liam looks like Peter.

  ■ **taobh le taobh** side by side □ Shiúil
  Máire agus Síle taobh le taobh. Mary and
  Sheila walked side by side.

  ■ **labhairt le duine** to speak to somebody
  □ Labhair mé le Séamas. I spoke to James.
  ■ **Níl dada le rá aige.** He has nothing to
  say.

leaba (GEN SING **leapa**, PL **leapacha**) FEM NOUN
  <u>bed</u>
  □ leaba infhillte a folding bed □ leaba
  shingil a single bed □ leaba dhúbailte
  a double bed

  ■ **an leaba a chóiriú** to make the bed
  □ Chóirigh mé an leaba ar maidin. I made
  the bed this morning.

  ■ **leaba agus bricfeasta** bed and breakfast
  □ Cá mhéad atá ar leaba agus bricfeasta?
  How much is it for bed and breakfast?

leabhar (PL **leabhair**) MASC NOUN1
  <u>book</u>
  □ Thug an múinteoir an leabhar dom.
  The teacher gave me the book. □ Chuir sé
  na leabhair sa chófra. He put the books in
  the cupboard.

  ■ **leabhar nótaí** a notebook
  ■ **leabhar gearrthóg** a scrapbook
  ■ **Dar an leabhar!** Upon my word!

leabharlann FEM NOUN2
  <u>library</u>

leabharlannaí MASC NOUN4
  <u>librarian</u>

leabharmharc MASC NOUN1
  <u>bookmark</u> (also computing)

leabhragán MASC NOUN1
  <u>bookcase</u>

leabhrán MASC NOUN1
  <u>booklet</u>

leac FEM NOUN2
  <u>slab</u> (of stone)

  ■ **leac na fuinneoige** a window sill
  ■ **leac an dorais** a doorstep
  ■ **leac oighir** ice □ Shleamhnaigh sé ar
  an leac oighir. He slipped on the ice.

leacht (PL **leachtanna**) MASC NOUN3
1 <u>liquid</u>
2 <u>memorial</u>

□ leacht cuimhneacháin cogaidh a war memorial

léacht FEM NOUN3
lecture

■ **léacht a thabhairt** to give a lecture

leachtach ADJECTIVE
liquid

leachtaigh VERB [12]
1 to liquidize *(food)*
2 to liquidate *(assets)*

leachtaitheoir MASC NOUN3
liquidizer

léachtlann FEM NOUN2
lecture theatre

léachtóir MASC NOUN3
lecturer

leadhb (PL **leadhbanna**) FEM NOUN2
strip

□ leadhb éadaigh a strip of cloth

leadóg FEM NOUN2
tennis

□ Imrím leadóg ar scoil. I play tennis at school.

■ **leadóg bhoird** table tennis

leadrán MASC NOUN1
bore

■ **dul chun leadráin** to drag on □ Chuaigh an comhrá chun leadráin. The conversation dragged on.

leadránach ADJECTIVE
boring

□ Tá an scannán seo iontach leadránach. This movie's very boring. □ Tá sé deas, ach é rud beag leadránach. He's nice, but a bit boring.

leag VERB [14]
to knock down

□ Leag carr í. She was knocked down by a car.

■ **an bord a leagan** to lay the table
■ **rud a leagan amach** to arrange something □ Leag an múinteoir na leabhair amach ar an tábla. The teacher arranged the books on the table.
■ **duine a leagan amach** to knock somebody out □ Leag siad amach an garda slándála. They knocked out the security guard.
■ **d'intinn a leagan ar rud** to concentrate on something

leagan (PL **leaganacha**) MASC NOUN1
version

□ Seo an leagan Gaeilge den cheist. This is the Irish version of the question. □ Bíonn dhá leagan ar scéal. There are two versions to every story.

■ **leagan cainte** an expression □ Is leagan cainte Béarla é. It's an English expression.

leaid (PL **leaidanna**) MASC NOUN4
lad

leáigh VERB [24]
to melt

□ Leáigh an sneachta aréir. The snow melted last night.

leaisteach ADJECTIVE
elastic

leaistic FEM NOUN2
elastic

leamh (GEN SING MASC **leamh**) ADJECTIVE
1 insipid
□ Tá an bia seo leamh. This food is insipid.
2 boring
□ Bhí an leabhar sin leamh. The book was boring.
3 stupid
□ Nach leamh an cloigeann atá orm! How stupid am I!

léamh (PL **léamha**) MASC NOUN1
reading

□ Tá an léamh ar cheann de na caithimh aimsire agam. Reading is one of my hobbies.

■ **Níl léamh ná scríobh air.** It's beyond description.

leamhan MASC NOUN1
moth

leamhán MASC NOUN1
elm

leamhnacht FEM NOUN3
milk

leamhsháinn FEM NOUN2
stalemate *(in chess)*

lean VERB [23]
1 to follow
□ Lean sí é. She followed him. □ Lean na treoracha go cúramach. Follow the instructions carefully.

■ **mar a leanas** as follows
2 to carry on
□ Lean sé den léamh. He carried on reading. □ Lean sí uirthi ag caint lena cara. She carried on talking to her friend.

■ **leanúint de rud** to continue something □ Lean siad den chomhrá. They continued the conversation.

léan (PL **léanta**) MASC NOUN1
grief

■ **bheith faoi léan** to be grief-stricken

léana MASC NOUN4
lawn

■ **fiabhras léana** hay fever □ Tagann fiabhras léana orm. I suffer from hay fever.

leanbh (PL **leanaí**) MASC NOUN1
child
□ Tá an leanbh ag caoineadh. The child's crying.

leann (PL **leannta**) MASC NOUN3
beer
■ **leann úll** cider
■ **teach leanna** a pub

léann MASC NOUN1
learning
■ **mac léinn** a student
■ **léann a bheith ort** to be educated
□ Tá léann maith air. He is well educated.

leantóir MASC NOUN3
trailer (on car)

leanúint (GEN SING **leanúna**) FEM NOUN3
following
■ **lucht leanúna** supporters
■ **ar leanúint** to be continued

leanúnaí MASC NOUN4
follower

leapa, leapacha ▷ see **leaba**

lear MASC NOUN1
▷ see also **lear** MASC NOUN4
sea
■ **dul thar lear** to go abroad □ Ní raibh an deis riamh agam dul thar lear. I've never had the opportunity to go abroad.

lear MASC NOUN4
▷ see also **lear** MASC NOUN1
■ **lear mór páistí** a lot of children

léaráid FEM NOUN2
diagram

Learpholl MASC NOUN1
Liverpool

léarscáil (PL **léarscáileanna**) FEM NOUN2
map
□ D'oscail sí an léarscáil amach. She unfolded the map. □ léarscáil bhóithre a road map

leas MASC NOUN3
1 welfare
■ **leas an phobail** the common good
2 benefit
□ Le do leas a rinne mé é. I did it for your benefit.

léas MASC NOUN3
▷ see also **léas** MASC NOUN1
lease
■ **rud a ligean ar léas** to lease something

léas (PL **léasacha**) MASC NOUN1
▷ see also **léas** MASC NOUN4
beam
□ **léas solais** a beam of light

leasachán MASC NOUN1
fertilizer

leasaigh VERB [12]
to season (food)

léasaigh VERB [12]
to lease

leasainm (PL **leasainmneacha**) MASC NOUN4
nickname

léasar MASC NOUN1
laser

léasarphrintéir MASC NOUN3
laser printer

leasathair (GEN SING **leasthar**, PL **leasaithreacha**) MASC NOUN2
stepfather

leasc (GEN SING MASC **leasc**) ADJECTIVE
1 lazy
□ **duine leasc** a lazy person
2 reluctant
□ Ba leasc liom dul. I was reluctant to go.

leasdeartháir (GEN SING **leasdearthár**, PL **leasdeartháireacha**) MASC NOUN3
stepbrother

leasdeirfiúr (GEN SING **leasdeirféar**, PL **leasdeirfiúracha**) FEM NOUN
stepsister

leasiníon FEM NOUN2
stepdaughter

léaslíne (PL **léaslínte**) FEM NOUN4
horizon

leasmhac MASC NOUN1
stepson

leasmháthair (GEN SING **leasmháthar**, PL **leasmháithreacha**) FEM NOUN
stepmother

léaspáin MASC PL NOUN1
■ **léaspáin a bheith ar do shúile** to be seeing things
■ **mura bhfuil léaspáin ar mo shúile** unless my eyes deceive me

leas-phríomhoide MASC NOUN4
deputy head teacher

leat ▷ see **le**

leataobh MASC NOUN1
■ **rud a chur i leataobh** to put something aside

leath (DAT SING **leith**) FEM NOUN2
half
□ **leath an chíste** half of the cake
■ **Tá sé leath i ndiaidh a haon.** It is half past one.
■ **leath bealaigh** halfway □ leath bealaigh idir Béal Feirste agus Baile Átha Cliath

halfway between Belfast and Dublin
- **céad go leith** one hundred and fifty
- **ar leith 1** separate □ Tá seomraí ar leith ag na páistí. The children have separate rooms. **2** special □ Duine ar leith é Eoin. Ian is a special person.
- **rud a chur i leith duine** to accuse somebody of something □ Chuir na póilíní dúnmharú ina leith. The police accused her of murder.
- **Níl agat ach a leath.** The feelings are mutual.

leath- PREFIX
half-
□ leath-am half-time □ leathlá a half day □ leathmhíle half a mile

leathan (GEN SING FEM, COMPAR **leithne**) ADJECTIVE
1 broad
- **pónairí leathana** broad beans
- **banda leathan** broadband □ An bhfuil banda leathan agat? Do you have broadband?

2 wide
□ bóthar leathan a wide road

leathán MASC NOUN1
sheet (of glass, paper)

leathanach MASC NOUN1
page
□ ar an dara leathanach on the second page □ an leathanach tosaigh the front page
- **an leathanach baile** (computing) the home page
- **leathanach gréasáin** (computing) a web page

leathanaigeanta ADJECTIVE
broad-minded

leathar MASC NOUN1
leather
□ Fíorleathar atá ann. It's real leather.

leathchuid (GEN SING **leathchoda**, PL **leathchodanna**) FEM NOUN3
half
□ Beidh leathchuid den rang ag snámh amárach. Half of the class will be swimming tomorrow.

leathchúpla MASC NOUN4
twin

leathlá (GEN SING **leathlae**, PL **leathlaethanta**) MASC NOUN
half day
□ Beidh leathlá againn ar scoil amárach. We will have a half day at school tomorrow.

leathphunt MASC NOUN1
half a pound

leathscoite ADJECTIVE
semi-detached
□ Tá mé i mo chónaí i dteach leathscoite. I live in a semi-detached house.

leath-tháille FEM NOUN4
half (fare)
□ Leath-tháille go Gaillimh, le do thoil. A half to Galway, please.

leathuair FEM NOUN2
half an hour
□ Beidh mé ar ais i gceann leathuaire. I'll be back in half an hour. □ Tá sé leathuair tar éis a trí. It's half past three.

leatromach ADJECTIVE
unfair
□ Tá sí leatromach ar chailíní It's unfair to girls.

léi ▷ see **le**

leibhéal MASC NOUN1
level

leibide FEM NOUN4
idiot

leibideach ADJECTIVE
silly
□ duine leibideach a silly person

leiceann (PL **leicne**) MASC NOUN1
cheek
□ Phóg sé ar a leiceann í. He kissed her on the cheek.

leicneach FEM NOUN2
mumps

leictreach ADJECTIVE
electric
□ tine leictreach an electric fire □ giotár leictreach an electric guitar □ blaincéad leictreach an electric blanket □ turraing leictreach an electric shock

leictreachas MASC NOUN1
electricity
□ Gearradh an leictreachas. The electricity was cut off.

leictreoir MASC NOUN3
electrician
□ Is leictreoir é. He's an electrician.

leictreonach ADJECTIVE
electronic
□ post leictreonach electronic mail

leictreonaic FEM NOUN2
electronics
□ Leictreonaic an caitheamh aimsire atá agam. My hobby is electronics.

leid (PL **leideanna**) FEM NOUN2
1 clue
□ Tabhair leid dom. Give me a clue.

■ **Thug sé leid go raibh rud éigin ar siúl.**
He hinted that something was going on.
2 prompt *(on computer)*

leifteanant MASC NOUN1
lieutenant

léigh VERB [24, VN léamh]
to read

□ Léigh sé an nóta. He read the note.
□ Ar léigh tú 'Animal Farm'? Have you read
'Animal Farm'?

■ **léigh amach** to read out □ Léigh sé
amach an t-alt dom. He read out the article
to me.

leigheas (PL **leigheasanna**) MASC NOUN1
▷ *see also* **leigheas** VERB
1 medicine

□ Fuair mé leigheas ón bpoitigéir. I got
medicine from the chemist. □ Ba mhaith
liom staidéar a dhéanamh ar leigheas.
I want to study medicine.

■ **leigheas malartach** alternative medicine
2 cure

□ leigheas ar thinneas cinn a cure for a
headache

■ **Níl leigheas air.** It can't be helped.

leigheas VERB [23, VN leigheas]
▷ *see also* **leigheas** MASC NOUN1
to cure

□ Leigheas sé mo tinneas cinn. It cured my
headache.

léim (PL **léimeanna**) FEM NOUN2
▷ *see also* **léim** VERB
jump

■ **léim ard** high jump
■ **léim fhada** long jump
■ **léim chuaille** pole vault

léim VERB [14, VN léim]
▷ *see also* **léim** FEM NOUN2
1 to jump

□ Léim an cat thar an mballa. The cat
jumped over the wall. □ Léim an madra
amach an fhuinneog. The dog jumped out
of the window.
2 to skip *(word, page)*

□ Léim tú leathanach. You skipped a page.

■ **léim a bhaint as duine** to startle
somebody □ Bhain an cat léim asam.
The cat startled me.

léimneach FEM NOUN2
jumping

□ rith is léimneach running and jumping

léine (PL **léinte**) FEM NOUN4
shirt

□ léine dhúghorm a navy-blue shirt □ léine
phóló a polo shirt □ Tá ball ar do léine.

There's a spot on your shirt.

■ **léine oíche** a nightdress

leipreachán MASC NOUN1
leprechaun

léir ADJECTIVE
clear

□ Is léir go ... It's clear that ...

■ **go léir** all □ Is maith liom na hainmhithe
go léir. I like all animals. □ an t-airgead go
léir all the money

léirigh VERB [11]
1 to illustrate

□ Léirigh do fhreagraí le samplaí Illustrate
your answers with examples.
2 to indicate

□ Léirigh, le do thoil, an ceann is fearr leat.
Indicate which one you prefer.
3 to produce *(film, play)*

□ Léirigh Niall dráma ar scoil. Neil produced
a play at school.

léiritheoir MASC NOUN3
producer *(of film, play)*

léirmheas MASC NOUN3
review

□ Scríobh mé léirmheas ar an leabhar.
I wrote a review of the book.

léirmheastóir MASC NOUN3
critic

léirmhínigh VERB [11]
to interpret

léirmhíniú MASC NOUN
interpretation

léirsigh VERB [11]
to demonstrate *(protest)*

léirsitheoir MASC NOUN3
demonstrator *(protestor)*

léirsiú MASC NOUN
demonstration *(rally)*

leis (PL **leasracha**) FEM NOUN2
▷ *see also* **leis** ADVERB
1 thigh *(on body)*
2 leg *(of chicken, cooked)*

leis ADVERB
▷ *see also* **leis** FEM NOUN2
also

□ Labhair mé le Seán leis. I spoke to John
also.

leis ▷ *see* **le**

leisce FEM NOUN4
laziness

■ **giolla na leisce** lazy-bones
■ **leisce a bheith ort rud a dhéanamh** to
be reluctant to do something □ Bhí leisce
orthu cuidiú linn. They were reluctant to
help us.

leisciúil ADJECTIVE
lazy
▫ Duine leisciúil é Seán. John's a lazy person.

leispiach ADJECTIVE, MASC NOUN1
lesbian

leite (GEN SING **leitean**) FEM NOUN
porridge
■ lámha leitean butter-fingers

léith, léithe ▷ see liath

leithead MASC NOUN1
width
■ Bhí sé dhá mhéadar ar leithead. It's two metres wide.

leitheadach ADJECTIVE
widespread
▫ galar leitheadach a widespread disease

leithéid FEM NOUN2
1 such
▫ a leithéid de dhaoine deasa such nice people ▫ a leithéid de thuras fada such a long journey ▫ Níl a leithéid de rud ann agus an yeti. There's no such thing as the yeti.
2 like
▫ leithéidí Sheáin the likes of John
■ Ní fhaca mé a leithéid riamh. I never saw anything like it.
■ A leithéid de dhánacht! What a cheek!

léitheoir MASC NOUN3
reader

léitheoireacht FEM NOUN3
reading

leithinis (GEN SING **leithinse**, PL **leithinsí**) FEM NOUN2
peninsula

leithleach ADJECTIVE
selfish *(person)*
▫ Ná bí chomh leithleach sin. Don't be so selfish.

leithligh NOUN
■ ar leithligh aside ▫ An bhféadfá seo a chur ar leithligh dom, le do thoil. Could you put this aside for me please.

leithne FEM NOUN4
breadth

leithreas MASC NOUN1
toilet
▫ An bhfuil cead agam dul amach chuig an leithreas? May I go to out the toilet?
■ Cá bhfuil leithreas na bhfear? Where's the gents?
■ leithreas poiblí a public convenience

leithscéal (PL **leithscéalta**) MASC NOUN1
1 excuse
▫ Ní leithscéal ar bith sin. That's no excuse.

2 apology
■ leithscéal a ghabháil to apologize
▫ Gabh mo leithscéal. I apologize.

leitís FEM NOUN2
lettuce

leo ▷ see le

leoicéime FEM NOUN4
leukaemia

leoithne FEM NOUN4
breeze

leon MASC NOUN1
lion
▫ D'éalaigh leon. A lion has escaped.
■ An Leon Leo ▫ Is mise An Leon. I'm Leo.

leonadh (GEN SING **leonta**, PL **leontaí**) MASC NOUN
sprain
▫ Níl ann ach leonadh. It's just a sprain.

leonta ADJECTIVE
sprained
▫ rúitín leonta a sprained ankle

leor ADJECTIVE
enough
▫ mór go leor big enough ▫ Ní raibh go leor airgid agam. I didn't have enough money.
▫ An bhfuil go leor agat? Have you got enough?
■ ceart go leor all right ▫ An bhfuil tú ceart go leor? Are you all right?

leoraí MASC NOUN4
lorry

lia (PL **lianna**) MASC NOUN4
physician
■ lia ban a gynaecologist
■ lia súl an optician

liamhás (PL **liamhása**) MASC NOUN1
ham
▫ ceapaire liamháis a ham sandwich

liath (GEN SING MASC **léith**, GEN SING FEM, COMPAR **léithe**) ADJECTIVE
▷ see also **liath** MASC NOUN1
grey
▫ Tá gruaig liath uirthi. She's got grey hair.
▫ Tá sé ag éirí liath. He's going grey.

liath MASC NOUN1
▷ see also **liath** ADJECTIVE
grey

liathbhán ADJECTIVE
pale

liathchorcra ADJECTIVE
lilac

liathróid FEM NOUN2
ball
▫ D'imigh an liathróid thar an mballa. The ball went over the wall.
■ liathróid láimhe handball

Liatroim MASC NOUN3
Leitrim

libh ▷see **le**

licéar MASC NOUN1
liqueur

Life FEM NOUN4
■ **an Life** (river) the Liffey

lig VERB [13]
1 to let
□ Lig an múinteoir abhaile mé. The teacher let me go home. □ Lig siad an teach. They let the house.
■ **duine a ligean saor** to let somebody go
■ **scread a ligean** to give a shout □ Lig Seán scread. John gave a shout.
2 to have (a rest)
□ Lig do scíth seal. Have a rest for a while.

lig amach VERB
to let out
□ Lig mé an madra amach. I let the dog out.
□ Ligeadh amach as an otharlann mé. I was let out of hospital.
■ **do racht a ligean amach** to let off steam

lig ar VERB
to pretend
□ Lig sé air go raibh sé tinn. He pretended to be sick.

lig as VERB
1 to let out of
□ Lig sé an t-aer as an roth. He let the air out of the wheel.
2 to let out (scream)
■ **Lig sé béic as.** He yelled.
■ **tine a ligean as** to let a fire go out
□ Ná lig as an tine. Don't let the fire go out.

lig do VERB
1 to let
□ Níor lig sí dó fanacht. She didn't let him stay.
2 to leave alone (person)
□ Lig dom! Leave me alone!

lig isteach VERB
1 to leak (boat, roof)
□ Tá an bád ag ligean isteach. The boat is leaking.
2 to take in (clothes)
■ **Lig isteach mé!** Let me in!

lig ó VERB
to let go
□ Ná lig an deis uait. Don't let the chance go.

lig thar VERB
■ **rud a ligean tharat** (remark) to let something pass
■ **Lig thar do chluasa é.** Pretend you didn't hear it.

ligh VERB [22]
to lick

lile FEM NOUN4
lily

limistéar MASC NOUN1
area
□ limistéar faoi fhoirgnimh a built-up area

líne (PL **línte**) FEM NOUN4
line
□ líne dhíreach a straight line □ Sheas na daltaí amach i líne. The pupils stood in a line.
■ **líne chóimeála** an assembly line
■ **línte dhá spás** double-spaced lines
■ **ar líne** online □ Is maith leo bheith ag comhrá ar líne. They like to chat online.
■ **maor líne** a linesman

líneádach (PL **líneádaí**) MASC NOUN1
linen

líneáil FEM NOUN3
lining

línéar MASC NOUN1
liner (ship)

líníocht FEM NOUN3
drawing

línithe ADJECTIVE
lined
□ páipéar línithe lined paper

linn (PL **linnte**) FEM NOUN2
1 pool
□ Tá an linn snámha oscailte inniu. The pool is open today.
2 pond
□ linn éisc a fish pond
■ **linnte peile** football pools
■ **idir an dá linn** in the meantime

linn ▷see **le**

linntreog FEM NOUN2
pothole (in road)

línte ▷see **líne**

lintile FEM NOUN4
lentil
□ anraith lintile lentil soup

liobrálach ADJECTIVE
liberal

liobrálaí MASC NOUN4
liberal

liocras MASC NOUN1
liquorice

líofa ADJECTIVE
1 fluent
□ Tá Gaeilge líofa aige. He speaks fluent Irish.
2 sharp (knife)

liom ▷ *see* **le**

líoma MASC NOUN4
lime

líomanáid FEM NOUN2
lemonade

líomh VERB [23, VA líofa]
to sharpen
■ **do chuid ingne a líomhadh** to file one's nails

liomóg FEM NOUN2
■ **liomóg a bhaint as duine** to pinch somebody

líomóid FEM NOUN2
lemon

líon (PL líonta) MASC NOUN1
▷ *see also* **líon** VERB
1 number
□ Tá líon na ndaltaí méadaithe faoi dhó. The number of pupils has doubled.
■ **líon tí** a household
2 web
□ líon damháin alla a cobweb

líon VERB [23]
▷ *see also* **líon** MASC NOUN1
1 to fill
□ Líon sí an ghloine le huisce. She filled the glass with water.
2 to fill in
□ Líon sé an poll le hithir. He filled the hole in with soil.

líonadh (GEN SING líonta) MASC NOUN
filling

líonpheil FEM NOUN2
netball
□ Tá líonpheil giota beag ar nós na cispheile. Netball is a bit like basketball.

líonra MASC NOUN4
network *(also computing)*

líonrú MASC NOUN
■ **líonrú sóisialta** social networking

lionsa MASC NOUN4
lens
■ **lionsaí tadhaill** contact lenses

líonta ▷ *see* **líon**

liopa MASC NOUN4
lip
■ **íoc liopaí** lip salve
■ **liopaí a léamh** to lip-read

liopard MASC NOUN1
leopard
■ **liopard fiaigh** a cheetah

Liospóin FEM NOUN4
Lisbon

liosta MASC NOUN4
list

□ Thiceáil sé ár gcuid ainmneacha ar an liosta He ticked off our names on the list.
■ **Déan liosta de do chaithimh aimsire!** List your hobbies!

lipéad MASC NOUN1
label
□ Ní féidir liom ciall a bhaint as an seoladh ar an lipéad. I can't make out the address on the label.
■ **lipéad a chur ar rud** to label something

líreacán MASC NOUN1
lollipop

liric (PL liricí) FEM NOUN2
lyric *(of song)*

lítear MASC NOUN1
litre

litir (GEN SING litreach, PL litreacha) FEM NOUN
letter
□ Scríobh mé litir chuig mo chara. I wrote a letter to my friend. □ Tháinig an litir ar maidin. The letter came this morning.
■ **bosca litreacha** a letterbox

litrigh VERB [11]
to spell
□ Litrigh an focal sin, le do thoil. Spell that word, please.

litríocht FEM NOUN3
literature

litriú MASC NOUN
spelling

liú MASC NOUN4
yell
■ **liú a ligean asat** to yell

liúntas MASC NOUN1
allowance
□ liúntas teaghlaigh family allowance

loc VERB [14]
▷ *see also* **loc** MASC NOUN1
to park *(car)*

loc MASC NOUN1
▷ *see also* **loc** VERB
lock *(on canal)*

loca MASC NOUN4
pen *(for sheep)*
■ **loca carranna** a car park

loch (PL lochanna) MASC NOUN3
lake
□ Bhí oighear ar an loch. There was ice on the lake. □ Cé chomh domhain is atá an loch? How deep is the lake?
■ **Loch Dearg** *(in Ulster)* Lough Derg
■ **Loch Deirgeirt** *(on River Shannon)* Lough Derg
■ **Loch Éirne** Lough Erne
■ **Loch nEathach** Lough Neagh

■ **Loch Lao** Belfast Lough

lochán MASC NOUN1
pond
■ **lochán uisce** a puddle

Loch Garman MASC NOUN
Wexford

Lochlannach ADJECTIVE, MASC NOUN1
Scandinavian

lóchrann MASC NOUN1
lantern
■ **lóchrann póca** a torch

locht (PL **lochtanna**) MASC NOUN3
fault
□ Is ort féin an locht. It's your own fault.
■ **locht a fháil ar rud** to find fault with
something □ Fuair sé locht ar an mbia.
He found fault with the food.
■ **an locht a chur ar dhuine faoi rud** to
blame somebody for something □ Chuir sé
an locht ar mo dheirfiúr. He blamed it on
my sister. □ Ná cuir an locht ormsa! Don't
blame me!

lochta MASC NOUN4
loft

lochtach ADJECTIVE
faulty
□ Tá an t-inneall seo lochtach. This
machine is faulty.

lochtaigh VERB [12]
to blame
□ Lochtaigh sé mise faoin taisme.
He blamed me for the accident.

lochtán MASC NOUN1
terrace

lód MASC NOUN1
load

lódáil VERB [25]
to load
□ Lódámar an charr. We loaded the car.
■ **lódáil síos** *(from internet)* to download
■ **lódáil suas** *(file)* to upload

lofa ADJECTIVE
rotten
□ úll lofa a rotten apple

log VERB [14]
■ **log ann** *(to computer)* to log on
■ **log as** *(from computer)* to log off

logáil FEM NOUN3
■ **logáil isteach** *(on computer)* login

loic VERB [13]
to fail
□ Tá mo shláinte ag loiceadh. My health is
failing.
■ **loiceadh ar dhuine** to let somebody
down □ Loic Máire orm. Mary let me down.

loicéad MASC NOUN1
locket

loighciúil ADJECTIVE
logical

loighic (GEN SING **loighce**) FEM NOUN2
logic

loigín MASC NOUN4
dimple

loinnir (GEN SING **loinnreach**) FEM NOUN
1 sparkle
□ Tá loinnir ina súile. There's a sparkle in
her eyes.
2 brightness
□ loinnir na gréine the brightness of the
sun

lóis (PL **lóiseanna**) FEM NOUN2
lotion
□ lóis ghréine suntan lotion
■ **lóis iarghréine** aftersun

loisc VERB [13, VN loscadh]
to burn
□ Loisc mé mo mhéara. I burned my fingers.

lóiste MASC NOUN4
lodge

lóistéir MASC NOUN3
lodger

lóistín MASC NOUN4
lodgings
■ **teach lóistín** a lodging house

loit VERB [15, VN lot, VA loite]
to injure
□ Loiteadh sa ghualainn mé. I injured my
shoulder.

loitiméir MASC NOUN3
vandal

loitiméireacht FEM NOUN3
vandalism

lom ADJECTIVE
▷ see also **lom** VERB
bare
■ **lom láithreach** immediately
■ **lom dáiríre** in earnest

lom VERB [14]
▷ see also **lom** ADJECTIVE
to mow *(lawn)*
□ Lomann sé an fhaiche uair sa tseachtain.
He mows the lawn once a week.

lomaire MASC NOUN4
■ **lomaire faiche** a lawnmower

lomán MASC NOUN1
log *(wood)*

lománaí MASC NOUN4
lumberjack

lomeasna FEM NOUN4
spare rib *(food)*

lomnocht (GEN SING MASC **lomnocht**)
ADJECTIVE
nude

lomra MASC NOUN4
fleece

lon (PL **lonta**) MASC NOUN1
blackbird

lón (PL **lónta**) MASC NOUN1
lunch
□ lón gasta a quick lunch □ Tháinig mé in am don lón. I arrived in time for lunch.
■ **am lóin** lunchtime

lónadóir MASC NOUN3
caterer

lónadóireacht FEM NOUN3
catering

Londain (GEN SING **Londan**) FEM NOUN
London
□ i Londain in London □ Is as Londain mé. I'm from London.

long FEM NOUN2
ship
■ **long chogaidh** a warship

longbhá (GEN SING **longbháite**) MASC NOUN4
shipwreck

longbhriseadh (GEN SING **longbhriste**, PL **longbhristeacha**) MASC NOUN
shipwreck

longchlós MASC NOUN1
shipyard

Longfort MASC NOUN1
■ **an Longfort** Longford

longlann FEM NOUN2
dockyard

lonnaigh VERB [12]
to settle
□ Lonnaigh daoine as Éirinn i Meiriceá. People from Ireland settled in America.

lonnaitheoir MASC NOUN3
squatter

lonrach ADJECTIVE
shining

lonraigh VERB [12]
to shine
□ Bhí an ghrian ag lonrú ar an bhfarraige. The sun shone on the sea.

lorg MASC NOUN1
1 mark
□ lorg fiacaile a tooth mark
■ **lorg coise** a footprint
■ **lorg carbóin** carbon footprint
2 trace
□ Ní raibh lorg ar bith ar na robálaithe. There was no trace of the robbers.

■ **lorg na ndeor** tear-stained □ Bhí lorg na ndeor ar a aghaidh. His face was tear-stained.
■ **ar lorg** looking for □ Bhí bean éigin ar do lorg. Some woman was looking for you. □ Tá sí ar lorg oibre. She's looking for work.

lorga FEM NOUN4
shin

losainn FEM NOUN2
lozenge

lot MASC NOUN1
injury

L-phlátaí MASC PL NOUN4
L-plates

Lú MASC NOUN4
Louth

lú ▷ see beag

luach (PL **luachanna**) MASC NOUN3
1 value
□ Is deacair luach a chur ar an charr sin. It is hard to put a value on that car.
■ **luach deich euro de pheitreal** ten euros' worth of petrol
■ **luach do chuid airgid a fháil** to get one's money's worth
2 price
□ Cén luach atá air sin? What price is that?
■ **Bainfidh mise a luach asat.** I'll make you pay for it.
■ **luach saothair** (for work) reward
■ **Tabhair luach a shaothair dó.** Pay him for his work.
■ **Mheas mé faoina luach í.** I underestimated her.

luachmhar ADJECTIVE
1 valuable
□ Ná tabhair rud ar bith luachmhar leat. Don't take anything valuable with you.
2 precious
□ seoda luachmhara precious jewels

luaidhe FEM NOUN4
lead (metal)
■ **peann luaidhe** a pencil

luaigh VERB [24, VN lua]
to mention
□ Níor luaigh sé Seán. He didn't mention John.

luaithe FEM NOUN4
■ **níos luaithe** earlier □ Chonaic mé níos luaithe é. I saw him earlier.
■ **ar a luaithe** at the earliest
■ **a luaithe** as soon as □ a luaithe a bhí sé ar shiúl as soon as he had left □ Cuirfidh mé scéala chugat a luaithe is féidir. I'll let you know as soon as possible.

luaithreadán MASC NOUN1
ashtray

luamh MASC NOUN1
yacht

luamhaire MASC NOUN4
yachtsman

luamhaireacht FEM NOUN3
yachting

Luan (PL **Luanta**) MASC NOUN1
▪ **An Luan** Monday
▪ **Dé Luain** on Monday
▪ **ar an Luan** on Mondays □ Tagann sé ar an Luan. He comes on Mondays.

luas (PL **luasanna**) MASC NOUN1
speed
□ rothar trí-luas a three-speed bike
▪ **ar lánluas** at full speed □ Thiomáin sé ar lánluas. He drove at full speed.
▪ **luas a bheith fút** to be moving at speed
□ Bhí luas mór faoi. He was moving at great speed.
▪ **ar luas** quickly
▪ **luas a mhaolú** to reduce speed
▪ **Is leor a luas.** It will come soon enough.

luasaire MASC NOUN4
accelerator

luasbhád MASC NOUN1
speedboat

luasc VERB [23]
to swing
□ Bhí scáth fearthainne ag luascadh ag Somhairle agus é ag siúl. Sam was swinging an umbrella as he walked.

luascadán MASC NOUN1
pendulum

luascán MASC NOUN1
swing (for children)
▪ **cathaoir luascáin** a rocking chair

luasghéaraigh VERB [12]
to accelerate

luasmhéadar MASC NOUN1
speedometer

luastraein (GEN SING **luastraenach**, PL **luastraenacha**) FEM NOUN
express (train)

luath (COMPAR **luaithe**) ADJECTIVE
early
▪ **go luath 1** early □ go luath ar maidin early in the morning □ Caithfidh mé éirí go luath. I have to get up early. **2** soon
□ Beidh sé ar ais go luath. He'll soon be back.
▪ **luath nó mall** sooner or later
▪ **chomh luath agus is féidir** as soon as possible □ Déanfaidh mé é chomh luath agus is féidir. I'll do it as soon as possible.

lúb VERB [14]
▷ see also **lúb** FEM NOUN2
to bend

lúb FEM NOUN2
▷ see also **lúb** VERB
1 bend (in road)
□ Níor thomhais sé an lúb sa bhóthar i gceart. He misjudged the bend.
2 link (of chain)
3 stitch (knitting)
□ lúb ar lár a dropped stitch
▪ **i lúb cuideachta** in company

lúbra MASC NOUN4
maze

luch FEM NOUN2
mouse (also for computer)
▪ **luch mhór** a rat

lúcháir FEM NOUN2
delight
▪ **lúcháir a bheith ort** to be delighted
□ Tá lúcháir orm gur tháinig tú. I am delighted you came.

luchóg FEM NOUN2
mouse

lucht (PL **luchtanna**) MASC NOUN3
▪ **lucht féachana** spectators
▪ **lucht oibre** working class □ teaghlach de chuid an lucht oibre a working-class family
▪ **lucht siúil** travellers
▪ **lucht aitheantais** acquaintances

luchtaigh VERB [12]
to charge (battery)

Lucsamburg MASC NOUN4
Luxembourg
□ i Lucsamburg in Luxembourg □ go Lucsamburg to Luxembourg

lúdrach FEM NOUN2
hinge

lúfar ADJECTIVE
athletic

lug NOUN
▪ **Thit an lug ar an lag orm.** I was devastated.

luí MASC NOUN4
▪ **bheith i do luí** to be in bed □ Tá sé ina luí. He's in bed. □ An bhfuil tú i do luí go fóill? Are you still in bed?
▪ **bheith i do luí le slaghdán** to be down with a cold
▪ **luí na gréine** sunset
▪ **am luí** bedtime □ Tá am luí ann. It's bedtime.

luibh (PL **luibheanna**) FEM NOUN2
herb

□ Cad iad na luibheanna a úsáideann tú san anlann seo? **What herbs do you use in this sauce?**

lúibín MASC NOUN4
bracket
□ idir lúibíní **in brackets**

lúide PREPOSITION

LANGUAGE TIP **lúide** is the contracted for of **lú + de.**

less
□ lúide 50% **less 50%**

lúidín MASC NOUN4
1 little finger
2 little toe

luigh VERB [22]
1 to lie
□ Luigh sé ar an urlár. **He lay on the floor.**
2 to set *(sun)*
□ Luigh an ghrian. **The sun set.**
■ **dul a luí** to go to bed □ Chuaigh sé a luí. **He went to bed.**
■ **páiste a chur a luí** to put a child to bed

Luimneach MASC NOUN1
Limerick

luimneach MASC NOUN1
limerick *(poem)*

luíochán MASC NOUN1
ambush

■ **luíochán a dhéanamh ar dhuine** to ambush somebody

luisnigh VERB [11]
to blush

lumpa MASC NOUN4
lump

Lúnasa MASC NOUN4
August
□ an t-ochtú lá déag de Lúnasa **the eighteenth of August**
■ **i mí Lúnasa** in August

lus (PL **lusanna**) MASC NOUN3
1 plant
■ **lus an chromchinn** a daffodil
2 herb
■ **lus an choire** coriander

lusra MASC NOUN4
herbs

lúthchleas MASC NOUN1
exercise
■ **lúthchleasa** athletics

lúthchleasaí MASC NOUN4
athlete

lúthchleasaíocht FEM NOUN3
athletics
□ Is breá liom lúthchleasaíocht. **I love athletics.**

Mm

má CONJUNCTION

if

□ Má fheiceann tú í abair léi go raibh mé ag cur a tuairisce. **If you see her tell her I was asking for her.** □ Tiocfaidh mé amárach má bhíonn am agam. **I will come tomorrow if I have time.**

⟨ **LANGUAGE TIP** más is the contracted form of **má + is.**

□ Rachaidh mé ann más maith leat. **I'll go there if you want.** □ Más mian leat dul amach cuir ort do chóta. **If you want to go out put on your coat.** □ Más rud é go rachaidh seisean ní rachaidh mise. **If he goes I won't.**

■ **más olc maith leat** whether you like it or not

■ **más gá** if necessary

■ **ach má … féin** nevertheless □ B'aisteach an scéal é, ach má b'aisteach féin, b'fhíor é. **It was a strange story, but true nevertheless.**

Mac MASC NOUN1

Mc (in surnames)

□ Mac Maoláin **McMullan**

■ **Mac Seáin** Johnson

■ **Mac Síomóin** Fitzsimon

mac MASC NOUN1

son

□ mac uchtaithe **an adopted son**

■ **mac baistí** a godson

■ **Is é mac a athar é.** He takes after his father.

■ **mac imrisc** (of eye) a pupil

■ **mac léinn** a student □ Is í Janet an mac léinn is fearr ag mata. **Janet's the best maths student.**

■ **mac tíre** a wolf

macalla MASC NOUN4

echo

macánta ADJECTIVE

1 honest

■ **bheith macánta le duine** to be honest with someone □ Bhí sé an-mhacánta léi. **He was very honest with her.**

2 gentle

□ duine mín macánta **a gentle person**

macarón MASC NOUN1

macaroni

machaire MASC NOUN4

plain (flat land)

■ **machaire gailf** a golf course

■ **machaire ráis** a racecourse

machnamh MASC NOUN1

thought

□ ábhar machnaimh **food for thought**

■ **Déan do mhachnamh air.** Think about it.

madra MASC NOUN4

dog

□ Bhí cuma iontach fíochmhar ar an madra. **The dog looked very fierce.**

■ **madra rua** a fox

■ **madra uisce** an otter

magadh MASC NOUN1

■ **magadh a dhéanamh faoi dhuine** to mock someone □ Bhí Seán ag magadh fúm. **John was mocking me.**

■ **Rinne siad ceap magaidh de Liam.** They made a laughing stock of Liam.

■ **Níl mé ach ag magadh.** I'm only joking.

máguaird ADVERB

surrounding

□ an ceantar máguaird **the surrounding district**

magúil ADJECTIVE

mocking

mahagaine MASC NOUN4

mahogany

maicréal MASC NOUN1

mackerel

maide MASC NOUN4

stick

□ maide siúil **a walking stick**

m

Irish-English

■ **maide gailf** a golf club □ Cheannaigh mé maide nua gailf. I bought a new golf club.

■ **maide croise** a crutch

■ **maide rámha** an oar

maidhm FEM NOUN2
break

■ **maidhm thalún** a landslide

■ **maidhm shneachta** an avalanche

maidin (PL **maidineacha**) FEM NOUN2
morning

□ maidin cheobhránach a misty morning

□ maidin Dé Luain on Monday morning

■ **gach maidin** every morning □ Buaileann mo chlog aláraim ar a seacht gach maidin. My alarm clock goes off at seven every morning.

■ **ar maidin 1** in the morning □ Beidh sé ar ais ar maidin. He will be back in the morning. **2** this morning □ Ghlaoigh do mháthair ar maidin. Your mother rang this morning. □ D'éirigh mé ar a seacht ar maidin. I got up at 7.00 this morning.

■ **Maidin mhaith!** Good morning!

Maidrid FEM NOUN4
Madrid

maígh VERB [18, VN maíomh]

1 to mean
□ Cad é atá tú a mhaíomh? What do you mean?

2 to claim
□ Mhaígh sé go raibh an ceart aige. He claimed that he was right.

3 to boast
□ Bhí sé ag maíomh as a charr nua. He was boasting about his new car.

maighdean FEM NOUN2
virgin

□ Is maighdean í. She's a virgin.

■ **An Mhaighdean Mhuire** the Virgin Mary

■ **maighdean mhara** a mermaid

■ **An Mhaighdean** Virgo □ Is mise An Mhaighdean. I'm Virgo.

Maigh Eo FEM NOUN
Mayo

maighnéad MASC NOUN1
magnet

mailíseach ADJECTIVE
malicious

maindilín MASC NOUN4
mandolin

mainicín MASC NOUN4
mannequin

mainicíneacht FEM NOUN3
modelling (of clothes)

mainistir (GEN SING **mainistreach**, PL **mainistreacha**) FEM NOUN
monastery

máinlia (PL **máinlianna**) MASC NOUN4
surgeon

□ Is máinlia í. She's a surgeon.

mair VERB [13, VN maireachtáil]

1 to live
□ Níor mhair sé i bhfad ina dhiaidh sin. He didn't live long after that.

2 to last
□ Mhair an cúrsa seachtain. The course lasted a week.

maireachtáil FEM NOUN3
living

□ caighdeán maireachtála standard of living

□ Mhéadaigh an costas maireachtála faoi thrí. The cost of living there has trebled.

mairnéalach MASC NOUN1
sailor

□ Is mairnéalach é. He's a sailor.

máirseáil VERB [25]
to march

Máirt FEM NOUN4

■ **An Mháirt** Tuesday

■ **Dé Máirt** on Tuesday

■ **ar an Máirt** on Tuesdays □ Tagann sé ar an Máirt. He comes on Tuesdays.

■ **Máirt Inide** Shrove Tuesday

mairteoil FEM NOUN3
beef

□ mairteoil rósta roast beef

maise FEM NOUN4
beauty

□ Chuir an doras nua le maise an tí. The door added to the beauty of the house.

■ **Ba chineálta an mhaise duit é.** That was really sweet of you.

■ **Nollaig faoi mhaise duit!** Happy Christmas!

maisigh VERB [11]
to decorate

□ Mhaisigh mé an císte le silíní. I decorated the cake with cherries.

maisitheoir MASC NOUN3
decorator

maisiúchán MASC NOUN1
decoration

□ maisiúcháin Nollag Christmas decorations

■ **clár maisiúcháin** a dressing table

maistín MASC NOUN4
bully

máistir (PL **máistrí**) MASC NOUN4
master

máistirphlean MASC NOUN4
master plan

máistreás FEM NOUN3
mistress

maith (GEN SING, PL **maithe**) FEM NOUN2
▷ *see also* **maith** ADJECTIVE, VERB
good

□ an mhaith agus an t-olc the good and the bad

■ **Níl maith ar bith ann.** It's no use.

maith (COMPAR **fearr**) ADJECTIVE
▷ *see also* **maith** FEM NOUN2, VERB
good

□ Is snámhóir maith í. She's a good swimmer. □ Is maith uait sin. That's very good of you. □ An dóigh leat gur smaoineamh maith é? Do you think it's a good idea?

■ **Tráthnóna maith duit!** Good afternoon!
■ **go maith 1** well □ Rinne sé go maith sa scrúdú. He did well in the exam. □ Tá sí ag déanamh go maith ar scoil. She's doing well at school. **2** quite □ Tá sé te go maith inniu. It's quite warm today. □ Tá sé fuar go maith. It's quite cold.

■ **chomh maith le** as well as □ Chuamar go hEabhrac chomh maith le Londain. We went to York as well as London.

■ **Ba mhaith liom dul amach anocht.** I'd like to go out tonight

■ **Go raibh maith agat.** Thank you.
■ **Tá go maith!** OK!
■ **cuid mhaith airgid** a fair amount of money
■ **Ní fhaca mé le tamall maith é.** I haven't seen him for quite a while.
■ **más olc maith linn é** whether we like it or not

maith VERB [16]
▷ *see also* **maith** FEM NOUN2, ADJECTIVE
to forgive

□ Maithim duit. I forgive you.

maithe FEM NOUN4
good

□ Téann sé ag siúl gach lá ar mhaithe lena shláinte. He goes for a walk every day for the good of his health.

maitheas FEM NOUN3
good

□ Rachadh saoire chun maitheasa duit. A holiday would do you good.

maithiúnas MASC NOUN1
forgiveness

máithreacha ▷ *see* **máthair**

mala FEM NOUN4
eyebrow

■ **Bhí muc ar gach mala aige.** He was frowning.

mála MASC NOUN4
bag

□ Bhí a mála lán le leabhair. Her bag was crammed with books. □ Ghoid duine éigin mo mhála. Somebody stole my bag.

■ **mála brioscáin phrátaí** a packet of crisps
■ **mála scoile** a schoolbag
■ **mála láimhe** a handbag
■ **mála aeir** an airbag
■ **mála cáipéisí** a briefcase
■ **mála codlata** a sleeping bag
■ **mála droma** a rucksack

maláire FEM NOUN4
malaria

malairt FEM NOUN2
1 change
□ malairt éadaigh a change of clothes
■ **Tá malairt saoil ann.** Times have changed.
2 exchange
□ an ráta malairte the exchange rate
3 opposite
□ Is é a mhalairt a rinne sé. He did quite the opposite.
■ **malairt a dhéanamh** to swap □ An bhfuil tú ag iarraidh malartú? Do you want to swap? □ A a mhalartú ar B to swap A for B
■ **Ní raibh fios a mhalairte agam san am.** I didn't know any better at the time.

malartaigh VERB [12]
to exchange

□ Mhalartaigh mé an leabhar ar DD. I exchanged the book for a CD.

mall (GEN SING MASC **mall**, GEN SING FEM, COMPAR **moille**) ADJECTIVE
1 slow
■ **bheith cúig noiméad mall** (*watch*, *clock*) to be five minutes slow
2 late
□ Bhí mé fiche nóiméad mall. I was twenty minutes late.
■ **go mall 1** slowly □ Bhí an carr ag bogadh go mall. The car was moving slowly. **2** late □ Cé go raibh tuirse uirthi, d'fhán sí ina suí go mall. Although she was tired, she stayed up late.

mallacht FEM NOUN3
curse

mallaibh PL NOUN
■ **ar na mallaibh** lately □ Ní bhfuair mé scéala uaidh ar na mallaibh. I haven't heard from him lately.

141

Mallarca MASC NOUN4
Majorca

malrach MASC NOUN1
child

Málta MASC NOUN4
Malta

mam (PL **mamanna**) FEM NOUN2
mum

mamach MASC NOUN1
mammal

mamaí FEM NOUN4
mum

mamó FEM NOUN4
granny
□ mo mhamó my granny

mana MASC NOUN4
1 attitude
□ Más é sin an mana atá acu faoi …
If that's their attitude towards it …
2 motto
□ mana na scoile the school motto

manach MASC NOUN1
monk

Manainn FEM NOUN
■ Oileán Mhanann the Isle of Man

Manchain FEM NOUN4
Manchester

mandairín MASC NOUN4
mandarin (orange)

mangaire MASC NOUN4
■ mangaire drugaí a drug dealer

mangó MASC NOUN4
mango

maoil FEM NOUN2
■ ag cur thar maoil to be boiling over
□ Tá an pota ag cur thar maoil. The pot's
boiling over.
■ Bhí an tábla faoi mhaoil le
páipéir.
The table was heaped with papers.

maoin (GEN SING, PL **maoine**) FEM NOUN2
property
■ maoin phearsanta private property
■ maoin ghoidte stolen property

maoirseacht FEM NOUN3
supervision

maoirseoir MASC NOUN3
supervisor

maoithneach ADJECTIVE
emotional

maol ADJECTIVE
1 bald
□ fear maol a bald man
2 blunt
□ scian mhaol blunt knife

maolaigh VERB [12]
1 to decrease
■ luas a mhaolú to reduce speed
2 to subside
□ Mhaolaigh ar m'fhearg. My anger
subsided.

maonáis FEM NOUN2
mayonnaise

maor MASC NOUN1
1 prefect
□ Is maor í mo dheirfiúr. My sister's a
prefect.
2 umpire (in sport)
■ maor líne a linesman
■ maor cúil (Gaelic games) a goal umpire
■ maor tráchta a traffic warden

maorga ADJECTIVE
elegant

maorlathas MASC NOUN1
bureaucracy

mapa MASC NOUN4
mop (for floor)

mapáil VERB [25]
to mop

mar PREPOSITION
▷ see also **mar** CONJUNCTION, ADVERB
like (in comparisons)
□ cóta mar an cóta s'agatsa a coat like yours
■ mar seo like this □ Tá sé go maith mar
sin. Do it like this.
■ oiliúint a fháil mar mhúinteoir to train
as a teacher
■ mar shampla for example

mar CONJUNCTION
▷ see also **mar** PREPOSITION, ADVERB
1 since (because)
□ Fan sa bhaile mar tá slaghdán ort. Stay at
home since you have a cold.
2 where
□ Fan mar a bhfuil tú. Stay where you are.
3 like (resembling)
□ Bhí sé ag screadach mar a bheadh fear
mire ann. He was screaming like a
madman.
4 as
□ Déan mar is mian leat. Do as you like.

mar ADVERB
▷ see also **mar** PREPOSITION, CONJUNCTION
■ mar sin féin all the same
■ agus mar sin de and so forth
■ mar an gcéanna likewise
■ mar siúd is mar seo this way and that
■ Gur mar sin duite! It serves you right!

maraigh VERB [12]
1 to kill

□ Mharaigh an cat an luch. The cat killed the mouse. □ Maraíodh é i dtimpiste bhóthair. He was killed in a car accident.

2 to catch *(fish)*

□ Mharaigh mé breac inné. I caught a trout yesterday.

maratón MASC NOUN1
marathon

□ Chonacamar críoch Mharatón Bhaile Átha Cliath. We saw the finish of the Dublin Marathon.

marbh ADJECTIVE

1 dead

□ Tá an cat marbh. The cat is dead.
□ Scaoileadh marbh é. He was shot dead.

2 numb

□ Tá mo lámh marbh. My hand is numb.

3 exhausted

□ Tá mé marbh tuirseach. I'm exhausted.

marbhán MASC NOUN1
corpse

marbhánta ADJECTIVE
close *(weather)*

□ Tá sé iontach marbhánta tráthnóna. It's close this afternoon.

marbhlann FEM NOUN2
mortuary

marbhuisce MASC NOUN4
backwater

marc (PL **marcanna**) MASC NOUN1
mark

□ Fuair mé marc maith sa scrúdú. I got a good mark in the exam. □ Faigheann sé na marcanna is fearr i gcónaí sa Ghaeilge. He always gets top marks in Irish.

marcach MASC NOUN1
rider

□ Is marcach maith í. She's a good rider.

marcaigh VERB [12, VN marcaíocht]
to ride

marcáil VERB [25]
to mark

marcaíocht FEM NOUN3

1 riding

□ scoil mharcaíochta a riding school
■ Tá mé ag foghlaim marcaíochta. I'm learning to ride.

2 lift

□ Fuair mé marcaíocht go Gaillimh. I got a lift to Galway.

marcóir MASC NOUN3
marker *(pen)*

marcshlua MASC NOUN4
cavalry

marfóir MASC NOUN3
killer

□ Tá na póilíní ag dul sa tóir ar an mharfóir. The police are hunting the killer.

margadh (PL **margaí**) MASC NOUN1

1 market

□ Díolann siad cuid mhaith truflaise ag an mhargadh. They sell a lot of rubbish at the market.

■ **an margadh dubh** the black market

2 bargain

□ Fuair tú margadh maith ann. You got a bargain.

■ **Ní raibh sin sa mhargadh.** That was not part of the deal.

margaíocht FEM NOUN3
marketing

margairín MASC NOUN4
margarine

marmaláid FEM NOUN2
marmalade

marmar MASC NOUN1
marble

maróg FEM NOUN2
pudding

■ **maróg Nollag** Christmas pudding
■ **maróg ríse** rice pudding

Márta MASC NOUN4
March

□ an triú lá de Mhárta the third of March
■ **i mí Mhárta** in March

martbhorgaire MASC NOUN4
beefburger

marún ADJECTIVE, MASC NOUN1
maroon

más ▷ *see* **má**

masc MASC NOUN1
mask

mascára MASC NOUN4
mascara

masla MASC NOUN4
insult

■ **Thug sé masla dom.** He insulted me.

maslach ADJECTIVE

1 insulting

■ **focal maslach** an insult

2 abusive

□ iompar maslach abusive behaviour
□ Nuair a dhiúltaigh mé, d'éirigh sé maslach. When I refused, he became abusive.

3 heavy

□ obair mhaslach heavy work

mata MASC NOUN4
▷ *see also* **mata** FEM NOUN2

mat
- **mata boird** a table mat
- **mata luchóige** *(for computer)* a mouse mat
- **mata tairsí** a doormat

mata FEM NOUN2
▷ *see also* **mata** MASC NOUN4
maths
□ Tá mé go han-olc ag mata. I'm really bad at maths.

matal MASC NOUN1
mantelpiece

matamaitic FEM NOUN2
mathematics
- **Is í an mhatamaitic an t-ábhar is measa agam.** Mathematics is my worst subject.

matamaiticeoir MASC NOUN3
mathematician

matán MASC NOUN1
muscle
- **matán a tharraingt** to pull a muscle

máthair (PL **máthar**, PL **máithreacha**)
FEM NOUN
mother
□ Tá sí cosúil lena máthair. She takes after her mother. □ Ar inis tú do do mháthair? Did you tell your mother? □ máthair neamhphósta an unmarried mother
- **máthair chéile** mother-in-law
- **máthair mhór** granny
- **máthair altrama** foster mother

mátrún MASC NOUN1
matron

mé PRONOUN
1 I
□ Tá mé mór. I'm big.
2 me
□ Chonaic Pól mé. Paul saw me.

meá (PL **meánna**) FEM NOUN4
scales
□ Cuir sa mheá é. Put it on the scales.
- **an Mheá** Libra □ Is mise An Mheá. I'm Libra.

meabhair (GEN SING **meabhrach**) FEM NOUN
1 mind
□ Tá sé as a mheabhair. He's out of his mind.
2 memory
□ Níl meabhair mhaith agam. I haven't got a good memory.
- **meabhair a bhaint as rud** to make sense of something
- **bheith gan mheabhair** to be unconscious

meabhraigh VERB [12]
to remind
□ Meabhraigh dom an aiste a scríobh anocht. Remind me to write the essay tonight.

meabhrán MASC NOUN1
memo

meacan MASC NOUN1
- **meacan bán** a parsnip
- **meacan dearg** a carrot

meáchan MASC NOUN1
weight
□ Cén meáchan atá ionat? What weight are you?
- **tógáil meáchan** *(sport)* weightlifting

méad NOUN
- **Cá mhéad? 1** How many? □ Cá mhéad uair a chonaic tú é? How many times did you see him? **2** How much? □ Cá mhéad airgid atá agat? How much money do you have? □ Cá mhéad atá air? How much is it?
- **ar a mhéad** at the most □ Beidh céad duine ar a mhéad ag an dioscó. There will be a hundred people at the most at the disco.

méadaigh VERB [12]
to increase
□ Mhéadaigh an ghaoth. The wind increased.

meadáille MASC NOUN4
medallion

méadar MASC NOUN1
metre
□ méadar ciúbach a cubic metre

meadhrán MASC NOUN1
vertigo *(dizziness)*
□ Tagann meadhrán orm. I get vertigo.
- **Tháinig meadhrán i mo cheann.** I began to feel dizzy.

meáigh VERB [24]
to weigh
□ Mheáigh sé na prátaí ar na scálaí. He weighed the potatoes on the scales. □ Ar dtús, meáigh an plúr. First, weigh the flour.

meaisín MASC NOUN4
machine
- **meaisín níocháin** a washing machine

meaisínghunna MASC NOUN4
machine gun

meáite ADJECTIVE
- **bheith meáite ar rud a dhéanamh** to be determined to do something
□ Tá mé meáite ar an bhfírinne a fháil amach. I'm determined to find out the truth.

mealbhacán MASC NOUN1
melon

meall VERB [23]
▷ *see also* **meall** MASC NOUN1
■ **bheith meallta faoi rud** to be disappointed about something □ Bhí mé meallta nach raibh Seán ann. I was disappointed that John wasn't there.

meall (PL **meallta**) MASC NOUN1
▷ *see also* **meall** VERB
1 ball
■ **meall sneachta** a snowball
2 lump
□ Tá meall ar a éadan aige. He's got a lump on his forehead.
■ **meall ime** a knob of butter
■ **agus an meall mór ar deireadh** and last but not least

mealladh (GEN SING **meallta**, PL **mealltaí**) MASC NOUN
■ **mealladh a bhaint as duine** to disappoint somebody □ Bhí mé pas meallta. I was rather disappointed.

meamram MASC NOUN1
memorandum

meán MASC NOUN1
middle
■ **meán oíche** midnight □ Bhí mé amuigh go meán oíche. I was out till midnight.
■ **meán lae** midday
■ **ar meán** on average
■ **na meáin** the media

meán- PREFIX
1 middle
□ meánaosta middle-aged
2 average
□ an meánmharc the average mark
3 intermediate *(school)*
□ meánscoil an intermediate school
4 medium
□ fear ar mheánairde a man of medium height

meánaicme FEM NOUN4
middle class

meánaicmeach ADJECTIVE
middle-class
□ ceantar meánaicmeach a middle-class area

meánaois FEM NOUN2
middle age
■ **an Mheánaois** the Middle Ages

meánaoiseach ADJECTIVE
medieval

meánaosta ADJECTIVE
middle-aged
□ fear meánaosta a middle-aged man

méanar ADJECTIVE
■ **Is méanar duit.** Lucky you.

meánchiorcal MASC NOUN1
equator

meancóg FEM NOUN2
mistake
□ meancóg uafásach a dreadful mistake
■ **meancóg a dhéanamh** to make a mistake

méanfach FEM NOUN2
■ **méanfach a dhéanamh** to yawn

Meán Fómhair MASC NOUN
September
□ an chéad lá de Mheán Fómhair the first of September
■ **i mí Mheán Fómhair** in September

meangadh (GEN SING **meangtha**) MASC NOUN
■ **a meangadh gáire** smile
■ **Rinne sé meangadh gáire liom.** He smiled at me.

Meánmhuir FEM NOUN3
■ **an Mheánmhuir** the Mediterranean

meann ADJECTIVE
■ **an Mhuir Mheann** the Irish Sea

Meánoirthear MASC NOUN1
■ **an Meánoirthear** the Middle East

meánscoil (PL **meánscoileanna**) FEM NOUN2
secondary school

meánteistiméireacht FEM NOUN3
intermediate certificate *(school)*

meántonn FEM NOUN2
medium wave *(radio)*

mear (GEN SING MASC **mear**) ADJECTIVE
1 quick
□ rith mear a quick run
2 hasty
□ gníomh mear a hasty action

méar FEM NOUN2
finger
□ Phrioc mé mo mhéar. I've pricked my finger.

méara MASC NOUN4
mayor

mearbhall MASC NOUN1
confusion
■ **Tá mearbhall orm.** I am confused.
■ **Ná cuir mearbhall orm!** Don't confuse me!

mearcair MASC NOUN4
mercury

méarchlár MASC NOUN1
keyboard
□ ... agus Mike Moran ar na méarchláir ... with Mike Moran on keyboards

méarlorg MASC NOUN1
fingerprint

mearóg FEM NOUN2
marrow

méaróg FEM NOUN2
pebble
■ **méaróg éisc** a fish finger
■ **méaróg chuimhne** a memory stick

meas MASC NOUN3
▷ *see also* **meas** VERB
respect
■ **meas a bheith agat ar dhuine** to respect somebody □ Tá meas agam ar Mháire. I respect Mary.
■ **Is mise le meas** *(in letters)* Yours sincerely

meas VERB [23, VN meas]
▷ *see also* **meas** MASC NOUN3
to think
□ Mheas sé go n-éireodh leis. He thought he'd succeed. □ An é sin a mheasann tú, dáiríre? Do you really think so? □ Mheas siad go dtógfadh sé trí seachtaine. They thought it would take three weeks.
■ **Cad é do mheas air?** How do you rate him?

measartha ADJECTIVE
▷ *see also* **measartha** ADVERB
fair *(not bad)*
□ Tá seans measartha agam baint. I have a fair chance of winning.

measartha ADVERB
▷ *see also* **measartha** ADJECTIVE
fairly
□ Rinne tú sin go measartha maith. You did that fairly well. □ D'imir an fhoireann go measartha maith. The team played fairly well.
■ **Tá an lóistín measartha bunúsach.** The accommodation is pretty basic.
■ **Tá mé measartha gnóthach anois.** I'm rather busy just now.

measc VERB [14]
1 to mix
□ Measc an plúr leis an siúcra. Mix the flour with the sugar.
2 to stir *(pot)*

measc PREPOSITION
■ **i measc** among □ Bhí seisear páistí ina measc. There were six children among them. □ Bhíomar i measc cairde. We were among friends.

meascán MASC NOUN1
1 mix
□ Is meascán d'fhicsean eolaíochta agus greann é. It's a mix of science fiction and comedy. □ meascán císte a cake mix

2 mixture
□ Cuir dhá ubh leis an meascán. Add two eggs to the mixture.
■ **meascán mearaí** confusion
■ **Chuir sé meascán mearaí orm.** It confused me.

measctha ADJECTIVE
mixed
□ griolladh measctha a mixed grill
□ pósadh measctha a mixed marriage
□ scoil mheasctha a mixed school
■ **cluiche ceathrair measctha a imirt** to play mixed doubles

meascthóir MASC NOUN3
mixer *(kitchen appliance)*

meastachán MASC NOUN1
estimate

measúil ADJECTIVE
respectable
□ duine measúil a respectable person

measúnacht FEM NOUN3
assessment

measúnaigh VERB [12]
to assess

measúnú MASC NOUN
assessment

meatachán MASC NOUN1
coward

meath VERB [23, VN meath, VA meata]
1 to fail *(eyesight, health)*
□ Mheath a shláinte air. His health failed.
2 to fade
□ Bhí solas an lae ag meath go gasta. The daylight was fading fast.

meicneoir MASC NOUN3
mechanic
□ Is meicneoir é. He's a mechanic.

meicníocht FEM NOUN3
mechanism

meicniúil ADJECTIVE
mechanical
□ cliseadh meicniúil a mechanical failure

Meicsiceo MASC NOUN4
Mexico
□ i Meicsiceo in Mexico □ go Meicsiceo to Mexico

méid MASC NOUN4
▷ *see also* **méid** FEM NOUN2
1 amount
□ méid mór airgid a huge amount of money
■ **Cén méid airgid a chaill tú?** How much money did you lose?
2 number
□ an méid sin leabhar that number of books

■ **an méid againn a d'fhan** those of us who stayed
3 all
□ Thug sé an méid a bhí aige dom. He gave me all he had.
méid FEM NOUN2
  ▷ *see also* **méid** MASC NOUN4
  size
  □ Cén mhéid a chaitheann tú? What size do you wear?
  ■ **Tá méid mhór ann.** It's very big.
  ■ **Tá Eoin ag dul i méid.** Ian's growing bigger.
meidhreach ADJECTIVE
1 jolly
  □ duine meidhreach a jolly person
2 lively
  □ damhsa meidhreach a lively dance
meigibheart MASC NOUN1
  megabyte *(computer)*
meil VERB [15, VN meilt]
  to waste
  □ Tá sé ag meilt a chuid maoine. He's wasting his money.
  ■ **am a mheilt** to kill time
meiningíteas MASC NOUN1
  meningitis
meirbh ADJECTIVE
  close *(weather)*
meireang MASC NOUN4
  meringue
meirg FEM NOUN2
  rust
meirgeach ADJECTIVE
  rusty
  □ rothar meirgeach a rusty bike □ Tá mo chuid Gaeilge meirgeach. My Irish is rusty.
Meiriceá MASC NOUN4
  America
  □ i Meiriceá in America □ Ba mhaith liom dul go Meiriceá. I'd like to go to America.
  ■ **Meiriceá Laidineach** Latin America
  ■ **Meiriceá Láir** Central America
  ■ **Meiriceá Theas** South America
  ■ **Meiriceá Thuaidh** North America
meirleach MASC NOUN1
  outlaw
meisce FEM NOUN4
  ■ **bheith ar meisce** to be drunk □ Bhí sé ar meisce. He was drunk.
  ■ **teacht as meisce** to sober up
meisceoir MASC NOUN3
  drunk
  □ Bhí na sráideanna lán le meisceoirí. The streets were full of drunks.

meisciúil ADJECTIVE
  alcoholic
  □ deoch mheisciúil an alcoholic drink
Meitheamh MASC NOUN1
  June
  ■ **i mí Mheithimh** in June
Mí FEM NOUN4
  ■ **an Mhí** Meath
mí (GEN SING **míosa**, PL **míonna**) FEM NOUN
  month
  □ am éigin an mhí seo caite sometime last month □ Chaith sí mí i Londain. She spent a month in London.
  ■ **mí na meala** a honeymoon
  ■ **i mí Bhealtaine 2009** in May 2009
mí-ádh MASC NOUN1
  bad luck
  ■ **mí-ádh a bheith ort** to be unlucky
mí-ámharach ADJECTIVE
  unlucky
mian (GEN SING **méine**, PL **mianta**) FEM NOUN2
  wish
  □ Séid amach na coinnle agus déan mian. Blow out the candles and make a wish.
  ■ **Is mian liom gearán a dhéanamh.** I wish to make a complaint.
  ■ **Is mian léi sin a dhéanamh.** She wants to do that.
  ■ **An mian leat dul?** Do you want to go?
mianach MASC NOUN1
  mine
  ■ **mianach guail** a coal mine
  ■ **mianach talún** a landmine
mianadóir MASC NOUN3
  miner
mianadóireacht FEM NOUN3
  mining
mianra MASC NOUN4
  mineral
  ■ **uisce mianraí** mineral water
mias (GEN SING **méise**) FEM NOUN2
  dish
  □ mias veigeatórach a vegetarian dish
miasniteoir MASC NOUN3
  dishwasher
  □ An bhfuil an miasniteoir ar siúl? Is the dishwasher on?
míbhéas MASC NOUN3
  bad habit
  ■ **míbhéasa** bad manners
míbhéasach ADJECTIVE
  bad-mannered
míbhuíoch ADJECTIVE
  ungrateful

m

míchairdiúil ADJECTIVE
unfriendly
▫ Tá na freastalaithe sórt míchairdiúil.
The waiters are a bit unfriendly.

míchaoithiúil ADJECTIVE
inconvenient

mícheart ADJECTIVE
incorrect

míchéillí ADJECTIVE
foolish

míchineálta ADJECTIVE
unkind

míchlúiteach ADJECTIVE
disreputable

míchompordach ADJECTIVE
uncomfortable
▫ Tá na suíocháin seo cineál
míchompordach. The seats are rather
uncomfortable.

míchruinn ADJECTIVE
inaccurate

míchumasach ADJECTIVE
disabled

míchúramach ADJECTIVE
careless
▫ botún míchúramach a careless mistake

micreafón MASC NOUN1
microphone

micreaphróiseálaí MASC NOUN4
microprocessor

micreascannán MASC NOUN1
microfilm

micreascóp MASC NOUN1
microscope

micrifís FEM NOUN2
microfiche

micriríomhaire MASC NOUN4
microcomputer

micrishlis FEM NOUN2
microchip

mídhílis ADJECTIVE
unfaithful

mídhleathach ADJECTIVE
illegal

mífhoighne FEM NOUN4
impatience

mífhoighneach ADJECTIVE
impatient
■ **go mífhoighneach** impatiently ▫ D'fhan
muid go mífhoighneach. We waited
impatiently.

mífhóirsteanach ADJECTIVE
unsuitable

mífhollán ADJECTIVE
unhealthy

mífhortúnach ADJECTIVE
unfortunate

mígréin FEM NOUN2
migraine

mí-ionraic ADJECTIVE
dishonest

mil (GEN SING **meala**) FEM NOUN3
honey
▫ próca meala a jar of honey
■ **briathra meala** sweet words

míle (PL **mílte**) MASC NOUN4
1 thousand

> LANGUAGE TIP **míle** is usually followed
> by a singular noun.

▫ míle bliain a thousand years
■ **Go raibh míle maith agat.** Thanks a
million.
2 mile
▫ Tá an scoil míle ón teach agam. The
school is a mile from my house.

milis (GEN SING FEM, PL, COMPAR **milse**) ADJECTIVE
sweet
▫ An bhfuil sé milis nó spíosrach? Is it sweet
or savoury?
■ **cáca milis** a cake

mill VERB [15]
1 to spoil
▫ Mhill siad an páiste sin. They spoiled that
child.
2 to ruin
▫ Mhill an aimsir an lá orainn. The weather
ruined our day.

milleán MASC NOUN1
blame
■ **Chuir Síle an milleán ar Pádraig.** Sheila
blamed Patrick.
■ **Air féin an milleán.** It's his own fault.

milliméadar MASC NOUN1
millimetre

milliún MASC NOUN1
million

> LANGUAGE TIP **milliún** is usually
> followed by a singular noun.

▫ na milliúin bliain millions of years
▫ milliún duine a million people

milliúnaí MASC NOUN4
millionaire

millteanach ADJECTIVE
terrible
▫ tubaiste millteanach a terrible accident
■ **Tá sé millteanach trom.** It is extremely
heavy.

milseán MASC NOUN1
sweet
▫ mála milseán a bag of sweets

milseog FEM NOUN2
dessert

mímhacánta ADJECTIVE
dishonest

mímhorálta ADJECTIVE
immoral

mímhúinte ADJECTIVE
rude
□ Bhí sé iontach mímhúinte liom. He was
very rude to me. □ Tá sé mímhúinte
briseadh isteach i gcomhrá. It's rude to
interrupt.

min FEM NOUN2
meal (*flour*)
■ **min choirce** oatmeal
■ **min sáibh** sawdust

mín ADJECTIVE
smooth

minic ADJECTIVE
▷ *see also* **minic** ADVERB
frequent
□ ceathanna minice frequent showers
□ Bíonn busanna ann go minic go lár an
bhaile. There are frequent buses to the
town centre.

minic ADVERB
▷ *see also* **minic** ADJECTIVE
■ **go minic** often □ Théadh sí amach go
minic lena cairde. She often went out with
her friends.
■ **níos minice** more often □ Ba mhaith
liom dul ag sciáil níos minice. I'd like to go
skiing more often.
■ **minic go leor** often enough

mínigh VERB [11]
to explain
□ Mhínigh an múinteoir an scéal
dúinn.
The teacher explained the story to us.

ministir MASC NOUN4
minister (*of church*)

míniú MASC NOUN
explanation
□ míniú soiléir a clear explanation

miodóg FEM NOUN2
dagger

míodún MASC NOUN1
meadow

míofar ADJECTIVE
ugly

mí-oiriúnach ADJECTIVE
unsuitable

míol (PL **míolta**) MASC NOUN1
animal
■ **míol mór** a whale

míoltóg FEM NOUN2
midge

mion ADJECTIVE
1 small
□ páistí miona small children
2 detailed
□ cuntas mion a detailed account
■ **rud a scrúdú go mion** to examine
something closely

mionairgead MASC NOUN1
petty cash

mionbhrístín MASC NOUN4
briefs (*underwear*)

mionbhus MASC NOUN4
minibus

miongháire MASC NOUN4
smile
□ miongháire dalba a cheeky smile
■ **miongháire a dhéanamh** to smile

mionlach MASC NOUN1
minority
□ mionlach eitneach an ethnic
minority

mionn MASC NOUN3
oath
□ faoi mhionn under oath
■ **mionn mór** a swearword
■ **mionnaí móra a stróiceadh** to curse
and swear

míonna ▷ *see* **mí**

mionra MASC NOUN4
mince

mionsciorta MASC NOUN4
miniskirt

miontas MASC NOUN1
mint

miontuairisc FEM NOUN2
■ **miontuairiscí** (*of meeting*) minutes

míorúilt FEM NOUN2
miracle

míosa ▷ *see* **mí**

míosachán MASC NOUN1
monthly (*magazine*)

mioscais FEM NOUN2
■ **mac mioscaise** a troublemaker

mioscaiseach ADJECTIVE
malicious

míosúil ADJECTIVE
monthly

miosúr MASC NOUN1
measure
■ **miosúr duine a thógáil** to measure
somebody

miotal MASC NOUN1
metal

m

149

miotas MASC NOUN1
myth
□ miotas Gréagach a Greek myth
□ Is miotas é sin. That's a myth.

miotaseolaíocht FEM NOUN3
mythology

miotóg FEM NOUN2
glove

mír (PL **míreanna**) FEM NOUN2
item
□ mír nuachta a news item
■ míreanna mearaí a jigsaw

mire FEM NOUN4
madness
■ Bhí Seán ar mire liom. John was mad at me.
■ Tá sí ar mire is ar báiní! She's raving mad!
■ Caithfidh go bhfuil sé ar mire. He must be crazy.

míréasúnta ADJECTIVE
unreasonable
□ Bhí a dearcadh go hiomlán míréasúnta. His attitude was completely unreasonable.

mirlín MASC NOUN4
marble (toy)

mise PRONOUN
1 I
□ Cé a bhris é? — Mise. Who broke it? — I did.

m

2 me
□ Mise atá ann. It's me. □ Cé atá ann? — Mise. Who is it? — It's me.

misean MASC NOUN1
mission
□ misean rúnda a secret mission

míshásúil ADJECTIVE
unsatisfactory
□ Tá an obair seo míshásúil. This work is unsatisfactory.

míshlachtmhar ADJECTIVE
untidy
□ Tá an teach míshlachtmhar. The house is untidy.

míshona ADJECTIVE
unhappy
□ Bhí sé míshona ina leanbh dó. He was unhappy as a child.

misinéir MASC NOUN3
missionary

misneach MASC NOUN1
courage
■ Bíodh misneach agat! Cheer up!
■ do mhisneach a chailleadh to lose heart

miste ADJECTIVE
■ An miste leat? Do you mind? □ An miste leat má oscláim an fhuinneog? Do you mind if I open the window?
■ Ní miste liom. I don't mind.

míthaitneamhach ADJECTIVE
unpleasant

mítharraingteach ADJECTIVE
unattractive

mithid ADJECTIVE
■ Is mithid é. It's overdue.
■ Is mithid dom dul abhaile. It's time for me to go home.

míthuiscint (GEN SING **míthuisceana**)
FEM NOUN3
misunderstanding

mí-úsáid FEM NOUN2
abuse
■ mí-úsáid a thabhairt do dhuine to abuse someone □ páistí ar tugadh mí-úsáid dóibh abused children

mná ▷ see bean

mo ADJECTIVE
my
□ mo bhlús my blouse □ Tá mé ag dul ag bualadh le mo chairde. I'm going to meet my friends. □ Ghortaigh mé mo chos. I've hurt my foot.

> LANGUAGE TIP mo changes to m' before a vowel or 'fh'.

□ m'fhoclóir my dictionary □ m'atlas my atlas

mó ADJECTIVE
■ an mó ...? how many ...? □ An mó duine atá ann? How many people are there?

moch (GEN SING MASC **moch**) ADJECTIVE
early
□ go moch ar maidin early in the morning

modh (PL **modhanna**) MASC NOUN3
method
□ modh íocaíochta a payment method
■ modh maireachtála a way of life
■ i modh rúin in confidence

modúl MASC NOUN1
module

mogall MASC NOUN1
■ mogall súile an eyelid

móid (PL **móideanna**) FEM NOUN2
vow

móide PREPOSITION
> LANGUAGE TIP móide is the contracted form of mó + de.

1 plus
□ a seacht móide a deich seven plus ten

2 more

□ Is móide mo shonas sin a chluinstin. I am all the happier for hearing that.

móideim MASC NOUN4
modem

móilín MASC NOUN4
molecule

moill (PL **moilleanna**) FEM NOUN2
delay

□ moill seachtaine a week's delay

■ **Beidh sé ar ais gan mhoill.** He'll be back soon.

■ **Ná déan moill!** Don't delay!

moille ▷ see **mall**

moilligh VERB [11]
to delay

□ Bhí ár n-eitilt moillithe. Our flight was delayed. □ Shocraigh muid ar ár n-imeacht a mhoilliú. We decided to delay our departure.

móin (PL **móinte**) FEM NOUN3
peat

móinéar MASC NOUN1
meadow

móinteán MASC NOUN1
moor

móipéid FEM NOUN2
moped

mol VERB [23]
▷ see also **mol** MASC NOUN1

1 to praise

□ Mhol an múinteoir Seán as an marc a fuair sé. The teacher praised John for the mark he got.

2 to advise

□ Mhol m'athair dom dul chuig an dochtúir. My father advised me to go to the doctor.

mol MASC NOUN1
▷ see also **mol** VERB
pole

□ An Mol Thuaidh the North Pole

moladh (GEN SING **molta**, PL **moltaí**) MASC NOUN
praise

□ Tá moladh mór tuillte agat. You deserve great praise.

moll MASC NOUN1

1 a large number (of things)

□ Cheannaigh sé moll mór leabhar. He bought a large number of books.

2 a large amount (of money)

■ **moll bruscair** a rubbish heap

moltóir MASC NOUN3
umpire (sport)

monarc (PL **monarcaí**) MASC NOUN4
monarch

monarcha (GEN SING **monarchan**, PL **monarchana**) FEM NOUN
factory

□ Chuaigh sé i mbun na monarchan. He took over the factory.

monaróir MASC NOUN3
manufacturer

monatóir MASC NOUN3
monitor (TV, computer)

moncaí MASC NOUN4
monkey

mór MASC NOUN1
▷ see also **mór** ADJECTIVE
great

■ **an mór agus an mion** the great and the small

■ **a mhór a dhéanamh de rud** to make the most of something

mór (COMPAR **mó**) ADJECTIVE
▷ see also **mór** MASC NOUN1
big

□ fear mór a big man □ mo dheartháir mór my big brother

■ **cuid mhór** a lot □ Bhí cuid mhór daoine sa leabharlann. There were a lot of people in the library.

■ **mór le** friendly with □ Tá Áine mór le Séamas. Anne's friendly with James.

■ **go mór** greatly □ Chuidigh sin go mór liom. That helped me greatly.

móramh MASC NOUN1
majority

mórán MASC NOUN1

1 many

□ le mórán blianta for many years

2 much

□ Níl mórán bia sa teach. There isn't much food in the house. □ Níl sin mórán níos fearr. That's not much better. □ An bhfuil mórán le déanamh agat? Have you much to do?

3 a lot of

□ mórán airgid a lot of money

mórchuid (GEN SING **mórchoda**, PL **mórchodannna**) FEM NOUN3
most

□ mórchuid an ama most of the time □ an mhórchuid de na daltaí most of the pupils

mórchúis FEM NOUN2
pride

mórgacht FEM NOUN3
majesty

□ A Mórgacht Her Majesty

morgáiste MASC NOUN4
mortgage

mórlitreacha FEM PL NOUN
- **mórlitreacha bloic** block capitals

mór-roinn (PL **mór-ranna**) FEM NOUN2
continent
□ Ní raibh mé riamh ar an Mór-Rhoinn. I've never been to the Continent.

mórshiúl (PL **mórshiúlta**) MASC NOUN1
procession

mórtas MASC NOUN1
pride
- **mórtas a dhéanamh** to boast

mórthimpeall ADVERB
all round
□ Bhí fíonghoirt mórthimpeall. There were vineyards all round.

mórthír FEM NOUN2
mainland

mósáic FEM NOUN2
mosaic

mosc MASC NOUN1
mosque

mótar MASC NOUN1
motor car

mótarbhád MASC NOUN1
motorboat

mótarbhealach MASC NOUN1
motorway

mothaigh VERB [12]
1 to feel
□ Mhothaigh mé pian i mo cheann. I felt a pain in my head. □ Ní mhothaím sábháilte ar an taobh sin den bhaile. I don't feel safe in that part of town.
2 to hear
□ Mhothaigh mé an madra ag an doras. I heard the dog at the door.
- **duine a mhothú uait** to miss somebody
□ Mothaím uaim Peadar. I miss Peter.

mothú MASC NOUN
feeling
□ Níl aon mothú i mo chosa. I have no feeling in my legs. □ mothú sábháilteachta a feeling of security
- **gan mhothú** numb □ Tá mo chos gan mhothú. My leg's gone numb.
- **Tháinig sé gan mhothú orm.** He caught me unawares.

muc FEM NOUN2
pig
- **muc ghuine** a guinea pig
- **muc mhara** a porpoise
- **muc shneachta** a snowdrift

múch VERB [23]
to switch off (light, engine)
□ Múch an solas. Switch off the light.

múchadh (GEN SING **múchta**) MASC NOUN
asthma

múchta ADJECTIVE
off
□ Níl an solas múchta. The light isn't off.

múchtóir MASC NOUN3
- **múchtóir tine** a fire extinguisher

muga MASC NOUN4
mug (cup)

muiceoil FEM NOUN3
pork
□ Ní ithim muiceoil. I don't eat pork. □ muiceoil mhilis shearbh sweet and sour pork

muid PRONOUN
we
□ D'éirigh muid cleachta leis de réir a chéile. We gradually got used to it. □ Seans go rachaidh muid chun na Spáinne an bhliain seo chugainn. We might go to Spain next year. □ Bhí muid báite. We got drenched.

muifín MASC NOUN4
muffin

muileann (PL **muilte**) MASC NOUN1
mill
- **muileann gaoithe** a windmill

muileata (PL **muileataí**) MASC NOUN4
diamond (cards)
□ an t-aon muileata the ace of diamonds

muin FEM NOUN2
back
- **ar mhuin capaill** on horseback
- **Tá tú ar mhuin na muice.** You're in luck.

múin VERB [15]
to teach
□ Múineann sí Gaeilge. She teaches Irish. □ Mhúin mo dheirfiúr snámh dom. My sister taught me to swim.

muince FEM NOUN4
necklace
□ muince óir a gold necklace

muinchille FEM NOUN4
sleeve
□ muinchillí fada long sleeves

Muineachán MASC NOUN1
Monaghan

múineadh (GEN SING **múinte**) MASC NOUN
manners
- **Bíodh múineadh ort!** Behave!

muineál (GEN SING, PL **muiníl**) MASC NOUN1
neck
□ Bhí sí scairf thart ar a muineál aici. She wore a scarf round her neck. □ muineál righin a stiff neck
- **geansaí muineál-V** a V-neck sweater

muinín FEM NOUN2
confidence
□ Tá muinín agam as Liam. I have
confidence in Liam.
■ Chaill daoine muinín sa rialtas. People
lost faith in the government.
muiníneach ADJECTIVE
dependable
múinte ADJECTIVE
well-mannered
muinteartha ADJECTIVE
friendly
■ bheith muinteartha to be related □ Tá
muid muinteartha dá chéile. We're related.
■ daoine muinteartha relations
múinteoir MASC NOUN3
teacher
□ Is múinteoir mé. I am a teacher. □ Is
múinteoir iontach dea-chroíoch í. She's a
very caring teacher. □ múinteoir ar pinsean
a retired teacher
múinteoireacht FEM NOUN3
teaching
muintir (PL muintireacha) FEM NOUN2
people
■ muintir na hÉireann the Irish
■ muintir na háite the locals
muir (GEN SING, PL mara) FEM NOUN3
sea
■ ar muir at sea
■ ainmhí mara a marine animal
■ Muir Éireann the Irish Sea
■ Muir nIocht the English Channel
■ an Mhuir Mharbh the Dead Sea
muirghalar MASC NOUN1
sea sickness
muirín FEM NOUN4
family
muiríne MASC NOUN4
marina
muiscít FEM NOUN2
mosquito
muisiriún MASC NOUN1
mushroom
mullach (PL mullaí) MASC NOUN1
top (of hill)
■ i mullach a chéile on top of one another
Mumhain (GEN SING Mumhan) FEM NOUN
■ Cúige Mumhan Munster

mún MASC NOUN1
urine
múr (PL múrtha) MASC NOUN1
wall
■ Tá na múrtha airgid acu. They're loaded.
mura CONJUNCTION
if ... not
□ Mura bhfuil biseach ort fan sa bhaile.
If you're not better stay at home. □ Mura
dtéann tú abhaile beidh fearg ar do
mháthair leat. If you don't go home your
mother will be angry with you. □ Mura
rachaidh tú ann ní fheicfidh tú é. If you
don't go there you won't see him. □ Níl a
fhios agam cad é a dhéanfainn mura
dtiocfadh sí. I don't know what I would have
done if she hadn't come.

LANGUAGE TIP mura changes to
murar with the past tense of regular
verbs.

□ Murar chuir sé ar an mbord é níl a fhios
agam cár fhág sé é. If he didn't put it on the
table I don't know where he left it.
murascaill FEM NOUN2
gulf
■ Murascaill na Peirse the Persian Gulf
murlach MASC NOUN1
lagoon
murlán MASC NOUN1
handle (of door)
murnán MASC NOUN1
ankle
múrtha ▷ see múr
músaem MASC NOUN1
museum
múscail VERB [19, VA múscailte]
to wake up
□ Mhúscail mé Seán ar maidin. I woke John
up this morning □ Mhúscail mé ar a seacht.
I woke up at 7.00.
múscailte ADJECTIVE
awake
□ Tá mé múscailte ó a 8.00 ar maidin.
I've been awake since 8.00 this morning.
□ An bhfuil sí múscailte? Is she awake?
□ Bhí sé múscailte go fóill. He was still
awake.
mustard MASC NOUN1
mustard

Nn

na ARTICLE
the

> **LANGUAGE TIP** na is used instead of the usual translation for 'the', **an**, before the feminine genitive singular and the plural.

□ i lár na hoíche in the middle of the night
□ ar fud na háite throughout the place
□ Turas na Croise the Stations of the Cross
□ na boicht the poor □ faoi scáth na gcrann under the shade of the trees □ na hamhráin the songs □ na mór-ranna the continents

ná CONJUNCTION

1 nor
□ Níl Pól ná Seán ann. Neither Paul nor John is there.
■ **Níor chuala mé an clog. — Níor chuala ná mise.** I didn't hear the bell. — Neither did I.

2 than
□ Tá sé níos óige ná mise. He is younger than me.

> **LANGUAGE TIP** ná is also used to mean 'don't' or 'do not'.

□ Ná rith. Don't run. □ Ná hithigí é. Don't eat it.
■ **Agus ná raibh maith agatsa!** And no thanks to you!

nach CONJUNCTION

> **LANGUAGE TIP** nach is used to translate the sense of 'that', 'which' or 'who' with a negative; the words 'that' and 'which' are often omitted.

□ Fuair sé duais nach raibh tuillte aige. He got a prize he didn't deserve. □ fear nach luafar a man who won't be named
■ **Bhí sé nach mór marbh leis an bhfuacht.** He was almost dead from the cold.
■ **Nach bhfuil a fhios agat?** Don't you know?
■ **Rinne tú é, nach ndearna?** You've done it, haven't you?

nádúr MASC NOUN1
nature
□ Tá sé sa nádúr aige. It's in his nature.
□ ó nádúr by nature

nádúraí MASC NOUN4
naturalist

nádúrtha ADJECTIVE
1 natural
□ gás nádúrtha natural gas
2 mild (weather)

naíchóiste MASC NOUN4
pram

náid (PL náideanna) FEM NOUN2
nought (number)
■ **Bhí an scór a trí a náid.** The score was three nil.

naimhde ▷ see namhaid

naimhdeach ADJECTIVE
hostile

naimhdeas MASC NOUN1
hostility

naíolann FEM NOUN2
nursery (for children)

naíonán MASC NOUN1
infant

naipcín MASC NOUN4
serviette

náire FEM NOUN4
shame
□ Mo náire thú! Shame on you! □ Is mór an náire é. It's a great shame.
■ **náire a bheith ort** to be ashamed
□ Bíodh náire ort! You should be ashamed of yourself!

náireach ADJECTIVE
1 modest (person)
2 shameful (deed)
■ **Sin náireach!** That's disgusting!

náirigh VERB [11]
to shame

naisc VERB [13, VN nascadh]
to link

naíscoil (PL **naíscoileanna**) FEM NOUN2
infant school
□ Tá sé díreach i ndiaidh tosú ar an naíscoil.
He's just started at infant school.

náisiún MASC NOUN1
nation
□ Na Náisiúin Aontaithe the United Nations

náisiúnachas MASC NOUN1
nationalism

náisiúnaí MASC NOUN4
nationalist

náisiúnta ADJECTIVE
national
□ an bhratach náisiúnta the national flag
□ eagraíocht náisiúnta a national
organisation □ Tá sé ina churadh náisiúnta.
He's the national champion.

náisiúntacht FEM NOUN3
nationality

Naitsí MASC NOUN4
Nazi

namhaid (GEN SING **namhad**, PL **naimhde**)
MASC NOUN
enemy
□ fórsaí an namhad the enemy forces

naofa ADJECTIVE
holy
□ an Talamh Naofa the Holy Land

naofacht FEM NOUN3
holiness

naoi (PL **naonna**) MASC NOUN4
nine

> LANGUAGE TIP **naoi** is usually followed
> by a singular noun.

□ naoi mbuidéal nine bottles
■ Tá sí naoi mbliana d'aois. She's nine.
■ **naoi ... déag** nineteen □ naoi gcapall
déag nineteen horses

naomh MASC NOUN1
▷ see also **naomh** ADJECTIVE
saint
□ Naomh Peadar Saint Peter

naomh ADJECTIVE
▷ see also **naomh** MASC NOUN1
holy

naonúr MASC NOUN1
nine people
■ **naonúr ban** nine women

naoú ADJECTIVE
ninth
□ an naoú hurlár the ninth floor
■ **an naoú ... déag** nineteenth □ a breithlá
naoi mbliana déag her nineteenth birthday
□ an naoú hurlár déag the nineteenth
floor

naprún MASC NOUN1
apron

nár CONJUNCTION

> LANGUAGE TIP **nár** is used to translate
> the sense of 'that' or 'who' with a
> negative, although the word 'that' is
> often omitted.

□ Chonacthas dom nár thuig sé an cheist.
It appeared to me that he didn't understand
the question. □ Dúirt m'athair nár chóir
dom dul ann. My father said I wasn't to go.
□ an cailín nár fhreagair an cheist the girl
who didn't answer the question
■ **Is beag nár thit mé.** I nearly fell.
■ **D'oscail tú é, nár oscail?** You opened it,
didn't you?
■ **Nár chuala tú mé?** Did you not hear me?

nárbh ▷ see **is**

nasc MASC NOUN1
link

nath (PL **nathanna**) MASC NOUN3
saying
□ Níl ann ach nath cainte. It's just a saying.
■ **nath cainte** a figure of speech

nathair (GEN SING **nathrach**, PL **nathracha**)
FEM NOUN
snake
□ nathair nimhe a poisonous snake

-ne SUFFIX

> LANGUAGE TIP **-ne** is used with the
> first person plural, for emphasis.

□ ár máthairne OUR mother
□ Déanfaimidne é. WE will do it. □ Is
dúinne a thug sí é. She gave it to US.

neach (PL **neacha**) MASC NOUN4
being
□ neach daonna a human being
■ **Ní raibh aon neach ann.** There wasn't
a soul there.

neacht FEM NOUN3
niece
□ mo neacht my niece

neachtlann FEM NOUN2
laundry (business)

nead (PL **neadacha**) FEM NOUN2
nest
■ **an nead a fhágáil** to leave home

neafaiseach ADJECTIVE
trivial

néal (PL **néalta**) MASC NOUN1
1 cloud
■ **spéir gan néal** a cloudless sky
2 fit
□ néal feirge a fit of anger
3 nap

n

□ Rinne mé néal codlata. I took a nap.

■ Thit néal orm. I dozed off.

■ Bhí néal éigin anuas air. There was something weighing on his mind.

neamart MASC NOUN1
neglect

■ neamart a dhéanamh i do dhualgas to neglect one's duty

neamartach ADJECTIVE
negligent

■ Ba neamartach an mhaise dó é. It was remiss of him.

neamh (GEN SING **neimhe**) FEM NOUN2
heaven

□ Creideann sí go rachaidh sí ar neamh nuair a gheobhaidh sí bás. She believes she'll go to heaven when she dies.

■ Níl a fhios agam ó neamh anuas. I haven't the slightest idea.

neamhábalta ADJECTIVE
unable

neamhábhartha ADJECTIVE
irrelevant

□ Tá sin neamhábhartha. That's irrelevant.

neamhaibí ADJECTIVE
1 immature (person)
2 unripe (fruit)

neamh-aireach ADJECTIVE
careless

□ Tá sí iontach neamhairdiúil She's very careless. □ tiománaí neamhairdiúil a careless driver

neamh-aistreach ADJECTIVE
intransitive (grammar)

neamhbhailí ADJECTIVE
invalid (not valid)

neamhbhlasta ADJECTIVE
tasteless

neamhbhríoch (GEN SING MASC **neamhbhríoch**) ADJECTIVE
insignificant

neamhbhuartha ADJECTIVE
carefree

neamhchinnte ADJECTIVE
uncertain

□ Tá an todhchaí neamhchinnte. The future is uncertain.

neamhchiontach ADJECTIVE
innocent

□ Dhearbhaigh sé go raibh sé neamhchiontach. He insisted that he was innocent.

■ Fuarthas neamhchiontach é. He was found not guilty.

neamhchoitianta ADJECTIVE
uncommon

neamhchosúil ADJECTIVE
1 unlike

■ Níl siad neamhchosúil le chéile. They are quite alike.

2 unlikely

□ Is neamhchosúil go dtiocfaidh siad chomh mall seo. They are unlikely to come this late.

neamhchúiseach ADJECTIVE
unconcerned

■ dearcadh neamhchúiseach a casual attitude

neamhchúramach ADJECTIVE
careless

neamhdhíobhálach ADJECTIVE
harmless

neamheaglach ADJECTIVE
fearless

neamhfhoirmiúil ADJECTIVE
1 informal
2 casual (clothes)

neamhghnách (GEN SING MASC **neamhghnách**) ADJECTIVE
unusual

□ cuma neamhghnách an unusual shape □ Tá sé neamhghnách sneachta a bheith ann ag an am seo den bhliain. It's unusual to get snow at this time of year.

neamhghnóthach ADJECTIVE
idle

neamhinniúil ADJECTIVE
incompetent

neamhionann ADJECTIVE
unlike

□ Neamhionann is an chuid eile, bhí Liam ar ais in am. Unlike the others, Liam was back in time.

neamh-mheisciúil ADJECTIVE
soft (drink)

neamhní (PL **neamhnithe**) MASC NOUN4
nothing

□ Chuaigh an plean ar neamhní. The plan came to nothing.

neamhoifigiúil ADJECTIVE
unofficial

neamhphósta ADJECTIVE
unmarried

□ máthair neamhphósta an unmarried mother

neamhphraiticúil ADJECTIVE
impractical

neamhréireach ADJECTIVE
inconsistent

neamhriachtanach ADJECTIVE
unnecessary

neamhrialta ADJECTIVE
irregular *(grammar)*

neamhsheicteach ADJECTIVE
non-sectarian

neamhshuim FEM NOUN2
■ **Déan neamhshuim den rud ar fad.** Just ignore the whole thing.

neamhspleách (GEN SING MASC **neamhspleách**) ADJECTIVE
independent
□ scoil neamhspleách an independent school

neamhspleáchas MASC NOUN1
independence

neamhthoilteanach ADJECTIVE
unwilling

neamhthuairimeach ADJECTIVE
casual *(remark)*

neamhthuisceanach ADJECTIVE
inconsiderate

neamhurchóideach ADJECTIVE
harmless

neantóg FEM NOUN2
nettle

néaróg FEM NOUN2
nerve *(in body)*

neart MASC NOUN1
1 strength
■ **dul i neart** to grow strong
■ **neart tola** willpower
■ **Níl neart aige air.** He can't help it.
2 plenty
□ neart airgid plenty of money □ neart ama plenty of time

neartmhar ADJECTIVE
powerful

neascóid FEM NOUN2
boil *(on skin)*

néata ADJECTIVE
neat
□ fillte go néata neatly folded

neimhe ▷ *see* **neamh**

neirbhís FEM NOUN2
■ **neirbhís a bheith ort** to be nervous

neirbhíseach ADJECTIVE
nervous

neon MASC NOUN1
neon
□ comharthaí neoin neon signs □ solas neoin a neon light

Ní FEM NOUN4
■ **Máire Ní Dhónaill** *(in female surnames)* Mary O'Donnell

ní (GEN SING **nithe**) MASC NOUN4
▷ *see also* **ní** ADVERB, COPULA

anything
□ An bhfuil aon ní uait? Do you need anything?

ní ADVERB
▷ *see also* **ní** MASC NOUN4, COPULA

> **LANGUAGE TIP** **ní** is used with the negative, except in the past of regular verbs.

□ Ní dhearna sí é. She didn't do it. □ Ní raibh duine ar bith sa bhaile. There was nobody at home. □ Ní chuirfidh mé suas leis! I won't put up with it!

ní COPULA
▷ *see also* **ní** MASC NOUN4, ADVERB

> **LANGUAGE TIP** **ní** is the negative present of **is**.

□ Ní múinteoir mé. I'm not a teacher. □ Ní hé an dochtúir é. He's not the doctor.

nia (PL **nianna**) MASC NOUN4
nephew
□ mo nia my nephew

nialas MASC NOUN1
zero

niamhrach ADJECTIVE
bright

Nic NOUN
■ **Nóra Nic Grianna** Nora Green
■ **Áine Nic Pháidín** Anne McFadden

Nigéir FEM NOUN2
■ **an Nigéir** Nigeria

nigh VERB [22]
to wash
□ Tháinig as mo gheansaí nuair a nigh mé é. My sweater stretched when I washed it. □ Nigh sí an carr. She washed the car.
■ **Nigh mé mé féin.** I had a wash.
■ **na soithí a ní** to do the dishes □ Ní níonn sé na soithí riamh. He never does the dishes.

nimh (PL **nimheanna**) FEM NOUN2
poison
■ **nimh san fheoil a bheith agat do dhuine** to have it in for somebody

nimhiú MASC NOUN
poisoning
□ nimhiú bia food poisoning

nimhiúil ADJECTIVE
poisonous

nimhneach ADJECTIVE
sore
□ sceadamán nimhneach a sore throat □ Tá mo chosa nimhneach. I've got sore feet.

níochán MASC NOUN1
washing *(clothes)*

n

□ níochán salach dirty washing □ meaisín níocháin a washing machine

níolón MASC NOUN1
nylon

níor ADVERB

> **LANGUAGE TIP** **níor** is used as a negative verb particle, with past tenses.

□ Níor cheannaigh sé é. He didn't buy it.
□ Níor ith mé é. I didn't eat it.

> **LANGUAGE TIP** **níor** is the negative of **ís** in past and conditional tenses.

□ Níor leis é. It wasn't his. □ Níor mhaith léi é. She wouldn't like it.

> **LANGUAGE TIP** **níor** changes to **níorbh** before a vowel.

□ Níorbh eala é. It wasn't a swan.

níos ADVERB

> **LANGUAGE TIP** **níos** is used before comparative forms.

□ Bíonn m'athair ag obair níos déanaí Déardaoin. My father works later on Thursdays. □ Tá mo theachsa níos faide síos an tsráid. My house is further down the street. □ Tá an scéal níos measa inniu. The situation is worse today. □ D'íoc tú níos mó ná mise. You paid more than I did.
■ **níos mó ná riamh** more than ever

niteoir MASC NOUN3
■ **niteoir gaothscátha** windscreen washer

nithe ▷ see ní

nithiúil ADJECTIVE
real

nithiúlacht FEM NOUN3
reality

nítrigin FEM NOUN2
nitrogen

niúmóine MASC NOUN4
pneumonia

nó CONJUNCTION
or
□ Seán nó a dhearthair John or his brother
□ luath nó mall sooner or later □ a bheag nó a mhór more or less

nócha (GEN SING **nóchad**, PL **nóchaidí**) MASC NOUN
ninety

> **LANGUAGE TIP** **nócha** is followed by a singular noun.

□ nócha lá ninety days
■ **Tá sí nócha bliain d'aois.** She's ninety.

nóchadú ADJECTIVE
ninetieth

nocht ADJECTIVE
▷ see also **nocht** VERB

bare
□ craiceann nocht bare skin

nocht VERB [23, VA nochta]
▷ see also **nocht** ADJECTIVE

1 to reveal
□ Níor nocht a hathair fírinne an scéil riamh di. Her father never revealed the truth of the matter to her.

2 to appear
□ Nocht sé ag cúl an tí. He appeared at the back of the house.

nochtach MASC NOUN1
nudist

nochtadh (GEN SING **nochta**) MASC NOUN
disclosure
■ **nochtadh mígheanasach** indecent exposure

nochtóir MASC NOUN3
stripper

nod MASC NOUN1
1 abbreviation
2 tip
□ nod úsáideach a useful tip

nóibhíseach MASC NOUN1
novice (religious)

nóiméad MASC NOUN1
minute
□ nóiméad ar bith feasta any minute now
□ sos cúig nóiméad five minutes' rest

nóin FEM NOUN3
noon
□ um nóin at noon

nóisean MASC NOUN1
notion
■ **Tá nóisean aige do Mháire.** He fancies Mary.

Nollaig (GEN SING **Nollag**, PL **Nollaigí**) FEM NOUN
1 December
■ **i mí na Nollag** in December
2 Christmas
□ bronntanas Nollag Christmas presents
■ **um Nollaig** at Christmas □ Ithimid barraíocht um Nollaig. At Christmas we always eat too much.
■ **Oíche Nollag** Christmas Eve
■ **Nollaig Shona!** Merry Christmas!

normálta ADJECTIVE
normal

nós (PL **nósanna**) MASC NOUN1
1 habit
□ Rinne sé nós de bheith ag glaoch isteach ar a bhealach abhaile. He got into the habit of calling in on his way home.
■ **Is nós leis bheith in am.** He's usually on time.

■ **Beidh mé féin ann ar aon nós.** I'll be there anyway.

2 custom

□ nós áitiúil a local custom

nósúil ADJECTIVE
formal

nóta MASC NOUN4
note

□ Cuir nóta beag chuige. Send him a little note.

■ **nóta bainc** a banknote

■ **nóta sochair** a credit note

■ **nóta cúig dhollar** a five-dollar bill

nótáil VERB [25]
to note down

nótáilte ADJECTIVE
excellent

nua (GEN SING FEM, COMPAR **nuaí**) ADJECTIVE
▷ see also **nua** MASC NOUN4
new

□ a buachaill nua her new boyfriend □ Tá gúna nua de dhíth orm. I need a new dress.

nua MASC NOUN4
▷ see also **nua** ADJECTIVE

■ **an sean agus an nua** the old and the new

■ **Bhí orm é a dhéanamh as an nua.** I had to do it all over again.

nua-aimseartha, nua-aoiseach
ADJECTIVE
modern

nuabheirthe ADJECTIVE
newborn

nuachóirigh VERB [11]
to modernize

nuacht FEM NOUN3
news

□ Bhí sé ar an nuacht. It was on the news. □ Amharcaim ar an nuacht gach tráthnóna. I watch the news every evening.

nuachtán MASC NOUN1
newspaper

□ alt nuachtáin a newspaper article □ D'fhill sé an nuachtán. He folded the newspaper. □ Bím ag seachadadh nuachtán. I deliver newspapers.

nuachtánaí MASC NOUN4
newsagent

Nua-Eabhrac MASC NOUN4
New York

□ Thaistil sé in eitleán ó Bhaile Átha Cliath go Nua-Eabhrac He flew from Dublin to New York. ·

Nua-Ghaeilge FEM NOUN4
Modern Irish

nuaí ▷ see **nua**

nuair CONJUNCTION

1 when

□ Bhí sí ag léamh nuair a tháinig mé isteach. She was reading when I came in. □ Ithim mo chuid ingne nuair a bhím néirbhíseach. I bite my nails when I'm nervous. □ Beidh áthas orm nuair a bheidh na scrúduithe thart. I'll be happy when the exams are over.

2 since

□ Nuair nár labhair aon duine eile, labhair an sagart. Since nobody else had spoken, the priest spoke.

nuaphósta ADJECTIVE
newly-wed

Nua-Shéalainn FEM NOUN2

■ **an Nua-Shéalainn** New Zealand

□ sa Nua-Shéalainn in New Zealand

Nua-Shéalannach MASC NOUN1
New Zealander

nuatheanga (PL **nuatheangacha**)
FEM NOUN4
modern language

núdail MASC PL NOUN1
noodles

núicléach (GEN SING MASC **núicléach**)
ADJECTIVE
nuclear

□ Tá mé in aghaidh tástáil núicléach. I'm against nuclear testing.

■ **cumhacht núicléach** nuclear power

■ **stáisiún cumhachta núicléiche** a nuclear power station

nuige ADVERB

■ **Sin an scéal go nuige seo.** That's the story so far.

■ **go nuige sin** up till then

núis FEM NOUN2
nuisance

Oo

ó PREPOSITION, CONJUNCTION

▷ *see also* **ó** MASC NOUN4

> **LANGUAGE TIP** Prepositional pronouns are **uaim, uait, uaidh, uaithi, uainn, uaibh, uathu.**

1 from

□ ó Dhoire go Cúil Raithin from Derry to Coleraine □ míle ón stáisiún a mile from the station □ ó bhun go barr from top to bottom

2 since *(time, reason)*

□ ó thús na bliana since the beginning of the year □ ó tá sé abhus anois since he is here now □ ó rugadh í ever since she was born □ ós mar sin atá since that is so

■ **uaidh féin** of its own accord

■ **Sin an rud atá uaim.** That's what I want.

■ **Ba dheas uaithi glaoch.** It was nice of her to call.

ó (PL **óí**) MASC NOUN4

▷ *see also* **ó** PREPOSITION, CONJUNCTION

1 grandson

2 descendant *(more distant)*

■ **Táimid an dá ó.** We are cousins.

> **LANGUAGE TIP** The inflected forms **Uí** and **Uíbh** are used in some names of people and places.

□ Contae Uíbh Fhailí County Offaly □ cuid scríbhinní Shéamais Uí Ghrianna the writings of Séamas Ó Grianna □ Ba de lucht leanúna Uí Néill é. He was a follower of O'Neill.

obair (GEN SING **oibre**, PL **oibreacha**) FEM NOUN2

work

□ Níl mé go hiomlán sásta le do chuid oibre. I'm not altogether happy with your work.

■ **obair tí** housework

■ **obair bhaile** homework □ Ní dhearna mé m'obair bhaile. I haven't done my homework.

■ **bheith as obair** to be out of work

■ **ar obair** in operation

■ **Chuir sin an scéalaí ar obair.** That set the storyteller going.

■ **Tá mé ag obair ar mo thráchtas.** I'm working on my thesis.

■ **Bhíodh Seán ag obair ar na báid ina óige.** Sean worked on the boats in his young days.

óbó MASC NOUN4

oboe

□ Seinnim ar an óbó. I play the oboe.

obrádlann FEM NOUN2

operating theatre

obráid FEM NOUN2

operation

□ mórobráid a major operation

ócáid FEM NOUN2

occasion

□ ócáid speisialta a special occasion

■ **ar ócáidí** occasionally

■ **Rugadh san ócáid orainn.** We were caught in the act.

ócáideach ADJECTIVE

occasional *(work)*

ocht (PL **ochtanna**) MASC NOUN4

eight

> **LANGUAGE TIP** **ocht** is usually followed by a singular noun.

□ ocht mbuidéal eight bottles

■ **Tá sí ocht mbliana d'aois.** She's eight.

■ **ocht ... déag** eighteen □ ocht mbuidéal dhéag eighteen bottles

ochtapas MASC NOUN1

octopus

ochtar MASC NOUN1

eight people

■ **ochtar ban** eight women

■ **Bhí ochtar againn ann.** There were eight of us.

ochtó (GEN SING **ochtód**, PL **ochtóidí**)

MASC NOUN

eighty

LANGUAGE TIP **ochtó** is followed by a singular noun.

□ ochtó duine eighty people

■ **Tá sé ochtó bliain d'aois.** He's eighty.

ochtódú ADJECTIVE
eightieth

ochtú ADJECTIVE, MASC NOUN4
eighth

□ an t-ochtú urlár the eighth floor
□ an t-ochtú lá de Lúnasa the eighth of August

ocrach ADJECTIVE
1 hungry

□ Tá cuma ocrach air. He looks hungry.
2 lean (period)

□ Tháinig cúpla bliain ocracha ina dhiaidh sin. A couple of lean years followed.

ocras MASC NOUN1
hunger

■ **Tá ocras orm.** I'm hungry.

ocsaigin FEM NOUN2
oxygen

ofráil VERB [25]
to offer

óg ADJECTIVE
young

■ **a dheartháir óg** his younger brother
■ **Séamas Óg** (in names) James Junior

óganach MASC NOUN1
youth (juvenile)

ógbhean (GEN SING, PL **ógmhná**, GEN PL **ógbhan**) FEM NOUN
young lady

ógchiontóir MASC NOUN3
juvenile delinquent

ógfhear MASC NOUN1
young man

óglach MASC NOUN1
volunteer (military)

ógmhná ▷ see **ógbhean**

oibiacht FEM NOUN3
object (grammar)

oibleagáid FEM NOUN2
obligation

■ **bheith faoi oibleagáid do dhuine** to be under an obligation to somebody

oibleagáideach ADJECTIVE
obliging

oibre, oibreacha ▷ see **obair**

oibreoir MASC NOUN3
operator (of machine)

oibrí MASC NOUN4
worker

■ **oibrí sóisialta** a social worker □ Is oibrí sóisialta í. She's a social worker.

■ **oibrí feirme** a farm labourer □ Is oibrí sóisialta é. He's a farm labourer.

■ **oibrí iarnróid** a railwayman

oibrigh VERB [11]
1 to work

□ Oibríonn sé do chomhlacht árachais. He works for an insurance company. □ Ní oibríonn Seán ach trí lá sa tseachtain. John only works three days a week. □ Ní oibreodh an eochair. The key wouldn't work.
2 to operate

□ Oibríonn na soilse ar amadóir. The lights operate on a timer.

oíche (PL **oícheanta**) FEM NOUN4
night

□ seal na hoíche the night shift □ Tá áirithint agam le haghaidh dhá oíche. I've got a reservation for two nights.

■ **titim na hoíche** nightfall
■ **san oíche** at night □ Níl cead aige dul amach san oíche. He's not allowed to go out at night.
■ **Oíche mhaith!** Good night!
■ **Oíche Shamhna** Hallowe'en
■ **Oíche Chinn Bhliana** New Year's Eve
■ **Oíche Nollag** Christmas Eve

oide MASC NOUN4
teacher (male)

oideachas MASC NOUN1
education

□ Ba chóir go mbeadh níos mó infheistíochta san oideachas. There should be more investment in education. □ Tá sí ag obair san oideachas. She works in education.

■ **oideachas aosach** adult education
■ **oideachas tríú leibhéal** higher education

oideachasúil ADJECTIVE
educational

oideas MASC NOUN1
1 recipe (in cooking)
2 prescription (medical)

oidhe FEM NOUN4

■ **Is maith an oidhe ort é!** It serves you right!

oidhre MASC NOUN4
heir

oidhreacht FEM NOUN3
1 inheritance

■ **Fuair sé an fheirm le hoidhreacht.** He inherited the farm.
2 heritage

□ Is cuid den oidhreacht náisiúnta é. It's part of the national heritage.

3 legacy
□ Thit oidhreacht bheag leis. He came in for a small legacy.

oifig FEM NOUN2
office
□ Ní raibh duine ar bith san oifig. There was nobody in the office. □ Tá a oifig thíos ar an chéad urlár. His office is down on the first floor.
■ **oifig an phoist** a post office
■ **oifig ticéad** a ticket office
■ **oifig turasóireachta** a tourist office

oifigeach MASC NOUN1
officer

oifigiúil ADJECTIVE
official

óige FEM NOUN4
1 youth
□ D'oibrigh sé go crua ina óige. He worked hard in his youth.
■ **Tá cuma na hóige uirthi i gcónaí.** She still looks young.
■ **dul in óige** to get younger
2 young people
□ Dá dtuigfeadh an óige! If young people only knew!

oighe FEM NOUN4
file *(tool)*

oigheann MASC NOUN1
oven
■ **oigheann micreathoinne** a microwave

oighear MASC NOUN1
ice
□ Bhí oighear ar an loch. There was ice on the lake.

oighear-rinc FEM NOUN2
ice rink

oighearshruth MASC NOUN3
glacier

oil VERB [15, VN oiliúint]
1 to bring up
□ Oileadh é i dteaghlach saibhir. He was brought up in a rich family.
2 to educate
□ Oileadh ina shagart é. He was educated for the priesthood.

oileán MASC NOUN1
island
□ an taobh thiar den oileán the western part of the island
■ **Oileáin Árann** the Aran Islands
■ **Na hOileáin Bhriotanacha** the British Isles
■ **Oileán Mhanann** the Isle of Man
■ **Oileáin Mhuir nIocht** the Channel Islands

Oilimpeach ADJECTIVE
Olympic
□ na Cluichí Oilimpeacha the Olympic Games

oiliúint (GEN SING **oiliúna**) FEM NOUN3
1 upbringing
2 training
□ Cuirtear oiliúint ar na himreoirí óga. The young players receive training.

oilte ADJECTIVE
trained
□ banaltraí oilte trained nurses

oinniún MASC NOUN1
onion
□ Mionghearr na hoinniúin. Chop the onions.

óinsiúil ADJECTIVE
foolish

oir VERB [13, VN oiriúnt]
to suit
□ Ní oireann an dath sin duit. That colour doesn't suit you.
■ **Níor oir bia na háite di.** The local food didn't agree with her.
■ **Oireann siad dá chéile.** They go well together.

óir ADJECTIVE
gold
□ fáinne óir a gold ring

oirbheartaíocht FEM NOUN3
tactics

oirdheisceart MASC NOUN1
south-east

oireachtas MASC NOUN1
■ **an tOireachtas** the Irish Legislature
■ **Oireachtas na Gaeilge** annual Gaelic festival

oiread NOUN
amount *(quantity)*
■ **oiread agus is maith leat** as much as you like
■ **Tá an oiread sin oibre agam.** I've got so much work.
■ **ach oiread** either □ Ní raibh tusa in am ach oiread. You weren't in time either.

oirfideach MASC NOUN1
1 musician
2 entertainer *(in theatre, show)*

oiriúint (GEN SING **oiriúna**) FEM NOUN3
■ **dráma a chur in oiriúint don raidió** to adapt a play for radio
■ **oiriúintí** accessories □ oiriúintí faisin fashion accessories

oiriúnaigh VERB [12]
to fit

162

□ Ní oiriúnódh an gúna sin mé. That dress wouldn't fit me.

oirmhinneach MASC NOUN1
  ▷ *see also* **oirmhinneach** ADJECTIVE
  ■ **an tOirmhinneach Seán Mac Gabhann** the Reverend John Smith

oirmhinneach ADJECTIVE
  ▷ *see also* **oirmhinneach** MASC NOUN1
  reverend

oirthear MASC NOUN1
  east
  □ san oirthear in the east
  ■ **an tOirthear** the Orient

oirthearach ADJECTIVE
  eastern
  □ an chuid oirthearach den oileán the eastern part of the island

oirthuaisceart MASC NOUN1
  north-east
  □ san oirthuaisceart in the north-east

oirthuaisceartach ADJECTIVE
  north-eastern

oiseoil FEM NOUN3
  venison

oisre MASC NOUN4
  oyster

ól MASC NOUN1
  ▷ *see also* **ól** VERB
  drink
  □ D'éirigh sé as an ól. He's given up the drink.
  ■ **teach an óil** a pub

ól VERB [23, VN ól]
  ▷ *see also* **ól** MASC NOUN1
  to drink
  □ D'ól sí trí chupán tae. She drank three cups of tea.

ola FEM NOUN4
  oil
  □ ola olóige olive oil □ péintéireacht ola an oil painting

olanda ADJECTIVE
  woolly

olann (GEN SING **olla**, PL **olanna**, GEN PL **olann**)
  FEM NOUN
  wool
  □ Tá sé déanta d'olann. It's made of wool.
  □ olann chadáis cotton wool

olc MASC NOUN1
  ▷ *see also* **olc** ADJECTIVE
  ■ **Tá an t-olc ann.** He's really wicked.
  ■ **Le holc orm a rinne sé é.** He did it to spite me.
  ■ **Bhí olc air nuair a chonaic sé an scrios.** He was angry when he saw the damage.

olc (COMPAR **measa**) ADJECTIVE
  ▷ *see also* **olc** MASC NOUN1
1 bad
  □ Tá mé go han-olc ag mata. I'm really bad at maths. □ Tá sé olc agat. It's bad for you.
  ■ **bheith go holc** to be seriously ill
2 vicious *(dog)*

olla ADJECTIVE
  woollen
  □ stocaí olla woollen socks

Ollainn FEM NOUN2
  ■ **an Ollainn** Holland □ san Ollainn in Holland □ chun na hOllainne to Holland

Ollainnis FEM NOUN2
  Dutch *(language)*

ollamh (PL **ollúna**) MASC NOUN1
  professor

Ollannach ADJECTIVE
  ▷ *see also* **Ollannach** MASC NOUN1
  Dutch
  □ Is Ollannach í. She's Dutch.

Ollannach MASC NOUN1
  ▷ *see also* **Ollannach** ADJECTIVE
  Dutchman
  Dutchwoman

olldord MASC NOUN1
  double bass
  □ Seinnim an t-olldord. I play the double bass.

ollmhargadh (PL **ollmhargaí**) MASC NOUN1
  supermarket

ollmhór ADJECTIVE
  huge

ollphéist (PL **ollphéisteanna**) FEM NOUN2
  monster

ollscartaire MASC NOUN4
  bulldozer

ollscoil (PL **ollscoileanna**) FEM NOUN2
  university
  □ Tá sí ar an ollscoil. She's at university.
  □ Ar mhaith leat dul ar an ollscoil? Do you want to go to university?

olltoghchán MASC NOUN1
  general election

ológ FEM NOUN2
  olive
  □ ola olóige olive oil

ómós MASC NOUN1
  respect
  □ Ba cheart ómós a thabhairt don aois. Old people should be treated with respect.
  ■ **in ómós na hócáide** to mark the occasion

ómra MASC NOUN4
  amber

o

Irish-English

onnmhaire FEM NOUN4
export
onóir (PL **onóracha**) FEM NOUN3
honour
□ Is mór an onóir dom bheith anseo anocht. It's a great honour for me to be here tonight. □ in onóir duine in somebody's honour
■ **céim onórach** an honours degree
onórach ADJECTIVE
honourable
ór MASC NOUN1
gold
□ Is fiú ór í. She's worth her weight in gold.
■ **Ní dhéanfainn a leithéid ar ór ná ar airgead.** I wouldn't do such a thing, not for any money.
■ **ór Muire** a marigold
oraibh ▷ see **ar**
óráid FEM NOUN2
speech (address)
□ Bhí orm óráid a dhéanamh ag an dinnéar. I had to make a speech at the dinner.
óráidí MASC NOUN4
speaker (in public)
orainn ▷ see **ar**
oráiste MASC NOUN4
▷ see also **oráiste** ADJECTIVE
orange (fruit, colour)
oráiste ADJECTIVE
▷ see also **oráiste** MASC NOUN4
orange
□ cóta oráiste an orange coat
Oráisteach MASC NOUN1
▷ see also **Oráisteach** ADJECTIVE
Orangeman
Oráisteach ADJECTIVE
▷ see also **Oráisteach** MASC NOUN1
Orange
□ an tOrd Oráisteach the Orange Order
Orc NOUN
■ **Inse Orc** the Orkneys
órchloch FEM NOUN2
philosopher's stone
ord MASC NOUN1
order
□ ord aibítre alphabetical order □ san ord contrártha in reverse order □ ord crábhaidh a religious order
■ **rudaí a chur in ord** to tidy up □ Chuir sí ord ar an seomra. She tidied up the room.
ordaigh VERB [12]
to order
□ D'ordaigh sé dom é a dhéanamh. He ordered me to do it. □ D'ordaigh mé cupán

tae agus ceapaire. I ordered a cup of tea and a sandwich.
ordóg FEM NOUN2
thumb
□ Diúlaim ar an ordóg go fóill. I still suck my thumb.
ordú MASC NOUN
order
□ ordú cúirte a court order
■ **ordú a thabhairt** to give an order
órga ADJECTIVE
golden
orgán MASC NOUN1
organ
□ Seinnim ar an orgán. I play the organ.
■ **orgán béil** a mouth organ
orgánach ADJECTIVE
organic
orlach (PL **orlaí**) MASC NOUN1
inch
□ sé horlaí six inches
orm ▷ see **ar**
ort ▷ see **ar**
ortaipéideach ADJECTIVE
orthopaedic
orthu ▷ see **ar**
os PREPOSITION
over
■ **os ard** aloud
■ **os cionn 1** above □ Bhí an teocht os cionn tríocha céim. The temperature was over thirty degrees. **2** more than □ os cionn trí chéad more than three hundred
■ **os coinne** in front of □ Ná habair sin os coinne na bpáistí. Don't say that in front of the children.
■ **os comhair** opposite □ Bhí Pól ina shuí os mo chomhair. Paul was sitting opposite me.
■ **Cé atá os do chionn?** Who's your superior?
oscail VERB [19, VA **oscailte**]
to open
□ Oscail do shúile. Open your eyes. □ D'oscail sí an beart. She opened the parcel. □ D'oscail sé uaidh féin. It opened of its own accord.
oscailt FEM NOUN2
opening
■ **bheith ar oscailt** (door, window) to be open
oscailte ADJECTIVE
open
osna FEM NOUN4
sigh
■ **osna a ligean** to sigh

164

osnádúrtha ADJECTIVE
supernatural

ospidéal MASC NOUN1
hospital

ósta MASC NOUN4
lodging
- **teach ósta** an inn

óstach MASC NOUN1
host
hostess

Ostair FEM NOUN2
- **an Ostair** Austria □ san Ostair in Austria

óstán MASC NOUN1
hotel
□ D'fhan muid in óstán. We stayed in a hotel. □ Tá an t-óstán áisiúil don aerfort. The hotel's convenient for the airport.

Ostarach ADJECTIVE, MASC NOUN1
Austrian
□ Is Ostarach í. She's Austrian.

osteilgeoir MASC NOUN3
overhead projector

ostrais FEM NOUN2
ostrich

othar MASC NOUN1
patient
□ Bhisigh an t-othar go gasta. The patient improved quickly.
- **othar seachtrach** an outpatient

otharcharr (PL **otharcharranna**)
MASC NOUN1
ambulance

otharlann FEM NOUN2
hospital
□ Tóg chun na hotharlainne mé! Take me to the hospital!

ózón MASC NOUN1
ozone

o

165

Pp

pá MASC NOUN4
1 pay
  □ ardú pá a pay rise
2 wages
  □ Bhí cuid de na fir ag obair ar a bpá lae. Some of the men were working for daily wages.

pábháil FEM NOUN3
  paving
  □ cloch phábhála a paving stone

paca MASC NOUN4
  packet
  □ paca toitíní a packet of cigarettes
  ■ **paca cártaí** a pack of cards
  ■ **do lámh a chur i bpaca** to throw in one's hand

pacáil VERB [25]
  ▷ see also **pacáil** FEM NOUN3
  to pack
  □ Tá mo mhála pacáilte agam. I've packed my bag.

pacáil FEM NOUN3
  ▷ see also **pacáil** VERB
  packing
  □ cás pacála a packing case

pacáiste MASC NOUN4
  package

Pacastáin FEM NOUN2
  ■ **an Phacastáin** Pakistan □ sa Phacastáin in Pakistan □ chun na Pacastáine to Pakistan □ Is as an bPacastáin é. He's from Pakistan.

Pacastánach ADJECTIVE, MASC NOUN1
  Pakistani

págánach MASC NOUN1
  pagan

paidir (GEN SING **paidre**, PL **paidreacha**)
  FEM NOUN2
  prayer
  ■ **an Phaidir** the Lord's Prayer

paidrín MASC NOUN4
  rosary beads

  ■ **an Paidrín** the Rosary

pailin FEM NOUN2
  pollen

pailm (PL **pailmeacha**) FEM NOUN2
  palm tree

paimfléad MASC NOUN1
  pamphlet

painéal MASC NOUN1
1 panel
  □ painéal gréine a solar panel □ painéal ionstraimí an instrument panel
2 board (committee)
  □ painéal moltóirí a board of adjudicators
3 dashboard (of car, aircraft)

páipéar MASC NOUN1
  paper
  □ blúire páipéir a scrap of paper □ mála páipéir a paper bag
  ■ **páipéar balla** wallpaper
  ■ **páipéar leithris** toilet paper
  ■ **páipéar nuachta** a newspaper
  ■ **páipéar scríbhneoireachta** writing paper

páipéarachas MASC NOUN1
  stationery

páirc (PL **páirceanna**) FEM NOUN2
1 field
  □ páirc cruithneachta a field of wheat
  □ páirc peile a football field
  ■ **páirc imeartha** (for games, sport) a pitch
2 park
  □ Rinneamar spaisteoireacht sa pháirc. We took a walk in the park. □ Ar an Satharn bímid ag crochadh thart sa pháirc. On Saturdays we hang about in the park.
  ■ **Páirc an Chrócaigh** Croke Park

  DID YOU KNOW...?
  Páirc an Chrócaigh is the national football and hurling stadium in Dublin.

  ■ **Páirc an Fhionnuisce** the Phoenix Park

■ **páirc théama** a theme park

páirceáil VERB [25]
▷ *see also* **páirceáil** FEM NOUN3
to park
□ Pháirceáil sé a charr sa chabhsa. He parked his car in the drive.

páirceáil FEM NOUN3
▷ *see also* **páirceáil** VERB
parking
□ ticéad páirceála a parking ticket

páircíneach ADJECTIVE
checked *(material)*

pairilis FEM NOUN2
paralysis

páirt (PL **páirteanna**) FEM NOUN2
1 part
□ an pháirt seo den tír this part of the country
■ **páirt a ghlacadh i rud** to take part in something □ Ghlac cuid mhór daoine páirt san agóid. A lot of people took part in the demonstration.
■ **dul i bpáirt** to take sides □ Téann sí i bpáirt i gcónaí leis. She always takes his side.
■ **páirteanna spártha** spare parts
2 role
□ Bhí mo dhearthháir i bpáirt an rí. My brother played the role of the king.

páirtaimseartha ADJECTIVE
part-time
□ post páirtaimseartha a part-time job

páirteach ADJECTIVE
■ **bheith páirteach i rud** to be involved in something
■ **Tá siad páirteach le chéile sa ghnó.** They are partners in the business.

páirteagal MASC NOUN1
particle *(in grammar)*

páirtí MASC NOUN4
party *(politics)*
□ An Páirtí Glas the Green Party
□ Páirtí an Lucht Oibre the Labour Party

páirtíocht FEM NOUN3
partnership

paiseanta ADJECTIVE
passionate

paisinéir MASC NOUN3
passenger

paiste MASC NOUN4
patch

□ paiste ábhair a patch of material
□ Tá paiste maol air. He's got a bald patch.
■ **paiste a chur ar rud** to patch something

páiste MASC NOUN4
child
□ Ar iompair na páistí iad féin i gceart? Did the children behave themselves? □ páiste aonair an only child

páistiúil ADJECTIVE
childish

paiteolaí MASC NOUN4
pathologist

Palaistín FEM NOUN2
■ **an Phalaistín** Palestine □ sa Phalaistín in Palestine

Palaistíneach ADJECTIVE, MASC NOUN1
Palestinian

pálás MASC NOUN1
palace

pána MASC NOUN4
pane
□ pána fuinneoige a window pane

pancóg FEM NOUN2
pancake

panda MASC NOUN4
panda

panna MASC NOUN4
pan
□ panna uibheagáin an omelette pan

pantaimím FEM NOUN2
pantomime

pantar MASC NOUN1
panther

pápa MASC NOUN4
pope

pár MASC NOUN1
parchment
■ **rud a chur ar pár** to put something in writing

paráid FEM NOUN2
parade

paraimíleatach ADJECTIVE, MASC NOUN1
paramilitary

paraisiút MASC NOUN1
parachute

Páras MASC NOUN4
Paris
□ i bPáras in Paris □ go Páras to Paris
□ Is as Páras í. She's from Paris.

pardún MASC NOUN1
pardon
□ Gabhaim pardún agat! I beg your pardon!
■ **Tugadh pardún dóibh.** They were pardoned.

parlaimint FEM NOUN2
parliament
■ **Parlaimint na hEorpa** the European Parliament

parlaiminteach ADJECTIVE
parliamentary

parlús MASC NOUN1
parlour

paróiste MASC NOUN4
parish

parthas MASC NOUN1
paradise
■ **Gairdín Pharthais** the Garden of Eden

parúl MASC NOUN1
parole
□ Tá sé ar parúl. He's on parole.

pas (PL **pasanna**) MASC NOUN4
▷ see also **pas** ADVERB
1 pass
■ **pas a fháil** (exam) to pass
■ **pas a thabhairt do dhuine** (in sport) to pass to somebody
2 passport
□ Scrúdaigh an póilín a pas. The police officer examined her passport.

pas ADVERB
▷ see also **pas** MASC NOUN4
somewhat
■ **pas beag ró-mhór** a bit too large

pasáil VERB [25]
to pass (exam, ball)

pasáiste MASC NOUN4
corridor
□ Ná bígí ag rith sna pasáistí! No running in the corridors!

pasfhocal MASC NOUN1
password (on computer)

pasta MASC NOUN4
pasta

páté MASC NOUN4
pâté

patraisc FEM NOUN2
partridge

patról MASC NOUN1
patrol
■ **patról a dhéanamh** to patrol

patrólcharr MASC NOUN1
patrol car

patrún MASC NOUN1
1 pattern
□ patrún fuála a sewing pattern
2 design
□ patrún geoiméadrach a geometric design

pátrún MASC NOUN1
patron

pé PRONOUN, ADJECTIVE, CONJUNCTION
1 whoever
□ Pé hiad féin, díolfaidh siad as an drochobair seo. Whoever they are, they'll pay for this misdeed.
2 whatever
□ Pé ar bith rud is maith leat. Whatever you like.
3 whichever
□ Pé acu a rinne é, bhí sé suarach aige. Whichever of them did it, it was mean of him.
4 whether
□ Pé acu a thiocfaidh sé nó a mhalairt, leanfaimid ar aghaidh. Whether he's comes or not, we'll go ahead.
5 anyhow
□ Tabharfaimid faoi, pé scéal é. We'll give it a try anyhow.

péac FEM NOUN2
effort (physical)
■ **bheith i ndeireadh na péice** to be on one's last legs

peaca MASC NOUN4
sin
□ peaca marfach a mortal sin
■ **Is mór an peaca é.** It's a crying shame.

péacach ADJECTIVE
colourful

peacaigh VERB [12]
to sin

péacóg FEM NOUN2
peacock

peann MASC NOUN1
pen
□ An bhfuil peann ag duine ar bith? Does anybody have a pen? □ peann gránbhiorach a ballpoint pen
■ **peann luaidhe** a pencil

péarla MASC NOUN4
pearl

pearóid FEM NOUN2
parrot

pearsa (GEN SING, GEN PL **pearsan**, PL **pearsana**) FEM NOUN
1 person (grammar)
□ an chéad phearsa uatha the first person singular
2 figure
□ Is pearsa thábhachtach pholaitiúil í. She's an important political figure.
□ Pearsa mhór i stair na hÉireann ba ea Cromail. Cromwell was a major figure in Irish history.
3 character (in book, play)

pearsanra MASC NOUN4
personnel

pearsanta ADJECTIVE
personal
□ saol pearsanta personal life

pearsantacht FEM NOUN3
personality

péas (PL **péas**) MASC NOUN4
policeman
■ **na péas** the police □ Thug na péas ruathar ar an gcumann. The police raided the club. □ Chuir mé an ghadaíocht in iúl do na péas. I reported the theft to the police.

peata MASC NOUN4
pet
□ Ná fág peataí gan feighil i do charr. Never leave pets unattended in your car. □ peata an mhúinteora teacher's pet
■ **peata a dhéanamh de dhuine** to pamper somebody

peil FEM NOUN2
football
□ An maith leat peil a imirt? Do you like to play football? □ Tá peil ann ar an gcainéal eile. There's football on the other channel.
■ **cluiche peile** a game of football
■ **páirc peile** a football field
■ **peil Mheiriceánach** American football

peilbheas MASC NOUN1
pelvis

peileadóir MASC NOUN3
footballer
□ Is peileadóir clúiteach é. He's a famous footballer.

péine MASC NOUN4
pine (tree)

péineas MASC NOUN1
penis

peinicillin FEM NOUN2
penicillin

péint FEM NOUN2
paint
□ D'ídíomar an phéint uile. We've used up all the paint. □ Níl an phéint tirim go fóill. The paint isn't dry yet. □ brat péinte a coat of paint
■ **'péint úr'** 'wet paint'

péinteáil FEM NOUN3
▷ see also **péinteáil** VERB
painting (work)

péinteáil VERB [25]
▷ see also **péinteáil** FEM NOUN3
to paint

péintéir MASC NOUN3
painter

péintéireacht FEM NOUN3
painting
□ péintéireacht ola an oil painting
□ Díoladh an phéintéireacht ar £5000. The painting fetched £5000.

péire MASC NOUN4
pair
□ péire cuarán a pair of sandals

peiriúic FEM NOUN2
wig

peirsil FEM NOUN2
parsley

péist (PL **péisteanna**) FEM NOUN2
worm
□ péist talún an earthworm
■ **péist chabáiste** a caterpillar

peiteal MASC NOUN1
petal

peitreal MASC NOUN1
petrol
□ canna peitril a can of petrol □ peitreal gan luaidhe unleaded petrol

peitriliam MASC NOUN4
petroleum

péitseog FEM NOUN2
peach

ph (remove 'h')

piachán MASC NOUN1
■ **Tá piachán i mo sceadamán.** I'm hoarse.

pian (GEN SING **péine**, PL **pianta**) FEM NOUN2
pain
□ Tá pian i mo dhroim. I've a pain in my back. □ Rinne sé éagnach leis an bpian. He groaned with pain.
■ **pian a bheith ort** to be in pain

pianmhar ADJECTIVE
painful

pianmhúchán MASC NOUN1
painkiller

pianó (PL **pianónna**) MASC NOUN4
piano
□ Seinnim an ar pianó. I play the piano.

pianódóir MASC NOUN3
pianist

piasún MASC NOUN1
pheasant

píb (PL **píoba**, GEN PL **píob**) FEM NOUN2
pipe (in music)
■ **píb mhála** bagpipes
■ **píb uilleann** uilleann pipes

píblíne FEM NOUN4
pipeline

picnic FEM NOUN2
picnic

□ Is áit ghalánta í faoi choinne picnice.
It's a lovely spot for a picnic.

pictiúr MASC NOUN1
1 picture
□ Tá pictiúir an-deas sa leabhar seo. There
are very nice pictures in this book. □ pictiúr
de Chaisleán Bhaile Átha Cliath a picture of
Dublin Castle
■ **pictiúr a thógáil de rud** to take a photo
of something
2 painting
□ pictiúr le Picasso a painting by Picasso

pictiúrlann FEM NOUN2
cinema
□ Tá mé ag dul chuig an bpictiúrlann
anocht. I'm going to the cinema tonight.

pictiúrtha ADJECTIVE
picturesque

piléar MASC NOUN1
bullet

pílear MASC NOUN1
cop (informal)

piléardhíonach ADJECTIVE
bulletproof

pilirín MASC NOUN4
pinafore

piliúr MASC NOUN1
pillow

pinc ADJECTIVE, MASC NOUN4
pink

pingin (PL pinginí) FEM NOUN2
penny

⸭ **LANGUAGE TIP pingine** is used to
translate 'pence' after the numbers
3 to 10.

□ trí pingine three pence □ deich bpingine
ten pence

⸭ **LANGUAGE TIP pingin** is used to
translate 'pence' after other numbers.

□ dhá phingin two pence □ fiche pingin sa
phunt 20 pence in the pound
■ **Níl pingin rua agam.** I'm totally skint.
■ **ar an bpingin is airde** at the highest
price

pinsean MASC NOUN1
pension
■ **dul ar pinsean** to retire
■ **múinteoir ar pinsean** a retired teacher

pinsinéir MASC NOUN3
pensioner

píobaire MASC NOUN4
piper

píobaireacht FEM NOUN3
1 piping (music)
2 pipe music

píobán MASC NOUN1
1 pipe
□ Tá uisce ag sileadh ón bpíobán. Water is
dripping from the pipe.
2 hose
□ píobán gairdín a garden hose
■ **greim píobáin a fháil ar dhuine** to grab
somebody by the throat

piobar MASC NOUN1
pepper
□ Sín chugam an piobar, le do thoil. Pass
the pepper, please.
■ **piobar glas** a green pepper

pioc VERB [14]
to pick
□ Phiocamar an uimhir go randamach. We
picked the number at random. □ Phiocamar
lán canna de sméara dubha. We picked a
canful of blackberries.
■ **piocadh ar dhuine** to pick on somebody
■ **piocadh ar rud** (food) to nibble at
something

piocóid FEM NOUN2
pick (tool)

piocúil ADJECTIVE
neat (in dress)

pióg FEM NOUN2
pie
□ pióg úll an apple pie □ pióg mhionra
a mince pie

piolón MASC NOUN1
pylon

píolóta MASC NOUN4
pilot
□ Thug an píolóta an t-eitleán anuas slán.
The pilot brought the plane down safely.

piongain FEM NOUN2
penguin

pionna MASC NOUN4
1 pin
□ pionna gruaige a hairpin
2 peg
□ pionna éadaigh a clothes peg

pionós MASC NOUN1
1 penalty
□ pionós an bháis death penalty
2 punishment
□ pionós corpartha corporal punishment
■ **pionós a chur ar dhuine** to punish
somebody
■ **pionós saoil** a life sentence

pionsóireacht FEM NOUN3
fencing (sport)

pionta MASC NOUN4
pint

□ pionta bainne a pint of milk

■ **dul faoi choinne pionta** to go for a pint
□ Chuaigh sé amach faoi choinne pionta. He's gone out for a pint.

píopa MASC NOUN4
pipe

□ Reoigh na píopaí. The pipes froze.
□ Caitheann sé píopa. He smokes a pipe.

píoráid MASC NOUN4
pirate

piorra MASC NOUN4
pear

■ **piorra abhcóide** an avocado

píosa MASC NOUN4
piece

□ píosa sreinge a piece of string □ Ar mhaith leat píosa eile cáca? Would you like another piece of cake? □ píosa páipéir a piece of paper

■ **píosa den tráthnóna** part of the evening

piostal MASC NOUN1
pistol

píotón MASC NOUN1
python

pirimid FEM NOUN2
pyramid

pis (PL **piseanna**) FEM NOUN2
pea

■ **pis talún** a peanut □ paicéad piseanna talún a packet of peanuts

■ **ceapaire d'im piseanna talún** a peanut-butter sandwich

piscín MASC NOUN4
kitten

piseán MASC NOUN1
pea

piseánach MASC NOUN1
pulse (beans, lentils)

piseogach ADJECTIVE
superstitious

pitseámaí MASC PL NOUN4
pyjamas

pixel MASC NOUN4
pixel

pizza MASC NOUN4
pizza

□ An gcuirfimid amach faoi choinne pizza? Shall we send out for a pizza?

plá (PL **plánna**) FEM NOUN4
1 plague (disease)
2 pest (person)

plab MASC NOUN4
▷ see also **plab** VERB
bang

□ Dúnadh an doras de phlab. The door closed with a bang.

plab VERB [14]
▷ see also **plab** MASC NOUN4
to slam (door)

plaic (PL **plaiceanna**) FEM NOUN2
1 bite

■ **plaic a bhaint as rud** to take a bite out of something
2 plaque (trophy)

pláinéad MASC NOUN1
planet

plaisteach ADJECTIVE, MASC NOUN1
plastic

plámás MASC NOUN1
flattery

■ **plámás a dhéanamh le duine** to flatter somebody

plámásach ADJECTIVE
flattering

plána MASC NOUN4
plane (tool)

■ **plána mín a chur ar rud** to smooth over something

plánach ADJECTIVE
plane (in maths)

planc MASC NOUN1
plank

planda MASC NOUN4
plant

□ planda annamh a rare plant □ Is fearr gan uisce a chur ar na plandaí rómhinic. It's not good to water your plants too often.

plandaigh VERB [12]
to plant (seeds)

plandáil FEM NOUN3
▷ see also **plandáil** VERB
plantation

plandlann FEM NOUN2
nursery (for plants)

plás MASC NOUN1
1 plaice (fish)
2 place (in street names)

plásóg FEM NOUN2
lawn

■ **plásóg amais** a putting green

plástar MASC NOUN1
plaster

□ Tá a cos i bplástar. Her leg's in plaster.
■ **plástar Pháras** plaster of Paris

pláta MASC NOUN4
plate

□ pláta poircealláin a china plate
■ **pláta anraith 1** a soup plate **2** a plate of soup

■ **pláta te** a hotplate
plátáilte ADJECTIVE
armoured *(car, tank)*
platanam MASC NOUN1
platinum
plé MASC NOUN4
discussion
■ **Ná bíodh aon phlé agat leo.** Have nothing to do with them.
pléadáil VERB [25]
to plead
□ Phléadáil sé ciontach. He pled guilty.
plean (PL **pleananna**) MASC NOUN4
plan
□ Tá athrú plean ann. There's been a change of plan. □ Cad iad do chuid pleananna don samhradh? What are your plans for the summer?
pleanáil VERB [25]
▷ *see also* **pleanáil** FEM NOUN3
to plan
□ Tá muid ag pleanáil turais chun na Fraince. We're planning a trip to France.
pleanáil FEM NOUN3
▷ *see also* **pleanáil** VERB
planning
□ pleanáil clainne family planning
□ pleanáil baile town planning
pleanálaí MASC NOUN4
planner
pléasc (PL **pléascanna**) FEM NOUN2
▷ *see also* **pléasc** VERB
bang
□ Chuala mé pléasc mhór. I heard a loud bang.
■ **pléasc buama** a bomb blast
pléasc VERB [14]
▷ *see also* **pléasc** FEM NOUN2
1 to explode
■ **Phléasc siad an charraig.** They blasted the rock.
2 to set off
□ Phléasc siad an buama. They set off the bomb.
3 to go off
□ Phléasc an buama. The bomb went off.
4 to burst
□ Phléasc an balún. The balloon burst.
■ **Phléascamar amach ag gáire.** We burst out laughing.
pléascadh MASC NOUN
explosion
□ Chroith an foirgneamh ón phléascadh. The explosion rocked the building.

pléascóg FEM NOUN2
cracker *(firework)*
■ **pléascóg Nollag** a Christmas cracker
pléata MASC NOUN4
pleat
pleidhce MASC NOUN4
fool
pleidhciúil ADJECTIVE
foolish
pléigh VERB [24]
to discuss
□ Phléigh muid fadhb an truaillithe. We discussed the problem of pollution.
■ **Ná bíodh aon phlé agat leo.** Have nothing to do with them.
Pléimeannach ADJECTIVE, NOUN MASC1
Flemish
Pléimeannais FEM NOUN2
Flemish *(language)*
pléineáilte ADJECTIVE
plain
pléisiúr MASC NOUN1
pleasure
□ Is mór an pléisiúr dul ann. It's a pleasure to go there. □ Tá sé ag meascadh gnó le pléisiúr. He's mixing business with pleasure.
■ **pléisiúr a bhaint as rud** to enjoy something
pléisiúrtha ADJECTIVE
1 pleasant *(occasion)*
2 agreeable *(person)*
pleist (PL **pleisteanna**) FEM NOUN2
splash
pleota MASC NOUN4
fool
plimp (PL **plimpeanna**) FEM NOUN2
bang
■ **plimp thoirní** a thunder clap
plocóid FEM NOUN2
plug *(electrical)*
□ Chuir sí plocóid ar an triomaitheoir gruaige. She fitted a plug to the hair dryer.
plód MASC NOUN1
crowd
plódaithe ADJECTIVE
packed *(crowded)*
□ Bhí an phictiúrlann plódaithe. The cinema was packed.
plódú MASC NOUN
■ **plódú tráchta** a traffic jam
plota MASC NOUN4
plot
pluais (PL **pluaiseanna**) FEM NOUN2
1 cave
2 den *(of animal)*

pluc FEM NOUN2
cheek *(on face)*

plucach ADJECTIVE
chubby
□ leanbh plucach a chubby baby

plucaireacht FEM NOUN3
cheek *(impudence)*

plucamas MASC NOUN1
mumps

plúch VERB [23]
1 to suffocate
□ Phlúchfadh an toit thú. The smoke would
have suffocated you.
2 to smother
□ Plúchadh an leanbh sa philiúr. The child
was smothered by the pillow.
3 to fall heavily *(snow)*
■ **Bhí sé ag plúchadh sneachta.** It was
snowing heavily.

plúchadh (GEN SING **plúchta**) MASC NOUN
■ **plúchadh sneachta** a heavy snowfall

plúchtach ADJECTIVE
stuffy
□ Tá an t-aer iontach plúchtach istigh
anseo. It's really stuffy in here.

pluda MASC NOUN4
mud

pludach ADJECTIVE
muddy

pluga MASC NOUN4
plug
■ **pluga cluaise** an earplug

pluid (PL **pluideanna**) FEM NOUN2
blanket

pluiméir MASC NOUN3
plumber
□ Is pluiméir é. He's a plumber.

pluiméireacht FEM NOUN3
plumbing *(trade)*

plúirín MASC NOUN4
■ **plúirín sneachta** a snowdrop

pluma MASC NOUN4
plum *(fruit)*

plúr MASC NOUN1
flour
□ Ar dtús, meáigh an plúr. First, weigh the
flour.

plus (PL **plusanna**) MASC NOUN4
plus sign

pobal MASC NOUN1
1 people *(community)*
2 population
□ pobal na háite the local population
■ **an pobal** the public
■ **os comhair an phobail** in public

pobalbhreith (PL **pobalbhreitheanna**)
FEM NOUN2
opinion poll

pobalscoil (PL **pobalscoileanna**)
FEM NOUN2
community school

poblacht FEM NOUN3
republic
■ **Poblacht na hÉireann** the Republic
of Ireland

poblachtach ADJECTIVE, MASC NOUN1
republican

poc MASC NOUN1
1 buck *(male of goat, deer)*
2 puck *(in sport)*
□ poc saor a free puck
■ **poc amach** puck-out
■ **poc sleasa** side-line cut

póca MASC NOUN4
pocket
□ Bhí peann ag gobadh amach as a phóca.
A pen was sticking out of his pocket.

pócar MASC NOUN1
poker *(card game)*

podchraoladh MASC NOUN
podcast

póg FEM NOUN2
▷ *see also* **póg** VERB
kiss
□ póg dhíochra a passionate kiss
□ Bheannaigh sé dom le póg. He greeted
me with a kiss.
■ **póg a thabhairt do dhuine** to kiss
somebody

póg VERB [14]
▷ *see also* **póg** FEM NOUN2
to kiss
□ Phóg siad a chéile. They kissed.

poiblí ADJECTIVE
public
□ saoire poiblí a public holiday
■ **go poiblí** publicly

poibligh VERB [11]
to publicize

poiblíocht FEM NOUN3
publicity

póilín MASC NOUN4
policeman
□ Ní raibh a fhios agam gur póilín é do dhaid.
I didn't know that your dad was a policeman.
■ **na póilíní** the police □ Cheistigh na
póilíní é. He was questioned by the police.

pointe MASC NOUN4
1 point
□ a dó pointe a trí 2 point 3

P

- **pointe cumhachta** a power point
- **pointe fiuchta** boiling point
- **ar an bpointe** on the dot □ Tháinig sé ar a 9 a chlog ar an bpointe. He arrived at 9 o'clock on the dot.

2 stage

□ ag an bpointe seo san idirbheartaíocht at this stage in the negotiations □ Ag an bpointe seo, tá sé róluath rud ar bith a rá. At this stage, it's too early to comment.

- **ar an bpointe boise** immediately

pointeáil VERB [25]
to point

pointeáilte ADJECTIVE
1 tidy *(place)*
2 smart *(dress)*

poipín MASC NOUN4
poppy

poirceallán MASC NOUN1
porcelain

póirse MASC NOUN4
porch

póirseáil FEM NOUN3
- **bheith ag póirseáil timpeall** to rummage around

póirseálaí MASC NOUN4
prowler

póirtéir MASC NOUN3
porter *(at station)*

póit (PL **póiteanna**) FEM NOUN2
hangover
- **póit a bheith ort** to have a hangover
- **póit a dhéanamh** to drink too much

póiteach ADJECTIVE
alcoholic *(person)*

poitigéir MASC NOUN3
chemist *(pharmacist)*
- **siopa poitigéara** *(shop)* a chemist's
□ An bhfuil siopa poitigéara thart anseo? Is there a chemist's round here?

poitín MASC NOUN4
poteen

> **DID YOU KNOW...?**
> **poteen** is a Irish spirit traditionally distilled in a small pot still. It is among the strongest alcoholic beverages in the world.

póitseáil FEM NOUN3
poaching

pol MASC NOUN1
pole *(magnetic)*
□ an Pol Theas The South Pole □ an Pol Thuaidh The North Pole

polaimiailíteas MASC NOUN1
polio

Polainn FEM NOUN2
- **an Pholainn** Poland □ sa Pholainn in Poland □ chun na Polainne to Poland

Polainnis FEM NOUN2
Polish *(language)*

polaitéin FEM NOUN2
polythene

polaiteoir MASC NOUN3
politician

polaitíocht FEM NOUN3
politics
□ Níl spéis agam sa pholaitíocht. I'm not interested in politics.

polaitiúil ADJECTIVE
political
□ Is pearsa thábhachtach pholaitiúil í. She's an important political figure.

Polannach ADJECTIVE
▷ *see also* **Polannach** MASC NOUN1
Polish
□ Is Polannach é. He's Polish.

Polannach MASC NOUN1
▷ *see also* **Polannach** ADJECTIVE
Pole

polasaí MASC NOUN4
policy
□ polasaí árachais an insurance policy
□ polasaí uile-ghabhálach a comprehensive policy

polca MASC NOUN4
polka

poll MASC NOUN1
1 hole
□ Líon sé an poll le hithir. He filled the hole in with soil. □ Chuaigh an coinín síos sa pholl. The rabbit went down the hole.
- **poll cnaipe** a buttonhole
2 puddle *(water)*
3 puncture
□ Bhí orm poll a dheisiú. I had to mend a puncture.
4 pothole *(in road)*

polláire MASC NOUN4
nostril

polltach ADJECTIVE
piercing
□ gaoth pholltach a piercing wind

póló MASC NOUN4
polo

pónaí MASC NOUN4
pony

pónaire FEM NOUN4
bean
□ pónairí bácáilte baked beans □ pónairí leathana broad beans

ponc (PL **poncanna**) MASC NOUN1
1 dot
2 point *(in decimals)*
   □ a dó pointe a trí 2 point 3
3 full stop *(in punctuation)*
   ■ **bheith i bponc** to be in a fix
poncaíocht FEM NOUN3
   punctuation
poncúil ADJECTIVE
   punctual
poncúlacht FEM NOUN3
   punctuality
   □ Ní hí an phoncúlacht an tréith is láidre agam. Punctuality isn't my strong point.
popcheol MASC NOUN1
   pop *(music)*
pór (PL **pórtha**) MASC NOUN1
1 seed
2 breed
   □ pór eallaigh a breed of cattle
póraigh VERB [12]
   to breed
   □ Póraíonn na coiníní go tiubh. Rabbits breed very quickly.
pornagrafaíocht FEM NOUN3
   pornography
port MASC NOUN1 *(harbour)*
1 bank *(of river)*
2 tune
   □ Seinn port dúinn. Play us a tune.
   ■ **do phort a athrú** to change one's tune
3 jig *(dance)*
portach MASC NOUN1
   bog
Portaingéalach ADJECTIVE, MASC NOUN1
   Portuguese
   □ Is Portaingéalach é. He's Portuguese.
Portaingéil FEM NOUN2
   ■ **an Phortaingéil** Portugal
Portaingéilis FEM NOUN2
   Portuguese *(language)*
portán MASC NOUN1
   crab
   ■ **An Portán** Cancer □ Is mise An Portán. I'm Cancer.
pórtfhíon MASC NOUN3
   port *(wine)*
Port Láirge MASC NOUN
   Waterford
   □ Bíonn sí ag comaitéireacht idir Baile Átha Cliath agus Port Láirge. She commutes between Dublin and Waterford.
   ■ **criostal Phort Láirge** Waterford crystal
portráid FEM NOUN2
   portrait

pós VERB [23]
   to marry
   □ Phós sí múinteoir scoile. She married a schoolteacher.
   ■ **Pósadh Seán anuraidh.** John got married last year.
pósadh (GEN SING **pósta**, PL **póstaí**) MASC NOUN
1 marriage
2 wedding *(ceremony)*
   ■ **fáinne pósta** a wedding ring
   ■ **ceiliúr pósta a chur ar dhuine** to propose to somebody
post MASC NOUN1
1 post *(mail)*
   ■ **An Post** the Irish Postal service
   ■ **fear an phoist** a postman
   ■ **oifig phoist** a post office
   ■ **litir a chur sa phost** to post a letter
2 job
   □ Fuair sí post lánaimseartha. She got a full-time job. □ Shocraigh sí ar a post a fhágáil. She's decided to quit her job.
pósta ADJECTIVE
   married
   □ bean phósta a married woman
póstaer MASC NOUN1
   poster
   □ Tá póstaeir agam ar bhallaí mo sheomra leaba. I've got posters on my bedroom walls. □ Tá póstaeir ar fud an bhaile mhóir. There are posters all over town.
postas MASC NOUN1
   postage
postchód MASC NOUN1
   postcode
postmharc MASC NOUN1
   postmark
postoifig FEM NOUN2
   post office
pota MASC NOUN4
1 pot
   □ pota caife a coffee pot □ potaí agus na pannaí pots and pans
2 potty *(child's)*
potaire MASC NOUN4
   potter
potaireacht FEM NOUN3
   pottery
prácás MASC NOUN1
   mess
   □ A leithéid de phrácás! What a mess!
praghas (PL **praghsanna**) MASC NOUN1
   price

□ praghas ard a high price □ Laghdaíodh praghas na ríomhairí. The price of computers has gone down.

■ **praghas a chur ar rud** to price something

■ **Tá praghas dúbailte ar thicéid den chéad ghrád.** First-class tickets cost double.

praghasliosta MASC NOUN4
price list

práinn (PL **práinneacha**) FEM NOUN2
1 rush
■ **An bhfuil práinn ort?** Are you in a hurry?
■ **Tá práinn leis.** It's urgent.
2 pride
□ Bhí práinn air as a chuid oibre. He took pride in his work.

práinneach ADJECTIVE
urgent
□ An bhfuil sé práinneach? Is it urgent?
■ **bheith práinneach as rud** to be delighted with something

praiseach FEM NOUN2
mess
□ Rinne tú praiseach de. You made a mess of it.

praiticiúil ADJECTIVE
practical

pram (PL **pramanna**) MASC NOUN4
pram

pramsáil VERB [25]
to prance about

pras ADJECTIVE
prompt
■ **go pras** promptly □ D'imigh muid go pras ar a seacht. We left promptly at seven.

prás MASC NOUN1
brass

prásóg FEM NOUN2
marzipan

práta MASC NOUN4
potato
□ prátaí bácáilte baked potatoes □ prátaí bruite boiled potatoes □ prátaí rósta roast potatoes □ Bíonn prátaí ag fás ag mo dhaid. My dad grows potatoes.

preab VERB [14]
▷ see also **preab** FEM NOUN2
1 to spring
□ Phreab sí ina seasamh. She sprang to her feet.
2 to bounce
□ Phreab an liathróid. The ball bounced.
3 to flicker
□ Phreab an solas. The light flickered.

4 to pound (heart)
□ Tá mo chroí ag preabadh. My heart's pounding.
5 to throb
□ Bhí an chneá ag preabadh. The wound was throbbing.

preab FEM NOUN2
▷ see also **preab** VERB
■ **éirí de phreab** to jump up
■ **Bhain tú preab asam.** You startled me.

preabán MASC NOUN1
patch

preabanta ADJECTIVE
lively

préachán MASC NOUN1
crow (bird)

préachta ADJECTIVE
freezing
□ Bhíomar préachta leis an bhfuacht. We were freezing with cold.

preas (PL **preasanna**) MASC NOUN3
press (newspapers)

preasagallamh MASC NOUN1
press conference

preasáil VERB [25]
to iron

Preispitéireach ADJECTIVE, MASC NOUN1
Presbyterian

priacal MASC NOUN1
risk
□ ar do phriacal féin at your own risk

pribhléid FEM NOUN2
privilege

printéir MASC NOUN3
printer (machine)

printíseach MASC NOUN1
1 trainee
2 apprentice (in trade)

printíseacht FEM NOUN3
apprenticeship

príobháideach ADJECTIVE
private
□ Bhí fógra mór agus 'príobháideach' air. There was a big sign saying 'private'. □ Is bleachtaire príobháideach é. He's a private detective.

prioc VERB [14]
to prick
□ Phrioc mé mo mhéar leis an tsnáthaid. I pricked my finger with the needle.

príomh- PREFIX
1 main
□ Ba é an príomhfháth ar éirigh sé as ná strus. His main reason for resigning was stress.

2 chief *(in rank)*
  □ an Príomh-Chigire the Chief Inspector
príomha ADJECTIVE
  primary
  ■ **go príomha** mainly □ Labhair sí go príomha uirthi féin. She talked mainly about herself.
príomháidh MASC NOUN4
  primate *(of church)*
príomh-aire MASC NOUN4
  prime minister
príomhaisteoir MASC NOUN3
  leading man
  leading lady
príomhalt MASC NOUN1
  editorial
príomhamhránaí MASC NOUN4
  lead singer
príomhbhóthar MASC NOUN1
  main road
príomhchathair (GEN SING **príomhchathrach**, PL **príomhchathracha**) FEM NOUN
  capital *(city)*
  □ Is é Páras príomhchathair na Fraince. Paris is the capital of France.
príomhoide MASC NOUN4
  head teacher
príomhpháirt FEM NOUN2
  lead *(in play, film)*
  ■ **Tá an phríomhpháirt ag Meryl Streep sa scannán.** The film stars Meryl Streep.
príomhscannán MASC NOUN1
  feature film
príomhshráid FEM NOUN2
  main street
prionsa MASC NOUN4
  prince
  □ Prionsa na Breataine Bige the Prince of Wales
prionsabal MASC NOUN1
  principle
prionta MASC NOUN4
  print
  □ prionta frámaithe a framed print
  □ priontaí daite colour prints
priontáil VERB [25]
  to print
prios (PL **priosanna**) MASC NOUN3
  cupboard
príosún MASC NOUN1
  prison
  □ príosún Phort Laoise Portlaoise prison
  □ Scaoileadh as príosún é. He was released from prison. □ Gearradh príosún bliana air.

He was sentenced to a year in prison.
  ■ **príosún saoil** a life sentence
príosúnach MASC NOUN1
  prisoner
  □ Scaoileadh saor na príosúnaigh. The prisoners have been released.
próca MASC NOUN4
  jar
  □ próca folamh an empty jar □ próca meala a jar of honey □ próca suibhe a jam jar
prochóg FEM NOUN2
  den *(of animal)*
  ■ **Prochóg amach is amach atá ann!** It's a real dump!
próifíl FEM NOUN2
  profile
proifisiúnta ADJECTIVE
  professional
próiseáil VERB [25]
  ▷ *see also* **próiseáil** FEM NOUN3
  to process
próiseáil FEM NOUN3
  ▷ *see also* **próiseáil** VERB
  processing
  □ próiseáil focal word processing
próiseálaí MASC NOUN4
  processor
  □ próiseálaí bia a food processor
  □ próiseálaí focal a word processor
próiseas MASC NOUN1
  process
próitéin FEM NOUN2
  protein
promanáid FEM NOUN2
  promenade *(by sea)*
promhadán MASC NOUN1
  test tube
promhadh MASC NOUN1
  probation
  ■ **bheith ar promhadh** to be on probation
Protastúnach ADJECTIVE, MASC NOUN1
  Protestant
prúna MASC NOUN4
  prune
pub MASC NOUN4
  pub
puball MASC NOUN1
  tent
  ■ **puball a chur suas** to pitch a tent
púca MASC NOUN4
  ghost
púdal MASC NOUN1
  poodle
púdar MASC NOUN1
  powder

□ púdar bácála **baking powder** □ púdar gallúnaí **soap powder**

púic (PL **púiceanna**) FEM NOUN2
blindfold
■ **Chuir sé púic air féin. He frowned.**

puilpid FEM NOUN2
pulpit

puimcín MASC NOUN4
pumpkin

puinn NOUN
not much *(with negative)*
■ **Níl puinn eolais aige. He hasn't a clue.**

puipéad MASC NOUN1
puppet

puisín MASC NOUN4
kitten

puiteach MASC NOUN1
mud

puití MASC NOUN4
putty

púl MASC NOUN4
pool *(game)*
□ An bhfuil tú ábalta púil a imirt? **Can you play pool?**

pulc VERB [14]
1 to stuff
□ Phulc sé na héadaí faoi dheifir sa mhála. **He stuffed the clothes hurriedly into the bag.**
2 to crowd
□ Phulc na daoine isteach sa halla. **The people crowded into the hall.**
3 to cram *(for exams)*

pumpa MASC NOUN4
pump

pumpáil VERB [25]
to pump

punc MASC NOUN4
punk

punt MASC NOUN1
pound *(weight, money)*
□ punt milseán **a pound of sweets** □ punt steirling **a pound sterling**

púróg FEM NOUN2
pebble

pus (PL **pusa**) MASC NOUN1
1 mouth *(informal)*
■ **Abair suas lena phus é. Tell him straight out.**
■ **pus a bheith ort to look sulky**
2 snout *(of animal)*

puslach MASC NOUN1
muzzle

puth FEM NOUN2
puff
□ puth ghaoithe **a puff of wind**

putóg FEM NOUN2
■ **putóg dhubh black pudding**

Rr

rabhadh MASC NOUN1
1 warning
  □ Níl ann ach rabhadh. It's just a warning.
  ■ **rabhadh a thabhairt do dhuine** to warn
  somebody □ Thug sé rabhadh dom. He
  warned me.
2 alarm
  □ clog rabhaidh an alarm clock
rabharta MASC NOUN4
  flood
rac MASC NOUN4
  rock (music)
ráca MASC NOUN4
  rake (tool)
racán MASC NOUN1
  racket (commotion)
  □ Tá racán bocht ar siúl acu. They're making
  a terrible racket.
rac-cheol MASC NOUN4
  rock music
ráchairt FEM NOUN2
  demand
  ■ **Bhí ráchairt ar ...** There was a run on ...
rachmasach ADJECTIVE
  wealthy
racht (PL rachtanna) MASC NOUN3
  fit
  □ racht gáire a fit of laughter
  ■ **do racht a ligean amach** to let
  off steam
radacach ADJECTIVE
  radical
radaighníomhach ADJECTIVE
  radioactive
radaitheoir MASC NOUN3
  radiator
radar MASC NOUN1
  radar
radharc MASC NOUN1
1 view
  □ seomra a bhfuil radharc uaidh a room
  with a view

2 look
  □ Lig dom amharc air. Let me have a look.
3 sight
  □ Tá an radharc go dona aici. She has poor
  sight.
  ■ **radharc na súl** eyesight
  ■ **dul as radharc** to disappear □ Chuaigh
  an t-oileán as radharc. The island disappeared.
  ■ **teacht i radharc** to come in view
  □ Tháinig an teach i radharc. The house
  came into view.
radharceolaí MASC NOUN4
  optician
  □ Is radharceolaí é. He's an optician.
radharcra MASC NOUN4
  scenery
ráfla MASC NOUN4
  rumour
  □ Tá ráfla ag dul thart. There is a rumour about.
rafta MASC NOUN4
  life raft
ragairne MASC NOUN4
  spree
  ■ **dul ar ragairne** to go on the tear
ragobair (GEN SING ragoibre) FEM NOUN2
  overtime
raibí MASC NOUN4
  rabbi
raic FEM NOUN2
  commotion
  □ Cad é mar raic! What a commotion!
raicéad MASC NOUN1
  racket (for sport)
  □ raicéad leadóige a tennis racket
raidhfil MASC NOUN4
  rifle
raidió MASC NOUN4
  radio
  ■ **ar an raidió** on the radio
raidis FEM NOUN2
  radish
  ■ **raidis fhiáin** horseradish

r

railí MASC NOUN4
rally
□ tiománaí railí a rally driver

ráille MASC NOUN4
1 rail
□ ráille tuáillí a towel rail
2 track (for train)
■ **ráillí** banisters

raiméis FEM NOUN2
nonsense

rainse MASC NOUN4
ranch

raithneach FEM NOUN2
bracken

rámh MASC NOUN3
oar

rámhaigh VERB [12, VN rámhach]
to row (boat)

rámhainn FEM NOUN2
spade

rámhaíocht FEM NOUN3
rowing

ramhar (GEN SING FEM, COMPAR **raimhre**,
PL **ramhra**) ADJECTIVE
fat (overweight)

rámhcheol MASC NOUN1
rave music

rang (PL **ranganna**) MASC NOUN3
class (at school)
□ Tá sé i mo rang. He is in my class.
■ **Tá mé i rang a dó.** I am in year two.

rann MASC NOUN1
1 verse (of poem, song)
2 rhyme
□ rainn pháistí a nursery rhyme

rannpháirteach ADJECTIVE
■ **bheith rannpháirteach i rud** to be
involved in something □ Beidh mé
rannpháirteach san obair sin. I'll be involved
in that work.

raon (PL **raonta**) MASC NOUN1
1 range
□ as raon out of range
2 track (for sport)
□ raon rásaí a race track

raonchulaith FEM NOUN2
tracksuit

rapcheol MASC NOUN1
rap music

rás MASC NOUN3
race
□ Chuir sí dúshlán ráis fúm. She challenged
me to a race.

rásaíocht FEM NOUN3
racing

ráschúrsa MASC NOUN4
racecourse

raspa MASC NOUN4
file
□ raspa ingne a nailfile

rásúr MASC NOUN1
razor

ráta MASC NOUN4
rate
□ ráta bainc bank rate □ ráta úis interest
rate

rath MASC NOUN3
success
□ Guím gach rath ort. I wish you every success.
■ **rath a ghuí ar dhuine** to wish somebody
well
■ **Tá rath ar an ngnó.** The business is doing
well.

ráth MASC NOUN3
drift
□ ráth sneachta snowdrift

rathúil ADJECTIVE
successful

ré (PL **réanna**) FEM NOUN4
age
□ an Ré Órga the Golden Age
■ **roimh ré** in advance

réab VERB [14]
to tear up
□ Réab sé an leabhar ó chéile. He tore up
the book.

réabhlóid FEM NOUN2
revolution

réabhlóideach ADJECTIVE
revolutionary

reáchtáil VERB [25]
to run (business, event)
□ Reáchtáil an scoil dioscó. The school ran
a disco.

réadlann FEM NOUN2
observatory

réadúil ADJECTIVE
realistic

réalta FEM NOUN4
star
□ réalta reatha a shooting star □ réalta
scannáin a film star

réalteolaíocht FEM NOUN3
astronomy

réamhaisnéis FEM NOUN2
forecast
□ réamhaisnéis na haimsire the weather
forecast

réamhchlaonta ADJECTIVE
prejudiced

réamhchúram (PL réamhchúraimí) MASC NOUN1
precaution

réamheolaire MASC NOUN4
prospectus

réamhléiriú MASC NOUN
rehearsal
□ réamhléiriú feistithe a dress
rehearsal

réamhrá (PL MASC NOUN4
preface (to book)

réamhstairiúil ADJECTIVE
prehistoric

réasún MASC NOUN1
reason
□ Tá sé le réasún go ... It stands to reason
that ...

réasúnta ADJECTIVE
reasonable
□ Bí réasúnta! Be reasonable!
■ réasúnta mór reasonably big

reatha ▷ see rith

reathaí MASC NOUN4
runner

reathaíocht FEM NOUN3
running

réchúiseach ADJECTIVE
easy-going

reibiliún MASC NOUN1
rebellion

reic (PL reiceanna) MASC NOUN3
sale
□ Beidh an reic ag tosú amárach. The sale
will begin tomorrow.

réidh ADJECTIVE
1 ready
□ Tá sí réidh. She's ready.
2 easy
□ Is réidh agat a bheith ag caint. It's easy
for you to talk.
3 finished (meal)
□ Tá mé réidh anois. I am finished now.

réigiún MASC NOUN1
region

reilig FEM NOUN2
graveyard

reiligiún MASC NOUN1
religion

réim (PL réimeanna) FEM NOUN2
1 power
■ bheith i réim to be in power
■ teacht i réim to take office
2 range
□ réim eolais range of knowledge
■ réim bia a diet

réinfhia (PL réinfhianna) MASC NOUN4
reindeer

reiptíl FEM NOUN2
reptile

réir FEM NOUN2
will
□ réir Dé the will of God
■ de réir a chéile gradually

reisimint FEM NOUN2
regiment

réiteach MASC NOUN1
1 solution (of problem)
□ réiteach eile an alternative solution
■ Níl aon réiteach ar an scéal. The issue
cannot be resolved.
2 settlement (of dispute)
■ vóta réitigh casting vote

réiteoir MASC NOUN3
1 referee (in football, rugby)
2 umpire (in cricket)

reithe MASC NOUN4
ram
■ an Reithe Aries □ Is mise An Reithe.
I'm Aries.

réitigh VERB [11, VN réiteach]
1 to solve (problem)
2 to settle (dispute)
■ Ní réitíonn an bia sin liom. That food
does not agree with me.
■ réiteach le duine to get on with
somebody □ Réitím go maith le Máire.
I get on well with Mary.

reoán MASC NOUN1
icing

reoigh VERB [20]
to freeze

reoiteog FEM NOUN2
ice cream

reoiteoir MASC NOUN3
freezer

reophointe MASC NOUN4
freezing point
■ trí chéim faoi bhun an reophointe
3 degrees below freezing

rí (PL ríthe) MASC NOUN4
king
■ na Trí Ríthe the Magi

riachtanach ADJECTIVE
1 necessary
□ an rud atá riachtanach what is necessary
2 essential
□ Tá sé riachtanach don tsláinte. It is
essential to health.

riachtanas MASC NOUN1
necessity

■ **in am an riachtanais** in time of need
■ **cuid an riachtanais** the bare essentials
riail (GEN SING **rialach**, PL **rialacha**) FEM NOUN
  rule
  □ rialacha scoile school rules
rialaigh VERB [12]
1 to rule (country)
2 to control (spending, inflation)
rialóir MASC NOUN3
  ruler (for measuring)
  □ An féidir liom iasacht do rialóra a fháil?
  Can I borrow your ruler?
rialta ADJECTIVE
  regular
  □ ar bhonn rialta on a regular basis
  ■ **rud a dhéanamh go rialta** to do
  something regularly
  ■ **bean rialta** a nun □ Tá sí ina bean rialta.
  She's a nun.
rialtas MASC NOUN1
  government
  □ D'fhreagair an rialtas go faichilleach.
  The government reacted cautiously.
  □ rialtas áitiúil local government
  ■ **Rialtas na hÉireann** the Irish government
riamh ADVERB
1 ever
  □ níos lú ná riamh less than ever □ An
  bhfaca tú riamh é? Have you ever seen it?
2 always
  □ Bhí sé riamh lag. He was always weak.
3 never
  □ Ní fhaca mé riamh í. I never saw her.
  □ Ní níonn sé na soithí riamh. He never
  does the dishes.
  ■ **an chéad lá riamh** the very first day
rian (PL **rianta**) MASC NOUN1
  mark (trace)
  ■ **rian fola** a bloodstain
  ■ **rian na gcos** footprints
rianpháipéar MASC NOUN1
  tracing paper
riarachán MASC NOUN1
  administration
riaráiste MASC NOUN4
  arrears (debt)
  LANGUAGE TIP The plural form
  riaráistí is also used.
  □ Tá riaráistí cíosa orm. I am in arrears with
  the rent.
riarthóir MASC NOUN3
  administrator
ribe MASC NOUN4
  hair (single)
  ■ **ribe féir** a blade of grass

ribín MASC NOUN4
  ribbon
  □ Chuir sí ribín ina cuid gruaige. She tied her
  hair with a ribbon.
  ■ **ribín tomhais** a tape measure
  ■ **rud a stróiceadh ina ribíní** to cut
  something to shreds
ridire MASC NOUN4
  knight (title, in chess)
rige MASC NOUN4
  rig
  □ Tá sé ag obair ar rige ola. He works on an
  oil rig.
ríl (PL **ríleanna**) FEM NOUN2
  reel (dance)
rím (PL **rímeanna**) FEM NOUN2
  rhyme
ríméad MASC NOUN1
  joy
  ■ **ríméad a bheith ort faoi rud** to be glad
  about something
rinc (PL **rinceanna**) FEM NOUN2
  ▷ see also **rinc** VERB
  rink
  □ rinc scátála a skating rink
rinc VERB [13, VN **rince**]
  ▷ see also **rinc** FEM NOUN
  to dance
rince MASC NOUN4
1 dance (event)
2 dancing
  □ rince tuaithe country dancing □ rince
  Gaelach Irish dancing
rinceoir MASC NOUN3
  dancer
ríocht FEM NOUN3
  kingdom
  ■ **an Ríocht Aontaithe** the United Kingdom
ríomh VERB [23, VN **ríomh**, VA **ríofa**]
  to count
ríomhaire MASC NOUN4
1 computer
  □ Níorbh fhéidir liom teacht gan mo
  ríomhaire. I couldn't do without my
  computer. □ Is saineolaí ríomhairí é.
  He's a computer expert.
  ■ **ríomhaire pearsanta** a personal
  computer
2 calculator
ríomhaireacht FEM NOUN3
  computer science
ríomhchlár MASC NOUN1
  program (computer)
ríomhchláraitheoir MASC NOUN3
  programmer (computing)

□ Is ríomhchláraitheoir í. She's a computer programmer.

ríomhphost MASC NOUN1
email

□ seoladh ríomhphost an email address
■ **scéala ríomhphoist a chur chuig duine** to email somebody
■ **rud a chur leis an ríomhphost** to email something

ríomhthicéad MASC NOUN1
e-ticket

rírá MASC NOUN4 commotion □ Bhí rírá agus ruaille buaille ann. There was an awful commotion.

rís FEM NOUN2
rice

rísín MASC NOUN4
raisin

riteoga FEM PL NOUN2
tights

rith (GEN SING **reatha**, PL **rití**) MASC NOUN3
▷ *see also* **rith** VERB
1 run
□ Téim amach ag rith gach maidin. I go for a run every morning.
2 running
□ Is é an rith an spórt is fearr liom. Running is my favourite sport.
■ **i rith an lae** during the day
■ **i rith an ama** all the time
■ **i rith an lae inné** all day yesterday

rith VERB [16, VN rith]
▷ *see also* **rith** MASC NOUN3
1 to run
□ Is féidir leis rith go gasta. He can run fast. □ Rith mé cúig chiliméadar. I ran five kilometres.
2 to flow *(water)*
■ **uisce reatha** running water
■ **cuntas reatha** a current account
■ **cúrsaí reatha** current affairs

rithim FEM NOUN2
rhythm

RnaG ABBREVIATION (= *Raidió na Gaeltachta*)
Irish language radio

ró MASC NOUN4
row
□ ró plandaí a row of plants

ró- PREFIX
too
□ rómhór too large □ róshean too old
□ Bhí sé rómhall. It was too late.

róba MASC NOUN4
robe

robáil VERB [25]
▷ *see also* **robáil** FEM NOUN3
to rob

robáil FEM NOUN3
▷ *see also* **robáil** VERB
robbery
□ Chuaigh an robáil amú. The robbery went wrong. □ robáil bainc a bank robbery

robálaí MASC NOUN4
robber

ród MASC NOUN1
road

rógaire MASC NOUN4
rogue

rogha FEM NOUN4
1 choice
□ Níl mé i bhfách lena rogha. I don't approve of his choice. □ Ní raibh rogha agam. I had no choice.
■ **Bíodh do rogha leabhar agat.** Choose any book you like.
2 alternative
□ Tá torthaí mar rogha shláintiúil ar sheacláid. Fruit is a healthy alternative to chocolate. □ Níl an dara rogha againn. We have no alternative.
■ **Déan do rogha rud.** Do whatever you want.

roghchlár MASC NOUN1
menu *(computing)*

roghnaigh VERB [12]
to choose
□ Is doiligh ceann a roghnú. It's difficult to choose one.

roicéad MASC NOUN1
rocket

roimh PREPOSITION

⋮ **LANGUAGE TIP** Prepositional pronouns
⋮ are **romham, romhat, roimhe,**
⋮ **roimpi, romhainn, romhaibh,**
⋮ **rompu.**

1 before *(in time)*
□ roimh an Máirt before Tuesday
■ **roimh Chríost** before Christ
2 in front of *(ahead)*
3 by *(not later than)*
□ roimh a 4 a chlog by 4 o'clock
■ **roimh ré** in advance □ Cheannaigh siad na ticéid roimh ré. They bought the tickets in advance.
■ **roimh i bhfad** soon □ Beidh an scrúdú cainte Fraincise agam roimh i bhfad.
I've got my French oral soon.
■ **Tá fáilte romhat.** You are welcome.
■ **roimh Cháisc** before Easter

r

Róimh FEM NOUN2
- **an Róimh** Rome

roimhe ADVERB
before
□ Bhí mé ann roimhe. I've been there before.
- **roimhe sin** before that
- **roimhe seo** formerly

roinn VERB [15, VN roinnt]
▷ see also **roinn** FEM NOUN
1 to share
□ Roinn sé na milseáin ar na páistí. He shared the sweets among the children.
2 to divide
□ Roinn an taosrán ina dhá leath. Divide the pastry in half. □ 12 roinnte ar thrí sin a ceathair 12 divided by 3 is 4.
3 to deal (cards)

roinn FEM NOUN2
▷ see also **roinn** VERB
department
□ roinn na mbróg the shoe department
□ roinn an Bhéarla the English department

roinnt (PL **ranna**) FEM NOUN2
1 division (sharing, also maths)
2 several
□ roinnt daoine several people
- **roinnt blianta** a few years
- **roinnt mhaith** a good deal □ Tá roinnt mhaith airgid agam. I have a good deal of money.

roisín MASC NOUN4
resin

ról MASC NOUN1
role

rolla MASC NOUN4
1 roll
□ rolla téipe a roll of tape □ rolla leithris a toilet roll
2 register (official record)
- **Tá mé ar an rolla.** I am enrolled.

rómánsach ADJECTIVE
romantic

rómánsachas MASC NOUN1
romanticism

rómánsaí MASC NOUN4
romanticist

Rómhánach ADJECTIVE, MASC NOUN1
Roman
□ villa Rómhánach a Roman villa

rón (PL **rónta**) MASC NOUN1
seal (animal)
- **rón mór** a sea lion

ronnach MASC NOUN1
mackerel

rop VERB [14]
to stab

rópa MASC NOUN4
rope
□ Shín siad rópa idir dhá chrann. They stretched a rope between two trees.

ros MASC NOUN3
headland

rós (PL **rósanna**) MASC NOUN1
rose
□ rós dearg a red rose

Ros Comáin MASC NOUN
Roscommon

róst VERB [23]
to roast

rósta ADJECTIVE
roast
□ mairteoil rósta roast beef □ prátaí rósta roast potatoes

róta MASC NOUN4
rota

roth MASC NOUN3
wheel
□ roth deiridh mo rothair the back wheel of my bike □ roth breise a spare wheel □ roth stiúrtha a steering wheel

rothaí MASC NOUN4
cyclist

rothaíocht FEM NOUN3
cycling
□ Is maith liom bheith ag rothaíocht. I like cycling.

rothar MASC NOUN1
bike
□ An féidir leat mo rothar a dheisiú? Can you fix my bike? □ An féidir leat rothar a rothaíocht? Can you ride a bike?
- **rothar aclaíochta** an exercise bike
- **rothar sléibhe** a mountain bike

r-phost MASC NOUN1
email
□ Cuir r-phost chugam. Send me an email.
□ seoladh r-phoist email address

RTÉ ABBREVIATION (= Raidió Teilifís Éireann)
Irish radio station

rua ADJECTIVE
1 red (hair)
□ Tá gruaig rua agam. I have red hair.
2 red-haired (person)
- **madra rua** a fox
- **iora rua** a red squirrel

ruaig VERB [13]
to chase
□ Ruaig siad as an teach mé. They chased me out of the house.

ruaim FEM NOUN2
fishing line

ruathar MASC NOUN1

1 rush
■ **Amach leo go léir de ruathar.** They all rushed outside.

2 raid
□ ruathar póilíní a police raid

rubar MASC NOUN1
rubber *(material)*

rúbarb MASC NOUN4
rhubarb

rud MASC NOUN3
thing
□ an rud sin i do láimh that thing in your hand □ Tá rudaí le déanamh agam. I have things to do.
■ **rud beag fuar** a little bit cold
■ **rud éigin** something □ rud éigin spéisiúil something interesting

ruga MASC NOUN4
rug
□ ruga Peirseach a Persian rug □ ruga breacáin a tartan rug

rugbaí MASC NOUN4
rugby
□ Imrím rugbaí. I play rugby.

rúibín MASC NOUN4
ruby

rúidbhealach (PL **rúidbhealaí**) MASC NOUN1
runway

Rúis FEM NOUN2
■ **an Rúis** Russia □ sa Rúis in Russia
□ chun na Rúise to Russia

Rúiseach ADJECTIVE, MASC NOUN1
Russian
□ Is Rúiseach í. She's Russian.

Rúisis FEM NOUN2
Russian *(language)*

rúitín MASC NOUN4
ankle
□ Ghortaigh mé mo rúitín. I hurt my ankle.

rum MASC NOUN4
rum

rún MASC NOUN1
secret
□ Is rún é. It's a secret. □ An féidir leat rún a choinneáil? Can you keep a secret?
■ **Tá rún agam dul amach anocht.** I intend to go out tonight.

rúnaí MASC NOUN4
secretary
□ Is rúnaí í. She's a secretary.
■ **Rúnaí Stáit** Secretary of State

rúnda ADJECTIVE
confidential

Rúraíocht FEM NOUN3
Ulster epic cycle *(in mythology)*

rúta MASC NOUN4
root

Ss

sa ▷ see **an**

-sa SUFFIX

> **LANGUAGE TIP** sa is added to the end of words for emphasis.

□ mo leabharsa MY book □ Ní ortsa an locht. It's not YOUR fault.

sábh (PL **sábha**) MASC NOUN1
saw (tool)

sábháil VERB [25]

1 to save
□ Ná déan dearmad ar do chuid oibre a shábháil. Don't forget to save your work.
■ **airgead a shábháil** to save money
□ Shábháil mé £50 cheana féin. I've saved £50 already.

2 to rescue
□ Shábháil na fir dhóiteáin iad. The firemen rescued them.

sábháilte ADJECTIVE
safe
□ Níl an carr seo sábháilte. This car isn't safe. □ Tá tú sábháilte anois. You're safe now. □ slán sábháilte safe and sound

sábháilteacht FEM NOUN3

1 safety

2 security
□ sábháilteacht fostaíochta job security

sabhaircín MASC NOUN4
primrose

sac VERB [14]
to shove
□ Shac mé mo chuid éadaigh síos i mála. I shoved my clothes into a bag. □ Shac sé a lámh isteach an fhuinneog. He shoved his hand in through the window.

sacar MASC NOUN1
soccer
□ Imrím sacar gach Satharn. I play soccer every Saturday. □ imreoir sacair a soccer player

sách ADVERB
quite

□ Bhí mo charr nua sách daor. My new car was quite dear.
■ **Ní raibh sé sách láidir lena dhéanamh.** He wasn't strong enough to do it.

sacsafón MASC NOUN1
saxophone
□ Seinnim ar an sacsafón. I play the saxophone.

sagart MASC NOUN1
priest

saghas (PL **saghsanna**) MASC NOUN1
▷ see also **saghas** ADVERB
kind
□ Tá trí shaghas aráin acu. They have three kinds of bread.

saghas ADVERB
▷ see also **saghas** MASC NOUN1
■ **saghas ait** rather strange

saibhir (GEN SING FEM, PL, COMPAR **saibhre**)
ADJECTIVE
rich
□ Tá sé saibhir. He's rich.

saibhreas MASC NOUN1
wealth

sáigh VERB [24]
to stab
□ Sádh sa droim é. He was stabbed in the back.
■ **Bhí a súile sáite sa scáileán.** She was glued to the screen.

saighdeoir MASC NOUN3
archer
■ **An Saighdeoir** Sagittarius □ Is mise An Saighdeoir. I'm Sagittarius.

saighdeoireacht FEM NOUN3
archery

saighdiúir MASC NOUN3
soldier
□ Is saighdiúir é. He's a soldier.

saighead (GEN SING **saighde**) FEM NOUN2
arrow
□ bogha agus saigheada a bow and arrows

■ **saighead reatha** (*from running*) a stitch
saighneáil VERB [25]
1 to sign
   □ Saighneáil an fhoirm, le do thoil. Please sign the form.
2 to sign on (*as unemployed*)
saighneán MASC NOUN1
   lightning
   ■ **na Saighneáin** the Northern Lights
sáil (PL **sála**, GEN PL **sál**) FEM NOUN2
   heel
   □ bróga faoi shála arda high-heeled shoes
   ■ **na sála a thabhairt leat** to escape
sáile MASC NOUN4
   sea water
   ■ **thar sáile** abroad □ Téim thar sáile gach bliain. I go abroad every year.
saileach FEM NOUN2
   willow
   □ crann sailí a willow tree
sailéad MASC NOUN1
   salad
   □ sailéad glas a green salad
   ■ **sailéad torthaí** fruit salad
saill FEM NOUN2
   ▷ *see also* **saill** VERB
   fat
   □ Tá cuid mhaith saille ann. It's very high in fat.
saill VERB [15]
   ▷ *see also* **saill** FEM NOUN2
   to cure (*meat, fish*)
   ■ **mairteoil shaillte** corned beef
sáimhríoch ADJECTIVE
   drowsy
sain- PREFIX
   specific
sainchomhartha MASC NOUN4
   ■ **sainchomhartha tíre** landmark
sainchreideamh MASC NOUN1
   denomination
saineolaí MASC NOUN4
   expert
   □ Is saineolaí ríomhairí é. He's a computer expert.
saineolas MASC NOUN1
   expertise
   ■ **saineolas a bheith agat ar rud** to have expert knowledge of something
sainiú MASC NOUN
   specification
sainiúil ADJECTIVE
   specific
sainmhínigh VERB [11]
   to define (*term, word*)

sainmhíniú MASC NOUN
   definition (*of term, word*)
sáinn FEM NOUN2
   trap
   ■ **Táimid i sáinn cheart anois.** We're in a right fix now.
sáinnigh VERB [11]
1 to trap
   □ Bhíomar sáinnithe ag na tuilte. We were trapped by the floodwaters.
2 to check (*chess*)
saint FEM NOUN2
   greed
sairdín MASC NOUN4
   sardine
sáirsint MASC NOUN4
   sergeant
sais (PL **saiseanna**) FEM NOUN2
   sash
sáith FEM NOUN2
   enough
   □ Tá mo sháith agam den obair seo. I've had enough of this work.
   ■ **do sháith airgid a bheith agat** to have enough money
   ■ **do sháith a ithe** to eat your fill
sál, sála ▷ *see* **sáil**
salach ADJECTIVE
   dirty
   □ níochán salach dirty washing □ Tá do lámha salach. Your hands are dirty.
   ■ **teacht salach ar dhuine** to cross somebody
salachar MASC NOUN1
   dirt
salann MASC NOUN1
   salt
   □ An dtiocfadh leat an salann a shíneadh dom. Could you pass me the salt.
sall ADVERB
   over

   ⟡ **LANGUAGE TIP** **sall** always indicates movement away from the speaker.
   □ Chuaigh sé sall go Meiriceá. He went over to America.
salm MASC NOUN1
   psalm
sámh ADJECTIVE
   easy
   □ saol sámh an easy life
   ■ **tráthnóna sámh** a calm evening
   ■ **Codladh sámh!** Sleep well!
samhail (GEN SING **samhla**, PL **samhlacha**)
   FEM NOUN3
   model

□ **samhail den chaisleán** a model of the castle

■ **Ní fhaca mé a shamhail riamh.** I never saw the like of it.

Samhain (GEN SING **Samhna**, PL **Samhnacha**) FEM NOUN3
November

□ **i mí na Samhna** in November

■ **Oíche Shamhna** Halloween

sámhán MASC NOUN1
nap

□ **Rinne mé sámhán codlata.** I took a nap.

■ **Thit sámhán orm.** I dozed off.

samhlaigh VERB [12]
to imagine

□ **Cé a shamhlódh é?** Who'd have imagined it?

■ **Shamhlaítear dom go ...** It appears to me that ...

■ **Ní shamhlóinn leat é go deo.** I'd never have expected it of you.

samhlaíocht FEM NOUN3
imagination

samhnasach ADJECTIVE
disgusting

samhradh (PL **samhraí**) MASC NOUN1
summer

□ **an samhradh seo chugainn** next summer □ **sa samhradh** in summer □ **saoire an tsamhraidh** the summer holidays

sampla MASC NOUN4

1 sample

□ **sampla fola** a blood sample □ **Teastaíonn sampla de do chuid oibre uathu.** They need a sample of your work.

2 example

□ **Is sampla bunúsach é.** It's a basic example.

■ **mar shampla** for example

San NOUN
Saint

□ **San Proinsias** St Francis

san ▷ see **an**

-san SUFFIX

⋯ **LANGUAGE TIP** san is added to the end of words for emphasis.

□ **a leabharsan** HIS book □ **ladsan a dúirt é.** THEY said it.

santach ADJECTIVE
greedy

santaigh VERB [12]
to be keen

□ **Ní shantóinn féin dul ar an turas sin.** I wouldn't be keen to go on that trip.

saoi MASC NOUN4
wise man

■ **Ní bhíonn saoi gan locht.** Nobody's perfect.

saoire FEM NOUN4

1 holiday

□ **Bhí an tsaoire ar dóigh.** The holiday was great.

■ **dul ar saoire** to go on holiday □ **Tá mé ag dul ar saoire.** I'm going on holiday.

■ **laethanta saoire** holidays □ **Cá ndeachaigh tú ar do laethanta saoire?** Where did you go for your holidays?

2 Sabbath

□ **Coimeádann muid i gcónaí an tsaoire.** We always keep the Sabbath.

saoirse FEM NOUN4
freedom

saoirseacht FEM NOUN3

■ **saoirseacht adhmaid** woodwork

saoiste MASC NOUN4

1 boss

2 foreman (on building site)

saoithiúil ADJECTIVE

1 interesting

□ **duine saoithiúil** an interesting person

2 peculiar

□ **Tá sin saoithiúil.** That's very peculiar.

saol (PL **saolta**) MASC NOUN1

1 life

□ **mo dhearcadh ar an saol** my outlook on life □ **sa saol fíor** in real life □ **Tá saol maith sóisialta agam.** I have a good social life.

■ **pionós saoil** a life sentence

■ **Ní tharlóidh sé le mo shaolsa.** It won't happen in my lifetime.

2 world

□ **Níl a leithéid eile ar dhroim an tsaoil.** There's not another like it in the world. □ **cúrsaí an tsaoil** world affairs

■ **Tá aithne ag an saol mór air.** Everybody knows him.

■ **os comhair an tsaoil** openly

■ **tar éis an tsaoil** after all

■ **teacht ar an saol** to be born

■ **ar na saolta seo** nowadays

saolaigh VERB [12]
to deliver

□ **Cé a shaolaigh an leanbh?** Who delivered the child?

■ **Saolaíodh in Albain í.** She was born in Scotland.

saolta ADJECTIVE

1 worldly (person, affairs)

2 earthly

□ an bheatha shaolta this earthly life
■ **Náire shaolta é!** It's an absolute disgrace!

saonta ADJECTIVE
naïve

saor MASC NOUN1
▷ *see also* **saor** ADJECTIVE, VERB
craftsman
■ **saor cloiche** a stonemason
■ **saor adhmaid** a carpenter

saor ADJECTIVE
▷ *see also* **saor** MASC NOUN1, VERB
1 free
□ An Luan an t-aon lá a bhím saor. Monday is the only day I'm free. □ íoslódail saor in aisce a free download □ Níl an seomra saor faoi láthair. The room isn't free at present.
■ **am saor** free time □ Cad é a dhéanann tú nuair a bhíonn am saor agat? What do you do in your free time?
■ **saor in aisce** free of charge
■ **saor ó cháin** tax-free
■ **seomra saor** a spare room
2 cheap
□ earraí saora cheap goods
■ **Cheannaigh mé go saor iad.** I bought them cheap.

saor VERB [14]
▷ *see also* **saor** MASC NOUN1, ADJECTIVE
1 to free
□ Saoradh na príosúnaigh. The prisoners were freed.
2 to acquit
□ Saoradh sa chúirt é. He was acquitted in court.
■ **duine a shaoradh ar an mbás** to save somebody's life

saoráid FEM NOUN2
convenience
■ **Tá gach saoráid anseo agaibh.** You have everything you need here.

saoráideach ADJECTIVE
easy
□ Tagann an obair sin go saoráideach chuici. That work comes easy to her.

saoránach MASC NOUN1
citizen
□ saoránach Éireannach an Irish citizen

saorchic FEM NOUN2
free kick *(football)*

saorga ADJECTIVE
man-made

saorstát MASC NOUN1
free state
■ **Saorstát Éireann** the Irish Free State

saorthoil FEM NOUN3
free will

saothar MASC NOUN1
work
□ saothar le Shaw a work by Shaw
■ **Ná bíodh a shaothar ort.** Don't bother.
■ **saothar a fháil le rud** to have difficulty with something
■ **saothar a bheith ort** to be out of breath

saotharlann FEM NOUN2
laboratory
■ **an tsaotharlann cheimice** the chemistry lab

saothrach ADJECTIVE
1 industrious *(person)*
2 laboured *(breath)*

saothraí MASC NOUN4
earner

saothraigh VERB [12]
1 to work
□ Saothraíonn sé go han-chrua. He works very hard.
2 to earn
□ Saothraíonn sí 10 euro in aghaidh na huaire. She earns 10 euros an hour.
□ Saothraíonn sé cuid mhór airgid. He earns a lot of money.
■ **glasraí a shaothrú** to grow vegetables
□ Saothraíonn muid ár nglasraí féin. We grow our own vegetables.

sáraigh VERB [12]
to beat *(outdo)*
□ Sháraigh sé orthu go léir sa rás. He beat them all in the race. □ Sáraíonn sin a bhfaca mé riamh. That beats all.
■ **Sháraigh sé an dlí.** He broke the law.
■ **Sháraigh an gluaisteán seachtó míle san uair.** The car did over 70 miles an hour.

sármhaith ADJECTIVE
excellent

sásaigh VERB [12]
to satisfy
□ Ní shásódh rud ar bith eile é. Nothing else would satisfy him.

sásamh MASC NOUN1
satisfaction
■ **Bhaineamar an-sásamh as an lá.** We really enjoyed the day.
■ **Bain do shásamh as.** Take as much of it as you want.
■ **sásamh a bhaint as duine** to get even with somebody

Sasana MASC NOUN4
England
□ i Sasana in England □ go Sasana to

England □ Is as Sasana mé. I'm from England.

Sasanach ADJECTIVE
▷ *see also* **Sasanach** MASC NOUN1
English
□ Is Sasanach mé. I'm English.

Sasanach MASC NOUN1
▷ *see also* **Sasanach** ADJECTIVE
Englishman
Englishwoman
■ **na Sasanaigh** English people

sásar MASC NOUN1
saucer

sáspan MASC NOUN1
saucepan

sásta ADJECTIVE
1 satisfied
□ Ní raibh an múinteoir sásta leis na torthaí. The teacher wasn't satisfied with the results.
2 pleased
□ Ní bheidh mo mháthair an-sásta. My mother's not going to be very pleased.
■ **bheith sásta le rud** to be happy with something □ Tá mé breá sásta le do chuid oibre. I'm very happy with your work.

sástacht FEM NOUN3
satisfaction
□ mothú sástachta a feeling of satisfaction

sásúil ADJECTIVE
satisfactory

satailít FEM NOUN2
satellite
■ **teilifís satailíte** satellite television
■ **mias satailíte** a satellite dish

Satharn MASC NOUN1
■ **An Satharn** Saturday
■ **Dé Sathairn** on Saturday
■ **ar an Satharn** on Saturdays □ Tagann sé ar an Satharn. He comes on Saturdays.

scáfar ADJECTIVE
terrible
□ oíche scáfar a terrible night

scag VERB [14]
1 to sift *(flour, evidence)*
2 to refine *(sugar, oil)*
3 to screen *(candidates)*

scagaire MASC NOUN4
filter
■ **scagaire ola** *(on car)* an oil filter

scáil (PL **scáileanna**) FEM NOUN2
1 shadow
□ Shuigh muid faoi scáil na gcrann. We sat under the shadow of the trees.

2 reflection
□ scáil na gcrann san uisce the reflection of the trees in the water

scáileán MASC NOUN1
screen *(TV, cinema)*

scáin VERB [15]
to thin out
■ **Tá na scamaill ag scáineadh.** The clouds are breaking up.

scáineadh (GEN SING **scáinte**) MASC NOUN
crack *(split)*

scaip VERB [13]
1 to spread
□ Scaip an scéala. Spread the news.
2 to disperse
□ Scaip an slua. The crowd dispersed.
■ **Tá an ceo ag scaipeadh.** The fog is lifting.

scaipthe ADJECTIVE
scattered
□ ceathanna scaipthe scattered showers

scair (PL **scaireanna**) FEM NOUN2
share
□ Tá scaireanna acu sa chuideachta. They've got shares in the company.

scaird VERB [15]
1 to squirt
□ Scaird sé uisce ar a dheirfiúr. He squirted water at his sister.
2 to pour
□ Tá uisce ag scairdeadh as an bpíobán. There's water pouring out of the pipe.

scairdeitleán MASC NOUN1
jet *(plane)*

scairf (PL **scairfeanna**) FEM NOUN2
scarf
□ scairf shíoda a silk scarf □ scairf bhreacáin a tartan scarf

scairp (PL **scairpeanna**) FEM NOUN2
scorpion
■ **An Scairp** Scorpio □ Is mise An Scairp. I'm Scorpio.

scairt (PL **scairteanna**) FEM NOUN2
▷ *see also* **scairt** VERB
shout
■ **scairt a ligean** to shout
■ **scairt ghutháin** a phone call □ Ba mhaith liom scairt ghutháin a dhéanamh. I'd like to make a phone call.

scairt VERB [15, VA **scairte**]
▷ *see also* **scairt** FEM NOUN2
1 to shout
□ Scairt sé orainn. He shouted to us.
□ Scairt mé agus d'amharc sé siar. I shouted and he looked round.

■ Scairt sé isteach ar a bhealach abhaile. He called in on his way home.

2 to call *(phone)*

scaitheamh (PL scaití) MASC NOUN1
while

■ scaití at times

scála MASC NOUN4
scale

□ ar scála domhanda on a global scale

■ scálaí *(in kitchen)* scales

■ scálaí tomhais bathroom scales

scall VERB [23]
to poach

□ ubh scallta a poached egg

scamall MASC NOUN1
cloud

scamallach ADJECTIVE
cloudy

scamh VERB [23, VA scafa]
1 to peel

□ Tá an phéint ag scamhadh. The paint is peeling off. □ An ndéanfaidh mé na prátaí a scamhadh? Shall I peel the potatoes?

2 to shell *(peas)*

3 to plane *(wood)*

scamhóg FEM NOUN2
lung

□ ailse scamhóige lung cancer

scan VERB [23]
to scan

scannal MASC NOUN1
scandal

□ Thóg sé scannal. It caused a scandal.

scannán MASC NOUN1
film

□ Níor thaitin an scannán liom. I didn't like the film.

■ scannán faisnéise a documentary

■ scannán uafáis a horror movie

scannánaigh VERB [12]
to film

scanóir MASC NOUN3
scanner

scanradh MASC NOUN1
fright

scanraigh VERB [12]
to frighten

□ Scanraigh an toirneach na páistí. The thunder frightened the children.

scanraithe ADJECTIVE
frightened

scaoil VERB [15]
1 to come undone

□ Scaoil sé. It came undone.

2 to release *(prisoner)*

3 to shoot

□ Scaoileadh marbh é. He was shot dead.

□ Ná scaoil! Don't shoot!

4 to fire

□ Scaoil sí faoi dhó. She fired twice.

■ scaoileadh le duine **1** to let somebody go **2** to fire at somebody □ Scaoil an sceimhlitheoir leis an slua. The terrorist fired at the crowd.

scaoileadh (GEN SING scaoilte) MASC NOUN
1 release *(of prisoners)*

2 shooting *(of person, gun)*

scaoilte ADJECTIVE
loose

□ Tá cónasc scaoilte ann. There's a loose connection.

scaoll MASC NOUN1
panic

□ Mhúscail mé agus scaoll orm. I woke up in a panic.

■ scaoll a theacht ort to panic □ Tháinig scaoll iontu. They panicked.

scar VERB [14]
1 to separate

□ Scar an dá ghrúpa ó chéile. Separate the two groups.

2 to part

□ Scaramar ag bun na sráide. We parted at the bottom of the street.

■ scaradh le rud to part with something

scartha ADJECTIVE
separate

□ Scríobh mé ar leathanach scartha é. I wrote it on a separate sheet.

scata MASC NOUN4
crowd

■ scata leabhar several books

scáta MASC NOUN4
skate

■ scátaí rothacha roller skates

scátáil FEM NOUN3
▷ *see also* scátáil VERB
skating

□ Chuamar ag scátáil. We went skating.

■ rinc scátála a skating rink

■ scátáil ar oighear ice-skating

scátáil VERB [25]
▷ *see also* scátáil FEM NOUN3
to skate

scátálaí MASC NOUN4
skater

scáth (PL scáthanna) MASC NOUN3
1 shade

□ faoi scáth na gcrann in the shade of the trees

S

■ **scáth fearthainne** an umbrella
■ **scáth gréine** a parasol
2 cover
□ **faoi scáth na hoíche** under cover of darkness
3 reflection *(in mirror)*
scáthach ADJECTIVE
shady
scáthán MASC NOUN1
mirror
□ **Tá scáthán os cionn an bháisín níocháin.** There's a mirror over the washbasin.
sceadamán MASC NOUN1
throat
□ **Tá tinneas sceadamáin orm.** I've got a sore throat.
scéal (PL **scéalta**) MASC NOUN1
story
□ **Chum sé an scéal iomlán.** He made up the whole story. □ **scéal bleachtaireachta** a detective story
■ **scéal fada ar an anró** a tale of woe
■ **scéal práinneach** a news flash
■ **Is bocht an scéal é.** It's a sad state of affairs.
scéala MASC NOUN4
news
□ **Ar chuala tú an dea-scéala?** Did you hear the good news?
■ **scéala a chur chuig duine** to let somebody know □ **Cuirfidh mé scéala chugat a luaithe is féidir.** I'll let you know as soon as possible.
■ **scéala a fháil ó dhuine** to hear from somebody □ **Ní bhfuair mé scéala uaidh ar na mallaibh.** I haven't heard from him recently.
scéalaí MASC NOUN4
storyteller
■ **Is maith an scéalaí an aimsir.** Time will tell.
sceallóg FEM NOUN2
chip
□ **D'ordaíomar stéig agus sceallóga.** We ordered steak and chips.
scéalta ▷ *see* **scéal**
sceana ▷ *see* **scian**
sceanra MASC NOUN4
cutlery
sceideal MASC NOUN1
schedule
□ **sceideal gnóthach** a busy schedule
■ **de réir an sceidil** on schedule
sceilp (PL **sceilpeanna**) FEM NOUN2
slap

scéim (PL **scéimeanna**) FEM NOUN2
scheme
sceimhle (PL **sceimhleacha**) MASC NOUN4
terror
■ **sceimhle a chur ar dhuine** to terrorize somebody
■ **Is iad a fuair an sceimhle.** They had a terrible time of it.
sceimhlitheoir MASC NOUN3
terrorist
□ **ionsaí sceimhlitheoireachta** a terrorist attack
sceimhlitheoireacht FEM NOUN3
terrorism
scéin FEM NOUN2
terror
scéiniúil ADJECTIVE
1 frightening *(scary)*
2 garish
□ **dathanna scéiniúla** garish colours
scéinséir MASC NOUN3
thriller *(TV, cinema)*
sceiptiúil ADJECTIVE
sceptical
sceith VERB [16, VN **sceitheadh**]
1 to overflow *(water)*
2 to peel *(skin, paint)*
■ **rún a sceitheadh** to divulge a secret
■ **sceitheadh ar dhuine** to inform on somebody
scéithe ▷ *see* **sciath**
sceitimíneach ADJECTIVE
very excited
sceitimíní PL NOUN
excitement
■ **sceitimíní a bheith ort** to be very excited
sceitse MASC NOUN4
sketch
sceitseáil VERB [25]
to sketch
scí (PL **scíonna**) MASC NOUN4
ski
sciáil VERB [25]
▷ *see also* **sciáil** FEM NOUN3
to ski
□ **An féidir leat sciáil?** Can you ski?
sciáil FEM NOUN3
▷ *see also* **sciáil** VERB
skiing
□ **Is breá liom an sciáil.** I love skiing.
■ **sciáil ar uisce** water-skiing
■ **sciáil trastíre** cross-country skiing
■ **ionad sciála** a ski resort
■ **dul ag sciáil** to go skiing □ **Ba mhaith liom dul ag sciáil níos minice.** I'd like to go skiing more often.

■ **bróga sciála** ski boots
■ **ardaitheoir sciála** a ski lift

sciálaí MASC NOUN4
skier

sciamhach ADJECTIVE
beautiful

scian (GEN SING **scine**, PL **sceana**) FEM NOUN2
knife
□ scian chistine a kitchen knife □ scian phóca a penknife □ scian feola a carving knife
■ **dul faoi scian** to have an operation □ Ní dheachaigh mé féin faoi scian riamh. I have never had an operation.

sciar (PL **sciartha**) MASC NOUN4
share

sciath (GEN SING **scéithe**) FEM NOUN2
1 shield (for protection)
2 guard (on machine)

sciathán MASC NOUN1
1 wing
□ Bhuail an t-éan a sciatháin. The bird flapped its wings.
2 arm (of person)
□ Bhí a sciathán ar iompar léi. She had her arm in a sling.
■ **sciathán leathair** (animal) bat

scigphictiúr MASC NOUN1
caricature

scil (PL **scileanna**) FEM NOUN2
skill
□ scileanna aonair individual skills □ Teastaíonn scileanna maithe ríomhaireachta don phost seo. The job requires good computer skills.

sciliúil ADJECTIVE
skilled

scilléad MASC NOUN1
saucepan

scimeáil VERB [25]
1 to skim (page)
2 to surf (on the internet)
□ Caithim cuid mhór ama ag scimeáil ar an Idirlíon. I spend a lot of time surfing the Net.

scine ▷ see **scian**

sciob VERB [14]
to snatch
□ Sciobadh mo mhála orm. My bag was snatched.

scioból MASC NOUN1
barn

sciobtha ADJECTIVE
fast
■ **sciobtha scuabtha** spick-and-span

scíonna ▷ see **scí**

sciorr VERB [14]
1 to slip
□ Sciorr mo chos ar an oighear. I slipped on the ice.
2 to skid (car)

sciorrach ADJECTIVE
slippery

sciorradh (GEN SING **sciorrtha**, PL **sciorrthaí**) MASC NOUN
slip
□ sciorradh focail a slip of the tongue

sciorta MASC NOUN4
skirt
□ sciorta gairid a short skirt
■ **sciorta den ádh** a bit of luck

scipéad MASC NOUN1
till

scíth FEM NOUN2
rest
□ scíth cúig nóiméad five minutes' rest
■ **do scíth a ligean** to have a rest □ Stop muid lenár scíth a ligean. We stopped to have a rest.

sciuird (PL **sciuirdeanna**) FEM NOUN2
dash
■ **Thug sí sciuird abhaile am lóin.** She dashed home at lunch time.

sciurd VERB [23]
to dash

sclábhaí MASC NOUN4
1 slave
□ an trádáil sclábhaí the slave trade
2 labourer (workman)

scláta MASC NOUN4
slate

scléip (PL **scléipeanna**) FEM NOUN2
fun

scoil (PL **scoileanna**) FEM NOUN2
1 school
□ Beidh dioscó ar siúl sa scoil anocht. There's a disco at the school tonight. □ Bím mall don scoil go minic. I'm often late for school.
■ **ar scoil 1** at school □ Tá sí ag déanamh go maith ar scoil. She's doing well at school. **2** to school □ Tiomáineann mo mháthair mé ar scoil. My mother drives me to school.
■ **scoil chónaithe** a boarding school
■ **scoil ghramadaí** a grammar school
2 shoal (of fish)

scoilt VERB [15, VA **scoilte**]
▷ see also **scoilt** FEM NOUN2
to split
□ Scoilt sé an t-adhmad le tua. He split the wood with an axe.

S

scoilt (PL **scoilteanna**) FEM NOUN2
▷ *see also* **scoilt** VERB
split
scoir VERB [13, VN scor, VA scortha]
1 to disconnect
□ Scoireadh an ghlao. The call was disconnected.
2 to break up *(school)*
□ Scoirfimid Dé Céadaoin seo chugainn. We break up next Wednesday.
■ **scor de rud** to stop doing something
scoite ADJECTIVE
1 remote *(place)*
2 detached *(house)*
□ Tá cónaí orainn i dteach scoite. We live in a detached house.
3 scattered *(showers)*
scoith VERB [16, VN scoitheadh]
1 to cut off
□ Scoith sí orlach dá glib. She cut an inch off her fringe.
2 to pass *(in race)*
□ Scoith mé iad cúpla míle siar. I passed them a couple of miles back.
3 to overtake *(car)*
□ Tháinig an carr amach le feithicil a scoitheadh. The car pulled out to overtake.
■ **Scoitheamar an coirnéal ar luas.** We rounded the corner at speed.
scoláire MASC NOUN4
scholar
scoláireacht FEM NOUN3
scholarship *(bursary)*
sconna MASC NOUN4
tap *(on sink)*
□ Ná fág an sconna ag rith. Don't leave the tap on.
scor MASC NOUN1
retirement
■ **ar scor** *(from work)* retired
■ **ar scor ar bith** at any rate
scór (PL **scórtha**) MASC NOUN1
score
□ Bhí an scór a trí a náid. The score was three nil. □ An féidir leat an scór a choinneáil, le do thoil. Can you keep score, please.
■ **scór féachana** *(TV, radio)* ratings
scóráil VERB [25]
to score
□ Eisean a scóráil an cúl a bhuaigh an cluiche dóibh. He scored the winning goal.
□ a 6 as a 10 a scóráil to score 6 out of 10
scórchlár MASC NOUN1
scoreboard

scornach FEM NOUN2
throat
□ leigheas maith ar scornach nimhneach a good remedy for a sore throat
scoth (PL **scothanna**) FEM NOUN3
best choice
■ **scoth oibre** excellent work
■ **scoth lae** a great day
■ **béile den chéad scoth** a first-class meal
scragall MASC NOUN1
foil
□ scragall stáin tinfoil
scread VERB [23]
▷ *see also* **scread** FEM NOUN3
to scream
scread (PL **screadanna**) FEM NOUN3
▷ *see also* **scread** VERB
scream
■ **scread a ligean** to scream
scríbhinn FEM NOUN2
writing
□ Chuir tú i scríbhinn é. You have to put it in writing.
■ **scríbhinní an Phiarsaigh** Pearse's writings
scríbhneoir MASC NOUN3
writer
□ Is scríbhneoir í. She's a writer.
■ **scríbhneoir CDanna** a CD writer
■ **scríbhneoir DVD** a DVD writer
scríbhneoireacht FEM NOUN3
writing
□ Tá mo chuid scríbhneoireachta trína chéile. My writing is terribly messy.
scrín (PL **scrínte**) FEM NOUN2
shrine
scríob FEM NOUN2
▷ *see also* **scríob** VERB
1 scratch
2 spell *(of work)*
■ **ceann scríbe** destination
scríob VERB [14]
▷ *see also* **scríob** FEM NOUN2
to scratch
scríobach ADJECTIVE
abrasive
scríobadh (GEN SING **scríobtha**) MASC NOUN
scratch
scríobh VERB [23, VN scríobh, VA scríofa]
▷ *see also* **scríobh** MASC NOUN3
to write
□ Scríobh do sheoladh i gceannlitreacha. Write your address in capitals. □ Scríobh nótaí sa chiumhais. Write notes in the margin.

■ **scríobh chuig duine** to write to somebody □ Shocraigh mé scríobh chuici. I decided to write to her.
■ **CD a scríobh** to burn a CD

scríobh (GEN SING **scríofa**) MASC NOUN3
▷ *see also* **scríobh** VERB
writing
□ Aithním a scríobh. I recognize his writing. □ Ní féidir liom an scríobh agat a léamh. I can't read your writing.

scrioptúr MASC NOUN1
Scripture

scrios VERB [23]
▷ *see also* **scrios** MASC NOUN
1 to ruin
□ Scriosfaidh tú do bhróga. You'll ruin your shoes.
2 to wreck
□ Scrios an pléascadh an teach iomlán. The explosion wrecked the whole house.
3 to rub out *(erase)*
□ Scrios an focal sin. Rub out that word.

scrios (GEN SING **scriosta**) MASC NOUN
▷ *see also* **scrios** VERB
destruction

scriosach ADJECTIVE
destructive

scriosán MASC NOUN1
rubber *(eraser)*
□ An dtig liom do scriosán a fháil ar iasacht uait? Can I borrow your rubber?

script (PL **scripteanna**) FEM NOUN2
script

scriú (PL **scriúnna**) MASC NOUN4
screw

scriúáil VERB [25]
to screw

scriúire MASC NOUN4
screwdriver

scrofa ADJECTIVE
scrambled
□ uibheacha scrofa scrambled eggs

scroid FEM NOUN2
snack

scrollaigh VERB [12]
to scroll *(on computer)*
■ Scrollaigh síos. Scroll down.

scrúdaigh VERB [12]
to examine
□ Rinne sé scrúdú ar a pas. He examined her passport. □ Rinne an dochtúir scrúdú air. The doctor examined him.

scrúdaitheoir MASC NOUN3
examiner

scrúdú MASC NOUN
1 exam
□ Theip orm sa scrúdú. I failed the exam. □ Bhain mé gradam amach i mo scrúdú pianó. I got a distinction in my piano exam.
■ **scrúdú bréige** a mock exam
■ **scrúdú cainte** an oral exam
■ **scrúdú iontrála** an entrance exam
2 test
□ scrúdú fola a blood test □ Tá siad a dhul a dhéanamh tuilleadh scrúduithe. They're going to do some more tests.

scuab FEM NOUN2
▷ *see also* **scuab** VERB
brush
■ **scuab éadaigh** a clothes brush
■ **scuab ghruaige** a hairbrush

scuab VERB [14]
▷ *see also* **scuab** FEM NOUN2
1 to sweep *(floor)*
2 to brush
□ Scuab mé mo chuid gruaige. I brushed my hair. □ Scuabaim mo chuid fiacla gach oíche. I brush my teeth every night.
■ **scuabadh leat** to rush off

scuaine FEM NOUN4
queue
■ **dul i scuaine faoi choinne ruda** to queue for something □ Bhí orainn dul i scuaine le haghaidh na dticéad. We had to queue for tickets.

scuais FEM NOUN2
squash *(sport)*
□ Imrím scuais. I play squash.

scútar MASC NOUN1
scooter

sé PRONOUN
▷ *see also* **sé** MASC NOUN4
1 he
□ Tá sé san arm. He's in the army. □ Tharraing sé a ghunna. He reached for his gun.
2 it
□ Tá sé te go maith inniu. It's quite warm today. □ Cá fhad atá sé go ...? How far is it to ...? □ Cén t-am atá sé? What time is it?

sé (PL **séanna**) MASC NOUN4
▷ *see also* **sé** PRONOUN
six

LANGUAGE TIP sé is usually followed by a singular noun.
□ sé bhuidéal six bottles □ sé mhéadar ar fad 6 metres long
■ Tá sé sé bliana d'aois. He's six.

■ **sé ... déag** sixteen □ sé dhuine déag sixteen people

seabhac MASC NOUN1
hawk

séabra MASC NOUN4
zebra

seac MASC NOUN1
jack (for car)

seaca ▷ see sioc

seach NOUN
■ **faoi seach** in turn
■ **Doire agus Baile Átha Cliath faoi seach** Derry and Dublin respectively

seachadadh (GEN SING **seachadta**) MASC NOUN
1 delivery (mail)
□ íoc ar seachadadh cash on delivery
□ seachadadh taifeadta recorded delivery
■ **Bím ag seachadadh nuachtán.** I deliver newspapers.
2 pass (sport)

seachaid VERB [25, VN seachadadh, VA seachadta]
1 to deliver (mail, newspapers)
2 to pass (ball)

seachain VERB [19]
to avoid
□ Seachain an tsráid san oíche. Avoid going down that street at night.

seachaint FEM NOUN3
■ **bheith ar do sheachaint** to be on the run
□ Tá na coirpigh fós ar a seachaint. The criminals are still on the run.

seachas PREPOSITION
1 besides
□ Bhí triúr ann seachas mise. There were three people there besides me.
2 compared to
□ Tá sí go maith anois seachas mar a bhí. She is well now compared to how she was.

seachbhóthar MASC NOUN1
ring road

seachród MASC NOUN1
bypass (road)

seacht (PL **seachtanna**) MASC NOUN4
seven

> **LANGUAGE TIP seacht** is usually followed by a singular noun.

□ seacht mbuidéal seven bottles
■ **Tá sí seacht mbliana d'aois.** She's seven.
■ **seacht ... déag** seventeen □ seacht nduine dhéag seventeen people

seachtain (PL **seachtainí**) FEM NOUN2
week

□ Beidh muid ag stopadh anseo go ceann seachtaine. We're staying here for a week.

> **LANGUAGE TIP** Numbers in Irish are usually followed by a singular noun, but the plural form **seachtaine** is used after numbers 3 to 10.

□ trí seachtaine saoire le pá 3 weeks' paid holiday
■ **an tseachtain seo caite** last week
■ **gach seachtain** every week
■ **an tseachtain seo chugainn** next week
□ Beidh siad ag bogadh isteach an tseachtain seo chugainn. They're moving in next week.
■ **i gceann seachtaine** in a week's time
■ **seachtain agus an lá inniu** a week ago today
■ **deireadh na seachtaine** the weekend
□ Ní stadann sé den obair, fiú amháin ag an deireadh seachtaine. He never stops working, not even at the weekend.

seachtainiúil ADJECTIVE
weekly

seachtar MASC NOUN1
seven people
■ **seachtar ban** seven women

seachtó (GEN SING **seachtód**, PL **seachtóidí**) MASC NOUN
seventy

> **LANGUAGE TIP seachtó** is followed by a singular noun.

□ seachtó duine seventy people
■ **Tá sé seachtó bliain d'aois.** He's seventy.

seachtódú ADJECTIVE
seventieth

seachtrach ADJECTIVE
external

seachtú ADJECTIVE
seventh
□ an seachtú hurlár the seventh floor
■ **an seachtú Lúnasa** the seventh of August

seacláid FEM NOUN2
chocolate
□ císte seacláide a chocolate cake
□ seacláid bhainne milk chocolate
□ seacláid dhorcha dark chocolate

seadóg FEM NOUN2
grapefruit

seafóid FEM NOUN2
nonsense
□ Sin seafóid ghlan! That's a load of nonsense!

seafóideach ADJECTIVE
ridiculous

Irish-English

seaicéad MASC NOUN1
jacket
□ seaicéad svaeide a suede jacket
□ seaicéad dinnéir a dinner jacket
□ seaicéad tarrthála a life jacket

seaimpéin MASC NOUN4
champagne

seaimpín MASC NOUN4
champion (sport)

seal MASC NOUN3
1 turn
□ Do shealsa atá ann. It's your turn.
□ Labhair siad ar a seal. They spoke in turn.
2 shift (at work)
□ Tosóidh a sheal oibre ar a 8 a chlog. His shift starts at 8 o'clock. □ seal na hoíche the night shift

seál (PL seálta) MASC NOUN1
shawl

séala MASC NOUN4
seal
■ séala a chur ar rud to seal something
■ faoi shéala (document) sealed

sealadach ADJECTIVE
provisional

sealaíocht FEM NOUN3
relay (race)
■ sealaíocht a dhéanamh le duine to take turns with somebody

sealbh, sealbha ▷ see seilbh

sealgaire MASC NOUN4
hunter

sealgaireacht FEM NOUN3
hunting

sealla MASC NOUN4
chalet

Sealtainn FEM NOUN4
Shetland

seampú (PL seampúnna) MASC NOUN4
shampoo
□ buidéal seampú a bottle of shampoo

seamróg FEM NOUN2
shamrock

sean (GEN SING, GEN PL sean, PL seana)
MASC NOUN4
▷ see also sean ADJECTIVE
ancestor

sean (COMPAR sine) ADJECTIVE
▷ see also sean MASC NOUN4
old
□ Níl sé chomh sean sin. He's not so old.
□ Caithfidh go bhfuil mé ag éirí sean. I must be getting old.

sean- PREFIX
old

□ seandaoine old people □ Is sean-nós é. It's an old custom. □ Tá siad ag cóiriú seanteachín. They're doing up an old cottage. □ mo sheanmhúinteoir Béarla my old English teacher
■ an tSean-Ghréig ancient Greece

-sean SUFFIX

LANGUAGE TIP sean is added to the end of words for emphasis.

□ a mháthairsean HIS mother □ dóibhsean to THEM

séan MASC NOUN1
▷ see also séan VERB
1 happiness
2 good luck
■ Rugadh an séan leis. He was born lucky.

séan VERB [23]
▷ see also séan MASC NOUN1
to deny
□ Shéan sí gach rud. She denied everything.

seanad MASC NOUN1
senate

séanadh (GEN SING séanta) MASC NOUN
denial

seanadóir MASC NOUN3
senator

seanaimseartha ADJECTIVE
old-fashioned
□ Tá mo thuismitheoirí cineál seanaimseartha. My parents are rather old-fashioned.

seanaois FEM NOUN2
old age

seanathair (GEN SING seanathar, PL seanaithreacha) MASC NOUN
grandfather

seanbhean (GEN SING, PL seanmhná, GEN PL seanbhan) FEM NOUN
old woman

seanchaite ADJECTIVE
1 worn out (clothes)
2 trite (phrase, remark)

seanda ADJECTIVE
ancient

seandachtaí FEM PL NOUN3
antiques

seandálaí MASC NOUN4
archaeologist
□ Is seandálaí é. He's an archaeologist.

seandálaíocht FEM NOUN3
archaeology

seanduine (PL seandaoine) MASC NOUN4
old person
■ na seandaoine the elderly

S

seanfhaiseanta ADJECTIVE
old-fashioned
□ Caitheann sí éadaí seanfhaiseanta.
She wears old-fashioned clothes.

seanfhear MASC NOUN1
old man

seanfhocal MASC NOUN1
proverb

seang (GEN SING MASC **seang**) ADJECTIVE
slender

seangán MASC NOUN1
ant

seanmháthair (GEN SING **seanmháthar**,
PL **seanmháithreacha**) FEM NOUN
grandmother

seanmóir FEM NOUN3
sermon

séanna ▷ see sé

seanphinsean MASC NOUN1
old-age pension

seanphinsinéir MASC NOUN3
old-age pensioner
□ Is seanphinsinéir í. She's an old-age
pensioner.

seans (PL **seansanna**) MASC NOUN4
1 chance
□ Tá seans maith acu baint. Their chances
of winning are very good.
■ **dul sa seans** to take a chance □ Ní
bheidh mé ag dul sa seans! I'm taking no
chances!
■ **de sheans** by chance □ Bhuaileamar le
chéile de thaisme. We met by chance.
2 luck
■ **Bhí seans leat nár gortaíodh thú.** You
were lucky not to be injured.
■ **Seans nach bhfaca sé muid.** Maybe he
didn't see us.

seansailéir MASC NOUN3
chancellor
■ **Seansailéir an Státchiste** Chancellor of
the Exchequer

Sean-Tiomna MASC NOUN4
Old Testament

Seapáin FEM NOUN2
■ **an tSeapáin** Japan □ sa tSeapáin in
Japan □ ón tSeapáin from Japan

Seapáinis FEM NOUN2
Japanese (language)

Seapánach ADJECTIVE, MASC NOUN1
Japanese
□ Is Seapánach í. She's Japanese.

searbh (GEN SING MASC **searbh**) ADJECTIVE
bitter
□ blas searbh a bitter taste

■ **éirí searbh le chéile** to become angry
with one another

searbhónta MASC NOUN4
servant

searc FEM NOUN2
love

searmanas MASC NOUN1
ceremony

searr VERB [23]
to stretch

searrach MASC NOUN1
foal

searradh (GEN SING **searrtha**) MASC NOUN
stretching

seas VERB [23, VN seasamh]
1 to stand
□ Seasaigí! Stand up!
■ **seasamh don Dáil** to stand for the Dáil
■ **seasamh le duine** to stand by somebody
□ Sheas sí lena fear. She stood by her
husband.
■ **an fód a sheasamh** to make a stand
■ **Seas an fód ar son do chearta!** Stand up
for your rights!
2 to keep
□ Ní sheasann an bainne san aimsir seo.
Milk doesn't keep in weather like this.
■ **deoch a sheasamh do dhuine** to treat
somebody to a drink

seasamh MASC NOUN1
standing
□ áit seasaimh standing room
■ **bheith i do sheasamh** to be standing
□ Bhí sé ina sheasamh taobh amuigh den
teach. He was standing outside the house.
■ **titim as do sheasamh** to collapse □ Thit
sí as a seasamh isteach i gcathaoir. She
collapsed into a chair.

seasca (GEN SING **seascad**, PL **seascaidí**) MASC
NOUN
sixty

LANGUAGE TIP **seasca** is followed by a
singular noun.

□ seasca duine sixty people
■ **Tá sé seasca bliain d'aois.** He's sixty.

seascadú ADJECTIVE
sixtieth

seascair ADJECTIVE
cosy (clothes, house)
■ **bheith go seascair** to be well-off

seascann MASC NOUN1
swamp

seasmhach ADJECTIVE
1 reliable
□ carr buanseasmhach a reliable car

2 stable
□ caidreamh seasmhach **a stable relationship**
3 settled *(weather)*

seasta ADJECTIVE
steady
□ dul chun cinn seasta **steady progress**
□ post seasta **a steady job** □ stócach seasta **a steady boyfriend**
■ biachlár ar phraghas seasta **a fixed-price menu**

seastán MASC NOUN1
stand
□ seastán nuachtán **a news stand**

séasúr MASC NOUN1
1 season
□ Cad é an séasúr is fearr leat? **What's your favourite season?** □ an séasúr díomhaoin **the low season**
■ as séasúr **out of season** □ Bíonn sé níos saoire dul ann as séasúr. **It's cheaper to go there out of season.**
2 seasoning *(in food)*

séasúrach ADJECTIVE
1 seasonal *(work, produce)*
2 seasoned *(food)*

seic (PL seiceanna) MASC NOUN4
cheque
□ D'íoc sí le seic. **She paid by cheque.**

seic-chárta MASC NOUN4
cheque card

Seiceach ADJECTIVE, MASC NOUN1
Czech
□ Poblacht Seiceach **the Czech Republic**

seiceáil VERB [25]
to check
■ seiceáil amach **to check out** □ An féidir liom seiceáil amach, le do thoil? **Can I check out, please?**

seicleabhar MASC NOUN1
chequebook

séid VERB [15]
to blow
□ Shéid sé ina ghála. **It blew a gale.** □ Shéid an ghaoth chun siúil é. **The wind blew it away.**

séideadh (GEN SING séidte) MASC NOUN
draught *(of air)*
□ bearradh agus séideadh tirim **a cut and blow-dry**

séideán MASC NOUN1
gust *(of wind)*

SEIF ABBREVIATION *(= Siondróm Easpa Imdhíonachta Faighte)*
AIDS

seilbh (PL sealbha, GEN PL sealbh) FEM NOUN2
possession
□ An bhfuil do shealbha go léir agat? **Have you got all your possessions?**
■ duine a chur as seilbh **to evict somebody**

seile FEM NOUN4
saliva
■ seile a chaitheamh **to spit** □ Chaith sé seile ar an talamh. **He spat on the ground.**

seilf (PL seilfeanna) FEM NOUN2
shelf
□ Thit an leabhar den tseilf. **The book fell off the shelf.** □ Ghlan mé an deannach de na seilfeanna. **I dusted the shelves.**

seilg VERB [13, VN seilg]
▷ *see also* seilg FEM NOUN2
to hunt
■ Tá mé in éadan na seilge. **I'm against hunting.**
■ raidhfil seilge **a hunting rifle**

seilg FEM NOUN2
▷ *see also* seilg VERB
hunt

seilide MASC NOUN4
snail

séimh ADJECTIVE
1 gentle *(person)*
2 mild *(weather)*
□ Bíonn na geimhrí measartha séimh. **The winters are quite mild.**
3 smooth *(drink)*
4 fine *(material)*

seimineár MASC NOUN1
seminar

seinn VERB [15, VN seinm]
to play *(music)*
□ Seinneann Orla ar an bpíb mhór. **Orla plays the bagpipes.** □ Seinnim le ceolfhoireann na scoile. **I play in the school orchestra.**

seinnteoir MASC NOUN3
player
□ seinnteoir dlúthdhioscaí **a CD player**
□ seinnteoir MP3 **an MP3 player**

séipéal MASC NOUN1
chapel

seirbhís FEM NOUN2
service
□ Tá an tseirbhís feabhsaithe acu. **They have improved the service.** □ Níl seirbhís san áireamh. **Service is not included.**
■ seirbhísí poiblí **public services**
■ na seirbhísí éigeandála **the emergency services**

seirbhíseach MASC NOUN1
servant

Seirbia FEM NOUN4
■ **an tSeirbia** Serbia
Seirbiach ADJECTIVE, MASC NOUN1
Serbian
seiris FEM NOUN2
sherry
seisean PRONOUN
he *(emphatic)*
□ Níl seisean chomh lúfar sin. HE's not so
agile.
seisear MASC NOUN1
six people
■ **seisear ban** six women
séisín MASC NOUN4
tip
□ Ná déan dearmad séisín a thabhairt don
tiománaí tacsaí. Don't forget to give the taxi
driver a tip.
seisiún MASC NOUN1
session
■ **seisiún ceoil** a traditional music session
seo PRONOUN, ADJECTIVE, ADVERB
1 this
□ an focal seo this word □ Seo fear. This is
a man. □ Seo é an fear. This is the man.
2 these
□ na focail seo these words
3 here is
□ Seo í. Here she is.
4 here are
□ Seo iad. Here they are.
■ **faoi seo** by now
■ **roimhe seo** before this
■ **an tseachtain seo chugainn** next week
■ **an mhí seo caite** last month
seó (PL **seónna**) MASC NOUN4
show
□ D'éirigh go maith leis an seó. The show
was a success. □ seó teilifíse a TV show
□ seó cainte a chat show
seodóir MASC NOUN3
jeweller
□ Is seodóir é. He's a jeweller.
seodra MASC NOUN4
jewellery
seoid (PL **seoda**, GEN PL **seod**) FEM NOUN2
jewel
seoigh ADJECTIVE
wonderful
■ **Rinne sí go seoigh é.** She did it
wonderfully.
seol (PL **seolta**) MASC NOUN1
▷ *see also* **seol** VERB
sail *(on ship)*
■ **báidín seoil** a sailing dinghy

seol VERB [23]
▷ *see also* **seol** MASC NOUN1
1 to sail
□ Sheol siad an luamh timpeall an oileáin.
They sailed the yacht around the island.
2 to send
□ Seol abhaile é. Send him home.
■ **litir a sheoladh chuig duine** to send a
letter to somebody
3 to launch
□ Tá siad ag dul a sheoladh mo leabhair nua.
They're going to launch my new book.
seoladh (GEN SING **seolta**, PL **seoltaí**) MASC
NOUN
1 address
□ Scríobh mé síos an seoladh. I wrote down
the address. □ Cad é an seoladh agat?
What's your address? □ seoladh
ríomhphoist an e-mail address
2 sailing *(pastime)*
3 launch *(of book)*
seolán MASC NOUN1
lead *(electrical)*
seoltóir MASC NOUN3
sailor
seoltóireacht FEM NOUN3
sailing
□ Is í an tseoltóireacht an caitheamh aimsire
atá aige. His hobby is sailing.
■ **dul ag seoltóireacht** to go sailing
seomra MASC NOUN4
room
□ an seomra is mó sa teach the biggest
room in the house □ Tá seomraí ar leith ag
na páistí. The children have separate rooms.
□ seomra bia a dining room
■ **seomra comhrá** *(on the internet)* a
chatroom □ seomra dúbailte a double
room
■ **seomra folctha** a bathroom □ Tá an
seomra folctha thíos staighre. The
bathroom's downstairs.
■ **seomra leapa** a bedroom □ seomra
singil a single room □ seomra suí a sitting
room
seónna ▷ *see* **seó**
séú ADJECTIVE
sixth
□ an séú hurlár the sixth floor
■ **an séú lá déag de Lúnasa** the sixth of
August
sh *(remove "h")*
sí PRONOUN
1 she
□ Tá sí ar saoire. She's on holiday.

2 it

□ Tá sí ar oíche chomh fuar agus a tháinig riamh. It's as cold a night as we've ever had.

siad PRONOUN

they

□ Lean siad an cosán. They followed the track. □ Tháinig siad gan choinne. They arrived unexpectedly.

siadsan PRONOUN

they (for emphasis)

□ Tháinig siadsan agus d'fhan sise. THEY came and she stayed.

siamsa MASC NOUN4

amusement

■ **siamsa a dhéanamh do dhuine** to entertain somebody □ Rinne sé siamsa do na páistí lena chuid scéalta. He entertained the children with his stories.

siamsaíocht FEM NOUN3

fun

□ siamsaíocht oíche nightlife

siar ADVERB

1 west

□ Bhíomar ag bogadh siar. We were moving west.

2 back

□ Ná déan dearmad na cloig a chur siar. Don't forget to put the clocks back.

■ **dul siar** to turn back □ B'éigean dúinn tiontú siar mar gheall ar an sneachta. We had to turn back because of the snow.

■ **bog siar** to move back □ Bhog sí siar ón fhuinneog. She moved back from the window.

■ **seas siar** to step back □ Sheas mé siar ó imeall na binne. I stepped back from the edge of the cliff.

■ **dul siar ar d'fhocal** to go back on your word □ Chuaigh sé siar ar a fhocal. He went back on his word.

■ **dul siar ar do choiscéim** to retrace one's steps □ Chuaigh mé siar ar mo choiscéim. I retraced my steps.

■ **chomh fada siar le** as far back as

■ **tarraingt siar** to back out □ Tharraing siad siar ag an mbomaite deiridh. They backed out at the last minute.

■ **rud a chur siar** to postpone something

sibh PRONOUN

you

□ Tá sibh araon contráilte. You are both wrong.

sibhialta ADJECTIVE

1 civil

2 polite (person)

sibhialtacht FEM NOUN3

civilization

sibhse PRONOUN

you (for emphasis)

□ Is óige ise ná sibhse. She's younger than you.

síceolaí MASC NOUN4

psychologist

□ Is síceolaí é. He's a psychologist.

síceolaíoch ADJECTIVE

psychological

síceolaíocht FEM NOUN3

psychology

síciatraí MASC NOUN4

psychiatrist

□ Is síciatraí í. She's a psychiatrist.

Sicil FEM NOUN2

■ **an tSicil** Sicily □ sa tSicil in Sicily □ go dtí an tSicil to Sicily

sicín MASC NOUN4

chicken (food)

□ cos sicín a chicken leg

sil VERB [15]

1 to drip

□ Tá uisce ag sileadh as an sconna. Water is dripping from the tap.

2 to trickle

■ **Bhí na deora ag sileadh lena grua.** Tears were trickling down her cheek.

3 to run (nose)

4 to shed (tears)

síl VERB [15]

1 to think

□ Sílim gur chóir é a dhéanamh. I think it ought to be done. □ Sílim go bhfuil sé ar fheabhas. I think he's lovely. □ Ar chúis éigin sílim nár chreid sé mé. Somehow I don't think he believed me. □ Sílim gur fhág mé an solas ar siúl. I think I left the light on.

2 to intend

□ Shíl siad muid a stopadh. They intended to stop us.

Sile FEM NOUN4

■ **an tSile** Chile

síleáil FEM NOUN3

ceiling

siléar MASC NOUN1

cellar

□ Stórálann siad prátaí sa siléar. They store potatoes in the cellar.

■ **siléar fíona** a wine cellar

silín MASC NOUN4

cherry

□ Mhaisigh mé an císte le silíní. I decorated the cake with cherries.

S

simléar MASC NOUN1
1 chimney
2 funnel (of ship)

simplí ADJECTIVE
simple
□ Tá sé iontach simplí. It's very simple.

simplíocht FEM NOUN3
simplicity

sin PRONOUN, ADJECTIVE, ADVERB
1 that
□ an focal sin that word □ Sin sin. That's that. □ Cé sin? Who's that? □ Sin é an fear. That's the man.
2 those
□ na focail sin those words
■ ó shin ago □ bliain ó shin a week ago
■ faoi sin 1 by that time 2 about that □ Tá tú contráilte faoi sin. You're wrong about that.
■ Mar sin féin, ... Mind you, ...

sin- PREFIX
great-
□ mo sin-seanathair my great-grandfather

Sín FEM NOUN2
■ an tSín China □ sa tSín in China

sín VERB [15]
1 to stretch
□ Sheas mé amach as an charr chun mo chosa a shíneadh. I got out of the car to stretch my legs.
2 to hold out
□ Sín amach do lámh. Hold out your hand.
3 to pass
□ Sín chugam an piobar, le do thoil. Pass the pepper, please.
■ rud a shíneadh chuig duine to hand something to somebody
■ Ná sín do mhéar! Don't point!
■ Shíneamar linn. Off we went.

sine ▷ see sean

Síneach ADJECTIVE, MASC NOUN1
Chinese
□ Síneach Fir a Chinese man □ Síneach Mná a Chinese woman

síneadh (PL síntí) MASC NOUN1
1 extension
2 accent (on letters)
■ sa síneadh fada in the long run

singil ADJECTIVE
single
□ Ba mhaith liom seomra singil ar feadh dhá oíche. I want a single room for two nights.
■ ticéad singil a single □ Ticéad singil go Corcaigh, le do thoil. A single to Cork, please.

sínigh VERB [11]
to sign

Sínis FEM NOUN2
Chinese (language)

síniú MASC NOUN
signature

sinne PRONOUN
1 we (for emphasis)
□ Sinne a rinne é. WE did it.
2 us
□ Níor luaigh an máistir sinne. The master didn't mention US.

sin-seanathair (GEN SING sin-seanathar, PL sin-seanaithreacha) MASC NOUN
great-grandfather

sin-seanmháthair (GEN SING sin-seanmháthar, PL sin-seanmháithreacha) FEM NOUN
great-grandmother

sinsear MASC NOUN1
eldest
□ sinsear na clainne the eldest of the family

sinséar MASC NOUN1
ginger
■ arán sinséir gingerbread

sinsearach ADJECTIVE
1 senior
□ daltaí sinsearacha senior pupils
2 ancestral (lands, customs)

sínte ADJECTIVE
outstretched (hand)
■ Bhí sé sínte ar an bhféar. He was stretched out on the grass.
■ sínte le alongside □ Tá an abhainn sínte leis an chanáil. The river runs alongside the canal.

sínteán MASC NOUN1
stretcher

síntí ▷ see síneadh

síntiús MASC NOUN1
subscription

síob FEM NOUN2
▷ see also síob VERB
lift (in car)
□ Fuair mé síob go Gaillimh. I got a lift to Galway. □ Ar mhaith leat síob? Would you like a lift? □ Tabharfaidh mé síob chun an stáisiúin duit. I'll give you a lift to the station.

síob VERB [14]
▷ see also síob FEM NOUN2
1 to blow away
□ Shíob an ghaoth chun siúil é. The wind blew it away.
■ Tá sé ag síobadh sneachta. It's driving snow.

2 to blow up *(by explosive)*

síobadh (GEN SING **síobtha**) MASC NOUN
■ **síobadh sneachta** a blizzard

síobaire MASC NOUN4
hitchhiker

síobshiúl MASC NOUN1
hitchhiking
□ Thig le síobshiúl a bheith contúirteach. Hitchhiking can be dangerous.

sioc VERB [14]
▷ *see also* **sioc** MASC NOUN3
to freeze
□ Tá sé ag sioc. It's freezing.

sioc (GEN SING **seaca**) MASC NOUN3
▷ *see also* **sioc** VERB
frost

síocháin FEM NOUN3
peace
□ síocháin an domhain world peace
■ **faoi shíocháin** at peace
■ **síocháin a dhéanamh** to make peace

síochánta ADJECTIVE
peaceful

sioctha ADJECTIVE
frozen
□ sceallóga sioctha frozen chips

síoda MASC NOUN4
silk
□ scairf shíoda a silk scarf

sióg FEM NOUN2
fairy

síogaí MASC NOUN4
elf

síol (PL **síolta**) MASC NOUN1
seed
□ síolta lus an gréine sunflower seeds
■ **síol Éabha** the human race

siolla MASC NOUN4
syllable

siollabas MASC NOUN1
syllabus
□ ar an siollabas on the syllabus

Siombáib FEM NOUN2
■ **an tSiombáib** Zimbabwe

siombail FEM NOUN2
symbol

siombalach ADJECTIVE
symbolic

síon (PL **síonta**) FEM NOUN2
bad weather
■ **oíche na seacht síon** a wild, stormy night

Sionainn FEM NOUN2
■ **an tSionainn** *(river)* the Shannon

sionnach MASC NOUN1
fox

siopa MASC NOUN4
shop
□ Tá sí ag obair i siopa. She works in a shop.
□ Thug mé ar ais chuig an siopa é. I took it back to the shop.
■ **Bíonn siopa an bháicéara oscailte maidin Domhnaigh.** The baker's is open on Sunday morning.
■ **siopa bróg** a shoe shop
■ **siopa poitigéara** a chemist's
■ **ag an siopa gruagaireachta** at the hairdresser's
■ **siopa leabhar** a bookshop

siopadóir MASC NOUN3
shopkeeper

siopadóireacht FEM NOUN3
shopping
□ Is breá liom bheith ag siopadóireacht. I love shopping. □ Téim ag siopadóireacht ar an Satharn de ghnáth. I generally go shopping on Saturday.

sioráf MASC NOUN1
giraffe

síoraí ADJECTIVE
1 eternal
2 endless
□ báisteach shíoraí endless rain

siorc (PL **siorcanna**) MASC NOUN3
shark

síoróip FEM NOUN2
syrup

siorradh (PL **siorraí**) MASC NOUN1
draught *(of wind)*

síos ADJECTIVE, ADVERB, PREPOSITION
down

⌣ **LANGUAGE TIP** síos always indicates movement away from the speaker.
□ Chuaigh an coinín síos an poll. The rabbit went down the hole. □ Tá siad ina gcónaí giota beag síos an bóthar. They live just down the road.
■ **dul síos an staighre** to go down the stairs
□ D'éirigh mé agus chuaigh mé síos an staighre. I got up and went downstairs.
■ **Scríobh mé síos an seoladh.** I wrote down the address.
■ **an guthán a chur síos ar dhuine** to hang up on somebody □ Chuir sé an guthán síos orm. He hung up on me.

siosmaid FEM NOUN2
common sense

siosmaideach ADJECTIVE
sensible

siosúr MASC NOUN1
pair of scissors

sip FEM NOUN2
zip

Siria FEM NOUN4
■ **an tSiria** Syria

síscéal (PL **scéalta**) MASC NOUN1
fairy tale

sise PRONOUN
she
□ 'Ná bí buartha,' ar sise. 'Don't worry,' she said.

síth FEM NOUN2
peace

sítheach ADJECTIVE
peaceful

siúcra MASC NOUN4
sugar
□ An nglacann tú siúcra? Do you take sugar? □ dhá spúnóg shiúcra two spoonfuls of sugar □ siúcra reoáin icing sugar □ siúcra mín caster sugar

siúd PRONOUN
1 that
□ Siúd an fear a dúirt mé leat. That's the man I mentioned to you.
2 those
□ Siúd iad an dream a dhéanfadh é. Those are the very people to do it.
■ **Siúd ort!** Cheers!

siúil VERB [17, VN siúl, VA siúilta]
1 to walk
□ Shiúil muid na míle. We walked for miles.
■ **Siúil leat.** Come on.
2 to travel
□ Is mian liom an domhan a shiúl. I want to travel the world.
■ **siúl amach le duine** to go out with somebody □ An bhfuil tú ag siúl amach leis? Are you going out with him?

siúinéir MASC NOUN3
joiner
□ Is siúinéir é. He's a joiner.

siúl (PL **siúlta**) MASC NOUN1
walk
□ Ar mhaith leat dul ag siúl? Would you like to go for a walk? □ Déanfaidh an siúl maitheas dúinn. The walk will do us good.
■ **siúl a thógáil** to gather speed
■ **daoine a casadh orm ar mo shiúlta** people I met on my travels
■ **ar shiúl** gone
■ **rud a chur ar siúl** to start something
□ Cuir an t-inneall ar siúl. Start the engine.
■ **cur chun siúil** to set out on a journey

siúlóid FEM NOUN2
walk (stroll)

siúlóir MASC NOUN3
walker

siúr (GEN SING **siúrach**, PL **siúracha**) FEM NOUN
sister (nun)
□ An tSiúr Máire Sister Mary

siúráilte ADJECTIVE
sure

slachtmhar ADJECTIVE
tidy (clothes, person, work)
□ Tá do sheomra iontach slachtmhar. Your room's very tidy. □ Tá sí iontach slachtmhar. She's very tidy.
■ **go slachtmhar** neatly □ gléasta go slachtmhar neatly dressed

slaghdán MASC NOUN1
cold
□ Tá slaghdán orm. I have a cold.
■ **slaghdán a thógáil** to catch a cold
□ Tháinig slaghdán air. He's caught a cold.

sláinte FEM NOUN4
1 health
□ Bhí siad imníoch faoina sláinte. They were concerned about her health.
■ **An Roinn Sláinte** the Department of Health
2 toast (drink, speech)
■ **sláinte duine a ól** to toast somebody
■ **Sláinte!** Cheers!

sláinteach ADJECTIVE
hygienic

sláintiúil ADJECTIVE
healthy
□ cothú sláintiúil a healthy diet

slán (PL **slána**) MASC NOUN1
▷ see also **slán** ADJECTIVE
goodbye
□ Chroith mé slán léi. I waved her goodbye.
□ Chuir m'athair slán liom agus mé ag imeacht. My father said goodbye as I left.
■ **Slán go fóill!** See you!
■ **Slán codlata!** Good night!
■ **Slán leat!** (to the person leaving) Goodbye!
■ **Slán agat!** (to the person staying behind) Goodbye!

slán ADJECTIVE
▷ see also **slán** MASC NOUN1
safe
□ slán sábháilte safe and sound

slánaitheoir MASC NOUN3
saviour

slándáil FEM NOUN3
security
□ slándáil ag aerfoirt airport security
■ **garda slándála** a security guard □ Leag siad amach an garda slándála. They knocked out the security guard.

slat FEM NOUN2
1 rod
  □ slat iascaigh a fishing rod
  ▪ **slat draíochta** a magic wand
2 yard *(measure)*
  □ trí slata ar fad three yards long
  ▪ **ar shlat chúl do chinn** flat on one's back
sleá (PL **sleánna**) FEM NOUN4
1 spear
2 splinter *(wood, glass)*
sleachta ▷ *see* **sliocht**
sleamhain (PL **sleamhna**) ADJECTIVE
  slippery *(ground, stone)*
sleamhnaigh VERB [12]
  to slip
  □ Shleamhnaigh an pláta as mo lámh.
  The plate slipped out of my hand.
  □ Sleamhnaíonn na blianta thart. The years
  slip past. □ Shleamhnaigh mé amach gan
  fhios. I slipped out unnoticed.
sleamhnán MASC NOUN1
1 slide *(in playground)*
2 sledge *(toboggan)*
3 stye *(in eye)*
sleasa ▷ *see* **slios**
sleasach ADJECTIVE
  lateral
sléibhe, sléibhte ▷ *see* **sliabh**
sléibhteoireacht FEM NOUN3
  mountaineering
  □ Téim ag sléibhteoireacht. I go
  mountaineering.
sléibhtiúil ADJECTIVE
  mountainous
slí (PL **slite**) FEM NOUN4
1 road
  □ slí trí na sléibhte a road through the
  mountains
2 way
  □ an tslí abhaile the way home □ Ba é an
  ceart slí againn é. It was our right of way.
  ▪ **'slí amach'** 'way out'
  ▪ **ar shlí go, i slí is go** in such a way that
3 room
  □ Níl slí dúinn go léir sa charr. There isn't
  room for us all in the car.
  ▪ **slí bheatha** livelihood
  ▪ **ar aon slí** in any event
sliabh (GEN SING **sléibhe**, PL **sléibhte**) MASC
NOUN
1 mountain
  □ Tá an sliabh sin 5000 troigh ar airde.
  That mountain is 5000 feet high.
  ▪ **rothar sléibhe** a mountain bike
2 moor

sliasaid FEM NOUN2
  thigh
Sligeach MASC NOUN1
  Sligo
sligiasc MASC NOUN1
  shellfish
slinn (PL **slinnte**) FEM NOUN2
  slate
slinneán MASC NOUN1
  shoulder blade
sliocht (GEN SING, PL **sleachta**) MASC NOUN3
1 descendants
  □ Beidh sé ag do shliocht i do dhiaidh. It will
  pass to your descendants.
2 passage
  □ Léigh an sliocht go cúramach. Read the
  passage carefully.
slíoctha ADJECTIVE
1 sleek *(hair)*
2 smooth *(person)*
sliogán MASC NOUN1
  shell *(on beach, explosive)*
slios (PL **sleasa**) MASC NOUN3
  slope
sliotar MASC NOUN1
  hurling ball
slipéar MASC NOUN1
  slipper
  □ péire slipéar a pair of slippers
slite ▷ *see* **slí**
slócht MASC NOUN3
  ▪ **slócht a bheith ort** to be hoarse
slog VERB [14]
1 to swallow
  □ Tá sé deacair air bia a shlogadh. He finds
  it hard to swallow food. □ Shíl mé go
  slogfadh an talamh mé. I thought the
  ground would open and swallow me.
2 to gulp
  □ Shlog sé siar a chuid tae. He gulped down
  his tea.
  ▪ **na focail a shlogadh** to slur one's words
slógadh (GEN SING **slógaí**) MASC NOUN1
1 rally *(demonstration)*
2 mobilization *(of troops)*
sloinne MASC NOUN4
  surname
  □ Sloinne iontach coitianta is ea 'Mac
  Gabhann'. 'Smith' is a very common surname.
slua (PL **sluaite**) MASC NOUN4
  crowd
  □ Bhí na sluaite síoraí ann. There was a
  huge crowd. □ Bhrúigh sé a bhealach tríd an
  slua. He pushed through the crowd.
  ▪ **bheith ar shlua na marbh** to be dead

sluasaid (GEN SING **sluaiste**, PL **sluaistí**)
FEM NOUN2
shovel

smacht (PL **smachta**) MASC NOUN3
control
□ Níl smacht aige ar na páistí. **He has no control over the children.** □ Chaill sé smacht ar an ngluaisteán. **He lost control of the car.**
■ **faoi smacht** under control
■ **cúinsí nach bhfuil smacht againn orthu** circumstances beyond our control

smachtaigh VERB [12]
to control
□ Ní féidir leis an rang a smachtú. **He can't control the class.**

smál MASC NOUN1
stain (on clothes)

smaoineamh (PL **smaointe**) MASC NOUN1
1 thought
□ Bhuail smaoineamh mé. **A thought struck me.**
2 idea
□ B'iontach an smaoineamh é. **It was a marvellous idea.** □ Scríobh mé síos cúpla smaoineamh. **I've put down a few ideas.**

smaoinigh VERB [11, VN **smaoineamh**]
to think
□ Smaoineoidh mé air. **I'll think about it.** □ Cé a smaoineodh air? **Who would have thought it?**
■ **B'fhada a bheinn ag smaoineamh air. I wouldn't dream of it.**

smaragaid FEM NOUN2
emerald

smear VERB [14]
1 to spread (butter)
2 to grease (baking tin, machine)

sméar FEM NOUN2
berry
□ sméar dhubh **a blackberry**

smeara ▷ see **smior**

smearadh (PL **smearthaí**) MASC NOUN1
1 grease
■ **smearadh a chur ar rud** to grease something
■ **smearadh bróg** boot polish
2 spread
□ smearadh cáise **cheese spread**
□ smearadh seacláide **chocolate spread**

sméid VERB [15]
1 to nod
■ **do cheann a sméideadh** to nod one's head
2 to wink
□ Sméid Seán súil orm. **John winked at me.**

smideadh MASC NOUN1
make-up
□ Caitheann sí an lá á smideadh féin. **She spends hours putting on her make-up.**

smig (PL **smigeanna**) FEM NOUN2
chin

smior (GEN SING **smeara**) MASC NOUN3
bone marrow
■ **Chuaigh an focal sin go smior inti. That remark cut her to the quick.**

smugairle MASC NOUN4
■ **smugairle róin** a jellyfish

smuigléir MASC NOUN3
smuggler

smuigléireacht FEM NOUN3
smuggling

smúit FEM NOUN2
dust

smúitiúil ADJECTIVE
1 dusty
2 overcast (weather, sky)

sna ▷ see **i**

snag (PL **snaganna**) MASC NOUN3
1 sob
2 hiccup
□ Tá snag air. **He's got hiccups.**
■ **snag breac** a magpie
■ **snag darach** a woodpecker

snagcheol MASC NOUN1
jazz
□ fleá shnagcheoil **a jazz festival**

snaidhm (PL **snaidhmeanna**) FEM NOUN2
knot
□ Chuir sé snaidhm ar an téad. **He tied a knot in the rope.**
■ **Tá a cuid gruaige i snaidhmeanna aici. She has her hair in bunches.**

snáithe MASC NOUN4
1 thread (sewing)
2 grain (in wood)

snamh MASC NOUN1
distaste
■ **snamh a thabhairt do rud** to go off something □ Thug mé snamh do bhainne te. **I went off hot milk.**

snámh MASC NOUN3
▷ see also **snámh** VERB
swim
■ **dul ag snámh** to go for a swim
□ Chuaigh an chuid eile acu ag snámh. **The rest of them went for a swim.**
■ **snámh droma** backstroke
■ **culaith shnámha** a swimsuit
■ **snámh uchta** breaststroke

snámh VERB [23, VN snámh]
▷ *see also* **snámh** MASC NOUN3
to swim
□ Mhúin mo dheirfiúr snámh dom. My sister taught me to swim. □ An bhfuil snámh agat? Can you swim?
■ **snámh in aghaidh easa** to struggle against the odds

snámhóir MASC NOUN3
swimmer
□ Is snámhóir maith í. She's a good swimmer.

snasán MASC NOUN1
polish
□ snasán bróg shoe polish
■ **snasán iongan** nail varnish

snasta ADJECTIVE
1 polished *(surface)*
2 glossy *(finish)*
■ **Rinne tú an obair sin go snasta.** You did a fine job.

snáth (PL **snáthanna**) MASC NOUN3
yarn *(for knitting)*

snáthaid FEM NOUN2
1 needle *(for sewing)*
2 hand *(on clock)*
■ **snáthaid mhór** a dragonfly

sneachta MASC NOUN4
snow
□ brat domhain sneachta a deep layer of snow □ Bhí an sneachta an-domhain. The snow was really deep.
■ **Tá sé ag cur sneachta.** It's snowing.
■ **fear sneachta** a snowman
□ Rinneamar fear sneachta. We built a snowman.
■ **clocha sneachta** hailstones

sneachtúil ADJECTIVE
snowy

sneaicbhéar MASC NOUN4
snack bar

snigh VERB [22]
to flow *(river, tears, blood)*

snoídóir MASC NOUN3
sculptor

snoigh VERB [18]
to carve *(stone, wood)*
■ **bheith ag snoí as** to be wasting away

snoíodóireacht FEM NOUN3
carving
■ **snoíodóireacht adhmaid** wood carving

snua (PL **snuanna**) MASC NOUN4
complexion

snúcar MASC NOUN1
snooker

□ D'imigh sé ag imirt snúcair. He went to play snooker.

só MASC NOUN4
1 ease
□ Tá mé go huile faoi shó. I felt completely at ease.
2 luxury

so-athraithe ADJECTIVE
adjustable

sobalchlár MASC NOUN1
soap opera

sobhriste ADJECTIVE
fragile

sóbráilte ADJECTIVE
sober

socair (GEN SING FEM, PL, COMPAR **socra**) ADJECTIVE
1 calm *(sea)*
2 still
□ Fan socair! Keep still!
3 steady
□ Níl an bord seo socair. This table isn't steady. □ go socair at a steady pace
■ **Bí socair!** Don't panic!

sóch ADJECTIVE
comfortable

sochaí FEM NOUN4
society *(community)*
■ **sochaí ilchultúrtha** a multi-cultural society

sochar MASC NOUN1
benefit
□ sochar dífhostaíochta unemployment benefit
■ **Chuaigh sé chun sochair dom.** It benefited me.
■ **sochar a bhaint as rud** to benefit from something □ Bhain mé sochar as. I benefitted from it.

sochraid FEM NOUN2
funeral *(procession)*

sochraideach MASC NOUN1
mourner

sócmhainn FEM NOUN2
asset
□ Tá a gcuid sócmhainní reoite. Their assets are frozen.

socra ▷ *see* **socair**

socraigh VERB [12]
1 to arrange
□ An féidir linn cruinniú a shocrú? Can we arrange a meeting?
2 to die down *(storm, noise)*
3 to settle
□ Ba mhaith liom an cuntas a shocrú. I'd like to settle my account.

S

4 to decide
□ Shocraigh mé scríobh chuici.
I decided to write to her.
□ Shocraigh mé gan dul. I decided
not to go.

socrú MASC NOUN
arrangement

sócúl MASC NOUN1
comfort

sócúlach ADJECTIVE
comfortable

sodar MASC NOUN1
■ **bheith ag sodar** to jog

sodhéanta ADJECTIVE
easily done

sofaisticiúil ADJECTIVE
sophisticated

sofheicthe ADJECTIVE
obvious

soghonta ADJECTIVE
vulnerable

soicéad MASC NOUN1
socket

soicind FEM NOUN2
second
□ Ní ghlacfaidh sé ach soicind. It'll only take
a second.

sóid FEM NOUN2
soda

soighe MASC NOUN4
soya
□ anlann soighe soya sauce

soiléir ADJECTIVE
1 clear
□ radharc soiléir a clear view □ míniú soiléir
a clear explanation
■ **go soiléir** clearly □ Mhínigh sí go soiléir é.
She explained it clearly.
2 obvious
□ Tá sin soiléir ag an saol. That's obvious to
everyone.

soiléirigh VERB [11]
to clarify

soilire MASC NOUN4
celery

soilse FEM NOUN4
lightning

soilsigh VERB [11]
to shine (sun)

sóinseáil VERB [25]
to change (money)

so-iompair ADJECTIVE
portable

soiprigh VERB [11]
to tuck in (child)

soir ADJECTIVE, ADVERB, PREPOSITION
eastbound
□ Tá an trácht soir ag bogadh go han-mhall.
Eastbound traffic is moving very slowly.
■ **dul soir** to go east
■ **scaipeadh soir siar** to scatter in all
directions

soirbhíoch MASC NOUN1
optimist

soiscéal MASC NOUN1
gospel

soiscéalaí MASC NOUN4
preacher

sóisear MASC NOUN1
junior
■ **na sóisir** (in school) the juniors
■ **sóisear na clainne** the youngest of the
family

sóisearach ADJECTIVE
junior

sóisialach ADJECTIVE
socialist

sóisialaí MASC NOUN4
socialist

sóisialta ADJECTIVE
social
□ Tá saol maith sóisialta agam. I have a
good social life.
■ **oibrí sóisialta** a social worker □ Is oibrí
sóisialta í. She's a social worker.

soitheach (PL soithí) MASC NOUN1
container
□ a bhfuil sa soitheach the contents of the
container
■ **soitheach siúcra** a sugar bowl
■ **soitheach poircealláin** a china dish
■ **na soithí a ní** to do the dishes □ Ní níonn
sé na soithí riamh. He never does the
dishes.

soláimhsithe ADJECTIVE
manageable

sólaistí MASC PL NOUN4
refreshments

sólann FEM NOUN2
leisure centre

solas (PL soilse) MASC NOUN1
light
□ Phreab an solas. The light flickered.
□ Las sí an solas. She switched on the light.
■ **solas an lae** daylight □ Bhí solas an lae
ag meath go gasta. The daylight was fading
fast.
■ **soilse tráchta** traffic lights
■ **solas neoin** a neon light
■ **Tá sé ag dul ó sholas.** It's getting dark.

sólásaigh VERB [12]
to console

so-lasta ADJECTIVE
inflammable

soláthair VERB [19, VN soláthar,
VA soláthraithe]
1 to provide
□ Sholáthair siad léarscáileanna dúinn.
They provided us with maps.
2 to supply
□ Sholáthair an t-ionad an trealamh uile dúinn.
The centre supplied us with all the equipment.

soláthar (PL soláthairtí) MASC NOUN1
supply
□ soláthar páipéir a supply of paper
■ soláthairtí *(food)* supplies

soláthraí MASC NOUN4
supplier

soléite ADJECTIVE
legible

solúbtha ADJECTIVE
flexible
□ uaireanta solúbtha oibre flexible working hours

son NOUN
■ ar son for □ Tá siad ag bailiú ar son na carthanachta. They're collecting for charity.
□ Go raibh maith agat ar son an bhronntanais. Thank you for the present.
■ ar son Dé for God's sake
■ ar a shon sin is uile nevertheless

sona ADJECTIVE
1 lucky
□ Tá sé sona, tá post aige. He's lucky, he's got a job.
2 happy
■ go sona happily □ Mhair siad go sona sásta ina dhiaidh sin. They lived happily ever after.
■ Nollaig Shona! Merry Christmas!

sonas MASC NOUN1
1 happiness
2 good luck
■ Sonas ort! Thank you!

sonra MASC NOUN4
detail
□ D'iarr sé sonraí iomlána an phoist.
He asked for full details about the job.
■ sonraí data

sonraíoch (GEN SING MASC sonraíoch)
ADJECTIVE
noticeable

sópa MASC NOUN4
soap
□ barra sópa a bar of soap

sorcas MASC NOUN1
circus

sornóg FEM NOUN2
stove

sórt MASC NOUN1
1 sort
□ Cén sórt rothair atá agat? What sort of bike have you got?
■ de shórt éigin of some sort
2 kind
□ Sórt ispín atá ann. It's a kind of sausage.
■ Tá mé sórt gnóthach i láthair na huaire.
I'm rather busy just now.

sórtáil VERB [25]
to sort

sos (PL sosanna) MASC NOUN3
1 pause
2 break
□ a sos tae a tea break □ i rith am sosa during break
■ sos cogaidh a truce
■ sos comhraic a ceasefire

sotal MASC NOUN1
impudence
■ Tá sotal ann! He's got a nerve!
■ sotal a bheith ionat to be arrogant
■ Níor thug mé sotal ar bith dó. I stood up to him.

sotalach ADJECTIVE
1 arrogant *(behaviour)*
2 cheeky

spá (PL spánna) MASC NOUN4
spa

spád FEM NOUN2
spade

Spáinn FEM NOUN2
■ an Spáinn Spain □ sa Spáinn in Spain

Spáinneach MASC NOUN1
▷ *see also* **Spáinneach** ADJECTIVE
Spaniard

Spáinneach ADJECTIVE
▷ *see also* **Spáinneach** MASC NOUN1
Spanish
□ Is Spáinneach í. She's Spanish.

Spáinnis FEM NOUN2
Spanish *(language)*

spaisteoireacht FEM NOUN3
1 stroll
□ Rinneamar spaisteoireacht sa pháirc.
We went for a stroll in the park.
2 walk
□ An rachaidh muid ag spaisteoireacht?
Shall we go for a walk?

spáráil VERB [25]
to spare

□ An dtiocfadh leat bomaite a spáráil? Can you spare a moment? □ Ní féidir liom an t-am a spáráil. I can't spare the time. ■ **le spáráil** to spare □ Níl spás ar bith le spáráil. There's no room to spare. □ Thángamar agus am le spáráil againn. We arrived with time to spare.

sparán MASC NOUN1
purse
□ Chaill mé mo sparán. I've lost my purse.

spás (PL **spásanna**) MASC NOUN1
space
□ spás páirceála a parking space □ Níl spás ar bith ann. There's no space. □ dul isteach sa spás to go into space
■ **spás seachtaine** (to pay off debt, finish work) a week's grace

spásáil FEM NOUN3
spacing

spásaire MASC NOUN4
astronaut

spéaclaí MASC PL NOUN4
glasses
□ Caitheann Peadar spéaclaí. Peter wears glasses.

speiceas MASC NOUN1
species

speictream MASC NOUN1
spectrum

spéir (PL **spéartha**) FEM NOUN2
sky
□ Bhí an spéir gruama. The sky was overcast.
■ **idir spéir is talamh** in mid air
■ **faoin spéir** outdoor □ gníomhaíochtaí faoin spéir outdoor activities □ linn snámha faoin spéir an outdoor swimming pool
■ **codladh faoin spéir** to sleep rough

spéireata (PL **spéireataí**) MASC NOUN4
spade (cards)
□ an t-aon spéireata the ace of spades

spéis FEM NOUN2
interest
□ Ní spéis liom é. I have no interest in it.
■ **spéis a bheith agat i rud** to be interested in something □ Níl spéis agam sa pholaitíocht. I'm not interested in politics.

speisialta ADJECTIVE
special
□ ócáid speisialta a special occasion
□ Chuir siad béile speisialta ar fáil. They laid on a special meal.
■ **go speisialta** specially □ Dearadh go speisialta le haghaidh déagóirí é. It's specially designed for teenagers.

speisialtacht FEM NOUN3
speciality

speisialtóir MASC NOUN3
specialist

spéisiúil ADJECTIVE
interesting
□ rud éigin spéisiúil something interesting

spiaire MASC NOUN4
spy

spiaireacht FEM NOUN3
spying
■ **bheith ag spiaireacht ar dhuine** to spy on somebody

spíceach ADJECTIVE
spiky

spideog FEM NOUN2
robin

spionáiste MASC NOUN4
spinach

spíonán MASC NOUN1
gooseberry

spiorad MASC NOUN1
spirit
□ an Spiorad Naomh the Holy Spirit

spíosra MASC NOUN4
spice
□ meascán de spíosraí a mixture of spices

splanc VERB [14]
▷ see also **splanc** FEM NOUN2
to flash

splanc (PL **splancacha**) FEM NOUN2
▷ see also **splanc** VERB
flash
□ An bhfuil splanc i do cheamara? Has your camera got a flash? □ splanc thintrí a flash of lightning
■ **Bíodh splanc chéille agat!** Have a bit of sense!
■ **mar a bheadh splanc ann** like a shot
■ **bheith splanctha i ndiaidh duine** (in love) to be crazy about somebody
■ **bheith splanctha i ndiaidh rud a** to be mad about something □ Tá sé splanctha i ndiaidh na peile. He's mad about football.

spléachadh MASC NOUN1
glance
■ **spléachadh a thabhairt ar rud** to take a look at something □ Tabhair spléachadh air seo! Take a look at this!

splinceáil FEM NOUN3
■ **bheith ag splinceáil** to squint

spóca MASC NOUN4
spoke (of wheel)

spóla MASC NOUN4
joint (of meat)

sponc MASC NOUN1
spirit *(courage)*

spórt MASC NOUN1
1 sport
  □ Cén spórt is fearr leat? What's your
  favourite sport? □ Is é an rith an spórt is
  fearr liom. Running is my favourite sport.
2 fun
  ■ **spórt a dhéanamh** to have fun
  ■ **Bhí an-spórt againn.** We really enjoyed
  ourselves.

sportha ADJECTIVE
1 exhausted *(tired)*
2 skint *(informal: with no money)*

spórtúil ADJECTIVE
sporty
  □ Níl mé iontach spórtúil. I'm not very
  sporty.

spota MASC NOUN4
spot
  □ gúna dearg agus spotaí bána air a red
  dress with white spots □ an spota a
  bhfuilimid anois the very spot where we
  now are

spotach ADJECTIVE
spotty

sprae MASC NOUN4
spray

spraeáil VERB [25]
to spray
  □ Spraeáil duine éigin graifítí ar an mballa.
  Somebody had sprayed graffiti on the wall.

spraoi (PL **spraíonna**) MASC NOUN4
fun
  □ An-spraoi a bhí ann. It was great fun.

spraoithiománaí MASC NOUN4
joyrider

spréacharnach FEM NOUN2
sparkling

spreag VERB [14]
1 to encourage
  ■ **duine a spreagadh le rud a dhéanamh**
  to encourage somebody to do something
2 to prompt
  □ Cad a spreag thú le rud mar sin a
  dhéanamh? What prompted you to do a
  thing like that?
  ■ **an chuimhne a spreagadh** to jog the
  memory

spreagadh (GEN SING **spreagtha**, PL
spreagthaí) MASC NOUN
1 inspiration
2 stimulus
  □ Sin é an spreagadh a bhí uaidh. That's the
  stimulus he needed.

spreagtha ADJECTIVE
motivated
  □ Tá sé an-spreagtha. He is highly
  motivated.

spreagúil ADJECTIVE
1 encouraging
2 exciting
  □ Scannán spreagúil a bhí ann. It was an
  exciting film.

spréigh VERB [24]
to spread

sprid (PL **sprideanna**) FEM NOUN2
ghost

sprioc (PL **spriocanna**) FEM NOUN2
target
  □ D'aimsigh an tsaighead an sprioc.
  The arrow hit the target.

spriocdháta MASC NOUN4
deadline *(date)*

sprionga MASC NOUN4
spring *(metal)*

sprionlaithe ADJECTIVE
mean *(with money)*
  □ Tá sé rósprionlaithe le brontannais
  Nollag a cheannach. He's too mean to buy
  Christmas presents.

spuaic (PL **spuaiceanna**) FEM NOUN2
1 blister *(on skin)*
2 spire *(of church)*
3 huff
  □ Bhuail spuaic é. He took the huff.

spúinse MASC NOUN4
sponge
  □ mála spúinse a sponge bag □ císte
  spúinse a sponge cake

spúnóg FEM NOUN2
1 spoon
  □ spúnóg bhoird a tablespoon
2 spoonful
  □ dhá spúnóg shiúcra two spoonfuls of
  sugar

sráid (PL **sráideanna**) FEM NOUN2
street
  □ Bhuail mé le Pól sa tsráid. I met Paul in
  the street. □ Tá siad ina gcónaí níos faide
  thuas an tsráid. They live further up the
  street.

sráidbhaile (PL **sráidbhailte**) MASC NOUN4
village
  □ Tá an sráidbhaile suite ar chnoc. The
  village is on a hill. □ halla an tsráidbhaile
  the village hall

sraith (PL **sraitheanna**) FEM NOUN2
1 series
  □ sraith teilifíse a television series

2 row *(of houses)*
  ■ **teach sraithe** a terraced house
3 league *(sport)*
  □ Tá siad ag bun na sraithe. They are at the bottom of the league.
4 set *(tennis)*
sraithchlár MASC NOUN1
  serial
srann VERB [23]
  to snore
sraoill (PL **sraoilleanna**) FEM NOUN2
  ▷ *see also* **sraoill** VERB
  trail *(of smoke)*
sraoill VERB [15]
  ▷ *see also* **sraoill** FEM NOUN2
  to drag
  □ Shraoill sé an bosca amach as faoin leaba. He dragged the box out from under the bed.
sraoth (PL **sraothanna**) MASC NOUN3
  sneeze
  ■ **sraoth a ligean** to sneeze
sreang FEM NOUN2
1 string
  □ sreanga an ghiotáir the strings of the guitar
2 wire
  □ sreang dheilgneach barbed wire
sreangach ADJECTIVE
1 stringed *(instrument)*
2 bloodshot *(eyes)*
sreangshiopa MASC NOUN4
  chain store
srianta ADJECTIVE
  restrained
sroich VERB [15]
  to reach
srón FEM NOUN2
  nose
  □ Bhí sé ag cur fuil shróine. His nose was bleeding.
  ■ **do shrón a shéideadh** to blow one's nose
  ■ **Tá an-srón aige.** He has a great sense of smell.
srónbheannach MASC NOUN1
  rhinoceros
sruth (PL **sruthanna**) MASC NOUN3
  current
  □ Tá an sruth iontach láidir. The current is very strong.
  ■ **sruth leictreachais** electric current
sruthán MASC NOUN1
  stream
  □ Léim siad thar an sruthán. They leapt over the stream.

sruthlaigh VERB [12]
  to flush *(toilet)*
stábla MASC NOUN4
  stable *(for horses)*
stad (PL **stadanna**) MASC NOUN4
  ▷ *see also* **stad** VERB
1 stop
  □ Is é seo mo stad. This is my stop. □ stad bus a bus stop
2 stammer
  □ Tá stad sa chaint aige. He has a stammer.
3 stand *(for taxis)*
  ■ **Baineadh stad aisti.** She was taken aback.
  ■ **gan stad** incessant
stad VERB [23, VN stad]
  ▷ *see also* **stad** MASC NOUN4
  to stop
  □ Ní stadann an bus anseo. The bus doesn't stop there. □ Stadamar ar an mbealach. We stopped on the way.
  ■ **stad de rud** to stop doing something
  □ Ní stadann siad de bheith ag argóint. They never stop arguing.
  ■ **gan stad** non-stop □ eitilt gan stad a non-stop flight □ Ólann sé gan stad. He drinks non-stop.
stádas MASC NOUN1
  status
staid (PL **staideanna**) FEM NOUN2
1 state *(condition)*
  ■ **an staid reatha** the current situation
2 stadium *(sports)*
staidéar MASC NOUN1
  study
  ■ **déan staidéar** to study □ Caithfidh mé staidéar a dhéanamh anocht. I've got to study tonight. □ Tá mo dheirfiúr ag déanamh staidéir ar an dlí. My sister's studying law.
staidéarach ADJECTIVE
  studious
staighre MASC NOUN4
  stairs
  □ Chuaigh sé suas an staighre. He went up the stairs.
stailc (PL **stailceanna**) FEM NOUN2
  strike
  ■ **dul ar stailc** to go on strike
  ■ **múinteoirí ar stailc** striking teachers
  ■ **stailc a chur suas** to refuse to co-operate
stailceoir MASC NOUN3
  striker *(person on strike)*
stair (PL **startha**) FEM NOUN2
  history

☐ stair an domhain the history of the world
☐ Tá mé ag déanamh tionscadail staire. I'm doing a history project.

stáisiún MASC NOUN1
station
☐ An dtiocfadh leat mé a fhágáil ag an stáisiún? Could you drop me at the station?
☐ Tá brú na hóige gar don stáisiún. The youth hostel is close to the station.
■ **stáisiún traenach** a railway station
■ **stáisiún peitril** a petrol station
■ **stáisiún póilíní** a police station
■ **stáisiún raidió** a radio station

stáitse MASC NOUN4
stage (platform)
■ **ar chúl stáitse** behind the scenes

stalcach ADJECTIVE
stubborn

stalla MASC NOUN4
stall

stampa MASC NOUN4
stamp
☐ stampa den chéad ghrád a first-class stamp ☐ stampa rubair a rubber stamp
☐ bailiúchán stampaí a stamp collection

stán MASC NOUN1
▷ see also **stán** VERB
tin (metal, container)

stán VERB [23]
▷ see also **stán** MASC NOUN1
to stare
■ **stánadh ar dhuine** to stare at somebody
☐ Stán sé uirthi. He stared at her.

stánaithe ADJECTIVE
tinned (food)
☐ péitseoga stánaithe tinned peaches

stápla MASC NOUN4
staple (for paper)

staraí MASC NOUN4
historian

startha ▷ see **stair**

stát MASC NOUN1
state
☐ ceannaire stáit a head of state
■ **na Stáit Aontaithe** the United States

statach ADJECTIVE
static

státseirbhíseach MASC NOUN1
civil servant

steall VERB [23]
1 to splash
☐ Steall siad uisce orm. They splashed water on me.
2 to pour
☐ Steall amach an tae. Pour the tea.

■ **Tá sé ag stealladh báistí.** (raining heavily) It's pouring.

stealladh (PL **steallaí**) MASC NOUN1
downpour

steallaire MASC NOUN4
syringe

stéig (PL **stéigeacha**) FEM NOUN2
steak
☐ stéig agus sceallóga steak and chips
☐ stéig fhilléid fillet steak

stéille ▷ see **stiall**

steiréó MASC NOUN4
stereo
☐ steiréó pearsanta a personal stereo

steirling MASC NOUN4
sterling
☐ £20 steirling £20 sterling

stiall (GEN SING **stéille**, PL **stiallacha**) FEM NOUN2
strip (of paper, cloth)

stiallaire MASC NOUN4
shredder

stíl (PL **stíleanna**) FEM NOUN2
style
☐ Ní hí sin an stíl atá aige. That's not his style. ☐ Is stíl an-fhaiseanta é seo. This is a very popular style.

stíobhard MASC NOUN1
steward
☐ stíobhard ceardlainne a shop steward

stiúideo (PL **stiúideonna**) MASC NOUN4
studio
☐ stiúideo teilifíse a television studio
☐ árasán stiúideo a studio flat

stiúir VERB [17]
to steer (ship, car)

stiúradh (GEN SING **stiúrtha**) MASC NOUN
steering (of car)
■ **roth stiúrtha** a steering wheel

stiúrthóir MASC NOUN3
1 director (company)
2 supervisor (course)
3 conductor (orchestra)

stoc MASC NOUN1
1 stock (shares, supplies, for cooking)
■ **ciúb stoic** a stock cube
2 race (of people)

stoca MASC NOUN4
1 sock (short)
2 stocking

stócach MASC NOUN1
boyfriend
☐ stócach seasta a steady boyfriend
☐ Tá stócach aici. She has a boyfriend.

S

stocmhalartán MASC NOUN1
stock exchange

stocmhargadh MASC NOUN1
stock market

stoidiaca MASC NOUN4
zodiac
□ an comharthaí an Stoidiaca the signs of the zodiac

stoirm (PL **stoirmeacha**) FEM NOUN2
storm
□ Rinne an stoirm a lán damáiste. The storm did a lot of damage.
■ **stoirm shneachta** a snowstorm
■ **stoirm thoirní** a thunderstorm

stoirmeach ADJECTIVE
stormy

stól (PL **stólta**) MASC NOUN1
stool

stop VERB [14]
▷ see also **stop** MASC NOUN4
1 to stop
□ Stopann an t-eitleán i mBostún chun athbhreoslú. The plane stops in Boston to refuel.
2 to block (pipe, stream)
3 to stay
□ Cá bhfuil sibh ag stopadh? Where are you staying?

stop MASC NOUN4
▷ see also **stop** VERB
stop
□ Ní mór dúinn stop a chur leis an drochiompar seo. We must put a stop to his bad behaviour.

stopallán MASC NOUN1
plug (bath)

stór (PL **stórtha**) MASC NOUN1
store (stock)
□ stór bia a store of food
■ **Is iontach an stór focal atá aici.** She has a wonderful vocabulary.
■ **A stór!** Darling!

stóráil FEM NOUN3
▷ see also **stóráil** VERB
storage

stóráil VERB [25]
▷ see also **stóráil** FEM NOUN3
to store
□ Stórálann siad prátaí sa siléar. They store potatoes in the cellar.

stóras MASC NOUN1
1 storeroom
2 depot (warehouse)
□ stóras troscáin a furniture store

strae MASC NOUN4

■ **cat strae** a stray cat
■ **dul ar strae** to get lost □ Bhí eagla orm go rachainn ar strae. I was afraid of getting lost.

stráice MASC NOUN4
strip
□ stráice tuirlingthe a landing strip

strainséartha ADJECTIVE
strange

strainséir MASC NOUN3
stranger
□ Ná labhair le strainséirí. Don't talk to strangers.

straitéiseach ADJECTIVE
strategic

straois FEM NOUN2
grin
■ **straois a chur ort féin** to grin

straoiseog FEM NOUN
emoticon

streachail VERB [19]
to struggle
□ Streachail sé ag iarraidh an doras a oscailt. He struggled to get the door open.

streachailt FEM NOUN2
struggle

stríoc FEM NOUN2
▷ see also **stríoc** VERB
1 stroke (of pen)
2 parting (in hair)

stríoc VERB [14]
▷ see also **stríoc** FEM NOUN2
to give in
□ B'éigean dom stríocadh. I had to give in.

stró MASC NOUN4
trouble
■ **stró a chur ort féin le rud** to go to a lot of trouble over something
■ **gan stró** without effort

stróc MASC NOUN4
stroke
□ Fuair mo sheanathair stróc. My grandfather had a stroke.

stróic (PL **stróiceacha**) FEM NOUN2
▷ see also **stróic** VERB
tear (rip)

stróic VERB [13]
▷ see also **stróic** FEM NOUN2
1 to tear
□ Ní stróicfear é, tá sé iontach láidir. It won't tear, it's very strong.
2 to tear up
□ Stróic sé an litir. He tore up the letter.

stróiceadh MASC NOUN
tear (rip)

stroighin (GEN SING **stroighne**) FEM NOUN2
cement

struchtúr MASC NOUN1
structure

strus MASC NOUN1
stress
□ Strus an phríomhchíus a bhí aige le héiri as. His chief reason for resigning was stress.

stuacach ADJECTIVE
stubborn (person)

stuaic (PL **stuaiceanna**) FEM NOUN2
1 peak (of mountain)
2 spire (on church)
■ **D'imigh sé agus stuaic air.** He went off in a huff.

stuaim FEM NOUN2
sense
□ Beir ar do stuaim! Have some sense!
■ **gan stuaim** irresponsible □ Nach í atá gan stuaim! She's so irresponsible!
■ **amach as do stuaim** madly in love
□ Tá siad amach as a stuaim faoina chéile. They're madly in love.

stuama ADJECTIVE
1 responsible
□ Ba chóir duit bheith níos stuama. You should be more responsible.
2 steady
□ lámh stuama a steady hand

stuara MASC NOUN4
arcade

stuif (PL **stuifeanna**) MASC NOUN4
stuff
□ Tá stuif ar an tábla duit. There's some stuff on the table for you. □ An bhfuil do chuid stuif ar fad agat? Have you got all your stuff?

sú (PL **súnna**) MASC NOUN4
juice
□ sú oráiste orange juice □ sú torthaí fruit juice
■ **sú craobh** a raspberry □ flan sútha craobh a raspberry flan
■ **sú talún** a strawberry □ uachtar reoite sútha talún strawberry ice cream

suaimhneach ADJECTIVE
1 peaceful
2 calm (sea, weather, person)

suaimhneas MASC NOUN1
peace
□ suaimhneas intinne peace of mind
■ **suaimhneas a thabhairt do dhuine** to leave somebody in peace □ Tabhair suaimhneas dom. Just leave me in peace.

suairc ADJECTIVE
pleasant (person, occasion)

suaitheadh MASC NOUN
1 shock (mental)
2 turbulence (plane)

suaitheantas MASC NOUN1
badge

suaithinseach ADJECTIVE
distinctive (appearance)

Sualainn FEM NOUN2
■ **an tSualainn** Sweden □ sa tSualainn in Sweden

Sualainnis FEM NOUN2
Swedish (language)

Sualannach ADJECTIVE
▷ see also **Sualannach** MASC NOUN1
Swedish
□ Is Sualannach é. He's Swedish.

Sualannach MASC NOUN1
▷ see also **Sualannach** ADJECTIVE
Swede

suan MASC NOUN1
■ **dul chun suain** to go to sleep

suanach ADJECTIVE
dormant (volcano)

suanmhar ADJECTIVE
sleepy

suansiúl MASC NOUN1
sleepwalking

suansiúlaí MASC NOUN4
sleepwalker

suarach ADJECTIVE
mean
□ Bhí sin suarach aige. That was mean of him.

suas ADJECTIVE, ADVERB, PREPOSITION
up
LANGUAGE TIP **suas** always indicates movement away from the speaker.
□ Chuaigh an balún suas san aer. The balloon went up in the air. □ Suas leat! Up you go! □ Chuaigh sé suas an staighre. He went up the stairs.

subh FEM NOUN2
jam
□ subh sútha talún strawberry jam

subhach ADJECTIVE
cheerful

substaint FEM NOUN2
substance
■ **Tá substaint ina cuid cainte.** There's a lot in what she says.

substaintiúil ADJECTIVE
substantial

súgradh (GEN SING **súgartha**) MASC NOUN
  playing
    □ Bhí an spórt againn ag súgradh sa sneachta.
    We had great fun playing in the snow.
    ■ **áit súgartha** a playground
    ■ **bheith ag súgradh le rud** to play with
    something
suí (PL **suíonna**) MASC NOUN4
  sitting
    □ Bhí muid ag suí thart ar an tábla. We were
    sitting round the table.
    ■ **seomra suí** a sitting room
    ■ **bheith i do shuí 1** to be sitting **2** (not in
    bed) to be up □ Bhíomar inár suí ar a 6.
    We were up at 6.
suibiacht FEM NOUN3
  subject
suigh VERB [22]
  to sit
    □ Shuigh sí ar an gcathaoir. She sat on the
    chair.
    ■ **suí síos** to sit down
súil (GEN SING, PL **súile**, GEN PL **súl**) FEM NOUN2
1 eye
    □ Tá súile gorma agam. I've got green eyes.
    □ Tá uisce le mo shúile. My eyes are
    watering.
    ■ **súil sprice** a bull's-eye
2 hope
    □ Tá súil agam go bhfeabhóidh an aimsir
    roimh i bhfad. I hope the weather gets
    better soon.
    ■ **bheith ag súil le duine** to expect
    somebody □ Tá mé ag súil leis faoi choinne
    dinnéir. I'm expecting him for dinner.
    ■ **bheith ag súil le rud** to expect
    something □ Bhí mé ag súil leis an gcás is
    measa. I was expecting the worst.
súilíneach ADJECTIVE
1 bubbly
2 sparkling (wine)
suim (PL **suimeanna**) FEM NOUN2
1 interest
    ■ **suim a bheith agat i rud** to be interested
    in something □ Tá suim san fhiabheatha
    agam. I'm interested in wildlife.
    ■ **suim a chur i rud** to care about
    something □ Ní chuireann siad mórán
    suime ina n-íomhá. They don't really care
    about their image.
2 sum (of money)
    □ suim mhór airgid a large sum of money
suimigh VERB [11]
  to add up
    □ Suimigh na figiúir. Add the figures up.

suimint FEM NOUN2
  cement
suimiúil ADJECTIVE
  interesting
    □ Chonaic muid a lán rudaí suimiúla.
    We saw a lot of interesting things.
suíochán MASC NOUN1
  seat
    □ Tháinig mé luath le suíochán maith a
    fháil. I came early to get a good seat.
suíomh MASC NOUN1
1 site (of house)
2 location (of story, film)
    ■ **suíomh gréasáin** a website
suíonna ▷ see **suí**
suipéar MASC NOUN1
  supper
suirbhé MASC NOUN4
  survey
suirbhéir MASC NOUN3
  surveyor
    □ suirbhéir cainníochta a quantity surveyor
suite ADJECTIVE
1 situated
    □ Tá an sráidbhaile suite ar chnoc. The
    village is situated on a hill.
2 certain
    ■ **bheith suite de rud** to be convinced
    of something
suiteáil VERB [25]
  to install
súl ▷ see **súil**
sula CONJUNCTION
  before
    □ Smaoinigh go cúramach sula dtugann tú
    freagra. Think carefully before you reply.
    □ Glaofaidh mé sula n-imeoidh mé. I'll
    phone before I leave.

> **LANGUAGE TIP** sula changes to sular
> with the past of regular verbs.

    □ Bhain siad as sular tháinig na péas.
    They ran away before the police came.
súlach MASC NOUN1
  gravy
sular ▷ see **sula**
sult MASC NOUN1
    ■ **sult a bhaint as rud** to enjoy something
    □ Ar bhain tú sult as an scannán? Did you
    enjoy the film? □ Bhain mé an-sult as.
    I really enjoyed it.
sultmhar ADJECTIVE
1 enjoyable
2 pleasant (company)
súmhar ADJECTIVE
  juicy

suntas MASC NOUN1
notice
■ suntas a thabhairt do rud to notice something
suntasach ADJECTIVE
noticeable
súp MASC NOUN1
soup
suth (PL suthanna) MASC NOUN3
embryo

sútha ▷ see sú
svaeid FEM NOUN2
▷ see also svaeid MASC NOUN4
suede
□ seaicéad svaeide a suede jacket
svaeid (PL svaeideanna) MASC NOUN4
▷ see also svaeid FEM NOUN2
swede (vegetable)

S

217

Tt

tá ▷ see **bí**

táb MASC NOUN1
tab (on keyboard)

tábhachtach ADJECTIVE
important
□ Tá an obair seo tábhachtach. This work is important.

tabhair VERB [8]

1 to give
□ Thug sí caint ar dhreapadóireacht. She gave a talk on climbing.
■ **rud a thabhairt do dhuine** to give something to somebody □ Thug sé 10 euro dom. He gave me 10 euros.

2 to take
□ Tabhair abhaile iad. Take them home.

3 to bring
□ Tabhair anseo na leabhair. Bring the books here.

tabhair amach VERB

1 to give out
□ Thug sé na páipéir scrúdaithe amach. He gave out the exam papers.

2 to tell off
□ Thug m'athair amach dom. My father told me off.

tabhair ar VERB
to pay for
□ Thug mé cúig euro ar an leabhar. I paid five euros for the book.

tábla MASC NOUN4
table
□ Cóirigh an tábla, le do thoil. Set the table, please.

taca MASC NOUN4
support
■ **Déanfaidh sé taca do do dhroim.** It will support your back.
■ **taca a bhaint as rud** to lean on something □ Bhain sé taca as an mballa. He leaned on the wall.
■ **faoin taca seo** by this time □ Faoin taca seo amárach beidh mé sa Fhrainc. By this time tomorrow I will be in France.

tacaí MASC NOUN4
supporter

tacaigh VERB [12]
to support
□ Thacaigh Peadar liom. Peter supported me.

tacaíocht FEM NOUN3
support
□ Thug muid tacaíocht don fhoireann scoile. We supported the school team.

tacsaí MASC NOUN4
taxi

tae MASC NOUN4
tea
□ Ar mhaith leat tuilleadh tae? Would you like more tea? □ An bhfuil tae nó caife uait? Would you like tea or coffee? □ cupán tae a cup of tea
■ **tae líomóide** lemon tea
■ **tae beag** afternoon tea

taephota MASC NOUN4
teapot

taespúnóg FEM NOUN2
teaspoon

tafann MASC NOUN1
■ **bheith ag tafann** to bark □ Bhí an madra ag tafann aréir. The dog was barking last night.

taibhse FEM NOUN4
ghost
□ Chóirigh mé mé féin mar thaibhse. I dressed up as a ghost.

táibléad MASC NOUN1
tablet

taicticí FEM PL NOUN2
tactics

taifead VERB [23]
to record
□ Thaifead an grúpa albam nua anuraidh. The group recorded a new album last year.

taifeadán MASC NOUN1
recorder

■ **taifeadán físchaiséad** a video

taifí MASC NOUN4
toffee

taighde MASC NOUN4
research

táille FEM NOUN4
1 fare (on bus, train)

■ **leath-tháille** half fare
■ **lántáille** full fare

2 fee
□ táillí scoile school fees

3 admission (entrance fee)
□ Cúig euro an táille. Admission is five euros.

4 charge
□ Níl táille sheirbhíse ann. There's no service charge.

■ **táille bhreise a íoc as rud** to pay extra for something □ Beidh ort táille bhreise a íoc as bricfeasta. You have to pay extra for breakfast.

táillefón MASC NOUN1
pay phone

táilliúir MASC NOUN3
tailor

táiplis FEM NOUN2

■ **táiplis bheag** draughts □ Bhí siad cluiche táiplise bheag ag imirt. They were playing a game of draughts.

tairbhe FEM NOUN4
benefit

■ **tairbhe a bhaint as rud** to benefit from something □ Bhain mé tairbhe as an scíth sin. I benefited from that rest.

■ **de thairbhe go** because □ Ní raibh mé ar scoil inné de thairbhe go raibh mé tinn. I wasn't at school yesterday because I was ill.

■ **gan tairbhe** useless

tairg VERB [13, VN tairiscint]
to offer
□ Thairg sé síob dom. He offered me a lift.

tairne MASC NOUN4
nail (metal)

taisce FEM NOUN4

■ **rud a chur i dtaisce** to put something away □ Cuir an t-airgead sin i dtaisce. Put that money away in a safe place.

■ **cuntas taisce** a savings account

taisceadán MASC NOUN1
safe
□ Chuir sí an t-airgead sa taisceadán. She put the money in the safe. □ Thug siad air

an taisceadán a oscailt. They forced him to open the safe.

taiscéalaí MASC NOUN4
explorer

taisleach MASC NOUN1
damp
□ Tá taisleach ar na ballaí. The walls are damp.

taisme FEM NOUN4
accident
□ Bhain taisme do Sheán inné. John had an accident yesterday.

■ **taisme bóthair** a road accident
■ **de thaisme 1** by accident □ De thaisme a bhuail mé an carr. I hit the car by accident. **2** by chance □ Bhuaileamar le chéile de thaisme. We met by chance.

taispeáin VERB [17, VN taispeáint, VA taispeánta]
to show
□ Thaispeáin sí crógacht mhór. She showed great courage.

■ **rud éigin a thaispeáint do dhuine éigin** to show somebody something □ Ar thaispeáin mé mo bhróga reatha nua duit? Have I shown you my new trainers?

taispeáint (GEN SING **taispeáintána**) FEM NOUN3

■ **ar taispeáint** on display □ Tá an obair ealaíne ar taispeáint sa halla. The art work is on display in the hall.

taispeántas MASC NOUN1
exhibition
□ Beidh taispeántas ealaíne ann ar scoil amárach. There will be an art exhibition in school tomorrow.

taisteal MASC NOUN1
1 travel
□ Is gníomhaire taistil í. She's a travel agent.

2 travelling
□ Is breá liom taisteal. I love travelling.

taistealaí MASC NOUN4
traveller

taistil VERB [19, 3RD PRES taitstealaíonn, VN taisteal, VA taistealta]
to travel
□ Thaistil muid go Gaillimh ar an traein. We travelled to Galway by train.

taithí FEM NOUN4
experience
□ Tá mé a dhul a dhéanamh taithí oibre. I'm going to do work experience. □ Fuair sé an post in ainneoin a easpa thaithí. He got the job despite his lack of experience.

taitin VERB [21, VN taitneamh]
to shine *(sun)*
□ Bhí an ghrian a taitneamh ó mhaidin go hoíche. **The sun shone from morning till night.**
■ Níor thaitin an scannán liom. **I didn't like the film.**
■ Thaitin an lá liom. **I enjoyed the day.**

taitneamhach ADJECTIVE
1 enjoyable
□ Bhí lá taitneamhach againn. **We had an enjoyable day.**
2 likeable
□ duine taitneamhach **a likeable person**

talamh (GEN SING MASC talaimh, GEN SING FEM talún, PL tailte) MASC NOUN1, FEM NOUN
ground
□ Tá an talamh seo iontach crua. **The ground's very hard.**
■ faoi thalamh **underground**
■ ar an talamh **on the ground** □ Shuigh muid ar an talamh. **We sat on the ground.**

talcam MASC NOUN1
talcum powder

talmhaíocht FEM NOUN3
agriculture

tamall MASC NOUN1
while
■ go ceann tamaill **for a while** □ Beidh mé anseo go ceann tamaill. **I'll be here for a while.**
■ tamall ó shin **a while ago** □ Bhi sé anseo tamall ó shin. **He was here a while ago.**
■ tamall ó bhaile **not far from home**

tanaí ADJECTIVE
1 thin
□ Tá Niall iontach tanaí. **Neil's very thin.**
2 shallow *(water)*
□ Tá an abhainn iontach tanaí anseo. **The river's very shallow here.**

tánaiste MASC NOUN4
deputy Prime Minister

tanc (PL tancanna) MASC NOUN4
tank *(military)*

tancaer MASC NOUN1
tanker

taobh (PL taobhanna) MASC NOUN1
side
□ ar an taobh eile den tsráid **on the other side of the street**
■ taobh le taobh **side by side**
■ taobh amuigh **outside** □ Tá carr taobh amuigh den teach. **There's a car outside the house.**
■ taobh istigh **within** □ Beidh mé ar ais taobh istigh de leathuair. **I'll be back within half an hour.**
■ taobh thiar de **behind** □ taobh thiar den teilifíseán **behind the television**

taoide FEM NOUN4
tide
□ taoide thuile **high tide** □ taoide thrá **low tide**

taoiseach MASC NOUN1
chief
■ An Taoiseach **the Prime Minister of Ireland**

taom (PL taomanna) MASC NOUN3
■ taom croí **a heart attack** □ Bhuail taom croí aréir é. **He had a heart attack last night.**

taos MASC NOUN1
1 paste *(glue)*
■ taos fiacla **toothpaste**
2 dough *(for bread)*

taoschnó MASC NOUN4
doughnut
□ taoschnó suibhe **a jam doughnut**

taosrán MASC NOUN1
pastry *(dough)*

tapa ADJECTIVE
quick
□ Tá sé tapa ar a chosa. **He's quick on his feet.**

tapaigh VERB [12]
to seize *(opportunity)*

tar VERB [9]
1 to come
□ Tar isteach. **Come in.** □ Tagaim ar scoil ar an mbus. **I come to school by bus.**
2 to arrive
□ Tháinig sé ar a sé a chlog. **He arrived at six o' clock.**
■ tar ar **to find** □ Tháinig mé ar an airgead. **I found the money.**
3 to catch
□ Tháinig slaghdán uirthi. **She caught a cold.**
■ tar le **to be able** □ Ní thig liom dul. **I'm not able to go.**

tarbh MASC NOUN1
bull
■ An Tarbh **Taurus** □ Is mise An Tarbh. **I'm Taurus.**

tarlaigh VERB [12, PAST tharla]
to occur
□ Tharla taisme aréir. **An accident occurred last night.**
■ Tharla ann é. **He happened to be there.**

tarra MASC NOUN4
tar

tarracóir MASC NOUN3
tractor

tarraiceán MASC NOUN1
drawer

tarraing VERB [19, 3RD PRES tarraingíonn,
VA tarraingthe]

1 to pull
□ Tharraing mé an leabhar as mo mhála.
I pulled the book out of my bag. □ Tharraing
sé an truicear. He pulled the trigger.

2 to draw
□ Tharraing an páiste pictiúr. The child drew
a picture.

tarraingt (GEN SING **tarraingthe**, PL
tarraingtí) FEM NOUN
draw
□ Beidh an tarraingt ann anocht. The draw
will take place tonight.
■ **tarraingt na téide** a tug of war

tarraingteach ADJECTIVE
attractive
□ cailín tarraingteach an attractive girl

tarrtháil FEM NOUN3
rescue
□ oibríocht tarrthála a rescue operation
□ na seirbhísí tarrthála the rescue services
■ **duine a tharrtháil** to come to
somebody's rescue □ Tharrtháil sé mé.
He came to my rescue.
■ **tarrtháil a thabhairt ar dhuine** to
rescue somebody □ Thug siad tarrtháil ar
an snámhóir. They rescued the swimmer.

tarrthálaí MASC NOUN4
rescuer

tart MASC NOUN3
thirst
■ **Tá tart orm.** I'm thirsty.

tasc (PL **tascanna**) MASC NOUN1
task

tástáil VERB [25]
▷ see also **tástáil** FEM NOUN3
to try on
□ Thástáil Máire cóta uirthi. Mary tried on
a coat.

tástáil FEM NOUN3
▷ see also **tástáil** VERB
1 test
□ tástáil tiomána a driving test
2 testing
□ Tá mé in aghaidh tástáil núicléach.
I'm against nuclear testing.

tatú MASC NOUN4
tattoo

TCI ABBREVIATION (= teilifís ciorcaid iata)
CCTV

TD ABBREVIATION (= Teachta Dála)
Dáil Deputy

te (PL, COMPAR **teo**) ADJECTIVE
1 warm
□ Tá sé te. It's warm.
2 hot
□ uisce te hot water
■ **buidéal te** a hot-water bottle

té PRONOUN
whoever
□ an té a thiocfaidh air whoever finds it
■ **an té atá ar iarraidh** missing person

teach (GEN SING **tí**, PL **tithe**, DAT SING **tigh**)
MASC NOUN
house
□ Tá teach s'againne ag bun na sráide. Our
house is at the end of the road. □ Tá teach
álainn acu. They've got a lovely house.
□ Téann an bus thar teach s'againn. The
bus goes past our house.
■ **teach beag** a toilet
■ **teach gloine** a greenhouse
■ **teach ósta** a hostel
■ **teach pobail** a chapel
■ **teach solais** a lighthouse

teachín MASC NOUN4
cottage

teachta MASC NOUN4
■ **teachta parlaiminte** a member of
parliament
■ **Teachta Dála** a member of the Irish
parliament

teachtaire MASC NOUN4
messenger

teachtaireacht FEM NOUN3
message

téacs (PL **téacsanna**) MASC NOUN4
text
□ Léigh amach an téacs os ard. Read the
text out loud.
■ **téacs a chur chuig duine** to text
someone

téacsáil FEM NOUN3
text (on mobile phone)

téacsleabhar MASC NOUN1
textbook

téad FEM NOUN2
rope
□ téad léimní a skipping rope

téadléimneach FEM NOUN2
skipping

teagasc VERB [14, VN teagasc]
to teach
□ Theagasc an fear sin Gaeilge dom.
That man taught me Irish.

teagascóir MASC NOUN3
  tutor
teaghlach MASC NOUN1
  family
  □ teaghlach de chuid an lucht oibre a
  working-class family
teagmháil FEM NOUN3
  contact
  □ Bí i dteagmháil. Keep in contact.
téama MASC NOUN4
  theme
téamh MASC NOUN1
  heating
  □ téamh lárnach central heating
  ■ **téamh domhanda** global warming
teanga (PL **teangacha**) FEM NOUN4
1 tongue
  □ Tá sé ar bharr mo theanga. It's on the tip
  of my tongue.
2 language
  □ Is teanga dheacair í an Ghearmáinis.
  German is a difficult language.
  ■ **teanga dhúchais** native language
  □ Is í an Ghaeilge mo theanga
  dhúchais. Irish is my native
  language.
teangaire MASC NOUN4
  interpreter
teanglann FEM NOUN2
  language laboratory
teann VERB [23]
  ▷ see also **teann** ADJECTIVE
  to tighten
  □ Teann do chrios sábhála. Tighten your
  safety belt.
teann ADJECTIVE
  ▷ see also **teann** VERB
  tight
  □ éadaí teanna tight clothes
  ■ **go teann** tightly □ Ceangail go teann é.
  Tie it tightly.
teannaire MASC NOUN4
  pump (for bicycle)
teannas MASC NOUN1
  tension
  □ Tá an teannas ag méadú. Tension is
  mounting.
téarma MASC NOUN4
  term
teas MASC NOUN3
1 heat
  □ teas na gréine the heat of the sun
2 heating
  □ Imíonn an teas as maidh féin. The heating
  switches itself off.

teastaigh VERB [12, VN teastáil]
  to want
  □ Teastaíonn breis ama uaithi. She wants
  more time.
  ■ **'Freastalaí ag teastáil'** 'Waiter wanted'
teastas MASC NOUN1
  certificate
  □ teastas breithe a birth certificate
  □ teastas pósta a marriage certificate
teicneoir MASC NOUN3
  technician
teicneolaíocht FEM NOUN3
  technology
  □ teicneolaíocht na faisnéise information
  technology
teideal MASC NOUN1
  title
téigh VERB [10]
  to go
  □ Téigh amach sa ghairdín. Go out to the
  garden.
  ■ **dul a luí** to go to bed □ Chuaigh mé a luí
  ar a deich. I went to bed at ten.
téigh ar VERB
  to go on
  ■ **dul ar bord eitleáin** to board an
  aeroplane
téigh as VERB
  to go out (fire, light)
  □ Chuaigh an solas as. The light went out.
teileafón MASC NOUN1
  telephone
teileascóp MASC NOUN1
  telescope
teilifís FEM NOUN2
  television
  □ teilifís dhaite a colour television □ teilifís
  dhigiteach digital television
teilifíseán MASC NOUN1
  television (set)
  □ Tá an teilifíseán rómhór. The television's
  too big.
teip VERB [13, VN teip]
  to fail
  □ Theip orm sa scrúdú. I failed the exam.
  □ Theip ar a carr ina MOT. Her car failed its
  MOT. □ Theip an tsláinte air. His health
  failed.
  ■ **gan teip** without fail
téip (PL **téipeanna**) FEM NOUN2
  tape
teiripe FEM NOUN4
  therapy
teirmiméadar MASC NOUN1
  thermometer

teirminéal MASC NOUN1
terminal

teist (PL **teisteanna**) FEM NOUN2
test
▢ Beidh teist agam amárach. I've got a test tomorrow.

teistiméir MASC NOUN3
referee *(for job)*

teistiméireacht FEM NOUN3
1 certificate *(qualification)*
2 reference
▢ An mbeifeá sásta teistiméireacht a thabhairt dom, le do thoil? Would you please give me a reference?

teitheadh (GEN SING **teite**) MASC NOUN
escape
■ **bheith ar do theitheadh** to be on the run

téitheoir MASC NOUN3
heater

teocht FEM NOUN3
temperature
▢ Bhí teocht ard orm aréir. I had a high temperature last night.

teorainn (GEN SING **teorann**, PL **teorainneacha**) FEM NOUN
border
■ **an Teorainn** the Border

thall ADVERB, ADJECTIVE
over
▢ Tá sé taobh thall den abhainn. It's over the river.
■ **thall i Meiriceá** over in America
■ **thall ansin** over there
■ **thall is abhus** here and there

thar PREPOSITION

    LANGUAGE TIP Prepositional pronouns are **tharam, tharat, thairis, thairsti, tharainn, tharaibh, tharstu.**

over
▢ Léim an capall thar an gclaí. The horse jumped over the fence. ▢ thar mhíle over a mile
■ **thar sáile** abroad ▢ Téim thar sáile gach bliain. I go abroad every year.
■ **thar barr** excellent ▢ Bhí an aiste sin thar barr. The essay was excellent.
■ **thar a bheith fuar** extremely cold ▢ Tá sé thar a bheith fuar anocht. It is extremely cold tonight.
■ **fanacht thar oíche** to stay the night

thart ADVERB, PREPOSITION
1 around
▢ Amharc thart. Look around. ▢ Tá sí ina cónaí go díreach thart an coirnéal. He lives just around the corner.

2 over
▢ Tá an cluiche thart. The game is over.
■ **an tseachtain seo a chuaigh thart** last week
■ **dul thart le rud** to go past something
▢ Chuaigh mé thart leis an teach aréir. I went past the house last night.

theas ADVERB, ADJECTIVE
south
▢ an cósta theas the south coast
■ **an Afraic Theas** South Africa

thiar ADVERB, ADJECTIVE
1 west
▢ an cósta thiar the west coast ▢ Baile Átha Cliath Thiar West Dublin ▢ Tá sé taobh thiar de Londain. It's west of London.
2 western
▢ an taobh thiar den oileán the western part of the island

thíos ADVERB
below
▢ ar an urlár thíos on the floor below
■ **Cad é atá thíos faoi sin?** What's under there?
■ **thíos staighre** downstairs

thoir ADVERB, ADJECTIVE
east
▢ an cósta thoir the east coast ▢ Béal Feirste Thoir East Belfast ▢ Tá sé taobh thoir de Londain. It's east of London.

thuaidh ADVERB, ADJECTIVE
north
▢ Tá sé ar an taobh thuaidh de Londain. It's north of London.
■ **an Mhuir Thuaidh** the North Sea
■ **an Pol Thuaidh** the North Pole

thuas ADVERB, ADJECTIVE
up
▢ Tá an leabhar thuas ar an tseilf. The book is up on the shelf.
■ **thuas staighre** upstairs

tí FEM NOUN4
■ **bheith ar tí rud a dhéanamh** to be just about to do something ▢ Bhí mé ar tí dul amach. I was just about to go out.

tiarna MASC NOUN4
lord
■ **tiarna talún** a landlord
■ **An Tiarna** *(God)* the Lord
■ **Teach na dTiarnaí** the House of Lords

tic MASC NOUN4
tick *(of clock, mark)*
■ **tic a chur le rud** to tick something off

ticéad MASC NOUN1
ticket

□ Tá an ticéad seo bailí ar feadh trí mhí. **This ticket is valid for three months.** □ Cheannaigh siad na ticéid roimh ré. **They bought the tickets in advance.**
- **ticéad bus** a bus ticket
- **ticéad crannchuir** a raffle ticket
- **ticéad páirceála** a parking ticket
- **ticéad séasúir** a season ticket
- **ticéad singil** a single □ Ticéad singil go Corcaigh, le do thoil. **A single to Cork, please.**

tíl (PL **tíleanna**) FEM NOUN2
tile

timpeall PREPOSITION
1 around
   □ timpeall an tí **around the house**
   - **thart timpeall ar** surrounded by □ Tá crainn thart timpeall ar an teach **The house is surrounded by trees.**
2 about
   □ timpeall mí ó shin **about a month ago**

timpeallacht FEM NOUN3
environment

timpeallán MASC NOUN1
roundabout *(at junction)*

timpiste FEM NOUN4
accident
   □ Bhain timpiste dó. **He had an accident.**
   - **de thimpiste** by accident

tine (PL **tinte**) FEM NOUN4
fire
   □ Rinne sé tine sa choill. **He made a fire in the woods.**
   - **tine chnámh** a bonfire
   - **tine gháis** a gas fire
   - **le thine** on fire □ Bhí an teach le thine. **The house was on fire.**

tinn ADJECTIVE
sick
   □ Bhí Peadar tinn inné. **Peter was sick yesterday.**
   - **éirí tinn** to be taken ill □ D'éirigh sí tinn aréir. **She was taken ill last night.**
   - **bheith tinn tuirseach de rud** to be sick and tired of something □ Tá mé tinn tuirseach den staidéar. **I'm sick and tired of studying.**

tinneas MASC NOUN1
sickness
   - **Tá tinneas orm.** I'm sick.
   - **tinneas farraige** seasickness
   - **tinneas cinn** a headache □ Tá tinneas cinn orm. **I have a headache.**

tintreach FEM NOUN2
lightning

Tiobraid Árann FEM NOUN
Tipperary

tíogar MASC NOUN1
tiger

tiomáin VERB [17, VN tiomaint VA tiomáinte]
to drive
   □ Tiomáin go mall! **Drive slow!** □ Níl tiomáint aige. **He can't drive.** □ Thiomáin m'athair an carr abhaile. **My father drove the car home.**

tiomáint (GEN SING **tiomána**) FEM NOUN3
drive
   □ Tá tiomáint fhada romhainn amárach. **We've got a long drive tomorrow.**
   - **ceadúnas tiomána** a driving licence

tiománaí MASC NOUN4
driver

tionóisc FEM NOUN2
accident
   □ tionóisc bhóthair **a road accident**
   - **trí thionóisc** by accident

tionól MASC NOUN1
assembly
   □ halla tionóil **an assembly hall**

tionónta MASC NOUN4
tenant

tionscadal MASC NOUN1
project

tiontaigh VERB [12]
to turn
   □ Tiontaigh ar clé. **Turn left.**

tír (PL **tíortha**) FEM NOUN2
country
   □ tír i mbéal forbartha **a developing country**
   □ tír dhúchais **native country**
   - **tír mór** mainland
   - **ceol tíre** folk music

Tír Chonaill FEM NOUN
Donegal

tírdhreach (GEN SING, PL **tírdhreacha**, GEN PL **tírdhreach**) MASC NOUN3
landscape

Tír Eoghain FEM NOUN
Tyrone

tíreolaíocht FEM NOUN3
geography

tirim ADJECTIVE
dry
   □ Beidh sé tirim amárach. **It'll be dry tomorrow**
   - **airgead tirim** ready cash

tirimghlantóir MASC NOUN3
dry-cleaner's

tit VERB [15, VN titim, VA tite]
to fall

□ Baineadh tuisle de agus thit sé. **He tripped and fell.** □ Tá praghsanna ag titim. **Prices are falling.**

■ **titim a chodladh** to fall asleep □ Thit sí ina codladh **She fell asleep.**

■ **titim i laige** to faint □ Go tobann thit sí i laige. **All of a sudden she fainted.**

■ **titim amach le duine** to fall out with somebody □ Thit sé amach lena dheirfiúr. **He fell out with his sister.**

tiubh (GEN SING MASC **tiubh**, GEN SING FEM, COMPAR **tibhe**) ADJECTIVE
thick

□ Tá an ceo iontach tiubh anocht. **The fog is very thick tonight.**

■ **chomh tiubh géar is a thig leat** as fast as you can

T-léine FEM NOUN4
T-shirt

TnaG ABBREVIATION (= *Teilifís na Gaeilge*)
Irish language television

tobac MASC NOUN4
tobacco

■ **D'éirigh sé as an tobac.** He gave up smoking.

■ **'Ná caitear tobac'** 'No smoking'

tobán MASC NOUN1
tub

tobann ADJECTIVE
1 sudden

□ ardú teochta tobann **a sudden rise in temperature**

■ **go tobann** suddenly □ D'éirigh sé go tobann as an gcathaoir. **He suddenly got out of the chair.**

2 bad-tempered

□ duine tobann **a bad-tempered person**

tobar (PL **toibreacha**) MASC NOUN1
well *(for water)*

tochail VERB [19, VA tochailte]
to dig *(hole)*

tochais VERB [17, VN tochas]
to scratch

tocht (PL **tochtanna**) MASC NOUN3
mattress

■ **tocht a bheith ort** to be very emotional □ Bhí tocht orm nuair a chonaic mé ag imeacht é. **I was very emotional when I saw him leaving.**

todhchaí FEM NOUN4
future

□ Tá an todhchaí neamhchinnte. **The future's uncertain.**

todóg FEM NOUN2
cigar

tóg VERB [14, VA tógáil]
1 to pick up

□ Tóg an leabhar den urlár. **Pick up the book from the floor.**

2 to take

□ Tóg cúpla milseán, más maith leat. **Take a couple of sweets, if you like.** □ Tógann sé uair an chloig dul go Gaillimh. **It takes an hour to go to Galway.** □ Tóg go bog é. **Take it easy.**

3 to build

□ Thógamar an garáiste muid féin. **We built our garage ourselves.**

4 to bring up

□ Tógadh in Éirinn mé. **I was brought up in Ireland.**

■ **teach a thógáil ar cíos** to rent a house □ Thóg muid teach ar cíos sa Fhrainc. **We rented a house in France.**

tógálach ADJECTIVE
infectious

■ **galar tógálach** an infectious disease

tógálaí MASC NOUN4
builder

□ Is tógálaí é. **He's a builder.**

togh VERB [23, VA tofa]
1 to choose

□ Togh an ceann is fearr leat. **Choose the one you prefer.**

2 to select

□ Thogh an bainisteoir an fhoireann don chluiche. **The manager selected the team for the game.**

3 to elect

□ Toghadh uachtarán nua aréir. **A new president was elected last night.**

toghchán MASC NOUN1
election

tógtha ADJECTIVE
excited

□ Bhí na páistí tógtha faoin Nollaig. **The children were excited about Christmas.**

toil FEM NOUN3
will

□ in éadan do thola **against your will**

■ **le do thoil** please □ Ticéad fillte go Corcaigh, le do thoil. **A return to Cork, please.**

■ **teanga a bheith ar do thoil agat** to be fluent in a language □ Tá an Ghaeilge ar a thoil ag Seán. **John is fluent in Irish.**

toilteanach ADJECTIVE
willing

□ Bíonn sé i gcónaí toilteanach cuidiú a thabhairt. **He's always willing to help.**

tóin (PL **tóineanna**) FEM NOUN3
bottom *(buttocks)*
■ **dul go tóin** to sink □ Chuaigh an bád go tóin sa stoirm. The boat sank in the storm.

tóir (PL **tóireacha**) FEM NOUN3
chase
■ **dul sa tóir ar dhuine** to chase somebody □ Chuaigh na gardaí sa tóir ar an ngadaí. The police chased the thief.

toirneach FEM NOUN2
thunder

tóirse MASC NOUN4
torch

toirt (PL **toirteanna**) FEM NOUN2
■ **ar an toirt** right away □ Déanfaidh mé ar an toirt é. I'll do it right away.

toirtín MASC NOUN4
scone
■ **toirtín úll** an apple tart

toirtís FEM NOUN2
tortoise

toisc (PL **tosca**) FEM NOUN2
factor
■ **Toisc gurb é Domhnach é, tá cead agat luí isteach.** Because it's Sunday, you can have a lie-in.

toit FEM NOUN2
smoke

toitín MASC NOUN4
cigarette
□ paca toitíní a pack of cigarettes

tólamh NOUN
■ **i dtólamh** always □ Bíonn mo sheomra leapa trí chéile i dtólamh. My bedroom's always untidy.

tolg MASC NOUN1
sofa
□ Bhí sé ina luí ar an tolg. He was lying down on the sofa.

tollán MASC NOUN1
tunnel
■ **Tollán Mhuir nIocht** the Channel Tunnel

tomhais VERB [17, VN tomhas VA tomhaiste]
to measure

tonn (PL **tonnta**, DAT SING **toinn**, GEN PL **tonn**)
FEM NOUN2
wave
□ tonn tuile a tidal wave
■ **thar toinn** overseas
■ **faoi thoinn** underwater
■ **tonn teaspaigh** a heatwave

tonna MASC NOUN4
ton
□ Tá péas tonna sa seanrothar sin. That old bike weighs a ton.

tor MASC NOUN1
bush
■ **lá a chaitheamh faoin tor** to play truant

toradh (PL **torthaí**) MASC NOUN1
1 fruit
□ toradh citris citrus fruit
2 result *(of test, game)*
□ Fuair mé toradh maith sa scrúdú Gaeilge. I got a good result in the Irish exam.

tóraíocht FEM NOUN3
search
■ **tóraíocht taisce** a treasure hunt

torann MASC NOUN1
loud noise

tornádó (PL **tornádónna**) MASC NOUN4
tornado

tornapa MASC NOUN4
turnip

tosach (GEN SING, PL **tosaigh**) MASC NOUN1
1 beginning
□ ó thosach from the beginning
2 start
□ tosach an rása the start of a race
3 front
□ tosach an tí the front of the house
4 lead
□ Tá foireann s'againn chun tosaigh. Our team is in the lead.
■ **i dtosach** at first

tosaí MASC NOUN4
forward *(sport)*

tosaigh VERB [12]
▷ see also **tosaigh** ADJECTIVE
to start
□ Tosaíonn an scoil ar a naoi a chlog. School starts at 9.00. □ Níor thosaigh mé ar an athbhreithniú go fóill. I haven't started revising yet.

tosaigh ADJECTIVE
▷ see also **tosaigh** VERB
front
□ suíocháin tosaigh an chairr the front seats of the car □ eochair an dorais tosaigh the key to the front door
■ **chun tosaigh** in front □ an carr chun tosaigh the car in front

tost MASC NOUN3
silence
■ **Bí i do thost!** Be quiet!

tósta MASC NOUN4
toast
□ slisín tósta a slice of toast

tóstaer MASC NOUN1
toaster

tóstáil VERB [25]
to toast

trá (PL **tránna**) FEM NOUN4
beach
□ Chaith muid an lá ar an trá. We spent the day on the beach.
■ **bheith ag iarraidh an dá thrá a fhreastal** to try to do two things at once

trácht (PL **tráchtanna**) MASC NOUN3
traffic
□ Bhí an trácht go holc. The traffic was terrible.
■ **soilse tráchta** traffic lights

traein (GEN SING **traenach**, PL **traenacha**) FEM NOUN
train
□ D'imigh an traein orm. I missed the train.
■ **ar an traein** by train □ Is fearr liom taisteal ar an traein. I prefer to travel by train.
■ **traein luais** an express train

traenáil VERB [25]
to train
□ Beidh muid ag traenáil anocht. We will be training tonight.

traenálaí MASC NOUN4
trainer (coach)

traigéide FEM NOUN4
tragedy (play)

tragóid FEM NOUN4
tragedy
□ Thug an tragóid scannal dóibh. They were shocked by the tragedy.

tragóideach ADJECTIVE
tragic

tráidire MASC NOUN4
tray

traidisiúnta ADJECTIVE
traditional
□ ceol traidisiúnta traditional music

tralaí MASC NOUN4
trolley

tram (PL **tramanna**) MASC NOUN4
tram

trampailín MASC NOUN4
trampoline

traoch VERB [23]
■ **Tá mé traochta.** I am exhausted.

trasna PREPOSITION, ADVERB
across
□ an siopa trasna na sráide the shop across the road □ Cónaíonn siad trasna an bhóthair uaim. They live across the road.

trasnaigh VERB [12]
to cross
■ **Páistí ag trasnú!** Children crossing!

tráta MASC NOUN4
tomato
□ anlann trátaí tomato sauce □ anraith trátaí tomato soup

tráth (PL **tráthanna {or} trátha**, GEN PL **tráth**) MASC NOUN3
time
□ an tráth seo den bhliain this time of the year
■ **in am agus i dtráth** in due course
■ **i dtrátha a dó a chlog** at about 2 o'clock
■ **tráth bia** a meal
■ **tráth na gceist** a quiz

tráthnóna (PL **tráthnónta**) MASC NOUN4
1 afternoon
□ An féidir leat aire a thabhairt don bhabaí tráthnóna inniu? Could you mind the baby this afternoon?
2 in the afternoon
□ Beidh mé ar ais tráthnóna. I'll be back in the afternoon. □ ar a ceathair a chlog tráthnóna at 4 o'clock in the afternoon
3 evening
□ Amharcaim ar an nuacht gach tráthnóna. I watch the news every evening. □ Tá ceachtanna le hullmhú aici tráthnóna. She has to prepare lessons in the evening.
■ **Tháinig mé abhaile ar a deich tráthnóna aréir.** I got home at ten o'clock last night.

treabhsar MASC NOUN1
trousers

tréad (GEN SING, PL **tréada**) MASC NOUN3
1 flock
□ tréad caorach a flock of sheep
2 herd
□ tréad bó a herd of cows

tréadaí MASC NOUN4
shepherd

trealamh MASC NOUN1
equipment

tréaslaigh VERB [12]
to congratulate
□ Thréaslaigh an múinteoir an toradh maith liom. The teacher congratulated me on my good result.

treaspás MASC NOUN1
■ **'Ná déantar treaspás'** 'No trespassing'

tréidlia (PL **tréidlianna**) MASC NOUN4
vet
□ Is tréidlia í. She's a vet.

tréig VERB [13, VN tréigean]
to abandon
□ Thréig sé an carr. He abandoned the car.

tréimhse FEM NOUN4
period
□ do thréimhse theoranta for a limited period

treo (PL treonna) MASC NOUN4
direction
■ Cén treo ar imigh sé? Which way did he go?
■ méar a shíneadh i dtreo duine to point at somebody □ Shín sí a méar i dtreo Áine. She pointed at Anne.

treoirlíne (PL treoirlínte) FEM NOUN4
guideline

treoraí MASC NOUN4
guide
□ Thug an treoraí thart ar Coláiste na Trionóide muid. The guide took us around Trinity College.

trí (PL tríonna) MASC NOUN4
▷ see also trí PREPOSITION
three
LANGUAGE TIP trí is usually followed by a singular noun.
□ trí mhála three bags
■ Tá sí trí bliana d'aois. She's three.
■ trí ... déag thirteen □ trí bhuidéal thirteen bottles

trí PREPOSITION
▷ see also trí MASC NOUN4
LANGUAGE TIP Prepositional pronouns are tríom, tríot, tríd, tríthi, trínn, tríbh, tríothu.
1 through
□ tríd an bhfuinneog through the window
□ Tá aithne agam uirthi trí mo dheirfiúr. I know her through my sister.
2 throughout
□ Beidh muid ag obair tríd an lá. We will be working throughout the day.
■ trí chéile confused

triail FEM NOUN
▷ see also triail VERB
1 test
□ Beidh triail tiomána aige amárach. He's taking his driving test tomorrow.
2 try
□ Bainfidh mé triail as. I'll give it a try.

triail VERB [15, VN triail]
▷ see also triail FEM NOUN
to try
□ Triail na bróga sin ort. Try on those shoes.

triall (PL triallta) MASC NOUN3
journey
■ Cá bhfuil do thriall? Where are you going?

triantán MASC NOUN1
triangle

trioblóid FEM NOUN2
trouble
□ Ná bí buartha, ní trioblóid ar bith é. Don't worry, it's no trouble.
■ bheith i dtrioblóid to be in trouble

tríocha (GEN SING tríochad, PL tríochaidí) MASC NOUN
thirty
LANGUAGE TIP tríocha is usually followed by a singular noun.
□ tríocha buidéal thirty bottles
■ Tá mé tríocha bliain d'aois. I'm thirty.

triomadóir MASC NOUN3
dryer
□ triomadóir gruaige a hair dryer
□ triomadóir iomlasctha a tumble dryer

triomaigh VERB [12]
to dry
□ Triomaigh na soithí, le do thoil. Dry the dishes, please.

tríú ADJECTIVE
third
□ an tríú huair the third time □ an Tríú Domhan the Third World
■ teacht isteach sa tríú háit to finish third
■ an tríú lá de Mhárta the third of March

triuf (PL triufanna) MASC NOUN4
club (in cards)
□ an t-aon triuf the ace of clubs

triúr MASC NOUN1
three people
■ Chuaigh triúr againn ann. Three of us went.
■ triúr ban three women

troid FEM NOUN3
▷ see also troid VERB
fight

troid VERB [15, VN triod]
▷ see also troid FEM NOUN3
to fight
□ Bhí an bheirt ghasúr ag troid. The two boys were fighting.

troigh (PL troithe) FEM NOUN2
foot (12 inches)
■ sé throithe ar airde six feet tall

troitheán MASC NOUN1
pedal

trom ADJECTIVE
heavy
□ Tá mo mhála scoile iontach trom. My schoolbag's very heavy.

trombón MASC NOUN1
trombone

□ Bím ag seinm ar an trombón. **I play the trombone.**

tromlach MASC NOUN1
  majority
  □ Cónaíonn tromlach na ndaltaí faoin tuath. **The majority of the pupils live in the country.**

tromluí MASC NOUN4
  nightmare

trosc MASC NOUN1
  cod

troscán MASC NOUN1
  furniture

trua FEM NOUN4
  pity
  ■ Nach mór an trua! **What a pity!**

trucail FEM NOUN2
  truck

trumpa MASC NOUN4
  trumpet
  □ Bíonn sí ag seinm ar an trumpa. **She plays the trumpet.**

trunc MASC NOUN3
  trunk *(of elephant)*

tú PRONOUN
  you
  □ An dtuigeann tú? **Do you understand?**
    LANGUAGE TIP The form thú is used as the object of a verb.
  □ Chonaic mé thú. **I saw you.**
  ■ tú féin yourself □ Déan tú féin sa bhaile. **Make yourself at home.**

tua (PL **tuanna**) FEM NOUN4
  axe

tuáille MASC NOUN4
  towel

tuairim FEM NOUN2
  ▷ *see also* **tuairim** PREPOSITION
  opinion
  ■ tuairim a bheith agat **to have an opinion**

tuairim PREPOSITION
  ▷ *see also* **tuairim** FEM NOUN2
  ■ tuairim is about □ Tá tuairim is céad duine sa halla. **There are about 100 people in the hall.**

tuairisc FEM NOUN2
  report
  ■ tuairisc duine a chur **to ask after somebody** □ Bhí Máire ag cur do thuairisce. **Mary was asking after you.**

tuairisceoir MASC NOUN3
  reporter
  □ Ba mhaith liom bheith i mo thuairisceoir. **I'd like to be a reporter.**

tuaisceart MASC NOUN1
  north

□ sa tuaisceart **in the north**
  ■ Tuaisceart Éireann **Northern Ireland**

tuar (PL **tuartha**) MASC NOUN1
  forecast
  ■ tuar na haimsire **a weather forecast**
  ■ tuar ceatha **a rainbow**

tuarastal MASC NOUN1
  salary

tuath (GEN SING **tuaithe**) FEM NOUN2
  country
  ■ faoin tuath **in the country** □ Thug muid geábh faoin tuath sa charr. **We went for a drive in the country.**

tuig VERB [13, VN tuiscint]
  to understand
  □ Tuigim Fraincis agus Gaeilge. **I understand French and Irish.**

tuile (PL **tuilte**) FEM NOUN4
  flood

tuilleadh MASC NOUN1
  ■ Ar mhaith leat a thuilleadh tae? **Would you like some more tea?**
  ■ Ní thagann sé a thuilleadh. **He doesn't come any more.**

tuirling VERB [19, 3RD PRES tuirlingíonn, VA tuirlingthe]
  1 to get off
    □ Thuirling mé den bhus i nGaillimh. **I got off the bus in Galway.**
  2 to land
    □ Thuirling an t-eitleán slán sábháilte. **The plane landed safely.**

tuirse FEM NOUN4
  ■ Tá tuirse orm. **I'm tired.**

tuirseach ADJECTIVE
  tired
  □ Tá na páistí iontach tuirseach. **The children are very tired.**

tuisceanach ADJECTIVE
  considerate
  □ duine tuisceanach **a considerate person**

tuismeá FEM NOUN4
  horoscope

tuismitheoir MASC NOUN3
  parent
  □ Tá mo thuismitheoirí colscartha. **My parents are divorced.** □ Ní réitíonn sé lena thuismitheoirí. **He doesn't get on with his parents.**

tum VERB [14]
  to dive
  □ Thum mé isteach sa linn. **I dived into the pool.**

tumadóir MASC NOUN3
  diver

tumadóireacht FEM NOUN3
diving

túr MASC NOUN1
tower

turas MASC NOUN1
1 trip
  □ Bíodh turas maith agat! Have a good trip!
  ■ **turas scoile** a school trip
2 journey
  □ Ní maith liom turas fada. I don't like long journeys.
3 tour
  □ Chuamar ar thuras na cathrach. We went on a tour of the city.
  ■ **d'aon turas** on purpose □ Rinne sé d'aon turas é. He did it on purpose.
  ■ **Turas na Croise** the Stations of the Cross

turasóir MASC NOUN3
tourist
  □ gasra turasóirí a party of tourists

turasóireacht FEM NOUN3
tourism

turcaí MASC NOUN4
turkey

turtar MASC NOUN1
turtle

tús MASC NOUN1
start
  □ Ní mórán é, ach is tús é. It's not much, but it's a start.
  ■ **ó thús** from the start
  ■ **ar dtús 1** first □ Téigh thusa ar dtús agus leanfaidh mé thú. You go first and I'll follow.
  2 at first □ Bhí sí iontach cúthail ar dtús. She was really self-conscious at first.
  ■ **i dtús báire** first of all □ Beidh dinnéar againn i dtús báire. First of all we will have dinner.
  ■ **tús a chur le rud** to start something □ Cé a chuir tús leis an troid? Who started the fight?

túslitir (GEN SING **túslitreach**, PL **túslitreacha**) FEM NOUN
initial

Uu

uabhar MASC NOUN1
pride

uacht (PL **uachtanna**) FEM NOUN3
will

□ D'fhág sé roinnt airgid ina uacht dom.
He left me some money in his will.

■ **rud a fhágáil le huacht ag duine** to
leave something to somebody □ D'fhág
m'aintín teach le huacht agam. My aunt left
me a house.

uachtar MASC NOUN1

1 top

■ **an lámh in uachtar a fháil** to get the
upper hand □ Fuair Seán an lámh in
uachtar ar Liam. Sean got the upper hand
over Liam.

2 cream

□ sútha talún agus uachtar strawberries
and cream

■ **uachtar reoite** ice cream □ Cén blas
d'uachtar reoite ba mhaith leat? Which
flavour of ice cream would you like?
□ uachtar reoite fanaile vanilla ice cream

■ **uachtar coipthe** whipped cream

uachtarán MASC NOUN1
president

□ Molaim Seán Mac an tSaoir mar uachtarán
ar an gcumann. I nominate John McAteer as
president of the society.

■ **Uachtarán na hÉireann** the President of
Ireland

uafar ADJECTIVE
dreadful

□ scéal uafar a dreadful story

uafás MASC NOUN1
horror (terror)

■ **uafás a chur ar dhuine** to horrify
somebody

■ **Ré an Uafáis** the Reign of Terror

■ **an t-uafás airgid** an awful lot of money

■ **an t-uafás daoine** an awful lot of
people

uafásach ADJECTIVE

1 horrible

□ A leithéid de ghúna uafásach! What a
horrible dress!

2 dreadful

□ meancóg uafásach a dreadful mistake
□ Bhí an aimsir uafásach. The weather was
dreadful.

■ **Tá sé uafásach!** It's shocking!

■ **coir uafásach** a terrible crime

■ **radharc uafásach** a horrifying
sight

uaibhreach ADJECTIVE
proud

uaigh (PL **uaigheanna**) FEM NOUN2
grave

■ **Is iomaí lá ag an uaigh orainn.** We'll be
a long time dead.

uaigneach ADJECTIVE

1 lonely

□ saol uaigneach a lonely life □ áit
uaigneach a lonely place

2 spooky

□ scéal uaigneach a spooky story

■ **Ní duine uaigneach mé.** I am not afraid
of the dark.

uaigneas MASC NOUN1
loneliness

■ **uaigneas a bheith ort** to be lonely
□ Tá uaigneas orm. I'm lonely.

uaill FEM NOUN2
howl

■ **uaill a ligean asat** to howl

■ **Lig sé uaill as.** He let out a yell.

uaillmhianach ADJECTIVE
ambitious

□ Tá sí iontach uaillmhianach. She's very
ambitious.

uaimh (PL **uaimheanna**) FEM NOUN2
cave

uaimheadóireacht FEM NOUN3
potholing (activity)

u

uain (PL **uaineacha**) FEM NOUN2
1 time
  □ Níl uain agam an obair a chríochnú.
  I have no time to finish my work.
2 turn
  □ Fan le d'uain. Wait your turn.
3 weather
  □ Bhí an uain go hálainn. The weather
  was beautiful.

uaine ADJECTIVE, FEM NOUN4
  green (bright)

uaineoil FEM NOUN3
  lamb (meat)
  ■ ceathrú uaineola a leg of lamb

uainíocht FEM NOUN3
  shift work
  ■ uainíocht a dhéanamh to take turns
  □ Déanann muid uainíocht ar a chéile leis
  an gcócaireacht. We take turns at the
  cooking.

uair (PL **uaireanta**) FEM NOUN2
1 hour
  □ uaireanta cuartaíochta visiting hours
  □ uaireanta oifige office hours

  > LANGUAGE TIP Numbers in Irish are
  usually followed by a singular noun,
  but the plural form **uaire** is used after
  numbers 3 to 10.

  □ trí huaire three hours
  ■ uair an chloig an hour □ Beidh mé ar ais
  i gceann uair an chloig. I will be back in an
  hour.
  ■ obair uaire an hour's work
  ■ 10 gciliméadar san uair 10 km an hour
2 time
  □ Seiceálfaidh mé uair na traenach. I'll
  check the time of the train.
  ■ cá huair? when? □ Cá huair a bheidh tú
  ar ais? When will you be back?
  ■ gach uair every time □ Bíonn sé faoi
  ghruaim gach uair a fheicim é. Every time
  I see him he's depressed.
  ■ an chéad uair the first time
  ■ an chéad uair eile the next time □ Beidh
  Máire liom an chéad uair eile. Mary will be
  with me the next time.
  ■ uair sa tseachtain once a week
  ■ uair amháin once □ uair amháin eile
  once more
  ■ i láthair na huaire at the moment
  ■ uaireanta sometimes

uaireadóir MASC NOUN3
  watch

ualach (PL **ualaí**) MASC NOUN1
  load

  ■ Bhí sé ina ualach ar mo chroí. It
  weighed heavily on my heart.

uamhan (PL **uamhna**, GEN PL **uamhan**)
  MASC NOUN1
  fear
  ■ uamhan a bheith ort to be terrified
  ■ uamhan clóis claustrophobia

uan MASC NOUN1
  lamb (animal)

uasal (GEN SING FEM, PL, COMPAR **uaisle**)
  ADJECTIVE
  ▷ see also **uasal** MASC NOUN1
  decent (upright)
  ■ an tUasal Ó Murchú Mr Murphy
  ■ A Dhuine Uasail Dear Sir
  ■ A Bhean Uasal Dear Madam
  ■ a dhaoine uaisle ladies and gentlemen

uaschamóg FEM NOUN2
  apostrophe
  ■ uaschamóga inverted commas

uaslódáil VERB [25]
  to upload (computing)

uathoibríoch (GEN SING MASC **uathoibríoch**)
  ADJECTIVE
  automatic
  □ doras uathoibríoch an automatic door
  ■ go huathoibríoch automatically
  □ Druidtear na doirse go huathoibríoch.
  The doors close automatically.

ubh (PL **uibheacha**) FEM NOUN2
  egg
  □ dosaen uibheacha a dozen eggs □ ubh
  agus dhá shlisín bagúin an egg and two
  rashers of bacon
  ■ ubh bhruite a boiled egg
  ■ ubh fhriochta a fried egg
  ■ ubh scallta a poached egg
  ■ uibheacha scrofa scrambled eggs
  ■ trí huibhe three eggs

ubhchupán MASC NOUN1
  egg cup

ucht (PL **uchtanna**) MASC NOUN3
1 chest
  □ tomhas a uchta his chest measurement
2 breast (of woman)
3 lap
  □ Shuigh an leanbh ina hucht. The child sat
  in her lap.
  ■ as ucht for the sake of □ as ucht Dé for
  God's sake

uchtach MASC NOUN1
  courage
  ■ d'uchtach a chailleadh to lose heart
  ■ uchtach a thabhairt do dhuine to
  encourage somebody

uchtaigh VERB [12]
  to adopt *(child)*
    □ Uchtaíodh Phil. Phil was adopted.

úd MASC NOUN1
    ▷ *see also* **úd** ADJECTIVE
  try *(in rugby)*
    □ Ghnóthaigh mé úd. I scored a try.

úd ADJECTIVE
    ▷ *see also* **úd** MASC NOUN1
  that
    □ Is ball den pháirtí úd í. She belongs to that party.
    ■ **an ceann úd** that one over there

údar MASC NOUN1
  author
    □ Is údar cáiliúil í. She's a famous author.

uibheagán MASC NOUN1
  omelette

Uíbh Fhailí MASC PL NOUN
  Offaly

uile ADJECTIVE
1 every
    ■ **gach uile áit** everywhere
    ■ **gach uile ní** everything
    ■ **gach uile dhuine** everyone
2 all
    □ D'ídíomar an phéint uile. We've used up all the paint. □ na páistí uile all the children

uile-Éireann ADJECTIVE
  all-Ireland
    ■ **bonn uile-Éireann** an all-Ireland medal

uillinn (PL **uillinneacha**, GEN SING, GEN PL **uilleann**) FEM NOUN2
1 elbow
    ■ **uillinn ar uillinn** arm in arm
2 angle *(maths)*
    ■ **píb uilleann** uilleann pipes

uimhir (GEN SING **uimhreach**, PL **uimhreacha**) FEM NOUN
  number
    □ Tá an huimhir ghutháin mo dhialann agam. I've got her phone number in my diary. □ Tá an uimhir chontráilte agat. You've got the wrong number. □ Tá an t-albam seo ar uimhir a haon sna cairteacha. This album is number one in the charts. □ Tá siad ina gcónaí ag uimhir 5. They live at number 5. □ uimhir chorr an odd number
    ■ **Uimhir Aitheantais Phearsanta** a PIN number
    ■ **uimhir chuntais** account number

uimhirchlár, uimhirphláta
  MASC NOUN4
  number plate *(of car)*

uimhríocht FEM NOUN3
  arithmetic

úinéir MASC NOUN3
  owner

uirlis FEM NOUN2
  tool
    ■ **uirlis cheoil** a musical instrument

uisce MASC NOUN4
  water
    □ Níl aon uisce te ann. There's no hot water.
    □ Tá an t-uisce ag fiuchadh. The water's boiling.
    ■ **uisce a chur ar rud** to water something
    □ Bhí sé ag cur uisce ar a chuid tiúilipí. He was watering his tulips.
    ■ **faoi uisce** underwater □ Scannánaíodh an chuid seo faoi uisce. This part was filmed underwater.
    ■ **uisce beatha** whiskey
    ■ **uisce mianrach** mineral water
    ■ **uisce coipeach** fizzy water

uisceadán MASC NOUN1
  aquarium

Uisceadóir MASC NOUN3
    ■ **An tUisceadóir** Aquarius □ Is mise An Uisceadóir. I'm Aquarius.

ulchabhán MASC NOUN1
  owl

úll (PL **úlla**) MASC NOUN1
  apple
    □ B'fhearr liom úll ná banana. I'd rather have an apple than a banana. □ úll taifí a toffee apple
    ■ **úll an chromáin** hip joint

ullamh ADJECTIVE
  ready
    ■ **bheith ullamh do rud** to be prepared for something

ullmhaigh VERB [12]
  to prepare
    ■ **ullmhú i gcomhair scrúduithe** to prepare for exams
    ■ **béile a ullmhú** to prepare a meal

úllord MASC NOUN1
  orchard

ulpóg FEM NOUN2
  flu
    □ Tá an ulpóg uirthi. She's got flu.

Ultach ADJECTIVE
    ▷ *see also* **Ultach** NOUN
  Ulster

Ultach NOUN
    ▷ *see also* **Ultach** ADJECTIVE
  Ulsterman
  Ulsterwoman

um – úsáideoir

Irish-English

um PREPOSITION

> **LANGUAGE TIP** Prepositional pronouns are **umam, umgat, uime, uimpi, umainn, umaibh, umpu.**

1 about
 ■ **um Nollaig** at Christmas
 ■ **um Cháisc** at Easter
2 in
 □ um thráthnóna in the evening □ Beidh mé ar ais um thráthnóna. I'll be back in the afternoon.

umar MASC NOUN1
tank
 □ umar peitril a petrol tank
 ■ **umar baiste** a baptismal font

uncail MASC NOUN4
uncle

únfairt FEM NOUN2
 ■ **bheith d'únfairt féin** to toss and turn
 □ Bhí sé á únfairt féin sa leaba. He was tossing and turning in the bed.

ungadh (GEN SING **ungtha,** PL **ungthaí**) MASC NOUN
ointment
 ■ **ungadh beola** lip salve

Ungáir FEM NOUN2
 ■ **an Ungáir** Hungary □ san Ungáir in Hungary □ chun na hUngáire to Hungary

Ungáiris FEM NOUN2
Hungarian (language)

Ungarach ADJECTIVE, MASC NOUN1
Hungarian
 □ Is Ungarach é. He's Hungarian.

unsa MASC NOUN4
ounce

úr ADJECTIVE
new
 □ carr úr a new car □ Is dearadh úr ar fad é. It's a completely new design.
 ■ **aer úr** fresh air □ Tá aer úr de dhíth orm. I need some fresh air.

urchar MASC NOUN1
shot
 □ urchar maith a bheith agat to be a good shot □ urchar gunna a gunshot

urchóid FEM NOUN2
harm
 ■ **gan urchóid** harmless

urchóideach ADJECTIVE
harmful

urlár MASC NOUN1
1 floor
 □ ar an urlár uachtarach on the upper floor □ an chéad urlár the first floor □ urlár leacán a tiled floor
2 deck (of bus)

urnaí FEM NOUN4
prayer

úrnua ADJECTIVE
brand new
 □ Tá carr úrnua acu. They've got a brand new car.

urraim FEM NOUN2
respect
 ■ **urraim a thabhairt do dhuine** to treat somebody with respect

urraíocht FEM NOUN3
sponsorship

urramach MASC NOUN1
reverend (title)
 ■ **an tUrramach de Brún** Reverend Brown

úrscéal (PL **úrscéalta**) MASC NOUN1
novel
 □ Oiriúnaíodh a úrscéal le haghaidh na teilifíse. His novel was adapted for television.

úrscéalaí MASC NOUN4
novelist

urú (GEN SING **uraithe,** PL **uruithe**) MASC NOUN
eclipse
 ■ **urú gréine** a solar eclipse

úsáid FEM NOUN2
use
 □ in úsáid in use □ as úsáid out of use
 ■ **úsáid a bhaint as rud** to use something
 □ An bhfuil cead againn úsáid a bhaint as foclóir sa scrúdú? Can we use a dictionary in the exam?
 ■ **gan úsáid** useless

úsáideach ADJECTIVE
useful

úsáideoir MASC NOUN3
user
 □ úsáideoir bóithre a road user

Vv

vacsaínigh VERB [11]
   to vaccinate
vaidhtéir MASC NOUN3
   best man
   ■ **vaidhtéir cuain** coastguard
vailintín MASC NOUN4
   valentine *(card)*
   ■ **Lá Fhéile Vailintín** St Valentine's Day
vallait FEM NOUN2
   wallet
válsa MASC NOUN4
   waltz
vardrús MASC NOUN1
   wardrobe
Vársá MASC NOUN4
   Warsaw
vása MASC NOUN4
   vase
vástchóta MASC NOUN4
   waistcoat
Vatacáin FEM NOUN2
   the Vatican
   ■ **Cathair na Vatacáine** Vatican City
veain (PL **veaineanna**) FEM NOUN4
   van
veidhleadóir MASC NOUN3
   violinist
veidhlín MASC NOUN4
   violin
   □ Seinnim ar an veidhlín. I play the violin.
veigeatóir MASC NOUN3
   vegetarian
   □ Is veigeatóir é. He's a vegetarian.

veilbhit FEM NOUN2
   velvet
   □ gúna veilbhite a velvet dress
veirtige FEM NOUN4
   vertigo
veist (PL **veisteanna**) FEM NOUN2
1 vest *(underwear)*
2 waistcoat
vióla FEM NOUN4
   viola
   □ Seinnim ar an vióla. I play the viola.
víosa FEM NOUN4
   visa
víreas MASC NOUN1
   virus
vitimín MASC NOUN4
   vitamin
Vítneam MASC NOUN4
   Vietnam
voc MASC NOUN4
   wok
vodca MASC NOUN4
   vodka
volta MASC NOUN4
   volt
voltas MASC NOUN1
   voltage
vóta MASC NOUN4
   vote
vótáil VERB [25]
   to vote
   ■ **ionad vótála** polling booth
   ■ **lucht vótála** voters

Xx

X-chrómasóm MASC NOUN 1
  X-chromosome

xéaracs MASC NOUN 4
  Xerox

x-gha (PL **x-ghathanna**) MASC NOUN 4
  X-ray *(ray)*

x-ghathú MASC NOUN
  X-ray *(photo)*

xileafón MASC NOUN 1
  xylophone

Y-chrómasóm MASC NOUN1
Y-chromosome

yóyó (PL yóyónna) MASC NOUN4
yo-yo

Zz

zipeáil VERB [11]
  to zip *(file)*
zipchomhad MASC NOUN 1
  zip file

zú (PL **zúnna**) MASC NOUN 4
  zoo

Irish in Action

Map of Ireland

- Ireland is the third largest island in Europe, with an area of around 84,000 km^2.
- Ireland is divided into the Republic of Ireland and Northern Ireland, which is part of the United Kingdom. Northern Ireland comprises six of the counties of the province of Ulster – Antrim, Armagh, Derry, Down, Fermanagh and Tyrone.
- The remaining provinces in Ulster – Cavan, Donegal and Monaghan – are in the Republic of Ireland. The other provinces in the Republic are Connacht, Leinster and Munster.
- Louth is the smallest county in Ireland; Cork is the largest.
- Ireland's highest mountain is Carrauntoohil, in County Kerry (just over 1,000 metres).
- The longest place name in Ireland is Muckanaghederdauhaulia, in County Galway.

Some useful phrases

Seo mo dheirfiúr, Aoife.	This is my sister, Aoife.
Tá sí le pósadh an samhradh seo chugainn.	She's getting married next summer.
Tá dearthár agam agus is cúpla muid.	I have a twin brother.
Tá deirfiúr agam agus is cúpla muid.	I have a twin sister.
Tá leasdearthár/ leathdheartháir agam.	I have a half-brother.
Páiste aonair mé.	I'm an only child.
Tá mo thuismitheoirí scartha.	My parents are separated.
Tá mo thuismitheoirí colscartha.	My parents are divorced.
Fuair mo sheanathair bás anuraidh.	My grandfather died last year.
Tá mo mháthair tar eis pósadh arís.	My mother has got married again.

Caidreamh	Relationships
Réitím go maith le mo dheirfiúr.	I get on well with my sister.
Ní réitím ar chor ar bith le mo dheartháir.	I don't get on at all with my brother.
Tomás is ainm don chara is fearr agam.	My best friend is called Thomas.
Tá trí dhlúthchara agam.	I've got three best friends.
Bímid i dteannta a chéile i gcónaí.	We're always together.
D'éirigh idir mé féin agus Sorcha.	I've had a quarrel with Sarah.
Níl me ag caintle Caitríona níos mó.	I'm not talking to Catherine any more.

Baill an teaghlaigh	Members of the family
M'athair	my father
mo dhaid, mo dhaidí	my dad
mo mháthair	my mother
mo mham, mo mhamaí	my mum, mammy
thuismitheoirí, m'athair is mo mháthair	my parents
mo dheartháir	my brother
mo dheirfiúr	my sister
m'uncail	my uncle
m'aintín	my aunt
mo chol ceathar, mo chol ceathrair	my cousin
mo sheanathair, m'athair mór	my grandfather
mo sheanmháthair, mo mháthair	my grandmother
mo dhaideo	my granddad
mo mhamó	my gran
mamó is daideo	my grandparents
mo dheartháir mór	my big brother
mo dheirfiúr bheag	my little sister
buachaill mo dheirféar	my sister's boyfriend
cailín mo dhearthár	my brother's girlfriend
an buachaill atá geallta le mo dheartháir	my sister's fiancé
an cailín atá geallta le mo dheartháir	my brother's fiancée

Mothúcháin	Emotions
Tá brón orm. (Tá mé brónach.)	I am ... sad
Tá mé sásta.	pleased
Tá áthas orm. (Tá mé sona.)	happy
Tá fearg orm.	angry
Tá mé i ngrá.	in love
Tá mé gonta.	hurt
Tá mé i ngrá le hÁine.	I'm in love with Anne.
Tá mé féin agus Brian tar eis scaoileadh ó chéile.	Brian and I have split up.
Is maith liom go mbeidh tú ag teacht.	I'm pleased you're coming.
Tá brón orm bheith ag imeacht.	I'm sad to be leaving.
Tá súil agam nach bhfuil fearg rómhór ort.	I hope you're not too angry.
Bhí sí gonta mar nach bhfuair sí cuireadh.	She was hurt that she wasn't invited.

At home

Cá bhfuil tú do chónaí?	Where do you live?
Tá mé i mo chónaí ...	**I live ...**
i sraidbhaile	in a village
i mbaile beag	in a small town
i lár an bhaile (mhóir)	in the town centre
i mbruachbhaile de chuid Londan	in the suburbs of London
faoin tuath	in the countryside
cois farraige	at the seaside
in aice le habhainn bheag	beside a small river
100 km lasmuigh de Mhanchain	100 km from Manchester
taobh ó thuaidh de Birmingham	north of Birmingham
i dteach aonair/ scoite	in a detached house
i dteach leathscoite	in a semi-detached house
i dteach dhá stór	in a two-storey house
i mbloc árasán	in a block of flats
in árasán	in a flat
in eastát tithíochta	on a housing estate
Tá mé i mo chónaí in árasán ...	**I live in a flat ...**
ar urlár na talon	on the ground floor
ar an gcéad urlár	on the first floor
ar an dara hurler	on the second floor
ar an urlár bairr	on the top floor
Tá mé i mo chónaí ...	**I live ...**
i dteach nua-aimseartha	in a modern house
i dteach nua	in a new house
i seanteach Éadbhardach	in an old Edwardian house

Ón mbaile go dtí an scoil	From home to school
Tá an scoil giota maith ó mo theachsa.	School is quite a long way from my house.
Tá mé i mo chónaí faoi shiúl cúig nóiméad den scoil.	I live five minutes' walk from school.
Tugann m'athair ar scoil sa charr mé.	My father takes me to school in the car.
Téim ar scoil ar an mbus.	I go to school by bus.

Sa bhaile	At home
Ar leibhéal na sráide tá ...	**On the ground floor there is ...**
an chistin	the kitchen
seomra an teaghlaigh	the living room
an seomra bia	the dining room
an seomra suí	the lounge
Thuas staighre tá ...	**Upstairs there is ...**
seomra leapa is agamsa	my bedroom
seomra mo dhearthár	my brother's bedroom
seomra mo thuismitheoirí	my parents' room
an seomra spártha	the spare bedroom
an seomra folctha	the bathroom
seomra staidéir	a study
gairdín	a garden
páirc pheile	a football pitch
cúirt leadóige	a tennis court
comharsa	a neighbour
na daoine trasna uainn	the people opposite
na comharsana béal dorais	the next-door neighbours

Some useful phrases

Tá mo theachsa an-bheag.	My house is very small.
Tá mo sheomra deas ordúil.	My room is tidy.
Roinnim an seomra leapa le mo dheartháir.	I share my bedroom with my brother.
Tá cónaí ar mo dhlúthchara ar an tsráid chéanna liom.	My best friend lives in the same street as me.
Tá cúirt leadóige taobh le teach is agamsa.	There's a tennis court next to my house.
Táimid ag aistriú tí an mhí seo chugainn.	We're moving next month.

Comharthaí so-aitheanta	A few landmarks
pictiúrlann	a cinema
amharclann	a theatre
músaem	a museum
dáileoir airgid	a cash dispenser
an oifig thurasóireachta	the tourist office
ardeaglais	a cathedral
eaglais	a church
mosc	a mosque
ceantar coisithe	a pedestrian precinct
banc	a bank
an linn snámha	the swimming pool
an t-oighear-rinc	the ice rink
an leabharlann phoiblí	the public library
halla an bhaile	the town hall
cearnóg	a square
cearnóg an mhargaidh	the market square

Córaqcha Taistil	Means of transport
bus	a bus
cóiste	a coach
an DART	the DART (suburban railway)
an tram	the tram
an traein	the train
an stáisiún	the station
stáisiún na mbusanna	the bus station
stáisiún DART	a DART station
Cén t-am a imíonn an chéad traein eile go Corcaigh?	What time is the next train to Cork?
Ba mhaith liom ticéad singil go Gaillimh.	I'd like a single to Galway.
Ticéad fillte go Baile Átha Cliath, le do thoil.	A return to Dublin, please.
Cá bhfuil ardán a deich?	Where is platform 10?
Cá bhfuil an stáisiún DART is gaire dúinn?	Where is the nearest DART station?

Treoracha	Directions
os comhair	opposite
taobh le	next to
in aice le, gar do	near
idir ... agus ...	between ... and ...
Cá bhfuil stáisiún na mbusanna?	Where's the bus station?
Tá mé ag iarraidh teacht ar an oifig thurasóireachta.	I'm looking for the tourist office.
Téigh ar aghaidh go barr na sráide.	Go right to the end of the street.
Cas ar dheis.	Turn right.
Téigh trasna an droichid.	Cross the bridge.
Tóg an chéad sráid ar clé.	Take the first street on the left.
Tá sé ar do dheis.	It's on your right.
Tá sé os comhair na pictiúrlainne.	It's opposite the cinema.
Tá sé díreach taobh le hoifig an phoist.	It's next to the post office.

My plans for the future

Obair	Work
Ba mhaith liom staidéar a dhéanamh ar ...	**I'd like to study ...**
an leigheas	medicine
an innealtóireacht	engineering
an dlí	law
an tsoceolaíocht	sociology
an tsíceolaíocht	psychology
theangacha	languages
ar an ailtireacht	architecture
Ba mhaith liom ...	**I'd like to ...**
cuid mhór airgid a shaothrú	earn lots of money
bheith ag obair i siopa	work in a shop
bheith ag obair i mbanc	work in a bank
obair i dtionscal na turasóireachta	work in tourism
printíseacht a dhéanamh	do an apprenticeship
cáilíocht a bhaint amach	do a qualification
Ba mhaith liom bheith ..	**I'd like to be ...**
i m'aturnae	a solicitor
i mo mhúinteoir	a teacher
i m'fhiaclóir	a dentist
i m'amhránaí	a singer
i mo ghruagaire	a hairdresser
i m'iriseoir	a journalist
i m'aisteoir	an actor/actress
i mo pheileadóir gairmiúil	a professional footballer
i mo cheoltóir	a musician
i mo pholaiteoir	a politician
Sílim go bhfuil an post sin ...	**I think this job is ...**
suimiúil	interesting
tuirsiúil	tiring
leadránach	boring
strusúil	stressful
tá an pá go maith/go dona	it's well/badly paid

Spriocanna saoil	Ambitions
Tá sé i gceist agam dul ar an ollscoil.	I'm planning to go to university.
Ba mhaith liom tamall a chaitheamh thar lear ansin.	Afterwards I'd like to go abroad.
Ba mhaith liom pósadh agus clann mhór a bheith agam.	I'd like to get married and have lots of children.
Níl a fhios agam go fóill cad é ba mhaith liom a dhéanamh.	I don't know yet what I want to do.

Scrúduithe	Exams
scrúdú	an exam
scrúdú scríofa	a written exam
scrúdú béil	an oral exam
na torthaí	the results
Tá mé ag déanamh mo chuid GCSEs i mbliana.	I'm doing my GCSEs this year.
Beidh an chéad scrúdú agam Dé Luain seo chugainn.	I'm going to do my first exam next Monday.
Tá súil agam go n-éireoidh na scrúduithe liom.	I hope I'll pass my exams.
Braithim gur theip orm sa mhata.	I think I've failed my maths exam.
Gheobhaidh mé na torthaí mí Lúnasa.	I'll get the results in August.
D'éirigh go maith liom sna scrúduithe.	I've done well in my exams.
Beidh mé ag déanamh ocht scrúdú an bhliain seo chugainn.	I'm going to do eight exams next year.

Spórt	Sports
Imrím ...	**I play ...**
peil	football
sacar	soccer
cispheil	basketball
rugbaí	rugby
leadóg	tennis
leadóg bhoird	table tennis
Déanaim ...	**I ...**
sciáil	ski
curachóireacht	canoe
gleacaíocht	do gymnastics
snámh	swim
marcaíocht	go horse riding
seoltóireacht	go sailing
Tá mé chun cúrsa seoltóireachta a dhéanamh an samhradh seo.	I'm going to do a sailing course this summer.
Ní dheachaigh mé ag sciáil riamh.	I've never been skiing.
Tá mé chun curachóireacht a fhoghlaim.	I'm going to learn how to canoe.

Jabanna	Jobs
CV	a CV
agallamh	an interview
Bím ag obair/Oibrím ...	**I work ...**
i siopa poitigéara ar an Satharn	at a chemist's on Saturdays
san ollmhargadh sna laethanta saoire	at the supermarket in the holidays
i siopa éadaigh ag an deireadh seachtaine	in a clothes shop at the weekend
Oibrím mar fheighlí páistí.	I do baby-sitting.
Déanaim an tsiopadóireacht do sheanbhean.	I do an old lady's shopping for her.
Bím ag seachadadh nuachtán.	I deliver papers.
Faighim 8 euro san uair.	I earn 8 euros an hour.
Ní raibh jab riamh agam.	I've never had a job.
Tá mé chun jab a lorg don samhradh.	I'm going to look for a job for this summer.

Jobs and hobbies

Gléasanna ceoil	Musical instruments
Seinnim ...	**I play the ...**
an veidhlín	violin
an pianó	piano
an giotár	guitar
an fheadóg mhór	flute
Tá mé ag seinm an veidhlín ó bhí mé a hocht.	I've been playing the violin since I was eight.
Seinnim le ceolfhoireann na scoile.	I play in the school orchestra.
Ba mhaith liom an giotár a fhoghlaim.	I'd like to learn to play the guitar.

Cócaireacht sa bhaile	Cooking at home
Is maith liom bheith ag cócaireacht.	I like cooking.
Ní thig liom cócaireacht a dhéanamh.	I can't cook.
Tá mé an-mhaith ag déanamh cístí milse.	I'm very good at making cakes.

Na caithimh aimsire is fearr liom	My favourite hobbies
Is maith liom úrscéalta a léamh.	I like reading novels.
Is breá liom éisteacht le ceol i mo sheomra féin.	I love listening to music in my room.
Is breá liom dul isteach sa chathair le mo chairde.	I love going into town with my friends.
Marcaíocht chapall an caitheamh aimsire is fearr liom.	My favourite hobby is riding.
B'fhearr liom dul amach le mo chairde.	I'd rather go out with my friends.

Describing someone

Describing someone

Pearsantacht	Personality
Tá sé/sí ...	**He/She is ...**
barrúil/greannmhar	funny
deas	nice
cúthail	shy
ciúin	quiet
cráiteach	annoying
fial	generous
cainteach	talkative
éirimiúil	intelligent
dúr	stupid
sprionlaithe	stingy
aisteach	strange

Dathanna	Colours
buí	yellow
flannbhuí/oráiste	orange
dearg	red
bándearg	pink
corcra	purple
gorm	blue
glas, uaine	green
donn	brown
liath, glas	grey
dubh	black
bán	white
marún	maroon
dúghorm	navy (blue)
turcaid	turquoise
béas	beige
bánbhuí	cream
i gcás súl:	**for eyes:**
glasdonn	hazel
i gcás gruaige:	**for hair:**
órdhonn	auburn
fionn	blonde, fair
bán	very fair
donnfhionn	light brown
dorcha	brunette
rua	ginger
bricliath	greying

Tá súile glasdonna agam.	I've got hazel eyes.
Tá gruaig dhonn air.	He's got brown hair.
Tá gruaig ghearr liath uirthi.	She's got short grey hair.
Tá sí rua.	She's got red hair.
Tá sé maol.	He's bald.
Tá a cuid gruaige fada fionn catach.	She's got long curly blonde hair.

Cuma	Characteristics
Tá sé/sí …	**He/She is …**
ard	tall
beag	small
tanaí	slim
ramhar	fat
dathúil/dóighiúil	good-looking
óg	young
sean	old
Tá sé thart ar thríocha.	He's about thirty.
Tá sí ard tanaí agus sách dathúil.	She's tall, slim and quite nice-looking.
Tá sí cosúil le Claudia Schiffer.	She looks like Claudia Schiffer.

Éadaí	Clothes
geansaí	a jumper
treabhsar/bríste	trousers
blús	a blouse
T-léine	a T-shirt
cóta	a coat
casóg/seaicéad	a jacket
cairdeagan	a cardigan
gúna	a dress
sciorta	a skirt
carbhat	a tie
léine	a shirt
brogan	shoes
bróga traenála	trainers
buataisí	boots
Tá T-léine gorm éadrom uirthi.	She's wearing a light blue T-shirt.
Tá culaith dúliath air.	He's wearing a dark grey suit.
Is é atá sa chulaith scoile agam sciorta dúghorm, blús bán, carbhat agus stríoca marún is liath ann, stocaí liatha, bléasar marún agus bróga dubha.	My uniform consists of a navy blue skirt, a white blouse, a tie with maroon and grey stripes, grey socks, a maroon blazer and black shoes.

Béilí	Meals
bricfeasta	breakfast
lón	lunch
dinnéar	dinner
Is breá liom ...	**I love ...**
seacláid	chocolate
sailéad	salad
iasc	fish
líomanáid	lemonade
glasraí	vegetables
sútha talon	strawberries
Ní maith liom ...	**I don't like ...**
uisce mianrach	mineral water
bananaí	bananas
sú oráiste	orange juice
Ní chaithim/ithim muiceoil.	I don't eat pork.
Caithim/ithim a lán torthaí.	I eat a lot of fruit.
Ní ithim dramhbhia idir bhéilí.	I don't eat junk food between meals.
Seachnaím deochanna coipeacha.	I avoid fizzy drinks.
Is veigeatóir mé.	I'm a vegetarian.
Tá ailléirge orm le pis talún.	I'm allergic to peanuts.

Éilimh	Ailments
Tá pian i mo ...	**I have a sore ...**
bholg	stomach
dhroim	back
ghlúin	knee
chos	foot/leg
mhuineál	neck
cheann	head
scornach/ sceadamán	throat
Tá tinneas fiacaile/ an déideadh orm.	I've got toothache.
Tá pian i mo chluas.	I've got earache.
Tá mo shúile tinn.	My eyes are hurting.
Tá slaghdán orm.	I've got a cold.
Tá an fliú orm.	I've got flu.
Mothaím tinn.	I feel sick.
Tá tuirse orm.	I'm tired.
Tá mé tinn/breoite.	I'm ill.
Tá mé ...	**I am ...**
fuar	cold
te	hot
Tá ...	**I am ...**
eagla	scared
tart	thirsty
ocras	hungry

Bheith aclaí ...	To be fit ...
Imrím a lán spóirt.	I do a lot of sport.
Ní chaithim.	I don't smoke.
Téim a luí in am.	I go to bed early.
Siúlaim go dtí an scoil.	I walk to school.
Tá sé maith don tsláinte.	It's good for your health.
Tá an t-ól go dona duit.	Alcohol is bad for your health.

When your number answers

Dia dhuit! An bhféadfainn labhairt le hEithne, le do thoil?	Hello! Could I speak to Eithne, please?
An iarrfá air/uirthi glaoch ar ais orm, le do thoil?	Would you ask him/her to call me back, please?
Glaofaidh mé ar ais faoi cheann leathuair an chloig.	I'll call back in half an hour.

Answering the telephone

Dia dhuit! Seo Marcas.	Hello! It's Mark speaking.
Ag caint.	Speaking.
Cé atá agam?	Who's speaking?

When the switchboard answers

Cé a déarfaidh mé atá ag glaoch?	Who shall I say is calling?
Cuirfidh mé tríd anois thú.	I'm putting you through.
Fan ar an líne, le do thoil.	Please hold.
Ar mhaith leat teachtaireacht a fhágáil?	Would you like to leave a message?

Difficulties

Ní thig liom fáil tríd.	I can't get through.
Mo leithscéal, fuair mé an uimhir mhícheart.	I'm sorry, I dialled the wrong number.
Tá an líne seo an-dona.	This is a very bad line.
Tá a nguthán as ordú.	Their phone is out of order.
Tá tú ag imeacht uaim!	You're breaking up!
Tá mé rite as creidmheas.	I've no credit left on my phone.

Letter

Writing a letter

108 Gairdíní Uí Mhórdha,
AN tINBHEAR MÓR,
Co. Chill Mhantáin.
19 Bealtaine 2009

A Mhamó dhil,

Go raibh míle maith agat as na CDanna a chuir tú chugam do mo lá breithe. Nach maith mar a roghnaigh tú an dá amhránaí is fearr liom ar domhan! Ní bheinn tuirseach go deo de bheith ag éisteacht leo.

Níl a dhath ar bith nua anseo. Tá mé féin an-ghnóthach ag ullmhú do na scrúduithe; beidh siad ag tosú i gceann coicíse. Sílim go n-éireoidh maith go leor liom iontu go léir taobh amuigh den stair, b'fhéidir. Sin an t-ábhar is lú a bhfuil gean agam air.

Dúirt Mam go mbeidh tú féin agus Aint Nóra ag imeacht go deisceart na Spáinne an tseachtain seo chugainn. Bíodh saoire mhaith agaibh, agus cuimhnígí ar an uachtar gréine.

Grá mór ó

Eoghan

Alternatively
Ádh mór
Slán go fóill

Writing a personal letter
Your own name and address
Town/city you are writing from, and the date

Starting a personal letter

Go raibh maith agat as do litir.	Thank you for your letter.
Ba dheas cluinstin uait.	It was lovely to hear from you.
Tá brón orm nár scríobh mé roimhe seo.	I'm sorry I didn't write sooner.

Ending a personal letter

Scríobh gan mhoill!	Write soon!
Abair mé le Sinéad.	Give my love to Jenny.
Cuireann Séamas a bheannacht chugat.	James sends his best wishes.

Writing an email					
Comhad	Cuir in eagar	Féach ar	Cum	Cabhair	Seol

go: nuala@eircom.net
cóip chuig: donncha.maceoin@hotmail.com
ábhar: seó sa Pháirc
cóip cheilte:

Dia daoibh!

Tá an t-albam úd ag Radiohead díreach ceannaithe agam. Thar barr ar fad!

Fuair mé trí thicéad saor in aisce don seó Dé Sathairn. Tá súil agam go mbeidh sibh beirt ábalta teacht in éineacht liom!

Slán go fóill!

Email

Saying your email address
To give your email address to someone in Irish, say:
"nuala at eircom dot net"

Irish	English
scéala nua	new message
chuig	to
ó	from
ábhar	subject
cóip chuig	cc (carbon copy)
cóip cheilte	bcc
ceangaltán	attachment
seol	send
comhad	file
cuir in eagar	edit
féach ar	view
uirlisí	tools
cum	compose
cabhair	help
freagair	reply (to sender)
freagair gach duine	reply to all
ar aghaidh	forward
dáta	date

Dates, festivals and holidays

Dates, festivals & holidays

Laethanta na seachtaine	Days of the week
an Luan	Monday
an Mháirt	Tuesday
an Chéadaoin	Wednesday
Déardaoin	Thursday
an Aoine	Friday
an Satharn	Saturday
an Domhnach	Sunday
Dé Luain	on Monday
ar an Luan	on Mondays
gach Luan	every Monday
Dé Máirt seo caite	last Tuesday
Dé hAoine seo chugainn	next Friday
seachtain agus an lá inniu	a week ago today
coicís ón Satharn seo chugainn	two weeks from next Saturday

Na míonna	Months of the year
Eanáir	January
Feabhra	February
Márta	March
Aibreán	April
Bealtaine	May
Meitheamh	June
Iúil	July
Lúnasa	August
Meán Fómhair	September
Deireadh Fómhair	October
Samhain	November
Nollaig	December

Féilte	Festivals
an Nollaig	Christmas
Oíche Nollag	Christmas Eve
Lá Nollag	Christmas Day
Lá Fhéile Stiofáin	Boxing Day
Oíche Chinn Bliana	New Year's Eve
Lá Caille	New Year's Day
Lá Fhéile Vailintín	Valentine's Day
Lá na nAmadán	April Fool's Day
Aoine an Chéasta	Good Friday
an Cháisc/ Domhnach Cásca	Easter
an Chincís/ Domhnach Cincíse	Whitsun
Oíche Shamhna	Halloween
Lá na Naomh Uile	All Saints' Day
Ramadan	Ramadan
Nollaig faoi mhaise!	Happy Christmas!
A amadáin Aibreáin!	April fool!
faoi/um Cháisc	at Easter
an Bhliain Nua a cheiliúradh	to celebrate New Year
Cad a dhéanann sibh aimsir na Nollag?	What do you do at Christmas?
Tugaimid Lá Fhéile Stiofáin sa bhaile.	We spend Boxing Day at home.
Téimid tigh mo chol ceathracha don Bhliain Nua.	We go to my cousins' for New Year.

Cén dáta é inniu? — What's the date today?
An séú lá déag d'Iúil;. — It's the 16th of July.
Cén dáta do lá breithe? — What date is your birthday?

Laethanta saoire	Holidays
saoire an tsamhraidh	the summer holidays
an briseadh lár téarma	the midterm break
saoire na Nollag	the Christmas holidays
saoire na Cásca	the Easter holidays
cois farraige	the seaside
na sléibhte	the mountains

Cad tá beartaithe agat do na laethanta saoire? — What are you going to do in the holidays?
Táimid ag dul go dtí an Iodáil ar feadh seachtaine sa samhradh. — We're going to Italy for a week this summer.
Nílimid ag dul ar saoire i mbliana. — We're not going on holiday this year.
Téimid ag sciáil i gcónaí i mí Feabhra. — We always go skiing in February.
Beidh mé ag fanacht seachtain ag mo chara in Éirinn an bhliain seo chugainn. — I'm going to stay with my friend in Ireland for a week next year.
An samhradh seo caite chuaigh mé go dtí na Stáit Aontaithe. — Last summer I went to the United States.

a haon a chlog

deich (nóiméad) i ndiaidh/ tar éis a haon

ceathrú i ndiaidh a haon

leath i ndiaidh a haon

fiche (nóiméad) go dtí/ chun a dó

ceathrú go dtí a dó

Cén t-am?   **At what time?**

ag a dó dhéag (meán oíche)

ag a dó dhéag (meán lae)

ag a haon tráthnóna

ag a hocht tráthnóna

ag ceathrú i ndiaidh a haon déag ar maidin

ag ceathrú go dtí a naoi san oíche

Numbers

0	*a náid*
1	*a haon*
2	*a dó*
3	*a trí*
4	*a ceathair*
5	*a cúig*
6	*a sé*
7	*a seacht*
8	*a hocht*
9	*a naoi*
10	*a deich*
11	*a haon déag*
12	*a dó dhéag*
13	*a trí déag*
14	*a ceathair déag*
15	*a cúig déag*
16	*a sé déag*
17	*a seacht déag*
18	*a hocht déag*
19	*a naoi déag*
20	*fiche*
21	*fiche a haon*
22	*fiche a dó*
30	*tríocha*
40	*daichead*
50	*caoga*
60	*seasca*
70	*seachtó*
80	*ochtó*
90	*nócha*
100	*céad*
101	*céad a haon*
200	*dhá chéad*
300	*trí chéad*
301	*trí chéad a haon*
1,000	*míle*
2,000	*dhá mhíle*
1,000,000	*milliún*

Personal Numbers

duine	*seachtar*
beirt	*ochtar*
triúr	*naonúr*
ceathrar	*deichniúr*
cúigear	*aon duine dhéag*
seisear	*ocht nduine dhéag*

Examples

deich euro – ten euros
dhá chapall – two horses
ar leathanach a naoi déag – on page
 nineteen
i gcaibidil a seacht – in chapter seven

Fractions etc

1/2	*leath*
1/3	*trian*
2/3	*dhá thrian*
1/4	*ceathrú*
3/4	*trí cheathrú*
1/5	*cúigiú*
0.5	*náid pointe a cúig*
3.4	*trí pointe a ceathair*
10%	*deich faoin gcéad*
100%	*céad faoin gcéad*

Ordinals

1st	*céad/aonú*
2nd	*dara/dóú*
3rd	*tríú*
4th	*ceathrú*
5th	*cúigiú*
6th	*séú*
7th	*seachtú*
8th	*ochtú*
9th	*naoú*
10th	*deichiú*
11th	*aonú déag*
12th	*dóú déag*
13th	*tríú déag*
14th	*ceathrú déag*
15th	*cúigiú déag*
16th	*séú déag*
17th	*seachtú déag*
18th	*ochtú déag*
19th	*naoú déag*
20th	*fichiú*
21st	*fiche is aonú*
22nd	*fiche is dóú*
30th	*tríochadú*
100th	*céadú*
101st	*céad is aonú*
1000th	*miliú*

Examples

an dara cailín – the second girl
an tríú fear déag – the thirteenth man
cónaíonn sé ar an gcúigiú hurlár – he lives on the
 fifth floor
ba é an t-ochtú huair é – it was the eighth time

I
II
III
IV
V
VI
VII
VIII
IX
X

Contents

Nouns   Aimnfhocail

All Irish nouns are either masculine or feminine.

There are four major groups of nouns. All regular Irish nouns are assigned a number (1, 2, 3 or 4) in this dictionary, and their gender is indicated by the abbreviations MASC for masculine and FEM for feminine. The tables below show examples of the various grammatical forms in each group.

There are a few other nouns which are not completely regular and their irregular forms are given in the entry in the Irish side. Such nouns have no number in the dictionary.

Under certain circumstances, nouns may undergo a change in form. Look at the section on initial mutations on pages 22-24 for more information.

NOM SING	GEN SING	NOM PL	GEN PL
1st DECLENSION (all masculine)			
cat	cait	cait	cait
breac	bric	bric	breac
leabhar	leabhair	leabhair	leabhar
buidéal	buidéil	buidéil	buidéal
milseán	milseáin	milseáin	milseán
marcach	marcaigh	marcaigh	marcach
scéal	scéil	scéalta	scéalta
glór	glóir	glórtha	glórtha
briathar	briathair	briathra	briathra
bealach	bealaigh	bealaí	bealaí
cogadh	cogaidh	cogaí	cogaí
rós	róis	rósanna	rósanna
2nd DECLENSION (all feminine)			
clann	clainne	clanna	clanna
sceach	sceiche	sceacha	sceach
fuinneog	fuinneoige	fuinneoga	fuinneog
leabharlann	leabharlainne	leabharlanna	leabharlann
eangach	eangaí	eangacha	eangach
glúin	glúine	glúine	glún
áit	áite	áiteanna	áiteanna
aisling	aislinge	aislingí	aislingí
craobh	craoibhe	craobhacha	craobhacha
pian	péine	pianta	pianta

NOM SING	GEN SING	NOM PL	GEN PL
3rd DECLENSION (masculine)			
custaiméir	custaiméara	custaiméirí	custaiméirí
rinceoir	rinceora	rinceoirí	rinceoirí
saighdiúir	saighdiúra	saighdiúirí	saighdiúirí
rud	ruda	rudaí	rudaí
droim	droma	dromanna	dromanna
(feminine)			
iasacht	iasachta	iasachtaí	iasachtaí
canúint	canúna	canúintí	canúintí
forbairt	forbartha	forbairtí	forbairtí
troid	troda	troideanna	troideanna
barúil	barúla	barúlacha	barúlacha
4th DECLENSION (mostly masculine)			
coinín	coinín	coiníní	coiníní
dalta	dalta	daltaí	daltaí
oráiste	oráiste	oráistí	oráistí
rúnaí	rúnaí	rúnaithe	rúnaithe
baile	baile	bailte	bailte
(feminine)			
íomhá	íomhá	íomhánna	íomhánna
bearna	bearna	bearna	bearnaí

IRREGULAR NOUNS

cabhair FEM	cabhrach	cabhracha	cabhracha
draein FEM	draenach	draenacha	draenacha
litir FEM	litreach	litreacha	litreacha
comharsa FEM	comharsan	comharsana	comharsan
athair MASC	athar	aithreacha	aithreacha
namhaid MASC	namhad	naimhde	naimhde
bean FEM	mná	mná	ban
caora FEM	caorach	caoirigh	caorach
deoch FEM	di	deochanna	deochanna
dia MASC	dé	déithe	déithe
lá MASC	lae	laethanta	laethanta
leaba FEM	leapa	leapacha	leapacha
mí FEM	míosa	míonna	míonna
talamh MASC	talaimh	tailte	tailte
talamh FEM	talún	tailte	tailte
teach MASC	tí	tithe	tithe

Adjectives   Aidiachtaí

In Irish, adjectives can be singular or plural, or in the genitive case, depending on the noun they describe. They may also be subject to lenition. The tables below will help you choose the correct forms, and the notes on pages 22-24 will help you decide if you need to lenite an adjective.

NOM	SING GEN MASC	SING GEN FEM	STRONG PL
1st DECLENSION			
dubh	duibh	duibhe	dubha
géar	géir	géire	géara
greannmhar	greannmhair	greannmhaire	greannmhara
tábhachtach	tábhachtaigh	tábhachtaí	tábhachtacha
tuirseach	tuirsigh	tuirsí	tuirseacha
imníoch	imníoch	imníche	imníocha
spleách	spleách	spleáiche	spleácha
glic	glic	glice	glice
2nd DECLENSION			
spreagúil	spreagúil	spreagúla	spreagúla
3rd DECLENSION			
crua	crua	crua	crua

Plural adjectives preceded by weak plural nouns lose final vowel (**a/e**) in genitive plural.

Comparison of adjectives

	COMPARATIVE	SUPERLATIVE
glic	níos glice	is glice
ard	níos airde	is airde
álainn	níos áille	is áille
spleách	níos spleáiche	is spleáiche
tábhachtach	níos tábhachtaí	is tábhachtaí
cóir	níos córa	is córa
spreagúil	níos spreagúla	is spreagúla
crua	níos crua	is crua

Irregular comparatives

mór	níos mó	is mó
beag	níos lú	is lú
maith	níos fear	is fearr
olc	níos measa	is measa
furasta	níos fusa	is fusa
breá	níos breátha	is breátha
dócha	níos dóichí	is dóichí
dóigh	níos dóiche	is dóiche
te	níos teo	is teo
gearr	níos giorra	is giorra
iomaí	níos lia	is lia
fada	níos faide/sia	is faide/sia
ionúin	níos ionúine/ansa	is ionúine/ansa
tréan	níos tréine/treise	is tréine/treise

Initial mutations

The beginnings of Irish words can change in certain circumstances, usually due to the effect of the preceding word. There are two major kinds of changes, *lenition* and *eclipsis*. The following is a general guide.

Lenition

This only affects consonants. Before feminine nouns, the article **an** causes initial lenition to a noun which is the subject or object of the sentence. For example, 'a woman' is **bean**, but 'the woman' is **an bhean**. Lenition also occurs when definite singular masculine nouns are in the genitive cases (**súile an chait** 'the cat's eyes').

Proper nouns of both genders without the article are lenited in the genitive (**gúna Chaoimhe** 'Keeva's dress', **foireann Mhuineacháin** 'the Monaghan team', **faoi choinne Sheáin** 'for John').

Lenition follows the possessive pronouns **mo**, **do**, **a** (= his), so that while 'a car' is **carr**, 'my car' is **mo charr**.

Nouns are also lenited after most of the simple prepositions **ar**, **do**, **de**, **faoi**, etc. The compound forms **den**, **don** and **sa** lenite (**den chrann**, **sa chathair**).

The vocative particle **a** lenites (**a Sheoirse, a chailíní**), while numerals 1-6 and their compounds lenite singular nouns (**dhá bhliain déag**). Direct relative **a** lenites.

The past tense of verbs is generally lenited (**chuir me** 'I have put'), even without any preceding word. (The past autonomous, such as **cuireadh é** 'he was buried', and some forms like **fuaireamar** 'we got', and **dúirt sé** 'he said' are not lenited.) The conditional and past habitual are lenited, as are most forms after the negatives **ní**, **níor**, **nár**, after relative or interogative **ar**, after **má** and **murar** and **gur**, and after **cár**, **cér**, etc.

Adjectives are lenited after singular feminine nouns not in the genitive (**duilleog ghlas** 'a green leaf', **leis an ngirseach bheag** 'with the little girl', **sa tsúil chlé** 'in the left eye'). With masculine nouns, adjectives are lenited in the genitive singular (**coiléar an mhadra mhóir** 'the big dog's collar'), and in the plural after a final consonant preceded by **i** (**fir bhreátha** 'handsome men').

In compound words, the second (and any subsequent) elements are lenited (**bangharda**, **fíor-dhrochmhargadh**) but not where any pair of the letters **d**, **l**, **n**, **s** or **t** come together (**lánsásta**).

A few words always begin with a lenited letter, such as **bheith** 'to be', **chuig** 'towards', **thall** 'over there', etc.

In no case is there lenition of **h, j, l, n, q, r, v, w, x, y,** or **z**. Nor is there lenition of **d** or **t** after the article (**an duilleog** 'the leaf', **sa doras** 'in the doorway', **ceann an tairbh** 'the bull's head'), nor of **sc, sf, sm, sp, st** or **sv**.

Lenitable initial **s** after the article has **t** prefixed (**an tslat, sa tslí, teach an tsagairt**).

Eclipsis

This affects both consonants and vowels (vowels being eclipsed by **n-**). Eclipsis occurs after the possessives **ár, bhur** and **a** (= their), and after the preposition **i** (**i mbaol** 'in danger', **in Éirinn** 'in Ireland').

Eclipsis also follows the article in the dative singular, unless there is lenition or the noun begins with a vowel or with **d** or **t** (**ag an gcluiche, leis an mbean, den chrann, faoin talamh**), and in the genitive plural (**bróga na bhfear** 'the men's shoes', **hataí na mban** 'the women's hats', **ceol na n-éan** 'the singing of the birds').

Numerals 7-10 and their compounds also eclipse nouns (**seacht mbliana déag**).

Interrogative **an** and all uses of **nach** and **go** eclipse verbs. And so do words like **dá, sula, mura** and **cá** (= where?), and the indirect relative **a**.

Adjectives are not eclipsed.

Other mutations (vowels)

Masculine nouns beginning with a vowel have **t-** prefixed in the nominative and accusative (**an t-uisce**). Nouns beginning with a vowel have **h** prefixed after the article **na** (**muintir na háite** 'the local people', **leis na húlla** 'with the apples', **sna hoileáin** 'in the islands').

A word which neither lenites nor eclipses but which ends in a vowel prefixes **h** to words that begin with a vowel (**le hairgead a shaothrú** 'to earn money', **Dé hAoine** 'on Friday', **an dara háit** 'the second place', **go hálainn** 'beautifully', **ná hith é** 'don't eat it', **cá huair?** 'when?', **a hathair** 'her father').

Verbs beginning with a vowel or **f** (lenited) have **d'** prefixed in the independent forms of the past, past habitual and conditional (**d'athraigh, d'éiríodh, d'fhágfadh**).

The following tables show which letters may be lenited or eclipsed, and how to write the mutated letters.

CONSONANT	LENITED	CONSONANT	ECLIPSED
p	ph	p	bp
b	bh	b	mb
m	mh	m	not eclipsed
n	no change	n	not eclipsed
t	th	t	dt
d	dh	d	nd
c	ch	c	gc
g	gh	g	ng
l	no change	l	not eclipsed
f	fh	f	bhf
s	sh	s	not eclipsed

Irish verbs

These are designed to help you find the verb forms you need in Irish. Verbs are found in the **Irish-English** side of the dictionary under the form of the 2nd singular imperative or 'root'.

How to find the verb you need

All the verbs on the **Irish-English** side of the dictionary are followed by a number in square brackets. Each of these numbers corresponds to a verb in this section. Verbal adjectives and verbal nouns which are different from the pattern are given after the number, within the square brackets.

There are a number of very common verbs which are *irregular* in Irish, and these are given on pages 32-41.

Regular verbs in Irish follow one of two main patterns.

In the first group are verbs whose root (= imperative 2 sing) consists of one syllable (**mol**, **bris**, **bog**, **béic**, **caith**, **luigh**, etc) or ends in **-áil** (**sóinseáil**, etc), plus some with two-syllable roots (**ceiliúir**, etc).

In the second group are verbs with roots of more than one syllable ending in **-(a)igh** (**bailigh**, **beannaigh**, etc) or in **-(a)il**, **-(a)in**, **-(a)ir** or **-(a)is** (**codail**, **cosain**, etc), plus a few others.

Verbs in these two groups are given in alphabetical order in the regular verb tables on pages 42-57.

Verb tenses

The present tense

This tense is used to talk about what is true at the moment, or happens regularly: 'I'm a student'; 'he works in a solicitor's office'; 'I'm studying Irish.'

There is more than one way to use the present tense in Irish, just as in English. You can say in English 'I work ' or 'I am working'. In Irish you can say:

Tá mé ag obair i siopa nuachtán.	I work in a newsagent's.
Oibrím sa siopa ar an Satharn.	I work in the shop on Saturdays.
Bím ag obair sa siopa ar an Satharn.	I work in the shop on Saturdays.

You can also use the present tense to talk about something that is going to happen in the near future:

Táimid ag dul ar saoire ag deireadh na míosa.	We're going on holiday at the end of the month.

The present tense is also used to speak about things which happened in the past and are <u>still</u> happening:

Táimid inár gcónaí anseo le trí bliana.	We've been living here for three years.

The future tense

The future tense is used to speak of something that will happen or be true. You may use the future tense form of the verb, or a 'going to' form plus the verbal noun, or the present tense of 'be' plus the verbal noun (if the thing is due to happen quite soon).

Ní thiocfaidh sí abhaile roimh mheán oíche.	She won't be home before midnight.
Tá sé ag dul ag ceannach giotár nua.	He's going to buy a new guitar.
Tá sé ag teacht ar bhus a sé.	He'll be here on the six o'clock bus.

The past habitual

This tense is used to say that something was happening or kept happening or used to happen in the past. Sometimes English uses what seems like an ordinary past, or even a conditional, where Irish clearly shows that the action was continuous or regular.

Chaitheadh na mná hataí móra san am sin.   Ladies wore huge hats in those days.
Léadh sí scéalta do na leanaí.   She used to read stories to the children.
Dhúnaidís na geataí le titim na hoíche.   They would close the gates at nightfall.
Bhíodh ceol ar siúl aige i gcónaí.   He was always playing music.

Phrases like 'ba ghnách liom' and 'ba nós liom' are often used instead of the past habitual form.

Ba ghnách leis dul go dtí an Fhrainc   He used to go to France on holiday.
   ar saoire.
Ba nós léi siúl abhaile cois na habhann.   She would walk home by the river.

The past tense

This tense is used to say something happened at some point in the past and is over and done with.

D'fhág Máire an teach romhamsa.   Mary left the house before me.
Chuir an scéal an-iontas orainn.   The news surprised us greatly.
Bhíomar déanach ag teacht abhaile.   We were late home.
Bhuamar an cluiche.   We won the match.

The imperative

This is used when giving orders or instructions or making requests.

The 2nd person singular or plural are the usual forms, but there are imperatives for the other persons too.

Stad den gháire, a Sheáin!   Stop laughing, John!
Ná caill do thicéad!   Don't lose your ticket!
Gabhaigí mo leithscéal, a chailíní.   Excuse me, girls.
Téadh na buachaillí ar dheis.   Let the boys go to the right.
Ná cluinim a thuilleadh faoi.   Don't let me hear any more about it.

The conditional

This form of the verb is used when talking about something that would (or would not) happen or be true in certain circumstances. It is also used as a polite form of request.

Ba mhaith liom dul go dtí an choirm   I'd love to go to that concert.
   cheoil sin.
Ní thabharfainn an méid sin orthu.   I wouldn't give that much for them.
An gcuideofá liom, le do thoil?   Would you help me, please?

The subjunctive

The present subjunctive is used in Irish to indicate uncertainty as to whether something will or will not happen or be true, or to indicate a wish that something should or should not happen.

Fan **go stada** an fhearthainn.	Wait till the rain stops.
Ní fada **go dtaga** an traein.	It won't be long till the train arrives.
Labhróidh mé leo **sula n-imí** siad.	I'll speak to them before they leave.
Go maire tú an lá!	Many happy returns!
Gurab amhlaidh duit!	The same to you!

The past subjunctive is similar in form to the past habitual, and is often replaced by the conditional.

D'fhan Úna **go dtagadh/go dtiocfadh** na cailíní eile.	Una waited for the other girls to arrive.

Verbal nouns

Forms

Many verbal nouns end in -**(e)adh** or in **…ú**: **briseadh**, **moladh**, **bailiú**, **beannú**.

Some are the same as their root: all verbs ending in -**(e)áil**: **sóinseáil**, **sábháil**, etc. and ones like **foghlaim**, **rith**, **bruith**, **léim**, etc.

Some add -**t** to the root: **cosaint**, **tarraingt**, **imirt**, etc.

Some are formed in other ways: **gluaiseacht**, **tuiscint**, **ceannach**, **leagan**, **fí**, **maireachtáil**, **fiafraí**, etc.

The verb tables on pages 32-57 will help you find the verbal noun you require.

Usage

Verbal nouns are used very like infinitives in English; for example, **canadh** can mean both 'singing' and 'to sing'. **Dul** can mean 'going' or 'to go'.

Bhí sí **ag canadh** in ard a gutha.	She was singing at the top of her voice.
Is breá leis **bheith ag seinm** ceoil.	He loves playing music.
Bhíomar **ag dul** abhaile.	We were going home.
D'iarr an máistir ar Áine amhrán eile **a rá**.	The master asked Anne to sing another song.
Tá an Ghaeilge furasta **a fhoghlaim**.	Irish is easy to learn.
Bhí sé deacair **éirí** chomh luath sin.	It was hard to get up so early.
Thosaigh sé **ag cur**.	It started to rain.
Theastaigh uaim an clár sin **a fheiceáil**.	I wanted to see that programme.

Verbal nouns can behave like ordinary nouns.

Bhí an **scrúdú** sin ródheacair.	That exam was too hard.
Níl **tuiscint** aige don ealaín.	He has no understanding of art.

Verbal adjectives

Form

Most verbal adjectives follow a regular pattern, formed by adding **-ta**, or **-te** to the root of verbs like **mol** (**molta**) or **bris** (**briste**).

Other patterns are **beannaithe** (from **beannaigh**) and **bailithe** (from **bailigh**). Verbs like **bog** add **-tha** (**bogtha**); those like **béic** add **-the** (**béicthe**), as do some others, like **fulaing**, **tarraing**, etc.

The verb tables on pages 32-57 will help you find the verbal adjectives you require.

Verbal adjectives are used like ordinary adjectives.

Caith amach an práta **lofa**.   Throw out the rotten potato.

They can help to form verbal tenses when used with the verb '**tá**'.

Bhí na blianta **caite** i Meiriceá aige.   He had spent years in America.
Tá siad díreach **tagtha**.   They have just arrived.

Autonomous verbal forms

These are sometimes called impersonal forms and are similar in ways to the passive voice in English. The important thing is that they are used in Irish when the *doer* of an action is not identified. In the verb tables on pages 32-57, the autonomous form is marked by an asterisk.

Coimeádtar im ann.	Butter is kept in it.
Maraíodh é.	He was killed.
Cuireadh litir amach.	A letter was sent out.
Scaoilfear saor iad.	They will be released.
Ní ghlacfar leis.	It won't be accepted.
Deirtear go bhfuil sé an-saibhir.	They say he is very rich.

Autonomous forms exist in all tenses.

There is just one basic form for each tense, but this can be negative or interrogative just like other verbal forms.

Pronouns are the objective forms, eg **é**, **í**, **iad**, etc, as they do not refer to the unnamed *doer* of the action.

1 **abair** (to say, sing)

PRESENT	PRESENT SUBJUNCTIVE
deirim	deire mé
deir tú	deire tú
deir sé	deire sé
deir sí	deire sí
deirimid	deirimid
deir sibh	deire sibh
deir said	deire siad
deirtear*	deirtear*

PAST	PAST HABITUAL
dúirt mé	deirinn
dúirt tú	deirteá
dúirt sé	deireadh sé
dúirt sí	deireadh sí
dúramar	deirimis
dúirt sibh	deireadh
dúirt said	deiridís
dúradh*	deirtí*

FUTURE	CONDITIONAL
déarfaidh mé	déarfainn
déarfaidh tú	déarfá
déarfaidh sé	déarfadh sé
déarfaidh sí	déarfadh sí
déarfaimid	déarfaimis
déarfaidh sibh	déarfadh sibh
déarfaidh said	déarfaidís
déarfar*	déarfaí*

IMPERATIVE	VERBAL NOUN
abraim	rá
abair	
abradh sé	
abradh sí	VERBAL ADJECTIVE
abraimis	ráite
abraigí	
abraidís	
deirtear*	

* autonomous form

32

PRESENT

beirim
beireann tú
beireann sé
beireann sí
beirimid
beireann sibh
beireann said

beirtear*

PRESENT SUBJUNCTIVE

beire mé
beire tú
beire sé
beire sí
beirimid
beire sibh
beire siad

beirtear*

PAST

rug mé
rug tú
rug sé
rug sí
rugamar
rug sibh
rug said

rugadhr*

PAST HABITUAL

bheirinn
bheirteá
bheireadh sé
bheireadh sí
bheirimis
bheireadh sibh
bheiridís

bheirtí*

FUTURE

béarfaidh mé
béarfaidh tú
béarfaidh sé
béarfaidh sí
béarfaimid
béarfaidh sibh
béarfaidh said

béarfar*

CONDITIONAL

bhéarfainn
bhéarfá
bhéarfadh sé
bhéarfadh sí
bhéarfaimis
bhéarfadh sibh
bhéarfaidís

bhéarfaí*

IMPERATIVE

beirim
beir
beireadh sé
beireadh sí
beirimis
beirigí
beiridís

beirtear*

VERBAL NOUN

breith

VERBAL ADJECTIVE

beirthe

* autonomous form

3   **bí** (to be)

PRESENT (INDEPENDENT)

táim (tá mé)
tá tú
tá sé
tá sí
táimid
tá sibh
tá said

táthar*

PRESENT HABITUAL

bím
bíonn tú
bíonn sé
bíonn sí
bímid
bíonn sibh
bíonn siad

bítear*

PRESENT (DEPENDENT)

nílim (níl mé), go bhfuil mé
níl tú, go bhfuil tú
níl sé, go bhfuil sé
níl sí, go bhfuil sí
nílimid, go bhfuilimid
níl sibh, go bhfuil sibh
níl said, go bhfuil said

níltear*
go bhfuiltear*

PAST (INDEPENDENT)

bhí mé
bhí tú
bhí sé
bhí sí
bhíomar
bhí sibh
bhí siad

bhíothas*

PAST (DEPENDENT)

raibh mé
raibh tú
raibh sé
raibh sí
rabhamar
raibh sibh
raibh said

rhabthas*

FUTURE

beidh mé
beidh tú
beidh sé
beidh sí
beimid
beidh sibh
beidh siad

beifear*

CONDITIONAL

bheinn
bheifeá
bheadh sé
bheadh sí
bheimis
bheadh sibh
bheidis

bheifí*

IMPERATIVE

bím
bí
bíodh sé
bíodh sí
bímis
bígí
bídís

bítear*

VERBAL NOUN

bheith

VERBAL OF NECESSITY

beite

* autonomous form

(to do, make) **déan** 4

PRESENT

déanaim
déanann tú
déanann sé
déanann sí
déanaimid
déanann sibh
déanann said

déantar*

PRESENT SUBJUNCTIVE

déana mé
déana tú
déana sé
déana sí
déanaimid
déana sibh
déana siad

déantar*

PAST (INDEPENDENT)

rinne mé
rinne tú
rinne sé
rinne sí
rinneamar
rinne sibh
rinne said

rinneadh*

PAST HABITUAL

dhéanainn
dhéantá
dhéanadh sé
dhéanadh sí
dhéanaimis
dhéanadh sibh
dhéanaidís

dhéantaí*

PAST (DEPENDENT)

ní dhearna mé
go ndearna mé
ní dhearna tú
go ndearna tú
ní dhearna sé
go ndearna sé
ní dhearna sí
go ndearna sí
ní dhearnamar
go ndearnamar
ní dhearna sibh
go ndearna sibh
ní dhearna said
go ndearna siad

ní dhearnadh*
go ndearnadh*

FUTURE

déanfaidh mé
déanfaidh tú
déanfaidh sé
déanfaidh sí
déanfaimid
déanfaidh sibh
déanfaidh siad

déanfar*

CONDITIONAL

dhéanfainn
dhéanfá
dhéanfadh sé
dhéanfadh sí
dhéanfaimis
dhéanfadh sibh
dhéanfaidís

dhéanfaí*

IMPERATIVE

déanaim
déan
déanadh sé
déanadh sí
déanaimis
déanaigí
déanaidís

déantar*

VERBAL NOUN

déanamh

VERBAL AJECTIVE

déanta

* autonomous form

faigh (to get, find, *etc*)

PRESENT	PRESENT SUBJUNCTIVE
faighim	faighe mé
faigheann tú	faighe tú
faigheann sé	faighe sé
faigheann sí	faighe sí
faighimid	faighimid
faigheann sibh	faighe sibh
faigheann said	faighe siad
faightear*	faightear*

PAST	PAST HABITUAL
fuair mé	d'fhaighinn
fuair tú	d'fhaighteá
fuair sé	d'fhaigheadh sé
fuair sí	d'fhaigheadh sí
fuaireamar	d'fhaighimis
fuair sibh	d'fhaigheadh sibh
fuair said	d'fhaighidís
fuarthas*	d'fhaightí*

FUTURE (INDEPENDENT)	CONDITIONAL (INDEPENDENT)
gheobhaidh mé	gheobhainn
gheobhaidh tú	gheofá
gheobhaidh sé	gheobhadh sé
gheobhaidh sí	gheobhadh sí
gheobhaimid	gheobhaimis
gheobhaidh said	gheobhadh sibh
gheobhaidh said	gheobhaidís
gheofar*	gheofaí

FUTURE (DEPENDENT)	CONDITIONAL (DEPENDENT)
ní bhfaighidh mé	ní bhfaighinn
ní bhfaighidh tú	ní bhfaighfeá
ní bhfaighidh sé	ní bhfaigheadh sé
ni bhfaighidh sí	ní bhfaigheadh sí
ní bhfaighimid	ní bhfaighimis
ní bhfaighidh sibh	ní bhfaigheadh sibh
ní bhfaighidh said	ní bhfaighidís
ní bhfaighfear*	ní bhfaighfí*

IMPERATIVE	VERBAL NOUN
faighim	fáil
faigh	
faigheadh sé	
faigheadh sí	VERBAL ADJECTIVE
faighimis	faighte
faighigí	
faighidís	
faightear*	

* autonomous form

PRESENT
feicim
feiceann tú
feiceann sé
feiceann sí
feicimid
feiceann sibh
feiceann said

feictear*

PRESENT SUBJUNCTIVE
feice mé
feice tú
feice sé
feice sí
feicimid
feice sibh
feice siad

feictear*

PAST (INDEPENDENT)
chonaic mé
chonaic tú
chonaic sé
chonaic sí
chonaiceamar
chonaic sibh
chonaic said

chonacthas*

PAST HABITUAL
d'fheicinn
d'fheicteá
d'fheiceadh sé
d'fheiceadh sí
d'fheicimis
d'fheiceadh sibh
d'fheicidís

d'fheictí*

PAST (DEPENDENT)
ní fhaca mé
ní fhaca tú
ní fhaca sé
ní fhaca sí
ní fhacamar
ní fhaca sibh
ní fhaca said

ní fhacthas*

FUTURE
feicfidh mé
feicfidh tú
feicfidh sé
feicfidh sí
feicimid
feicfidh sibh
feicfidh siad

feicfear*

CONDITIONAL
d'fheicfinn
d'fheicfeá
d'fheicfeadh sé
d'fheicfeadh sí
d'fheicfimis
d'fheicfeadh sibh
d'fheicfidís

d'fheicfí*

IMPERATIVE
feicim
feic
feiceadh sé
feiceadh sí
feicimis
feicigí
feicidís

VERBAL NOUN
feiceáil

VERBAL ADJECTIVE
feicthe

* autonomous form

ith (to eat)

PRESENT	PRESENT SUBJUNCTIVE
ithim	ithe mé
itheann tú	ithe tú
itheann sé	ithe sé
itheann sí	ithe sí
ithimid	ithimid
itheann sibh	ithe sibh
itheann siad	ithe siad
itear*	itear*

PAST	PAST HABITUAL
d'ith mé	d'ithinn
d'ith tú	d'iteá
d'ith sé	d'itheadh sé
d'ith siad	d'itheadh sí
d'itheamar	d'ithimis
d'ith sibh	d'itheadh sibh
d'ith siad	d'ithidís
itheadh*	d'ití*

FUTURE	CONDITIONAL
íosfaidh mé	d'íosfainn
íosfaidh tú	d'íosfá
íosfaidh sé	d'íosfadh sé
íosfaidh sí	d'íosfadh sí
íosfaimid	d'íosfaimis
íosfaidh sibh	d'íosfadh sibh
íosfaidh siad	d'íosfaidís
íosfar*	d'íosfaí*

IMPERATIVE	VERBAL NOUN
ithim	ithe
ith	
itheadh sé	
itheadh sí	VERBAL ADJECTIVE
ithimis	ite
ithigí	
ithidís	
itear*	

* autonomous form

PRESENT

tugaim
tugann tú
tugann sé
tugann sí
tugaimid
tugann sibh
tugann said

tugtar*

PRESENT SUBJUNCTIVE

tuga mé
tuga tú
tuga sé
tuga sí
tugaimid
tuga sibh
tuga siad

tugtar*

PAST

thug mé
thug tú
thug sé
thug sí
thugamar
thug sibh
thug said

tugadh*

PAST HABITUAL

thugainn
thugtá
thugadh sé
thugadh sí
thugaimis
thugadh sibh
thugaidís

thugtaí*

FUTURE

tabharfaidh mé
tabharfaidh tú
tabharfaidh sé
tabharfaidh sí
tabharfaimid
tabharfaidh sibh
tabharfaidh said

tabharfar*

CONDITIONAL

thabharfainn
thabharfá
thabharfadh sé
thabharfadh sí
thabharfaimis
thabharfadh sibh
thabharfaidís

thabharfaí*

IMPERATIVE

tugaim
tabhair
tugadh sé
tugadh sí
tugaimis
tugaigí
tugaidís

tugtar*

VERBAL NOUN

tabhairt

VERBAL ADJECTIVE

tugtha

* autonomous form

tar (to come, arrive, *etc*)

PRESENT	PRESENT SUBJUNCTIVE
tagaim	taga mé
tagann tú	taga tú
tagann sé	taga sé
tagann sí	taga sí
tagaimid	tagaimid
tagann sibh	taga sibh
tagann said	taga siad
tagtar*	tagtar*

PAST	PAST HABITUAL
tháinig mé	thagainn
tháinig tú	thagtá
tháinig sé	thagadh sé
tháinig sí	thagadh sí
thángamar	thagaimis
tháinig sibh	thagadh sibh
tháinig said	thagaidís
thángthas*	thagtaí*

FUTURE	CONDITIONAL
tiocfaidh mé	thiocfainn
tiocfaidh tú	thiocfá
tiocfaidh sé	thiocfadh sé
tiocfaidh sí	thiocfadh sí
tiocfaimid	thiocfaimis
tiocfaidh sibh	thiocfadh sibh
tiocfaidh said	thiocfaidís
tiocfar*	thiocfaí*

IMPERATIVE	VERBAL NOUN
tagaim	teacht
tar	
tagadh sé	
tagadh sí	VERBAL ADJECTIVE
tagaimis	tagtha
tagaigí	
tagaidís	
tagtar*	

* autonomous form

(to go) **téigh**   10

PRESENT

téim
téann tú
téann sé
téann sí
téimid
téann sibh
téann said

téitear*

PRESENT SUBJUNCTIVE

té mé
té tú
té sé
té sí
téimid
té sibh
té siad

téitear*

PAST (INDEPENDENT)

chuaigh mé
chuaigh tú
chuaigh sé
chuaigh sí
chuamar
chuaigh sibh
chuaigh said

chuathas*

PAST HABITUAL

théinn
théiteá
théadh sé
théadh sí
théimis
théadh sibh
théidís

théití*

PAST (DEPENDENT)

ní dheachaigh mé
go ndeachaigh mé
ní dheachaigh tú
go ndeachaigh tú
ní dheachaigh sé
go ndeachaigh sé
ní dheachaigh sí
go ndeachaigh sí
ní dheachamar
go ndeachamar
ní dheachaigh sibh
go ndeachaigh sibh
ní dheachaigh said
go ndeachaigh siad

ní dheachthas*

FUTURE

rachaidh mé
rachaidh tú
rachaidh sé
rachaidh sí
rachaimid
rachaidh sibh
rachaidh siad

rachfar*

CONDITIONAL

rachainn
rachfá
rachadh sé
rachadh sí
rachaimis
rachadh sibh
rachaidís

rachfaí*

IMPERATIVE

téim
téigh
téadh sé
téadh sí
téimis
téigí
téidís

téitear*

VERBAL NOUN

dul

VERBAL ADJECTIVE

dulta

* autonomous form

bailigh (to collect, gather, *etc*)

PRESENT	PRESENT SUBJUNCTIVE
bailím	bailí mé
bailíonn tú	bailí tú
bailíonn sé	bailí sé
bailíonn sí	bailí sí
bailímid	bailímid
bailíonn sibh	bailí sibh
bailíonn said	bailí siad
bailítear*	bailítear*

PAST	PAST HABITUAL
bhailigh mé	bhailínn
bhailigh tú	bhailíteá
bhailigh sé	bhailíodh sé
bhailigh sí	bhailíodh sí
bhailíomar	bhailímis
bhailigh sibh	bhailíodh sibh
bhailigh said	bhailídís
bailíodh*	bhailítí*

FUTURE	CONDITIONAL
baileoidh mé	bhaileoinn
baileoidh tú	bhaileofá
baileoidh sé	bhaileodh sé
baileoidh sí	bhaileodh sí
baileoimid	bhaileoimis
baileoidh sibh	bhaileodh sibh
baileoidh said	bhaileoidís
baileofar*	bhaileofaí*

IMPERATIVE	VERBAL NOUN
bailím	bailiú
bailigh	
bailíodh sé	
bailíodh sí	VERBAL ADJECTIVE
bailímis	bailithe
bailígí	
bailídís	
bailítear*	

* autonomous form

PRESENT

beannaím
beannaigh
beannaíodh sé
beannaíodh sí
beannaímis
beannaígí
beannaídís

beannaítear*

PRESENT SUBJUNCTIVE

beannaí mé
beannaí tú
beannaí sé
beannaí sí
beannaímid
beannaí sibh
beannaí siad

beannaítear*

PAST

bheannaigh mé
bheannaigh tú
bheannaigh sé
bheannaigh sí
bheannaíomar
bheannaigh sibh
bheannaigh said

beannaíodh*

PAST HABITUAL

bheannaínn
bheannaíteá
bheannaíodh sé
bheannaíodh sí
bheannaímis
bheannaíodh sibh
bheannaídís

bheannaítí*

FUTURE

beannóidh mé
béeannóidh tú
beannóidh sé
beannóidh sí
beannóimid
beannóidh sibh
beannóidh said

beannófar*

CONDITIONAL

bheannóinn
bheannófá
bheannódh sé
bheannódh sí
bheannóimis
bheannódh sibh
bheannóidís

bheannófaí*

IMPERATIVE

beannaím
beannaigh
beannaíodh sé
beannaíodh sí
beannaímis
beannaígí
beannaídís

beannaítear*

VERBAL NOUN

beannú

VERBAL ADJECTIVE

beannaithe

* autonomous form

13 **béic** (to yell)

PRESENT	PRESENT SUBJUNCTIVE
béicim	béice mé
béiceann tú	béice tú
béiceann sé	béice sé
béiceann sí	béice sí
béicimid	béicimid
béiceann sibh	béice sibh
béiceann said	béice said
béictear*	béictear*

PAST	PAST HABITUAL
bhéic mé	bhéicinn
bhéic tú	bhéicteá
bhéic sé	bhéiceadh sé
bhéic sí	bhéiceadh sí
bhéiceamar	bhéicimis
bhéic sibh	bhéiceadh sibh
bhéic said	bhéicidís
béiceadh*	bhéictí*

FUTURE	CONDITIONAL
beicfidh mé	bhéicfinn
béicfidh tú	bhéicfeá
béicfidh sé	bhéicfeadh sé
béicfidh sí	bhéicfeadh sí
béicfimid	bhéicfimis
béicfidh sibh	bhéicfeadh sibh
béicfidh said	bheicfidís
béicfear*	bhéicfí*

IMPERATIVE	VERBAL NOUN
béicim	béiceadh
béic	
béiceadh sé	
béiceadh sí	VERBAL ADJECTIVE
béicimis	béicthe
béicigí	
béicidís	
béictear*	

* autonomous form

PRESENT

bogaim
bogann tú
bogann sé
bogann sí
bogaimid
bogann sibh
bogann said

bogtar*

PRESENT SUBJUNCTIVE

boga mé
boga tú
boga sé
boga sí
bogaimid
boga sibh
boga siad

bogtar*

PAST

bhog mé
bhog tú
bhog sé
bhog sí
bhogamar
bhog sibh
bhog said

bogadh*

PAST HABITUAL

bhogainn
bhogtá
bhogadh sé
bhogadh sí
bhogaimis
bhogadh sibh
bhogaidís

bhogtaí*

FUTURE

bogfaidh mé
bogfaidh tú
bogfaidh sé
bogfaidh sí
bogfaimid
bogfaidh sibh
bogfaidh said

bogfar*

CONDITIONAL

bhogfainn
bhogfá
bhogfadh sé
bhogfadh sí
bhogfaimis
bhogfadh sibh
bhogfaidís

bhogfaí*

IMPERATIVE

bogaim
bog
bogadh sé
bogadh sí
bogaimis
bogaigí
bogaidís

bogtar*

VERBAL NOUN

bogadh

VERBAL ADJECTIVE

bogtha

* autonomous form

15 **bris** (to break)

PRESENT	**PRESENT SUBJUNCTIVE**
brisim	brise mé
briseann tú	brise tú
briseann sé	brise sé
briseann sí	brise sí
brisimid	brisimid
briseann sibh	brise sibh
briseann said	brise siad
bristear*	bristear*

PAST	**PAST HABITUAL**
bhris mé	bhrisinn
bhris tú	bhristeá
bhris sé	bhriseadh sé
bhris sí	bhriseadh sí
bhriseamar	bhrisimi
bhris sibh	bhriseadh sibh
bhris said	bhrisidís
briseadh*	bhristí*

FUTURE	**CONDITIONAL**
brisfidh mé	bhrisfinn
bhris tú	bhrisfeá
bhris sé	bhrisfeadh sé
bhris sí	bhrisfeadh sí
bhriseamar	bhrisfimis
bhris sibh	bhrisfeadh sibh
bhris said	bhrisfidís
brisfear*	bhrisfí*

IMPERATIVE	**VERBAL NOUN**
brisim	briseadh
bris	
briseadh sé	**VERBAL ADJECTIVE**
briseadh sí	briste
brisimis	
brisigí	
brisidís	
bristear*	

* autonomous form

PRESENT

caithim
caitheann tú
caitheadh sé
caitheadh sí
caithimis
caithigí
caithidís

caitear*

PRESENT SUBJUNCTIVE

caithe mé
caithe tú
caithe sé
caithe sí
caithimid
caithe sibh
caithe siad

caitear*

PAST

chaith mé
chaith tú
chaith sé
chaith sí
chaitheamar
chaith sibh
chaith said

caitheadh*

PAST HABITUAL

chaithinn
chaiteá
chaitheadh sé
chaitheadh sí
chaithimis
chaitheadh sibh
chaithidís

chaití*

FUTURE

caithfidh mé
caithfidh tú
caithfidh sé
caithfidh sí
caithfimid
caithfidh sibh
caithfidh said

caithfear*

CONDITIONAL

chaithfinn
chaithfeá
chaithfeadh sé
chaithfeadh sí
chaithfimis
chaithfeadh sibh
chaithfidís

chaithfí*

IMPERATIVE

caithim
caitheann tú
caitheann sé
caitheann sí
caithimid
caitheann sibh
caitheann siad

caitear*

VERBAL NOUN

caitheamh

VERBAL ADJECTIVE

caite

* autonomous form

ceiliúir (to celebrate)

PRESENT	PRESENT SUBJUNCTIVE
ceiliúraim	ceiliúra mé
ceiliúrann tú	ceiliúra tú
ceiliúrann sé	ceiliúra sé
ceiliúrann sí	ceiliúra sí
ceiliúraimid	ceiliúraimid
ceiliúrann said	ceiliúra sibh
ceiliúrann said	ceiliúra siad
ceiliúrtar*	ceiliúrtar*

PAST	PAST HABITUAL
cheiliúir mé	cheiliúrainn
cheiliúir tú	cheiliúrtá
cheiliúir sé	cheiliúradh sé
cheiliúir sí	cheiliúradh sí
cheiliúramar	cheiliúraimis
cheiliúir sibh	cheiliúradh sibh
cheiliúir said	cheiliúraidís
ceiliúradh*	cheiliúrtaí*

FUTURE	CONDITIONAL
ceiliúrfaidh mé	cheiliúrfainn
ceiliúrfaidh tú	cheiliúrfá
ceiliúrfaidh sé	cheiliúrfadh sé
ceiliúrfaidh sí	cheiliúrfadh sí
ceiliúrfaimid	cheiliúrfaimis
ceiliúrfaidh sibh	cheiliúrfadh sibh
ceiliúrfaidh said	cheiliúrfaidis
ceiliúrfar*	cheiliúrfaí*

IMPERATIVE	VERBAL NOUN
ceiliúraim	ceiliúradh
ceiliúir	
ceiliúradh sé	
ceiliúradh sí	VERBAL ADJECTIVE
ceiliúraimis	ceiliúrtha
ceiliúraigí	
ceiliúraidís	
ceiliúrtar*	

* autonomous form

PRESENT

cloím
cloíonn tú
cloíonn sé
cloíonn sí
cloímid
cloíonn sibh
cloíonn said

cloítear*

PRESENT SUBJUNCTIVE

cloí mé
cloí tú
cloí sé
cloí sí
cloímid
cloí sibh
cloí siad

cloítear*

PAST

chloígh mé
chloígh tú
chloígh sé
chloígh sí
chloíomar
chloígh sibh
chloígh said

cloíodh*

PAST HABITUAL

chloínn
chloíteá
chloíodh sé
chloíodh sí
chloímis
chloíodh sibh
chloídís

chloítí*

FUTURE

cloífidh mé
cloífidh tú
cloífidh sé
cloífidh sí
cloífimid
cloífidh sibh
cloífidh said

cloífear*

CONDITIONAL

chloífinn
chloífeá
chloífeadh sé
chloífeadh sí
chloífimis
chloífeadh sibh
chloífidís

chloífí*

IMPERATIVE

cloím
cloígh
cloíodh sé
cloíodh sí
cloímis
cloíonn sibh
cloíonn said

cloítear*

VERBAL NOUN

cloí

VERBAL ADJECTIVE

cloíte

* **autonomous form**

19 **cosain** (to defend, cost)

PRESENT

cosnaím
cosnaíonn tú
cosnaíonn sé
cosnaíonn sí
cosnaímid
cosnaíonn sibh
cosnaíonn said

cosnaítear*

PRESENT SUBJUNCTIVE

cosnaí mé
cosnaí tú
cosnaí sé
cosnaí sí
cosnaímid
cosnaí sibh
cosnaí siad

cosnaítear*

PAST

chosain mé
chosain tú
chosain sé
chosain sí
chosnaíomar
chosain sibh
chosain said

cosnaíodh*

PAST HABITUAL

chosnaínn
chosnaíteá
chosnaíodh sé
chosnaíodh sí
chosnaímís
chosnaíodh sibh
chosnaídís

chosnaítí*

FUTURE

cosnóidh mé
cosnóidh tú
cosnóidh sé
cosnóidh sí
cosnóimid
cosnóidh sibh
cosnóidh said

cosnófar*

CONDITIONAL

chosnóinn
chosnófá
chosnódh sé
chosnódh sí
chosnóimis
chosnódh sibh
chosnóidís

chosnófaí*

IMPERATIVE

cosnaím
cosain
cosnaíodh sé
cosnaíodh sí
cosnaímis
cosnaígí
cosnaídís

cosnaítear*

VERBAL NOUN

cosaint

VERBAL ADJECTIVE

cosanta

* autonomous form

PRESENT

feoim
feonn tú
feonn sé
feonn sí
feoimid
feonn sibh
feonn said

feoitear*

PRESENT SUBJUNCTIVE

feo mé
feo tú
feo sé
feo sí
feoimid
feo sibh
feo said

feoitear*

PAST

d'fheoigh mé
d'fheoigh tú
d'fheoigh sé
d'fheoigh sí
d'fheomar
feofaidh sibh
feofaidh said

feodh*

PAST HABITUAL

d'fheoinn
d'fheoiteá
d'fheodh sé
d'fheodh sí
d'fheoimis
d'fheodh sibh
d'fheoidís

d'fheoití*

FUTURE

feofaidh mé
feofaidh tú
feofaidh sé
feofaidh sí
feofaimid
feofaidh sibh
feofaidh said

feofar*

CONDITIONAL

d'fheofainn
d'fheofá
d'fheofadh sé
d'fheofadh sí
d'fheofaimis
d'fheofadh sibh
d'fheofaidís

d'fheofaí*

IMPERATIVE

feoim
feoigh
feodh sé
feodh sí
feoimis
feoigí
feoidís

feoitear*

VERBAL NOUN

feo

VERBAL ADJECTIVE

feoite

* autonomous form

21 **imir** (to play)

PRESENT

imrím
imríonn tú
imríonn sé
imríonn sí
imrímid
imríonn sibh
imríonn said

imrítear*

PRESENT SUBJUNCTIVE

imrí mé
imrí tú
imrí sé
imrí sí
imrímid
imrí sibh
imrí siad

imrítear*

PAST

d'imir mé
d'imir tú
d'imir sé
d'imir sí
d'imríomar
d'imir sibh
d'imir said

imríodh*

PAST HABITUAL

d'imrínn
d'imríteá
d'imríodh sé
d'imríodh sí
d'imrímis
d'imríodh sibh
d'imrídís

d'imrítí*

FUTURE

imreoidh mé
imreoidh tú
imreoidh sé
imreoidh sí
imreoimid
imreoidh sibh
imreoidh said

imreofar*

CONDITIONAL

d'imreoinn
d'imreofá
d'imreodh sé
d'imreodh sí
d'imreoimis
d'imreodh sibh
d'imreoidís

d'imreofaí*

IMPERATIVE

imrím
imir
imríodh sé
imríodh sí
imrímis
imrígí
imrídís

imrítear*

VERBAL NOUN

imirt

VERBAL ADJECTIVE

imeartha

* autonomous form

PRESENT

luím
luíonn tú
luíonn sé
luíonn sí
luímid
luíonn sibh
luíonn said

luitear*

PRESENT SUBJUNCTIVE

luí mé
luí tú
luí sé
luí sí
luímid
luí sibh
luí siad

luitear*

PAST

luigh mé
luigh tú
luigh sé
luigh sí
luíomar
luigh sibh
luigh said

luíodh*

PAST HABITUAL

luínn
luíteá
luíodh sé
luíodh sí
luímis
luíodh sibh
luídís

luití*

FUTURE

luífidh mé
luífidh tú
luífidh sé
luífidh sí
luífimid
luífidh sibh
luífidh said

luífear*

CONDITIONAL

luífinn
luífeá
luífeadh sé
luífeadh sí
luífimis
luífeadh sibh
luífidís

luífí*

IMPERATIVE

luím
luigh
luíodh sé
luíodh sé
luímis
luígí
luídís

luitear*

VERBAL NOUN

luí

VERBAL ADJECTIVE

luite

* autonomous form

23 **mol** (to praise, advise)

PRESENT	PRESENT SUBJUNCTIVE
molaim	mola mé
molann tú	mola tú
molann sé	mola sé
molann sí	mola sí
molaimid	molaimid
molann sibh	mola sibh
molann said	mola siad
moltar*	moltar*

PAST	PAST HABITUAL
mhol mé	mholainn
mhol tú	mholtá
mhol sé	mholadh sé
mhol sí	mholadh sí
mholamar	mholaimis
mhol sibh	mholadh sibh
mhol said	mholaidís
moladh*	mholtaí*

FUTURE	CONDITIONAL
molfaidh mé	mholfainn
molfaidh tú	mholfá
molfaidh sé	mholfadh sé
molfaidh sí	mholfadh sí
molfaimid	mholfaimis
molfaidh sibh	mholfadh sibh
molfaidh said	mholfaidís
molfar*	mholfaí*

IMPERATIVE	VERBAL NOUN
molaim	moladh
mol	
moladh sé	
moladh sí	VERBAL ADJECTIVE
molaimis	molta
molaigí	
molaidís	
moltar*	

* autonomous form

PRESENT

sáim
sánn tú
sánn sé
sánn sí
sáimid
sánn sibh
sánn said

sáitear*

PRESENT SUBJUNCTIVE

sá mé
sá tú
sá sé
sá sí
sáimid
sá sibh
sá siad

sáitear*

PAST

sháigh mé
sháigh tú
sháigh sé
sháigh sí
shámar
sháigh sibh
sháigh said

sádh*

PAST HABITUAL

sháinn
sháiteá
shádh sé
shádh sí
sháimis
shádh sibh
sháidís

sháití*

FUTURE

sáfaidh mé
sáfaidh tú
sáfaidh sé
sáfaidh sí
sáfaimid
sáfaidh sibh
sáfaidh said

sáfar*

CONDITIONAL

sháfainn
sháfá
sháfadh sé
sháfadh sí
sháfaimis
sháfadh sibh
sháfaidís

sháfaí*

IMPERATIVE

sáim
sáigh
sádh sé
sádh sí
sáimis
sáigí
sáidís

sáitear*

VERBAL NOUN

sá

VERBAL ADJECTIVE

sáite

* autonomous form

sóinseáil (to change)

PRESENT	PRESENT SUBJUNCTIVE
sóinseálaim	sóinseála mé
sóinseálann tú	sóinseála tú
sóinseálann sé	sóinseála sé
sóinseálann sí	sóinseála sí
sóinseálaimid	sóinseálaimid
sóinseálann sibh	sóinseála sibh
sóinseálann said	sóinseála siad
sóinseáiltear*	sóinseáiltear*

PAST	PAST HABITUAL
shóinseáil mé	shóinseálainn
shóinseáil tú	shóinseáilteá
shóinseáil sé	shóinseáladh sé
shóinseáil sí	shóinseáladh sí
shóinseálamar	shóinseálaimis
shóinseáil sibh	shóinseáladh sibh
shóinseáil said	shóinseálaidís
sóinseáladh*	shóinseáiltí*

FUTURE	CONDITIONAL
sóinseálfaidh mé	shóinseálfainn
sóinseálfaidh tú	shóinseálfá
sóinseálfaidh sé	shóinseálfadh sé
sóinseálfaidh sí	shóinseálfadh sí
sóinseálfaimid	shóinseálfaimis
sóinseálfaidh sibh	shóinseálfadh sibh
sóinseálfaidh said	shóinseálfaidís
sóinseálfar*	shóinseálfaí*

IMPERATIVE	VERBAL NOUN
sóinseálaim	sóinseáil
sóinseáil	
sóinseáladh sé	
sóinseáladh sí	VERBAL ADJECTIVE
sóinseálaimis	sóinseáilte
sóinseálaigí	
sóinseáilidís	
sóinseáiltear*	

* autonomous form

(irregular in past only)

PAST
chuala mé
chuala tú
chuala sé
chuala sí
chualamar
chuala sibh
chuala siad

chualathas*

VERBAL NOUN OF CLUIN
cluinstin

VERBAL NOUN OF CLOIS
cloisteáil

VERBAL ADJECTIVE OF CLUIN
cluinte

VERBAL ADJECTIVE OF CLOIS
cloiste

* autonomous form

The copula   An chopail

PRESENT/FUTURE (no lenition)

	POSITIVE	NEGATIVE
INDEPENDENT	is	ní
DEPENDENT	gur(b)	nach
INTERROGATIVE	an?	nach?
RELATIVE	is	nach
DIRECT		
INDIRECT	ar(b)	nach

FORMS COMBINED WITH THE COPULA

cé: cé(rb)	cá: cár(b)	cha(=ní): chan	sula: sular(b)
ó: ós	má: más	mura: mura(b)	de/do: dar(b)
faoi: faoinar(b)	i: inar(b)	le: lenar(b)	ó: ónar(b)
trí: trínar(b)			

PAST/CONDITIONAL (followed by lenition)

	POSITIVE	NEGATIVE
INDEPENDENT	ba/b'	níor(bh)
DEPENDENT	gur(bh)	nár(bh)
INTERROGATIVE	ar(bh)?	nár(bh)?
RELATIVE	ba/ab	nár(bh)
DIRECT		
INDIRECT	ar(bh)	nár(bh)

FORMS COMBINED WITH THE COPULA

cé: cér(bh)	cá: cár(bh)	cha: char(bh)	sula: sular(bh)
ó: ó ba	má: má ba	dá: dá mba	mura: murar(bh)
de/do: dar(bh)	faoi: faoinar(bh)	i: inar(bh)	le: lenar(bh)
ó: ónar(bh)	trína: trínar(bh)		

PRESENT SUBJUNCTIVE (no lenition)

POSITIVE	gura(b)
NEGATIVE	nára(b)

Aa

a ARTICLE

> **LANGUAGE TIP** There is no indefinite article in Irish.

□ a book leabhar □ an apple úll □ She's a doctor. Is dochtúir í.
- **a year ago** bliain ó shin
- **a hundred euros** céad euro
- **3 a day** 3 sa lá
- **10 km an hour** 10 gciliméadar san uair
- **30p a kilo** 30 pingin an cileagram

AA NOUN *(= Automobile Association)*
Cumann na nGluaisteán

aback ADVERB
- **He was taken aback.** Baineadh siar as.

to **abandon** VERB
1 tréig
   □ He abandoned his wife. Thréig sé a bhean.
2 éirigh as
   □ They abandoned the attempt. D'éirigh siad as an iarracht.

abbey NOUN
mainistir *fem*

abbreviation NOUN
giorrúchán *masc1*

ability NOUN
ábaltacht *fem3*
- **to have the ability to do something** cumas a bheith ionat rud a dhéanamh

able ADJECTIVE
ábalta
- **to be able to do something** bheith ábalta rud a dhéanamh □ He was able to help me. Bhí sé ábalta cuidiú liom.

to **abolish** VERB
cuir ar ceal

abortion NOUN
ginmhilleadh *masc*
   □ She had an abortion. Bhí ginmhilleadh aici.

about PREPOSITION, ADVERB
1 thart ar *(approximately)*

□ It takes about 10 hours. Tógann sé thart ar 10 n-uaire an chloig.
- **about a hundred** tuairim is céad
- **at about 2 o'clock** i dtrátha a dó a chlog
2 thart *(referring to place)*
   □ We walked about the town. Shiúlamar thart faoin mbaile mór.
3 faoi *(relating to)*
   □ a book about London leabhar faoi Londain
- **We talked about it.** Labhraíomar faoi.
- **How about going to the cinema?** Cad é faoi dhul chun na pictiúrlainne?
- **What's it about?** Cad is ábhar dó?
- **to be about to do something** bheith ar tí rud a dhéanamh

above PREPOSITION, ADVERB
1 thuas
   □ the flat above an t-árasán thuas
- **above all** thar gach uile ní
2 os cionn *(more than)*
   □ above 40 degrees os cionn 40 céim

abroad ADVERB
thar lear
   □ It costs quite a lot to go abroad. Cosnaíonn sé go leor le dul thar lear.

abrupt ADJECTIVE
1 tobann *(sudden)*
2 giorraisc *(gruff)*
   □ He was a bit abrupt with me. Bhí sé cineál giorraisc liom.

abruptly ADVERB
1 go giorraisc *(speak)*
2 go tobann
   □ He got up abruptly. D'éirigh sé go tobann.

absence NOUN
éagmais *fem2*

absent ADJECTIVE
1 as láthair *(from school)*
   □ Michael's absent today. Tá Micheál as láthair inniu.
2 ar iarraidh *(missing)*

absent-minded ADJECTIVE
dearmadach
□ She's a bit absent-minded. Tá sí rud beag dearmadach.

absolutely ADVERB
1 iomlán *(completely)*
□ Mary's absolutely right. Tá an ceart iomlán ag Máire.
2 cinnte *(in agreement)*
□ Do you think it's a good idea? — Absolutely! An síleann tú gur smaoineamh maith é? — Cinnte!

absorbed ADJECTIVE
■ **to be absorbed in a book** bheith sáite i leabhar

absurd ADJECTIVE
áiféiseach
□ That's absurd! Tá sé sin go háiféiseach!

abuse NOUN
▷ *see also* **abuse** VERB
1 mí-úsáid *fem2*
□ the issue of child abuse ceist faoi mí-úsáid leanaí □ the problem of drug abuse fadhb mí-úsáid drugaí
2 masla *masc4 (insults)*
□ They shouted abuse at the referee. Chaith siad maslaí leis an réiteoir.

to abuse VERB
▷ *see also* **abuse** NOUN
1 bain mí-úsáid as
□ abused children páistí ar baineadh mí-úsáid astu □ It's dangerous to abuse drugs. Tá sé contúirteach mí-úsáid a bhaint as drugaí.
2 maslaigh *(insult)*

abusive ADJECTIVE
maslach
□ abusive behaviour iompar maslach □ When I refused, he became abusive. Nuair a dhiúltaigh mé, d'éirigh sé maslach.

academic ADJECTIVE
acadúil
□ the academic year an bhliain acadúil

academy NOUN
acadamh *masc1*
□ academy of music acadamh ceoil □ a military academy acadamh míleata

to accelerate VERB
luasghéaraigh

accelerator NOUN
luasaire *masc4*

accent NOUN
blas *masc1*
□ He's got a French accent. Tá blas na Fraince ar a chuid cainte.

to accept VERB
glac *(apology)*

acceptable ADJECTIVE
inghlactha

access NOUN
1 rochtain *fem3*
□ Her husband has access to the children. Tá rochtain ag a fear céile na páistí a fheiceáil.
2 cead isteach *masc3 (permission)*

accessible ADJECTIVE
so-aimsithe

accessory NOUN
oiriúint *fem3*
□ fashion accessories oiriúintí faisin

accident NOUN
taisme *fem4*
□ John had an accident. Bhain taisme do Sheán
■ **by accident** de thaisme □ The burglar killed him by accident. Mharaigh an buirgléir de thaisme é.

accidental ADJECTIVE
de thaisme

to accommodate VERB
tabhair lóistín do
□ The hotel can accommodate 50 people. Is féidir lóistín a thabhairt do 50 duine san óstán.

accommodation NOUN
lóistín *masc4*

to accompany VERB
comóir

accord NOUN
comhaontú *masc*
■ **They left of their own accord.** D'fhág siad dá dtoil féin.

accordingly ADVERB
dá réir

according to PREPOSITION
de réir
□ According to him, everyone had gone. Dá réir siúd, bhí gach duine ar shiúl.

accordion NOUN
bosca ceoil *masc4*

account NOUN
1 cuntas *masc1*
□ a bank account cuntas bainc
■ **to do the accounts** na cuntais a dhéanamh
2 tuairisc *fem2 (report)*
□ He gave a detailed account of what happened. Thug sé tuairisic mhion ar gach rud a tharla.
■ **to take something into account** rud a chur san áireamh

■ **on account of** de bharr □ We couldn't go out on account of the bad weather. Ní thiocfadh linn dul ar amach de bharr na drochaimsire.

to **account for** VERB
mínigh

accountable ADJECTIVE
freagrach
□ You'll be accountable to me for any damage done. Beidh tú freagrach domsa as aon damáiste a dhéanfaí.

accountancy NOUN
1 cuntasaíocht *fem3 (subject)*
2 cuntasóireacht *fem3 (profession)*

accountant NOUN
cuntasóir *masc3*
□ She's an accountant. Is cuntasóir í.

accuracy NOUN
cruinneas *masc1*

accurate ADJECTIVE
cruinn
□ accurate information eolas cruinn

accurately ADVERB
go cruinn

accusation NOUN
líomhain *fem3 (allegation)*

to **accuse** VERB
cúisigh
■ **to accuse somebody of something** rud a chur i leith duine □ The police are accusing her of murder. Tá na póilíní ag cur dúnmharú ina leith.

ace NOUN
aon *masc1*
□ the ace of hearts an t-aon hart

ache NOUN
▷ *see also* **ache** VERB
pian *fem2*

to **ache** VERB
▷ *see also* **ache** NOUN
■ **My head's aching.** Tá tinneas cinn orm.

to **achieve** VERB
bain amach

achievement NOUN
éacht *masc3*
□ That was quite an achievement. Éacht ar leith a bhí ann.

acid NOUN
aigéad *masc1*

acid rain NOUN
fearthainn aigéadach *fem2*

acne NOUN
aicne *fem4*

acre NOUN
acra *masc4*

acrobat NOUN
cleasghleacaí *masc4*
□ He's an acrobat. Is cleasghleacaí é.

across PREPOSITION, ADVERB
trasna
□ the shop across the street an siopa trasna na sráide
■ **across from** *(opposite)* os comhair
□ He sat down across from her. Shuigh sé os a comhair.

to **act** VERB
▷ *see also* **act** NOUN
1 bheith ag aisteoireacht *(in play, film)*
□ He acts really well. Bíonn sé an-mhaith ag aisteoireacht. □ She's acting the part of Juliet. Tá sí i bpáirt Juliet.
2 gníomhaigh *(take action)*
□ The police acted quickly. Ghníomhaigh na póilíní go gasta.
■ **to act as** gníomhú mar □ She acts as his interpreter. Gníomhaíonn sí mar ateangaire dó.

act NOUN
▷ *see also* **act** VERB
gníomh *masc1*
□ in the first act sa chéad ghníomh

action NOUN
1 aicsean *masc1*
□ The film was full of action. Bhí cuid mhór aicsin sa scannán.
2 gníomh *masc1*
□ We must take firm action against them. Caithfimid gníomhú go daingean ina n-éadan.

active ADJECTIVE
gníomhach
□ He's a very active person. Is duine iontach gníomhach é.
■ **an active volcano** bolcán beo

activity NOUN
gníomhaíocht *fem3*
□ outdoor activities gníomhaíochtaí faoin spéir

actor NOUN
aisteoir *masc3*
□ Brad Pitt is a well-known actor. Tá Brad Pitt ina aisteoir iomráiteach.

actress NOUN
banaisteoir *masc3*
□ Julia Roberts is a well-known actress. Is banaisteoir iomráiteach í Julia Roberts.

actual ADJECTIVE
fíor
□ The film is based on actual events. Tá an scannán bunaithe ar fhíoreachtraí.

■ **Tell me the actual truth.** Inis Iomchnámh na fírinne dom.

actually ADVERB

1 go fírinneach (really)
□ Did it actually happen? Ar tharla sé go fírinneach?

2 déanta na fírinne (in fact)
□ Actually, I don't know him at all. Déanta na fírinne, níl aithne ar bith agam air.

acupuncture NOUN
snáthaidpholladh masc

ad NOUN
fógra masc4

AD ABBREVIATION (= anno Domini)
I.C. (= iar-Chríost)

to **adapt** VERB
oiriúnaigh
□ His novel was adapted for television. Oiriúnaíodh a úrscéal le haghaidh na teilifíse.
■ **to adapt to something** (get used to) éirí cleachta le □ He adapted to his new school very quickly. D'éirigh sé cleachta lena scoil nua go hiontach gasta.

adaptor NOUN
cuibheoir masc3

to **add** VERB
cuir le
□ Add two eggs to the mixture. Cuir dhá ubh leis an meascán.

to **add up** VERB
suimigh
□ Add the figures up. Suimigh na figiúir.

addict NOUN
andúileach masc1 (drug addict)
■ **Peter is a hurling addict.** Tá Peadar an-tugtha don iomáint.

addicted ADJECTIVE
■ **to be addicted to** (drugs, alcohol) andúil a bheith agat i □ She's addicted to heroin. Tá andúil sa hearóin aici.
■ **She's addicted to soap operas.** Tá sí an-tugtha do na sobalchláir.

addition NOUN

1 suimiú masc (maths)

2 aguisín masc4 (thing added)
■ **in addition** ina theannta sin □ He's broken his leg and, in addition, he's caught a cold. Briseadh cos leis agus, ina theannta sin, tháinig slaghdán air.
■ **in addition to** le cois □ There's a postage fee in addition to the repair charge. Tá costas postais le híoc le cois an chostais deisithe.

address NOUN
seoladh masc
□ What's your address? Cad é an seoladh agat?

adjective NOUN
aidiacht fem3

to **adjust** VERB
athrú
□ You can adjust the height of the chair. Is féidir leat airde na cathaoireach a athrú.
■ **to adjust to something** (get used to) éirí cleachta le □ He adjusted to his new school very quickly. D'éirigh sé cleachta lena scoil nua go hiontach gasta.

adjustable ADJECTIVE
inathraithe

administration NOUN
riarachán masc1

admiral NOUN
aimiréal masc1

to **admire** VERB
meas mór a bheith agat ar

admission NOUN

1 cead isteach masc3 (to place)
■ **'admission free'** 'cead isteach saor in aisce'

2 táille fem4 (fee)

to **admit** VERB

1 glac le (accept)
□ I must admit to the truth. Ní mór dom glacadh leis an bhfírinne.

2 admhaigh (confess)
□ He admitted that he'd done it. D'admhaigh sé go ndearna sé é.

admittance NOUN
cead isteach masc3
■ **'no admittance'** 'níl cead isteach'

adolescence NOUN
óigeantacht fem3

adolescent NOUN
óganách masc1

to **adopt** VERB
uchtaigh
□ Philip was adopted. Uchtaíodh Pilib.

adopted ADJECTIVE
uchtaithe
□ an adopted son mac uchtaithe

adoption NOUN
uchtú masc

to **adore** VERB
gráigh

Adriatic Sea NOUN
Muir Aidriad fem3

ADSL NOUN (= asymmetric digital subscriber line)
ADSL

LANGUAGE TIP The Irish translation is **líne dhigiteach neamhshiméadrach rannpháirtí** but ADSL is more commonly used.

adult NOUN
aosach *masc1*

■ **adult education** oideachas aosach

advance NOUN
▷ *see also* **advance** VERB
■ **in advance** roimh ré □ They bought the tickets in advance. Cheannaigh siad na ticéid roimh ré.

to **advance** VERB
▷ *see also* **advance** NOUN
1 cuir chun cinn *(move forward)*
□ The troops are advancing. Tá na trúpaí á gcur chun cinn.
2 dul chun cinn *(progress)*
□ Technology has advanced a lot. Tá an-dul chun cinn ar an teicneolaíocht.

advance booking NOUN
■ **Advance booking is essential.** Ní mór áirithint a dhéanamh roimh ré.

advanced ADJECTIVE
forbartha

advantage NOUN
buntáiste *masc4*
□ University life has many advantages. Tá mórán buntáistí ag baint le saol na hollscoile.
■ **to take advantage of something** leas a bhaint as rud □ He took advantage of the good weather to go for a walk. Bhain sé leas as an dea-aimsir le dul ar siúlóid.
■ **to take advantage of somebody** buntáiste a bhreith ar dhuine □ The company was taking advantage of its employees. Bhí an chuideachta ag breith buntáiste ar a cuid fostaithe.

adventure NOUN
eachtra *fem4*

adverb NOUN
dobhriathar *masc1*

advert NOUN
fógra *masc4*

to **advertise** VERB
fógair
□ They're advertising the new car. Tá siad ag fógairt an ghluaisteáin nua. □ Jobs are advertised in the paper. Fógraítear poist ar an nuachtán.

advertisement NOUN
fógra *masc4*

advertising NOUN
fógraíocht *fem3*

advice NOUN
comhairle *fem4*
□ a piece of advice píosa comhairle
■ **to give somebody advice** comhairle a chur ar dhuine □ He gave me good advice. Chuir sé comhairle mhaith orm.

to **advise** VERB
mol do
□ He advised me to wait. Mhol sé dom fanacht. □ He advised me not to go there. Mhol sé dom gan dul ansin.

aerial NOUN
aeróg *fem2*

aerobics NOUN
aeraclaíocht *fem3*
□ I'm going to aerobics tonight. Tá mé ag dul ar an rang aeraclaíochta anocht.

aeroplane NOUN
eitleán *masc1*

aerosol NOUN
aerasól *masc1*

affair NOUN
1 caidreamh suirí *masc1 (romantic)*
□ He had an affair with his secretary. Bhí caidreamh suirí aige lena rúnaí.
2 cás *masc1 (event)*

to **affect** VERB
téigh i bhfeidhm ar
□ Her remarks greatly affected the audience. Chuaigh a cuid cainte i bhfeidhm go mór ar an lucht éisteachta.
■ **It doesn't affect us.** Ní bhaineann sé linn.

affectionate ADJECTIVE
ceanúil

to **afford** VERB
■ **I can't afford to buy a new car.** Níl sé d'acmhainn agam gluaisteán nua a cheannach.
■ **He can't afford to go on holiday.** Níl sé d'acmhainn aige dul ar saoire.

afraid ADJECTIVE
eaglach
■ **to be afraid of something** eagla a bheith ort roimh rud □ I'm afraid of spiders. Tá eagla orm roimh dhamháin alla.
■ **I'm afraid I can't come.** Is oth liom nach féidir liom teacht.
■ **I'm afraid he is not here.** Is baolach nach bhfuil sé anseo.
■ **I'm afraid so.** Is eagal liom gur mar sin atá.

Africa NOUN
an Afraic *fem2*
□ in Africa san Afraic

African NOUN
> *see also* **African** ADJECTIVE
Afracach *masc1*

African ADJECTIVE
> *see also* **African** NOUN
Afracach

after PREPOSITION
i ndiaidh
□ after dinner i ndiaidh an dinnéir □ He ran after me. Rith sé i mo dhiaidh. □ soon after that go gairid ina dhiaidh sin
■ **after all** i ndiaidh an iomláin □ After all, nobody can make us go. I ndiaidh an iomláin, ní féidir le duine ar bith fiacha a chur orainn dul.

afternoon NOUN
tráthnóna *masc4*
□ at 4 o'clock in the afternoon ar a ceathair a chlog tráthnóna □ this afternoon tráthnóna □ on Saturday afternoon tráthnóna Sathairn
■ **Good afternoon!** Tráthnóna maith duit!

aftershave NOUN
ionlach iarbhearrtha *masc1*

aftersun NOUN
lóis iarghréine *fem*

afterwards ADVERB
ina dhiaidh sin
□ She left not long afterwards. D'imigh sí go gairid ina dhiaidh sin.

again ADVERB
arís
□ They're friends again. Tá siad mór le chéile arís. □ Can you tell me again? An féidir leat insint dom arís? □ Do it again! Déan arís é!
■ **not ... again** ní ... arís □ I won't go there again. Ní rachaidh mé ansin arís.
■ **again and again** arís agus arís eile

against PREPOSITION
in aghaidh
□ He hit the ball against the wall. Bhuail sé an liathróid in aghaidh an bhalla. □ I'm against nuclear testing. Tá mé in aghaidh tástáil núicléach.

age NOUN
aois *fem2*
□ at the age of 16 ag aois a 16 □ an age limit teorainn aoise
■ **I haven't been to the cinema for ages.** Ní raibh mé ag an bpictiúrlann le fada.

aged ADJECTIVE
■ **aged 10** 10 mbliana d'aois

agenda NOUN
clár oibre *masc1*

□ on the agenda ar an gclár oibre
□ the agenda for today's meeting clár oibre chruinniú an lae inniu

agent NOUN
gníomhaire *masc4*
□ an estate agent gníomhaire eastáit
□ a travel agent gníomhaire taistil

aggressive ADJECTIVE
ionsaitheach

ago ADVERB
■ **2 days ago** dhá lá ó shin
■ **long ago** fadó
■ **not long ago** le déanaí
■ **How long ago did it happen?** Cá fhad ó shin a tharla sé?

agony NOUN
céasadh *masc (pain)*
■ **to be in agony** bheith i bpianpháis
□ He was in agony. Bhí sé i bpianpháis.

to **agree** VERB
■ **to agree with** aontú le □ I agree with Sheila. Aontaím le Síle.
■ **to agree to do something** toiliú rud a dhéanamh □ He agreed to go and pick her up. Thoilig sé dul agus í a thógáil.
■ **to agree that ...** aontú go ... □ I agree that it's difficult. Aontaím go bhfuil sé doiligh.
■ **Garlic does not agree with me.** Ní réitíonn gairleog liom.

agreed ADJECTIVE
socraithe

agreement NOUN
comhaontú *masc*
■ **in agreement** ar aon intinn □ Everybody was in agreement with Kevin. Bhí gach duine ar aon intinn le Caoimhín.

agricultural ADJECTIVE
talmhaíoch

agriculture NOUN
talmhaíocht *fem3*

ahead ADVERB
roimh
□ He looked straight ahead. D'amharc sé go díreach roimpi.
■ **ahead of time** go luath
■ **to plan ahead** pleanáil roimh ré
■ **Go ahead!** Ar aghaidh leat!

aid NOUN
cúnamh *masc1*
■ **in aid of charity** ar son na carthanachta

AIDS NOUN (= *Acquired Immune Deficiency Syndrome*)
SEIF *masc1* (= *Siondróm Easpa Imdhíonachta Faighte*)

to **aim** VERB
▷ *see also* **aim** NOUN
1 deasaigh *(blow)*
2 dírigh *(remark)*
□ He directed his speech at me. Dhírigh sé a chuid cainte ormsa.
■ **to aim something** *(gun, camera)* rud a dhíriú □ He aimed a gun at me. Dhírigh sé gunna orm.
■ **The film is aimed at children.** Tá an scannán dírithe ar pháistí.
■ **to aim to do something** é a bheith ar intinn agat rud a dhéanamh □ John aimed to leave at 5 o'clock. Bhí sé ar intinn ag Seán imeacht ar a 5 a chlog.

aim NOUN
▷ *see also* **aim** VERB
aidhm *fem2*
□ The aim of the festival is to raise money. Tá sé mar aidhm ag an bhféile airgead a thógáil.

air NOUN
aer *masc1*
□ I need some fresh air. Tá aer úr de dhíth orm.
■ **by air** ar an eitleán □ I prefer to travel by air. Is fearr liom taisteal ar an eitleán.

airbag NOUN
mála aeir *masc4*

air-conditioned ADJECTIVE
aeroiriúnaithe

air conditioning NOUN
aeroiriúnú *masc*

aircraft NOUN
aerárthach *masc1*

airfield NOUN
aerpháirc *fem2*

Air Force NOUN
aerfhórsa *masc4*

air freshener NOUN
aeríontóir *masc3*

air hostess NOUN
aeróstach *masc1*
□ She's an air hostess. Tá sí ina haeróstach.

airline NOUN
aerlíne *fem4*

airmail NOUN
aerphost *masc1*
■ **by airmail** le haerphost

airplane NOUN (US)
eitleán *masc1*

airport NOUN
aerfort *masc1*

aisle NOUN
1 taobhroinn *fem2 (in church)*

2 pasáiste *masc4 (in theatre, cinema)*

alarm NOUN
aláram *masc1*
□ a fire alarm aláram dóiteáin

alarm clock NOUN
clog aláraim *masc1*

album NOUN
albam *masc1*

alcohol NOUN
alcól *masc1*

alcoholic NOUN
▷ *see also* **alcoholic** ADJECTIVE
alcólach *masc1*
□ He's an alcoholic. Is alcólaí é.

alcoholic ADJECTIVE
▷ *see also* **alcoholic** NOUN
■ **alcoholic drinks** deochanna meisciúla

alert ADJECTIVE
airdeallach

A level NOUN
A Leibhéal *masc1*

Algeria NOUN
an Ailgéir *fem2*
□ in Algeria san Ailgéir

alien NOUN
eachtrán *masc1 (from outer space)*

alike ADVERB
cosúil le chéile
□ The two women look alike. Tá an bheirt bhan cosúil le chéile.

alive ADJECTIVE
beo

all ADJECTIVE
▷ *see also* **all** PRONOUN, ADVERB
gach uile
□ all men gach uile dhuine
■ **all the time** an t-am ar fad
■ **all day** an lá ar fad

all PRONOUN
▷ *see also* **all** ADJECTIVE, ADVERB
iomlán

LANGUAGE TIP The masculine noun **iomlán** is used to translate 'all'.

□ I ate all of it. D'ith mé an t-iomlán. □ All of us went. Chuaigh an t-iomlán againn.
■ **after all** i ndiaidh an iomláin □ After all, nobody can make us go. I ndiaidh an iomláin, ní féidir le duine ar bith tabhairt orainn dul.
■ **I'm not at all tired.** Níl aon tuirse orm.

all ADVERB
▷ *see also* **all** ADJECTIVE, PRONOUN
■ **to be all alone** bheith i d'aonar □ She's all alone. Tá sí ina haonar.
■ **The score is 2 all.** Tá siad a 2 cothrom.

allergic ADJECTIVE
ailléirgeach
■ **to be allergic to something** ailléirge a bheith ort le rud □ I'm allergic to cat hair. Tá ailléirge orm le fionnadh cait.

alley NOUN
caolsráid *fem2*

to **allow** VERB
■ **to be allowed to do something** cead a bheith agat rud a dhéanamh □ He's not allowed to go out at night. Níl cead aige dul amach san oíche.
■ **to allow somebody to do something** ceadú do dhuine rud a dhéanamh □ His mum allowed him to go out. Cheadaigh a mháthair dó dul amach.

all right ADVERB
ceart go leor
□ Everything turned out all right. Bhí gach rud ceart go leor sa deireadh. □ Are you all right? An bhfuil tú ceart go leor? □ Is that all right with you? An bhfuil sé sin ceart go leor leatsa? □ We'll discuss it later. — All right. Pléifimid ar ball é. — Ceart go leor.
■ **The film was all right.** *(not bad)* Ní raibh caill ar an scannán.

almond NOUN
almóinn *fem2*

almost ADVERB
chóir a bheith
□ I've almost finished. Tá mé chóir a bheith réidh.

alone ADJECTIVE, ADVERB
i d'aonar
□ He's always alone. Bíonn sé ina aonar i dtólamh.
■ **He is living alone.** Tá sé ina chónaí ina aonar.
■ **to leave somebody alone** ligean do dhuine □ Leave her alone! Lig di!
■ **to leave something alone** rud a fhágáil mar atá □ Leave my things alone! Fág mo chuid rudaí mar atá!

along PREPOSITION
feadh
□ Colm was walking along the beach. Bhí Colm ag siúl feadh an chladaigh.
■ **all along** *(all the time)* i rith an ama
□ He was lying to me all along. Bhí sé ag insint bréige dom i rith an ama.

aloud ADVERB
os ard
□ He read the poem aloud. Léigh sé an dán os ard.

alphabet NOUN
aibítir *fem2*

already ADVERB
cheana féin
□ Patricia had already gone. Bhí Pádraigín ar shiúl cheana féin.

also ADVERB
fosta

altar NOUN
altóir *fem3*

to **alter** VERB
athraigh

alternate ADJECTIVE
gach dara
■ **on alternate days** gach dara lá

alternative NOUN
▷ *see also* **alternative** ADJECTIVE
rogha *fem4*
□ You have no alternative. Níl rogha ar bith agat. □ Fruit is a healthy alternative to chocolate. Tá torthaí mar rogha shláintiúil ar sheacláid. □ There are several alternatives. Tá neart roghanna ann.

alternative ADJECTIVE
▷ *see also* **alternative** NOUN
eile
□ They made alternative plans. Rinne siad pleananna eile. □ an alternative solution réiteach eile
■ **alternative medicine** leigheas malartach

alternatively ADVERB
ina áit sin
□ Alternatively, we could just stay at home. Ina áit sin, thiocfadh linn fanacht sa bhaile.

although CONJUNCTION
cé go
□ Although she was tired, she stayed up late. Cé go raibh tuirse uirthi, d'fhan sí ina suí go mall.

altogether ADVERB
1 san iomlán *(in all)*
□ You owe me 20 euros altogether. Tá 20 euro san iomlán agam ort.
2 go hiomlán *(completely)*
□ I'm not altogether happy with your work. Níl mé go hiomlán sásta le do chuid oibre.
3 tríd is tríd *(on the whole)*
□ Altogether, I enjoyed the day. Tríd is tríd, thaitin an lá liom.

aluminium (US **aluminum**) NOUN
alúmanam *masc1*

always ADVERB
1 i gcónaí

□ He's always moaning. Bíonn sé i gcónaí ag gearán.

2 riamh *(in past)*

□ She was always placid. Bhí sí riamh séimh.

3 go deo *(in future)*

□ They will always be with us. Beidh siad linn go deo.

am VERB ▷ *see* **be**

a.m. ABBREVIATION

r.n.

□ at 4 a.m. ar 4 r.n.

amateur NOUN

amaitéarach *masc1*

amazed ADJECTIVE

■ **to be amazed** iontas a bheith ort

□ I was amazed that I managed to do it. Bhí iontas orm gur éirigh liom é a dhéanamh.

amazing ADJECTIVE

iontach

□ That's amazing news! Sin scéal iontach!

□ Thomas is an amazing cook. Is cócaire iontach é Tomás.

ambassador NOUN

ambasadóir *masc3*

amber ADJECTIVE

■ **an amber light** solas ómra

ambition NOUN

uaillmhian *fem2*

ambitious ADJECTIVE

uaillmhianach

□ She's very ambitious. Tá sí iontach uaillmhianach.

ambulance NOUN

otharcharr *masc1*

amenities PL NOUN

áiseanna *fem2 pl*

□ The hotel has very good amenities. Tá áiseanna den scoth san óstán.

America NOUN

Meiriceá *masc4*

□ in America i Meiriceá □ to America go Meiriceá

American NOUN

▷ *see also* **American** ADJECTIVE

Meiriceánach *masc1*

American ADJECTIVE

▷ *see also* **American** NOUN

Meiriceánach

□ She's American. Is Meiriceánach í.

among PREPOSITION

i measc

□ There were six children among them. Bhí seisear páistí ina measc. □ We were

among friends. Bhíomar i measc cairde.

□ among other things i measc rudaí eile

amount NOUN

1 suim *fem2*

□ a large amount of money suim mhór airgid

2 méid *masc4 (quantity)*

□ a huge amount of rice méid mór ríse

amp NOUN

aimpéar *masc1*

amplifier NOUN

aimplitheoir *masc3*

to **amuse** VERB

déan siamsa do

□ He amused the children with his stories. Rinne sé siamsa do na páistí lena chuid scéalta.

■ **They were not amused.** Ní mó ná sásta a bhí siad.

amusement arcade NOUN

stua siamsaíochta *masc4*

an ARTICLE ▷ *see* **a**

to **analyse** VERB

anailísigh

analysis NOUN

anailís *fem2*

to **analyze** VERB (US)

anailísigh

ancestor NOUN

sinsear *masc1*

anchor NOUN

ancaire *masc4*

ancient ADJECTIVE

1 sean-

□ ancient Greece an tSean-Ghréig

2 ársa *(building)*

□ an ancient monument séadchomhartha ársa

and CONJUNCTION

agus

□ you and me mise agus tusa □ 2 and 2 are 4 2 agus 2 sin 4

■ **Try and come.** Déan iarracht teacht.

■ **He talked and talked.** Níor stop sé de bheith ag caint.

■ **It got better and better.** Bhí sé ag dul i bhfeabhas.

angel NOUN

aingeal *masc1*

anger NOUN

fearg *fem2*

angle NOUN

uillinn *fem2*

angler NOUN

iascaire slaite *masc4*

angling NOUN
iascaireacht slaite *fem3*

angry ADJECTIVE
feargach
□ Dad looks very angry. **Tá cuma fheargach ar Dhaid.**
■ **to be angry with somebody** fearg a bheith ort le duine □ Mum's really angry with you. **Tá fearg an domhain ar Mham leat.**
■ **She got angry. Tháinig fearg uirthi.**

animal NOUN
ainmhí *masc4*

ankle NOUN
rúitín *masc4*

anniversary NOUN
cothrom an lae *masc1*
□ my wedding anniversary **cothrom an lae a pósadh mé**

to **announce** VERB
fógair

announcement NOUN
fógra *masc4*

to **annoy** VERB
cuir isteach ar
□ He's really annoying me. **Tá sé ag cur isteach go mór orm.**
■ **Don't get annoyed! Tóg go réidh é!**
■ **She got annoyed. Tháinig olc uirthi.**

annoying ADJECTIVE
ciapach
□ He was very annoying. **Bhí sé iontach ciapach.**
■ **It's really annoying. Is mór an crá croí é.**

annual ADJECTIVE
bliantúil
□ an annual meeting **cruinniú bliantúil**

anorak NOUN
anarac *masc1*

anorexia NOUN
anaireicse *fem4*

anorexic ADJECTIVE
■ **She's anorexic. Tá anaireicse uirthi.**

another ADJECTIVE
eile
□ another book **leabhar eile** □ Would you like another piece of cake? **Ar mhaith leat píosa eile cáca?** □ Have you got another dress? **An bhfuil gúna eile agat?**

to **answer** VERB
▷ see also **answer** NOUN
freagair
□ Can you answer my question? **An féidir leat mo cheist a fheagairt?** □ My sister

always answers the phone. **Mo dheirfiúr a fhreagraíonn an guthán i gcónaí.**

answer NOUN
▷ see also **answer** VERB
1 freagra *masc4*
□ I want an answer! **Ba mhaith liom freagra!**
2 réiteach *masc1 (to problem)*

answering machine NOUN
gléas freagartha *masc1*

ant NOUN
seangán *masc1*

to **antagonize** VERB
cuir olc ar
□ He didn't want to antagonize her. **Níor mhian leis olc a chur uirthi.**

Antarctic NOUN
■ **the Antarctic** an tAntartach

anthem NOUN
■ **the national anthem** an t-amhrán náisiúnta

antibiotic NOUN
antaibheathach *masc1*

anticlockwise ADJECTIVE
▷ see also **anticlockwise** ADVERB
tuathalach

anticlockwise ADVERB
▷ see also **anticlockwise** ADJECTIVE
tuathal

antidepressant NOUN
frithdhúlagrán *masc1*

antique NOUN
rud seanda *masc3*

antique shop NOUN
siopa seandachtaí *masc4*

antiseptic NOUN
antaiseipteán *masc1*

antivirus ADJECTIVE
frithvíreas
□ antivirus software **bogearraí frithvíreas**

Antrim NOUN
Aontroim *masc3*

anxious ADJECTIVE
imníoch
■ **to be anxious to do something** *(keen)* bheith ar bís le rud a dhéanamh

any ADJECTIVE, PRONOUN, ADVERB
ar bith
□ Have you any butter? **An bhfuil im ar bith agat?** □ Have you any children? **An bhfuil clann ar bith agat?** □ I haven't any money. **Níl airgead ar bith agam.**
■ **in any case** i gcás ar bith
■ **at any rate** ar scor ar bith
■ **Choose any book you like.** *(no matter which)* Bíodh do rogha leabhar agat.

■ **any more 1** *(additional)* **tuilleadh**
□ Would you like any more tea? **Ar mhaith leat tuilleadh tae? 2** *(no longer)* **níos mó**
□ He won't be coming here any more. **Ní bheidh sé ag teacht anseo níos mó.**

anybody PRONOUN
duine ar bith
□ I can't see anybody. **Ní féidir liom duine ar bith a fheiceáil.** □ Has anybody got a pen? **An bhfuil peann ag duine ar bith?**
□ Anybody can learn to swim. **Is féidir le duine ar bith snámh a fhoghlaim.**

anyhow ADVERB
ar aon nós
□ He doesn't want to go out and anyhow he's not allowed. **Níor mhaith leis dul amach agus ar aon nós níl cead aige.**

anyone PRONOUN
duine ar bith
□ I can't see anyone. **Ní féidir liom duine ar bith a fheiceáil.** □ Has anyone got a pen? **An bhfuil peann ag duine ar bith?** □ Anyone can learn to swim. **Is féidir le duine ar bith snámh a fhoghlaim.**

anything PRONOUN
rud ar bith
□ I can't hear anything. **Ní féidir liom rud ar bith a chloisteáil.** □ Would you like anything to eat? **Ar mhaith leat rud ar bith le hithe?**
□ Anything could happen. **Thiocfadh le rud ar bith tarlú.**

anyway ADVERB
ar aon nós
□ He doesn't want to go out and anyway he's not allowed. **Níor mhaith leis dul amach agus ar aon nós níl cead aige.**

anywhere ADVERB
áit ar bith
□ I don't see him anywhere. **Ní fheicim áit ar bith é.** □ Have you seen my coat anywhere? **An bhfaca tú mo chóta áit ar bith?** □ You can buy stamps almost anywhere. **Is féidir stampaí a cheannach beagnach áit ar bith.** □ I can't find it anywhere. **Ní féidir liom teacht air áit ar bith.**

apart ADVERB
ó chéile
□ The two cities are sixty miles apart. **Tá an dá chathair seasca míle ó chéile.**
■ **to take something apart rud a bhaint as a chéile**
■ **apart from diomaite de** □ Apart from that, everything's fine. **Diomaite de sin, tá gach rud ceart go leor.**

apartment NOUN
árasán *masc1*

to **apologize** VERB
■ **to apologize for something leithscéal a ghabháil as rud** □ He apologized for being late. **Ghabh sé leithscéal go raibh sé mall.**
■ **I apologize. Gabh mo leithscéal.**

apology NOUN
leithscéal *masc1*

apostrophe NOUN
uaschamóg *fem2*

apparatus NOUN
1 **gaireas** *masc1* *(in lab)*
2 **trealamh** *masc1* *(in gym)*

apparent ADJECTIVE
soiléir

apparently ADVERB
is cosúil

to **appeal** VERB
▷ *see also* **appeal** NOUN
déan achomharc
□ They appealed against the ruling. **Rinne siad achomarc in aghaidh na breithe.**
■ **Greece doesn't appeal to me. Ní beadh fonn orm dull go dtí an Ghréig mé.**

appeal NOUN
▷ *see also* **appeal** VERB
achainí *fem4*
□ They have launched an appeal. **Chuir siad achainí sa siúl.**

to **appear** VERB
1 **nocht** *(come into view)*
□ The bus appeared around the corner. **Nocht an bus thart an coirnéal.**
■ **to appear on TV bheith ar an teilifís**
2 **cuma a bheith ort** *(seem)*
□ You appear tired. **Tá cuma thuirseach ort.**

appearance NOUN
cuma *fem4*
□ She takes great care over her appearance. **Bíonn sí iontach cúramach faoina cuma.**

appendicitis NOUN
aipindicíteas *masc1*

appetite NOUN
goile *masc4*

to **applaud** VERB
tabhair bualadh bos do

applause NOUN
bualadh bos *masc*

apple NOUN
úll *masc1*
□ a good crop of apples **barr maith úll**
■ **an apple tree crann úll**

appliance NOUN
fearas *masc1*

applicable ADJECTIVE
■ **to be applicable to** (relevant) bheith oiriúnach do

applicant NOUN
iarratasóir *masc3*
□ There were a hundred applicants for the job. Bhí céad iarratasóir ar an bpost.

application NOUN
iarratas *masc1*
□ a job application iarrtas poist

application form NOUN
foirm iarratais *fem2*

to **apply** VERB
■ **to apply for a job** cur isteach ar phost
■ **The same applies to me.** Is é an dála céanna agamsa é.

appointment NOUN
ceapachán *masc1*
□ The appointment was made yesterday. Rinneadh an ceapachán inné.

to **appreciate** VERB
bheith buíoch as
□ I really appreciate your help. Tá mé iontach buíoch díot as do chuidiú.

apprentice NOUN
printíseach *masc1*

to **approach** VERB
1 druid le
□ He approached the house. Dhruid sé leis an teach.
2 téigh i gceann (tackle)

appropriate ADJECTIVE
1 tráthúil (moment, remark)
2 fóirsteanach
□ That dress isn't very appropriate for an interview. Níl an gúna sin iontach fóirsteanach le haghaidh agallaimh.

approval NOUN
1 sásamh *masc1* (satisfaction)
2 cead *masc3* (permission)
■ **on approval** (goods) ar triail

to **approve** VERB
ceadaigh
■ **to approve of** bheith i bhfách le □ I don't approve of his choice. Níl mé i bhfách lena rogha. □ I don't approve of them. Níl mé i bhfách leo.

approximate ADJECTIVE
cóngarach

approximately ADVERB
timpeall is
□ approximately a year ago timpeall is bliain ó shin

apricot NOUN
aibreog *fem2*

April NOUN
Aibreán *masc1*
■ **in April** in mí Aibreán
■ **April Fool's Day** Lá na nAmadán

apron NOUN
naprún *masc1*

Aquarius NOUN
An tUisceadóir *masc3*
□ I'm Aquarius. Is mise An tUisceadóir.

Arab ADJECTIVE
▷ see also **Arab** NOUN
Arabach
□ the Arab countries na Tíortha Arabacha

Arab NOUN
▷ see also **Arab** ADJECTIVE
Arabach *masc1*

Arabic NOUN
Araibis *fem2*

Aran Islands NOUN
Oileáin Árann *masc1 pl*

arch NOUN
1 áirse *fem4*
2 trácht na coise *masc3* (of the foot)

archaeologist NOUN
seandálaí *masc4*
□ He's an archaeologist. Is seandálaí é.

archaeology NOUN
seandálaíocht *fem3*

archbishop NOUN
ardeaspag *masc1*

archeologist NOUN (US)
seandálaí *masc4*
□ He's an archeologist. Is seandálaí é.

archeology NOUN (US)
seandálaíocht *fem3*

architect NOUN
ailtire *masc4*
□ She's an architect. Tá sí ina hailtire.

architecture NOUN
ailtireacht *fem3*

Arctic NOUN
■ **the Arctic** an tArtach
■ **the Arctic Ocean** an tAigéan Artach

are VERB ▷ see **be**

area NOUN
1 ceantar *masc1*
□ She lives in the Belfast area. Tá sí ina cónaí i gceantar Bhéal Feirste.
2 dúiche *fem4* (district)
□ He was born in that area. Rugadh sa dúiche sin é.
3 achar *masc1* (size)
□ The field has an area of 1500m². Tá achar 1500m² sa pháirc.

Argentina NOUN
an Airgintín *fem2*
□ in Argentina san Airgintín

Argentinian NOUN
Airgintíneach *masc1*

to **argue** VERB
argóin
□ They never stop arguing. Ní stadann siad de bheith ag argóint.
■ **to argue with somebody** argóint a dhéanamh le duine

argument NOUN
argóint *fem2*
□ They had an argument. Bhí argóint acu.

Aries NOUN
An Reithe *masc4*
□ I'm Aries. Is mise An Reithe.

arithmetic NOUN
uimhríocht *fem3*

arm NOUN
lámh *fem2*

Armagh NOUN
Ard Mhacha *masc*

armchair NOUN
cathaoir uilleach *fem*

armour (US **armor**) NOUN
1 cathéide *fem4*
2 armúr *masc1 (on tanks)*

armoured car NOUN
carr armúrtha *masc1*

army NOUN
arm *masc1*

around ADVERB, PREPOSITION
1 timpeall
□ She wore a scarf around her neck. Bhí sé scairf timpeall a muiníl aici.
2 ar na gaobhair *(nearby)*
3 tuairim is *(approximately)*
□ It costs around 100 euro. Cosnaíonn sé tuairim is 100 euro.
4 i dtrátha *(date, time)*
□ Let's meet at around 8 p.m. Buailimis le chéile i dtrátha 8 i.n.
■ **around here 1** *(nearby)* in aice láimhe
□ Is there a chemist's around here?
An bhfuil siopa poitigéara in aice láimhe? **2** *(in this area)* sna bólaí seo □ He lives around here. Tá sé ina chónaí sna bólaí seo.

to **arrange** VERB
1 socraigh ar
□ They arranged to go out together on Friday. Shocraigh siad ar dhul amach le chéile Dé hAoine.
■ **to arrange a meeting** cruinniú a shocrú

□ Can we arrange a meeting? An féidir linn cruinniú a shocrú?
2 cóirigh *(flowers, hair, objects)*

arrangement NOUN
socrú *masc*
□ They made arrangements to go out on Friday night. Rinne siad socruithe dul amach oíche Dé hAoine.

to **arrest** VERB
▷ *see also* **arrest** NOUN
gabh
□ The police have arrested 5 people. Ghabh na póilíní 5 duine.

arrest NOUN
▷ *see also* **arrest** VERB
gabháil *fem3*
■ **under arrest** gafa □ You're under arrest! Tá tú gafa!

arrival NOUN
teacht *masc3*
■ **a new arrival** *(baby)* babaí úr

to **arrive** VERB
tar
□ They arrived at 5 o'clock. Tháinig siad ar a 5 a chlog.

arrow NOUN
saighead *fem2*

art NOUN
ealaín *fem2*

artery NOUN
artaire *masc4*

art gallery NOUN
dánlann *fem2*

article NOUN
1 airteagal *masc1 (of merchandise)*
2 alt *masc1 (in newspaper, magazine)*
□ a newspaper article alt nuachtáin
□ He read out the article to me. Léigh sé amach an t-alt dom.

artificial ADJECTIVE
saorga
■ **artificial intelligence** intleacht shaorga
■ **artificial respiration** riospráid shaorga

artist NOUN
ealaíontóir *masc3*
□ She's an artist. Is ealaíontóir í.

artistic ADJECTIVE
ealaíonta

as CONJUNCTION, ADVERB
1 agus *(while)*
□ He came in as I was leaving. Tháinig sé isteach agus mé ag imeacht.
2 toisc *(since, because)*
□ As it's Sunday, you can have a lie-in. Toisc

gurb an Domhnach atá ann, tá cead agat luí isteach.

■ **as ... as** chomh ... le □ Peter is as clever as Michael. Tá Peadar chomh cliste le Micheál.

■ **twice as ... as** a dhá oiread ... ná □ Her coat cost twice as much as mine. Bhí cóta s'aicise a dhá oiread chomh daor le ná mo cheannsa.

■ **as much ... as** a oiread agus ... □ I haven't got as much money as you. Níl a oiread céanna airgid agam agus atá agat.

■ **as soon as possible** chomh luath agus is féidir □ I'll do it as soon as possible. Déanfaidh mé é chomh luath agus is féidir.

■ **as from tomorrow** ón lá amárach □ As from tomorrow, the shop will be closed on Sundays. Ón lá amárach, beidh an siopa druidte ar an Domhnach.

■ **as though** amhail is □ She ran as though she hadn't seen me. Rith sí amhail is nach bhfaca sí mé.

■ **as if** mar a bheadh

■ **He works as a waiter in the holidays.** Oibríonn sé mar fhreastalaí le linn na laethanta saoire.

asap ABBREVIATION (= as soon as possible)
chomh luath agus is féidir

ashamed ADJECTIVE
náirithe

■ **He was ashamed.** Bhí náire air.

■ **You should be ashamed of yourself!** Mo náire thú!

ashtray NOUN
luaithreadán masc1

Asia NOUN
an Áise fem4
□ in Asia san Áise

Asian NOUN
▷ see also **Asian** ADJECTIVE
Áiseach masc1

Asian ADJECTIVE
▷ see also **Asian** NOUN
Áiseach

Asiatic ADJECTIVE
Áiseach masc1

to **ask** VERB
iarr ar
□ 'Have you finished?' she asked. 'An bhfuil tú réidh?' a d'iarr sí.

■ **to ask somebody something** rud a fhiafraí de dhuine □ He asked her how old she was. D'fhiafraigh sé a haois di.

■ **to ask someone for something** iarr rud

ar dhuine □ He asked her for a cup of tea. D'iarr sé cupán tae uirthi.

■ **He's asking for trouble.** Tá sé ar lorg trioblóide dó féin.

■ **to ask somebody to do something** iarr ar dhuine rud a dhéanamh □ He asked me to leave. D'iarr sé orm imeacht.

■ **to ask about something** fiarfaigh faoi rud □ I asked about bus times to Dublin. D'fhiafraigh mé faoi na hamanna bus go Baile Átha Cliath.

■ **to ask somebody a question** ceist a chur ar dhuine

■ **to ask somebody out to dinner** cuireadh chun dinnéir a thabhairt do dhuine

asleep ADJECTIVE
■ **to be asleep** bheith i do chodladh □ He's asleep. Tá sé ina chodladh.

■ **to fall asleep** titim a chodladh □ She fell asleep. Thit sí ina codladh.

asparagus NOUN
lus súgach masc3

aspect NOUN
gné fem4

aspirin NOUN
aspairín masc4

assembly NOUN
tionól masc1 (in school)

asset NOUN
sócmhainn fem2
□ Their assets are frozen. Tá a gcuid sócmhainní reoite.

assignment NOUN
tasc masc1 (in school)

assistance NOUN
cuidiú masc

assistant NOUN
1 cúntóir masc3 (helper)
2 freastalaí masc4 (in shop)

association NOUN
1 caidreamh masc1 (with people)
2 cumann masc1 (club)

assortment NOUN
éagsúlacht fem3

to **assume** VERB
glac le
□ I assume you don't drive. Glacaim leis nach bhfuil tiomáint agat. □ I assume you won't be coming. Glacaim leis nach mbeidh tú ag teacht.

to **assure** VERB
cinntigh do
□ He assured me he was coming. Chinntigh sé dom go mbeadh sé ag teacht.

asthma NOUN
asma *masc4*
□ I've got asthma. Tá asma orm.
to **astonish** VERB
■ to astonish somebody ionadh a chur ar dhuine
astonished ADJECTIVE
faoi ionadh
astonishing ADJECTIVE
iontach
astrology NOUN
astralaíocht *fem3*
astronaut NOUN
spásaire *masc4*
astronomy NOUN
réalteolaíocht *fem3*
asylum seeker NOUN
iarrthóir tearmainn *masc3*
at PREPOSITION
▷ see also **at** NOUN
ag *(referring to position, direction)*
□ at home ag baile □ at school ar scoil
□ at the top ag an mbarr
■ to be at work bheith ag obair
■ at night san oíche
■ two at a time ina bpéirí
■ at 50 km/h 50 ciliméadar san uair
■ at 4 o'clock ar a ceathair a chlog
■ at Christmas um Nollaig
■ What are you doing at the weekend?
Cad é a bheidh tú a dhéanamh ag an deireadh seachtaine?
at NOUN
▷ see also **at** PREPOSITION
ag *(@ symbol)*
ate VERB ▷ see **eat**
Athens NOUN
an Aithin *fem*
□ in Athens san Aithin
athlete NOUN
lúthchleasaí *masc4*
athletic ADJECTIVE
lúfar
■ the Gaelic Athletic Association
Cumann Lúthchleas Gael
athletics NOUN
lúthchleasaíocht *fem3*
□ I love athletics. Is breá liom lúthchleasaíocht.
Atlantic NOUN
■ the Atlantic Ocean an tAigéan Atlantach
atlas NOUN
atlas *masc1*
atmosphere NOUN
atmaisféar *masc1*

atom NOUN
adamh *masc1*
atomic ADJECTIVE
adamhach
□ an atomic bomb buama adamhach
□ atomic power cumhacht adamhach
to **attach** VERB
■ to attach something to something
rud a cheangal de rud □ He attached a rope to the car. Cheangail sé rópa den ghluaisteán. □ He doesn't know how to attach a photo to an email. Níl eolas air ar an dóigh le grianghraf a cheangal de r-phost.
■ Attached is … Iniata leis seo tá …
attached ADJECTIVE
■ to be attached to dáimh a bheith agat le
□ He's very attached to his family. Tá dáimh mhór aige lena mhuintir.
attachment NOUN
ceangaltán *masc1 (to email)*
to **attack** VERB
▷ see also **attack** NOUN
ionsaigh
□ The dog attacked her. D'ionsaigh an madra í.
attack NOUN
▷ see also **attack** VERB
ionsaí *masc*
■ a heart attack taom croí
attempt NOUN
▷ see also **attempt** VERB
iarracht *fem3*
□ She gave up after several attempts. D'éirigh sí as i ndiaidh roinnt iarrachtaí.
to **attempt** VERB
▷ see also **attempt** NOUN
■ to attempt to do something féachaint le rud a dhéanamh □ I attempted to write a song. D'fhéach mé le hamhrán a chumadh.
to **attend** VERB
1 freastail
□ I had to attend a meeting. Bhí orm freastal ar chruinniú.
2 téigh ar *(school)*
attention NOUN
aird *fem2*
□ He didn't pay attention to what I was saying. Ní raibh aird aige ar an méid a bhí mé a rá.
attic NOUN
áiléar *masc1*
attitude NOUN
dearcadh *masc1*

□ I really don't like your attitude! Ní maith liom do dhearcadh i dáiríre!

attorney NOUN (US)
aturnae *masc4*

to **attract** VERB
meall
□ The Giant's Causeway attracts lots of tourists. Meallann Clochán an Aifir cuid mhór turasóirí.

attraction NOUN
tarraingt *fem*
□ a huge attraction tarraing mhór

attractive ADJECTIVE
tarraingteach
□ She's very attractive. Tá sí iontach tarraingteach.

aubergine NOUN
ubhthoradh *masc1*

auction NOUN
ceant *masc4 (sale)*

audience NOUN
1 lucht éisteachta *masc3 (for radio)*
2 lucht féachana *masc3 (for television)*

audition NOUN
triail *fem*

August NOUN
Lúnasa *masc4*
■ in August i mí Lúnasa

aunt NOUN
aint *fem2*
□ my aunt m'aintín

auntie, aunty NOUN
aintín *fem4*

au pair NOUN
au pair
□ She's an au pair. Is au pair í.

Australia NOUN
an Astráil *fem2*
□ in Australia san Astráil □ to Australia go dtí an Astráil

Australian NOUN
▷ *see also* **Australian** ADJECTIVE
Astrálach *masc1*
■ the Australians na hAstrálaigh

Australian ADJECTIVE
▷ *see also* **Australian** NOUN
Astrálach
□ He's Australian. Is Astrálach é.

Austria NOUN
an Ostair *fem2*
□ in Austria san Ostair

Austrian NOUN
▷ *see also* **Austrian** ADJECTIVE
Ostarach *masc1*
■ the Austrians na hOstaraigh

Austrian ADJECTIVE
▷ *see also* **Austrian** NOUN
Ostarach
□ She's Austrian. Is Ostarach í.

author NOUN
údar *masc1*
□ She's a famous author. Is údar cáiliúil í.

autobiography NOUN
dírbheathaisnéis *fem2*

autograph NOUN
síniú *masc*

automatic ADJECTIVE
uathoibríoch
□ an automatic door doras uathoibríoch

automatically ADVERB
go huathoibríoch

autumn NOUN
Fómhar *masc1*
□ in autumn san Fhómhar

availability NOUN
infhaighteacht *fem3*

available ADJECTIVE
ar fáil
□ Free brochures are available. Tá bróisiúr ar fáil saor in aisce. □ Is Mr Brown available today? An bhfuil an tUas. de Brún ar fáil inniu?

avalanche NOUN
maidhm shneachta *fem2*

avenue NOUN
ascaill *fem2*

average NOUN
▷ *see also* **average** ADJECTIVE
meán *masc1*
□ on average ar an meán

average ADJECTIVE
▷ *see also* **average** NOUN
meán-
□ the average price an meánphraghas

avocado NOUN
piorra abhcóide *masc4*

to **avoid** VERB
seachain
□ He avoids her when she's in a bad mood. Seachnaíonn sé í nuair a bhíonn drochspionn uirthi.
■ to avoid doing something seachaint agus gan rud a dhéanamh □ Avoid going out on your own at night. Seachain agus ná téigh amach i d'aonar san oíche.

awake ADJECTIVE
múscailte
■ to be awake bheith múscailte □ Is she awake? An bhfuil sí múscailte? □ He was still awake. Bhí sé múscailte go fóill.

award NOUN
duais _fem2_
□ He's won an award. **Bhain sé duais.** □ the award for the best actor **an duais don aisteoir is fearr**

away ADJECTIVE, ADVERB
ar shiúl
□ The town is 2 kilometres away. **Tá an baile 2 chilimédar ar shiúl.**
■ **Patrick's away today.** Níl Pádraig anseo inniu.
■ **to put something away** rud a leagan thart □ He put the books away in the cupboard. **Leag sé na leabhair thart sa chófra.**
■ **It's two hours away by car.** Tógann sé dhá uair an chloig sa charr.
■ **He went away.** D'imigh sé.

■ **Go away!** Imigh leat!

away match NOUN
cluiche as baile _masc4_

awful ADJECTIVE
uafásach
□ That's awful! **Tá sé sin uafásach!**
■ **an awful lot of ...** cuid mhór ...

awfully ADVERB
go huafásach
■ **I'm awfully sorry.** Tá mé iontach buartha go deo.

awkward ADJECTIVE
ciotach
□ an awkward child **leanbh ciotach**
□ an awkward question **ceist chiotach**

axe (US **ax**) NOUN
tua _fem4_

b

BA NOUN
BA
□ a BA in English BA sa Bhéarla

baby NOUN
leanbh *masc1*

baby carriage NOUN (US)
pram *masc4*

to **babysit** VERB
aire a thabhairt do pháistí

babysitter NOUN
feighlí páistí *masc4*

babysitting NOUN
ag tabhairt aire do pháistí

bachelor NOUN
baitsiléir *masc3*
□ He's a bachelor. Is baitsiléir é.

back NOUN
▷ *see also* **back** ADVERB, ADJECTIVE, VERB
1 droim *masc3 (of person, animal, hand, chair)*
□ He was stabbed in the back. Sádh sa droim é.
2 cúl *masc1 (of house, room, garden)*
□ at the back of the house ag cúl an tí

back ADVERB
▷ *see also* **back** NOUN, ADJECTIVE, VERB
siar *(not forward)*
■ **to move back** bogadh siar
■ **to get back** teacht ar ais □ What time did you get back? Cén t-am ar tháinig tú ar ais?
■ **He's back.** Tá sé ar ais.
■ **He went there by bus and walked back.** Chuaigh sé ann ar an mbus agus shiúil sé ar ais.
■ **to call somebody back** glaoch ar ais ar dhuine □ He called her back. Ghlaoigh sé ar ais uirthi. □ I'll call back later. Glaofaidh mé ar ais ar ball.

back ADJECTIVE
▷ *see also* **back** NOUN, ADVERB, VERB
deiridh
□ the back seat an suíochán deiridh □ the back wheel of my bike roth deiridh mo rothair
■ **the back door** an doras cúil

to **back** VERB
▷ *see also* **back** NOUN, ADVERB, ADJECTIVE
tabhair tacaíocht do *(support)*
□ I'm backing Obama. Tá mé ag tabhairt tacaíochta do Obama.
■ **to back a horse** geall a chur ar chapall

to **back out** VERB
tarraing siar
□ They backed out at the last minute. Tharraing siad siar ag an nóiméad deiridh.

to **back up** VERB
■ **to back somebody up** tacaíocht a thabhairt do dhuine

backache NOUN
pian sa droim *fem2*
□ I have backache. Tá pian i mo dhroim.

backbone NOUN
cnámh droma *fem2*

to **backfire** VERB
1 fill ar *(plans)*
□ His actions backfired on him. D'fhill a chuid gníomhartha air.
2 cúltort *(car)*

background NOUN
cúlra *masc4*
□ a house in the background teach sa chúlra □ his family's background cúlra a theaghlaigh

backhand NOUN
cúlbhuille *masc4*

backing NOUN
cúl taca *masc1 (support)*

backpack NOUN
mála droma *masc4*

backpacker NOUN
turasóir mála droma *masc3*

backpacking NOUN
■ **to go backpacking** saoire an mhála droma

back pain NOUN
pian sa droim *fem2*
□ I have back pain Tá pian i mo dhroim.

backside NOUN
tóin *fem3*
backstroke NOUN
snámh droma *masc3*
backup NOUN
cúl taca *masc1 (support)*
■ **a backup file** comhad cúltaca
backwards ADVERB
ar gcúl *(move, go)*
□ She took a step backwards. Thug sí céim ar gcúl.
■ **to fall backwards** titim i ndiaidh do chúil
back yard NOUN
cúlchlós *masc1*
bacon NOUN
bagún *masc1*
□ bacon and eggs bagún agus uibheacha
bad ADJECTIVE
1 dona
□ a bad film scannán dona

WORD POWER
You can use a number of other words instead of **bad** to mean 'terrible':
awful millteanach
□ an awful day lá millteanach
dreadful uafásach
□ a dreadful mistake botún uafásach
rubbish gan mhaith
□ a rubbish team foireann gan mhaith

---

2 dalba *(child)*
□ You bad boy! Gasúr dalba!
3 droch-
□ a bad accident drochthaisme
■ **to be in a bad mood** drochspionn a bheith ort
■ **to go bad** *(meat, food)* cor a theacht i
■ **to be bad at something** bheith go holc ag rud □ I'm really bad at maths. Tá mé go han-olc ag mata.
■ **I feel bad about it.** Mothaím go holc faoi.
■ **That's not bad at all.** Níl caill air sin chor ar bith.
badge NOUN
suaitheantas *masc1*
badger NOUN
broc *masc1*
badly ADVERB
go dona *(play, behave)*
■ **badly paid** íoctha go dona
■ **badly wounded** gonta go dona
■ **He needs it badly.** Tá sé de dhíth go géar air.
badminton NOUN
badmantan *masc1*

□ I play badminton on Tuesdays. Imrím badmantan ar an Déardaoin.
bad-tempered ADJECTIVE
confach
■ **to be bad-tempered 1** *(by nature)* bheith confach □ He's a really bad-tempered person. Is duine an-chonfach é.
2 *(temporarily)* fearg a bheith ort □ He was really bad-tempered yesterday. Bhí fearg air inné.
baffled ADJECTIVE
trína chéile
bag NOUN
mála *masc4*
□ This bag's very heavy. Tá an mála seo an-trom.
■ **bags of money** na múrtha airgid
■ **an old bag** *(person)* seanchailleach
baggage NOUN
bagáiste *masc4*
baggage reclaim NOUN
bailiú bagáiste *masc*
baggy ADJECTIVE
■ **baggy trousers** bríste atá ina mhála
bagpipes PL NOUN
píb mhór *fem2*
□ Orla plays the bagpipes. Seinneann Orlaith ar an bpíb mhór.
to **bake** VERB
bácáil
□ First she baked the potatoes. Bhácáil sí na prátaí ar dtús.
baked ADJECTIVE
bácáilte
□ baked potatoes prátaí bácáilte □ baked beans pónairí bácáilte
baker NOUN
báicéir *masc3*
□ He's a baker. Is báicéir é.
bakery NOUN
bácús *masc1*
baking ADJECTIVE
■ **It's baking in here!** Tá sé an-te go deo istigh anseo!
balance NOUN
1 cothrom *masc1*
□ She lost her balance. Baineadh dá cothrom í.
2 iarmhéid *masc4 (on account)*
balanced ADJECTIVE
cóir *(judgement)*
balcony NOUN
balcóin *fem2*
bald ADJECTIVE
maol

ball NOUN
1 liathróid *fem2*
   □ Paul threw the ball over the fence. Chaith Pól an liathróid thar an gclaí.
2 peil *fem (football)*
3 sliotar *masc1 (for hurling)*
4 ceirtlín *masc4 (of wool, thread, string)*

ballet NOUN
bailé *masc4*
   □ She went to a ballet. Chuaigh sé ar an mbailé. □ ballet lessons ceachtanna bailé

ballet dancer NOUN
rinceoir bailé *masc3*

ballet shoes PL NOUN
bróga bailé *fem2 pl*

balloon NOUN
balún *masc1*
   ■ a hot-air balloon balún d'aer te

ballpoint pen NOUN
badhró *masc4*

bamboo NOUN
bambú *masc4*

ban NOUN
   ▷ see also **ban** VERB
cosc *masc1*

to **ban** VERB
   ▷ see also **ban** NOUN
cuir cosc ar

banana NOUN
banana *masc4*
   □ a banana skin craiceann banana □ I'd rather have an apple than a banana. B'fhearr liom úll ná banana.

band NOUN
1 banda *masc4 (elastic, rubber)*
2 banna ceoil *masc4 (rock group)*

bandage NOUN
   ▷ see also **bandage** VERB
bindealán *masc1*

to **bandage** VERB
   ▷ see also **bandage** NOUN
bindealán a chur ar
   □ The nurse bandaged his arm. Chuir an bhanaltra bindealán ar a lámh.

Band-Aid® NOUN (US)
plástar *masc1*

bandit NOUN
ropaire *masc4*

bang NOUN
   ▷ see also **bang** VERB
1 pléasc *fem2*
   □ I heard a loud bang. Chuala mé pléasc mhór.
2 buille *fem2*
   □ a bang on the head buille ar an gcloigeann
3 plab *masc4 (of door)*

□ The door closed with a bang. Dúnadh an doras de phlab.
   ■ Bang! Plimp!

to **bang** VERB
   ▷ see also **bang** NOUN
1 pléasc *(explode)*
2 dún de phlab
   □ The door banged. Dúnadh an doras de phlab.
   ■ I banged on the door. Bhuail mé cnag ar an doras.

banger NOUN
ispín *masc4 (sausage)*
   □ bangers and mash ispíní agus brúitín

Bangladesh NOUN
an Bhanglaidéis
   □ from Bangladesh ón mBanglaidéis

bank NOUN
1 banc *masc1*
   □ The bank's closed. Tá an banc druidte.
2 bruach *masc1 (of river, lake)*

bank account NOUN
cuntas bainc *masc1*

bank card NOUN
cárta bainc *masc4*

banker NOUN
baincéir *masc3*

bank holiday NOUN
lá saoire bainc *masc*

banking NOUN
baincéireacht *fem3*

banknote NOUN
nóta bainc *masc4*

banned ADJECTIVE
coiscthe

bar NOUN
1 beár *masc1 (pub, counter in pub)*
2 sparra *masc4 (on door, window)*
   ■ a bar of chocolate barra seacláide
   ■ a bar of soap barra sópa

barbaric ADJECTIVE
barbartha

barbecue NOUN
fulacht *fem3*

barbed wire NOUN
sreang dheilgneach *fem2*

barber NOUN
bearbóir *masc3*

bar code NOUN
barrachód *masc1*

bare ADJECTIVE
nocht
   □ bare skin craiceann nocht

barefoot ADJECTIVE, ADVERB
cosnochta

□ The children go around barefoot.
Bíonn na páistí ag siúl thart cosnochta.
■ **to be barefoot bheith cosnocht**
□ She was barefoot. **Bhí sí cosnocht.**
barely ADVERB
ar éigean
□ I could barely hear what she was saying. **Is ar éigean a chuala mé an méid a bhí sí á rá.**
bargain NOUN
margadh maith *masc1*
□ It was a bargain! **Margadh maith a bhí ann!**
barge NOUN
báirse *masc4*
to **bark** VERB
bheith ag tafann
barmaid NOUN
cailín beáir *masc4*
□ She's a barmaid. **Is cailín beáir í.**
barman NOUN
fear beáir *masc1*
□ He's a barman. **Is fear beáir é.**
barn NOUN
scioból *masc1*
barrel NOUN
bairille *masc4*
barrier NOUN
bacainn *fem2*
bartender NOUN (US)
freastalaí beáir *masc4*
□ He's a bartender. **Is freastalaí beáir é.**
base NOUN
1 bun *masc1 (lower part)*
2 bonn *masc1 (foundation)*
3 bunáit *fem2 (military)*
baseball NOUN
daorchluiche *masc*
■ **a baseball bat slacán**
based ADJECTIVE
■ **based on bunaithe ar**
basement NOUN
íoslach *masc1*
to **bash** VERB
▷ *see also* **bash** NOUN
buail
bash NOUN
▷ *see also* **bash** VERB
■ **I'll have a bash. Bainfidh mé triail as.**
basic ADJECTIVE
bunúsach
□ It's a basic example. **Is sampla bunúsach é.**
□ The accommodation is pretty basic. **Tá an lóistín measartha bunúsach.**
basically ADVERB
go bunúsach

□ Basically, I just don't like him.
Go bunúsach, ní maith liom é.
basics PL NOUN
buntús *masc1*
basil NOUN
lus mic rí *masc3*
basin NOUN
báisín *masc4 (washbasin)*
basis NOUN
bonn *masc1*
□ on a trial basis **ar bhonn trialach** □ on a part-time basis **ar bhonn páirtaimseartha** □ on a daily basis **ar bhonn laethúil** □ on a regular basis **ar bhonn rialta**
basket NOUN
ciseán *masc1*
basketball NOUN
cispheil *fem2*
bass NOUN
1 dord *masc1 (instrument)*
□ He plays the bass. **Seinneann sé ar an dord.**
■ **a double bass olldord**
2 dordghuth *masc3 (voice)*
□ He's a bass. **Tá dordghuth aige.**
bass drum NOUN
druma mór *masc4*
bass guitar NOUN
dordghiotár *masc1*
bassoon NOUN
basún *masc1*
□ I play the bassoon. **Seinnim ar an bhasún.**
bat NOUN
1 slacán *masc1 (for cricket, table tennis, rounders)*
2 sciathán leathair *masc1 (animal)*

   LANGUAGE TIP Word for word, this means 'leather wing'.

bath NOUN
1 folcadh *masc*
□ a hot bath **folcadh te** □ I had a bath last night. **Bhí folcadh agam aréir.**
2 folcadán *masc1 (bathtub)*
□ There's a spider in the bath. **Tá damhán alla san fholcadán.**
to **bathe** VERB
1 folc *(in sea)*
2 nigh *(wound)*
bathing suit NOUN (US)
culaith shnámha *fem2*
bathroom NOUN
seomra folctha *masc4*
baths PL NOUN
linn snámha *masc1*
bath towel NOUN
tuáille folctha *masc4*

batter NOUN
fuidreamh *masc1*

battery NOUN
1 cadhnra *masc4 (of car)*
2 ceallra *masc4 (of torch)*

battle NOUN
cath *masc3*
□ the Battle of Kinsale Cath Chionn tSáile
□ It was a battle, but we managed in the end. Cath a bhí ann, ach d'éirigh linn sa deireadh.

battleship NOUN
cathlong *fem2*

bay NOUN
1 bá *fem4 (of sea)*
2 camas *masc1 (small)*
3 crann labhrais *masc1 (tree)*
■ **to hold somebody at bay** coinnigh srian ar dhuine

BC ABBREVIATION *(= before Christ)*
R.Ch. *(= Roimh Chríost)*
□ in 200 BC in 200 R.Ch.

to **be** VERB

> LANGUAGE TIP **is** and **bi** are both used in Irish to translate 'be'. Examples have been grouped by sense to help you to find the translation you need. Look at the examples below to translate 'be' to describe yourself or ask how someone is.

□ I'm Irish. Is Éireannach mé. □ I'm tired. Tá tuirse orm. □ I'm hot. Tá mé te. □ How are you? Cad é mar atá tú? □ He's fine now. Tá sé go breá anois.

> LANGUAGE TIP Look at the examples below to translate 'be' with age, date, time, numbers.

□ How old are you? Cén aois thú? □ I'm sixteen. Tá mé sé bliana déag. □ 2 and 2 are 4. A dó is a dó sin a ceathair. □ It's 5 o'clock. Tá sé a cúig a chlog. □ It's the 28th of April. An t-ochtú lá is fiche de Mhí Aibreáin atá ann.

> LANGUAGE TIP Look at the examples below to translate 'be' with distance, temperature, weather.

□ It's 10 km to the town. Tá sé deich gciliméadar chun an bhaile mhóir. □ It's too hot. Tá sé róthe. □ It's windy. Tá sé gaofar.

> LANGUAGE TIP Look at the examples below to translate 'to be doing something'.

□ What are you doing? Cad é atá tú a dhéanamh? □ They're coming tomorrow. Beidh siad ag teacht amárach. □ I've been

waiting for you for two hours. Tá mé ag fanacht leat le dhá uair an chloig.

> LANGUAGE TIP Look at the examples below to translate 'be' in the passive.

□ He was killed. Maraíodh é. □ The house is to be sold. Tá an teach le díol. □ He was nowhere to be seen. Ní raibh sé le feiceáil thoir ná thiar.

> LANGUAGE TIP In questions, repeat the verb from the first part of the question, rather than using 'wasn't it' or 'is she'.

□ It was fun, wasn't it? Ba mhór an chuideachta é, nár mhór? □ She's back, is she? Tá sí ar ais, an bhfuil?

> LANGUAGE TIP Look at the examples below to translate 'be' with places.

□ I won't be here tomorrow. Ní bheidh mé anseo amárach. □ Edinburgh is in Scotland. Tá Dún Éideann in Albain. □ They are in Paris at the moment. Tá siad i bPáras faoi láthair. □ Where have you been? Cén áit a raibh tú? □ Have you been to Ireland before? An raibh tú riamh in Éirinn? □ I've never been to Dublin. Ní raibh mé riamh i mBaile Átha Cliath.
■ **How much was the meal?** Cá mhéad a bhí ar an mbéile?
■ **That'll be £5, please.** Cúig phunt, le do thoil.

beach NOUN
trá *fem4*

bead NOUN
1 coirnín *masc4 (decorative)*
2 deoir *fem2 (of sweat, blood)*
■ **Rosary beads** Paidrín

beak NOUN
gob *masc1*

beam NOUN
1 maide *masc4 (of wood)*
2 ga *masc4 (of light)*

bean NOUN
pónaire *fem4*
□ baked beans pónairí bácáilte □ broad beans pónairí leathana □ green beans pónairí glasa □ kidney beans pónairí fada

beansprouts PL NOUN
péacáin phónaire *masc1 pl*

bear NOUN
▷ *see also* **bear** VERB
béar *masc1*

to **bear** VERB
▷ *see also* **bear** NOUN
fulaing
□ I can't bear it! Ní féidir liom é a fhulaingt!

to **bear up** VERB
fulaing go cróga

beard NOUN
féasóg *fem2*
□ He's got a beard. Tá feasóg air.

bearded ADJECTIVE
féasógach

beast NOUN
1 beithíoch *masc1*
2 brúid *fem2 (nasty person)*

beat NOUN
▷ *see also* **beat** VERB
buille *masc4 (of music)*

to **beat** VERB
▷ *see also* **beat** NOUN
buail
□ We beat them 3-0. Bhuaileamar 3-0 iad.
■ **Beat it!** Gread leat!
■ **to beat somebody up** greadadh a thabhairt do dhuine

beautiful ADJECTIVE
álainn

beautifully ADVERB
go hálainn

beauty NOUN
áilleacht *fem3*
■ **beauty products** earraí áillithe

beauty spot NOUN
ball álainn *masc1 (place)*

beaver NOUN
béabhar *masc1*

became VERB ▷ *see* **become**

because CONJUNCTION
mar
□ I did it because ... Rinne mé é mar ...
■ **because of** mar gheall ar □ because of the weather mar gheall ar an aimsir

to **become** VERB
éirigh
□ It is becoming colder. Tá sé ag éirí níos fuaire.
■ **He became a priest.** Rinneadh sagart de.

bed NOUN
leaba *fem*
□ I made the bed. Chóirigh mé an leaba.
■ **in bed** a luí □ He is in bed. Tá sé ina luí.
■ **to go to bed** dul a luí □ He went to bed. Chuaigh sé a luí.
■ **to go to bed with somebody** dul a luí le duine

bed and breakfast NOUN
leaba agus bricfeasta *fem*
□ How much is it for bed and breakfast? Cá mhéad atá ar leaba agus bricfeasta? □ We stayed in a bed and breakfast. D'fhanamar i Leaba is Bricfeasta.

bedclothes PL NOUN
éadaí leapa *masc1 pl*

bedding NOUN
córacha leapa *fem3 pl*

bedroom NOUN
seomra leapa *masc4*

bedsit NOUN
seomra suí is leapa *masc4*

bedspread NOUN
scaraoid leapa *fem2*

bedtime NOUN
am luí *masc3*
□ Ten o'clock is my usual bedtime. An deich a chlog am luí s'agamsa de ghnáth.

bee NOUN
beach *fem2*

beef NOUN
mairteoil *fem3*
□ roast beef mairteoil rósta

beefburger NOUN
burgar mairteola *masc1*

been VERB ▷ *see* **be**

beer NOUN
beoir *fem*

beetle NOUN
ciaróg *fem2*

beetroot NOUN
biatas *masc1*

before PREPOSITION, CONJUNCTION
▷ *see also* **before** ADVERB
1 roimh *(in time)*
□ before Tuesday roimh an Máirt □ Before opening the packet, read the instructions. Roimh an phacáiste a oscailt, léigh na treoracha.
2 sula
□ I'll phone before I leave. Glaofaidh mé sula n-imeoidh mé.

before ADVERB
▷ *see also* **before** PREPOSITION, CONJUNCTION
roimhe sin
□ the day before an lá roimhe sin
□ the week before an tseachtain roimhe sin
■ **I've seen it before.** Chonaic mé cheana é.
■ **Have you been to Ireland before?** An raibh tú in Éirinn roimhe?

beforehand ADVERB
roimh ré

to **beg** VERB
impigh ar
□ She begged her parents to buy a pony. D'impigh sí ar a tuismitheoirí capaillín a cheannach. □ He begged me to stop. D'impigh sé orm éirí as.

began VERB ▷ see **begin**

beggar NOUN
bacach *masc1*

to **begin** VERB
tosaigh
□ His shift begins at 6 o'clock. Tosóidh a sheal oibre ar a 6 a chlog.
■ **to begin doing something** tosú ar rud a dhéanamh

beginner NOUN
tosaitheoir *masc3*
□ I'm just a beginner. Níl ionam ach tosaitheoir.

beginning NOUN
tús *masc1*
□ in the beginning ag an tús

begun VERB ▷ see **begin**

behalf NOUN
■ **on behalf of** thar ceann □ on his behalf thar a cheann

to **behave** VERB
iompair
□ He behaved like an idiot. D'iompair sé é féin mar a bheadh amadán ann. □ She behaved very badly. D'iompair sí í féin go holc. □ Did the children behave themselves? Ar iompair na páistí iad féin go maith?
■ **Behave yourself!** Bíodh múineadh ort!

behaviour (US **behavior**) NOUN
iompar *masc1*
■ **good behaviour** dea-iompar
■ **bad behaviour** drochiompar

behind PREPOSITION
▷ see also **behind** ADVERB, NOUN
taobh thiar de
□ behind the television taobh thiar den teilifíseán
■ **behind the scenes** ar chúl stáitse

behind ADVERB
▷ see also **behind** PREPOSITION, NOUN
■ **to be behind** (late) bheith ar gcúl □ I'm behind with my revision. Tá mé ar gcúl le mo chuid staidéir.

behind NOUN
▷ see also **behind** PREPOSITION, ADVERB
tóin *fem3*

beige ADJECTIVE
béas

Beijing NOUN
Beijing *fem4*

Beirut NOUN
Béarút *masc4*

Belarus NOUN
an Bhílearúis *fem2*

Belfast NOUN
Béal Feirste *masc*
■ **Belfast Lough** Loch Lao

Belgian ADJECTIVE
▷ see also **Belgian** NOUN
Beilgeach
□ Belgian chocolate seacláid Bheilgeach
□ She's Belgian. Is Beilgeach í.

Belgian NOUN
▷ see also **Belgian** ADJECTIVE
Beilgeach *masc1*
■ **the Belgians** (people) na Beilgigh

Belgium NOUN
an Bheilg *fem2*
□ in Belgium sa Bheilg

to **believe** VERB
creid
□ I don't believe you. Ní chreidim thú.
■ **to believe in something** tabhairt isteach do rud □ I don't believe in that nonsense. Ní thugaim isteach don amaidí sin.
■ **to believe in God** creidiúnt i nDia
□ I believe in God. Creidim i nDia.

bell NOUN
clog *masc1*

belly NOUN
bolg *masc1*

to **belong** VERB
■ **Who does it belong to?** Cé leis é?
■ **That belongs to me.** Is liomsa sin.
■ **Do you belong to any clubs?** An bhfuil tú i do bhall de chlub ar bith?
■ **Where does this belong?** Cá dtéann sé seo?

belongings PL NOUN
giuirléidí *fem2 pl*

beloved ADJECTIVE
ionúin
□ a beloved child leanbh ionúin

below PREPOSITION
▷ see also **below** ADVERB
faoi
□ below the castle faoin gcaisleán
□ 10 degrees below freezing 10 gcéim faoi bhun an reophointe

below ADVERB
▷ see also **below** PREPOSITION
thíos
□ on the floor below ar an urlár thíos
□ see below féach thíos

belt NOUN
crios *masc3*
□ a seat belt crios tarrthála

beltway NOUN (US)
cuarbhóthar *masc1* (motorway)

bench NOUN
binse *masc4*

bend NOUN
▷ *see also* **bend** VERB
1 cor *masc1*
2 camas *(in river) masc1*

to **bend** VERB
▷ *see also* **bend** NOUN
crom *(back, arm, knee)*
□ I can't bend my arm. Ní féidir liom mo lámh a chromadh.

to **bend down** VERB
crom síos

to **bend over** VERB
crom

beneath PREPOSITION
thíos faoi
■ It is beneath me. Ní chromfainn air.

benefit NOUN
▷ *see also* **benefit** VERB
sochar *masc1*
■ to give somebody the benefit of the doubt sochar an amhrais a thabhairt do dhuine
■ unemployment benefit sochar dífhostaíochta
■ for the benefit of mar mhaithe le

to **benefit** VERB
▷ *see also* **benefit** NOUN
bain sochar as *(gain benefit)*
□ I benefitted from it. Bhain mé sochar as.

bent ADJECTIVE
cam
□ a bent fork forc camtha

bent VERB ▷ *see* bend

beret NOUN
bairéad *masc1*

berserk ADJECTIVE
■ to go berserk dul ar steallaí mire

berth NOUN
leaba *fem (bed)*
■ to give somebody a wide berth an bealach a fhágáil ag duine

beside PREPOSITION
in aice le
□ beside the television in aice leis an teilifíseán
■ He was beside himself with anger. Bhí sé thairis féin le fearg.
■ That's beside the point. Ní bhaineann sin le hábhar.

besides ADVERB
1 chomh maith *(as well)*
2 cár bith *(in any case)*
□ Besides, it's too expensive. Cár bith, tá sé ródhaor.

best ADJECTIVE, ADVERB, NOUN
is fearr
□ Peter's the best player in the team. Is é Peadar an t-imreoir is fearr ar an bhfoireann. □ Janet's the best maths student. Is í Janet an mac léinn is fearr ag mata. □ Emma's the best singer. Is í Emma an t-amhránaí is fearr.
■ to do one's best do dhícheall a dhéanamh □ It's not perfect, but I did my best. Níl sé foirfe, ach rinne mé mo dhícheall.
■ to make the best of something a mhór a dhéanamh de rud □ We'll have to make the best of it. Beidh orainn a mhór a dhéanamh de.
■ at best ar an chuid is fearr de
■ to the best of my knowledge ar feadh m'eolais
■ to the best of my ability chomh maith agus a thig liom

best man NOUN
finné fir *masc4*

bet NOUN
▷ *see also* **bet** VERB
geall *masc1*
□ I'd put a bet on it! Chuirfinn geall as!

to **bet** VERB
▷ *see also* **bet** NOUN
cuir geall ar
□ I bet five euros on a horse. Chuir mé geall cúig euro ar chapall.
■ I bet he forgot. Bíodh geall go ndearna sé dearmad.

to **betray** VERB
feall ar

better ADJECTIVE, ADVERB
▷ *see also* **better** NOUN
níos fearr
□ This one's better than that one. Tá an ceann seo níos fearr ná an ceann sin.
□ a better way to do it bealach níos fearr chun é a dhéanamh □ That's better! Tá sé sin níos fearr!
■ better still níos fearr fós □ Visit her tomorrow, or better still, go today. Tabhair cuairt uirthi amárach, nó níos fearr fós, téigh inniu.
■ to get better 1 *(improve)* feabhsú
□ I hope the weather gets better soon. Tá súil agam go bhfeabhsóidh an aimsir roimh i bhfad. 2 *(from illness)* bisiú
□ The patient got better quickly. Bhisigh an t-othar go gasta.
■ You'd better do it. B'fhearr duit é a dhéanamh.

■ **He thought better of it.** Rinne sé athchomhairle.

better NOUN

▷ *see also* **better** ADJECTIVE, ADVERB

■ **the sooner the better** dá luaithe é is amhlaidh is fearr □ Phone her, the sooner the better. Cuir glao uirthi, chomh luath agus is féidir leat.

■ **to get the better of** an lámh in uachtar a fháil ar

betting shop NOUN
siopa geallghlacadóra *masc4*

between PREPOSITION
idir

□ between Belfast and Dublin idir Béal Feirste agus Baile Átha Cliath
□ between 15 and 20 minutes idir 15 agus 20 nóiméad □ between meals idir bhéilí
□ There's no connection between the two events. Níl baint ar bith idir an dá ócáid.

bewildered ADJECTIVE
trína chéile

□ He looked bewildered. Bhí cuma air go raibh sé trína chéile.

beyond PREPOSITION
ar an taobh thall de

□ There was a lake beyond the mountain. Bhí loch ar an taobh thall den sliabh.

■ **beyond belief** dochreidte

■ **It is beyond repair.** Tá sé ó chóiriú.

■ **circumstances beyond our control** cúinsí nach bhfuil smacht againn orthu

biased ADJECTIVE
claonta

Bible NOUN
Bíobla *masc4*

bicycle NOUN
rothar *masc1*

bid NOUN

▷ *see also* **bid** VERB

1 tairiscint *fem3 (at auction)*
2 iarracht *fem3 (attempt)*

to **bid** VERB

▷ *see also* **bid** NOUN

tairg

□ He bid five euros for it. Thairg sé cúig euro air.

bifocals PL NOUN
défhócasaigh *masc1 pl*

big ADJECTIVE
mór

□ a big house teach mór □ a big car gluaisteán mór □ my big brother mo dhearthair mór

---

WORD POWER

You can use a number of other words instead of **big** to mean 'large':
enormous ollmhór
□ an enormous cake císte ollmhór
gigantic mór fairsing
□ a gigantic house teach mór fairsing
huge mór millteach
□ a huge garden gairdín mór millteach
massive uafásach mór
□ a massive TV teilifíseán uafásach mór

---

bigheaded ADJECTIVE

■ **to be bigheaded** bheith mór as féin
□ He's bigheaded. Tá sé mór as féin.

bike NOUN
rothar *masc1*
□ by bike mo rothar

bikini NOUN
bicíní *masc4*

bilingual ADJECTIVE
dátheangach

bill NOUN

1 bille *masc4*
□ Can we have the bill, please? An féidir linn an bille a fháil, le do thoil?
2 nóta bainc *masc4 (US)*
□ a five-dollar bill nóta bainc cúig dhollar
■ **to fit the bill** cúis a dhéanamh

billiards NOUN
billéardaí

□ We played billiards last night. D'imríomar billéardaí aréir.

billion NOUN
billiún *masc1*
□ a billion euros billiún euro

bin NOUN
bosca bruscair *masc4 (dustbin)*

bingo NOUN
biongó *masc4*

binoculars PL NOUN
déshúiligh *masc1 pl*
■ **a pair of binoculars** péire de dhéshúiligh

biochemistry NOUN
bithcheimic *fem2*

biodegradable ADJECTIVE
bith-indíghrádaithe

biography NOUN
beathaisnéis *fem2*

biology NOUN
biteolaíocht *fem3*

bird NOUN
éan *masc1*

birdwatching NOUN
fairtheoireacht éan *fem3*

□ My hobby's birdwatching.
Tá fairtheoireacht éan mar chaitheamh aimisire agam.

■ **to go birdwatching** dul a fhairtheoireacht éan

Biro® NOUN
badhró *masc4*

birth NOUN
breith *fem2*
□ date of birth dáta breithe

birth certificate NOUN
teastas beireatais *masc1*

birth control NOUN
1 cosc beireatais *masc1 (policy)*
2 frithghiniúint *fem3 (method)*

birthday NOUN
breithlá
□ When's your birthday? Cá huair a bhíonn do bhreithlá ann? □ I'm going to have a birthday party. Beidh cóisir bhreithlae agam.

■ **a birthday cake** cáca breithlae
■ **a birthday card** cárta breithlae

biscuit NOUN
briosca *masc4*

bishop NOUN
easpag *masc1*

bit VERB ▷ *see* **bite**

bit NOUN
1 píosa *masc4*
□ Would you like another bit? Ar mhaith leat píosa eile? □ a bit of cake píosa de cháca
2 béalbhach *fem2 (for horse)*
3 giotán *masc1 (in computing)*

■ **a bit** giota □ Do you play football? — A bit. An imríonn tú peil? — Giota.
■ **Wait a bit!** Fan tamall!
■ **a bit tired** rud beag tuirseach
■ **bit by bit** de réir a chéile
■ **to fall to bits** titim as a chéile

bitch NOUN
soith *fem2 (female dog)*

to bite VERB
▷ *see also* **bite** NOUN
1 bain greim as
2 cailg *(insect)*
□ I got bitten by a mosquito. Chailg corr mhíol mé.

■ **to bite one's nails** d'ingne a ithe

bite NOUN
▷ *see also* **bite** VERB
1 greim *masc3*
■ **Let's have a bite to eat.** Beidh greim bia againn.
2 cailg *fem2 (insect bite)*

bitten VERB ▷ *see* **bite**

bitter ADJECTIVE
▷ *see also* **bitter** NOUN
1 searbh *(taste)*
2 feanntach *(weather, wind)*
□ It's bitter today. Tá sé feanntach inniu.
3 domlasta *(person)*

bitter NOUN
▷ *see also* **bitter** ADJECTIVE
leann searbh *masc3 (beer)*

black ADJECTIVE
▷ *see also* **black** NOUN
dubh
□ a black jacket casóg dhubh
■ **She's black.** Tá sí gorm.

black NOUN
▷ *see also* **black** ADJECTIVE
dubh *masc1*
■ **to be in the black** *(in credit)* bheith ar thaobh an tsochair

blackberry NOUN
sméar dhubh *fem2*

blackbird NOUN
lon dubh *masc1*

blackboard NOUN
clár dubh *masc1*

black coffee NOUN
caife dubh *masc4*

blackcurrant NOUN
cuirín dubh *masc4*

blackmail NOUN
▷ *see also* **blackmail** VERB
dúmhál *masc1*
□ That's blackmail! Sin dúmhál!

to blackmail VERB
▷ *see also* **blackmail** NOUN
cuir faoi dhúmhál
□ He blackmailed her. Chuir sé faoi dhúmhál í.

blackout NOUN
lánmhúchadh *masc (power cut)*
■ **to have a blackout** *(faint)* titim i laige

black pudding NOUN
lúbóg dhubh *fem2*

blade NOUN
lann *fem2*

blame NOUN
▷ *see also* **blame** VERB
locht *masc3*

to blame VERB
▷ *see also* **blame** NOUN
cuir locht ar
□ Don't blame me! Ná cuir an locht ormsa!
□ I blame the police. Cuirim an locht ar na póilíní. □ He blamed it on my sister. Chuir sé an locht ar mo dheirfiúr.

b

■ He is to blame. Eisean is ciontaí.
■ You have only yourself to blame.
Bí ag éileamh ort féin.

blank ADJECTIVE
▷ see also **blank** NOUN
1 folamh (page)
2 bómánta (look)

blank NOUN
▷ see also **blank** ADJECTIVE
bearna fem4
□ Fill in the blanks. Líon isteach na bearnaí.
■ His mind was a blank. Ní raibh aon smaoineamh ina cheann.

blank cheque NOUN
seic bán masc4

blanket NOUN
blaincéad masc1

blast NOUN
pléasc fem2
□ a bomb blast pléasc buama

blatant ADJECTIVE
dearg-
□ a blatant lie deargbhréag

blaze NOUN
dóiteán masc1

blazer NOUN
bléasar masc1

bleach NOUN
bléitse masc4

bleached ADJECTIVE
tuartha
□ bleached hair gruaig thuartha

bleak ADJECTIVE
1 sceirdiúil (place)
2 gruama
□ The future looks bleak. Tá cuma ghruama ar an todhchaí.

to **bleed** VERB
cuir fuil
□ My hand is bleeding. Tá mo lámh ag cur fola.

bleeper NOUN
blípire masc4

blender NOUN
cumascóir masc3

to **bless** VERB
beannaigh
■ Bless you! 1 (after sneeze) Dia linn!
2 (thank you) Dia leat!

blessing NOUN
beannacht fem3

blew VERB ▷ see **blow**

blind ADJECTIVE
▷ see also **blind** NOUN
dall

blind NOUN
▷ see also **blind** ADJECTIVE
dallóg fem2 (for window)

blindfold NOUN
▷ see also **blindfold** VERB
púicín masc4

to **blindfold** VERB
▷ see also **blindfold** NOUN
púicín a chur ar

to **blink** VERB
preab
□ She blinked. Preabadh a súil.

bliss NOUN
aoibhneas masc1
□ It was bliss! Aoibhneas a bhí ann!

blister NOUN
spuaic fem2

blizzard NOUN
síobadh sneachta masc

blob NOUN
daba masc4
□ a blob of glue daba glé

block NOUN
▷ see also **block** VERB
ceap masc1
□ She lives in our block. Tá sí ina cónaí i mbloc s'againne.
■ a block of flats ceap árasán

to **block** VERB
▷ see also **block** NOUN
cuir bac ar

blockage NOUN
bac masc1

block capitals PL NOUN
bloclitreacha fem pl

blog NOUN
blag masc4

bloke NOUN
diúlach masc1

blonde ADJECTIVE
fionn
□ Her hair is blonde. Tá a cuid gruaige fionn.

blood NOUN
fuil fem

blood donor NOUN
deontóir fola masc3

blood pressure NOUN
brú fola masc4
■ to have high blood pressure brú fola ard a bheith ort

blood sports NOUN
spóirt fola masc1 pl

blood test NOUN
triail fola fem

bloody ADJECTIVE
fuilteach *(covered in blood)*
- **this bloody ...** an .... mallaithe seo □ this bloody television an teilifíseán mallaithe seo
- **Bloody hell!** In ainm Chroim!

blouse NOUN
blús *masc1*

blow NOUN
▷ *see also* **blow** VERB
buille *masc4*

to **blow** VERB
▷ *see also* **blow** NOUN
séid *(wind, person)*
- **to blow one's nose** do shrón a shéideadh
- **to blow a whistle** feadóg a shéideadh

to **blow away** VERB
séid ar shiúl

to **blow up** VERB
1 séid
□ He blew up all the balloons. Shéid sé na balúin go léir.
2 cuir aer i
□ He blew up the tyre. Chuir sé aer i mbonn.

blow-dry NOUN
triomú séidte *masc3*
□ A cut and blow-dry, please. Bearradh gruaige agus triomú séidte, le do thoil.

blown VERB ▷ *see* **blow**

blue ADJECTIVE
▷ *see also* **blue** NOUN
gorm
□ a blue dress gúna gorm

blue NOUN
▷ *see also* **blue** ADJECTIVE
gorm *masc1*
- **to come out of the blue** teacht gan choinne

blues PL NOUN
na gormacha *masc pl (music)*

to **bluff** VERB
▷ *see also* **bluff** NOUN
cur i gcéill
- **He was bluffing.** Bhí sé ag cur i gcéill.

bluff NOUN
▷ *see also* **bluff** VERB
cur i gcéill *masc1*
□ It's just a bluff. Níl ann ach cur i gcéill.

blunder NOUN
botún *masc1*

blunt ADJECTIVE
1 giorraisc *(person)*
2 maol *(knife, pencil)*

to **blush** VERB
las
□ She blushed. Las sí san aghaidh.

board NOUN
1 clár *masc1*
2 cairtchlár *masc1 (cardboard)*
3 bord *masc1 (in company)*
- **on board** ar bord
- **full board** lánchothú
- **board and lodging** bia agus leaba

boarder NOUN
scoláire cónaithe *masc4*

board game NOUN
cluiche boird *masc4*

boarding card NOUN
pas bordála *masc4*

boarding school NOUN
scoil chónaithe *fem2*
□ I go to boarding school. Téim ar scoil chónaithe.

to **boast** VERB
maíomh as
□ Stop boasting! Stad maíomh den!

boat NOUN
1 bád *masc1*
□ The boat sails at eight o'clock. Tá an bád ag cur chun farraige ar a hocht a chlog.
2 coite *masc4 (small)*

body NOUN
corp *masc1*

bodybuilding NOUN
corpdhéanamh *masc1*

bodyguard NOUN
garda cosanta *masc4*

bog NOUN
portach *masc1*

boil NOUN
▷ *see also* **boil** VERB
neascóid *fem2 (swelling)*

to **boil** VERB
▷ *see also* **boil** NOUN
1 bruith
□ She boiled an egg for her breakfast. Bhruith sí ubh don bhricfeasta.
2 tosú ag fiuchadh
□ The water's boiling. Tá an t-uisce ag fiuchadh.

to **boil over** VERB
téigh thar maoil

boiled ADJECTIVE
bruite
□ a boiled egg ubh bhruite □ boiled potatoes prátaí bruite

boiling ADJECTIVE
an-te
□ It's boiling in here! Tá sé an-te istigh anseo!
- **boiling hot** iontach te go deo □ a boiling hot day lá iontach te go deo

bolt NOUN
bolta *masc4*
■ **a bolt of lightning** splanc thintrí
bomb NOUN
▷ *see also* **bomb** VERB
buama *masc4*
to **bomb** VERB
▷ *see also* **bomb** NOUN
buamáil
bomber NOUN
buamadóir *masc3*
bombing NOUN
buamáil *fem3*
bond NOUN
1 ceangal *masc1*
2 banna *masc4* (investment)
bone NOUN
cnámh *fem2*
bonfire NOUN
tine chnámh *fem4*
bonnet NOUN
boinéad *masc1*
bonus NOUN
bónas *masc1*
book NOUN
▷ *see also* **book** VERB
1 leabhar *masc1* (to read)
2 leabhrán *masc1* (of stamps, tickets)
■ **books** (accounts) leabhair chuntais
to **book** VERB
▷ *see also* **book** NOUN
1 cuir in áirithe (ticket, seat, room)
□ We haven't booked a room.
Níor chuireamar seomra in áirithe.
2 glac ainm (football player)
bookcase NOUN
leabhragán *masc1*
booking office NOUN
oifig ticéad *fem2*
booklet NOUN
leabhrán *masc1*
bookmark NOUN
leabharmharc *masc1*
bookshelf NOUN
seilf leabhar *fem2*
bookshop NOUN
siopa leabhar *masc4*
to **boost** VERB
méadaigh
□ The win boosted the team's morale.
Mhéadaigh an bua spiorad na foirne.
boot NOUN
1 buatais *fem2*
2 bróg pheile *fem2* (for football)
3 cófra *masc4* (of car)

booze NOUN
biotáille *fem4*
border NOUN
1 imeall *masc1* (edge)
2 teorainn *fem* (of a country)
■ **the Border** (in Ireland) an Teorainn
■ **a border road** bóthar teorann
bore VERB ▷ *see* **bear**
bored ADJECTIVE
dúbh dóite
□ I was bored. Bhí mé dúbh dóite.
boredom NOUN
leamhthuirse *fem4*
boring ADJECTIVE
leadránach
□ This movie's very boring. Tá an scannán
seo iontach leadránach.
born ADJECTIVE
■ **to be born** teacht ar an saol
■ **When were you born?** Cén bhliain
a rugadh tú?
■ **I was born in 1981.** Rugadh in 1981 mé.
to **borrow** VERB
faigh ar iasacht
□ Can I borrow your pen? An féidir liom do
pheann a fháil ar iasacht? □ I borrowed
some money from a friend. Fuair mé
airgead ar iasacht ó chara.
Bosnia NOUN
Boisnia *fem4*
Bosnian ADJECTIVE
Boisniach
boss NOUN
saoiste *masc4*
to **boss around** VERB
■ **to boss somebody around** saoistíocht
a dhéanamh ar dhuine
bossy ADJECTIVE
tiarnúil
both ADJECTIVE, PRONOUN
araon
□ You are both wrong. Tá sibh araon
contráilte.
■ **both the books** an dá leabhar
■ **We both went.** Chuaigh an bheirt againn.
■ **both men and women** idir fhir agus mhná
■ **both of them** iad beirt □ Both of them
left. D'imigh siad beirt.
■ **Both of your answers are wrong.**
Tá bhur bhfreagraí beirt contráilte.
■ **both of you** an bheirt agaibh
to **bother** VERB
1 buair
□ What's bothering you? Cad é atá do do
bhuaireamh?

2 cuir as do *(disturb)*
　□ I'm sorry to bother you. Tá mé buartha as cur as duit.
　■ No bother. Tá fáilte is míle romhat.
　■ Don't bother with him! Ná bac leis!
　■ He didn't bother to tell me about it. Níor bhac sé le hinsint dom faoi.
bottle NOUN
　buidéal *masc1*
bottle bank NOUN
　gabhdán buidéal *masc1*
bottle-opener NOUN
　osclóir buidéal *masc3*
bottom NOUN
　▷ see also **bottom** ADJECTIVE
1 bun *masc1 (of container, page, list)*
2 grinneall *masc1 (of sea, lake)*
3 tóin *fem3 (buttocks)*
bottom ADJECTIVE
　▷ see also **bottom** NOUN
　bun-
　□ the bottom shelf an bhunseilf □ the bottom sheet an bhunbhraillín
bought VERB ▷ see **buy**
to **bounce** VERB
　preab
bouncer NOUN
　fear dorais *masc1*
bound ADJECTIVE
　■ He's bound to fail. Is cinnte go dteipfidh air.
boundary NOUN
　teorainn *fem*
bow NOUN
　▷ see also **bow** VERB
1 cuach *fem2*
　□ She tied the ribbon in a bow. Chuir sí snaidhm chuaiche ar an ribín.
2 bogha *masc4 (weapon, for violin)*
　□ a bow and arrows bogha agus saigheada
to **bow** VERB
　▷ see also **bow** NOUN
　umhlaigh
bowels PL NOUN
　inní *masc4 pl*
bowl NOUN
　▷ see also **bowl** VERB
　babhla *masc4*
to **bowl** VERB
　▷ see also **bowl** NOUN
　babhláil *(in cricket)*
bowler NOUN
　babhlálaí *masc4 (in cricket)*
bowling NOUN
　babhláil *fem3*

　■ to go bowling dul ag babhláil
　■ a bowling alley pinniúr babhlála
bowls NOUN
　bollaí *masc4 pl*
　□ They play bowls on Sundays. Imríonn siad bollaí ar an Domhnach.
bow tie NOUN
　carbhat cuachóige *masc1*
box NOUN
1 bosca *masc4*
　□ a box of matches bosca cipíní
　□ a cardboard box bosca cairtchláir
2 cófra *masc4 (large)*
boxer NOUN
　dornálaí *masc4*
boxing NOUN
　dornálaíocht *fem3*
Boxing Day NOUN
　Lá Fhéile Stiofáin *masc*
　□ on Boxing Day ar Lá Fhéile Stiofáin
boy NOUN
1 gasúr *masc1 (child)*
2 stócach *masc1 (young man)*
boyfriend NOUN
　stócach *masc1*
　□ Have you got a boyfriend? An bhfuil stócach agat?
bra NOUN
　cíochbheart *masc1*
brace NOUN
　teanntán *masc1 (on teeth)*
　□ She wears a brace. Caitheann sí teanntán.
bracelet NOUN
　bráisléad *masc1*
braces PL NOUN
　teanntán *masc1 (on teeth)*
　□ She wears braces. Caitheann sí teanntán.
bracket NOUN
　lúibín *masc4*
　■ in brackets idir lúibíní
brain NOUN
　inchinn *fem2*
　■ She's got brains. Tá éirim inti.
brainy ADJECTIVE
　éirimiúil
brake NOUN
　▷ see also **brake** VERB
　coscán *masc1*
to **brake** VERB
　▷ see also **brake** NOUN
　na coscáin a theannadh
branch NOUN
1 géag *fem2 (of tree)*
2 gabhal *masc1 (of river, road)*

b

brand NOUN
branda *masc4*
□ a well-known brand of coffee branda caifé atá i mbéal an phobail

brand name NOUN
ainm branda *masc4*

brand-new ADJECTIVE
úrnua

brandy NOUN
branda *masc4*

brass NOUN
prás *masc1*
■ the brass section an rannóg phráis

brass band NOUN
banna práis *masc4*

brat NOUN
dailtín *masc4*
□ He's a spoiled brat. Is dailtín millte é.

brave ADJECTIVE
cróga

Brazil NOUN
an Bhrasaíl *fem2*
□ in Brazil sa Bhrasaíl

bread NOUN
arán *masc1*
□ brown bread arán donn □ white bread arán geal □ bread and butter arán agus im

break NOUN
▷ see also **break** VERB
1 scíth *fem2 (pause, interval)*
□ We took a break. Ghlacamar scíth.
2 am sosa *masc3 (at school)*
□ during break i rith am sosa
3 deis *fem2 (chance)*

to **break** VERB
▷ see also **break** NOUN
bris
□ Careful, you'll break something! Bí cúramach, brisfidh tú rud éigin!
□ Careful, it'll break! Bí cúramach, brisfear é!
□ I broke my leg. Bhris mé mo chos.
■ to break a promise gealltanas a bhriseadh
■ to break the law an dlí a bhriseadh
■ to break a record curiarracht a shárú

to **break down** VERB
■ The car broke down. Chlis an carr.

to **break in** VERB
bris isteach *(burglar)*

to **break off** VERB
1 bris as
□ He broke off a piece of chocolate. Bhris sé píosa seacláide as.
2 scoith
□ The branch broke off in the storm. Scoitheadh an chraobh le linn na stoirme.

to **break open** VERB
bris *(door)*

to **break out** VERB
1 bris amach *(fire)*
2 tosaigh *(war)*
3 éalaigh *(prisoner)*
■ to break out in a rash gríos a theacht ort

to **break up** VERB
1 scoir
□ We break up next Wednesday. Scoirfimid Dé Céadaoin seo chugainn.
2 scaip *(crowd)*
□ The crowd broke up when the police arrived. Scaip an slua nuair a tháinig na péas.
3 clis ar *(marriage)*
□ The marriage broke up shortly after that. Chlis ar an bpósadh go gairid ina dhiaidh sin.
4 cuir ó chéile *(people fighting)*
□ They were fighting but Liam broke them up. Bhí siad ag troid ach chuir Liam ó chéile iad.
■ You're breaking up! *(on mobile phone)* Tá do líne ag briseadh!

breakdown NOUN
cliseadh *masc*
■ a nervous breakdown cliseadh néarógach

breakfast NOUN
bricfeasta *masc4*
□ What would you like for breakfast? Cad é ba mhaith leat le haghaidh bricfeasta?

break-in NOUN
briseadh isteach *masc*

breast NOUN
cíoch *fem2 (of woman)*
■ chicken breast brollach sicín

to **breast-feed** VERB
tabhair an chíoch do

breaststroke NOUN
bang brollaigh *masc3*

breath NOUN
anáil *fem3*
■ out of breath rite as anáil
■ to get one's breath back d'anáil a fháil ar ais

to **breathe** VERB
análaigh

to **breathe in** VERB
tarraing d'anáil isteach

to **breathe out** VERB
cuir d'anáil amach

to **breed** VERB
▷ see also **breed** NOUN
síolraigh

breed NOUN
▷ *see also* **breed** VERB
sliocht *masc3*
breeze NOUN
feothan *masc1*
brewery NOUN
grúdlann *fem2*
to **bribe** VERB
breab
brick NOUN
bríce *masc4*
□ a brick wall balla bríce
bricklayer NOUN
bríceadóir *masc3*
bride NOUN
brídeach *fem2*
bridegroom NOUN
grúm *masc1*
bridesmaid NOUN
cailín coimhdeachta *masc4*
bridge NOUN
1 droichead *masc1*
□ a suspension bridge droichead crochta
2 beiriste *masc4*
□ They were playing bridge. Bhí siad ag imirt beiriste.
brief ADJECTIVE
achomair
briefcase NOUN
mála cáipéisí *masc4*
briefly ADVERB
i mbeagán focal
briefs PL NOUN
fobhríste *masc4*
bright ADJECTIVE
1 geal
□ a bright colour dath geal □ a bright blue car gluaisteán gormgheal
2 cliste *(clever)*
□ He's not very bright. Níl sé iontach cliste.
■ a bright idea smaoineamh maith
brilliant ADJECTIVE
1 ar dóigh *(great)*
□ Brilliant! Ar dóigh!
2 éirimiúil *(clever)*
□ a brilliant scientist eolaí éirimiúil
to **bring** VERB
tabhair leat
□ Bring warm clothes. Tabhair leat éadach te. □ Could you bring me my trainers? An dtiocfadh leat mo bhróga reatha a thabhairt leat? □ Can I bring a friend? An féidir liom cara a thabhairt liom?
to **bring back** VERB
tabhair ar ais

to **bring forward** VERB
tabhair chun tosaigh
□ The meeting was brought forward. Tugadh an cruinniú chun tosaigh.
to **bring up** VERB
tóg *(child)*
□ She brought up 5 children on her own. Thóg sí 5 páistí ina haonar. □ She was brought up in Ireland. Tógadh in Éirinn í.
Britain NOUN
an Bhreatain Mhór *fem2*
□ in Britain sa Bhreatain Mhór
□ Great Britain an Bhreatain Mhór
British ADJECTIVE
Briotanach
■ the British na Briotanaigh
■ the British Isles na hOileáin Bhriotanacha
broad ADJECTIVE
1 leathan *(wide)*
2 láidir *(accent)*
■ broad beans pónairí leathana
■ in broad daylight i lár an lae ghil
broadband NOUN
banda leathan *masc4*
□ Do you have broadband? An bhfuil banda leathan agat?
broadcast NOUN
▷ *see also* **broadcast** VERB
craoladh *masc*
to **broadcast** VERB
▷ *see also* **broadcast** NOUN
craol
□ The interview was broadcast yesterday. Craoladh an t-agallamh inné.
■ to broadcast live craoladh beo
broad-minded ADJECTIVE
leathanaigeanta
broccoli NOUN
brocailí *masc4*
brochure NOUN
bróisiúr *masc1*
to **broil** VERB (US)
gríosc
broke VERB ▷ *see* break
broke ADJECTIVE
briste *(without money)*
broken ADJECTIVE
briste
□ It's broken. Tá sé briste. □ a broken leg cos bhriste
bronchitis NOUN
broincíteas *masc1*
bronze NOUN
umha *masc4*

□ the bronze medal **an bonn umha**

brooch NOUN
bróiste *masc4*

broom NOUN
scuab *fem2*

brother NOUN
1 deartháir *masc*
□ my brother **mo dheartháir**
2 bráthair *masc*
□ Brother Patrick **an Bráthair Pádraig**

brother-in-law NOUN
deartháir céile *masc*

brought VERB ▷ see **bring**

brown ADJECTIVE
▷ see also **brown** NOUN
1 donn
2 crón *(tanned)*

brown NOUN
▷ see also **brown** ADJECTIVE
donn *masc1 (colour)*

Brownies PL NOUN
Brídíní *fem4 pl*

to **browse** VERB
1 brabhsáil *(on the internet)*
2 tabhair spléachadh thart ar shiopa *(in shop)*
■ to browse through a book
mearspléachadh a thabhairt ar leabhar

browser NOUN
brabhsálaí *masc4 (for the internet)*

bruise NOUN
ball gorm *masc1*

brush NOUN
▷ see also **brush** VERB
1 scuab *fem2*
2 cleiteán *masc1 (paintbrush)*

to **brush** VERB
▷ see also **brush** NOUN
scuab
■ to brush one's hair **do chuid gruaige**
a scuabadh □ I brushed my hair. **Scuab mé**
mo chuid gruaige.
■ to brush one's teeth **do chuid fiacla**
a scuabadh □ I brush my teeth every
night. **Scuabaim mo chuid fiacla gach**
oíche.

Brussels NOUN
an Bhruiséil *fem2*
□ in Brussels **sa Bhruiséil**

Brussels sprout NOUN
bachlóg Bhruiséile *fem2*

brutal ADJECTIVE
brúidiúil

BSc NOUN *(= Bachelor of Science)*
BSc
□ a BSc in Mathematics **BSc sa Mhatamaitic**

BSE NOUN *(= bovine spongiform*
encephalopathy)
ESB *(= einceifileapaite spúinseach bhólachta)*

bubble NOUN
bolgán *masc1*

bubble bath NOUN
folcadh sobalach *masc*

bubble gum NOUN
guma coganta *masc4*

bucket NOUN
buicéad *masc1*

buckle NOUN
búcla *masc4*

Buddhism NOUN
Búdachas *masc1*

Buddhist ADJECTIVE
Búdaíoch

buddy NOUN *(US)*
compánach *masc1*

budget NOUN
buiséad *masc1*

budgie NOUN
budragár *masc1*

buffalo NOUN
buabhall *masc1*

buffet NOUN
1 cuntar bia *masc1 (table, counter)*
2 buifé *masc4 (food)*

buffet car NOUN
carráiste bia *masc4*

bug NOUN
1 feithid *fem2 (insect)*
2 fríd *fem2 (infection)*
□ There's a bug going round. **Tá fríd ag dul**
thart. □ a stomach bug **fríd goile**
3 fabht *masc4 (in computer)*

bugged ADJECTIVE
bugáilte
□ The room was bugged. **Bhí an seomra**
bugáilte.

bugle NOUN
stoc *masc1*

to **build** VERB
tóg
□ He's building a garage. **Tá sé ag tógáil**
garáiste.

builder NOUN
tógálaí *masc4*
□ He's a builder. **Is tógálaí é.**

building NOUN
foirgneamh *masc1*

built VERB ▷ see **build**

bulb NOUN
1 bolgán *masc1*
2 bleib *fem2 (of plant)*

Bulgaria NOUN
an Bhulgáir *fem2*
bulky ADJECTIVE
toirtiúil
bull NOUN
tarbh *masc1*
bullet NOUN
piléar *masc1*
bulletin board NOUN
clár fógraí Idirlín *masc1 (on computer)*
bullfighting NOUN
tarbhchomhrac *masc1*
bully NOUN
▷ *see also* **bully** VERB
bulaí *masc4*
□ He's a big bully. **Is bulaí mór é.**
to **bully** VERB
▷ *see also* **bully** NOUN
■ **to bully somebody** bheith ag
maistíneacht ar dhuine
bum NOUN
tóin *fem3 (bottom)*
bum bag NOUN
mála tóna *masc4*
bump NOUN
▷ *see also* **bump** VERB
1 cnapán *masc1 (lump)*
2 tuairt *fem2 (minor accident)*
□ We had a bump. **Bhain tuairt dúinn.**
3 uchtóg *fem2 (on road)*
to **bump** VERB
▷ *see also* **bump** NOUN
buail
to **bump into** VERB
1 buail in éadan
□ I bumped into the table in the dark.
Bhuail mé in éadan an tábla sa dorchadas.
2 buail le *(meet)*
□ I bumped into John yesterday. **Bhuail mé
le Seán inné.**
bumper NOUN
cosantóir *masc3*
bumpy ADJECTIVE
corrach
bun NOUN
1 borróg *fem2 (to eat)*
2 cocán *masc1 (in hair)*
bunch NOUN
1 triopall *masc1 (of flowers)*
□ a bunch of grapes **triopall caor fíniúna**
2 cloigín *masc4 (of keys)*
3 dornán *masc1 (of bananas)*
4 baicle *fem4 (of people)*
bunches PL NOUN
snaidhmeanna *fem2 pl*

□ She has her hair in bunches. **Tá a cuid
gruaige i snaidhmeanna aici.**
bungalow NOUN
bungaló *masc4*
to **bungle** VERB
déan praiseach de
bunk NOUN
bunc *masc4*
bunk bed NOUN
leaba bunc *fem*
buoy NOUN
bulla *masc4*
burger NOUN
burgar *masc1*
burglar NOUN
buirgléir *masc3*
to **burglarize** VERB (US)
bris isteach i
burglary NOUN
buirgléireacht *fem3*
to **burgle** VERB
bris isteach i
□ Her house was burgled. **Briseadh isteach
ina teach.**
■ We've been burgled. **Creachadh muid.**
burn NOUN
▷ *see also* **burn** VERB
dó *masc4*
to **burn** VERB
▷ *see also* **burn** NOUN
dóigh
□ I burned the cake. **Dhóigh mé an císte.**
□ I've burned my hand. **Dhóigh mé mo
lámh.**
■ **to burn a CD** CD a scríobh
■ **to burn oneself** tú féin a dhó □ I burned
myself on the oven door. **Dhóigh mé mé
féin ar dhoras an oighinn.**
to **burn down** VERB
dóigh go talamh
□ The factory burned down. **Dódh an
mhonarcha go talamh.**
burner NOUN
dóire *masc4*
to **burst** VERB
pléasc
□ The balloon burst. **Pléascadh an balún.**
■ **to burst out laughing** pléascadh amach
ag gáire
■ **to burst into tears** pléascadh amach ag
caoineadh
■ **to burst into flames** lasadh d'aon
bhladhm
to **bury** VERB
cuir

□ The old man was buried yesterday.
Cuireadh an seanfhear inné.

bus NOUN
bus *masc4*
□ a bus driver tiománaí bus □ a school bus
bus na scoile □ a bus station stáisiún bus
□ a bus ticket ticéad bus

bush NOUN
1 tor *masc1* (plant)
2 mongach *masc1* (scrubland)

business NOUN
1 gnólacht *masc3* (firm)
□ He's got his own business. Tá a ghnólacht
féin aige.
2 gnó *masc4* (trading)
■ **to be away on business** bheith as láthair
ar chúrsaí gnó
■ **It's none of your business!** Ní bhaineann
sé duit.
■ **Mind your own business!** Déan do
ghnóthaí duit féin!
■ **He means business.** Tá sé dáiríre.

businessman NOUN
fear gnó *masc1*

businesswoman NOUN
bean ghnó *fem*

busker NOUN
ceoltóir sráide *masc3*

bus pass NOUN
pas bus *masc4*

bus stop NOUN
stad bus *masc4*

bust NOUN
brollach *masc1* (chest)

busy ADJECTIVE
gnóthach

busy signal NOUN (US)
comhartha gnóthach *masc4*

but CONJUNCTION
ach
□ I'd love to come, but I'm busy. Ba bhreá
liom teacht, ach tá mé gnóthach.

butcher NOUN
búistéir *masc3*
□ He's a butcher. Is búistéir é.

butcher's NOUN
siopa búistéara *masc4*

butter NOUN
im *masc*

butterfly NOUN
féileacán *masc1*

buttocks PL NOUN
mása *masc1 pl*

button NOUN
cnaipe *masc4*

to buy VERB
▷ *see also* **buy** NOUN
ceannaigh
□ I bought him an ice cream. Cheannaigh
mé uachtar reoite dó.
■ **to buy something from somebody**
rud a cheannach ó dhuine □ I bought a
watch from him. Cheannaigh mé
uaireadóir uaidh.

buy NOUN
▷ *see also* **buy** VERB
ceannach *masc1*

by PREPOSITION, ADVERB
1 ar an (referring to method, manner, means)
□ by bus ar an mbus □ by train ar an traein
■ **by car** sa charr
■ **to pay by cheque** íoc le seic
2 trí (via, through)
□ We came by Dublin. Thángamar trí Bhaile
Átha Cliath.
3 in aice le (close to)
□ the house by the school an teach in aice
leis an scoil
4 roimh (not later than)
□ by 4 o'clock roimh a 4 a chlog
■ **By the time I got there it was too late.**
Faoin am a tháinig mé ann bhí sé rómhall.
■ **by this time tomorrow** faoin am seo
amárach
■ **a painting by Picasso** pictiúr le Picasso
■ **It's all right by me.** Tá sé sin i gceart
i dtaca liomsa de.
■ **all by oneself** leat féin □ I did it all by
myself. Rinne mé é liom féin.
■ **by the way** dála an scéil

bye EXCLAMATION
slán leat

bypass NOUN
1 seachród *masc1* (road)
2 seach-chonair *fem2* (medical)

byte NOUN
beart *masc1*

Cc

cab NOUN
tacsaí *masc4*

cabbage NOUN
cabáiste *masc4*

cabin NOUN
cábán *masc1 (on ship)*

cabinet NOUN
caibinéad *masc1*
□ a bathroom cabinet caibinéad seomra folctha □ a drinks cabinet caibinéad deochanna

cable NOUN
1 cábla *masc4 (rope)*
2 téad *fem2 (of anchor)*

cable car NOUN
carr cábla *masc1*

cable television NOUN
teilifís chábla *fem2*

cactus NOUN
cachtas *masc1*

cadet NOUN
dalta *masc4*
□ He's a police cadet. Is dalta póilíní é.

café NOUN
caife *masc4*

cafeteria NOUN
caifelann *fem2*

caffeine NOUN
caiféin *fem2*

cage NOUN
1 cás *masc1*
2 éanadán *masc1 (for bird)*

cagoule NOUN
cóta éadrom fearthainne *masc4*

cake NOUN
cáca *masc4*

to **calculate** VERB
1 áirigh
2 meas *(chances, effect)*

calculation NOUN
áireamh *masc1*

calculator NOUN
áireamhán *masc1*

calendar NOUN
féilire *masc4*

calf NOUN
1 gamhain *masc3 (of cow)*
2 ceann óg *masc1 (of other animals)*
3 colpa *masc4 (of leg)*

call NOUN
▷ *see also* **call** VERB
glao *masc4*
□ Thanks for your call. Go raibh maith agat as do ghlao.
■ **a phone call** scairt ghutháin
■ **to be on call** bheith ar glao-dualgas
□ He's on call this evening. Tá sé ar glao-dualgas tráthnóna.

to **call** VERB
▷ *see also* **call** NOUN
1 glaoigh ar
□ We called the police. Ghlaomar ar na póilíní.
2 glaoigh ar ais *(make phone call)*
□ I'll tell him you called. Déarfaidh mé leis gur ghlaoigh tú.
■ **He's called Patrick**. Pádraig atá air.
■ **What's she called?** Cad é a thugtar uirthi?
■ **to call somebody names** ainmneacha a thabhairt ar dhuine
■ **He called me an idiot.** Thug sé bómán orm.

to **call back** VERB
glaoigh ar ais *(phone again)*
□ I'll call back at 6 o'clock. Glaofaidh mé ar ais ar a 6 a chlog.

to **call for** VERB
buail isteach faoi choinne
□ I'll call for you at 2.30. Buailfidh mé isteach faoi do choinne ar 2.30.

to **call off** VERB
cuir ar ceal

□ The match was called off. **Cuireadh an cluiche ar ceal.**

call box NOUN
bosca gutháin *masc4*

call centre NOUN
ionad glaonna *masc1*

calm ADJECTIVE
ciúin

to **calm down** VERB
ciúnaigh
■ **Calm down! Socraigh síos!**

Calor gas® NOUN
gás Calor® *masc1*

calorie NOUN
calra *masc4*

calves PL NOUN ▷ *see* **calf**

Cambodia NOUN
an Chambóid *fem2*
□ in Cambodia **sa Chambóid**

camcorder NOUN
ceamthaifeadán *masc1*

came VERB ▷ *see* **come**

camel NOUN
camall *masc1*

camera NOUN
1 ceamara *masc4 (for photos)*
2 ceamthaifeadán *masc1 (for filming)*

cameraman NOUN
ceamaradóir *masc3*

camera phone NOUN
fón ceamara *masc1*

camp NOUN
▷ *see also* **camp** VERB
1 campa *masc4*
□ a holiday camp **campa saoire**
2 áit champála *fem2 (camping place)*

to **camp** VERB
▷ *see also* **camp** NOUN
campáil

campaign NOUN
feachtas *masc1*

camp bed NOUN
leaba champála *fem*

camper NOUN
1 campálaí *masc4 (person)*
2 carr campála *masc1 (vehicle)*

camping NOUN
■ **to go camping** dul ag campáil □ We went camping in Galway. **Chuamar ag campáil i nGaillimh.**

camping gas® NOUN
gás campála *masc1*

campsite NOUN
láithreán campála *masc1*

campus NOUN

campas *masc1*

can NOUN
▷ *see also* **can** VERB
canna *masc4*
□ a can of sweetcorn **canna arbhair mhilis** □ a can of beer **canna beorach** □ a can of petrol **canna peitril**

can VERB
▷ *see also* **can** NOUN
is féidir le
🗨 **LANGUAGE TIP** Word for word, this means 'it's possible for'.
□ You can do it if you try. **Is féidir leat é a dhéanamh má thugann tú faoi.** □ I can't come. **Níféidir liom teacht.** □ I couldn't sleep because of the noise. **Níorbh fhéidir liom codladh mar gheall ar an gcallán.**
□ Can I help you? **An féidir liom cuidiú leat?**
🗨 **LANGUAGE TIP** 'can' is sometimes not translated.
□ I can't hear you. **Ní chluinim thú.** □ I can't remember. **Ní cuimhin liom.**
■ **Can I use your phone?** *(asking permission)* **An bhfuil cead agam glaoch gutháin a dhéanamh?**
■ **I can swim. Tá snámh agam.**
■ **He can't drive. Níl tiomáint aige.**
■ **It can't be true! Ní thiocfadh leis bheith fíor!**

Canada NOUN
Ceanada *masc4*
□ in Canada **i gCeanada** □ to Canada **go Ceanada**

Canadian ADJECTIVE
▷ *see also* **Canadian** NOUN
Ceanadach

Canadian NOUN
▷ *see also* **Canadian** ADJECTIVE
Ceanadach *masc1*

canal NOUN
canáil *fem3*

Canaries PL NOUN
■ **the Canaries** na hOileáin Chanáracha

canary NOUN
canáraí *masc4*

to **cancel** VERB
cuir ar ceal
□ The match was cancelled. **Cuireadh an cluiche ar ceal.**

cancellation NOUN
cealú *masc*

cancer NOUN
ailse *fem4*
□ He's got cancer. **Tá ailse air.**
■ **Cancer An Portán** □ I'm Cancer. **Is mise An Portán.**

candid ADJECTIVE
ionraic

candle NOUN
coinneal *fem2*

candy NOUN (US)
milseáin *masc1 pl*

candyfloss NOUN
flas candaí *masc3*

cannabis NOUN
cannabas *masc1*

canned ADJECTIVE
cannaithe *(food)*

cannon NOUN
gunna mór *masc4*

cannot VERB ▷ *see* **can**

canoe NOUN
curach *fem2*

canoeing NOUN
curachóireacht *fem3*
■ **to go canoeing** dul ag curachóireacht
□ We went canoeing. Chuamar ag curachóireacht.

can-opener NOUN
stánosclóir *masc3*

can't VERB ▷ *see* **can**

canteen NOUN
ceaintín *masc4*

to **canter** VERB
■ **to be cantering** *(horse)* bheith ag gearrshodar

canvas NOUN
canbhás *masc1*

cap NOUN
caipín *masc4*

capable ADJECTIVE
ábalta
■ **to be capable of doing something** bheith ábalta rud a dhéanamh

capacity NOUN
1 toilleadh *masc (of container)*
2 cumas táirgthe *masc1 (of factory)*

capital NOUN
1 príomhchathair *fem (city)*
□ Paris is the capital of France. Is é Páras príomhchathair na Fraince.
2 ceannlitir *fem (letter)*
□ Write your address in capitals. Scríobh do sheoladh i gceannlitreacha.

capitalism NOUN
caipitleachas *masc1*

capital punishment NOUN
pionós an bháis *masc1*

Capricorn NOUN
An Gabhar *masc1*
□ I'm Capricorn. Is Mise An Gabhar.

to **capsize** VERB
iompaigh

captain NOUN
captaen *masc1*
□ She's captain of the hockey team. Tá sí ina captaen ar an bhfoireann haca.

caption NOUN
1 ceannscríbhinn *masc1 (above)*
2 foscríbhinn *masc1 (below)*

to **capture** VERB
gabh

car NOUN
carr *masc1*
■ **to go by car** dul sa charr □ We went by car. Chuamar sa charr.
■ **a car crash** taisme cairr

carafe NOUN
caraf *masc4*

caramel NOUN
caramal *masc1*

caravan NOUN
carbhán *masc1*
□ a caravan site láithreán carbhán

carbon footprint NOUN
lorg carbóin *masc*

card NOUN
cárta *masc4*

cardboard NOUN
cairtchlár *masc1*
□ a cardboard box bosca cairtchláir

cardigan NOUN
cairdeagan *masc1*

cardinal NOUN
cairdinéal *masc1*

cardphone NOUN
cártafón *masc1*

care NOUN
▷ *see also* **care** VERB
aire *fem4*
□ with care le haire
■ **to take care** bheith faichilleach
■ **Take care!** *(Look after yourself!)* Tabhair aire duit féin!
■ **to take care of** aire a thabhairt do
□ I take care of the children on Saturdays. Tugaim aire do na páistí ar an Satharn.

to **care** VERB
▷ *see also* **care** NOUN
■ **to care about something** suim a chur i rud □ They don't really care about their image. Ní chuireann siad mórán suime ina n-íomhá.
■ **to care about somebody** cion a bheith agat ar dhuine
■ **I don't care!** Is cuma liom!

c

■ **to care for somebody** (look after) aire a thabhairt do dhuine

career NOUN
slí bheatha *fem4*
■ **a careers adviser** comhairleoir slite beatha

careful ADJECTIVE
cúramach
■ **Be careful!** Aire!

carefully ADVERB
go cúramach
□ She carefully avoided the conversation. Sheachain sí an comhrá go cúramach. □ Drive carefully! Tiomáin go cúramach!

careless ADJECTIVE
1 míchúramach
□ a careless mistake botún míchúramach
2 neamhairdiúil (person)
□ She's very careless. Tá sí iontach neamhairdiúil. □ a careless driver tiománaí neamhairdiúil

carer NOUN
cúramóir *masc3*

caretaker NOUN
airíoch *masc1*

car-ferry NOUN
bád fartha gluaisteán *masc1*

cargo NOUN
lasta *masc4*

car hire NOUN
carranna ar cíos *masc4 pl*

Caribbean NOUN
▷ see also **Caribbean** ADJECTIVE
■ **the Caribbean** Muir Chairib □ We're going to the Caribbean. Táimid ag dul chuig Muir Chairib.

Caribbean ADJECTIVE
▷ see also **Caribbean** NOUN
Cairibeach
□ Caribbean food bia Cairibeach

caring ADJECTIVE
1 dea-chroíoch (person)
□ She's a very caring teacher. Is múinteoir iontach dea-chroíoch í. □ She has caring parents. Tá tuismitheoirí dea-chroíocha aici.
2 carthanach (society, organization)

Carlow NOUN
Ceatharlach *masc1*

carnation NOUN
coróineach *fem2*

carnival NOUN
carnabhal *masc1*

carol NOUN
carúl *masc1*

■ **a Christmas carol** carúl Nollag

car park NOUN
carrchlós *masc1*

carpenter NOUN
cearpantóir *masc3*
□ He's a carpenter. Is cearpantóir é.

carpentry NOUN
cearpantóireacht *fem3*

carpet NOUN
brat urláir *masc1*
□ a Persian carpet brat urláir Peirseach

car phone NOUN
carrfón *masc1*

car rental NOUN (US)
carranna ar cíos

carriage NOUN
carráiste *masc4* (on train)

carrier bag NOUN
mála iompair *masc4*

carrot NOUN
cairéad *masc1*

to carry VERB
iompair
□ I'll carry your bag. Iompróidh mé do mhála.
■ **a plane carrying 100 passengers** eitleán agus 100 paisinéir air
■ **to get carried away** dul thar fóir

to carry on VERB
lean ar
■ **to carry on doing something** leanúint ar aghaidh le rud □ She carried on talking. Lean sí uirthi ag caint.
■ **Carry on!** Lean ar aghaidh!

to carry out VERB
comhlíon (orders)

cart NOUN
cairt *fem2*

carton NOUN
cartán *masc1*

cartoon NOUN
cartún *masc1*
■ **a cartoon character** carachtar cartúin

cartridge NOUN
cartús *masc1*

to carve VERB
1 gearr (meat)
2 snoigh (wood, stone)

case NOUN
1 mála taistil *masc4*
□ I've packed my case. Tá mo mhála taistil pacáilte agam.
2 cás *masc1*
□ in some cases i gcásanna áirithe

■ **in case** ar eagla □ in case he comes ar eagla go dtiocfadh sé

■ **just in case** ar eagla na heagla □ Take some money, just in case. Tabhair leat airgead, ar eagla na heagla.

■ **in any case** ar aon chaoi

■ **in that case** sa chás sin □ I don't want it. — In that case, I'll take it. Níor mhaith liom é. — Sa chás sin, glacfaidh mise é.

cash NOUN
airgead tirim *masc1*
□ I'm a bit short of cash. Tá an t-airgead tirim gann agam.

■ **in cash** in airgead tirim □ £2000 in cash £2000 in airgead tirim

■ **to pay cash** íoc in airgead

cash card NOUN
cárta airgid *masc4*

cash desk NOUN
deasc airgid *fem2*

cash dispenser NOUN
dáileoir airgid *masc3*

cashew NOUN
cnó caisiú *masc4*

cashier NOUN
airgeadóir *masc3*

cashmere NOUN
caismír *fem2*
□ a cashmere sweater geansaí caismíre

cash register NOUN
scipéad cláraithe *masc1*

casino NOUN
caisíne *masc4*

casserole NOUN
casaról *masc1*
□ I'm going to make a casserole. Tá mé ag dul a dhéanamh casaróil.

■ **a casserole dish** mias casaróil

cassette NOUN
caiséad *masc1*

■ **a cassette player** seinnteoir caiséad

■ **a cassette recorder** taifeadán caiséid

cast NOUN
1 foireann *fem2*
□ the cast of Eastenders foireann Eastenders
2 múnla plástair *masc4 (plaster)*

castle NOUN
caisleán *masc1*

casual ADJECTIVE
1 neamhfhoirmiúil *(dress)*
□ casual clothes éadaí neamhfhoirmiúla
2 neamhchúiseach *(unconcerned)*
□ a casual attitude dearcadh neamhchúiseach
3 fánach *(conversation)*

□ It was just a casual remark. Ní raibh ann ach ráiteas fánach.

casually ADVERB
go neamhfhoirmiúil *(dress)*

casualty NOUN
1 taismeach *masc1 (person)*
2 An Roinn Éigeandála *fem2 (department)*

cat NOUN
cat *masc1*
□ Have you got a cat? An bhfuil cat agat?

catalogue (US **catalog**) NOUN
catalóg *fem2*

catalytic converter NOUN
tiontaire catalaíoch *masc4*

catarrh NOUN
réama *masc4*

catastrophe NOUN
tubaiste *fem4*

to **catch** VERB
1 beir ar
□ They caught the thief. Rug siad ar an ngadaí. □ My cat catches birds. Beireann mo chat ar éin.
2 ceap *(fish)*

■ **to catch somebody doing something** teacht ar dhuine ag déanamh ruda □ If they catch you smoking ... Má thagann siad ort ag caitheamh ...

■ **I didn't catch that.** *(hear)* Níor chuala mé sin i gceart.

■ **to catch somebody's eye** iúl duine a tharraingt

■ **to catch sight of** amharc a fháil ar

■ **to catch a cold** slaghdán a thógáil

■ **to catch fire** dul trí thine

to **catch up** VERB
tar suas
□ I caught up with John. Tháinig mé suas le Seán.

catching ADJECTIVE
tógálach
□ It's not catching. Níl sé tógálach.

catering NOUN
lónadóireacht *fem3*

caterpillar NOUN
bolb *masc1*

cathedral NOUN
ardeaglais *fem2*

Catholic NOUN
▷ see also **Catholic** ADJECTIVE
Caitliceach *masc1*
□ I'm a Catholic. Is Caitliceach mé.

Catholic ADJECTIVE
▷ see also **Catholic** NOUN
Caitliceach *masc1*

cattle PL NOUN
  eallach *masc1*
caught VERB ▷ see **catch**
cauliflower NOUN
  cóilis *fem2*
cause NOUN
  ▷ *see also* **cause** VERB
  cúis *fem2*
  □ cause for pride **cúis bhróid** □ I am the cause of it. **Mise is cúis leis.**
to **cause** VERB
  ▷ *see also* **cause** NOUN
  ■ to cause an accident **bheith mar chúis taisme**
  ■ to cause trouble **bruíon a tharraingt**
cautious ADJECTIVE
  faichilleach
cautiously ADVERB
  go faichilleach
  □ He cautiously opened the door. **D'oscail sé an doras go faichilleach.**
  □ The government reacted cautiously. **D'fhreagair an rialtas go faichilleach.**
Cavan NOUN
  an Cabhán *masc1*
cave NOUN
  uaimh *fem2*
CCTV NOUN (= *closed-circuit television*)
  CCTV
CD NOUN (= *compact disc*)
  dlúthdhiosca *masc4*
CD burner NOUN
  dóire CDanna *masc4*
CD player NOUN
  seinnteoir dlúthdhiioscaí *masc3*
CD-ROM NOUN
  dlúthdhiosca ROM *masc4*
CD-ROM drive NOUN
  tiomáint dlúthdhiosca ROM *fem3*
CD writer NOUN
  scríbhneoir CDanna *masc3*
ceasefire NOUN
  sos cogaidh *masc3*
ceiling NOUN
  síleáil *fem3*
to **celebrate** VERB
  ceiliúir *(success, birthday)*
  ■ to celebrate Mass **Aifreann a léamh**
celebrity NOUN
  duine cáiliúil *masc4*
celery NOUN
  soilire *masc4*
cell NOUN
  cillín *masc4*

cellar NOUN
  siléar *masc1*
  □ a wine cellar **siléar fíona**
cello NOUN
  dordveidhil *fem2*
  □ I play the cello. **Seinnim ar an dordveidhil.**
cell phone NOUN (US)
  teileafón ceallach *masc1*
Celt NOUN
  Ceilteach *masc1*
Celtic ADJECTIVE
  Ceilteach
cement NOUN
  suimint *fem2*
cemetery NOUN
  reilig *fem2*
cent NOUN
1 cent *(of euro)*
  □ twenty cents **fiche cent**
2 ceint *masc4* *(of dollar)*
  ■ per cent **faoin gcéad**
centenary NOUN
  comóradh céad bliain *masc1*
center (US) NOUN
1 lár *masc1*
2 lárionad *masc1* *(building)*
centigrade ADJECTIVE
  ceinteagrádach
  □ 20 degrees centigrade **20 céim ceinteagráid**
centimetre (US **centimeter**) NOUN
  ceintiméadar *masc1*
central ADJECTIVE
  lárnach
central heating NOUN
  téamh lárnach *masc1*
centre (US **center**) NOUN
1 lár *masc1*
  □ It's in the centre of the city. **Tá sé i lár na cathrach.**
2 lárionad *masc1* *(building)*
  □ a sports centre **lárionad spóirt**
century NOUN
  aois *fem2*
  □ the 21st century **an 21ú haois**
cereal NOUN
  arbhar *masc1*
  □ I eat cereal for breakfast. **Ithim arbhar le haghaidh an bhricfeasta.**
ceremony NOUN
  searmanas *masc1*
certain ADJECTIVE
1 cinnte
  □ I'm absolutely certain it was him. **Tá mé go hiomlán cinnte gurbh eisean a bhí ann.**

■ **for certain** go cinnte □ I don't know for certain. Níl a fhios agam go cinnte.

■ **to make certain** cinnte a dhéanamh de □ I made certain the door was locked. Rinne mé cinnte de go raibh an doras faoi ghlas.

2 áirithe *(particular)*

□ a certain person duine áirithe

certainly ADVERB
go cinnte

□ I certainly expected something better. Is cinnte go raibh mé ag dúil le rud níos fearr.

■ **Certainly not!** Dheamhan é!

■ **It was a surprise then? — It certainly was!** Chuir sé iontas ort mar sin? — Is cinnte gur chuir!

certificate NOUN
teastas *masc1*

CFCs PL NOUN
CFCanna *masc1*

chain NOUN
slabhra *masc4*

chair NOUN

1 cathaoir *fem*

□ a table and 4 chairs tábla agus 4 chathaoir

2 cathaoir uilleach *fem (armchair)*

chairlift NOUN
cathaoir chábla *fem*

chairman NOUN
cathaoirleach *masc1*

chalet NOUN
sealla *masc4*

chalk NOUN
cailc *fem2*

challenge NOUN
▷ *see also* **challenge** VERB
dúshlán *masc1*

to **challenge** VERB
▷ *see also* **challenge** NOUN
caith amhras ar

■ **to challenge somebody to a fight** troid a chur ar dhuine

■ **She challenged me to a race.** Chuir sí dúshlán ráis fúm.

challenging ADJECTIVE
dúshlánach

□ a challenging job post dúshlánach

chambermaid NOUN
cailín aimsire *masc4*

champagne NOUN
seaimpéin *masc4*

champion NOUN
curadh *masc1*

championship NOUN
craobh *fem2*

chance NOUN

1 faill *fem2 (opportunity)*

□ I'd like to have a chance to travel. Ba mhaith liom faill taistil a bheith agam. □ I'll write when I get the chance. Scríobhfaidh mé nuair a bhíonn faill agam.

2 seans *masc4 (hope)*

□ Their chances of winning are very good. Tá seans maith acu baint.

■ **to take a chance** dul sa seans □ I'm taking no chances! Ní bheidh mé ag dul sa seans!

■ **No chance!** Seans dá laghad!

3 cinniúint *fem3 (fate)*

■ **by chance** de thaisme □ We met by chance. Bhuaileamar le chéile de thaisme.

Chancellor of the Exchequer NOUN
Seansailéir an Státchiste *masc3*

to **change** VERB
▷ *see also* **change** NOUN

1 athraigh

□ He's changed a lot. D'athraigh sé éadach cuid mhór. □ She changed to go to the party. D'athraigh sí éadach le dul ar chóisir. □ Can I change this sweater? It's too small. An féidir liom an geansaí seo a athrú? Tá sé róbheag. □ You have to change trains in Dublin. Beidh ort traenacha a athrú i mBaile Átha Cliath.

■ **It changed my life.** Chuir sé cor i mo chinniúint.

2 bris

□ I'd like to change £50. Ba mhaith liom £50 a bhriseadh.

■ **to change one's mind** athchomhairle a dhéanamh □ I've changed my mind. Rinne mé athchomhairle.

■ **to change gear** giar a athrú

■ **to get changed** éadach a athrú □ I'm going to get changed. Tá mé ag dul .

change NOUN
▷ *see also* **change** VERB

1 athrú *masc*

□ There's been a change of plan. Tá athrú plean ann.

■ **a change of clothes** malairt éadaigh

■ **for a change** mar athrú □ Let's play tennis for a change. Imrímis leadóg mar athrú.

2 briseadh *masc*

□ I haven't got any change. Níl aon bhriseadh agam.

changeable ADJECTIVE
claochlaitheach *(weather)*

changing room NOUN
seomra gléasta *masc4*

channel NOUN
1 cainéal *masc1*
□ There's football on the other channel. Tá peil ann ar an gcainéal eile.
2 cainéal *masc1 (for water)*
■ **the Channel** Muir nIocht
■ **the Channel Islands** Oileáin Mhuir nIocht
■ **the Channel Tunnel** Tollán Mhuir nIocht

chaos NOUN
anord *masc1*

chap NOUN
diúlach *masc1*
□ He's a nice chap. Is breá an lách an fear é.

chapel NOUN
séipéal *masc1*

chapter NOUN
caibidil *fem2*

character NOUN
carachtar *masc1*

LANGUAGE TIP Be careful with the spelling of this word in Irish.

□ the character played by Daniel Day Lewis an carachtar a léirigh Daniel Day Lewis
■ **She's quite a character.** Bean ar leith í.

characteristic NOUN
tréith *fem2*

charcoal NOUN
fioghual *masc1*

charge NOUN
▷ see also **charge** VERB
costas *masc1*
□ an extra charge costas breise □ I'd like to reverse the charges. Ba mhaith liom an costas a aistriú.
■ **free of charge** saor in aisce
■ **to take charge of** dul i gceannas ar
■ **to be in charge of** bheith i gceannas ar
□ Ms O'Neill was in charge of the group. Bhí Iníon Uí Néill i gceannas ar an ngrúpa.

to **charge** VERB
▷ see also **charge** NOUN
luchtaigh *(battery)*
■ **How much do you charge?** Cá mhéad atá agat air?
■ **They charge £10 an hour.** Gearrann siad £10 san uair.
■ **to charge somebody with something** duine a chúiseamh i rud □ The police charged him with murder. Chúisigh na póilíní i ndúnmharú é.

charity NOUN
1 déirc *fem2*

□ I don't want your charity! Níor mhaith liom do chuid déirce!
2 cumann carthanachta *masc1 (organization)*

charm NOUN
briocht *masc3*
□ a gold charm briocht óir
■ **He's got a lot of charm.** Tá dóigh dheas leis.

charming ADJECTIVE
cuannach

chart NOUN
cairt *fem2*
□ The chart shows the rise of unemployment. Léiríonn an chairt an t-ardú sa dífhostaíocht.
■ **the charts** na cairteacha □ This album is number one in the charts. Tá an t-albam seo ar uimhir a haon sna cairteacha.

charter flight NOUN
eitilt chairtfhostaithe *fem2*

to **chase** VERB
▷ see also **chase** NOUN
téigh sa tóir ar

chase NOUN
▷ see also **chase** VERB
tóir *fem3*
□ a car chase tóir charranna

to **chat** VERB
▷ see also **chat** NOUN
comhrá a dhéanamh
□ She likes chatting online. Is maith léi comhrá a dhéanamh ar líne.
■ **to chat somebody up** caint a chur ar dhuine □ He likes to chat up the girls. Is maith leis caint a chur ar na cailíní.

chat NOUN
▷ see also **chat** VERB
comhrá *masc4*
■ **to have a chat** tamall comhrá a dhéanamh

chatroom NOUN
seomra comhrá *masc4*

chat show NOUN
seó cainte *masc4*

chauvinist NOUN
seobhaineach *masc1*
■ **a male chauvinist** seobhaineach fir

cheap ADJECTIVE
saor
□ a cheap T-shirt T-léine shaor

cheaper ADJECTIVE
níos saoire
□ It's cheaper by bus. Tá sé níos saoire dul ar an mbus.

to **cheat** VERB
▷ *see also* **cheat** NOUN
bheith ag rógaireacht
□ You're cheating! Tá tú ag rógaireacht!

cheat NOUN
▷ *see also* **cheat** VERB
caimiléir *masc3*

check NOUN
▷ *see also* **check** VERB
1 seiceáil *fem3*
□ a security check seiceáil slándála
2 bille *masc4* (us: *bill*)
□ Can we have the check, please? An féidir linn an bille a fháil, le do thoil?
3 seic *masc4* (us: *cheque*)

to **check** VERB
▷ *see also* **check** NOUN
seiceáil
□ I'll check the time of the train. Seiceálfaidh mé am na traenach. □ Could you check the oil, please? An seiceálfaidh tú an ola, le do thoil?

to **check in** VERB
seiceáil isteach (*at airport, hotel*)
□ Where do we check in? Cén áit a seiceálfaimid isteach?

to **check out** VERB
seiceáil amach
□ Can I check out, please? An féidir liom seiceáil amach, le do thoil?

checkers PL NOUN (US)
cluiche táiplise *masc4*
□ They were playing checkers. Bhí siad ag imirt cluiche táiplise.

check-in NOUN
deasc cláraithe *fem2*

checking account NOUN (US)
seic-chuntas *masc1*

checkout NOUN
cuntar amach *masc1* (*in shop*)

check-up NOUN
scrúdú dochtúra *masc*

cheek NOUN
1 leiceann *masc1*
□ He kissed her on the cheek. Phóg sé ar an leiceann í.
2 dánacht *fem3* (*nerve*)
□ What a cheek! A leithéid de dhánacht!

cheeky ADJECTIVE
dalba
□ Don't be cheeky! Ná bí dalba! □ a cheeky smile miongháire dalba

cheer NOUN
▷ *see also* **cheer** VERB
gáir mholta *fem2* (*of crowd*)

■ to give a cheer gáir mholta a ligean
■ Cheers! 1 (*good health*) Sláinte!
2 (*thanks*) Go raibh maith agat!

to **cheer** VERB
▷ *see also* **cheer** NOUN
lig gáir mholta
□ Everyone cheered. Lig gach duine gáir mholta as.

to **cheer up** VERB
glac misneach (*become more cheerful*)
■ to cheer somebody up cian a thógáil de dhuine □ I was trying to cheer him up. Bhí mé ag iarraidh cian a thógáil de.
■ Cheer up! Bíodh misneach agat!

cheerful ADJECTIVE
gealgháireach

cheerio EXCLAMATION
slán

cheese NOUN
cáis *fem2*

cheesecake NOUN
císte cáise *masc4*

chef NOUN
príomhchócaire *masc4*

chemical NOUN
ceimiceán *masc1*

chemist NOUN
1 poitigéir MASC3
□ Is there a chemist's round here? An bhfuil siopa poitigéara thart anseo?
2 ceimiceoir *masc3* (*scientist*)

chemistry NOUN
ceimic *fem2*
□ the chemistry lab an tsaotharlann cheimice

cheque (US **check**) NOUN
seic *masc4*
□ I paid by cheque. D'íoc mé le seic.

chequebook NOUN
seicleabhar *masc1*

cherry NOUN
silín *masc4*

chess NOUN
ficheall *fem2*
□ I sometimes play chess with my father. Imrím ficheall corruair le m'athair.

chessboard NOUN
clár fichille *masc1*

chest NOUN
1 ucht *masc3*
□ his chest measurement tomhas a uchta
2 ciste *masc4* (*box*)

chestnut NOUN
castán *masc1*

□ We had turkey with chestnuts. Bhí turcaí agus castáin againn.

chest of drawers NOUN
cófra tarraiceán *masc4*

to **chew** VERB
cogain

chewing gum NOUN
guma coganta *masc4*

chicken NOUN
sicín *masc4 (bird, food)*

chickenpox NOUN
deilgneach *fem2*
□ My sister has chickenpox. Tá an deilgneach ar mo dheirfiúr.

chickpea NOUN
piseánach *masc1*

chief NOUN
▷ *see also* **chief** ADJECTIVE
ceann urra *masc1 (boss)*
□ the chief of security an ceann urra slándala

chief ADJECTIVE
▷ *see also* **chief** NOUN
príomh-
□ His chief reason for resigning was stress. Ba é an príomhfháth ar éirigh sé as ná strus.

child NOUN
páiste *masc4*
□ all the children na páistí uile

childish ADJECTIVE
leanbaí

child minder NOUN
feighlí páistí *masc4*

children PL NOUN ▷ *see* **child**

Chile NOUN
an tSile *fem4*

to **chill** VERB
fuaraigh
□ He put the wine in the fridge to chill. Chuir sé an fíon sa chuisneoir chun fuarú.

chilli NOUN
cilí *masc4*

chilly ADJECTIVE
féithuar

chimney NOUN
simléar *masc1*

chin NOUN
smig *fem2*

China NOUN
an tSín *fem2*
□ in China sa tSín

china NOUN
poirceallán *masc1*
□ a china plate pláta poircealláin

Chinese NOUN
▷ *see also* **Chinese** ADJECTIVE
Sínis *fem2 (language)*
■ the Chinese *(people)* na Sínigh

Chinese ADJECTIVE
▷ *see also* **Chinese** NOUN
Síneach
□ a Chinese restaurant bialann Shíneach
□ a Chinese man Síneach fir □ a Chinese woman Síneach mná

chip NOUN
1 sceallóg phráta *fem2*
□ We bought some chips. Cheannaíomar sceallóga prátaí.
2 slis *fem2 (in computer)*
■ potato chips *(US: crisps)* brioscán phrátaí

chiropodist NOUN
coslia *masc4*
□ He's a chiropodist. Is coslia é.

chives PL NOUN
síobhais *masc1 pl*

chocolate NOUN
seacláid *fem2*
□ a chocolate cake císte seacláide
■ a box of chocolates bosca seacláidí
■ hot chocolate seacláid the

choice NOUN
rogha *fem4*
□ I had no choice. Ní raibh rogha agam.

choir NOUN
cór *masc1*
□ I sing in the school choir. Canaim i gcór na scoile.

to **choke** VERB
tacht
□ He choked on a fishbone. Thacht ar cnámh éisc é.

to **choose** VERB
roghnaigh
□ It's difficult to choose one. Is doiligh ceann a roghnú.

to **chop** VERB
▷ *see also* **chop** NOUN
1 mionghearr
□ Chop the onions. Mionghearr na hoinniúin.
2 gearr *(wood)*

chop NOUN
▷ *see also* **chop** VERB
gríscín *masc1*
□ a pork chop gríscín muiceola

chopsticks PL NOUN
cipíní itheacháin *masc4 pl*

chorus NOUN
curfá *masc4 (of song)*

chose, chosen VERB ▷ see **choose**

Christ NOUN
Críost masc4
□ the birth of Christ breith Chríost

christening NOUN
baisteadh masc

Christian ADJECTIVE
▷ see also **Christian** NOUN
Críostúil

Christian NOUN
▷ see also **Christian** ADJECTIVE
Críostaí masc4

Christian name NOUN
ainm baiste masc4

Christmas NOUN
Nollaig fem
■ **Happy Christmas!** Nollaig Shona!
■ **Christmas dinner** dinnéar Nollag

Christmas card NOUN
cárta Nollag masc4

Christmas Day NOUN
Lá Nollag masc

Christmas Eve NOUN
Oíche Nollag fem4

Christmas tree NOUN
crann Nollag masc1

chubby ADJECTIVE
plucach
□ a chubby baby leanbh plucach

chunk NOUN
alpán masc1
□ Cut the meat into chunks. Gearr an fheoil ina halpáin.

church NOUN
teach pobail masc
□ I go to church every Sunday. Téim chuig an teach pobail gach Domhnach.

chutney NOUN
seatnaí masc4

cider NOUN
ceirtlis fem2

cigar NOUN
todóg fem2

cigarette NOUN
toitín masc4

cigarette lighter NOUN
lastóir toitíní masc3

cinema NOUN
pictiúrlann fem2
□ I'm going to the cinema this evening. Tá mé ag dul go dtí an phictiúrlann tráthnóna.

cinnamon NOUN
cainéal masc1

circle NOUN
ciorcal masc1

■ **a vicious circle** ciorcal lochtach

circular ADJECTIVE
ciorclach

circulation NOUN
1 imsruthú masc (of blood)
2 scaipeadh masc (of newspaper)

circumstances PL NOUN
cúinsí masc4 pl

circus NOUN
sorcas masc1

citizen NOUN
saoránach masc1
□ an Irish citizen saoránach Éireannach

citizenship NOUN
saoránacht fem3

city NOUN
cathair fem
■ **the city centre** lár na cathrach □ It's in the city centre. Tá sé i lár na cathrach.

city technology college NOUN
coláiste teicneolaíochta cathrach masc4

civilization NOUN
sibhialtacht fem3

civil rights PL NOUN
cearta sibhialta masc1 pl

civil servant NOUN
státseirbhíseach masc1

civil war NOUN
cogadh cathartha masc1

to **claim** VERB
▷ see also **claim** NOUN
1 éiligh (rights, inheritance)
□ She's claiming unemployment benefit. Tá sí ag éileamh leasa shóisialta.
■ **to claim on one's insurance** éileamh ar árachas □ We claimed on our insurance. D'éilíomar ar ár n-árachas.
2 maígh
□ He claims to have found the money. Maíonn sé gurb é rud a tháinig sé ar an airgead.

claim NOUN
▷ see also **claim** VERB
éileamh masc1
■ **to make a claim** éileamh a dhéanamh

to **clap** VERB
tabhair bualadh bos
■ **to clap one's hands** do bhosa a bhualadh
□ My dog sits when I clap my hands. Suíonn mo mhadra nuair a bhuailim mo bhosa.

Clare NOUN
an Clár masc1

clarinet NOUN
cláirnéid fem2
□ I play the clarinet. Seinnim ar an gcláirnéid.

to **clash** VERB
  tar salach ar a chéile
    □ The concert clashes with Ann's party.
    Tagann an cheolchoirm salach ar chóisir Áine.
    ■ Orange clashes with pink. Ní thagann
    oráiste le bándearg.
clasp NOUN
  greamán *masc1 (of necklace, bag)*
class NOUN
1 rang *masc3*
    □ We're in the same class. **Táimid sa rang
    céanna.**
2 ceacht *masc3 (lesson)*
    □ I go to dancing classes. **Téim ar
    cheachtanna damhsa.**
    ■ the upper classes na huasaicmí
classic ADJECTIVE
  ▷ *see also* **classic** NOUN
  clasaiceach
    □ a classic example **sampla clasaiceach**
classic NOUN
  ▷ *see also* **classic** ADJECTIVE
  saothar clasaiceach *masc1*
classical ADJECTIVE
  clasaiceach
    □ I like classical music. **Is maith liom ceol
    clasaiceach.**
classmate NOUN
  comrádaí scoile *masc4*
classroom NOUN
  seomra ranga *masc4*
classroom assistant NOUN
  cúntóir ranga *masc3*
claw NOUN
1 crúb *fem2 (of animal)*
2 ionga *fem (of bird of prey)*
3 ladhar *fem2 (of lobster)*
clean ADJECTIVE
  ▷ *see also* **clean** VERB
  glan
    □ a clean shirt **léine ghlan**
to **clean** VERB
  ▷ *see also* **clean** ADJECTIVE
  glan
cleaner NOUN
  glantóir *masc3*
cleaner's NOUN
  tirimghlantóir *masc3*
cleaning lady NOUN
  glantóir mná *masc3*
clear ADJECTIVE
  ▷ *see also* **clear** VERB
1 glan
    □ The road's clear now. **Tá an bóthar glan
    anois.**

2 follasach *(evident)*
    □ It's clear you don't believe me. **Is follasach
    nach gcreideann tú mé.**
3 soiléir *(explanation, speech)*
to **clear** VERB
  ▷ *see also* **clear** ADJECTIVE
1 glan
    □ The police are clearing the road after the
    accident. **Tá na póilíní ag glanadh an
    bhóthair i ndiaidh na taisme.**
2 saor *(suspect)*
    □ She was cleared of murder. **Saoradh
    í maidir sa dúnmharú.**
3 scaip *(fog)*
    □ The mist cleared. **Scaip an ceo.**
    ■ to clear the table an bord a réiteach
    □ I'll clear the table. **Réiteoidh mé an bord.**
to **clear off** VERB
  imigh
    □ Clear off and leave me alone! **Imigh leat
    agus lig dom!**
to **clear up** VERB
1 réitigh
    □ Who's going to clear all this up? **Cé atá
    á réiteach seo?**
2 fuascail *(mystery)*
    ■ I think it's going to clear up. *(weather)*
    Sílim go nglanfaidh sé.
clearly ADVERB
  go soiléir
    □ She explained it very clearly. **Mhínigh
    sí go han-soiléir é.** □ He spoke clearly
    and slowly. **Labhair sé go soiléir,
    tomhaiste.**
clementine NOUN
  cleimintín *masc4*
clergyman NOUN
  eaglaiseach *masc1*
clever ADJECTIVE
  cliste
    □ She's very clever. **Tá sí iontach cliste.**
    □ a clever system **córas cliste** □ What a
    clever idea! **Sin smaoineamh cliste!**
click NOUN
  ▷ *see also* **click** VERB
  clic *masc4*
to **click** VERB
  ▷ *see also* **click** NOUN
  cliceáil *(with mouse)*
to **click on** VERB
  cliceáil ar *(icon)*
client NOUN
  cliant *masc1*
cliff NOUN
  aill *fem2*

climate NOUN
aeráid *fem2*

to **climb** VERB
▷ *see also* **climb** NOUN
dreap
□ We should climb Errigal. **Ba chóir dúinn an Eargail a dhreapadh.**

climb NOUN
▷ *see also* **climb** VERB
dreapadh *masc*

climber NOUN
dreapadóir *masc3*

climbing NOUN
dreapadóireacht *fem3*
■ **to go climbing** dul a dhreapadóireacht
□ We're going climbing in Scotland. **Táimid ag dul a dhreapadóireacht in Albain.**

Clingfilm® NOUN
scannán cumhdaithe *masc1*

clinic NOUN
clinic *masc4*

clip NOUN
1 fáiscín *masc4 (for hair)*
2 gearrthóg *fem2*
□ some clips from her latest film **roinnt gearrthóg ón scannán is déanaí aici**

clippers PL NOUN
deimheas *masc1 (for hedge)*
■ **nail clippers** siosúr ingne

cloakroom NOUN
1 seomra cótaí *masc4 (for coats)*
2 leithreas *masc1 (toilet)*

clock NOUN
clog *masc1*
□ The clock struck three. **Bhuail an clog a trí.**
■ **an alarm clock** clog aláraim
■ **a clock-radio** clograidió

clockwork NOUN
■ **to go like clockwork** dul chun cinn bonn ar aon □ Everything went like clockwork. **Chuaigh gach rud chun cinn bonn ar aon.**

clog NOUN
paitín *masc4*

clone NOUN
▷ *see also* **clone** VERB
clón *masc1 (animal, plant)*

to **clone** VERB
▷ *see also* **clone** NOUN
clónáil
□ a cloned sheep **caora chlónáilte**

close ADJECTIVE, ADVERB
▷ *see also* **close** VERB
1 i gcóngar

□ The shops are close. **Tá na siopaí i gcóngar.**
■ **close to** gar do □ The youth hostel is close to the station. **Tá brú na hóige gar don stáisiún.**
■ **close by** in aice láimhe
2 dlúth- *(contact, link)*
□ Only close relations will be coming. **Ní bheidh ach dlúthghaolta ag teacht.** □ She's a close friend of mine. **Is dlúthchara liom í.**
■ **I'm very close to my sister.** Tá mé iontach deas do mo dheirfiúr.
3 géar *(contest)*
□ It's going to be very close. **Beidh sé iontach géar.**
■ **It was a close shave.** Chuaigh sé gairid go maith dó.
4 mion *(examination)*
5 marbhánta *(weather)*
□ It's very close this afternoon. **Tá sé iontach marbhánta tráthnóna inniu.**

to **close** VERB
▷ *see also* **close** ADJECTIVE, ADVERB
druid
□ What time does the pool close? **Cén t-am a dhruidfear an linn snámha?** □ The shops close at 5.30. **Druidfear na siopaí ar 5.30.** □ Please close the door. **Druid an doras le do thoil.** □ The doors close automatically. **Druideann na doirse go huathoibríoch inniu.**

closed ADJECTIVE
druidte
□ The bank's closed. **Tá an banc druidte.**

closely ADVERB
go géar *(examine, watch)*

cloth NOUN
éadach *masc1*

clothes PL NOUN
éadaí *masc1 pl*
■ **a clothes line** líne éadaí
■ **a clothes peg** pionna éadaí

cloud NOUN
1 scamall *masc1*
2 ceo *masc4 (of dust)*

cloudy ADJECTIVE
scamallach

clove NOUN
clóbh *masc1 (spice)*
■ **a clove of garlic** ionga gairleoige

clown NOUN
fear grinn *masc1*

club NOUN
1 club *masc4*
□ the youth club **club na n-óg** □ He went to the golf club. **Chuaigh sé chuig an gclub gailf.**

2 maide *masc4*
□ I bought a new golf club. Cheannaigh mé maide nua gailf.
■ **clubs** *(in cards)* triuf □ the ace of clubs an t-aon triuf

to **club together** VERB
airgead a bhailiú i bpáirt le chéile
□ We clubbed together to buy her a present. Bhailíomar airgead le chéile le bronntanas a cheannach di.

clubbing NOUN
■ **to go clubbing** dul a dhamhsa

clue NOUN
leid *fem2*
□ an important clue leid thábhachtach
■ **He hasn't a clue.** Níl barúil aige.

clumsy ADJECTIVE
ciotach

clutch NOUN
crág *fem2 (of car)*

clutter NOUN
tranglam
□ There's too much clutter in here.
Tá barraíocht tranglam istigh anseo.

coach NOUN
1 cóiste *masc4*
□ We went there by coach. Chuamar ann ar an gcóiste.
■ **the coach station** an stáisiún cóiste
■ **a coach trip** turas cóiste
2 traenálaí *masc4 (trainer)*
□ the Irish coach traenálaí na hÉireann

coal NOUN
gual *masc1*
■ **a coal mine** mianach guail
■ **a coal miner** mianadóir guail

coarse ADJECTIVE
1 garbh
□ The bag was made of coarse cloth.
Bhí an mála déanta d'éadach garbh.
2 gáirsiúil *(vulgar)*
□ coarse language caint gháirsiúil

coast NOUN
cósta *masc4*
□ It's on the west coast of Ireland. Tá sé ar chósta thiar na hÉireann.

coastguard NOUN
garda cósta *masc4*

coat NOUN
1 cóta *masc4*
□ a warm coat cóta te
2 fionnadh *masc1 (of animal)*
3 brat *masc1*
□ a coat of paint brat péinte

coat hanger NOUN

crochadán cótaí *masc1*

cobweb NOUN
líon damháin alla *masc1*

cocaine NOUN
cócaon *masc1*

cock NOUN
coileach *masc1 (cockerel)*

cockerel NOUN
coileach óg *masc1*

cockle NOUN
ruacan *masc1*

cocktail NOUN
manglam *masc1*

cocoa NOUN
cócó *masc4*
□ a cup of cocoa cupán cócó

coconut NOUN
cnó cócó *masc4*

cod NOUN
trosc *masc1*

code NOUN
cód *masc1*

coffee NOUN
caife *masc4*
□ A cup of coffee, please. Cupán caife, le do thoil.
■ **a white coffee** caife bán

coffeepot NOUN
pota caife *masc4*

coffee table NOUN
bord caife *masc1*

coffin NOUN
cónra *fem4*

coin NOUN
bonn *masc1*
□ a 2 euro coin bonn 2 euro

coincidence NOUN
comhtharlú *masc*

coinphone NOUN
guthán bonn *masc1*

Coke® NOUN
Cóc *masc4*
□ a can of Coke® canna Cóc

colander NOUN
síothlán *masc1*

cold ADJECTIVE
▷ *see also* **cold** NOUN
fuar
□ The water's cold. Tá an t-uisce fuar.
□ It's cold. Tá sé fuar.
■ **to be cold** *(person)* bheith fuar □ I'm cold.
Tá mé fuar.
■ **in cold blood** as fuil fhuar

cold NOUN
▷ *see also* **cold** ADJECTIVE

1 fuacht *masc3*
  □ I can't stand the cold. Ní féidir liom an fuacht a fhulaingt.
2 slaghdán *masc1*
  □ I have a cold. Tá slaghdán orm.
  ■ **to catch a cold** slaghdán a thógáil
cold sore NOUN
  cneá fuachta *fem4*
coleslaw NOUN
  cálslá *masc4*
to **collapse** VERB
1 tit go talamh *(building)*
2 tit i bhfanntais *(person)*
  □ He collapsed. Thit sé i bhfanntais.
collar NOUN
1 bóna *masc4 (of coat, shirt)*
2 coiléar *masc1 (for animal)*
collarbone NOUN
  cnámh an smiolgadáin *fem2*
  □ I broke my collarbone. Bhris mé cnámh an smiolgadáin.
colleague NOUN
  comhoibrí *masc4*
to **collect** VERB
1 bailigh
  □ The teacher collected the books. Bhailigh an múinteoir na leabhair. □ They collect the rubbish on Fridays. Bailíonn siad an bruscar ar an Aoine. □ I collect stamps. Bailím stampaí. □ They're collecting for charity. Tá siad ag bailiú ar son na carthanachta.
2 tóg *(pick up)*
  □ Their mother collects them from school. Tógann a máthair ón scoil iad.
collect call NOUN (US)
  glaoch freastáille *masc1*
collection NOUN
1 bailiúchán *masc*
  □ my DVD collection mo bhailiúchán DVDanna □ a collection for charity bailiúchán ar son na carthanachta
2 bailiú *masc (of mail)*
  □ Next collection: 5pm An chéad bhailiú eile: 5 pm
collector NOUN
  bailitheoir *masc3*
college NOUN
  coláiste *masc4*
  □ a technical college coláiste teicneolaíochta
to **collide** VERB
  tuairteáil
  ■ **The two cars collided.** Bhuail an dá charr faoina chéile.

collie NOUN
  madra caorach *masc4*
collision NOUN
  imbhualadh *masc*
colon NOUN
  idirstad *masc4 (punctuation)*
colonel NOUN
  coirnéal *masc1*
colour (US **color**) NOUN
  dath *masc3*
  □ What colour is it? Cad é an dath atá air?
  ■ **a colour film** scannán daite
colourful (US **colorful**) ADJECTIVE
  dathannach
colouring (US **coloring**) NOUN
  dathú *masc (in food)*
comb NOUN
  ▷ *see also* **comb** VERB
  cíor *fem2*
to **comb** VERB
  ▷ *see also* **comb** NOUN
  cíor
  □ You haven't combed your hair. Níor chíor tú do chuid gruaige.
combination NOUN
  comhcheangal *masc1*
to **combine** VERB
  cuir le chéile *(join)*
  □ The author combines humour with suspense. Cuireann an t-údar greann agus fionraí le chéile.
  ■ **It's difficult to combine a career with raising children.** Is doiligh clann a thógáil agus post a bheith agat san am céanna.
combine harvester NOUN
  comhbhuainteoir *masc3*
to **come** VERB
  tar
  □ Can I come too? An féidir liomsa teacht fosta? □ Some friends came to see us. Tháinig roinnt cairde le muid a fheiceáil. □ I'll come with you. Tiocfaidh mé in éineacht leat. □ I'm coming! Tá mé ag teacht! □ The letter came this morning. Tháinig an litir ar maidin. □ She came from Belfast by train. Tháinig sé as Béal Feirste leis an traein.
  ■ **Come on!** Siúil leat!
  ■ **It came undone.** Scaoil sé.
  ■ **I come from Derry.** Is as Doire dom.
to **come back** VERB
  tar ar ais
  □ Come back! Tar ar ais!
to **come down** VERB
  tit

to **come forward** VERB
tar chun tosaigh

to **come in** VERB
tar isteach
□ Come in! **Tar isteach!**

to **come out** VERB
tar amach
□ I tripped as I came out of the cinema.
Baineadh tuisle asam nuair a tháinig mé amach ón bpictiúrlann. □ It's just come out on DVD. **Tá sé díreach i ndiaidh teacht amach ar DVD.**
■ None of my photos came out. **Níor tháinig grianghraf ar bith de mo chuid amach.**

to **come round** VERB
tar chugat féin *(after faint, operation)*

to **come up** VERB
tar aníos
□ Come up here! **Tar aníos anseo!**
■ to come up to somebody **teacht fad le**
□ She came up to me and kissed me.
Tháinig sí fad liom gur phóg sí mé. □ A man came up to me and said … **Tháinig fear fad liom agus dúirt sé …**

comedian NOUN
fuirseoir *masc3*

comedy NOUN
coiméide *fem4*

comfortable ADJECTIVE
compordach
□ I'm very comfortable, thanks. **Tá mé iontach compordach, go raibh maith agat.**

comic NOUN
greannán *masc1 (magazine)*

comic strip NOUN
gearrthóg ghrinn *fem2*

coming ADJECTIVE
■ in the coming months **sna míonna atá romhainn**

comma NOUN
camóg *fem2*

command NOUN
ordú *masc (order)*
■ He has a good command of Irish.
Tá Gaeilge mhaith aige.

comment NOUN
▷ *see also* **comment** VERB
trácht *masc3*
□ He made no comment. **Ní déarfadh sé rud ar bith.**
■ No comment! **Níl dada le rá agam!**

to **comment** VERB
▷ *see also* **comment** NOUN
■ to comment on something **trácht ar rud**

commentary NOUN
tráchtaireacht *fem3*

commentator NOUN
tráchtaire *masc4*

commercial NOUN
fógra *masc4*

commission NOUN
coimisiún *masc1*
□ Salesmen work on commission. **Oibríonn lucht díolacháin ar choimisiúin.**

to **commit** VERB
déan
□ He committed a crime. **Rinne sé coir.**
■ to commit oneself **tú féin a cheangal le rud a dhéanamh** □ I don't want to commit myself. **Níor mhaith liom mé féin a cheangal leis.**
■ to commit suicide **lámh a chur i do bhás féin** □ He committed suicide. **Chuir sé lámh ina bhás féin.**

committee NOUN
coiste *masc4*

common ADJECTIVE
▷ *see also* **common** NOUN
coitianta
□ 'Smith' is a very common surname.
Sloinne iontach coitianta is ea é 'Mac Gabhann'.
■ in common **i gcoiteann** □ We've got a lot in common. **Tá cuid mhór i gcoiteann againn.**

common NOUN
▷ *see also* **common** ADJECTIVE
coiteann *masc1 (land)*
□ The boys play football on the common.
Imríonn na buachaillí peil ar an gcoiteann.

common sense NOUN
ciall *fem2*
□ Have some common sense! **Bíodh ciall agat!**

to **communicate** VERB
■ to communicate with somebody **bheith i dteagmháil le duine**

communication NOUN
cumarsáid *fem2*

communion NOUN
Comaoineach Naofa *fem4*
□ my First Communion **mo Chéad Chomaoineach**

communism NOUN
cumannachas *masc1*

communist ADJECTIVE
▷ *see also* **communist** NOUN
cumannach
■ the Communist Party **An Páirtí Cumannach**

communist NOUN
▷ see also **communist** ADJECTIVE
cumannaí masc4

community NOUN
pobal masc1

community centre NOUN
ionad pobail masc1

to **commute** VERB
bheith ag comaitéireacht
□ She commutes between Dublin and
Waterford. Bíonn sí ag comaitéireacht idir
Baile Átha Cliath agus Port Láirge.

compact disc NOUN
dlúthdhiosca masc4
■ a compact disc player seinnteoir
dlúthdhioscaí

companion NOUN
compánach masc1

company NOUN
cuideachta fem4 (business, social)
□ It is a very big company. Is cuideachta
an-mhór í.
■ to keep somebody company cuideachta
a dhéanamh le duine □ I'll keep you
company. Coinneoidh mé cuideachta leat.
■ a theatre company compántas
drámaíochta

comparatively ADVERB
cuibheasach (relatively)

to **compare** VERB
■ to compare somebody with duine a
chur i gcomparáid le □ People always
compare him with his brother. Cuireann
daoine i gcomparáid lena dheartháir
i gcónaí é.
■ compared with i gcomparáid le
□ Galway is small compared with Dublin.
Tá Gaillimh beag i gcomparáid le Baile Átha
Cliath.

comparison NOUN
comparáid fem2

compartment NOUN
urrann fem2

compass NOUN
compás masc1

compensation NOUN
cúiteamh masc1
□ They got £2000 compensation. Fuair siad
£2000 de chúiteamh.

compere NOUN
óstach masc1

to **compete** VERB
téigh san iomaíocht
□ I'm competing in the marathon. Tá mé ag
dul san iomaíocht sa mharatón.

■ to compete with somebody dul san
iomaíocht le duine
■ to compete for something dul san
iomaíocht le haghaidh rud éigin □ There are
50 students competing for 6 places. Tá 50
mac léinn san iomaíocht le haghaidh 6 áit.

competent ADJECTIVE
cumasach

competition NOUN
1 comórtas masc1 (contest)
□ a singing competition comórtas
amhránaíochta
2 iomaíocht fem3 (economic)
■ in competition with in iomaíocht le

competitive ADJECTIVE
iomaíoch
□ a very competitive price praghas iontach
iomaíoch
■ to be competitive (person) bheith
iomaíoch □ He's very competitive. Is duine
an-iomaíoch é.

competitor NOUN
iomaitheoir masc3

to **complain** VERB
gearán a dhéanamh
□ I'm going to complain to the manager.
Tá mé ag dul a dhéanamh gearáin leis an
mbainisteoir. □ We complained about the
noise. Rinneamar gearán faoin gcallán.

complaint NOUN
gearán masc1
□ There were lots of complaints about the
food. Rinneadh cuid mhór gearán faoin
mbia.
■ to make a complaint gearán a
dhéanamh □ I'd like to make a complaint.
Ba mhaith liom gearán a dhéanamh.

complete ADJECTIVE
iomlán

completely ADVERB
ar fad

complexion NOUN
snua masc4

complicated ADJECTIVE
casta

compliment NOUN
▷ see also **compliment** VERB
moladh masc
■ to pay somebody a compliment duine
a mholadh

to **compliment** VERB
▷ see also **compliment** NOUN
mol
□ They complimented me on my French.
Mhol siad mo chuid Fraincise.

complimentary ADJECTIVE
1 moltach
□ He was very complimentary about my garden. Bhí sé iontach moltach faoi mo ghairdín.
2 dea-mhéine *(free)*
□ I've got two complimentary tickets for tonight. Tá dhá thicéad dhea-mhéine agam don oíche anocht.

composer NOUN
cumadóir *masc3*

comprehension NOUN
tuiscint *fem3*

comprehensive ADJECTIVE
cuimsitheach
□ a comprehensive guide treoir chuimsitheach

comprehensive school NOUN
scoil chuimsitheach *fem2*

compromise NOUN
▷ *see also* **compromise** VERB
comhréiteach *masc1*
□ We reached a compromise. Thángamar ar chomhréiteach.

to **compromise** VERB
▷ *see also* **compromise** NOUN
tar ar chomhréiteach
□ Let's compromise. Déanaimis comhréiteach.

compulsory ADJECTIVE
éigeantach

computer NOUN
ríomhaire *masc4*

computer game NOUN
cluiche ríomhaire *masc4*

computer programmer NOUN
ríomhchláraitheoir *masc3*
□ She's a computer programmer. Is ríomhchláraitheoir í.

computer room NOUN
seomra ríomhairí *masc4*

computer science NOUN
ríomhaireacht *fem3*

computing NOUN
ríomhaireacht *fem3*

to **concentrate** VERB
dírigh ar
□ I couldn't concentrate. Ní thiocfadh liom díriú air.
■ to concentrate on something d'intinn a dhíriú ar rud

concentration NOUN
dianmhachnamh *masc1*

concern NOUN
imní *fem4 (anxiety)*

□ They expressed concern about her health. Léirigh siad imní faoina sláinte.

concerned ADJECTIVE
■ to be concerned about beith buartha faoi □ His mother is concerned about him. Tá a mháthair buartha faoi
■ as far as I'm concerned a fhad agus a bhaineann sé liomsa

concerning PREPOSITION
maidir
■ For further information concerning the job, contact … Le tuilleadh eolais a fháil maidir leis an bpost, déan teagmháil le …

concert NOUN
ceolchoirm *fem2*

concrete NOUN
coincréit *fem2*

to **condemn** VERB
cáin
□ The government has condemned the decision. Cháin an rialtas an cinneadh.

condition NOUN
1 coinníoll *masc1 (stipulation)*
□ I'll do it, on one condition … Déanfaidh mé é, ar choinníoll amháin …
2 ordú *masc*
□ in good condition in ordú mhaith
■ local conditions dálaí áitiúla

conditional ADJECTIVE
coinníollach

conditioner NOUN
feabhsaitheoir *masc3*

condom NOUN
coiscín *masc4*

to **conduct** VERB
stiúir *(orchestra)*

conductor NOUN
stiúrthóir *masc3*

cone NOUN
cón *masc1*
□ an ice-cream cone cón uachtair reoite

conference NOUN
comhdháil *fem3*

to **confess** VERB
1 admhaigh
□ He finally confessed. D'admhaigh sé a choir sa deireadh. □ He confessed to the murder. D'admhaigh sé an dúnmharú.
2 déan faoistin le *(to priest)*

confession NOUN
1 admháil *fem3 (of criminal)*
2 faoistin *fem2 (to priest)*

confetti NOUN
coinfití *masc4*

confidence NOUN
1 muinín *fem2*
□ I have confidence in you. Tá muinín agam asat.
2 féinmhuinín *fem2*
□ She lacks confidence. Níl féinmhuinín aici.
confident ADJECTIVE
féinmhuiníneach
■ She's seems quite confident. Is cosúil go bhfuil muinín aici aisti féin.
confidential ADJECTIVE
rúnda
to **confirm** VERB
cinntigh
confirmation NOUN
1 cinntiú *masc*
2 cóineartú *masc (religious)*
conflict NOUN
coimhlint *fem2*
to **confuse** VERB
■ to confuse somebody mearbhall a chur ar dhuine □ Don't confuse me! Ná cuir mearbhall orm!
confused ADJECTIVE
trí chéile
□ I'm confused by all this new technology. Tá mé trí chéile ag an teicneolaíocht nua seo ar fad.
■ He is confused. Tá mearbhall air.
confusing ADJECTIVE
mearbhlach
confusion NOUN
1 tranglam *masc1 (of situation)*
2 mearbhall *masc1 (of person)*
to **congratulate** VERB
■ to congratulate somebody on something déan comhghairdeas le duine faoi rud □ My aunt congratulated me on my results. Rinne m'aintín comhghairdeas liom faoi mo chuid torthaí.
congratulations PL NOUN
comhghairdeas *masc1*
□ Congratulations on your new job! Comhghairdeas ar do phost nua!
■ Congratulations! *(on marriage)* Go maire tú do shaol úr!
conjunction NOUN
cónasc *masc1*
conjurer NOUN
asarlaí *masc4*
Connacht NOUN
▷ see also **Connacht** ADJECTIVE
Connachta *masc pl*

Connacht ADJECTIVE
▷ see also **Connacht** NOUN
Connachtach
connection NOUN
1 baint *fem2 (relationship)*
□ There's no connection between the two events. Níl baint ar bith idir an dá ócáid.
2 cónasc *masc1*
□ There's a loose connection. Tá cónasc scaoilte ann.
■ in connection with i dtaca le
to **conquer** VERB
buaigh ar
conscience NOUN
coinsias *masc3*
conscious ADJECTIVE
comhfhiosach
■ He was conscious. Bhí a mheabhair aige.
■ to be conscious of something rud a aireachtáil
consciousness NOUN
■ to lose consciousness do mheabhair a chailleadh □ I lost consciousness. Chaill mé mo mheabhair.
consequence NOUN
iarmhairt *fem3*
□ What are the consequences for the environment? Cad iad na hiarmhairtí le haghaidh an chomhshaoil?
■ as a consequence of mar thoradh ar
consequently ADVERB
dá bhrí sin
conservation NOUN
caomhnú *masc*
conservative ADJECTIVE
▷ see also **Conservative** NOUN
coimeádach
■ the Conservative Party an Páirtí Coimeádach
Conservative NOUN
▷ see also **conservative** ADJECTIVE
Coimeádach *masc1*
■ to vote Conservative vótáil ar son an Pháirtí Choimeádaigh
■ the Conservatives na Coimeádaithe
conservatory NOUN
teach gloine *masc*
to **consider** VERB
1 smaoinigh ar *(think about)*
□ I'm considering it. Tá mé ag smaoineamh air.
■ to consider doing something smaoineamh ar rud a dhéanamh
□ I considered cancelling the holidays. Smaoinigh mé ar na laethanta saoire a chur ar ceal.

2 meas *(think, judge)*
□ He considers it a waste of time. Measann sé gur cur amú ama é.

3 cuir san áireamh *(take into account)*

considerate ADJECTIVE
tuisceanach

considering PREPOSITION
■ **considering how deep it is** agus a dhoimhne atá sé
■ **I got a good mark, considering.** Fuair mé marc maith, agus gach rud san áireamh.

to **consist** VERB
■ **to consist of** bheith i □ The band consists of a singer and a guitarist. Amhránaí agus giotáraí atá sa bhuíon.

consonant NOUN
consan *masc1*

constant ADJECTIVE
seasmhach

constantly ADVERB
de shíor

constipated ADJECTIVE
ceangailte

to **construct** VERB
tóg

construction NOUN
tógáil *fem3*

to **consult** VERB
téigh i gcomhairle le

consumer NOUN
tomhaltóir *masc3*

contact NOUN
▷ *see also* **contact** VERB
teagmháil *fem3*
□ I'm in contact with her. Tá mé i dteagmháil léi.

to **contact** VERB
▷ *see also* **contact** NOUN
déan teagmháil le
□ Where can we contact you? Cá háit a dtig linn teagmháil a dhéanamh leat?

contact lenses PL NOUN
lionsaí tadhaill *masc4 pl*

to **contain** VERB
■ **The box contains money.** Tá airgead sa bhosca.
■ **The bottle contains a pint.** Coinníonn an buidéal pionta.

container NOUN
soitheach *masc1*

contempt NOUN
drochmheas *masc3*

contents PL NOUN
■ **the contents of the container** a bhfuil sa soitheach

■ **table of contents** clár ábhair

contest NOUN
comórtas *masc1 (competition)*

contestant NOUN
iomaitheoir *masc3 (in competition)*

context NOUN
comhthéacs *masc4*

continent NOUN
ilchríoch *fem2*
□ How many continents are there? Cá mhéad ilchríoch atá ann?
■ **the Continent** an Mhór-Roinn □ I've never been to the Continent. Ní raibh mé riamh ar an Mhór-Roinn.

continental breakfast NOUN
bricfeasta Eorpach *masc4*

to **continue** VERB
lean ar
□ She continued talking to her friend. Lean sí uirthi ag caint lena cara. □ We continued working after lunch. Leanamar den obair i ndiaidh am lóin.

continuous ADJECTIVE
leanúnach
■ **continuous assessment** measúnacht leanúnach

contraceptive NOUN
coiscín *masc4*

contract NOUN
conradh *masc*

to **contradict** VERB
cuir in éadan

contrary NOUN
malairt *fem2*
■ **on the contrary** os a choinne sin

contrast NOUN
codarsnacht *fem3*

to **contribute** VERB
tabhair *(give)*
□ He contributed £10. Thug sé £10.
■ **to contribute to** cur le □ The treaty will contribute to world peace. Cuirfidh an conradh le síocháin an domhain. □ He didn't contribute to the discussion. Níor chuir sé leis an díospóireacht.

contribution NOUN
1 síntiús *masc1 (donation)*
2 ranníocaíocht *masc4 (to pension, national insurance)*

to **control** VERB
▷ *see also* **control** NOUN
smachtaigh
□ He can't control the class. Ní féidir leis an rang a smachtú. □ I couldn't control the horse. Ní thiocfadh liom an capall a smachtú.

■ **to control oneself** smacht a choinneáil ort féin

control NOUN

▷ see also **control** VERB

smacht *masc3*

■ **to lose control** (of vehicle) smacht a chailleadh □ He lost control of the car. Chaill sé smacht ar an ngluaisteán.

■ **under control** faoi smacht

■ **to be in control of** bheith i gceannas ar

■ **to keep control** smacht a choinneáil □ He can't keep control of the car. Ní féidir leis smacht a choinneáil ar an ngluaisteán.

■ **out of control** (child, class) ó smacht

■ **the controls** (of machine) na cnaipí

controversial ADJECTIVE

conspóideach

□ a controversial book leabhar conspóideach

convenient ADJECTIVE

áisiúil

□ The hotel's convenient for the airport. Tá an t-óstán áisiúil don aerfort. □ It's not a convenient time for me. Níl an t-am sin áisiúil dom. □ Would Monday be convenient for you? An mbeadh an Luan áisiúil duit?

convent NOUN

clochar *masc1*

conventional ADJECTIVE

coinbhinsiúnach

convent school NOUN

scoil chlochair *fem2*

□ She goes to convent school. Téann sí ar scoil chlochair.

conversation NOUN

comhrá *masc4*

□ a conversation class rang comhrá

■ **to have a conversation with somebody** comhrá dhéanamh le duine

to **convert** VERB

athchóirigh (building)

□ We've converted the loft into a spare room. D'athchóiríomar an lochta ina sheomra breise.

to **convict** VERB

ciontaigh

□ He was convicted of the murder. Ciontaíodh sa dúnmharú é.

to **convince** VERB

■ **to convince somebody of something** rud a chur ina luí ar dhuine

■ **to be convinced** bheith cinnte dearfa de □ I'm not convinced. Níl mé cinnte dearfa de.

to **cook** VERB

▷ see also **cook** NOUN

déan cócaireacht

□ I can't cook. Ní féidir liom cócaireacht a dhéanamh.

■ **She's cooking lunch.** Tá sí ag cócáráil lóin.

■ **to be cooked** cócaráilte □ When the potatoes are cooked ... Nuair a bhíonn na prátaí cócaráilte ...

cook NOUN

▷ see also **cook** VERB

cócaire *masc4*

□ Matthew's an excellent cook. Is cócaire iontach é Maitiú.

cookbook NOUN

leabhar chócaireacht *masc1*

cooker NOUN

cócaireán *masc1*

□ a gas cooker cócaireán gáis

cookery NOUN

cócáireacht *fem3*

cookie (US) NOUN

briosca *masc4*

cooking NOUN

cócáráil *fem3*

□ I like cooking. Is maith liom cócáráil.

cool ADJECTIVE

1 fionnuar

□ a cool evening tráthnóna fionnuar

2 faiseanta (great)

□ That's really cool! Tá sé sin iontach faiseanta!

cooperation NOUN

comhoibriú *masc*

cop NOUN

péas *masc4*

to **cope** VERB

déiléail le

□ It was hard, but I coped. Bhí sé doiligh, ach dhéiléail mé leis.

■ **to cope with something** cur suas le rud □ She's got a lot of problems to cope with. Tá cuid mhór fadhbanna aici le cur suas leo.

copper NOUN

1 copar *masc1*

□ a copper bracelet slabhra copair

2 píléar *masc1* (informal: policeman)

copy NOUN

▷ see also **copy** VERB

cóip *fem2*

to **copy** VERB

▷ see also **copy** NOUN

cóipeáil

□ She copied the questions from the board. Chóipeáil sí na ceisteanna ón gclár.

■ **to copy and paste** cóipeáil agus greamú

core NOUN
croí *masc4*
□ an apple core croí úill

Cork NOUN
Corcaigh *fem2*

cork NOUN
corc *masc1*
□ a cork table mat mata boird corc

corkscrew NOUN
corcscriú *masc4*

corn NOUN
1 arbhar *masc1* (wheat)
2 arbhar Indiach (us: maize)
■ **corn on the cob** arbhar sa dias

corner NOUN
coirnéal *masc1*
□ in a corner of the room i gcoirnéal an tseomra □ the shop on the corner an siopa ar an gcoirnéal □ She lives just round the corner. Tá sí ina cónaí go díreach thart an coirnéal.
■ **corner kick** cúinneach

cornet NOUN
1 coirnéad *masc1*
□ He plays the cornet. Seinneann sé ar an gcoirnéad.
2 cón *masc1* (ice cream)

cornflakes PL NOUN
calóga arbhair *fem2 pl*

cornflour (us cornstarch) NOUN
gránphlúr *masc1*

Cornwall NOUN
Corn na Breataine *masc1*

corporal NOUN
ceannaire *masc4*

corporal punishment NOUN
pionós corpartha *masc1*

corpse NOUN
marbhán *masc1*

correct ADJECTIVE
▷ see also **correct** VERB
ceart
□ That's correct. Tá sé sin ceart.
□ the correct choice an rogha cheart
□ the correct answer an freagra ceart

to **correct** VERB
▷ see also **correct** ADJECTIVE
ceartaigh

correction NOUN
ceartúchán *masc1*

correctly ADVERB
i gceart

correspondent NOUN
comhfhreagraí *masc4*
□ our foreign correspondent ár gcomhfhreagraí eachtrannach

corridor NOUN
dorchla *masc4*

corruption NOUN
truailliú *masc*

cosmetics PL NOUN
cosmaidí *fem2*

cosmetic surgery NOUN
máinliacht chosmaideach *fem3*

cost NOUN
▷ see also **cost** VERB
costas *masc1*
■ **the cost of living** an costas maireachtála
■ **at all costs** ar ais nó ar éigean

to **cost** VERB
▷ see also **cost** NOUN
■ **The meal costs a hundred euros.**
Tá céad euro ar an mbéile.
■ **How much does it cost?** Cá mhéad atá air?
■ **It costs too much.** Tá sé ródhaor.

costume NOUN
1 culaith shnámha *fem2* (swimsuit)
2 feisteas *masc1* (of actor)

cosy (us cozy) ADJECTIVE
teolaí

cot NOUN
cliabhán *masc1*

cottage NOUN
teachín *masc4*
□ a thatched cottage teachín ceann tuí

cottage cheese NOUN
cáis tí *fem2*

cotton NOUN
cadás *masc1*
□ a cotton shirt léine chadáis

cotton wool NOUN
olann chadáis *fem*

couch NOUN
tolg *masc1*

to **cough** VERB
▷ see also **cough** NOUN
déan casacht

cough NOUN
▷ see also **cough** VERB
casacht *fem3*
□ I've got a cough. Tá casacht orm. □ a bad cough droch-chasacht
■ **a cough sweet** milseán casachta

could VERB ▷ see **can**

council NOUN
comhairle *fem4*

□ He's on the council. Tá sé ar an gcomhairle.

■ **a council estate** eastát bardais

council house NOUN
teach comhairle *masc*

councillor NOUN
comhairleoir *masc3*
□ She's the local councillor. Is í an comhairleoir áitiúil í.

to **count** VERB
cuntais

to **count on** VERB
braith ar
□ You can count on me. Is féidir leat brath ormsa.

counter NOUN
1 cuntar *masc1 (in shop)*
2 licín *masc4 (in game)*

country NOUN
1 tír *fem2*
□ the border between the two countries an teorainn idir an dá thír
2 tuath *fem2 (as opposed to town)*
□ in the country faoin tuath
■ **country dancing** rince tuaithe

countryside NOUN
taobh tíre *masc1*

county NOUN
contae *masc4*
■ **the county council** an chomhairle chontae

couple NOUN
lánúin *fem2*
□ the couple who live next door an lánúin atá ina gcónaí béal dorais
■ **a couple** *(a few)* cúpla □ a couple of words cúpla focal □ Could you wait a couple of minutes? An dtiocfadh leat fanacht cúpla nóiméad?

courage NOUN
misneach *masc1*

courgette NOUN
cúirséad *masc1*

courier NOUN
cúiréir *masc3 (for tourists)*

course NOUN
1 cúrsa *masc4*
□ a computer course cúrsa ríomhaireachta
□ the first course an cúrsa tosaigh □ the main course an príomhchúrsa
2 galfchúrsa *masc4 (for golf)*
■ **of course** ar ndóigh □ Do you love me? — Of course I do! An bhfuil grá agat dom? — Ar ndóigh, tá!

court NOUN
cúirt *fem2*

□ She was up in court yesterday. Bhí sí os comhair na cúirte inné. □ There are tennis and squash courts. Tá cúirteanna leadóige agus scuaise ann.

courtyard NOUN
clós *masc1*

cousin NOUN
col ceathrair *masc1*

cover NOUN
▷ *see also* **cover** VERB
clúdach *masc1*

to **cover** VERB
▷ *see also* **cover** NOUN
clúdaigh
□ My face was covered with mosquito bites. Bhí m'aghaidh clúdaithe le greamanna corrmhíolta. □ Our insurance didn't cover it. Níor chlúdaigh ár n-árachas é.

to **cover up** VERB
ceil *(scandal)*

cow NOUN
bó *fem*

coward NOUN
cladhaire *masc4*
□ He's a coward. Is cladhaire é.

cowardly ADJECTIVE
cladhartha

cowboy NOUN
buachaill bó *masc3*

crab NOUN
portán *masc1*

crack NOUN
▷ *see also* **crack** VERB
1 scoilt *fem2 (in wall, cup)*
2 craic *fem2 (drug)*
■ **I'll have a crack at it.** Bainfidh mé triail as.

to **crack** VERB
▷ *see also* **crack** NOUN
1 scoilt *(split)*
□ The wood will crack in this heat. Scoiltfidh an t-adhmad sa teas seo.
2 oscail *(nut)*
■ **to crack a joke** scéal grinn a insint

to **crack down on** VERB
teann ar
□ The police are cracking down on drink-drivers. Tá na póilíní ag teannadh ar thiománaithe a bhíonn faoi thionchar an óil.

cracked ADJECTIVE
scoilte *(cup, window)*

cracker NOUN
1 pléascóg Nollag *fem2 (Christmas cracker)*
2 craicear *masc1 (biscuit)*

dle NOUN
cliabhán *masc1*

raft NOUN
ceardaíocht *fem2*
□ We do craft at school. Déanaimid ceardaíocht ar scoil.
■ **a craft centre** ionad ceardaíochta

craftsman NOUN
ceardaí *masc4*

to **cram** VERB
pulc *(for exams)*
■ **to cram something into** rud a dhingeadh isteach isteach i □ We crammed our stuff into the boot. Dhingeamar ár gcuid stuif isteach sa bhúit.

crammed ADJECTIVE
■ **crammed with** lán le □ Her bag was crammed with books. Bhí a mála lán le leabhair.

crane NOUN
crann tógála *masc1 (machine)*

crash NOUN
▷ *see also* **crash** VERB
1 tuairt *fem2*
□ The boat struck the rock with a terrible crash. Bhuail an bád an charraig de thuairt mhillteanach.
2 taisme *fem4 (accident)*
□ She was injured in the crash. Gortaíodh sa taisme í.

to **crash** VERB
▷ *see also* **crash** NOUN
tuairteáil
□ The plane crashed. Thuairteáil an t-eitleán.

crash course NOUN
dianchúrsa *masc4*

crash helmet NOUN
clogad cosanta *masc1*

to **crawl** VERB
▷ *see also* **crawl** NOUN
bheith ag lámhacán *(person)*
■ **The car was just crawling along.** Bhí an carr ag goid an bhealaigh léi ar éigean.

crawl NOUN
▷ *see also* **crawl** VERB
cnágshnámh *masc3*
■ **to do the crawl** cnágshnámh a dhéanamh

crayon NOUN
crián *masc1*

crazy ADJECTIVE
ar mire
□ He must be crazy. Caithfidh go bhfuil sé ar mire.

■ **to be crazy about somebody** bheith ag briseadh na gcos i ndiaidh duine

cream NOUN
▷ *see also* **cream** ADJECTIVE
uachtar *masc1*
□ strawberries and cream sútha talún agus uachtar
■ **a cream cake** cáca uachtair
■ **cream cheese** cáis uachtair
■ **sun cream** uachtar gréine

cream ADJECTIVE
▷ *see also* **cream** NOUN
bánbhuí *(colour)*

crease NOUN
filltín *masc4*

creased ADJECTIVE
fillte

to **create** VERB
cruthaigh

creation NOUN
cruthú *masc*

creative ADJECTIVE
cruthaitheach *(artistic)*

creature NOUN
créatúr *masc1*

crèche NOUN
naíolann *fem2*

credit NOUN
1 cairde
■ **on credit** ar cairde *masc4*
2 creidmheas *masc3*
□ I've got no credit left on my phone. Níl aon chreidmheas fágtha agam ar mo ghuthán.

credit card NOUN
cárta creidmheasa *masc4*

credit crunch NOUN
géarchor creidmheasa *masc*

creeps PL NOUN
■ **It gives me the creeps.** Cuireann sé cáithníní ag rith ar mo chraiceann.

to **creep up** VERB
■ **to creep up on somebody** teacht aniar aduaidh ar dhuine

crept VERB ▷ *see* **creep up**

cress NOUN
biolar *masc1*

crew NOUN
criú *masc4*
□ a film crew criú scannáin

cricket NOUN
1 cruicéad *masc1*
□ I play cricket. Imrím cruicéad.
■ **a cricket bat** slacán cruicéid
2 criogar *masc1 (insect)*

C

crime NOUN
  coir *fem2*
    □ a terrible crime **coir uafásach** □ Crime is rising. **Tá ardú ar an leibhéal coiriúlachta .**
criminal NOUN
  ▷ *see also* **criminal** ADJECTIVE
  coirpeach *masc1*
criminal ADJECTIVE
  ▷ *see also* **criminal** NOUN
  coiriúil
    □ It's a criminal offence. **Is cion coiriúil é.**
    ■ **to have a criminal record** taifead coiriúil a bheith agat
crisis NOUN
  géarchéim *fem2*
crisp ADJECTIVE
  briosc
crisps PL NOUN
  brioscáin phrátaí *masc1 pl*
    □ a bag of crisps **mála brioscáin phrátaí**
criterion NOUN
  critéar *masc1*
critic NOUN
  criticeoir *masc3*
critical ADJECTIVE
  criticiúil
    □ a critical remark **ráiteas criticiúil**
criticism NOUN
  1 lochtú *masc (of faults)*
  2 critic *fem2 (of art)*
to criticize VERB
  cáin
Croatia NOUN
  an Chróit *fem2*
    □ in Croatia **sa Chróit**
to crochet VERB
  cróise
crocodile NOUN
  crogall *masc1*
crook NOUN
  bithiúnach *masc1 (thief)*
crop NOUN
  barr *masc1*
    □ a good crop of apples **barr maith úll**
cross NOUN
  ▷ *see also* **cross** ADJECTIVE, VERB
  cros *fem2*
cross ADJECTIVE
  ▷ *see also* **cross** NOUN, VERB
  míshásta
    □ I'm cross about the change of plan. **Tá mé míshásta faoin athrú plean.**
to cross VERB
  ▷ *see also* **cross** ADJECTIVE, NOUN
  trasnaigh

to cross out VERB
  scrios
cross-country NOUN
  trastíre *(race)*
    ■ **cross-country skiing** sciáil trastíre
crossing NOUN
  1 trasnáil *fem3 (at sea)*
    □ the crossing from Fishguard to Rosslare **an trasnáil ó Fishguard go Ros Láir**
  2 crosaire *masc4 (for pedestrians)*
crossroads NOUN
  crosbhealach *masc1*
crossword NOUN
  crosfhocal *masc1*
    □ I like doing crosswords. **Is maith liom crosfhocail a dhéanamh.**
to crouch down VERB
  crom síos
crow NOUN
  préachán *masc1*
crowd NOUN
  slua *masc4*
    ■ **the crowd** *(at sports match)* an slua
crowded ADJECTIVE
  plódaithe
crown NOUN
  coróin *fem*
crucifix NOUN
  croch chéasta *fem2*
crude ADJECTIVE
  gáirsiúil *(vulgar)*
cruel ADJECTIVE
  cruálach
cruelty NOUN
  cruálacht *fem3*
cruise NOUN
  cúrsáil *fem3*
    ■ **to go on a cruise** dul ar aistear mara
crumb NOUN
  grabhróg *fem2*
to crush VERB
  brúigh
crutch NOUN
  maide croise *masc4*
to cry VERB
  ▷ *see also* **cry** NOUN
  bheith ag caoineadh
    □ The baby's crying. **Tá an leanbh ag caoineadh.**
cry NOUN
  ▷ *see also* **cry** VERB
  scairt *fem2*
    □ He gave a cry of surprise. **Lig sé ɟ iontais as.**
    ■ **Go on, have a good cry!** Caoʼ

tal NOUN
iostal *masc1*

C NOUN (= city technology college)
coláiste teicneolaíochta cathrach

cub NOUN
1 coileán *masc1 (animal)*
2 gasóg óg *fem2 (scout)*

cube NOUN
ciúb *masc1*

cubic ADJECTIVE
ciúbach
□ a cubic metre méadar ciúbach

cucumber NOUN
cúcamar *masc1*

cuddle NOUN
▷ see also **cuddle** VERB
croí isteach
□ Come and give me a cuddle. Tar anseo agus tabhair croí isteach dom.

to **cuddle** VERB
▷ see also **cuddle** NOUN
déan gráin le
□ Emma cuddled her teddy bear. Rinne Emma gráin lena teidí.

cue NOUN
cleathóg *fem2 (for snooker)*

culture NOUN
cultúr *masc1*

cunning ADJECTIVE
1 glic *(person)*
2 cliste *(plan, idea)*

cup NOUN
1 cupán *masc1*
□ a china cup cupán poirceálláin
■ **a cup of coffee** cupán caife
2 corn *masc1 (trophy)*

cupboard NOUN
cófra *masc4*

to **cure** VERB
▷ see also **cure** NOUN
leigheas

cure NOUN
▷ see also **cure** VERB
igheas *masc1*

◄ ADJECTIVE

current NOUN
▷ see also **current** ADJECTIVE
sruth *masc3*
□ The current is very strong. Tá an sruth iontach láidir.

current ADJECTIVE
▷ see also **current** NOUN
reatha
□ the current situation an staid reatha

current account NOUN
cuntas reatha *masc1*

current affairs PL NOUN
cúrsaí reatha *masc4 pl*

curriculum NOUN
curaclam *masc1*

curriculum vitae NOUN
curriculum vitae *masc*

curry NOUN
curaí *masc4*

curse NOUN
mallacht *fem3*

curtain NOUN
cuirtín *masc4*
□ She drew the curtains. Tharraing sí na cuirtíní.

cushion NOUN
cúisín *masc4*

custard NOUN
custard *masc1*

custody NOUN
cúram *masc1 (of child)*

custom NOUN
nós *masc1*
□ It's an old custom. Is sean-nós é.

customer NOUN
custaiméir *masc3*

customs PL NOUN
custam *masc1*

customs officer NOUN
oifigeach custaim *masc1*

cut NOUN
▷ see also **cut** VERB
1 cneá *fem4 (wound)*
□ He's got a cut on his forehead. Tá cneá ar chlár a éadain.
2 laghdú *masc (in spending, price)*
3 bearradh *masc*
□ a cut and blow-dry bearradh agus séideadh tirim

to **cut** VERB
▷ see also **cut** NOUN
gearr
□ I'll cut some bread. Gearrfaidh mé roinnt aráin.
■ **to cut oneself** tú féin a ghearradh □ I cut

airt
eat!

geadra eachtrannach

my foot on a piece of glass. **Ghearr mé mo chos ar phíosa gloine.**

to **cut down** VERB
   leag *(tree)*

to **cut off** VERB
1 scoith *(with knife, scissors)*
2 gearr
   □ The electricity was cut off. **Gearradh an leictreachas.**

to **cut up** VERB
   scean *(potatoes, meat)*

cutback NOUN
   ciorrú
   □ staff cutbacks **ciorruithe foirne**

cute ADJECTIVE
   gleoite

cutlery NOUN
   cuitléireacht *fem3*

cutting NOUN
   gearrthán *masc1 (from newspaper)*

CV NOUN
   curriculum vitae *masc*

cybercafé NOUN
   caife cibearspáis *masc4*

cycle NOUN
   ▷ *see also* **cycle** VERB
   rothar *masc1 (bicycle)*
   ■ a cycle ride **marcaíocht ar rothar**

to **cycle** VERB
   ▷ *see also* **cycle** NOUN
   téigh ag rothaíocht
   □ I cycle to school. **Téim ag rothaíocht ar scoil.**

cycle lane NOUN
   lána rothaíochta *masc4*

cycling NOUN
   rothaíocht *fem3*
   □ I like cycling. **Is maith liom bheith ag rothaíocht.**

cyclist NOUN
   rothaí *masc4*

cylinder NOUN
   sorcóir *masc3*

Cyprus NOUN
   an Chipir *fem2*
   □ We went to Cyprus. **Chuamar go dtí an Chipir.** □ in Cyprus **sa Chipir**

Czech ADJECTIVE
   ▷ *see also* **Czech** NOUN
   Seiceach
   ■ the Czech Republic **Poblacht na Seice**

Czech NOUN
   ▷ *see also* **Czech** ADJECTIVE
1 Seiceach *masc1 (person)*
2 Seicis *fem2 (language)*

C

Dd

dad NOUN
  daid *masc4*
    □ my dad mo dhaid □ I'll ask Dad. Cuirfidh mé ceist ar mo dhaid.
    ■ **Dad!** A Dhaid!
daddy NOUN
  daidí *masc4*
    □ Say hello to your daddy! Abair haileo le do dhaidí! □ Hello Daddy! Haileo, a Dhaidí!
daffodil NOUN
  lus an chromchinn *masc3*
daft ADJECTIVE
  amaideach
    ■ **to be daft about somebody** *(fig)* bheith splanctha i ndiaidh duine
daily ADJECTIVE, ADVERB
1 laethúil
    □ It's part of my daily routine. Tá sé mar chuid de mo ghnáthamh laethúil.
2 gach lá
    □ The pool is open daily. Tá an linn snámha oscailte gach lá.
dairy NOUN
  déirí *masc4*
dairy products PL NOUN
  táirgí déiríochta *masc4 pl*
daisy NOUN
  nóinín *masc4*
dam NOUN
  damba *masc4*
damage NOUN
    ▷ *see also* **damage** VERB
  damáiste *masc4*
    □ The storm did a lot of damage. Rinne an stoirm a lán damáiste.
to **damage** VERB
    ▷ *see also* **damage** NOUN
  damáiste a dhéanamh do
damn NOUN
    ▷ *see also* **damn** ADJECTIVE, ADVERB
    ■ **I don't give a damn!** *(informal)* Is cuma liom sa diabhal!

    ■ **Damn it!** *(informal)* Damnú air!
damn ADJECTIVE, ADVERB
    ▷ *see also* **damn** NOUN
  damanta
    □ It's a damn nuisance! Crá croí damanta atá ann!
damp ADJECTIVE
  tais
dance NOUN
    ▷ *see also* **dance** VERB
  damhsa *masc4*
    □ The last dance was a waltz. Ba válsa é an damhsa deireanach. □ Are you going to the dance tonight? An mbeidh tú ag dul chuig an damhsa anocht?
to **dance** VERB
    ▷ *see also* **dance** NOUN
  damhsa a dhéanamh
    ■ **to go dancing** dul ag damhsa □ Let's go dancing! Téimis ag damhsa!
dancer NOUN
  damhsóir *masc3*
dandelion NOUN
  caisearbhán *masc1*
dandruff NOUN
  sail chnis *fem2*
Dane NOUN
  Danar *masc1*
danger NOUN
  contúirt *fem2*
    □ There is a danger of fire. Tá contúirt dóiteáin ann.
    ■ **in danger** i mbaol □ His life is in danger. Tá a bheatha i mbaol.
    ■ **Danger!** *(sign)* Aire!
    ■ **to be in danger** bheith i gcontúirt □ We were in danger of missing the plane. Bhí an chontúirt ann go gcaillfimis an t-eitleán.
dangerous ADJECTIVE
  contúirteach
    □ Hitchhiking can be dangerous. Thig le síobshúil a bheith contúirteach.

Danish ADJECTIVE
▷ *see also* **Danish** NOUN
Danmhargach

Danish NOUN
▷ *see also* **Danish** ADJECTIVE
Danmhairgis *fem2 (language)*

to **dare** VERB
■ **to dare somebody to do something**
dúshlán duine a thabhairt rud
a dhéanamh
■ **I didn't dare to tell my parents.** Ní raibh
sé de mhisneach ionam insint do mo
thuismitheoirí.
■ **I dare say it'll be okay.** Déarfainn go
mbeidh sé ceart go leor.

daring ADJECTIVE
dána

dark ADJECTIVE
▷ *see also* **dark** NOUN
1 dorcha *(night, room)*
□ It's dark. Tá sé dorcha. □ It's getting dark.
Tá sé ag éirí dorcha.
2 crón *(colour, complexion)*
3 dubh
□ She's got dark hair. Tá gruaig dhubh
uirthi.

dark NOUN
▷ *see also* **dark** ADJECTIVE
dorchadas *masc1*
□ I'm afraid of the dark. Tá mé faoi eagla an
dorchadais.
■ **after dark** ar dhul ó sholas dó

darkness NOUN
dorchadas *masc1*
□ The room was in darkness. Bhí an seomra
i ndorchadas.

darling NOUN
muirnín *masc4*
□ Thank you, darling! Go raibh maith agat,
a mhuirnín!

dart NOUN
ga *masc4*
■ **to play darts** dairteanna a imirt

to **dash** VERB
▷ *see also* **dash** NOUN
■ **to dash to** rúid a thabhairt ar □ Everyone
dashed to the window. Thug gach duine
rúid ar an bhfuinneog.

dash NOUN
▷ *see also* **dash** VERB
dais *fem2 (punctuation mark)*

data PL NOUN
sonraí *masc4 pl*

database NOUN
bunachar sonraí *masc1 (on computer)*

date NOUN
1 dáta *masc4*
□ my date of birth mo dháta breithe
■ **What's the date today?** Cén dáta
é inniu?
2 coinne *fem4*
□ She's got a date with Ian tonight.
Tá coinne le Ian aici anocht.
3 dáta *masc4 (fruit)*
■ **out of date 1** as dáta *(passport)*
2 seanfhaiseanta *(clothes)*
■ **up to date** suas chun dáta

daughter NOUN
iníon *fem2*

daughter-in-law NOUN
bean mhic *fem*

dawn NOUN
breacadh an lae *masc1*
□ at dawn le breacadh an lae

day NOUN
lá *masc*
□ We stayed in Cork for three days.
D'fhan muid i gCorcaigh ar feadh trí lá.
□ during the day i rith an lae □ I stayed at
home all day. D'fhan mé sa bhaile an lá
ar fad.
■ **every day** gach lá
■ **the day before** an lá roimhe □ the day
before my birthday an lá roimh mo lá
breithe
■ **the day after** an lá arna mhárach
■ **the day after tomorrow** arú amárach
□ We're leaving the day after tomorrow.
Beimid ag imeacht arú amárach.
■ **the day before yesterday** arú inné
□ He arrived the day before yesterday.
Tháinig sé arú inné.

dead ADJECTIVE, ADVERB
1 marbh
□ He was already dead when the doctor
came. Bhí sé marbh cheana féin nuair a
tháinig an dochtúir. □ He was shot dead.
Scaoileadh marbh é.
2 ar fad *(totally)*
□ You're dead right! Tá an ceart ar fad agat!
■ **dead on time** ag an am ceart go díreach
□ The train arrived dead on time. Tháinig an
traein ag an am ceart go díreach.
■ **The line is dead.** *(telephone)* Tá an líne
marbh.

dead end NOUN
ceann caoch *masc1*

deadline NOUN
spriocdháta *masc4*
□ The deadline for entries is May 2nd. Is é

an 2ú lá de Bhealtaine an spriocdháta faoi choinne iontrálacha.

deaf ADJECTIVE
bodhar

deafening ADJECTIVE
bodhraitheach

deal NOUN
▷ see also **deal** VERB
margadh *masc1*
■ **It's a deal!** Bíodh ina mhargadh!
■ **a great deal** cuid mhaith □ a great deal of money cuid mhaith airgid

to **deal** VERB
▷ see also **deal** NOUN
roinn *(cards)*
□ It's your turn to deal. Leatsa an roinnt.
■ **He promised to deal with it immediately.** Gheall sé féachaint chuige láithreach bonn.

dealer NOUN
1 déileálaí *masc4*
2 mangaire *masc4 (of drugs)*

dealt VERB ▷ see **deal**

dear ADJECTIVE
1 dil
2 daor *(expensive)*
■ **Dear John** *(in letter)* A Sheáin, a chara
■ **Dear Sir/Madam** *(in letter)* A dhuine uasail/A bhean uasal

death NOUN
bás *masc1*
□ after his death i ndiaidh a bháis
■ **I was bored to death.** Bhí mé dubh dóite.

debate NOUN
▷ see also **debate** VERB
díospóireacht *fem3*

to **debate** VERB
▷ see also **debate** NOUN
pléigh

debt NOUN
fiach *masc1*
□ He's got a lot of debts. Tá cuid mhaith fiacha aige.
■ **to be in debt** fiacha a bheith ort

to **debug** VERB
dífhabhtaigh *(computing)*

decade NOUN
deich mbliana *fem3 pl*

to **decay** VERB
meathlaigh *(rot)*
□ a decaying mansion teach mór atá ag dul chun raice

to **deceive** VERB
cealg

December NOUN
Nollaig *fem*
■ **in December** i mí Nollag

decent ADJECTIVE
cneasta
■ **a decent education** oideachas réasúnta

to **decide** VERB
socraigh
□ I decided to write to her. Shocraigh mé scríobh chuici. □ I decided not to go. Shocraigh mé gan dul.
■ **I can't decide.** Ní féidir liom socrú a dhéanamh.
■ **Haven't you decided yet?** Nach bhfuil socrú déanta go fóill agat?
■ **to decide on something** socrú a dhéanamh ar rud
■ **They haven't decided on a name yet.** Níl ainm socraithe go fóill acu.

decimal ADJECTIVE
deachúlach
□ the decimal system an córas deachúlach

decision NOUN
cinneadh *masc1*
■ **to make a decision** cinneadh a dhéanamh

deck NOUN
1 deic *fem2 (of ship)*
■ **on deck** ar deic
2 paca *masc4 (of cards)*

deckchair NOUN
cathaoir dheice *fem*

to **declare** VERB
1 dearbhaigh *(state)*
2 fógair *(war)*
3 admhaigh *(at customs)*
□ nothing to declare dada le hadmháil

to **decorate** VERB
1 gradam a bhronnadh ar *(give medal to)*
2 maisigh *(room, house, cake)*
□ I decorated the cake with cherries. Mhaisigh mé an císte le silíní.

decrease NOUN
▷ see also **decrease** VERB
■ **a decrease in** laghdú ar □ There was a decrease in the number of students. Bhí laghdú ar líon na mac léinn.

to **decrease** VERB
▷ see also **decrease** NOUN
laghdaigh

dedicated ADJECTIVE
tiomnaithe
□ a very dedicated teacher múinteoir an-tiomnaithe

■ **dedicated to 1** comhcheangailte le □ a museum dedicated to Napoleon iarsmalann comhcheangailte le Napoleon **2** tiomnaithe do □ The book is dedicated to Emma. Tá an leabhar tiomnaithe do Emma.
dedication NOUN
1 dúthracht *fem3 (commitment)*
2 tiomnú *masc (in book)*
to **deduct** VERB
■ **Deduct the cost of postage.** Bain an costas postais as.
deed NOUN
1 gníomh *masc1 (action)*
2 gníomhas *masc1 (in law)*
deep ADJECTIVE
domhain
□ Is it deep? An bhfuil sé domhain? □ How deep is the lake? Cé chomh domhain is atá an loch? □ 4 metres deep ceithre mhéadar ar doimhne □ a deep layer of snow brat domhain sneachta □ The snow was really deep. Bhí an sneachta an-domhain.
■ **He's got a deep voice.** Tá glór toll aige.
■ **to take a deep breath** anáil throm a tharraingt
deeply ADVERB
go domhain
deer NOUN
fia *masc4*
■ **fallow deer** fia fionn
defeat NOUN
▷ *see also* **defeat** VERB
briseadh *masc*
to **defeat** VERB
▷ *see also* **defeat** NOUN
buaigh ar
defect NOUN
locht *masc3*
defence (US **defense**) NOUN
cosaint *fem3*
to **defend** VERB
cosain
defender NOUN
cosantóir *masc3*
to **define** VERB
sainmhínigh
definite ADJECTIVE
1 cinnte *(fixed)*
□ I haven't got any definite plans. Níl aon socruithe cinnte agam.
2 dearfa *(certain)*
□ We might go to Spain, but it's not definite. Seans go rachaimid chun na Spáinne, ach níl sé dearfa.

definitely ADVERB
go cinnte
□ He's the best player. — Definitely! Is é an t-imreoir is fearr é. — Go cinnte!
■ **He's definitely the best player.** Is é an t-imreoir is fearr é gan aon amhras.
■ **I definitely think he'll come.** Níl amhras orm ach go dtiocfaidh sé.
definition NOUN
sainmhíniú *masc*
degree NOUN
céim *fem2*
□ a temperature of 30 degrees teocht 30 céim □ a degree in English céim i mBéarla
to **delay** VERB
▷ *see also* **delay** NOUN
moilligh
□ Don't delay on the way. Ná moilligh faoi bhealach. □ Our flight was delayed. Bhí moill ar ár n-eitilt.
delay NOUN
▷ *see also* **delay** VERB
moill *fem2*
to **delete** VERB
scrios
deliberate ADJECTIVE
réamhbheartaithe
deliberately ADVERB
d'aon turas *(on purpose)*
□ She did it deliberately. Rinne sí d'aon turas é.
delicate ADJECTIVE
1 leochaileach *(frail, fragile)*
2 fíneálta *(of quality, character)*
delicatessen NOUN
deilí *masc4*
delicious ADJECTIVE
sobhlasta
delight NOUN
lúcháir *fem2*
■ **to her delight** agus lúcháir uirthi
delighted ADJECTIVE
■ **to be delighted to do something** áthas a bheith ort rud a dhéanamh □ He'll be delighted to see you. Beidh áthas air tú a fheiceáil.
delightful ADJECTIVE
galánta
to **deliver** VERB
1 seachaid *(mail, newspapers)*
□ I deliver newspapers. Seachadaim nuachtáin.
2 saolaigh *(baby)*
delivery NOUN
seachadadh *masc*

to **demand** VERB
▷ *see also* **demand** NOUN
éiligh

demand NOUN
▷ *see also* **demand** VERB
éileamh *masc1*
■ **in demand** éileamh a bheith ar
■ **on demand** ar éileamh

demanding ADJECTIVE
1 doiligh a shásamh *(person)*
2 dian *(work)*
□ It's a very demanding job. Post an-dian atá ann.

demo NOUN
agóid *fem2 (protest)*

democracy NOUN
daonlathas *masc1*

democratic ADJECTIVE
daonlathach

to **demolish** VERB
leag

to **demonstrate** VERB
léirigh *(show)*
□ She demonstrated the technique. Léirigh sí an teicníc.
■ **They demonstrated against the war.** Rinne siad agóid in éadan an chogaidh.

demonstration NOUN
1 léiriú *masc (of method, technique)*
2 agóid *fem2 (protest)*

demonstrator NOUN
agóideoir *masc3 (protester)*

denim NOUN
deinim *masc4*
□ a denim jacket casóg dheinim

denims PL NOUN
bríste deinim *masc4 (jeans)*

Denmark NOUN
an Danmhairg *fem2*
□ in Denmark sa Danmhairg □ to Denmark chun na Danmhairge

dense ADJECTIVE
1 dlúth *(smoke, fog)*
2 dúr *(stupid)*
□ He's so dense! Tá sé chomh dúr le slis!

dent NOUN
▷ *see also* **dent** VERB
log *fem2*

to **dent** VERB
▷ *see also* **dent** NOUN
log a chur i

dental ADJECTIVE
déadach
■ **dental floss** flas déadach

dentist NOUN
fiaclóir *masc3*
□ Catherine is a dentist. Is fiaclóir í Catherine.

to **deny** VERB
séan
□ She denied everything. Shéan sí gach rud.

deodorant NOUN
díbholaíoch *masc1*

to **depart** VERB
imigh

department NOUN
roinn *fem2*
□ the shoe department roinn na mbróg
□ the English department roinn an Bhéarla

department store NOUN
siopa ilranna *masc4*

departure NOUN
imeacht *masc3*

departure lounge NOUN
tolglann imeachta *fem2*

to **depend** VERB
■ **to depend on** brath ar □ depending on the result ag brath ar an toradh
■ **It depends.** Braitheann sé.

to **deport** VERB
díbir thar tír amach

deposit NOUN
éarlais *fem2*
□ You have to pay a deposit when you book. Is gá éarlais a íoc nuair a dhéanann tú an áirithint. □ You get the deposit back when you return the bike. Gheobhaidh tú an éarlais ar ais nuair a thugann tú an rothar ar ais.

depressed ADJECTIVE
faoi ghruaim
□ I'm feeling depressed. Tá mé faoi ghruaim.

depressing ADJECTIVE
gruama

depth NOUN
doimhneacht *fem3*

deputy head NOUN
leas-phríomhoide *masc4*

Derry NOUN
Doire *masc4*

to **descend** VERB
tar anuas

to **describe** VERB
cur síos a dhéanamh ar
□ Can you describe him for me? An féidir leat cur síos a dhéanamh air dom?

description NOUN
cur síos *masc1*

desert NOUN
1 gaineamhlach *masc1 (sand)*
2 fásach *masc1 (wilderness)*

desert island NOUN
oileán fásaigh *masc1*

to **deserve** VERB
tuill

design NOUN
▷ *see also* **design** VERB
1 dearadh *masc1*
□ It's a completely new design. Is dearadh úr ar fad é.
■ **fashion design** dearadh faisin
2 patrún *masc1 (pattern)*
□ a geometric design patrún geoiméadrach

to **design** VERB
▷ *see also* **design** NOUN
dear

designer NOUN
dearthóir éadaigh *masc3 (fashion)*
■ **designer clothes** éadaí dearthóra

desire NOUN
▷ *see also* **desire** VERB
mian *fem2*

to **desire** VERB
▷ *see also* **desire** NOUN
santaigh

desk NOUN
1 deasc *fem2*
2 deasc chláraithe *(in hotel, at airport)*

despair NOUN
éadóchas *masc1*
□ I was in despair. Bhí éadóchas orm.

desperate ADJECTIVE
éadóchasach
□ a desperate situation cás éadóchasach
■ **to get desperate** éirí éadóchasach
□ I was getting desperate. Bhí mé ag éirí éadóchasach.

desperately ADVERB
1 go huafásach
■ **We're desperately worried.** Tá an-imní orainn.
2 an- *(very)*
□ desperately urgent an-phráinneach

to **despise** VERB
■ **to despise somebody** gráin a bheith agat ar dhuine

despite PREPOSITION
d'ainneoin
□ despite all the difficulties d'ainneoin na ndeacrachtaí uile

dessert NOUN
milseog *fem2*
□ for dessert mar mhilseog

destination NOUN
ceann scríbe *masc1*

to **destroy** VERB
mill

destruction NOUN
millteanas *masc1*

detached house NOUN
teach aonair *masc*

detail NOUN
sonra *masc4*
■ **in detail** go mionchruinn

detailed ADJECTIVE
mion-
□ a detailed account mionchuntas

detective NOUN
bleachtaire *masc4*
□ a private detective bleachtaire príobháideach
■ **a detective story** scéal bleachtaireachta

detention NOUN
coinneáil istigh
■ **to get a detention** coinneáil istigh a fháil

detergent NOUN
glantóir *masc3*

determined ADJECTIVE
diongbháilte
■ **to be determined to do something** bheith leagtha ar rud a dhéanamh
□ She's determined to succeed in life. Tá sí leagtha ar dhul chun cinn sa saol.

detour NOUN
cor bealaigh *masc1*

devaluation NOUN
díluacháil *fem3*

devastated ADJECTIVE
croíbhriste
□ I was devastated. Bhí mé croíbhriste.

devastating ADJECTIVE
millteach

to **develop** VERB
1 forbair
□ Girls develop faster than boys. Forbraíonn cailíní níos gasta ná buachaillí.
2 réal
□ I got the film developed. Fuair mé an scannán réalta.
■ **to develop into** éirí i □ The argument developed into a fight. D'éirigh an argóint ina troid.
■ **a developing country** tír i mbéal forbartha

development NOUN
forbairt *fem3*
■ **the latest developments** 1 na forbairtí

is déanaí **2** *(events)* na coir is déanaí sa scéal

device NOUN
gaireas *masc1*

devil NOUN
diabhal *masc1*
□ Poor devil! An diabhal bocht!

to **devise** VERB
ceap

devoted ADJECTIVE
dílis
■ **to be devoted to** do chroí a bheith istigh i
□ He's completely devoted to her. Tá a chroí go hiomlán istigh inti.

diabetes NOUN
diaibéiteas *masc1*

diabetic NOUN
diaibéiteach *masc1*
□ I'm a diabetic. Is diaibéiteach mé.

diagonal ADJECTIVE
fiar

diagram NOUN
léaráid *fem2*

to **dial** VERB
diailigh *(number)*

dialling tone NOUN
ton diailithe *masc1*

dialogue NOUN
comhrá *masc4*

diamond NOUN
1 diamant *masc1*
□ a diamond ring fáinne diamaint
2 muileata *masc4 (shape)*
■ **diamonds** muileata *(at cards)*
□ the ace of diamonds an t-aon muileata

diaper NOUN (US)
clúidín *masc4*

diarrhoea NOUN
buinneach *fem2*
□ I've got diarrhoea. Tá buinneach orm.

diary NOUN
dialann *fem2*
□ I keep a diary. Coinním dialann. □ I've got her phone number in my diary. Tá a huimhir ghutháin i mo dhialann agam.

dice NOUN
dísle *masc4*

dictation NOUN
deachtú *masc*

dictionary NOUN
foclóir *masc3*

did VERB ▷ *see* **do**

to **die** VERB
bás a fháil
□ He died last year. Fuair sé bás anuraidh.

■ **to be dying for something** bheith fiáin chun ruda
■ **to be dying to do something** bheith ar bís le rud a dhéanamh □ I'm dying to see you. Tá mé ar bís le tú a fheiceáil.

diesel NOUN
1 ola dhíosail *fem4*
□ 30 litres of diesel 30 lítear d'ola dhíosail
2 díosal *masc1 (car)*
□ My car's a diesel. Tá inneall díosail i gcarr s'agamsa.

diet NOUN
aiste bia *fem4*
□ I'm on a diet. Tá mé ar aiste bia.
■ **a healthy diet** cothú sláintiúil

difference NOUN
difear *masc1*
■ **It makes no difference.** Is cuma é.

different ADJECTIVE
difriúil
□ We are very different. Táimid an-difriúil le chéile. □ Dublin is different from Paris. Tá Baile Átha Cliath difriúil le Páras.

difficult ADJECTIVE
deacair
□ It's difficult to choose. Tá sé deacair rogha a dhéanamh.

difficulty NOUN
deacracht *fem3*
□ without difficulty gan deacracht
■ **to have difficulty with something** saothar a fháil le rud

to **dig** VERB
1 tochail *(hole)*
2 rómhair *(garden)*
■ **to dig up potatoes** prátaí a bhaint

digestion NOUN
díleá *masc4*

digger NOUN
tochaltóir *(machine)*

digital camera NOUN
ceamara digiteach *masc4*

digital radio NOUN
raidió digiteach *masc4*

digital television NOUN
teilifís dhigiteach *fem2*

digital watch NOUN
uaireadóir digiteach *masc3*

dim ADJECTIVE
1 lag *(light, outline)*
2 dúr *(stupid)*

dimension NOUN
■ **the dimensions of the house** buntomhais an tí

to **diminish** VERB
laghdaigh

din NOUN
1 trup *masc4* (loud noise)
2 ruaille buaille *masc4* (commotion)

diner NOUN (US)
bialann *fem2*

dinghy NOUN
báidín *masc4*
□ a rubber dinghy báidín rubair □ a sailing dinghy báidín seoil

dining car NOUN
carbad bia *masc1*

dining room NOUN
seomra bia *masc4*

dinner NOUN
dinnéar *masc1*

dinner jacket NOUN
seaicéad dinnéir *masc1*

dinner lady NOUN
bean dinnéir *fem*

dinner party NOUN
cóisir dinnéir *fem2*

dinosaur NOUN
dineasár *masc1*

dip NOUN
▷ see also **dip** VERB
1 tumadh *masc* (in sea)
■ to go for a dip dul ag snámh
2 dip *fem2* (food)

to **dip** VERB
▷ see also **dip** NOUN
1 tum
□ He dipped a biscuit into his tea. Thum sé brioscar ina chuid tae.
2 ísligh (car lights)

diploma NOUN
dioplóma *masc4*
□ a diploma in social work dioplóma in obair shóisialta

diplomat NOUN
taidhleoir *masc3*

diplomatic ADJECTIVE
taidhleoireachta
■ diplomatic relations caidreamh taidhleoireachta

direct ADJECTIVE, ADVERB
▷ see also **direct** VERB
1 díreach
□ the most direct route an bealach is dírí
2 go díreach
□ You can't fly to Nice direct from Cork. Ní féidir eitilt go díreach ó Chorcaigh go Nice.

to **direct** VERB
▷ see also **direct** ADJECTIVE, ADVERB

stiúir (film, programme)

direct debit NOUN
dochar díreach *masc1*

direction NOUN
treo *masc4*
■ to ask somebody for directions eolas a chur ar dhuine

director NOUN
stiúrthóir *masc3*

directory NOUN
eolaire *masc4*

dirt NOUN
1 salachar *masc1*
2 cré *fem4* (earth)
■ a dirt track smúitraon

dirty ADJECTIVE
salach
□ Your hands are dirty. Tá do lámha salach.
■ to get something dirty rud a shalú

disabled ADJECTIVE
míchumasach
■ the disabled daoine míchumasacha

disadvantage NOUN
míbhuntáiste *masc4*

to **disagree** VERB
easaontaigh
■ He disagrees with me. Easaontaíonn sé liom.

to **disappear** VERB
1 imigh (depart)
2 téigh as amharc (be lost to view)
3 ceiliúir (vanish)
4 téigh ar ceal (die out)

disappearance NOUN
imeacht *masc3*

disappointed ADJECTIVE
díomách

disappointing ADJECTIVE
mealltach

disappointment NOUN
díomá *fem4*

disaster NOUN
tubaiste *fem4*

disastrous ADJECTIVE
tubaisteach

disc NOUN
1 diosca *masc4* (circular plate)
2 ceirnín *masc4* (record)

discipline NOUN
smacht *masc3*

disc jockey NOUN
ceirneoir *masc3*

disco NOUN
dioscó *masc4*

□ There's a disco at the school tonight. Beidh dioscó ar siúl sa scoil anocht.

to **disconnect** VERB
1 scoir
2 gearr an líne *(telephone)*

discount NOUN
lacáiste *masc4*
□ a discount for students lacáiste do mhic léinn

to **discourage** VERB
1 beaguchtach a chur ar *(dishearten)*
2 athchomhairligh *(dissuade)*
■ **to get discouraged** beaguchtach a theacht ort □ Don't get discouraged! Ná bíodh beaguchtach ort!

to **discover** VERB
1 fionn *(detect)*
2 tar ar *(come across)*

discrimination NOUN
idirdhealú *masc*
□ racial discrimination idirdhealú ciníoch

to **discuss** VERB
1 pléigh *(talk about)*
□ I'll discuss it with my parents. Pléifidh mé le mo thuismitheoirí é. □ We discussed the problem of pollution. Phléigh muid fadhb an truaillithe.
2 déan díospóireacht ar *(debate)*

discussion NOUN
1 comhrá *masc4 (conversation)*
2 díospóireacht *fem3 (debate)*
■ **under discussion** idir chamáin

disease NOUN
galar *masc1*

disgraceful ADJECTIVE
náireach *(scandalous)*

to **disguise** VERB
cuir bréagriocht ar
■ **He was disguised as a policeman.** Bhí sé i riocht póilín.
■ **in disguise** faoi bhréagriocht

disgusted ADJECTIVE
déistin a bheith ort
□ I was absolutely disgusted. Bhí an-déistin orm.

disgusting ADJECTIVE
1 déistineach
□ It looks disgusting. Tá cuma dhéistineach air.
2 náireach *(disgraceful)*
□ That's disgusting! Tá sin náireach!

dish NOUN
soitheach *masc1*
□ a china dish soitheach poircealláin
■ **to do the dishes** na soithí a ní

□ He never does the dishes. Ní níonn sé na soithí riamh.
■ **a vegetarian dish** mias veigeatórach

dishonest ADJECTIVE
mí-ionraic

dish soap NOUN (US)
leacht níocháin *masc3*

dish towel NOUN (US)
éadach soithí *masc1*

dishwasher NOUN
miasniteoir *masc3*

disinfectant NOUN
díghalrán *masc1*

disk NOUN
diosca *masc4*
■ **the hard disk** an diosca crua
■ **a floppy disk** diosca bog

diskette NOUN
discéad *masc1*

dislike NOUN
▷ see also **dislike** VERB
col *masc1*
■ **my likes and dislikes** na rudaí is maith liom agus na rudaí nach maith liom
■ **to take a dislike to something** *(food)* snamh a thabhairt do rud

to **dislike** VERB
▷ see also **dislike** NOUN
■ **I dislike it.** Ní maith liom é.
■ **I dislike him intensely.** Is fuath liom é.

dismal ADJECTIVE
1 gruama *(dreary)*
2 ainnis *(abysmal)*

to **dismiss** VERB
briseadh as post *(employee)*

disobedient ADJECTIVE
easumhal

to **dispatch** VERB
seol *(goods)*

display NOUN
▷ see also **display** VERB
taispeántas *masc1*
□ There was a lovely display of fruit in the window. Bhí taispeántas galánta torthaí san fhuinneog.
■ **to be on display** bheith ar taispeáint
□ Her best paintings were on display. Bhí na péintéireachtaí is fearr aici ar taispeáint.
■ **a firework display** taispeántas tinte ealaíne

to **display** VERB
▷ see also **display** NOUN
taispeáin
□ She proudly displayed her medal. Thaispeán sí a bonn go bródúil.

disposable ADJECTIVE
indiúscartha

to **disqualify** VERB
dícháiligh
- **to be disqualified** bheith dícháilithe
□ He was disqualified. Dícháilíodh é.

to **disrupt** VERB
bris isteach ar
□ Protesters disrupted the meeting. Bhris lucht agóide isteach ar an gcruinniú.
- **Train services are being disrupted by the strike.** Tá an stailc ag cur isteach ar sheirbhísí traenach.

dissatisfied ADJECTIVE
míshásta
□ We were dissatisfied with the service. Bhí muid míshásta leis an tseirbhís.

to **dissolve** VERB
tuaslaig

distance NOUN
1 achar masc1
2 fad masc1
□ a distance of 40 kilometres fad 40 ciliméadar □ It's within walking distance. Tá sé faoi fhad siúil díot.
- **in the distance** i bhfad uait

distant ADJECTIVE
i bhfad ar shiúl
- **in the distant future** faoi cheann achair fhada

distillery NOUN
1 drioglann fem2
2 teach stiléireachta masc (small)

distinct ADJECTIVE
1 ar leith (separate)
2 soiléir (clear)

distinction NOUN
1 idirdhealú masc
□ to make a distinction between … idirdhealú a dhéanamh idir …
2 gradam masc1 (honour, merit)
□ I got a distinction in my piano exam. Bhain mé gradam amach i mo scrúdú pianó.

distinctive ADJECTIVE
sainiúil

to **distract** VERB
mearaigh
- **to distract somebody** seachmall a chur ar dhuine

to **distribute** VERB
dáil

district NOUN
1 dúiche fem4 (of country)
2 ceantar masc1 (of town)

to **disturb** VERB
cuir isteach ar
□ I'm sorry to disturb you. Tá brón orm cur isteach ort.

ditch NOUN
▷ see also **ditch** VERB
díog fem2

to **ditch** VERB
▷ see also **ditch** NOUN
fág (person)
□ She's just ditched her boyfriend. Tá sí díreach i ndiaidh a buachaill a fhágáil.

dive NOUN
▷ see also **dive** VERB
1 onfais fem2
2 tumadh masc (of submarine)

to **dive** VERB
▷ see also **dive** NOUN
tum

diver NOUN
tumadóir masc3

diversion NOUN
atreorú masc (for traffic)

to **divide** VERB
roinn
□ Divide the pastry in half. Roinn an taosrán ina dhá leath. □ 12 divided by 3 is 4. 12 roinnte ar 3 sin a 4.
- **We divided into two groups.** Scar muid inár dhá ghrúpa.

diving NOUN
tumadóireacht fem3
- **a diving board** clár tumadóireachta

division NOUN
1 deighilt fem2 (split)
2 roinnt fem2 (in maths)
3 roinn fem2 (department)

divorce NOUN
colscaradh masc

divorced ADJECTIVE
colscartha
□ My parents are divorced. Tá mo thuismitheoirí colscartha.

DIY NOUN (= do-it-yourself)
DFÉ (= déan féin é)
□ to do DIY DFÉ a dhéanamh □ a DIY shop siopa DFÉ

dizzy ADJECTIVE
- **I feel dizzy.** Tá meadhrán orm.

DJ NOUN
ceirneoir masc3

to **do** VERB
1 déan
□ I haven't done my homework. Ní dhearna mé m'obair bhaile. □ What are you doing

this evening? **Cad é atá tú a dhéanamh anocht?**

2 déan cúis (be enough)

□ It's not very good, but it'll do. **Níl sé go han-mhaith, ach déanfaidh sé cúis.**

■ Will £10 do? **An leor deich bpunt?**

> **LANGUAGE TIP** 'do' is not translated when it is used in questions and in negative sentences.

□ Do you like Chinese food? **An maith leat bia Síneach?** □ Where does he live? **Cá bhfuil sé ina chónaí?** □ Where did you go for your holidays? **Cá ndeachaigh tú ar do laethanta saoire?** □ I don't understand. **Ní thuigim.**

> **LANGUAGE TIP** 'do' is not translated when it is used to avoid repeating the verb.

□ She swims better than I do. **Is fearr an snámh atá aicise ná agamsa.** □ Who broke it? — I did. **Cé a bhris é? — Mise.** □ Do you agree? — No, I don't. **An aontaíonn tú? — Ní aontaím.** □ She lives in Glasgow — So do I. **Tá sí ina cónaí i nGlaschú — Tá agus mise.**

■ to do well **déanamh go maith** □ She's doing well at school. **Tá sí ag déanamh go maith ar scoil.**

■ How do you do? **Cad é mar atá tú?**

■ She does seem rather late. **Nach déanach atá sí.**

■ Do sit down. **Bí i do shuí.**

to **do up** VERB

1 ceangail (shoes)

□ Do up your shoes! **Ceangail d'iallacha!**

2 dún (button)

3 cóirigh (renovate)

□ They're doing up an old cottage. **Tá siad ag cóiriú seanteachín.**

to **do without** VERB

tar gan

□ I couldn't do without my computer. **Níorbh fhéidir liom teacht gan mo ríomhaire.**

dock NOUN

duga masc4 (for ships)

doctor NOUN

dochtúir masc3

□ She's a doctor. **Is dochtúir í.** □ I'd like to be a doctor. **Ba mhaith liom a bheith i mo dhochtúir.**

document NOUN

cáipéis fem2

documentary NOUN

clár faisnéise masc1

to **dodge** VERB

seachain

dodgems PL NOUN

tuairtcharranna masc1 pl

□ We went on the dodgems. **Chuamar ar na tuairtcharranna.**

does VERB ▷ see do

dog NOUN

madra masc4

□ Have you got a dog? **An bhfuil madra agat?**

do-it-yourself NOUN

déan féin é

dole NOUN

dól masc1

■ to be on the dole **bheith ar an dól** □ A lot of people are on the dole. **Tá cuid mhaith daoine ar an dól.**

■ to go on the dole **bheith ag tarraingt cúnamh dífhostaíochta**

doll NOUN

bábóg fem2

dollar NOUN

dollar masc1

dolphin NOUN

deilf fem2

domestic ADJECTIVE

1 intíre

□ a domestic flight **eitilt intíre**

2 clóis (animal)

dominoes PL NOUN

dúradáin masc1 pl

to **donate** VERB

bronn

done VERB ▷ see do

Donegal NOUN

Dún na nGall masc

donkey NOUN

asal masc1

donor NOUN

1 deontóir masc3 (of blood, organ)

2 bronntóir masc3 (to charity)

donor card NOUN

cárta deontóra masc4

don't VERB = do not

door NOUN

doras masc1

□ the first door on the right **an chéad doras ar dheis**

doorbell NOUN

cloigín dorais masc4

■ to ring the doorbell **cloigín an dorais a bhualadh**

■ Suddenly the doorbell rang. **Go tobann buaileadh cloigín an dorais.**

doorman NOUN
doirseoir *masc3*

doorstep NOUN
leac dorais *fem2*

dormitory NOUN
suanlios *masc3*

dose NOUN
dáileog *fem2*

dosh NOUN
airgead *masc1 (informal: money)*

dot NOUN
ponc *masc1*
■ **on the dot** ar an bpointe □ He arrived at 9 o'clock on the dot. Tháinig sé ar a 9 a chlog ar an bpointe.

double ADJECTIVE, ADVERB
▷ *see also* **double** VERB
dúbailte
□ a double helping cuid dhúbailte □ a double bed leaba dhúbailte □ a double room seomra dúbailte
■ **a double-decker bus** bus dhá urlár
■ **First-class tickets cost double.** Tá praghas dúbailte ar thicéid den chéad ghrád.

double VERB
▷ *see also* **double** ADJECTIVE, ADVERB
dúbail
■ **The number of attacks has doubled.** Tá líon na n-ionsaithe méadaithe faoi dhó.

double bass NOUN
olldord *masc1*
□ I play the double bass. Seinnim an t-olldord.

to **double-click** VERB
cliceáil faoi dhó *(computing)*
□ Double-click on the icon. Cliceáil faoi dhó ar an deilbhín.

double glazing NOUN
gloiniú dúbailte *masc*

doubles PL NOUN
cluiche ceathrair *masc4 (in tennis)*
□ They play mixed doubles. D'imir siad cluiche ceathrair measctha.

doubt NOUN
▷ *see also* **doubt** VERB
amhras *masc1*
□ I have my doubts. Tá amhras orm.

to **doubt** VERB
▷ *see also* **doubt** NOUN
bheith in amhras
■ **I doubt it.** Ní dóigh liom é.
■ **to doubt that** bheith in amhras go
□ I doubt he'll agree. Tá amhras orm anaontóidh sé.

doubtful ADJECTIVE
amhrasach
□ It's doubtful. Tá sé amhrasach.
■ **I'm doubtful about going by myself.** Tá mé idir dhá chomhairle faoi dhul liom féin.

dough NOUN
1 taos *masc1*
2 airgead *masc1 (informal: money)*

doughnut NOUN
taoschnó *masc4*
□ a jam doughnut taoschnó suibhe

dove NOUN
colm *masc1*

Down NOUN
an Dún *masc1*

down ADVERB, ADJECTIVE, PREPOSITION
1 thíos *(below)*
□ His office is down on the first floor. Tá a oifig thíos ar an gcéad urlár. □ It's down there. Tá sé thíos ansin.
2 síos *(motion)*
□ The rabbit went down the hole. Chuaigh an coinín síos an poll. □ He threw down his racket. Chaith sé síos a raicéad.
3 ar lár *(on the ground)*
■ **to come down** teacht anuas □ Come down here! Anuas anseo leat!
■ **to go down** dul síos
■ **to sit down** suí síos □ Sit down! Suigh síos!
■ **I'm feeling a bit down.** Tá mé in ísle brí.
■ **The computer's down.** Chlis ar an ríomhaire.
■ **They live just down the road.** Tá siad ina gcónaí giota beag síos an bóthar.

to **download** VERB
▷ *see also* **download** NOUN
íoslódáil
□ You can download the program free from ... Féadann tú an clár a íoslódáil saor in aisce ó...

download NOUN
▷ *see also* **download** VERB
íoslódáil *fem3*
□ a free download íoslódail saor in aisce

downloadable ADJECTIVE
in-íoslódáilte

downpour NOUN
bailc *fem2*
□ a sudden downpour bailc thobann

downright ADJECTIVE
glan *(refusal)*
■ **a downright lie** deargéitheach

downstairs ADVERB, ADJECTIVE
1 thíos staighre

□ The bathroom's downstairs. Tá an seomra folctha thíos staighre. □ the downstairs bathroom an seomra folctha thíos staighre □ the people downstairs na daoine thíos staighre

2 dul síos an staighre *(motion)*

downtown ADJECTIVE (US)
gnócheantar

to **doze** VERB
néal a chodladh

to **doze off** VERB
■ She dozed off. Thit néal uirthi.

dozen NOUN
dosaen *masc4*
□ a dozen eggs dosaen uibheacha □ two dozen dhá dhosaen
■ dozens of cuid mhór
■ I've told you that dozens of times. D'inis mé sin duit go mion minic.

drab ADJECTIVE
lachna *(colourless)*

draft NOUN (US)
1 siorradh *masc1 (wind)*
2 coinscríobh *masc (into the army)*

to **drag** VERB
▷ *see also* **drag** NOUN
tarraing
■ 'drag and drop' 'tarraing agus scaoil'

drag NOUN
▷ *see also* **drag** VERB
strambán *masc1 (informal)*
□ It's a real drag! Strambán ceart atá ann!
■ in drag faoi éadaí ban □ He was in drag. Bhí sé faoi éadaí ban.

dragon NOUN
dragan *masc1*

drain NOUN
▷ *see also* **drain** VERB
draein *fem*
□ The drains are blocked. Tá na draenacha blocáilte.

to **drain** VERB
▷ *see also* **drain** NOUN
sil *(vegetables)*

draining board NOUN
clár silte *masc1*

drainpipe NOUN
gáitéar *masc1*

drama NOUN
drámaíocht *fem3*
□ Drama is my favourite subject. Is í an drámaíocht an t-ábhar is fearr liom.
■ drama school scoil drámaíochta
□ I'd like to go to drama school. Ba mhaith liom freastal ar scoil drámaíochta.

dramatic ADJECTIVE
1 drámata *(moving, exciting)*
□ It was really dramatic! Bhí sé an-drámata ar fad! □ dramatic news scéal drámata
2 suntasach *(striking)*
□ a dramatic improvement feabhas suntasach
3 tobann *(sudden)*

dramatist NOUN
drámadóir *masc3*

drank VERB ▷ *see* **drink**

drapes (US) PL NOUN
cuirtíní *masc4 pl*

drastic ADJECTIVE
1 bunúsach *(changes)*
2 dian *(measures)*
■ to take drastic action dianbhearta a chur ina suí

draught (US draft) NOUN
siorradh *masc1 (wind)*
■ on draught ar na bairillí *(beer)*
■ draught beer beoir bhairille

draughts NOUN
táiplis bheag *fem2*
■ to play draughts táiplis bheag a imirt

to **draw** VERB
▷ *see also* **draw** NOUN
tarraing
□ She drew a picture of her house. Tharraing sí pictiúr dá teach féin.
■ They drew 1-1. *(sport)* Chríochnaigh siad ar comhscór 1-1.
■ to draw the curtains na cúirtíní a dhruidim
■ to draw lots crainn a chaitheamh

draw NOUN
▷ *see also* **draw** VERB
1 comhscór *masc1 (sport)*
□ The game ended in a draw. Chríochnaigh an cluiche ar comhscór.
2 crannchur *masc1 (lottery)*
□ The draw takes place on Saturday. Bíonn an crannchur ar siúl ar an Satharn.

drawback NOUN
míbhuntáiste *masc4*

drawer NOUN
tarraiceán *masc1*

drawing NOUN
líníocht *fem3*

drawing pin NOUN
tacóid ordóige *fem2*

drawn VERB ▷ *see* **draw**

dreadful ADJECTIVE
uafásach
□ a dreadful mistake meancóg uafásach

□ The weather was dreadful. Bhí an aimsir uafásach. □ You look dreadful. Tá cuma uafásach ort.

■ **I feel dreadful.** Mothaím go holc ar fad.

dream NOUN
▷ *see also* **dream** VERB
brionglóid *fem2*

□ It was just a dream. Ní raibh ann ach brionglóid.

■ **a bad dream** tromluí

to **dream** VERB
▷ *see also* **dream** NOUN

■ **to dream of something** brionglóid a bheith agat ar rud

■ **to dream that** brionglóid a dhéanamh duit go □ I dreamed I was in Belgium. Rinneadh brionglóid dom go raibh mé sa Bheilg.

to **drench** VERB
báigh

■ **to get drenched** bheith báite □ We got drenched. Bhí muid báite.

dress NOUN
▷ *see also* **dress** VERB
gúna *masc4*

to **dress** VERB
▷ *see also* **dress** NOUN
gléas

□ I got up, dressed, and went downstairs. D'éirigh mé, ghléas mé mé féin agus chuaigh mé síos staighre.

■ **to dress somebody** duine a ghléasadh □ She dressed the children. Ghléas sí na páistí.

■ **to get dressed** do chuid éadaigh a chur ort □ I got dressed quickly. Bhuail mé orm mo chuid éadaigh.

to **dress up** VERB
tú féin a chóiriú

□ I dressed up as a ghost. Chóirigh mé féin mar thaibhse.

dressed ADJECTIVE
cóirithe

□ She was dressed in jeans. Bhí sí cóirithe i mbríste deinim. □ I'm not dressed yet. Níl mé cóirithe go fóill.

■ **How was she dressed?** Cén feisteas a bhí uirthi?

dresser NOUN
drisiúr *masc1 (furniture)*

dressing NOUN
1 cóiriú *masc (for wound)*
2 anlann *masc1 (for salad)*

dressing gown NOUN
fallaing sheomra *fem2*

dressing table NOUN
clár maisiúcháin *masc1*

drew VERB ▷ *see* **draw**

dried VERB ▷ *see* **dry**

drier NOUN
triomadóir *masc3*

drift NOUN
▷ *see also* **drift** VERB

■ **a snow drift** ráth sneachta

to **drift** VERB
▷ *see also* **drift** NOUN
1 téigh le sruth *(boat)*
2 síob *(sand, snow)*

drill NOUN
▷ *see also* **drill** VERB
druilire *masc4 (tool)*

to **drill** VERB
▷ *see also* **drill** NOUN
druileáil

drink NOUN
▷ *see also* **drink** VERB
deoch *fem*

□ a cold drink deoch fhuar □ a drink of water deoch uisce □ They've gone out for a drink. Chuaigh siad amach faoi choinne deochanna.

■ **to have a drink** deoch a ól

to **drink** VERB
▷ *see also* **drink** NOUN
ól

□ What would you like to drink? Cad é ba mhaith leat le hól? □ She drank three cups of tea. D'ól sí trí chupán tae.

■ **He'd been drinking.** Bhí sé tar éis beith ag ól.

■ **I don't drink.** Ní ólaim.

drinking water NOUN
uisce óil *masc4*

drive NOUN
▷ *see also* **drive** VERB
1 tiomáint *fem3*
□ We've got a long drive tomorrow. Tá tiomáint fhada romhainn amárach.
■ **to go for a drive** geábh a thabhairt i gcarr
□ We went for a drive in the country. Thug muid geábh faoin tuath sa charr.
2 cabhsa *masc4 (of house)*
□ He parked his car in the drive. Pháirceáil sé a charr sa chabhsa.
3 tiomáint *fem3 (of computer)*

to **drive** VERB
▷ *see also* **drive** NOUN
tiomáin

□ She's learning to drive. Tá sí ag glacadh ceachtanna tiomána. □ Can you drive?

An bhfuil tiomáint agat? □ My mother drives me to school. **Tiománann mo mháthair mé ar scoil.**
■ **to drive somebody home** duine a thiomáint abhaile
■ **He offered to drive me home.** Thairg sé síob abhaile dom.
■ **to drive somebody mad** duine a chur as a mheabhair □ He drives her mad. **Cuireann sé as a meabhair í.**

driver NOUN
tiománaí *masc4*
□ She's an excellent driver. **Is tiománaí ar dóigh í.** □ He's a bus driver. **Is tiománaí bus é.**

driver's license (US) NOUN
ceadúnas tiomána *masc1*

driving NOUN
tiomáint *fem3*

driving instructor NOUN
teagascóir tiomána *masc3*
□ He's a driving instructor. **Is teagascóir tiomána é.**

driving lesson NOUN
ceacht tiomána *masc3*

driving licence NOUN
ceadúnas tiomána *masc1*

driving test NOUN
triail tiomána *fem*
□ She's just passed her driving test. **D'éirigh léi ina triail tiomána anois go díreach.**
■ **to take one's driving test** triail tiomána a dhéanamh □ He's taking his driving test tomorrow. **Beidh triail tiomána aige amárach.**

drizzle NOUN
ceobhrán *masc1*

drop NOUN
▷ *see also* **drop** VERB
braon *masc1*
□ a drop of water **braon uisce**

to **drop** VERB
▷ *see also* **drop** NOUN
1 lig titim
□ I dropped the glass and it broke. **Lig mé don ghloine titim agus bhris sé.**
2 fág
□ Could you drop me at the station? **An dtiocfadh leat mé a fhágáil ag an stáisiún?**
■ **I'm going to drop chemistry.** Éireoidh mé as ceimic.

to **drop in** VERB
buail isteach *(visit)*

drought NOUN
triomach *masc1*

drove VERB ▷ *see* **drive**

to **drown** VERB
báigh
□ A boy drowned here yesterday. **Bádh buachaill anseo inné.**

drug NOUN
druga *masc4*
□ They need food and drugs. **Tá bia agus drugaí de dhíth orthu.** □ hard drugs **drugaí crua** □ soft drugs **drugaí boga**
■ **to take drugs** drugaí a ghlacadh
■ **a drug addict** andúileach drugaí
□ She's a drug addict. **Is andúileach drugaí í.**
■ **a drug dealer** mangaire drugaí

drugstore NOUN (US)
druglann *fem2*

drum NOUN
druma *masc4*
■ **a drum kit** foireann drumaí
■ **drums** drumaí □ I play drums. **Buailaim ar na drumaí.**

drummer NOUN
drumadóir *masc3*

drunk ADJECTIVE
▷ *see also* **drunk** NOUN
ar meisce
□ He was drunk. **Bhí sé ar meisce.**

drunk NOUN
▷ *see also* **drunk** ADJECTIVE
meisceoir *masc3*
□ The streets were full of drunks. **Bhí na sráideanna lán le meisceoirí.**

dry ADJECTIVE
▷ *see also* **dry** VERB
tirim
□ The paint isn't dry yet. **Níl an phéint tirim go fóill.** □ a long dry period **triomach fada**

to **dry** VERB
▷ *see also* **dry** ADJECTIVE
triomaigh
□ I haven't dried my hair yet. **Níor thriomaigh mé mo chuid gruaige go fóill.**
■ **to dry the dishes** na soithí a thriomú

dry-cleaner's NOUN
tirimghlantóir *masc3*

dryer NOUN
triomadóir *masc3*
■ **a tumble dryer** triomadóir iomlasctha
■ **a hair dryer** triomadóir gruaige

DTP NOUN *(= desktop publishing)*
foilsitheoireacht deisce *fem3*

dubbed ADJECTIVE
■ **The film was dubbed.** Cuireadh fuaimrian leis an scannán.

dubious ADJECTIVE
amhrasach
□ My parents were a bit dubious about it. Bhí mo thuismitheoirí rud beag amhrasach faoi.

Dublin NOUN
Baile Átha Cliath *masc4*

Dublin Bay NOUN
Cuan Bhaile Átha Cliath *masc1*

duck NOUN
▷ *see also* **duck** VERB
lacha *fem*

to **duck** VERB
▷ *see also* **duck** NOUN
crom go tapa

due ADJECTIVE, ADVERB
le teacht *(expected)*
□ The train is due at three. Tá an traein le teacht ar a trí.
■ **When's the baby due?** Cá huair a bheas breith an bhabaí?
■ **He's due to finish tomorrow.** Tá sé le críochnú amárach.
■ **due to** mar gheall ar □ The trip was cancelled due to bad weather. Cuireadh an turas ar ceal mar gheall ar an drochaimsir.
■ **due north** ó thuaidh díreach
■ **in due course** in am is i dtráth

duet NOUN
díséad *masc1*

dug VERB ▷ *see* **dig**

dull ADJECTIVE
1 leadránach *(boring)*
□ He's nice, but a bit dull. Tá sé deas, ach é rud beag leadránach.
2 gruama *(weather, day)*

dulse NOUN
duileasc *masc1*

duly ADVERB
1 in am *(on time)*
2 mar is cóir *(as expected)*

dumb ADJECTIVE
1 balbh
□ She's deaf and dumb. Tá sí bodhar balbh.
2 bómánta *(stupid)*
□ That was a really dumb thing I did! Rud bómánta ar fad a rinne mé!

dummy NOUN
gobán *masc1* *(for baby)*

dump NOUN
▷ *see also* **dump** VERB
1 láithreán fuílligh *masc1*
■ **a rubbish dump** láithreán bruscair

2 prochóg *fem2* *(place)*
□ It's a real dump! Prochóg amach is amach atá ann!

to **dump** VERB
▷ *see also* **dump** NOUN
1 caith amach *(put down)*
2 dumpáil *(get rid of)*
□ He dumped the old furniture. Dhumpáil sé an seantroscán.
■ **'no dumping'** 'cosc ar dhumpáil'

dungarees PL NOUN
bríste dungaraí *masc4*

dungeon NOUN
doinsiún *masc1*

duplicate NOUN
dúblach *masc1*

duration NOUN
fad *masc1*

during PREPOSITION
i rith
□ during the day i rith an lae

dusk NOUN
clapsholas *masc1*
□ at dusk le clapsholas

dust NOUN
▷ *see also* **dust** VERB
deannach *masc1*

to **dust** VERB
▷ *see also* **dust** NOUN
glan an deannach de
□ I dusted the shelves. Ghlan mé an deannach de na seilfeanna.
■ **I hate dusting!** Is fuath liom deannach a ghlanadh!

dustbin NOUN
bosca bruscair *masc4*

duster NOUN
ceirt deannaigh *fem2*

dustman NOUN
fear bruscair
□ He's a dustman. Is fear bruscair é.

dusty ADJECTIVE
deannachúil

Dutch ADJECTIVE
▷ *see also* **Dutch** NOUN
Ollannach
□ She's Dutch. Is Ollannach í.

Dutch NOUN
▷ *see also* **Dutch** ADJECTIVE
Ollainnis *fem2* *(language)*
■ **the Dutch** na hOllannaigh

Dutchman NOUN
Ollanach *masc1*

Dutchwoman NOUN
Ollanach mná *masc1*

duty NOUN
1 dualgas *masc1*
    □ It was his duty to tell the police. **Bhí sé
    de dhualgas air** insint do na póilíní.
2 dleacht *fem3 (tax)*
    ■ **to be on duty** *(policeman, doctor, nurse)*
    bheith ar dualgas
duty-free ADJECTIVE
    saor ó dhleacht
    ■ **the duty-free shop** siopa saor ó dhleacht
duvet NOUN
    fannchlúmhán *masc1*
DVD NOUN
    DVD *masc*
    □ I've got that film on DVD. **Tá an scannán
    sin ar DVD agam.**

DVD burner NOUN
    dóire DVD *masc4*
DVD player NOUN
    seinnteoir DVD *masc3*
DVD writer NOUN
    scríbhneoir DVD *masc3*
dwarf NOUN
    abhac *masc1*
dying VERB ▷ *see* **die**
dynamic ADJECTIVE
    bríomhar
dynamite NOUN
    dinimít *fem2*
dyslexia NOUN
    disléicse *fem4*

Ee

each ADJECTIVE, PRONOUN

gach

□ each day **gach lá** □ Each house in our street has its own garden. **Tá a gairdín féin ag gach teach i sráid s'againne.** □ The girls each have their own bedroom. **Tá a seomra leapa féin ag gach cailín.**

■ He gave each of us £10. **Thug sé £10 an duine dúinn.**

■ They have two books each. **Tá dhá leabhar an duine acu.**

■ They hate each other. **Is fuath leo a chéile.**

■ They don't know each other. **Níl aithne ar a chéile acu.**

eager ADJECTIVE

díocasach *(keen)*

■ to be eager to do something **fonn mór a bheith ort rud a dhéanamh**

eagle NOUN

iolar *masc1*

ear NOUN

cluas *fem2*

earache NOUN

tinneas cluaise *masc1*

■ to have earache **tinneas cluaise a bheith ort**

earlier ADVERB

níos luaithe

□ I saw him earlier. **Chonaic mé níos luaithe é.** □ I ought to get up earlier. **Ba chóir dom éirí níos luaithe.**

early ADVERB

▷ see also **early** ADJECTIVE

go luath

□ I have to get up early. **Caithfidh mé éirí go luath.** □ I came early to get a good seat. **Tháinig mé go luath le suíochán maith a fháil.**

early ADJECTIVE

▷ see also **early** ADVERB

luath

■ to have an early night **dul a luí go luath**

to **earn** VERB

saothraigh

□ She earns £8 an hour. **Saothraíonn sí £8 in aghaidh na huaire.**

earnings PL NOUN

tuilleamh *masc1*

earphones PL NOUN

cluasáin *masc1 pl*

earplugs PL NOUN

plugaí cluaise *masc4 pl*

earring NOUN

fáinne cluaise *masc4*

earth NOUN

1 cré *fem4 (soil)*

2 an Domhan *masc1 (planet)*

earthquake NOUN

crith talún *masc3*

easily ADVERB

go furasta

east NOUN

▷ see also **east** ADJECTIVE, ADVERB

oirthear *masc1*

□ in the east **san oirthear**

east ADJECTIVE, ADVERB

▷ see also **east** NOUN

1 oirthearach

■ an east wind **gaoth anoir**

2 thoir *(side)*

■ the east coast **an cósta thoir**

■ east of **taobh thoir de** □ It's east of London. **Tá sé taobh thoir de Londain.**

3 soir *(towards)*

eastbound ADJECTIVE

■ The car was eastbound on the M25. **Bhí an carr ag dul soir ar an M25.**

■ Eastbound traffic is moving very slowly. **Tá an trácht soir ag bogadh go han-mhall.**

Easter NOUN

Cáisc *fem3*

□ at Easter **um Cháisc** □ We went to my grandparents' for Easter. **Chuaigh muid go teach mo sheantuismitheoirí um Cháisc.**

Easter egg NOUN
 ubh Chásca *fem2*
eastern ADJECTIVE
 oirthearach
 □ the eastern part of the island an chuid
 oirthearach den oileán
 ■ **Eastern Europe** Oirthear na hEorpa
easy ADJECTIVE, ADVERB
 furasta
 ■ **to take it things easy** bheith ar do
 shuaimhneas
easy chair NOUN
 cathaoir shócúil *fem*
easy-going ADJECTIVE
 réchúiseach
 □ She's very easy-going. Tá sí
 an-réchúiseach.
to **eat** VERB
 ith
 ■ **Would you like something to eat?**
 Ar mhaith leat rud éigin le hithe?
EC NOUN *(= European Community)*
 Comhphobal Eorpach *masc1*
ECB NOUN *(= European Central Bank)*
 BCE *(= An Banc Ceannais Eorpach)*
eccentric ADJECTIVE
 corr
echo NOUN
 macalla *masc4*
eclipse NOUN
 urú *masc*
eco-friendly ADJECTIVE
 éiceabhách
ecological ADJECTIVE
 éiceolaíoch
ecology NOUN
 éiceolaíocht *fem3*
e-commerce NOUN
 ríomhthráchtáil *fem3*
economic ADJECTIVE
1 eacnamaíoch
 □ economic growth forás eacnamaíoch
2 sóchmhainneach *(business)*
economical ADJECTIVE
1 tíosach *(car)*
2 spárálach *(person)*
economics NOUN
 eacnamaíocht *fem3*
 □ He's studying economics. Tá sé ag
 déanamh staidéir ar eacnamaíocht.
to **economize** VERB
 spáráil *(spend less)*
economy NOUN
 geilleagar *masc1*
ecosystem NOUN

 éiceachóras *masc1*
ecstasy NOUN
 eacstais *fem2 (also drug)*
 ■ **to be in ecstasy** bheith i dtámhnéal
 áthais
eczema NOUN
 eachma *fem4*
edge NOUN
1 imeall *masc1*
2 faobhar *masc1 (of knife)*
3 grua *fem4 (of road, ridge)*
edgy ADJECTIVE
 faoi chearthaí
Edinburgh NOUN
 Dún Éideann *masc*
edition NOUN
 eagrán *masc1*
editor NOUN
 eagarthóir *masc3*
educated ADJECTIVE
 oilte
education NOUN
 oideachas *masc1*
 □ There should be more investment in
 education. Ba chóir go mbeadh níos
 mó infheistíochta san oideachas.
 □ She works in education. Tá sí ag
 obair san oideachas.
educational ADJECTIVE
 ■ **It was very educational.** Bhí sé
 an-oideachasúil.
eel NOUN
 eascann *fem2*
effect NOUN
 éifeacht *fem3*
 ■ **special effects** maisíocht
effective ADJECTIVE
 éifeachtach
effectively ADVERB
1 go héifeachtach *(efficiently)*
2 le fírinne *(in reality)*
efficient ADJECTIVE
 éifeachtach
effort NOUN
 iarracht *fem3*
 ■ **to make an effort to do something**
 iarracht a thabhairt ar rud a dhéanamh
e.g. ABBREVIATION *(= exempli gratia)*
 m.sh. *(= mar shampla)*
egg NOUN
 ubh *fem2*
 □ a hard-boiled egg ubh chruabhruite
 □ a soft-boiled egg ubh bhogbhruite
 □ a fried egg ubh fhriochta
 ■ **scrambled eggs** uibheacha scrofa

egg cup NOUN
ubhchupán *masc1*

eggplant NOUN
planda ubhthoraidh *masc4*

Egypt NOUN
an Éigipt *fem2*
□ in Egypt san Éigipt

eight NUMBER

1 a ocht

> ☁ LANGUAGE TIP **a ocht** is used for telling the time and for counting.

□ at eight o'clock ar a ocht a chlog
□ Three plus five is eight. A trí móide a cúig sin a ocht.

2 ocht

> ☁ LANGUAGE TIP **ocht** is used to give the number of objects and is usually followed by a singular noun.

□ eight bottles ocht mbuidéal

> ☁ LANGUAGE TIP Some words, **bliain**, **uair**, **seachtain**, **pingin**, have a special plural for use with numbers.

□ eight years ocht mbliana
■ She's eight. Tá sí ocht mbliana d'aois.

> ☁ LANGUAGE TIP To translate 'eight people', use the form **ochtar**.

□ eight people ochtar □ eight women ochtar ban

eighteen NUMBER
ocht ... déag

> ☁ LANGUAGE TIP **ocht** is usually followed by a singular noun.

■ eighteen bottles ocht mbuidéal déag
□ eighteen people ocht nduine dhéag
■ She's eighteen. Tá sí ocht mbliana déag d'aois.

eighteenth ADJECTIVE
an t-ochtú ... déag
□ her eighteenth birthday an t-ochtú lá breithe déag aici □ the eighteenth floor an t-ochtú hurlár déag
■ the eighteenth of August an t-ochtú lá déag de Lúnasa

eighth NUMBER
ochtú
□ the eighth floor an t-ochtú hurlár
■ the eighth of August an t-ochtú lá de Lúnasa

eighty NUMBER
ochtó

Eire NOUN
Éire *fem*
■ in Eire in Éirinn

either PRONOUN, ADVERB, CONJUNCTION
ceachtar

□ Take either of them. Tóg ceachtar acu.
■ either ... or ... ceachtar acu ... nó ...
■ I don't like milk, and I don't like eggs either. Ní maith liom bainne, agus ní maith liom uibheacha ach oiread.
■ I've never been to Spain. — I haven't either. Ní raibh mé riamh sa Spáinn. — Ná mise ach oiread.

elastic NOUN
leaistic *fem2*

elastic band NOUN
crios leaisteach *masc3*

elbow NOUN
uillinn *fem2*

elder ADJECTIVE
■ my elder sister an deirfiúr is sine agam

elderly ADJECTIVE
cnagaosta

eldest ADJECTIVE
■ the eldest child an páiste is sine
■ my eldest sister an deirfiúr is sine agam

to **elect** VERB
togh

election NOUN
toghchán *masc1*

electric ADJECTIVE
leictreach
□ an electric fire tine leictreach
□ an electric guitar giotár leictreach
□ an electric blanket blaincéad leictreach
□ an electric shock turraing leictreach

electrical ADJECTIVE
leictreach
■ an electrical engineer innealtóir leictreachais

electrician NOUN
leictreoir *masc3*
□ He's an electrician. Is leictreoir é.

electricity NOUN
leictreachas *masc1*

electronic ADJECTIVE
leictreonach

electronic mail NOUN
post leictreonach *masc1*

electronics NOUN
leictreonaic *fem2*
□ My hobby is electronics. Leictreonaic an caitheamh aimsire atá agam.

elegant ADJECTIVE
galánta

elementary school NOUN (US)
bunscoil *fem2*

elephant NOUN
eilifint *fem2*

elevator NOUN (US)
ardaitheoir *masc3*

eleven NUMBER
aon ... déag

> LANGUAGE TIP **aon** is followed by a singular noun.

□ eleven bottles **aon bhuidéal déag**
□ eleven people **aon duine dhéag**
■ She's eleven. **Tá sí aon bhliain déag d'aois.**

eleventh NUMBER
aonú ... déag

□ the eleventh floor **an t-aonú hurlár déag**
■ the eleventh of August **an t-aonú lá déag de Lúnasa**

else ADVERB
eile

□ something else **rud éigin eile**
□ somewhere else **áit éigin eile** □ nobody else **duine ar bith eile** □ Would you like anything else? **Ar mhaith leat aon rud eile?**
□ I don't want anything else. **Níor mhaith liom aon rud eile.**

email NOUN
▷ *see also* **email** VERB
ríomhphost *masc1*

to **email** VERB
▷ *see also* **email** NOUN
■ to email somebody **ríomhphost a chur chuig duine**
■ to e-mail something **rud a chur leis an ríomhphost**
■ e-mail address **seoladh ríomhphoist**

embankment NOUN
1 claífort *masc1 (of road, railway)*
2 port *masc1 (of river)*

embarrassed ADJECTIVE
■ to be embarrassed **aiféaltas a bheith ort**
□ I was really embarrassed. **Bhí an-aiféaltas orm.**

embarrassing ADJECTIVE
■ It was so embarrassing. **Bhí sé chomh náireach sin.**

embassy NOUN
ambasáid *fem2*
□ the American Embassy **an Ambasáid Mheiriceánach**

to **embroider** VERB
bróidnigh

embroidery NOUN
bróidnéireacht *fem3*
□ I do embroidery. **Déanaim bróidnéireacht.**

embryo NOUN
suth *masc3*

emerald NOUN
smaragaid *fem2 (stone)*
■ emerald green **glas smaragaide**
■ the Emerald Isle **Oileán Iathghlas na hÉireann**

emergency NOUN
éigeandáil *fem3*
□ This is an emergency! **Is éigeandáil é seo!**
■ in an emergency **ar uair na práinne**
■ emergency exit **doras éalaithe**
■ the emergency services **na seirbhísí éigeandála**

to **emigrate** VERB
téigh ar imirce

emoticon NOUN
straoiseog *fem*

emotion NOUN
mothúchán *masc1*

emotional ADJECTIVE
corraitheach

emperor NOUN
impire *masc4*

to **emphasize** VERB
cuir béim ar
■ to emphasize that ... **a léiriú go suntasach go ...**

empire NOUN
impireacht *fem3*

to **employ** VERB
fostaigh
□ The factory employs 600 people.
Tá 600 duine fostaithe sa mhonarcha.

employee NOUN
fostaí *masc4*

employer NOUN
fostóir *masc3*

employment NOUN
fostaíocht *fem3*
■ in employment **ag obair**

empty ADJECTIVE
▷ *see also* **empty** VERB
1 folamh
2 gan cur leis *(threat, promise)*

to **empty** VERB
▷ *see also* **empty** ADJECTIVE
folmhaigh
■ to empty something out **rud a fholmhú amach**

to **encourage** VERB
spreag
■ to encourage somebody to do something **duine a spreagadh le rud a dhéanamh**

encouragement NOUN
spreagadh *masc*

encyclopedia NOUN
ciclipéid *fem2*

end NOUN
▷ *see also* **end** VERB
1 deireadh *masc1*
□ the end of the film deireadh an scannáin
□ the end of the holidays deireadh na laethanta saoire
2 ceann *masc1 (of street, rope, journey)*
□ at the end of the street ag ceann na sráide
■ **in the end** sa deireadh □ In the end I decided to stay at home. Sa deireadh shocraigh mé ar fhanacht sa bhaile.
□ It turned out all right in the end. Tharla go raibh sé go maith sa deireadh.
■ **for hours on end** uair i ndiaidh uaire

to **end** VERB
▷ *see also* **end** NOUN
críochnaigh
□ What time does the film end? Cén t-am a chríochnaíonn an scannán?
■ **to end up doing something** rud a dhéanamh sa deireadh
■ **I ended up walking home.** Shiúil mé abhaile sa deireadh.

ending NOUN
deireadh *masc1*
□ It was an exciting film, especially the ending. Scannán spreagúil a bhí ann, go háirithe an deireadh.

endless ADJECTIVE
síoraí
□ The journey seemed endless. Ba chosúil nach mbeadh deireadh go deo leis an turas.

enemy NOUN
namhaid *masc*

energetic ADJECTIVE
1 fuinniúil *(person)*
2 bríomhar *(activity)*

energy NOUN
fuinneamh *masc1*

engaged ADJECTIVE
1 in úsáid *(busy, in use)*
■ **The phone was engaged.** Bhí an guthán gafa.
2 geallta *(to be married)*
□ She's engaged to Brian. Tá sí geallta le Brian.
■ **to get engaged** lámh is focal a thabhairt dá chéile

engaged tone NOUN
ton gafa *masc1*

engagement NOUN
gealltanas pósta *masc1*
□ an engagement ring fáinne gealltanais

engine NOUN
inneall *masc1*

engineer NOUN
1 innealtóir *masc3*
□ He's an engineer. Is innealtóir é.
2 deisitheoir *masc3 (repairer)*

engineering NOUN
innealtóireacht *fem3*

England NOUN
Sasana *masc4*
□ in England i Sasana □ to England go Sasana □ I'm from England. Is as Sasana mé.

English ADJECTIVE
▷ *see also* **English** NOUN
Sasanach
□ I'm English. Is Sasanach mé.
■ **English people** na Sasanaigh
■ **the English Channel** Muir nIocht

English NOUN
▷ *see also* **English** ADJECTIVE
Béarla *masc4 (language)*
□ Do you speak English? An bhfuil Béarla agat?
■ **the English** *(people)* na Sasanaigh

Englishman NOUN
Sasanach *masc1*

Englishwoman NOUN
Sasanach mná *masc1*

to **enjoy** VERB
bain sult as
□ Did you enjoy the film? Ar bhain tú sult as an scannán?
■ **to enjoy oneself** bheith ag déanamh suilt
□ I really enjoyed myself. Bhain mé an-sult as. □ Did you enjoy yourselves at the party? Ar bhain sibh sult as an gcóisir?

enjoyable ADJECTIVE
sultmhar

enlargement NOUN
méadú *masc (of photo)*

enormous ADJECTIVE
ollmhór

enough ADJECTIVE, PRONOUN
go leor
□ big enough mór go leor □ enough time go leor ama □ I didn't have enough money. Ní raibh go leor airgid agam. □ Have you got enough? An bhfuil go leor agat?
■ **I've had enough of this work.** Tá mo sháith agam den obair seo.
■ **funnily enough** aisteach go leor

to **enquire** VERB
fiafraigh
■ **to enquire about something** fiafraí a dhéanamh faoi rud □ I am going to enquire

enquiry – equivalent

English–Irish

about train times. Tá mé ag dul a fhiafraí faoi amanna traenach.

enquiry NOUN
1 ceist *fem2*
  ■ **to make enquiries about something** ceisteanna a chur faoi rud
2 fiosrúchán *masc1 (investigation)*
  ■ **'enquiries'** 'fiosrúcháin'

to **enter** VERB
1 téigh isteach i *(room)*
2 glac páirt i *(competition)*
  □ She entered a competition to win a car. Ghlac sí páirt i gcomórtas le carr a bhaint.
3 iontráil *(on computer)*

to **entertain** VERB
1 déan sult do *(amuse)*
2 tabhair aíocht do *(guests)*

entertainer NOUN
  fuirseoir *masc3*

entertaining ADJECTIVE
  siamsúil

entertainment NOUN
  siamsa *masc4*

enthusiasm NOUN
  fonn *masc1*

enthusiast NOUN
  díograiseoir *masc3*
  □ a railway enthusiast díograiseoir iarnróid
  □ She's a DIY enthusiast. Is díograiseoir DFÉ í.

enthusiastic ADJECTIVE
  díograiseach
  ■ **to be enthusiastic about something** bheith tógtha le rud

entire ADJECTIVE
  iomlán
  ■ **the entire world** an domhan go léir

entirely ADVERB
  go huile is go hiomlán

entrance NOUN
  bealach isteach *masc1*
  ■ **to gain entrance to** *(university, college)* áit a fháil i
  ■ **an entrance exam** scrúdú iontrála
  ■ **an entrance fee** táille iontrála

entry NOUN
  dul isteach *masc3*
  ■ **'no entry'** 'ná téitear isteach'
  ■ **an entry form** foirm iontrála

entry phone NOUN
  idirghuthán *masc1*

envious ADJECTIVE
  éadmhar
  ■ **to be envious of somebody** bheith in éad le duine

environment NOUN
  timpeallacht *fem3*

environmental ADJECTIVE
  timpeallachta

environment-friendly ADJECTIVE
  neamhdhíobhálach don timpeallacht

envy NOUN
  ▷ see also **envy** VERB
  éad *masc3*

to **envy** VERB
  ▷ see also **envy** NOUN
  ■ **to envy somebody** bheith in éad le duine □ I don't envy you! Níl mé in éad leat!

epidemic NOUN
  eipidéim *fem2*

epilepsy NOUN
  titimeas *masc1*

epileptic NOUN
  titimeach

episode NOUN
  eipeasóid *fem2*

equal ADJECTIVE
  ▷ see also **equal** VERB
  cothrom

to **equal** VERB
  ▷ see also **equal** ADJECTIVE
  ■ **to equal something** bheith cothrom le rud □ 3 plus 4 equals seven. Tá 3 móide 4 cothrom le 7.
  ■ **Two times two equals four.** A dó faoi a dó sin a ceathair.

equality NOUN
  comhionannas *masc1*

to **equalize** VERB
  cothromaigh *(in sport)*

equator NOUN
  meánchiorcal *masc1*

equipment NOUN
  trealamh *masc1*
  □ fishing equipment trealamh iascaireachta
  □ skiing equipment trealamh sciála

equipped ADJECTIVE
  trealmhaithe
  □ The caravan is equipped for four people. Tá an carbhán trealmhaithe faoi choinne ceathrair. □ All the rooms are equipped with phones. Tá na seomraí go léir trealmhaithe le gutháin.
  ■ **to be well equipped** *(office, kitchen)* bheith deisiúil
  ■ **He is well equipped for the job.** Tá sé inniúil don obair.

equivalent ADJECTIVE
  ■ **equivalent to** cothrom le

error NOUN
earráid *fem2*

escalator NOUN
staighre beo *masc4*

escape NOUN
▷ *see also* **escape** VERB
éalú *masc*

to **escape** VERB
▷ *see also* **escape** NOUN
éalaigh
□ A lion has escaped. D'éalaigh leon.
■ **to escape from** éalú ó □ He escaped from prison. D'éalaigh sé ó phríosún.

escort NOUN
duine comórtha *masc4*
■ **a police escort** coimhdeacht gharda

especially ADVERB
go háirithe
□ It's very hot there, especially in the summer. Bíonn sé an-te ansin, go háirithe sa samhradh.

essay NOUN
aiste *fem4*
□ a history essay aiste staire

essential ADJECTIVE
riachtanach *(necessary)*
□ It's essential to bring warm clothes. Tá sé riachtanach éadach te a thabhairt leat.

to **establish** VERB
bunaigh

estate NOUN
eastát *masc1*
□ I live on an estate. Tá mé i mo chónaí ar eastát.
■ **a housing estate** eastát tithíochta

estate agent NOUN
gníomhaire eastáit *masc4*

to **estimate** VERB
meas
□ They estimated it would take three weeks. Mheas siad go dtógfadh sé trí seachtaine.

Estonia NOUN
an Eastóin *fem2*

estuary NOUN
inbhear *masc1*

etc ABBREVIATION *(= et cetera)*
srl

Ethiopia NOUN
an Aetóip *fem2*
□ in Ethiopia san Aetóip

ethnic ADJECTIVE
eitneach
□ an ethnic minority mionlach eitneach

e-ticket NOUN
ríomhthicéad *masc1*

EU NOUN
Aontas na hEorpa *masc1*

euro NOUN
euro *masc4*
□ 50 euros 50 euro

Europe NOUN
an Eoraip *fem3*
□ in Europe san Eoraip □ to Europe chun na hEorpa

European ADJECTIVE
▷ *see also* **European** NOUN
Eorpach

European NOUN
▷ *see also* **European** ADJECTIVE
Eorpach *masc1*

to **evacuate** VERB
1 bánaigh *(place)*
2 aslonnaigh *(people)*

eve NOUN
■ **Christmas Eve** Oíche Nollag
■ **New Year's Eve** Oíche Chinn Bliana

even ADJECTIVE
▷ *see also* **even** ADVERB
1 réidh *(level, smooth)*
□ an even layer of snow brat réidh sneachta
2 cothrom *(equal)*
■ **an even number** ré-uimhir
■ **to get even with somebody** cúiteamh a bhaint as duine □ He wanted to get even with her. Bhí sé ag iarraidh cúiteamh a bhaint aisti.

even ADVERB
▷ *see also* **even** ADJECTIVE
go fiú
□ I like all animals, even snakes. Is maith liom na hainmhithe go léir, go fiú nathracha.
■ **even if** fiú amháin má □ I'd never do that, even if you asked me. Ní dhéanfainn sin go deo, fiú dá n-iarrfá orm.
■ **even though** cé go □ He wants to go out, even though it's raining. Tá sé ag iarraidh dul amach, cé go bhfuil sé ag cur.
■ **even so** mar sin féin
■ **He never stops working, not even at the weekend.** Ní stadann sé den obair, fiú amháin ag an deireadh seachtaine.

evening NOUN
1 tráthnóna *masc4*
□ in the evening um thráthnóna
■ **all evening** an tráthnóna ar fad
■ **Good evening!** Tráthnóna maith agat!
2 oíche *fem4 (after dark)*
■ **this evening** anocht *(after dark)*

evening class NOUN
rang oíche *masc3*

English-Irish

event – except

e

event NOUN
1 imeacht *masc3 pl*
2 comórtas *masc1 (in sport)*
  □ a sporting event comórtas spóirt
  ■ in the event of sa chás go
eventful ADJECTIVE
  eachtrúil
eventual ADJECTIVE
  deiridh
  □ the eventual outcome an toradh deiridh
eventually ADVERB
  sa deireadh
ever ADVERB
1 riamh *(past)*
  □ Have you ever seen it? An bhfaca tú riamh é?
2 choíche *(future)*
  □ It's the best film you will ever see. Is é an scannán is fearr é a fheicfidh tú choíche.
  ■ Have you ever been to Germany? An raibh tú sa Ghearmáin riamh?
  ■ for the first time ever den chéad uair riamh
  ■ ever since riamh ó shin □ ever since I met him riamh ó bhuail mé leis
  ■ ever since then riamh ó shin
every ADJECTIVE
  gach
  □ every day gach lá □ every other day gach dara lá
  ■ every time gach uair □ Every time I see him he's depressed. Bíonn sé faoi ghruaim gach uair a fheicim é.
  ■ every now and then ó am go ham
everybody PRONOUN
  gach duine
  □ Everybody had a good time. Bhí an-saol ag gach duine.
  ■ Everybody makes mistakes. Is annamh saoi gan locht.
everyone PRONOUN
  gach duine
  □ Everyone opened their presents. D'oscail gach duine a gcuid bronntanas.
  □ Everyone should have a hobby. Ba chóir go mbeadh caitheamh aimsire ag gach duine.
everything PRONOUN
  gach rud
  □ You've thought of everything! Chuimhnigh tú ar gach rud! □ Have you remembered everything? Ar chuimhnigh tú ar gach rud?
  ■ Money isn't everything. Is fearr an tláinte ná an táinte.

everywhere ADVERB
  i ngach áit
  □ I looked everywhere, but I couldn't find it. Chuardaigh mé i ngach áit, ach ní raibh mé in ann é a aimsiú. □ There were policemen everywhere. Bhí póilíní i ngach áit.
eviction NOUN
  díshealbhú *masc*
evidence NOUN
  cruthú *masc*
  ■ to give evidence fianaise a thabhairt
evil ADJECTIVE
  olc
ex- PREFIX
  iar
  □ his ex-wife a iarbhean chéile
exact ADJECTIVE
  beacht
exactly ADVERB
  go beacht
  ■ exactly the same go díreach an rud céanna
  ■ It's exactly 10 o'clock. Tá sé go díreach a deich a chlog.
  ■ exactly! go díreach!
  ■ Not exactly. Ní go díreach.
to **exaggerate** VERB
  déan áibhéil ar
exam NOUN
  scrúdú *masc*
  □ a French exam scrúdú Fraincise
  □ the exam results torthaí na scrúduithe
examination NOUN
  scrúdú *masc*
to **examine** VERB
  scrúdaigh
  □ He examined her passport. Rinne sé scrúdú ar a pas. □ The doctor examined him. Rinne an dochtúir scrúdú air.
examiner NOUN
  scrúdaitheoir *masc3*
example NOUN
  sampla *masc4*
  ■ for example mar shampla
excellent ADJECTIVE
  ar dóigh
  □ Her results were excellent. Bhí a cuid torthaí ar dóigh.
  ■ It was excellent fun. Spraoi ar dóigh a bhí ann.
except PREPOSITION
  ach
  □ everyone except me gach duine ach mise
  ■ except for ach amháin

326

■ **except that** ach amháin go □ The holiday was great, except that it rained. Bhí an tsaoire ar dóigh, ach amháin go raibh sé ag cur fearthainne.

exception NOUN
eisceacht *fem3*

■ **to make an exception** eisceacht a dhéanamh

■ **to take exception to something** col a ghlacadh le rud

exceptional ADJECTIVE
eisceachtúil

excess baggage NOUN
bagáiste breise *masc4*

to **exchange** VERB
malartaigh
□ I exchanged the book for a CD. Mhalartaigh mé an leabhar ar DD.

exchange rate NOUN
ráta malairte *masc4*

excited ADJECTIVE
corraithe

exciting ADJECTIVE
corraitheach

exclamation mark NOUN
comhartha uaillbhreasa *masc4*

excuse NOUN
▷ see also **excuse** VERB
leithscéal *masc1*

to **excuse** VERB
▷ see also **excuse** NOUN
maith do

■ **to excuse somebody from something** (activity) duine a scaoileadh ó rud

■ **Excuse me!** Gabh mo leithscéal!

ex-directory ADJECTIVE
■ **to be ex-directory** gan bheith san eolaí teileafóin

to **execute** VERB
1 cuir chun báis (kill)
2 cuir i gcrích (carry out)

execution NOUN
bású *masc*

executive NOUN
feidhmeannach *masc1* (in business)
□ He's an executive. Is feidhmeannach é.

exercise NOUN
1 cleachtadh *masc1*
■ **an exercise book** cóipleabhar
2 aclaíocht *fem3* (physical)
□ an exercise bike rothar aclaíochta

exhausted ADJECTIVE
spíonta

exhaust fumes PL NOUN
múch sceite *fem2 pl*

exhaust pipe NOUN
sceithphíopa *masc4*

exhibition NOUN
taispeántas *masc1*

ex-husband NOUN
iarfhear céile *masc1*

to **exist** VERB
bheith ann

exit NOUN
bealach amach *masc1*

exotic ADJECTIVE
coimhthíoch

to **expect** VERB
bheith ag súil le
□ I was expecting the worst. Bhí mé ag súil leis an scéal is measa. □ I'm expecting him for dinner. Tá mé ag súil leis faoi choinne dinnéir.
■ **She's expecting a baby.** Tá sí ag iompar clainne.
■ **I expect it's a mistake.** Is dóigh liom gur meancóg atá ann.

expedition NOUN
1 turas *masc1* (journey)
2 eachtra *fem4* (exploration)

to **expel** VERB
díbir
■ **to get expelled** (from school) bheith curtha amach

expenses PL NOUN
speansais *masc pl*

expensive ADJECTIVE
daor

experience NOUN
1 taithí *fem4* (practice)
2 eachtra *fem4* (incident)

experienced ADJECTIVE
cleachta

experiment NOUN
turgnamh *masc1*

expert ADJECTIVE
▷ see also **expert** NOUN
saineolach

expert NOUN
▷ see also **expert** ADJECTIVE
saineolaí *masc4*
□ He's a computer expert. Is saineolaí ríomhairí é.
■ **He's an expert cook.** Is cócaire den scoth é.

to **expire** VERB
téigh as feidhm (passport)

to **explain** VERB
mínigh

explanation NOUN
míniú *masc*

to **explode** VERB
pléasc

to **exploit** VERB
bain sochar as

to **explore** VERB
taiscéal *(place)*

explorer NOUN
taiscéalaí *masc4*

explosion NOUN
pléascadh *masc*

explosive ADJECTIVE
▷ *see also* **explosive** NOUN
pléascach

explosive NOUN
▷ *see also* **explosive** ADJECTIVE
pléascán *masc1*

to **export** VERB
easpórtáil

to **express** VERB
cuir in iúl
■ **to express oneself** tú féin a chur in iúl
□ It's hard to express oneself in a foreign language. Tá sé doiligh tú féin a chur in iúl i dteanga iasachta.

expression NOUN
1 leagan cainte *masc1 (phrase)*
□ It's an English expression. Is leagan cainte Béarla é.
2 dreach *masc3 (look)*

expressway NOUN (US)
mótarbhealach *masc1*

extension NOUN
1 fortheach *masc (of building)*
2 folíne *fem4 (of telephone)*
□ Extension 3137, please. Folíne 3137, le do thoil.

extensive ADJECTIVE
fairsing
□ The castle is set in extensive grounds. Tá an caisleán suite i dtailte fairsinge. □ The earthquake caused extensive damage. Rinne an crith talún damáiste go forleathan.

extensively ADVERB
go fairsing
□ He has travelled extensively in Europe. Thaistil sé go fairsing san Eoraip.
■ **The building was extensively renovated last year.** Rinneadh athchóiriú mór ar an bhfoirgneamh anuraidh.

extent NOUN
fairsinge *fem4*

■ **to some extent** go pointe áirithe

exterior ADJECTIVE
amuigh

extinct ADJECTIVE
díobhaí
□ The species is almost extinct. Tá an speiceas chóir a bheith díobhaí.
■ **to become extinct** imeacht in éag

extinguisher NOUN
múchtóir *masc3*

to **extort** VERB
srac

extortionate ADJECTIVE
ró-ard

extra ADJECTIVE, ADVERB
breise
□ an extra blanket blaincéad breise
■ **Breakfast is extra.** Tá táille bhreise ar bhricfeasta.
■ **to pay extra** breis a íoc
■ **It costs extra.** Tá costas breise air.

extraordinary ADJECTIVE
1 neamhchoitianta *(uncommon)*
2 iontach *(amazing)*

extravagant ADJECTIVE
rabairneach *(person)*

extreme ADJECTIVE
fíor-

extremely ADVERB
fíor-

extremist NOUN
antoisceach *masc1*

eye NOUN
súil *fem2*
□ I've got green eyes. Tá súile gorma agam.
■ **to keep an eye on something** súil a choinneáil ar rud

eyebrow NOUN
mala *fem4*

eyelash NOUN
fabhra *masc4*

eyelid NOUN
caipín na súile *masc4*

eyeliner NOUN
línitheoir súl *masc3*

eye shadow NOUN
cosmaid súile *fem2*

eyesight NOUN
radharc na súl *masc1*

Ff

fabric NOUN
fabraic *fem2*

fabulous ADJECTIVE
iontach
□ The show was fabulous. Bhí an seó go hiontach.

face NOUN
▷ *see also* **face** VERB
aghaidh *fem2*
■ **on the face of it** de réir cosúlachta
■ **face down** béal faoi
■ **to make a face** strainc a chur ort féin
■ **in the face of** in aghaidh □ in the face of these problems in aghaidh na bhfadhbanna seo
■ **face to face** aghaidh ar aghaidh

to **face** VERB
▷ *see also* **face** NOUN
tabhair aghaidh ar
■ **to face up to something** glacadh le rud
□ You must face up to your responsibilities. Caithfidh tú glacadh le do chuid dualgas.

face cloth NOUN
ceirt aghaidhe *fem2*

facilities PL NOUN
áiseanna *fem2 pl*
□ This school has excellent facilities. Tá áiseanna den chéad scoth sa scoil seo.
■ **toilet facilities** áiseanna leithris
■ **shopping facilities** saoráidí siopadóireachta

fact NOUN
fíric *fem2*
■ **in fact** le fírinne

factory NOUN
monarcha *fem*

to **fade** VERB
1 tréig
□ The colour has faded in the sun. Thréig an dath faoin ngrian. □ The colour on my jeans has faded. Tá an dath tréigthe ar mo bhríste géine.

2 meath *(light, sound)*
□ The daylight was fading fast. Bhí solas an lae ag meath go tiubh. □ The noise gradually faded. Mhaolaigh ar an tormán de réir a chéile.

fag NOUN
toitín *masc4 (cigarette)*

to **fail** VERB
▷ *see also* **fail** NOUN
1 teip ar
□ I failed the exam. Theip orm sa scrúdú.
□ In our class, no one failed. I rang s'againne, níor theip ar dhuine ar bith.
2 clis
□ My brakes failed. Chlis na coscáin orm.
■ **to fail to do something** faillí a dhéanamh i rud
■ **She failed them.** D'fheall sí orthu.

fail NOUN
▷ *see also* **fail** VERB
■ **without fail** gan teip

failure NOUN
1 teip *fem2*
□ feelings of failure mothúcháin theipe
2 cúl le rath *masc1 (person)*
3 cliseadh *masc*
□ a mechanical failure cliseadh meicniúil

faint ADJECTIVE
▷ *see also* **faint** VERB
lag
□ His voice was very faint. Bhí a ghuth iontach lag.
■ **I feel faint.** Mothaím lag.

to **faint** VERB
▷ *see also* **faint** ADJECTIVE
titim i laige
□ All of a sudden she fainted. Go tobann thit sí i laige.

fair ADJECTIVE
▷ *see also* **fair** NOUN
1 cothrom
□ That's not fair. Níl sé sin cothrom.

2 fionn *(hair, skin)*
- □ He's got fair hair. **Tá a chuid gruaige fionn.**
- □ people with fair skin **daoine le craiceann fionn**

3 soineanta *(weather)*
- □ The weather was fair. **Bhí an aimsir soineanta.**

4 measartha *(good enough)*
- □ I have a fair chance of winning. **Tá seans measartha agam baint.**

fair NOUN
▷ *see also* **fair** ADJECTIVE

1 aonach *masc1*
- □ They went to the fair. **Chuaigh siad ar an aonach.**
- ■ **a trade fair** aonach trádála

2 aonach só *(funfair)*

fairground NOUN
páirc aonaigh

fair-haired ADJECTIVE
fionn
- □ My mother is fair-haired. **Tá mo mháthair fionn.**

fairly ADVERB

1 go cothrom
- □ The cake was divided fairly. **Roinneadh an cáca go cothrom.**

2 cuibheasach *(quite)*
- □ That's fairly good. **Tá sé sin cuibheasach maith.**

fairness NOUN
cothroime *fem4*

fairy NOUN
sióg *fem2*

fairy tale NOUN
síscéal *masc1*

faith NOUN

1 creideamh *masc1*
- □ the Catholic faith **an creideamh Caitliceach**

2 muinín *fem2 (trust)*
- □ People have lost faith in the government. **Tá muinín caillte ag daoine sa rialtas.**

faithful ADJECTIVE
dílis

faithfully ADVERB
- ■ **Yours faithfully** *(in letter)* **Is mise le meas**

fake NOUN
▷ *see also* **fake** ADJECTIVE
- ■ **The painting was a fake.** **Pictiúr falsaithe a bhí ann.**

fake ADJECTIVE
▷ *see also* **fake** NOUN
bréagach

- □ She wore fake fur. **Chaitheadh sí fionnadh bréagach.**

fall NOUN
▷ *see also* **fall** VERB

1 titim *fem2*
- □ She had a nasty fall. **Bhain drochthitim di.**
- ■ **the Niagara Falls** Easanna Niagara

2 fómhar *masc1 (US: autumn)*

to fall VERB
▷ *see also* **fall** NOUN
tit
- □ He tripped and fell. **Baineadh tuisle as agus thit sé.** □ Prices are falling. **Tá praghsanna ag titim.**

to fall down VERB
tit
- □ She's fallen down. **Thit sí.** □ The house is slowly falling down. **Tá an teach ag titim chun raice de réir a chéile.**

to fall for VERB

1 meall le
- □ I fell for the trick. **Mealladh leis an gcleas mé.**

2 tit i ngrá le *(person)*
- □ She's falling for him. **Tá sí ag titim i ngrá leis.**

to fall off VERB
tit de
- □ The book fell off the shelf. **Thit an leabhar den tseilf.**

to fall out VERB
tit *(hair, teeth)*
- ■ **to fall out with somebody** titim amach le duine □ He fell out with his sister. **Thit sé amach lena dheirfiúr.**

to fall through VERB
teip ar
- □ Our plans have fallen through. **Theip ar ár gcuid pleananna.**

fallen VERB ▷ *see* **fall**

false ADJECTIVE
bréagach
- ■ **a false alarm** gáir bhréige
- ■ **false teeth** fiacla bréige

fame NOUN
cáil *fem2*

familiar ADJECTIVE
aithnidiúil
- □ a familiar face **aghaidh aithnidiúil**
- ■ **to be familiar with** cur amach a bheith agat ar □ I'm familiar with his work. **Tá cur amach agam ar a chuid oibre.**

family NOUN
teaghlach *masc1*
- ■ **the McAteer family** clann Mhic an tSaoir

famine NOUN
gorta *masc4*

famous ADJECTIVE
cáiliúil

fan NOUN
1 fean *masc4 (hand-held)*
2 geolán *masc1 (electric)*
3 tacadóir *masc4 (supporter)*
□ I'm a fan of that team. Is tacadóir de chuid na foirne sin mé.

fanatic NOUN
fanaiceach *masc1*

to **fancy** VERB
■ to fancy doing something fonn a bheith ort rud a dhéanamh □ I fancy singing. Tá fonn ceoil orm.
■ He fancies her. Tá nóisean aige di.

fancy dress NOUN
bréigéide *fem4*
□ He was wearing fancy dress. Bhí sé ag caitheamh bréigéide.
■ a fancy-dress party cóisir bhréigéide

fantastic ADJECTIVE
iontach

FAQ NOUN *(= frequently asked questions)*
CCanna *fem4 pl (= ceisteanna coitianta)*

far ADJECTIVE
▷ *see also* **far** ADVERB
fada
□ How far is it to Cork? Cé chomh fada is atá sé go Corcaigh? □ at the far end of the room ag an gceann thall den seomra
■ far from i bhfad ó □ It's not far from London. Níl sé i bhfad ó Londain. □ It's far from the truth. Tá sé i bhfad ón bhfírinne.

far ADVERB
▷ *see also* **far** ADJECTIVE
i bhfad
□ far away i bhfad ar shiúl □ far behind i bhfad ar gcúl □ far better i bhfad níos fearr
■ by far go mór fada
■ How far have you got? An fada chun cinn atá tú?
■ as far as I know go bhfios dom

fare NOUN
táille *fem4*
■ full fare lántáille
■ half fare leath-tháille

Far East NOUN
■ the Far East an Cianoirthear
■ in the Far East sa Chianoirthear

farm NOUN
feirm *fem2*

farmer NOUN
feirmeoir *masc3*

□ He's a farmer. Is feirmeoir é.
■ a farmers' market margadh tuaithe

farmhouse NOUN
teach feirme *masc*

farming NOUN
1 feirmeoireacht *fem3*
2 tógáil *fem3 (of animals)*
■ dairy farming déiríocht

fascinating ADJECTIVE
draíochtach

fashion NOUN
faisean *masc1*
□ a fashion show seó faisin
■ in fashion san fhaisean

fashionable ADJECTIVE
faiseanta
□ Bridget wears very fashionable clothes. Caitheann Bríd éadaí an-fhaiseanta.
□ a fashionable restaurant bialann fhaiseanta

fashion show NOUN
seó faisin *masc4*

fast ADJECTIVE
▷ *see also* **fast** ADVERB
1 gasta
□ a fast car carr gasta
2 luath *(clock)*
□ That clock's fast. Tá an clog sin luath.

fast ADVERB
▷ *see also* **fast** ADJECTIVE
go gasta
□ He can run fast. Is féidir leis rith go gasta.
■ to be fast asleep bheith i do chnap codlata □ He's fast asleep. Tá sé ina chnap codlata.

fat ADJECTIVE
▷ *see also* **fat** NOUN
ramhar

WORD POWER
You can use a number of other words instead of **fat**:
chubby plucach
□ a chubby baby babaí plucach
overweight róbheathaithe
□ an overweight child páiste róbheathaithe
plump breá cothaithe
□ a plump woman bean bhreá chothaithe

---

fat NOUN
▷ *see also* **fat** ADJECTIVE
1 saill *fem2 (on meat)*
2 geir *fem2*
□ It's very high in fat. Tá cuid mhór geire ann.

fatal – felt-tip pen

fatal ADJECTIVE
1 marfach *(causing death)*
  □ a fatal accident **taisme mharfach**
2 tubaisteach *(disastrous)*
  □ He made a fatal mistake. **Rinne sé meancóg thubaisteach.**

fate NOUN
cinniúint *fem3*

father NOUN
athair *masc*
  □ my father **m'athair**

father-in-law NOUN
athair céile *masc*

faucet NOUN (US)
sconna *masc4*

fault NOUN
1 locht *masc3*
  □ It's my fault. **Tá an locht ormsa.**
2 fabht *masc4 (defect)*
  □ There's a fault in this computer. **Tá fabht sa ríomhaire seo.** □ a mechanical fault **fabht meicniúil**

faulty ADJECTIVE
lochtach
  □ This machine is faulty. **Tá an t-inneall seo lochtach.**

favour (US favor) NOUN
1 fabhar *masc1*
  ■ **to be in favour of something** bheith i bhfabhar ruda □ I'm in favour of nuclear disarmament. **Tá mé i bhfabhar le dí-armáil núicléach.**
2 gar *masc1 (help)*
  ■ **to do somebody a favour** gar a dhéanamh do dhuine □ Could you do me a favour? **An dtiocfadh leat gar a dhéanamh dom?**

favourite (US favorite) ADJECTIVE
  ▷ see also **favourite** NOUN
  ■ **my favourite book** an leabhar is fearr liom

favourite (US favorite) NOUN
  ▷ see also **favourite** ADJECTIVE
  rogha na coitiantachta
  □ Down are favourites to win the Cup. **Is é an Dún rogha na coitiantachta chun an corn a bhaint.**

fax NOUN
  ▷ see also **fax** VERB
  facs *masc4 (document)*
  ■ **to send somebody a fax** facs a chur chuig duine

to **fax** VERB
  ▷ see also **fax** NOUN
  facsáil

  ■ **to fax somebody** duine a fhacsáil

fear NOUN
  ▷ see also **fear** VERB
  eagla *fem4*

to **fear** VERB
  ▷ see also **fear** NOUN
  ■ **to fear something** eagla a bheith ort roimh rud
  ■ **You have nothing to fear.** Ná bíodh eagla ar bith ort.

feather NOUN
cleite *masc4*

feature NOUN
1 gné *fem4*
  □ an important feature **gné thábhachtach**
2 gné-alt *masc1 (article)*
3 gnéchlár *masc1 (programme)*

February NOUN
Feabhra *fem4*
  ■ **in February** i mí Feabhra

fed VERB ▷ see **feed**

fed up ADJECTIVE
  ■ **to be fed up with something** bheith dubh dóite de rud □ I'm fed up with this. **Tá mé dubh dóite de seo.**

to **feed** VERB
cothaigh
  □ He worked hard to feed his family. **D'oibrigh sé go crua lena theaghlach a chothú.**
  ■ **Have you fed the cat?** Ar thug tú a chuid don cat?

to **feel** VERB
1 mothaigh
  □ I didn't feel much pain. **Níor mhothaigh mé mórán péine.**
2 ceap *(think, believe)*
  ■ **I don't feel well.** Ní bhraithim féin go maith.
  ■ **to feel hungry** ocras a bheith ort
  ■ **I was feeling hungry.** Bhí ocras ag teacht orm.
  ■ **to feel lonely** uaigneas a bheith ort
  □ I feel lonely. **Tá uaigneas orm.**
  ■ **I feel like ...** *(want)* Tá fonn ... orm
  □ I feel like a walk. **Tá fonn siúil orm.**

feeling NOUN
mothú *masc*
  □ a burning feeling **dianmhothú** □ a feeling of satisfaction **mothú sástachta**

feet PL NOUN ▷ see **foot**

fell VERB ▷ see **fall**

felt VERB ▷ see **feel**

felt-tip pen NOUN
peann feilte *masc1*

female NOUN
> ▷ see also **female** ADJECTIVE
baineannach *masc1*

female ADJECTIVE
> ▷ see also **female** NOUN
1 baineann
  □ a female animal ainmhí baineann
2 ban-
  □ a female offender banchiontóir

feminine ADJECTIVE
banda

feminist NOUN
feiminí *masc4*

fence NOUN
fál *masc1*

Fermanagh NOUN
Fear Manach *masc*

fern NOUN
raithneach *fem2*

ferret NOUN
firéad *masc1*

ferry NOUN
bád farantóireachta *masc1*

fertile ADJECTIVE
torthúil

fertilizer NOUN
leasachán *masc1*

festival NOUN
1 féile *fem4 (religious)*
2 fleá cheoil *fem4*
  □ a jazz festival fleá shnagcheoil

to **fetch** VERB
1 téigh faoi choinne
  □ Fetch the bucket. Téigh faoi choinne an bhuicéid.
2 díol *(sell for)*
  □ His painting fetched 5000 euros. Díoladh an phéintéireacht 5000 euro.

fever NOUN
fiabhras *masc1*

few ADJECTIVE, PRONOUN
  ■ few books *(not many)* beagán leabhar
  ■ a few roinnt □ a few years roinnt blianta
  ■ in a few words i mbeagán focal
  ■ quite a few people roinnt mhaith daoine

fewer ADJECTIVE
  ■ There are fewer pupils in this class. Tá níos lú daltaí sa rang seo.

fiancé NOUN
fiancé *masc4*
  □ He's my fiancé. Is é mo fiancé é.

fiancée NOUN
fiancé *masc4*
  □ She's my fiancée. Is í mo fiancé í.

fiction NOUN
ficsean *masc1 (novels)*

fiddle NOUN
fidil *fem2 (musical instrument)*

field NOUN
1 páirc *fem2*
  □ a field of wheat páirc cruithneachta
  □ a football field páirc peile
2 ábhar *masc1 (subject)*
  □ He's an expert in this field. Is saineolaí ar an ábhar seo é.

fierce ADJECTIVE
fíochmhar
  □ The dog looked very fierce. Bhí cuma iontach fíochmhar ar an madra. □ The wind was very fierce. Bhí an ghaoth iontach fíochmhar. □ a fierce attack ionsaí fíochmhar

fifteen NUMBER
cúig ... déag
  ◌ **LANGUAGE TIP** cúig is usually followed by a singular noun.
  □ fifteen bottles cúig bhuidéal déag
  □ fifteen people cúig dhuine dhéag
  ■ I'm fifteen. Tá mé cúig bliana déag d'aois.

fifteenth ADJECTIVE
cúigiú ... déag
  □ the fifteenth year an cúigiú bliain déag
  ■ the fifteenth of August an cúigiú lá déag de Lúnasa

fifth ADJECTIVE
cúigiú
  □ the fifth year an cúigiú bliain
  ■ the fifth of August an cúigiú lá de Lúnasa

fifty NUMBER
caoga
  ◌ **LANGUAGE TIP** caoga is followed by a singular noun.
  □ fifty people caoga duine
  ■ He's fifty. Tá sé caoga bliain d'aois.

fifty-fifty ADJECTIVE, ADVERB
  ■ They split the prize money fifty-fifty. Rinne siad an t-airgead a roinnt ar bhonn leath is leath.
  ■ a fifty-fifty chance seans cothrom

fight NOUN
> ▷ see also **fight** VERB
troid *fem3*
  □ There was a fight in the pub. Bhí troid sa teach tábhairne.
  ■ the fight against cancer an troid in aghaidh na hailse

to **fight** VERB
> ▷ see also **fight** NOUN
troid

□ They were fighting. Bhí siad ag troid.
□ The doctors tried to fight the disease.
Rinne na dochtúiri iarracht troid in aghaidh
an ghalair.

fighting NOUN
> troid *fem3*
□ Fighting broke out outside the pub. Bhris
troid amach taobh amuigh den teach
tábhairne.

figure NOUN
1 figiúr *masc1 (number)*
□ Can you give me the appropriate figures?
An dtiocfadh leat na figiúirí chuí a thabhairt
dom?
2 cruth *masc3 (outline of person)*
□ Peter saw the figure of a man on the
bridge. Chonaic Peadar cruth fir ar an
droichead. □ I have to watch my figure.
Caithfidh mé súil a choinneáil ar mo chruth.
3 pearsa *fem (personality)*
□ She's an important political figure. Is
pearsa thábhachtach pholaitiúil í.

to figure out VERB
> oibrigh amach *(work out)*
□ I'll try to figure out how much it'll cost.
Déanfaidh mé iarracht an méid a chosnóidh
sé a oibriú amach. □ I couldn't figure out
what it meant. Ní thiocfadh liom an chiall
a bhí leis a oibriú amach. □ I can't figure
him out at all. Ní thig liom é a oibriú amach
ar chor ar bith.

file NOUN
> *see also* **file** VERB
1 comhad *masc1 (document, on computer)*
□ Have we got a file on the suspect? An
bhfuil comhad againn ar an amhrastach?
2 líomhán *masc1 (tool)*

to file VERB
> *see also* **file** NOUN
1 comhdaigh *(papers, claim)*
2 líomh *(nails, wood)*
■ **to file one's nails** do chuid ingne a
líomhadh

to fill VERB
> líon
□ She filled the glass with water. Líon sí an
ghloine le huisce.

to fill in VERB
> líon *(hole, form)*
□ Can you fill this form in please? An
dtiocfadh leat an fhoirm seo a líonadh le
do thoil? □ He filled the hole in with soil.
Líon sé an poll le hithir.

to fill up VERB
> líon

□ He filled the cup up to the brim. Líon sé
an cupán go béal.
■ **Fill it up, please.** *(at petrol station)* Líon í,
le do thoil.

film NOUN
> scannán *masc1*

film star NOUN
> réaltóg scannán *fem2*
□ He's a film star. Is réaltóg scannán é.

filthy ADJECTIVE
1 cáidheach *(dirty)*
2 gáirsiúil *(language)*

final ADJECTIVE
> *see also* **final** NOUN
1 deiridh
□ the final days na laethanta deiridh
2 deireanach *(definite)*
□ a final decision cinneadh deireanach
■ **I'm not going and that's final.** Níl mé ag
dul agus sin sin.

final NOUN
> *see also* **final** ADJECTIVE
cluiche ceannais *masc4*
□ Cork are in the final. Tá Corcaigh sa
chluiche ceannais.

finally ADVERB
1 faoi dheireadh *(eventually)*
□ She finally chose the red shoes.
Roghnaigh sí bróga dearga faoi dheireadh.
2 ar deireadh *(lastly)*
□ Finally, I would like to say … Ar deireadh,
ba mhaith liom a rá …

to find VERB
> faigh
□ I can't find the exit. Ní féidir liom an
bealach amach a fháil. □ Did you find your
pen? An bhfuair tú do pheann?

to find out VERB
> faigh amach
□ I'm determined to find out the truth.
Tá mé meáite ar an bhfírinne a fháil amach.
■ **to find out about 1** *(make enquiries)*
fiosraigh □ Try to find out about the cost of
a hotel. Déan iarracht costas óstáin a
fhiosrú. **2** *(by chance)* faigh amach faoi
□ I found out about their secret. Fuair mé
amach a rún.

fine ADJECTIVE
> *see also* **fine** ADVERB, NOUN
1 breá *(excellent)*
□ He's a fine musician. Is ceoltóir breá é.
2 mion *(not coarse)*
□ She's got very fine hair. Tá a cuid gruaige
iontach mion.
■ **to be fine** bheith go maith □ How are

you? — I'm fine. Cad é mar atá tú? — Tá mé go maith.

■ **The weather is fine today.** Tá an aimsir go breá inniu.

fine ADVERB

▷ *see also* **fine** ADJECTIVE, NOUN

maith *(well)*

□ I feel fine. Mothaím go maith.

fine NOUN

▷ *see also* **fine** ADJECTIVE, ADVERB

fíneáil *fem3*

□ She got a £50 fine. Gearradh fíneáil £50 uirthi. □ I got a fine for speeding. Gearradh fíneáil orm as bheith ag tiomáint rosciobtha.

finger NOUN

méar *fem2*

■ **my little finger** mo lúidín

fingernail NOUN

ionga méire *fem*

fingerprint NOUN

méarlorg *masc1*

finish NOUN

▷ *see also* **finish** VERB

críoch *fem2*

□ We saw the finish of the Dublin Marathon. Chonacamar críoch Mharatón Bhaile Átha Cliath.

to **finish** VERB

▷ *see also* **finish** NOUN

críochnaigh

□ I've finished! Tá mé críochnaithe! □ I've finished the book. Chríochnaigh mé an leabhar. □ The film has finished. Tá an scannán críochnaithe.

■ **to finish doing something** rud a chur i gcrích

■ **to finish third** teacht isteach sa tríú háit

Finland NOUN

an Fhionlainn *fem2*

□ in Finland san Fhionlainn

Finn NOUN

Fionlannach *masc1*

Finnish ADJECTIVE

▷ *see also* **Finnish** NOUN

Fionlannach

Finnish NOUN

▷ *see also* **Finnish** ADJECTIVE

Fionlainnis *fem2 (language)*

fire NOUN

▷ *see also* **fire** VERB

tine *fem4*

□ He made a fire in the woods. Rinne sé tine sa choill.

to **fire** VERB

▷ *see also* **fire** NOUN

1 scaoil *(shoot)*

□ She fired twice. Scaoil sí faoi dhó.

■ **to fire a gun** gunna a scaoileadh

■ **to fire at somebody** scaoileadh le duine

□ The terrorist fired at the crowd. Scaoil an scéimhlitheoir leis an slua.

2 bris *(dismiss)*

□ He was fired from his job. Briseadh as a phost é.

fire alarm NOUN

aláram dóiteáin *masc1*

fire brigade (US **fire department**) NOUN

briogáid dóiteáin *fem2*

fire engine NOUN

inneall dóiteáin *masc1 (vehicle)*

fire escape NOUN

staighre éalaithe *masc4*

fire extinguisher NOUN

múchtóir dóiteáin *masc3*

fireman NOUN

fear dóiteáin *masc1*

□ He's a fireman. Is fear dóiteáin é.

fireplace NOUN

teallach *masc1*

fire station NOUN

stáisiún dóiteáin *masc1*

firewall NOUN

balla dóiteáin *masc4*

fireworks PL NOUN

tinte ealaíne *fem4 pl*

□ Are you going to see the fireworks? An mbeidh tú ag dul ag breathnú ar na tinte ealaíne?

firm ADJECTIVE

▷ *see also* **firm** NOUN

daingean

□ to be firm with somebody bheith daingean le duine

firm NOUN

▷ *see also* **firm** ADJECTIVE

gnólacht *masc3*

□ He works for a large firm in London. Tá sé ag obair le gnólacht mór i Londain.

first ADJECTIVE, ADVERB

▷ *see also* **first** NOUN

céad

□ the first time an chéad uair

■ **first of all** ar an gcéad dul síos

■ **to come first** *(in exam, race)* bheith sa chéad áit □ Rachel came first. Tháinig Rachel sa chéad áit.

first NOUN

▷ *see also* **first** ADJECTIVE, ADVERB

an chéad duine
□ She was the first to arrive. Ba ise an chéad duine a tháinig.
■ **the first of September** an chéad lá de Mheán Fómhair
■ **at first** ar dtús

first aid NOUN
garchabhair *fem*
■ **a first aid kit** fearas garchabhrach

first class ADJECTIVE, ADVERB
1 den chéad scoth
□ first-class meal béile den chéad scoth
2 den chéad ghrád
□ She has booked a first-class ticket. Chuir sí ticéad den chéad ghrád in áirithe.
■ **to travel first class** taisteal den chéad ghrád a dhéanamh
■ **a first-class stamp** stampa den chéad ghrád

firstly ADVERB
ar dtús
□ Firstly, let's read the book. Ar dtús, léimis an leabhar.

first name NOUN
ainm baiste *masc4*

fir tree NOUN
giúis *fem2*

fish NOUN
▷ *see also* **fish** VERB
iasc *masc1*
□ I caught three fish. Fuair mé trí iasc.
□ I don't like fish. Ní maith liom iasc.
■ **a fish tank** umar éisc

to fish VERB
▷ *see also* **fish** NOUN
bheith ag iascaireacht

fisherman NOUN
iascaire *masc4*
□ He's a fisherman. Is iascaire é.

fish fingers PL NOUN
méara éisc *fem2 pl*

fishing NOUN
iascaireacht *fem3*
□ My hobby is fishing. Is í an iascaireacht an caitheamh aimsire agam.
■ **to go fishing** dul ag iascaireacht
□ He went fishing in the river. Chuaigh sé ag iascaireacht san abhainn.

fishing boat NOUN
bád iascaigh *masc1*

fishing rod NOUN
slat iascaigh *fem2*

fishing tackle NOUN
trealamh iascaireachta *masc1*

fish sticks PL NOUN (US)
méara éisc *fem2 pl*

fist NOUN
dorn *masc1*

fit ADJECTIVE
▷ *see also* **fit** NOUN, VERB
aclaí *(healthy)*
□ He likes to stay fit. Is maith leis a bheith aclaí.
■ **to keep fit** coinneáil aclaí □ She does aerobics to keep fit. Déanann sí aeróbaic le coinneáil aclaí.

fit NOUN
▷ *see also* **fit** ADJECTIVE, VERB
racht *masc3*
□ a fit of the giggles racht sciotíola
■ **That dress is a good fit.** Is deas a luíonn an gúna sin leat.
■ **to have a fit 1** *(epileptic)* taom a bheith agat **2** *(be angry)* dul ar mire □ My Mum will have a fit when she sees the carpet! Rachaidh mo mháthair ar mire nuair a fheiceann sí an brat urláir!

to fit VERB
▷ *see also* **fit** ADJECTIVE, NOUN
1 oir do *(be the right size)*
□ Does it fit? An oireann sé?
■ **These trousers don't fit me. 1** *(too big)* Tá na brístí seo rómhór dom. **2** *(too small)* Tá na brístí seo róbheag dom.
2 cuir le *(put in, attach)*
□ She fitted a plug to the hair dryer. Chuir sí plocóid leis an triomaitheoir gruaige.
3 feistigh *(fix up)*
□ He fitted an alarm in his car. D'fheistigh sé aláram ina charr.

to fit in VERB
réitigh le
□ He fits in well. Is breá a réitíonn sé leis an gcuideachta.

fitness NOUN
folláine *fem4 (physical)*

fitting room NOUN
seomra gléasta *masc4*

five NUMBER
1 a cúig

> **LANGUAGE TIP** **a cúig** is used for telling the time and for counting.

□ at five o'clock ar a cúig a chlog □ Five plus five is ten. A cúig móide a cúig sin a deich.
2 cúig

> **LANGUAGE TIP** **cúig** is used to give the number of objects and is usually followed by a singular noun.

□ five bottles cúig bhuidéal

LANGUAGE TIP Some words, **bliain**, **uair**, **seachtain**, **pingin**, have a special plural for use with numbers.

□ five pence cúig pingine

■ **She's five.** Tá sí cúig bliana d'aois.

LANGUAGE TIP To translate 'five people', use the form **cúigear**.

□ five people cúigear □ five women cúigear ban

to **fix** VERB

1 deisigh (mend)

□ Can you fix my bike? An féidir leat mo rothar a dheisiú?

2 socraigh (date, amount)

□ Let's fix a date for the party. Socraímis dáta le haghaidh na cóisire. □ They fixed a price for the car. Shocraigh siad praghas faoi choinne an chairr.

3 réitigh (prepare)

□ Janice fixed some food for us. Réitigh Janice bia dúinn.

fixed ADJECTIVE

seasta

□ at a fixed time ar uair sheasta □ at a fixed price ar phraghas seasta □ a fixed-price menu biachlár ar phraghas seasta

■ **My parents have very fixed ideas.** Tá tuairimí iontach daingnithe ag mo thuismitheoirí.

fizzy ADJECTIVE

coipeach

■ **I don't like fizzy drinks.** Ní maith liom deochanna súilíneacha.

flabby ADJECTIVE

lodartha

flag NOUN

bratach fem2

flame NOUN

bladhaire masc4

flamingo NOUN

lasairéan masc1

flan NOUN

flan masc1

□ a raspberry flan flan sú craobh □ a cheese and onion flan flan cáise agus oinniúin

flannel NOUN

1 flainín masc4 (fabric)

2 éadach aghaidhe masc1 (for face)

to **flap** VERB

buail

□ The bird flapped its wings. Bhuail an t-éan a sciatháin.

flash NOUN

▷ see also **flash** VERB

splanc fem2

□ Has your camera got a flash? An bhfuil splanc i do cheamara?

■ **a flash of lightning** splanc thintrí

■ **in a flash** ar luas lasrach

to **flash** VERB

▷ see also **flash** NOUN

soilsigh (light)

□ They flashed a torch in his face. Shoilsigh siad tóirse ina aghaidh. □ The police car's blue light was flashing. Bhí solas gorm charr na bpóilíní ag imeacht.

■ **to flash one's headlights** do cheannsoilse a chaochadh

flask NOUN

1 fleasc masc3

2 folúsfhlaigín masc4 (vacuum flask)

flat ADJECTIVE

▷ see also **flat** NOUN

cothrom

□ a flat roof díon cothrom □ flat shoes bróga cothroma

■ **I've got a flat tyre.** Tá roth pollta agam.

flat NOUN

▷ see also **flat** ADJECTIVE

árasán masc1

□ She lives in a flat. Tá sí ina cónaí in árasán.

flatscreen ADJECTIVE

■ **a flatscreen TV** TV scáiléain chomhréidh

to **flatter** VERB

déan béal bán le

flattered ADJECTIVE

molta

flavour (US **flavor**) NOUN

blas masc1

□ It has a very strong flavour. Tá blas iontach láidir air. □ Which flavour of ice cream would you like? Cén blas d'uachtar reoite ba mhaith leat?

flavouring (US **flavoring**) NOUN

blastán masc1

flesh NOUN

feoil fem3

flew VERB ▷ see **fly**

flexible ADJECTIVE

solúbtha

□ flexible working hours uaireanta solúbtha oibre

to **flick** VERB

tabhair smeach do

□ She flicked the switch to turn the light on. Thug sí smeach don lasc leis an solas a chur air.

■ **to flick through a book** sracfhéachaint a thabhairt ar leabhar

f

to **flicker** VERB
preab
□ The light flickered. **Phreab an solas.**
flight NOUN
eitilt *fem2*
□ What time is the flight to Paris? **Cén t-am a bheidh an eitilt go Páras?**
■ **a flight of stairs** staighre
flight attendant NOUN
aeróstach *masc1*
to **fling** VERB
caith
□ He flung the book onto the floor. **Chaith sé an leabhar ar an urlár.**
flippers NOUN
lapaí *masc4 pl*
to **float** VERB
snámh
□ A leaf was floating on the water. **Bhí duilleog ar snámh ar an uisce.**
flock NOUN
1 tréad *masc3*
□ a flock of sheep **tréad caorach**
2 ealta *fem4*
□ a flock of birds **ealta éan**
flood NOUN
▷ *see also* **flood** VERB
tuile *fem4*
□ We had a flood in the kitchen. **Bhí tuile sa chistin againn.**
■ **a flood of something** sruth de rud
□ He received a flood of letters. **Fuair sé sruth litreacha.**
to **flood** VERB
▷ *see also* **flood** NOUN
báigh
□ The river flooded the village. **Bháigh an abhainn an sráidbhaile.**
flooding NOUN
bá *masc4*
floor NOUN
urlár *masc1*
□ a tiled floor **urlár leacán** □ the first floor **urlár na talún** □ on the floor **ar an urlár** □ on the third floor **ar an tríú hurlár**
flop NOUN
teip *fem2*
■ **The film was a flop.** **Theip ar an scannán.**
floppy disk NOUN
diosca flapach *masc4*
florist NOUN
bláthadóir *masc3*
flour NOUN
plúr *masc1*

to **flow** VERB
rith
□ Water was flowing from the pipe. **Bhí uisce ag rith as an bpíobán.**
flower NOUN
▷ *see also* **flower** VERB
bláth *masc3*
to **flower** VERB
▷ *see also* **flower** NOUN
bláthaigh
flown VERB ▷ *see* **fly**
flu NOUN
ulpóg *fem2*
□ She's got flu. **Tá an ulpóg uirthi.**
fluent ADJECTIVE
líofa
□ He speaks fluent Irish. **Tá Gaeilge líofa aige.**
flung VERB ▷ *see* **fling**
flush NOUN
▷ *see also* **flush** VERB
sruthlú *(of toilet)*
to **flush** VERB
▷ *see also* **flush** NOUN
■ **to flush the toilet** an leithreas a shruthlú
flute NOUN
feadóg mhór *fem2*
□ I play the flute. **Seinnim ar an bhfeadóg mhór.**
fly NOUN
▷ *see also* **fly** VERB
cuileog *fem2 (insect)*
to **fly** VERB
▷ *see also* **fly** NOUN
1 eitil
□ The plane flew through the night. **D'eitil an t-eitleán tríd an oíche.**
2 taistil in eitleán *(passenger)*
■ **with flying colours** go buacach
to **fly away** VERB
imigh ar eitleog
□ The bird flew away. **D'imigh an t-éan ar eitleog.**
foal NOUN
searrach *masc1*
focus NOUN
▷ *see also* **focus** VERB
fócas *masc1*
■ **out of focus** as fócas □ The house is out of focus in this photo. **Tá an teach as fócas sa ghrianghraf seo.**
to **focus** VERB
▷ *see also* **focus** NOUN
■ **to focus on something 1** *(with camera, telescope)* fócasú ar rud □ The cameraman

focused on the bird. **D'fhócasaigh an fear ceamara ar an éan. 2** *(concentrate)* díriú ar rud □ Let's focus on the plot of the play. **Dírímis ar scéal an dráma.**

fog NOUN
ceo *masc4*

foggy ADJECTIVE
ceomhar
□ a foggy day **lá ceomhar**
■ **It's foggy. Tá ceo ann.**

foil NOUN
scragall *masc1*
□ She wrapped the meat in foil. **D'fhill sí an fheoil i scragall.**

fold NOUN
▷ see also **fold** VERB
filleadh *masc1*

to **fold** VERB
▷ see also **fold** NOUN
fill
□ She folded her arms. **D'fhill sí a lámha.**
■ **to fold something up** rud a fhilleadh

folder NOUN
1 fillteán *masc1*
□ She kept all her letters in a folder. **Choinnigh sí a cuid litreacha ar fad i bhfillteán.**
2 comhad *masc1 (file, on computer)*

folding ADJECTIVE
infhillte
□ a folding chair **cathaoir infhillte**
□ a folding bed **leaba infhillte**

folk music NOUN
ceol tíre *masc1*

to **follow** VERB
lean
□ She followed him. **Lean sí é.** □ You go first and I'll follow. **Téigh thusa ar dtús agus leanfaidh mé thú.**

following ADJECTIVE
ina dhiaidh sin
■ **the following day** an lá dár gcionn

fond ADJECTIVE
ceanúil
□ She is fond of him. **Tá sí ceanúil air.**

font NOUN
cló *masc4 (typeface)*

food NOUN
bia *masc4*
□ We need to buy some food. **Caithfimid bia a cheannach.**
■ **cat food** bia cait
■ **dog food** bia madra

food poisoning NOUN
nimhiú bia *masc*

food processor NOUN
próiseálaí bia *masc4*

fool NOUN
1 amadán *masc1 (man)*
2 óinseach *fem2 (woman)*

foot NOUN
1 cos *fem2*
□ My feet are aching. **Tá mo chosa nimhneach.** □ The dog's foot was injured. **Gortaíodh cos an mhadra.**
■ **on foot** de chois
2 troigh *fem2 (12 inches)*
□ Dave is 6 foot tall. **Tá Daithí sé troithe ar airde.** □ That mountain is 5000 feet high. **Tá an sliabh sin 5000 troigh ar airde.**

football NOUN
1 peil *fem2*
□ I like playing football. **Is maith liom bheith ag imirt peile.**
2 liathróid *fem2 (ball)*
□ Paul threw the football over the fence. **Chaith Pól an liathróid thar an gclaí.**

footballer NOUN
peileadóir *masc3*

football player NOUN
peileadóir *masc3*
□ He's a famous football player. **Is peileadóir clúiteach é.**

footprint NOUN
lorg coise *masc1*
□ He saw some footprints in the sand. **Chonaic sé loirg chos sa ghaineamh.**

footstep NOUN
coiscéim *fem2*
□ I can hear footsteps on the stairs. **Is féidir liom coiscéimeanna a chluinstin ar an staighre,**

for PREPOSITION
1 faoi choinne
□ a present for me **bronntanas faoi mo choinne** □ He works for the government. **Oibríonn sé don rialtas.**
2 ar
□ I sold it for £5. **Dhíol mé ar chúig phunt é.** □ I paid 10 euros for a ticket. **D'íoc mé 10 euro ar thicéad.**

> **LANGUAGE TIP** Look at the examples below to translate 'for' with distances.

□ There are roadworks for 5 miles. **Tá cúig mhíle de chóiriú bóthair ann.** □ We walked for miles. **Shiúlamar na mílte.**

> **LANGUAGE TIP** Look at the examples below to translate 'for' with time.

□ She will be away for a month. **Beidh sí ar shiúl go ceann míosa.** □ I have known her for years. **Tá aithne agam uirthi leis na blianta.**

■ **the train for London** an traein go Londain

■ **It's time for lunch.** Am lóin atá ann.

■ **What for?** Cad é faoina choinne?
□ Give me some money! — What for? **Tabhair dom airgead! — Cad é faoina choinne?**

■ **What's it for?** Céard lena aghaidh é?

■ **for sale** ar díol □ The factory's for sale. **Tá an mhonarcha ar díol.**

to **forbid** VERB
cros ar

■ **to forbid somebody to do something** crosadh a chur ar dhuine rud a dhéanamh □ She forbade them to smoke cigarettes. **Chros sí na toitíní orthu.**

forbidden ADJECTIVE
coiscthe

■ **Smoking is strictly forbidden.** Tá cosc iomlán ar an tobac.

force NOUN
▷ see also **force** VERB
fórsa masc4

□ the force of the explosion **fórsa an phléasctha**

■ **in force** i bhfeidhm □ Anti-smoking rules are now in force. **Tá rialacha in éadan an tobac anois i bhfeidhm.**

to **force** VERB
▷ see also **force** NOUN
tabhair ar

□ They forced him to open the safe. **Thug siad air an taisceadán a oscailt.**

forecast NOUN
réamhaisnéis fem2

■ **the weather forecast** réamhaisnéis na haimsire

foreground NOUN
tulra masc1

□ in the foreground sa tulra

forehead NOUN
clár éadain masc1

foreign ADJECTIVE
1 coimhthíoch
2 iasachta (language)

foreigner NOUN
coimhthíoch masc1

to **foresee** VERB
tuar

□ He had foreseen the problem. **Thuar sé an fhadhb.**

forest NOUN
coill fem2

forever ADVERB
go deo (always)

□ They will be here forever. **Beidh siad anseo go deo.**

■ **He's forever complaining.** Bíonn sé i gcónaí ag gearán.

forgave VERB ▷ see **forgive**

to **forge** VERB
brionnaigh

□ She tried to forge his signature. **Rinne sí iarracht a shíniú a bhrionnú.**

forged ADJECTIVE
brionnaithe

□ forged banknotes **nótaí brionnaithe bainc**

to **forget** VERB
dearmad

□ I forgot my pen. **Rinne mé dearmad de mo pheann.** □ I'm sorry, I completely forgot! **Tá mé buartha, rinne mé dearmad glan de.**

■ **to forget about somebody** dearmad a dhéanamh ar dhuine

to **forgive** VERB
maith

■ **to forgive somebody** maitheamh do dhuine □ I forgive you. **Maithim duit.**

■ **to forgive somebody for doing something** rud a mhaitheamh do dhuine
□ She forgave him for forgetting her birthday. **Mhaith sí dó as dearmad a dhéanamh ar a breithlá.**

forgot, forgotten VERB ▷ see **forget**

fork NOUN
1 forc masc1 (for eating)
2 gabhal masc1 (in road)

form NOUN
1 cruth masc3 (shape)

■ **in top form** i mbarr de mhaitheasa
2 rang masc3 (at school)
□ She's in the fourth form. **Tá sí i rang a ceathair anois.**

3 foirm fem2 (questionnaire)
■ **to fill in a form** foirm a líonadh

formal ADJECTIVE
1 foirmiúil
□ a formal dinner **dinnéar foirmiúil**

■ **formal clothes** éadaí foirmiúla
2 nósmhar (person)

former ADJECTIVE
iar-

□ a former pupil **iardhalta** □ the former Prime Minister of Australia **Iar-Phríomhaire na hAstráile**

formerly ADVERB
roimhe seo

fort NOUN
dún *masc1*

forth ADVERB
■ **and so forth** agus mar sin de
■ **to go back and forth** dul anonn agus anall

fortnight NOUN
coicís *fem2*
□ I'm going on holiday for a fortnight. Tá mé ag dul ar saoire ar feadh coicíse.

fortunate ADJECTIVE
ádhúil
■ **to be fortunate** an t-ádh a bheith ort
■ **He was very fortunate to survive.** Bhí an t-ádh air teacht slán.
■ **It's fortunate for us that I took the map.** Tá an t-ádh orainn gur thug mé an léarscáil liom.

fortunately ADVERB
ar an dea-uair
□ Fortunately, it wasn't raining. Ní raibh sé ag cur báistí, ar an dea-uair.

fortune NOUN
saibhreas *masc1*
□ There is a fortune to be made in computing. Tá saibhreas le déanamh ar chúrsaí ríomhaireachta.
■ **to tell somebody's fortune** fios a dhéanamh do dhuine

forty NUMBER
daichead
  LANGUAGE TIP **daichead** is followed by a singular noun.
□ forty people daichead duine
■ **He's forty.** Tá sé daichead bliain d'aois.

forward ADVERB
▷ *see also* **forward** VERB
ar aghaidh
■ **to move forward** bogadh chun tosaigh

to **forward** VERB
▷ *see also* **forward** ADVERB
seol ar aghaidh *(letter)*
□ He forwarded all Mark's letters. Sheol sé litreacha uile Mharcais ar aghaidh.

forward slash NOUN
tulslais *fem2*

to **foster** VERB
altramaigh
□ She has fostered more than fifteen children. D'altramaigh sí breis agus cúig leanbh déag.

foster child NOUN
leanbh altrama *masc1*

fought VERB ▷ *see* **fight**

foul ADJECTIVE
▷ *see also* **foul** NOUN
1 doineanta *(weather)*
□ The weather was foul. Bhí an aimsir doineanta.
2 bréan *(smell)*
□ What a foul smell! A leithéid de bholadh bréan!

foul NOUN
▷ *see also* **foul** ADJECTIVE
feall *masc1*
□ The player committed a foul. Rinne an t-imreoir feall.

found VERB ▷ *see* **find**

to **found** VERB
bunaigh
□ Baden Powell founded the Scout Movement. Bhunaigh Baden-Powell Gluaiseacht na nGasóg.

foundations PL NOUN
bunsraitheanna *fem2 pl*

fountain NOUN
fuarán *masc1*

fountain pen NOUN
peann tobair *masc1*

four NUMBER
1 a ceathair
  LANGUAGE TIP **a ceathair** is used for telling the time and for counting.
□ at four o'clock ar a ceathair a chlog
□ Two times two is four. A dó faoi a dó sin a ceathair. □ Four into seven won't go. Níl a seacht inroinnte ar a ceathair.
2 ceithre
  LANGUAGE TIP **ceithre** is used to give the number of objects and is usually followed by a singular noun.
□ four bottles ceithre bhuidéal
  LANGUAGE TIP Some words, **bliain**, **uair**, **seachtain**, **pingin**, have a special plural for use with numbers.
□ four weeks ceithre seachtaine
■ **She's four.** Tá sí ceithre bliana d'aois.
  LANGUAGE TIP To translate 'four people', use the form **ceathrar**.
□ four people ceathrar □ four women ceathrar ban
■ **He was on all fours under the table.** Bhí sé ar a cheithre boinn faoin mbord.

fourteen NUMBER
1 a ceathair déag
  LANGUAGE TIP **a ceathair déag** is used for telling the time and for counting.

□ Two times seven is fourteen. **A dó faoi a seacht sin a ceathair déag.**

2 ceithre ... déag

> LANGUAGE TIP **ceithre** is used to give the number of objects and is usually followed by a singular noun.

□ fourteen bottles **ceithre bhuidéal déag** □ fourteen people **ceithre dhuine dhéag**
■ I'm fourteen. **Tá mé ceithre bliana déag d'aois.**

fourteenth ADJECTIVE

ceathrú ... déag

□ the fourteenth floor **an ceathrú hurlár déag**
■ the fourteenth of August **an ceathrú lá déag de Lúnasa**

fourth ADJECTIVE

ceathrú

□ the fourth floor **an ceathrú hurlár**
■ the fourth of July **an ceathrú lá d'Iúil**

fox NOUN

sionnach *masc1*

fragile ADJECTIVE

sobhriste

frame NOUN

fráma *masc4 (for picture)*

France NOUN

an Fhrainc *fem2*

□ in France **sa Fhrainc** □ to France **go dtí an Fhrainc** □ He's from France. **As an bhFrainc dó.**

frantic ADJECTIVE

1 mear *(hectic)*

2 i mbarr do chéille *(distraught)*

fraud NOUN

1 calaois *fem2 (crime)*

□ He was jailed for fraud. **Cuireadh i bpríosún é mar gheall ar chalaois.**

2 caimiléir *masc3 (person)*

□ He's not a real doctor, he's a fraud. **Ní fíordhochtúir é, is caimiléir é.**

freckles PL NOUN

breicní *fem4 pl*

free ADJECTIVE

▷ *see also* **free** VERB

1 in aisce *(free of charge)*

□ a free brochure **bróisiúr saor in aisce**

2 saor *(not busy, not taken)*

□ Is this seat free? **An bhfuil an suíochán seo saor?** □ Are you free after school? **An mbeidh tú saor i ndiaidh am scoile?**

to **free** VERB

▷ *see also* **free** ADJECTIVE

scaoil saor *(prisoner)*

freedom NOUN

saoirse *fem4*

freeway NOUN (US)

mótarbhealach *masc1*

to **freeze** VERB

reoigh

□ The water had frozen. **Bhí an t-uisce reoite.** □ She froze the rest of the raspberries. **Reoigh sí an chuid eile de na sútha craobh.**

freezer NOUN

reoiteoir *masc3*

freezing ADJECTIVE

feanntach *(weather, water)*

■ It's freezing. **Tá sé ag sioc.**
■ I'm freezing. **Tá mé siochta.**
■ 3 degrees below freezing **3 chéim faoin reophointe**

freight NOUN

lasta *masc4 (goods)*

■ a freight train **traein earraí**

French ADJECTIVE

▷ *see also* **French** NOUN

Francach

French NOUN

▷ *see also* **French** ADJECTIVE

Fraincis *fem2 (language)*

□ Do you speak French? **An bhfuil Fraincis agat?**
■ the French *(people)* **na Francaigh**

French bean NOUN

pónaire fhrancach *fem4*

French fries PL NOUN

sceallóga *fem2 pl*

French horn NOUN

corn francach *masc1*

□ I play the French horn. **Seinnim ar an gcorn francach.**

Frenchman NOUN

Francach *masc1*

French window NOUN

fuinneog fhrancach *fem2*

Frenchwoman NOUN

Francach mná *masc1*

frequent ADJECTIVE

minic

□ frequent showers **ceathanna minice** □ There are frequent buses to the town centre. **Bíonn busanna ann go minic go lár an bhaile.**

fresh ADJECTIVE

úr

□ I need some fresh air. **Tá aer úr de dhíth orm.**

to **fret** VERB

■ to fret about something **tú féin a bhuaireamh faoi rud** □ Philip was fretting about his exams. **Bhí Pilib á bhuaireamh** féin faoina chuid scrúduithe.

Friday NOUN
An Aoine *fem4*
- ▪ **last Friday** Dé hAoine seo caite
- ▪ **next Friday** Dé hAoine seo chugainn
- ▪ **on Friday** Dé hAoine
- ▪ **on Fridays** ar an Aoine □ He comes on Fridays. Tagann sé ar an Aoine.
- ▪ **every Friday** gach Aoine

fridge NOUN
cuisneoir *masc3*

fried ADJECTIVE
friochta
- □ fried vegetables **glasraí friochta** □ a fried egg **ubh fhriochta**

friend NOUN
cara *masc*

friendly ADJECTIVE
cairdiúil
- □ She's really friendly. **Tá sí iontach cairdiúil.**
- □ Liverpool is a very friendly city. **Is cathair iontach cairdiúil é Learpholl.**
- ▪ **to be friendly with somebody** bheith mór le duine

friendship NOUN
cairdeas *masc1*

fright NOUN
scanradh *masc1*
- □ I got a terrible fright! **Is mé a fuair an scanradh!**

to **frighten** VERB
scanraigh
- □ Horror films frighten him. **Scanraíonn scannáin uafáis é.**

frightened ADJECTIVE
- ▪ **to be frightened** eagla a bheith ort
- □ I'm frightened! **Tá eagla orm!**
- ▪ **to be frightened of something** eagla a bheith ort roimh rud □ He was frightened of it. **Bhí eagla air roimhe.**

frightening ADJECTIVE
scanrúil

fringe NOUN
frainse *masc4 (of hair)*
- □ She's got a fringe. **Tá frainse aici.**

Frisbee® NOUN
Friosbaí *masc4*
- □ We played Frisbee on the beach. **D'imríomar friosbaí ar an trá.**

fro ADVERB
- ▪ **to go to and fro** dul anonn agus anall

frog NOUN
frog *masc1*

from PREPOSITION
1 as

□ Where do you come from? **Cárb as tú?**

2 ó *(indicating time, distance)*
- □ from one o'clock to two **ó a haon a chlog go dtí a dó** □ The hotel is one kilometre from the beach. **Tá an óstlann ciliméadar ón trá.** □ The interest rate was increased from 9% to 10%. **Ardaíodh an ráta úis ó 9% go 10%.**

3 idir ... agus *(indicating difference)*
- □ He can't tell red from green. **Ní aithníonn sé idir dearg agus glas.**
- ▪ **from ... to ...** ó ... go ... □ He flew from London to Paris. **D'eitil sé ó Londain go Páras.**
- ▪ **from ... onwards** ó ... ar aghaidh □ We'll be at home from 7 o'clock onwards. **Beimid sa bhaile ó 7 a chlog ar aghaidh.**

front NOUN
▷ *see also* **front** ADJECTIVE
1 aghaidh *fem2 (aspect)*
- □ the front of the house **aghaidh an tí**
2 tosach *masc1 (section)*
- □ I was sitting in the front. **Bhí mé i mo shuí chun tosaigh.**
- ▪ **in front** chun tosaigh □ the car in front **an carr chun tosaigh**
- ▪ **in front of** os comhair □ in front of the house **os comhair an tí**

front ADJECTIVE
▷ *see also* **front** NOUN
tosaigh
- □ the front row **an tsraith tosaigh** □ the front seat of the car **suíochán tosaigh an chairr** □ the front door **doras tosaigh**
- ▪ **in front of** roimh *(ahead)*

frontier NOUN
teorainn *fem*

frost NOUN
sioc *masc3*

frosting NOUN (US)
reoán *masc1 (on cake)*

frosty ADJECTIVE
siocúil
- □ It's frosty today. **Tá sé siocúil inniu.**

to **frown** VERB
cuir púic ort féin
- □ He frowned. **Chuir sé púic air féin.**

froze VERB ▷ *see* **freeze**

frozen ADJECTIVE
sioctha *(food)*
- □ frozen chips **sceallóga sioctha**

fruit NOUN
toradh *masc1*
- ▪ **fruit juice** sú torthaí
- ▪ **a fruit salad** sailéad torthaí

f

fruit machine NOUN
meaisín torthaí *masc4*

frustrated ADJECTIVE
frustrachas a bheith ort
□ I was getting frustrated at all the delay.
Bhí frustrachas ag teacht orm leis an moill
go léir.

to **fry** VERB
frioch
□ Fry the onions for 5 minutes. Frioch na
hoinniúin ar feadh 5 bhomaite.

frying pan NOUN
friochtán *masc1*

fuel NOUN
breosla *masc4*

to **fulfil** (US fulfill) VERB
sásaigh *(wish, desire)*
□ Robert fulfilled his dream to visit China.
Shásaigh Roibéard a mhian le cuairt a
thabhairt ar an tSín.

full ADJECTIVE
1 lán
□ The tank's full. Tá an t-umar lán.
2 iomlán *(details, information)*
□ He asked for full details about the job.
D'iarr sé sonraí iomlána an phoist.
■ **I'm full.** *(after meal)* Tá mé lán go béal.
■ **at full speed** ar lánluas □ He drove at full
speed. Thiomáin sé ar lánluas.
■ **full moon** iomlán gealaí □ There was a
full moon. Bhí iomlán gealaí ann.
■ **full name** ainm iomlán □ My full name
is John Patrick O'Neill. Is é Seán Pádraig
Ó Néill an t-ainm iomlán atá orm.

full stop NOUN
lánstad *masc4*

full-time ADJECTIVE
▷ *see also* **full-time** ADVERB
lánaimseartha *(work)*
□ She got a full-time job. Fuair sí post
lánaimseartha.

full-time ADVERB
▷ *see also* **full-time** ADJECTIVE
go lánaimseartha
□ She works full-time. Oibríonn sí go
lánaimseartha.

fully ADVERB
go hiomlán
□ He hasn't fully recovered since he was sick.
Níor tháinig biseach ceart air ó bhí sé tinn.

fumes PL NOUN
múch *fem2*
□ The factory emitted dangerous fumes.
Bhíodh múch díobhálach ag teacht ón
monarcha.

■ **exhaust fumes** múch sceithphíopa

fun NOUN
▷ *see also* **fun** ADJECTIVE
spraoi *masc4*
■ **to have fun** spraoi a dhéanamh
□ We had great fun playing in the snow.
Rinneamar spraoi ar dóigh ag súgradh sa
sneachta.
■ **for fun** le greann □ He entered the
competition just for fun. Chuaigh sé isteach
sa chomórtas le greann.
■ **to make fun of somebody** ceap magaidh
a dhéanamh de dhuine □ They made fun of
him. Rinne siad ceap magaidh de.

fun ADJECTIVE
▷ *see also* **fun** NOUN
■ **She's a fun person.** Is spraíuil an
bhean í.

funds PL NOUN
airgead *masc1 (money)*
□ We're trying to raise funds for the youth
club. Táimid ag iarraidh airgead a thógáil
don chlub óige.

funeral NOUN
tórramh *masc1*

funfair NOUN
aonach só *masc1*

funny ADJECTIVE
1 greannmhar
□ It was really funny. Bhí sé iontach
greannmhar.
2 saoithiúil *(strange)*
□ There's something funny about him.
Tá rud éigin saoithiúil faoi dtaobh de.

fur NOUN
fionnadh *masc1*
□ a fur coat cóta fionnaidh □ the dog's fur
fionnadh an mhadra

furious ADJECTIVE
fíochmhar
■ **to be furious with somebody** bheith ar
an daoraí le duine □ Dad was furious with
me. Bhí Daid ar an daoraí liom.

furniture NOUN
troscán *masc1*
■ **piece of furniture** ball troscáin

further ADJECTIVE
▷ *see also* **further** ADVERB
breise
□ We need further information. Tá eolas
breise de dhíth orainn.
■ **How much further is it?** Cá fhad eile é?

further ADVERB
▷ *see also* **further** ADJECTIVE
de bhreis

□ I ran further today than yesterday. **Rith mé míle de bhreis inniu ná inné.**

further education NOUN
   breisoideachas *masc1*

fuse (US **fuze**) NOUN
   fiús *masc1*
   □ The fuse has blown. **Dhóigh an fiús.**

fuss NOUN
   fuadar *masc1*
   □ What's all the fuss about? **Cad chuige an fuadar ar fad?**
   ■ **to make a fuss** raic a thógáil □ He's always making a fuss about nothing. **Bíonn** sé i dtólamh ag tógáil raice faoi dhada.

fussy ADJECTIVE
   beadaí
   □ She is very fussy about her food. **Tá sí iontach beadaí faoina cuid bia.**

future NOUN
1 todhchaí *fem4*
   □ What are your plans for the future? **Cad iad do chuid pleananna don todhchaí?**
   ■ **in future** as seo amach □ Be more careful in future. **Bí níos cúramaí as seo amach.**
2 aimsir fháistineach *fem2 (in grammar)*

Gg

Gaelic ADJECTIVE
 ▷ *see also* **Gaelic** NOUN
 Gaelach
Gaelic NOUN
 ▷ *see also* **Gaelic** ADJECTIVE
 Gaeilge *fem4 (language)*
  ■ **Gaelic football** peil Ghaelach
  ■ **a Gaelic speaker** Gaeilgeoir
to **gain** VERB
 gnóthaigh
  ■ **to gain weight** dul i dtroime
  ■ **to gain speed** luathaigh
gallery NOUN
 gailearaí *masc4*
  ■ **an art gallery** dánlann
Galway NOUN
 Gaillimh *fem2*
to **gamble** VERB
 déan cearrbhachas
  □ He gambled £100 at the casino. **Rinne sé cearrbhachas £100 ag an gcasaíne.**
gambler NOUN
 cearrbhach *masc1*
gambling NOUN
 cearrbhachas *masc1*
  □ He likes gambling. **Is maith leis an cearrbhachas.**
game NOUN
 cluiche *masc4*
  □ The children were playing a game. **Bhí na páistí ag imirt cluiche.** □ a game of football cluiche peile □ a game of cards cluiche cártaí
gang NOUN
 drong *fem2*
gangster NOUN
 drongadóir *masc3*
gap NOUN
 bearna *fem4*
  □ There's a gap in the hedge. **Tá bearna san fhál.** □ a gap of four years bearna ceithre bliana

gap year NOUN
 bliain amuigh *fem3*
  □ My sister's in Australia on her gap year. **Tá mo dheirfiúr san Astráil ar a bliain amuigh.**
garage NOUN
 garáiste *masc4*
garbage NOUN
1 bruscar *masc1* (us: *rubbish*)
2 seafóid *fem2 (nonsense)*
Garda NOUN
 Garda *masc4 (policeman)*
  ■ **the Garda** na Gardaí
garden NOUN
 gairdín *masc4*
gardener NOUN
 garraíodóir *masc3*
  □ He's a gardener. **Is garraíodóir é.**
gardening NOUN
 garraíodóireacht *fem3*
  □ Margaret loves gardening. **Is breá le Mairéad an gharraíodóireacht.**
garlic NOUN
 gairleog *fem2*
garment NOUN
 ball éadaigh *masc1*
gas NOUN
1 gás *masc1*
  ■ **a gas cooker** cócaireán gáis
  ■ **a gas cylinder** sorcóir gáis
  ■ **a gas fire** tine gháis
  ■ **a gas leak** ligean gáis
2 artola *fem4* (us: *petrol*)
gasoline NOUN (US)
 artola *fem4*
gate NOUN
 geata *masc4 (of garden)*
to **gather** VERB
1 bailigh (*flowers, fruit*)
2 cruinnigh (*assemble*)
  □ People gathered in front of Buckingham Palace. **Chruinnigh daoine os comhair Phálás Buckingham.**

3 tuig *(understand)*
■ **to gather speed** siúl a thógáil □ The train gathered speed. Thóg an traein siúl.
gave VERB ▷ *see* **give**
gay ADJECTIVE
aerach *(homosexual)*
to **gaze** VERB
■ **to gaze at** stánadh ar □ He gazed at her. Stán sé uirthi.
GCSE NOUN
Teastas Ginearálta Meánoideachais *masc1*
gear NOUN
1 trealamh *masc1 (equipment)*
□ camping gear trealamh campála
■ **your sports gear** *(clothes)* do chulaith spóirt
2 giar *(in car)*
□ in first gear sa chéad ghiar
■ **to change gear** giar a athrú □ I didn't change gear in time. Níor athraigh mé giar in am.
gear box NOUN
giarbhosca *masc4*
gear lever NOUN
luamhán an ghiair *masc1*
gearshift NOUN (US)
luamhán an ghiair *masc1*
geese PL NOUN ▷ *see* **goose**
gel NOUN
glóthach *fem2*
■ **hair gel** glóthach ghruaige
Gemini NOUN
An Cúpla *masc4*
□ I'm Gemini. Is mise An Cúpla.
gender NOUN
1 cineál *masc1 (of person)*
2 inscne *fem4 (of noun)*
gene NOUN
géin *fem2*
general NOUN
▷ *see also* **general** ADJECTIVE
ginearál *masc1*
general ADJECTIVE
▷ *see also* **general** NOUN
ginearálta
■ **in general** i gcoitinne
general election NOUN
olltoghchán *masc1*
general knowledge NOUN
eolas ginearálta *masc1*
generally ADVERB
de ghnáth
□ I generally go shopping on Saturday. Téim ag siopadóireacht ar an Satharn de ghnáth.

generation NOUN
glúin *fem2*
■ **the younger generation** an t-aos óg
generator NOUN
gineadóir *masc3*
generous ADJECTIVE
fial
□ That's very generous of you. Is an-fhial uait é sin.
genetic ADJECTIVE
géiniteach
genetically-modified ADJECTIVE
géinathraithe
genetics NOUN
géineolaíocht *fem3*
genius NOUN
sárintleachtach *masc1*
□ She's a genius! Sárintleachtach atá inti!
gentle ADJECTIVE
séimh
gentleman NOUN
duine uasal *masc4*
□ Good morning, gentlemen. Maidin mhaith, a dhaoine uaisle.
gently ADVERB
go caoin
gents NOUN
leithreas na bhfear *masc1*
□ Where's the gents? Cá bhfuil leithreas na bhfear?
■ **'Gents'** *(on sign)* 'Fir'
genuine ADJECTIVE
1 fíor-
□ These are genuine diamonds. Is fíordhiamaint iad seo.
2 macánta *(person)*
□ She's a very genuine person. Is duine an-mhacánta í.
geography NOUN
tíreolaíocht *fem3*
geology NOUN
geolaíocht *fem3*
geometry NOUN
céimseata *fem*
gerbil NOUN
seirbil *fem2*
germ NOUN
bitheog *fem2*
German ADJECTIVE
▷ *see also* **German** NOUN
Gearmánach
German NOUN
▷ *see also* **German** ADJECTIVE
1 Gearmánach *masc1*
2 Gearmáinis *fem2 (language)*

□ Do you speak German? **An bhfuil Gearmáinis agat?**

German measles NOUN
an bhruitíneach dhearg *fem2*

Germany NOUN
an Ghearmáin *fem2*
□ in Germany **sa Ghearmáin** □ to Germany **chun na Gearmáine**

gesture NOUN
1 gotha *masc4*
2 comhartha *masc4 (sign)*

to **get** VERB

> LANGUAGE TIP There are several ways of translating 'get'. Look at the examples to find one that is similar to what you want to say.

1 faigh
□ What did you get for your birthday? **Cad é a fuair tú do do lá breithe?** □ I got lots of presents. **Fuair mé cuid mhaith bronntanas.** □ He got first prize. **Fuair sé an chéad duais.**
2 téigh faoi choinne *(fetch)*
□ Quick, get the doctor! **Go gasta, cuir fios ar an dochtúir!**
3 gabh *(catch)*
□ They've got the thief. **Tá an gadaí gafa acu.**
4 teigh ar *(plane, bus, train)*
□ He got the bus. **Chuaigh sé ar an mbus.**
5 tuig *(understand)*
□ I don't get it. **Ní thuigim é.**
6 éirigh *(become)*
□ It's getting late. **Tá sé ag éirí mall.**
■ He got killed. **Maraíodh é.**
■ When do I get paid? **Cá huair a gheobhaidh mé mo thuarastal?**
■ to get home **an baile a bhaint amach**
■ to get to know somebody **aithne a chur ar dhuine** □ I'm getting to know him. **Tá mé ag cur aithne air.**
■ to get something done **rud a chur á dhéanamh**
■ to get one's hair cut **do chuid gruaige a bhearradh**
■ to get something for somebody **rud a fháil do dhuine** □ The librarian got the book for me. **Fuair an leabharlannaí an leabhar dom.**
■ I've got to tell the police. **Caithfidh mé scéala a chur chuig na póilíní.**

to **get away** VERB
éalaigh
□ One of the burglars got away. **D'éalaigh duine de na buirgléirí.**

to **get back** VERB
1 tar ar ais
□ What time did you get back? **Cén t-am a tháinig tú ar ais?**
2 faigh ar ais
□ He got his money back. **Fuair sé a chuid airgid ar ais.**

to **get in** VERB
tar isteach
■ The train got in at six o'clock. **Tháinig an traein isteach ar a sé a chlog.**

to **get into** VERB
téigh isteach i
□ Sharon got into the car. **Chuaigh Sharon isteach sa charr.**

to **get off** VERB
tuirling
□ Isobel got off the train. **Thuirling Isobel den traein.**

to **get on** VERB
téigh in airde ar
□ Carol got on her bike. **Chuaigh Carol in airde ar a rothar.**
■ Pauline got on the bus. **Chuaigh Póilín ar an mbus.**
■ to get on with somebody **réiteach le duine** □ He doesn't get on with his parents. **Ní réitíonn sé lena thuismitheoirí.** □ We got on really well. **Réitigh muid go han-mhaith le chéile.**

to **get out** VERB
éirigh as *(of vehicle)*
□ Angela got out of the car. **D'éirigh Aingeal as an gcarr.**
■ Get out! **Amach leat!**
■ to get something out **rud a thabhairt amach** □ She got the map out. **Thug sí an léarscáil amach.**

to **get over** VERB
tar slán ó
□ She never got over his death. **Níor tháinig sí slán óna bhás.**

to **get together** VERB
bualadh le chéile
□ Could we get together this evening? **An féidir linn bualadh le chéile anocht?**

to **get up** VERB
éirigh
□ What time do you get up? **Cén t-am a éiríonn tú?**

ghost NOUN
taibhse *fem4*

giant NOUN
▷ *see also* **giant** ADJECTIVE
fathach *masc1*

giant ADJECTIVE
> ▷ see also **giant** NOUN
ollmhór
□ They ate a giant meal. D'ith siad béile ollmhór.

gift NOUN
1 bronntanas *masc1*
2 bua *masc4 (ability)*
□ Dave has a gift for painting. Tá bua péinteála ag Dave.

gifted ADJECTIVE
tréitheach
□ Janice is a gifted dancer. Tá Janice tréitheach mar dhamhsóir.

gift shop NOUN
siopa bronntanas *masc4*

gigantic ADJECTIVE
ollmhór

gin NOUN
jin *fem2*

ginger NOUN
> ▷ see also **ginger** ADJECTIVE
sinséar *masc1*
□ Add a teaspoon of ginger. Cuir spúnóg sinséir isteach.

ginger ADJECTIVE
> ▷ see also **ginger** NOUN
rua
□ Daniel has ginger hair. Tá gruaig rua ar Dhónall.

giraffe NOUN
sioráf *masc1*

girl NOUN
1 cailín *masc4*
□ a five-year-old girl cailín cúig bliana d'aois
□ an Irish girl cailín Éireannach
2 iníon *fem2 (daughter)*
□ They've got a girl and two boys. Tá iníon agus beirt mhac acu.

girlfriend NOUN
1 cara mná *masc (of girl)*
□ She often went out with her girlfriends. Théadh sí amach go minic lena cairde mná.
2 cailín *masc4 (of boy)*
□ Ian's girlfriend is called Susan. Siobhán an t-ainm atá ar chailín Eoin.

to **give** VERB
tabhair
■ to give something to somebody rud a thabhairt do dhuine □ He gave me £10. Thug sé £10 dom.
■ to give something back to somebody rud a thabhairt ar ais do dhuine □ I gave the book back to him. Thug mé an leabhar ar ais dó.

■ 'Give way' *(traffic)* 'Géill slí'

to **give in** VERB
géill
□ His Mum gave in and let him go out. Ghéill a mháthair agus lig dó dul amach.

to **give out** VERB
tabhair amach
□ He gave out the exam papers. Thug sé na páipéir scrúdaithe amach.

to **give up** VERB
éirigh as
□ He gave up smoking. D'éirigh sé as an tobac.
■ to give oneself up tú féin a thabhairt suas □ The thief gave himself up. Thug an gadaí é féin suas.

glad ADJECTIVE
sásta
■ to be glad of something áthas a bheith ort as rud
■ She's glad she's done it. Tá áthas uirthi go bhfuil sé déanta aici.

glamorous ADJECTIVE
luisiúil
□ She's very glamorous. Tá sí an-luisiúil.

glance NOUN
> ▷ see also **glance** VERB
sracfhéachaint *fem3*
■ at first glance ar an gcéad amharc

to **glance** VERB
> ▷ see also **glance** NOUN
■ to glance at súil a chaitheamh ar
□ Peter glanced at his watch. Chaith Peadar súil ar a uaireadóir.

to **glare** VERB
■ to glare at somebody súil fhiata a thabhairt ar duine □ He glared at me. Thug sé súil fhiata orm.

glaring ADJECTIVE
follasach *(mistake)*

glass NOUN
gloine *fem4*
□ a glass of milk gloine bainne

glasses PL NOUN
spéaclaí *masc4 pl*
□ Andrew wears glasses. Caitheann Aindriú spéaclaí.

glider NOUN
faoileoir *masc3*

gliding NOUN
faoileoireacht *fem3*
□ My hobby is gliding. Faoileoireacht an caitheamh aimsire atá agam.

global ADJECTIVE
domhanda
□ on a global scale ar scála domhanda

g

global warming NOUN
téamh domhanda *masc1*
globe NOUN
cruinneog *fem2*
gloomy ADJECTIVE
gruama
□ He lives in a small gloomy flat. Tá sé ina chónaí in árasán beag gruama.
glorious ADJECTIVE
1 glórmhar
2 aoibhinn *(day)*
glove NOUN
miotóg *fem2*
glove compartment NOUN
lámhainnbhosca *masc4*
glue NOUN
▷ *see also* **glue** VERB
gliú *masc4*
to **glue** VERB
▷ *see also* **glue** NOUN
cuir gliú ar
■ She was glued to the screen. Bhí a súile sáite sa scáileán.
GM ADJECTIVE *(= genetically modified)*
géinathraithe
□ GM foods bia géinathraithe
go NOUN
▷ *see also* **go** VERB
■ to have a go at doing something triail a bhaint as rud a dhéanamh □ He had a go at making a cake. Bhain sé triail as císte a dhéanamh.
■ to be on the go bheith ar do chois
■ It's your go. Do shealsa atá ann.
to **go** VERB
▷ *see also* **go** NOUN
1 téigh
□ I'm going to the cinema tonight. Tá mé ag dul chuig an bpictiúrlann anocht.
2 imigh *(depart)*
□ Where's Peter? — He's gone. Cá bhfuil Peadar? — Tá sé imithe.
3 oibrigh *(vehicle)*
□ My car won't go. Níl mo charr ag obair.
■ to go pale *(become)* éirí geal bán san aghaidh
■ to go home dul chun an bhaile □ I go home at about 4 o'clock. Téim chun an bhaile thart faoi a ceathair.
■ to go for a walk dul ag spaisteoireacht
□ Shall we go for a walk? An rachaidh muid ag spaisteoireacht?
■ How did it go? Cad é mar a d'éirigh leis?
■ I'm going to do it tomorrow. Tá mé ag dul a dhéanamh amárach.

■ It's going to be difficult. Tá sé ag dul a bheith deacair.
to **go after** VERB
téigh sa tóir ar
□ Quick, go after them! Go gasta, téigh sa tóir orthu!
to **go ahead** VERB
1 téigh ar aghaidh
□ The meeting will go ahead as planned. Rachaidh an cruinniú ar aghaidh mar a bhí socraithe.
■ Go ahead! Ar aghaidh leat!
2 gabh ar aghaidh *(get going)*
□ We'll go ahead with your plan. Rachaidh muid ar aghaidh le do phlean.
to **go away** VERB
imigh
□ Go away! Imigh leat!
to **go back** VERB
fill
□ We went back to the same place. D'fhill muid ar an áit chéanna. □ After the film he went back home. D'fhill sé chun an bhaile i ndiaidh an scannáin.
to **go by** VERB
téigh thart
□ Two policemen went by. Chuaigh beirt phóilíní thart.
to **go down** VERB
1 téigh síos
□ She went down the stairs. Chuaigh sí síos an staighre.
2 téigh faoi *(sun)*
3 laghdaigh *(decrease)*
□ The price of computers has gone down. Laghdaíodh praghas ríomhairí.
■ My brother's gone down with flu. Tá mo dhearthár buailte síos leis an ulpóg.
to **go for** VERB
1 téigh ar lorg *(fetch)*
2 tabhair fogha faoi *(attack)*
□ Suddenly the dog went for me. Thug an madra fogha fúm go tobann.
■ Go for it! *(go on!)* Treise leat!
to **go in** VERB
téigh isteach
□ He knocked on the door and went in. Bhuail sé ar an doras agus chuaigh sé isteach.
to **go off** VERB
1 imigh *(go away)*
□ He went off in a huff. D'imigh sé agus stuaic air.
2 pléasc *(explode)*
□ The bomb went off. Phléasc an buama.

g

3 scaoil *(gun)*
□ The gun went off. **Scaoiluiadh an gunna féin.**

4 buail *(alarm clock)*
□ My alarm clock goes off at seven every morning. **Buaileann mo chlog dúisithe ar a seacht gach maidin.**
■ **The milk's gone off. Tá cor sa bhainne.**

to **go on** VERB
lean ort
□ He went on reading. **Lean sé den léamh.**
■ **What's going on? Cad é atá ar siúl?**
■ **to go on doing something** leanúint de rud a dhéanamh
■ **to go on at somebody** gabháil do dhuine
□ My parents always go on at me. **Bíonn mo thuismitheoirí ag gabháil dom i gcónaí.**
■ **Go on!** Ar aghaidh leat! □ Go on, tell me what the problem is! **Ar aghaidh leat, inis dom cad é an fhadhb!**

to **go out** VERB
1 téigh amach
□ Are you going out tonight? **An mbeidh tú ag dul amach anocht?**
■ **to go out with somebody** siúl amach le duine □ Are you going out with him? **An bhfuil tú ag siúl amach leis?**
2 téigh as *(fire, light)*
□ Suddenly the lights went out. **Chuaigh na soilse as go tobann.**

to **go past** VERB
■ **to go past something** dul thar rud □ He went past the shop. **Chuaigh sé thar an siopa.**

to **go round** VERB
■ **to go round a corner** dul timpeall coirnéil
■ **to go round to somebody's house** dul tigh duine
■ **to go round the shops** dul thart ar na siopaí
■ **There's a bug going round. Tá fríd ag dul thart.**

to **go through** VERB
téigh trí
□ We went through Kildare to get to Limerick. **Chuaigh muid trí Chill Dara le Luimneach a bhaint amach.**

to **go up** VERB
1 téigh suas
□ I went up the stairs. **Chuaigh mé suas staighre.**
2 ardaigh *(increase)*
□ The price has gone up. **Ardaíodh an praghas.**

■ **to go up in flames** dul le thine
□ The whole factory went up in flames. **Chuaigh an mhonarcha go léir le thine.**

to **go with** VERB
cuir le
□ Does this blouse go with that skirt? **An bhfuil an blús seo ag cur leis an sciorta sin?**

goal NOUN
1 cúl *masc1*
□ He scored the winning goal. **Eisean a fuair an cúl a bhuaigh an cluiche dóibh.**
2 aidhm *fem2*
□ His goal is to become the world champion. **Is í an aidhm atá aige ná a bheith ina churadh domhanda.**

goalkeeper NOUN
cúl báire *masc1*

goalpost NOUN
cuaille báire *masc4*

goat NOUN
gabhar *masc1*
■ **goat's cheese** cáis ghabhair

god NOUN
dia *masc*
□ I believe in God. **Creidim i nDia.**

goddaughter NOUN
iníon baistí *fem2*

godfather NOUN
athair baistí *masc*

godmother NOUN
máthair baistí *fem*

godson NOUN
mac baistí *masc1*

goggles PL NOUN
gloiní cosanta *fem4 pl*

gold NOUN
ór *masc1*
□ They found some gold. **D'aimsigh siad roinnt óir.** □ a gold necklace **muince óir**

goldfish NOUN
iasc órga *masc1*
□ I've got five goldfish. **Tá cúig iasc órga agam.**

gold-plated ADJECTIVE
órphlátáilte

golf NOUN
galf *masc1*
□ My dad plays golf. **Imrím mo dhaid galf.**
■ **a golf ball** liathróid ghailf

golf club NOUN
1 cumann gailf *masc1 (building)*
2 maide gailf *masc4 (stick)*

golf course NOUN
galfchúrsa *masc4*

gone VERB ▷ see **go**

good ADJECTIVE
1 <u>maith</u>
  □ It's a very good film. Scannán an-mhaith atá ann. □ That's good of you. Is maith uait sin.
  ■ **to be good at something** bheith go maith ag rud □ Jane's very good at maths. Tá Sinéad iontach maith ag an mata.
  ■ **Be good!** *(not naughty)* Bí maith!

WORD POWER
You can use a number of other words instead of **good** to mean 'great':
excellent sár-
  □ an excellent book sárleabhar
fantastic aoibhinn
  □ fantastic weather aimsir aoibhinn
great iontach
  □ a great film scannán iontach
super an-
  □ a super idea an-smaoineamh

---

2 <u>cineálta</u> *(kind)*
  □ They were very good to me. Bhí siad iontach cineálta liom.
  ■ **Good morning!** Dia duit ar maidin!
  ■ **Good afternoon!** Tráthnóna maith duit!
  ■ **Good evening!** Tráthnóna maith duit!
  ■ **Good night! 1** *(on leaving)* Oíche mhaith duit! **2** *(on going to bed)* Oíche mhaith agat!
  ■ **It's no good complaining.** Níl maith a bheith ag gearán.
  ■ **for good** go deo □ One day he left for good. Lá amháin d'imigh sé go deo.

goodbye EXCLAMATION
  <u>slán</u>

Good Friday NOUN
  <u>Aoine an Chéasta</u> *fem4*

good-looking ADJECTIVE
  <u>dathúil</u>
  □ He's very good-looking. Tá sé an-dathúil.

good-natured ADJECTIVE
  <u>dea-chroíoch</u> *(person)*

goodness NOUN
  <u>maitheas</u> *fem3 (of person)*
  ■ **For goodness sake!** In ainm Dé!
  ■ **Goodness gracious!** A Thiarna Dhia!

goods PL NOUN
  <u>earraí</u> *masc4 pl (in shop)*
  ■ **a goods train** traein earraí

to **Google**® VERB
  <u>googláil</u>

goose NOUN
  <u>gé</u> *fem4*

gooseberry NOUN
  <u>spíonán</u> *masc1*

gorgeous ADJECTIVE
  <u>fíorálainn</u>
  □ She's gorgeous! Tá sí fíorálainn.
  ■ **The weather was gorgeous.** Bhí an aimsir go haoibhinn.

gorilla NOUN
  <u>goraille</u> *masc4*

gospel NOUN
  <u>soiscéal</u> *masc1*

gossip NOUN
  ▷ *see also* **gossip** VERB
  <u>scannal</u> *masc4*
  □ Tell me the gossip! Inis dom an scannal go léir!
  ■ **She's such a gossip!** Bíonn na scannail ar fad aici!

to **gossip** VERB
  ▷ *see also* **gossip** NOUN
  ■ **to gossip about somebody** bheith ag cúlchaint ar dhuine
  ■ **They were always gossiping.** Bhí ag cúlchaint i gcónaí.

got VERB ▷ *see* **get**

gotten VERB (US) ▷ *see* **get**

gout NOUN
  <u>gúta</u> *masc4*

government NOUN
  <u>rialtas</u> *masc1*

GP NOUN
  <u>gnáthdhochtúir</u> *masc3*

GPS NOUN (= *global positioning system*)
  GPS

  LANGUAGE TIP The Irish translation is **córas suite domhanda** but GPS is more commonly used.

to **grab** VERB
  <u>sciob</u>

graceful ADJECTIVE
  <u>mómhar</u>

grade NOUN
1 <u>grád</u> *masc1 (at school)*
  □ He got good grades in his exams. Fuair sé gráid mhaithe ina scrúduithe.
2 <u>rang</u> *masc3 (us: school class)*

gradually ADVERB
  <u>de réir a chéile</u>
  □ We gradually got used to it. D'éirigh muid cleachta leis de réir a chéile.

graduate NOUN
  <u>céimí</u> *masc4*

graffiti PL NOUN
  <u>graffiti</u> *masc pl*

grain NOUN
  <u>gráinne</u> *masc4 (granule)*

gram NOUN
  gram *masc1*
grammar NOUN
1 gramadach *fem2*
2 graiméar *masc1 (book)*
grammar school NOUN
  scoil ghramadaí *fem2*
grammatical ADJECTIVE
  gramadúil
gramme NOUN
  gram *masc1*
  □ 500 grammes of cheese 500 gram cáise
grand ADJECTIVE
  breá
  □ Kathleen lives in a very grand house.
  Tá Cáitlín ina cónaí i dteach breá.
  ■ **That's grand!** Tá sin go breá!
grandchild NOUN
  ■ **my grandchildren** clann mo chlainne
granddad NOUN
  daideo *masc4*
  □ my granddad mo dhaideo
granddaughter NOUN
  gariníon *fem2*
grandfather NOUN
  seanathair *masc*
  □ my grandfather mo sheanathair
grandma NOUN
  mamó *fem4*
  □ my grandma mo mhamó
grandmother NOUN
  seanmháthair *fem*
  □ my grandmother mo sheanmhathair
grandpa NOUN
  daideo *masc4*
  □ my grandpa mo dhaideo
grandparents PL NOUN
  ■ **my grandparents** mo sheantuismitheoirí
grandson NOUN
  garmhac *masc1*
granite NOUN
  eibhear *masc1*
granny NOUN
  mamó *fem4*
  □ my granny mo mhamó
grant NOUN
  deontas *masc1*
grape NOUN
  fíonchaor *fem2*
grapefruit NOUN
  seadóg *fem2*
graph NOUN
  graf *masc1*
graphics NOUN
  graificí *fem2 pl*

□ I designed the graphics, she wrote the
text. Dhear mise na graificí, scríobh sise an
téacs. □ He works in computer graphics.
Tá sé ag obair i ngraificí ríomhairí.
to **grasp** VERB
  beir ar
grass NOUN
  féar *masc1*
  □ The grass is long. Tá an féar fada.
  ■ **to cut the grass** an féar a bhearradh
grasshopper NOUN
  dreoilín teaspaigh *masc4*
to **grate** VERB
  grátáil
  □ She grated some cheese and sprinkled it
  over the pie. Ghrátáil sí beagán cáise agus
  chroith ar an bpióg é.
grateful ADJECTIVE
  buíoch
grave NOUN
  uaigh *fem2*
gravel NOUN
  gairbhéal *masc1*
graveyard NOUN
  reilig *fem2*
gray ADJECTIVE (US)
  liath
grease NOUN
  greise *masc1 (fat)*
greasy ADJECTIVE
1 bealaithe
  □ He has greasy hair. Tá gruaig bhealaithe
  air.
2 gréisceach
  □ The food was very greasy. Bhí an bia
  iontach gréisceach.
great ADJECTIVE
1 mór
  □ It's a great improvement. Is mór an
  feabhas é.
2 iontach
  □ It was great! Bhí sé go hiontach! □ It was
  a great holiday. Saoire iontach a bhí ann.

WORD POWER
You can use a number of other words
instead of **great** to mean 'good':
amazing an-bhreá
□ an amazing view radharc an-bhreá go deo
fabulous an-
□ a fabulous idea an-smaoineamh
terrific den scoth
□ a terrific party cóisir den scoth
wonderful iontach
□ a wonderful opportunity deis iontach

Great Britain NOUN
an Bhreatain Mhór *fem2*
□ in Great Britain sa Bhreatain Mhór
□ to Great Britain chun na Breataine Móire
great-grandfather NOUN
sin-seanathair *masc*
great-grandmother NOUN
sin-seanmháthair *fem*
Greece NOUN
an Ghréig *fem2*
□ in Greece sa Ghréig □ to Greece chun na
Gréige
greedy ADJECTIVE
1 amplach *(for food)*
□ I want some more cake. — Don't be so
greedy! Ba mhaith liom tuilleadh císte.
— Ná bí chomh hamplach sin!
2 santach *(for money)*
Greek ADJECTIVE
▷ *see also* **Greek** NOUN
Gréagach
□ Dionysis is Greek. Is Gréagach é Dionysis.
□ She's Greek. Is Gréagach í.
Greek NOUN
▷ *see also* **Greek** ADJECTIVE
1 Gréagach *masc1*
2 Gréigis *fem2 (language)*
green ADJECTIVE
▷ *see also* **green** NOUN
glas
□ a green car carr glas □ a green light solas
glas □ a green salad sailéad glas □ green
beans pónairí glasa
■ the Green Party 1 *(in Northern Ireland)*
An Páirtí Glas 2 *(in Eire)* An Comhaontas
Glas
green NOUN
▷ *see also* **green** ADJECTIVE
1 glas *masc1*
2 faiche *fem4 (stretch of grass)*
■ greens glasraí *(vegetables)*
greengrocer NOUN
grósaeir glasraí *masc3*
greenhouse NOUN
teach gloine *masc*
■ the greenhouse effect iarmhairt
cheaptha teasa
Greenland NOUN
an Ghraonlainn *fem2*
to **greet** VERB
beannaigh do
□ He greeted me with a kiss. Bheannaigh
sé dom le póg.
greeting NOUN
beannacht *fem3*

■ Greetings from Rome! Beannachtaí ón
Róimh!
■ 'Season's greetings' 'Beannachtaí na
Féile'
greetings card NOUN
cárta beannachta *masc4*
grew VERB ▷ *see* grow
grey (US gray) ADJECTIVE
1 liath
□ She's got grey hair. Tá gruaig liath uirthi.
■ He's going grey. Tá sé ag éirí liath.
2 glas *(horse)*
grey-haired ADJECTIVE
liath
grid NOUN
1 greille *fem4*
2 eangach *fem2 (of electricity)*
grief NOUN
brón *masc1*
grill NOUN
▷ *see also* **grill** VERB
greille *fem4 (on cooker)*
■ a mixed grill griolladh measctha
to **grill** VERB
▷ *see also* **grill** NOUN
gríosc
grim ADJECTIVE
dúr
grin NOUN
▷ *see also* **grin** VERB
draid *fem*
to **grin** VERB
▷ *see also* **grin** NOUN
draid a dhéanamh
□ David grinned at me. Rinne Dáiví draid
liom.
to **grind** VERB
meil
to **grip** VERB
faigh greim ar
gripping ADJECTIVE
corraitheach
grit NOUN
grean *masc1*
groan NOUN
▷ *see also* **groan** VERB
éagnach *masc1*
to **groan** VERB
▷ *see also* **groan** NOUN
déan éagnach
□ He groaned with pain. Rinne sé éagnach
leis an bpian.
grocer NOUN
grósaeir *masc3*
□ He's a grocer. Is grósaeir é.

groceries PL NOUN
earraí grósaera *masc4 pl*

grocer's NOUN
siopa grósaera *masc4*

grocer's shop NOUN
siopa grósaera *masc4*

grocery store NOUN (US)
siopa grósaera *masc4*

groom NOUN
grúm *masc1 (bridegroom)*
□ the groom and his best man **an grúm agus a fhinné fir**

to **grope** VERB
■ to grope for something **déan méarnáil ar lorg ruda** □ I groped for a pen. **Rinne mé méarnáil ar lorg pinn.**

gross ADJECTIVE
■ It was really gross! **Chuirfeadh sé casadh aigne ort!**

grossly ADVERB
go mór *(greatly)*
□ We're grossly underpaid. **Táimid ár n-íoc go mór faoi ráta.**

ground NOUN
1 talamh *fem (earth)*
□ The ground's wet. **Tá an talamh fliuch.**
■ on the ground **ar an talamh** □ We sat on the ground. **Shuigh muid ar an talamh.**
2 páirc *fem2 (for sport)*
□ a football ground **páirc pheile**
3 cúis *fem2 (reason)*
□ We've got grounds for complaint. **Tá cúis ghearáin againn.**

ground floor NOUN
urlár talún
□ on the ground floor **ar urlár na talún**

grounding NOUN
buneolas *masc1 (instruction)*

group NOUN
grúpa *masc4*

to **grow** VERB
1 fás
□ Grass grows quickly. **Fásann féar go gasta.**
□ Haven't you grown! **Nach tusa atá ag fás aníos!** □ My Dad grows potatoes. **Bíonn prátaí ag fás ag mo Dhaid.**
■ to grow a beard **féasóg a fhás**
■ He's grown out of his jacket. **Tá a chasóg séanta aige.**
2 méadaigh *(increase)*
■ The number of unemployed people has grown. **Tá méadú ar líon na ndaoine dífhostaithe.**

to **grow up** VERB
fás aníos

■ Oh, grow up! **Ó, ná bí i do pháiste!**

to **growl** VERB
drantaigh

grown VERB ▷ *see* **grow**

growth NOUN
1 fás *masc1*
2 forás *masc1 (expansion)*
□ economic growth **forás eacnamaíoch**

grub NOUN
bia *masc4 (food)*

grudge NOUN
fala *fem4*
■ to bear a grudge against somebody **fala a bheith agat le duine**

gruesome ADJECTIVE
uafásach

guarantee NOUN
▷ *see also* **guarantee** VERB
ráthaíocht *fem3*
■ a five-year guarantee *(warranty)* **barántas cúig bliana**

to **guarantee** VERB
▷ *see also* **guarantee** NOUN
ráthaigh
■ I can't guarantee he'll come. **Ní féidir liom gealladh go dtiocfaidh sé.**

guard NOUN
▷ *see also* **guard** VERB
garda *masc4*
■ a security guard **garda slándála**
■ a guard dog **madra cosanta**

to **guard** VERB
▷ *see also* **guard** NOUN
gardáil
□ They guarded the palace. **Ghardáil siad an pálás.**
■ to guard against something **bheith ar d'fhaichill ar rud**

to **guess** VERB
▷ *see also* **guess** NOUN
tomhais
□ Janice guessed wrong. **Chuaigh tomhas Janice amú.**
■ Guess what this is? **Do bharúil, cad é seo?**

guess NOUN
▷ *see also* **guess** VERB
tomhas *masc1*
□ It's just a guess. **Níl ann ach tomhas.**
■ Have a guess! **Caith tomhas leis!**

guest NOUN
aoi *masc4*
□ We have guests staying with us. **Tá aíonna ag fanacht againn.**

guesthouse NOUN
teach aíochta *masc*

g

guide NOUN
eolaí *masc4 (person, book)*
□ We bought a guide to Paris. Cheannaigh muid leabhrán eolais ar Pháras. □ The guide showed us round the castle. Thaispeáin an t-eolaí an caisleán dúinn.
■ **the Guides** na Banóglaigh

guidebook NOUN
leabhrán eolais *masc1*

guide dog NOUN
madra treoraithe *masc4*

guilty ADJECTIVE
ciontach
□ She was found guilty. Fuarthas ciontach í.
■ **I felt guilty for not calling her.** Bhí aiféala orm nár ghlaoigh mé uirthi.

guinea pig NOUN
muc ghuine *fem2*

guitar NOUN
giotár *masc1*
□ I play the guitar. Seinnim ar an ngiotár.

gum NOUN
1 drandal *masc1 (in mouth)*
2 guma *masc4 (chewing gum)*

gun NOUN
gunna *masc4*

gunpoint NOUN
■ **at gunpoint** faoi bhéal gunna

gust NOUN
séideán *masc1 (of wind)*

guy NOUN
óganach *masc1*
□ Who's that guy? Cé hé an t-óganach sin?
□ He's a nice guy. Óganach deas atá ann.

gym NOUN
giomnáisiam *masc4*
□ I go to the gym every day. Téim chuig an ngiomnáisiam gach lá.
■ **gym classes** ranganna aclaíochta

gymnast NOUN
gleacaí *masc4*
□ She's a gymnast. Is gleacaí í.

gymnastics NOUN
gleacaíocht *fem3*
□ She does gymnastics. Déanann sí gleacaíocht.

gypsy NOUN
giofóg *fem2*

Hh

habit NOUN
nós *masc1*
□ a bad habit drochnós
to **hack** VERB
■ **to hack into a system** bradaíl isteach i gcóras
hacker NOUN
bradaí *masc4*
had VERB ▷ *see* **have**
haddock NOUN
cadóg *fem2*
□ smoked haddock cadóg dheataithe
hail NOUN
▷ *see also* **hail** VERB
cloch shneachta *fem2*
to **hail** VERB
▷ *see also* **hail** NOUN
■ **It's hailing.** Tá sé ag cur cloch sneachta.
hair NOUN
1 gruaig *fem2 (on head)*
□ She's got long hair. Tá gruaig fhada uirthi. □ He's got black hair. Tá gruaig dhubh air.
■ **to do one's hair** do chuid gruaige a chóiriú
■ **to wash one's hair** do chuid gruaige a ní
□ I need to wash my hair. Caithfidh mé mo chuid gruaige a ní.
■ **to have one's hair cut** bearradh gruaige a fháil □ I've just had my hair cut. Tá mé díreach tar éis bearradh gruaige a fháil.
■ **a hair 1** *(from head)* ribe gruaige
2 *(from body, animal)* ribe fionnaidh *masc4*
2 fionnadh *masc1 (on body, animal)*
hairbrush NOUN
scuab ghruaige *fem2*
haircut NOUN
bearradh gruaige *masc*
■ **to have a haircut** bearradh gruaige a fháil □ I've just had a haircut. Tá mé díreach tar éis bearradh gruaige a fháil.

hairdresser NOUN
gruagaire *masc4*
□ He's a hairdresser. Is gruagaire é.
hairdresser's NOUN
siopa gruagaire *masc4*
□ at the hairdresser's ag an siopa gruagaire
hair dryer NOUN
triomadóir gruaige *masc3*
hair gel NOUN
glóthach ghruaige *fem2*
hair spray NOUN
laicear gruaige *masc1*
hairstyle NOUN
stíl ghruaige *fem2*
hairy ADJECTIVE
gruagach
□ He's got hairy legs. Tá cosa gruagacha aige.
half NOUN
1 leath *fem2*
□ half of the cake leath an chíste
■ **two and a half days** dhá lá go leith
■ **in half an hour** i gceann leathuaire
■ **at half past two** ar leathuair i ndiaidh a dó
■ **half a pound** leathphunt
■ **to cut something in half** rud a ghearradh ina dhá leath
2 leath-tháille *fem4 (ticket)*
□ A half to Cork, please. Leath-tháille go Corcaigh, le do thoil.
half-brother NOUN
leasdeartháir *masc*
half-hour NOUN
leathuair *fem2*
half-price ADJECTIVE, ADVERB
leathphraghas
half-sister NOUN
leasdeirfiúr *fem*
half term NOUN
lár téarma *masc1*

English-Irish

half-time NOUN
leath-am *masc3*
halfway ADVERB
leath bealaigh
□ halfway between Belfast and Dublin leath bealaigh idir Béal Feirste agus Baile Átha Cliath □ halfway through the chapter leath bealaigh tríd an gcaibidil
hall NOUN
1 halla *masc4*
□ the village hall halla an tsráidbhaile
2 forhalla *masc4 (entrance way)*
Hallowe'en NOUN
Oíche Shamhna *fem4*
hallway NOUN
halla *masc4*
halt NOUN
stad *masc4*
■ to come to a halt seasamh □ The train came to a halt at the station. Sheas an traein ag an stáisiún.
ham NOUN
liamhás *masc1*
□ a ham sandwich ceapaire liamháis
hamburger NOUN
martbhorgaire *masc4*
hammer NOUN
casúr *masc1*
hammock NOUN
ámóg *fem2*
hamster NOUN
hamstar *masc1*
hand NOUN
▷ *see also* **hand** VERB
1 lámh *fem2*
■ to give somebody a hand lámh chuidithe a thabhairt do dhuine □ Can you give me a hand? An féidir leat lámh chuidithe a thabhairt dom?
■ on the one hand ..., on the other hand ... ar thaobh amháin ..., ar an taobh eile ...
2 snáthaid *fem2 (of clock)*
to **hand** VERB
▷ *see also* **hand** NOUN
tabhair do
□ He handed me the book. Thug sé an leabhar dom.
■ to hand something in rud a thabhairt isteach □ He handed his exam paper in. Thug sé a pháipéar scrúdaithe isteach.
■ to hand something out rud a thabhairt amach □ The teacher handed out the books. Thug an múinteoir na leabhair amach.

■ to hand something over rud a thabhairt do □ She handed the keys over to me. Thug sí na heochracha dom.
handbag NOUN
mála láimhe *masc4*
handball NOUN
liathróid láimhe *fem2 (game)*
■ to play handball liathróid láimhe a imirt
handbook NOUN
lámhleabhar *masc1*
handbrake NOUN
coscán láimhe *masc1*
handcuffs PL NOUN
glais lámh *masc1 pl*
handkerchief NOUN
ciarsúr *masc1*
handle NOUN
▷ *see also* **handle** VERB
1 murlán *masc1 (of door)*
2 hanla *masc4 (of saucepan)*
3 cluas *fem2 (of cup, jug, saw)*
4 cos *fem2 (of knife)*
5 lámhchrann *masc1 (for winding)*
6 lámh *fem2 (of bucket)*
to **handle** VERB
▷ *see also* **handle** NOUN
1 láimhsigh
■ 'handle with care' 'láimhsigh go cúramach'
2 pléigh le *(deal with)*
■ to handle something 1 *(arrange)* rud a eagrú □ Penny handled the travel arrangements. D'eagraigh Fionnuala na socruithe taistil. 2 *(manage)* láimhaigh □ He handled it well. Láimhaigh sé go maith é.
handlebars PL NOUN
cluasa rothair *fem2 pl*
handmade ADJECTIVE
lámhdhéanta
hands-free NOUN
lámhshaor *(phone)*
□ a hands-free kit fearas lámhshaor
handsome ADJECTIVE
dathúil
□ He's handsome. Tá sé dathúil.
handwriting NOUN
lámhscríbhneoireacht *fem3*
handy ADJECTIVE
1 in aice láimhe *(close at hand)*
□ Have you got a pen handy? An bhfuil peann in aice láimhe agat?
2 áisiúil *(useful)*
□ This knife's very handy. Tá an scian seo iontach áisiúil.

h

to **hang** VERB
croch
□ Matthew hung the painting on the wall.
Chroch Maitiú an phéintéireacht ar an
mballa. □ They hanged the criminal.
Chroch siad an coirpeach.
to **hang around** VERB
bheith ag fáinneáil thart
□ On Saturdays we hang around in the park.
Ar an Satharn bímid ag fáinneáil thart faoin
bpáirc.
to **hang on** VERB
fan (wait)
□ Hang on a minute please. Fan bomaite,
le do thoil.
to **hang up** VERB
croch
□ Hang your jacket up on the hook. Croch
suas do chasóg ar an gcrúca.
■ **to hang up on somebody** an guthán a
chur síos ar dhuine □ He hung up on me.
Chuir sé an guthán síos orm. □ Don't hang
up! Ná cuir síos an guthán!
hanger NOUN
crochadán masc1
hang-gliding NOUN
faoileoireacht shaor fem3
■ **to go hang-gliding** dul ag faoileoireacht
shaor
hangover NOUN
póit fem2
□ I've got a terrible hangover. Tá póit
mhillteanach orm.
to **happen** VERB
tarlaigh
□ What's happened? Cad é a tharla?
■ **as it happens** mar a tharlaíonn □ As it
happens, I don't want to go. Mar a
tharlaíonn, níl mé ag iarraidh dul.
happily ADVERB
1 go haerach
□ 'Don't worry!' he said happily. 'Ná bí
buartha!' ar seisean go haerach.
2 go hádhúil (fortunately)
□ Happily, everything went well. Go
hádhúil, chuaigh gach rud i gceart.
happiness NOUN
sonas masc1
happy ADJECTIVE
sásta
□ James looks happy. Tá cuma shásta ar
Séamus.
■ **I'm very happy with your work.** Tá mé
breá sásta le do chuid oibre.
■ **Many happy returns!** Go maire tú an lá!

WORD POWER
You can use a number of other words
instead of **happy** to mean 'glad':
cheerful aigeanta
□ a cheerful song amhrán aigeanta
delighted geal
□ a delighted smile aoibh gheal
glad sásta
□ to be glad bheith sásta

harassment NOUN
ciapadh masc
□ police harassment ciapadh ag póilíní
harbour (US harbor) NOUN
cuan masc1
hard ADJECTIVE
▷ see also **hard** ADVERB
1 crua
□ This cheese is very hard. Tá an cháis seo
an-chrua.
2 deacair (difficult)
□ This question's too hard for me. Tá an
cheist seo ródheacair dom.
hard ADVERB
▷ see also **hard** ADJECTIVE
go dian (work)
□ He's worked very hard. D'oibrigh sé go
han-dian.
■ **They tried hard.** Rinne siad a ndícheall.
hard disk NOUN
diosca crua masc4 (of computer)
hardly ADVERB
■ **I've hardly got any money.** Is beag
airgead atá agam.
■ **I hardly know the man.** Níl ach
breacaithne agam ar an bhfear.
■ **hardly ever** ar éigean □ She hardly ever
speaks. Is ar éigean a labhraíonn sí ar chor
ar bith.
hard up ADJECTIVE
ar an ngannchuid
hardware NOUN
crua-earraí masc4 pl (computing)
hare NOUN
giorria masc4
to **harm** VERB
déan dochar do
□ I didn't mean to harm you. Ní raibh rún
agam dochar a dhéanamh duit.
□ Chemicals harm the environment.
Déanann ceimiceáin dochar don
timpeallacht.
harmful ADJECTIVE
dochrach
□ harmful chemicals ceimiceáin dhochracha

harmless ADJECTIVE
   gan dochar
   □ Most spiders are harmless. Tá an chuid is
   mó de na damháin alla gan dochar.

harp NOUN
   cláirseach *fem2*

harsh ADJECTIVE
1   dian *(severe)*
2   trom *(words)*

harvest NOUN
   fómhar *masc1*

has VERB ▷ *see* **have**

hat NOUN
   hata *masc4*

to **hate** VERB
   fuathaigh
   ■ I hate maths. Is fuath liom mata.

hatred NOUN
   fuath *masc3*

haunted ADJECTIVE
   ■ a haunted house teach siúil

have VERB
   bí
   □ She has long legs. Tá cosa fada uirthi.
   □ He has a moustache. Tá croiméal air.
   □ She has a cold. Tá slaghdán uirthi.
   □ He has measles. Tá an bhruitíneach air.
   ⌐ **LANGUAGE TIP** When 'have' is used to
   mean 'possess' or 'own', it is
   translated by the verb **bí** and the
   preposition **ag**.
   □ She has a car. Tá carr aici. □ He has plenty
   of money. Tá airgead mór aige.
   ⌐ **LANGUAGE TIP** To translate 'have done'
   etc, use the past tense of the Irish
   verb.
   □ He has arrived. Tháinig sé. □ She's
   finished her homework. Chríochnaigh sí
   a hobair bhaile.
   ■ She's got to do it. Ní mór di é a
   dhéanamh.
   ■ You've done it, haven't you? Tá sé
   déanta agat, nach bhfuil?
   ■ to have a shower cithfholcadh a bheith
   agat
   ■ to have a party cóisir a bheith agat
   ■ to have one's hair cut do chuid gruaige
   a bhearradh
   ■ to have breakfast bricfeasta a ithe
   □ He had his breakfast. D'ith sé a
   bhricfeasta.

hawk NOUN
   seabhac *masc1*

hay NOUN
   féar *masc1*

hay fever NOUN
   slaghdán teaspaigh *masc1*
   □ Do you get hay fever? An mbíonn
   slaghdán teaspaigh ort?

hazelnut NOUN
   cnó coill *masc4*

he PRONOUN
1   sé *(as subject)*
   □ He came in. Tháinig sé isteach.
2   é *(with copula, in passive)*
   □ He's a fireman. Is fear dóiteáin é.
   □ He was injured. Gortaíodh é.

head NOUN
   ▷ *see also* **head** VERB
1   ceann *masc1*
   □ The wine went to my head. Chuaigh an
   fíon sa cheann agam.
2   ceannaire *masc4 (leader)*
   □ a head of state ceannaire stáit
3   príomhoide *masc4 (of school)*
   ■ to have a head for figures ciall mhaith
   d'fhigiúirí a bheith agat
   ■ Heads or tails? Aghaidh nó cúl?

to **head** VERB
   ▷ *see also* **head** NOUN
   ■ to head for tabhair aghaidh ar □ They're
   heading for Derry. Tá siad ag tabhairt
   aghaidhe ar Dhoire.

headache NOUN
   tinneas cinn *masc1*
   ■ I've got a headache. Tá tinneas cinn
   orm.

headlight NOUN
   ceannsolas *masc1*

headmaster NOUN
   ardmháistir *masc4*

headmistress NOUN
   ardmháistreás *fem3*

headphones PL NOUN
   cluasáin *masc1 pl*

headquarters PL NOUN
   ceanncheathrú *fem*

head teacher NOUN
   príomhoide *masc4*
   □ She's a head teacher. Is príomhoide í.

to **heal** VERB
   cneasaigh
   □ The wound soon healed. Chneasaigh an
   chneá gan mhoill.

health NOUN
   sláinte *fem4*

healthy ADJECTIVE
   sláintiúil
   □ Lesley's a healthy person. Is duine sláintiúil
   í Lesley. □ a healthy diet cothú sláintiúil

heap NOUN
moll *masc1*
□ a rubbish heap moll bruscair
to **hear** VERB
cluin
□ He heard the dog bark. Chuala sé tafann an mhadaidh. □ I heard that she was ill. Chuala mé go raibh sí tinn. □ Did you hear the good news? Ar chuala tú an dea-scéala?
■ **She can't hear very well.** Níl éisteacht mhaith aici.
■ **to hear about something** scéala a fháil faoi rud
■ **to hear from somebody** scéala a fháil ó dhuine □ I haven't heard from him recently. Ní bhfuair mé scéala uaidh le tamall.
■ **to hear confession** faoistin a éisteacht
heart NOUN
croí *masc4*
□ My heart's beating very fast. Tá mo chroí ag preabadh go han-ghasta.
■ **to learn something by heart** rud a fhoghlaim de ghlanmheabhair
■ **the ace of hearts** an t-aon hart
heart attack NOUN
taom croí *masc3*
heartbroken ADJECTIVE
croíbhriste
heat NOUN
▷ *see also* **heat** VERB
1 teas *masc3*
2 brothall *masc1 (of weather)*
3 dreas cáilithe *masc3 (in sport)*
to **heat** VERB
▷ *see also* **heat** NOUN
téigh
□ Heat gently for 5 minutes. Téigh go réidh go ceann 5 bhomaite.
to **heat up** VERB
téigh
□ He heated the soup up. Théigh sé an t-anraith. □ The water is heating up. Tá an t-uisce á théamh.
heater NOUN
téitheoir *masc3*
□ an electric heater téitheoir leictreach
heather NOUN
fraoch *masc1*
heating NOUN
téamh *masc1*
■ **central heating** téamh lárnach
heaven NOUN
neamh *fem2*
■ **Good heavens!** a Thiarcais!

heavily ADVERB
go trom
□ The car was heavily loaded. Bhí an carr lódáilte go trom. □ He drinks heavily. Ólann sé go trom.
heavy ADJECTIVE
trom
□ This bag's very heavy. Tá an mála seo an-trom. □ heavy rain fearthainn throm
■ **to be a heavy drinker** bheith i do phótaire mór
heavy goods vehicle NOUN
feithicil earraí troma *fem2*
Hebrides PL NOUN
■ **the Hebrides** Inse Ghall
hectic ADJECTIVE
corrach
he'd = he would, he had
hedge NOUN
fál *masc1*
hedgehog NOUN
gráinneog *fem2*
heel NOUN
sáil *fem2*
height NOUN
airde *fem4*
□ What height are you? Cén airde thú?
heir NOUN
oidhre *masc4*
heiress NOUN
banoidhre *masc4*
held VERB ▷ *see* hold
helicopter NOUN
ingearán *masc1*
hell NOUN
ifreann *masc1*
he'll = he will, he shall
hello EXCLAMATION
dia duit
helmet NOUN
clogad *masc1*
help NOUN
▷ *see also* **help** VERB
cuidiú *masc*
□ Do you need any help? An bhfuil cuidiú ar bith de dhíth ort?
to **help** VERB
▷ *see also* **help** NOUN
cuidigh le
■ **Help!** Tarrtháil!
■ **Help yourself!** Ith leat!
■ **He can't help it.** Níl neart aige air.
helpful ADJECTIVE
1 cuidiúil
□ He was very helpful. Bhí sé iontach cuidiúil.

2 garach *(obliging)*

3 úsáideach *(useful)*

hen NOUN
  cearc *fem2*

her PRONOUN
  ▷ *see also* **her** ADJECTIVE
1 í
  □ I saw her. **Chonaic mé í.** □ He sat next to her. **Shuigh sé in aice léi.** □ I'm older than her. **Tá mé níos sine ná í.**
  ■ **I gave her a book. Thug mé leabhar di.**
2 ise *(emphatic)*
  □ I saw him but not her. **Chonaic mé eisean ach ní fhaca mé ise.**

her ADJECTIVE
  ▷ *see also* **her** PRONOUN
  a
  □ her coat **a cóta** □ her father **a hathair** □ her work **a cuid oibre** □ She's going to wash her hair. **Tá sí ag dul a ní a cuid gruaige.** □ She's hurt her foot. **Ghortaigh sí a cos.**

herb NOUN
  luibh *fem2*
  □ What herbs do you use in this sauce? **Cad iad na luibheanna a úsáideann tú san anlann seo?**

here ADVERB
  anseo
  □ I live here. **Tá mé i mo chónaí anseo.**
  ■ **here is ... seo ...** □ Here's Helen. **Seo chugainn Helen.** □ Here he is! **Seo chugainn anois é!**
  ■ **here are ... seo ...** □ Here are the books. **Seo iad na leabhair.**

heritage NOUN
  dúchas *masc1*

hero NOUN
  laoch *masc1*
  □ He's a real hero! **Is fíorlaoch é!**

heroin NOUN
  hearóin *fem2*
  □ Heroin is a hard drug. **Is druga crua í hearóin.**
  ■ **a heroin addict andúileach hearóine**
  □ She's a heroin addict. **Is andúileach hearóine í.**

heroine NOUN
  banlaoch *masc1*
  □ the heroine of the novel **banlaoch an úrscéil**

hers PRONOUN
  a ceann seo aicise
  □ It's better than hers. **Is fearr é ná an ceann seo aicise.**

■ Whose is this? — It's hers. **Cé leis é seo? — Is léise é.**

■ **a friend of hers cara léi**

herself PRONOUN
1 sí féin
  □ She did it herself. **Rinne sí féin é.**
2 í féin
  □ She's hurt herself. **Ghortaigh sí í féin.**
  ■ **She talked mainly about herself. Labhair sí go príomha uirthi féin.**
  ■ **by herself léi féin** □ She doesn't like travelling by herself. **Ní maith léi a bheith ag taisteal léi féin.**

hesitation NOUN
  braiteoireacht *fem3*
  ■ **without hesitation gan amhras ar bith**

heterosexual ADJECTIVE
  heitrighnéasach

hi EXCLAMATION
  hóigh

hiccups PL NOUN
  ■ **He's got the hiccups. Tá snag air.**

to hide VERB
  folaigh
  □ He hid behind a bush. **Chuaigh sé i bhfolach ar chúl toir.** □ Paula hid the present. **Chuair Paula an bronntanas i bhfolach.**

hide-and-seek NOUN
  ■ **to play hide-and-seek folacháin a dhéanamh**

hideous ADJECTIVE
  urghránna

hi-fi NOUN
  hi-fi *masc4*

high ADJECTIVE
  ard
  □ 20 m high **20 m ar airde** □ It's too high. **Tá sé ró-ard.** □ a high temperature **teocht ard** □ a high price **praghas ard**
  ■ **at high speed ar ardluas**
  ■ **It's very high in fat. Tá cuid mhaith saille ann.**
  ■ **to be high** *(on drugs)* **bheith ar na ribí**

higher education NOUN
  oideachas ardleibhéil *masc1*

high-heeled ADJECTIVE
  faoi shála arda
  □ high-heeled shoes **bróga faoi shála arda**

high jump NOUN
  léim ard *fem2*

highlight NOUN
  ▷ *see also* **highlight** VERB
  buaicphointe *masc4*

□ the highlight of the evening **buaicphointe na hoíche**

■ **highlights** (in hair) **gealáin**

to **highlight** VERB

▷ see also **highlight** NOUN

tabhair chun suntais

highlighter NOUN

peann aibhsithe masc1

high-rise ADJECTIVE

■ **high-rise flats árasáin ardéirí**

high school NOUN

1 **scoil ghramadaí** fem2 (grammar school)

2 **ardscoil** fem2 (US)

to **hijack** VERB

fuadaigh (plane)

hijacker NOUN

fuadaitheoir masc3

hike NOUN

siúlóid fem2

hiking NOUN

■ **to go hiking dul ag siúlóid**

hilarious ADJECTIVE

an-ghreannmhar

□ It was hilarious! **Bhí sé an-ghreannmhar.**

hill NOUN

1 **cnoc** masc1

□ She walked up the hill. **Shiúil sí suas an cnoc.**

2 **mala** fem4 (on road)

hill-walking NOUN

cnocadóireacht fem3

him PRONOUN

1 **é**

□ I saw him. **Chonaic mé é.** □ I gave him a book. **Thug mé leabhar dó.** □ She sat next to him. **Shuigh sí in aice leis.** □ I'm older than him. **Tá mé níos sine ná é.**

2 **eisean** (emphatic)

□ I saw him but not her. **Chonaic mé eisean ach ní fhaca mé ise.**

himself PRONOUN

1 **sé féin**

□ He did it himself. **Rinne sé féin é.**

2 **é féin**

□ He's hurt himself. **Ghortaigh sé é féin.**

■ **He talked mainly about himself. Labhair sé go príomha air féin.**

■ **by himself leis féin** □ He was travelling by himself. **Bhí sé ag taisteal leis féin.**

Hindu NOUN

▷ see also **Hindu** ADJECTIVE

Hiondúch masc1

Hindu ADJECTIVE

▷ see also **Hindu** NOUN

Hiondúch

□ a Hindu temple **teampall Hiondúch**

hint NOUN

▷ see also **hint** VERB

leid fem2

■ **to drop a hint leid bheag a thabhairt**

to **hint** VERB

▷ see also **hint** NOUN

■ **to hint that leid a thabhairt go**

□ He hinted that something was going on. **Thug sé leid go raibh rud éigin ar siúl.**

■ **What are you hinting at? Cad é atá tú a rá?**

hip NOUN

cromán masc1

hippie NOUN

hipí masc4

hippo NOUN

dobhareach masc1

hippopotamus NOUN

dobhareach masc1

hire NOUN

▷ see also **hire** VERB

fostú masc

■ **car hire caranna ar cíos**

■ **for hire le ligean**

to **hire** VERB

▷ see also **hire** NOUN

1 **cuir ar cíos**

□ We hired a car on holiday. **Fuaireamar carr ar cíos nuair a bhíomar ar saoire.**

2 **fostaigh** (person)

□ They hired a cleaner. **D'fhostaigh siad glantóir.**

hire car NOUN

carr ar cíos masc1

his ADJECTIVE

▷ see also **his** PRONOUN

a

□ his coat **a chóta** □ his father **a athair** □ He's cleaning his teeth. **Tá sé ag glanadh a chuid fiacla.** □ He's hurt his foot. **Ghortaigh sé a chos.**

his PRONOUN

a ceann seo aigesean

□ It's better than his. **Is fearr é na an ceann seo aigesean.**

■ **Whose is this? — It's his. Cé leis é seo? — Is leis-sean é.**

■ **a friend of hers cara leis**

history NOUN

stair fem2

to **hit** VERB

▷ see also **hit** NOUN

1 **buail**

□ Andrew hit him. Bhuail Andrew é.

□ He was hit by a car. Buaileadh le carr é.

2 aimsigh *(reach target)*

□ The arrow hit the target. D'aimsigh an tsaighead an sprioc.

■ **to hit it off with somebody** réiteach le duine ón tús □ She hit it off with his parents. Réitigh sí lena thuismitheoirí ón tús.

hit NOUN

▷ *see also* **hit** VERB

1 buille *masc4*

2 cnag *masc1*

□ Madonna's latest hit an cnag is déanaí ag Madonna

3 amas *masc1 (on websites)*

■ **It was a great hit.** *(success)* D'éirigh go geal leis.

hitch NOUN

constaic *fem2*

□ There's been a slight hitch. Tá constaic bheag ann.

to **hitchhike** VERB

bheith ag síobaireacht

hitchhiker NOUN

síobaire *masc4*

hitchhiking NOUN

síobshiúl *masc1*

□ Hitchhiking can be dangerous. Thig le síobshiúl a bheith contúirteach.

hi-tech ADJECTIVE

ard-teicneolaíochta

hit man NOUN

feallmharfóir *masc3*

HIV NOUN

VEID *masc1 (= víreas easpa imdhíonachta daonna)*

□ HIV-negative VEID-dhiúltach

□ HIV-positive VEID-dhearfach

hive NOUN

coirceog *fem2*

hobby NOUN

caitheamh aimsire *masc1*

□ What are your hobbies? Cad iad na caithimh aimsire atá agat?

hockey NOUN

haca *masc4*

□ I play hockey. Imrím haca.

to **hold** VERB

coinnigh

□ This bottle holds one litre. Coinníonn an buidéal seo lítear.

■ **She held the baby.** Bhí an babaí ina baclainn aici.

■ **to hold a meeting** cruinniú a thionól

■ **Hold the line!** *(on telephone)* Fan bomaite!

■ **Hold it!** *(wait)* Fan!

■ **to get hold of something** *(obtain)* rud a aimsiú □ I couldn't get hold of it. Ní raibh mé in ann é a aimsiú.

to **hold on** VERB

1 coinnigh ort *(keep hold)*

2 fan *(wait)*

□ Hold on a minute! Fan ort go fóill!

■ **Hold on!** *(on telephone)* Fan bomaite!

■ **to hold on to something** greim a choinneáil ar rud □ He held on to the chair. Choinnigh sé greim ar an gcathaoir.

to **hold up** VERB

1 ardaigh *(raise)*

□ Peter held up his hand. D'ardaigh Peadar a lámh.

2 tacaigh le *(support)*

3 cuir moill ar *(delay)*

□ I was held up at the office. Cuireadh moill orm ag an oifig.

4 robáil *(rob)*

hold-up NOUN

1 robáil *fem3 (robbery)*

2 moill *fem2 (delay)*

hole NOUN

poll *masc1*

holiday NOUN

1 saoire *fem4*

□ Did you have a good holiday? An raibh saoire mhaith agat? □ our holiday in France ár saoire sa Fhrainc

2 lá saoire *masc (public holiday)*

□ Next Monday is a holiday. Is lá saoire é an Luain seo chugainn.

3 lá saor *masc (day off)*

□ He took a day's holiday. Ghlac sé lá saor.

■ **a holiday camp** campa saoire

holiday home NOUN

teach saoire *masc*

Holland NOUN

an Ollainn *fem2*

□ in Holland san Ollainn □ to Holland chun na hOllainne

hollow ADJECTIVE

cuasach

holy ADJECTIVE

1 naofa

2 coisricthe *(water)*

3 beannaithe *(ground)*

Holy Communion NOUN

an Chomaoineach Naofa *fem4*

■ **to receive Holy Communion** Comaoineach a ghlacadh

home NOUN

▷ see also **home** ADVERB

baile *masc4*

□ What time did he get home? Cén t-am a bhain sé an baile amach?

■ **at home** sa bhaile □ Make yourself at home. Déan tú féin sa bhaile.

home ADVERB

▷ see also **home** NOUN

sa bhaile

□ I'll be home at 5 o'clock. Beidh mé sa bhaile ar a cúig.

■ **to get home** an baile a bhaint amach □ What time did he get home? Cén t-am a bhain sé an baile amach?

home address NOUN

seoladh baile *masc*

□ What's your home address? Cén seoladh baile atá agat?

homeless ADJECTIVE

gan dídean

■ **the homeless** na díthreabhaigh

home match NOUN

cluiche baile *masc4*

homeopathy NOUN

hoiméapaite *fem4*

home page NOUN

leathanach baile *masc1*

homesick ADJECTIVE

■ **to be homesick** cumha a bheith ort i ndiaidh an bhaile

homework NOUN

obair bhaile *fem2*

□ Have you done your homework? An bhfuil d'obair bhaile déanta agat? □ my geography homework m'obair bhaile tíreolaíochta

homosexual ADJECTIVE

▷ see also **homosexual** NOUN

homaighnéasach

homosexual NOUN

▷ see also **homosexual** ADJECTIVE

homaighnéasach *masc1*

honest ADJECTIVE

1 ionraic

□ She's a very honest person. Is duine an-ionraic í.

2 macánta *(sincere)*

□ He was very honest with her. Bhí sé an-mhacánta léi.

honestly ADVERB

1 go hionraic

2 go macánta *(sincerely)*

■ **I honestly don't know.** Déanta na fírinne, níl a fhios agam.

honesty NOUN

1 ionracas *masc1*

2 macántacht *fem3 (sincerity)*

honey NOUN

mil *fem3*

honeymoon NOUN

mí na meala *fem*

honour (US honor) NOUN

onóir *fem3*

hood NOUN

1 cochall *masc1 (of jacket, coat)*

2 boinéad *masc1 (US: of car)*

hook NOUN

1 crúca *masc4*

□ He hung the painting on the hook. Chroch sé an phéintéireacht ar an gcrúca.

2 duán *masc1 (for fishing)*

■ **to take the phone off the hook** an guthán a chur ar thon gafa

hooligan NOUN

maistín *masc4*

hooray EXCLAMATION

hurá

Hoover® NOUN

folúsghlantóir *masc3*

to **hoover** VERB

folúsghlan

□ She hoovered the lounge. D'fholúsghlan sí an seomra suí.

to **hope** VERB

▷ see also **hope** NOUN

■ **I hope that …** Tá súil agam go … □ I hope he comes. Tá súil agam go dtiocfaidh sé.

■ **to hope for something** bheith ag súil le rud □ I'm hoping for good results. Tá mé ag súil le torthaí maithe.

■ **I hope so.** Tá súil agam sin.

■ **I hope not.** Tá súil agam nach amhlaidh sin.

hope NOUN

▷ see also **hope** VERB

dóchas *masc1*

■ **to give up hope** dóchas a chailleadh □ Don't give up hope! Ná caill do dhóchais!

hopeful ADJECTIVE

dóchasach

□ I'm hopeful. Tá mé dóchasach.

□ He's hopeful of winning. Tá sé dóchasach go mbeidh an bua aige.

hopefully ADVERB

le cuidiú Dé

□ Hopefully he'll make it in time. Beidh sé ann in am, le cuidiú Dé.

hopeless ADJECTIVE

1 gan dóchas *(without hope)*

gan mhaith *(very bad)*
□ I'm hopeless at maths. **Tá mé gan mhaith ag mata.**

horizon NOUN
bun na spéire *masc1*

horizontal ADJECTIVE
cothrománach

horn NOUN
1 adharc *fem2 (of animal, car)*
□ He sounded his horn. **Shéid sé an adharc.**
2 corn *masc1*
□ I play the horn. **Seinnim ar an gcorn.**

horoscope NOUN
tuismeá *fem4*

horrible ADJECTIVE
uafásach
□ What a horrible dress! **A leithéid de ghún a uafásach!**

horrid ADJECTIVE
gránna

to **horrify** VERB
cuir uafás ar
■ to be horrified **uafás a bheith ort**

horrifying ADJECTIVE
uafásach

horror NOUN
uafás *masc1*

horror film NOUN
scannán uafáis *masc1*

horse NOUN
capall *masc1*

horse-racing NOUN
rásaíocht chapall *fem3*

horseshoe NOUN
crú capaill *masc4*

hose NOUN
píobán *masc1*
□ a garden hose **píobán gairdín**

hosepipe NOUN
píobán *masc1*

hospital NOUN
otharlann *fem2*
□ Take me to the hospital. **Tóg chun na hotharlainne mé.**
■ in hospital **san otharlann**

hospitality NOUN
flaithiúlacht *fem3*

host NOUN
óstach *masc1*
□ Don't forget to write and thank your hosts. **Ná déan dearmad scríobh le buíochas a ghabháil le d'óstaigh.**

hostage NOUN
giall *masc1*

■ to take somebody hostage **duine a ghabháil ina ghiall**

hostel NOUN
brú *masc4*
■ a youth hostel **brú óige**

hostile ADJECTIVE
naimhdeach

hot ADJECTIVE
1 te
□ a hot bath **folcadh te** □ I'm hot. **Tá mé te.**
□ It's hot. **Tá sé te.**
2 teobhlasta *(spicy)*
□ a very hot curry **curaí an-teobhlasta**

hot dog NOUN
brocaire te *masc4*

hotel NOUN
óstán *masc1*
□ We stayed in a hotel. **D'fhan muid in óstán.**

hotspot NOUN
ball te *masc (for Wi-Fi)*

hour NOUN
uair an chloig *fem2*
■ on the hour **ar bhuille na huaire**
■ He walked for hours. **Shiúil sé ar feadh na n-uaireanta.**
■ a quarter of an hour **ceathrú uaire**
■ half an hour **leathuair**
■ two and a half hours **dhá uair go leith**

hourly ADJECTIVE, ADVERB
in aghaidh na huaire
□ There are hourly buses. **Bíonn busanna in aghaidh na huaire ann.**
■ to be paid hourly **pá a fháil de réir na huaire**

house NOUN
teach *masc*
□ Our house is at the end of the road. **Tá teach s'againne ag bun na sráide.**
□ We stayed at their house. **D'fhan muid i dteach s'acusan.**

housewife NOUN
bean tí *fem*
□ She's a housewife. **Is bean tí í.**

housework NOUN
obair tí *fem2*
■ to do the housework **an obair tí a dhéanamh**

hovercraft NOUN
árthach foluaineach *masc1*

how ADVERB
cad é mar
■ How are you? **Cad é mar atá tú?**
■ How do you do? **Dia duit.**
■ How far is it to ...? **Cá fhad atá sé go ...?**

■ How long have you been here? **Cá fhad atá tú anseo?**

■ How many? **Cá mhéad?** □ How many pupils are there in the class? **Cá mhéad dalta atá sa rang?**

■ How much? **Cá mhéad?** □ How much sugar do you want? **Cá mhéad siúcra atá tú a iarraidh?**

■ How old are you? **Cén aois tú?**

however CONJUNCTION
ach
□ This, however, isn't true. **Ach, ní fíor é.**

to **howl** VERB
lig glam asat

HTML NOUN
HTML
□ an HTML document **cáipéis HTML**

hug NOUN
▷ *see also* **hug** VERB
barróg *fem2*
□ She gave them a hug. **Rug sí barróg orthu.**

to **hug** VERB
▷ *see also* **hug** NOUN
beir barróg ar
□ He hugged her. **Rug sé barróg uirthi.**

huge ADJECTIVE
ollmhór

to **hum** VERB
bheith ag drantán *(tune)*

human ADJECTIVE
daonna
□ the human body **corp an duine**
■ a human being **neach daonna**

humble ADJECTIVE
umhal

humour (US humor) NOUN
1 greann *masc1*
■ to have a sense of humour **tuiscint don ghreann a bheith agat**
2 giúmar *masc1 (mood)*

hundred NUMBER
céad

> LANGUAGE TIP **céad** is followed by a singular noun.

□ a hundred miles **céad míle**
■ five hundred **cúig chéad**
■ five hundred and one **cúig chéad is a haon**
■ hundreds of people **na céadta duine**

hung VERB ▷ *see* **hang**

Hungarian ADJECTIVE
▷ *see also* **Hungarian** NOUN
Ungárach *masc1*
□ She's Hungarian. **Is Ungárach í.**

Hungarian NOUN
▷ *see also* **Hungarian** ADJECTIVE
1 Ungárach *masc1*
2 Ungáiris *fem2 (language)*

Hungary NOUN
an Ungáir *fem2*
□ in Hungary **san Ungáir** □ to Hungary **chun na hUngáire**

hunger NOUN
ocras *masc1*

hungry ADJECTIVE
ocrach
■ to be hungry **ocras a bheith ort**
□ I'm hungry. **Tá ocras orm.**

to **hunt** VERB
1 seilg
□ People used to hunt wild boar. **Ba ghnách le daoine tiorc allta a sheilg.**
2 dul sa tóir ar
□ The police are hunting the killer. **Tá na póilíní sa tóir ar an marfóir.**
■ to hunt for something *(search)* **cuir cuardach ar** □ I hunted everywhere for that book. **Chuardaigh mé gach áit ar lorg an leabhair sin.**

hunting NOUN
seilg *fem2*
□ I'm against hunting. **Tá mé in éadan na seilge.**
■ fox-hunting **sealgaireacht sionnach**

hurdle NOUN
1 cliath *fem2 (in sport)*
2 bac *masc1 (obstacle)*

hurling NOUN
iománaíocht *fem3*
■ a hurling stick **camán**

hurricane NOUN
hairicín *masc4*

hurry NOUN
▷ *see also* **hurry** VERB
deifir *fem2*
■ to be in a hurry **deifir a bheith ort** □ I am in a hurry. **Tá deifir orm.**
■ to do something in a hurry **rud a dhéanamh faoi dheifir**
■ There's no hurry. **Níl aon deifir leis.**

to **hurry** VERB
▷ *see also* **hurry** NOUN
déan deifir
□ Sharon hurried back home. **Rinne Sharon deifir ar ais chun an bhaile.**
■ Hurry up! **Déan deifir!**

to **hurt** VERB
▷ *see also* **hurt** ADJECTIVE
gortaigh *(cause pain to)*

■ **to hurt somebody 1** *(physically)* duine a ghortú □ You're hurting me! Tá tú do mo ghortú! **2** *(emotionally)* goilleadh ar dhuine □ His remarks really hurt me. Ghoill a chuid cainte go mór orm.

■ **to hurt oneself** tú féin a ghortú □ I fell over and hurt myself. Thit mé agus ghortaigh mé mé féin.

hurt ADJECTIVE

▷ *see also* **hurt** VERB

gortaithe

□ Is he badly hurt? An bhfuil sé gortaithe go dona? □ Luckily, nobody was hurt. Ar an dea-uair níor gortaíodh aon duine.

husband NOUN
fear céile *masc1*

hut NOUN
1 both *fem3*
2 bothán *masc1 (shed)*

hymn NOUN
iomann *masc1*

hyperlink NOUN
hipearnasc *masc*

hypermarket NOUN
hipearmhargadh *masc1*

hyphen NOUN
fleiscín *masc4*

I i

I PRONOUN
1 mé
   □ I came in. Tháinig mé isteach. □ I am a
   teacher. Is múinteoir mé. □ I was injured.
   Gortaíodh mé.
2 mise *(emphatic)*
   □ I'm the oldest in the family. Mise is
   sine sa chlann. □ Ann and I mise agus
   Áine
ice NOUN
1 oighear *masc1*
   □ There was ice on the lake. Bhí oighear ar
   an loch.
2 sioc *masc3 (on road)*
iceberg NOUN
   cnoc oighir *masc1*
   LANGUAGE TIP Word for word, this
   means 'hill of ice'.
ice cream NOUN
   uachtar reoite *masc1*
   □ vanilla ice cream uachtar reoite
   fanaile
ice cube NOUN
   ciúb oighir *masc1*
ice hockey NOUN
   haca oighir *masc4*
Iceland NOUN
   an Íoslainn *fem2*
   □ in Iceland san Íoslainn □ to Iceland
   chun na hÍoslainne
ice lolly NOUN
   líreachán reoite *masc1*
ice rink NOUN
   rinc oighir *fem2*
ice-skating NOUN
   scátáil oighir *fem3*
   ■ to go ice-skating dul ag scátáil oighir
icing NOUN
   reoán *masc1*
   ■ icing sugar siúcra reoáin
icon NOUN
   deilbhín *masc4 (computing)*

ICT NOUN *(= information and communications
   technology)*
   teicneolaíocht an eolais *fem3*
icy ADJECTIVE
   sioctha
   □ The roads are icy. Tá na bóithre sioctha.
   ■ There was an icy wind. Bhí gaoth
   pholltach ann.
idea NOUN
   smaoineamh *masc1*
   □ It's a good idea. Smaoineamh maith atá
   ann.
   ■ I've no idea. Níl barúil agam.
ideal ADJECTIVE
   idéalach
identical ADJECTIVE
   comhionann
identification NOUN
   aitheantas *masc1*
to **identify** VERB
   sainaithin
identity card NOUN
   cárta aitheantais *masc4*
idiot NOUN
   amadán *masc1*
idiotic ADJECTIVE
   amaideach
idle ADJECTIVE
   falsa *(lazy)*
idol NOUN
   dia beag *masc (pop star, film star)*
i.e. ABBREVIATION *(= id est)*
   i.e.
if CONJUNCTION
1 má *(with present and past)*
   □ You can have it if you like. Tig leat é
   a bheith agat más maith leat.
2 dá *(with conditional)*
   □ I would buy it if I had the money.
   Cheannóinn é dá mbeadh an t-airgead
   agam.
   ■ if so más amhlaidh atá

■ **if not** murab amhlaidh atá □ Are you coming? If not, I'll go with Mark. **An bhfuil tú ag teacht? Murab amhlaidh atá, rachaidh mé le Marc.**
■ **If only I'd known!** Dá mbeadh a fhios agam!

ignorant ADJECTIVE
aineolach

to **ignore** VERB
déan neamhiontas de
■ **to ignore somebody** neamhaird a thabhairt ar dhuine □ She saw me but she ignored me. **Chonaic sí mé ach rinne sí neamhshuim díom.**
■ **Just ignore him!** Déan neamhaird de!
■ **to ignore somebody's advice** dul thar chomhairle duine □ She ignored my advice. **Níor éist sí le mo chomhairle.**

ill ADJECTIVE
tinn (sick)
■ **to be taken ill** éirí tinn □ She was taken ill last night. **D'éirigh sí tinn aréir.**

I'll = I will, I shall

illegal ADJECTIVE
mídhleathach

illegible ADJECTIVE
doléite

illness NOUN
tinneas masc1

to **ill-treat** VERB
■ **to ill-treat somebody** drochíde a thabhairt do dhuine

illusion NOUN
seachmall masc1

illustration NOUN
léaráid fem2 (in book)

image NOUN
íomhá fem4

imagination NOUN
samhlaíocht fem3

to **imagine** VERB
samhlaigh
□ You can imagine how I felt! **Samhlaigh cad é mar a mhothaigh mé!**
■ **I imagine so.** (suppose) Déarfainn é.

to **imitate** VERB
déan aithris ar

imitation NOUN
aithris fem2

immediate ADJECTIVE
láithreach

immediately ADVERB
láithreach bonn
□ I'll do it immediately. **Déanfaidh mé láithreach bonn é.**

immigrant NOUN
inimirceach masc1

immigration NOUN
inimirce fem4

immoral ADJECTIVE
mímhorálta

impartial ADJECTIVE
neamhchlaon

impatience NOUN
mífhoighne fem4

impatient ADJECTIVE
mífhoighneach
■ **to get impatient** foighne a chailleadh □ People are getting impatient. **Tá daoine ag cailleadh na foighne.**

impatiently ADVERB
go mífhoighneach
□ We waited impatiently. **D'fhan muid go mífhoighneach.**

impersonal ADJECTIVE
neamhphearsanta

to **import** VERB
iompórtáil

importance NOUN
tábhacht fem3

important ADJECTIVE
tábhachtach

impossible ADJECTIVE
dodhéanta

to **impress** VERB
téigh i bhfeidhm ar
□ She's trying to impress you. **Tá sí ag iarraidh dul i bhfeidhm ort.**

impression NOUN
tuairim fem2
■ **to be under the impression that** bheith den bharúil go

impressive ADJECTIVE
mórthaibhseach

to **improve** VERB
1 feabhsaigh
□ They have improved the service. **Tá an tseirbhís feabhsaithe acu.**
2 déan dul chun cinn (learner)
□ His school work has improved.
Tá dul chun cinn déanta aige san obair scoile.
3 bisigh (health)

improvement NOUN
1 feabhas masc
□ It's a great improvement. **Feabhas mór atá ann.** □ There's been an improvement in his French. **Tá feabhas mór tagtha ar a chuid Fraincise.**
2 biseach masc1 (in health)

in PREPOSITION

▷ *see also* **in** ADVERB

> **LANGUAGE TIP** There are several ways of translating 'in'. Look at the examples to find one that is similar to what you want to say. For other expressions with 'in', see the verbs 'go', 'come', 'get', 'give' etc.

i

□ in Cork **i gCorcaigh** □ in England **i Sasana** □ in May **i mí Bhealtaine** □ I did it in 3 hours. **Rinne mé i dtrí huaire an chloig é.**

> **LANGUAGE TIP** **i** changes to **in** before a vowel.

□ in Ireland **in Éirinn**

> **LANGUAGE TIP** **i** + **an** changes to **sa** before a noun beginning with a consonant

□ in the house **sa teach** □ in the garden **sa ghairdín** □ in summer **sa samhradh** □ 20 pence in the pound **fiche pingin sa phunt** □ the best pupil in the class **an dalta is fearr sa rang**

> **LANGUAGE TIP** **i** + **an** changes to **san** before a noun beginning with a vowel.

□ in spring **san earrach** □ in the west **san iarthar**

> **LANGUAGE TIP** **i** + **na** changes to **sna**.

□ in the United States **sna Stáit Aontaithe** □ number one in the charts **ar uimhir a haon sna cairteacha**
■ in the country **faoin tuath**
■ in here **istigh anseo**
■ at 4 o'clock in the afternoon **ar a ceathair a chlog tráthnóna**
■ in a loud voice **de ghlór ard**
■ in pencil **le peann luaidhe**
■ in French **as Fraincis**
■ in the sun **faoin ngrian**
■ the best team in the world **an fhoireann is fearr ar domhan**
■ in time *(punctual)* **in am**

in ADVERB

▷ *see also* **in** PREPOSITION
san fhaisean *(in fashion)*
■ to be in *(at home)* **bheith ann**
□ He wasn't in. **Ní raibh sé ann.**

inaccurate ADJECTIVE
míchruinn

inadequate ADJECTIVE
easnamhach

inbox NOUN
post isteach *masc1*

incentive NOUN
spreagadh *masc*

inch NOUN
orlach *masc1*
■ 6 inches **sé horlaí**

incident NOUN
eachtra *fem4*

inclined ADJECTIVE
■ to be inclined to do something **claonadh a bheith ionat rud a dhéanamh**
□ He's inclined to arrive late. **Tá claonadh ann teacht mall.**

to include VERB
cuir san áireamh
□ Service is not included. **Níl seirbhís san áireamh.**

including PREPOSITION
san áireamh
□ It will be 200 euros, including tax. **Beidh 200 euro air, cáin san áireamh.**

inclusive ADJECTIVE
cuimsitheach
□ The inclusive price is 200 euros. **Is é 200 euro an praghas cuimsitheach.**
■ inclusive of tax **cáin san áireamh**

income NOUN
ioncam *masc1*

income tax NOUN
cáin ioncaim *fem*

incompetent ADJECTIVE
neamhinniúil

incomplete ADJECTIVE
neamhiomlán

inconsistent ADJECTIVE
neamhréireach

inconvenient ADJECTIVE
míchaoithiúil
□ That's very inconvenient for me. **Tá sin iontach míchaoithiúil agam.**

incorrect ADJECTIVE
mícheart

increase NOUN
▷ *see also* **increase** VERB
1 **ardú** *masc*
□ an increase in road accidents **ardú ar líon na dtimpistí bóthair**
2 **méadú** *masc (in population)*

to increase VERB
▷ *see also* **increase** NOUN
méadaigh

incredible ADJECTIVE
dochreidte

indecisive ADJECTIVE
éideimhin *(person)*

indeed ADVERB
go deimhin
□ Indeed, I will not go. **Go deimhin,**

ní rachaidh mé.

■ **It's very hard indeed.** Tá sé an-chrua ar fad.

■ **Yes indeed!** Cinnte!

■ **Know what I mean? — Indeed I do.** An dtuigeann tú an rud atá i gceist agam. — Tuigim cinnte.

■ **Thank you very much indeed!** Go raibh céad maith agat!

independence NOUN
neamhspleáchas *masc1*

independent ADJECTIVE
neamhspleách

□ an independent school scoil neamhspleách

index NOUN
innéacs *masc4 (in book)*

index finger NOUN
corrmhéar *fem2*

India NOUN
an India *fem4*

□ in India san India □ to India chun na hIndia

Indian ADJECTIVE
▷ *see also* **Indian** NOUN
Indiach

Indian NOUN
▷ *see also* **Indian** ADJECTIVE
Indiach *masc1*

■ **an American Indian** Indiach Dearg

to **indicate** VERB
léirigh

indicator NOUN
treoir *fem*

indigestion NOUN
mí-dhíleá *masc4*

□ I've got indigestion. Tá mí-dhíleá orm.

individual ADJECTIVE
aonair

□ individual skills scileanna aonair

Indonesia NOUN
an Indinéis *fem2*

indoor ADJECTIVE
faoi dhíon

□ an indoor swimming pool linn snámha faoi dhíon

indoors ADVERB
taobh istigh

□ They're indoors. Tá siad taobh istigh.

■ **to go indoors** dul isteach □ We'd better go indoors. B'fhearr dúinn dul isteach.

industrial ADJECTIVE
tionsclaíoch

industry NOUN
tionscal *masc1*

□ the tourist industry tionscal na turasóireachta □ the oil industry tionscal na hola

inefficient ADJECTIVE
neamhéifeachtach

inevitable ADJECTIVE
dosheachanta

inexperienced ADJECTIVE
gan taithí

infant school NOUN
naíscoil *fem2*

□ He's just started at infant school. Tá sé díreach i ndiaidh tosú ar an naíscoil.

infection NOUN
ionfhabhtú *masc*

□ an ear infection ionfhabhtú cluaise

infectious ADJECTIVE
tógálach

□ It's not infectious. Níl sé tógálach.

infinitive NOUN
infinideach *masc1*

infirmary NOUN
otharlann *fem2*

inflatable ADJECTIVE
inséidte

inflation NOUN
boilsciú *masc*

influence NOUN
▷ *see also* **influence** VERB
tionchar *masc1*

□ He's a bad influence on her. Imríonn sé drochthionchar uirthi.

to **influence** VERB
▷ *see also* **influence** NOUN
téigh i bhfeidhm ar

influenza NOUN
fliú *masc4*

to **inform** VERB
■ **to inform somebody of something** rud a insint do dhuine □ Nobody informed me of the new plan. Níor inis duine ar bith dom faoin phlean úr.

informal ADJECTIVE
neamhfhoirmiúil

information NOUN
eolas *masc1*

□ important information eolas tábhachtach

information office NOUN
oifig eolais *fem2*

infuriating ADJECTIVE
mearaitheach

ingenious ADJECTIVE
intleachtach

ingredient NOUN
comhábhar *masc1*

inhabitant NOUN
  áitritheoir *masc3*
inhaler NOUN
  análóir *masc3*
to **inherit** VERB
  faigh mar oidhreacht
  □ She inherited her father's house. Fuair sí teach a hathar le hoidhreacht.
initials PL NOUN
1 mórlitreacha bloic *fem pl*
2 inisealacha *masc1 pl (as signature)*
initiative NOUN
  tionscnamh *masc1*
to **inject** VERB
  insteall
injection NOUN
  instealladh *masc*
to **injure** VERB
  gortaigh
injured ADJECTIVE
  gortaithe
injury NOUN
  gortú *masc*
injury time NOUN
  am cúitimh *masc3 (in sport)*
injustice NOUN
  éagóir *fem3*
ink NOUN
  dúch *masc1*
in-laws PL NOUN
  gaolta cleamhnais *masc1 pl*
inn NOUN
  teach ósta *masc*
inner ADJECTIVE
  inmheánach
inner city NOUN
  ionchathair *fem*
inner tube NOUN
  tiúb *fem2 (of tyre)*
innocent ADJECTIVE
1 neamhchiontach *(not guilty)*
2 soineanta *(naive)*
inquest NOUN
  ionchoisne *masc4*
to **inquire** VERB
  fiafraigh
  ■ to inquire about something fiafraí a dhéanamh faoi rud □ I am going to inquire about train times. Tá mé ag dul a fhiafraí na n-amanna traenach.
inquiries office NOUN
  oifig fhiosraithe *fem2*
inquiry NOUN
1 ceist *fem2*
  ■ to make inquiries about something

ceisteanna a chur faoi rud
2 fiosrúchán *masc1 (investigation)*
  ■ 'inquiries' 'fiosrúcháin'
inquisitive ADJECTIVE
  fiosrach
insane ADJECTIVE
  ■ to be insane bheith as do mheabhair
inscription NOUN
  inscríbhinn *fem2*
insect NOUN
  feithid *fem2*
insect repellent NOUN
  éarthach feithide *masc1*
insensitive ADJECTIVE
  fuarchroíoch
to **insert** VERB
  ionsáigh
inside NOUN
  ▷ see also **inside** ADVERB, PREPOSITION
  taobh istigh *masc1*
inside ADVERB
  ▷ see also **inside** NOUN, PREPOSITION
1 istigh *(be)*
  □ They're inside. Tá siad istigh.
2 isteach *(go)*
  ■ to go inside gabh isteach
  ■ Come inside! Tar isteach!
inside PREPOSITION
  ▷ see also **inside** NOUN, ADVERB
  istigh i
  □ inside the house istigh sa teach
  ■ inside 10 minutes taobh istigh de 10 nóiméad
insincere ADJECTIVE
  bréagach
to **insist** VERB
  ■ to insist on something seasamh ar rud
  ■ to insist that dearbhú go □ He insisted that he was innocent. Dhearbhaigh sé go raibh sé neamhchiontach.
inspector NOUN
  cigire *masc4*
  ■ ticket inspector *(on trains)* cigire ticéid
instalment NOUN
  glasíoc *masc3*
  ■ in instalments *(pay)* ina ghálaí
instance NOUN
  cás *masc1*
  ■ for instance cuir i gcás
instant ADJECTIVE
  láithreach
  □ It was an instant success. Bhí rath air láithreach.
  ■ instant coffee caife gasta

instantly ADVERB
ar an toirt

instead ADVERB
ina áit
■ **instead of** in áit □ He went instead of Peter. Chuaigh sé in áit Pheadair. □ We played tennis instead of going swimming. D'imir muid leadóg in áit dul ag snámh.

instinct NOUN
instinn *fem2*

institute NOUN
institiúid *fem2*

institution NOUN
institiúid *fem2*

to **instruct** VERB
teagasc
■ **to instruct somebody to do something** ordú a thabhairt do dhuine rud a dhéanamh □ She instructed us to wait outside. Thug sí ordú dúinn fanacht taobh amuigh.

instructions PL NOUN
1 orduithe *masc pl (orders)*
2 treoracha *fem pl (for use)*
□ Where are the instructions? Cá bhfuil na treoracha? □ Follow the instructions carefully. Lean na treoracha go cúramach.

instructor NOUN
teagascóir *masc3*
□ a skiing instructor teagascóir sciála
□ a driving instructor teagascóir tiomána

instrument NOUN
uirlis *fem2*

insufficient ADJECTIVE
easpach

insulin NOUN
inslin *fem2*

insult NOUN
▷ *see also* **insult** VERB
masla *masc4*

to **insult** VERB
▷ *see also* **insult** NOUN
maslaigh

insurance NOUN
árachas *masc1*
□ life insurance árachas saoil
■ **an insurance policy** polasaí árachais

intelligent ADJECTIVE
cliste

to **intend** VERB
■ **to intend to do something** bheith ag brath rud a dhéanamh □ I intend to do medicine at university. Tá mé ag brath leigheas a dhéanamh ar an ollscoil.

intense ADJECTIVE
1 dian *(intensive)*

2 díograiseach *(person)*

intensive ADJECTIVE
dian

intention NOUN
rún *masc1*
□ She had no intention of doing it. Ní raibh lá rúin aici é a dhéanamh.

intercom NOUN
idirchum *masc4*

interest NOUN
▷ *see also* **interest** VERB
1 spéis *fem2*
□ She showed no interest in maths. Níor léirigh sí spéis ar bith sa mhata.
■ **my main interest** *(pastime)* an caitheamh aimsire is mó agam
2 ús *masc1*
□ The interest rate on his credit card was very high. Bhí an ráta úis ar a chárta creidmheasa iontach ard.

to **interest** VERB
▷ *see also* **interest** NOUN
■ **Music doesn't interest her.** Níl aon spéis sa cheol aici.
■ **to be interested in something** spéis a bheith agat i rud □ I'm not interested in politics. Níl spéis agam sa pholaitíocht.

interesting ADJECTIVE
spéisiúil

interface NOUN
comhéadan *masc1 (computing)*

interior ADJECTIVE
inmheánach

interior designer NOUN
dearthóir intí *masc3*

intermediate ADJECTIVE
1 idirmheánach
□ an intermediate school scoil idirmheánach
2 meán- *(course, level)*

internal ADJECTIVE
inmheánach

international ADJECTIVE
idirnáisiúnta

internet NOUN
an tIdirlíon *masc1*
□ on the internet ar an Idirlíon

internet café NOUN
caife idirlín *masc4*

internet user NOUN
úsáideoir idirlín *masc3*

to **interpret** VERB
teangaireacht a dhéanamh
□ Steve interpreted for his friend. Rinne Stiofán teangaireacht dá chara.

interpreter NOUN
  ateangaire *masc4*

to **interrupt** VERB
1 trasnaigh
  □ Don't keep interrupting the speaker like that. Ná bí ag trasnú ar an gcainteoir mar sin.
2 bris isteach ar *(in conversation)*
3 cuir isteach ar *(work)*
4 idirbhris *(in computing)*

interruption NOUN
  briseadh isteach *masc*

interval NOUN
  eadarlúid *fem2 (in play, concert)*

interview NOUN
  ▷ *see also* **interview** VERB
  agallamh *masc1*

to **interview** VERB
  ▷ *see also* **interview** NOUN
  cuir faoi agallamh
  □ I was interviewed on the radio. Cuireadh faoi agallamh mé ar an raidió.

interviewer NOUN
  agallóir *masc3*

intimate ADJECTIVE
1 dlúth *(close)*
2 mion- *(knowledge)*

into PREPOSITION
  isteach i
  □ He got into the car. Chuaigh sé isteach sa charr. □ I'm going into town. Tá mé ag dul isteach sa bhaile.
  ■ Translate the poem into Irish. Cuir Gaeilge ar an dán.
  ■ She's into astrology. Tá dúil aici san astralaíocht.
  ■ Four into seven won't go. Níl seacht inroinnte ar a ceathair.
  ■ The cost will run into millions. Beidh costas na milliún euro air.

to **introduce** VERB
1 cuir i láthair *(TV show)*
2 cuir in aithne dá chéile *(people to each other)*
  □ He introduced me to his parents. Chuir sé a thuismitheoirí in aithne dom.

introduction NOUN
1 cur in aithne *masc1 (to person)*
2 réamhrá *masc4 (in book)*

intruder NOUN
  foghlaí *masc4*

intuition NOUN
  iomas *masc1*

to **invade** VERB
  déan ionradh ar

invalid NOUN
  ▷ *see also* **invalid** ADJECTIVE
  easlán *masc1*

invalid ADJECTIVE
  ▷ *see also* **invalid** NOUN
  neamhbhailí

to **invent** VERB
1 cum *(make up)*
2 fionn *(discover)*

invention NOUN
  aireagán *masc1*

inventor NOUN
  fionnachtaí *masc4*

inverted commas PL NOUN
  uaschamóga *fem2 pl*

investigation NOUN
  fiosrú *masc (police)*

investment NOUN
  infheistíocht *fem3*

invigilator NOUN
  feitheoir *masc3*

invisible ADJECTIVE
  dofheicthe

invitation NOUN
  cuireadh *masc1*

to **invite** VERB
  tabhair cuireadh do
  □ He's not invited. Níor tugadh cuireadh dó.
  ■ to invite somebody to a party cuireadh a thabhairt do dhuine chuig cóisir

invoice NOUN
  sonrasc *masc1*

to **involve** VERB
  bain le
  □ His job involves a lot of travelling. Tá cuid mhaith taistil ag baint lena phost.
  ■ to be involved in something *(crime, drugs)* bheith gafa le rud
  ■ to be involved with somebody *(in relationship)* bheith i gcumann le duine

iPod® NOUN
  iPod® *masc*

IQ NOUN *(= intelligence quotient)*
  SI *fem (= sainuimhir intleachta)*

Iran NOUN
  an Iaráin *fem2*
  □ in Iran san Iaráin

Iranian NOUN
  ▷ *see also* **Iranian** ADJECTIVE
  Iaránach
  ■ the Iranians muintir na hIaráine

Iranian ADJECTIVE
  ▷ *see also* **Iranian** NOUN
  Iaránach

Iraq NOUN
an Iaráic *fem2*
□ in Iraq san Iaráic

Iraqi NOUN
▷ *see also* **Iraqi** ADJECTIVE
Iarácach
■ the Iraqis muintir na hIaráice

Iraqi ADJECTIVE
▷ *see also* **Iraqi** NOUN
Iarácach
□ the Iraqi government rialtas na hIaráice

Ireland NOUN
Éire *fem*
□ in Ireland in Éirinn □ to Ireland go hÉirinn
□ I'm from Ireland. Is as Éirinn mé,

Irish ADJECTIVE
▷ *see also* **Irish** NOUN
Gaelach
□ Irish music ceol gaelach

Irish NOUN
▷ *see also* **Irish** ADJECTIVE
Gaeilge *fem4 (language)*
■ an Irish speaker Gaeilgeoir
■ the Irish *(people)* na hÉireannaigh

Irish-American ADJECTIVE
▷ *see also* **Irish-American** NOUN
Gael-Mheiriceánach

Irish-American NOUN
▷ *see also* **Irish-American** ADJECTIVE
Gael-Mheiriceánach *masc1*

Irishman NOUN
Éireannach *masc1*

Irish Republic NOUN
Poblacht na hÉireann *fem3*

Irish Sea NOUN
Muir Éireann *fem3*

Irishwoman NOUN
Éireannach mná *masc1*

iron NOUN
▷ *see also* **iron** VERB
iarann *masc1*

to **iron** VERB
▷ *see also* **iron** NOUN
iarnáil *(clothes)*

ironic ADJECTIVE
íorónta

ironing NOUN
iarnáil *fem3*
■ to do the ironing an iarnáil a dhéanamh

ironing board NOUN
bord iarnála *masc1*

ironmonger's NOUN
siopa iarnmhangaire *masc4*

irrelevant ADJECTIVE
neamhábhartha

□ That's irrelevant. Tá sin neamhábhartha.

irresponsible ADJECTIVE
1 meargánta *(act)*
2 gan stuaim *(person)*
□ She's so irresponsible! Nach í atá gan stuaim!

irritating ADJECTIVE
bearránach

is VERB ▷ *see* be

Islam NOUN
Ioslamachas *masc1*

Islamic ADJECTIVE
Ioslamach
□ Islamic law dlí Ioslamach □ Islamic fundamentalists bunúsaithe Ioslamacha

island NOUN
oileán *masc1*

isle NOUN
inis *fem2*
■ the Isle of Man Oileán Mhanann
■ the Isle of Wight Inis Iocht

isolated ADJECTIVE
iargúlta *(place)*

ISP NOUN *(= internet service provider)*
ISP

Israel NOUN
Iosrael *masc4*
□ in Israel in Iosrael

Israeli ADJECTIVE
▷ *see also* **Israeli** NOUN
Iosraelach

Israeli NOUN
▷ *see also* **Israeli** ADJECTIVE
Iosraelach *masc1*

issue NOUN
▷ *see also* **issue** VERB
1 ceist *fem2*
□ a controversial issue ceist chonspóideach
2 eagrán *masc1 (of magazine)*
□ in the latest issue of ... san eagrán is déanaí de ...

to **issue** VERB
▷ *see also* **issue** NOUN
1 tabhair amach *(supplies)*
2 eisigh *(statement)*

IT ABBREVIATION *(= information technology)*
teicneolaíocht an eolais *fem3*

it PRONOUN
1 sé *(subject)*
□ It's on the table. Tá sé ar an mbord.
2 é *(direct object)*
□ It's a good film. Did you see it? Is scannán maith é. An bhfaca tú é? □ I don't want this apple. Take it. Níl mé ag iarraidh an úll seo. Glac é.

■ It's raining. Tá sé ag cur fearthainne.
■ It's Friday tomorrow. Amárach an Aoine.
■ It's 6 o'clock. Tá sé a sé a chlog.
■ Who is it? — It's me. Cé atá ann? — Mise.

Italian ADJECTIVE
▷ see also **Italian** NOUN
Iodálach

Italian NOUN
▷ see also **Italian** ADJECTIVE
1 Iodálach masc1
2 Iodáilis fem2 (language)

italics PL NOUN
cló iodálach masc4

Italy NOUN
an Iodáil fem2
□ in Italy san Iodáil □ to Italy chun na hIodáile

to **itch** VERB
tochas a bheith i

□ My head's itching. Tá tochas i mo cheann.
■ I'm itching to go. Táim ar bís le dul.

itchy ADJECTIVE
tochasach
■ to be itchy tochas a bheith ionat
□ My arm is itchy. Tá tochas i mo lámh.

item NOUN
mír fem2

itinerary NOUN
cúrsa taistil masc4

its ADJECTIVE
a
□ What's its name? Cén t-ainm atá air?
□ The dog is losing its hair. Tá an madadh ag cailleadh a chuid gruaige.

itself PRONOUN
é féin
□ The heating switches itself off. Imíonn an teas as é féin.

I've = I have

J j

jab NOUN
instealladh *masc (injection)*

jack NOUN
1 seac *masc1 (for car)*
2 cuireata *masc4 (playing card)*

jacket NOUN
seaicéad *masc1*
■ **jacket potatoes** prátaí faoina gcraiceann

jackpot NOUN
an pota óir *masc4*
■ **to win the jackpot** an duais mhór a bhuachan

jail NOUN
▷ *see also* **jail** VERB
príosún *masc1*
■ **to go to jail** príosún a fháil

to **jail** VERB
▷ *see also* **jail** NOUN
cuir i bpríosún

jam NOUN
subh *fem2*
□ strawberry jam subh sútha talún
■ **a traffic jam** tranglam tráchta

jam jar NOUN
próca suibhe *masc4*

jammed ADJECTIVE
greamaithe *(stuck)*
□ The window's jammed. Tá an fhuinneog greamaithe.

jam-packed ADJECTIVE
plódaithe
■ **The room was jam-packed.** Bhí an seomra lán ó chúl go doras.

janitor NOUN
airíoch *masc1*
□ He's a janitor. Is airíoch é.

January NOUN
Eanáir *masc4*
■ **in January** i mí Eanáir

Japan NOUN
an tSeapáin *fem2*

□ in Japan sa tSeapáin □ from Japan ón tSeapáin

Japanese ADJECTIVE
▷ *see also* **Japanese** NOUN
Seapánach

Japanese NOUN
▷ *see also* **Japanese** ADJECTIVE
1 Seapánach *masc1*
2 Seapáinis *fem2 (language)*
■ **the Japanese** *(people)* na Seapánaigh

jar NOUN
próca *masc4*
□ an empty jar próca folamh □ a jar of honey próca meala

jaundice NOUN
na buíocháin *masc1 pl*

javelin NOUN
ga *masc4*

jaw NOUN
giall *masc1*

jazz NOUN
snagcheol *masc1*

jealous ADJECTIVE
éadmhar
■ **to be jealous of somebody** bheith in éad le duine

jeans PL NOUN
briste géine *masc4*

Jehovah's Witness NOUN
Finné láive *masc4*
□ She's a Jehovah's Witness. Is ball d'Fhinnéithe láive é.

Jello® NOUN (US)
glóthach *fem2*

jelly NOUN
glóthach *fem2*

jellyfish NOUN
smugairle róin *masc4*

jersey NOUN
geansaí *masc4 (pullover)*

Jesus NOUN
Íosa *masc4*

jet NOUN
scairdeitleán *masc1 (plane)*

jet lag NOUN
tuirse aerthaistil *fem4*
■ **to be suffering from jet lag** tuirse aerthaistil a bheith ort

jetty NOUN
lamairne *masc4*

Jew NOUN
Giúdach *masc1*

jewel NOUN
seoid *fem2*

jeweller (US **jeweler**) NOUN
seodóir *masc3*
□ He's a jeweller. Is seodóir é.

jeweller's shop (US **jeweler's shop**) NOUN
siopa seodóra *masc4*

jewellery (US **jewelry**) NOUN
seodra *masc4*

Jewish ADJECTIVE
Giúdach

jigsaw NOUN
míreanna mearaí *fem2 pl*

job NOUN
jab *masc4*
□ He's lost his job. Tá a jab caillte aige.
□ I've got a Saturday job. Tá jab Sathairn agam. □ That was a difficult job. Bhí an jab sin deacair.

job centre NOUN
malartán fostaíochta *masc1*

jobless ADJECTIVE
dífhostaithe

jockey NOUN
jacaí *masc4*

jogging NOUN
bogshodar *masc1*
■ **to go jogging** dul ag bogshodar

john NOUN (US)
leithreas *masc1*

to join VERB
1 cláraigh le *(become member of)*
□ I'm going to join the ski club. Tá mé chun clárú sa chlub sciála.
2 téigh i *(queue, army, police)*
3 téigh in éineacht le *(go along with)*
■ **Do you mind if I join you?** An cuma leat má shuím isteach leat?

joiner NOUN
siúinéir *masc3*
□ He's a joiner. Is siúinéir é.

joint NOUN
1 alt *masc1 (in body)*
2 spóla *masc4 (of meat)*
3 rífear *masc1 (of cannabis)*

joke NOUN
▷ *see also* **joke** VERB
scéal grinn *masc1*
■ **to tell a joke** scéal grinn a insint
■ **What a joke!** Cúis gháire chugainn!

to joke VERB
▷ *see also* **joke** NOUN
■ **You're joking!** Ag magadh atá tú!
■ **to joke about something** magadh a dhéanamh faoi rud

jolly ADJECTIVE
1 meidhreach *(merry)*
2 suairc *(pleasant)*

Jordan NOUN
an Iordáin *fem2*
□ in Jordan san Iordáin

to jot down VERB
breac síos

jotter NOUN
cóipleabhar *masc1*

journalism NOUN
iriseoireacht *fem3*

journalist NOUN
iriseoir *masc3*
□ She's a journalist. Is iriseoir í.

journey NOUN
turas *masc1*
□ I don't like long journeys. Ní maith liom turas fada. □ The journey to school takes about half an hour. Tógann an turas go dtí an scoil tuairim leathuair an chloig. □ a bus journey turas bus
■ **to go on a journey** dul ar turas

joy NOUN
áthas *masc1*

joystick NOUN
luamhán stiúrtha *masc1 (for computer game)*

judge NOUN
▷ *see also* **judge** VERB
1 breitheamh *masc1 (law)*
□ She's a judge. Is breitheamh í.
2 moltóir *masc3 (sport)*

to judge VERB
▷ *see also* **judge** NOUN
1 meas *(estimate)*
2 tabhair breith ar *(law)*
3 déan moltóireacht ar *(sport)*

judo NOUN
júdó *masc4*
□ My hobby is judo. Júdó an caitheamh aimsire atá agam.

jug NOUN
crúsca *masc4*

juggler NOUN
lámhchleasaí *masc4*

juice – justify

juice NOUN
sú *fem4*
□ orange juice sú oráiste

July NOUN
Iúil *masc4*
■ in July i mí Iúil

jumble sale NOUN
reic manglaim *masc3*

to **jump** VERB
léim
□ The cat jumped over the wall. Léim an cat thar an mballa. □ The dog jumped out of the window. Léim an madra amach an fhuinneog.

jumper NOUN
geansaí *masc4* (pullover)

junction NOUN
gabhal *masc1* (of roads)

June NOUN
Meitheamh *masc1*
■ in June i mí Mheithimh

jungle NOUN
dufair *fem2*

junior NOUN
sóisear *masc1*
□ the juniors (in school) na sóisir

junior school NOUN
scoil shóisearach *fem2*

junk NOUN
bruscar *masc1 (rubbish)*
■ The attic's full of junk. Tá an t-áiléar lán de sheanmhangarae.
■ to eat junk food bia beagmhaitheasa a chaitheamh
■ a junk shop siopa mangarae

jury NOUN
giúiré *masc4*

just ADVERB
■ just right go díreach ceart
■ He had just done it. Ní mó ná go raibh sé déanta aige.
■ just after Christmas go díreach i ndiaidh na Nollag
■ We had just enough money. Bhí ár ndóthain airgid againn ach gan dada thairis.
■ just in time go díreach in am
■ I'm rather busy just now. Tá mé sórt gnóthach i láthair na huaire.
■ I did it just now. Anois féin a rinne mé é.
■ He's just arrived. Tá sé díreach tagtha.
■ I'm just coming! Beidh mé leat anois!
■ It's just a mistake. Níl ann ach meancóg.
■ She's just as clever as you. Tá sí lán chomh cliste leatsa.

justice NOUN
ceart *masc1*

to **justify** VERB
comhfhadaigh (typed text)

Kk

kangaroo NOUN
cangarú masc4

karaoke NOUN
cáirióice masc4

karate NOUN
karaté masc4

kebab NOUN
ceibeab masc4

keen ADJECTIVE
díograiseach
□ He doesn't seem very keen. Níl cuma
ródhíograiseach air.
■ I'm keen on maths. Is breá liom mata.
■ to be keen on somebody (fancy them)
tóir a bheith agat ar dhuine
■ He's keen on her. Tá tóir aige uirthi.
■ to be keen on something dúil mhór a
bheith agat i rud
■ to be keen on doing something bheith
i bhfách le rud a dhéanamh
■ I'm not very keen on going. Níl fonn
rómhór orm dul ann.

to **keep** VERB
1 coinnigh
□ You can keep it. Féadann tú é a
choinneáil.
2 cuir le (promise, word)
■ Keep quiet! Bí i do thost!
■ to keep doing something leanúint de rud
□ I keep forgetting my keys. Bím i gcónaí ag
fágáil mo chuid eochracha i mo dhiaidh.

to **keep on** VERB
coinnigh ort
■ to keep on doing something leanúint
de bheith ag déanamh ruda
■ He kept on reading. Lean sé air ag
léamh.

to **keep out** VERB
coinnigh amach
■ 'keep out' 'fan amach'

to **keep up** VERB
coinnigh suas
□ Matthew walks so fast I can't keep up.
Siúlann Maitiú chomh gasta sin nach dtig
liom coinneáil suas leis.
■ to keep up with cos a choinneáil le
□ I can't keep up with the rest of the class.
Ní thig liom coinneáil suas leis an rang.

keep-fit NOUN
aclaíocht fem3
□ I go to keep-fit classes. Téim ar ranganna
aclaíochta.

kennel NOUN
conchró masc4

kept VERB ▷ see keep

kerosene NOUN (US)
ceirisín masc4

Kerry NOUN
Ciarraí fem4

kettle NOUN
citeal masc1

key NOUN
1 eochair fem
□ I've lost my key. Chaill mé m'eochair.
2 gléas masc1 (in music)

keyboard NOUN
méarchlár masc1
□ ... with Mike Moran on keyboards ... agus
Mike Moran ar na méarchláir

keyring NOUN
fáinne eochracha masc4

keystroke NOUN
eochairbhuille masc4 (computing)

kick NOUN
▷ see also kick VERB
cic fem2

to **kick** VERB
▷ see also kick NOUN
ciceáil
■ He kicked the ball hard. Bhuail sé cic
láidir ar an liathróid.
■ to kick somebody cic a bhualadh
ar dhuine □ He kicked me. Bhuail sé
cic orm.

k

to **kick off** VERB
tosaigh (in football)

kick-off NOUN
tús masc1
■ The kick-off is at 10 o'clock. Tosaíonn an cluiche ar a deich a chlog.

kid NOUN
▷ see also kid VERB
páiste masc4

to **kid** VERB
▷ see also kid NOUN
■ to be kidding bheith ag magadh
□ I'm just kidding. Níl mé ach ag magadh.

to **kidnap** VERB
fuadaigh

kidney NOUN
duán masc1
□ He's got kidney trouble. Tá na duáin ag cur air. □ I don't like kidneys. Ní maith liom duáin.
■ kidney beans pónairí fada

Kildare NOUN
Cill Dara fem

Kilkenny NOUN
Cill Chainnigh fem

to **kill** VERB
maraigh
□ He was killed in a car accident. Maraíodh é i dtimpiste bhóthair. □ Luckily, nobody was killed. Ar ámharaí an tsaoil, níor maraíodh aon duine.
■ to kill oneself lámh a chur i do bhás féin
□ He killed himself. Chuir sé lámh ina bhás féin.

killer NOUN
1 marfóir masc3 (murderer)
□ The police are searching for the killer. Tá na póilíní sa tóir ar an dúnmharfóir.
2 feallmharfóir masc3 (assassin)
□ a hired killer feallmharfóir fruilithe

kilo NOUN
cileagram masc1
□ 10 euros a kilo 10 euro an cileagram

kilobyte NOUN
cilibheart masc1 (computing)

kilogram, kilogramme NOUN
cileagram masc1

kilometre (US kilometer) NOUN
ciliméadar masc1

kilt NOUN
é filleadh beag masc1

kind ADJECTIVE
▷ see also kind NOUN
cineálta
■ Thank you for being so kind. Is mór agam do chineáltas.

■ to be kind to somebody bheith cineálta le duine

kind NOUN
▷ see also kind ADJECTIVE
sórt masc1
□ It's a kind of sausage. Sórt ispín atá ann.

kindergarten NOUN
naíscoil fem2

kindly ADVERB
go cineálta
□ 'Don't worry,' she said kindly. 'Ná bí buartha,' ar sise go cineálta.
■ Kindly refrain from smoking. Iarrtar ort gan caitheamh.

kindness NOUN
cineáltas masc1

king NOUN
rí masc4

kingdom NOUN
ríocht fem3

kiosk NOUN
both fem3

kipper NOUN
scadán leasaithe masc1

kiss NOUN
▷ see also kiss VERB
póg fem2
□ a passionate kiss póg dhíochra

to **kiss** VERB
▷ see also kiss NOUN
póg
□ He kissed her passionately. Phóg sé go díochra í. □ They kissed. Phóg siad a chéile.

kit NOUN
trealamh masc1
□ I've forgotten my gym kit. Rinne me dearmad de mo threalamh aclaíochta.
■ a tool kit foireann uirlisí
■ a first aid kit fearas garchabhrach
■ a puncture repair kit fearas deisithe poill
■ a drum kit foireann drumaí

kitchen NOUN
cistin fem2
□ a fitted kitchen cistin fheistithe
□ the kitchen units na haonaid chistine
□ a kitchen knife scian chistine

kite NOUN
eitleog fem2 (toy)

kitten NOUN
piscín masc4

knee NOUN
glúin fem2
□ He was on his knees. Bhí sé ar a ghlúine.

to **kneel** VERB
téigh ar do ghlúine

English–Irish

to **kneel down** VERB
téigh ar do ghlúine

knew VERB ▷ *see* **know**

knickers PL NOUN
brístín *masc4*
■ **a pair of knickers** péire brístíní

knife NOUN
scian *fem2*
□ a kitchen knife scian chistine □ a sheath knife scian truaille

to **knit** VERB
cniotáil

knitting NOUN
cniotáil *fem3*
□ I like knitting. Is maith liom bheith ag cniotáil.

knives PL NOUN ▷ *see* **knife**

knob NOUN
1 cnap *masc1 (lump, protuberance)*
2 murlán *masc1 (on door)*

to **knock** VERB
▷ *see also* **knock** NOUN
buail
□ Someone's knocking at the door. Tá duine éigin ag bualadh ar an doras.

knock NOUN
▷ *see also* **knock** VERB
cnag *masc1 (sound)*

to **knock down** VERB
leag
□ She was knocked down by a car. Leag carr í.

to **knock out** VERB
leag amach
□ They knocked out the security guard. Leag siad amach an garda slándála.
■ **They were knocked out early in the tournament.** Cuireadh amach iad go luath sa chomórtas.

knot NOUN
snaidhm *fem2*
■ **to tie a knot in something** snaidhm a chur ar rud

to **know** VERB

LANGUAGE TIP Use **bí** with **aithne agam ar** for knowing a person.

□ I know her. Tá aithne agam uirthi.
□ I don't know him. Níl aithne agam air.

LANGUAGE TIP Use **bí** with **eolas agam ar** for knowing a place or a particular subject.

□ I know Belfast. Tá eolas agam ar Bhéal Feirste.

LANGUAGE TIP Use **bí ... agam** for knowing something you have learned or how to do something.

□ I know how to drive. Tá tiomáint agam.
□ I don't know any German. Níl Gearmáinis ar bith agam. □ I know the answer. Tá an freagra agam.

LANGUAGE TIP Use **bí ... fhios agam** for knowing ordinary facts.

□ It's a long way. — Yes, I know. Is fada an bealach é. — Tá a fhios agam é. □ I don't know what to do. Níl a fhios agam cad ba chóir a dhéanamh.
■ **as far as I know** go bhfios dom
■ **to know that ...** a fhios a bheith agat go ... □ I know that you like chocolate. Tá a fhios agam go bhfuil dúil agat sa tseacláid.
□ I didn't know that your Dad was a policeman. Ní raibh a fhios agam gur póilín é do dhaid.
■ **to know about something** 1 *(be aware of)* a fhios a bheith agat faoi □ Do you know about the meeting this afternoon? An bhfuil a fhios agat faoin gcruinniú tráthnóna inniu?
2 *(be knowledgeable about)* bheith eolach ar rud □ He knows a lot about cars. Tá sé an-eolach ar ghluaisteáin.
■ **to get to know somebody** aithne a chur ar dhuine
■ **How should I know?** *(I don't know!)* Cá bhfios domsa!
■ **You never know!** Ní bhíonn a fhios agat riamh!

know-all NOUN
saoithín *masc4*
■ **He's such a know-all!** Tá gach eolas aige!

know-how NOUN
saineolas *masc1*

knowledge NOUN
1 eolas *masc1 (acquired by study, experience)*
2 fios *masc3 (awareness of some fact)*

knowledgeable ADJECTIVE
eolach
□ She's very knowledgeable about computers. Tá sí an-eolach ar na ríomhairí.

known VERB ▷ *see* **know**

Koran NOUN
Córán *masc4*

Korea NOUN
an Chóiré *fem4*
□ in Korea sa Chóiré

kosher ADJECTIVE
■ **kosher food** bia coisir

k

LI

lab NOUN (= *laboratory*)
saotharlann *fem2*
■ **a lab technician** teicneoir
saotharlainne

label NOUN
lipéad *masc1*

labor NOUN (US)
obair *fem2*
■ **to be in labor** bheith i dtinneas clainne
■ **the labor market** an margadh saothair
■ **a labor union** ceardlann

laboratory NOUN
saotharlann *fem2*

Labour NOUN
■ **the Labour Party** Páirtí an Lucht Oibre
■ **My parents vote Labour.** Tugann mo
thuismitheoirí a vótaí do Pháirtí an Lucht
Oibre.

labour NOUN
saothar *masc1*
■ **the labour market** an margadh saothair

labourer NOUN
oibrí *masc4*
□ He's a farm labourer. Is oibrí feirme é.

lace NOUN
1 lása *masc4*
□ a lace collar bóna lása
2 iall *fem2 (of shoe)*

lack NOUN
easpa *fem4*
□ He got the job despite his lack of
experience. Fuair sé an post in ainneoin
a easpa thaithí. □ There was no lack of
volunteers. Ní raibh easpa óglach ann.

lacquer NOUN
laicear *masc1*

lad NOUN
stócach *masc1*

ladder NOUN
dréimire *masc4*

lady NOUN
bean uasal *fem*

■ **Ladies and gentlemen ...** *(in address)*
A dhaoine uaisle ...
■ **a young lady** ógbhean
■ **the ladies'** leithreas na mban

ladybird NOUN
bóín Dé *fem4*

to **lag behind** VERB
moilligh

Lagan NOUN
Abhainn an Lagáin *fem*

lager NOUN
lágar *masc1*

laid VERB ▷ *see* **lay**

laid-back ADJECTIVE
réchúiseach

lain VERB ▷ *see* **lie**

lake NOUN
loch *masc3*

lamb NOUN
uan *masc1 (animal)*
■ **a lamb chop** gríscín uaineola

lame ADJECTIVE
bacach
□ My pony is lame. Tá mo phónaí bacach.

lamp NOUN
lampa *masc4*

lamppost NOUN
lóchrann sráide *masc1*

lampshade NOUN
scáthlán lampa *masc1*

land NOUN
▷ *see also* **land** VERB
talamh *fem*
■ **a piece of land** píosa talún

to **land** VERB
▷ *see also* **land** NOUN
tuirling *(plane, passenger)*

landing NOUN
1 tuirlingt *fem2 (of plane)*
2 ceann staighre *masc1 (of staircase)*

landlady NOUN
bean tí *fem*

landlord NOUN
tiarna talún masc4 (of house, flat)
landmark NOUN
sainchomharthaí tíre masc4
□ Big Ben is one of London's most famous landmarks. Tá Big Ben ar na sainchomharthaí tíre is cáilúla i Londain.
landowner NOUN
úinéir talaimh masc3
landscape NOUN
tírdhreach masc3
lane NOUN
1 bóithrín masc4 (in country)
2 lána masc4 (on motorway)
language NOUN
teanga fem4
□ German is a difficult language. Is teanga dheacair í an Ghearmáinis.
■ **bad language** droch-chaint
language laboratory NOUN
teanglann fem2
lanky ADJECTIVE
scailleagánta
□ a lanky boy buachaill scailleagánta
Laois NOUN
Laois fem2
lap NOUN
cuairt fem2 (of track)
□ I ran ten laps. Rith mé deich gcuairt.
■ **on my lap** ar m'ucht
laptop NOUN
ríomhaire glúine masc4 (computer)
larder NOUN
lardrús masc1
large ADJECTIVE
mór
□ a large house teach mór □ a large dog madra mór
largely ADVERB
den chuid is mó
□ It's largely the fault of the government. Tá an locht ar an rialtas den chuid is mó.
laser NOUN
léasar masc1
lass NOUN
cailín masc4
last ADJECTIVE
▷ see also **last** ADVERB, VERB
deireanach
□ the last time I saw her an uair dheireanach dá bhfaca mé í
■ **last Friday** Dé hAoine seo caite
■ **last week** an tseachtain seo caite
■ **last night 1** (evening) tráthnóna aréir □ I got home at ten o'clock last night. Tháinig

mé abhaile ar a deich tráthnóna aréir.
2 (sleeping hours) aréir □ I couldn't sleep last night. Ní raibh mé ábalta codladh aréir.
■ **last summer** an samhradh seo caite
■ **last year** anuraidh
■ **at last** faoi dheireadh
last ADVERB
▷ see also **last** ADJECTIVE, VERB
ar deireadh
□ He arrived last. Tháinig sé ar deireadh.
■ **I've lost my bag. — When did you see it last?** Tá mó mhála caillte agam. — Cá huair a chonaic tú é den uair dheireanach?
to **last** VERB
▷ see also **last** ADJECTIVE, ADVERB
mair
□ The concert lasts two hours. Maireann an cheolchoirm dhá uair a chloig.
■ **to make something last** fad a bhaint as rud
lastly ADVERB
ar deireadh thiar (in list)
□ Lastly, what time do you arrive? Ar deireadh thiar, cén t-am a tháinig tú?
late ADJECTIVE
▷ see also **late** ADVERB
mall (not on time)
□ Hurry up or you'll be late! Déan deifir, nó beidh tú mall! □ I'm often late for school. Bím mall don scoil go minic.
■ **in the late afternoon** um thráthnóna beag
■ **in late May** i ndeireadh na Bealtaine
late ADVERB
▷ see also **late** ADJECTIVE
(go) mall
□ She arrived late. Tháinig sí go mall. □ I went to bed late. Chuaigh mé a luí go mall.
lately ADVERB
ar na mallaibh
□ I haven't seen him lately. Ní fhaca mé ar na mallaibh é.
later ADVERB
níos moille
□ I'll do it later. Déanfaidh mé níos moille é.
■ **See you later!** Feicfidh mé thú níos moille.
latest ADJECTIVE
is déanaí
□ their latest album an t-albam is déanaí acu
■ **at the latest** ar a dhéanaí □ by 10 o'clock at the latest faoi a deich ar a dhéanaí
Latin NOUN
Laidin fem2

□ I do Latin. Tá mé ag dul den Laidin.

Latin America NOUN
Meiriceá Laidineach *masc4*
□ in Latin America i Meiriceá Laidineach

Latin American ADJECTIVE
Meiriceánach Laidineach

latter NOUN
■ the latter an ceann deireanach a luadh
■ The latter is the more expensive of the two systems. Is é an clara ceann is daoire den bheirt.

laugh NOUN
▷ see also **laugh** VERB
gáire *masc4*
■ It was a good laugh. *(it was fun)*
An-spraoi a bhí ann.

to **laugh** VERB
▷ see also **laugh** NOUN
déan gáire
■ to make somebody laugh gáire a bhaint as duine
■ to laugh at bheith ag gáire faoi □ They laughed at her. Bhí siad ag gáire fúithi.

to **launch** VERB
1 lainseáil *(boat)*
2 scaoil *(missile)*
3 seol *(book, car)*
□ They're going to launch a new model. Tá siad ag dul a sheoladh déanamh nua.

Launderette® NOUN
neachtlainnín *fem4*

Laundromat (US)® NOUN
neachtlainnín *fem4*

laundry NOUN
níochán *masc1 (clothes)*

lavatory NOUN
leithreas *masc1*

lavender NOUN
labhandar *masc1*

law NOUN
dlí *masc4*
□ The laws are very strict. Tá na dlíthe an-dian. □ My sister's studying law. Tá mo dheirfiúr ag déanamh staidéir ar an dlí. □ It's against the law. Tá sé in éadan an dlí.

lawn NOUN
faiche *fem4*

lawnmower NOUN
lomaire faiche *masc4*

law school NOUN (US)
scoil dlí *fem2*

lawyer NOUN
dlíodóir *masc3*
□ My mother's a lawyer. Is dlíodóir í mo mháthair.

to **lay** VERB
leag
□ She laid the baby in her cot. Leag sí an babaí ina cliabhán.
■ to lay eggs uibheacha a bhreith
■ to lay the table an bord a leagan
■ to lay something on rud a chur ar fáil
□ They laid on extra buses. Chuir siad busanna breise ar fáil. □ They laid on a special meal. Chuir siad béile speisialta ar fáil.

to **lay off** VERB
leag as *(workers)*
□ My father's been laid off. Leagadh m'athair as.

lay-by NOUN
leataobh *masc1*

layer NOUN
brat *masc1*
■ the ozone layer an ciseal ózóin

layout NOUN
leagan amach *masc1*
□ No one likes the new office layout. Ní maith le duine ar bith leagan amach nua na hoifige.

lazy ADJECTIVE
falsa

lead NOUN
▷ see also **lead** VERB
1 tosach *masc1 (distance, time ahead)*
■ in the lead chun tosaigh □ Our team is in the lead. Tá foireann s'againne chun tosaigh.
2 seolán *masc1 (cable)*
3 iall *fem2 (for dog)*
4 luaidhe *fem4 (metal)*

to **lead** VERB
▷ see also **lead** NOUN
1 treoraigh
□ He led me to my room. Threoraigh sé chun mo sheomra mé.
2 bheith i gceannas ar *(be leader of)*
■ to lead the way an t-eolas a dhéanamh
■ to lead somebody away duine a thabhairt chun siúil □ The police led the man away. Thug na póilíní an fear chun siúil.
3 téigh go
□ the street that leads to the station an tsráid a théann chuig an stáisiún

leaded NOUN
■ leaded petrol artola luaidhe

leader NOUN
ceannaire *masc4*

lead-free ADJECTIVE
saor ar luaidhe *(petrol)*

lead singer NOUN
  príomhamhránaí masc4 (in pop group)
leaf NOUN
  duilleog fem2
leaflet NOUN
  bileog eolais fem2
league NOUN
  sraith fem2
  □ They are at the top of the league. Tá siad
  ag barr na sraithe.
  ■ the Premier League an Phríomhshraith
leak NOUN
  ▷ see also **leak** VERB
  ligean masc1
to **leak** VERB
  ▷ see also **leak** NOUN
1 lig (pipe)
  □ The pipe is leaking. Tá an píobán ag ligean
  uaidh.
2 sceith (water)
3 lig isteach (shoes)
to **lean** VERB
  ■ to be leaning against something seas
  i gcoinne ruda □ The ladder was leaning
  against the wall. Bhí an dréimire ag
  seasamh i gcoinne an mballa.
  ■ to lean something against something
  rud a chur le rud □ He leant his bike against
  the wall. Chuir sé a rothar leis an mballa.
to **lean on** VERB
  taca a bhaint as
  ■ to lean on something taca a bhaint as
  rud □ He leant on the wall. Bhain sé taca ón
  mballa.
to **lean out** VERB
  cromadh amach
  □ She leant out of the window. Chrom sí
  amach an fhuinneog.
to **leap** VERB
  léim
  □ They leapt over the stream. Léim siad thar
  an sruthán. □ He leapt out of his chair when
  his team scored. Leim sé amach as a
  chathaoir nuair a fuair a fhoireann cúl.
leap year NOUN
  bliain bhisigh fem3
to **learn** VERB
  foghlaim
  □ I'm learning to ski. Tá mé ag foghlaim
  sciála.
learner NOUN
  foghlaimeoir masc3
  □ Irish learners foghlaimeoirí Gaeilge
  ■ She's a quick learner. Tá sí gasta a
  foghlaim.

learner driver NOUN
  foghlaimeoir tiomána masc3
learnt VERB ▷ see **learn**
least ADVERB, ADJECTIVE, PRONOUN
  is lú
  □ the least expensive hotel an t-óstán is lú
  costas □ It takes the least time. Is é is lú a
  thógann am. □ It's the least I can do. Is é is
  lú is gann dom.
  ■ Maths is the subject I like the least.
  Is í matamaitic an t-ábhar is measa liom.
  ■ at least ar a laghad □ At least nobody
  was hurt. Ar a laghad níor gortaíodh duine
  ar bith.
leather NOUN
  leathar masc1
  □ a black leather jacket casóg leathair
  dhubh
leave NOUN
  ▷ see also **leave** VERB
  saoire fem4 (time off)
  ■ on leave (from army) ar scor □ My brother
  is on leave for a week. Tá mo dhearthair ar
  scor go ceann seachtaine.
to **leave** VERB
  ▷ see also **leave** NOUN
1 imigh
  □ She's just left. D'imigh sí anois beag.
2 fág (deliberately)
  □ Don't leave your camera in the car. Ná fág
  do cheamara sa charr. □ I've left my book at
  home. D'fhág mé mo leabhar sa bhaile.
  ■ to leave somebody alone ligean do
  dhuine □ Leave me alone! Lig dom!
to **leave out** VERB
  fág ar lár
leaves PL NOUN ▷ see **leaf**
Lebanon NOUN
  an Liobáin fem2
  □ in Lebanon sa Liobáin
lecture NOUN
  ▷ see also **lecture** VERB
  léacht fem3
to **lecture** VERB
  ▷ see also **lecture** NOUN
1 tabhair léacht
  □ She lectures at the technical college.
  Tugann sí léachtaí ag an gceardcholáiste.
2 tabhair amach do (scold)
  □ He's always lecturing us. Bíonn sé
  i gcónaí ag tabhairt amach dúinn.
lecturer NOUN
  léachtóir masc3
  □ She's a lecturer. Is léachtóir í.
led VERB ▷ see **lead**

Lee NOUN
an Laoi *fem4 (river)*

leek NOUN
cainneann *fem2*

left VERB ▷ *see* **leave**

left ADJECTIVE, ADVERB
▷ *see also* **left** NOUN
clé *(not right)*
□ my left hand mo lámh chlé □ on the left side of the road ar thaobh na láimhe clé den bhóthar
■ **Turn left at the traffic lights.** Tiontaigh ar clé ag na soilse tráchta.

left NOUN
▷ *see also* **left** ADJECTIVE, ADVERB
clé *fem4*
■ **on the left** ar clé □ Remember to drive on the left. Ná déan dearmad tiomáint ar clé.

left-hand ADJECTIVE
■ **the left-hand side** taobh na láimhe clé
□ It's on the left-hand side. Tá sé ar thaobh na láimhe clé.

left-handed ADJECTIVE
ciotógach

left-luggage office NOUN
oifig an bhagáiste *fem2*

left-luggage locker NOUN
taisceadán bagáiste *masc1*

leg NOUN
cos *fem2*
□ She's broken her leg. Tá a cos briste aici.
■ **a chicken leg** cos sicín
■ **a leg of lamb** rí uaineola
■ **leg room** spás leis na cosa a shíneadh

legal ADJECTIVE
dlíthiúil

leggings NOUN
luiteoga *fem2 pl*

Leinster NOUN
Cúige Laighean *masc4*

leisure NOUN
fóillíocht *fem3*
□ What do you do in your leisure time? Cad é a dhéanann tú i d'am fóillíochta?

leisure centre NOUN
ionad fóillíochta *masc1*

Leitrim NOUN
Liatroim *masc3*

lemon NOUN
líomóid *fem2*

lemonade NOUN
líomanáid *fem2*

to **lend** VERB
■ **to lend something to somebody** rud a thabhairt ar iasacht do dhuine □ I can lend you some money. Is féidir liom roinnt airgid a thabhairt ar iasacht duit.

length NOUN
fad *masc1*
□ It's about a metre in length. Tá sé méadar ar fad, tuairim is.

lens NOUN
lionsa *masc4*

Lent NOUN
an Carghas *masc1*

lent VERB ▷ *see* **lend**

lentil NOUN
lintile *fem4*
□ lentil soup anraith lintile

Leo NOUN
An Leon *masc1*
□ I'm Leo. Is mise An Leon.

leotard NOUN
léatard *masc1*

lesbian NOUN
leispiach *masc1*

less PRONOUN, ADVERB, ADJECTIVE
níos lú
□ He's less intelligent than her. Tá níos lú intleachta aigesean ná aicise. □ I've got less time for hobbies now. Tá níos lú ama agam anois do chaitheamh aimsire.
■ **less than** níos lú ná □ It costs less than 100 euro. Cosnaíonn sé níos lú ná 100 euro. □ He spent less than me. Chaith sé níos lú ná mise. □ less than half níos lú ná a leath

lesson NOUN
ceacht *masc3*
□ a maths lesson ceacht matamaitice □ The lessons last forty minutes each. Maireann na ceachtanna daichead bomaite.
■ **to teach somebody a lesson** ceacht a mhúineadh do dhuine

to **let** VERB
1 lig
■ **to let somebody do something** ligean do dhuine rud a dhéanamh □ Let me have a look. Lig dom amharc air. □ My parents won't let me stay out that late. Ná ligfidh mo thuismitheoirí dom fanacht amuigh chomh mall sin.
■ **to let somebody know** scéala a chur chuig duine □ I'll let you know as soon as possible. Cuirfidh mé scéala chugat a luaithe is féidir.
■ **to let go** lig amach do ghreim □ Let me go! Lig amach mé!
■ **Let's go to the cinema!** Téimis chuig an bpictiúrlann!

■ **Let's go!** Ar aghaidh linn!
2 lig ar cíos *(hire out)*
   ■ **'to let'** 'le ligean'
to **let down** VERB
   loic ar *(person)*
   □ I won't let you down. Ní loicfidh mé ort.
to **let in** VERB
   lig isteach
   □ They wouldn't let me in because I was
   under 18. Ní ligfí siad isteach mé mar bhí
   mé faoi 18 bliain d'aois.
letter NOUN
   litir *fem*
letterbox NOUN
   bosca litreacha *masc4*
lettuce NOUN
   leitís *fem2*
leukaemia NOUN
   leoicéime *fem4*
level ADJECTIVE
   ▷ *see also* **level** NOUN
   cothrom
   □ A snooker table must be perfectly level.
   Caithfidh tábla snúcair a bheith cothrom ar fad.
level NOUN
   ▷ *see also* **level** ADJECTIVE
1 leibhéal *masc1*
   □ sea level leibhéal na farraige
2 caighdeán *masc1 (standard)*
   ■ **A levels** Ardleibhéil
level crossing NOUN
   crosaire comhréidh *masc4*
lever NOUN
   luamhán *masc1*
liable ADJECTIVE
   ■ **He's liable to cause a quarrel.** *(likely)*
   B'fhurasta dó iaróg a thógáil.
liar NOUN
   bréagadóir *masc3*
liberal ADJECTIVE
   liobrálach
   ■ **the Liberal Democrats** na Daonlathaithe
   Liobrálacha
liberation NOUN
   fuascailt *fem2*
Libra NOUN
   An Mheá *fem4*
   □ I'm Libra. Is mise An Mheá.
librarian NOUN
   leabharlannaí *masc4*
   □ She's a librarian. Is leabharlannaí í
library NOUN
   leabharlann *fem2*
Libya NOUN
   an Libia *fem4*

   □ in Libya sa Libia
licence (US **license**) NOUN
   ceadúnas *masc1*
   ■ **a driving licence** ceadúnas tiomána
to **lick** VERB
   ligh
lid NOUN
1 clár *masc1 (of pan, container)*
2 caipín súile *masc4 (eyelid)*
to **lie** VERB
   ▷ *see also* **lie** NOUN
1 inis bréag *(be untruthful)*
   □ I know she's lying. Tá a fhios agam go
   bhfuil sí ag insint bréag.
2 luigh
   □ I lay on the beach all day. Bhí mé i mo luí
   ar an trá an lá ar fad.
   ■ **to lie down** luí síos □ She lay down on
   the bed. Luigh sí síos ar an leaba.
lie NOUN
   ▷ *see also* **lie** VERB
   bréag *fem2*
   □ That's a lie! Bréag atá ann!
   ■ **to tell a lie** bréag a insint
lie-in NOUN
   ■ **to have a lie-in** codladh go headra
   □ I have a lie-in on Sundays. Bím i mo
   chodladh go headra ar an Domhnach.
lieutenant NOUN
   leifteanant *masc1*
life NOUN
   beatha *fem4*
lifebelt NOUN
   crios tarrthála *masc3*
lifeboat NOUN
   bád tarrthála *masc1*
lifeguard NOUN
   garda tarrthála *masc4*
life jacket NOUN
   seaicéad tarrthála *masc1*
life-saving NOUN
   tarrtháil *fem3*
   □ I've done a course in life-saving. Tá cúrsa
   tarrthála déanta agam.
lifestyle NOUN
   stíl bheatha *fem2*
Liffey NOUN
   an Life *fem4 (river)*
to **lift** VERB
   ▷ *see also* **lift** NOUN
   tóg
   □ It's too heavy, I can't lift it. Tá sé róthrom,
   ní féidir liom é a thógáil.
lift NOUN
   ▷ *see also* **lift** VERB

ardaitheoir *masc3*
□ The lift isn't working. Níl an t-ardaitheoir ag obair.
■ **to give somebody a lift** síob a thabhairt do dhuine □ He gave me a lift to the cinema. Thug sé síob chuig an bpictiúrlann dom. □ Would you like a lift? Ar mhaith leat síob?

light NOUN
▷ *see also* **light** ADJECTIVE, VERB
1 solas *masc1*
□ She switched on the light. Las sí an solas.
2 lóchrann *masc1 (lamp)*
□ There's a light by my bed. Tá lóchrann in aice mo leapa.
■ **traffic lights** soilse tráchta

light ADJECTIVE
▷ *see also* **light** NOUN, VERB
1 éadrom *(not heavy)*
□ The box was very light. Bhí an bosca an-éadrom. □ a light jacket casóg éadrom □ a light meal béile éadrom
2 geal *(colour)*
■ **a light blue sweater** geansaí bánghorm

to **light** VERB
▷ *see also* **light** NOUN, ADJECTIVE
las *(candle, cigarette, fire)*

light bulb NOUN
bolgán solais *masc1*

lighter NOUN
lastóir toitíní *masc3 (for cigarettes)*

lighthouse NOUN
teach solais *masc*

lightning NOUN
tintreach *fem2*
■ **a flash of lightning** splanc thintrí

to **like** VERB
▷ *see also* **like** PREPOSITION
■ **I like ...** Is maith liom ... □ I like riding. Is maith liom an mharcaíocht. □ I like Paul, but I don't want to go out with him. Is maith liom Pól, ach níl mé ag iarraidh siúl amach leis. □ I don't like mustard. Ní maith liom mustard.
■ **I'd like ...** Ba mhaith liom ... □ I'd like an orange juice, please. Ba mhaith liom sú oráiste, le do thoil.
■ **I'd like to ...** Ba mhaith liom ... □ I'd like to go to Russia one day. Ba mhaith liom dul chun na Rúise am éigin. □ I'd like to wash my hands. Ba mhaith liom mo lámha a ní.
■ **Would you like to go for a walk?** Ar mhaith leat dul ag siúl?
■ **If you like.** Más maith leat.

like PREPOSITION
▷ *see also* **like** VERB
mar
□ It's fine like that. Tá sé go maith mar sin. □ Do it like this. Déan mar seo é. □ What's the weather like? Cad é mar atá an aimsir?
■ **It's a bit like salmon.** Tá sé rud beag cosúil le bradán.
■ **What does it look like?** Cad é an chuma atá air?
■ **What does it taste like?** Cad é an blas atá air?
■ **to look like somebody** dealramh a bheith agat le duine □ You look like my brother. Tá dealramh agat le mo dhearth. air.
■ **It's nothing like ...** Níl sé ar dhóigh ar bith cosúil le ...

likely ADJECTIVE
dócha
□ That's not very likely. Ní dócha é.
■ **He's likely to leave.** Tá gach cosúlacht air go bhfágfaidh sé.

lime NOUN
líoma *masc4 (fruit)*

Limerick NOUN
Luimneach *masc1*

limit NOUN
teorainn *fem*
□ The speed limit is 70 mph. Is 70 msu an luasteorainn.
■ **over the limit** thar an gceart

limousine NOUN
limisín *masc4*

to **limp** VERB
bheith ag bacadaíl

line NOUN
líne *fem4*
□ a straight line líne dhíreach □ a railway line líne iarnróid □ Draw a line under each answer. Tarraing líne faoi gach freagra. □ Hold the line, please. Fan ar an líne, le do thoil. □ It's a very bad line. Is an-drochlíne é.

linen NOUN
líneadach *masc1*
□ a linen jacket casóg líneádaigh

liner NOUN
línéar *masc1*

linguist NOUN
teangeolaí *masc4*

lining NOUN
líneáil *fem3*

link NOUN
▷ *see also* **link** VERB
1 ceangal *masc1*

□ the link between smoking and cancer **an ceangal idir caitheamh tobac agus ailse**

2 <u>nasc</u> *masc1 (computing)*

to **link** VERB
▷ *see also* **link** NOUN
ceangail

lino NOUN
líonóil *fem2*

lion NOUN
leon *masc1*

lioness NOUN
leon baineann *masc1*

lip NOUN
liopa *masc4*

to **lip-read** VERB
liopaí a léamh

lip salve NOUN
íoc liopaí *fem2*

lipstick NOUN
béaldath *masc3*

liqueur NOUN
licéar *masc1*

liquid NOUN
leacht *masc3*

liquidizer NOUN
leachtaitheoir *masc3*

list NOUN
▷ *see also* **list** VERB
liosta *masc4*

to **list** VERB
▷ *see also* **list** NOUN
déan liosta de *(write down)*
□ List your hobbies! **Déan liosta de do chaithimh aimsire!**

to **listen** VERB
éist
□ He never listens. **Ní éisteann sé.**
■ **to listen to éisteacht le** □ Listen to this! **Éist leis seo!** □ Listen to me! **Éist liom!**

listener NOUN
éisteoir *masc3*

lit VERB ▷ *see* **light**

liter NOUN (US)
lítear *masc1*

literally ADVERB
go dáiríre
□ It was literally impossible to find a seat. **Bhí sé dodhéanta go dáiríre suíochán a aimsiú.**
■ **to translate literally aistriú go litriúil**

literature NOUN
litríocht *fem3*
□ I'm studying literature. **Tá mé ag déanamh staidéir ar litríocht.**

litre (US **liter**) NOUN
lítear *masc1*

litter NOUN
bruscar *masc1 (rubbish)*

litter bin NOUN
bosca bruscair *masc4*

little ADJECTIVE
beag
□ my little sister **mo dheirfiúr bheag**

WORD POWER
You can use a number of other words instead of **little** to mean 'small':
miniature mion-
□ a miniature version **mionsamhail**
minute beag bídeach
□ a minute plant **planda beag bídeach**
tiny fíorbheag
□ a tiny garden **gairdín fíorbheag**

■ **a little beagán** □ How much would you like? — Just a little. **Cá mhéad atá de dhíth ort? — Beagán beag.**
■ **very little fíorbheagán** □ We've got very little time. **Tá fíorbheagán ama againn.**
■ **little by little beagán ar bheagán**

live ADJECTIVE
▷ *see also* **live** VERB
beo
□ There's live music on Fridays. **Bíonn ceol beo ann ar an Aoine.**

to **live** VERB
▷ *see also* **live** ADJECTIVE
1 **bheith i do chónaí** *(reside)*
□ Where do you live? **Cá bhfuil tú i do chónaí?** □ I live with my grandmother. **Tá mé i mo chónaí le mo sheanmháthair.**
2 **mair** *(exist, last)*

to **live on** VERB
bheith beo ar *(food, money)*
□ He lives on benefit. **Tá sé beo ar airgead dóil.**

to **live together** VERB
bheith in aontíos
□ My parents aren't living together any more. **Níl mo thuismitheoirí in aontíos a thuilleadh.** □ They're not married, they're living together. **Níl siad pósta, tá siad in aontíos.**

lively ADJECTIVE
bríomhar
□ It was a lively party. **Cóisir bhríomhar a bhí inti.** □ She's got a lively personality. **Tá pearsantacht bhríomhar aici.**

liver NOUN
ae *masc4*

lives PL NOUN ▷ *see* **life**

living NOUN
beatha *fem4*
□ What does she do for a living? **Cad é an tslí bheatha atá aici?**
■ **to make a living** do bheatha a thabhairt i dtír

living room NOUN
seomra teaghlaigh *masc4*

lizard NOUN
laghairt *fem2*

load NOUN
▷ *see also* **load** VERB
■ **loads of** an dúrud □ loads of people an dúrud daoine □ loads of money an dúrud airgid
■ **You're talking a load of rubbish!** Tá tú ag caint seafóide!

to **load** VERB
▷ *see also* **load** NOUN
cuir ualach ar
■ **a trolley loaded with luggage** tralaí faoi ualach bagáiste

loaf NOUN
builín *masc4*
□ a loaf of bread builín aráin

loan NOUN
▷ *see also* **loan** VERB
iasacht *fem3*

to **loan** VERB
▷ *see also* **loan** NOUN
tabhair ar iasacht

to **loathe** VERB
■ **She loathes her husband.** Is fuath léi a fear céile.
■ **I loathe her.** Is fuath liom í.

loaves PL NOUN ▷ *see* **loaf**

lobster NOUN
gliomach *masc1*

local ADJECTIVE
áitiúil
□ the local paper an nuachtán áitiúil
□ a local call glao áitiúil

loch NOUN
loch *masc3*

lock NOUN
▷ *see also* **lock** VERB
glas *masc1 (of door, box)*
□ The lock is broken. **Tá an glas briste.**

to **lock** VERB
▷ *see also* **lock** NOUN
cuir glas ar *(with key)*
□ Make sure you lock your door. **Bí cinnte go gcuireann tú glas ar an doras.**

to **lock out** VERB
■ **The door slammed and I was locked out.**
Plabadh an doras agus bhí an glas air romham.

locker NOUN
taisceadán *masc1*
■ **the locker room** seomra na locar
■ **the left-luggage lockers** na locair bhagáiste

locket NOUN
loicéad *masc1*

lodger NOUN
lóistéir *masc3*

loft NOUN
lochta *masc4*

log NOUN
▷ *see also* **log** VERB
sail *fem2 (of wood)*

to **log** VERB
▷ *see also* **log** NOUN
breac síos *(record)*

to **log in** VERB
logáil isteach *(computing)*

to **log off** VERB
logáil amach *(computing)*

to **log on** VERB
logáil isteach *(computing)*

to **log out** VERB
logáil amach *(computing)*

logical ADJECTIVE
loighciúil

login NOUN
logáil isteach *fem3 (computing)*

lollipop NOUN
líreacán *masc1*

lolly NOUN
líreacán reoite *masc1 (ice lolly)*

London NOUN
Londain *fem*
□ in London i Londain □ to London go Londain □ I'm from London. Is as Londain mé.

Londoner NOUN
Londanach *masc1*

loneliness NOUN
uaigneas *masc1*

lonely ADJECTIVE
uaigneach
■ **to feel lonely** uaigneas a bheith ort
□ She feels a bit lonely. Tá uaigneas uirthi.

lonesome ADJECTIVE
■ **to feel lonesome** bheith uaigneach

long ADJECTIVE, ADVERB
▷ *see also* **long** VERB
fada

□ She's got long hair. Tá gruaig fhada uirthi.
■ **six metres long** sé mhéadar ar fad
■ **how long?** *(time)* cá fhad? □ How long
have you been here? Cá fhad atá tú anseo?
□ How long is the flight? Cá fhad a
mhairfidh an eitilt?
■ **I've been waiting a long time.** Is fada
mé ag fanacht.
■ **It takes a long time.** Glacann sé cuid
mhór ama.
■ **as long as** a fhad agus □ I'll come as long
as it's not too expensive. Tiocfaidh mé a
fhad agus nach mbeidh sé ródhaor.
■ **Don't be long!** Ná bí i bhfad!
■ **all night long** i rith na hoíche
■ **before long** roimh i bhfad
■ **at long last** faoi dheireadh thiar

to **long** VERB
▷ *see also* **long** ADJECTIVE, ADVERB
■ **to long for something** bheith ag tnúth
le rud
■ **to long to do something** bheith ag tnúth
le rud a dhéanamh □ I'm longing to see my
boyfriend again. Tá mé ag tnúth le mo
bhuachaill a fheiceáil arís.

long-distance ADJECTIVE
■ **a long-distance call** cianscairt ghutháin

longer ADVERB
■ **They're no longer going out together.**
Ní siad ag siúl amach le chéile níos mó.
■ **I can't stand it any longer.** Ní féidir liom
é a fhulaingt níos mó.

Longford NOUN
an Longfort *masc1*

long jump NOUN
léim fhada *fem2*

loo NOUN
teach beag *masc*
□ Where's the loo? Cá bhfuil an teach beag?

look NOUN
▷ *see also* **look** VERB
amharc *masc1*
□ He gave me a nasty look. Thug sé amharc
dubh orm.
■ **to have a look** spléachadh a thabhairt
□ Have a look at this! Tabhair spléachadh air
seo!
■ **I don't like the look of it.** Ní maith liom
an chuma atá air.

to **look** VERB
▷ *see also* **look** NOUN
1 amharc
□ I got out of the car and looked
underneath. D'éirigh mé amach as an gcarr
agus d'amharc mé faoi.

■ **to look at something** amharc ar rud
□ Look at the picture. Amharc ar an bpictiúr.
2 cuma a bheith ar *(seem)*
□ She looks surprised. Tá cuma an iontais
uirthi. □ That cake looks nice. Tá cuma
dheas ar an gcíste sin. □ It looks fine.
Tá cuma bhreá air.
■ **to look like somebody** dealramh a
bheith agat le duine □ He looks like his
brother. Tá dealramh aige lena dheartháir.
■ **to look forward to something** bheith
ag tnúth le rud □ I'm looking forward to the
holidays. Tá mé ag tnúth leis na laethanta
saoire.
■ **We look forward to hearing from you.**
(in letter) Táimid ag dréim go mór le scéala
uait.
■ **Look out!** Coimhéad!

to **look after** VERB
tabhair aire do *(care for, deal with)*
□ I look after my little sister. Tugaim aire do
mo dheirfiúr bheag.

to **look round** VERB
breathnaigh thart
□ I'm just looking round. Níl mé ach ag
breathnú thart. □ I like looking round the
shops. Is maith liom a bheith ag breathnú
thart ar an siopaí.
■ **I shouted and he looked round.** Scairt
mé agus d'amharc sé siar.

to **look up** VERB
breathnaigh ar
□ Look the word up in the dictionary.
Breathnaigh ar an bhfocal san fhoclóir.

loose ADJECTIVE
1 bog *(tooth)*
2 scaoilte *(clothes)*
■ **loose change** briseadh

lord NOUN
tiarna *masc4*
■ **Good Lord!** a Thiarna!
■ **the House of Lords** Teach na dTiarnaí

lorry NOUN
leoraí *masc4*

lorry driver NOUN
tiománaí leoraí *masc4*
□ He's a lorry driver. Is tiomanaí leoraí e.

to **lose** VERB
caill
□ I've lost my purse. Chaill mé mo sparán.
■ **to get lost** dul ar strae □ I was afraid of
getting lost. Bhí eagla orm go rachainn ar
strae.

loss NOUN
caill *fem2*

lost ADJECTIVE
  caillte
lost VERB ▷ see **lose**
lost-and-found NOUN (US)
  oifig na mbeart caillte *fem2*
lost property office NOUN
  oifig na mbeart caillte *fem2*
lot NOUN
  cinniúint *fem3*
  ■ **a lot of** a lán □ We saw a lot of interesting things. Chonaic muid a lán rudaí suimiúla.
  ■ **lots of** cuid mhór □ She's got lots of money. Tá cuid mhór airgid aici. □ He's got lots of friends. Tá cuid mhór cairde aige.
  ■ **Do you like football? — Not a lot.** An maith leat peil? — Ní hé an oiread sin.
  ■ **That's the lot.** Sin a bhfuil.
lottery NOUN
  crannchur *masc1*
  □ I won the lottery. Bhain mé sa chrannchur.
loud ADJECTIVE
  callánach
  □ The television is too loud. Tá an teilifíseán róchallánach.
loudly ADVERB
  go hard
loudspeaker NOUN
  callaire *masc4*
lough NOUN
  loch *masc3*
  ■ **Lough Derg** (in Donegal) Loch Dearg
  ■ **Lough Erne** Loch Éirne
  ■ **Lough Neagh** Loch nEathach
  ■ **Belfast Lough** Loch Lao
lounge NOUN
  seomra suí *masc4*
lousy ADJECTIVE
  míofar
  ■ **The food in the canteen is lousy.** Tá an bia sa cheaintín míofar.
  ■ **I feel lousy.** Ní mhothaím go maith!
Louth NOUN
  Lú *masc4*
love NOUN
  ▷ see also **love** VERB
  grá *masc4*
  ■ **to be in love** bheith i ngrá le □ She's in love with Paul. Tá sí i ngrá le Pól.
  ■ **to make love** luí le chéile
  ■ **Give Anna my love.** Beir mo dhea-mhéin chuig Anna.
  ■ **Love, Rosemary.** Le grá, Rosemary.
to **love** VERB
  ▷ see also **love** NOUN

bheith i ngrá le
  □ I love you. Tá mé i ngrá leat.
  ■ **Everybody loves her.** Is breá le gach duine í.
  ■ **I'd love to come.** Ba bhreá liom teacht.
  ■ **I love chocolate.** Tá dúil m'anama agam i seacláid.
  ■ **I love skiing.** Is breá liom an sciáil.
lovely ADJECTIVE
1 álainn
  □ They've got a lovely house. Tá teach álainn acu.
2 gleoite
  □ She's a lovely person. Is duine gleoite í.
  ■ **What a lovely surprise!** A leithéid d'iontas breá!
  ■ **It's a lovely day.** Lá breá atá ann.
  ■ **Have a lovely time!** Bíodh am den scoth agat!
lover NOUN
  leannán *masc1*
  ■ **He's a lover of music.** Fear mór ceoil é.
low ADJECTIVE, ADVERB
  íseal
  □ That plane is flying very low. Tá an t-eitleán sin ag eitilt go han íseal.
  ■ **the low season** an séasúr díomhaoin
lower ADJECTIVE
  ▷ see also **lower** VERB
  íochtarach
  □ on the lower floor ar an urlár íochtarach
to **lower** VERB
  ▷ see also **lower** ADJECTIVE
  ísligh
  □ Lower your voice, please. Ísligh do ghlór, le do thoil.
lower sixth NOUN
  bunrang a sé
  □ He's in the lower sixth. Tá sé i mbunrang a sé
low-fat ADJECTIVE
  beagmhéathrais
  □ a low-fat yoghurt íogart beagmhéathrais
loyalty NOUN
  dílseacht *fem3*
loyalty card NOUN
  cárta dílseachta *masc4*
L-plates PL NOUN
  L-phlátaí *masc4 pl*
luck NOUN
  ádh *masc1*
  □ She hasn't had much luck. Ní raibh mórán áidh uirthi.
  ■ **Good luck!** Ádh mór ort!
  ■ **Bad luck!** Mí-ádh!

luckily ADVERB
go hámharach
lucky ADJECTIVE
1 ámharach *(person)*
□ Isn't he the lucky one. Nach ámharach an mac é.
∎ **Lucky you!** Nach ortsa atá an t-ádh!
∎ **He's lucky, he's got a job.** Tá an t-ádh air, tá post aige.
2 sonais *(object)*
□ I've got a lucky horseshoe. Tá crú capaill sonais agam.
luggage NOUN
bagáiste *masc4*
lukewarm ADJECTIVE
bogthe
∎ **The response was lukewarm.** B'fhreagra bogthe é.
lump NOUN
1 cnap *masc1*
□ a lump of butter cnap ime
2 meall *masc1 (swelling)*
□ He's got a lump on his forehead. Tá meall ar a éadan aige.
lunatic NOUN
gealt *fem2*
□ He drives like a lunatic. Tiománann sé mar ghealt.

lunch NOUN
lón *masc1*
∎ **to have lunch** lón a ithe □ We have lunch at 12.30. Ithimid lón ar 12.30.
luncheon voucher NOUN
dearbhán lóin *masc1*
lung NOUN
scamhóg *fem2*
□ lung cancer ailse scamhóige
luscious ADJECTIVE
sáil
lush ADJECTIVE
méith
lust NOUN
ainmhian *fem2 (sexual)*
Luxembourg NOUN
Lucsamburg *masc4*
□ in Luxembourg i Lucsamburg
□ to Luxembourg go Lucsamburg
luxurious ADJECTIVE
sóúil
luxury NOUN
só *masc4*
□ It was luxury! Só a bhí ann!
∎ **a luxury hotel** óstán sómasach
lying VERB ▷ *see* lie
lyrics PL NOUN
liricí *fem2 pl (of song)*

l

Mm

mac NOUN
cóta báistí *masc4*

macaroni NOUN
macarón *masc1*

machine NOUN
meaisín *masc4*

machine gun NOUN
meaisínghunna *masc4*

machinery NOUN
meaisínre *masc4*

mackerel NOUN
ronnach *masc1*

mad ADJECTIVE
buile
□ You're mad! Tá tú ar buile!
■ **to be mad with somebody** *(angry)*
bheith ar buile le duine □ She'll be mad with you when she finds out. Beidh sí ar buile leat nuair a gheobhaidh sí amach.
■ **to get mad** dul le báiní
■ **to drive somebody mad** duine a chur le báiní
■ **to be mad about** bheith splanctha i ndiaidh □ He's mad about football. Tá sé splanctha i ndiaidh na peile. □ She's mad about horses. Tá sí splanctha i ndiaidh na gcapall.

madam NOUN
a bhean uasal *fem*
□ Would you like to order, Madam? Ar mhaith leat ordú, a bhean uasal?

made VERB ▷ *see* **make**

madly ADVERB
■ **madly in love** amach as do stuaim
□ They're madly in love. Tá siad amach as a stuaim faoina chéile.

madman NOUN
fear buile *masc1*

madness NOUN
buile *fem4*
■ **It's absolute madness.** Níl ciall ná réasún leis.

magazine NOUN
iris *fem2*

maggot NOUN
cruimh *fem2*

magic NOUN
▷ *see also* **magic** ADJECTIVE
draíocht *fem3*
□ My hobby is magic. Is í an draíocht an caitheamh aimsire atá agam.

magic ADJECTIVE
▷ *see also* **magic** NOUN
1 draíochta
□ a magic wand slat draíochta □ a magic trick cleas draíochta
2 ar dóigh *(brilliant)*
□ It was magic! Bhí sé ar dóigh!

magician NOUN
asarlaí *masc4 (conjurer)*

magnet NOUN
maighnéad *masc1*

magnificent ADJECTIVE
thar barr
□ a magnificent view radharc thar barr
□ It was a magnificent effort. Iarracht thar barr a bhí ann.

magnifying glass NOUN
gloine formhéadúcháin *fem4*

maid NOUN
cailín aimsire *masc4*
■ **an old maid** *(spinster)* seanchailín

mail NOUN
▷ *see also* **mail** VERB
1 post *masc1*
□ by mail sa phost
2 litreacha *fem pl (letters)*
□ Here's your mail. Seo do chuid litreacha.
3 ríomhphost *masc1 (email)*
□ Can I check my mail on your PC? An féidir liom mo ríomhphoist a sheiceáil ar do ríomhaire?

to mail VERB
▷ *see also* **mail** NOUN

1 cuir sa phost
2 seachaid leis an ríomhphost *(computing)*
- **I'll mail you my address.** Cuirfidh mé mo sheoladh ríomhphoist chugat.

mailbox NOUN (US)
bosca poist *masc4*

mailing list NOUN
liosta seoltaí *masc4*

mailman NOUN (US)
fear poist *masc1*

main ADJECTIVE
príomh-
- the main problem an phríomhfhadhb

mainly ADVERB
go príomha

main road NOUN
príomhbhóthar *masc1*
- I don't like cycling on main roads. Ní maith liom a bheith ag rothaíocht ar na príomhbhóithre.

to **maintain** VERB
coinnigh *(machine, building)*

maintenance NOUN
cothabháil *fem3 (of machine, building)*

maize NOUN
arbhar buí *masc1*

majesty NOUN
mórgacht *fem3*
- **Your Majesty** A Mhórgacht

major ADJECTIVE
mór- *(important)*
- a major problem mórfhadhb
- **in C major** in C mór

Majorca NOUN
Mallarca *masc4*
- We went to Majorca in August. Chuaigh muid go Mallarca i mí Lúnasa.

majority NOUN
formhór *masc1*

make NOUN
▷ *see also* **make** VERB
cineál *masc1 (brand)*
- What make is that car? Cad é an cineál cairr é?

to **make** VERB
▷ *see also* **make** NOUN
1 déan
- I'm going to make a cake. Déanfaidh mé císte. □ He made it himself. Rinne sé féin é.
- **2 and 2 make 4.** *(equal)* 2 agus 2 sin 4.
2 saothraigh *(earn)*
- He makes a lot of money. Saothraíonn sé cuid mhór airgid.
- **to make somebody do something** tabhairt ar dhuine rud a dhéanamh

- My mother makes me do my homework. Tugann mo mháthair orm m'obair bhaile a dhéanamh.
- **to make somebody sad** *(cause to be)* brón a chur ar duine
- **to make the bed** an leaba a chóiriú □ I make my bed every morning. Cóirím mo leaba gach maidin.
- **to make lunch** lón a dhéanamh □ She's making lunch. Tá sí ag déanamh lóin.
- **to make a phone call** scairt ghutháin a dhéanamh □ I'd like to make a phone call. Ba mhaith liom scairt ghutháin a dhéanamh.
- **to make fun of somebody** magadh a dhéanamh faoi dhuine □ They made fun of him. Rinne siad magadh faoi.
- **He made it.** *(succeeded)* D'éirigh leis.

to **make out** VERB
1 déan amach *(decipher)*
- I can't make out the address on the label. Ní féidir liom an seoladh ar an lipéad a dhéanamh amach.
2 tuig *(understand)*
- I can't make her out at all. Ní thuigim í ar chor ar bith.
- **to make a cheque out to somebody** seic a scríobh amach do dhuine

to **make up** VERB
1 cum *(invent)*
- He made up the whole story. Chum sé an scéal ar fad.
2 cairdeas a dhéanamh le chéile arís *(after argument)*
- They had a quarrel, but soon made up. Bhí argóint acu, ach rinne siad cairdeas le chéile arís gan mhoill.
- **to make oneself up** tú féin a smideadh □ She spends hours making herself up. Caitheann sí an t-uafás ama á smideadh féin.

makeover NOUN
nuamhaisiú *masc*
- She had a complete makeover. Bhí nuamhaisiú bun barr aici.

maker NOUN
déantóir *masc3*
- **a film maker** scannánóir

make-up NOUN
smideadh *masc1*

Malaysia NOUN
an Mhalaeisia *fem4*
- in Malaysia sa Mhalaeisia

male ADJECTIVE
fireann

□ a male kitten **piscín fireann** □ Most football players are male. **Tá an chuid is mó de na peileadóirí fireann.**

■ **a male chauvinist seobhaineach fir**

■ **a male nurse altra fir**

malicious ADJECTIVE
mailíseach
□ a malicious rumour **luaidreán mailíseach**

mall NOUN
lárionad siopadóireachta *masc1*

Malta NOUN
Málta *masc4*
□ in Malta **i Málta** □ to Malta **go Málta**

mammoth NOUN
▷ *see also* **mammoth** ADJECTIVE
mamat *masc1*

mammoth ADJECTIVE
▷ *see also* **mammoth** NOUN
ollmhór
□ a mammoth task **tasc ollmhór**

man NOUN
fear *masc1*
□ an old man **seanfhear**

to **manage** VERB
1 **bainistigh**
□ He manages our football team. **Bainistíonn sé foireann peile s'againn.**
■ **She manages a big store. Tá sí ina bainisteoir ar shiopa mór.**
2 **teacht le** *(get by)*
□ We haven't got much money, but we manage. **Níl mórán airgid againn, ach tiocfaimid leis.**
■ **to manage to do something rud a éirí leat** □ Luckily I managed to pass the exam. **Ar an dea-uair d'éirigh an scrúdú liom.**
■ **I can't manage all that.** *(food)* **Ní íosfainn an méid sin.**

manageable ADJECTIVE
soláimhsithe *(task)*

management NOUN
bainistíocht *fem3*
□ He's responsible for the management of the company. **Tá sé freagrach as bainistíocht an chomhlachta.**
■ **'under new management' 'faoi bhainistíocht nua'**

manager NOUN
bainisteoir *masc3*

manageress NOUN
bainistreás *fem3*

mandarin NOUN
mandairín *masc4 (fruit)*

mango NOUN
mangó *masc4*

mania NOUN
gealtacht *fem3*

maniac NOUN
duine buile *masc4 (lunatic)*
□ He drives like a maniac. **TiomáBonann sé mar dhuine buile.**
■ **a religious maniac duine buile creidimh**

to **manipulate** VERB
láimhsigh

mankind NOUN
an duine *masc4*

man-made ADJECTIVE
de dhéantús an duine

manner NOUN
dóigh *fem2*
□ She behaves in an odd manner. **Tá dóigh aisteach léi.**
■ **He has a confident manner. Tá sé teann go maith as féin.**

manners PL NOUN
béasa *masc pl*
□ good manners **dea-bhéasa**
□ Her manners are appalling. **Tá sí an-drochbhéasach.**

manpower NOUN
daonchumhacht *fem3*

mansion NOUN
mainteach *masc*

mantelpiece NOUN
matal *masc1*

manual NOUN
lámhleabhar *masc1*

to **manufacture** VERB
déan

manufacturer NOUN
déantóir *masc3*

manure NOUN
leasú *masc*

manuscript NOUN
lámhscríbhinn *fem2*

Manx ADJECTIVE
▷ *see also* **Manx** NOUN
Manannach

Manx NOUN
▷ *see also* **Manx** ADJECTIVE
Manainnis *fem2 (language)*

many ADJECTIVE, PRONOUN
a lán
□ He hasn't got many friends. **Níl a lán cairde aige.** □ Were there many people at the concert? **An raibh a lán daoine ag an gceolchoirm?**
■ **very many cuid mhór** □ I haven't got very many CDs. **Níl cuid mhór CDanna agam.**
■ **How many? Cá mhéad?** □ How many do

you want? **Cá mhéad atá uait?** □ How many euros do you get for £1? **Cá mhéad euro atá in £1?**

■ **too many** barraíocht □ That's too many. **Sin barraíocht.** □ She makes too many mistakes. **Déanann sí barraíocht botún.**

■ **so many** an oiread sin □ I didn't know there would be so many. **Ní raibh a fhios agam go mbeadh an oiread sin ann.** □ I've never seen so many policemen. **Ní fhaca mé an oiread sin póilíní riamh.**

map NOUN
léarscáil *fem2*

marathon NOUN
maratón *masc1*
□ the London marathon **maratón Londan**

marble NOUN
1 marmar *masc1*
□ a marble statue **dealbh mharmair**
2 mirlín *masc4 (toy)*
■ **to play marbles** mirlíní a imirt

March NOUN
Márta *masc4*
■ **in March** i mí Márta

to **march** VERB
▷ *see also* **march** NOUN
máirseáil

march NOUN
▷ *see also* **march** VERB
mórshiúl *masc1 (demonstration)*

mare NOUN
láir *fem*

margarine NOUN
margairín *masc4*

margin NOUN
ciumhais *fem2*
□ Write notes in the margin. **Scríobh nótaí sa chiumhais.**

marijuana NOUN
marachuan *masc1*

marina NOUN
muiríne *masc4*

marital status NOUN
stádas pósta *masc1*

mark NOUN
▷ *see also* **mark** VERB
1 smál *masc1 (stain)*
□ You've got a mark on your skirt. **Tá smál ar do sciorta agat.**
2 rian *masc1 (of shoe, skid)*
3 marc *masc1 (at school)*
□ I get good marks for French. **Faighim marcanna maithe don Fhraincis.**

to **mark** VERB
▷ *see also* **mark** NOUN

marcáil
□ The teacher hasn't marked my homework yet. **Níor mharcáil an múinteoir m'obair bhaile go fóill.**

market NOUN
margadh *masc1*

marketing NOUN
margaíocht *fem3*

marketplace NOUN
áit mhargaidh *fem2*

marmalade NOUN
marmaláid *fem2*

maroon ADJECTIVE
marún

marriage NOUN
pósadh *masc*

married ADJECTIVE
pósta
□ They are not married. **Níl siad pósta.**
□ They have been married for 15 years. **Tá siad pósta le dhá bhliain déag.**
□ a married couple **lánúin phósta**

marrow NOUN
mearóg *fem2 (vegetable)*
■ **bone marrow** smior

to **marry** VERB
pós
□ He wants to marry her. **Tá sé ag iarraidh í a phósadh.**
■ **to get married** pósadh □ My sister's getting married in June. **Tá mo dheirfiúr le pósadh i mí Mheithimh.**

marvellous (US **marvelous**) ADJECTIVE
iontach
□ She's a marvellous cook. **Is cócaire iontach í.** □ The weather was marvellous. **Bhí an aimsir go hiontach.**

marzipan NOUN
prásóg *fem2*

mascara NOUN
mascára *masc4*

masculine ADJECTIVE
fireann

mashed potatoes PL NOUN
brúitín *masc4*
□ sausages and mashed potatoes **ispíní agus brúitín**

mask NOUN
masc *masc1*

masked ADJECTIVE
cumhdaithe

mass NOUN
1 carn *masc1*
□ a mass of books and papers **carn leabhar agus páipéar**

2 aifreann *masc1 (in church)*
  □ We go to mass on Sunday. Téimid ar Aifreann ar an Domhnach.

3 toirt *fem1 (in physics)*
  ■ **the mass media** na mórmheáin

massage NOUN
  suathaireacht *fem3*

massive ADJECTIVE
  oll-
  □ It's massive! Tá sé ollmhór!

to **master** VERB
  máistrigh

masterpiece NOUN
  sárshaothar *masc1*

mat NOUN
  mata *masc4*

match NOUN
  ▷ *see also* **match** VERB
1 lasán *masc1 (for lighting)*
  □ a box of matches bosca lasán
2 cluiche *masc4 (sport)*
  □ a football match cluiche peile

to **match** VERB
  ▷ *see also* **match** NOUN
  cuir le
  □ The jacket matches the trousers. Tá an chasóg ag cur leis an mbríste.
  ■ **These colours don't match.** Níl na dathanna seo oiriúnach dá chéile.

matching ADJECTIVE
  ag cur le chéile
  ■ **My bedroom has matching wallpaper and curtains.** Tá an páipéar balla agus na cuirtíní i mo sheomra leapa ag cur le chéile.

mate NOUN
  comrádaí *masc4 (informal)*
  □ On Friday night I go out with my mates. Téim amach le mo chomrádaithe oíche Aoine.

material NOUN
1 éadach *masc1 (cloth)*
2 sonraí *masc4 pl (information, data)*
  □ I'm collecting material for my project. Tá mé ag bailiú sonraí do thionscadal agam.
  ■ **raw materials** amhábhair

mathematics NOUN
  matamaitic *fem2*

maths NOUN
  mata *fem2*

matron NOUN
  mátrún *masc1 (in hospital)*

matter NOUN
  ▷ *see also* **matter** VERB
  ábhar *masc1*
  □ It's a matter of life and death. Cúrsa báis nó beatha é.
  ■ **What's the matter?** Cad é atá cearr?
  ■ **as a matter of fact** déanta na fírinne

to **matter** VERB
  ▷ *see also* **matter** NOUN
  ■ **It doesn't matter. 1** *(it makes no difference)* Is cuma. □ It doesn't matter if you're late. Is cuma má tá tú mall. **2** *(I don't mind)* Is cuma liom. □ I can't give you the money today. — It doesn't matter. Ní féidir liom an t-airgead a thabhairt duit inniu. — Is cuma liom.

mattress NOUN
  tocht *masc3*

mature ADJECTIVE
  aibí
  □ She's quite mature for her age. Tá sí aibí go maith dá haois.

maximum ADJECTIVE
  ▷ *see also* **maximum** NOUN
  uas-
  □ The maximum speed is 100 km/h. Is é 100 km/h an t-uasluas.

maximum NOUN
  ▷ *see also* **maximum** ADJECTIVE
  uasmhéid *fem2*

May NOUN
  Bealtaine *fem4*
  ■ **in May** i mí Bhealtaine
  ■ **May Day** Lá Bealtaine

may VERB
  ■ **He may come.** *(indicating possibility)* D'fhéadfadh sé teacht.
  ■ **It may rain.** D'fhéadfadh sé cur.
  ■ **May I smoke?** *(be allowed to)* An bhfuil cead agam caitheamh?

maybe ADVERB
  b'fhéidir
  □ Maybe he'll come. B'fhéidir go dtiocfadh sé.
  ■ **maybe not** b'fhéidir é
  ■ **a bit boring, maybe** rud beag leadránach, b'fhéidir

Mayo NOUN
  Maigh Eo *fem*

mayonnaise NOUN
  maonáis *fem2*

mayor NOUN
  méara *masc4*

maze NOUN
  lúbra *masc4*

me PRONOUN
1 mé
  □ He heard me. Chuala sé mé. □ She's older then her. Tá sí níos sine ná mé.

2 mise *(emphatic)*
  □ Me too! Mise freisin!
  ■ **Give me a book.** Tabhair leabhar dom.
  ■ **Can you help me?** An féidir leat cuidiú
  liom?
  ■ **Excuse me!** Gabh mo leithscéal!
  ■ **Wait for me!** Fan liom!
  ■ **after me** i mo dhiaidh □ You're after me.
  Tusa i mo dhiaidh.
meal NOUN
  béile *masc4*
mealtime NOUN
  am béile *masc3*
  ■ **at mealtimes** ag amanna béile
mean ADJECTIVE
  ▷ *see also* **mean** VERB
1 sprionlaithe *(with money)*
  □ He's too mean to buy Christmas presents.
  Tá sé rósprionlaithe le brontannais Nollag a
  cheannach.
2 suarach *(unkind)*
  □ You're being mean to me. Tá tú suarach
  liom. □ That's a really mean thing to say!
  Sin rud an-suarach le rá!
to **mean** VERB
  ▷ *see also* **mean** ADJECTIVE
  ciallaigh
  □ What does 'ochtar' mean? Cad é a
  chiallaíonn 'ochtar'? □ I don't know what it
  means. Níl a fhios agam cad é a chiallaíonn sé.
  ■ **That's not what I meant.** Ní hé sin an
  rud a bhí i gceist agam.
  ■ **Do you mean it?** An i ndáiríre atá tú?
  ■ **You don't mean it!** Ag magadh atá tú!
  ■ **What do you mean?** Cad é atá tú a rá?
  ■ **to mean to do something** *(intend)* é a
  bheith de rún agat rud a dhéanamh
  □ I didn't mean to offend you. Ní raibh sé
  de rún agam olc a chur ort.
means NOUN
  acmhainn *fem2 (way, money)*
  □ He'll do it by any possible means.
  Déanfaidh sé é trí acmhainn éigin.
  ■ **a means of transport** córas iompair
  ■ **by means of** trí □ He got in by means of
  a stolen key. Chuaigh sé isteach trí eochair
  ghoidte a bheith aige.
  ■ **By all means!** Cinnte! □ Can I come?
  — By all means! An féidir liom teacht? —
  Tar, cinnte!
meaning NOUN
  ciall *fem2*
meant VERB ▷ *see* **mean**
meanwhile ADVERB
  idir an dá linn

measles NOUN
  bruitíneach *fem2*
to **measure** VERB
  tomhais
  □ I measured the page. Thomhais mé an
  leathanach.
  ■ **It measured two metres wide.** Bhí sé
  dhá mhéadar ar leithead.
measurements PL NOUN
  toisí *masc4 pl*
  □ What are the measurements of the room?
  Cad iad toisí an tseomra? □ What are your
  measurements? Cad iad do thoisí?
meat NOUN
  feoil *fem3*
  □ I don't eat meat. Ní ithim feoil.
Meath NOUN
  an Mhí *fem4*
Mecca NOUN
  Meice *fem4*
mechanic NOUN
  meicneoir *masc3*
  □ He's a mechanic. Is meicneoir é.
mechanical ADJECTIVE
  meicniúil
medal NOUN
  bonn *masc1*
  ■ **the gold medal** an bonn óir
medallion NOUN
  mórbhonn *masc1*
media PL NOUN
  ■ **the media** na meáin chumarsáide
median strip NOUN *(US)*
  airmheán *masc1*
medical ADJECTIVE
  ▷ *see also* **medical** NOUN
  leighis
  □ medical treatment cóir leighis □ medical
  insurance árachas leighis
  ■ **She's a medical student.** Is ábhar
  dochtúra é.
medical NOUN
  ▷ *see also* **medical** ADJECTIVE
  scrúdú leighis *masc*
  ■ **to have a medical** dul faoi scrúdú
  dochtúra
medicine NOUN
1 leigheas *masc1*
  □ I want to study medicine. Ba mhaith liom
  staidéar a dhéanamh ar leigheas.
  ■ **alternative medicine** leigheas
  malartach
2 cógas *masc1 (medication)*
  □ I need some medicine. Tá cógas de dhíth
  orm.

m

Mediterranean ADJECTIVE
Meánmhuirí
■ **the Mediterranean** an Mheánmhuir
medium ADJECTIVE
meán-
□ a man of medium height fear de
mheánairde
medium-sized ADJECTIVE
meánmhéide
□ a medium-sized town baile mór
meánmhéide
to **meet** VERB
1 buail le
□ I met Paul in the street. Bhuail mé le Pól
sa tsráid. □ I'm going to meet my friends.
Tá mé ag dul chun bualadh le mo chairde.
■ **I'll meet you at the station.** Buailfidh
mé leat ag an stáisiún.
2 cuir aithne ar *(for the first time)*
□ I like meeting new people. Is maith liom
aithne a chur ar dhaoine éagsúla.
to **meet up** VERB
buail le chéile
□ What time shall we meet up? Cén t-am
a mbuailfidh muid le chéile?
meeting NOUN
cruinniú *masc*
□ a business meeting cruinniú gnó □ their
first meeting an chéad chruinniú acu
mega ADJECTIVE
■ He's mega rich. Tá sé fíorshaibhir.
melody NOUN
fonn *masc1*
melon NOUN
mealbhacán *masc1*
to **melt** VERB
leáigh
□ The snow is melting. Tá an sneachta ag leá.
member NOUN
ball *masc1*
■ **Member of Parliament** Feisire
Parlaiminte
■ **Member of the European Parliament**
Feisire Eorpach
membership NOUN
ballraíocht *fem3*
□ Dad applied for membership of the golf
club. Chuir Daid isteach ar bhallraíocht sa
chumann gailf.
membership card NOUN
cárta ballraíochta *masc4*
memento NOUN
cuimhneachán *masc1*
memorial NOUN
leacht cuimhneacháin *masc3*

□ a war memorial leacht cuimhneacháin
cogaidh
to **memorize** VERB
cuir de ghlanmheabhair
memory NOUN
1 meabhair *fem*
□ I haven't got a good memory.
Níl meabhair mhaith agam.
2 cuimhne *fem4 (recollection)*
□ It brought back memories of our
holiday. Chuir sé an tsaoire i gcuimhne
dúinn arís.
memory card NOUN
cárta cuimhneacháin *masc4*
memory stick NOUN
méaróg chuimhne *fem*
men PL NOUN ▷ *see* man
to **mend** VERB
deisigh
meningitis NOUN
meiningíteas *masc1*
mental ADJECTIVE
intinne
□ mental strain tuirse intinne
■ **a mental illness** galar meabhrach
■ **a mental hospital** ospidéal
meabhairghalair
■ **You're mental!** *(mad)* Tá tú ar mire!
mentality NOUN
meon *masc1*
to **mention** VERB
luaigh
■ **Don't mention it!** *(reply to thanks)*
Níl a bhuíochas ort!
menu NOUN
1 biachlár *masc1*
□ Could I have the menu please?
An biachlár le do thoil?
2 roghchlár *masc1 (computing)*
merchant NOUN
ceannaí *masc4*
□ a wine merchant ceannaí fíona
mercy NOUN
trócaire *fem4*
mere ADJECTIVE
■ **by mere chance** le barr áidh
■ **It's a mere formality.** Níl ann ach
foirmiúlacht.
■ **They pay a mere five per cent.**
Ní íocann siad ach cúig faoin gcéad.
meringue NOUN
meireang *masc4*
merry ADJECTIVE
súgach
■ **Merry Christmas!** Nollaig Shona!

merry-go-round NOUN
áilleagán intreach *masc1*

mess NOUN
prácás *masc1*
□ My bedroom's usually in a mess. Is prácás é mo sheomra leapa de ghnáth.

to **mess about** VERB
■ to mess about with something bain le rud □ Stop messing about with my computer! Ná bain le mo ríomhaire!

to **mess up** VERB
1 salaigh *(dirty)*
2 mill *(spoil)*
3 déan praiseach de *(mix up)*
□ My little brother has messed up my DVDs. Rinne mo dhearthair beag praiseach de mo DVDanna.

message NOUN
teachtaireacht *fem3*

messenger NOUN
teachtaire *masc4*

messy ADJECTIVE
1 salach
□ a messy job jab salach
2 trína chéile *(untidy)*
□ Your desk is really messy. Tá do dheasc trína chéile. □ She's so messy! Tá sí chomh trína chéile sin!
■ My writing is terribly messy. Tá mo chuid scríbhneoireachta an-mhíshlachtmhar.

met VERB ▷ see meet

metal NOUN
miotal *masc1*

meter NOUN
1 méadar *masc1 (for gas, electricity, taxi)*
2 méadar páirceála *masc1 (parking meter)*
3 méadar *masc1 (us: unit of measurement)*

method NOUN
modh *masc3*

Methodist NOUN
Modhach *masc1*
□ I'm a Methodist. Is Modhach mé.

metre NOUN
méadar *masc1*

metric ADJECTIVE
méadrach

Mexico NOUN
Meicsiceo *masc4*
□ in Mexico i Meicsiceo □ to Mexico go Meicsiceo

to **miaow** VERB
meamhlaigh

mice PL NOUN ▷ see mouse

microchip NOUN
micrishlis *fem2*

microphone NOUN
micreafón *masc1*

microscope NOUN
micreascóp *masc1*

microwave oven NOUN
oigheann micreathoinne *masc1*

mid ADJECTIVE
lár-
■ in mid May i lár na Bealtaine
■ in mid air idir spéir is talamh

midday NOUN
meán lae *masc1*
■ at midday ag meán lae

middle NOUN
lár *masc1*
□ in the middle of the road i lár an bhóthair
□ in the middle of the night i lár na hoíche
□ the middle seat an suíochán láir

middle-aged ADJECTIVE
meánaosta
□ a middle-aged man fear meánaosta
■ to be middle-aged bheith meánaosta
□ She's middle-aged. Tá sí meánaosta.

Middle Ages PL NOUN
■ the Middle Ages na Meánaoiseanna

middle-class ADJECTIVE
meánaicmeach
□ a middle-class family teaghlach meánaicmeach

Middle East NOUN
an Meánoirthear *masc1*
□ in the Middle East sa Mheánoirthear

middle name NOUN
ainm láir *masc4*

midge NOUN
míoltóg *fem2*

midnight NOUN
meán oíche *masc1*
■ at midnight ag meán oíche

midwife NOUN
bean ghlúine *fem*
□ She's a midwife. Is bean ghlúine í.

might VERB
■ He might come later. Seans go dtiocfaidh sé níos moille.
■ We might go to Spain next year. Seans go rachaidh muid chun na Spáinne an bhliain seo chugainn.
■ She might not have understood. Seans nár thuig sí.

migraine NOUN
mígréin *fem2*
□ I've got a migraine. Tá mígréin orm.

mike NOUN
micreafón *masc1*

mild – minimum

mild ADJECTIVE
séimh *(weather)*
□ The winters are quite mild. Bíonn na geimhrí sách séimh.

mile NOUN
míle *masc4*
□ It's 5 miles from here. Tá sé 5 mhíle as seo.
■ **We walked miles!** Shiúil muid na mílte!
■ **miles away** na mílte ar shiúl

military ADJECTIVE
míleata

milk NOUN
▷ *see also* **milk** VERB
bainne *masc4*
□ tea with milk tae le bainne

to **milk** VERB
▷ *see also* **milk** NOUN
crúigh *(cow)*

milk chocolate NOUN
seacláid bhainne *fem2*

milkman NOUN
fear bainne *masc1*
□ He's a milkman. Is fear bainne é.

milk shake NOUN
creathán bainne *masc1*

mill NOUN
muileann *masc1*

millennium NOUN
mílaois *fem2*
□ the millennium an mhílaois □ the third millennium an tríú mílaois

millimetre (US **millimeter**) NOUN
milliméadar *masc1*

million NOUN
milliún *masc1*

> LANGUAGE TIP **milliún** is followed by a singular noun.

□ a million pounds milliún punt

millionaire NOUN
milliúnaí *masc4*

to **mimic** VERB
déan aithris ar

mince NOUN
feoil mhionaithe *fem3*

mince pie NOUN
píóg mionra *fem2*

mind NOUN
▷ *see also* **mind** VERB
intinn *fem2*
■ **to make up one's mind** cinneadh ar chomhairle □ I haven't made up my mind yet. Níor chinn mé ar chomhairle go fóill.
■ **to change one's mind** athchomhairle a dhéanamh

■ **He changed his mind.** Rinne sé athchomhairle.
■ **to be out of one's mind** bheith as do mheabhair □ Are you out of your mind? An bhfuil tú as do mheabhair?

to **mind** VERB
▷ *see also* **mind** NOUN
1 tabhair aire do *(keep an eye on)*
□ Could you mind the baby this afternoon? An féidir leat aire a thabhairt don bhabaí tráthnóna inniu?
2 seachain *(be careful)*
□ Mind the step! Seachain an chéim!
■ **I don't mind.** Ní miste liom.
■ **I don't mind the noise.** *(object to)* Ní miste liom an callán.
■ **Do you mind if I open the window?** An miste leat má osclaím an fhuinneog?
■ **Never mind!** **1** *(don't bother)* Ná bac leis!
2 *(don't worry)* Ná bí buartha!

mine NOUN
▷ *see also* **mine** PRONOUN
1 mianach guail *masc1* *(for coal)*
2 mianach talún *masc1* *(land mine)*

mine PRONOUN
▷ *see also* **mine** NOUN
an ceann seo agamsa
□ It's better than mine. Is fearr é ná an ceann seo agamsa.
■ **Whose is this? — It's mine.** Cé leis é seo? — Is liomsa é.
■ **a friend of mine** cara liom

miner NOUN
mianadóir *masc3*

mineral water NOUN
uisce mianraí *masc4*

miniature ADJECTIVE
▷ *see also* **miniature** NOUN
mion-
□ a miniature version mionleagan

miniature NOUN
▷ *see also* **miniature** ADJECTIVE
mionsamhail *fem3*

minibus NOUN
mionbhus *masc4*

minicab NOUN
tacsaí *masc4*

MiniDisc® NOUN
miondiosca *masc4*

minimum ADJECTIVE
▷ *see also* **minimum** NOUN
íos-
□ the minimum amount an t-íosmhéid
□ The minimum age for driving is 17. Is é 17 an íosaois don tiomaint.

minimum NOUN
 ▷ see also **minimum** ADJECTIVE
 íosmhéid *masc4*
miniskirt NOUN
 mionsciorta *masc4*
minister NOUN
1 aire *masc4 (in government)*
2 ministir *masc4 (of church)*
ministry NOUN
 aireacht *fem3 (in government)*
 □ the Ministry of Culture an Aireacht
 Cultúir
 ■ **to go into the ministry** *(of church)* dul le
 ministreacht
mink NOUN
 minc *fem2*
 □ a mink coat cóta mince
minor ADJECTIVE
 mion-
 □ a minor problem mionfhadhb □ a minor
 operation mionobráid
 ■ **in D minor** in D mion
minority NOUN
 mionlach *masc1*
mint NOUN
1 miontas *masc1 (plant)*
 □ mint sauce anlann miontais
2 milseán miontais *masc1 (sweet)*
minus PREPOSITION
 lúide
 □ Sixteen minus three is thirteen. A sé déag
 lúide a trí sin a trí déag.
 ■ **It's minus two degrees outside.** Tá sé
 dhá chéim faoin reophointe taobh amuigh.
 ■ **I got a B minus.** Fuair mé B míneas.
minute ADJECTIVE
 ▷ see also **minute** NOUN
 beag bídeach
 □ Her flat is minute. Tá a hárasán beag
 bídeach.
minute NOUN
 ▷ see also **minute** ADJECTIVE
 nóiméad *masc1*
 □ Wait a minute! Fan nóiméad!
miracle NOUN
 míorúilt *fem2*
mirror NOUN
 scáthán *masc1*
to **misbehave** VERB
 bheith dána
miscellaneous ADJECTIVE
 ilghnéitheach
mischief NOUN
 diabhlaíocht *fem3 (naughtiness)*
 □ My little sister's always up to mischief.

Bíonn diabhlaíocht éigin ar bun ag mo
dheirfiúr bheag i gcónaí.
mischievous ADJECTIVE
 dána
miser NOUN
 sprionlóir *masc3*
miserable ADJECTIVE
 ainnis
 □ You're looking miserable. Tá cuma ainnis
 ort. □ The weather was miserable. Bhí an
 aimsir go hainnis.
 ■ **to feel miserable** ainnise a bheith ort
 □ I'm feeling miserable. Tá ainnise orm.
misery NOUN
1 ainnise *fem4 (wretchedness)*
 □ All that money brought nothing but
 misery. Ní raibh ach ainnise mar thoradh ar
 an airgead.
2 ainniseoir *masc3 (unhappy person)*
 □ She's a real misery. Is í an t-ainniseoir í.
misfortune NOUN
 mí-ádh *masc1*
mishap NOUN
 taisme *fem4*
to **misjudge** VERB
 ■ **to misjudge somebody** an aithne
 chontráilte a bheith agat ar dhuine □ I've
 misjudged her. Níor thuig mé i gceart í.
 ■ **He misjudged the bend.** Thomhais sé an
 coirnéal mícheart.
to **mislay** VERB
 lig amú
 □ I've mislaid my passport. Lig mé mo phas
 amú.
misleading ADJECTIVE
 míthreorach *(information, statement)*
Miss NOUN
 Iníon *fem2*
 □ Miss O'Donnell Iníon Uí Dhónaill
to **miss** VERB
 caill
 □ He missed the target. Chaill sé an sprioc.
 ■ **I miss him.** Cronaím é.
 ■ **I missed the train.** D'imigh an traein
 orm.
missing ADJECTIVE
 ar iarraidh
 □ the missing part an chuid atá ar iarraidh
 ■ **to be missing** bheith ar iarraidh
 □ My rucksack is missing. Tá mo chnapsac
 ar iarraidh. □ Two members of the group
 are missing. Tá dhá bhall den ghrúpa ar
 iarraidh.
missionary NOUN
 misinéir *masc3*

m

mist NOUN
ceo *masc4*

mistake NOUN
▷ *see also* **mistake** VERB
botún *masc1*
□ a spelling mistake botún litrithe
■ to make a mistake botún a dhéanamh
□ I'm sorry, I made a mistake. Tá brón orm, rinne mé botún.
■ by mistake de dhearmad □ I took his bag by mistake. Thóg mé a mhála de dhearmad.

to **mistake** VERB
▷ *see also* **mistake** NOUN
bain míchiall as *(meaning)*
■ He mistook me for my sister. Thóg sé mé ar son mo dheirfiúr.

mistaken ADJECTIVE
mícheart
□ If you think I'm coming with you, you're mistaken. Má shíleann tú go bhfuil mé ag teacht leat, tá tú mícheart.
■ to be mistaken about something dul amú a bheith ort faoi rud

mistakenly ADVERB
de dhearmad

mistletoe NOUN
drualus *masc3*

mistook VERB ▷ *see* **mistake**

mistress NOUN
1 máistreás *fem3 (in school)*
2 bean luí *fem (lover)*
□ He's got a mistress. Tá bean luí aige.

misty ADJECTIVE
ceobhránach
□ a misty morning maidin cheobhránach

to **misunderstand** VERB
bain an chiall chontráilte as
□ Sorry, I misunderstood you. Tá brón orm, bhain mé an chiall contráilte as do chuid chainte.
■ She misunderstood me. Níor thuig sí i gceart mé.

misunderstanding NOUN
míthuiscint *fem3*

misunderstood VERB ▷ *see* **misunderstand**

mix NOUN
▷ *see also* **mix** VERB
meascán *masc1*
□ It's a mix of science fiction and comedy. Is meascán d'fhicsean eolaíochta agus greann é.
■ a cake mix meascán císte

to **mix** VERB
▷ *see also* **mix** NOUN
measc

□ Mix the flour with the sugar. Measc an plúr leis an siúcra.
■ to mix with people *(socialize)* comhluadar a dhéanamh le daoine
■ He doesn't mix well. Ní fear mór cuideachta é.
■ He's mixing business with pleasure. Tá sé ag meascadh gnó le pléisiúr.

to **mix up** VERB
cuir trí chéile *(confuse)*
□ He always mixes me up with my sister. Tógann sé mé i gcónaí ar son mo dheirfiúr.
■ I'm getting mixed up. Tá mearbhall ag teacht orm.
■ The travel agent mixed up the bookings. Mheasc an gníomhaire taistil na háirithintí.

mixed ADJECTIVE
1 measctha
□ a mixed grill griolladh measctha
□ a mixed school scoil mheasctha
2 ilchineálach *(salad)*

mixer NOUN
meascthóir *masc3 (for food)*

mixture NOUN
meascán *masc1*
□ a mixture of spices meascán de spíosraí
■ cough mixture cógas casachta

mix-up NOUN
meascán mearaí *masc1*

MMS NOUN *(= multimedia messaging service)*
MMS *masc4*

to **moan** VERB
bheith ag éagaoin
□ She's always moaning. Bíonn sí i gcónaí ag éagaoin.

mobile home NOUN
teach soghluaiste *masc*

mobile phone NOUN
fón póca *masc1*

to **mock** VERB
▷ *see also* **mock** ADJECTIVE
déan magadh faoi

mock ADJECTIVE
▷ *see also* **mock** NOUN
bréige
□ a mock exam scrúdú breige

mod cons PL NOUN
■ 'all mod cons' 'gach deis is nua'

model NOUN
▷ *see also* **model** ADJECTIVE, VERB
1 samhail *fem3*
□ a model of the castle samhail den chaisleán
2 déanamh *masc1 (make)*

□ His car is the latest model. **Carr den déanamh is déanaí atá aige.**

3 mainicín *masc4 (fashion)*

□ She's a famous model. **Is mainicín iomráiteach í.**

4 cuspa *masc4 (for artist)*

to **model** VERB

▷ *see also* **model** NOUN, ADJECTIVE

1 múnlaigh *(with clay)*

2 bheith ag mainicíneacht *(on catwalk)*

model ADJECTIVE

▷ *see also* **model** NOUN, VERB

mion-

□ a model plane **eitleán mionsamhlach**

□ a model railway **iarnród mionsamhlach**

■ He's a model pupil. **Dalta mar ba chóir é.**

modem NOUN

móideim *masc4 (computing)*

moderate ADJECTIVE

1 measartha

□ a moderate amount of **méid mheasartha de** □ a moderate price **praghas measartha**

2 réasúnta

□ His views are quite moderate. **Tá a chuid tuairimí sách réasúnta.**

modern ADJECTIVE

nua-aimseartha

to **modernize** VERB

nuachóirigh

modest ADJECTIVE

modhúil

to **modify** VERB

modhnaigh

moist ADJECTIVE

tais

□ Make sure the soil is moist. **Déan cinnte de go bhfuil an ithir tais.**

moisture NOUN

taisleach *masc1*

moisturizer NOUN

taisritheoir *masc3*

moldy ADJECTIVE (US)

clúmhúil

mole NOUN

1 caochán *masc1 (animal)*

2 ball dobhráin *masc1 (on skin)*

moment NOUN

nóiméad *masc1*

□ Could you wait a moment? **An dtiocfadh leat fanacht nóiméad?** □ in a moment **i gceann nóiméid** □ Just a moment! **Fan nóiméad!**

■ at the moment **i láthair na huaire**

■ any moment now **am ar bith anois**

□ They'll be arriving any moment now. **Beidh siad ag teacht am ar bith anois.**

momentous ADJECTIVE

cinniúnach

Monaco NOUN

Monacó *masc4*

□ in Monaco **i Monacó**

Monaghan NOUN

Muineachán *masc1*

monarch NOUN

monarc *masc4*

monarchy NOUN

monarcacht *fem3*

monastery NOUN

mainistir *fem*

Monday NOUN

An Luan *masc1*

■ last Monday **Dé Luain seo caite**

■ next Monday **Dé Luain seo chugainn**

■ on Monday **Dé Luain**

■ on Mondays **ar an Luan** □ He comes on Mondays. **Tagann sé ar an Luan.**

■ every Monday **gach Luan**

money NOUN

airgead *masc1*

□ I need to change some money. **Caithfidh mé roinnt airgid a shóinseáil.**

■ to make money **airgead a dhéanamh**

mongrel NOUN

bodmhadra *masc4 (dog)*

□ My dog's a mongrel. **Is bodmhadra é mo mhadrasa.**

monitor NOUN

monatóir *masc3 (television, computer)*

monk NOUN

manach *masc1*

monkey NOUN

moncaí *masc4*

monotonous ADJECTIVE

aontonach *(sound)*

monster NOUN

ollphéist *fem2*

month NOUN

mí *fem*

□ this month **an mhí seo** □ next month **an mhí seo chugainn** □ last month **an mhí seo caite** □ every month **gach mí** □ at the end of the month **ag deireadh na míosa**

monthly ADJECTIVE

míosúil

monument NOUN

1 séadchomhartha *masc4*

2 leacht cuimhneacháin *masc3 (memorial)*

mood NOUN

aoibh *fem2*

■ to be in a bad mood **drochaoibh a bheith ort**

■ **to be in a good mood** aoibh mhaith a bheith ort

moody ADJECTIVE
1 taghdach *(temperamental)*
2 dúr *(sullen)*

moon NOUN
gealach *fem2*
□ There's a full moon tonight. Tá gealach lán ann anocht.
■ **to be over the moon** *(happy)* áthas a bheith ort

moor NOUN
▷ *see also* **moor** VERB
móinteán *masc1*

to **moor** VERB
▷ *see also* **moor** NOUN
feistigh *(boat)*

mop NOUN
mapa *masc4 (for floor)*

moped NOUN
móipéid *fem2*

moral ADJECTIVE
▷ *see also* **moral** NOUN
morálta

moral NOUN
▷ *see also* **moral** ADJECTIVE
brí *fem4*
□ the moral of the story brí an scéil
■ **morals** moráltacht

morale NOUN
misneach *masc1*
□ Their morale is very low. Tá an-drochmhisneach orthu.

more ADJECTIVE
▷ *see also* **more** PRONOUN
1 níos mó *(greater in number, amount)*
□ more work níos mó oibre □ more people níos mó daoine
2 tuilleadh *(additional)*
□ I don't have any more money. Níl a thuilleadh airgid agam. □ Do you want more tea? Ar mhaith leat tuilleadh tae?
■ **more ... than** níos mó ... ná □ He's more intelligent than me. Tá sé níos cliste ná mise. □ She practises more than I do. Déanann sí níos mó cleachtaidh ná mise.
■ **more or less** a bheag nó a mhór
■ **more and more expensive** ag éirí níos daoire

more PRONOUN
▷ *see also* **more** ADJECTIVE
corradh le
□ more than ten corradh le deich
■ **There's no more.** Níl a thuilleadh ann.
■ **I want more.** Ba mhaith liom tuilleadh.

■ **Is there any more?** An bhfuil tuilleadh ann?
■ **a little more** beagáinín eile

moreover ADVERB
ina theannta sin

morning NOUN
maidin *fem2*
□ this morning ar maidin inniu □ tomorrow morning ar maidin amárach □ every morning gach maidin
■ **in the morning** ar maidin □ 7 o'clock in the morning 7 a chlog ar maidin

Morocco NOUN
Maracó *masc4*
□ in Morocco i Maracó

Moscow NOUN
Moscó *masc4*
□ in Moscow i Moscó

Moslem NOUN
Moslamach *masc1*
□ He's a Moslem. Is Moslamach é.

mosque NOUN
mosc *masc1*

mosquito NOUN
corrmhíol *masc1*
■ **a mosquito bite** greim corrmhíl

most ADVERB, ADJECTIVE, PRONOUN
1 formhór
□ most of my friends formhór mo chairde
□ most people formhór na ndaoine
□ Most cats are affectionate. Tá formhór na gcat grámhar.
2 an- *(very)*
□ It was most peculiar. Bhí se an-aisteach.
■ **most of the time** an chuid is mó den am
■ **the most** is mó □ He's the one who talks the most. Is é is mó caint.
■ **to make the most of something** a mhór a dhéanamh de rud
■ **at the most** ar a mhéad □ two hours at the most dhá uair an chloig ar a mhéad
■ **at the very most** ar a mhéad

mostly ADVERB
1 den chuid is mó
□ The teachers are mostly quite nice. Tá na múinteoirí deas go leor den chuid is mó.
2 de ghnáth *(usually)*

MOT NOUN
MOT
□ Her car failed its MOT. Theip ar a carr ina MOT.

motel NOUN
carróstlann *fem2*

moth NOUN
1 leamhan *masc1 (clothes moth)*

2 féileacán oíche *masc1*

> 💡 **LANGUAGE TIP** Word for word, this means 'butterfly of the night'.

mother NOUN
máthair *fem*
□ my mother mo mháthair
■ **mother tongue** teanga dhúchais

mother-in-law NOUN
máthair chéile *fem*

Mother's Day NOUN
Lá na Máithreacha *masc*

motionless ADJECTIVE
gan bhogadh

motivation NOUN
spreagadh *masc*

motive NOUN
tucaid *fem2 (in law)*

motor NOUN
inneall *masc1*
□ The boat has a motor. Tá inneall ar an mbád.

motorbike NOUN
gluaisrothar *masc1*

motorboat NOUN
mótarbhád *masc1*

motorcycle NOUN
gluaisrothar *masc1*

motorcyclist NOUN
gluaisrothaí *masc4*

motorist NOUN
tiománaí *masc4*

motor mechanic NOUN
meicneoir gluaisteán *masc3*

motor racing NOUN
rásaíocht ghluaisteán *fem3*

motorway NOUN
mótarbhealach *masc1*
□ on the motorway ar an mótarbhealach

mouldy (US **moldy**) ADJECTIVE
clúmhúil

to **mount** VERB
méadaigh
□ Tension is mounting. Tá an teannas ag méadú.
■ **They're mounting a publicity campaign.** Tá siad ag seoladh feachtas poiblíochta.

to **mount up** VERB
■ **The bills are mounting up.** Tá na billí ag méadú.

mountain NOUN
sliabh *masc*
■ **a mountain bike** rothar sléibhe

mountaineer NOUN
sléibhteoir *masc3*

mountaineering NOUN
sléibhteoireacht *fem3*
□ I go mountaineering. Téim ag sléibhteoireacht.

mountainous ADJECTIVE
sléibhtiúil

mouse NOUN
1 luchóg *fem2*
□ white mice luchóga bána
2 luch *fem2 (for computer)*

mouse mat NOUN
mata luchóige *masc4*

mousse NOUN
mousse *masc4*
□ chocolate mousse mousse seacláide

moustache NOUN
croiméal *masc1*
□ He's got a moustache. Tá croiméal air.

mouth NOUN
béal *masc1*

mouthful NOUN
bolgam *masc1*

mouth organ NOUN
orgán béil *masc1*
□ I play the mouth organ. Seinnim an t-orgán béil.

mouthwash NOUN
folcadh béil *masc*

move NOUN
▷ *see also* **move** VERB
1 bogadh *masc (movement)*
2 beart *masc1 (in game)*
3 seal *masc3 (turn to play)*
□ It's your move. Is é do shealsa é.
4 aistriú *masc (of house, job)*
■ **to get a move on** deifir a dhéanamh
□ Get a move on! Déan deifir!

to **move** VERB
▷ *see also* **move** NOUN
bog
□ Could you move your stuff please?
An dtiocfadh leat do chuid stuif a bhogadh
le do thoil? □ The car was moving very
slowly. Bhí an carr ag bogadh go han-mhall.
■ **to move house** aistrigh □ We're moving
house in July. Beimid ag aistriú tí i mí Iúil.
■ **The music moved her to tears.** Bhain an
ceol na deora aisti.

to **move forward** VERB
bog ar aghaidh

to **move in** VERB
bog isteach i *(to a house)*
□ They're moving in next week. Beidh siad
ag bogadh isteach an tseachtain seo
chugainn.

m

409

to **move over** VERB
bog anonn
□ Could you move over a bit? An dtiocfadh leat bogadh anonn rud beag?

movement NOUN
1 bogadh *masc*
2 gluaiseacht *fem3 (campaign)*

movie NOUN
scannán *masc1*
■ the movies na pictiúir □ Let's go to the movies! Téimis chuig na pictiúir!

moving ADJECTIVE
corraitheach *(touching)*
□ a moving story scéal corraitheach
■ a moving bus bus gluaiste

to **mow** VERB
lom
□ He mows the lawn once a week. Lomann sé an fhaiche uair sa tseachtain.

mower NOUN
buainteoir *masc3*

mown VERB ▷ *see* mow

MP NOUN
Feisire Parlaiminte *masc4*
□ She's an MP. Is Feisire Parlaiminte í.

MP3 player NOUN
seinnteoir MP3 *masc3*
□ I need a new MP3 player. Tá seinnteoir MP3 nua de dhíth orm.

mph ABBREVIATION *(= miles per hour)*
msu *(= míle san uair)*
□ to drive at 50 mph tiomáint ar 50 msu

Mr NOUN
■ Mr Smith An tUasal Smith

Mrs NOUN
■ Mrs Smith Bean Smith

MS NOUN *(= multiple sclerosis)*
SI *fem2 (= scléaróis iolrach)*
□ She's got MS. Tá SI uirthi.

Ms NOUN
■ Ms Smith Iníon Smith

much ADJECTIVE, ADVERB, PRONOUN
1 mórán
□ I haven't got much money. Níl mórán airgid agam.
2 i bhfad
□ I feel much better now. Mothaím i bhfad níos fearr anois.
■ very much 1 an- □ I enjoyed the film very much. Bhain mé an-sult as an scannán. 2 *(followed by noun)* cuid mhór □ I don't have very much money. Níl cuid mhór airgid agam.
■ Thank you very much. Go raibh míle maith agat.

■ not much ní mórán □ Have you got a lot of luggage? — No, not much. An bhfuil cuid mhór bagáiste leat? — Níl, ní mórán.
■ How much? Cá mhéad? □ How much time have you got? Cá mhéad ama atá agat? □ How much do you want? Ca mhéad atá tú a iarraidh? □ How much does it cost? Cá mhéad atá air?
■ too much barraíocht □ They give us too much homework. Tugann siad barraíocht obair bhaile dúinn.

mud NOUN
clábar *masc1*

muddle NOUN
meascán mearaí *masc1 (mix-up)*
■ The photos are in a muddle. Tá na grianghraif trí chéile.

to **muddle up** VERB
cuir trí chéile
□ I'm getting muddled up. Tá mé trí chéile anois.
■ He muddles me up with my sister. Tógann sé mé ar son mo dheirféar.
■ to get muddled up bheith trína chéile

muddy ADJECTIVE
lábánach

muesli NOUN
muesli *masc*

muffler NOUN *(US)*
ciúnadóir *masc3 (on car)*

mug NOUN
▷ *see also* **mug** VERB
muga *masc4*
□ Do you want a cup or a mug? An cupán nó muga atá uait?

to **mug** VERB
▷ *see also* **mug** NOUN
ionsaigh *(assault)*
□ He was mugged in the city centre. Ionsaíodh i lár na cathrach é.

mugger NOUN
sladionsaitheoir *masc3*

mugging NOUN
ionsaí *masc*

muggy ADJECTIVE
meirbh
□ It's muggy today. Tá sé meirbh inniu.

multiple choice test NOUN
triail ilroghnach *fem*

multiple sclerosis NOUN
scléaróis iolrach *fem2*
□ She's got multiple sclerosis. Tá scléaróis iolrach uirthi.

multiplication NOUN
iolrú *masc*

to **multiply** VERB
iolraigh
■ 6 multiplied by 15 is 90. A sé faoi a cúig déag, sin nócha.

multi-storey car park NOUN
carrchlós ilstórach *masc1*

mum NOUN
mam *fem2*
□ my mum mo mham □ I'll ask Mum. Cuirfidh mé ceist ar mo mham.

mummy NOUN
1 mamaí *fem4 (mother)*
□ Mummy says I can go. Dúirt mo mhamaí go bhfuil cead agam dul.
2 seargán *masc1 (Egyptian)*

mumps NOUN
leicneach *fem2*

Munster NOUN
Cúige Mumhan *masc4*

murder NOUN
▷ *see also* **murder** VERB
dúnmharú *masc*

to **murder** VERB
▷ *see also* **murder** NOUN
dúnmharaigh
□ He was murdered. Dúnmharaíodh é.

murderer NOUN
dúnmharfóir *masc3*

muscle NOUN
matán *masc1*

muscular ADJECTIVE
féitheogach *(person, arm)*

museum NOUN
iarsmalann *fem2*

mushroom NOUN
beacán *masc1*
□ a mushroom omelette uibheagán beacáin

music NOUN
ceol *masc1*

musical ADJECTIVE
▷ *see also* **musical** NOUN
ceolmhar *(person)*
□ I'm not musical. Ní duine ceolmhar mé.
■ a musical instrument gléas ceoil

musical NOUN
▷ *see also* **musical** ADJECTIVE
ceoldráma *masc4*

music centre NOUN
aonad ceoil *masc1*

musician NOUN

ceoltóir *masc3*

Muslim NOUN
Moslamach *masc1*
□ He's a Muslim. Is Moslamach é.

mussel NOUN
diúilicín *masc4*

must VERB
■ I must do it. Caithfidh mé é a dhéanamh.
■ He must be there by now. Caithfidh sé go bhfuil sé ann faoi seo.
■ You must come and see me. Caithfidh tú teacht ar cuairt chugam.

mustard NOUN
mustard *masc1*

mustn't VERB = must not

to **mutter** VERB
bheith ag monabhar

mutton NOUN
caoireoil *fem3*

my ADJECTIVE
mo
□ my house mo theach □ my hair mo chuid gruaige □ my parents mo thuismitheoirí □ I'm going to clean my teeth. Glanfaidh mé mo chuid fiacla.
□ I've hurt my foot. Ghortaigh mé mo chos.

myself PRONOUN
1 mé féin
□ I've hurt myself. Ghortaigh mé mé féin.
■ I really enjoyed myself. Bhain mé an-sult as.
■ I don't like talking about myself. Ní maith liom a bheith ag caint fúm féin.
2 mise mé féin *(emphatic)*
□ I made it myself. Rinne mise mé féin é.
■ by myself liom féin □ I don't like travelling by myself. Ní maith liom a bheith ag taisteal liom féin.

mysterious ADJECTIVE
rúndiamhair

mystery NOUN
rúndiamhair *fem2*
■ a murder mystery *(novel)* dúrún dúnmharaithe

myth NOUN
miotas *masc1*
□ a Greek myth miotas Gréagach □ That's a myth. Is miotas é sin.

mythology NOUN
miotaseolaíocht *fem3*

Nn

to **nag** VERB
tabhair amach do
□ She's always nagging me. Bíonn sí i gcónaí ag tabhairt amach dom.

nail NOUN
1 ionga *fem (on finger, toe)*
□ Don't bite your nails! Ná hith do chuid ingne!
2 tairne *masc4 (made of metal)*

nailbrush NOUN
scuab ingne *fem2*

nailfile NOUN
líomhán ingne *masc4*

nail scissors PL NOUN
siosúr ingne *masc1*

nail varnish NOUN
vearnais ingne *fem2*
□ nail varnish remover glantóir vearnaise ingne

naked ADJECTIVE
lomnocht

name NOUN
ainm *masc4*
□ What's your name? Cén t-ainm atá ort?

nanny NOUN
buime *fem4*
□ She's a nanny. Tá sí ina buime.

nap NOUN
néal a chodladh *masc1*
■ **to take a nap** dreas codlata a dhéanamh

napkin NOUN
naipcín *masc4*

nappy NOUN
clúidín *masc4*

narrow ADJECTIVE
cúng

narrow-minded ADJECTIVE
caolaigeanta

nasty ADJECTIVE
1 mioscaiseach *(person)*
2 mailíseach *(attack)*
3 droch- *(accident, disease)*
□ a nasty cold drochshlaghdán

4 bréan *(smell)*
□ a nasty smell boladh bréan

nation NOUN
náisiún *masc1*

national ADJECTIVE
náisiúnta
□ He's the national champion. Tá sé ina churadh náisiúnta.
■ **the national elections** an toghchán náisiúnta

national anthem NOUN
an amhrán náisiúnta *masc1*

National Health Service NOUN
An tSeirbhís Náisiúnta Sláinte *fem2*

nationalism NOUN
náisiúnachas *masc1*

nationalist NOUN
náisiúnaí *masc4*

nationality NOUN
náisiúntacht *fem3*

National Lottery NOUN
Crannchur Náisiúnta *masc1*

national park NOUN
páirc náisiúnta *fem2*

native ADJECTIVE
dúchais
□ my native country mo thír dhúchais
□ a native speaker of Irish cainteoir dúchais Ghaeilge □ my native language mo theanga dhúchais

natural ADJECTIVE
nádúrtha

naturalist NOUN
nádúraí *masc4*

naturally ADVERB
ar ndóigh *(obviously)*
□ Naturally, we were very disappointed. Ar ndóigh, bhí an-díomá orainn.

nature NOUN
nádúr *masc1*

naughty ADJECTIVE
dalba

n

□ a naughty boy gasúr dalba □ Don't be naughty! Ná bí dalba!

navy NOUN
cabhlach *masc1*
□ He's in the navy. Tá sé sa chabhlach.

navy-blue ADJECTIVE
dúghorm
□ a navy-blue skirt sciorta dúghorm

Nazi NOUN
Naitsí *masc4*
□ the Nazis na Naitsithe

near ADJECTIVE
cóngarach
□ It's fairly near. Tá sé cóngarach go leor.
□ It's near enough to walk. Tá sé cóngarach go leor le siúl ann.
■ **the nearest** is cóngaraí □ Where's the nearest service station? Cá bhfuil an stáisiún seirbhíse is cóngaraí? □ The nearest shops were three kilometres away. Bhí na siopaí is cóngaraí trí chiliméadar ar shiúl.

nearby ADJECTIVE
in aice láimhe
□ a nearby garage garáiste in aice láimhe

nearly ADVERB
chóir a bheith
□ Dinner's nearly ready. Tá an dinnéar chóir a bheith réidh. □ I'm nearly 15. Tá mé chóir a bheith 15. □ They were nearly finished. Bhí siad chóir a bheith réidh.
■ **I nearly fell.** Dóbair dom titim.

neat ADJECTIVE
slachtmhar
□ She has very neat writing. Tá a peannaireacht iontach slachtmhar.

neatly ADVERB
go slachtmhar
□ neatly folded fillte go slachtmhar
□ neatly dressed gléasta go slachtmhar

necessary ADJECTIVE
riachtanach

necessity NOUN
riachtanas *masc1*
□ A car is a necessity, not a luxury. Is riachtanas é carr, ní sócúlacht.

neck NOUN
muineál *masc1*
□ a stiff neck muineál righin □ a V-neck sweater geansaí V-mhuiníl

necklace NOUN
muince *fem4*

to **need** VERB
▷ see also **need** NOUN
■ **I need some fresh air.** Tá aer úr de dhíth orm.

■ **Do you need any help?** An bhfuil cuidiú ar bith de dhíth ort?

need NOUN
▷ see also **need** VERB
■ **There's no need to rush.** Ní gá deifriú.

needle NOUN
1 snáthaid *fem2 (for sewing)*
2 dealgán *masc1 (for knitting)*

negative NOUN
▷ see also **negative** ADJECTIVE
claonchló *masc4 (photo)*

negative ADJECTIVE
▷ see also **negative** NOUN
diúltach
□ He's got a very negative attitude. Tá dearcadh iontach diúltach aige.

neglected ADJECTIVE
■ **The garden is neglected.** *(untidy)* Tá faillí déanta sa ghairdín.

negligee NOUN
fallaing sheomra *fem2*

to **negotiate** VERB
socraigh *(price)*
■ **to negotiate an agreement** teacht ar chomhréiteach

negotiations PL NOUN
1 caibidlíocht *fem3 (of price)*
2 idirbheartaíocht *fem3 (in politics)*

neighbour (US **neighbor**) NOUN
comharsa *fem*
□ the neighbours' garden gairdín na gcomharsan

neighbourhood (US **neighborhood**) NOUN
comharsanacht *fem3*

neither PRONOUN, CONJUNCTION, ADVERB
■ **Neither of them is coming.** Níl ceachtar acu ag teacht.
■ **Neither Sarah nor Eva is coming to the party.** Ní bheidh Sorcha ná Aoife ag teacht chuig an gcóisir.
■ **I didn't see her. — Neither did I.** Ní fhaca mé í. — Ní fhaca ná mise.

neon NOUN
neon *masc1*
□ a neon light solas neoin

nephew NOUN
nia *masc4*

nerve NOUN
1 néaróg *fem2*
2 sotal *masc1*
□ He's got a nerve! Tá sotal ann!

nerve-racking ADJECTIVE
strusúil

nervous ADJECTIVE
neirbhíseach *(tense)*

□ I bite my nails when I'm nervous. **Ithim mo chuid ingne nuair a bhím neirbhíseach.**
■ **to be nervous about something bheir neirbhíseach faoi rud** □ I'm a bit nervous about flying to Paris by myself. **Tá mé rud beag neirbhíseach faoi eitilt go Páras i m'aonar.**

nest NOUN
nead *fem2*

Net NOUN
■ **the Net an tIdirlíon**
■ **to surf the Net scimeáil ar an Idirlíon**

net NOUN
eangach *fem2*
□ a fishing net **eangach iascaireachta**

netball NOUN
líonpheil *fem2*
□ Netball is a bit like basketball. **Tá líonpheil giota beag ar nós na cispheile.**

Netherlands PL NOUN
■ **the Netherlands an Ísiltír** □ in the Netherlands **san Ísiltír**

network NOUN
1 gréasán *masc1 (for mobile phone)*
□ Which network are you on? **Cén gréasán ar a bhfuil tú?**
2 líonra *masc4 (for computers)*

neurotic ADJECTIVE
néaróiseach

never ADVERB
1 riamh *(past, present)*
□ It never happened. **Níor tharla sé riamh.**
□ He's never on time. **Ní bhíonn sé riamh in am.** □ I have never been camping. **Ní raibh mé riamh ag campáil.**
2 choíche *(future)*
□ She'll never return. **Ní fhillfidh sí choíche.**
□ When are you going to phone him? — Never! **Cá huair a chuirfidh tú scairt air? — Choíche!**
■ **Never again! Choíche go deo!**

new ADJECTIVE
nua
□ her new boyfriend **a buachaill nua**
□ I need a new dress. **Tá gúna nua de dhíth orm.**
■ **brand new úrnua** □ They've got a brand new car. **Tá carr úrnua acu.**

newborn ADJECTIVE
nuabheirthe
□ a newborn baby **leanbh nuabheirthe**

newcomer NOUN
núíosach *masc1*

news NOUN
1 scéala *masc4*

□ good news **dea-scéala** □ I've had some bad news. **Tá drochscéala agam.**
2 nuacht *fem3 (on radio, TV)*
□ I watch the news every evening. **Amharcaim ar an nuacht gach tráthnóna.**
□ I listen to the news every morning. **Éistim leis an nuacht gach maidin.**

newsagent (US **newsdealer**) NOUN
nuachtánaí *masc4*

news flash NOUN
scéal práinneach *masc1*

newspaper NOUN
nuachtán *masc1*
□ I deliver newspapers. **Bím ag seachadadh nuachtán.**

newsreader NOUN
léitheoir nuachta *masc3*

New Year NOUN
■ **the New Year an Athbhliain** □ We celebrated New Year with our friends. **Rinneamar an Athbhliain a cheiliúradh lenár gcairde.**
■ **Happy New Year! Athbhliain faoi mhaise duit!**
■ **New Year's Day Lá Nollag Beag**
■ **New Year's Eve Oíche Chinn Bliana**

New Zealand NOUN
an Nua-Shéalainn *fem2*
□ in New Zealand **sa Nua-Shéalainn**

New Zealander NOUN
Nua-Shéalannach *masc1*

next ADJECTIVE, ADVERB, PREPOSITION
1 seo chugainn *(in time)*
□ next Saturday **an Satharn seo chugainn**
□ next year **an bhliain seo chugainn** □ next summer **an samhradh seo chugainn**
2 an chéad ... eile *(in sequence)*
□ the next train **an chéad traein eile** □ Next please! **An chéad duine eile, le do thoil!**
3 ina dhiaidh *(afterwards)*
□ What shall I do next? **Cad é a dhéanfaidh mé ina dhiaid seo?** □ What happened next? **Cad é a tharla ina dhiaid sin?**
■ **next to in aice le** □ next to the bank **in aice leis an mbanc**
■ **the next day an lá arna mhárach**
□ The next day he visited Cork. **An lá arna mhárach, thug sé cuairt ar Chorcaigh.**
■ **the next time an chéad uair eile**
□ the next time you see her **an chéad uair eile a fheicfidh tú í**
■ **next door neighbour comharsa béal dorais**

nice ADJECTIVE
deas

□ Your parents are very nice. **Tá do thuismitheoirí iontach deas.** □ It was nice of you to remember my birthday. **Ba dheas uait cuimhneamh ar mo bhreithlá.**

□ That's a nice dress! **Sin gúna deas!**

□ Newry is a nice city. **Is cathair dheas é an tlúr.**

■ to be nice to somebody **bheith deas le duine**

WORD POWER

You can use a number of other words instead of **nice** to mean 'pretty':

attractive tarraingteach

□ an attractive girl **cailín tarraingteach**

beautiful álainn

□ a beautiful painting **péintéireacht álainn**

lovely aoibhinn

□ a lovely spot **áit aoibhinn**

pretty gleoite

□ a pretty dress **gúna gleoite**

---

nickname NOUN
leasainm *masc4*

niece NOUN
neacht *fem3*

Nigeria NOUN
an Nigéir *fem2*
□ in Nigeria **sa Nigéir**

night NOUN
1 oíche *fem4*
□ I want a single room for two nights. **Ba mhaith liom seomra singilte ar feadh dhá oíche.**

■ My mother works nights. **Bíonn mo mháthair ag obair san oíche.**

■ at night **san oíche**

■ Goodnight! **Oíche mhaith!**

2 tráthnóna *masc4 (evening)*
■ last night **aréir**

night club NOUN
club oíche *masc4*

nightie NOUN
léine oíche *fem4*

nightlife NOUN
siamsaíocht oíche *fem3*
□ There's plenty of nightlife. **Bíonn cuid mhór siamsaíocht oíche ann.**

nightmare NOUN
tromluí *masc4*
□ It was a real nightmare! **Tromluí ceart a bhí ann!** □ I had a nightmare last night. **Tháinig tromluí orm aréir.**

night watchman NOUN
fairtheoir oíche *masc3*

nil NOUN
náid *fem2*
□ We won one-nil. **Bhaineamar a haon a náid.**

nine NUMBER
1 a naoi

◌ **LANGUAGE TIP a naoi** is used for telling the time and for counting.

□ at naoi o'clock **ar a naoi a chlog** □ Three plus six is nine. **A trí móide a sé sin a naoi.**

2 naoi

◌ **LANGUAGE TIP naoi** is used to give the number of objects and is usually followed by a singular noun.

□ nine bottles **naoi mbuidéal**

◌ **LANGUAGE TIP** Some words, **bliain**, **uair**, **seachtain**, **pingin**, have a special plural for use with numbers.

□ nine years **naoi mbliana**

■ She's nine. **Tá sí naoi mbliana d'aois.**

◌ **LANGUAGE TIP** To translate 'nine people', use the form **naonúr.**

□ nine people **naonúr** □ nine women **naonúr ban**

nineteen NUMBER
naoi ... déag

◌ **LANGUAGE TIP naoi** is followed by a singular noun.

□ nineteen bottles **naoi mbuidéal déag**

■ She's nineteen. **Tá sí naoi mbliana déag.**

nineteenth ADJECTIVE
an naoú ... déag
□ her nineteenth birthday **a breithlá naoi mbliana déag** □ the nineteenth floor **an naoú hurlár déag**

■ the nineteenth of August **an naoú lá déag de Lúnasa**

ninety NUMBER
nócha

◌ **LANGUAGE TIP nócha** is followed by a singular noun.

□ ninety people **nócha duine**

■ He's ninety. **Tá sé nócha bliain d'aois.**

ninth NUMBER
naoú
□ the ninth floor **an naoú hurlár**

■ the ninth of August **an naoú lá de Lúnasa**

nitrogen NOUN
nítrigin *fem2*

no ADVERB
▷ *see also* **no** ADJECTIVE
níl
□ Are you coming? — No. **An bhfuil tú ag teacht? — Níl.**

■ **Would you like some more? — No thank you.** Ar mhaith leat tuilleadh? — Níor mhaith, go raibh maith agat.

no ADJECTIVE
▷ *see also* **no** ADVERB

1 aon
□ I have no money. Níl aon airgead agam. □ There's no hot water. Níl aon uisce te ann.

2 ar bith
□ I have no books. Níl leabhair ar bith agam. □ There are no trains on Sundays. Ní bhíonn traenacha ar bith ann ar an Domhnach.
■ **'no smoking'** 'ná caitear tobac'
■ **No way!** Seans ar bith!

nobody PRONOUN
duine ar bith
□ Who's going with you? — Nobody. Cé atá ag dul leat? — Duine ar bith. □ There was nobody in the office. Ní raibh duine ar bith san oifig. □ Nobody likes him. Ní maith le duine ar bith é.

to **nod** VERB
■ **to nod one's head** do cheann a sméideadh
■ **to nod at somebody** (as greeting) beannú do dhuine de do cheann

noise NOUN
callán masc1
□ What is that noise?. Cad é an callán sin?

noisy ADJECTIVE
callánach

to **nominate** VERB
1 mol (propose)
□ I nominate John McAteer as president of the society. Molaim Seán Mac an tSaoir mar uachtarán ar an gcumann.
2 ainmnigh (appoint)
□ She was nominated as director. Ainmníodh mar stiúrthóir í.
■ **He was nominated for an Oscar.** Ainmníodh le haghaidh Oscar é.

none PRONOUN
1 ceann ar bith (things)
□ I've none left. Níl ceann ar bith fágtha agam.
2 duine ar bith (people)
□ none of you duine ar bith agaibh

nonsense NOUN
seafóid fem2
■ **Don't talk nonsense!** Bíodh ciall agat!

non-smoker NOUN
neamhchaiteoir masc3
■ **He's a non-smoker.** Ní chaitheann sé tobac.

non-stop ADJECTIVE, ADVERB
gan stad
□ a non-stop flight eitilt gan stad □ He flew non-stop. D'eitil sé gan stad. □ He drinks non-stop. Ólann sé gan stad.

noodles PL NOUN
núdail masc1 pl

noon NOUN
meán lae masc1
□ at noon ar mheán lae □ before noon roimh mheán lae

no one PRONOUN
duine ar bith
□ Who's going with you? — No one. Cé atá ag dul leat? — Duine ar bith. □ There was no one in the office. Ní raibh duine ar bith san oifig. □ No one likes him. Ní maith le duine ar bith é.

nor CONJUNCTION
ná
□ neither the cinema nor the swimming pool an phictiúrlann ná an linn snámha □ I didn't like the film. — Nor did I. Níor thaitin an scannán liom. — Ná liomsa. □ I haven't seen him. — Nor have I. Ní fhaca mé é. — Ná mise.

normal ADJECTIVE
gnách
□ He's perfectly normal. Níl aon rud neamhghnách faoi.

normally ADVERB
de ghnáth
□ I normally arrive at nine o'clock. Tagaim isteach de ghnáth ar a naoi a chlog.
■ **The airports are working normally.** (as normal) Tá na haerfoirt ag feidhmiú mar is gnách.

north NOUN
▷ *see also* **north** ADJECTIVE, ADVERB
tuaisceart masc1
□ in the north sa tuaisceart

north ADJECTIVE
▷ *see also* **north** NOUN, ADVERB
tuaisceartach
■ **the north wind** an ghaoth aduaidh

north ADVERB
▷ *see also* **north** NOUN, ADJECTIVE
thuaidh
□ It's north of London. Tá sé ar an taobh thuaidh de Londain.

North America NOUN
Meiriceá Thuaidh masc4

northbound ADJECTIVE
■ **The truck was northbound on the M5.** Bhí an trucail ag dul ó thuaidh ar an M5.

■ **Northbound traffic is moving very slowly.** Tá an trácht ó thuaidh ag bogadh go han-mhall.

northeast NOUN
oirthuaisceart *masc1*
□ in the northeast san oirthuaisceart

northern ADJECTIVE
tuaisceartach
□ a northern city cathair thuaisceartach
□ the northern part of the island an chuid thuaisceartach den oileán
■ **Northern Europe** Tuaisceart na hEorpa
■ **the Northern Lights** na Gealáin Thuaidh

Northern Ireland NOUN
Tuaisceart Éireann *masc1*
□ in Northern Ireland i dTuaisceart Éireann
□ to Northern Ireland go Tuaisceart Éireann
□ I'm from Northern Ireland. As Tuaisceart Éireann dom.

North Pole NOUN
■ **the North Pole** an Pol Thuaidh

North Sea NOUN
■ **the North Sea** an Mhuir Thuaidh

northwest NOUN
iarthuaisceart *masc1*
□ in the northwest san iarthuaisceart

Norway NOUN
an Iorua *fem4*
□ in Norway san Iorua

Norwegian ADJECTIVE
▷ *see also* **Norwegian** NOUN
Ioruach

Norwegian NOUN
▷ *see also* **Norwegian** ADJECTIVE
1 Ioruach *masc1 (person)*
2 Ioruais *fem2 (language)*

nose NOUN
srón *fem2*
□ His nose was bleeding. Bhí sé ag cur fuil shróine.

nosebleed NOUN
fuil shróine *fem*
□ I often get nosebleeds. Bíonn fuil shróine go minic liom.

nosy ADJECTIVE
fiosrach

not ADVERB
ní

> LANGUAGE TIP **ní** changes to **níl** or **níor** depending on the verb in the sentence. Look the examples to find one that's similar to what you want to say.

□ He's not very reliable. Ní duine ró-iontaofa é. □ It's not possible. Ní féidir é.

□ I'm not sure. Níl mé cinnte. □ It's not raining. Níl sé ag cur. □ You shouldn't do that. Níor chóir duit sin a dhéanamh. □ They haven't arrived yet. Níor tháinig siad go fóill.
■ **I hope not.** Tá súil agam nach amhlaidh atá.
■ **Can you lend me 10 euros? — I'm afraid not.** An bhféadfá 10 euro a thabhairt ar iasacht dom. — Is eagal liom nach bhféadfainn.
■ **Are you coming or not?** An bhfuil tú ag teacht nó nach bhfuil?
■ **not yet** chan go fóill

note NOUN
nóta *masc4*
□ I'll write her a note. Scríobhfaidh mé nóta chuici. □ a £5 note nóta £5 □ She took notes at the meeting. Ghlac sí nótaí ag an gcruinniú.

to note down VERB
breac síos

notebook NOUN
leabhar nótaí *masc1*

notepad NOUN
ceap nótaí *masc1*

notepaper NOUN
páipéar litreacha *masc1*

nothing NOUN
rud ar bith *masc3*
□ What's wrong? — Nothing. Cad é atá ort? — Rud ar bith. □ nothing special rud ar bith speisialta □ He does nothing. Ní dhéanann sé rud ar bith. □ Nothing is open on Sundays. Ní bhíonn rud ar bith oscailte ar an Domhnach.
■ **for nothing** in aisce

notice NOUN
▷ *see also* **notice** VERB
1 fógra *masc4 (announcement)*
□ I put up a notice about the school disco. Chuir mé fógra in airde faoi dhioscó na scoile.
2 rabhadh *masc1 (warning)*
■ **Don't take any notice of him!** Ná bíodh aird ar bith agat air!
■ **at short notice** gan chairde
■ **until further notice** go bhfógrófar a mhalairt
■ **to hand in one's notice** éirí as

to notice VERB
▷ *see also* **notice** NOUN
tabhair faoi deara

notice board NOUN
clár fógraí *masc1*

n

417

nought NOUN
neamhní masc4

noun NOUN
ainmfhocal masc1

novel NOUN
úrscéal masc1

novelist NOUN
úrscéalaí masc4

November NOUN
Samhain fem3
□ in November i mí na Samhna

now ADVERB, CONJUNCTION
anois
□ What are you doing now? Cad é atá tú a dhéanamh anois? □ I'm rather busy just now. Tá mé gnóthach cineál anois.
■ by now faoi seo □ He should be there by now. Ba chóir dó bheith ann faoi seo. □ It should be ready by now. Ba chóir dó bheith réidh faoi seo.
■ now and then anois agus arís
■ from now on as seo amach

nowhere ADVERB
in áit ar bith
□ nowhere else áit ar bith eile

nuclear ADJECTIVE
núicléach
□ nuclear power cumhacht núicléach
□ a nuclear power station stáisiún cumhachta núicléiche

nude ADJECTIVE
▷ see also **nude** NOUN
lomnocht
■ to sunbathe nude bolg le gréin a dhéanamh nocht

nude NOUN
▷ see also **nude** ADJECTIVE
nochtach masc1
■ in the nude lom nocht

nudist NOUN
nochtach masc1

nuisance NOUN
■ It's a nuisance. Is mór an crá é.

■ What a nuisance! A leithéid de chrá croí!

numb ADJECTIVE
gan mhothú
□ My leg's gone numb. Tá mo chos gan mhothú.
■ numb with cold préachta leis an bhfuacht

number NOUN
uimhir fem
□ They live at number 5. Tá siad ina gcónaí ag uimhir 5. □ What's your phone number? Cad é d'uimhir ghutháin? □ You've got the wrong number. Tá an uimhir chontráilte agat.

number plate NOUN
uimhirphláta masc4

nun NOUN
bean rialta fem
□ She's a nun. Tá sí ina bean rialta.

nurse NOUN
banaltra fem4
□ She's a nurse. Tá sí ina banaltra.

nursery NOUN
1 naíolann fem2 (for children)
2 plandlann fem2 (for plants)

nursery school NOUN
naíscoil fem2

nursery slope NOUN
fánán tosaitheoirí masc1

nut NOUN
cnó masc4

nutmeg NOUN
noitmig fem2

nutritious ADJECTIVE
cothaitheach

nuts ADJECTIVE
ar mire
□ He's nuts. Tá sé ar mire.

nutter NOUN
■ He's a nutter. Fear buile é.

nylon NOUN
níolón masc1

Oo

oak NOUN
dair *fem*
□ an oak table **bord darach**

oar NOUN
maide rámha *masc4*

oatmeal NOUN
min choirce *fem2*

oats NOUN
coirce *masc4*

obedient ADJECTIVE
umhal

to **obey** VERB
géill do
■ **to obey the rules** cloí leis na rialacha

object NOUN
▷ *see also* **object** VERB
rud *masc3*
□ a familiar object **rud coitianta**

to **object** VERB
▷ *see also* **object** NOUN
cuir i gcoinne
□ A lot of people objected to the proposal.
Chuir go leor daoine i gcoinne an mholta.

objection NOUN
agóid *fem2*
■ **I have no objection to that.** Níl rud ar bith agam ina choinne sin.

oblong ADJECTIVE
leathfhada

oboe NOUN
óbó *masc4*
□ I play the oboe. **Seinnim ar an óbó.**

obscene ADJECTIVE
gáirsiúil

observant ADJECTIVE
grinnsúileach

to **observe** VERB
coimhéad

obsessed ADJECTIVE
tógtha glan
□ He's obsessed with trains. **Tá sé tógtha**
glan le traenacha.

obsolete ADJECTIVE
as feidhm

obstacle NOUN
constaic *fem2*

obstinate ADJECTIVE
ceanntréan

to **obstruct** VERB
cuir bac ar
□ A lorry was obstructing the traffic.
Bhí leoraí ag cur baic ar an trácht.

to **obtain** VERB
faigh

obvious ADJECTIVE
soiléir

obviously ADVERB
go follasach
■ Do you want to pass the exam? —
Obviously! **An mian leat an scrúdú a fháil?**
— Gan amhras!
■ She was obviously exhausted. **Ba léir**
go raibh tuirse uirthi.

occasion NOUN
ócáid *fem2*
□ a special occasion **ócáid speisialta**
■ on several occasions **cúpla uair**

occasionally ADVERB
corruair

occupation NOUN
gairm *fem2*

to **occupy** VERB
bheith i seilbh
■ That seat is occupied. **Tá an suíochán**
sin tógtha.

to **occur** VERB
tarlaigh
□ The accident occurred yesterday. **Inné**
a tharla an timpiste.
■ It suddenly occurred to me that …
Rith sé chugam go …

ocean NOUN
aigéan *masc1*

o

o'clock ADVERB
- **at four o'clock** ar a ceathair a chlog
- **It's five o'clock.** Tá sé a cúig a chlog.

October NOUN
Deireadh Fómhair *masc1*
- **in October** i mí Dheireadh Fómhair

octopus NOUN
ochtapas *masc1*

odd ADJECTIVE
1 aisteach
□ That's odd! Tá sin aisteach!
2 corr *(number)*
□ an odd number uimhir chorr

of PREPOSITION
de *(from, out of)*
□ It's made of wood. Tá sé déanta d'adhmad.
> LANGUAGE TIP The genitive is usually used to translate 'of'.
□ a boy of ten gasúr deich mbliana □ a kilo of flour cileagram plúir □ three of us triúr againn □ a friend of ours cara linn □ That was kind of you. Ba dheas uait sin.
- **the 5th of July** an cúigiú lá d'Iúil

off ADJECTIVE, ADVERB, PREPOSITION
1 múchta *(light)*
□ All the lights are off. Tá na soilse go léir múchta.
2 ar ceal *(cancelled)*
□ The match is off. Tá an cluiche ar ceal.
3 as láthair *(absent)*
- **to have an off day** drochlá a bheith agat
- **to take a day off work** lá a thógáil ón obair
- **She's off school today.** Níl sí ar scoil inniu.
- **to be off sick** bheith amuigh tinn
- **a day off** lá saoire
- **I must be off now.** *(leave)* Caithfidh mé bheith ag imeacht anois.

Offaly NOUN
Uíbh Fhailí *masc pl*

offence (US **offense**) NOUN
coir *fem2 (crime)*

offensive ADJECTIVE
bréan *(smell)*

offer NOUN
> see also **offer** VERB
tairiscint *fem3*
□ a good offer tairiscint mhaith
- **'on special offer'** 'tairiscint speisialta'

to **offer** VERB
> see also **offer** NOUN
tairg
□ He offered to help me. Thairg sé cuidiú liom. □ I offered to go with them. Thairg mé dul leo.

office NOUN
oifig *fem2*
□ She works in an office. Tá sí ag obair in oifig.

officer NOUN
1 oifigeach *masc1 (in the army)*
2 garda *masc4 (in the Irish police)*

official ADJECTIVE
oifigiúil

off-licence NOUN
siopa eischeadúnais *masc1 (shop)*

offside ADJECTIVE
as cóir

often ADVERB
go minic
□ It often rains. Bíonn sé ag cur go minic.
- **How often do you go to the gym?** Cá mhinic a théann tú go dtí an giom?
- **I'd like to go skiing more often.** Ba mhaith liom dul ag sciáil níos minice.

oil NOUN
> see also **oil** VERB
1 ola *fem4*
□ an oil painting péintéireacht ola
2 amhola *fem4 (crude oil)*
- **North Sea oil** ola na Mara Thuaidh

to **oil** VERB
> see also **oil** NOUN
bealaigh *(machine)*

oil rig NOUN
rige ola *masc4*
□ He works on an oil rig. Tá sé ag obair ar rige ola.

oil slick NOUN
leo ola *masc4*

oil well NOUN
tobar ola *masc1*

ointment NOUN
ungadh *masc*

okay EXCLAMATION, ADJECTIVE
1 ceart go leor *(agreed)*
□ Could you call back later? — Okay! An bhféadfá glaoch ar ais ar ball? — Ceart go leor! □ I'll meet you at six o'clock, okay? Buailfidh mé leat ar a sé a chlog, ceart go leor? □ Is that okay? An bhfuil sin ceart go leor? □ I'll do it tomorrow, if that's okay with you. Déanfaidh mé amárach é, má tá sin ceart go leor agatsa.
2 maith go leor *(average)*
□ How was your holiday? — It was okay. Cad é mar a bhí an tsaoire agat? — Maith go leor.
- **Are you okay?** An bhfuil tú ceart?

old ADJECTIVE
sean

□ He's not so old. Níl sé chomh sean sin.

> LANGUAGE TIP **sean** is added at the beginning of nouns, as in the examples below.

□ an old house seanteach □ old people seandaoine □ an old horse seanchapall

■ **my old English teacher** (former) mo sheanmhúinteoir Béarla

■ **How old are you?** Cén aois thú?

■ **my older brother** mo dhearthair mór

■ **my older sister** mo dheirfiúr mhór

■ **She's two years older than me.** Tá sí dhá bhliain níos sine ná mé.

■ **I'm the oldest in the family.** Mise is sine sa chlann.

old-age pensioner NOUN
seanphinsinéir *masc3*

□ She's an old-age pensioner.
Is seanphinsinéir í.

old-fashioned ADJECTIVE

1 seanfhaiseanta

□ She wears old-fashioned clothes.
Caitheann sí éadaí seanfhaiseanta.

2 seanaimseartha (person)

□ My parents are rather old-fashioned. Tá mo thuismitheoirí cineál seanaimseartha.

olive NOUN
ológ *fem2*

olive oil NOUN
ola olóige *fem4*

olive tree NOUN
crann ológ *masc1*

Olympic ADJECTIVE
Oilimpeach

■ **the Olympics** na Cluichí Olimpeacha

omelette NOUN
uibheagán *masc1*

on PREPOSITION
▷ see also **on** ADJECTIVE

> LANGUAGE TIP There are several ways of translating 'on'. Look at the examples to find one that is similar to what you want to say.

ar (indicating position)

□ on the table ar an mbord □ on the wall ar an mballa □ on the 2nd floor ar an dara hurlár □ on the left ar clé □ on the train ar an traein

■ **on the radio** ar an raidió □ I heard it on the radio. Chuala mé ar an raidió é.

■ **on holiday** ar saoire □ They're on holiday. Tá siad ar saoire.

■ **on strike** ar stailc

■ **on foot** de chois

> LANGUAGE TIP With days and dates 'on' is often not translated.

□ on Christmas Day Lá Nollag □ on July 20th an fichiú lá d'Iúil □ on the night he was born an oíche a rugadh é □ on Monday morning maidin Dé Luain

■ **on Friday** Dé hAoine

■ **on Fridays** ar an Aoine

on ADJECTIVE
▷ see also **on** PREPOSITION

ar siúl (machine, tap, TV)

□ Is the dishwasher on? An bhfuil an miasniteoir ar siúl?

■ **Don't leave the tap on.** Ná fág an sconna ag rith. □ I think I left the light on. Sílim gur fhág mé an solas ar siúl.

■ **What's on at the cinema?** Cad é tá ar siúl sa phictiúrlann?

once ADVERB
uair amháin (one time)

□ once more uair amháin eile □ I've been to London once before. Bhí mé i Londain uair amháin cheana.

■ **once a week** uair sa tseachtain

■ **Once upon a time ...** Fadó, fadó ...

■ **at once** láithreach bonn

■ **once in a while** anois is arís

one NUMBER
▷ see also **one** PRONOUN

aon

□ in one go d'aon iarracht □ They came in one car. Tháinig siad san aon charr.

■ **one minute** nóiméad amháin

■ **I've got one brother and one sister.** Tá deartháir amháin agus deirfiúr amháin agam.

one PRONOUN
▷ see also **one** NUMBER

ceann

■ **Do you need a stamp? — No thanks, I've got one.** An bhfuil stampa uait? — Níl, tá ceann agam.

■ **One never knows.** (impersonal) Ní bhíonn a fhios ag duine riamh.

■ **this one** an ceann seo □ Which is the best photo? — This one. Cé acu grianghraf is fearr? — An ceann seo.

■ **that one** an ceann sin □ Which seat do you want? — That one. Cén suíochán atá uait? — An ceann sin.

oneself PRONOUN
tú féin

■ **to hurt oneself** tú féin a ghortú

■ **to talk to oneself** bheith ag caint leat féin

one-way ADJECTIVE
aontreo (*street, traffic*)

onion NOUN
oinniún *masc1*

online ADJECTIVE, ADVERB
ar líne
□ They like to chat online. **Is maith leo bheith ag comhrá ar líne.**

only ADVERB, ADJECTIVE, CONJUNCTION
aon
□ Monday is the only day I'm free. **An Luan an t-aon lá a bhím saor.** □ Irish is the only subject I like. **Gaeilge an t-aon ábhar a bhfuil dúil agam ann.** □ the only place left **an t-aon áit a bhí fagtha**
■ How much was it? — Only 10 euros. **Cá mhéad a bhí air? — Gan ach deich euro.**
■ We only want to stay for two nights. **Ní theastaíonn uainn fanacht ach dhá oíche.**
■ I'd like the same sweater, only in black. **Ba mhaith liom an geansaí céanna, ach é a bheith dubh.**
■ an only child **páiste aonair**

onwards ADVERB
ar aghaidh
■ from July onwards **ó mhí Iúil amach**

open ADJECTIVE
▷ *see also* **open** VERB
oscailte
□ The baker's is open on Sunday morning. **Bíonn siopa an bháicéara oscailte maidin Domhnaigh.**
■ in the open air **amuigh faoin aer**

to **open** VERB
▷ *see also* **open** ADJECTIVE
oscail
□ Can I open the window? **An cuma má osclaím an fhuinneog?** □ What time do the shops open? **Cén t-am a osclaíonn na siopaí?** □ The door opened and the teacher came in. **D'oscail an doras agus tháinig an múinteoir isteach.**

opening hours PL NOUN
uaireanta oscailte *fem pl*

opera NOUN
ceoldráma *masc4*

to **operate** VERB
oibrigh
□ The lights operate on a timer. **Oibríonn na soilse ar amadóir.** □ How do you operate the camcorder? **Cad é mar a oibríonn tú an ceamthaifeadán?**
■ to operate on somebody (*perform surgery*) **duine a chur faoi scian**

operation NOUN
obráid *fem2*
□ a major operation **mórobráid**
■ to have an operation **dul faoi scian**
□ I have never had an operation. **Ní dheachaigh mé féin faoi scian riamh.**

operator NOUN
1 oibreoir *masc3* (*of machine*)
2 teileafónaí *masc4* (*on telephone*)

opinion NOUN
tuairim *fem2*
□ He asked me my opinion. **D'iarr sé mo thuairim orm.** □ What's your opinion? **Cad é do thuairim air?**
■ in my opinion **i mo thuairimse**

opinion poll NOUN
pobalbhreith *fem2*

opponent NOUN
céile comhraic *masc4*

opportunity NOUN
deis *fem2*
■ to have the opportunity to do something **deis a fháil ar rud a dhéanamh**
□ I've never had the opportunity to go abroad. **Ní raibh an deis riamh agam dul thar lear.**

opposed ADJECTIVE
■ I've always been opposed to violence. **Bhí mé i gcónaí i gcoinne an fhoréigin.**
■ as opposed to **i gcontrárthacht le**

opposing ADJECTIVE
contrártha (*opinions*)
■ the opposing team **an fhoireann eile**

opposite ADJECTIVE, ADVERB, PREPOSITION
1 os comhair (*facing*)
□ the girl sitting opposite me **an cailín atá ina suí os mo chomhair** □ They live opposite us. **Tá siad ina gcónaí os ár gcomhair amach.**
2 contrártha (*contrary*)
□ It's in the opposite direction. **Tá sé sa treo contrártha.**
■ the opposite sex **an gnéas eile**
■ Quite the opposite! **A mhalairt glan!**

opposition NOUN
1 freasúra *masc4* (*in politics*)
2 cur in éadan *masc1* (*to plan, proposal*)
3 an fhoireann eile *fem2* (*in sport*)

optician NOUN
radharceolaí *masc4*
□ She's an optician. **Is radharceolaí í.**

optimistic ADJECTIVE
dóchasach

option NOUN
1 rogha *fem4*

□ I've got no option. Níl an dara rogha agam.

2 ábhar roghnach *masc1 (optional subject)*

□ I'm doing geology as my option. Tá mé ag déanamh geolaíochta mar ábhar roghnach.

optional ADJECTIVE

roghnach

or CONJUNCTION

1 nó

□ Would you like some tea or coffee? An bhfuil tae nó caife uait?

2 ná *(with negative)*

□ I don't eat meat or fish. Ní ithim feoil ná iasc.

3 nó *(otherwise)*

□ Hurry up or you'll miss the bus. Déan deifir nó caillfidh tú an bus.

■ **Give me the money, or else!** Tabhair dom an t-airgead, nó is duit is measa!

oral ADJECTIVE

▷ *see also* **oral** NOUN

cainte

□ an oral exam scrúdú cainte

oral NOUN

▷ *see also* **oral** ADJECTIVE

scrúdú cainte *masc*

□ I've got my French oral soon. Beidh an scrúdú cainte Fraincise agam roimh i bhfad.

orange NOUN

▷ *see also* **orange** ADJECTIVE

oráiste *masc4 (fruit)*

■ **orange juice** sú oráiste

orange ADJECTIVE

▷ *see also* **orange** NOUN

flannbhuí

Orangeman NOUN

Fear Buí *masc1*

orchard NOUN

úllord *masc1*

orchestra NOUN

ceolfhoireann *fem2*

□ I play in the school orchestra. Seinnim le ceolfhoireann na scoile.

order NOUN

▷ *see also* **order** VERB

1 ord *masc1 (sequence)*

□ in alphabetical order in ord aibítre

2 ordú *masc (specific instruction)*

□ The waiter took our order. Ghlac an freastalaí an t-ordú uainn.

■ **in order to** le □ He does it in order to earn money. Déanann sé é le hairgead a shaothrú.

■ **'out of order'** 'as gléas'

to **order** VERB

▷ *see also* **order** NOUN

ordaigh

□ We ordered steak and chips. D'ordaíomar stéig agus sceallóga. □ Are you ready to order? An bhfuil tú réidh le hordú?

■ **to order somebody about** orduithe a chur ar dhuine □ She liked to order him about. Thaitin sé léi bheith ag cur orduithe air.

ordinary ADJECTIVE

gnáth-

□ an ordinary day gnáthlá □ He's just an ordinary guy. Níl ann ach gnáthdhuine.

ore NOUN

mian *fem2*

organ NOUN

orgán *masc1 (instrument)*

□ I play the organ. Seinnim ar an orgán.

organic ADJECTIVE

orgánach

organization NOUN

1 eagrú *masc (arrangement)*

2 eagraíocht *fem3 (political)*

to **organize** VERB

eagraigh

origin NOUN

bunús *masc1*

original ADJECTIVE

bun-

■ **Our original plan was to go camping.** Ba é an chéad phlean againn dul ag campáil.

originally ADVERB

ó thús *(at first)*

Orkney NOUN

Inse Orc *fem2 pl*

□ in Orkney in Inse Orc

ornament NOUN

ornáid *fem2*

orphan NOUN

dílleachta *masc4*

ostrich NOUN

ostrais *fem2*

other ADJECTIVE, PRONOUN

eile

□ Have you got these jeans in other colours? An bhfuil na bríste géine seo agat i ndathanna eile? □ on the other side of the street ar an taobh eile den tsráid

■ **the other day** an lá faoi dheireadh

■ **the other one** an ceann eile □ This one? — No, the other one. An ceann seo? — Ní hé, ach an ceann eile.

■ **the others** na daoine eile □ The others

are going but I'm not. Tá na daoine eile ag dul ann ach níl mise.

otherwise ADVERB, CONJUNCTION

1 nó *(if not)*
□ Note down the number, otherwise you'll forget it. Scríobh síos an uimhir nó déanfaidh tú dearmad di. □ Put some sunscreen on, you'll get burned otherwise. Cuir beagán grianscéithe ort nó dófar thú.

2 seachas sin *(in other ways)*
□ I'm tired, but otherwise I'm fine. Tá tuirse orm, ach seachas sin tá mé go breá.

ought VERB

> LANGUAGE TIP To translate 'ought to', use the conditional tense of **is** + the adjective **cóir** + a form of **dó**.

□ I ought to phone my parents. Ba chóir dom glaoch ar mo thuismitheoirí. □ You ought not to do that. Níor chóir duit é sin a dhéanamh. □ He ought to win. Ba chóir go mbainfeadh sé.

ounce NOUN
unsa *masc4*

our ADJECTIVE
ár
□ our house ár dteach □ our names ár n-ainmneacha
■ **Our neighbours are very nice.** Tá na comharsana againn an-deas.

ours PRONOUN
an ceann seo againne
□ It's better than ours. Is fearr é ná an ceann seo againne.
■ **Whose is this? — It's ours.** Cé leis é seo? — Is linne é.
■ **a friend of ours** cara linn

ourselves PRONOUN
muid féin
□ We built our garage ourselves. Thógamar an garáiste muid féin.
■ **We really enjoyed ourselves.** Bhí an-spórt againn.

out ADVERB, ADJECTIVE

> LANGUAGE TIP There are several ways of translating 'out'. Look at the examples to find one that is similar to what you want to say.

1 amach *(go, come)*
□ I'm going out tonight. Tá mé ag dul amach anocht.
■ **'way out'** 'slí amach'

2 amuigh *(be, stay)*
□ I was out till midnight. Bhí mé amuigh go meán oíche.

3 as baile *(not at home)*

4 as *(light, fire)*
□ All the lights are out. Tá na soilse go léir as.
■ **out there** amuigh ansin □ It's cold out there. Tá sé fuar amuigh ansin.
■ **to go out with somebody** bheith ag dul amach le duine □ I've been going out with him for two months. Tá mé ag dul amach leis le dhá mhí.
■ **out of 1** *(outside)* taobh amuigh de □ He lives out of town. Cónaíonn sé taobh amuigh den bhaile. **2** *(as a proportion, from)* as □ in 9 cases out of 10 i naoi gcás as deich gcinn □ He drank the milk straight out of the carton. D'ól sé an bainne díreach as an gcartán.
■ **out of curiosity** le fiosracht
■ **out of work** as obair
■ **That is out of the question.** Tá sin as an gceist.
■ **You're out!** *(in game)* Tá tú as!

outbreak NOUN
briseadh amach *masc*
□ the outbreak of war briseadh amach an chogaidh
■ **a salmonella outbreak** ráig salmonella

outcome NOUN
toradh *masc1*
□ What was the outcome of the negotiations? Cén toradh a bhí ar na cainteanna?

outdoor ADJECTIVE
amuigh faoin aer
□ an outdoor swimming pool linn snámha amuigh faoin aer □ outdoor activities gníomhaíochtaí amuigh faoin aer

outdoors ADVERB
taobh amuigh

outfit NOUN
feisteas *masc1*
□ She bought a new outfit for the wedding. Cheannaigh sí feisteas nua don bhainis. □ a cowboy outfit feisteas buachaill bó

outgoing ADJECTIVE
cuideachtúil *(sociable)*

outing NOUN
turas *masc1*
■ **to go on a little outing** geábh a thabhairt amach

outline NOUN

1 fíor *(shape)*
□ We could see the outline of the mountain in the mist. Ba léir dúinn fíor an tsléibhe sa cheo.

2 achoimre *fem4 (summary)*

▢ This is an outline of the plan. Seo achoimre ar an bplean.

outlook NOUN
dearcadh *masc1*

▢ my outlook on life mo dhearcadh ar an saol

■ **the economic outlook** an tuar atá faoin eacnamaíocht

■ **The outlook is poor.** Níl cosúlacht rómhaith ar chúrsaí.

outrageous ADJECTIVE
scannalach

outset NOUN
tús *masc1*

▢ at the outset ó thús

outside NOUN
▷ *see also* **outside** ADJECTIVE, ADVERB, PREPOSITION
taobh amuigh *masc1*

outside ADJECTIVE, ADVERB
▷ *see also* **outside** NOUN, PREPOSITION
amuigh

▢ It's very cold outside. Tá sé an-fhuar amuigh.

■ **the outside walls** na ballaí seachtracha

outside PREPOSITION
▷ *see also* **outside** NOUN, ADJECTIVE, ADVERB
taobh amuigh de

▢ outside the school taobh amuigh den scoil ▢ outside school hours taobh amuigh d'uaireanta scoile

outsize ADJECTIVE
mórthomhais

outskirts PL NOUN
imeall *masc1*

▢ on the outskirts of the town ar imeall an bhaile mhóir

outstanding ADJECTIVE
sár- *(excellent)*

▢ an outstanding essay sár-aiste

■ **The work was outstanding.** Bhí an obair ar fheabhas.

oval ADJECTIVE
ubhchruthach

oven NOUN
oigheann *masc1*

over ADVERB, ADJECTIVE, PREPOSITION
1 thar *(across)*

▢ The ball went over the wall. D'imigh an liathróid thar an mballa.
2 taobh thall de *(on the other side of)*

▢ It's over the river. Tá sé taobh thall den abhainn.

■ **The baker's is over the road.** Tá siopa an bháicéara trasna an bhóthair.

3 os cionn *(above)*

▢ There's a mirror over the washbasin. Tá scáthán os cionn an bháisín níocháin.
4 thart *(finished)*

▢ I'll be happy when the exams are over. Beidh áthas orm nuair a bheidh na scrúduithe thart.
5 níos mó ná *(more than)*

▢ It's over twenty kilos. Tá sé níos mó ná fiche cíleagram. ▢ The temperature was over thirty degrees. Bhí an teocht os cionn tríocha céim.
6 i rith *(during)*

▢ over the holidays i rith na saoire
■ **over Christmas** aimsir na Nollag
■ **over here** abhus
■ **over there** thall
■ **all over Ireland** ar fud na hÉireann

overall ADVERB
ar an iomlán

▢ My results were quite good overall. Bhí mo chuid torthaí réasúnta maith ar an iomlán.

overalls PL NOUN
forbhríste *masc4*

overcast ADJECTIVE
gruama

▢ The sky was overcast. Bhí an spéir gruama.

to **overcharge** VERB
■ **to overcharge somebody for something** barraíocht a ghearradh ar dhuine as rud

▢ They overcharged us for the meal. Ghearr siad barraíocht orainn as an mbéile.

overcoat NOUN
cóta mór *masc4*

overdone ADJECTIVE
ródhéanta *(food)*

overdose NOUN
ródháileog *fem2*

▢ She took an overdose of sleeping pills. Thóg sí ródháileog de phiollairí suain.

overdraft NOUN
rótharraingt *fem2*

■ **to have an overdraft** rótharraingt a bheith agat

to **overflow** VERB
sceith *(run over)*

overhead projector NOUN
osteilgeoir *masc3*

to **overlook** VERB
■ **The hotel overlooked the beach.** Bhí aghaidh an óstáin ar an trá.

■ **He had overlooked one important problem.** *(forget)* Bhí fadhb thábhachtach

o

amháin nár smaoinigh sé air.

overseas ADVERB
thar lear
□ I'd like to work overseas. Ba mhaith liom dul ag obair thar lear.

oversight NOUN
dearmad *masc1*

to **oversleep** VERB
codail amach
□ I overslept this morning. Chodail mé amach é ar maidin.

to **overtake** VERB
téigh thar *(pass)*

overtime NOUN
ragobair *fem2*
□ I don't like working overtime. Ní thaitníonn an ragobair liom.

overweight ADJECTIVE
róthrom *(person)*

to **owe** VERB
■ to owe somebody something rud a bheith ag duine ort □ I owe you 50 euros. Tá caoga euro agat orm.
■ She owes him a favour. Tá sí faoi chomaoin aige.

owing to PREPOSITION

mar gheall ar
□ owing to bad weather mar gheall ar dhrochaimsir

owl NOUN
ulchabhán *masc1*

own ADJECTIVE
▷ see also **own** VERB
féin
□ my own car mo charr féin □ a room of my own seomra dom féin
■ on his own leis féin

to **own** VERB
▷ see also **own** ADJECTIVE
■ I own the house. Is liom an teach.

to **own up** VERB
■ to own up to something rud a admháil

owner NOUN
úinéir *masc3*

oxygen NOUN
ocsaigin *fem2*

oyster NOUN
oisre *masc4*

ozone NOUN
ózón *masc1*

ozone layer NOUN
brat ózóin *masc1*

Pp

PA NOUN
cúntóir pearsanta *masc3 (personal assistant)*
□ She's a PA. Is cúntóir pearsanta í.
■ **the PA system** *(public address)* córas ilghairme

pace NOUN
luas *masc1*
□ He was walking at a brisk pace. Bhí sé ar siúl ar luas tapa.

Pacific NOUN
■ **the Pacific** an tAigéan Ciúin

pacifier NOUN (US)
gobán *masc1*

pack NOUN
▷ *see also* **pack** VERB
paca *masc4*
□ a pack of cigarettes paca toitíní □ a pack of cards paca cártaí
■ **a six-pack** séphaca

to **pack** VERB
▷ *see also* **pack** NOUN
pacáil
□ I'll help you pack. Tabharfaidh mé cúnamh duit pacáil. □ I've already packed my case. Tá mo chás pacáilte agam cheana féin.
■ **Pack it in!** Éirigh as!

package NOUN
pacáiste *masc4*
■ **a package holiday** saoire láneagraithe

packed ADJECTIVE
plódaithe
□ The cinema was packed. Bhí an phictiúrlann plódaithe.

packed lunch NOUN
lón pacáilte *masc1*
□ I take a packed lunch to school. Tógaim lón pacáilte ar scoil.

packet NOUN
paca *masc4*
□ a packet of cigarettes paca toitíní

pad NOUN
ceap *masc1*

paddle NOUN
▷ *see also* **paddle** VERB
céasla *masc4 (oar)*
■ **to go for a paddle** dul ag lapadaíl

to **paddle** VERB
▷ *see also* **paddle** NOUN
1 céaslaigh *(canoe)*
2 bheith ag lapadaíl *(in water)*

padlock NOUN
glas fraincín *masc1*

paedophile NOUN
péidifileach *masc1*

page NOUN
▷ *see also* **page** VERB
leathanach *masc1 (of book)*

to **page** VERB
▷ *see also* **page** NOUN
■ **to page somebody** glaoch ar dhuine

pager NOUN
glaoire *masc4*

paid VERB ▷ *see* **pay**

paid ADJECTIVE
íoctha *(work)*
■ **3 weeks' paid holiday** trí seachtaine saoire le pá

pail NOUN
stópa *masc4*

pain NOUN
pian *fem2*
□ a terrible pain pian uafásach □ I've got a pain in my stomach. Tá pian i mo bholg agam.
■ **to be in pain** bheith i bpian □ She's in a lot of pain. Tá sí i bpian mhór.
■ **He's a real pain.** Crá croí atá ann.

painful ADJECTIVE
nimhneach
□ Is it painful? An bhfuil sé nimhneach?

paint NOUN
▷ *see also* **paint** VERB
péint *fem2*

to paint VERB
▷ *see also* **paint** NOUN
péinteáil *(wall, picture)*
■ **I painted the door blue.** Chuir mé dath gorm ar an doras.

paintbrush NOUN
scuab phéinteála *fem2*

painter NOUN
péintéir *masc3*

painting NOUN
1 péinteáil *fem3*
□ My hobby is painting. Is í an péinte áil an caitheamh aimsire atá agam.
2 pictiúr *masc1 (picture)*
□ a painting by Picasso pictiúr le Picasso

pair NOUN
péire *masc4*
□ a pair of shoes péire bróg
■ **a pair of scissors** siosúr
■ **a pair of trousers** bríste
■ **a pair of pants 1** *(woman's)* brístín
2 *(man's)* fobhríste **3** *(us: trousers)* bríste
■ **in pairs** i bpéirí □ We work in pairs. Bímid ag obair i bpéirí.

pajamas PL NOUN (US)
pitseámaí *masc4 pl*
□ my pajamas mo phitseámaí □ a pair of pajamas péire pitseámaí
■ **a pajama top** barréide phitseámaí

Pakistan NOUN
an Phacastáin *fem2*
□ in Pakistan sa Phacastáin □ to Pakistan chun na Pacastáine □ He's from Pakistan. Is as an Phacastáin é.

Pakistani ADJECTIVE
▷ *see also* **Pakistani** NOUN
Pacastánach

Pakistani NOUN
▷ *see also* **Pakistani** ADJECTIVE
Pacastánach *masc1*

pal NOUN
comrádaí *masc4*

palace NOUN
pálás *masc1*

pale ADJECTIVE
báiteach *(light)*
□ a pale moon gealach bháiteach
■ **a pale blue shirt** léine bhánghorm

Palestine NOUN
an Phalaistín *fem2*
□ in Palestine sa Phalaistín

Palestinian ADJECTIVE
▷ *see also* **Palestinian** NOUN
Palaistíneach

Palestinian NOUN
▷ *see also* **Palestinian** ADJECTIVE
Palaistíneach *masc1*

palm NOUN
bos *fem2 (of hand)*
■ **a palm tree** crann pailme

pamphlet NOUN
paimfléad *masc1*

pan NOUN
1 scilléad *masc1 (saucepan)*
2 friochtán *masc1 (frying pan)*

pancake NOUN
pancóg *fem2*
■ **Pancake Day** Máirt Inide

panic NOUN
▷ *see also* **panic** VERB
scaoll *masc1*

to panic VERB
▷ *see also* **panic** NOUN
■ **They panicked.** Tháinig scaoll fúthu.
■ **Don't panic!** Fan socair!

panther NOUN
pantar *masc1*

panties PL NOUN
brístín *masc4*

pantomime NOUN
geamaireacht *fem3*

pants PL NOUN
1 brístín *masc4 (woman's)*
□ a pair of pants brístín
2 fobhríste *masc4 (man's)*
□ a pair of pants fobhríste
3 bríste *masc4 (us: trousers)*

pantyhose PL NOUN (US)
riteoga *fem2 pl*

paper NOUN
1 páipéar *masc1*
□ a piece of paper píosa páipéir
■ **a paper towel** tuáille páipéir
■ **an exam paper** páipéar scrúdaithe
2 nuachtán *masc1 (newspaper)*
□ I saw an advert in the paper. Chonaic mé fógra sa nuachtán.

paperback NOUN
leabhar faoi chlúdach bog *masc1*

paper boy NOUN
buachaill nuachtán *masc3*

paper clip NOUN
fáiscín páipéir *masc4*

paper girl NOUN
cailín nuachtáin *masc4*

paper round NOUN
cuaird nuachtán *fem2*

paperweight NOUN
tromán páipéir *masc1*

paperwork NOUN
obair pháipéir *fem2*
□ He had a lot of paperwork to do. Bhí a lán obair pháipéir le déanamh aige.

parachute NOUN
paraisiút *masc1*

parade NOUN
paráid *fem2*

paradise NOUN
parthas *masc1*

paraffin NOUN
pairifín *masc4*
□ a paraffin lamp lampa pairifín

paragraph NOUN
paragraf *masc1*

parallel ADJECTIVE
comhthreomhar

paralysed ADJECTIVE
■ to be paralysed pairilis a bheith ort

paramedic NOUN
paraimhíochaineoir *masc3*

parcel NOUN
beart *masc1*

pardon NOUN
pardún *masc1*
■ Pardon? Cad é sin a dúirt tú?

parent NOUN
tuismitheoir *masc3*
□ my parents mo thuismitheoirí

Paris NOUN
Páras *masc4*
□ in Paris i bPáras □ to Paris go Páras
□ She's from Paris. Is as Páras í.

Parisian ADJECTIVE
▷ see also **Parisian** NOUN
Párasach

Parisian NOUN
▷ see also **Parisian** ADJECTIVE
Párasach *masc1*

park NOUN
▷ see also **park** VERB
páirc *fem2*
■ a national park páirc náisiúnta
■ a theme park téamapháirc
■ a car park carrchlós

to **park** VERB
▷ see also **park** NOUN
páirceáil
□ Where can I park my car? Cá háit is féidir mo charr a pháirceáil? □ We couldn't find anywhere to park. Ní raibh muid in ann áit pháirceála a fháil.

parking NOUN
páirceáil *fem3*
□ 'no parking' 'ná páirceáiltear anseo'

parking lot NOUN (US)
áit pháirceála *fem2*

parking meter NOUN
méadar páirceála *masc1*

parking ticket NOUN
ticéad páirceála *masc1*

parliament NOUN
parlaimint *fem2*

parole NOUN
parúl *masc1*
□ He's on parole. Tá sé ar parúl.

parrot NOUN
pearóid *fem2*

parsley NOUN
peirsil *fem2*

part NOUN
▷ see also **part** VERB
1 cuid *fem3*
□ The first part of the film was boring. Bhí an chéad chuid den scannán leadránach.
2 páirt *fem2* (role)
□ He got a part in the school play. Fuair sé páirt i dráma na scoile.
3 ball *masc1* (of machine)
■ spare parts páirteanna breise
■ to take part in something páirt a ghlacadh i rud □ A lot of people took part in the demonstration. Ghlac cuid mhór daoine páirt san agóid.

to **part** VERB
▷ see also **part** NOUN
■ to part with something scaradh le rud

particular ADJECTIVE
ar leith (special)
□ Are you looking for anything in particular? An bhfuil tú ag iarraidh rud ar bith faoi leith?
■ nothing in particular data faoi leith

particularly ADVERB
go háirithe

parting NOUN
stríoc *fem2* (in hair)

partly ADVERB
breac-

partner NOUN
1 páirtí *masc4* (in business)
2 céile *masc4* (in relationship)

part-time ADJECTIVE, ADVERB
páirtaimseartha
□ a part-time job post páirtaimseartha
□ She works part-time. Tá sí ag obair go páirtaimseartha.

party NOUN
1 cóisir *fem2* (celebration)
□ a birthday party cóisir lá breithe
□ a Christmas party cóisir Nollag □ I'm

P

going to a party on Saturday. **Tá mé ag dul chuig cóisir Dé Sathairn.**

2 páirtí *masc4 (political)*
□ the Conservative Party **An Páirtí Coimeádach**

3 gasra *masc4 (group)*
□ a party of tourists **gasra turasóirí**

pass NOUN
▷ *see also* **pass** VERB

1 bearnas *masc1 (in mountains)*
□ The pass was blocked with snow. **Bhí an bearnas druidte leis an sneachta.**

2 seachadadh *masc (in football)*

3 pasmharc *masc1*
□ She got a pass in her piano exam. **Fuair sí pasmharc ina scrúdú pianó.**
■ a bus pass **pas bus**

to **pass** VERB
▷ *see also* **pass** NOUN

1 feigh *(exam)*
□ Liam passed the exam. **Fuair Liam an scrúdú.**

2 sín
□ Could you pass me the salt, please? **An sínféal an salann chugam, le do thoil?**

3 téigh thart
□ The time has passed quickly. **Chuaigh an t-am thart go gasta.**

4 téigh thar
□ I pass his house on my way to school. **Téim thar a theach ar mo bhealach chun na scoile.**

5 seachaid *(in football)*

to **pass out** VERB
tit i laige

passage NOUN

1 sliocht *masc3*
□ Read the passage carefully. **Léigh an sliocht go cúramach.**

2 pasáiste *masc4 (corridor)*

passenger NOUN
paisinéir *masc3*

passion NOUN
paisean *masc1*

passive ADJECTIVE
síochánta
■ passive smoking **caitheamh éighníomhach**

Passover NOUN
Cáisc na nGiúdach *fem3*
□ at Passover **ag Cáisc na nGiúdach**

passport NOUN
pas *masc4*
■ passport control **seiceáil na bpas**

password NOUN

1 focal faire *masc1 (military)*

2 pasfhocal *masc1 (computing, banking)*

past ADVERB, PREPOSITION
▷ *see also* **past** NOUN
thar
□ It's on the right, just past the station. **Tá sé ar dheis, díreach thar an stáisiún.**
■ to go past **dul thart** □ The bus went past without stopping. **Chuaigh an bus thart gan stopadh.** □ The bus goes past our house. **Téann an bus thart teach s'againne.**
■ It's half past ten. **Tá sé leath i ndiaidh a deich.**
■ It's quarter past eight. **Tá sé ceathrú i ndiaidh a hocht.**
■ It's ten past nine. **Tá sé deich i ndiaidh a naoi.**
■ It's past midnight. **Tá sé i ndiaidh mheá noíche.**

past NOUN
▷ *see also* **past** ADVERB, PREPOSITION
■ in the past **san am atá thart** □ She lives in the past. **Maireann sí san am atá thart.**

pasta NOUN
pasta *masc4*
□ Pasta is easy to cook. **Tá pasta furasta a réiteach.**

paste NOUN
gliú *masc4 (glue)*

pasteurized ADJECTIVE
paistéartha

pastime NOUN
caitheamh aimsire *masc1*
□ Her favourite pastime is knitting. **Is í an chniotáil an caitheamh aimsire is fearr léi.**

pastry NOUN
taosrán *masc1 (dough)*
■ pastries **cístí milse**

patch NOUN
paiste *masc4*
□ a patch of material **paiste ábhair**
■ He's got a bald patch. **Tá blagaid air.**

patched ADJECTIVE
paisteáilte
□ a pair of patched jeans **brístí géine paisteáilte**

pâté NOUN
pâté *masc4*

path NOUN
cosán *masc1*

pathetic ADJECTIVE

1 truamhéalach *(pitiful)*

2 uafásach *(very bad)*

□ Our team was pathetic. Bhí foireann s'againne uafásach.

patience NOUN
1 foighne *fem4*
  □ He hasn't got much patience. Níl cuid mhór foighne aige.
  ■ **Have patience.** Bíodh foighne agat.
2 cluiche aonair *masc4 (card game)*
  □ I play patience on my computer. Imrím an cluiche aonair ar mo ríomhaire.

patient NOUN
  ▷ *see also* **patient** ADJECTIVE
  othar *masc1*

patient ADJECTIVE
  ▷ *see also* **patient** NOUN
  foighneach

patio NOUN
  paitió *masc4*

patriotic ADJECTIVE
  tírghrách

patrol NOUN
  patról *masc1*

patrol car NOUN
  patrólcharr *masc1*

pattern NOUN
  patrún *masc1*
  □ a geometric pattern patrún geoiméadrach □ a sewing pattern patrún fuála

pause NOUN
  sos *masc3*

pavement NOUN
  cosán *masc1*

pavilion NOUN
  pailliún *masc1*

paw NOUN
  lapa *masc4*

pay NOUN
  ▷ *see also* **pay** VERB
  pá *masc4*

to **pay** VERB
  ▷ *see also* **pay** NOUN
  íoc
  □ I paid for my ticket. D'íoc mé as mo thicéad. □ I paid 50 euros for it. D'íoc mé 50 euro air. □ She paid by credit card. D'íoc sí le cárta creidmheasa.
  ■ **to pay extra for something** táille bhreise a íoc ar rud □ You have to pay extra for breakfast. Beidh ort táille bhreise a íoc ar bhricfeasta.
  ■ **to pay attention to** aird a thabhairt ar □ Don't pay any attention to him! Ná tabhair aird air!
  ■ **to pay somebody a visit** cuairt a thabhairt ar dhuine □ Paul paid us a visit last night. Thug Pól cuairt orainn aréir.
  ■ **to pay somebody back** rud a íoc ar ais le duine □ I'll pay you back tomorrow. Íocfaidh mé ar ais thú amárach.

payable ADJECTIVE
  ■ **Make the cheque payable to 'ABC Ltd'.** Déan an seic iníochta le 'ABC Teo'.

payment NOUN
  íocaíocht *fem3*

payphone NOUN
  táillefón *masc1*

PC NOUN *(= personal computer)*
  ríomhaire pearsanta *masc4*
  □ She typed the report on her PC. Chlóscríobh sí an tuarascáil ar a ríomhaire pearsanta. □ a PC game cluiche ríomhaire phearsanta

PE NOUN *(= physical education)*
  corpoideachas *masc1*
  □ We do PE twice a week. Bíonn corpoideachas againn dhá uair sa tseachtain.

pea NOUN
  pis *fem2*

peace NOUN
  síocháin *fem3 (calm)*

peaceful ADJECTIVE
  suaimhneach
  □ a peaceful afternoon tráthnóna suaimhneach
  ■ **a peaceful protest** agóid shíochánta

peace process NOUN
  próiseas síochána *masc1*

peach NOUN
  péitseog *fem2*

peacock NOUN
  péacóg *fem2*

peak NOUN
  binn *fem2 (mountain)*
  ■ **the peak rate** buaicráta □ You pay the peak rate for calls at this time of day. Tá an buaicráta i bhfeidhm ghlaonna ag an am seo den lá.
  ■ **in peak season** i mbuaicshéasúr

peanut NOUN
  pis talún *fem2*
  □ a packet of peanuts paicéad piseanna talún

peanut butter NOUN
  im piseanna talún *masc*
  □ a peanut-butter sandwich ceapaire d'im piseanna talún

pear NOUN
  piorra *masc4*

pearl NOUN
péarla *masc4*

pebble NOUN
cloch dhuirlinge *fem2*

peckish ADJECTIVE
■ **to feel peckish** ré-ocras a bheith ort

peculiar ADJECTIVE
ait *(strange)*
□ He's a peculiar person. Is ait an duine é.
■ **It tastes peculiar.** Tá blas aisteach air.

pedal NOUN
▷ *see also* **pedal** VERB
troitheán *masc1*

to **pedal** VERB
▷ *see also* **pedal** NOUN
na troitheáin a oibriú

pedestrian NOUN
coisí *masc4*

pedestrian crossing NOUN
trasrian coisithe *masc1*

pedestrianized ADJECTIVE
■ **a pedestrianized street** sráid choisithe

pedestrian precinct NOUN
ceantar coisithe *masc1*

pedigree NOUN
pórtheastas *masc1 (of animal)*

pee NOUN
■ **to have a pee** mún a dhéanamh

peek NOUN
■ **to have a peek at something**
spléachadh a fháil ar rud
■ **No peeking!** Ná bí ag breathnú!

peel NOUN
▷ *see also* **peel** VERB
craiceann *masc1*

to **peel** VERB
▷ *see also* **peel** NOUN
scamh
□ Shall I peel the potatoes? An ndéanfaidh
mé na prátaí a scamhadh? □ My nose is
peeling. Tá craiceann mó shróine ag
scamhadh.

peg NOUN
1 pionna *masc4 (for coat)*
2 pionna éadaigh *masc4 (clothes peg)*

Pekinese NOUN
péicíneach *masc1 (dog)*

pelican crossing NOUN
trasrian le soilse lámhrialaithe *masc1*

pellet NOUN
grán *masc1 (of shotgun)*

pelvis NOUN
peilbheas *masc1*

pen NOUN
peann *masc1*

to **penalize** VERB
cuir pionós ar

penalty NOUN
1 pionós *masc1*
□ the death penalty pionós an bháis
2 cic éirice *masc4 (in football, rugby)*
■ **a penalty shoot-out** sraith ciceanna
éirice

pencil NOUN
peann luaidhe *masc1*
■ **in pencil** le peann luaidhe

pencil case NOUN
cás peann luaidhe *masc1*

pencil sharpener NOUN
bioróir *masc3*

pendant NOUN
siogairlín *masc4*

penfriend NOUN
cara pinn *masc*

penguin NOUN
piongain *fem2*

penicillin NOUN
peinicillin *fem2*

penis NOUN
bod *masc1*

penitentiary NOUN
príosún *masc1*

penknife NOUN
scian phóca *fem2*

penny NOUN
pingin *fem2*

pension NOUN
pinsean *masc1*

pensioner NOUN
pinsinéir *masc3*

pentathlon NOUN
peinteatlan *masc1*

people PL NOUN
1 daoine *masc4 pl*
□ a lot of people cuid mhór daoine
□ Several people came. Tháinig roinnt
daoine.
■ **six people** séisear
2 muintir *fem2 (inhabitants)*
■ **French people** na Francaigh
■ **People say that …** Deirtear go …

pepper NOUN
piobar *masc1*
□ Pass the pepper, please. Sín chugam an
piobar, le do thoil.
■ **a green pepper** piobar glas

peppermill NOUN
muileann piobair *masc1*

peppermint NOUN
milseán miontais *masc1 (sweet)*

■ **peppermint chewing gum** guma cogánta miontais
per PREPOSITION
in aghaidh
□ per day in aghaidh an lae □ per week in aghaidh na seachtaine
■ **per hour** san uair □ 30 miles per hour 30 míle san uair
per cent ADVERB
faoin gcéad
□ fifty per cent caoga faoin gcéad
percentage NOUN
céatadán masc1
percolator NOUN
síothlán masc1
percussion NOUN
cnagadh masc
□ I play percussion. Seinnim an cnagadh.
perfect ADJECTIVE
foirfe
□ Maeve speaks perfect French. Tá Fraincis ar a toil ag Méabh.
perfectly ADVERB
go foirfe
to **perform** VERB
1 seinn (music)
2 cuir i láthair (drama)
performance NOUN
1 léiriú masc
□ The performance lasts two hours. Maireann an léiriú dhá uair an chloig.
2 cur i láthair masc1 (acting)
□ his performance as Hamlet cur i láthair s'aige mar Hamlet
3 taispeántas masc1 (results)
□ the team's poor performance drochthaispeántas na foirne
perfume NOUN
cumhrán masc1
perhaps ADVERB
b'fhéidir
□ a bit boring, perhaps rud beag leadránach, b'fhéidir □ Perhaps he's ill. B'fhéidir go bhfuil sé tinn.
period NOUN
1 tréimhse fem4
□ for a limited period do thréimhse theoranta □ the Victorian period an tréimhse Victeoiriach
2 fuil mhíosta fem (menstruation)
□ I'm having my period. Tá m'fhuil mhíosta agam.
3 rang masc3 (lesson time)
□ Each period lasts forty minutes. Maireann gach rang daichead nóiméad.

perm NOUN
buantonn fem2 (for hair)
□ She's got a perm. Tá buantonn aici.
■ **to get a perm** buantonn a fháil
permanent ADJECTIVE
buan
permission NOUN
cead masc3
□ Could I have permission to leave early? An bhfuil cead agam imeacht go luath?
permit NOUN
ceadúnas masc1
□ a fishing permit ceadúnas iascaireachta
to **persecute** VERB
cráigh
Persian ADJECTIVE
■ **a Persian cat** cat peirseach
persistent ADJECTIVE
dígeanta (person)
person NOUN
duine masc4
□ She's a very nice person. Is duine an-deas í.
■ **in person** go pearsanta
personal ADJECTIVE
pearsanta
■ **personal column** colún pearsanta
personality NOUN
pearsantacht fem3
personally ADVERB
go pearsanta
□ Personally I don't agree. Go pearsanta, ní aontaím.
■ **I don't know him personally.** Níl aithne phearsanta agam air.
■ **to take something personally** rud a ghlacadh chugat féin
personal stereo NOUN
steirió pearsanta masc4
personnel NOUN
foireann fem2
perspiration NOUN
allas masc1
to **persuade** VERB
■ **to persuade somebody to do something** áitiú ar dhuine rud a dhéanamh □ She persuaded me to go with her. D'áitigh sí orm dul léi.
pessimist NOUN
duarcán masc1
□ I'm a pessimist. Is duarcán mé.
pessimistic ADJECTIVE
duairc
pest NOUN
plá fem4

□ He's a real pest! **Is é an phlá é!**

to **pester** VERB
  cráigh

pet NOUN
  peata *masc4*
  □ Have you got a pet? **An bhfuil peata agat?**
  □ She's the teacher's pet. **Is í peata an mhúinteora í.**

petition NOUN
  achainí *fem4*

petrified ADJECTIVE
  siochta le heagla

petrol NOUN
  artola *fem4*
  ■ unleaded petrol **artola gan luaidhe**

petrol station NOUN
  stáisiún peitril *masc1*

petrol tank NOUN
  umar peitril *masc1*

phantom NOUN
  taibhse *fem4*

pharmacy NOUN
  cógaslann *fem2 (shop)*

pheasant NOUN
  piasún *masc1*

philosophy NOUN
  fealsúnacht *fem3*

phobia NOUN
  fóibe *fem4*

phone NOUN
  ▷ *see also* **phone** VERB
  guthán *masc1*
  □ Where's the phone? **Cá bhfuil an guthán?**
  □ Is there a phone here? **An bhfuil guthán anseo?** □ Can I use the phone, please? **An bhfuil cead agam an guthán a úsáid, le do thoil?**
  ■ by phone **trí ghuthán**
  ■ to be on the phone **bheith ar an nguthán**
  □ She's on the phone at the moment. **Tá sí ar an nguthán faoi láthair.**

to **phone** VERB
  ▷ *see also* **phone** NOUN
  ■ to phone somebody **scairt ghutháin a chur ar dhuine**
  ■ I'll phone you later. **Cuirfidh mé scairt ort ar ball.**

phone bill NOUN
  bille teileafóin *masc4*

phone book NOUN
  leabhar gutháin *masc1*

phone box NOUN
  bosca gutháin *masc4*

phone call NOUN
  scairt ghutháin *fem2*

■ There's a phone call for you. **Tá duine ar an nguthán duit.**
  ■ to make a phone call **scairt ghután a dhéanamh** □ Can I make a phone call? **An bhfuil cead agam scairt ghutháin a dhéanamh?**

phonecard NOUN
  cárta gutháin *masc4*

phone number NOUN
  uimhir ghutháin *fem*

photo NOUN
  grianghraf *masc1*
  □ The house is out of focus in this photo. **Tá an teach as fócas sa ghrianghraf seo.**
  ■ to take a photo of somebody **grianghraf a ghlacadh de dhuine**

photocopier NOUN
  fótachóipire *masc4*

photocopy NOUN
  ▷ *see also* **photocopy** VERB
  fótachóip *fem2*

to **photocopy** VERB
  ▷ *see also* **photocopy** NOUN
  fótachóipeáil

photograph NOUN
  ▷ *see also* **photograph** VERB
  grianghraf *masc1*
  ■ to take a photograph **grianghraf a ghlacadh**
  ■ to take a photograph of somebody **grianghraf a ghlacadh de dhuine**

to **photograph** VERB
  ▷ *see also* **photograph** NOUN
  glac grianghraf de

photographer NOUN
  grianghrafadóir *masc3*
  □ She's a photographer. **Is grianghra fadóir í.**

photography NOUN
  grianghrafadóireacht *fem3*
  □ My hobby is photography. **Grianghrafadóireacht an caitheamh aimsire atá agam.**

phrase NOUN
  abairt *fem2*

phrase book NOUN
  leabhar frásaí *masc1*

physical ADJECTIVE
  fisiceach

physicist NOUN
  fisiceoir *masc3*
  □ He's a physicist. **Is fisiceoir é.**

physics NOUN
  fisic *fem2*
  □ She teaches physics. **Is múinteoir fisice í.**

physiotherapist NOUN
fisiteiripeoir *masc3*
physiotherapy NOUN
fisiteiripe *fem4*
pianist NOUN
pianódóir *masc3*
piano NOUN
pianó *masc4*
□ I play the piano. **Seinnim ar an pianó.**
□ I have piano lessons. **Tógaim ceachtanna pianó.**
pick NOUN
▷ *see also* **pick** VERB
■ Take your pick! **Déan do rogha!**
to **pick** VERB
▷ *see also* **pick** NOUN
1 roghnaigh
□ I picked the biggest piece. **Roghnaigh mé an ceann is mó.** □ I've been picked for the team. **Tá mé roghnaithe don fhoireann.**
2 pioc *(fruit, flowers)*
■ to pick a quarrel with somebody iaróg a thógáil le duine
to **pick on** VERB
■ They are always picking on me. **Bíonn siad i gcónaí ag gabháil dom.**
to **pick out** VERB
pioc amach
□ I like them all. It's difficult to pick one out. **Is maith liom iad go léir. Tá sé deacair ceann a phiocadh amach.**
to **pick up** VERB
1 tóg
□ Could you help me pick up the toys? **An gcuideofá liom na bréagáin a thógáil?**
□ We'll come to the airport to pick you up. **Tiocfaidh muid chuig an aerfort chun tú a thógáil.**
2 foghlaim *(learn)*
□ I picked up some Spanish during my holiday. **D'fhoghlaim mé roinnt Spáinnise le linn mo shaoire.**
pickpocket NOUN
peasghadaí *masc4*
picnic NOUN
picnic *fem2*
■ to have a picnic picnic a bheith agat
□ We had a picnic on the beach. **Bhí picnic againn ar an trá.**
picture NOUN
1 pictiúr *masc1*
□ Children's books have lots of pictures. **Bíonn go leor pictiúr i leabhair pháistí.**
□ a famous picture pictiúr iomráiteach
2 grianghraf *masc1 (photo)*

□ My picture was in the paper. **Bhí mo ghrianghraf sa nuachtán.**
■ the pictures *(cinema)* na pictiúir
□ Shall we go to the pictures? **An rachaidh muid chuig na pictiúir?**
picture messaging NOUN
cur teachtaireachtaí pictiúr *masc1*
picturesque ADJECTIVE
pictiúrtha
pie NOUN
píóg *fem2*
□ an apple pie píóg úll
piece NOUN
1 píosa *masc4*
□ A small piece, please. **Píosa beag, le do thoil.** □ a piece of advice píosa comhairle
2 ball *masc1 (item)*
□ a piece of furniture ball troscáin
pier NOUN
cé *fem4*
to **pierce** VERB
poll
□ She's going to have her ears pierced. **Tá sí ag dul faoi choinne cluasphollta.**
pierced ADJECTIVE
pollta
□ I've got pierced ears. **Tá cluasa pollta agam.**
piercing NOUN
polladh *masc*
□ She has several piercings. **Tá roinnt polladh aici.**
pig NOUN
muc *fem2*
pigeon NOUN
colúr *masc1*
piggyback NOUN
■ to give somebody a piggyback muiniompar a thabhairt do dhuine □ I can't give you a piggyback, you're too heavy. **Ní féidir liom muiniompar a thabhairt duit, tá tú róthrom.**
piggy bank NOUN
bosca coigilte *masc4*
pigtail NOUN
trilseán *masc1*
pile NOUN
carn *masc1*
piles PL NOUN
fíocas *masc1*
□ He suffers from piles. **Tá fíocas air.**
pile-up NOUN
dul i mullach a chéile *masc3*
pill NOUN
piollaire *masc4*

■ **to be on the pill** bheith ar an bpiollaire frithghiniúnach

pillar NOUN
colún *masc1*

pillar box NOUN
bosca litreacha *masc4*

pillow NOUN
piliúr *masc1*

pilot NOUN
píolóta *masc4*
▫ He's a pilot. Is píolóta é.

pimple NOUN
goirín *masc4*

PIN NOUN (= *personal identification number*)
UAP *fem3* (= *uimhir aitheantais phearsanta*)
■ **chip and PIN** slis agus UAP

pin NOUN
biorán *masc1*
■ **I've got pins and needles.** Tá codladh grifín orm.

pinafore NOUN
pilirín *masc4*

pinball NOUN
cluiche mionbháil *masc4*
▫ He loves to play pinball. Is breá leis cluiche mionbháil a imirt.
■ **a pinball machine** meaisín mionbháil

to **pinch** VERB
sciob (*steal*)
▫ Who's pinched my pen? Cé a sciob mo pheann?
■ **to pinch somebody** liomóg a bhaint as duine ▫ He pinched me! Bhain sé liomóg asam!

pine NOUN
giúis *fem2*
▫ a pine table tábla giúise

pineapple NOUN
anann *masc1*

pink ADJECTIVE
bándearg

pint NOUN
pionta *masc4*
▫ a pint of milk pionta bainne
■ **to go for a pint** dul faoi choinne pionta
▫ He's gone out for a pint. Chuaigh sé amach faoi choinne pionta.

pipe NOUN
píopa *masc4*
▫ The pipes froze. Reoigh na píopaí.
▫ He smokes a pipe. Caitheann sé píopa.
■ **pipes 1** (*bagpipes*) píb mála **2** (*uilleann pipes*) píb uilleann

pirate NOUN
foghlaí mara *masc4*

pirated ADJECTIVE
bradach
▫ a pirated DVD DVD bradach

Pisces NOUN
Na hÉisc *masc1 pl*
▫ I'm Pisces. Is mise Na hÉisc.

pissed ADJECTIVE
ar na cannaí (*informal*)

pistol NOUN
piostal *masc1*

pitch NOUN
▷ *see also* **pitch** VERB
páirc *fem2*
▫ a football pitch páirc pheile

to **pitch** VERB
▷ *see also* **pitch** NOUN
suigh
▫ We pitched our tent near the beach. Shuigh muid ar bpuball in aice leis an trá.

pity NOUN
▷ *see also* **pity** VERB
trua *fem4*
■ **What a pity!** Is mór an trua!

to **pity** VERB
▷ *see also* **pity** NOUN
■ **I pity him.** Is trua liom é.

pizza NOUN
pizza *masc4*

place NOUN
▷ *see also* **place** VERB
áit *fem2*
▫ a parking place áit pháirceála
▫ a university place áit ollscoile ▫ It's a quiet place. Is áit chiúin é. ▫ There are a lot of interesting places to see. Tá go leor áiteanna suimiúla ann le feiceáil.
■ **to change places with somebody** áit a mhalartú le duine ▫ Paul, change places with Sarah! A Phóil, malartaigh áit le Sorcha!
■ **to take place** tarlú
■ **at your place** ag teach s'agatsa ▫ Shall we meet at your place? An mbuailfidh muid le chéile ag teach s'agatsa?
■ **to my place** go teach s'agamsa ▫ Do you want to come round to my place? Ar mhaith leat teacht go teach s'agamsa?

to **place** VERB
▷ *see also* **place** NOUN
cuir
▫ He placed his hand on hers. Chuir sé a lámha ar a lámhsa.

placement NOUN
socrúchán *masc1*

■ **to do a work placement** socrúchán fostaíochta a dhéanamh

plaid ADJECTIVE
breacán
□ a plaid shirt léine bhreacáin

plain ADJECTIVE
▷ see also **plain** NOUN
1 d'aon dath *(in one colour)*
□ a plain carpet brat urláir d'aon dath
2 simplí *(not fancy)*
□ a plain white blouse blús bán simplí

plain NOUN
▷ see also **plain** ADJECTIVE
machaire *masc4*

plain chocolate NOUN
seacláid phléineáilte *fem2*

plait NOUN
trilseán *masc1*
□ She wears her hair in a plait. Bíonn a cuid gruaige ina trilseáin aici.

plan NOUN
▷ see also **plan** VERB
1 plean *masc4*
□ my essay plan plean m'aiste □ What are your plans for the holidays? Cad iad na pleananna atá agat do na laethanta saoire? □ We need to make plans for our holiday. Caithfimid pleananna a dhéanamh don tsaoire.
■ **Everything went according to plan.** Chuaigh gach rud mar a bhí pleanáilte.
2 léarscáil *fem2 (map)*
□ a plan of the campsite léarscáil den ionad campála

to plan VERB
▷ see also **plan** NOUN
pleanáil
□ We're planning a trip to France. Tá muid ag pleanáil turais chun na Fraince. □ Plan your revision carefully. Pleanáil d'athbhreithniú go cúramach.
■ **to plan to do something** rún a bheith agat rud a dhéanamh □ I'm planning to get a job in the holidays. Tá rún agam post a fháil sna laethanta saoire.

plane NOUN
eitleán *masc1*
□ by plane ar an eitleán

planet NOUN
pláinéad *masc1*

planning NOUN
pleanáil *fem3*
□ The trip needs careful planning. Tá pleanáil chúramach de dhíth don turas.
■ **family planning** pleanáil chlainne

plant NOUN
▷ see also **plant** VERB
1 planda *masc4*
□ It's not good to water your plants too often. Is fearr gan uisce a chur ar na plandaí rómhinic.
2 monarcha *fem (factory)*

to plant VERB
▷ see also **plant** NOUN
cuir

plant pot NOUN
pota plandaí *masc4*

plaque NOUN
plaic *fem2 (on wall)*

plaster NOUN
1 greimlín *masc4 (sticking plaster)*
□ Have you got a plaster, by any chance? An mbeadh greimlín agat?
2 plástar *masc1 (for fracture)*
□ Her leg's in plaster. Tá a cos i bplástar.

plastic ADJECTIVE
▷ see also **plastic** NOUN
plaisteach *masc1*
□ a plastic bag mála plaisteach □ a plastic mac cóta plaisteach

plastic NOUN
▷ see also **plastic** ADJECTIVE
plaisteach *masc1*
□ It's made of plastic. Tá sé déanta de phlaisteach.

plate NOUN
pláta *masc4 (for food)*

platform NOUN
1 ardán *masc1 (at station)*
□ on platform 7 ar ardán 7
2 stáitse *masc4 (for performers)*

play NOUN
▷ see also **play** VERB
dráma *masc4*
□ Let's focus on the plot of the play. Dírímis ar scéal an dráma.

to play VERB
▷ see also **play** NOUN
1 imir *(game)*
□ He's playing with his friends. Tá sé ag imirt lena chairde. □ I play hockey. Imrím haca. □ Can you play pool? An bhfuil tú ábalta púl a imirt?
2 imir in éadan *(team, opponent)*
□ Ireland will play France next month. Beidh Éire ag imirt in éadan na Fraince an mhí seo chugainn.
3 seinn ar *(instrument)*
□ I play the guitar. Seinnim ar an ngiotár.
4 seinn *(CD, music)*

□ She's always playing that song. Bíonn sí i gcónaí ag seinm an amhráin sin. □ What sort of music do they play? Cén cineál ceoil a sheineann siad?

to **play down** VERB
bain de thábhacht
□ He tried to play down his illness. Rinne sé iarracht baint de thábhacht a thinnis.

player NOUN
1 imreoir *masc3 (in game)*
  ■ **a football player** peileadóir
2 ceoltóir *masc3 (music)*
  ■ **a piano player** pianódóir
  ■ **a saxophone player** sacsafónaí

playful ADJECTIVE
spórtúil

playground NOUN
1 clós scoile *masc1 (in school)*
2 áit súgartha *fem2 (in park)*

playgroup NOUN
naíolann *fem2*

playing card NOUN
cárta imeartha *masc4*

playing field NOUN
páirc imeartha *fem2*

playtime NOUN
am súgartha *masc3*

playwright NOUN
drámadóir *masc3*

pleasant ADJECTIVE
pléisiúrtha

please EXCLAMATION
le do thoil
□ Two coffees, please. Dhá chaife, le do thoil. □ Please write back soon. Scríobh ar ais gan mhoill, le do thoil.

pleased ADJECTIVE
sásta
□ My mother's not going to be very pleased. Ní bheidh mo mháthair an-sásta. □ It's beautiful; she'll be pleased with it. Tá sé galánta; beidh sí sásta leis.
  ■ **Pleased to meet you!** Go mbeannaí Dia duit!

pleasure NOUN
pléisiúr *masc1*
□ I read for pleasure. Léim don phléisiúr.

plenty NOUN
go leor
□ I've got plenty. Tá go leor agam.
  ■ **That's plenty, thanks.** Is leor sin, go raibh maith agat.
  ■ **plenty of** cuid mhór □ I've got plenty of things to do. Tá cuid mhór le déanamh agam. □ I've got plenty of money. Tá cuid

mhór airgid agam.
  ■ **We've got plenty of time.** Tá neart ama againn.

pliers PL NOUN
greamaire *masc4*
  ■ **a pair of pliers** greamaire

plot NOUN
  ▷ *see also* **plot** VERB
1 comhcheilg *fem2*
  □ a plot against the president comhcheilg in éadan an uachtaráin
2 plota *masc4 (of story, play)*
3 gabháltas *masc1 (of land)*
  □ a vegetable plot gabháltas glasraí

to **plot** VERB
  ▷ *see also* **plot** NOUN
beartaigh
□ They were plotting to kill him. Bhí siad ag beartú é a mharú.

plough NOUN
  ▷ *see also* **plough** VERB
céachta *masc4*

to **plough** VERB
  ▷ *see also* **plough** NOUN
treabh

plug NOUN
1 plocóid *fem2 (electrical)*
  □ The plug is faulty. Tá an phlocóid lochtach.
2 stopallán *masc1 (for sink)*

to **plug in** VERB
plugáil isteach
□ Is it plugged in? An bhfuil sé plugáilte isteach?

plum NOUN
pluma *masc4 (fruit)*
□ plum jam subh phluma

plumber NOUN
pluiméir *masc3*
□ He's a plumber. Is pluiméir é.

plump ADJECTIVE
ramhar

to **plunge** VERB
tum

plural NOUN
iolra *masc4*

plus PREPOSITION, ADJECTIVE
1 móide
  □ 4 plus 3 equals 7. 4 móide 3 sin 7.
2 agus *(and)*
  □ three children plus a dog triúr páistí agus madra
  ■ **I got a B plus.** Fuair mé B plus.

p.m. ABBREVIATION
i.n.
□ at 8 p.m. ar 8 i.n.

P

pneumonia NOUN
niúmóine *masc4*

poached ADJECTIVE
■ **a poached egg** ubh scallta

pocket NOUN
póca *masc4*
■ **pocket money** airgead póca □ 10 euros a week pocket money 10 euro d'airgead póca sa tseachtain

pocket calculator NOUN
áireamhán póca *masc1*

podcast NOUN
podchraoladh *masc*

poem NOUN
dán *masc1*

poet NOUN
file *masc4*

poetry NOUN
filíocht *fem3*

point NOUN
▷ *see also* **point** VERB
1 pointe *masc4*
□ They scored 5 points. D'aimsigh siad 5 phointe. □ a point on the horizon pointe ar an léaslíne □ At that point, we decided to leave. Ag an bpointe sin, shocraigh muid ar imeacht.
■ **2 point 3** a dó pointe a trí
2 bior *masc3 (tip)*
□ a pencil with a sharp point peann luaidhe le bior géar
3 ciall *fem2 (sense)*
□ What's the point of leaving so early? Cad é an chiall le himeacht chomh luath sin?
■ **There's no point.** Ní fiú é.
4 tuairim *fem2 (comment)*
□ He made some interesting points. Chuir sé roinnt tuairimí suimiúla in iúl.
■ **a point of view** dearcadh
■ **Come to the point!** Cruinnigh do chuid cainte!
■ **Punctuality isn't my strong point.** Ní hí an phoncúlacht an tréithe is láidre agam.

to **point** VERB
▷ *see also* **point** NOUN
taispeáin
□ He pointed to the broken window. Thaispeáin sé an fhuinneog bhriste lena mhéar.
■ **Don't point!** Ná sín do mhéar!
■ **to point at somebody** méar a shíneadh ar dhuine □ She pointed at Anne. Shín sí a méar ar Áine.
■ **to point a gun at somebody** gunna a dhíriú ar dhuine

to **point out** VERB
taispeáin
□ The guide pointed out Trinity College to us. Thaispeáin an treoraí Coláiste na Tríonóide dúinn.
■ **I should point out that ...** *(mention)* Ba chóir dom a lua go ...

pointless ADJECTIVE
gan tairbhe
□ It's pointless to argue. Tá sé gan tairbhe a bheith ag argóint.

poison NOUN
▷ *see also* **poison** VERB
nimh *fem2*

to **poison** VERB
▷ *see also* **poison** NOUN
nimhigh

poisonous ADJECTIVE
nimhiúil
■ **a poisonous snake** nathair nimhe

to **poke** VERB
prioc
□ He poked the ground with his stick. Phrioc sé an talamh lena bhata. □ She poked me in the ribs. Phrioc sí mé sna heasnacha.

poker NOUN
pócar *masc1*
□ I play poker. Imrím pócar.

Poland NOUN
an Pholainn *fem2*
□ in Poland sa Pholainn □ to Poland chun na Polainne

polar bear NOUN
béar bán *masc1*

Pole NOUN
Polannach *masc1*

pole NOUN
cuaille *masc4*
□ a tent pole cuaille pubaill □ a telegraph pole cuaille teileagraif
■ **the North Pole** An Pol Thuaidh
■ **the South Pole** An Pol Theas

pole vault NOUN
léim chuaille *fem2*

police PL NOUN
póilíní *masc4 pl*
□ We called the police. Ghlaoigh muid ar na póilíní.
■ **a police car** carr póilíní
■ **a police station** stáisiún na bpóilíní

policeman NOUN
póilín *masc4*
□ He's a policeman. Is póilín é.

policewoman NOUN
banphóilín *masc4*

P

□ She's a policewoman. **Is banphóilín í.**

polio NOUN
polaimiailíteas *masc1*

Polish ADJECTIVE
▷ *see also* **Polish** NOUN
Polannach

Polish NOUN
▷ *see also* **Polish** ADJECTIVE
Polainnis *fem2 (language)*

polish NOUN
▷ *see also* **polish** VERB
1 snas *masc3 (for shoes)*
2 vearnais iongan *fem2 (for nails)*

to **polish** VERB
▷ *see also* **polish** NOUN
1 cuir snas ar *(shoes, wood)*
2 cuir loinnir i *(glass, mirror)*

polite ADJECTIVE
múinte

politely ADVERB
go múinte

politeness NOUN
múineadh *masc*

political ADJECTIVE
polaitiúil

politician NOUN
polaiteoir *masc3*

politics PL NOUN
an pholaitíocht *fem3*
□ I'm not interested in politics. **Níl suim agam sa pholaitíocht.**

poll NOUN
pobalbhreith *fem2*
□ A recent poll revealed that ... **Léirigh pobalbhreith ar na mallaibh go ...**

pollen NOUN
pailin *fem2*

to **pollute** VERB
truailligh

polluted ADJECTIVE
truaillithe

pollution NOUN
truailliú *masc*

polo-necked sweater NOUN
geansaí muineál póló *masc4*

polo shirt NOUN
léine phóló *fem4*

polythene bag NOUN
mála plaisteach *masc4*

pond NOUN
lochán *masc1*
□ We've got a pond in our garden. **Tá lochán againn sa ghairdín.**

pony NOUN
capaillín *masc4*

ponytail NOUN
eireaball capaill *masc1*
□ He's got a ponytail. **Tá pónaí aige ina chuid gruaige.**

pony trekking NOUN
fálróid ar chapaillíní *fem2*
■ **to go pony trekking** fálróid ar chapaillíní a dhéanamh

poodle NOUN
púdal *masc1*

pool NOUN
1 slodán *masc1 (puddle)*
2 linn *fem2 (pond)*
3 linn snámha *fem2 (for swimming)*
4 púl *masc4 (game)*
□ Shall we have a game of pool? **An mbeidh cluiche púl againn?**
■ **the pools** *(football)* linnte peile □ My dad does the pools. **Déanann mo dhaid na linnte peile.**

poor ADJECTIVE
1 bocht
□ a poor family **teaghlach bocht** □ Poor David, he's very unlucky! **David bocht, tá sé iontach mí-ámharach.**
■ **the poor** na daoine bochta
2 droch- *(bad)*
□ a poor mark **drochmharc**

poorly ADJECTIVE, ADVERB
go dona
□ She's poorly. **Tá sí go dona.**

pop ADJECTIVE
■ **pop music** popcheol
■ **a pop star** popréalta
■ **a pop group** popghrúpa

to **pop in** VERB
buail isteach
□ I just popped in to say hello. **Bhuail mé isteach le haileo a rá.**

to **pop out** VERB
tabhair rúid amach
□ He just popped out to the supermarket. **Thug sé rúid amach chuig an ollmhargadh, go díreach.**

to **pop round** VERB
■ I'm just popping round to John's. **Tá mé díreach ag sciorradh anonn go teach Sheáin.**

popcorn NOUN
grán rósta *masc1*

pope NOUN
pápa *masc4*

poppy NOUN
poipín *masc4*

Popsicle® NOUN (US)
líreacán reoite *masc1*

popular ADJECTIVE
1 coitianta *(common)*
2 faiseanta *(fashionable)*
□ This is a very popular style. Is stíl an-fhaiseanta é seo.
■ He's popular. *(well liked)* Tá tóir air.
■ She's a very popular girl. Is cailín í a bhfuil gnaoi an phobail uirthi.

population NOUN
daonra *masc4*

porch NOUN
póirse *masc4*

pork NOUN
muiceoil *fem3*
□ a pork chop gríscín muiceola □ I don't eat pork. Ní ithim muiceoil.

porn NOUN
▷ *see also* **porn** ADJECTIVE
pornagrafaíocht *fem3*

porn ADJECTIVE
▷ *see also* **porn** NOUN
pornagrafach
□ a porn film scannán pornagrafach
□ a porn mag iris phornagrafach

pornographic ADJECTIVE
pornagrafach
□ a pornographic magazine iris phornagrafach

pornography NOUN
pornagrafaíocht *fem3*

porridge NOUN
brachán *masc1*

port NOUN
1 port *masc1 (harbour)*
2 portfhíon *masc3 (wine)*
□ a glass of port gloine portfhíona

portable ADJECTIVE
iniompartha
□ a portable TV TF iniompartha

porter NOUN
1 póirtéir *masc3 (for luggage)*
2 doirseoir *masc3 (doorkeeper)*

portion NOUN
1 cuid *fem3 (helping)*
□ a large portion of chips cuid mhór de sceallóga
2 roinn *fem2 (share)*

portrait NOUN
portráid *fem2*

Portugal NOUN
an Phortaingéil *fem2*
□ in Portugal sa Phortaingéil □ We went to Portugal. Chuaigh muid chun na Portaingéile.

Portuguese ADJECTIVE
▷ *see also* **Portuguese** NOUN
Portaingéalach

Portuguese NOUN
▷ *see also* **Portuguese** ADJECTIVE
1 Portaingéalach *masc1 (person)*
2 Portaingéilis *fem2 (language)*

posh ADJECTIVE
galánta
□ a posh hotel óstán galánta

position NOUN
áit *fem2*
□ an uncomfortable position áit mhíchompordach

positive ADJECTIVE
dearfach *(good)*
□ a positive attitude dearcadh dearfach
■ I'm positive. *(sure)* Tá mé cinnte.

to **possess** VERB
■ to possess something rud a bheith agat

possession NOUN
seilbh *fem2*
■ Have you got all your possessions? An bhfuil do chuid bagáiste go léir leat?

possibility NOUN
féidearthacht *fem3*
□ It's a possibility. Is féidearthacht é.

possible ADJECTIVE
is féidir
□ Is that possible? An féidir sin?
■ as soon as possible chomh luath agus is féidir □ I'll do it as soon as possible. Déanfaidh mé é chomh luath agus is féidir.

possibly ADVERB
seans *(perhaps)*
□ Are you coming to the party? — Possibly. An mbeidh tú ag teacht chuig an gcóisir? — Seans go mbeidh.
■ ... if you possibly can ... más féidir leat ar chor ar bith
■ I can't possibly come. Ní thig liom teacht.

post NOUN
▷ *see also* **post** VERB
1 an post *masc1 (letters)*
□ Is there any post for me? An bhfuil post ar bith dom?
2 cuaille *masc4 (pole)*
□ The ball hit the post. Bhuail an liathróid an cuaille báire.

to **post** VERB
▷ *see also* **post** NOUN
cuir sa phost
□ I've got some cards to post. Tá roinnt cártaí le cur sa phost agam.

postage NOUN
postas *masc1*

English-Irish

postbox NOUN
bosca litreacha *masc4*

postcard NOUN
cárta poist *masc4*

postcode NOUN
postchód *masc1*

poster NOUN
póstaer *masc1*
□ I've got posters on my bedroom walls. Tá póstaeir agam ar bhallaí mo sheomra leapa. □ There are posters all over town. Tá póstaeir ar fud an bhaile mhóir.

postman NOUN
fear poist *masc1*
□ He's a postman. Is fear poist é.

postmark NOUN
postmharc *masc1*

post office NOUN
oifig an phoist *fem2*
□ Where's the post office, please? Cá bhfuil oifig an phoist, le do thoil? □ She works for the post office. Tá sí ag obair ag oifig an phoist.

to **postpone** VERB
cuir ar ceal
□ The match has been postponed. Cuireadh an cluiche ar ceal.

postwoman NOUN
bean phoist *fem*
□ She's a postwoman. Is bean phoist í.

pot NOUN
1 pota *masc4*
□ a pot of jam pota suibhe □ the pots and pans na potaí agus na pannaí
2 taephota *masc4 (teapot)*
3 pota caife *masc4 (coffeepot)*
■ to smoke pot marachuan a chaitheamh

potato NOUN
práta *masc4*
□ potato salad sailéad prátaí
■ mashed potatoes brúitín
■ boiled potatoes prátaí bruite
■ a baked potato práta bácáilte

poteen NOUN
poitín *masc4*

potential ADJECTIVE
▷ *see also* **potential** NOUN
■ a potential problem fadhb fhéideartha

potential NOUN
▷ *see also* **potential** ADJECTIVE
acmhainn *fem2*
□ He has great potential. Tá an-acmhainn ann.

pothole NOUN
linntreog *fem2 (in road)*

pot plant NOUN
planda pota *masc4*

pottery NOUN
potaireacht *fem3 (craft)*

pound NOUN
▷ *see also* **pound** VERB
punt *masc1 (money, weight)*
□ How many euros do you get for a pound? Cá mhéad euro atá i bpunt? □ a pound coin bonn puint □ a pound of carrots punt cairéad

to **pound** VERB
▷ *see also* **pound** NOUN
preab
□ My heart was pounding. Bhí mo chroí ag preabadh go hard.

to **pour** VERB
doirt
□ She poured some water into the pan. Dhoirt sí roinnt uisce isteach sa phanna. □ She poured him a drink. Dhoirt sí deoch dó.
■ It is pouring. *(with rain)* Tá sé ag stealladh báistí.
■ in the pouring rain sa roilleadh báistí

poverty NOUN
bochtaineacht *fem3*

powder NOUN
púdar *masc1*

power NOUN
1 cumhacht *fem3*
□ The power's off. Tá an chumhacht gearrtha. □ nuclear power cumhacht núicléach □ solar power grianchumhacht
■ a power cut gearradh cumhachta
■ a power point pointe cumhachta
■ a power station stáisiún cumhachta
2 brí *fem4 (force)*
■ to be in power *(political party)* bheith i réim

powerful ADJECTIVE
cumhachtach

practical ADJECTIVE
praiticiúil
□ a practical suggestion moladh praiticiúil □ She's very practical. Tá sí an-phraiticiúil.

practically ADVERB
chóir a bheith
□ It's practically impossible. Tá sé chóir a bheith dodhéanta.

practice NOUN
cleachtadh *masc1*
□ football practice cleachtadh peile
■ It's normal practice in our school. Is gnáthnós i scoil s'againne é.

P

■ **in practice** le fírinne

■ **out of practice** as cleachtadh

■ **a medical practice** cleachtadh míochaine

to **practise** (US **practice**) VERB
cleacht

□ The team practises on Thursdays. Déanann an fhoireann cleachtadh ar an Déardaoin.

■ **I practised my French when we were on holiday.** Chleacht mé ar mo chuid Fraincise nuair a bhí muid ar saoire.

practising ADJECTIVE
cleachtach

□ She's a practising Catholic. Is Caitliceach cleachtach í.

praise NOUN
▷ see also **praise** VERB
moladh *masc*

to **praise** VERB
▷ see also **praise** NOUN
mol

□ Everyone praises her cooking. Molann gach duine a cuid cócaireachta. □ The teacher praised our work. Mhol an múinteoir ár gcuid oibre.

pram NOUN
pram *masc4*

prawn NOUN
cloicheán *masc1*

prawn cocktail NOUN
manglam cloicheán *masc1*

to **pray** VERB
guigh

□ I'm praying for good weather for my holidays. Tá mé ag guí go mbeidh aimsir mhaith agam don tsaoire.

prayer NOUN
paidir *fem2*

precaution NOUN
réamhchúram *masc1*

■ **to take precautions** réamhchúraim a dhéanamh

preceding ADJECTIVE
roimhe sin

precinct NOUN
■ **a pedestrian precinct** líomatáiste coisithe

precious ADJECTIVE
luachmhar

precise ADJECTIVE
cruinn

■ **at that precise moment** cruinn díreach

precisely ADVERB
go cruinn

□ at 10 a.m. precisely ar 10 r.n. go cruinn

■ **Precisely!** Go díreach!

to **preclude** VERB
coisc

to **predict** VERB
tuar

predictable ADJECTIVE
sothuartha

prefect NOUN
maor *masc1 (in school)*

□ My sister's a prefect. Is maor í mo dheirfiúr.

to **prefer** VERB
■ **I prefer milk.** Is fearr liom bainne.

■ **Which would you prefer?** Cé acu ab fhearr leat?

■ **I prefer French to chemistry.** Is fearr liom Fraincis ná ceimic.

preference NOUN
tosaíocht *fem3*

■ **in preference to** de rogha ar

pregnant ADJECTIVE
ag iompar clainne

□ She's six months pregnant. Tá sí ag iompar clainne le sé mhí anuas.

prehistoric ADJECTIVE
réamhstairiúil

prejudice NOUN
réamhchlaonadh *masc*

□ That's just a prejudice. Níl ann ach réamhchlaonadh. □ There's a lot of racial prejudice. Tá cuid mhór réamhchlaonta ciníoch ann.

prejudiced ADJECTIVE
■ **to be prejudiced against somebody** bheith claonta in éadan duine

premises PL NOUN
áitreabh *masc1*

□ They're moving to new premises. Tá siad ag bogadh go háitreabh nua.

premonition NOUN
mana *masc4*

preoccupied ADJECTIVE
gafa

prep NOUN
staidéar *masc1 (homework)*

□ history prep staidéar staire

preparation NOUN
ullmhúchán *masc1*

P

to **prepare** VERB
ullmhaigh
□ She has to prepare lessons in the evening. Tá ceachtanna le hullmhú aici tráthnóna.
■ to prepare for something ullmhú do rud
□ We're preparing for our skiing holiday. Tá muid ag ullmhú dár saoire sciála.

prepared ADJECTIVE
sásta (willing)
□ I'm prepared to help you. Tá mé sásta cuidiú leat.

prep school NOUN
scoil ullmhúcháin fem2

Presbyterian NOUN
▷ see also **Presbyterian** ADJECTIVE
Preispitéireach masc1

Presbyterian ADJECTIVE
▷ see also **Presbyterian** NOUN
Preispitéireach

to **prescribe** VERB
ordaigh

prescription NOUN
oideas masc1
□ You can't get it without a prescription. Ní féidir é a fháil gan oideas.

presence NOUN
láithreacht fem3
■ presence of mind stuaim

present ADJECTIVE
▷ see also **present** NOUN, VERB
i láthair
□ He wasn't present at the meeting. Ní raibh sé i láthair ag an gcruinniú.
□ the present situation an staid láithreach
■ the present tense an aimsir láithreach

present NOUN
▷ see also **present** ADJECTIVE, VERB
1 bronntanas masc1 (gift)
□ I'm going to buy presents. Ceannóidh mé bronntanais.
■ to give somebody a present bronntanas a thabhairt do dhuine
2 i láthair (time)
□ up to the present suas go dtí an t-am i láthair
■ for the present don am i láthair
■ at present i láthair na huaire

to **present** VERB
▷ see also **present** ADJECTIVE, NOUN
tabhair
■ to present somebody with something (give) rud a bhronnadh ar dhuine

presenter NOUN
láithreoir masc3 (on TV)

presently ADVERB
1 gan mhoill
□ You'll feel better presently. Beidh biseach ort gan mhoill.
2 faoi láthair (at present)
□ They're presently on tour. Tá siad ar chamchuairt faoi láthair.

president NOUN
uachtarán masc1
■ the President of Ireland Uachtarán na hÉireann

press NOUN
▷ see also **press** VERB
preas masc3 (newspapers)
■ a press conference preasagallamh

to **press** VERB
▷ see also **press** NOUN
brúigh
□ Don't press too hard! Ná brúigh róthrom!
□ He pressed the accelerator. Bhrúigh sé ar an luasaire.

pressed ADJECTIVE
■ We are pressed for time. Tá an t-am ag teannadh orainn.

press-up NOUN
brú aníos masc4
□ I do twenty press-ups every morning. Déanaim fiche brú aníos gach maidin.

pressure NOUN
▷ see also **pressure** VERB
brú masc4
□ He's under a lot of pressure at work. Tá sé faoi an-bhrú ag a chuid oibre.
■ a pressure group brúghrúpa

to **pressure** VERB
▷ see also **pressure** NOUN
teann ar
□ My parents are pressuring me. Tá mo thuismitheoirí ag teannadh orm.

to **pressurize** VERB
■ to pressurize somebody to do something brú a chur ar dhuine rud a dhéanamh □ My parents are pressurizing me to stay on at school. Tá mo thuismitheoirí ag cur brú orm leaniúint ar aghaidh ar scoil.

prestige NOUN
gradam masc1

prestigious ADJECTIVE
gradamach

presumably ADVERB
is cosúil

to **presume** VERB
síl
□ I presume so. Sílim é.

to **pretend** VERB
lig ort
□ She pretended not to see me. **Lig sí uirthi nach bhfaca sí mé.** □ He pretended he was working. **Lig sé air go raibh sé ag obair.**
pretty ADJECTIVE, ADVERB
1 dóighiúil
□ She's very pretty. **Tá sí an-dóighiúil.**
2 measartha (rather)
□ The weather was pretty awful. **Bhí an aimsir measartha uafásach.**
to **prevent** VERB
coisc
■ to prevent somebody from doing something **duine a chosc ar rud a dhéanamh** □ They tried to prevent us from leaving. **Rinne siad iarracht muid a chosc ar imeacht.**
previous ADJECTIVE
roimhe
□ the previous day **an lá roimhe sin**
previously ADVERB
roimhe sin
prey NOUN
seilg fem2
■ a bird of prey **éan creiche**
price NOUN
praghas masc1
price list NOUN
praghasliosta masc4
to **prick** VERB
prioc
□ I've pricked my finger. **Phrioc mé mo mhéar.**
pride NOUN
bród masc1
priest NOUN
sagart masc1
□ He's a priest. **Is sagart é.**
primarily ADVERB
go príomha
primary ADJECTIVE
príomha
primary school NOUN
bunscoil fem2
□ She's still at primary school. **Tá sí ar ar mbunscoil go fóill.**
Prime Minister NOUN
1 Príomh-Aire masc4
2 Taoiseach masc1 (of Ireland)
primitive ADJECTIVE
seanársa
prince NOUN
prionsa masc4

□ the Prince of Wales **Prionsa na Breataine Bige**
princess NOUN
banphrionsa masc4
□ Princess Anne **An Banphrionsa Anne**
principal ADJECTIVE
▷ see also **principal** NOUN
príomh-
principal NOUN
▷ see also **principal** ADJECTIVE
príomhoide masc4 (of school, college)
principle NOUN
prionsabal masc1
■ on principle **ar phrionsabal**
print NOUN
1 dearbhchló masc4 (photograph)
□ colour prints **priontaí daite**
2 cló masc4 (letters)
□ in small print **i gcló beag**
3 prionta masc4 (art)
□ a framed print **prionta frámaithe**
printer NOUN
printéir masc3 (machine)
printout NOUN
ríomhphrionta masc4
priority NOUN
tosaíocht fem3
prison NOUN
príosún masc1
■ in prison **i bpríosún**
prisoner NOUN
príosúnach masc1
prison officer NOUN
oifigeach príosúin masc1
privacy NOUN
príobháid fem2
private ADJECTIVE
príobháideach
□ a private school **scoil phríobháideach**
■ 'private property' **'áitreabh príobháideach'**
■ 'private' (on envelope) **'príobháideach'**
■ in private **faoi rún**
■ a private bathroom **seomra folctha príobháideach**
to **privatize** VERB
príobháidigh
privilege NOUN
pribhléid fem2
prize NOUN
duais fem2
□ I won a prize in the raffle. **Bhain mé duais sa chrannchur.**
prize-giving NOUN
bronnadh duaiseanna masc

prizewinner NOUN
duaiseoir *masc3*

pro NOUN
■ **the pros and cons** an dá thaobh
□ We weighed up the pros and cons. Chuir muid an dá thaobh sa mheá.

probability NOUN
dóchúlacht *fem3*

probable ADJECTIVE
dóchúil

probably ADVERB
de réir dealraimh
■ **probably not** ní dócha é

problem NOUN
fadhb *fem2*
■ **No problem!** Fadhb ar bith!

proceeds PL NOUN
fáltais *masc1 pl*

process NOUN
próiseas *masc1*
□ the peace process an próiseas síochána
■ **to be in the process of doing something** bheith ag déanamh ruda □ We're in the process of painting the kitchen. Táimid ag péinteáil na cistine faoi láthair.

procession NOUN
mórshiúl *masc1*

to **produce** VERB
1 táirg *(product)*
2 léirigh *(play, show)*

producer NOUN
1 táirgeoir *masc3 (of products)*
2 léiritheoir *masc3 (of play, show)*

product NOUN
toradh *masc1*

production NOUN
1 táirgeadh *masc*
□ They're increasing production of luxury models. Tá siad ag cur le táirgeadh na sóchineálacha.
2 léiriúchán *masc1 (play, show)*
□ a production of 'Hamlet' léiriúchán 'Hamlet'

profession NOUN
gairm *fem2*

professional NOUN
▷ see also **professional** ADJECTIVE
gairmí *masc4*

professional ADJECTIVE
▷ see also **professional** NOUN
gairmiúil
□ a professional musician ceoltóir gairmiúil

professionally ADVERB
go gairmiúil

□ She sings professionally. Canann sí go gairmiúil.

professor NOUN
ollamh *masc1*
□ He's an English professor. Is ollamh Béarla é.

profit NOUN
brabús *masc1*

profitable ADJECTIVE
brabúsach

program NOUN
▷ see also **program** VERB
ríomhchlár *masc1*
□ a computer program ríomhchlár
■ **a TV program** (US) clár teilifíse

to **program** VERB
▷ see also **program** NOUN
ríomhchláraigh *(computer)*

programme NOUN
clár *masc1 (on TV, radio)*

programmer NOUN
ríomhchláraitheoir *masc3*
□ She's a programmer. Is ríomhchláraitheoir í.

programming NOUN
ríomhchlárú *masc*

progress NOUN
dul chun cinn *masc3*
□ You're making progress! Tá dul chun cinn á dhéanamh agat!

to **prohibit** VERB
coisc
■ **Smoking is prohibited.** Tá cosc ar thobac.

project NOUN
1 scéim *fem2 (plan)*
□ a development project scéim fhorbartha
2 tionscadal *masc1 (research)*
□ I'm doing a history project. Tá mé ag déanamh tionscadail staire.

projector NOUN
teilgeoir *masc3*

promenade NOUN
promanád *masc1 (by sea)*

promise NOUN
▷ see also **promise** VERB
gealltanas *masc1*
□ He made me a promise. Rinne sé gealltanas dom.
■ **That's a promise!** Geallaim duit!

to **promise** VERB
▷ see also **promise** NOUN
geall
□ She promised to write. Gheall sí go

scríobhfadh sí. □ I'll write, I promise!
Geallaim duit go scríobhfaidh mé!
promising ADJECTIVE
■ a promising player imreoir a bhfuil
gealladh faoi
to **promote** VERB
■ to be promoted ardú céime a fháil
□ She was promoted after six months.
Fuair sí ardú céime tar éis sé mhí.
promotion NOUN
ardú céime masc
prompt ADJECTIVE, ADVERB
■ a prompt reply freagra pras
■ at eight o'clock prompt ar bhuille a
hocht
promptly ADVERB
go pras
□ We left promptly at seven. D'imigh muid
go pras ar a seacht.
pronoun NOUN
forainm masc4
to **pronounce** VERB
fuaimnigh
□ Am I pronouncing it right? An bhfuil mé á
fhuaimniú i gceart?
pronunciation NOUN
foghraíocht fem3
proof NOUN
cruthú masc
proper ADJECTIVE
ceart (right)
□ You have to have the proper equipment.
Is gá an trealamh ceart a bheith agat.
□ We need proper training. Tá oiliúint
cheart de dhíth orainn. □ It's difficult to get
a proper job. Tá sé deacair post dílis a fháil.
properly ADVERB
mar is ceart
□ You're not doing it properly. Níl tú á
dhéanamh mar is ceart.
property NOUN
maoin fem2
□ stolen property maoin ghoidte
■ 'private property' 'áitreabh
phríobháideach'
proportional ADJECTIVE
cionmhar
□ proportional representation ionadaíocht
chionmhar
proposal NOUN
moladh masc
to **propose** VERB
mol
□ I propose a new plan. Molaim plean nua.
■ to propose to do something rud a

mholadh a dhéanamh □ What do you
propose to do? Cad é a mholann tú a
dhéanamh?
■ to propose to somebody (for marriage)
ceiliúr pósta a chur ar dhuine
□ He proposed to her at the restaurant.
Chuir sé ceiliúr pósta uirthi sa bhialann.
to **prosecute** VERB
ionchúisigh
□ They were prosecuted for murder.
Ionchúisíodh do dhúnmharú iad.
■ 'Trespassers will be prosecuted'
'Cuirfear an dlí ar fhoghlaithe'
prospect NOUN
■ It'll improve my career prospects.
Cuirfidh sé le ni seansanna ar dhul chun cinn.
prospectus NOUN
réamheolaire masc4
prostitute NOUN
striapach fem2
■ a male prostitute striapach fir
to **protect** VERB
cosain
protection NOUN
cosaint fem3
protein NOUN
próitéin fem2
protest NOUN
▷ see also **protest** VERB
agóid fem2
□ He ignored their protests. Thug sé
neamhaird ar a n-agóidí. □ a protest march
mórshiúil agóide
to **protest** VERB
▷ see also **protest** NOUN
dearbhaigh
Protestant ADJECTIVE
▷ see also **Protestant** NOUN
Protastúnach
□ a Protestant church eaglais
Phrotastúnach
Protestant NOUN
▷ see also **Protestant** ADJECTIVE
Protastúnach masc1
□ I'm a Protestant. Is Protastúnach mé.
protester NOUN
agóideoir masc3
proud ADJECTIVE
bródúil
□ Her parents are proud of her. Tá a
tuismitheoirí brodúil aisti.
to **prove** VERB
cruthaigh
□ The police couldn't prove it. Ní raibh na
póilíní ábalta é a chruthú.

P

proverb NOUN
seanfhocal *masc1*

to **provide** VERB
soláthair
■ **to provide somebody with something**
rud a sholáthar do dhuine □ They provided
us with maps. Sholáthair siad
léarscáileanna dúinn.

to **provide for** VERB
riar ar
□ He can't provide for his family any more.
Ní féidir leis riar ar a theaghlach a thuilleadh.

provided CONJUNCTION
ar choinníoll go
□ He'll play in the next match provided he's
fit. Imreoidh sé sa chéad chluiche eile ar
choinníoll go mbeidh sé ina riocht.

province NOUN
cúige *masc4*
■ **the Province** (*Northern Ireland*)
Tuaisceart Éireann

provisional ADJECTIVE
sealadach

prowler NOUN
sirtheoir *masc3*

prune NOUN
prúna *masc4*

to **pry** VERB
bheith ag srónaíl
□ He's always prying into other people's
affairs. Bíonn sé i gcónaí ag srónaíl i gcúrsaí
daoine eile.

pseudonym NOUN
ainm bréige *masc4*

psychiatrist NOUN
síciatraí *masc4*
□ She's a psychiatrist. Is síciatraí í.

psychoanalyst NOUN
síocanailísí *masc4*

psychological ADJECTIVE
síceolaíoch

psychologist NOUN
síceolaí *masc4*
□ He's a psychologist. Is síceolaí é.

psychology NOUN
síceolaíocht *fem3*

PTO ABBREVIATION (= *please turn over*)
thall

pub NOUN
teach tábhairne *masc*

public ADJECTIVE
▷ *see also* **public** NOUN
poiblí
□ a public holiday saoire phoiblí
■ **public opinion** tuairimí an phobail

■ **a public address system** córas ilghairme

public NOUN
▷ *see also* **public** ADJECTIVE
■ **the public** an pobal □ open to the public
oscailte don phobal
■ **in public** go poiblí

publican NOUN
tábhairneoir *masc3*
□ My uncle's a publican. Is tábhairneoir
é m'uncail.

publicity NOUN
poiblíocht *fem3*

public transport NOUN
córas iompair poiblí *masc1*

to **publish** VERB
foilsigh

publisher NOUN
foilsitheoir *masc3*

pudding NOUN
maróg *fem2*
□ rice pudding maróg ríse
■ **black pudding** putóg dhubh □ What's
for pudding? Cad é atá ann mar mhilseog?

puddle NOUN
slodán *masc1*

puff pastry NOUN
taosrán blaoscach *masc1*

to **pull** VERB
tarraing
□ Pull! Tarraing! □ He pulled the trigger.
Tharraing sé an truicear. □ I pulled a muscle
when I was training. Tharraing mé matán
nuair a bhí mé ag traenáil.
■ **You're pulling my leg!** Ag magadh atá tú!

to **pull down** VERB
leag (*building*)

to **pull out** VERB
1 tarraing
□ The dentist had to pull out my baby teeth.
Bhí ar an bhfiaclóir mo chuid diúlfhiacla a
tharraingt.
2 tarraing amach
□ The car pulled out to overtake. Tháinig an
carr amach le feithicil a scoitheadh.
3 éirigh as (*of race, job*)
□ She pulled out of the tournament.
D'éirigh sí as an gcomórtas.

to **pull through** VERB
tar tríd
□ They think he'll pull through. Síleann siad
go dtiocfaidh sé tríd.

to **pull up** VERB
stad (*stop*)
□ A black car pulled up beside me. Stad carr
dubh in aice liom.

pullover NOUN
geansaí masc4

pulse NOUN
cuisle fem4 (of blood)
□ The nurse felt his pulse. D'fhéach an bhanaltra a chuisle.

pulses PL NOUN
piseánaigh masc1 pl

pump NOUN
▷ see also **pump** VERB
1 caidéal masc1
□ a petrol pump caidéal peitril
2 teannaire masc4 (for tyres)
3 buimpéis fem2 (shoe)

to **pump** VERB
▷ see also **pump** NOUN
caidéalaigh

to **pump up** VERB
cuir aer i

pumpkin NOUN
puimcín masc4

punch NOUN
▷ see also **punch** VERB
1 dorn masc1 (blow)
2 puins masc4 (drink)

to **punch** VERB
▷ see also **punch** NOUN
■ to punch somebody (hit) dorn a thabhairt do dhuine □ He punched me! Thug sé dorn dom!

punch-up NOUN
troid fem3

punctual ADJECTIVE
poncúil

punctuation NOUN
poncaíocht fem3

puncture NOUN
poll masc1
□ I had to mend a puncture. Bhí orm poll a dheisiú.
■ to have a puncture poll a bheith agat
□ I had a puncture on the motorway. Bhí poll agam ar an mótarbhealach.

to **punish** VERB
cuir pionós ar
■ to punish somebody for something pionós a chur ar dhuine as rud
■ to punish somebody for doing something pionós a chur ar dhuine as rud a dhéanamh

punishment NOUN
pionós masc1

punk NOUN
punc masc4
□ a punk rock band banna punc-rac

pupil NOUN
1 dalta masc4 (at school)
2 mac imrisc masc1 (of eye)

puppet NOUN
puipéad masc1

puppy NOUN
coileáinín masc4

to **purchase** VERB
ceannaigh

pure ADJECTIVE
fíor-
□ pure orange juice fíorshú oráiste

purple ADJECTIVE
corcra

purpose NOUN
cuspóir masc3
□ What is the purpose of these changes? Cad é cuspóir na n-athruithe seo?
□ his purpose in life an cuspóir ina shaol
■ on purpose d'aon turas □ He did it on purpose. Rinne sé d'aon turas é.

to **purr** VERB
déan crónán

purse NOUN
1 sparán masc1
2 mála láimhe masc4 (us: handbag)

to **pursue** VERB
téigh sa tóir ar (chase)

pursuit NOUN
caitheamh aimsire masc1 (pastime)
■ outdoor pursuits gníomhaíochtaí allamuigh

push NOUN
▷ see also **push** VERB
■ He gave me a push. Chuir sé truilleán liom.

to **push** VERB
▷ see also **push** NOUN
brúigh
□ Don't push! Ná bí ag brú!
■ to push somebody to do something brú a chur ar dhuine rud a dhéanamh □ My parents are pushing me to go to university. Tá mo thuismitheoirí ag cur brú orm dul chuig an ollscoil.
■ to push drugs bheith ag mangaireacht drugaí
■ Push off! Imigh leat!

to **push around** VERB
ansmacht a chur ar
□ He likes pushing people around. Is maith leis ansmacht a chur ar dhaoine.

to **push through** VERB
■ He pushed through the crowd. Bhrúigh sé a bhealach tríd an slua.

P

■ **I pushed my way through.** Bhrúigh mé tríd.

pushchair NOUN
bugaí linbh *masc4*

push-up NOUN (US)
brú aníos *masc4*
□ I do twenty push-ups every morning. Déanaim fiche brú aníos gach maidin.

to **put** VERB
cuir
□ Where shall I put my things? Cá háit a gcuirfidh mé mo chuid stuif? □ She's putting the baby to bed. Tá sí ag cur an bhabaí a luí. □ Don't forget to put your name on the paper. Ná déan dearmad d'ainm a chur ar an bpáipéar.

to **put aside** VERB
cuir i leataobh
□ Can you put this aside for me till tomorrow? An féidir leat é seo a chur i leataobh dom go dtí an lá amárach?

to **put away** VERB
cuir i dtaisce
□ Can you put away the dishes, please? An féidir leat na soithí a chur i dtaisce, le do thoil?

to **put back** VERB
1 cuir ar ais *(replace)*
□ Put it back when you've finished with it. Cuir ar ais é agus tú críochnaithe leis.
2 cuir siar
□ Don't forget to put the clocks back. Ná déan dearmad na cloig a chur siar.

to **put down** VERB
1 cuir síos
□ I'll put these bags down for a minute. Cuirfidh mé na málaí seo síos bomaite.
2 scríobh síos *(write down)*
□ I've put down a few ideas. Scríobh mé síos cúpla smaoineamh.
3 maraigh *(animal)*
□ We had to have our old dog put down. Bhí orainn an seanmhadra againn a mharú.

to **put forward** VERB
cuir chun cinn *(idea, argument)*
■ **He put forward an idea for raising more funds.** Rinne sé moladh faoi bhealach le tuilleadh airgid a thógáil.
■ **Don't forget to put the clocks forward.** Ná déan dearmad na cloig a chur ar aghaidh.

to **put in** VERB
1 cuir isteach *(install)*
□ We're going to get central heating put in. Táimid chun téamh lárnach a chur isteach.
2 caith *(time, effort)*

□ He has put in a lot of work on this project. Tá cuid mhór ama caite aige ar an tionscadal seo.

to **put off** VERB
1 múch *(switch off)*
□ Shall I put the light off? An múchfaidh mé an solas?
2 cuir ar an méar fhada *(postpone)*
□ I keep putting it off. Cuirim ar an méar fhada i gcónaí é.
3 cuir trí chéile *(distract)*
□ Stop putting me off! Tá tú do mo chur trí chéile!
4 cuir ó *(discourage)*
□ It put me off going. Chuir sé mé ó dhul ann.

to **put on** VERB
1 las *(CD, light)*
□ Shall I put the light on? An lasfaidh mé an solas?
2 cuir ort *(clothes)*
□ I'll put my coat on. Cuirfidh mé orm mo chóta.
3 léirigh *(play, show)*
□ We're putting on 'Mamma Mia'. Táimid chun 'Mamma Mia' a léiriú.
4 cuir síos *(cook)*
□ I'll put the potatoes on. Cuirfidh mé síos na prátaí.
■ **to put on weight** meáchan a chur suas
□ He's put on a lot of weight. Tá cuid mhór meácháin curtha suas aige.

to **put out** VERB
cuir as *(light, fire)*
□ It took them five hours to put out the fire. Thóg sé cúig huaire an chloig orthu an tine a chur as.

to **put through** VERB
■ **They put me through to John.** Chuir siad i dteagmháil le Seán mé.
■ **I'm putting you through.** Tá mé ag déanamh ceangail duit.

to **put up** VERB
1 cuir in airde *(pin up)*
□ I'll put the poster up on my wall. Cuirfidh mé an póstaer in airde ar mo bhalla.
2 cuir suas *(tent)*
□ We put up our tent in a field. Chuir muid ár bpuball suas i bpáirc.
3 ardaigh *(increase)*
□ They've put up the price. Tá an praghas ardaithe acu.
4 tabhair lóistín do *(accommodate)*
□ My friend will put me up for the night. Tabharfaidh mo chara lóistín na hoíche dom.

■ **to put one's hand up** do lámh a chur in airde □ If you have any questions, put up your hand. Má tá ceist ar bith agaibh, cuirigí bhur lámha in airde.
■ **to put up with something** rud a fhulaingt □ I'm not going to put up with it any longer. Níl mé ag dul a fhulaingt a thuilleadh.

puzzle NOUN
1 dúcheist *fem2*
2 míreanna mearaí *fem2 pl (jigsaw)*

puzzled ADJECTIVE
mearaithe
□ You look puzzled! Tá cuma mhearaithe ort!

puzzling ADJECTIVE
mearbhlach

pyjamas PL NOUN
pitseámaí *masc4 pl*
□ my pyjamas mo phitseámaí □ a pair of pyjamas pitseámaí
■ **a pyjama top** barréide phitseámaí

pyramid NOUN
pirimid *fem2*

Qq

quaint ADJECTIVE
1 aisteach *(odd)*
2 den seandéanamh *(house, village)*

qualification NOUN
cáilíocht *fem3*
□ She left school without any qualifications.
D'fhág sí an scoil gan cáilíochtaí ar bith aici.
■ **vocational qualifications**
gairmcháilíochtaí

qualified ADJECTIVE
1 oilte
□ a qualified driving instructor teagascóir
oilte tiomána
2 cáilithe *(nurse, teacher)*
□ a qualified nurse banaltra cháilithe

to **qualify** VERB
1 cáiligh
□ He qualified as a barrister. Cháiligh sé mar
abhcóide.
2 faigh tríd *(in competition)*
□ Our team didn't qualify. Ní bhfuair an
fhoireann s'againne tríd.
■ **She qualified as a doctor.** Tá sí amuigh
ina dochtúir.

quality NOUN
cáilíocht *fem3*
□ a good quality of life cáilíocht mhaith
bheatha □ good-quality ingredients
comhábhair d'ardcháilíocht □ She's got
lots of good qualities. Tá a lán tréithe
fónta inti.

quantity NOUN
méid *masc4*

quarantine NOUN
coraintín *masc4*
□ in quarantine i gcoráintín

quarrel NOUN
▷ *see also* **quarrel** VERB
troid *fem3*

to **quarrel** VERB
▷ *see also* **quarrel** NOUN
troid

quarry NOUN
cairéal *masc1 (for stone)*

quarter NOUN
ceathrú *fem*
■ **three quarters** trí cheathrú
■ **a quarter of an hour** ceathrú uaire
□ three quarters of an hour trí cheathrú
uaire
■ **quarter past ten** ceathrú i ndiaidh a deich
■ **quarter to eleven** ceathrú go dtí a haon
déag

quarter final NOUN
cluiche ceathrúcheannais *masc4*

quartet NOUN
ceathairéad *masc1*
□ a string quartet ceathairéad sreangán

quay NOUN
cé *fem4*

queasy ADJECTIVE
■ **to feel queasy** masmas a bheith ort
□ I'm feeling queasy. Tá masmas orm.

queen NOUN
banríon *fem3*
□ the Queen of Spain an Bhanríon na
Spáinne □ the queen of hearts an bhanríon
hart

query NOUN
▷ *see also* **query** VERB
ceist *fem2*

to **query** VERB
▷ *see also* **query** NOUN
ceistigh
□ No one queried my decision. Níor
cheistigh duine ar bith mo chinneadh.

question NOUN
▷ *see also* **question** VERB
ceist *fem2*
□ Can I ask a question? An bhfuil cead agam
ceist a chur? □ That's a difficult question.
Is crua an cheist í.
■ **It's out of the question.** Níl sé sin ar
dhíslí.

to **question** VERB
▷ *see also* **question** NOUN
ceistigh
□ He was questioned by the police.
Cheistigh na póilíní é.

question mark NOUN
comhartha ceiste *masc4*

questionnaire NOUN
ceistiúchán *masc1*

queue NOUN
▷ *see also* **queue** VERB
scuaine *fem4*

to **queue** VERB
▷ *see also* **queue** NOUN
téigh i scuaine
■ **to queue for something** dul i scuaine
faoi choinne ruda □ We had to queue for
the tickets. **Bhí orainn dul i scuaine le
haghaidh na dticéad.**

quick ADJECTIVE
gasta
□ a quick lunch **lón gasta** □ It's quicker by
train. **Tá sé níos gaiste leis an traein.**
■ **Be quick!** Go beo!
■ **She's a quick learner. Is** foghlaimeoir
gasta í.

quickly ADVERB
go gasta
□ It was all over very quickly. **Bhí sé uile
réidh go hiontach gasta.**

quiet ADJECTIVE
1 ciúin
□ You're very quiet today. **Tá tú iontach
ciúin inniu.** □ The engine's very quiet. **Tá an
t-inneall iontach ciúin.**
■ **Be quiet!** Bí ciúin!
■ **Quiet!** Ciúnas!
2 suaimhneach *(peaceful)*
□ a quiet little town **baile beag
suaimhneach** □ a quiet weekend **deireadh
seachtaine suaimhneach**

quietly ADVERB
go ciúin
□ 'She's dead,' he said quietly. '**Tá sí marbh,'**

arsa seisean go ciúin.

quilt NOUN
cuilt *fem2*

to **quit** VERB
1 fág
□ She's decided to quit her job. **Shocraigh sí
ar a post a fhágáil.**
2 éirigh as *(smoking)*

quite ADVERB
1 go maith *(rather)*
□ It's quite warm today. **Tá sé te go maith
inniu.**
2 go hiomlán *(entirely)*
□ I'm not quite sure. **Níl mé go hiomlán
cinnte.**
■ **quite good** measartha maith
■ **quite a lot** go leor □ It costs quite a lot to
go abroad. **Cosnaíonn sé go leor le dul thar
lear.**
■ **It's quite a long trip. Is** turas sách fada é.
■ **It was quite a contest. Bhí** coimhlint
chrua ann.
■ **There were quite a few people there.**
Bhí roinnt mhaith daoine ann.

quiz NOUN
tráth na gceist *masc3*

quota NOUN
cuóta *masc4*

quotation NOUN
athfhriotal *masc1*

quotation marks PL NOUN
comharthaí athfhriotail *masc4 pl*

quote NOUN
▷ *see also* **quote** VERB
sliocht *masc3*
□ a famous quote **sliocht cáiliúil**
■ **quotes** *(quotation marks)* comharthaí
athfhriotail □ in quotes idir chomharthaí
athfhriotail

to **quote** VERB
▷ *see also* **quote** NOUN
luaigh
□ He's always quoting that literature.
Bíonn sé i dtólamh ag lua na litríochta sin.

Rr

rabbi NOUN
raibí *masc4*

rabbit NOUN
coinín *masc4*
□ a rabbit hutch cró coinín

rabies NOUN
confadh *masc1*
■ a dog with rabies madadh confach

race NOUN
▷ *see also* **race** VERB
1 rás *masc3*
□ a cycle race rás rothair
2 cine *masc4*
□ the human race an cine daonna
■ **race relations** caidreamh idir chiníocha

to **race** VERB
▷ *see also* **race** NOUN
1 deifrigh *(hurry)*
□ We raced to catch the bus. Dheifrigh muid chun an bus a fháil.
2 rith *(horse, runner)*
■ **I'll race you!** Féachfaidh mé rás leat!

racecourse NOUN
ráschúrsa *masc4*

racehorse NOUN
capall rása *masc1*

racer NOUN
rásrothar *masc1 (bike)*

racetrack NOUN
raon rásaí *masc1*

racial ADJECTIVE
ciníoch
□ racial discrimination idirdhealú ciníoch

racing NOUN
rásaíocht *fem3*

racing car NOUN
carr rása *masc1*

racing driver NOUN
tiománaí rása *masc4*

racism NOUN
ciníochas *masc1*

racist ADJECTIVE
▷ *see also* **racist** NOUN
ciníoch

racist NOUN
▷ *see also* **racist** ADJECTIVE
ciníochaí *masc4*

rack NOUN
raca *masc4*
□ a luggage rack raca bagáiste

racket NOUN
1 raicéad *masc1*
□ my tennis racket mo raicéad leadóige
2 callán *masc1 (noise)*
□ They're making a terrible racket. Tá racán bocht acu.

racquet NOUN
raicéad *masc1*

radar NOUN
radar *masc1*

radiation NOUN
radaíocht *fem3*

radiator NOUN
radaitheoir *masc3*

radio NOUN
raidió *masc4*
□ on the radio ar an raidió

radioactive ADJECTIVE
radaighníomhach

radio-controlled ADJECTIVE
radairialaithe *(model plane, car)*

radio station NOUN
stáisiún raidió *masc1*

radish NOUN
raidis *fem2*

RAF NOUN (= Royal Air Force)
An tAerfhórsa Ríoga
□ He's in the RAF. Tá sé san AFR.

raffle NOUN
crannchur *masc1*
□ a raffle ticket ticéad crannchuir

raft NOUN
rafta *masc4*

rag NOUN
ceirt *fem2*

rage NOUN
cuthach *masc1*
□ She was in a rage. **Bhí cuthach feirge uirthi.**
■ It's all the rage. **Tá sé an-fhaiseanta.**

raid NOUN
▷ *see also* **raid** VERB
1 ruathar *masc1*
□ a police raid **ruathar póilíní**
2 ruaig chreiche *fem2*
□ There was a bank raid near my house.
**Rinneadh ruaig chreiche ar an mbanc gar
do mo theach.**

to **raid** VERB
▷ *see also* **raid** NOUN
déan ruathar ar
□ The police raided the club. **Rinne na péas
ruathar ar an gclubtheach.**

rail NOUN
ráille *masc4*
□ Don't lean over the rail! **Ná crom thar an
ráille!**
■ rails *(railway track)* ráillí *masc4 pl*
■ by rail **leis an traein**

railcard NOUN
cárta iarnróid *masc4*
□ a young person's railcard **cárta iarnróid
duine óig**

railroad NOUN (US)
iarnród *masc1*

railway NOUN
iarnród *masc1*

railway line NOUN
iarnród *masc1*

railway station NOUN
stáisiún traenach *masc1*

rain NOUN
▷ *see also* **rain** VERB
fearthainn *fem2*
□ in the rain **san fhearthainn**

to **rain** VERB
▷ *see also* **rain** NOUN
bheith ag cur fearthainne
□ It's raining. **Tá sé ag cur fearthainne**
□ It rains a lot here. **Bíonn sé ag báisteach
cuid mhaith anseo.**

rainbow NOUN
tuar ceatha *masc1*

raincoat NOUN
cóta báistí *masc4*

rainforest NOUN
foraois bháistí *fem2*

rainy ADJECTIVE
fliuch

to **raise** VERB
1 tóg *(lift)*
□ He raised his hand. **Thóg sé a lámh.**
2 ardaigh *(improve)*
□ They want to raise standards in schools.
**Tá siad ag iarraidh na caighdeáin sna
scoileanna a ardú.**
■ to raise money **airgead a thógáil**
□ The school is raising money for a new
gym. **Tá an scoil ag tógáil airgid le haghaidh
giomnáisiam nua.**

raisin NOUN
rísín *masc4*

rake NOUN
ráca *masc4*

rally NOUN
1 railí *masc4 (in tennis, motor sport)*
□ a rally driver **tiománaí railí**
2 slógadh *masc1 (gathering)*

ram NOUN
▷ *see also* **ram** VERB
reithe *masc4*

to **ram** VERB
▷ *see also* **ram** NOUN
buail tuairt ar *(vehicle)*
□ The thieves rammed a police car. **Bhuail
na gadaithe tuairt ar charr de chuid na
bpéas.**

Ramadan NOUN
Ramadan *masc*

ramble NOUN
spaisteoireacht *fem3*
□ We went for a ramble. **Rinneamar geábh
spaisteoireachta.**

rambler NOUN
fánaí *masc4*

ramp NOUN
fánán *masc1*

ran VERB ▷ *see* run

ranch NOUN
rainse *masc4*

random ADJECTIVE
fánach
■ at random **go fánach** □ We picked the
number at random. **Phioc muid an uimhir
go randamach.**

rang VERB ▷ *see* ring

range NOUN
▷ *see also* **range** VERB
1 réimse *masc4 (variety)*
□ a wide range of colours **réimse
leathan dathanna** □ We study a range
of subjects. **Déanaimid staidéar ar
réimse ábhar.**
2 sliabhraon *masc1 (of mountains)*

to **range** VERB
> see also **range** NOUN
■ **to range from ... to** bheith sa réimse ó ...
go □ Temperatures in summer range from
20 to 35 degrees. Sa samhradh bíonn an
teocht sa réimse ó 20 go 35 céim. □ Tickets
range from £2 to £20. Tá na ticéid sa réimse
ó £2 go £20.

rank NOUN
> see also **rank** VERB
■ **a taxi rank** stad tacsaí

to **rank** VERB
> see also **rank** NOUN
■ **He's ranked third in the United States.**
Comhairtear uimhir a trí sna Stáit
Aontaithe é.

ransom NOUN
fuascailt *fem2*

rap NOUN
rapcheol *masc1 (music)*

rape NOUN
> see also **rape** VERB
éigniú *masc*

to **rape** VERB
> see also **rape** NOUN
éignigh

rapids PL NOUN
fánsruth *masc3*

rapist NOUN
éigneoir *masc3*

rare ADJECTIVE
1 annamh
  □ a rare plant planda annamh
2 tearcbhruite *(steak)*

rash NOUN
gríos *masc1*
  □ I've got a rash on my arm. Tá gríos ar mo
sciathán.

rasher NOUN
slisín *masc4*
  □ an egg and two rashers of bacon ubh agus
dhá shlisín bagúin

raspberry NOUN
sú craobh *fem4*
  □ raspberry jam subh sútha craobh

rat NOUN
francach *masc1*

rate NOUN
> see also **rate** VERB
1 ráta *masc4*
  □ the divorce rate an ráta colscartha
  □ a high rate of interest ráta ard úis
2 luas *masc1 (speed)*
3 táille *fem4 (price)*
  □ There are reduced rates for students.

Tá táillí laghdaithe ann do mhic léinn.

to **rate** VERB
> see also **rate** NOUN
meas
  □ How do you rate him? Cad é do mheas
air? □ He is rated the best. Meastar ar an
duine is fearr é.

rather ADVERB
pas
  □ I was rather disappointed. Bhí mé pas
meallta.
■ **It's rather expensive.** Tá sé daor go leor.
■ **rather a lot of** cuid mhór □ I've got
rather a lot of homework to do. Tá cuid
mhór obair bhaile le déanamh agam.
■ **rather than** seachas □ We decided to
camp, rather than stay at a hotel. Shocraigh
muid ar champáil seachas stopadh in óstán.
■ **I'd rather ...** B'fhearr liom ... □ I'd rather
stay in tonight. B'fhearr liom fanacht istigh
anocht. □ I'd rather have an apple than a
banana. B'fhearr liom úll ná banana.

rattle NOUN
gligín *masc4 (for baby)*

rattlesnake NOUN
nathair shligreach *fem*

to **rave** VERB
> see also **rave** NOUN
bheith ag cur i dtíortha
  □ They raved about the film. Bhí siad i
dtíortha faoin scannán.

rave NOUN
> see also **rave** VERB
rámh *masc3 (party)*

rave music NOUN
rámhcheol *masc1*

raven NOUN
fiach dubh *masc1*

ravenous ADJECTIVE
craosach
■ **to be ravenous** bheith stiúgtha
  □ I'm ravenous! Tá mé stiúgtha!

raving ADJECTIVE
■ **raving mad** ar mire □ She's raving mad!
Tá sí ar mire is ar báiní!

raw ADJECTIVE
amh *(uncooked)*

raw material NOUN
amhábhar *masc1*

razor NOUN
rásúr *masc1*
  □ some disposable razors roinnt rásúr
indiúscartha

razor blade NOUN
lann rásúir *fem2*

RE NOUN (= *religious education*)
Staidéar Reiligiúin *masc1*

reach NOUN
▷ *see also* **reach** VERB
■ **out of reach** as raon láimhe □ The light switch was out of my reach. Bhí an lasc as raon mo láimhe.
■ **within easy reach of** láimh le □ The hotel is within easy reach of the town centre. Tá an t-óstán láimh le lár an bhaile.
■ **within his reach** faoi fhad láimhe de

to **reach** VERB
▷ *see also* **reach** NOUN
1 bain amach
□ We reached the hotel at 7 p.m. Bhain muid an t-óstán amach ar 7.i.n. □ We hope to reach the final. Tá súil againn an babhta ceannais a bhaint amach.
2 tar ar *(conclusion, decision)*
□ Eventually they reached a decision. Sa deireadh tháinig siad ar chinneadh.
■ **He reached for his gun.** Tharraing sé air a ghunna.

to **react** VERB
freagair

reaction NOUN
freagairt *fem3*

reactor NOUN
freasaitheoir *masc3*
□ a nuclear reactor freasaitheoir núicléach

to **read** VERB
léigh
□ Have you read 'Animal Farm'? Ar léigh tú 'Animal Farm'? □ Read the text out loud. Léigh amach an téacs os ard.

to **read out** VERB
léigh amach
□ He read out the article to me. Léigh sé amach an t-alt dom.
■ **to read out the results** na torthaí a léamh amach

reader NOUN
léitheoir *masc3*

readily ADVERB
go toilteanach
□ She readily agreed. Thoiligh sí gan stró.

reading NOUN
léamh *masc1*
□ Reading is one of my hobbies. Tá an léamh ar cheann de na caithimh aimsire agam.

ready ADJECTIVE
1 réidh
□ She's nearly ready. Tá sí beagnach réidh.
2 toilteanach *(willing)*

□ He's always ready to help. Bíonn sé i gcónaí toilteanach cuidiú a thabhairt.
■ **a ready meal** béile ullmhaithe
■ **to get ready** ullmhaigh □ She's getting ready to go out. Tá sí á hullmhú féin le dul amach.
■ **to get something ready** rud a ullmhú
□ He's getting the dinner ready. Tá an dinnéar á ullmhú aige.

real ADJECTIVE
1 fíor
□ He wasn't a real policeman. Ní fíorgharda a bhí ann. □ Her real name is Geraldine. Is é Gearóidín a fíorainm. □ It's real leather. Fíorleathar atá ann.
■ **in real life** sa saol fíor
2 ceart *(total)*
□ It was a real nightmare. Tromluí ceart a bhí ann.

realistic ADJECTIVE
réadúil

reality NOUN
réaltacht *fem3*

reality TV NOUN
teilifís réaltachta *fem2*
□ a reality TV show seó teilifíse réaltachta

to **realize** VERB
aithin *(understand)*
■ **to realize that …** aithin go … □ We realized that something was wrong. D'aithint muid go raibh rug éigin cearr.

really ADVERB
1 dáiríre
□ Really? Dáiríre? □ Do you want to go? — Not really. An mian leat dul? — Ní mian, dáiríre. □ Do you really think so? An é sin a mheasann tú, dáiríre?
2 an- *(very)*
□ really sad an-bhrónach □ She's really nice. Tá sí an-deas.

realtor NOUN (US)
gníomhaire eastáit *masc4*

rear ADJECTIVE
▷ *see also* **rear** NOUN
deiridh
□ a rear wheel roth deiridh

rear NOUN
▷ *see also* **rear** ADJECTIVE
cúl *masc1*
□ at the rear of the train i gcúl na traenach

reason NOUN
cúis *fem2*
□ There's no reason to think that … Níl aon chúis a shíleadh go … □ for security reasons ar chúiseanna slándála □ That was the main

reason I went. Is é sin an chúis is mó
a ndeachaigh mé.
reasonable ADJECTIVE
1 réasúnta
□ Be reasonable! Bí réasúnta!
2 measartha *(not bad)*
□ He wrote a reasonable essay. Scríobh sé
aiste a bhí measartha maith.
reasonably ADVERB
réasúnta
□ reasonably priced accommodation
cóiríocht ar phraghas réasúnta
■ The team played reasonably well.
D'imir an fhoireann go measartha maith.
to **reassure** VERB
■ to reassure somebody duine a chur ar a
shuaimhneas
reassuring ADJECTIVE
suaimhnitheach
rebel NOUN
ceannaircaech *masc1*
rebellious ADJECTIVE
ceannaircaech
receipt NOUN
admháil *fem3*
to **receive** VERB
faigh
receiver NOUN
glacadóir *masc3*
■ to pick up the receiver an glacadóir
a thógáil
recent ADJECTIVE
deireanach
□ in recent years sna blianta deireanach
a seo
recently ADVERB
le déanaí
□ I've been doing a lot of training recently.
Tá cuid mhór traenála déanta agam le
déanaí.
reception NOUN
1 deasc fáiltithe *fem2*
□ Please leave your key at reception. Fág
d'eochair ag an deasc fáiltithe, le do thoil.
2 fáiltiú
□ The reception will be at a big hotel.
Beidh an fáiltiú in óstán mór.
receptionist NOUN
fáilteoir *masc3*
recession NOUN
meathlú *masc*
recipe NOUN
oideas *masc1*
to **reckon** VERB
ceap *(think)*

□ What do you reckon? Cad é a
cheapann tú?
reclining ADJECTIVE
inchlaonta *(seat)*
recognizable ADJECTIVE
inaitheanta
to **recognize** VERB
aithin
□ You'll recognize me by my red hair.
Aithneoidh tú mo ghruaig rua.
to **recommend** VERB
mol
□ What do you recommend? Cad é a
mholann tú?
to **reconsider** VERB
déan athmhachnamh ar
record NOUN
▷ see also **record** VERB
1 taifead *masc1*
□ There is no record of your booking.
Níl aon taifead ar d'áirithint.
2 ceirnín *masc4 (recording)*
□ my favourite record an ceirnín is fearr
liom
3 curiarracht *fem3 (sport)*
□ a world record curiarracht an domhain
4 teist choiriúil *fem2 (of criminal)*
□ He's got a criminal record. Tá taifead
coiriúil aige.
■ in record time i gcuriarracht ama
□ She finished the job in record time.
Chríochnaigh sí an tasc i gcuriarracht ama.
■ records *(of police, hospital)* taifid
□ I'll check in the records. Seiceálfaidh
mé sna taifid.
to **record** VERB
▷ see also **record** NOUN
taifead *(song)*
□ They've just recorded their new album.
Tá siad díreach tar éis a n-albam nua a
thaifeadadh.
recorded delivery NOUN
■ to send something recorded delivery
rud a chur de sheachadadh taifeadta
recorder NOUN
fliúit Shasanach *fem2*
□ She plays the recorder. Seinneann sí ar an
bhfliúit Shasanach.
■ a video recorder fístaifeadán
recording NOUN
taifeadadh *masc*
record player NOUN
seinnteoir ceirníní *masc3*
to **recover** VERB
■ to recover from teacht as □ He's

recovering from a knee injury. **Tá sé ag teacht as gortú glúine.**

recovery NOUN
biseach *masc1*
□ Best wishes for a speedy recovery! **Nára fada go raibh biseach!**

rectangle NOUN
dronuilleog *fem2*

rectangular ADJECTIVE
dronuilleogach

to **recycle** VERB
athchúrsáil

recycling NOUN
athchúrsáil

red ADJECTIVE
1 dearg
□ a red rose **rós dearg** □ red wine **fíon dearg**
■ **red meat** feoil fola
■ **a red light** *(for traffic)* solas dearg
□ She went through a red light. **Bhris sí solas dearg.**
2 rua *(hair)*
□ John's got red hair. **Tá gruaig rua ar Sheán.**

Red Cross NOUN
an Chros Dhearg *fem2*

redcurrant NOUN
cuirín dearg *masc4*

to **redecorate** VERB
athmhaisigh

red-haired ADJECTIVE
rua

red-handed ADJECTIVE
■ **to catch somebody red-handed** breith maol ar dhuine □ I was caught red-handed. **Rugadh maol orm.**

redhead NOUN
ruafholtach *masc1*

to **redo** VERB
athdhéan

to **reduce** VERB
laghdaigh
□ The shop reduced the price of coats. **Laghdaigh an siopa an praghas ar chótaí.**
■ **'reduce speed now'** 'moilligh anois'

reduction NOUN
lascaine *fem4 (discount)*
□ a 5% reduction **lascaine 5%**
■ **'huge reductions!'** 'lascainí móra!'

redundancy NOUN
iomarcaíocht *fem3*
□ There were fifty redundancies. **Rinneadh 50 oibrí iomarcach.** □ his redundancy payment **a íocaíocht iomarcaíochta**

redundant ADJECTIVE
iomarcach
■ **to be made redundant** fág iomarcach
□ He was made redundant yesterday. **Fágadh iomarcach inné é.**

reed NOUN
giolcach *fem2*

reel NOUN
1 ceirtlín *masc4 (of thread)*
2 ríl *fem2 (dance)*

to **refer** VERB
■ **to refer to** tagair do □ What are you referring to? **Cad é a bhfuil tú ag tagairt dó?**

referee NOUN
réiteoir *masc3*

reference NOUN
1 tagairt *fem3 (mention)*
2 teistiméireacht *fem3 (for job application)*
□ Would you please give me a reference? **An mbeifeá sásta teistiméireacht a thabhairt dom, le do thoil?**

reference book NOUN
leabhar tagartha *masc1*

to **refill** VERB
athlíon
□ He refilled my glass. **Líon sé mo ghloine arís.**

refinery NOUN
scaglann *fem2*

to **reflect** VERB
frithchaith *(light, image)*

reflection NOUN
scáil *fem2 (in mirror)*

reflex NOUN
athfhilleadh *masc*

reflexive ADJECTIVE
athfhillteach

refresher course NOUN
cúrsa athnuachana *masc4*

refreshing ADJECTIVE
1 íocshláinteach *(drink)*
2 athbhríoch *(sleep)*

refreshments PL NOUN
sólaistí *masc4 pl*

refrigerator NOUN
cuisneoir *masc3*

to **refuel** VERB
athbhreoslaigh
□ The plane stops in Boston to refuel. **Stopann an t-eitleán i mBostún chun athbhreoslú.**

refuge NOUN
tearmann *masc1*

refugee NOUN
dídeanaí *masc4*

refund NOUN
▷ see also **refund** VERB
aisíoc *masc3*

to **refund** VERB
▷ see also **refund** NOUN
aisíoc

refusal NOUN
diúltú *masc*

to **refuse** VERB
▷ see also **refuse** NOUN
diúltaigh

refuse NOUN
▷ see also **refuse** VERB
bruscar *masc1*

refuse collection NOUN
bailiú bruscair *masc*

to **regain** VERB
faigh ar ais
■ to regain consciousness do mheabhair a theacht ar ais chugat

regard NOUN
▷ see also **regard** VERB
■ Give him my regards. Tabhair mo bheannacht dó.
■ Gerry sends his regards. Cuireann Gearóid a bheannacht chugat.
■ 'with kind regards' 'le dea-mhéin'

to **regard** VERB
▷ see also **regard** NOUN
■ to regard something as breathnaigh ar rud éigin mar
■ as regards … maidir le …

regarding PREPOSITION
maidir le
□ the laws regarding the export of animals na dlíthe maidir le heaspórtáil ainmhithe

regardless ADVERB
■ regardless of beag beann ar □ regardless of the weather beag beann ar an aimsir
□ regardless of the consequences beag beann ar na hiarmhairtí

regiment NOUN
reisimint *fem2*

region NOUN
ceantar *masc1*

regional ADJECTIVE
réigiúnach

register NOUN
▷ see also **register** VERB
rolla *masc4* (in school)

to **register** VERB
▷ see also **register** NOUN
cláraigh (at school, college)

registered ADJECTIVE
cláraithe (letter, parcel)

registration NOUN
uimhir chláraithe *fem* (of car)

regret NOUN
▷ see also **regret** VERB
aiféala *masc4*
□ I've got no regrets. Níl lá aiféala orm.

to **regret** VERB
▷ see also **regret** NOUN
■ I deeply regret it. Is oth liom go mór é.
■ to regret doing something áiféala a bheith ort as rud a dhéanamh □ I regret saying that. Tá áiféala orm go ndúirt mé sin.

regular ADJECTIVE
1 rialta
□ at regular intervals go tráthrialta
□ a regular verb briathar rialta
■ to take regular exercise aclaíocht a dhéanamh go rialta
2 gnáth- (average)
□ a regular portion of fries gnáthchuid sceallóg

regularly ADVERB
go rialta

regulation NOUN
riail *fem* (rule)

rehearsal NOUN
cleachtadh *masc1*

to **rehearse** VERB
cleacht

rein NOUN
srian *masc1*
□ the reins na srianta

reindeer NOUN
réinfhia *masc4*

to **reject** VERB
diúltaigh do
□ We rejected that idea straight away. Dhiúltaigh muid don smaoineamh sin láithreach. □ I applied but they rejected me. Chuir mé isteach iarratas ach dhiúltaigh siad mé.

relapse NOUN
athiompú *masc*
□ He was getting better but then had a relapse. Bhí sé ag bisiú ach tháinig athiompú air.

related ADJECTIVE
muinteartha
□ We're related. Tá muid muinteartha dá chéile.
■ The two events were not related. Ní raibh aon cheangal idir an dá ócáid.

relation NOUN
1 gaol *masc1*

□ He's a distant relation. Tá gaol i bhfad amach aige liom. □ my relations mo ghaolta □ I've got relations in London. Tá gaolta liom i Londain.

2 nasc *masc1 (connection)*

■ **in relation to** maidir le

relationship NOUN

caidreamh *masc1 (personal ties)*

□ We have a good relationship. Tá caidreamh maith eadrainn.

■ **to be in a relationship** bheith i gcumann le duine □ I'm not in a relationship at the moment. Níl mé i gcumann le duine ar bith faoi láthair.

relative NOUN

gaol *masc1*

□ all her relatives a gaolta uile

relatively ADVERB

■ **relatively easy** éasca go leor

to **relax** VERB

lig do scíth *(unwind)*

□ I relax listening to music. Ligim mo scíth ag éisteacht le ceol.

■ **Relax! Everything's fine.** Tóg go bog é! Tá gach rud go breá.

relaxation NOUN

caitheamh aimsire *masc1*

□ I don't have much time for relaxation. Is beag am atá agam le haghaidh caitheamh aimsire.

relaxed ADJECTIVE

suaimhneach

relaxing ADJECTIVE

suaimhnitheach

□ I find cooking relaxing. Is suaimhnitheach liom í an chócaireacht.

relay NOUN

■ **a relay race** rás sealaíochta

release NOUN

▷ *see also* **release** VERB

1 scaoileadh *masc (from prison, obligation)*

□ the release of the prisoners príosúnaigh á scaoileadh amach as príosún

2 eisiúint *fem3*

□ the band's latest release an eisiúint is deireanaí ón mbanna

to **release** VERB

▷ *see also* **release** NOUN

1 scaoil amach *(prisoner)*

2 cuir amach *(CD, DVD)*

3 scaoil *(report, news)*

to **relegate** VERB

■ **They were relegated.** Cuireadh síos iad.

relevant ADJECTIVE

ag baint le hábhar *(point)*

□ That's not relevant. Ní bhaineann sin le hábhar.

■ **relevant to** bainteach le □ Education should be relevant to real life. Ba chóir go mbeadh an t-oideachas bainteach leis an bhfíorshaol.

reliable ADJECTIVE

1 iontaofa *(person, firm)*

□ He's not very reliable. Ní duine ró-iontaofa é.

2 buanseasmhach *(method, machine)*

□ a reliable car carr buanseasmhach

relief NOUN

faoiseamh *masc1*

□ That's a relief! Cad é mar fhaoiseamh!

to **relieve** VERB

maolaigh

□ This injection will relieve the pain. Maolóidh an t-instealladh seo an phian.

relieved ADJECTIVE

saor ó imní

□ I was relieved to hear ... Saoradh ó imní mé nuair a chuala mé ...

religion NOUN

creideamh *masc1*

□ What religion are you? Cén creideamh lena mbaineann tú?

religious ADJECTIVE

1 reiligiúnda

□ my religious beliefs mo chreidimh reiligiúnda

2 cráifeach *(person)*

□ I'm not religious. Ní duine cráifeach mé.

reluctant ADJECTIVE

■ **They were reluctant to help us.** Bhí leisce orthu cuidiú linn.

reluctantly ADVERB

go drogallach

□ She reluctantly accepted. Thoiligh sí más go drogallach féin é.

to **rely on** VERB

■ **to rely on somebody** muinín a bheith agat as duine □ I'm relying on you. Tá mé i do mhuinín.

to **remain** VERB

fan

■ **to remain silent** fanacht i do thost

remaining ADJECTIVE

■ **the remaining ingredients** an chuid eile de na comhábhair

remains PL NOUN

1 fuílleach *masc1*

□ the remains of the picnic fuílleach na picnice

r

2 <u>corp</u> *masc1 (body)*
- □ human remains taisí daonna
- ■ **Roman remains** iarsmaí Rómhánacha

remark NOUN
<u>focal</u> *masc1*

remarkable ADJECTIVE
<u>sonraíoch</u>

remarkably ADVERB
<u>go suntasach</u>

to **remarry** VERB
<u>pós an athuair</u>
- □ She remarried three years ago. Phós sí an athuair tá trí bliana ó shin.

remedy NOUN
<u>leigheas</u> *masc1*
- □ a good remedy for a sore throat leigheas maith ar scornach nimhneach

to **remember** VERB
<u>cuimhnigh</u>
- □ I can't remember his name. Ní thig liom cuimhneamh ar a ainm. □ I don't remember. Ní cuimhin liom. □ Remember your passport! Cuimhnigh ar do phas! □ Remember to write your name on the form. Cuimhnigh ar d'ainm a scríobh ar an bhfoirm.

Remembrance Day NOUN
<u>Lá an Chuimhnithe</u> *masc*
- □ on Remembrance Day ar Lá an Chuimhnithe

to **remind** VERB
- ■ **to remind somebody of something** rud a chur i gcuimhne do dhuine □ It reminds me of Scotland. Cuireann sé Albain i gcuimhne dom.
- ■ **to remind somebody to do something** cur i gcuimhne do dhuine rud a dhéanamh □ Remind me to speak to Daniel. Cuir i gcuimhne dom labhairt le Dónall. □ I'll remind you tomorrow. Cuirfidh mé sin i gcuimhne duit amárach.

remorse NOUN
<u>aiféala</u> *masc4*
- □ He showed no remorse. Ní raibh rian den aiféala le sonrú air.

remote ADJECTIVE
<u>iargúlta</u>
- □ a remote village sráidbhaile iargúlta

remote control NOUN
<u>cianrialú</u> *masc*

remotely ADVERB
- ■ I'm not remotely interested. Níl lá suime agam ann.

removable ADJECTIVE
<u>so-bhainte</u> *(detachable)*

removal NOUN
<u>aistriú</u> *masc (from house)*
- ■ **a removal van** veain aistrithe troscáin

to **remove** VERB
1 <u>tóg amach</u>
- □ Please remove your bag from my seat. Tóg do mhála den suíochán agam, le do thoil.
2 <u>glan</u> *(stain)*
- □ Did you remove the stain? Ar ghlan tú an smál?

rendezvous NOUN
<u>coinne</u> *fem4*

to **renew** VERB
<u>athnuaigh</u>

renewable ADJECTIVE
<u>in-athnuaite</u> *(energy)*

to **renovate** VERB
<u>athchóirigh</u>
- □ The building's been renovated. Tá an foirgneamh athchóirithe.

renowned ADJECTIVE
<u>clúiteach</u>

rent NOUN
- ▷ *see also* **rent** VERB
<u>cíos</u> *masc3*

to **rent** VERB
- ▷ *see also* **rent** NOUN
<u>faigh ar cíos</u> *(house, car)*
- □ We rented a car. Fuair muid carr ar cíos.

rental NOUN
<u>cíos</u> *masc3*
- □ Car rental is included in the price. Tá carrchíos san áireamh sa phraghas.

rental car NOUN
<u>carr cíosa</u> *masc1*

to **reorganize** VERB
<u>atheagraigh</u>

rep NOUN
<u>ionadaí</u> *masc4*

repaid VERB ▷ *see* **repay**

repair NOUN
- ▷ *see also* **repair** VERB
<u>cóiriú</u> *masc*

to **repair** VERB
- ▷ *see also* **repair** NOUN
<u>cóirigh</u>
- ■ **to get something repaired** rud a chur a chóiriú □ I got the washing machine repaired. Chuir mé an t-inneall níocháin á chóiriú.

to **repay** VERB
<u>aisíoc</u> *(money)*

repayment NOUN
<u>aisíocaíocht</u> *fem3*

repeat NOUN
▷ *see also* **repeat** VERB
athchraoladh *masc*
□ There are too many repeats on TV. Tá barraíocht athchraolta ar an teilifís.

to **repeat** VERB
▷ *see also* **repeat** NOUN
1 abair arís *(say again)*
2 athdhéan *(a class)*

repeatedly ADVERB
arís agus arís eile

repellent NOUN
■ insect repellent éarthach feithidí

repetitive ADJECTIVE
timthriallach *(movement, work)*

to **replace** VERB
1 cuir ar ais *(put back)*
2 glac áit *(take the place of)*

replay NOUN
▷ *see also* **replay** VERB
athimirt *fem3 (of match)*
□ There will be a replay on Friday. Beidh athimirt ann Dé hAoine.

to **replay** VERB
▷ *see also* **replay** NOUN
athimir *(match)*

replica NOUN
macasamhail *fem3*

reply NOUN
▷ *see also* **reply** VERB
freagra *masc4*

to **reply** VERB
▷ *see also* **reply** NOUN
freagair

report NOUN
▷ *see also* **report** VERB
tuairisc *fem2*
□ a report in the paper tuairisc ar an bpáipéar □ I got a good report this term. Fuair mé tuairisc mhaith an téarma seo.

to **report** VERB
▷ *see also* **report** NOUN
1 cuir in iúl *(occurrence)*
□ I reported the theft to the police. Chuir mé an ghadaíocht in iúl do na péas.
2 dul i láthair *(present oneself)*
□ Report to the manager when you arrive. Téigh i láthair an bhainisteora ar theacht i láthair duit.

reporter NOUN
tuairisceoir *masc3*
□ I'd like to be a reporter. Ba mhaith liom bheith i mo thuairisceoir.

to **represent** VERB
seas do *(school, country)*

representative ADJECTIVE
ionadaíoch

reproduction NOUN
atáirgeadh *masc*

reptile NOUN
reiptíl *fem2*

republic NOUN
poblacht *fem3*
■ the Republic of Ireland Poblacht na hÉireann

repulsive ADJECTIVE
samhnasach

reputable ADJECTIVE
creidiúnach

reputation NOUN
cáil *fem2*

request NOUN
▷ *see also* **request** VERB
iarratas *masc1*

to **request** VERB
▷ *see also* **request** NOUN
iarr
□ He requested full details about the job. D'iarr sé sonraí iomlán an phoist.

to **require** VERB
teastaigh
□ The job requires good computational skills. Teastaíonn scileanna maithe uimhríochta don phost seo. □ What qualifications are required? Cad iad na cáilíochtaí a theastaíonn?

requirement NOUN
riachtanas *masc1*
□ What are the requirements for the job? Cad iad na riachtanais don phost?
■ entry requirements *(for university)* riachtanais iontrála

rescue NOUN
▷ *see also* **rescue** VERB
tarrtháil *fem3*
□ a rescue operation oibríocht tarrthála
□ a mountain rescue team foireann tarrthála sléibhe □ the rescue services na seirbhísí tarrthála
■ to come to somebody's rescue duine a tharrtháil □ He came to my rescue. Tharrtháil sé mé.

to **rescue** VERB
▷ *see also* **rescue** NOUN
tabhair tarrtháil ar

research NOUN
taighde *masc4*
□ He's doing research. Tá taighde ar siúl aige. □ She's doing some research in the library. Tá sí i mbun taighde sa leabharlann.

resemblance NOUN
cosúlacht *fem3*

to **resent** VERB
■ I really resented your criticism.
Chuir do cháineadh na seacht n-olc orm.

resentful ADJECTIVE
■ to feel resentful towards somebody
goimh a bheith ort le duine

reservation NOUN
áirithint *fem2 (booking)*
□ I've got a reservation for two nights.
Tá áirithint agam le haghaidh dhá oíche.
■ to make a reservation *(book table)* tábla
a chur in áirithe □ I'd like to make a
reservation for this evening. Is mian liom
tábla a chur in áirithe i gcomhar an
tráthnóna.

reserve NOUN
▷ see also **reserve** VERB
1 fear ionaid *masc1*
□ I was reserve in the game last Saturday.
Bhí mé mar fhear ionaid don chluiche
Dé Sathairn seo caite.
2 tearmann *masc1*
□ a nature reserve tearmann dúlra

to **reserve** VERB
▷ see also **reserve** NOUN
cuir in áirithe *(seat, table)*
□ I'd like to reserve a table for tomorrow
evening. Is mian liom tábla a chur in áirithe
i gcomhar tráthnóna amárach.

reserved ADJECTIVE
1 in áirithe
□ a reserved seat suíochán in áirithe
2 dúnárasach *(personality)*
□ He's quite reserved. Is duine
dúnárasach é.

reservoir NOUN
taiscumar *masc1*

resident NOUN
cónaitheoir *masc3*

residential ADJECTIVE
1 cónaithe
□ a residential area ceantar cónaithe
2 inchónaitheach *(course)*

to **resign** VERB
éirigh as

to **resit** VERB
athdhéan
□ I'm resitting the exam in December.
Tá an scrúdú á athdhéanamh agam i mí
na Nollag.

resolution NOUN
diongbháilteacht *fem3 (determination)*
■ Have you made any New Year's

resolutions? An bhfuil aon dea-rúin déanta
agat don Athbhliain?

resort NOUN
ionad saoire *masc1*
□ It's a resort on the Costa del Sol. Is ionad
saoire é ar an Costa del Sol. □ a ski resort
ionad sciála

resources PL NOUN
acmhainn *fem2*
□ The country has few resources. Is beag
acmhainn atá ag an tír.

respect NOUN
▷ see also **respect** VERB
meas *masc3*

to **respect** VERB
▷ see also **respect** NOUN
■ to respect somebody meas a bheith agat
ar dhuine

respectable ADJECTIVE
creidiúnach *(person, standard, mark)*

respectively ADVERB
faoi seach

responsibility NOUN
freagracht *fem3*

responsible ADJECTIVE
1 stuama *(person)*
□ You should be more responsible. Ba chóir
duit bheith níos stuama.
2 le freagrachtaí *(job)*
□ It's a responsible job. Is post le
freagrachtaí é.
■ responsible for freagrach as □ He's
responsible for booking the tickets. Tá sé
freagrach as na ticéid a chur in áirithe.

rest NOUN
▷ see also **rest** VERB
scíth *fem2*
□ five minutes' rest scíth cúig nóiméad
■ to have a rest scíth a ligean □ We
stopped to have a rest. Stop muid lenár
scíth a ligean.
■ the rest *(remainder)* an chuid eile *fem3*
□ I'll do the rest. Déanfaidh mise an chuid
eile. □ the rest of the money an chuid eile
den airgead □ The rest of them went
swimming. Chuaigh an chuid eile acu
ag snámh.

to **rest** VERB
▷ see also **rest** NOUN
déan do scíth
□ She's resting in her room. Tá a scíth
á déanamh aici ina seomra.
■ He has to rest his knee. Caithfidh sé
scíth a thabhairt dá ghlúin.
■ to rest something against *(lean)* rud a

chur in éadan □ I rested my bike against the fence. Chuir mé mo rothar in éadan an bhalla.

restaurant NOUN
bialann *fem2*
□ We don't often go to restaurants. Is annamh a théimid amach chuig bialanna.
■ a restaurant car carráiste bialainne

restful ADJECTIVE
suaimhneach

restless ADJECTIVE
míshuaimhneach

restoration NOUN
athchóiriú *masc (of building)*

to **restore** VERB
athchóirigh *(building)*

to **restrict** VERB
teorannaigh

rest room NOUN (US)
leithreas *masc1*

result NOUN
toradh *masc1*
□ my exam results mo thorthaí scrúduithe
□ What was the result? — One-nil. Cén toradh a bhí ann? — A haon a náid.

to **resume** VERB
tosaigh arís
□ They've resumed work. Tá siad tar éis dul i gceann oibre arís.

résumé NOUN (US)
curriculum vitae *masc*

to **retire** VERB
éirigh as
□ He retired last year. D'éirigh sé as anuraidh.

retired ADJECTIVE
1 ar scor *(person)*
□ She's retired. Tá sí ar scor.
2 ar pinsean *(former)*
□ a retired teacher múinteoir ar pinsean

retirement NOUN
scor *masc1*

to **retrace** VERB
■ to retrace one's steps dul siar ar do choiscéim □ I retraced my steps. Chuaigh mé siar ar mo choiscéim.

return NOUN
▷ see also **return** VERB
1 filleadh *masc1*
□ after our return tar éis dúinn filleadh
■ the return journey an turas fillte
■ a return match athchluiche
2 ticéad fillte *masc1 (ticket)*
□ A return to Cork, please. Ticéad fillte go Corcaigh, le do thoil.

■ in return mar mhalairt □ ... and I help her in return ... agus cuidímse léi mar mhalairt
■ Many happy returns! Go maire tú an lá!

to **return** VERB
▷ see also **return** NOUN
1 fill *(come back)*
□ I've just returned from holiday. Tá mé díreach tar éis filleadh ó mo laethanta saoire.
■ to return home filleadh abhaile
2 tabhair ar ais *(bring back)*
□ She borrows my things and doesn't return them. Faigheann sí iasacht mo chuid éadaigh agus ní thugann ar ais iad.

reunion NOUN
teacht le chéile *masc3*

to **reuse** VERB
athúsáid

to **reveal** VERB
foilsigh *(make known)*

revenge NOUN
díoltas *masc1*
□ in revenge le díoltas
■ to take revenge on díoltas a imirt ar
□ They planned to take revenge on him. Bheartaigh siad díoltas a imirt air.

reverse ADJECTIVE
▷ see also **reverse** VERB
contrártha *(order, direction)*
□ in reverse order san ord contrártha
■ in reverse gear sa ghiar chúlaithe

to **reverse** VERB
▷ see also **reverse** ADJECTIVE
cúlaigh *(car)*
□ He reversed without looking. Chúlaigh sé gan amharc thart.
■ to reverse the charges *(telephone)* aistrigh táillí □ I'd like to reverse the charges to Ireland. Is mian liom na táillí a aistriú go hÉirinn.

review NOUN
léirmheas *masc3 (of book, film)*
□ The book had good reviews. Fuair an leabhar léirmheasanna maithe.

to **revise** VERB
athbhreithnigh *(study)*
■ I haven't started revising yet. Níor thosaigh mé ar an athbhreithniú go fóill.
■ to revise one's opinion do tuairim a athrú

revision NOUN
athbhreithniú *masc*
□ Have you done a lot of revision? An bhfuil mórán athbhreithnithe déanta agat?

r

to **revive** VERB
athbheoigh
□ The nurses tried to revive him. Thug na haltraí iarracht ar é a athbheochan.

revolting ADJECTIVE
déistineach

revolution NOUN
réabhlóid *fem2*

revolutionary ADJECTIVE
réabhlóideach

revolver NOUN
gunnán *masc1*

reward NOUN
duais *fem2*

rewarding ADJECTIVE
□ a rewarding job post a thugann sásamh duit

to **rewind** VERB
cúlchas
□ She rewound the tape to the start. Chúlchas sí an téip go dtí an tús.

rewritable ADJECTIVE
in-athscríofa *(CD, DVD)*

rheumatism NOUN
daitheacha *fem2 pl*

rhinoceros NOUN
srónbheannach *masc1*

rhubarb NOUN
biabhóg *fem2*
□ a rhubarb tart toirtín biabhóige

rhythm NOUN
rithim *fem2*

rib NOUN
easna *fem4*

ribbon NOUN
ribín *masc4*

rice NOUN
rís *fem2*

rice pudding NOUN
maróg ríse *fem2*

rich ADJECTIVE
saibhir
■ the rich lucht an tsaibhris

to **rid** VERB
■ to get rid of something fáil réidh le rud
□ I want to get rid of some old clothes. Tá mé ag iarraidh fáil réidh le roinnt seanéadaí.

ridden VERB ▷ *see* ride

ride NOUN
▷ *see also* ride VERB
geábh *masc3 (distance covered)*
□ It's a short bus ride to the town centre. Níl ann ach geábh gairid ar an mbus go dtí lár an bhaile.
■ to go for a ride 1 *(on horse)* téigh ag

marcaíocht ar chapall 2 *(on bike)* téigh ag rothaíocht □ We went for a bike ride. Chuaigh muid amach ag rothaíocht.

to **ride** VERB
▷ *see also* ride NOUN
téigh ag marcaíocht *(on horse)*
□ I'm learning to ride. Tá mé ag foghlaim marcaíochta.
■ to ride a bike rothar a mharcaíocht

rider NOUN
1 marcach *masc1 (on horse)*
□ She's a good rider. Is marcach maith í.
2 rothaí *masc4 (on bike)*

ridiculous ADJECTIVE
amaideach
□ Don't be ridiculous! Ná bí amaideach!

riding NOUN
marcaíocht *fem3*
■ to go riding dul ag marcaíocht

riding school NOUN
scoil mharcaíochta *fem2*

rifle NOUN
raidhfil *masc4*
□ a hunting rifle raidhfil seilge

rig NOUN
rige *masc4*
■ an oil rig rige ola

right ADJECTIVE, ADVERB
▷ *see also* **right** NOUN

> **LANGUAGE TIP** There are several ways of translating 'right'. Look at the examples to find one that is similar to what you want to say.

1 ceart *(correct)*
□ the right answer an freagra ceart □ It isn't the right size. Níl sé an méid cheart. □ We're on the right train. Tá muid ar an traein cheart. □ Is this the right road for Galway? An é seo an bóthar ceart chun na Gaillimhe? □ Do you have the right time? An bhfuil an t-am ceart agat? □ It's not right to behave like that. Níl sé ceart bheith ag dul ar aghaidh mar sin. □ I think you did the right thing. Ceapaim go ndearna tú an rud ceart.
2 deas *(not left)*
□ my right hand mo lámh dheas
3 i gceart *(correctly)*
□ Am I pronouncing it right? An bhfuil mé á fhuaimniú i gceart?
4 ar dheis *(turn, look)*
□ Turn right at the traffic lights. Tiontaigh ar dheis ag na soilse tráchta.
■ to be right 1 *(person)* an ceart a bheith agat □ You were right! Bhí an ceart agat!

2 *(statement, opinion)* bheith ceart □ That's right! Sin ceart!
■ **Right!** Déanfaidh sin! □ Right! Let's get started. Déanfaidh sin! Bímis ag tosú.
■ **right away** ar an toirt □ I'll do it right away. Déanfaidh mé ar an toirt é.
■ **right now** láithreach bonn
right NOUN
▷ *see also* **right** ADJECTIVE, ADVERB
ceart *masc1*
□ You've got no right to do that. Níl aon cheart agat sin a dhéanamh.
■ **on the right** ar dheis □ Remember to drive on the right. Tiomáin ar thaobh na láimhe deise, le do thoil.
right-handed ADJECTIVE
deaslámhach
right-hand ADJECTIVE
■ **the right-hand side** taobh na láimhe deise □ It's on the right-hand side. Tá sé ar thaobh na láimhe deise.
rightly ADVERB
ní gan ábhar
□ She rightly decided not to go. Ní gan ábhar a shocraigh sí gan dul.
■ **if I remember rightly** más buan mo chuimhne
right of way NOUN
ceart tosaíochta *masc1*
■ **It was our right of way.** Ba linne an ceart slí.
rim NOUN
imeall *masc1* *(of spectacles)*
□ glasses with wire rims spéaclaí sreangimill
ring NOUN
▷ *see also* **ring** VERB
1 fáinne *masc4*
□ a gold ring fáinne óir □ a wedding ring fáinne pósta
2 cling *fem2* *(of bell)*
□ I was woken by a ring at the door. Mhúscail cling chlog an dorais mé.
■ **to give somebody a ring** glao gutháin a chur ar dhuine □ I'll give you a ring this evening. Cuirfidh mé glao ort tráthnóna.
to ring VERB
▷ *see also* **ring** NOUN
1 buail *(telephone, bell)*
□ The phone's ringing. Tá an fón ag bualadh.
■ **to ring the bell** an clog a bhualadh □ I rang the bell three times. Bhuail mé an clog trí huaire.
2 glaoigh *(call on phone)*

□ Your mother rang this morning. Ghlaoigh do mháthair ar maidin.
■ **to ring somebody** glaoch ar dhuine □ I'll ring you tomorrow morning. Glaofaidh mé ort maidin amárach.
to ring back VERB
glaoigh ar ais
□ I'll ring back later. Glaofaidh mé ar ais ar ball.
to ring up VERB
■ **to ring somebody up** glaoigh ar dhuine
ring binder NOUN
ceanglóir fáinne *masc3*
ring road NOUN
cuarbhóthar *masc1*
ringtone NOUN
clingcheol *masc1*
rink NOUN
rinc *fem2*
to rinse VERB
rinseáil
riot NOUN
▷ *see also* **riot** VERB
círéib *fem2*
to riot VERB
▷ *see also* **riot** NOUN
tóg círéib
to rip VERB
stróic
□ I've ripped my jeans. Stróic mé mo bhrístí géine. □ My skirt's ripped. Tá mo sciorta stróicthe.
to rip off VERB
tar i dtír ar
□ The hotel ripped us off. Tháinig an t-óstán i dtír orainn.
to rip up VERB
stróic suas
□ He read the note and then ripped it up. Léigh sé an nóta agus ansin stróic sé suas é.
ripe ADJECTIVE
aibí
rip-off NOUN
■ **It's a rip-off!** Is é an robáil gan náire é!
rise NOUN
▷ *see also* **rise** VERB
ardú *masc (increase)*
□ a sudden rise in temperature ardú teochta tobann □ a pay rise ardú pá
to rise VERB
▷ *see also* **rise** NOUN
1 éirigh
□ The sun rises early in June. Éiríonn an ghrian go luath i mí Mheitheamh.
2 ardaigh *(prices, water)*
□ Prices are rising. Tá praghsanna ag ardú.

r

riser NOUN
- ■ **to be an early riser** bheith i do mhochóirí

risk NOUN
  ▷ *see also* **risk** VERB
  fiontar *masc1*
- ■ **to take risks** dul i bhfiontar
- ■ **at one's own risk** ar do phriacal féin
  □ It's at your own risk. Ar do phriacal féin atá.

to **risk** VERB
  ▷ *see also* **risk** NOUN
  téigh sa seans le
  □ I wouldn't risk it if I were you. Ní rachainn sa seans leis dá mba mise thusa.
- ■ **You risk getting a fine.** Tá tú i mbaol fíneála.

risky ADJECTIVE
  contúirteach

rival NOUN
  ▷ *see also* **rival** ADJECTIVE
  céile comhraic *masc4*

rival ADJECTIVE
  ▷ *see also* **rival** NOUN
  freas-
  □ a rival gang freasdrong □ a rival company freaschomhlacht

rivalry NOUN
  coimhlint *fem2*

river NOUN
  abhainn *fem*
  □ The river runs alongside the canal. Tá an abhainn sínte leis an chanáil.

road NOUN
  bóthar *masc1*
  □ There's a lot of traffic on the roads. Tá trácht mór ar na bóithre. □ They live across the road. Cónaíonn siad trasna an bhóthair uaim.

road map NOUN
  léarscáil bhóithre *fem2*

road rage NOUN
  buile bóthair *fem4*

road sign NOUN
  comhartha bóthair *masc4*

road works PL NOUN
  oibreacha bóthair *fem2 pl*

roast NOUN
  ▷ *see also* **roast** ADJECTIVE
  rósta *masc4*

roast ADJECTIVE
  ▷ *see also* **roast** NOUN
  rósta
  □ roast beef mairteoil rósta □ roast potatoes prátaí rósta

to **rob** VERB
  robáil *(person, bank)*
  □ I've been robbed. Rinneadh robáil orm.
- ■ **to rob somebody of something** rud a ghoid ó dhuine □ He was robbed of his wallet. Goideadh a vallait air.

robber NOUN
  robálaí *masc4*
  □ a bank robber robálaí bainc

robbery NOUN
  robáil *fem3*
  □ a bank robbery robáil bainc
- ■ **armed robbery** robáil armtha

robin NOUN
  spideog *fem2*

robot NOUN
  robat *masc1*

rock NOUN
  ▷ *see also* **rock** VERB
1 carraig *fem2 (substance, boulder)*
  □ They tunnelled through the rock. Thochail siad tríd an charraig. □ I sat on a rock. Shuigh mé ar charraig.
2 cloch *fem2 (small stone)*
  □ The crowd started to throw rocks. Thosaigh an slua a chaitheamh cloch.
3 gallán milis *masc1 (sweet)*
4 rac *masc4 (music)*
  □ a rock concert ceolchoirm rac
- ■ **rock and roll** rac is roll

to **rock** VERB
  ▷ *see also* **rock** NOUN
  croith *(shake)*
  □ The explosion rocked the building. Chroith an phléasc an foirgneamh.

rockery NOUN
  creig-ghairdín *masc4*

rocket NOUN
  roicéad *masc1*

rocking chair NOUN
  cathaoir luascáin *fem*

rocking horse NOUN
  capall luascáin *masc1*

rock star NOUN
  réalta rac *fem4*

rod NOUN
  slat iascaireachta *fem2 (for fishing)*

rode VERB ▷ *see* **ride**

role NOUN
  ról *masc1*

role play NOUN
  rólimirt *fem3*
  □ We had to do a role play in the training session. Bhí orainn rólimirt a dhéanamh sa seisiún oiliúna.

roll NOUN
> *see also* **roll** VERB
1 rolla *masc4*
   □ a roll of tape rolla téipe □ a toilet roll
   páipéar leithris
2 rollóg *fem2 (bread)*

to **roll** VERB
> *see also* **roll** NOUN
roll *(ball)*
   ■ **to roll out the pastry** an taosrán a
   fhuineadh

roll call NOUN
glaoch rolla *masc1*

roller NOUN
rollóir *masc3*

Rollerblade® NOUN
lann rollála *fem2*
   □ a pair of Rollerblades péire lann rollála

rollercoaster NOUN
cóstóir roithleáin *masc3*

roller skates PL NOUN
scátaí rothacha *masc4 pl*

roller-skating NOUN
scátáil rothacha *fem3*
   ■ **to go roller-skating** dul ag scátáil
   rothacha

rolling pin NOUN
crann fuinte *masc1*

ROM NOUN *(= read only memory)*
cuimhne léimh amháin *fem4 (computing)*

Roman ADJECTIVE
Rómhánach
   □ a Roman villa villa Rómhánach □ the
   Roman Empire Impireacht na Róimhe
   ■ **the Romans** na Rómhánaigh

Roman Catholic ADJECTIVE
> *see also* **Roman Catholic** NOUN
Caitliceach Rómhánach

Roman Catholic NOUN
> *see also* **Roman Catholic** ADJECTIVE
Caitliceach Rómhánach *masc1*
   □ He's a Roman Catholic. Is Caitliceach
   Rómhánach é.

romance NOUN
1 cumann *masc1 (love affair)*
   □ a holiday romance grá le linn saoire
2 draíocht *fem3 (glamour)*
   □ the romance of Paris draíocht Pháras
3 scéal grá *masc1 (novel)*

Romania NOUN
an Rómáin *fem2*

Romanian ADJECTIVE
Rómánach

romantic ADJECTIVE
rómánsach

Rome NOUN
an Róimh *fem2*

roof NOUN
díon *masc1*

roof rack NOUN
raca dín *masc4*

room NOUN
1 seomra *masc4*
   □ the biggest room in the house
   an seomra is mó sa teach □ the music room
   an seomra ceoil □ She's in her room.
   Tá sí ina seomra. □ a single room
   seomra singil □ a double room seomra
   dúbailte
2 fairsinge *fem4 (space)*
   □ There's no room for that box. Níl aon
   fhairsinge don bhosca sin.

roommate NOUN
comrádaí seomra *masc4*

root NOUN
fréamh *fem2*

to **root out** VERB
cuir deireadh le
   □ They are determined to root out
   corruption. Tá siad ar a ndícheall ag iarraidh
   deireadh a chur le caimiléireacht.

rope NOUN
téad *fem2*

rosary NOUN
paidrín *masc4*
   ■ **to say the rosary** an paidrín a rá

Roscommon NOUN
Ros Comáin *masc*

rose NOUN
rós *masc1*

rose VERB > *see* **rise**

to **rot** VERB
lobh

rotten ADJECTIVE
1 lofa *(decayed)*
   □ a rotten apple úll lofa
2 suarach *(mean)*
   □ That's a rotten thing to do. Is suarach an
   mhaise sin a dhéanamh.
3 droch- *(bad)*
   □ rotten weather drochaimsir
   ■ **to feel rotten** *(ill)* mothú go hainnis

rough ADJECTIVE
garbh

roughly ADVERB
timpeall *(approximately)*

round ADJECTIVE
> *see also* **round** NOUN, PREPOSITION, ADVERB
cruinn
   □ a round table tábla cruinn

round NOUN
▷ see also **round** ADJECTIVE, PREPOSITION, ADVERB
1 babhta masc4 (of tournament)
2 cur masc1 (of drinks, sandwiches)
□ He bought a round of drinks. Cheannaigh sé cur deochanna.

round PREPOSITION, ADVERB
▷ see also **round** ADJECTIVE, NOUN
thart ar (around)
□ We were sitting round the table. Bhí muid inár suí thart ar an tábla. □ She wore a scarf round her neck. Bhí scairf thart ar a muineál aici.
■ It's just round the corner. (very near) Tá sé in aice láimhe.
■ round here thart anseo □ Is there a chemist's round here? An bhfuil siopa poitigéara thart anseo?
■ round about (roughly) thart faoi □ It costs round about £100. Cosnaíonn sé thart faoi £100.
■ round about 8 o'clock i dtrátha a hocht a chlog
■ all round mórthimpeall □ There were vineyards all round. Bhí fíonghoirt mórthimpeall.
■ all year round ó cheann ceann na bliana

to **round off** VERB
cuir deireadh le
to **round up** VERB
cruinnigh

roundabout NOUN
1 timpeallán masc1 (at junction)
2 áilleagán intreach masc1 (at fair)

rounders NOUN
cluiche corr masc4

round trip NOUN
turas fillte masc1

route NOUN
1 slí fem4 (way)
2 bealach masc1 (of bus)

routine NOUN
gnáthamh masc1 (habits)

row NOUN
▷ see also **row** VERB
1 líne fem4 (line)
2 sraith fem2 (of seats)
■ five times in a row cúig huaire as a chéile
3 racán masc1 (noise)
4 achrann masc1 (quarrel)
□ They've had a row. D'éirigh eatarthu.

to **row** VERB
▷ see also **row** NOUN
iomair

rowboat NOUN (US)
bád rámhaíochta masc1
rowing NOUN
rámhaíocht fem3
□ My hobby is rowing. Is é rámhaíocht an caitheamh aimsire agam.
rowing boat NOUN
bád rámhaíochta masc1
royal ADJECTIVE
ríoga
□ the royal family an teaghlach ríoga
Royal Irish Academy NOUN
Acadamh Ríoga na hÉireann masc1
to **rub** VERB
cuimil
□ Don't rub your eyes! Ná cuimil do shúile!
to **rub out** VERB
scrios amach
rubber NOUN
1 rubar masc1 (material)
2 scriosán masc1 (eraser)
□ Can I borrow your rubber? An dtig liom do scriosán a fháil ar iasacht uait?
rubber band NOUN
banda rubair masc4
rubbish NOUN
▷ see also **rubbish** ADJECTIVE
1 bruscar masc1 (from household)
□ When do they collect the rubbish? Cá huair a bhailíonn siad an bruscar?
2 truflais fem2 (junk)
□ They sell a lot of rubbish at the market. Díolann siad cuid mhaith truflaise ag an margadh.
3 seafóid fem2 (nonsense)
□ That's a load of rubbish! Sin seafóid ghlan!
■ Don't talk rubbish! Cuir uait an raiméis!
rubbish ADJECTIVE
▷ see also **rubbish** NOUN
gan mhaith
□ They're a rubbish team! Is foireann gan mhaith iad.
rubbish bin NOUN
bosca bruscair masc4
rubbish dump NOUN
láithreán bruscair masc1
rucksack NOUN
mála droma masc4
rude ADJECTIVE
1 mímhúinte (impolite)
□ He was very rude to me. Bhí sé iontach mímhúinte liom. □ It's rude to interrupt. Tá sé mímhúinte briseadh isteach i

gcomhrá. □ a rude word focal mímhúinte
2 graosta (coarse)
□ a rude joke jóc graosta

rug NOUN
1 ruga masc4
□ a Persian rug ruga Peirseach
2 súsa masc4 (blanket)
□ a tartan rug súsa breacáin

rugby NOUN
rugbaí masc4
□ I play rugby. Imrím rugbaí.

ruin NOUN
▷ see also **ruin** VERB
fothrach masc1
□ the ruins of the castle fothracha an chaisleáin
■ in ruins ina fhothrach

to **ruin** VERB
▷ see also **ruin** NOUN
1 mill
□ It ruined our holiday. Mhill sé an tsaoire orainn.
2 scrios (damage)
□ You'll ruin your shoes. Scriosfaidh tú do bhróga. □ That one mistake ruined the business. Scrios an botún amháin sin an gnó.

rule NOUN
riail fem
□ the rules of grammar na rialacha gramadaí □ It's against the rules. Tá sé in éadan na rialacha.
■ as a rule de ghnáth

to **rule out** VERB
cuir as an áireamh
□ I'm not ruling anything out. Níl aon rud á chur as an áireamh agam.

ruler NOUN
rialóir masc3
□ Can I borrow your ruler? An féidir liom iasacht do rialóra a fháil?

rum NOUN
rum masc4

rumour (US **rumor**) NOUN
ráfla masc4
□ It's just a rumour. Níl ann ach ráfla.

rump steak NOUN
stéig gheadáin fem2

run NOUN
▷ see also **run** VERB
rúid fem2 (in cricket)
■ to go for a run dul amach ag rith
□ I go for a run every morning. Téim amach ag rith gach maidin.
■ on the run ar do sheachaint

□ The criminals are still on the run. Tá na coirpigh go fóill ar a seachaint.
■ in the long run sa deireadh thiar

to **run** VERB
▷ see also **run** NOUN
1 rith
□ I ran five kilometres. Rith mé cúig chiliméadar.
■ to run a marathon maratón a rith
2 reáchtáil (manage)
□ He runs a large company. Tá comhlacht mór á reáchtáil aige.
3 eagraigh (competition, course)
□ They run music courses in the holidays. Eagraíonn siad cúrsaí ceoil sna laethanta saoire.
■ I'll run you to the station. (by car) Tabharfaidh mé síob chun an stáisiúin duit.

to **run away** VERB
bain as
□ They ran away before the police came. Bhain siad as sular tháinig na péas.

to **run out** VERB
■ Time is running out. Tá an t-am á chaitheamh.

to **run out of** VERB
■ She ran out of money. Ní raibh airgead ar bith fágtha aici.

to **run over** VERB
leag (car)
□ Be careful, or you'll get run over! Bí cúramach, nó leagfar thú!

rung VERB ▷ see **ring**

runner NOUN
reathaí masc4

runner bean NOUN
pónaire reatha fem4

runner-up NOUN
■ The runner-up was … Sa dara háit, bhí …

running NOUN
rith masc3
□ Running is my favourite sport. Is é an rith an spórt is fearr liom.

run-up NOUN
■ in the run-up to sa tréimhse riomh
□ in the run-up to Christmas sa tréimhse roimh an Nollaig

runway NOUN
rúidbhealach masc1

rural ADJECTIVE
tuaithe

rush NOUN
▷ see also **rush** VERB
deifir fem2
■ in a rush faoi dheifir

r

to **rush** VERB
▷ *see also* **rush** NOUN
rud a dhéanamh faoi dheifir
□ He rushed his homework. Rinne sé a obair baile faoi dheifir. □ Everyone rushed outside. Chuaigh gach duine amach de ruathar.
■ There's no need to rush. Ní gá deifriú.
rush hour NOUN
broidtráth *masc3*
□ in the rush hour sa bhroidtráth
rusk NOUN
rosca *masc4*
Russia NOUN
an Rúis *fem2*
□ in Russia sa Rúis □ to Russia chun na Rúise
Russian ADJECTIVE
▷ *see also* **Russian** NOUN
Rúiseach
Russian NOUN
▷ *see also* **Russian** ADJECTIVE
1 Rúiseach *masc1 (person)*
2 Rúisis *fem2 (language)*
rust NOUN
meirg *fem2*
rusty ADJECTIVE
meirgeach
□ a rusty bike rothar meirgeach □ My Irish is very rusty. Tá mo chuid Gaeilge an-mheirgeach.
ruthless ADJECTIVE
neamhthrócaireach
rye NOUN
seagal *masc1*
■ rye bread arán seagail

Ss

Sabbath NOUN
  sabóid *fem2*

sack NOUN
  ▷ *see also* **sack** VERB
  mála *masc4* (*bag*)
  ■ **to get the sack** bata agus bóthar a fháil

to **sack** VERB
  ▷ *see also* **sack** NOUN
  tabhair an bóthar do (*dismiss*)
  □ He was sacked. Tugadh an bóthar dó.

sacred ADJECTIVE
  beannaithe

sacrifice NOUN
  íobairt *fem3*

sad ADJECTIVE
  brónach
  ■ **to be sad** brón a bheith ort

saddle NOUN
  diallait *fem2*

saddlebag NOUN
  mála diallaite *masc4*

sadly ADVERB
1 go brónach
  □ 'She's gone,' he said sadly. 'Tá sí imithe,'
  arsa sé go brónach.
2 ar an drochuair (*unfortunately*)
  □ Sadly, it was too late. Ar an drochuair,
  bhí sé rómhall.

safe ADJECTIVE
  ▷ *see also* **safe** NOUN
  sábháilte
  □ I don't feel safe in that part of town.
  Ní mhothaím sábháilte ar an taobh sin
  den bhaile.
  ■ **to be safe** bheith sábháilte □ This car
  isn't safe. Níl an carr seo sábháilte.
  □ You're safe now. Tá tú sábháilte anois.
  ■ **safe sex** gnéas sábháilte
  ■ **safe and sound** slán sábháilte

safe NOUN
  ▷ *see also* **safe** ADJECTIVE
  taisceadán *masc1*

□ She put the money in the safe. Chuir sí an
t-airgead sa taisceadán.

safety NOUN
  sábháilteacht *fem3*

safety belt NOUN
  crios sábhála *masc3*

safety pin NOUN
  biorán dúnta *masc1*

Sagittarius NOUN
  An Saighdeoir *masc3*
  □ I'm Sagittarius. Is mise An Saighdeoir.

Sahara NOUN
  ■ **the Sahara Desert** an Sahára

said VERB ▷ *see* **say**

sail NOUN
  ▷ *see also* **sail** VERB
  seol *masc1* (*on boat*)
  ■ **to go for a sail** (*trip*) dul ag seoltóireacht

to **sail** VERB
  ▷ *see also* **sail** NOUN
  seol
  ■ **The boat sails at eight o'clock.** Tá an
  bád ag cur chun farraige ar a hocht a chlog.

sailing NOUN
  seoltóireacht
  □ His hobby is sailing. Is í an tseoltóireacht
  an caitheamh aimsire aige.
  ■ **to go sailing** dul ag seoltóireacht

sailing boat NOUN
  bád seoil *masc1*

sailing ship NOUN
  long seoil *fem2*

sailor NOUN
  mairnéalach *masc1*
  □ He's a sailor. Is mairnéalach é.

saint NOUN
  naomh *masc1*
  ■ **Saint Patrick** Naomh Pádraig

sake NOUN
  ■ **for the sake of** ar son

salad NOUN
  sailéad *masc1*

salad cream NOUN
uachtar sailéid *masc1*

salad dressing NOUN
anlann sailéid *masc1*

salami NOUN
salami *masc4*

salary NOUN
tuarastal *masc1*

sale NOUN
1 díol *masc3*
  □ for sale **le díol** □ on sale **ar díol**
2 díolachán *masc1 (at reduced prices)*
  □ There's a sale on at Harrods. **Tá díolachán ann in Harrods.**

sales assistant NOUN
freastalaí siopa *masc4*
  □ She's a sales assistant. **Is freastalaí siopa í.**

salesman NOUN
fear díolacháin *masc1*
  □ He's a salesman. **Is fear díolacháin é.**

sales rep NOUN
fear díolacháin *masc1*

saleswoman NOUN
bean díolacháin *fem*
  □ She's a saleswoman. **Is bean díolacháin í.**

salmon NOUN
bradán *masc1*

salon NOUN
 ■ a beauty salon **sciamhlann**

saloon car NOUN
salún *masc1*

salt NOUN
salann *masc1*

salty ADJECTIVE
goirt

to **salute** VERB
beannaigh do

Salvation Army NOUN
Arm an tSlánaithe *masc1*

same ADJECTIVE
  ▷ see also **same** PRONOUN
céanna
  □ the same man **an fear céanna** □ They live in the same house. **Tá cónaí orthu sa teach céanna.**
 ■ at the same time **san am céanna**
same PRONOUN
  ▷ see also **same** ADJECTIVE
 ■ the same **an rud céanna**
 ■ to do the same **an rud céanna a dhéanamh**
 ■ just the same **mar sin féin**
 ■ The same to you! **Gurab amhlaidh duitse!**

sample NOUN
sampla *masc4*

sand NOUN
gaineamh *masc1*

sandal NOUN
cuarán *masc1*
  □ a pair of sandals **péire cuarán**

sand castle NOUN
caisleán gainimh *masc1*

sandwich NOUN
ceapaire *masc4*
  □ a cheese sandwich **ceapaire cáise**

sandwich course NOUN
cúrsaí ceapairí *masc4*

sang VERB ▷ *see* sing

sanitary towel NOUN
tuáille sláintíochta *masc4*

sank VERB ▷ *see* sink

Santa Claus NOUN
Daidí na Nollag *masc4*

sarcastic ADJECTIVE
searbh

sardine NOUN
sairdín *masc4*

Sardinia NOUN
an tSairdín *fem2*

SARS NOUN (= *severe acute respiratory syndrome*)
SARS

sash NOUN
sais *fem2*

sat VERB ▷ *see* sit

satchel NOUN
mála scoile *masc4*

satellite NOUN
satailít *fem2*
 ■ satellite television **teilifís satailíte**
 ■ a satellite dish **mias satailíte**

satisfactory ADJECTIVE
sásúil

satisfied ADJECTIVE
sásta

sat nav NOUN
loingseoireacht satailíte *fem3*

Saturday NOUN
An Satharn *masc1*
 ■ last Saturday **Dé Sathairn seo caite**
 ■ next Saturday **Dé Sathairn seo chugainn**
 ■ on Saturday **Dé Sathairn**
 ■ on Saturdays **ar an Satharn** □ He comes on Saturdays. **Tagann sé ar an Satharn.**
 ■ every Saturday **gach Satharn**

sauce NOUN
anlann *masc1*

saucepan NOUN
sáspan *masc1*

saucer NOUN
fochupán *masc1*

Saudi NOUN
▷ *see also* **Saudi** ADJECTIVE
1 an Araib Shádach *fem2 (country)*
2 Arabach Sádach *masc1 (person)*

Saudi ADJECTIVE
▷ *see also* **Saudi** NOUN
Arabach Sádach *masc1*

Saudi Arabia NOUN
an Araib Shádach *fem2*
□ in Saudi Arabia san Araib Shádach

sauna NOUN
sauna *masc4*

sausage NOUN
ispín *masc4*
■ **a sausage roll** rollóg ispíní

to **save** VERB
sábháil *(person, file, money)*
□ Luckily, all the passengers were saved.
Ar an dea-uair sábháladh na paisnéirí ar fad.
□ Don't forget to save your work regularly.
Ná déan dearmad do chuid oibre a shábháil
go minic. □ I've saved £50 already. Shábháil
mé £50 cheana féin.
■ **to save time** am a shábháil □ We took a
taxi to save time. Chuamar i dtacsaí le ham
a shábháil.

to **save up** VERB
coigil
□ I'm saving up for a new bike. Tá mé ag
coigilt airgid le haghaidh rothair nua.

savings PL NOUN
coigilteas *masc1*
□ She spent all her savings on a computer.
Chaith sí a cuid coigiltis ar fad
ar ríomhaire.

saviour (US **savior**) NOUN
slánaitheoir *masc3*

savoury (US **savory**) ADJECTIVE
spíosrach *(not sweet)*
□ Is it sweet or savoury? An bhfuil sé milis
nó spíosrach?

saw VERB ▷ *see* **see**

saw NOUN
sábh *masc1*

sax NOUN
sacsafón *masc1*
□ I play the sax. Seinnim ar an sacsafón.

saxophone NOUN
sacsafón *masc1*
□ I play the saxophone. Seinnim ar an
sacsafón.

to **say** VERB
abair
□ What did he say? Cad é a dúirt sé? □ Did you
hear what she said? Ar chuala tú cad é a dúirt
sí? □ Could you say that again? Abair sin arís?
■ **You can say that again.** Abairse sin.
■ **It goes without saying that …** Ní gá a rá
go …

saying NOUN
nath cainte *masc3*
□ It's just a saying. Níl ann ach nath cainte.

scale NOUN
1 scála *masc4*
□ a disaster on a massive scale tubaiste ar
mhórscála □ a large-scale map léarscáil
mhórscála
2 gainne *masc4 (of fish)*

scales PL NOUN
scálaí *masc4 pl*
■ **bathroom scales** scálaí tomhais

scampi PL NOUN
scampi *masc pl*

scandal NOUN
1 scannal *masc1*
□ It caused a scandal. Thóg sé scannal.
2 béadán *masc1 (gossip)*
□ It's just scandal. Níl ann ach béadán.

Scandinavia NOUN
Críoch Lochlann *fem2*
□ in Scandinavia i gCríoch Lochlann

Scandinavian ADJECTIVE
▷ *see also* **Scandinavian** NOUN
Lochlannach

Scandinavian NOUN
▷ *see also* **Scandinavian** ADJECTIVE
Lochlannach *masc1*

scanner NOUN
scanóir *masc3 (computing)*

scar NOUN
colm *masc1*

scarce ADJECTIVE
gann
□ Employment's scarce these days.
Tá fostaíocht gann ar na saolta seo.
■ **Make yourself scarce!** Gread leat!

scarcely ADVERB
■ **I scarcely knew him.** Is ar éigean a bhí
aithne agam air.

scare NOUN
▷ *see also* **scare** VERB
scanradh *masc1*
■ **a bomb scare** scanradh buama

to **scare** VERB
▷ *see also* **scare** NOUN
scanraigh

□ He scares me. Scanraíonn sé mé.
■ **to scare somebody** duine a scanrú

scarecrow NOUN
babhdán *masc1*

scared ADJECTIVE
■ **to be scared** eagla a bheith ort □ I was scared stiff. Bhí eagla an domhain orm.
■ **to be scared of** eagla a bheith ort roimh □ Are you scared of him? An bhfuil eagla ort roimhe?

scarf NOUN
scairf *fem2*

scarlet ADJECTIVE
scarlóideach

scary ADJECTIVE
scanrúil
□ It was really scary. Bhí sé iontach scanrúil.

scene NOUN
1 láthair *fem (of crime, accident)*
□ The police were soon on the scene. Bhí na póilíní ar an láthair go gasta. □ the scene of the crime láthair na coire
2 radharc *masc1 (event, sight, in play)*
□ It was an amazing scene. Radharc iontach a bhí ann.

scenery NOUN
1 radharc tíre *masc1 (landscape)*
2 radharcra *masc4 (in theatre)*

scent NOUN
cumhrán *masc1 (perfume)*

schedule NOUN
1 sceideal *masc1*
□ a busy schedule sceideal gnóthach
2 clár ama *masc1 (bus, train)*
■ **on schedule** de réir an sceidil
■ **behind schedule 1** *(train)* mall **2** *(with work)* ar gcúl

scheduled flight NOUN
eitilt sceidealta *fem2*

scheme NOUN
scéim *fem2*
□ a council road-widening scheme scéim leathnaithe bóthair de chuid na comhairle

scholarship NOUN
scoláireacht *fem3*

school NOUN
1 scoil *fem2*
2 meánscoil *fem2 (secondary school)*
3 ollscoil *fem2 (us: university)*
■ **to go to school** dul ar scoil

schoolbag NOUN
mála scoile *masc4*

schoolbook NOUN
leabhar scoile *masc1*

schoolboy NOUN
gasúr scoile *masc1*

schoolchildren PL NOUN
páistí scoile *masc4 pl*

schoolgirl NOUN
cailín scoile *masc4*

school uniform NOUN
culaith scoile *fem2*

science NOUN
eolaíocht *fem3*

science fiction NOUN
ficsean eolaíochta *masc1*

scientific ADJECTIVE
eolaíoch

scientist NOUN
eolaí *masc4*
□ He was trained as a scientist. Cuireadh oiliúint eolaí air.

scissors PL NOUN
siosúr *masc1*
□ a pair of scissors péire siosúr

to **scoff** VERB
alp *(eat)*
□ My brother scoffed all the sandwiches. D'alp mo dhearthair na ceapairí ar fad.

scone NOUN
bonnóg *fem2*

scooter NOUN
scútar *masc1*

score NOUN
▷ see also **score** VERB
scór *masc1*
□ The score was three nil. Bhí an scór a trí a náid.

to **score** VERB
▷ see also **score** NOUN
scóráil
□ He scored the winning goal. Eisean a scóráil an cúl a bhuaigh an cluiche dóibh.
■ **I scored 6 out of 10 for the test.** Fuair mé a sé as a deich sa scrúdú.

scoreboard NOUN
clár scóir *masc1*

Scorpio NOUN
An Scairp *fem2*
□ I'm Scorpio. Is mise An Scairp.

Scot NOUN
Albanach *masc1*

Scotch NOUN
uisce beatha na hAlban *masc4 (whisky)*

Scotch tape® NOUN (US)
seilitéip *fem2*

Scotland NOUN
Albain *fem*

□ in Scotland in Albain □ to Scotland go hAlbain □ I'm from Scotland. Is as Albain dom.

Scots ADJECTIVE
Albanach
□ a Scots accent blas Albanach

Scotsman NOUN
Albanach *masc1*

Scotswoman NOUN
Albanach mná *masc1*

Scottish ADJECTIVE
Albanach
□ a Scottish accent blas Albanach

scout NOUN
gasóg *fem2*
□ I'm in the Scouts. Tá mé sa gasóga.

scrambled eggs PL NOUN
uibheacha scrofa *fem2 pl*

scrap NOUN
▷ see also **scrap** VERB
1 blúire *masc4*
□ a scrap of paper blúire páipéir
2 racán *masc1* (fight)
■ scrap iron seaniarann

to **scrap** VERB
▷ see also **scrap** NOUN
caith i leataobh (plan)
□ The idea was scrapped. Caitheadh an smaoineamh i leataobh.

scrapbook NOUN
leabhar gearrthán *masc1*

scratch NOUN
▷ see also **scratch** VERB
scríob *fem2*
■ to start from scratch tosú as an nua

to **scratch** VERB
▷ see also **scratch** NOUN
tochais
□ Stop scratching! Stad den tochas!

scratch card NOUN
scríobchárta *masc4*

scream NOUN
▷ see also **scream** VERB
scread *fem3*

to **scream** VERB
▷ see also **scream** NOUN
lig scread

screen NOUN
scáileán *masc1* (of TV, computer)

screen-saver NOUN
spárálaí scáileáin *masc4*

screw NOUN
scriú *masc4*

screwdriver NOUN
scriúire *masc4*

to **scribble** VERB
déan scríobláil

script NOUN
script *fem2* (of film, play)

to **scroll down** VERB
scrollaigh síos (computing)

to **scroll up** VERB
scrollaigh suas (computing)

to **scrub** VERB
sciúr
□ She scrubbed the kitchen floor. Sciúr sí urlár na cistine.

sculpture NOUN
dealbhóireacht *fem3*

sea NOUN
farraige *fem4*
■ by sea (travel) bealach na farraige

seafood NOUN
bia farraige *masc4*
□ I don't like seafood. Ní maith liom bia farraige.

seagull NOUN
faoileán *masc1*

seal NOUN
▷ see also **seal** VERB
1 rón *masc1* (animal)
2 séala *masc4* (stamp)

to **seal** VERB
▷ see also **seal** NOUN
1 séalaigh (envelope)
2 cuir séala ar (with seal)

seaman NOUN
mairnéalach *masc1*

search NOUN
▷ see also **search** VERB
cuardach *masc1*

to **search** VERB
▷ see also **search** NOUN
cuardaigh
□ They searched the woods for her. Chuardaigh siad na coillte ar a lorg.
■ to search for something dul ar lorg rud éigin □ He searched for evidence. Chuaigh sé ar lorg fianaise.

search engine NOUN
inneall cuardaigh *masc1*

search party NOUN
buíon tarrthála *fem2*

seashore NOUN
cladach *masc1*
□ on the seashore ar an gcladach

seasick ADJECTIVE
■ I'm seasick. Tá tinneas farraige orm.

seaside NOUN
cois farraige *fem2*

□ at the seaside **cois farraige**
season NOUN
  séasúr *masc1*
  □ What's your favourite season? **Cad é an séasúr is fearr leat?**
  ■ **out of season** **as séasúr** □ It's cheaper to go there out of season. **Bíonn sé níos saoire dul ann as séasúr.**
  ■ **a season ticket** **ticéad séasúir**
seat NOUN
  suíochán *masc1*
seat belt NOUN
  crios sábhála *masc3*
sea water NOUN
  sáile *masc4*
seaweed NOUN
  feamainn *fem2*
second ADJECTIVE
  ▷ *see also* **second** ADVERB, NOUN
  dara
  □ on the second page **ar an dara leathanach**
  ■ **the second of January** **an dara lá d'Eanáir**
second ADVERB
  ▷ *see also* **second** ADJECTIVE, NOUN
  ■ **She came second.** *(in race)* **Tháinig sí sa dara háit.**
second NOUN
  ▷ *see also* **second** ADJECTIVE, ADVERB
  soicind *fem2*
  □ It'll only take a second. **Ní ghlacfaidh sé ach soicind.**
secondary school NOUN
  meánscoil *fem2*
second-class ADJECTIVE
  ▷ *see also* **second-class** ADVERB
  den dara grád
second-class ADVERB
  ▷ *see also* **second-class** ADJECTIVE
  den dara haicme *(travel)*
  ■ **I sent it second class.** **Chuir mé leis an dara grád í.**
secondhand ADJECTIVE
  athláimhe
  □ a secondhand car **carr athláimhe**
secondly ADVERB
  sa dara cás
  ■ **firstly ... secondly ...** **sa chéad chás ... sa dara cás ...** □ Firstly, it's too expensive. Secondly, it wouldn't work anyway. **Sa chéad chás, tá sé ródhaor. Sa dara cás, ní oibreodh sé cibé.**
secret ADJECTIVE
  ▷ *see also* **secret** NOUN
  rúnda

□ a secret mission **misean rúnda**
secret NOUN
  ▷ *see also* **secret** ADJECTIVE
  rún *masc1*
  □ It's a secret. **Is rún é.** □ Can you keep a secret? **An féidir leat rún a choinneáil?**
  ■ **in secret** **faoi rún**
secretary NOUN
  rúnaí *masc4*
  □ She's a secretary. **Is rúnaí í.**
  ■ **Secretary of State** **Rúnaí Stáit**
secretly NOUN
  rúnda
sectarian ADJECTIVE
  seicteach
section NOUN
  1 **rannóg** *fem2 (department)*
  2 **mír** *fem2 (of book)*
security NOUN
  1 **slándáil** *fem3*
  □ a campaign to improve airport security **feachtas le slándáil ag aerphoirt a fheabhsú**
  2 **sábháilteacht** *fem3 (safety)*
  □ a feeling of security **mothúchán sábháilteachta**
  ■ **job security** **sábháilteacht fostaíochta**
security guard NOUN
  garda slándála *masc4*
sedan NOUN (US)
  salún *masc1*
to **see** VERB
  feic
  □ I can't see. **Ní féidir liom feiceáil.** □ I saw him yesterday. **Chonaic mé inné é.** □ Have you seen him? **An bhfaca tú é?**
  ■ **See you!** **Slán go fóill!**
  ■ **See you soon!** **Slán go fóill!**
  ■ **to see to something** **rud a fheiceáil**
  □ Can you see that man? **An féidir leat an fear sin a fheiceáil?**
seed NOUN
  síol *masc1*
  □ sunflower seeds **síolta lus na gréine**
to **seek** VERB
  lorg
  □ You need to seek help. **Ba chóir duit cabhair a lorg.**
to **seem** VERB
  ■ **He seems big.** **Tá cuma mhór air.**
  ■ **The shop seemed to be closed.** **Bhí cuma ar an siopa go raibh sé dúnta.**
  ■ **It seems to me that ...** **Feictear dom go ...**
  ■ **There seems to be a problem.** **Is cosúil go bhfuil fadhb ann.**

seen VERB ▷ *see* **see**
seesaw NOUN
crandaí bogadaí *masc4*
see-through ADJECTIVE
trédhearcach
to **seize** VERB
gabh
seldom ADVERB
annamh
to **select** VERB
roghnaigh
selection NOUN
rogha *fem4*
self-assured ADJECTIVE
féinmhuiníneach
  □ He's very self-assured. Tá sé iontach féinmhuiníneach.
self-catering ADJECTIVE
  ■ a self-catering apartment árasán féinfhreastail
self-centred (US **self-centered**) ADJECTIVE
leithleach
self-confidence NOUN
féinmhuinín *fem2*
  □ He hasn't got much self-confidence. Níl mórán féinmhuiníne aige.
self-conscious ADJECTIVE
cúthaileach
  ■ to be self-conscious bheith cúthail
  □ She was really self-conscious at first. Bhí sí iontach cúthail ar dtús.
  ■ a self-conscious person náireachán
self-contained ADJECTIVE
glanscartha *(flat)*
self-control NOUN
féinsmacht *masc3*
self-defence (US **self-defense**) NOUN
féinchosaint *fem3*
  □ self-defence classes ranganna féinchosanta
  ■ in self-defence á chosaint féin
  □ She killed him in self-defence. Mharaigh sí é nuair a bhí sí á cosaint féin.
self-discipline NOUN
féinsmacht *masc3*
self-employed ADJECTIVE
féinfhostaithe
  □ He's self-employed. Tá sé féinfhostaithe.
selfish ADJECTIVE
leithleach
  □ Don't be so selfish. Ná bí chomh leithleach sin.
self-respect NOUN
féinmheas *masc3*

self-service ADJECTIVE
féinseirbhís *fem2*
  □ a self-service shop siopa féinseirbhíse
to **sell** VERB
díol
  □ He sold it to me. Dhíol sé liom é.
to **sell off** VERB
díol i saorchonradh
to **sell out** VERB
  ■ The tickets are all sold out. Tá deireadh na dticéad díolta.
sell-by date NOUN
spriocdháta díola *masc4*
selling price NOUN
praghas díola *masc1*
Sellotape® NOUN
seilitéip *fem2*
semi NOUN
  ■ We live in a semi. Tá cónaí orainn i dteach leathscoite.
semicircle NOUN
leathchiorcal *masc1*
semicolon NOUN
leathstad *masc4*
semi-detached house NOUN
teach leathscoite *masc*
  □ We live in a semi-detached house. Tá cónaí orainn i dteach leathscoite.
semi-final NOUN
cluiche leathcheannais *masc4*
semi-skimmed milk NOUN
bainne leathbhearrtha *masc4*
to **send** VERB
cuir
  □ She sent me a birthday card. Chuir sí cárta lá breithe chugam.
to **send away for** VERB
ordaigh tríd an bpost
to **send back** VERB
cuir ar ais
to **send off** VERB
1 cuir chun siúil *(goods, letter)*
  ■ to send off for something cuir chun siúil faoi choinne ruda □ I've sent off for a brochure. Chuir mé chun siúil faoi bróisiúir. □ She sent off for a book. Chuir mé chun siúil faoi choinne leabhair.
2 cuir den pháirc *(in sports match)*
  □ He was sent off. Cuireadh den pháirc é.
to **send out** VERB
cuir amach *(invitation, person)*
  ■ to send out for cuir amach faoi choinne
  □ Shall we send out for a pizza? An gcuirfimid amach faoi choinne pizza?

S

English-Irish

sender NOUN
seoltóir *masc3*

senior ADJECTIVE
sinsearach

□ senior management bainistíocht shinsearach □ senior school scoil shinsearach □ senior pupils daltaí sinsearacha

senior citizen NOUN
pinsinéir *masc3*

sensational ADJECTIVE
an-éachtach go deo *(marvellous)*

sense NOUN
1 ciall *fem2 (meaning, wisdom)*
  □ Have some sense! Bíodh ciall agat!
  ■ **to make sense** ciall a bheith le □ It doesn't make sense. Níl ciall ar bith leis.
2 céadfa *masc4 (feeling)*
  ■ **the five senses** na cúig chéadfaí
  ■ **sixth sense** an séú céadfa
  ■ **sense of humour** féith an ghrinn
  □ He's got no sense of humour. Níl féith an ghrinn ann.

senseless ADJECTIVE
1 gan chiall
2 gan mheabhair *(unconscious)*

sensible ADJECTIVE
ciallmhar
  □ Be sensible! Bí ciallmhar!

sensitive ADJECTIVE
1 goilliúnach
  □ She's very sensitive. Tá sí iontach goilliúnach.
2 tógálach *(touchy)*
3 mothálach *(susceptible)*

sensuous ADJECTIVE
collaí

sent VERB ▷ see send

sentence NOUN
  ▷ see also **sentence** VERB
1 abairt *fem2*
  □ What does this sentence mean? Cad é an chiall atá leis an abairt seo?
2 pionós *masc1*
  □ the death sentence pionós an bháis
  □ a life sentence pionós saoil

to **sentence** VERB
  ▷ see also **sentence** NOUN
  ■ **to sentence somebody to 5 years in prison** príosún cúig bliana a ghearradh ar dhuine
  ■ **to sentence somebody to death** duine a dhaoradh chun báis

sentimental ADJECTIVE
maoithneach

separate ADJECTIVE
  ▷ see also **separate** VERB
1 scartha
  □ I wrote it on a separate sheet. Scríobh mé ar leathanach scartha é.
2 ar leith *(room)*
  □ The children have separate rooms. Tá seomraí ar leith ag na páistí.
  ■ **on separate occasions** ar ócáidí éagsúla

to **separate** VERB
  ▷ see also **separate** ADJECTIVE
1 scar *(part)*
  ■ **My parents are separated.** Tá mo thuismitheoirí scartha.
2 dealaigh idir *(make a distinction between)*

separately ADVERB
1 ina nduine agus ina nduine *(people)*
2 ceann i ndiaidh an chinn eile *(things)*

separation NOUN
scaradh *masc*

September NOUN
Meán Fómhair *masc*
  ■ **in September** i mí Mheán Fómhair

sequel NOUN
clár leantach *masc1 (book, film)*

sequence NOUN
ord *masc1 (order)*
  ■ **a sequence of events** seicheamh imeachtaí

Serb ADJECTIVE
  ▷ see also **Serb** NOUN
Seirbiach

Serb NOUN
  ▷ see also **Serb** ADJECTIVE
Seirbiach *masc1*

Serbia NOUN
an tSeirbia *fem4*

Serbian ADJECTIVE
  ▷ see also **Serbian** NOUN
Seirbiach

Serbian NOUN
  ▷ see also **Serbian** ADJECTIVE
Seirbiach *masc1*

sergeant NOUN
sáirsint *masc4*

serial NOUN
sraithchlár *masc1*

series NOUN
sraith *fem2*
  □ a TV series sraith teilifíse

serious ADJECTIVE
1 dáiríre
  □ You look very serious. Tá cuma iontach dáiríre ort. □ Are you serious? An bhfuil tú i ndáiríre?

2 tromchúiseach *(matter)*
3 trom *(injury)*
■ **Be serious!** Stad den amaidí!

seriously ADVERB
1 i ndáiríre
□ But seriously … Ach i ndáiríre …
□ Seriously? I ndáiríre?
■ **to take somebody seriously** duine a ghlacadh go dáiríre
2 go dona *(hurt)*
□ She was seriously injured in the crash. Gortaíodh go dona sa taisme í.

sermon NOUN
seanmóir *fem3*

servant NOUN
seirbhíseach *masc1*

to **serve** VERB
▷ *see also* **serve** NOUN
1 freastail ar *(customer)*
2 riar *(food)*
□ Dinner is served. Dinnéar réidh.
3 freastal *(in tennis)*
□ It's Murray's turn to serve. Murray le freastal.
4 cuir isteach *(apprenticeship, prison term)*
■ **to serve time** do théarma a chur isteach
■ **It serves him right.** Tá tuillte aige.

serve NOUN
▷ *see also* **serve** VERB
freastal *masc1 (tennis)*
□ It's your serve. Is leatsa freastal.

server NOUN
freastalaí *masc4 (computing)*

service NOUN
1 seirbhís *fem2*
□ Service is included. Tá seirbhís san áireamh.
2 seirbhís eaglasta *(church)*
■ **the Fire Service** an tSeirbhís Dóiteáin
■ **the armed services** na Fórsaí Cosanta

service area NOUN
limistéar seirbhíse *masc1*

service charge NOUN
táille sheirbhíse *fem4*
□ There's no service charge. Níl táille sheirbhíse ann.

serviceman NOUN
1 saighdiúir *masc3 (in the army)*
2 saighdiúir cabhlaigh *masc3 (in the navy)*

service station NOUN
stáisiún peitril *masc1*

serviette NOUN
naipcín *masc4*

session NOUN
seisiún *masc1*

set NOUN
▷ *see also* **set** VERB
1 foireann *fem2*
□ a chess set foireann fichille □ a drum set foireann drumaí □ a set of Christmas lights foirne soilse Nollag
2 teilifíseán *masc1 (television set)*
3 sraith *fem2 (tennis)*

set VERB
▷ *see also* **set** NOUN
1 socraigh
□ The world record was set last year. Socraíodh curiarracht an domhain anuraidh.
□ I set the alarm for 7 o'clock. Shocraigh mé an t-aláram faoi choinne 7 a chlog.
2 déan amach *(exam)*
3 luigh *(sun)*
□ The sun was setting. Bhí an ghrian ag dul a luí.
■ **to set sail** cur chun farraige
■ **to set the table** an bord a leagan

to **set off** VERB
cuir chun bóthair
□ We set off for London at 9 o'clock. Chuir muid chun bóthair go Londain ar a 9 a chlog.

to **set out** VERB
cuir chun bóthair
□ We set out for London at 9 o'clock. Chuir muid chun bóthair go Londain ar a 9 a chlog.

settee NOUN
tolg *masc1*

to **settle** VERB
1 socraigh
□ I settled the account. Shocraigh mé an cuntas. □ The cat settled itself by the fire. Shocraigh an cat é féin cois na tine.
2 réitigh *(argument)*
3 fuascail *(problem)*
■ **to settle on something** cinneadh ar rud

to **settle down** VERB
socraigh síos *(calm down)*
□ Settle down! Socraigh síos!

to **settle in** VERB
socraigh isteach

seven NUMBER
1 a seacht
LANGUAGE TIP **a seacht** is used for telling the time and for counting.
□ at seven o'clock ar a seacht a chlog
□ Three plus seven is ten. A trí móide a seacht sin a deich.
2 seacht
LANGUAGE TIP **seacht** is used to give the number of objects and is usually followed by a singular noun.

□ seven bottles seacht mbuidéal

LANGUAGE TIP Some words, **bliain**, **uair**, **seachtain**, **pingin**, have a special plural for use with numbers.

□ seven years seacht mbliana

■ She's seven. Tá sí seacht mbliana d'aois.

LANGUAGE TIP To translate 'seven people', use the form **seachtar**.

□ seven people seachtar □ seven women seachtar ban

seventeen NUMBER
seacht ... déag

LANGUAGE TIP **seacht** is usually followed by a singular noun.

□ seventeen bottles seacht mbuidéal déag
□ seventeen people seacht nduine dhéag
■ He's seventeen. Tá sé seacht mbliana déag d'aois.

seventeenth ADJECTIVE
seachtú ... déag

□ her seventeenth birthday a seachtú breithlá déag □ the seventeenth floor an seachtú hurlár déag
■ the seventeenth of August an seachtú lá déag de Lúnasa

seventh ADJECTIVE
seachtú

□ the seventh floor an seachtú hurlár
■ the seventh of August an seachtú de Lúnasa

seventy NUMBER
seachtó

LANGUAGE TIP **seachtó** is followed by a singular noun.

□ seventy people seachtó duine
■ He's seventy. Tá sé seachtó bliain d'aois.

several ADJECTIVE, PRONOUN
roinnt

□ several schools roinnt scoileanna
■ several of us cuid againn

to **sew** VERB
fuaigh

to **sew up** VERB
fuaigh (tear)

sewing NOUN
fuáil fem3

□ I like sewing. Is maith liom bheith ag fuáil.

sewing machine NOUN
inneall fuála masc1

sewn VERB ▷ see sew

sex NOUN
gnéas masc1

■ sex education oideachas gnéis
■ to have sex with somebody luí le duine

sexism NOUN
gnéasachas masc1

sexist ADJECTIVE
gnéaschlaonta

sexual ADJECTIVE
gnéasach

□ sexual harassment ciapadh gnéasach
■ sexual discrimination leithcheal ar bhonn gnéis

sexy ADJECTIVE
gnéasúil

shabby ADJECTIVE
giobach

shade NOUN
1 scáth masc3

■ in the shade faoin scáth □ It was 35 degrees in the shade. Bhí sé 35 céim faoin scáth.

2 dath masc3 (colour)

□ a lovely shade of blue dath álainn ghoirm

shadow NOUN
scáth masc3

to **shake** VERB
croith

□ She shook the rug. Chroith sí an ruga.
■ to shake one's head do cheann a chroitheadh
■ to shake hands with somebody lámh a chroitheadh le duine □ They shook hands. Chroith siad lámha le chéile.

shaken ADJECTIVE
croite

□ I like my drink to be shaken. Is maith liom mo dheoch a bheith croite.

shaky ADJECTIVE
creathach (hand, voice)

shall VERB

■ I shall go. Rachaidh mé.
■ Shall I open the door? An osclóidh mé an doras?

shallow ADJECTIVE
tanaí (water)

■ a shallow person duine éadomhain

shambles NOUN
praiseach fem2 (mess)

□ It's a complete shambles. Is praiseach cheart é.

shame NOUN
náire fem4

□ What a shame! Is mór an náire é!
■ It's a shame that ... Is mór an trua go ...
□ It's a shame he isn't here. Is mór an trua nach bhfuil sé anseo.

shampoo NOUN
seampú masc4

□ a bottle of shampoo **buidéal seampú**
shamrock NOUN
  seamróg *fem2*
shandy NOUN
  seandaí *masc4*
Shannon NOUN
  an tSionainn *fem2 (river)*
shape NOUN
  cruth *masc3*
share NOUN
  ▷ *see also* **share** VERB
1 cion *masc4*
  □ Everybody pays their share. **Íocann gach duine a chion féin.**
2 scair *fem2 (in company)*
  □ They've got shares in the company. **Tá scaireanna acu sa chuideachta.**
to **share** VERB
  ▷ *see also* **share** NOUN
  roinn
  □ I share a room with my sister. **Tá mé ag roinnt seomra le mo dheirfiúr.**
to **share out** VERB
  roinn
  □ They shared the sweets out among the children. **Roinn siad na milseáin ar na páistí.**
shark NOUN
  siorc *masc3*
sharp ADJECTIVE
1 géar *(razor, knife, point)*
2 géarchúiseach *(person)*
  □ She's very sharp. **Tá sí iontach géarchúiseach.**
  ■ at two o'clock sharp **ar bhuille a dó**
to **shave** VERB
  bearr
  ■ to shave one's legs **do chosa a bhearradh**
shaver NOUN
  rásúr leictreach *masc1 (electric razor)*
shaving cream NOUN
  ungadh bearrtha *masc*
shaving foam NOUN
  cúr bearrtha *masc1*
she PRONOUN
1 sí *(as subject)*
  □ She came in. **Tháinig sí isteach.**
2 í *(with copula, in passive)*
  □ She was injured. **Gortaíodh í.**
  □ She's a doctor. **Is dochtúir í.**
shed NOUN
  bothán *masc1*
she'd = she had, she would
sheep NOUN
  caora *fem*

sheepdog NOUN
  madra caorach *masc4*
sheer ADJECTIVE
  amach agus amach *(utter)*
  □ It's sheer greed. **Saint atá ann amach is amach.**
sheet NOUN
1 braillín *fem2 (on bed)*
2 leathanach *masc1 (of paper)*
3 leathán *masc1 (of glass, metal)*
4 leac *fem2 (of ice)*
shelf NOUN
  seilf *fem2*
shell NOUN
1 sliogán *masc1 (on beach)*
2 blaosc *fem2 (of egg, nut, crab)*
3 pléascán *masc1 (explosive)*
she'll = she will, she shall
shellfish NOUN
  bia sliogán *masc4 (as food)*
shelter NOUN
1 dídean *fem2*
  ■ to take shelter **dul ar foscadh**
2 scáthlán *masc1 (building)*
  □ a bus shelter **scáthlán bus**
shelves PL NOUN ▷ *see* shelf
shepherd NOUN
  aoire *masc4*
sheriff NOUN
  sirriam *masc4*
sherry NOUN
  seiris *fem2*
she's = she is, she has
Shetland NOUN
  Sealtainn *fem4*
shield NOUN
  sciath *fem2*
shift NOUN
  ▷ *see also* **shift** VERB
  seal *masc3 (work period)*
  □ His shift starts at 8 o'clock. **Tosóidh a sheal ar a 8 a chlog.** □ the night shift **seal na hoíche**
to **shift** VERB
  ▷ *see also* **shift** NOUN
  bog
  □ I couldn't shift the wardrobe on my own. **Ní thiocfadh liom an vardrús a bhogadh i m'aonar.**
  ■ Shift yourself! *(informal)* **Brostaigh!**
shift work NOUN
  obair shealaíochta *fem2*
shifty ADJECTIVE
1 cleasach
  □ He looked shifty. **Bhí cuma chleasach air.**

2 corrach (eyes)

shin NOUN
lorga fem4

to **shine** VERB
1 lonraigh (light)
2 soilsigh (sun)
□ The sun was shining. Bhí an ghrian ag soilsiú.

shiny ADJECTIVE
1 lonrach (bright)
2 snasta (shoes)

ship NOUN
long fem2

shipbuilding NOUN
tógáil long fem3

shipment NOUN
lastas masc1

shipwreck NOUN
1 long bhriste fem2 (ship)
2 longbhriseadh masc (event)

shipwrecked ADJECTIVE
■ to be shipwrecked bheith longbhriste

shipyard NOUN
longchlós masc1

shirt NOUN
léine fem4

to **shiver** VERB
bheith ar crith

shock NOUN
▷ see also shock VERB
geit fem2
■ to get a shock (electric) turraing a fháil
■ an electric shock turraing leictreach

to **shock** VERB
▷ see also shock NOUN
1 tabhair scannal do (upset, offend)
□ They were shocked by the tragedy. Thug an tragóid scannal dóibh. □ He'll be shocked if you say that. Tabharfar scannal dó má deir tú é sin.
2 bain croitheadh as
□ I was shocked when I saw it. Baineadh croitheadh asam nuair a chonaic mé é.
■ to shock someone (surprise) geit a bhaint as duine

shocking ADJECTIVE
uafásach
□ It's shocking! Tá sé uafásach!
□ a shocking waste cur amú uafásach

shoe NOUN
bróg fem2

shoelace NOUN
iall bróige fem2

shoe polish NOUN
snasán bróg masc1

shoe shop NOUN
siopa bróg masc4

shone VERB ▷ see shine

shook VERB ▷ see shake

to **shoot** VERB
1 scaoil
□ He was shot by a sniper. Scaoil snípéir é.
□ He was shot at dawn. Scaoileadh le breacadh an lae é. □ Don't shoot! Ná scaoil!
■ to shoot at somebody scaoileadh le duine
■ to shoot an arrow saighead a scaoileadh
2 déan (film)
□ The film was shot in Prague. Rinneadh an scannán i bPrág.

shooting NOUN
1 lámhach masc1
□ They heard shooting. Chuala siad lámhach.
2 foghlaeireacht fem3
□ My Dad goes shooting sometimes. Téann Daid ag foghlaeireacht ó am go chéile.
■ a shooting lámhach □ a random shooting lámhach fánach

shop NOUN
1 siopa masc4
□ a sports shop siopa spóirt
2 ceardlann fem2 (workshop)

shop assistant NOUN
freastalaí siopa masc4
□ She's a shop assistant. Is freastalaí siopa í.

shopkeeper NOUN
siopadóir masc3
□ He's a shopkeeper. Is fear siopa é.

shoplifting NOUN
gadaíocht siopa fem3

shopping NOUN
siopadóireacht fem3
□ I love shopping. Is breá liom a bheith ag siopadóireacht. □ Can you get the shopping from the car? An féidir leat an tsiopaóireacht a fháil ón gcarr?
■ to go shopping dul ag siopadóireacht

shopping bag NOUN
mála siopadóireachta masc4

shopping centre (US **shopping center**) NOUN
ionad siopadóireachta masc1

shop window NOUN
fuinneog siopa fem2

shore NOUN
1 cladach masc1 (of sea)
2 bruach masc1 (of lake)
■ on shore ar tír

short ADJECTIVE
1 gairid
□ a short skirt sciorta gairid □ short hair gruaig ghairid
■ **too short** róghairid □ It was a great holiday, but too short. Saoire iontach a bhí ann, ach í róghairid.
2 beag *(person)*
□ She's quite short. Tá sí beag go leor.
■ **to be short of something** bheith gann i rud □ I'm short of money. Tá mé gann in airgead.
■ **in short** i mbeagán focal □ In short, I won't go. I mbeagán focal, ní rachaidh mé.
■ **at short notice** faoi ghearrfhógra

shortage NOUN
ganntanas *masc1*
□ a water shortage ganntanas uisce

shortbread NOUN
arán briosc *masc1*

shortcut NOUN
aicearra *masc4*
■ **to take a shortcut** aicearra a ghearradh

shorthand NOUN
gearrscríobh *masc*

shortly ADVERB
gan mhoill

shorts PL NOUN
bríste gairid *masc4*

short-sighted ADJECTIVE
gearr-radharcach

short story NOUN
gearrscéal *masc1*

shot VERB ▷ *see* shoot

shot NOUN
1 urchar *masc1*
□ He's a good shot. Tá urchar maith aige.
2 iarraidh *fem (try)*
3 instealladh *masc (injection)*
4 pictiúr *masc1*
□ a shot of Dublin Castle pictiúr de Chaisleán Bhaile Átha Cliath
■ **like a shot** mar a bheadh splanc ann

shotgun NOUN
gunna gráin *masc4*

should VERB
■ **I should go now.** Ba cheart dom imeacht anois.
■ **He should be there now.** Ba cheart dó bheith ann faoi seo.
■ **I should have told you before.** Ba cheart dom insint duit roimhe.
■ **I should go if I were you.** Dá mba mise thusa, rachainn.

■ **I should be so lucky!** Go raibh an t-ádh orm!

shoulder NOUN
gualainn *fem2*

shoulder bag NOUN
mála gualainne *masc4*

shouldn't = should not

shout NOUN
▷ *see also* **shout** VERB
scairt *fem2*

to **shout** VERB
▷ *see also* **shout** NOUN
scairt
□ Don't shout! Ná bí ag scairteadh! □ 'Go away!' he shouted. 'Imigh leat!' a scairt sé.

shovel NOUN
sluasaid *fem2*

show NOUN
▷ *see also* **show** VERB
1 seó *masc4 (performance, programme)*
2 taispeántas *masc1 (exhibition)*

to **show** VERB
▷ *see also* **show** NOUN
1 taispeáin
□ She showed great courage. Thaispeáin sí misneach mhór.
2 nocht *(uncover)*
■ **to show somebody something** rud a thaispeáint do dhuine éigin □ Have I shown you my new trainers? Ar thaispeáin mé mo bhróga reatha nua duit?
■ **It shows.** Is léir é sin. □ I've never been riding before. — It shows. Ní raibh mé riamh ag marcaíocht. — Is léir é sin.

to **show off** VERB
cuir gothaí ort féin

to **show up** VERB
tar ar bráid *(turn up)*
□ He showed up late as usual. Tháinig sé ar bráid go mall, mar is gnách.

shower NOUN
1 cith *masc3 (rain)*
2 cithfholcadán *masc1 (in bathroom)*
3 cithfholcadh *masc*
□ I'm going to have a shower. Beidh cithfholcadh agam.

shower gel NOUN
glóthach chithfholctha *fem*

showerproof ADJECTIVE
cithdhíonach

showing NOUN
taispeáint *fem3 (of film)*

shown VERB ▷ *see* show

show-off NOUN
siollaire *masc4 (person)*

showroom NOUN
seomra taispeántais *masc4*
shrank VERB ▷ see **shrink**
shredder NOUN
stiallaire cáipéisí *masc4 (for documents)*
to **shriek** VERB
scréach
shrimps PL NOUN
ribí róibéis *masc4*
to **shrink** VERB
crap *(clothes, fabric)*
Shrove Tuesday NOUN
Máirt Inide *fem4*
to **shrug** VERB
■ to shrug one's shoulders do ghuaillí
a chroitheadh
shrunk VERB ▷ see **shrink**
to **shudder** VERB
■ She shuddered. Chuaigh creathán tríthi.
to **shuffle** VERB
boscáil *(cards)*
to **shut** VERB
druid
□ What time do you shut? Cén t-am a
dhruideann sibh? □ What time do the shops
shut? Cén t-am a dhruidtear na siopaí?
to **shut down** VERB
druid
□ The cinema shut down last year.
Druideadh an phictiúrlann anuraidh.
to **shut up** VERB
■ Shut up! Dún do chlab!
shutter NOUN
comhla *fem4*
shuttle NOUN
seirbhís tointeála *fem2 (bus service)*
shuttlecock NOUN
eiteán *masc1 (badminton)*
shy ADJECTIVE
faiteach
Sicily NOUN
an tSicil *fem2*
□ in Sicily **sa tSicil** □ to Sicily **go dtí an tSicil**
sick ADJECTIVE
tinn *(ill)*
□ I'm sick. **Tá tinneas orm.** □ He was sick
for four days. **Bhí tinneas air ar feadh
ceithre lá.**
■ I feel sick. **Tá masmas orm.**
■ to be sick of something **bheith tinn
tuirseach de rud** □ I'm sick of your jokes.
**Tá mé tinn tuirseach de do chuid
scigscéalta.**
sickening ADJECTIVE
masmasach

sick leave NOUN
saoire bhreoiteachta *fem4*
sickness NOUN
1 tinneas *masc1 (illness)*
2 orla *masc4 (vomiting)*
sick note NOUN
nóta breoiteachta *masc4 (from parents)*
sick pay NOUN
pá breoiteachta *masc4*
side NOUN
1 taobh *masc1*
□ He was driving on the wrong side of the
road. **Bhí sé ag tiomáint ar an taobh
contráilte den bhóthar.**
2 bruach *masc1 (of lake)*
□ by the side of the lake **ar bhruach an locha**
3 foireann *fem2 (team)*
■ He's on my side. 1 *(on my team)* **Tá sé ar
an bhfoireann chéanna liom.** 2 *(supporting
me)* **Tá sé ar mo thaobh.**
■ side by side **taobh le taobh**
■ from side to side **anonn agus anall**
■ She always takes his side. **Taobhaíonn
sí leis-sean i gcónaí.**
sideboard NOUN
cornchlár *masc1*
side-effect NOUN
seachthoradh *masc1*
side street NOUN
taobhshráid *fem2*
sidewalk NOUN (US)
cosán *masc1*
sideways ADVERB
i leataobh
sieve NOUN
criathar *masc1*
sigh NOUN
▷ see also **sigh** VERB
osna *fem4*
to **sigh** VERB
▷ see also **sigh** NOUN
lig osna
sight NOUN
1 radharc *masc1 (faculty)*
□ She has poor sight. **Tá an radharc go dona
aici.**
2 amharc súl *masc1 (spectacle)*
□ It was an amazing sight. **Ba é an t-amharc
súl é.**
■ to know somebody by sight **aithne súl
a bheith agat ar dhuine**
■ in sight **ar amharc**
■ out of sight **as amharc**
■ the sights *(tourist spots)* **radhairc le
haghaidh turasóirí** □ I went to London to

see the sights. Chuaigh mé go Londain leis na radhairc le haghaidh turasóirí a fheiceáil.

sightseeing NOUN
fámaireacht *fem3*

■ **to go sightseeing** dul ag fámaireacht

sign NOUN
▷ *see also* **sign** VERB

1 comhartha *masc4 (gesture, indication)*
□ There's no sign of improvement. Níl comhartha ar bith feabhais ann.
■ **a road sign** comhartha bóthair

2 fógra *masc4 (notice)*
□ There was a big sign saying 'private'. Bhí fógra mór agus 'príobháideach' air.

3 tuar *masc1 (omen)*

4 fíor *fem (of the cross)*
■ **There's no sign of him.** Níl iomrá ar bith air.

to **sign** VERB
▷ *see also* **sign** NOUN
sínigh *(document)*

to **sign on** VERB
1 saighneáil *(as unemployed)*
2 cláraigh *(for course)*

signal NOUN
▷ *see also* **signal** VERB
comhartha *masc4*

to **signal** VERB
▷ *see also* **signal** NOUN
■ **to signal somebody** comhartha a dhéanamh le duine

signalman NOUN
fear comharthaíochta *masc1*

signature NOUN
síniú *masc*

significance NOUN
1 ciall *fem2 (meaning)*
2 tábhacht *fem3 (importance)*

significant ADJECTIVE
tábhachtach *(important)*

sign language NOUN
teanga chomharthaíochta *fem4*

signpost NOUN
cuaille eolais *masc4*

silence NOUN
ciúnas *masc1*

silencer NOUN
tostóir *masc3 (on gun, car)*

silent ADJECTIVE
ciúin
■ **to remain silent** fanacht i do thost

silicon chip NOUN
slis sileacain *fem2*

silk NOUN
▷ *see also* **silk** ADJECTIVE
síoda *masc4*

silk ADJECTIVE
▷ *see also* **silk** NOUN
síoda
□ a silk scarf scairf síoda

silky ADJECTIVE
síodúil

silly ADJECTIVE
amaideach
■ **a silly person** prioll
■ **silly talk** breallaireacht

silver NOUN
▷ *see also* **silver** ADJECTIVE
airgead *masc1*

silver ADJECTIVE
▷ *see also* **silver** NOUN
airgid
□ a silver medal bonn airgid

SIM card NOUN
cárta SIM *masc4*

similar ADJECTIVE
■ **similar to** cosúil le

simple ADJECTIVE
simplí
□ It's very simple. Tá sé iontach simplí.
■ **He's a bit simple.** Tá sé rud beag simplí.

simply ADVERB
go simplí
□ It's simply not possible. Go simplí, ní féidir é.

simultaneous ADJECTIVE
comhuaineach

sin NOUN
▷ *see also* **sin** VERB
peaca *masc4*

to **sin** VERB
▷ *see also* **sin** NOUN
peacaigh

since ADVERB, PREPOSITION, CONJUNCTION
1 ó
□ since Christmas ón Nollaig □ I haven't seen him since. Ní fhaca mé ó shin é.
□ I haven't seen her since she left. Ní fhaca mé í ó d'fhág sí. □ since then ó shin
■ **ever since** ó shin

2 ó tarla *(because)*
□ Since you're tired, let's stay at home. Ó tharla go bhfuil tuirse ort, fanaimis sa bhaile.

sincere ADJECTIVE
amach ó do chroí

sincerely ADVERB
■ **Yours sincerely** *(in letter)* Is mise le meas

to **sing** VERB
can
□ He sang out of tune. Chan sé as tiúin.

□ Have you ever sung this tune before?
Ar chan tú an fonn seo riamh?
singer NOUN
amhránaí *masc4*
singing NOUN
amhránaíocht *fem3*
single ADJECTIVE
▷ *see also* **single** NOUN
singil
□ a single room seomra singil
■ **single combat** comhrac aonair
■ **a single man** fear gan phósadh
single NOUN
▷ *see also* **single** ADJECTIVE
ticéad singil *masc1 (ticket)*
□ A single to Cork, please. Ticéad singil go
Corcaigh, le do thoil.
■ **a CD single** singil dlúthdhiosca
■ **the women's singles** *(in tennis)* comórtas
singil na mban
single parent NOUN
tuismitheoir aonair *masc3*
□ She's a single parent. Is tuismitheoir
aonair í.
■ **a single parent family** teaghlach
aontuismitheora
singular NOUN
uatha *masc4*
□ in the singular san uimhir uatha
sinister ADJECTIVE
urchóideach
sink NOUN
▷ *see also* **sink** VERB
doirteal *masc1*
to **sink** VERB
▷ *see also* **sink** NOUN
téigh go grinneall *(ship)*
■ **My heart sank.** Thit mo chroí.
sir NOUN
duine uasal
□ Yes sir. Sea, a dhuine uasail.
■ **Sir Maurice de Bracy** An Ridire Muiris
de Bracy
siren NOUN
bonnán *masc1*
sister NOUN
1 deirfiúr *fem*
□ my little sister mo dheirfiúr bheag
2 siúr *fem (nun, nurse)*
sister-in-law NOUN
deirfiúr chleamhnais *fem*
to **sit** VERB
1 suigh
□ She sat on the chair. Shuigh sí ar an
gcathaoir.

■ **to be sitting** bheith i do shuí
2 déan *(exam)*
to **sit down** VERB
suigh síos
sitcom NOUN
dráma grinn suímh *masc4*
site NOUN
1 ionad *masc1*
□ the site of the accident ionad an taisme
2 áit tógála *fem2 (building site)*
3 suíomh *masc1 (website)*
sitting room NOUN
seomra suí *masc4*
situated ADJECTIVE
suite
■ **to be situated** bheith suite □ The village
is situated on a hill. Tá an sráidbhaile suite
ar chnoc.
situation NOUN
suíomh *masc1*
six NUMBER
1 a sé

> LANGUAGE TIP **a sé** is used for telling
> the time and for counting.

□ at six o'clock ar a sé a chlog □ Three
times two is six. A trí faoina dó sin a sé.
2 sé

> LANGUAGE TIP **sé** is used to give the
> number of objects and is usually
> followed by a singular noun.

□ six bottles sé bhuidéal
■ **the Six Counties** *(Northern Ireland)* na Sé
Chontae

> LANGUAGE TIP Some words, **bliain,
> uair, seachtain, pingin,** have a
> special plural for use with numbers.

□ six weeks sé seachtaine
■ **She's six.** Tá sí sé bliana d'aois.

> LANGUAGE TIP To translate 'six people',
> use the form **seisear**.

□ six people seisear □ six women seisear ban
sixteen NUMBER
sé ... déag

> LANGUAGE TIP **sé** is usually followed
> by a singular noun.

□ sixteen bottles sé bhuidéal déag
□ sixteen people sé dhuine dhéag
■ **He's sixteen.** Tá sé sé bliana déag d'aois.
sixteenth ADJECTIVE
séú ... déag
□ the sixteenth floor an séú húrlár déag
■ **the sixteenth of August** an séú lá déag
de Lúnasa
sixth ADJECTIVE
séú

□ the sixth floor an séú hurlár

■ **the sixth of August** an séú lá déag de Lúnasa

sixth form NOUN
rang a sé *masc3*

sixty NUMBER
seasca

> LANGUAGE TIP **seasca** is followed by a singular noun.

□ sixty people seasca duine

■ **He's sixty.** Tá sé seasca bliain d'aois.

size NOUN
méid *fem2*

□ What size do you wear? Cén mhéid a chaitheann tú?

■ **I wear a size ten.** *(clothes)* Caithim méid a deich.

■ **I take size six.** *(shoes)* Caithim méid a sé.

to **skate** VERB
scátáil

skateboard NOUN
clár scátála *masc1*

skateboarding NOUN
clárscátáil *fem3*

□ I go skateboarding at the weekends. Téim ag clárscátáil ag an deireadh seachtaine.

skates NOUN
1 scátaí *masc4 pl (ice skates)*
2 scátaí rothacha *masc4 pl (roller skates)*

skating NOUN
scátáil *fem3*

□ We went skating last week. Chuamar ag scátáil an tseachtain seo caite.

■ **a skating rink** rinc scátála

skeleton NOUN
cnámharlach *masc1*

sketch NOUN
▷ *see also* **sketch** VERB
sceitse *masc4*

to **sketch** VERB
▷ *see also* **sketch** NOUN
sceitseáil

ski NOUN
▷ *see also* **ski** VERB
scí *masc4*

■ **ski boots** bróga sciála

■ **a ski lift** ardaitheoir sciála

■ **ski pants** bríste sciála

■ **a ski pole** cuaille sciála

■ **a ski slope** fána sciála

■ **a ski suit** culaith sciála

to **ski** VERB
▷ *see also* **ski** NOUN
sciáil

□ Can you ski? An féidir leat sciáil?

to **skid** VERB
sciorr

skier NOUN
sciálaí *masc4*

skiing NOUN
sciáil *fem3*

■ **to go skiing** dul ag sciáil

■ **to go on a skiing holiday** dul ar saoire sciála

skilful (us **skillful**) ADJECTIVE
sciliúil

■ **to be skilful at something** lámh mhaith a bheith agat ar rud

skill NOUN
scil *fem2*

□ He has great skill. Tá scil mhór aige.

skilled ADJECTIVE
oilte

□ a skilled worker oibrí oilte

skimmed milk NOUN
bainne bearrtha *masc4*

skimpy ADJECTIVE
giortach

■ **a skimpy dress** scimpín gúna

skin NOUN
craiceann *masc1*

■ **skin cancer** ailse chraicinn

skinhead NOUN
maolcheann *masc1*

skinny ADJECTIVE
tanaí

■ **a skinny person** scáineachán

skin-tight ADJECTIVE
teann *(clothes)*

skip NOUN
▷ *see also* **skip** VERB
gabhdán bruscair *masc1 (container)*

to **skip** VERB
▷ *see also* **skip** NOUN
1 caith foléim
2 bheith ag scipeáil *(with rope)*

skirt NOUN
sciorta *masc4*

skittle NOUN
scidil *fem2*

■ **a game of skittles** cluiche scidilí

skull NOUN
blaosc an chinn *fem2*

sky NOUN
spéir *fem2*

skyscraper NOUN
teach spéire *masc*

slack ADJECTIVE
1 scaoilte *(loose)*
2 siléigeach *(neglectful)*

S

to **slag off** VERB
maslaigh
■ **to slag somebody off** duine a mhaslú
to **slam** VERB
plab
□ She slammed the door. Phlab sí an doras.
■ **The door slammed.** Dúnadh an doras de
phlab.
slang NOUN
béarlagair *masc4*
slap NOUN
▷ *see also* **slap** VERB
boiseog *fem2*
to **slap** VERB
▷ *see also* **slap** NOUN
■ **to slap somebody** boiseog a thabhairt do
dhuine
slate NOUN
scláta *masc4*
slave NOUN
sclábhaí *masc4*
sledge NOUN
carr sleamhnáin *masc1*
sledging NOUN
■ **to go sledging** dul ag marcaíocht i gcarr
sleamhnáin
sleep NOUN
▷ *see also* **sleep** VERB
codladh *masc3*
□ I need some sleep. Tá codladh de dhíth
orm.
■ **to go to sleep** dul a chodladh
to **sleep** VERB
▷ *see also* **sleep** NOUN
codail
□ I didn't sleep last night. Níor chodail mé
aréir.
■ **to sleep with somebody** codladh le
duine
to **sleep in** VERB
codail amach
□ I'm sorry I'm late, I slept in. Tá mé buartha
go bhfuil mé mall, chodail mé amach é.
sleeping bag NOUN
mála codlata *masc4*
sleeping car NOUN
cóiste codlata *masc4*
sleeping pill NOUN
piollaire suain *masc4*
sleepover NOUN
codladh thar oíche *masc*
sleepy ADJECTIVE
codlatach
■ **to feel sleepy** codladh a bheith ort
□ I was feeling sleepy. Bhí codladh orm.

■ **a sleepy little village** sráidbhaile
beag ciúin
sleet NOUN
▷ *see also* **sleet** VERB
flichshneachta *masc4*
to **sleet** VERB
▷ *see also* **sleet** NOUN
■ **It's sleeting.** Tá sé ag cur
flichshneachta.
sleeve NOUN
muinchille *fem4*
□ long sleeves muinchillí fada
□ short sleeves muinchillí gairide
sleigh NOUN
carr sleamhnáin *masc1*
slept VERB ▷ *see* **sleep**
slice NOUN
▷ *see also* **slice** VERB
slis *fem2*
to **slice** VERB
▷ *see also* **slice** NOUN
gearr ina shliseogaí
slick NOUN
■ **an oil slick** leo ola
slide NOUN
▷ *see also* **slide** VERB
1 sleamhnán *masc1 (in playground, photo)*
2 greamán *masc1 (hair slide)*
to **slide** VERB
▷ *see also* **slide** NOUN
sleamhnaigh
slight ADJECTIVE
beag *(small)*
□ a slight problem fadhb bheag
□ a slight improvement feabhas beag
slightly ADVERB
beagán
Sligo NOUN
Sligeach *masc1*
slim ADJECTIVE
▷ *see also* **slim** VERB
tanaí
to **slim** VERB
▷ *see also* **slim** ADJECTIVE
bheith do do thanú féin
□ I'm slimming. Tá mé do mo thanú féin.
sling NOUN
iris ghualainne *fem2*
slip NOUN
▷ *see also* **slip** VERB
1 botún *masc1 (mistake)*
2 foghúna *masc4 (underskirt)*
3 slip *fem2 (of paper)*
4 duillín *masc4 (for pay)*
■ **to give somebody the slip** cor a

chur ar dhuine
■ **a slip of the tongue** sciorradh focail

to **slip** VERB
▷ *see also* **slip** NOUN
sleamhnaigh
□ He slipped on the ice. Shleamhnaigh sé ar an leac oighir.

to **slip up** VERB
■ **He slipped up.** Rinne sé botún.

slipper NOUN
slipéar *masc1*
■ **a pair of slippers** péire slipéar

slippery ADJECTIVE
sleamhain

slip road NOUN
sliosbhóthar *masc1*

slip-up NOUN
botún *masc1*

slope NOUN
fána *fem4*

sloppy ADJECTIVE
slapach

slot NOUN
sliotán *masc1*

slot machine NOUN
1 meaisín sliotáin *masc4 (for gambling)*
2 meaisín díola *masc4 (vending machine)*

Slovakia NOUN
an tSlóvaic *fem2*

Slovenia NOUN
an tSlóivéin *fem2*

slow ADJECTIVE
▷ *see also* **slow** ADVERB
fadálach
□ We are behind a very slow lorry. Táimid taobh thiar de leoraí fadálach.
■ **to be five minutes slow** *(watch)* bheith cúig noiméad mall

slow ADVERB
▷ *see also* **slow** ADJECTIVE
go mall
□ Drive slow! Tiomáin go mall!

to **slow down** VERB
moilligh

slowly ADVERB
go fadálach

slug NOUN
seilide *masc4*

slum NOUN
sluma *masc4 (house)*

slush NOUN
spútrach *masc1*

sly ADJECTIVE
slítheánta
□ a sly smile miongháire slítheánta

smack NOUN
▷ *see also* **smack** VERB
1 greadóg *fem2 (slap)*
2 leiceadar *masc1 (on face)*

to **smack** VERB
▷ *see also* **smack** NOUN
tabhair boiseog do
■ **to smack somebody** boiseog a thabhairt do dhuine

small ADJECTIVE
beag
□ He lives in a small flat. Tá sé ina chónaí in árasán beag. □ A small piece, please. Píosa beag, le do thoil. □ in small print i gcló beag
■ **small change** airgead mion

WORD POWER
You can use a number of other words instead of **small** to mean 'little':
miniature mion-
□ a miniature version mionsamhail
minute beag bídeach
□ a minute plant planda beag bídeach
tiny fíorbheag
□ a tiny garden gairdín fíorbheag

---

smart ADJECTIVE
1 sciobalta *(neat)*
2 cliste *(clever)*
□ a smart idea smaoineamh cliste

smart phone NOUN
guthán cliste *masc1*

smash NOUN
▷ *see also* **smash** VERB
taisme *fem4 (accident)*

to **smash** VERB
▷ *see also* **smash** NOUN
bris
□ I've smashed my watch. Bhris mé m'uaireadóir. □ The glass smashed. Briseadh an gloine.
■ **to smash something to pieces** smidiríní a dhéanamh de rud

smashing ADJECTIVE
ar fheabhas
□ I think he's smashing. Sílim go bhfuil sé ar fheabhas.

smell NOUN
▷ *see also* **smell** VERB
boladh *masc1*
■ **the sense of smell** an boladh

to **smell** VERB
▷ *see also* **smell** NOUN
1 bolaigh
□ It smells terrible! Tá boladh bréan as!

S

English-Irish

2 <u>mothaigh</u> *(detect)*
□ I can't smell anything. Ní féidir liom rud ar bith a mhothú.
■ **to smell of something** boladh rud éigin a bheith ar □ It smells of smoke. Tá boladh toite air.

smelly ADJECTIVE
<u>bréan</u>
□ He's got smelly feet. Tá boladh bréan as a chuid cos.

smelt VERB ▷ *see* **smell**

smile NOUN
▷ *see also* **smile** VERB
<u>miongháire</u> *masc4*

to **smile** VERB
▷ *see also* **smile** NOUN
<u>miongháire a dhéanamh</u>

smoke NOUN
▷ *see also* **smoke** VERB
<u>toit</u> *fem2*

to **smoke** VERB
▷ *see also* **smoke** NOUN
<u>caith</u>
□ He smokes 20 a day. Caitheann sé fiche sa lá. □ I don't smoke. Ní chaithim.

smoked ADJECTIVE
<u>deataithe</u> *(bacon, fish)*

smoker NOUN
<u>caiteoir tobac</u> *masc3*

smoking NOUN
<u>caitheamh tobac</u> *masc1*
□ Smoking is bad for you. Déanann caitheamh tobac dochar duit.
■ **to give up smoking** éirí as na toitíní
■ **'no smoking'** 'ná caitear tobac'

smooth ADJECTIVE
<u>mín</u>

SMS NOUN *(= short message service)*
<u>SMS</u> *fem4*

> **LANGUAGE TIP** The Irish translation is **seirbhís gearrtheactaireachtaí** but SMS is more commonly used.

smudge NOUN
<u>smál</u> *masc1*

smug ADJECTIVE
<u>bogásach</u>

to **smuggle** VERB
<u>smuigleáil</u>
□ He was caught trying to smuggle drugs into the country. Rugadh air ag smuigleáil drugaí isteach sa tír. □ They managed to smuggle him out of prison. Duine a smuigleáil amach as príosún.

smuggler NOUN
<u>smuigléir</u> *masc3*

smuggling NOUN
<u>smuigleáil</u> *fem3*

smutty ADJECTIVE
<u>gáirsiúil</u>
□ a smutty story scéal gáirsiúil

snack NOUN
<u>smailc</u> *fem2*
■ **to have a snack** smailc a ithe

snack bar NOUN
<u>sneaicbheár</u> *masc4*

snail NOUN
<u>seilide</u> *masc4*

snake NOUN
<u>nathair</u> *fem*
□ a poisonous snake nathair nimhe

to **snap** VERB
1 <u>bris</u> *(break)*
□ The branch snapped. Bhris an ghéag.
2 <u>bain smeach as</u> *(fingers)*

snapshot NOUN
<u>grianghraf</u> *masc1*

to **snarl** VERB
<u>drann</u>

to **snatch** VERB
1 <u>sciob</u>
□ He snatched the keys from my hand. Sciob sé na heochracha as mo lámh. □ My bag was snatched. Sciobadh mo mhála.
2 <u>fuadaigh</u> *(kidnap)*

to **sneak** VERB
■ **to sneak in** sleamhnú isteach
■ **to sneak out** sleamhnú amach
■ **to sneak up on somebody** teacht go fáilí ar dhuine

to **sneeze** VERB
<u>lig sraoth</u>

to **sniff** VERB
<u>smúr</u>
■ **to sniff around** bheith ag smúrthacht thart

snob NOUN
<u>duine ardnósach</u> *masc4*

snooker NOUN
<u>snúcar</u> *masc1*
□ He went to play snooker with his friends. D'imigh sé ag imirt snúcair lena chairde.

snooze NOUN
<u>néal codlata</u> *masc1*
■ **I had a snooze before dinner.** Chodail mé néal roimh dhinnéar.

to **snore** VERB
<u>bheith ag srannfach</u>

snow NOUN
▷ *see also* **snow** VERB
<u>sneachta</u> *masc4*

to **snow** VERB
> ▷ see also **snow** NOUN
- ■ It's snowing. Tá sé ag cur sneachta.

snowball NOUN
meall sneachta *masc1*

snowdrop NOUN
plúirín sneachta *masc4*

snowflake NOUN
calóg shneachta *fem2*

snowman NOUN
fear sneachta *masc1*
- □ We built a snowman. Rinneamar fear sneachta.

SO ADVERB, CONJUNCTION
1 chomh
- □ She's not so clever as her brother. Níl sí chomh cliste lena deartháir. □ I love you so much. Tá mé chomh mór sin i ngrá leat.
2 amhlaidh *(thus, likewise)*
- ■ if so más amhlaidh atá □ If so, he shouldn't come. Más amhlaidh atá, níor chóir dó teacht.
- ■ So what? Nach cuma?
- ■ How's your father? — Not so good. Cad é mar atá d'athair? — Níl sé go hiontach.
- ■ so much an oiread sin □ I've got so much work. Tá an oiread sin oibre agam.
- ■ so many an oiread sin □ I've got so many things to do today. Tá an oiread sin rudaí le déanamh inniu agam.
- ■ I have a car. — So have I. Tá carr agam. — Tá agus agamsa.
- ■ I go abroad every year. — So do we. Téim thar sáile gach bliain. Téann agus muidne.
- ■ That's not so. Ní mar sin atá.
- ■ I hope so. Tá súil agam é.
- ■ I think so. Is dóigh liom é.
- ■ so far go dtí seo □ It's been easy so far. Bhí sé furasta go dtí seo.
- ■ at five o'clock or so ar a cúig a chlog nó mar sin
- ■ so that 1 *(expressing purpose)* chun go 2 *(expressing result)* sa dóigh go
- ■ so long! *(informal)* slán go fóill!

to **soak** VERB
cuir ar maos
- ■ soaked to the skin fliuch go craiceann

soaking ADJECTIVE
fliuch báite
- □ By the time we got back we were soaking. Faoin am a thángamar ar ais bhíomar fliuch báite.

soap NOUN
gallúnach *fem2*

soap opera NOUN
sobalchlár *masc1*

soap powder NOUN
púdar gallúnaí *masc1*

to **sob** VERB
bheith ag smeacharnach
- □ She was sobbing. Bhí sí ag smeacharnach ghoil.

sober ADJECTIVE
stuama

to **sober up** VERB
cuir an mheisce díot

soccer NOUN
sacar *masc1*
- □ I play soccer every Saturday. Imrím sacar gach Satharn.
- ■ a soccer player imreoir sacair

social ADJECTIVE
sóisialta
- □ a social class aicme shóisialta
- ■ I have a good social life. Tá saol maith sóisialta agam.

socialism NOUN
sóisialachas *masc1*

socialist ADJECTIVE
> ▷ see also **socialist** NOUN
sóisialach

socialist NOUN
> ▷ see also **socialist** ADJECTIVE
sóisialaí *masc4*

social networking NOUN
líonrú sóisialta *masc*

social security NOUN
leas sóisialta *masc3*

social worker NOUN
oibrí sóisialta *masc4*
- □ She's a social worker. Is oibrí sóisialta í.

society NOUN
1 sochaí *fem4*
- □ We live in a multi-cultural society. Táimid inár gcónaí i sochaí ilchultúrtha.
2 cumann *masc1 (club)*
- □ a drama society cumann drámaíochta

sociology NOUN
socheolaíocht *fem3*

sock NOUN
stoca gearr *masc4*

socket NOUN
soicéad *masc1*

soda NOUN
uisce sóide *masc4*

soda pop NOUN (US)
uisce mianraí *masc4*

sofa NOUN
tolg *masc1*

soft ADJECTIVE
  bog
  □ soft cheeses cáis bhog
  ■ to be soft on somebody (be kind to)
  bheith ceanúil ar dhuine
  ■ soft drugs drugaí boga
  ■ a soft option rogha fhurasta
soft drink NOUN
  deoch neamh-mheisciúil fem
software NOUN
  bogearraí masc4 pl
soggy ADJECTIVE
  maoth
  □ a soggy tissue ciarsúr maoth
soil NOUN
  ithir fem (earth)
solar ADJECTIVE
  grianda
  ■ a solar panel painéal gréine
solar power NOUN
  grianchumhacht fem3
sold VERB ▷ see sell
soldier NOUN
  saighdiúir masc3
  □ He's a soldier. Is saighdiúir é.
sole NOUN
  bonn masc1 (of foot, shoe)
solicitor NOUN
  aturnae masc4
  □ He's a solicitor. Is aturnae é.
solid ADJECTIVE
  daingean (firm)
  □ a solid wall balla daingean
  ■ 3 solid hours 3 huaire an chloig druidte
solo NOUN
  ceol aonair masc1
  ■ a guitar solo ruathar aonair ar an ngiotár
solution NOUN
  réiteach masc1
to **solve** VERB
  réitigh
some ADJECTIVE
  ▷ see also **some** PRONOUN
1 roinnt
  □ some children roinnt páistí
  ■ Would you like some bread? Ar mhaith
  leat arán?
  ■ some tea braon tae
  ■ some money dornán airgid
  ■ Some people say that ... Deirtear go ...
2 éigin (unspecified)
  □ Some woman was looking for you. Bhí
  bean éigin ar do lorg. □ He was asking about
  some book or other. Bhí sé ag fiafraí faoi
  leabhar éigin.

  ■ some day lá éigin
  ■ some day next week lá éigin an
  tseachtain seo chugainn
some PRONOUN
  ▷ see also **some** ADJECTIVE
1 roinnt (a certain number)
  □ I've got some. Tá roinnt agam. □ Some of
  them have been sold. Díoladh roinnt acu.
  □ I'm going to buy stamps. Do you want
  some too? Tá mé chun stampaí a
  cheannach. Ar mhaith leat roinnt fosta?
  □ Would you like a coffee? — No thanks, I've
  got some. Ar mhaith leat caifé? Níor
  mhaith, tá roinnt agam.
2 méid áirithe (a certain amount)
  □ I've got some. Tá méid áirithe agam.
somebody PRONOUN
  duine éigin
  □ Somebody stole my bag. Ghoid duine
  éigin mo mhála.
somehow ADVERB
1 ar dhóigh éigin
  □ I'll do it somehow. Déanfaidh mé ar
  dhóigh éigin é.
2 ar chúis éigin (for some reason)
  □ Somehow I don't think he believed me.
  Ar chúis éigin sílim nár chreid sé mé.
someone PRONOUN
  duine éigin
  □ Someone stole my bag. Ghoid duine éigin
  mo mhála.
someplace ADVERB (US)
  áit éigin
somersault NOUN
  iompú tóin thar ceann masc
something PRONOUN
  rud éigin
  □ something interesting rud éigin spéisiúil
  □ Wear something warm. Caith rud éigin te.
  □ It cost £100, or something like that. Bhí
  £100 air, nó rud éigin mar sin. □ His name is
  Peter or something. Peadar nó rud éigin an
  t-ainm atá air.
sometime ADVERB
  am éigin (in future, past)
  □ You must come and visit us sometime.
  Caithfidh tú teacht ar cuairt orainn am éigin.
  □ sometime last month am éigin an mhí
  seo caite
sometimes ADVERB
  uaireanta
  □ Sometimes I think she hates me.
  Uaireanta sílim go bhfuil fuath aici dom.
somewhere ADVERB
  áit éigin

□ I left my keys somewhere. **D'fhág mé m'eochracha áit éigin.** □ I'd like to go on holiday, somewhere sunny. **Ba mhaith liom dul ar saoire, in áit éigin grianmhar.**

son NOUN
mac *masc1*

song NOUN
amhrán *masc1*

son-in-law NOUN
cliamhain *masc4*

soon ADVERB
1 gan mhoill
□ soon afterwards **gan mhoill ina dhiaidh sin**
2 go luath *(early)*
■ as soon as possible **chomh luath agus is féidir**

sooner ADVERB
níos luaithe
□ Can't you come a bit sooner? **Nach féidir leat teacht giota níos luaithe?**
■ sooner or later **luath nó mall**

soot NOUN
súiche *masc4*

soppy ADJECTIVE
maoithneach

soprano NOUN
soprán *masc1 (singer)*

sorcerer NOUN
asarlaí *masc4*

sore ADJECTIVE
▷ *see also* **sore** NOUN
nimhneach
□ My feet are sore. **Tá mo chosa nimhneach.**
■ That's a sore point. **Is pointe íogair é sin.**

sore NOUN
▷ *see also* **sore** ADJECTIVE
cneá *fem4*

sorry ADJECTIVE
buartha
□ I'm really sorry. **Tá mé iontach buartha.**
□ I'm sorry, I haven't got any change. **Tá mé buartha, ach níl aon bhriseadh agam.** □ I'm sorry I'm late. **Tá mé buartha go bhfuil mé mall.** □ I'm sorry about the noise. **Tá mé buartha faoin gcallán.**
■ Sorry! **Gabh mo leithscéal!**
■ Sorry? **Gabh mo leithscéal?**
■ You'll be sorry! **Beidh daor ort!**
■ to feel sorry for somebody **trua a bheith agat do dhuine**

sort NOUN
sórt *masc1*
□ What sort of bike have you got? **Cén sórt**

rothair atá agat?

to **sort out** VERB
1 sórtáil *(objects)*
2 réitigh *(problems)*

so-so ADVERB
measartha
□ How are you feeling? — So-so. **Cad é mar atá tú? — Go measartha.**

sought VERB ▷ *see* **seek**

soul NOUN
anam *masc3*

sound ADJECTIVE
▷ *see also* **sound** ADVERB, NOUN, VERB
1 slán *(safe, not damaged)*
2 iontaofa *(reliable, reputable)*
□ That's sound advice. **Sin comhairle iontaofa.**

sound ADVERB
▷ *see also* **sound** ADJECTIVE, NOUN, VERB
■ She is sound asleep. **Tá sí ina cnap codlata.**

sound NOUN
▷ *see also* **sound** ADJECTIVE, ADVERB, VERB
fuaim *fem2*
□ Don't make a sound! **Ná déan fuaim!**
□ the sound of footsteps **fuaim coiscéimeanna** □ Can I turn the sound down? **An bhfuil cead agam an fhuaim a chur síos?**

to **sound** VERB
▷ *see also* **sound** ADJECTIVE, ADVERB, NOUN
■ That sounds interesting. **Tá cuma shuimiúil air sin.**

soundtrack NOUN
fuaimrian *masc1*

soup NOUN
anraith *masc4*
□ vegetable soup **anraith glasraí**

sour ADJECTIVE
searbh

south NOUN
▷ *see also* **south** ADJECTIVE, ADVERB
deisceart *masc1*
□ in the south **sa deisceart**
■ the South **an Deisceart**

south ADJECTIVE
▷ *see also* **south** NOUN, ADVERB
1 deisceartach
■ the south coast **an cósta theas**
2 aneas *(wind)*

south ADVERB
▷ *see also* **south** NOUN, ADJECTIVE
ó dheas
□ We were travelling south. **Bhíomar ag taisteal ó dheas.**

■ **south of** taobh theas de □ It's south of London. Tá sé taobh theas de Londain.

South Africa NOUN
an Afraic Theas *fem2*
□ in South Africa san Afraic Theas
□ to South Africa go dtí an Afraic Theas

South African ADJECTIVE
▷ *see also* **South African** NOUN
Afracach Theas

South African NOUN
▷ *see also* **South African** ADJECTIVE
Afracach Theas *masc1*

South America NOUN
Meiriceá Theas *masc4*
□ in South America i Meiriceá Theas
□ to South America go Meiriceá Theas

South American ADJECTIVE
▷ *see also* **South American** NOUN
Meiriceánach Theas

South American NOUN
▷ *see also* **South American** ADJECTIVE
Meiriceánach Theas *masc1*

southbound ADJECTIVE
ó dheas
□ The southbound carriageway is blocked.
Tá an carrbhealach ó dheas blocáilte.
□ We were southbound on the M1.
Bhí muid ag dul ó dheas ar an M1.

southeast NOUN
▷ *see also* **southeast** ADJECTIVE, ADVERB
oirdheisceart *masc1*

southeast ADJECTIVE
▷ *see also* **southeast** NOUN, ADVERB
1 oirdheisceartach
□ southeast England oirdheisceart Shasana
2 anoir aneas *(wind)*

southeast ADVERB
▷ *see also* **southeast** NOUN, ADJECTIVE
soir ó dheas
■ **southeast of** ... taobh thoir theas de ...

southern ADJECTIVE
theas
□ the southern part of the island an taobh theas den oileán
■ **the Southern Cross** Cros an Deiscirt

South Pole NOUN
an Pol Theas *masc1*

southwest NOUN
▷ *see also* **southwest** ADJECTIVE, ADVERB
iardheisceart *masc1*

southwest ADJECTIVE
▷ *see also* **southwest** NOUN, ADVERB
1 iardheisceartach
2 aniar aneas *(wind)*

southwest ADVERB
▷ *see also* **southwest** NOUN, ADJECTIVE
1 siar ó dheas *(to)*
2 aniar aneas *(from)*
■ **southwest of** ... taobh thiar theas de ...

souvenir NOUN
cuimhneachán *masc1*
■ **a souvenir shop** siopa cuimhneachán

Soviet ADJECTIVE
■ **the former Soviet Union** An tIar-Aontas Sóivéadach

to **sow** VERB
cuir *(seed)*

soya NOUN
soighe *masc4*

soy sauce NOUN
anlann soighe *masc1*

space NOUN
1 spás *masc1*
□ I'd love to go into space. Ba bhreá liom dul amach sa spás.
■ **a space shuttle** spásárthach
2 fairsinge *fem4 (room)*
□ There isn't enough space. Níl go leor fairsinge ann.
■ **a parking space** spás páirceála

spacecraft NOUN
spásárthach *masc1*

spade NOUN
spád *fem2*
■ **spades** *(in cards)* spéireataí □ the ace of spades an t-aon spéireata

Spain NOUN
an Spáinn *fem2*
□ in Spain sa Spáinn □ to Spain go dtí an Spáinn

spam NOUN
turscar *masc1 (computing)*

Spaniard NOUN
Spáinneach *masc1*

spaniel NOUN
spáinnéar *masc1*

Spanish ADJECTIVE
▷ *see also* **Spanish** NOUN
Spáinneach
□ She's Spanish. Is Spáinneach í.

Spanish NOUN
▷ *see also* **Spanish** ADJECTIVE
Spáinnis *fem2 (language)*
■ **the Spanish** na Spáinnigh

to **spank** VERB
■ **to spank somebody** greidimín a thabhairt do dhuine

spanner NOUN
castaire *masc4*

spare ADJECTIVE
▷ *see also* **spare** NOUN, VERB
1 saor *(free, unoccupied)*
  □ a spare room **seomra saor**
  ■ **spare time** am saor □ What do you do when you have spare time? **Cad é a dhéanann tú nuair a bhíonn am saor agat?**
2 breise
  □ a spare part **páirt bhreise** □ a spare wheel **roth breise**

spare NOUN
▷ *see also* **spare** ADJECTIVE, VERB
páirt bhreise *fem2 (part)*
  ■ **a spare** ceann sa bhreis □ I've lost my key. — Have you got a spare? **Chaill mé m'eochair. — An bhfuil ceann sa bhreis agat?**

to **spare** VERB
▷ *see also* **spare** ADJECTIVE, NOUN
1 spáráil *(money, time)*
  □ Can you spare a moment? **An dtiocfadh leat bomaite a spáráil?** □ I can't spare the time. **Ní féidir liom an t-am a spáráil.**
  ■ **to spare** le spáráil *(surplus)*
  □ There's no room to spare. **Níl spás ar bith le spáráil.** □ We arrived with time to spare. **Thángamar agus am le spáráil againn.**
2 coigil *(expense)*
3 lig le *(refrain from hurting)*

sparkling ADJECTIVE
1 lonrach
2 súilíneach *(wine)*

sparrow NOUN
gealbhan *masc1*

spat VERB ▷ *see* spit

to **speak** VERB
labhair
  □ Speak up! **Labhair amach!**
  ■ **to speak to somebody** labhairt le duine
  □ Have you spoken to him? **Ar labhair tú leis?** □ She spoke to him about it. **Labhair sí leis faoi.**
  ■ **Do you speak Irish?** An bhfuil Gaeilge agat?

speaker NOUN
1 callaire *masc4 (loudspeaker)*
2 cainteoir *masc3 (in public)*
  ■ **the Speaker** *(in parliament)* An Ceann Comhairle

special ADJECTIVE
speisialta

specialist NOUN
saineolaí *masc4*

speciality NOUN
speisialtacht *fem3*

to **specialize** VERB
  ■ **to specialize in** speisialtóireacht a dhéanamh i □ We specialize in skiing equipment. **Déanaimid speisaltóireacht i dtrealamh sciála.**

specially ADVERB
go speisialta
  □ It's specially designed for teenagers. **Dearadh go speisialta le haghaidh déagóirí é.**
  ■ **not specially** ní an oiread sin □ Do you like opera? — Not specially. **An maith leat ceoldráma? — Ní an oiread sin.**

species NOUN
speiceas *masc1*

specific ADJECTIVE
sainiúil
  □ certain specific issues **ceisteanna áirithe sainiúla** □ Could you be more specific? **An dtiocfadh leat a bheith níos sainiúla?**

specifically ADVERB
go sainiúil
  □ It's specifically designed for teenagers. **Deartar go sainiúil le haghaidh déagóirí é.**
  ■ **I specifically said that ...** Dúirt mé go sonrach go ...

specs PL NOUN
spéaclaí *masc4 pl*

spectacular ADJECTIVE
iontach

spectator NOUN
breathnóir *masc3*

speech NOUN
  ■ **to make a speech** óráid a thabhairt

speechless ADJECTIVE
  ■ **She was left speechless.** Níor fágadh focal aici.

speed NOUN
luas *masc1*
  □ a three-speed bike **rothar trí-luas** □ at top speed **faoi lánluas**

to **speed up** VERB
géaraigh ar an luas

speedboat NOUN
luasbhád *masc1*

speeding NOUN
tiomáint ar róluas *fem3*
  □ He was fined for speeding. **Gearradh fíneáil air mar gheall ar thiomáint ar róluas.**

speed limit NOUN
teorainn luais *fem*
  ■ **to break the speed limit** an teorainn luais a shárú

speedometer NOUN
luasmhéadar *masc1*

spell NOUN
▷ *see also* **spell** VERB
1 draíocht *fem3 (magic)*

■ **to cast a spell on somebody** duine a chur faoi dhraíocht □ The witch cast a spell on them. Chuir an chailleach faoi dhraíocht iad.

■ **to be under somebody's spell** bheith faoi gheasa ag duine
2 tamall *masc1 (period of time)*

to **spell** VERB
▷ *see also* **spell** NOUN
litrigh
□ He can't spell. Níl litriú aige. □ How do you spell that? Cad é mar a litríonn tú é sin?

spelling NOUN
litriú *masc*
□ My spelling is terrible. Tá mo chuid litrithe go dona.

■ **a spelling mistake** earráid litrithe

spelt VERB ▷ *see* **spell**

to **spend** VERB
caith
□ She spent all her money. Chaith sí a cuid airgid ar fad. □ He spent a month in London. Chaith sé mí i Londain.

spice NOUN
spíosra *masc4*

spicy ADJECTIVE
spíosrach

spider NOUN
damhán alla *masc1*

to **spill** VERB
doirt
□ He spilled his coffee over his trousers. Dhoirt sé a chuid caifé ar a bhrístí.
□ The soup spilled all over the table. Doirteadh an t-anraith ar fud an tábla.

spinach NOUN
spionáiste *masc4*

spin drier NOUN
triomadóir guairne *masc3*

spine NOUN
dromlach *masc1*

spinster NOUN
bean shingil *fem*

spire NOUN
spuaic *fem2*

spirit NOUN
1 spiorad *masc1*

■ **the Holy Spirit** An Spiorad Naomh
2 meon *masc1 (mood)*

■ **in good spirits** lán de chroí is d'aigne
3 meanma *fem (courage)*

spirits PL NOUN
biotáille *fem4*
□ I don't drink spirits. Ní ólaim biotáille.

spiritual ADJECTIVE
spioradálta
□ the spiritual leader of Tibet ceannaire spioradálta na Tibéide

spit NOUN
▷ *see also* **spit** VERB
1 bior *masc3 (for roasting)*
2 seile *fem4 (saliva)*

to **spit** VERB
▷ *see also* **spit** NOUN
caith seile

■ **to spit something out** rud a chaitheamh as do bhéal

spite NOUN
▷ *see also* **spite** VERB
mioscais *fem2*

■ **in spite of** in ainneoin
■ **out of spite** le holc

to **spite** VERB
▷ *see also* **spite** NOUN
cuir olc ar
□ He just did it to spite me. Rinne sé é le holc orm.

spiteful ADJECTIVE
mioscaiseach

splash NOUN
▷ *see also* **splash** VERB
splais *fem2*
□ I heard a splash. Chuala mé splais.

to **splash** VERB
▷ *see also* **splash** NOUN
steall

splendid ADJECTIVE
taibhseach

splint NOUN
cléithín *masc4*

splinter NOUN
scealp *fem2 (wood)*

to **split** VERB
1 scoilt
□ He split the wood with an axe. Scoilt sé an t-adhmad le tua. □ The ship hit a rock and split in two. Bhuail an long in éadan carraige agus scoilteadh ina dhá cuid í.
2 roinn *(divide up)*
□ They decided to split the profits. Shocraigh siad ar an mbrábús a roinnt.

to **split up** VERB
1 scar ó chéile *(couple)*
□ My parents have split up. Tá mo thuismitheoirí scartha óna chéile.

2 scaip *(group)*
to **spoil** VERB
mill *(object, child, occasion)*
spoiled ADJECTIVE
millte
□ a spoiled child leanbh millte
spoilsport NOUN
seargánach *masc1*
spoilt ADJECTIVE
millte
□ a spoilt child leanbh millte
spoilt VERB ▷ *see* spoil
spoke NOUN
spóca *masc4 (of wheel)*
spoke VERB ▷ *see* speak
spoken VERB ▷ *see* speak
spokesman NOUN
urlabhraí *masc4*
spokeswoman NOUN
urlabhraí *masc4*
sponge NOUN
spúinse *masc4*
□ a sponge bag mála spúinse
■ **a sponge cake** císte spúinse
to **sponsor** VERB
téigh in urrús ar
■ **sponsored by** faoi choimirce □ The
festival was sponsored by ... Chuaigh ... in
urrús ar an bhféile.
spontaneous ADJECTIVE
spontáineach
spooky ADJECTIVE
1 uaigneach
□ a spooky story scéal uaigneach
2 saoithiúil *(strange)*
□ a spooky coincidence comhtharlú
saoithiúil
spoon NOUN
spúnóg *fem2*
spoonful NOUN
lán spúnóige *masc1*
■ **two spoonfuls of sugar** dhá spúnóg
shiúcra
sport NOUN
spórt *masc1*
□ What's your favourite sport? Cén spórt is
fearr leat?
■ **a sports bag** mála spóirt
■ **a sports car** carr spóirt
sports jacket NOUN
casóg spóirt *fem2*
sportsman NOUN
fear spóirt *masc1*
sportswear NOUN
éide spóirt *fem4*

sportswoman NOUN
bean spóirt *fem*
sporty ADJECTIVE
spórtúil
□ I'm not very sporty. Níl mé iontach
spórtúil.
spot NOUN
▷ *see also* **spot** VERB
1 ball *masc1*
□ There's a spot on your shirt. Tá ball ar do
léine.
2 spota *masc4 (in pattern)*
□ a red dress with white spots gúna dearg
agus spotaí bána air
3 goirín *masc4 (pimple)*
□ He's covered in spots. Tá sé clúdaithe le
goiríní.
4 áit *fem2*
□ It's a lovely spot for a picnic. Is áit
ghalánta é faoi choinne picnice.
■ **on the spot 1** *(immediately)* láithreach
bonn □ They gave her the job on the spot.
Thug siad an jab di láithreach bonn.
2 *(at the same place)* ar an láthair □ Luckily
they were able to mend the car on the spot.
Ádhúil go leor, bhí siad ábalta an carr a
dheisiú ar an láthair.
to **spot** VERB
▷ *see also* **spot** NOUN
tabhair faoi deara *(notice)*
□ I spotted a mistake. Thug mé botún faoi
deara.
spotless ADJECTIVE
gan smál
spotlight NOUN
spotsolas *masc1*
spotted ADJECTIVE
ballach *(fabric)*
spotty ADJECTIVE
goiríneach *(face, person)*
spouse NOUN
céile *masc4*
sprain NOUN
▷ *see also* **sprain** VERB
leonadh *masc*
□ It's just a sprain. Níl ann ach leonadh.
to **sprain** VERB
▷ *see also* **sprain** NOUN
■ **to sprain one's ankle** do mhurnán a
leonadh
spray NOUN
▷ *see also* **spray** VERB
spraechanna *masc4 (aerosol)*
to **spray** VERB
▷ *see also* **spray** NOUN

spraeáil
□ Somebody had sprayed graffiti on
the wall. Spraeáil duine éigin graifítí ar an
mballa.

spread NOUN
▷ see also **spread** VERB
smearadh *masc1 (for bread)*
■ cheese spread smearadh cáise
■ chocolate spread smearadh seacláide

to **spread** VERB
▷ see also **spread** NOUN
1 smear
■ She spread butter on her toast. Smear
sí im ar an tósta aici.
2 leath *(disease, news)*
□ The news spread quickly. Leath an scéal
go gasta.

to **spread out** VERB
scaip amach *(people)*
□ The soldiers spread out across the field.
Scaip na saighdiúirí amach trasna na páirce.

spreadsheet NOUN
scarbhileog *(on computer)*

spring NOUN
1 earrach *masc1 (season)*
■ in spring san earrach
2 sprionga *masc4 (coiled metal)*
3 fuarán *masc1 (water)*

spring-cleaning NOUN
glanadh an earraigh *masc*

springtime NOUN
earrach *masc1*
■ in springtime san earrach

sprinkler NOUN
spréire *masc4 (for lawn)*

sprint NOUN
▷ see also **sprint** VERB
rúid *fem2*

to **sprint** VERB
▷ see also **sprint** NOUN
bheith ag rábáil
■ She sprinted for the bus. Rith sí leis an
mbus a fháil.

sprinter NOUN
rábálaí *masc4*

sprouts PL NOUN
bachlóga Bruiséile *fem2 pl*

spy NOUN
▷ see also **spy** VERB
spiaire *masc4*

to **spy** VERB
▷ see also **spy** NOUN
■ to spy on déan spiaireacht ar

spying NOUN
spiaireacht *fem3*

to **squabble** VERB
bheith ag achrann le chéile
□ Stop squabbling! Stadaigí de bheith ag
achrann le chéile!

square NOUN
▷ see also **square** ADJECTIVE
cearnóg *fem2*
□ a square and a triangle cearnóg agus
triantán □ the town square cearnóg an bhaile

square ADJECTIVE
▷ see also **square** NOUN
cearnógach
■ 2 metres square dhá mhéadar
cearnaithe
■ 2 square metres dhá mhéadar
chearnacha

squash NOUN
▷ see also **squash** VERB
scuais *fem2 (sport)*
□ I play squash. Imrím scuais.
■ a squash court cúirt scuaise
■ a squash racket raicéad scuaise

to **squash** VERB
▷ see also **squash** NOUN
brúigh
□ You're squashing me. Tá tú do mo bhrú.

to **squeak** VERB
1 bheith ag díoscán *(creak)*
2 bheith ag gíogadh *(mouse)*

to **squeeze** VERB
fáisc

to **squeeze in** VERB
bruigh isteach
□ It was a tiny car, but we managed to
squeeze in. Carr beag a bhí ann, ach d'éirigh
linn brú isteach.

to **squint** VERB
▷ see also **squint** NOUN
déan splinceáil

squint NOUN
▷ see also **squint** VERB
fiarshúil *fem2*
■ to have a squint bheith fiarshúileach

squirrel NOUN
iora *masc4*
□ red squirrel iora rua □ grey squirrel iora
glas

to **stab** VERB
sáigh

stable NOUN
▷ see also **stable** ADJECTIVE
stábla *masc4*

stable ADJECTIVE
▷ see also **stable** NOUN
seasmhach

□ a stable relationship **caidreamh seasmhach**

stack NOUN
carn *masc1*
□ a stack of books **carn leabhar**

stadium NOUN
staid *fem2*

staff NOUN
foireann *fem2 (workforce)*

staffroom NOUN
seomra foirne *masc4*

stage NOUN
1 ardán *masc1 (in theatre)*
2 pointe *masc4 (point)*
□ at this stage in the negotiations **ag an bpointe seo san idirbheartaíocht** □ At this stage, it's too early to comment. **Ag an bpointe seo, tá sé róluath chun rud ar bith a rá.**
■ to do something in stages **rud a dhéanamh de réir a chéile**

to **stagger** VERB
tuisligh

stain NOUN
▷ *see also* **stain** VERB
smál *masc1*

to **stain** VERB
▷ *see also* **stain** NOUN
smálaigh

stainless steel NOUN
cruach dhosmálta *fem4*

stain remover NOUN
díobhach smál *masc1*

stair NOUN
céim *fem2 (step)*

staircase NOUN
staighre *masc4*

stairs PL NOUN
staighre *masc4*

stale ADJECTIVE
stálaithe *(bread)*

stalemate NOUN
leamhsháinn *fem2 (in chess)*

stall NOUN
stainnín *masc4 (in street, market)*
□ He's got a market stall. **Tá stainnín aige sa mhargadh.**
■ the stalls *(in cinema, theatre)* **na stallaí**

stamina NOUN
teacht aniar *masc3*

stammer NOUN
stad *masc4*
□ He's got a stammer. **Tá stad ina chuid cainte.**

stamp NOUN
▷ *see also* **stamp** VERB
stampa *masc4*
■ a stamp collection **bailiúchán stampaí**
■ a stamp album **albam stampaí**

to **stamp** VERB
▷ *see also* **stamp** NOUN
1 cuir stampa ar *(letter)*
2 stampáil *(with rubber stamp)*
■ to stamp one's foot **do chos a ghreadadh**

stamped ADJECTIVE
stampáilte
■ The letter wasn't stamped. **Ní raibh stampa ar an litir.**
■ Enclose a stamped addressed envelope. **Cuir clúdach ar a bhfuil stampa agus seoladh leis.**

stand NOUN
▷ *see also* **stand** VERB
1 stad *masc4 (for taxis)*
2 seastán *masc1 (music stand)*

to **stand** VERB
▷ *see also* **stand** NOUN
1 seas
□ He was standing by the door. **Bhí sé ina sheasamh in aice leis an doras.**
2 éirigh *(stand up)*
3 cuir suas le *(tolerate, withstand)*
□ I can't stand all this noise. **Ní féidir liom cur suas leis an gcallán seo.**

to **stand for** VERB
1 ciallaigh
□ 'BT' stands for 'British Telecom'. **Ciallaíonn 'BT' 'British Telecom'.**
2 cuir suas le *(tolerate)*
□ I won't stand for it! **Ní chuirfidh mé suas leis!**

to **stand out** VERB
1 seas amach
□ None of the candidates really stood out. **Níor sheas duine ar bith de na hiarratasóirí amach.**
2 seas amach *(be easily seen)*
□ She really stands out in that orange coat. **Seasann sí amach sa chóta oráiste sin.**

to **stand up** VERB
éirigh
■ to stand up for **seas ceart do** □ Stand up for your rights! **Seas do cheart!**

standard NOUN
▷ *see also* **standard** ADJECTIVE
caighdeán *masc1*
□ The standard is very high. **Tá an caighdeán iontach ard.**

■ **She's got high standards.** Bíonn ardchaighdeáin aici.

standard ADJECTIVE
▷ see also **standard** NOUN
caighdeánach (size)
□ standard Irish Gaeilge chaighdeánach
■ **the standard procedure** an gnáthnós

standard of living NOUN
caighdeán maireachtála masc1

stand-by ticket NOUN
ticéad fuireachais masc1

standpoint NOUN
dearcadh masc1

stands PL NOUN
seastáin (at sports ground)

stank VERB ▷ see **stink**

staple NOUN
▷ see also **staple** VERB
stápla masc4

to **staple** VERB
▷ see also **staple** NOUN
stápláil

stapler NOUN
stáplóir masc3

star NOUN
▷ see also **star** VERB
réalta fem4 (in sky, celebrity)
□ He's a TV star. Is réalta theilifíse é.
■ **the stars** (horoscope) na réaltaí

to **star** VERB
▷ see also **star** NOUN
an phríomhpháirt a bheith agat i
□ The film stars Meryl Streep. Tá an phríomhpháirt ag Meryl Streep sa scannán.
■ **… starring Johnny Depp** … le Johnny Depp

to **stare** VERB
■ **to stare at** stán ar

stark ADVERB
■ **stark naked** lomnocht

start NOUN
▷ see also **start** VERB
1 tús masc1
□ It's not much, but it's a start. Ní mórán é, ach is tús é. □ Shall we make a start on the washing-up? An gcuirfimid tús leis an níochán?
2 tosach masc1 (of race)

to **start** VERB
▷ see also **start** NOUN
1 tosaigh
□ What time does it start? Cén t-am a thosóidh sé?
■ **to start doing something** tosú ar rud

a dhéanamh □ I started learning Irish three years ago. Thosaigh mé ar an nGaeilge a fhoghlaim trí bliana ó shin.
2 dúisigh (engine)
□ He couldn't start the engine. Ní thiocfadh leis an t-inneall a dhúiseacht. □ The car wouldn't start. Níor dhúisigh an carr.
3 bunaigh (organization, campaign)
□ He wants to start his own business. Ba mhaith leis ghnólacht féin a bhunú.

to **start off** VERB
imigh (leave)
□ We started off first thing in the morning. D'imíomar an chéad rud ar maidin.

starter NOUN
cúrsa tosaigh masc4 (first course)

to **starve** VERB
faigh bás den ocras
□ People were starving. Bhí daoine ag fáil bháis den ocras.
■ **to be starving** (be hungry) ocras an domhain a bheith ort

state NOUN
▷ see also **state** VERB
bail fem2 (condition)
■ **to be in a state** bheith trína chéile
□ He was in a real state. Bhí sé trína chéile go mór.
■ **the state** (government) an Stát
■ **the States** (USA) Na Stáit Aontaithe
■ **the Free State** An Saorstát

to **state** VERB
▷ see also **state** NOUN
maígh
□ He stated his intention to resign. Mhaígh sé a rún chun éirí as.

statement NOUN
ráiteas masc1

station NOUN
stáisiún masc1 (for trains)
■ **a bus station** stáisiún na mbusanna
■ **a police station** stáisiún na bpóilíní
■ **a radio station** stáisiún raidió

statue NOUN
dealbh fem2

stay NOUN
▷ see also **stay** VERB
cuairt fem2 (visit)
□ my stay in Dublin mo chuairt ar Bhaile Átha Cliath

to **stay** VERB
▷ see also **stay** NOUN
1 fan
□ Stay here! Fan anseo!
2 stopadh (spend the night)

□ Where are you staying? Cá bhfuil tú ag stopadh? □ We were staying in Belfast for a few days. Bhíomar ag stopadh i mBéal Feirste ar feadh cúpla lá.
■ **to stay the night** fanacht thar oíche

to **stay in** VERB
fan istigh *(at home)*

to **stay up** VERB
fan i do shuí
□ We stayed up till midnight. D'fhanamar inár suí go meán oíche.

steady ADJECTIVE
1 seasta *(regular)*
□ steady progress dul chun cinn seasta □ a steady job post seasta □ a steady boyfriend stócach seasta
2 socair *(voice, hand)*

steak NOUN
stéig *fem2*
□ steak and chips stéig agus sceallóga

to **steal** VERB
goid

steam NOUN
gal *fem2*

steam engine NOUN
inneall gaile *masc1*

steel NOUN
cruach *fem4*
□ a steel door doras cruach

steep ADJECTIVE
crochta *(slope)*

steeple NOUN
spuaic *fem2*

steering wheel NOUN
roth stiúrtha *masc3*

step NOUN
▷ *see also* **step** VERB
céim *fem2*
□ She tripped over the step. Baineadh tuisle aisti ar an gcéim. □ He took a step forward. Thug sé céim chun tosaigh.

to **step** VERB
▷ *see also* **step** NOUN
■ **to step aside** seas i leataobh
■ **to step back** seas siar

stepbrother NOUN
leasdeartháir *masc*

stepdaughter NOUN
leasiníon *fem2*

stepfather NOUN
leasathair *masc*

stepladder NOUN
dréimire taca *masc4*

stepmother NOUN
leasmháthair *fem*

stepsister NOUN
leasdeirfiúr *fem*

stepson NOUN
leasmhac *masc1*

stereo NOUN
steirió *masc4*

sterling ADJECTIVE
■ **£5 sterling** £5 steirling

stew NOUN
stobhach *masc1*
□ Irish stew stobhach gaelach

steward NOUN
aeróstach *masc1 (on plane)*

stewardess NOUN
aeróstach *masc1 (on plane)*

stick NOUN
▷ *see also* **stick** VERB
bata *masc4*
□ a walking stick bata siúil

to **stick** VERB
▷ *see also* **stick** NOUN
greamaigh
□ Stick the stamps on the envelope. Greamaigh na stampaí ar an gclúdach.

to **stick out** VERB
gob amach
□ A pen was sticking out of his pocket. Bhí peann ag gobadh amach óna phóca.

sticker NOUN
greamaitheoir *masc3*

stick insect NOUN
cipíneach *masc1*

sticky ADJECTIVE
greamaitheach
□ I've got sticky hands. Tá mo lámha greamaitheach. □ a sticky label lipéad greamaitheach

stiff ADJECTIVE, ADVERB
righin
□ I've got a stiff neck. Tá mo mhuineál righin. □ I felt stiff after sitting for too long. Bhí mé righin ó bheith i mo shuí chomh fada sin.
■ **to be bored stiff** bheith go hiomlán dúbh dóite
■ **to be frozen stiff** bheith préachta
■ **to be scared stiff** eagla an domhain a bheith ort

still ADJECTIVE
▷ *see also* **still** ADVERB
socair
■ **Keep still!** Fan socair!

still ADVERB
▷ *see also* **still** ADJECTIVE
go fóill *(up to this time)*

□ Are you still in bed? **An bhfuil tú i do luí go fóill?** □ I've still got 3 days holiday. **Tá 3 lá saoire fágtha agam go fóill.**

sting NOUN
▷ *see also* **sting** VERB
cealg
□ a bee sting **cealg ó bheach**

to **sting** VERB
▷ *see also* **sting** NOUN
cealg
□ I've been stung. **Cuireadh cealg ionam.**

stingy ADJECTIVE
sprionlaithe

stink NOUN
▷ *see also* **stink** VERB
bréantas *masc1*

to **stink** VERB
▷ *see also* **stink** NOUN
■ It stinks! **Tá sé lofa!**

to **stir** VERB
corraigh

stitch NOUN
▷ *see also* **stitch** VERB
greim *masc3*
□ I had five stitches. **Cuireadh cúig ghreim ionam.**

to **stitch** VERB
▷ *see also* **stitch** NOUN
fuaigh

stock NOUN
stoc *masc1*
■ in stock **istigh**
■ out of stock **rite**
■ a stock cube **ciúb stoic**

to **stock up** VERB
□ to stock up with something **soláthar de rud a leagan isteach**

stocking NOUN
stoca *masc4*

stole VERB ▷ *see* **steal**

stolen VERB ▷ *see* **steal**

stomach NOUN
bolg *masc1*
■ She has an upset stomach. **Tá iompú goile uirthi.**

stomachache NOUN
tinneas goile *masc1*

stone NOUN
cloch *fem2*
□ a stone wall **balla cloiche** □ a peach stone **cloch péitseoige**
■ I weigh eight stone. **Tá ocht gcloch de mheáchain ionam.**

stood VERB ▷ *see* **stand**

stool NOUN
stól *masc1*

stop NOUN
▷ *see also* **stop** VERB
stad *masc4*
□ a bus stop **stad bus** □ This is my stop. **Is é seo mo stad.**

to **stop** VERB
▷ *see also* **stop** NOUN
1 cuir stad le
□ a campaign to stop whaling **feachtas le stad a chur le seilg míolta móra**
■ to stop doing something **éirí as rud a dhéanamh**
■ to stop smoking **éirí as tobac a chaitheamh**
■ to stop somebody doing something **stop a chur le duine rud a dhéanamh**
2 stad
□ The bus doesn't stop there. **Ní stadann an bus ansin.**
■ Stop! **Stad!**

stopwatch NOUN
stopuaireadóir *masc3*

store NOUN
▷ *see also* **store** VERB
1 stóras *masc4* (large shop)
□ a furniture store **stóras troscáin**
2 stór *masc1* (stock)

to **store** VERB
▷ *see also* **store** NOUN
1 stóráil
□ They store potatoes in the cellar. **Stórálann siad prátaí sa siléar.**
2 cnuasaigh (information)

storey NOUN
stór *masc1*
■ a three-storey building **foirgneamh trí urláir**

storm NOUN
stoirm *fem2*
■ a thunderstorm **stoirm thoirní**

stormy ADJECTIVE
stoirmeach

story NOUN
scéal *masc1*

storybook NOUN
leabhar scéalta *masc1*

stove NOUN
sorn *masc1*

straight ADJECTIVE, ADVERB
díreach
□ a straight line **líne dhíreach** □ straight hair **gruaig dhíreach**
■ straight away **láithreach**

■ **straight on** díreach ar aghaidh

straightforward ADJECTIVE
simplí

strain NOUN
▷ see also **strain** VERB
strus (mental)
□ It was a strain. Ábhar mór struis a bhí ann.

to **strain** VERB
▷ see also **strain** NOUN
bain stangadh as (hurt)
□ I strained my back. Bhain mé stangadh as mo dhroim.

strained ADJECTIVE
leonta (muscle)

stranded ADJECTIVE
■ **We were stranded.** Bhíomar fágtha ar an trá fholamh.

strange ADJECTIVE
aisteach (odd)
□ That's strange! Tá sé sin aisteach!

stranger NOUN
strainséir masc3
□ Don't talk to strangers. Ná labhair le strainséirí. □ I'm a stranger here. Is strainséir anseo mé.

to **strangle** VERB
tacht

strap NOUN
1 iall fem2
□ Tie a strap round that bundle. Buail strapa ar an mburla sin.
2 iris fem2 (of bag)

straw NOUN
1 tuí fem4
2 deochán masc1 (for drinking)
■ **That's the last straw!** Sin buille na tubaiste!

strawberry NOUN
sú talún fem4
□ strawberry jam subh sútha talún □ a strawberry ice cream uachtar reoite sútha talún

stray ADJECTIVE
seachráin (animal)
■ **a stray cat** cat strae

stream NOUN
sruth masc3

street NOUN
sráid fem2
□ in the street ar an tsráid

streetcar NOUN (US)
tram masc4

streetlamp NOUN
lampa sráide masc4

street plan NOUN
plean sráide masc4

streetwise ADJECTIVE
críonna

strength NOUN
neart masc1

stress NOUN
▷ see also **stress** VERB
strus masc1
□ That job caused her a lot of stress. Chuir an post sin strus mór uirthi.

to **stress** VERB
▷ see also **stress** NOUN
cuir béim ar
□ That point was stressed at the meeting. Cuireadh béim ar an bpointe sin ag an gcruinniú.

to **stretch** VERB
sín
□ The dog woke up and stretched. Mhúscail an madra agus shín é féin. □ They stretched a rope between two trees. Shín siad rópa idir dhá chrann.

to **stretch out** VERB
sín amach
■ **to stretch out one's arms** do lámha a shíneadh amach

stretcher NOUN
sínteán masc1

stretchy ADJECTIVE
soshínte

strict ADJECTIVE
dian

stride NOUN
céim fhada fem2

strike NOUN
▷ see also **strike** VERB
stailc fem2
■ **on strike** ar stailc
■ **to go on strike** dul ar stailc

to **strike** VERB
▷ see also **strike** NOUN
1 buail (clock, hit)
□ The clock struck three. Bhuail an clog a trí.
2 téigh ar stailc (go on strike)
■ **to strike a match** cipín a lasadh

striker NOUN
1 stailceoir masc3 (person on strike)
2 ionsaitheoir masc3 (footballer)

striking ADJECTIVE
1 sonraíoch (noticeable)
□ a striking difference difear sonraíoch
2 ar stailc (on strike)
□ striking teachers múinteoirí ar stailc

S

string NOUN
1 sreang *fem2*
  □ a piece of string píosa sreinge
2 téad *fem2 (of violin, guitar)*
strip NOUN
  ▷ *see also* **strip** VERB
  stiall *fem2*
to **strip** VERB
  ▷ *see also* **strip** NOUN
  bain díot
strip cartoon NOUN
  stiallchartún *masc1*
stripe NOUN
  stríoc *fem2*
striped ADJECTIVE
  stríocach
  □ a striped skirt sciorta stríocach
stripper NOUN
  struipear *masc1*
stripy ADJECTIVE
  stríopach
  □ a stripy shirt léine stríopach
stroke NOUN
  ▷ *see also* **stroke** VERB
  strócach *masc4*
  ■ **to have a stroke** stróc a fháil
to **stroke** VERB
  ▷ *see also* **stroke** NOUN
  slíoc
stroll NOUN
  spaisteoireacht *fem3*
  ■ **to go for a stroll** dul ag spaisteoireacht
stroller NOUN (US)
  bugaí linbh *masc4*
strong ADJECTIVE
  láidir
  □ It is very strong. Tá sé iontach láidir.
strongly ADVERB
  go láidir
  □ We recommend strongly that ... Molaimid
  go láidir go ... □ I don't feel strongly about it.
  Ní mhothaím go láidir faoi.
struck VERB ▷ *see* **strike**
struggle NOUN
  ▷ *see also* **struggle** VERB
1 streachailt *fem2 (against difficulties)*
2 coimhlint *fem2 (conflict)*
to **struggle** VERB
  ▷ *see also* **struggle** NOUN
  streachail
  □ He struggled, but he couldn't escape.
  Streachail sé, agus ní thiocfadh leis éalú.
  □ She struggled to get the door open.
  Streachail sí leis an doras ag iarraidh é
  a oscailt.

stub NOUN
  bun *masc1 (of cigarette)*
to **stub out** VERB
  múch *(cigarette)*
stubborn ADJECTIVE
  ceanndána
stuck VERB ▷ *see* **stick**
stuck ADJECTIVE
  greamaithe
  □ It's stuck. Tá sé greamaithe.
  ■ **to get stuck** bheith gafa □ We got stuck
  in a traffic jam. Bhíomar gafa sa tráchta.
stuck-up ADJECTIVE
  smuilceach
stud NOUN
  stoda *masc4*
student NOUN
  mac léinn *masc1*
studio NOUN
  stiúideo *masc4*
  □ a TV studio stiúideo teilifíse
  ■ **a studio flat** árasán stiúideo
to **study** VERB
  déan staidéar ar
  □ I plan to study biology. Tá rún agam
  staidéar a dhéanamh ar an mbitheolaíocht.
  □ I've got to study tonight. Caithfidh mé
  staidéar a dhéanamh anocht.
stuff NOUN
1 stuif *masc4 (things)*
  □ There's some stuff on the table for you. Tá
  stuif ar an tábla duit. □ Have you got all your
  stuff? An bhfuil do chuid stuif ar fad agat?
2 ábhar *masc1 (substance)*
stuffy ADJECTIVE
  plúchtach *(room)*
  □ It's really stuffy in here. Tá sé iontach
  plúchtach istigh anseo.
to **stumble** VERB
  tuisligh
stung VERB ▷ *see* **sting**
stunk VERB ▷ *see* **stink**
stunned ADJECTIVE
  ■ **I was stunned.** Baineadh stangadh
  asam.
stunning ADJECTIVE
  ■ **She was stunning.** *(very attractive)* Bhí sí
  thar a bheith álainn.
stunt NOUN
  éacht *masc3 (in film)*
stuntman NOUN
  éachtóir *masc3*
stupid ADJECTIVE
  bómánta
  □ a stupid joke scéal grinn bómánta

to **stutter** VERB
▷ *see also* **stutter** NOUN
stad a bheith sa chaint agat

stutter NOUN
▷ *see also* **stutter** VERB
■ **He's got a stutter.** Tá stad sa chaint aige.

style NOUN
stíl *fem2*
□ That's not his style. Ní hí sin an stíl s'aige.

subject NOUN
ábhar *masc1*
□ What's your favourite subject? Cad é an t-ábhar is fearr leat?

subjunctive NOUN
foshuiteach
□ in the subjunctive sa mhodh foshuiteach

submarine NOUN
fomhuireán *masc1*

subscription NOUN
síntiús *masc1 (to magazine)*

subsequently ADVERB
ina dhiaidh sin

to **subsidize** VERB
fóirdheonaigh

subsidy NOUN
fóirdheontas *masc1*

substance NOUN
substaint *fem2*

substitute NOUN
▷ *see also* **substitute** VERB
fear ionaid *masc1 (player)*

to **substitute** VERB
▷ *see also* **substitute** NOUN
■ **to substitute one thing for another** rud a chur in ionad ruda eile

subtitled ADJECTIVE
fotheidealaithe

subtitles PL NOUN
fotheidil *masc1*
□ a French film with English subtitles scannán Fraincise agus fotheidil as Béarla

subtle ADJECTIVE
fínéalta *(fine)*

to **subtract** VERB
■ **5 subtracted from 19 is 14.** A naoi déag lúide a cúig sin a ceathair déag.

subtraction NOUN
dealú *masc*

suburb NOUN
bruachbhaile *masc4*
□ a suburb of Dublin bruachbhaile de chuid Bhaile Átha Cliath
■ **They live in the suburbs.** Tá cónaí orthu in imeall na catrach.

subway NOUN
íosbhealach *masc1 (underpass)*

to **succeed** VERB
■ **She succeeded.** D'éirigh léi.

success NOUN
rath *masc3*
■ **The show was a success.** D'éirigh go maith leis an seó.

successful ADJECTIVE
rathúil
□ a successful attempt iarracht rathúil
□ He's a successful businessman. Is fear gnó rathúil é.
■ **to be successful in doing something** rud a éirí leat
■ **They were very successful.** D'éirigh go geal leo.

successfully ADVERB
go rathúil

successive ADJECTIVE
i ndiaidh a chéile

such ADJECTIVE, ADVERB
a leithéid de
□ such nice people a leithéid de dhaoine deasa □ such a long journey a leithéid de thuras fada
■ **such a lot of** an oiread sin □ such a lot of work an oiread sin oibre
■ **such as** *(like)* cosúil le □ hot countries, such as India tíortha teo, cosúil leis an India
■ **not as such** ní go díreach □ He's not an expert as such, but … Ní saineolaí é go díreach, ach …
■ **There's no such thing.** Níl a leithéid de rud ann. □ There's no such thing as the yeti. Níl a leithéid de rud ann agus an yeti.

such-and-such ADJECTIVE
■ **at such-and-such a time** ag a leithéid seo d'am

to **suck** VERB
diúl
□ She still sucks her thumb. Bíonn sí fós ag diúl a hordóige.

sudden ADJECTIVE
tobann
□ a sudden change athrú tobann
■ **all of a sudden** go tobann

suddenly ADVERB
go tobann
□ Suddenly, the door opened. Go tobann, osclaíodh an doras.

suede NOUN
svaeid *fem2*
□ a suede jacket seaicéad svaeide

S

to **suffer** VERB
fulaing
□ She was really suffering. Bhí sí ag fulaingt go mór.
■ I suffer from hay fever. Tagann fiabhras léana orm.

to **suffocate** VERB
plúch

sugar NOUN
siúcra *masc4*
□ Do you take sugar? An gcaitheann tú siúcra?

to **suggest** VERB
mol
□ I suggested they set off early. Mhol mé dóibh imeacht go luath.

suggestion NOUN
moladh *masc*
□ to make a suggestion moladh a dhéanamh

suicide NOUN
féinmharú *masc*
■ to commit suicide lámh a chur i do bhás féin

suicide bomber NOUN
buamadóir féinmharaithe *masc3*

suit NOUN
▷ *see also* **suit** VERB
culaith *fem2*

to **suit** VERB
▷ *see also* **suit** NOUN
fóir do
□ What time would suit you? Cén t-am a d'fhóirfeadh duitse? □ That suits me fine. Fóireann sin go maith dom. □ That dress really suits you. Fóireann an gúna sin go maith duit.
■ Suit yourself! Bíodh agat féin!

suitable ADJECTIVE
fóirsteanach
□ a suitable time am fóirsteanach
□ suitable clothing éadaí fóirsteanacha

suitcase NOUN
mála taistil *masc4*

suite NOUN
sraith *fem2 (of rooms)*

to **sulk** VERB
pus a bheith ort

sulky ADJECTIVE
pusach

sultana NOUN
sabhdánach *masc1*

sultry ADJECTIVE
brothallach

sum NOUN
suim *fem2*

□ She's good at sums. Tá sí maith ag suimeanna. □ a sum of money suim airgid

to **sum up** VERB
coimrigh

to **summarize** VERB
achoimrigh

summary NOUN
achoimre *fem4*

summer NOUN
samhradh *masc1*
■ in summer sa samhradh
■ summer clothes éadaí an tsamhraidh
■ the summer holidays saoire an tsamhraidh
■ a summer camp (US) campa samhraidh

summertime NOUN
an samhradh *masc1*
■ in summertime sa samhradh

summit NOUN
barr *masc1*

sun NOUN
grian *fem2*
□ in the sun faoin ngrian

to **sunbathe** VERB
bolg le gréin a dhéanamh

sunblock NOUN
grianbhac *masc1*

sunburn NOUN
dó gréine *masc4*

sunburnt ADJECTIVE
griandóite
■ I got sunburnt. Fuair mé dó gréine.

Sunday NOUN
An Domhnach *masc1*
■ last Sunday Dé Domhnaigh seo caite
■ next Sunday De Domhnaigh seo chugainn
■ on Sunday Dé Domhnaigh
■ on Sundays ar an Domhnach
□ He comes on Sundays. Tagann sé ar an Domhnach.
■ every Sunday gach Domhnach

Sunday school NOUN
scoil Domhnaigh *fem2*
□ They never go to Sunday school. Ní théann siad riamh ar scoil Domhnaigh.

sunflower NOUN
lus na gréine *masc3*

sung VERB ▷ *see* sing

sunglasses PL NOUN
spéaclaí gréine *fem4 pl*

sunk VERB ▷ *see* sink

sunlight NOUN
solas na gréine *masc1*

sunny ADJECTIVE
grianmhar
□ a sunny morning **maidin ghrianmhar**
□ It's sunny. **Tá sé grianmhar.**

sunrise NOUN
éirí na gréine *masc4*

sunroof NOUN
díon gréine *masc1*

sunscreen NOUN
sciath ghréine *fem2*

sunset NOUN
luí na gréine *masc4*

sunshine NOUN
dealramh na gréine *masc1*

sunstroke NOUN
goin ghréine *fem3*
□ Be careful not to get sunstroke on holiday.
Seachain an mbuailfeadh goin ghréine thú ar do laethanta saoire.

suntan NOUN
dath gréine *masc3*

suntan lotion NOUN
ionlach gréine *masc1*

suntan oil NOUN
ola ghréine *fem4*

super ADJECTIVE
ar fheabhas

superb ADJECTIVE
thar barr

supermarket NOUN
ollmhargadh *masc1*

supernatural ADJECTIVE
osnádúrtha

superstitious ADJECTIVE
piseogach

to **supervise** VERB
1 déan maoirseacht ar *(work)*
2 coinnigh súil ar *(watch)*

supervisor NOUN
maoirseoir *masc3*

supper NOUN
suipéar *masc1*

supplement NOUN
▷ *see also* **supplement** VERB
forlíon *masc1*

to **supplement** VERB
▷ *see also* **supplement** NOUN
cuir le

supplies PL NOUN
soláthairtí *masc1 pl (food)*

to **supply** VERB
▷ *see also* **supply** NOUN
soláthair
■ **to supply somebody with something**
rud a sholáthar do dhuine □ The centre
supplied us with all the equipment.
Sholáthair an t-ionad an trealamh uile dúinn.

supply NOUN
▷ *see also* **supply** VERB
soláthar *masc1*
□ a supply of paper **soláthar páipéir**
■ **the water supply** *(to town)* **an soláthar uisce**

supply teacher NOUN
múinteoir taca *masc3*

support NOUN
▷ *see also* **support** VERB
tacaíocht *fem3 (backing)*

to **support** VERB
▷ *see also* **support** NOUN
tabhair tacaíocht do
□ My mum has always supported me.
Thug mo mháthair tacaíocht riamh dom.
□ What team do you support? **Cén fhoireann a dtugann tú tacaíocht di?**

supporter NOUN
■ **a Dublin supporter tacadóir de chuid Bhaile Átha Cliath**

to **suppose** VERB
1 creid
□ I suppose you're right. **Creidim go bhfuil an ceart agat.**
2 abair
□ Suppose you won the lottery. **Abair gur bhain tú an crannchur.**
■ **I suppose so. Is dócha é.**
■ **I suppose he went home. Is dócha go ndeachaigh sé abhaile.**

supposing CONJUNCTION
abair
□ Supposing you won the lottery …
Abair gur bhain tú an crannchur …

surcharge NOUN
formhuirear *masc1*

sure ADJECTIVE
cinnte
□ Are you sure? **An bhfuil tú cinnte?**
■ **Sure! Cinnte!**
■ **to make sure that tabhairt do d'aire go**
□ I'm going to make sure the door's locked.
Tá mé ag dul a chinntiú go bhfuil an doras faoi ghlas.

surely ADVERB
cinnte
■ **Surely you've been to Dublin?**
Caithfidh go raibh tú i mBaile Átha Cliath?
■ **The shops are closed on Sundays, surely? Caithfidh go bhfuil na siopaí druidte ar an Domhnach?**

surf NOUN
▷ see also **surf** VERB
bruth masc3

to **surf** VERB
▷ see also **surf** NOUN
scimeáil
■ **to surf the Net** an tIdirlíon a scimeáil

surface NOUN
1 dromchla masc4 (of earth, road)
2 uachtar masc1 (of water)

surfboard NOUN
clár toinne masc1

surfing NOUN
marcaíocht toinne fem3
□ I love to go surfing. Is aoibhinn liom an mharcaíocht toinne.

surgeon NOUN
máinlia masc4
□ She's a surgeon. Is máinlia í.

surgery NOUN
clinic dochtúra masc4 (room)
■ **surgery hours** uaireanta an chlinic

surname NOUN
sloinne masc4

surprise NOUN
iontas masc1

surprised ADJECTIVE
■ I was surprised to see him. Bhí iontas orm é a fheiceáil.

surprising ADJECTIVE
iontach

to **surrender** VERB
géill

surrogate mother NOUN
máthair ionaid fem

to **surround** VERB
tar timpeall ar
■ **surrounded by** thart timpeall ar
□ The house is surrounded by trees. Tá crainn thart timpeall ar an teach.

surroundings PL NOUN
timpeallacht fem3
■ **a hotel in beautiful surroundings** ostán atá suite in áit álainn

survey NOUN
suirbhé masc4 (research)

surveyor NOUN
suirbhéir masc3

to **survive** VERB
mair

survivor NOUN
marthanóir masc3

suspect NOUN
▷ see also **suspect** VERB
■ He is the main suspect. Eisean an príomhamhrastach.

to **suspect** VERB
▷ see also **suspect** NOUN
bheith san amhras ar

to **suspend** VERB
cuir ar fionraí (from job, team)
■ **to be suspended** (person) a bheith ar fionraí

suspenders PL NOUN (US)
gealasacha masc1 pl (braces)

suspense NOUN
beophianadh masc

suspension NOUN
fionraíocht fem3 (from school, team, job)

suspicious ADJECTIVE
amhrasach

SUV NOUN (= sport utility vehicle)
SUV fem

⸨ LANGUAGE TIP The Irish translation is **feithicil áirge spóirt** but SUV is more commonly used.

to **swallow** VERB
slog

swam VERB ▷ see **swim**

swan NOUN
eala fem4

to **swap** VERB
rud a mhalartú
□ Do you want to swap? An bhfuil tú ag iarraidh malartú? □ to swap A for B A a mhalartú ar B

to **swat** VERB
smiot

to **sway** VERB
luasc

to **swear** VERB
1 eascainigh (use bad language)
2 glac mionn (take an oath)

swearword NOUN
eascaine fem4

sweat NOUN
▷ see also **sweat** VERB
allas masc1

to **sweat** VERB
▷ see also **sweat** NOUN
cuir allas

sweater NOUN
geansaí masc4

sweatshirt NOUN
léine aclaíochta fem4

sweaty ADJECTIVE
allasúil

Swede NOUN
Sualannach masc1

swede NOUN
svaeid masc4

Sweden NOUN
  an tSualainn *fem2*
  □ in Sweden sa tSualainn
Swedish ADJECTIVE
  ▷ *see also* **Swedish** NOUN
  Sualannach
  □ She's Swedish. Is Sualannach í.
Swedish NOUN
  ▷ *see also* **Swedish** ADJECTIVE
  Sualainnis *fem2 (language)*
to **sweep** VERB
  scuab
  ■ to sweep the floor an t-urlár
  a scuabadh
sweet NOUN
  ▷ *see also* **sweet** ADJECTIVE
  1 milseán *masc1 (candy)*
  □ a bag of sweets mála milseán
  2 milseog *fem2 (pudding)*
  □ What sweet did you have? Cén mhilseog
  a bhí agat?
sweet ADJECTIVE
  ▷ *see also* **sweet** NOUN
  1 milis *(not savoury)*
  ■ sweet and sour pork muiceoil mhilis
  shearbh
  2 cineálta *(kind)*
  □ That was really sweet of you. Ba chineálta
  an mhaise duit é.
  3 gleoite *(cute)*
  □ Isn't she sweet? Nach í atá gleoite?
sweetcorn NOUN
  arbhar milis *masc1*
sweltering ADJECTIVE
  brothallach
swept VERB ▷ *see* **sweep**
to **swerve** VERB
  fiar
swim NOUN
  ▷ *see also* **swim** VERB
  snámh *masc3*
  ■ to go for a swim dul ag snámh
to **swim** VERB
  ▷ *see also* **swim** NOUN
  snámh
  □ Can you swim? An bhfuil snámh agat?
swimmer NOUN
  snámhóir *masc3*
  □ She's a good swimmer. Is snámhóir
  maith í.
swimming NOUN
  snámh *masc3*
  □ Do you like swimming? An maith leat an
  snámh?
  ■ to go swimming *(in a pool)* dul ag snámh

swimming cap NOUN
  caipín snámha *masc4*
swimming costume NOUN
  culaith shnámha *fem2*
swimming pool NOUN
  linn snámha *fem2*
swimming trunks PL NOUN
  bríste snámha *masc4*
swimsuit NOUN
  culaith shnámha *fem2*
swing NOUN
  ▷ *see also* **swing** VERB
  luascán *masc1 (in playground, garden)*
to **swing** VERB
  ▷ *see also* **swing** NOUN
  1 luasc
  □ The gate was swinging in the wind. Bhí an
  geata ag luascadh sa ghaoth.
  2 tiontaigh
  □ The canoe swung round sharply.
  Thiontaigh an canú thart go géar.
Swiss ADJECTIVE
  ▷ *see also* **Swiss** NOUN
  Eilvéiseach
  □ She's Swiss. Is Eilvéiseacha í.
Swiss NOUN
  ▷ *see also* **Swiss** ADJECTIVE
  Eilvéiseach *masc1*
  ■ the Swiss *(people)* muintir na hEilvéise
switch NOUN
  ▷ *see also* **switch** VERB
  lasc *fem2 (for light, radio)*
to **switch** VERB
  ▷ *see also* **switch** NOUN
  athraigh
  □ We switched partners. D'athraigh muid
  páirtnéirí.
to **switch off** VERB
  múch
to **switch on** VERB
  1 las *(light)*
  2 tosaigh *(engine, machine)*
Switzerland NOUN
  an Eilvéis *fem2*
  □ in Switzerland san Eilvéis
swollen ADJECTIVE
  ata *(arm, leg)*
to **swop** VERB
  rud a mhalartú
  □ Do you want to swop? An bhfuil tú ag
  iarraidh malartú? □ to swop A for B
  A a mhalartú ar B
sword NOUN
  claíomh *masc1*
swore VERB ▷ *see* **swear**

S

sworn VERB ▷ *see* **swear**

to **swot** VERB
dianstaidéar a dhéanamh
□ I'll have to swot for my maths exam.
Beidh orm dianstaidéar a dhéanamh le
haghaidh mo scrúdú mata.

swum VERB ▷ *see* **swim**

swung VERB ▷ *see* **swing**

syllable NOUN
siolla *masc4*

syllabus NOUN
siollabas *masc1*
□ on the syllabus ar an siollabas

symbol NOUN
siombail *fem2*

sympathetic ADJECTIVE
tuisceanach *(understanding)*

to **sympathize** VERB
■ to sympathize with somebody
(understand) bheith tuisceanach do dhuine

sympathy NOUN
trua *fem4*

symptom NOUN
comhartha *masc4*

syringe NOUN
steallaire *masc4*

system NOUN
1 córas *masc1*
□ the decimal system an córas deachúlach
2 modh *masc3 (method)*

Tt

table NOUN
tábla *masc4*
□ Lay the table please. **Ullmhaigh an tábla, le do thoil.**

tablecloth NOUN
éadach boird *masc1*

table lamp NOUN
lampa boird *masc4*

tablemat NOUN
mata boird *masc4*

table of contents NOUN
clár ábhair *masc1*

tablespoon NOUN
spúnóg bhoird *fem2*
□ two tablespoons of sugar **dhá spúnóg bhoird de shiúcra**

tablet NOUN
táibléad *masc1*

table tennis NOUN
leadóg bhoird *fem2*
□ I often play table tennis. **Imrím leadóg bhoird go minic.**

tabloid NOUN
tablóideach *masc1*

tack NOUN
tacóid *fem2 (nail)*

tackle NOUN
▷ see also **tackle** VERB
greamú *masc (in football, rugby)*
■ fishing tackle **trealamh iascaigh**

to **tackle** VERB
▷ see also **tackle** NOUN
greamaigh *(in football, rugby)*
■ to tackle a problem **dul i ngleic le fadhb**

tact NOUN
cáiréis *fem2*

tactful ADJECTIVE
cáiréiseach

tactical ADJECTIVE
straitéiseach

tactics PL NOUN
straitéis *fem2*

tactless ADJECTIVE
■ to be tactless **bheith gan deastuiscint**
■ a tactless remark **ráiteas gan deastuiscint**

tadpole NOUN
torbán *masc1*

tag NOUN
lipéad *masc1*

to **tag along** VERB
lean

tail NOUN
eireaball *masc1*
■ Heads or tails? **Ceann nó cúl?**

tailback NOUN
scuaine tráchta *fem4 (traffic)*

tailor NOUN
táilliúir *masc3*

to **take** VERB
1 glac
□ He took a plate from the cupboard. **Ghlac sé pláta ón gcófra.**
2 tabhair *(bring, carry)*
□ Are you taking your new camera? **An mbeidh tú ag tabhairt do cheamara nua leat?** □ I'm going to take my coat to the cleaner's. **Tá mé a dhul a thabhairt mo chóta chuig na glantóirí.** □ Don't take anything valuable with you. **Ná tabhair rud ar bith luachmhar leat.**
3 tóg *(require)*
□ That takes a lot of courage. **Tógann sé sin cuid mhór misnigh.** □ It takes about an hour. **Tógann sé thart faoi uair an chloig.**
■ It takes a lot of money to do that. **Tógann sé cuid mhór airgid leis sin a dhéanamh.**
4 déan *(exam, test)*
□ Have you taken your driving test yet? **An ndearna tú do thriail tiomána go fóill?**
■ He can't take being criticized. **Ní féidir leis glacadh le cáineadh.**
■ When will you take me to London? **Cá huair a thógfaidh tú go Londain mé?**

t

■ **I'm taking French instead of German.**
Tá mé ag déanamh Fraincise in áit na
Gearmáinise.

to **take after** VERB
bheith cosúil le
□ She takes after her mother. Tá sí cosúil
lena máthair.

to **take apart** VERB
bain as a chéile
■ **to take something apart** rud a bhaint as
a chéile

to **take away** VERB
■ **Take it away!** Tabhair leat é!
■ **to take something away** (confiscate) rud
a choigistiú

to **take back** VERB
1 tabhair ar ais (return)
□ I took it back to the shop. Thug mé ar ais
chuig an siopa é.
2 tarraing siar (one's words)

to **take down** VERB
1 bain anuas (tent, scaffolding)
2 tóg anuas (from shelf)
3 breac síos (notes)
□ He took down the details in his notebook.
Bhreac sé síos na sonraí ar fad ina leabhar
nótaí.

to **take in** VERB
tuig (understand)
□ I didn't really take it in. Níor thuig mé mar
is ceart é.

to **take off** VERB
éirigh de thalamh
□ The plane took off twenty minutes late.
D'éirigh an t-eitleán de thalamh fiche
bomaite mall.
■ **She took off her coat.** Bhain sí di a cóta.

to **take on** VERB
1 glac chugat (work)
2 fostaigh (employee)

to **take out** VERB
1 tóg amach (remove)
2 tabhair amach (invite)
□ He took her out to the theatre. Thóg sé
amach chuig an amharclann í.

to **take over** VERB
téigh i gceannas ar (business)
■ **He took over the factory.** Chuaigh sé
i mbun na monarchan.
■ **to take over from somebody** áit duine
a ghlacadh

takeaway NOUN
1 béile beir leat masc4 (meal)
2 bialann beir leat fem2 (shop)

taken VERB ▷ see take

takeoff NOUN
éirí de thalamh masc4 (of plane)

takeover NOUN
táthcheangal masc1 (of company)

talc NOUN
talcam masc1

talcum powder NOUN
púdar talcaim masc1

tale NOUN
scéal masc1 (story)

talent NOUN
bua masc4
□ She's got lots of talent. Tá a lán buanna
aici.
■ **to have a talent for something** bua ruda
a bheith agat □ He's got a real talent for
languages. Tá bua mór teangacha aige.

talented ADJECTIVE
éirimiúil
□ She's a talented pianist. Is pianadóir
éirimiúil í.

talk NOUN
▷ see also **talk** VERB
1 caint fem2 (a speech)
□ She gave a talk on rock climbing. Thug sí
caint ar ailleadóireacht.
2 comhrá masc4 (conversation)
□ I had a talk with my mum about it. Bhí
comhrá agam le mo mháthair faoi.
3 béadán masc1 (gossip)
□ It's just talk. Níl ann ach béadán.

to **talk** VERB
▷ see also **talk** NOUN
labhair
□ Don't talk to strangers. Ná labhair le
strainséirí.
■ **to talk about something** labhairt faoi rud
■ **to talk something over with somebody**
rud a phlé le duine

talkative ADJECTIVE
cainteach

talk show NOUN
seó agallaimh masc4

tall ADJECTIVE
ard
■ **to be six feet tall** (person) bheith sé
troithe ar airde
■ **to be 2 metres tall** (building) bheith
2 mhéadar ar airde

tall story NOUN
scéal an ghamhna bhuí masc1

tally NOUN
cuntas masc1

talon NOUN
ionga fem

tame ADJECTIVE
ceansa
□ They've got a tame hedgehog.
Tá gráinneog cheansa acu.

tampon NOUN
súitín *masc4*

tan NOUN
dath na gréine *masc3*
□ She's got an amazing tan. Tá dath iontach
na gréine aici.

tangerine NOUN
táinséirín *masc4*

tangle NOUN
aimhréidh *fem2*
□ Her hair was in a tangle. Bhí a cuid
gruaige in aimhréidh.

tank NOUN
1 umar *masc1 (for water, petrol)*
□ a fish tank umar éisc
2 tanc *masc4 (military)*

tanker NOUN
tancaer *masc1 (truck)*
■ an oil tanker tancaer ola
■ a petrol tanker tancaer peitril

tantrum NOUN
spadhar *masc1*

tap NOUN
▷ *see also* **tap** VERB
1 sconna *masc4 (on sink, bath)*
2 cniogóg *fem2 (gentle blow)*
■ on tap *(resources)* ar fáil

to **tap** VERB
▷ *see also* **tap** NOUN
■ to tap something cniogóg a bhualadh
ar rud
■ to tap a phone cúléisteacht ar ghuthán
duine

tap-dancing NOUN
cniogdhamhsa *masc4*
□ I do tap-dancing. Déanaim
cniogdhamhsa.

tape NOUN
▷ *see also* **tape** VERB
1 téip *fem2 (cassette)*
2 téip ghreamaitheach *(sticky)*

to **tape** VERB
▷ *see also* **tape** NOUN
1 taifead *(record)*
□ Did you tape that film last night?
Ar thaifead tú an scannán sin aréir?
2 greamaigh *(stick with tape)*

tape measure NOUN
ríbín tomhais *masc4*

tape recorder NOUN
téipthaifeadán *masc1*

tapestry NOUN
taipéis *fem2*

target NOUN
1 sprioc *fem2 (for shooting)*
2 cuspóir *masc3 (objective)*

tarmac NOUN
tarramhacadam *masc1*

tarpaulin NOUN
tarpól *masc1*

tarragon NOUN
dragan *masc1*

tart NOUN
toirtín *masc4*
□ an apple tart toirtín úll

tartan ADJECTIVE
breacáin
□ a tartan scarf scairf bhreacáin

tartare sauce NOUN
anlann tartair *masc1*

task NOUN
cúram *masc1*

task force NOUN
tascfhórsa *masc4*

taste NOUN
▷ *see also* **taste** VERB
blas *masc1*
□ It's got a really strange taste. Tá blas
an-aisteach air.
■ to be in bad taste bheith míchuí

to **taste** VERB
▷ *see also* **taste** NOUN
blais
□ Would you like to taste it? Ar mhaith leat é
a bhlaiseadh? □ You can taste the garlic in
it. Is féidir an ghairleog a bhlaiseadh air.
■ to taste of something blas ruda a bheith
air □ It tastes of fish. Tá blas éisc air.

tasteful ADJECTIVE
cuibhiúil

tasteless ADJECTIVE
1 leamh *(food)*
2 míchuibheasach
□ a tasteless remark ráiteas míchuibheasach

tasty ADJECTIVE
blasta

tattoo NOUN
tatú *masc4*

taught VERB ▷ *see* **teach**

Taurus NOUN
An Tarbh *masc1*
□ I'm Taurus. Is mise An Tarbh.

tax NOUN
cáin *fem*

tax disc NOUN
diosca cánach *masc4 (on car)*

515

tax-free ADJECTIVE
saor ó cháin

taxi NOUN
tacsaí *masc4*

taxi driver NOUN
tiománaí tacsaí *masc4*

taxi rank, taxi stand NOUN
stad tacsaí *masc4*

tax payer NOUN
íocóir cánach *masc3*

TB NOUN
eitinn *fem2*

tea NOUN
tae *masc4*
□ a cup of tea **cupán tae**
■ It is tea time. *(evening meal)* **Tá sé in am tae.**

tea bag NOUN
mála tae *masc4*

tea break NOUN
sos tae *masc3*

to **teach** VERB
múin
□ She teaches physics. **Múineann sí fisic.**
□ My sister taught me to swim. **Mhúin mo dheirfiúr snámh dom.**
■ That'll teach you! **Múinfidh sé sin thú!**

teacher NOUN
múinteoir *masc3*
□ a maths teacher **múinteoir mata**
□ She's a teacher. **Is múinteoir í.** □ He's a primary school teacher. **Is múinteoir bunscoile é.**

teacher's pet NOUN
peata an mhúinteora *masc4*

teaching NOUN
múinteoireacht *fem3*

tea cloth NOUN
scaraoid tae *fem2*

tea cosy NOUN
púic tae *fem2*

teacup NOUN
cupán *masc1*

team NOUN
foireann *fem2*
□ a football team **foireann peile** □ She was in my team. **Bhí sí ar fhoireann s'agamsa.**

teapot NOUN
taephota *masc4*

tear NOUN
▷ *see also* **tear** VERB
deoir *fem2*
□ The music moved her to tears. **Bhain an ceol na deora aisti.**
■ She burst into tears. **Bhris a gol uirthi.**

to **tear** VERB
▷ *see also* **tear** NOUN
stróic
□ Be careful or you'll tear the page.
Bí cúramach nó stróicfidh tú an leathanach.
□ It won't tear, it's very strong. **Ní stróicfear é, tá sé iontach láidir.**

to **tear along** VERB
■ She was tearing along the road. *(rush)*
Bhí sí ag stróiceadh léi feadh an bhóthair.

to **tear up** VERB
stróic
□ He tore up the letter. **Stróic sé an litir.**

tear gas NOUN
deoirghás *masc1*

tearoom NOUN
seomra tae *masc4*

to **tease** VERB
1 spoch as *(jokingly)*
□ He's teasing you. **Tá sé ag spochadh asat.**
■ I was only teasing him. **Ní raibh mé ach ag spochadh as.**
2 ciap *(unkindly)*
□ Stop teasing that poor animal! **Ná ciap an t-ainmhí bocht!**

tea set NOUN
foireann tae *fem2*

teaspoon NOUN
1 taespúnóg *fem2*
2 lán taespúnóige *masc1 (as measurement)*
□ two teaspoons of sugar **dhá lán teaspúnóige de shiúcra**

teatime NOUN
am tae *masc3*
□ It was nearly teatime. **Am tae a bhí ann, beagnach.** □ Teatime! **Am tae!**

tea towel NOUN
ceirt soithí *fem2*

technical ADJECTIVE
teicniúil
■ a technical college **ceardcholáiste**

technicality NOUN
1 teicniúlacht *fem3 (detail)*
2 pointe teicniúil *masc4 (point of law)*

technically ADVERB
go teicniúil

technician NOUN
teicneoir *masc3*

technique NOUN
teicníocht *fem3*

techno NOUN
technícheol *masc1 (music)*

technology NOUN
teicneolaíocht *fem3*

t

teddy bear NOUN
béirín *masc4*

tedious ADJECTIVE
leadránach

teenage ADJECTIVE
déagóra

■ **a teenage magazine** irisleabhar do dhéagóirí

■ **She has two teenage daughters.** Tá beirt iníonacha sna déaga aici.

teenager NOUN
déagóir *masc3*

teens PL NOUN

■ **She's in her teens.** Tá sí sna déaga.

tee-shirt NOUN
T-léine *fem4*

teeth PL NOUN
fiacla *fem2 pl*

to **teethe** VERB
fiacla a chur

teetotal ADJECTIVE
staontach *(person)*

■ **I'm teetotal.** Is staonaire mé.

teetotaller NOUN
staonaire *masc4*

telecommunications PL NOUN
teilechumarsáid *fem2*

telephone NOUN
guthán *masc1*

□ **on the telephone** ar an nguthán

telephone box NOUN
bosca gutháin *masc4*

telephone call NOUN
glao gutháin *masc4*

telephone directory NOUN
eolaí teileafóin *masc4*

telephone number NOUN
uimhir ghutháin *fem*

telesales PL NOUN
teilidhíolachán *masc1*

□ **She works in telesales.** Tá sí ag obair sna teilidhíolacháin.

telescope NOUN
teileascóp *masc1*

television NOUN
1 teilifís *fem2*

□ **on television** ar an teilifís

■ **a television licence** ceadúnas teilifíse

■ **a television programme** clár teilifíse
2 teilifíseán *masc1 (set)*

to **tell** VERB
inis

□ **Did you tell your mother?** Ar inis tú do do mháthair? □ **I told him that I would be going on holiday.** D'inis mé dó go

mbeinn ag dul ar saoire.

■ **to tell somebody to do something** a rá le duine rud a dhéanamh □ **He told me to wait a moment.** Dúirt sé liom fanacht bomaite.

■ **to tell lies** bréaga a insint

■ **to tell a story** scéal a insint

■ **I can't tell the difference between them.** Ní aithním an difear eatarthu.

to **tell off** VERB

■ **to tell somebody off** leadhbairt teanga a thabhairt do dhuine

teller NOUN
áiritheoir *masc3 (in bank)*

telly NOUN
bosca *masc4*

□ **on the telly** ar an mbosca

■ **to watch telly** bheith ag amharc ar an teilifís

temper NOUN
meon *masc1*

□ **He's got a terrible temper.** Tá drochmheon aige.

■ **to be in a temper** drochspionn a bheith ort

■ **I lost my temper.** Fuair an fhearg an bua orm.

temperature NOUN
teocht *fem3*

□ **The temperature was 30 degrees.** Bhí an teocht 30 céim.

■ **He's got a temperature.** Tá fiabhras air.

temple NOUN
1 teampall *masc1 (building)*
2 uisinn *fem2 (on head)*

temporary ADJECTIVE
sealadach

to **tempt** VERB
meall

■ **to tempt somebody to do something** duine a mhealladh chun rud a dhéanamh

■ **I'm very tempted!** Tá an-chathú orm!

temptation NOUN
cathú *masc*

tempting ADJECTIVE
cathaitheach

ten NUMBER
1 a deich

> LANGUAGE TIP **a deich** is used for telling the time and for counting.

□ **at ten o'clock** ar a deigh a chlog
□ **Five plus five is ten.** A cúig móide a cúig sin a deich.
2 deich

> LANGUAGE TIP **deich** is used to give the number of objects and is usually followed by a singular noun.

□ ten bottles deich mbuidéal

⸾ LANGUAGE TIP Some words, **bliain**,
⸾ **uair**, **seachtain**, **pingin**, have a
⸾ special plural for use with numbers.

□ ten years deich mbliana □ She's ten.
Tá sí deich mbliana d'aois.

⸾ LANGUAGE TIP To translate 'ten
⸾ people', use the form **deichniúr**.

□ ten people deichniúr □ ten women
deichniúr ban

tenant NOUN
tionónta *masc4*

to **tend** VERB
■ to tend to do something claonadh a bheith
agat rud a dhéanamh □ He tends to arrive
late. Bíonn claonadh aige teacht go mall.
■ I tend to agree. Bheinn ag teacht le sin.

tender ADJECTIVE
bog
■ My feet are really tender. Tá mo chosa
iontach leochaileach.

tenement NOUN
tionóntán *masc1*

tennis NOUN
leadóg *fem2*
□ Do you play tennis? An imríonn tú leadóg?

tennis ball NOUN
liathróid leadóige *fem2*

tennis court NOUN
cúirt leadóige *fem2*

tennis player NOUN
imreoir leadóige *masc3*
□ He's a tennis player. Is imreoir leadóige é.

tennis racket NOUN
raicéad leadóige *masc1*

tennis shoe NOUN
bróg leadóige *fem2*

tenor NOUN
teanór *masc1 (music)*

tenpin bowling NOUN
babhláil deich bpionnaí *fem3*
□ We went tenpin bowling last week.
Chuamar ag bhabháil pionnaí an tseachtain
seo caite.

tense ADJECTIVE
▷ *see also* **tense** NOUN
1 ar tinneall *(nervous)*
2 corraitheach *(finish)*

tense NOUN
▷ *see also* **tense** ADJECTIVE
aimsir *fem2*
□ the present tense an aimsir láithreach
□ the future tense an aimsir fháistineach

tension NOUN
teannas *masc1*

tent NOUN
puball *masc1*
■ a tent peg pionna pubaill
■ a tent pole cuaille pubaill

tentative ADJECTIVE
faichilleach *(cautious)*

tenth ADJECTIVE
deichiú
□ the tenth floor an deichiú hurlár
■ the tenth of August an deichiú lá de
Lúnasa

term NOUN
téarma *masc4 (at school)*
■ a short-term solution réiteach
gearrthéarmach
■ in the long term go fadtéarmach
■ to come to terms with something
glacadh le rud

terminal ADJECTIVE
▷ *see also* **terminal** NOUN
doleigheasta *(illness)*

terminal NOUN
▷ *see also* **terminal** ADJECTIVE
teirminéal *masc1*
■ an oil terminal teirminéal ola
■ an air terminal teirminéal aeir

terminally ADVERB
■ to be terminally ill a bheith tinn gan súil
le biseach

terminus NOUN
stáisiún cinn aistir *masc1*

terrace NOUN
1 lochtán *masc1*
2 sraith *fem2 (row of houses)*
3 ardán *masc1 (in street names)*
■ the terraces *(at stadium)* na lochtáin

terraced ADJECTIVE
lochtánach *(garden)*
■ a terraced house teach sraithe

terrain NOUN
tír-raon *masc1*

terrible ADJECTIVE
uafásach
□ My French is terrible. Tá mo chuid
Fraincise go huafásach.

terribly ADVERB
uafásach
□ He suffered terribly. D'fhulaing sé go
huafásach.
■ I'm terribly sorry. Tá mé iontach buartha
go deo.

terrier NOUN
brocaire *masc4*

terrific ADJECTIVE
iontach

□ That's terrific! Tá sé sin go hiontach!
□ You look terrific! Tá cuma iontach ort!

terrified ADJECTIVE
critheaglach

■ **I was terrified!** Bhí eagla an domhain orm!

territory NOUN
dúiche *fem4*

terror NOUN
sceimhle *masc4*

terrorism NOUN
sceimhlitheoireacht *fem3*

terrorist NOUN
sceimhlitheoir *masc3*

■ **a terrorist attack** ionsaí sceimhlitheoireachta

test NOUN
▷ *see also* **test** VERB
1 triail *fem*
□ nuclear tests trialacha núicléacha
2 scrúdú *masc*
□ I've got a test tomorrow. Beidh scrúdú agam amárach. □ a blood test scrúdú fola
□ They're going to do some more tests. Tá siad a dhul a dhéanamh tuilleadh scrúduithe.

■ **driving test** scrúdú tiomána □ He's got his driving test tomorrow. Beidh a scrúdú tiomána amárach aige.

to **test** VERB
▷ *see also* **test** NOUN
1 triail
□ I need to test out the new software. Caithfidh mé na bogearraí nua a thriail.
2 scrúdaigh
□ He tested us on the vocabulary. Chuir sé scrúdú focal orainn.
3 tástáil
□ She was tested for drugs. Cuireadh tástáil uirthi le haghaidh drugaí.

to **testify** VERB
fianaise a thabhairt *(in court)*

test match NOUN
teistchluiche *masc4*

test tube NOUN
promhadán *masc1*

tetanus NOUN
teiteanas *masc1*
□ a tetanus injection insteallad teiteanais

text NOUN
▷ *see also* **text** VERB
téacs *masc4*

to **text** VERB
▷ *see also* **text** NOUN
■ **to text someone** téacs a chur chuig duine

textbook NOUN
téacsleabhar *masc1*
□ a French textbook téacsleabhar Fraincise

text message NOUN
teachtaireacht téacs *fem3*

Thailand NOUN
an Téalainn *fem2*

than CONJUNCTION
ná
□ more than ten years níos mó ná deich mbliana □ more than once níos mó ná uair amháin □ She's taller than me. Tá sí níos airde ná mé. □ I've got more books than him. Tá níos mó leabhar agam ná aigesean.

to **thank** VERB
■ **to thank somebody** buíochas a ghabháil le duine □ Don't forget to write and thank them. Ná déan dearmad ar scríobh chucu agus buíochas a ghabháil leo.
■ **thank you** go raibh maith agat
■ **thank you very much** go raibh míle maith agat

thanks EXCLAMATION
go raibh maith agat
■ **thanks to** a bhuí le □ Thanks to him, everything went OK. A bhuí leis-sean, chuaigh gach rud i gceart.

Thanksgiving Day NOUN
Lá an Altaithe *masc*

that ADJECTIVE
▷ *see also* **that** PRONOUN, CONJUNCTION, ADVERB
an ... sin
□ that book an leabhar sin □ that man an fear sin □ that woman an bhean sin
□ that road an bóthar sin
■ **that one** an ceann sin
□ This man? — No, that one. An fear seo? — Ní hé, an ceann sin. □ Do you like this photo? — No, I prefer that one. An maith leat an grianghraf seo? — Ní maith, is fearr liom an ceann sin.

that PRONOUN
▷ *see also* **that** ADJECTIVE, CONJUNCTION, ADVERB
é sin
□ You see that? An bhfeiceann tú é sin?
□ What's that? Cad é sin? □ That's what he said. Sin an rud a dúirt sé.
■ **Who's that?** Cé sin?
■ **Is that you?** An tú féin atá ann?
■ **That's ...** Sin ... □ That's my teacher. Sin mo mhúinteoir.

that CONJUNCTION
▷ *see also* **that** ADJECTIVE, PRONOUN, ADVERB
■ **He thought that I was ill.** Shíl sé go raibh

mé tinn.

■ I know that she likes chocolate. Tá a fhios agam go bhfuil dúil sa tseacláid aige.

that ADVERB

▷ see also that ADJECTIVE, PRONOUN, CONJUNCTION

■ I didn't know it was that bad. Ní raibh a fhios agam go raibh sé chomh dona sin.

■ It's about that high. Tá sé faoin airde sin.

■ It's not that difficult. Níl sé chomh doiligh sin.

thatched ADJECTIVE

tuí (roof)

■ a thatched cottage teach ceann tuí

the ARTICLE

1 an

□ the man an fear □ the street an tsráid □ the time an t-am □ the weather an aimsir

2 na (plural)

□ the children na páistí □ the songs na hamhráin

■ the top of the window barr na fuinneoige

■ Elizabeth the First (in titles) Eilís a hAon

■ The more he works, the more he earns. (in comparisons) Dá mhéad a oibríonn sé is amhlaidh is mó a shaothraíonn sé.

theatre NOUN

1 amharclann fem2

2 léachtlann fem2 (for lectures)

3 obrádlann fem2 (for operations)

theft NOUN

gadaíocht fem3

their ADJECTIVE

a

□ their house a dteach □ their parents a dtuismitheoirí □ their car a ngluaisteán

theirs ADJECTIVE

an ceann seo acusan

□ It's better than theirs. Is fearr é ná an ceann seo acusan.

■ Whose is this? — It's theirs. Cé leis é seo? — Is leosan é.

■ a friend of theirs cara leo

them PRONOUN

iad (direct object)

□ I didn't see them. Ní fhaca mé iad.

⌒⌒⌒ LANGUAGE TIP To translate 'them'
⦙   ⦙ meaning 'to them', look at the
⌣⌣⌣ examples below.

□ I gave them some brochures. Thug mé roinnt bróisiúr dóibh. □ I told them the truth. D'inis mé an fhírinne dóibh.

⌒⌒⌒ LANGUAGE TIP To translate 'them'
⦙   ⦙ after 'with' or 'for', look at the
⌣⌣⌣ examples below.

□ It's for them. Is dóibhsean é. □ Ann and Sophie came; Peter was with them. Tháinig Áine agus Sophie; bhí Peadar in éineacht leo.

theme NOUN

téama masc4

theme park NOUN

páirc théama fem2

themselves PRONOUN

iad féin

□ They hurt themselves. Ghortaigh siad iad féin.

then ADVERB

1 san am sin (at that time)

□ There was no electricity then. Ní raibh leictreachas ar bith ann san am sin.

2 ansin (next)

□ I get dressed. Then I have breakfast. Cuirim orm mo chuid éadaigh. Ithim mo bhricfeasta ansin.

3 mar sin (in that case)

□ My pen's broken. — Use a pencil then! Tá mo pheann briste. — Bain úsáid as peann luaidhe mar sin!

■ now and then anois agus arís □ Do you play chess? — Now and then. An mbíonn tú ag imirt fíchille? — Anois agus arís.

■ By then it was too late. Faoin am sin bhí sé rómhall.

theory NOUN

teoiric fem2

therapy NOUN

teiripe fem4

there ADVERB

ansin

□ Put it there, on the table. Cuir ansin é, ar an tábla.

■ over there thall ansin

■ in there istigh ansin

■ on there air sin

■ up there (position) thuas ansin

■ down there (position) thíos ansin

■ There he is! Sin ansin é!

■ There is ... Tá ... ann □ There's a factory near my house. Tá monarcha cóngarach do mo theach.

■ There are ... Tá ... ann □ There are five people in my family. Tá cúigear i mo theaghlach.

■ I want that book there. An leabhar sin atá uaim.

therefore ADVERB

dá bhrí sin

thermometer NOUN

teirmiméadar masc1

Thermos® NOUN
teirmeas *masc1 (flask)*

thermostat NOUN
teirmeastat *masc1*

these ADJECTIVE
▷ *see also* **these** PRONOUN
na ... seo
□ these books na leabhair seo □ these
shoes na bróga seo

these PRONOUN
▷ *see also* **these** ADJECTIVE
1 siad seo *(subject)*
□ These are fine. Tá siad seo go breá.
2 iad seo *(object)*
□ I want these! Ba mhaith liom iad seo!
□ I'm looking for some sandals. Can I try
these? Tá mé ar lorg cuarán. An bhfuil cead
agam iad seo a thriail?

they PRONOUN
1 siad
□ They came in. Tháinig siad isteach.
□ Do you like those shoes? — No, they're
horrible. An maith leat na bróga seo? — Ní
maith, tá siad gránna.
2 iad *(with passive)*
□ They were injured. Gortaíodh iad.
3 siadsan *(for emphasis)*
□ They came and she stayed. Tháinig
siadsan agus d'imigh sise.
■ They say that ... Deir siad go ...

thick ADJECTIVE
1 tiubh
■ The walls are one metre thick. Tá na
ballaí méadar amháin ar tiús.
2 ramhar *(liquid)*
3 bómánta *(stupid)*

thickness NOUN
tiús *masc1*

thief NOUN
gadaí *masc4*
■ Stop thief! Stad, a ghadaí!

thigh NOUN
ceathrú *fem*

thimble NOUN
méaracán *masc1*

thin ADJECTIVE
1 tanaí *(person)*
2 scáinte *(hair, crowd)*

thing NOUN
rud *masc3*
□ beautiful things rudaí áille □ What's that
thing called? Cad é a thugtar ar an rud sin?
■ my things *(belongings)* mo chuid
giuirléidí
■ You poor thing! A chréatúir bhoicht!

to **think** VERB
1 smaoinigh
□ Think carefully before you reply.
Smaoinigh go cúramach sula dtugann tú
freagra. □ I'll think about it. Smaoineoidh
mé air. □ What are you thinking about? Cad
air a bhfuil tú ag smaoineamh? □ Think
what life would be like without cars.
Samhlaigh an saol gan charranna.
2 machnaigh *(reflect)*
□ I'll think it over. Déanfaidh mé mo
mhachnamh air.
3 síl *(have opinion)*
□ I think you're wrong. Sílim go bhfuil tú
contráilte. □ What do you think about the
war? Cad é a shíleann tú faoin gcogadh?
■ I think so. Sílim é.
■ I don't think so. Ní shílim é.

third NOUN
▷ *see also* **third** ADJECTIVE
an tríú giar *(gear)*
■ a third of the population trian den
phobal

third ADJECTIVE
▷ *see also* **third** NOUN
tríú
□ the third day an tríú lá □ the third time
an tríú huair
■ I came third. Tháinig mé sa tríú háit.
■ the third of March an tríú lá de Mhárta

thirdly ADVERB
ar an tríú dul síos

Third World NOUN
■ the Third World an Tríú Domhan

thirst NOUN
tart *masc3*

thirsty ADJECTIVE
tartmhar
■ to be thirsty tart a bheith ort □ He is
thirsty. Tá tart air.

thirteen NUMBER
trí ... déag
⟨ᐧᐧᐧ⟩ LANGUAGE TIP **trí** is followed by a
singular noun.
□ thirteen bottles trí bhuidéal déag
■ thirteen people trí dhuine dhéag
■ I'm thirteen. Tá mé trí bliana déag d'aois.

thirteenth ADJECTIVE
tríú ... déag
□ her thirteenth birthday a tríú breithlá déag
□ the thirteenth floor an tríú hurlár déag
■ the thirteenth of August an tríú lá déag
de Lúnasa

thirty NUMBER
tríocha

t

LANGUAGE TIP **tríocha** is followed by a singular noun.
□ thirty bottles tríocha buidéal □ thirty people tríocha duine
■ I'm thirty. Tá mé tríocha bliain d'aois.

this ADJECTIVE
▷ see also **this** PRONOUN
an ... seo
□ this book an leabhar seo □ this man an fear seo □ this woman an bhean seo □ this road an bóthar seo
■ this one an ceann seo □ Pass me that pen. — This one? Cuir chugam an peann sin. — An ceann seo? □ Of the two photos, I prefer this one. Den dá ghrianghraf, is fearr liom an ceann seo.

this PRONOUN
▷ see also **this** ADJECTIVE
é seo
□ Who's this? Cé hé seo? □ What's this? Cad é seo? □ You see this? An bhfeiceann tú seo?
■ This is my mother. (introduction) Seo mo mháthair.
■ This is Paul speaking. (on the phone) Seo Pól ag caint.

thistle NOUN
feochadán masc1

thorn NOUN
dealg fem2

thorough ADJECTIVE
cruinn
□ She's very thorough. Bíonn sí iontach cruinn.

thoroughly ADVERB
go cruinn

those ADJECTIVE
▷ see also **those** PRONOUN
na ... sin
□ those books na leabhair sin □ those shoes na bróga sin

those PRONOUN
▷ see also **those** ADJECTIVE
1 siad sin (subject)
□ Those are fine. Tá siad sin go breá.
2 iad sin (object)
□ I want those! Ba mhaith liom iad sin! □ I'm looking for some sandals. Can I try those? Tá mé ar lorg cuarán. An bhfuil cead agam iad sin a thriail?

though CONJUNCTION, ADVERB
cé go
□ Though it's raining ... Cé go bhfuil sé ag cur ...
■ He's a nice person, though he's not

very clever. Is duine deas é, cé nach bhfuil sé róchliste.

thought NOUN
smaoineamh masc1 (idea)
□ I've just had a thought. Rith smaoineamh liom ansin. □ It was a nice thought, thank you. Smaoineamh deas a bhí ann, go raibh maith agat.

thought VERB ▷ see **think**

thoughtful ADJECTIVE
1 machnamhach (deep in thought)
□ You look thoughtful. Tá cuma mhachnamhach ort.
2 tuisceanach (considerate)
□ She's very thoughtful. Tá sí iontach tuisceanach.

thoughtless ADJECTIVE
neamhthuisceanach (inconsiderate)
□ He's completely thoughtless. Tá sé go hiomlan neamhthuisceanach.

thousand NUMBER
míle
LANGUAGE TIP **míle** is followed by a singular noun.
□ two thousand houses dhá mhíle teach
□ a thousand euros míle euro
■ thousands of people na mílte duine

thousandth ADJECTIVE, NOUN
míliú

thread NOUN
snáithe masc4

threat NOUN
bagairt fem3

to **threaten** VERB
bagair
□ Mum threatened to stop my pocket money. Bhagair Mam orm go stopfadh sí mo chuid airgid phóca.

three NUMBER
1 a trí
LANGUAGE TIP **a trí** is used for telling the time and for counting.
□ at three o'clock ar a trí a chlog □ Three into seven won't go. Níl seacht inroinnte ar a trí.
2 trí
LANGUAGE TIP **trí** is used to give the number of objects and is usually followed by a singular noun.
□ three bottles trí bhuidéal
LANGUAGE TIP Some words, **bliain**, **uair**, **seachtain**, **pingin**, have a special plural for use with numbers.
□ three years trí bliana
■ She's three. Tá sí trí bliana d'aois.

LANGUAGE TIP To translate 'three people', use the form **triúr**.
□ three people triúr □ three women triúr ban

three-dimensional ADJECTIVE
tríthoiseach

threshold NOUN
tairseach *fem2*

threw VERB ▷ *see* **throw**

thrifty ADJECTIVE
tíosach

thrill NOUN
corraíl *fem3 (excitement)*

thrilled ADJECTIVE
■ I was thrilled. *(pleased)* Bhí áthas an domhain orm.

thriller NOUN
leabhar corraitheach *masc1 (book)*

thrilling ADJECTIVE
corraitheach

throat NOUN
sceadamán *masc1*
□ I've got a sore throat. Tá sceadamán nimhneach agam.

to **throb** VERB
frithbhuail *(with pain)*
□ My head's throbbing. Tá mo cheann ag frithbhualadh.
■ a throbbing pain pian bhroidearnúil

throne NOUN
ríchathaoir *fem*

through PREPOSITION, ADVERB
▷ *see also* **through** ADJECTIVE
trí
□ through the window tríd an bhfuinneog
□ I know her through my sister. Tá aithne agam uirthi trí mo dheirfiúr. □ through the mist tríd an gceo □ The window was dirty and I couldn't see anything through it. Bhí an fhuinneog salach agus ní thiocfadh liom a dhath a fheiceáil tríthi.
■ through and through amach agus amach

through ADJECTIVE
▷ *see also* **through** PREPOSITION, ADVERB
díreach *(ticket, train, passage)*
□ a through train traein dhíreach
■ 'no through road' 'ní trébhóthar é seo'

throughout PREPOSITION
1 ar fud *(place)*
□ throughout Ireland ar fud na hÉireann
2 i rith *(time)*
□ throughout the year ar rith na bliana

to **throw** VERB
caith

□ He threw the ball to me. Chaith sé an liathróid chugam.
■ to throw a party cóisir a dhéanamh
■ That really threw him. Chuir sin dá threoir é.

to **throw away** VERB
caith uait

to **throw out** VERB
1 caith amach
□ I threw him out. Chaith mé amach é.
2 diúltaigh do *(reject)*

to **throw up** VERB
cuir amach

thrush NOUN
smólach *masc1 (bird)*

thug NOUN
maistín *masc4*

thumb NOUN
ordóg *fem2*

thumb tack NOUN (US)
tacóid ordóige *fem2*

to **thump** VERB
buail
■ to thump somebody duine a bhualadh

thunder NOUN
toirneach *fem2*

thunderstorm NOUN
spéirling *fem2*

thundery ADJECTIVE
toirniúil

Thursday NOUN
An Déardaoin *masc4*
■ last Thursday Déardaoin seo caite
■ next Thursday Déardaoin seo chugainn
■ on Thursday Déardaoin
■ on Thursdays ar an Déardaoin □ He comes on Thursdays. Tagann sé ar an Déardaoin.
■ every Thursday gach Déardaoin

tick NOUN
▷ *see also* **tick** VERB
tic *masc4 (mark, of clock)*
■ in a tick ar an toirt □ I'll be back in a tick. Beidh mé ar ais ar an toirt.

to **tick** VERB
▷ *see also* **tick** NOUN
ticeáil
□ Tick the appropriate box. An bosca cuí a thiceáil.

to **tick off** VERB
1 ticeáil *(item on list)*
□ He ticked off our names on the list. Thiceáil sé ár gcuid ainmneacha ar an liosta.
2 íde béil a thabhairt do *(tell off)*
□ She ticked me off for being late. Thug sí íde béil dom cionn is go raibh mé mall.

ticket NOUN
ticéad *masc1*
□ a parking ticket ticéad páirceála
ticket collector NOUN
bailitheoir ticéad *masc3*
ticket inspector NOUN
cigire ticéad *masc4*
ticket office NOUN
oifig ticéad *fem2*
to **tickle** VERB
cigil
ticklish ADJECTIVE
cigilteach *(person)*
□ Are you ticklish? An bhfuil tú cigilteach?
tidal wave NOUN
muirbhrúcht *masc3*
tide NOUN
taoide *fem4*
■ high tide lán mara
■ low tide lag trá
■ to go against the tide snámh in éadan
an tsrutha
tidy ADJECTIVE
▷ *see also* **tidy** VERB
slachtmhar
□ Your room's very tidy. Tá do sheomra
iontach slachtmhar. □ She's very tidy. Tá sí
iontach slachtmhar.
to **tidy** VERB
▷ *see also* **tidy** ADJECTIVE
■ Go and tidy your room. Gabh agus cuir
slacht ar do sheomra.
to **tidy up** VERB
slacht a chur ar
□ Don't forget to tidy up afterwards. Ná déan
dearmad ar shlacht a chur air ina dhiaidh.
tie NOUN
▷ *see also* **tie** VERB
1 carbhat *masc1 (with shirt)*
2 cluiche cothrom *masc1 (drawn game)*
□ It was a tie. Cluiche cothrom a bhí ann.
to **tie** VERB
▷ *see also* **tie** NOUN
1 ceangail *(ribbon, shoelaces)*
■ to tie a knot in something snaidhm
a cheangal i rud
2 críochnaigh ar comhscór *(in sport)*
□ They tied three all. Chríochnaigh siad ar
comhscór, a trí an duine.
to **tie up** VERB
1 ceangail *(parcel, dog)*
2 feistigh *(boat)*
3 socraigh *(arrangements)*
■ to be tied up with something *(busy)*
bheith gafa ag rud

tiger NOUN
tíogar *masc1*
tight ADJECTIVE
teann
□ tight clothes éadaí teanna □ This dress is
a bit tight. Tá an gúna seo cineál teann.
to **tighten** VERB
teann
tightly ADVERB
go daingean *(hold)*
tightrope NOUN
téad rite *fem2*
tights PL NOUN
riteoga *fem2 pl*
tile NOUN
tíl *fem2*
tiled ADJECTIVE
tílithe
till NOUN
▷ *see also* **till** PREPOSITION, CONJUNCTION
scipéad *masc1*
till PREPOSITION, CONJUNCTION
▷ *see also* **till** NOUN
go dtí
□ I waited till ten o'clock. D'fhan mé go dtí
a deich a chlog. □ It won't be ready till next
week. Ní bheidh sé réidh go dtí an
tseachtain seo chugainn. □ Till last year I'd
never been to France. Go dtí anuraidh ní
raibh mé riamh sa Fhrainc.
■ till now go dtí seo
■ till then go dtí sin
timber NOUN
adhmad *masc1 (material)*
time NOUN
1 am *masc3*
□ What time is it? Cén t-am é? □ What time
do you get up? Cén t-am a n-éiríonn tú?
□ I'm sorry, I haven't got time. Tá mé
buartha, ach níl an t-am agam.
■ on time in am □ He never arrives on
time. Ní thagann sé in am riamh.
■ in time in am □ I arrived in time for
lunch. Tháinig mé in am don lón.
■ just in time díreach in am
■ no time am ar bith □ It took no time to
get ready. Níor ghlac sé am ar bith le
hullmhú.
■ for a long time ar feadh i bhfad
□ He lived there for a long time. Bhí sé ina
chónaí ansin ar feadh i bhfad.
2 uair *fem2 (occasion)*
□ this time an uair seo □ next time
an chéad uair eile □ How many times
will he come back? Cá mhéad uair a

thiocfaidh sé ar ais?
- **two at a time** beirt gach uair
- **at times** uaireanta
- **in a week's time** i gceann seachtaine
- **to have a good time** am maith a bheith agat □ Did you have a good time? An raibh am maith agat?
- **2 times 2 is 4.** 2 faoi 2 sin 4.

time bomb NOUN
  buama ama *masc4*

time lag NOUN
  idirlinn *fem2*

time off NOUN
  am saor *masc3*

timer NOUN
  amadóir *masc3*

timescale NOUN
  achar ama *masc1*

time-share NOUN
  sealbhaíocht thréimhsiúil *fem3*

timetable NOUN
  clár ama *masc1*

time zone NOUN
  crios ama *masc3*

tin NOUN
1 stán *masc1 (metal)*
2 canna *masc4 (can)*
  □ a tin of soup **canna anraith** □ a biscuit tin **canna brioscaí** □ The bin was full of tins. **Bhí an bosca bruscair lán cannaí.**

tinfoil NOUN
  scragall stáin *masc1*

tinned ADJECTIVE
  stánaithe *(food)*
  □ tinned peaches **péitseoga stánaithe**

tin opener NOUN
  stánosclóir *masc3*

tinsel NOUN
  tinsil *masc4*

tinted ADJECTIVE
  fordhaite

tiny ADJECTIVE
  bídeach

tip NOUN
  ▷ *see also* **tip** VERB
1 barr *masc1 (end)*
  □ It's on the tip of my tongue. **Tá sé ar bharr mo theanga.**
2 gob *masc1 (of pen)*
3 séisín *masc4 (to waiter)*
4 nod *masc1 (advice)*
  □ a useful tip **nod úsáideach**
- **a rubbish tip** carnán bruscair
- **This place is a complete tip!** Tá an áit seo ina cíor thuathail!

to **tip** VERB
  ▷ *see also* **tip** NOUN
  séisín a thabhairt do *(waiter)*
  □ Don't forget to tip the taxi driver. **Ná déan dearmad séisín a thabhairt don tiománaí tacsaí.**

tip-off NOUN
  cogar *masc1*

Tipperary NOUN
  Tiobraid Árann *fem*

tipsy ADJECTIVE
  súgach

tiptoe NOUN
- **on tiptoe** ar do bharraicíní

tire NOUN (US)
  bonn *masc1*

tired ADJECTIVE
  tuirseach
  □ I'm tired. **Tá mé tuirseach.**
- **to be tired of something** bheith bréan de rud

tiring ADJECTIVE
  tuirsiúil

tissue NOUN
  ciarsúr *masc1*
  □ Have you got a tissue? **An bhfuil ciarsúr agat?**

tissue paper NOUN
  páipéar síoda *masc1*

title NOUN
  teideal *masc1*

title role NOUN
  páirt theidil *fem2*

to PREPOSITION
1 go
  > **LANGUAGE TIP go** is used before place names.
  □ We went to Dublin. **Chuamar go Baile Átha Cliath.** □ the road to Belfast **an bóthar go Béal Feirste**
2 go dtí
  > **LANGUAGE TIP go dtí** is used before nouns with an article or before numbers.
  □ We went to the theatre last night. **Chuamar go dtí an amharclann aréir.** □ to count to ten **comhaireamh go dtí a deich** □ It's twenty to three. **Tá sé fiche go dtí a trí.**
3 an *(for, of)*
  □ the key to the front door **eochair an dorais tosaigh**
- **to talk to somebody** labhairt le duine
- **ready to go** réidh le dul
- **I've got things to do.** Tá rudaí le déanamh agam.

t

■ **from ... to ...** ó ... go ... □ from nine o'clock to half past three ó a naoi a chlog go leath i ndiaidh a trí
■ **to go to school** dul ar scoil
■ **to go to the doctor's** dul chuig an dochtúir

toad NOUN
buaf *fem2*

toadstool NOUN
beacán bearaigh *masc1*

toast NOUN
1 tósta *masc4*
□ a piece of toast slisín tósta
2 sláinte *fem4 (drink, speech)*
□ We drank a toast to the bride and groom. D'ólamar sláinte na lánúna nuaphósta.

toaster NOUN
tóstaer *masc1*

toastie NOUN
ceapaire tósta *masc4*
□ a cheese and ham toastie ceapaire tósta cáise agus liamháis

tobacco NOUN
tobac *masc4*

tobacconist's NOUN
siopa tobac *masc4*

toboggan NOUN
sleamhnán *masc1*

tobogganing NOUN
■ **to go tobogganing** dul a thobaganáil

today ADVERB
inniu
□ What did you do today? Cad é a rinne tú inniu?

toddler NOUN
tachrán *masc1*

toe NOUN
1 méar coise *fem2*
2 barraicín *masc4 (of shoe)*

toenail NOUN
ionga coise *fem*

toffee NOUN
taifí *masc4*

together ADVERB
le chéile
□ Are they still together? An bhfuil siad le chéile go fóill? □ Don't all speak together! Ná labhraígí uile le chéile!
■ **together with** *(with person)* in éineacht le

toilet NOUN
leithreas *masc1*

toilet paper NOUN
páipéar leithris *masc1*

toiletries PL NOUN
cóir ionnalta *fem3*

toilet roll NOUN
rolla leithris *masc4*

token NOUN
éarlais *fem2*
□ a book token éarlais leabhar □ a gift token éarlais bhronntanais

told VERB ▷ *see* **tell**

tolerant ADJECTIVE
caoinfhulangach

to **tolerate** VERB
fulaing

toll NOUN
dola *masc4 (on road, bridge)*

tomato NOUN
tráta *masc4*
□ tomato sauce anlann trátaí □ tomato soup anraith trátaí

tomb NOUN
tuama *masc4*

tomboy NOUN
geamstaire *masc4*
□ She's a real tomboy. Is geamstaire déanta í.

tomorrow ADVERB
amárach
□ tomorrow morning maidin amárach
□ tomorrow night oíche amárach
■ **the day after tomorrow** arú amárach

ton NOUN
tonna *masc4*
□ That old bike weighs a ton. Tá meáchan tonna sa seanrothar sin.

tongs PL NOUN
1 tlú *masc4 (for coal)*
2 tlú gruaige *masc4 (for hair)*

tongue NOUN
teanga *fem4*
■ **tongue in cheek** agus do theanga i do phluc agat

tongue twister NOUN
rabhlóg *fem2*

tonic NOUN
uisce íocshláinteach *masc4*
□ a gin and tonic jin agus uisce íocshláinteach

tonight ADVERB
anocht
□ Are you going out tonight? An mbeidh tú ag dul amach anocht? □ I'll sleep well tonight. Codlóidh mé go sámh anocht.

tonsil NOUN
céislín *masc4*

tonsillitis NOUN
céislínteas *masc1*

too ADVERB
1 ró- *(excessively)*

□ The water's too hot. Tá an t-uisce róthe.
□ We arrived too late. Thángamar rómhall.
2 fosta *(also)*
□ My sister came too. Tháinig mo dheirfiúr fosta.
■ **too much 1** barraíocht □ too much talk barraíocht cainte □ At Christmas we always eat too much. Ithimid barraíocht um Nollaig. **2** *(too expensive)* ródhaor □ Fifty euros? That's too much. Caoga euro? Tá sé sin ródhaor.
■ **too many** barraíocht □ too many hamburgers barraíocht borga
■ **Too bad!** Is trua sin!

took VERB ▷ *see* **take**

tool NOUN
uirlis *fem2*

toolbar NOUN
barra uirlisí *masc4 (on computer)*

tool box NOUN
bosca uirlisí *masc4*

tooth NOUN
fiacail *fem2*

toothache NOUN
tinneas fiacaile *masc1*
□ I have terrible toothache. Tá tinneas fiacaile millteanach orm.

toothbrush NOUN
scuab fiacla *fem2*

toothpaste NOUN
taos fiacla *masc1*

top NOUN
▷ *see also* **top** ADJECTIVE
1 barr *masc1*
□ at the top of the page ar bharr an leathanaigh
■ **on top of** ar bharr □ on top of the fridge ar bharr an chuisneora
■ **There's a surcharge on top of that.** Tá formhuirear ar a bharr sin.
■ **from top to bottom** ó bhun go barr
□ I searched the house from top to bottom. Chuardaigh mé an teach ó bhun go barr.
2 mullach *masc1 (of mountain, head)*
3 clár *masc1 (of box, jar)*
4 barrchóir *fem3 (garment)*

top ADJECTIVE
▷ *see also* **top** NOUN
1 uachtarach
□ the top floor an t-urlár uachtarach
2 príomh- *(in rank)*
3 is fearr *(best)*
□ the top surgeon an máinlia is fearr □ He always gets top marks in Irish. Faigheann sé na marcanna is fearr i gcónaí sa Ghaeilge.

to **top up** VERB
faigh breis *(mobile phone)*

top hat NOUN
hata ard *masc4*

topic NOUN
ábhar *masc1*
□ The essay can be written on any topic. Is féidir an aiste a scríobh ar ábhar ar bith.

topical ADJECTIVE
reatha *(current)*
□ a topical issue ceist reatha

topless ADJECTIVE
uchtnocht *(bather, model)*
□ to go topless bheith uchtnocht
□ I'd never go topless on the beach. Ní rachainn go deo ar an trá uchtnocht.

top-level ADJECTIVE
■ **top-level talks** díospóireacht ar an leibhéal is airde

top-secret ADJECTIVE
an-rúnda
□ top-secret documents cáipéisí an-rúnda

top-up NOUN
breis *fem2 (for mobile phone)*

top-up card NOUN
cárta breisithe *masc4 (for mobile phone)*

torch NOUN
lóchrann póca *masc1*

tore VERB ▷ *see* **tear**

torn VERB ▷ *see* **tear**

tornado NOUN
tornádó *masc4*

torpedo NOUN
toirpéad *masc1*

tortoise NOUN
toirtís *fem2*

torture NOUN
▷ *see also* **torture** VERB
céasadh *masc*
□ It was pure torture. Níor chéasadh go dtí é.

to **torture** VERB
▷ *see also* **torture** NOUN
céas
□ Stop torturing that poor animal! Éirigh as an ainmhí bocht sin a chéasadh!

Tory NOUN
▷ *see also* **Tory** ADJECTIVE
Tóraí *masc4*
■ **the Tories** na Tóraithe

Tory ADJECTIVE
▷ *see also* **Tory** NOUN
Tóraíoch
□ the Tory government an Rialtas Tóraíoch

to **toss** VERB
caith

English-Irish

■ **to toss a coin** pingin a chaitheamh in airde

■ **to toss and turn** bheith d'únfairt féin sa leaba

■ **Shall we toss for it?** An gcaithfimid crainn air?

total ADJECTIVE
▷ see also **total** NOUN
go léir
□ the total amount an méid go léir

total NOUN
▷ see also **total** ADJECTIVE
iomlán *masc1*
□ the grand total an t-iomlán

totally ADVERB
go hiomlán
□ He's totally useless. Tá sé go hiomlán gan mhaith.

touch NOUN
▷ see also **touch** VERB
■ **to get in touch with somebody** teagmháil a dhéanamh le duine
■ **to keep in touch with somebody** teagmháil a choinneáil le duine
■ **Keep in touch!** Coinnigh i dteagmháil!
■ **to lose touch with somebody** teagmháil a chailleadh le duine

to **touch** VERB
▷ see also **touch** NOUN
bain do
□ Don't touch that! Ná bain dó sin!

touchdown NOUN
talmhú *masc*

touched ADJECTIVE
corraithe
□ I was really touched. Bhí mé iontach corraithe.

touching ADJECTIVE
corraitheach

touchline NOUN
taobhlíne *fem4*

touchy ADJECTIVE
goilliúnach *(person)*
□ She's a bit touchy. Tá sí cineál goilliúnach.

tough ADJECTIVE
1 crua
□ He thinks he's a tough guy. Síleann sé gur fear crua atá ann.
2 righin
□ The meat's tough. Tá an fheoil righin.
□ tough leather gloves lámhainní righne leathair
3 láidir
□ She's tough. She can take it. Tá sí láidir. Is féidir léi é a ghlacadh.

4 doiligh *(difficult)*
□ It was tough, but I managed OK. Bhí sé doiligh, ach d'éirigh liom maith go leor.
□ It's a tough job. Is jab doiligh é.
■ **Tough luck!** Mí-ádh!

toupee NOUN
bréagfholt *masc1*

tour NOUN
▷ see also **tour** VERB
1 turas *masc1*
□ We went on a tour of the city. Chuamar ar thuras na cathrach. □ a package tour turas réamháirithe
2 cuairt *fem2 (by singer, group)*
□ on tour ar camchuairt

to **tour** VERB
▷ see also **tour** NOUN
■ **U2 are touring Europe.** Tá U2 ar camchuairt na hEorpa.

tour guide NOUN
treoraí *masc4*

tourism NOUN
turasóireacht *fem3*

tourist NOUN
turasóir *masc3*
■ **tourist information office** oifig fáilte

tourist office NOUN
oifig thurasóireachta *fem2*

tournament NOUN
comórtas *masc1*

tour operator NOUN
oibreoir turas *masc3*

towards PREPOSITION
i dtreo *(in the direction of)*
□ He came towards me. Tháinig sé i mo threo.
■ **my feelings towards him** mo chuid mothúchán faoi

towel NOUN
tuáille *masc4*

towel rail (US **towel rack**) NOUN
ráille tuáillí *masc4*

tower NOUN
túr *masc1*

tower block NOUN
áraslann *fem2*

town NOUN
baile mór *masc4*
□ a town plan plean baile mhóir

town centre NOUN
lár an bhaile *masc1*

town council NOUN
comhairle baile *fem4*

town hall NOUN
halla baile *masc4*

tow truck NOUN (US)
trucail tarraingthe *fem2*

toy NOUN
bréagán *masc1*
□ a toy shop siopa bréagán
■ a toy car bréagcharr

trace NOUN
▷ *see also* **trace** VERB
rian *masc1*
□ There was no trace of the robbers.
Ní raibh rian ar bith de na robálaithe.

to **trace** VERB
▷ *see also* **trace** NOUN
1 rianaigh *(draw)*
2 lorg *(follow)*
3 aimsigh *(locate)*

tracing paper NOUN
rianpháipéar *masc1*

track NOUN
1 lorg *masc1 (mark, of animal)*
2 cosán *masc1 (path)*
□ They followed the track for miles. Lean
siad an cosán ar feadh na mílte.
3 raon *masc1 (for sport, on record)*
□ This is my favourite track. Seo an raon is
fearr liom. □ two laps of the track dhá
chuaird den an raon

to **track down** VERB
■ to track somebody down teacht suas
le duine □ The police never tracked down
the killer. Níor tháinig na póilíní suas leis
an dúnmharfóir.

tracksuit NOUN
raonchulaith *fem2*

tractor NOUN
tarracóir *masc3*

trade NOUN
ceird *fem2 (skill, job)*
□ He's learning a trade. Tá sé ag foghlaim
ceirde.

trademark NOUN
trádmharc *masc1*

trader NOUN
trádálaí *masc4*

trade union NOUN
ceardchumann *masc1*

trade unionist NOUN
ceardchumannaí *masc4*

tradition NOUN
traidisiún *masc1*

traditional ADJECTIVE
traidisiúnta

traffic NOUN
trácht *masc3*
□ The traffic was terrible. Bhí an trácht

millteanach.

traffic circle NOUN (US)
timpeallán *masc1*

traffic jam NOUN
plódú tráchta *masc*

traffic lights PL NOUN
soilse tráchta *fem4 pl*

traffic warden NOUN
maor tráchta *masc1*

tragedy NOUN
1 tragóid *fem4*
□ They were shocked by the tragedy.
Bhí siad suaite go mór agan tragóid.
2 traigéide *fem4 (play)*

tragic ADJECTIVE
tragóideach

trail NOUN
1 lorg *masc1 (tracks)*
2 cosán *masc1 (path)*

trailer NOUN
1 leantóir *masc3 (for car)*
2 réamhbhlaiseadh *masc (film advert)*

trailer truck (US) NOUN
leoraí altach *masc4*

train NOUN
▷ *see also* **train** VERB
traein *fem*
■ a train set foireann traenach

to **train** VERB
▷ *see also* **train** NOUN
1 oil
□ to train as a teacher oiliúint a fháil mar
mhúinteoir
2 traenáil *(sportsman)*
□ I'm training for the race next month.
Tá mé ag traenáil le haghaidh rás na míosa
seo chugainn.

trained ADJECTIVE
oilte
□ She's a trained nurse. Is banaltra oilte í.

trainee NOUN
■ She's a trainee. Is oiliúnaí í.
■ a trainee plumber *(apprentice)* pluiméir
faoi oiliúint

trainer NOUN
1 traenálaí *masc4 (coach)*
2 oiliúnóir *masc3 (of dogs, horses)*

trainers PL NOUN
bróga traenála
□ a pair of trainers péire de bhróga traenála

training NOUN
1 oiliúint *fem3 (at work)*
□ a training college coláiste oiliúna
2 traenáil *fem3 (sport)*
□ in training ag traenáil

t

training shoes PL NOUN
bróga traenála *fem2 pl.*

traitor NOUN
fealltóir *masc3*

tram NOUN
tram *masc4*

tramp NOUN
bacach *masc1*

trampoline NOUN
trampailín *masc4*

tranquillizer (US **tranquilizer**) NOUN
suaimhneasán *masc1*
□ She's on tranquillizers. Tá sí ag glacadh suaimhneasán.

transfer NOUN
1 aistriú *masc (in sport)*
2 aistreog *fem2 (picture, design)*

to transform VERB
claochlaigh

transfusion NOUN
fuilaistriú *masc*

transit NOUN
idirthuras *masc1*
■ in transit faoi bhealach

transit lounge NOUN
tolglann idirthurais *fem2*

to translate VERB
aistrigh
□ Translate this sentence into English. Aistrigh an abairt seo go Béarla.

translation NOUN
aistriúchán *masc1*

translator NOUN
aistritheoir *masc3*
□ Anita's a translator. Is aistritheoir í Anita.

transparent ADJECTIVE
trédhearcach

transplant NOUN
trasphlandú *masc*
□ a heart transplant trasphlandú croí

transport NOUN
▷ see also **transport** VERB
iompar *masc1*
□ public transport córas iompair poiblí

to transport VERB
▷ see also **transport** NOUN
iompair

trap NOUN
dol *masc3*

trapeze NOUN
maide luascáin *masc4*

trash NOUN (US)
bruscar *masc1 (rubbish)*

trash can NOUN (US)
bosca bruscair *masc4*

trashy ADJECTIVE
gáirsiúil
□ a really trashy film scannán an-gháirsiúil

traumatic ADJECTIVE
coscrach
□ It was a traumatic experience. Rud coscrach a bhí ann.

travel NOUN
▷ see also **travel** VERB
taisteal *masc1*

to travel VERB
▷ see also **travel** NOUN
taistil
□ I prefer to travel by train. Is fearr liom taisteal leis an traein. □ I'd like to travel round the world. Ba mhaith liom taisteal thart ar an domhan. □ We travelled over 800 kilometres. Thaistealaíomar breis agus 800 ciliméadar.

travel agency NOUN
gníomhaireacht taistil *fem3*

travel agent NOUN
gníomhaire taistil *masc4*
□ She's a travel agent. Is gníomhaire taistil í.

travel card NOUN
cárta taistil *masc4*

traveller (US **traveler**) NOUN
taistealaí *masc4*

traveller's cheque (US **traveler's check**) NOUN
seic taistil *masc4*

travelling (US **traveling**) NOUN
taisteal *masc1*
□ I love travelling. Is breá liom taisteal.

travel sickness NOUN
tinneas taistil *masc1*

travesty NOUN
scigaithris *fem2*

trawler NOUN
trálaer *masc1*

tray NOUN
tráidire *masc4*

treacle NOUN
triacla *masc4*

to tread VERB
siúil
■ She trod on my toes. Sheas sí ar mo ladhracha.

treasure NOUN
stór *masc1*

treasurer NOUN
cisteoir *masc3*

treat NOUN
▷ see also **treat** VERB
féirín *masc4 (present)*

□ My parents gave me a treat for passing my exams. Thug mo thuismitheoirí féirín dom nuair a d'éirigh liom sna scrúduithe.

to **treat** VERB
▷ see also **treat** NOUN
caith le *(well, badly)*

■ **to treat somebody to something** rud a sheasamh do dhuine □ He treated us to an ice cream. Sheas sé uachtar reoite dúinn.

treatment NOUN
cóireáil *fem3 (medical)*

to **treble** VERB
méadaigh faoi thrí
□ The cost of living there trebled. Mhéadaigh an costas maireachtála faoi thrí.

tree NOUN
crann *masc1*

to **tremble** VERB
bheith ar crith

tremendous ADJECTIVE
1 ollmhór *(enormous)*
2 iontach *(excellent)*
■ **It was a tremendous success.** D'éirigh thar barr leis.

trend NOUN
1 claonadh *masc (tendency)*
2 nós *masc1 (fashion)*

trendy ADJECTIVE
faiseanta *(idea, person, clothes)*

to **trespass** VERB
■ **'no trespassing'** 'ná déantar treaspás'

trial NOUN
1 triail *fem (in court)*
□ He was on trial for murder. Bhí sé ar a thriail as dúnmharú.
2 tástáil *fem3 (test)*
■ **by trial and error** le tástáil agus le hearráid

trial period NOUN
tréimhse thrialach *fem4*

triangle NOUN
triantán *masc1*

tribe NOUN
treibh *fem2*

trick NOUN
▷ see also **trick** VERB
1 bob *masc4 (joke, prank)*
□ We often played a trick on the teacher. Is minic a bhuaileamar bob ar an múinteoir.
2 cleas *masc1 (magic trick, knack)*
□ It's not easy; there's a trick to it. Níl sé furasta; tá cleas leis.

to **trick** VERB
▷ see also **trick** NOUN

■ to trick somebody cleas a imirt ar dhuine

tricky ADJECTIVE
cáiréiseach *(problem)*

tricycle NOUN
trírothach *masc1*

trifle NOUN
traidhfil *fem4 (dessert)*

trigger NOUN
truicear *masc1*

trim ADJECTIVE
▷ see also **trim** NOUN, VERB
comair *(figure)*

trim NOUN
▷ see also **trim** ADJECTIVE, VERB
diogáil *fem3 (haircut)*
□ I went to the hairdresser's for a trim. Chuaigh mé chuig an ngruagaire ag iarraidh diogáil bheag.

to **trim** VERB
▷ see also **trim** ADJECTIVE, NOUN
diogáil *(cut)*

trip NOUN
▷ see also **trip** VERB
turas *masc1*
□ Have a good trip! Bíodh turas maith agat!
□ a day trip turas lae

to **trip** VERB
▷ see also **trip** NOUN
tuisligh

triple ADJECTIVE
triarach

triplets PL NOUN
trírín *masc4*

triumph NOUN
bua *masc4*

trivial ADJECTIVE
fánach

trod VERB ▷ see **tread**

trodden VERB ▷ see **tread**

trolley NOUN
tralaí *masc4*

trombone NOUN
trombón *masc1*
□ I play the trombone. Bím ag seinm ar an trombón.

troops PL NOUN
trúpaí *masc4 pl*
□ Irish troops trúpaí na hÉireann

trophy NOUN
trófaí *masc4*
□ to win a trophy trófaí a bhaint

tropical ADJECTIVE
teochreasach
□ The weather was tropical. Bhí an aimsir teochreasach.

to **trot** VERB
bheith ag sodar

trouble NOUN
trioblóid *fem2*
□ The trouble is, it's too expensive. An trioblóid atá ann, ná go bhfuil sé ródhaor.
□ What's the trouble? Cad é an trioblóid?
□ Don't worry, it's no trouble. Ná bí buartha, ní trioblóid ar bith é.
■ He has stomach trouble. Tá an goile ag cur air.
■ to be in trouble bheith i dtrioblóid
■ to take a lot of trouble over something cuid mhór trioblóide ghlacadh le rud

troublemaker NOUN
clampróir *masc3*

troubleshooter NOUN
eadránaí *masc4*

trousers PL NOUN
bríste *masc4*
□ a pair of trousers péire bríste

trout NOUN
breac *masc1*

truant NOUN
múitseálaí *masc4*
■ to play truant lá a chaitheamh faoin tor

truck NOUN
trucail *fem2*

truck driver NOUN
tiománaí trucaile *masc4*
□ He's a truck driver. Is tiománaí trucaile é.

trucker NOUN (US)
tiománaí trucaile *masc4*

true ADJECTIVE
fíor
■ That's true. Tá sin fíor.
■ to come true teacht isteach □ I hope my dream will come true. Tá súil agam go dtiocfaidh mo bhrionglóid isteach.
■ true love fíorghrá

truly ADVERB
dáiríre
■ Yours truly. Is mise, le meas.

trumpet NOUN
trumpa *masc4*
□ She plays the trumpet. Bíonn sí ag seinm ar an trumpa.

trunk NOUN
1 stoc *masc1* (of tree)
2 trunc *masc3* (of elephant)
3 cófra *masc4* (case)
4 cófra bagáiste *masc4* (us: of car)

trunks PL NOUN
bríste snámha *masc4*
□ a pair of trunks péire bríste snámha

trust NOUN
▷ see also **trust** VERB
muinín *fem2*
■ to have trust in somebody muinín a bheith agat as duine

to **trust** VERB
▷ see also **trust** NOUN
■ to trust somebody muinín a bheith agat as duine □ Don't you trust me? Nach bhfuil aon mhuinín agat asam? □ Trust me! Bíodh muinín agat ionam!

trustworthy ADJECTIVE
iontaofa

truth NOUN
fírinne *fem4*
□ Tell me the truth. Inis an fhírinne dom.

truthful ADJECTIVE
ionraic
□ She's a very truthful person. Is duine iontach ionraic í.

try NOUN
▷ see also **try** VERB
1 iarracht *fem3*
□ It's worth a try. Is fiú an iarracht é.
■ to give something a try iarracht a dhéanamh ar rud
2 úd *masc1* (in rugby)
□ his third try a thríú húd

to **try** VERB
▷ see also **try** NOUN
déan iarracht ar (attempt)
■ He tried to cheat in the exam. Rinne sé iarracht ar shéitéireacht sa scrúdú.
■ Would you like to try some? (taste) Ar mhaith leat blaiseadh de?

to **try on** VERB
féach ort (clothes)

to **try out** VERB
bain triail as

T-shirt NOUN
T-léine *fem4*

tub NOUN
folcadán *masc1* (bath)

tube NOUN
1 feadán *masc1*
2 traein faoi thalamh *fem* (underground)
3 tiúb *fem2* (for tyre)

tuberculosis NOUN
eitinn *fem2*

Tuesday NOUN
An Mháirt *fem2*
■ last Tuesday Dé Máirt seo caite
■ next Tuesday Dé Máirt seo chugainn
■ on Tuesday Dé Máirt
■ on Tuesdays ar an Máirt □ He comes on

Tuesdays. **Tagann sé ar an Máirt.**
■ **every Tuesday gach Máirt**
tug-of-war NOUN
tarraingt na téide *fem*
tuition NOUN
1 teagasc *masc1*
□ private tuition **teagasc príobháideach**
2 táillí scoile *fem4 pl* (us: *school fees*)
tulip NOUN
tiúilip *fem2*
tumble dryer NOUN
triomadóir iomlasctha *masc3*
tumbler NOUN
timbléar *masc1* (*glass*)
tummy NOUN
goile *masc4*
tumour (us **tumor**) NOUN
sceachaill *fem2*
tuna NOUN
tuinnín *masc4*
tune NOUN
1 fonn *masc1* (*melody*)
2 tiúin *fem2*
□ She's singing out of tune. **Tá sí ag canadh as tiúin.**
Tunisia NOUN
an Túinéis *fem2*
□ in Tunisia **sa Túinéis**
tunnel NOUN
tollán *masc1*
■ **the Channel Tunnel Tollán Mhuir nlocht**
turf NOUN
1 scraith *fem2*
2 móin *fem3* (*peat*)
Turk NOUN
Turcach *masc1*
Turkey NOUN
an Tuirc *fem2*
□ in Turkey **sa Tuirsc** □ to Turkey **chun na Tuirce**
turkey NOUN
turcaí *masc4*
Turkish ADJECTIVE
▷ *see also* **Turkish** NOUN
Turcach
Turkish NOUN
▷ *see also* **Turkish** ADJECTIVE
Tuircis *fem2* (*language*)
turn NOUN
▷ *see also* **turn** VERB
casadh *masc1*
□ 'no left turn' **'cosc ar chasadh ar clé'**
■ **It's my turn! Seal s'agamsa atá ann!**
■ **a good turn gar**

to **turn** VERB
▷ *see also* **turn** NOUN
cas
□ Turn right at the lights. **Cas ar dheis ag na soilse.**
■ **to turn red** (*become*) **iompú go dearg**
to **turn back** VERB
fill
□ We turned back. **D'fhilleamar ar ais.**
to **turn down** VERB
1 diúltaigh do (*refuse*)
2 ísligh (*radio, TV, heating*)
□ Shall I turn the heating down? **An ísleoidh mé an teas?**
to **turn off** VERB
1 cas ó (*from road*)
2 múch (*light, radio*)
3 stop (*tap*)
to **turn on** VERB
1 las (*light*)
2 cuir ar siúl (*tap, radio, TV*)
to **turn out** VERB
1 múch (*light, gas*)
2 táirg (*produce*)
3 tarlaigh
□ It turned out to be a mistake. **Tharla sa deireadh gur meancóg a bhí ann.** □ It turned out that she was right. **Mar a tharla, bhí an ceart aici.**
to **turn over** VERB
iompaigh (*person*)
to **turn round** VERB
cas thart
to **turn up** VERB
nocht (*appear*)
■ **Could you turn up the radio? An dtiocfadh leat an raidió a chur suas?**
turning NOUN
casadh *masc1*
□ It's the third turning on the left. **An tríú casadh ar clé atá ann.** □ We took the wrong turning. **Ghlacamar an casadh contráilte.**
turnip NOUN
tornapa *masc4*
turnstile NOUN
geata casta *masc4*
turquoise ADJECTIVE
turcaidghorm
turtle NOUN
turtar *masc1*
tutor NOUN
1 teagascóir *masc3* (*in college*)
2 múinteoir príobháideach *masc3* (*private teacher*)

tuxedo NOUN (US)
casóg dinnéir *fem2*

TV NOUN
TV

tweed NOUN
bréidín *masc4*

tweezers PL NOUN
pionsúirín *masc4*

twelfth ADJECTIVE
an dara ... déag
□ the twelfth floor an dara hurlár déag
■ the twelfth of August an dara lá déag de Lúnasa

twelve NUMBER
1 a dó dhéag
LANGUAGE TIP **a dó dhéag** is used for telling the time and for counting.
□ Two times six is twelve. A dó faoi a sé sin a dó dhéag.
■ to put two and two together tuiscint as
2 dhá ... dhéag
LANGUAGE TIP **dhá ... dhéag** is used to give the number of objects and takes a singular noun.
□ twelve bottles dhá bhuidéal déag
■ twelve people dháréag
■ the twelve days of Christmas achar an dhá lá dhéag
■ She's twelve. Tá sí dhá bhliain déag d'aois.
■ twelve o'clock 1 (midday) meán lae
2 (midnight) meán oíche

twentieth ADJECTIVE
fichiú
□ the twentieth time an fichiú huair
■ the twentieth of May an fichiú lá de Bhealtaine

twenty NUMBER
fiche
LANGUAGE TIP **fiche** is followed by a singular noun.
□ It's over twenty kilos. Tá sé níos mó ná fiche cíleagram.
■ She's twenty. Tá sí fiche bliain d'aois.

twice ADVERB
faoi dhó
■ twice as much a dhá oiread □ He gets twice as much pocket money as me. Faigheann sé a dhá oiread airgead póca liomsa.

twin NOUN
leathchúpla *masc4*
□ my twin brother mo leathchúpla □ her twin sister a leathchúpla
■ a twin room seomra dúbailte
■ identical twins cúpla comhionann

twinned ADJECTIVE
cúplaithe
□ This town is twinned with a town in France. Tá an baile seo cúplaithe le baile sa Fhrainc.

to **twist** VERB
cas
□ You're twisting my words. Tá tú ag casadh mo chuid cainte.

twit NOUN
bómán *masc1*

two NUMBER
1 a dó
LANGUAGE TIP **a dó** is used for telling the time and for counting.
□ at two o'clock ar a dó a chlog □ Two times two is four. A dó faoi a dó sin a ceathair.
2 dhá
LANGUAGE TIP **dhá** is used to give the number of objects and is followed by a singular noun.
□ two bottles dhá bhuidéal □ two weeks dhá sheachtain
■ She's two. Tá sí dhá bhlain d'aois.
LANGUAGE TIP To translate 'two people', use the form **beirt**.
□ two people beirt □ two women beirt bhan

type NOUN
▷ see also **type** VERB
cineál *masc1*
□ What type of camera have you got? Cén cineál ceamara atá agat?

to **type** VERB
▷ see also **type** NOUN
clóscríobh
□ Can you type? An féidir leat clóscríobh?

typewriter NOUN
clóscríobhán *masc1*

typical ADJECTIVE
tipiciúil
□ That's just typical! Tá sé sin tipiciúil!

typing NOUN
clóscríbhneoireacht *fem3*

typist NOUN
clóscríobhaí *masc4*

tyre (US **tire**) NOUN
bonn *masc1*
■ tyre pressure brú boinn

Tyrone NOUN
Tír Eoghain *fem*

Uu

UFO NOUN
ÚFÓ *masc4*

ugh EXCLAMATION
ach!

ugly ADJECTIVE
gránna

UK NOUN (= *United Kingdom*)
RA *fem3* (= *an Ríocht Aontaithe*)
□ from the UK **as an RA** □ in the UK **sa RA** □ to the UK **chuig an RA**

ulcer NOUN
othras *masc1*
□ a mouth ulcer **othras béil**

Ulster NOUN
Cúige Uladh *masc4*
□ in Ulster **i gCúige Uladh**

ultimate ADJECTIVE
deiridh
□ the ultimate challenge **an dúshlán deiridh** □ It was the ultimate adventure. **Ba é an dúshlán deiridh é.**

ultimately ADVERB
ar deireadh
□ Ultimately, it's your decision. **Ar deireadh, is fútsa atá**

umbrella NOUN
1 scáth fearthainne *masc3*
2 scáth gréine *masc3* (*for sun*)

umpire NOUN
moltóir *masc3*

UN NOUN (= *United Nations*)
na Náisiúin Aontaithe *masc1 pl*

unable ADJECTIVE
■ **to be unable to do something** gan a bheith ábalta rud a dhéanamh □ I was unable to come. **Ní raibh mé ábalta teacht.**

unacceptable ADJECTIVE
do-ghlactha

unanimous ADJECTIVE
d'aon ghuth
□ a unanimous decision **cinneadh d'aon ghuth**

unattended ADJECTIVE
gan feighil (*car, child, luggage*)
□ Never leave pets unattended in your car. **Ná fág peataí gan feighil i do charr in am ar bith.**

unavoidable ADJECTIVE
dosheachanta

unaware ADJECTIVE
■ **to be unaware** (*not know about*) a bheith ar an aineolas □ I was unaware of the regulations. **Bhí mé ar an aineolas faoi na rialacháin.**
■ **He was unaware of the truth.** Bhí sé dall ar an bhfírinne.

unbearable ADJECTIVE
dofhulaingthe

unbeatable ADJECTIVE
dosháraithe

unborn ADJECTIVE
nár rugadh go fóill
□ the unborn child **an leanbh sa bhroinn**

unbreakable ADJECTIVE
dobhriste

uncanny ADJECTIVE
dochreidte (*extraordinary*)
□ That's uncanny! **Tá sé sin dochreidte!**
■ **an uncanny resemblance** cosúlacht dhochreidte

uncertain ADJECTIVE
neamhchinnte
□ The future is uncertain. **Tá an todhchaí neamhchinnte.**
■ **in no uncertain terms** gan fiacail a chur ann

uncivilized ADJECTIVE
barbartha (*person, behaviour*)

uncle NOUN
uncail *masc4*
□ my uncle **m'uncail**

uncomfortable ADJECTIVE
míchompordach
□ The seats are rather uncomfortable. **Tá na suíocháin seo measartha míchompordach.**

u

unconscious ADJECTIVE
gan mheabhair
■ **unconscious of** (*unaware*) gan eolas ar
uncontrollable ADJECTIVE
1 dosmachtaithe (*forces, mob*)
2 doshrianta (*temper, laughter*)
unconventional ADJECTIVE
as an ngnáth
under PREPOSITION
1 faoi
□ The cat's under the table. Tá an cat faoin tábla. □ The tunnel goes under the Channel. Téann an tollán faoi Mhuir nIocht.
■ **under there** thíos faoi sin □ What's under there? Cad é atá thíos faoi sin?
2 faoi bhun (*less than*)
□ under 20 people faoi bhun 20 duine
□ children under 10 páistí faoi bhun 10
underage ADJECTIVE
faoi aois (*person*)
undercover ADJECTIVE, ADVERB
faoi rún
□ She was working undercover. Bhí sí ag obair faoi rún. □ an undercover agent gníomhaire faoi rún
to **underestimate** VERB
meas faoina luach
□ I underestimated her. Mheas mé faoina luach í.
to **undergo** VERB
téigh trí
■ **to undergo an operation** obráid a bheith agat
underground NOUN
▷ *see also* **underground** ADJECTIVE, ADVERB
iarnród faoi thalamh *masc1* (*railway*)
□ Is there an underground in Glasgow? An bhfuil iarnród faoi thalamh i nGlaschú?
underground ADJECTIVE, ADVERB
▷ *see also* **underground** NOUN
faoi thalamh
□ an underground car park carrchlós faoi thalamh □ Moles live underground. Cónaíonn na caocháin faoi thalamh.
to **underline** VERB
1 cuir líne faoi (*write*)
2 cuir béim ar (*emphasize*)
underneath ADVERB
▷ *see also* **underneath** PREPOSITION
thíos faoi
□ underneath the carpet faoin mbrat urláir
underneath PREPOSITION
▷ *see also* **underneath** ADVERB
faoi

□ I got out of the car and looked underneath. D'éirigh mé amach as an gcarr agus d'amharc mé faoi.
underpaid ADJECTIVE
ar ghannphá
□ I'm underpaid. Tá mé ar ghannphá.
underpants PL NOUN
fobhríste *masc4*
underpass NOUN
íosbhealach *masc1*
undershirt NOUN (US)
foléine *fem4*
underskirt NOUN
fosciorta *masc4*
to **understand** VERB
tuig
□ Do you understand? An dtuigeann tú?
□ I don't understand this word. Ní thuigim an focal seo. □ I understand that ... Tuigim go ...
understanding ADJECTIVE
tuisceanach
□ She's very understanding. Tá sí iontach tuisceanach.
understood VERB ▷ *see* **understand**
undertaker NOUN
adhlacóir *masc3*
underwater ADJECTIVE
faoi uisce
□ This part was filmed underwater. Scannánaíodh an chuid seo faoi uisce.
□ an underwater camera ceamara faoi uisce
□ underwater photography grianghrafadóireacht faoi uisce
underwear NOUN
fo-éadaí *masc1 pl*
underwent VERB ▷ *see* **undergo**
to **undo** VERB
scaoil (*buttons, knot*)
to **undress** VERB
bain díot
□ The doctor told me to undress. D'iarr an dochtúir orm baint díom.
uneconomic ADJECTIVE
neamheacnamaíoch
unemployed ADJECTIVE
dífhostaithe
□ He's unemployed. Tá sé dífhostaithe.
□ He's been unemployed for a year. Tá sé dífhostaithe le bliain.
■ **the unemployed** lucht dífhostaíochta
unemployment NOUN
dífhostaíocht *fem3*
unexpected ADJECTIVE
gan choinne

□ an unexpected visitor **cuairteoir gan choinne**

unexpectedly ADVERB
gan choinne
□ They arrived unexpectedly. **Tháinig siad gan choinne.**

unfair ADJECTIVE
leatromach
□ It's unfair to girls. **Tá sí leatromach ar chailíní**

unfamiliar ADJECTIVE
neamhaithnid
□ I heard an unfamiliar voice. **Chuala mé guth neamhaithnid.**

unfashionable ADJECTIVE
neamhfhaiseanta

unfit ADJECTIVE
neamhaclaí
□ I'm rather unfit. **Tá mé cineál neamhaclaí.**

to **unfold** VERB
oscail amach
□ She unfolded the map. **D'oscail sí an léarscáil amach.**

unforgettable ADJECTIVE
dodhearmadta

unfortunately ADVERB
ar an drochuair
□ Unfortunately, I arrived late. **Ar an drochuair, tháinig mé mall.**

unfriendly ADJECTIVE
míchairdiúil
□ The waiters are a bit unfriendly. **Tá na freastalaithe sórt míchairdiúil.**

ungrateful ADJECTIVE
míbhuíoch

unhappy ADJECTIVE
míshona
□ He was unhappy as a child. **Bhí sé míshona ina leanbh dó.**
■ to look unhappy **cuma mhíshona a bheith ort**

unhealthy ADJECTIVE
1 mífholláin (food)
2 easláinteach (person)

uni NOUN
ollscoil fem2 (university)
□ I go to uni in Belfast. **Tá mé ar an ollscoil i mBéal Feirste.**

uniform NOUN
éide fem4
□ school uniform **éide scoile**

uninhabited ADJECTIVE
neamháitrithe

union NOUN
ceardchumann masc1
■ the Act of Union **Acht an Aontais**

Unionist ADJECTIVE
▷ see also **Unionist** NOUN
Aontachtaí

Unionist NOUN
▷ see also **Unionist** ADJECTIVE
Aontachtaí masc4

unique ADJECTIVE
sainiúil
■ a unique opportunity **seans iontach**

unit NOUN
aonad masc1
□ a unit of measurement **aonad tomhais**
□ a kitchen unit **aonad cistine**

United Kingdom NOUN
an Ríocht Aontaithe fem3

United Nations NOUN
na Náisiúin Aontaithe masc1 pl

United States NOUN
na Stáit Aontaithe masc1 pl
□ in the United States **sna Stáit Aontaithe**
□ to the United States **chuig na Stáit Aontaithe**

universe NOUN
cruinne fem4

university NOUN
ollscoil fem2
□ She's at university. **Tá sí ar an ollscoil.**
□ Do you want to go to university? **Ar mhaith leat dul ar an ollscoil?**

unleaded ADJECTIVE
gan luaidhe (petrol)

unless CONJUNCTION
mura
□ unless he leaves **mura n-imeoidh sé**
□ I won't come unless you phone me. **Ní thiocfaidh mé mura scairteann tú orm.**

unlike PREPOSITION
murab ionann agus
□ Unlike him, I really enjoy flying. **Murab ionann agus eisean, taitníonn bheith ag eitilt liom.**

unlikely ADJECTIVE
neamhdhóchúil
□ It's possible, but unlikely. **Is féidir é, ach tá sé neamhdhóchúil.**
■ It's unlikely that she'll come. **Ní dócha go dtiocfaidh sí.**

unlisted ADJECTIVE (US)
neamhliostaithe (phone number)

to **unload** VERB
dílódáil
□ We unloaded the car. **Dhílódálamar an carr.**

to **unlock** VERB
oscail
□ He unlocked the car. **D'oscail sé an carr.**

u

537

unlucky ADJECTIVE

1 mí-ámharach (person)
□ Did you win? — No, I was unlucky.
Ar bhain tú? — Níor bhain, bhí mé
mí-ámharach.

2 tubaisteach (object, number)
□ They say thirteen is an unlucky number.
Deirtear gur uimhir thubaisteach é trí déag.

unmarried ADJECTIVE

neamhphósta
□ an unmarried mother máthair
neamhphósta □ an unmarried couple cúpla
neamhphósta

unnatural ADJECTIVE

mínádúrtha

unnecessary ADJECTIVE

neamhriachtanach

unofficial ADJECTIVE

neamhoifigiúil

to unpack VERB

díphacáil
□ I unpacked my suitcase. Dhíphacáil mé
mo chás. □ I haven't unpacked my clothes
yet. Níor dhíphacáil mé mo chuid éadaigh
go fóill.

unpleasant ADJECTIVE

míthaitneamhach

to unplug VERB

bain an phlocóid as

unpopular ADJECTIVE

míghnaíúil

unpredictable ADJECTIVE

guagach

unreal ADJECTIVE

1 neamhréadúil

2 iontach (extraordinary)
□ It was unreal! Bhí sé go hiontach!

unrealistic ADJECTIVE

neamhréadúil

unreasonable ADJECTIVE

1 míréasúnta
□ Her attitude was completely
unreasonable. Bhí an dearcadh aici go
hiomlán míréasúnta.

2 ainmheasartha (demand)

unreliable ADJECTIVE

neamhiontaofa
□ It's a nice car, but a bit unreliable. Is carr
deas é, ach tá sé giota neamhiontaofa.
□ He's completely unreliable. Tá sé go
hiomlán neamhiontaofa.

to unroll VERB

leath amach

unsatisfactory ADJECTIVE

míshásúil

to unscrew VERB

díscriúáil
□ She unscrewed the top of the bottle.
Dhíscriúáil sé barr an bhuidéil.

unshaven ADJECTIVE

gan bhearradh

unskilled ADJECTIVE

■ an unskilled worker oibrí neamhoilte

unstable ADJECTIVE

taghdach (person)

unsteady ADJECTIVE

corrach
□ He was unsteady on his feet. Bhí sé
corrach ar a chosa.

unsuccessful ADJECTIVE

1 in aisce (attempt)

2 nach bhfuil rath air (person)
□ an unsuccessful artist ealaíontóir nach
bhfuil rath air
■ I was unsuccessful. (in trying something)
Níor éirigh liom.

unsuitable ADJECTIVE

mífhóirsteanach

untidy ADJECTIVE

1 trí chéile (room)
□ My bedroom's always untidy. Bíonn mo
sheomra leapa trí chéile i dtólamh.

2 giobach (appearance, person)
□ He's always untidy. Bíonn cuma ghiobach
i gcónaí air.

to untie VERB

1 scaoil (knot)

2 oscail (parcel)

3 scaoil amach (dog)

until PREPOSITION, CONJUNCTION

go dtí
□ I waited until ten o'clock. D'fhan mé go
dtí a deich a chlog. □ We can't go out until
he comes. Ní féidir linn dul amach go dtí go
dtiocfaidh sé.
■ until now go dtí seo □ It's never been a
problem until now. Ní raibh fadhb ann go
dtí seo.
■ until then go dtí sin □ Until then I'd
never been to France. Go dtí sin ní raibh mé
riamh sa Fhrainc.

unusual ADJECTIVE

neamhghnách
□ an unusual shape cruth neamhghnách
□ It's unusual to get snow at this time of
year. Tá sé neamhghnách sneachta a bheith
ann ag an am seo den bhliain.

unwilling ADJECTIVE

■ to be unwilling to do something gan a
bheith toilteanach rud a dhéanamh

□ He was unwilling to help me. **Ní raibh se toilteanach cuidiú liom.**

to **unwind** VERB
lig do scíth *(relax)*

unwise ADJECTIVE
díchéillí
□ That was unwise of you. **Bhí sin díchéillí agat.**

unwound VERB ▷ *see* **unwind**

to **unwrap** VERB
bain an clúdach de
□ After the meal we unwrapped the presents. **I ndiaidh na béile baineamar na clúdaí de na bronntanais.**

to **unzip** VERB
dízipeáil *(file)*

up PREPOSITION
▷ *see also* **up** ADVERB
■ He went up the stairs. **Chuaigh sé suas an staighre.**
■ The cat was up a tree. **Bhí an cat in airde i gcrann.**
■ They live further up the street. **Tá siad ina gcónaí níos faide suas an tsráid.**

up ADVERB
▷ *see also* **up** PREPOSITION

> **LANGUAGE TIP** There are several ways of translating 'up'. Look at the examples to find one that is similar to what you want to say. For other expressions with 'up', see the verbs 'go', 'come', 'get', 'give' etc.

■ up there **thuas ansin**
■ up north **sa tuaisceart**
■ to be up *(out of bed)* **bheith i do shuí**
□ We were up at 6. **Bhíomar inár suí ar a 6.** □ He's not up yet. **Níl sé ina shuí go fóill.**
■ to get up *(in the morning)* **éirigh** □ What time do you get up? **Cén t-am a éiríonn tú?**
■ up to now **go dtí seo**
■ up to *(as far as)* **suas le** □ to count up to fifty **cuntas suas go caoge** □ up to three hours **suas le trí huaire an chloig**
■ It's up to you. **Ar do chomhairle féin atá sé.**
■ What's up? **Cad é an scéal?** □ What's up with her? **Cad é an scéal léi?**
■ What's he up to? **Cad é atá ar siúl aige?**

upbringing NOUN
tógáil *fem3*

uphill ADJECTIVE
▷ *see also* **uphill** ADVERB
1 crochta *(path)*
2 duaisiúil *(task)*

uphill ADVERB
▷ *see also* **uphill** ADJECTIVE
■ to go uphill **dul in éadan na mala**

to **upload** VERB
uaslódáil *(computing)*

upon PREPOSITION
ar

upper ADJECTIVE
uachtarach
□ on the upper floor **ar an urlár uachtarach**

upper sixth NOUN
■ the upper sixth **ardrang a sé** □ She's in the upper sixth. **Tá sí in ardrang a sé.**

upright ADJECTIVE
ina sheasamh
■ to stand upright **seasamh suas**

upset NOUN
▷ *see also* **upset** ADJECTIVE, VERB
suaitheadh *masc*
■ a stomach upset **iompú goile**

upset ADJECTIVE
▷ *see also* **upset** NOUN, VERB
trí chéile
□ She's still a bit upset. **Tá sí rud beag trí chéile go fóill.**
■ I had an upset stomach. **Bhí iompú goile orm.**

to **upset** VERB
▷ *see also* **upset** ADJECTIVE, VERB
goill ar *(person)*

upshot NOUN
deireadh *masc1*
□ The upshot was that ... **Is é an deireadh a bhí air go ...**

upside down ADVERB
bunoscionn
□ That painting is upside down. **Tá an phéinteáil sin bunoscionn.**

upstairs ADVERB
1 suas an staighre *(going)*
□ He went upstairs. **Chuaigh sé suas staighre.**
2 thuas an staighre *(being there)*
□ Where's your coat? — It's upstairs. **Cá bhfuil do chóta? — Tá sé thuas staighre.**

uptight ADJECTIVE
ar tinneall
□ She's really uptight. **Tá sí ar tinneall go mór.**

up-to-date ADJECTIVE
suas chun dáta
□ an up-to-date timetable **clár ama suas chun dáta**
■ to bring something up to date **rud a thabhairt suas chun dáta**

u

upwards ADVERB
  suas
  □ to look upwards amharc suas
urgent ADJECTIVE
  práinneach
  □ Is it urgent? An bhfuil sé práinneach?
urine NOUN
  mún *masc1*
URL NOUN *(= uniform resource locator)*
  URL *masc*

> LANGUAGE TIP The Irish translation is
> **aimsitheoir aonfhoirmeach**
> **acmhainne** but URL is more
> commonly used.

US NOUN *(= United States)*
  SA *masc1 pl (= na Stáit Aontaithe)*
us PRONOUN
  muid
  □ They saw us. Chonaic siad muid.
  □ They understood us. Thuig siad muid.
USA NOUN *(= United States of America)*
  SAM *masc1 pl (= Stáit Aontaithe Mheiriceá)*
use NOUN
  ▷ *see also* **use** VERB
  úsáid *fem2*
  ■ **to make use of something** úsáid a
    bhaint as rud
  ■ **It's no use.** Níl maith ar bith ann.
to **use** VERB
  ▷ *see also* **use** NOUN
  bain úsáid as
  □ Can we use a dictionary in the exam? An
    bhfuil cead againn úsáid a bhaint as foclóir
    sa scrúdú?
  ■ **I used to live in London.** Ba ghnách liom
    bheith i mo chónaí i Londain.
  ■ **to be used to something** bheith cleachta
    le rud □ He wasn't used to driving on the
    right. Ní raibh sé cleachta le bheith ag
    tiomáint ar thaobh na láimhe deise.
  □ Don't worry, I'm used to it. Ná bí buartha,
    tá mé cleachta leis.
  ■ **a used car** carr dara láimhe
to **use up** VERB
  ídigh
  □ We used up all the paint. D'ídíomar an
    phéint uile.
useful ADJECTIVE
  úsáideach
useless ADJECTIVE
1 gan mhaith
  □ This map is just useless. Tá an léarscáil
    seo gan mhaith.
  ■ **It's useless!** Níl aon mhaith ann!
2 beagmhaitheasach *(person)*
  □ You're useless! Is tú atá
    beagmhaitheasach!
user NOUN
  úsáideoir *masc3*
user-friendly ADJECTIVE
  cúntach
usual ADJECTIVE
  gnáth-
  ■ **as usual** mar is gnách
usually ADVERB
  de ghnáth
  □ I usually get to school at about half past
    eight. Bainim an scoil amach de ghnáth
    timpeall ar leath i ndiaidh a hocht.
utility room NOUN
  seomra áise *masc4*
U-turn NOUN
  U-chasadh *masc*
  □ I had to do a U-turn. Bhí orm U-chasadh
    a dhéanamh.

Vv

vacancy NOUN
folúntas *masc1*
□ 'no vacancies' 'níl folúntas ar bith ann'

vacant ADJECTIVE
1 folamh *(seat)*
2 saor *(room)*

vacation NOUN (US)
saoire *fem4*
□ She's on vacation. Tá sí ar saoire.

to **vaccinate** VERB
vacsaínigh

to **vacuum** VERB
folúsghlan
□ She vacuumed the hall. D'fholúsghlan sí
an halla.

vacuum cleaner NOUN
folúsghlantóir *masc3*

vagina NOUN
faighin *fem2*

vague ADJECTIVE
éiginnte

vain ADJECTIVE
giodalach *(conceited)*
□ He's so vain! Tá sé iontach giodalach!
■ **in vain** in aisce

Valentine card NOUN
cárta Vailintín *masc4*

Valentine's Day NOUN
Lá Fhéile Vailintín *masc*

valid ADJECTIVE
bailí *(document, ticket)*
□ This ticket is valid for three months.
Tá an ticéad seo bailí ar feadh trí mhí.

valley NOUN
gleann *masc3*

valuable ADJECTIVE
1 luachmhar
□ a valuable picture pictiúr luachmhar
2 tairbheach *(help)*
□ valuable help cuidiú tairbheach

valuables PL NOUN
airgí luachmhara *fem4 pl*

□ Don't take any valuables with you.
Ná tabhair airgí luachmhara leat.

value NOUN
1 luach *masc3*
2 fiúntas *masc1 (usefulness)*

van NOUN
veain *fem4*

vandal NOUN
loitiméir *masc3*

vandalism NOUN
loitiméireacht *fem3*

to **vandalize** VERB
■ **to vandalize something** loitiméireacht
a dhéanamh ar rud

vanilla NOUN
fanaile *masc4*
□ vanilla ice cream uachtar reoite
fanaile

to **vanish** VERB
téigh as radharc

variable ADJECTIVE
claochlaitheach

varied ADJECTIVE
éagsúil

variety NOUN
cineál *masc1*

various ADJECTIVE
1 difriúil *(different)*
2 éagsúil *(several)*
□ We visited various villages in the area.
Thugamar cuairt ar shráidbhailte éagsúla
sa cheantar.

to **vary** VERB
éagsúlaigh

vase NOUN
vása *masc4*

VAT NOUN *(= value added tax)*
CBL *fem (= cáin bhreisluacha)*

Vatican NOUN
■ **the Vatican** an Vatacáin

VCR NOUN *(= video cassette recorder)*
taifeadán físchaiséad *masc1*

v

VDU NOUN (= visual display unit)
aonad amharctaispeána *masc1*

veal NOUN
laofheoil *fem3*

vegan NOUN
veigeán
□ I'm a vegan. Is veigeán mé.

vegetable NOUN
glasra *masc4*
□ vegetable soup anraith glasraí

vegetarian ADJECTIVE
▷ see also **vegetarian** NOUN
feoilséantach
□ vegetarian sausages ispíní gan feoil

vegetarian NOUN
▷ see also **vegetarian** ADJECTIVE
feoilséantóir *masc3*
□ I'm a vegetarian. Is feoilséantóir mé.

vehicle NOUN
feithicil *fem2*

veil NOUN
fial *masc1*

vein NOUN
féith *fem2*

velvet NOUN
veilbhit *fem2*

vending machine NOUN
meaisín díola *masc4*

Venetian blind NOUN
dallóg lataí *fem2*

venison NOUN
fiafheoil *fem3*

verb NOUN
briathar *masc1*

verdict NOUN
breithiúnas *masc1*

version NOUN
leagan *masc1*

vertical ADJECTIVE
ingearach

vertigo NOUN
meadhrán *masc1*
□ I get vertigo. Tagann meadhrán orm.

very ADVERB
an-
□ very tall an-ard □ It's not very
interesting. Níl sé an-suimiúil.
□ She likes it very much. Tá an-dúil
aici ann.

vest NOUN
1 veist *fem2* (underclothing)
2 bástchóta *masc4* (us: waistcoat)

vet NOUN
tréidlia *masc4*
□ She's a vet. Is tréidlia í.

via PREPOSITION
trí
□ We went to Wexford via Wicklow.
Chuamar go Loch Garman trí Chill
Mhantáin.

vicar NOUN
biocáire *masc4*
□ He's a vicar. Is biocáire é.

vice NOUN
bís *fem2* (for holding things)

vice versa ADVERB
a mhalairt agus

vicious ADJECTIVE
1 fíochmhar
□ a vicious attack ionsaí fíochmhar
2 drochmhúinte (dog)
■ a vicious circle ciorcal lochtach

victim NOUN
íospartach *masc1*
□ I pity the victims. Tá trua agam do na
híospartaigh.

victory NOUN
bua *masc4*

video NOUN
▷ see also **video** VERB
1 físeán *masc1* (film)
□ a video of my family on holiday físeán de
mo theaghlach ar saoire
2 físchaiséad *masc1* (video cassette)
□ She lent me a video. Thug sí físchaiséad ar
iasacht dom.
3 taifeadán físchaiséad *masc1* (video
recorder)
□ Have you got a video? An bhfuil taifeadán
físchaiséad agat?
■ a video camera físcheamara
■ a video game físchluiche □ He likes
playing video games. Is maith leis
físchluichí a imirt.

to **video** VERB
▷ see also **video** NOUN
físigh (from TV)

videophone NOUN
físghuthán *masc1*

Vietnam NOUN
Vítneam *masc4*
□ in Vietnam i Vítneam

Vietnamese ADJECTIVE
Vítneamach

view NOUN
1 radharc *masc1*
□ There's an amazing view. Tá radharc
iontach ann.
2 dearcadh *masc1* (opinion)
■ in my view i mo thuairimse

viewer NOUN
breathnóir *masc3*

viewpoint NOUN
dearcadh *masc1*

vile ADJECTIVE
1 bréan *(smell)*
2 samhnasach *(food)*

villa NOUN
vile *masc4*

village NOUN
sráidbhaile *masc4*

villain NOUN
1 coirpeach *masc1 (criminal)*
2 bithiúnach *masc1 (in film, novel)*

vine NOUN
1 fíniúin *fem3*
2 féithleog *fem2 (climbing plant)*

vinegar NOUN
fínéagar *masc1*

vineyard NOUN
fíonghort *masc1*

viola NOUN
vióla *fem4*
□ I play the viola. Seinnim ar an vióla.

violence NOUN
foréigean *masc1*

violent ADJECTIVE
1 foréigneach *(attack)*
2 ainscianta *(person)*

violin NOUN
veidhlín *masc4*
□ I play the violin. Seinnim ar an veidhlín.

violinist NOUN
veidhleadóir *masc3*

VIP NOUN *(= very important person)*
duine mór le rá

virgin NOUN
maighdean *fem2*
□ She's a virgin. Is maighdean í.

Virgo NOUN
An Mhaighdean *fem2*
□ I'm Virgo. Is mise An Mhaighdean.

virtual reality NOUN
réaltacht fhíorúil *fem3*

virus NOUN
víreas *masc1 (also computing)*

visa NOUN
víosa *fem4*

visible ADJECTIVE
le feiceáil

visit NOUN
▷ *see also* **visit** VERB
cuairt *fem2*
□ Did you enjoy your visit to France? Ar thaitin do chuairt ar an bhFrainc leat?

to visit VERB
▷ *see also* **visit** NOUN
tabhair cuairt ar
□ I often visit my grandmother. Is minic a thugaim cuairt ar mo sheanmháthair.
□ We'd like to visit the castle. Ba mhaith linn cuairt a thabhairt ar an gcaisleán.

visitor NOUN
cuairteoir *masc3*
□ You have a visitor. Tá cuairteoir agat.

visual ADJECTIVE
radharcach

to visualize VERB
samhlaigh

vital ADJECTIVE
riachtanach

vitamin NOUN
vitimín *masc4*

vivid ADJECTIVE
1 beoga *(account)*
2 beo *(imagination)*

V-neck NOUN
V-mhuineál *masc1*

vocabulary NOUN
stór focal *masc1*

vocational ADJECTIVE
gairm-
□ a vocational course gairmchúrsa

vodka NOUN
vodca *masc4*

voice NOUN
guth *masc3*

voice mail NOUN
glórphost *masc1*

volcano NOUN
bolcán *masc1*

volleyball NOUN
eitpheil *fem2*
□ She plays volleyball. Imríonn sí eitpheil.

volt NOUN
volta *masc4*

voltage NOUN
voltas *masc1*

voluntary ADJECTIVE
deonach *(unpaid)*
□ My mother does voluntary work. Déanann mo mháthair obair dheonach.

volunteer NOUN
▷ *see also* **volunteer** VERB
1 saorálaí *masc4*
2 óglach *masc1 (soldier)*

to volunteer VERB
▷ *see also* **volunteer** NOUN
■ He volunteered to help me. Thairg sé cuidiú liom.

to **vomit** VERB
cuir amach

to **vote** VERB
vótáil

voucher NOUN
dearbhán *masc1*

□ a gift voucher dearbhán bronntanais

vowel NOUN
guta *masc4*

vulgar ADJECTIVE
gráisciúil

Ww

wafer NOUN
abhlann *fem2 (at mass)*

to **wag** VERB
croith

wage NOUN
tuarastal *masc1*
□ He collected his wages. Bhailigh sé a thuarastal.

waist NOUN
coim *fem2*

waistcoat NOUN
bástcóta *masc4*

to **wait** VERB
fan
■ **to keep somebody waiting** duine a choinneáil ag fanacht □ They kept us waiting for hours. Choinnigh siad ag fanacht muid ar feadh uaireanta.
■ **to wait for somebody** fanacht le duine □ I'll wait for you. Fanfaidh mé leat.
■ **Wait a minute!** Fan bomaite!
■ **I can't wait for the holidays.** Is fada liom go dtoicfaidh na laethanta saoire.

to **wait up** VERB
fan i do shuí
□ My mum always waits up till I get in. Fanann mo mháthair ina suí i gcónaí go mbím istigh.

waiter NOUN
freastalaí *masc4*
■ **Waiter!** A fhreastalaí!

waiting list NOUN
liosta feithimh *masc4*

waiting room NOUN
seomra feithimh *masc4*

waitress NOUN
freastalaí *masc4*

wake NOUN
faire *fem4 (for dead person)*

to **wake up** VERB
múscail
□ I woke up at six o'clock. Mhúscail mé ar a

sé a chlog.
■ **to wake somebody up** duine a mhúscailt □ Please will you wake me up at seven o'clock? An músclóidh tú ar a seacht a chlog mé, le do thoil?

Wales NOUN
an Bhreatain Bheag *fem2*
□ in Wales sa Bhreatain Bheag □ to Wales chun na Breataine Bige □ I'm from Wales. Is as an mBreatain Bheag mé.

walk NOUN
▷ see also **walk** VERB
siúl *masc1*
■ **It's 10 minute walk from here.** Siúlóid 10 mbomaite atá ann ón áit seo.

to **walk** VERB
▷ see also **walk** NOUN
1 siúil
□ He walks fast. Siúlann sé go gasta. □ Let's walk. Siúlaimis. □ Are you walking or going by bus? An siúlfaidh tú nó an rachaidh tú leis an mbus?
2 déan spaisteoireacht *(for pleasure, exercise)*
□ We walked in the park. Rinneamar spaisteoireacht sa pháirc.
■ **to walk the dog** an madra a thabhairt ar shiúlóid

walkie-talkie NOUN
siúlscéalaí *masc4*

walking NOUN
coisíocht *fem3*
□ I did some walking in Wicklow last summer. Rinne mé roinnt coisíochta i gCill Mhantáin an samhradh seo caite.

walking stick NOUN
bata siúil *masc4*

Walkman® NOUN
Válcaire *masc4*

wall NOUN
balla *masc4*

wallet NOUN
vallait *fem2*

English-Irish

wallpaper NOUN
páipéar balla *masc1*

walnut NOUN
gallchnó *masc4*
□ a walnut tree crann gallchnó

to **wander** VERB
1 bheith ag falróid *(person)*
■ **to wander around** bheith ag fánaíocht
□ I was wandering around for a while. Bhí mé ag fánaíocht ar feadh tamaill.
2 bheith ar seachrán *(mind)*

to **want** VERB
■ **I want a biscuit.** Ba mhaith liom briosca.
■ **to want to do something** fonn a bheith ort rud a dhéanamh □ I want to go to the cinema. Tá fonn orm dul chun na pictiúrlainne.

war NOUN
cogadh *masc1*

ward NOUN
barda *masc4 (in hospital)*

warden NOUN
bardach *masc1*

wardrobe NOUN
vardrús *masc1*

warehouse NOUN
stóras *masc1*

warm ADJECTIVE
1 te
□ It's warm. Tá sé te. □ warm water uisce te
■ **to be warm** *(person)* bheith te □ I'm too warm. Tá mé róthe.
2 croíúil *(thanks, welcome)*
□ a warm welcome fáilte chroíuil

to **warm up** VERB
téigh suas *(food)*
□ I'll warm up some lasagne for you. Téifidh mé suas roinnt lasáinne duit.

to **warn** VERB
■ **to warn somebody** rabhadh a thabhairt do dhuine □ He warned me. Thug sé rabhadh dom. □ Well, I warned you! Anois, thug mé rabhadh duit!
■ **to warn somebody not to do something** rabhadh a thabhairt do dhuine gan rud a dhéanamh

warning NOUN
1 rabhadh *masc1*
□ It's just a warning. Níl ann ach rabhadh.
2 rabhchán *masc1 (signal)*

Warsaw NOUN
Vársá *masc4*

wart NOUN
faithne *masc4*

was VERB ▷ *see* **be**

wash NOUN
▷ *see also* **wash** VERB
□ I had a wash. Nigh mé mé féin.
■ **to give something a wash** rud éigin a ghlanadh □ He gave the windows a wash. Ghlan sé na fuinneoga.

to **wash** VERB
▷ *see also* **wash** NOUN
nigh
□ She washed the car. Nigh sí an carr.
□ Every morning I get up, wash and get dressed. Éirím gach maidin, ním mé féin agus cuirim orm mo chuid éadaigh.
■ **to wash one's hands** do lámha a ní
■ **to wash one's hair** do chuid gruaige a ní

to **wash up** VERB
nigh na soithí *(dishes)*

washbasin NOUN
doirteal *masc1*

washcloth NOUN (US)
ceirt níocháin *fem2*

washing NOUN
níochán *masc1*
□ dirty washing níochán salach □ Have you got any washing? An bhfuil níochán ar bith agat?
■ **to do the washing** an níochán a dhéanamh

washing machine NOUN
inneall níocháin *masc1*

washing powder NOUN
púdar níocháin *masc1*

washing-up NOUN
na soithí *masc1 pl*
■ **to do the washing-up** na soithí a ní

washing-up liquid NOUN
leacht níocháin *masc3*

wasn't = was not

wasp NOUN
foiche *fem4*

waste NOUN
▷ *see also* **waste** VERB
bruscar *masc1 (rubbish)*
■ **It's a waste of time.** Cur amú ama atá ann.
■ **nuclear waste** dramhaíl núicléach

to **waste** VERB
▷ *see also* **[waste** NOUN
cuir amú
□ I don't like wasting money. Ní maith liom airgead a chur amú.
■ **to waste time** am a chur amú □ There's no time to waste. Níl am ar bith ann le cur amú.

w

wastepaper basket NOUN
ciseán dramhpháipéir *masc1*

watch NOUN
▷ *see also* **watch** VERB
uaireadóir *masc3*

to **watch** VERB
▷ *see also* **watch** NOUN
1 amharc ar *(look at)*
□ I hardly ever watch television. Is annamh a amharcaim ar an teilifís.
2 coimhéad *(spy on, guard)*
□ The police were watching the house. Bhí na póilíní ag coimhéad an tí.

to **watch out** VERB
seachain
□ Watch out! Seachain!

water NOUN
▷ *see also* **water** VERB
uisce *masc4*

to **water** VERB
▷ *see also* **water** NOUN
cuir uisce ar *(plant, garden)*
□ He was watering his tulips. Bhí sé ag cur uisce ar a chuid tiúilipí.
■ My eyes are watering. Tá uisce le mo shúile.
■ It makes my mouth water. Cuireann sé uisce le mo chuid fiacla.

waterfall NOUN
eas *masc3*

Waterford NOUN
Port Láirge *masc*
■ Waterford crystal criostal Phort Láirge

watering can NOUN
fraschanna *masc4*

watermelon NOUN
mealbhacán uisce *masc1*

waterproof ADJECTIVE
díon a bheith ann
□ Is that coat waterproof? An bhfuil díon sa chóta sin?

water-skiing NOUN
sciáil ar uisce *fem3*
□ We went water-skiing at the weekend. Chuamar ag déanamh sciáil uisce ag an deireadh seachtaine.

wave NOUN
▷ *see also* **wave** VERB
1 tonn *fem2 (in water)*
2 croitheadh *masc (of hand)*
■ We gave him a wave. Chroitheamar lámh air.

to **wave** VERB
▷ *see also* **wave** NOUN
croith
□ She waved to me. Chroith sí lámh orm.
□ I waved her goodbye. Chroith mé slán chuichi.

wavy ADJECTIVE
camarsach *(hair)*
□ She has wavy hair. Tá a cuid gruaige camarsach.

wax NOUN
céir *fem*

way NOUN
1 dóigh *fem2 (manner)*
□ She looked at me in a strange way. D'amharc sí orm ar dhóigh aisteach.
□ You're doing it the wrong way. Tá tú á dhéanamh ar an dóigh chontráilte.
■ a way of life modh maireachtála
2 bealach *masc1 (road, path)*
□ Which way? — This way. Cén bealach? — An bealach seo. □ Do you know the way? An bhfuil eolas an bhealaigh agat?
■ in a way ar bhealach
■ on the way *(en route)* ar an mbealach
□ We stopped on the way. Stadamar ar an mbealach.
■ It's a long way. Bealach fada atá ann.
■ to be on one's way bheith ar do bhealach □ He's on his way. Tá sé ar a bhealach.
■ to lose one's way dul amú
■ 'way in' 'isteach'
■ 'way out' 'amach'
■ by the way ... dála an scéil ...
■ Will you see him? — No way! An mbuailfidh tú leis? — Ní bhuailfidh ná a shaothar orm!

we PRONOUN
1 muid
□ We are both teachers. Is múinteoirí muid beirt. □ We were injured. Gortaíodh muid.
2 muidne *(emphatic)*
□ It is we who ... Is muidne a ...
⸙ LANGUAGE TIP With some verb forms 'we' is not translated separately but is shown in the verb.
□ We're staying here for a week. Beimid ag stopadh anseo go ceann seachtaine.

weak ADJECTIVE
lag

wealthy ADJECTIVE
saibhir

weapon NOUN
gléas troda *masc1*

to **wear** VERB
caith
□ She was wearing a hat. Bhí sí ag

caitheamh hata. □ She was wearing black clothes. Bhí éadaí dubha uirthi.

weather NOUN
aimsir *fem2*
□ What was the weather like? Cad é mar a bhí an aimsir? □ The weather was lovely. Bhí an aimsir go hálainn.

weather forecast NOUN
réamhaisnéis na haimsire *fem2*

web NOUN
1 líon damháin alla *masc1* (of spider)
2 gréasán *masc1* (internet)

web address NOUN
seoladh gréasáin *masc*

web browser NOUN
brabhsálaí gréasáin *masc4*

webcam NOUN
ceamara gréasáin *masc4*

webmaster NOUN
stiúrthóir gréasáin *masc3*

webpage NOUN
leathanach gréasáin *masc1*

website NOUN
líonláithreán *masc1*

webzine NOUN
iris ghréasáin *fem2*

we'd = we had, we should

wedding NOUN
1 pósadh *masc* (ceremony)
2 bainis *fem2* (reception)
■ **wedding anniversary** comóradh pósta
■ **wedding dress** gúna pósta

Wednesday NOUN
An Chéadaoin *fem4*
■ **last Wednesday** Dé Céadaoin seo caite
■ **next Wednesday** Dé Céadaoin seo chugainn
■ **on Wednesday** Dé Céadaoin
■ **on Wednesdays** ar an gCéadaoin
□ He comes on Wednesdays. Tagann sé ar an gCéadaoin.
■ **every Wednesday** gach Céadaoin

wee ADJECTIVE
beag

weed NOUN
fiaile *fem4*
□ The garden's full of weeds. Tá an gairdín lán fiailí.

week NOUN
seachtain *fem2*
□ last week an tseachtain seo caite □ every week gach seachtain □ next week an tseachtain seo chugainn □ in a week's time i gceann seachtaine □ a week ago today seachtain is an lá inniu

weekday NOUN
lá den tseachtain *masc*

weekend NOUN
deireadh seachtaine *masc1*
□ last weekend an deireadh seachtaine seo caite □ next weekend an deireadh seachtaine seo chugainn □ at weekends ag an deireadh seachtaine

weekly ADVERB
in aghaidh na seachtaine

to **weep** VERB
caoin

to **weigh** VERB
meáigh
□ First, weigh the flour. Ar dtús, meáigh an plúr.
■ **How much do you weigh?** Cén meáchan atá ionat?
■ **to weigh oneself** tú féin a mheá

weight NOUN
meáchan *masc1*
■ **to lose weight** meáchan a chailleadh
■ **to put on weight** meáchan a chur suas

weightlifter NOUN
tógálaí meáchan *masc4*

weightlifting NOUN
tógáil mheáchan *fem3*

weird ADJECTIVE
aisteach (odd)

welcome NOUN
▷ see also **welcome** VERB
fáilte *fem4*
□ They gave her a warm welcome. Chuir siad fearadh na fáilte roimpi.
■ **Welcome!** Fáilte! □ Welcome to Ireland! Fáilte go hÉirinn!

to **welcome** VERB
▷ see also **welcome** NOUN
■ **to welcome somebody** fáilte a chur roimh dhuine
■ **Thank you! — You're welcome!** Go raibh maith agat! — Níl a bhuíochas ort!

welder NOUN
táthaire *masc4*

well ADJECTIVE
▷ see also **well** ADVERB, NOUN
■ **to be well** bheith go maith □ I'm not very well at the moment. Níl mé an-mhaith i láthair na huaire.
■ **Get well soon!** Biseach chugat!

well ADVERB
▷ see also **well** ADJECTIVE, NOUN
go maith
□ You did that really well. Rinne tú sin go han-mhaith.

■ **to do well** déanamh go maith □ She's doing really well at school. Tá sé ag déanamh go han-mhaith ar scoil.
■ **Well done!** Maith thú!
■ **as well** chomh maith □ I decided to have dessert as well. Shocraigh mé ar mhilseog a ithe chomh maith.
■ **as well as** *(in addition to)* chomh maith le □ We went to York as well as London. Chuamar go hEabhrac chomh maith le Londain.
■ **to wish somebody well** rath a ghuí le duine

well NOUN
▷ *see also* **well** ADJECTIVE, ADVERB
tobar *masc1*

we'll = we will

well-behaved ADJECTIVE
dea-mhúinte

well-dressed ADJECTIVE
feistithe go maith

wellingtons PL NOUN
buataisí rubair *fem2 pl*

well-known ADJECTIVE
clúiteach *(person)*
□ a well-known film star réalta chlúiteach scannán

well-off ADJECTIVE
go maith as

Welsh ADJECTIVE
▷ *see also* **Welsh** NOUN
Breatnach
□ She's Welsh. Is Breatnach í.

Welsh NOUN
▷ *see also* **Welsh** ADJECTIVE
Breatnais *fem2 (language)*
■ **the Welsh** *(people)* na Breatnaigh

Welshman NOUN
Breatnach *masc1*

Welshwoman NOUN
Breatnach mná *masc1*

went VERB ▷ *see* go

wept VERB ▷ *see* weep

were VERB ▷ *see* be

we're = we are

weren't = were not

west NOUN
▷ *see also* **west** ADJECTIVE, ADVERB
iarthar *masc1*
□ in the west san iarthar
■ **the West** an tIarthar

west ADJECTIVE, ADVERB
▷ *see also* **west** NOUN
thiar
■ **the west coast** an cósta thiar

■ **a west wind** an ghaoth aniar
■ **west of** taobh thiar de □ It's west of London. Tá sé taobh thiar de Londain.
■ **We were moving west.** Bhíomar ag bogadh siar.

westbound ADJECTIVE
■ **The truck was westbound on the M5.** Bhí an trucail ag dul siar ar an M5.
■ **Westbound traffic is moving very slowly.** Tá an trácht siar ag bogadh go han-mhall.

western ADJECTIVE
▷ *see also* **western** NOUN
thiar
□ the western part of the island an taobh thiar den oileán

western NOUN
▷ *see also* **western** ADJECTIVE
scannán buachaillí bó *masc1 (film)*

West Indian ADJECTIVE
▷ *see also* **West Indian** NOUN
Iar-Indiach
□ She's West Indian. Is Iar-Indiach í.

West Indian NOUN
▷ *see also* **West Indian** ADJECTIVE
Iar-Indiach *masc1*

West Indies PL NOUN
na hIndiacha Thiar *fem pl*
□ in the West Indies sna hIndiacha Thiar

Westmeath NOUN
an Iarmhí *fem4*

wet ADJECTIVE
1 fliuch
□ wet clothes éadaí fliucha □ It was wet all week. Bhí sé fliuch an tseachtain ar fad.
■ **to get wet** éirí fliuch
■ **dripping wet** fliuch báite
■ **wet weather** aimsir fhliuch
2 tais *(damp)*
■ **'wet paint'** 'péint úr'

wetsuit NOUN
culaith thumtha *fem2*

Wexford NOUN
Loch Garman *masc*

we've = we have

whale NOUN
míol mór *masc1*

what ADJECTIVE
▷ *see also* **what** PRONOUN
■ **What colour is it?** Cén dath atá air?
■ **What books do you need?** Cad iad na leabhair atá uait?

what PRONOUN
▷ *see also* **what** ADJECTIVE
cad é

□ What are you doing? **Cad é atá ar bun agat?** □ What are you talking about? **Cad é faoi a bhfuil tú ag caint?** □ What's the matter? **Cad é atá ort?** □ What happened to you? **Cad é a tharla duit?**
■ **What's it called? Cén t-ainm atá air?**
■ **What?** (what did you say) **Cad é a dúirt tú?**
■ **What!** (shocked) **Cad é!**
■ **What a mess! A leithéid de phrácás!**

wheat NOUN
cruithneacht *fem3*

wheel NOUN
1 roth *masc3*
2 roth stiúrtha *masc3* (steering wheel)
3 stiúir *fem* (of ship)

wheelchair NOUN
cathaoir rothaí *fem*

when ADVERB
▷ see also **when** CONJUNCTION
cá huair
□ When did it happen? **Cá huair a tharla sé?**
□ When did he go? **Cá huair a d'imigh sé?**

when CONJUNCTION
▷ see also **when** ADVERB
■ **She was reading when I came in. Bhí sí ag léamh nuair a tháinig mé isteach.**
■ **on the day when I met him** (on which) **an lá a casadh orm é**
■ **I thought I was wrong when in fact I was right. Shíl mé go raibh mé contráilte ach is amhlaidh a bhí an ceart agam.**

where ADVERB, CONJUNCTION
1 an áit
□ That's where the the money was hidden. **Sin an áit a raibh an t-airgead i bhfolach.**
2 cá háit
□ Where's Emma today? **Cá háit a bhfuil Emma inniu?** □ Where do you live? **Cá háit a bhfuil cónaí ort?** □ Where are you going? **Cá háit a bhfuil tú ag dul?**

whereabouts ADVERB
cá

whether CONJUNCTION
cé acu
■ **I don't know whether to accept or not. Níl a fhios agam cé acu ba chóir dom glacadh leis nó nár chóir.**
■ **It's doubtful whether she will come. Tá mé in amhras an dtiocfaidh sí.**

which ADJECTIVE
▷ see also **which** PRONOUN
cé
□ Which picture do you want? **Cén pictiúr atá de dhíth ort?**
■ **Which one? Cé acu ceann?** □ I know his

brother. — Which one? **Tá aithne agam ar a dheartháir. — Cé acu ceann?**
■ **in which case agus más amhlaidh atá**

which PRONOUN
▷ see also **which** ADJECTIVE
1 a
□ the apple which you ate **an t-úll a d'ith tú**
□ the chair on which you are sitting **an chathaoir a bhfuil tú i do shuí uirthi**
2 ar
□ the book of which you spoke **an leabhar ar labhair tú faoi**
■ **He said he saw her, which is true. Dúirt sé go bhfaca sé í, rud atá fíor.**
■ **after which agus ina dhiaidh sin**
■ **I don't mind which. Is cuma liom cé acu.**

while NOUN
▷ see also **while** CONJUNCTION
tamall *masc1*
□ after a while **i ndiaidh tamaill**
■ **a while ago tamall ó shin** □ He was here a while ago. **Bhí sé anseo tamall ó shin.**
■ **for a while ar feadh scaithimh** □ I lived in London for a while. **Bhí cónaí orm i Londain ar feadh scaithimh.**
■ **quite a while tamall maith** □ quite a while ago **tamall maith ó shin** □ I haven't seen her for quite a while. **Ní fhaca mé le tamall maith é.**

while CONJUNCTION
▷ see also **while** NOUN
■ **while I was there fad is a bhí mé ann**
■ **You hold the torch while I look inside. Beir thusa greim ar an tóirse a fhad is a bhreathnaím istigh.**
■ **Isobel's shy, while Kay's outgoing. Tá Isobel faiteach, ach tá Kay eisdíritheach.**

whip NOUN
▷ see also **whip** VERB
fuip *fem2*

to **whip** VERB
▷ see also **whip** NOUN
1 fuipeáil
2 buail (eggs)

whipped cream NOUN
uachtar coipthe *masc1*

whisk NOUN
greadtóir *masc3*

whiskers PL NOUN
1 guairí *masc4 pl* (of cat)
2 féasóg leicinn *fem2* (beard and moustache)

whiskey NOUN (US, IRELAND)
uisce beatha *masc4*

whisky NOUN
uisce beatha *masc4*

to **whisper** VERB
bheith ag cogarnach

whistle NOUN
▷ *see also* **whistle** VERB
1 fead *fem2 (sound)*
2 feadóg *fem2 (object)*
□ The referee blew his whistle. Shéid an réiteoir a fheadóg.

to **whistle** VERB
▷ *see also* **whip** NOUN
bheith ag feadaíl

white ADJECTIVE
bán
□ The house is white. Tá an teach bán.
■ white coffee caife bán
■ white wine fíon geal
■ white bread arán geal
■ a white man fear geal
■ a white woman bean gheal
■ white people daoine geala

Whitsun NOUN
An Chincís *fem2*

who PRONOUN
cé *(in questions)*
□ Who is it? Cé atá ann?

⸙ **LANGUAGE TIP** In positive relative phrases use **a**.

□ the man who was here an fear a bhí anseo
□ the man who went an fear a d'imigh

⸙ **LANGUAGE TIP** In relative phrases with negative use **nach** or **nár**.

□ the man who was not here an fear nach raibh anseo □ the man who did not go an fear nár imigh

whole ADJECTIVE
▷ *see also* **whole** NOUN
iomlán *(complete)*
□ the whole class an rang iomlán
□ the whole afternoon an tráthnóna iomlán
□ the whole world an domhan iomlán

whole NOUN
▷ *see also* **whole** ADJECTIVE
■ the whole of *(all)* iomlán □ You saw the whole of the moon. Chonaic tú iomlán na gealaí.
■ on the whole den chuid is mó
■ as a whole ina iomláine

wholemeal ADJECTIVE
■ wholemeal bread caiscín

whom PRONOUN
■ Whom did you see? Cé a chonaic tú?
■ the man to whom I spoke an fear ar labhair mé leis

whose ADJECTIVE
▷ *see also* **whose** PRONOUN

■ Whose book is this? Cé leis an leabhar seo?
■ Whose pencil have you taken? Cé leis an peann luaidhe a thug tú leat?
■ the woman whose car was stolen an bhean ar goideadh a carr

whose PRONOUN
▷ *see also* **whose** ADJECTIVE
■ Whose is this? Cé leis seo?
■ I know whose it is. Tá a fhios agam cé leis é.

why ADVERB
cén fáth
□ Why did you do that? Cén fáth a ndearna tú é sin? □ That's why he did it. Is é sin an fáth a ndearna sé é.
■ the reason why an fáth
■ Tell me why. Abair liom cad chuige.
■ Will we go out? — Why not? An rachaimid amach? — Cén fáth nach rachadh!

wicked ADJECTIVE
1 droch- *(person)*
2 mioscaiseach *(mischievous)*

wicket NOUN
geaitín *masc4 (cricket)*

Wicklow NOUN
Cill Mhantáin *fem*

wide ADJECTIVE, ADVERB
leathan
□ a wide road bóthar leathan
■ wide open ar leathadh □ The door was wide open. Bhí an doras ar leathadh.
■ wide awake i do lándúiseacht

widow NOUN
baintreach *fem2*
□ She's a widow. Is baintreach í.

widower NOUN
baintreach fir *fem2*
□ He's a widower. Is baintreach fir é.

width NOUN
leithead *masc1*

wife NOUN
bean chéile *fem*
□ She's his wife. Is í a bhean chéile í.

Wi-Fi NOUN
Wi-Fi

⸙ **LANGUAGE TIP** The Irish translation is **dílseacht gan sreang** but Wi-Fi is more commonly used.

wig NOUN
bréagfholt *masc1*

wild ADJECTIVE
fiáin

w

□ a wild animal **ainmhí fiáin** □ She's a bit wild. Tá sí rud beag fiáin.

■ **to make a wild guess** buille faoi thuairim a thabhairt

wildlife NOUN
fiabheatha *fem4*

□ I'm interested in wildlife. Tá suim san fhiabheatha agam.

will VERB

▷ *see also* **will** NOUN

 LANGUAGE TIP Use the Irish future tense to express what will happen.

□ I will finish it tomorrow. **Críochnóidh mé amárach é.** □ I will have finished it by tomorrow. **Beidh sé críochnaithe agam amárach.** □ Will you do it? — Yes I will. **An ndéanfaidh tú é? — Déanfaidh.**

■ **That will be the postman.** Is dócha gur fear an phoist atá ann.

■ **Will you be quiet!** *(command)* Bí ciúin!

■ **Will you help me?** *(request)* An bhféadfá cuidiú a thabhairt dom?

■ **Will you have a cup of tea?** *(offer)* Ar mhaith leat cupán tae?

■ **I won't put up with it!** Ní chuirfidh mé suas leis!

will NOUN

▷ *see also* **will** VERB

uacht *fem3* (testament)

□ He left me some money in his will. D'fhág sé airgid le huacht agam.

willing ADJECTIVE
toilteanach

■ **He's willing to do it.** Tá sé sásta é a dhéanamh.

win NOUN

▷ *see also* **win** VERB

bua *masc4*

to win VERB

▷ *see also* **win** NOUN

bain

□ Did you win? Ar bhain tú?

■ **to win a prize** duais a bhaint

wind NOUN

▷ *see also* **wind** VERB

gaoth *fem2*

□ There was a strong wind. Bhí gaoth láidir ann.

■ **a wind instrument** gaothuirlis

■ **wind power** cumhacht ghaoithe

to wind VERB

▷ *see also* **wind** NOUN

cas

wind farm NOUN
feirm ghaoithe *fem*

windmill NOUN
muileann gaoithe *masc1*

window NOUN
fuinneog *fem2*

□ a broken window **fuinneog bhriste**
□ a shop window **fuinneog shiopa**

■ **a window pane** pána fuinneoige

windscreen (US **windshield**) NOUN
gaothscáth *masc3*

windscreen wiper NOUN
cuimilteoir gaothscátha *masc3*

windshield NOUN (US)
gaothscáth *masc3*

windshield wiper NOUN (US)
cuimilteoir gaothscátha *masc3*

windy ADJECTIVE
gaofar

■ **It's very windy.** Tá gaoth mhór ann.

wine NOUN
fíon *masc3*

□ a bottle of wine **buidéal fíona** □ a glass of wine **gloine fíona** □ white wine **fíon geal** □ red wine **fíon dearg**

■ **a wine bar** beár fíona

■ **the wine list** an liosta fíona

wing NOUN
sciathán *masc1*

to wink VERB
caoch

■ **to wink at somebody** caochadh ar dhuine □ He winked at me. Chaoch sé orm.

winner NOUN
buaiteoir *masc3*

winning ADJECTIVE
caithréimeach

■ **the winning team** an fhoireann a bhuaigh

■ **the winning goal** an cúl a bhuaigh

winter NOUN
geimhreadh *masc1*

■ **in winter** sa gheimhreadh

winter sports PL NOUN
spóirt gheimhridh *masc1*

to wipe VERB

1 cuimil

■ **to wipe one's feet** do chosa a chuimilt
□ Wipe your feet! Cuimil do chosa!

2 glan (erase tape)

to wipe up VERB
glanadh suas

wire NOUN
sreang *fem2*

wisdom tooth NOUN
fiacail forais *fem2*

wise ADJECTIVE
1 críonna
2 céillí (remark)
wish NOUN
> see also **wish** VERB
mian fem2 (desire)
■ **She closed her eyes and made a wish.**
Dhún sí na súile agus rinne guí.
■ **'best wishes'** (on greetings card) 'go
maire tú an lá'
■ **'with best wishes, Máire'** 'le dea-mhéin,
Máire'
to **wish** VERB
> see also **wish** NOUN
■ **I wish ...** Is mian liom ... □ I wish you
were here! Ba mhian liom tú a bheith
anseo! □ I wish you'd told me! Ba mhian
liom é dá n-inseofá dom!
■ **to wish for something** súil a bheith agat
le rud □ What more could you wish for?
Cad é eile a bheadh uait?
■ **to wish to do something** fonn a bheith
ort rud a dhéanamh □ I wish to make
a complaint. Is mian liom gearán a
dhéanamh.
wit NOUN
dea-chaint fem2 (humour)
witch NOUN
cailleach fem2
with PREPOSITION
1 in éineacht le
□ Come with me. Tar in éineacht liom.
2 ag
□ We stayed with friends. D'fhan muid ag
cairde.
■ **a room with a view** (descriptive) seomra
a bhfuil radharc uaidh
■ **to walk with a stick** siúl le bata
■ **to shake with fear** bheith ar crith le
heagla
■ **to fill something with water** rud a
líonadh le huisce
within PREPOSITION
laistigh de
■ **It is within his reach.** Tá sé faoi fhad
láimhe de.
■ **within the week** faoi dheireadh na
seachtaine
without PREPOSITION
gan
□ without a coat gan chóta □ without
speaking gan labhairt
■ **to go without something** teacht gan rud
witness NOUN
finné masc4 (person)

□ There were no witnesses. Ní raibh
finnéithe ar bith ann.
witty ADJECTIVE
dea-chainteach
wives PL NOUN > see **wife**
wizard NOUN
draíodóir masc3
wok NOUN
voc masc4
woke up, woken up VERB
> see **wake up**
wolf NOUN
mac tíre masc1
woman NOUN
bean fem
□ Some woman was looking for you. Bhí
bean éigin ar do lorg. □ The two women
look alike. Tá an bheirt bhan cosúil
le chéile.
■ **a woman doctor** bandochtúir
won VERB > see **win**
to **wonder** VERB
■ **I wonder why she said that.** Ní mé cén
fáth a ndúirt sí é sin.
■ **I wonder what that means.** Ní mé cén
chiall atá leis.
■ **I wonder where Shannon is.** Ní mé an
áit a bhfuil Seáinín.
■ **to wonder at something** (marvel) ionadh
a dhéanamh de rud
■ **to wonder about** (suspiciously) bheith
amhrasach faoi
wonderful ADJECTIVE
iontach
won't = will not
wood NOUN
1 adhmad masc1 (timber)
□ It's made of wood. Tá sé déanta
d'adhmad.
2 coill fem2 (forest)
□ We went for a walk in the wood. Chuamar
ag siúl sa choill.
wooden ADJECTIVE
adhmaid
□ a wooden chair cathaoir adhmaid
woodwork NOUN
adhmadóireacht fem3
□ My hobby is woodwork. Is í an
adhmadóireacht an caitheamh aimsire atá
agam.
wool NOUN
olann fem
□ It's made of wool. Tá sé déanta d'olann.
word NOUN
focal masc1

English-Irish

□ a difficult word **focal deacair** □ What's the word for 'shop' in Irish? **Cad é an focal Gaeilge ar 'shop'?**

■ **in other words** i bhfocail eile

■ **to have a word with somebody** focal a bheith agat le duine

■ **the words** *(lyrics)* **na focail** □ I really like the words of this song. **Is breá liom focail an amhráin seo.**

word processing NOUN
próiseáil focal *fem3*

wore VERB ▷ *see* **wear**

work NOUN

▷ *see also* **work** VERB

obair *fem2*

□ She's looking for work. **Tá sí ar lorg oibre.** □ He's at work at the moment. **Tá sé ag obair i láthair na huaire.** □ It's hard work. **Obair chrua atá ann.**

■ **to be off work** *(sick)* bheith as láthair ón obair □ He's been off work for a week. **Tá sé as láthair ón obair le seachtain.**

■ **to be out of work** bheith as obair □ He's out of work. **Tá sé as obair.**

to **work** VERB

▷ *see also* **work** NOUN

1 bheith ag obair

□ She works in a shop. **Bíonn sí ag obair i siopa.**

■ **to work hard** bheith ag obair go crua

2 bheith i bhfeidhm *(machine)*

□ The heating isn't working. **Níl an teas i bhfeidhm.**

■ **It worked.** *(plan)* D'oibrigh sé.

to **work out** VERB

1 fuascail *(problem)*

2 oibrigh amach *(figure out)*

□ I couldn't work it out. **Níor éirigh liom é a oibriú amach.**

3 éirigh le *(turn out)*

□ In the end it worked out really well. **Sa deireadh d'éirigh go geal leis.**

■ **It works out at £100.** Céad punt an t-iomlán.

■ **I work out twice a week.** Déanaim dreas traenála dhá uair sa tseachtain.

worker NOUN
oibrí *masc4*

□ He's a factory worker. **Is oibrí monarchan é.** □ She's a good worker. **Is oibrí maith í.**

work experience NOUN
taithí oibre

□ I'm going to do work experience in a factory. **Tá mé ag dul a dhéanamh taithí oibre i monarcha.**

working-class ADJECTIVE

■ **a working-class family** teaghlach de chuid an lucht oibre

workman NOUN
oibrí *masc4*

works NOUN
oibreacha *fem2 pl*

worksheet NOUN
bileog oibre *fem2*

workshop NOUN
ceardlann *fem2*

□ a drama workshop **ceardlann drámaíochta**

workspace NOUN
achar oibre *masc1 (computing)*

workstation NOUN
stáisiún oibre *masc1*

world NOUN
domhan *masc1*

■ **He's the world champion.** Is é curadh an domhain é.

■ **to think the world of somebody** an dúrud a shíleadh de dhuine

World-Wide Web NOUN
Gréasán Domhanda *masc1*

worm NOUN
péist *fem2*

worn ADJECTIVE
caite

□ The carpet is a bit worn. **Tá an brat urláir giota beag caite.**

■ **worn out** *(tired)* spíonta

worried ADJECTIVE
buartha

□ She looks worried. **Tá cuma bhuartha air.**

■ **I'm worried.** Tá imní orm.

■ **to be worried about something** imní a bheith ort faoi rud □ I'm worried about the exams. **Tá imní orm faoi na scrúduithe.**

to **worry** VERB

■ **She worries a lot.** Bíonn rud éigin i gcónaí ag cur as di.

■ **Don't worry!** Ná bí buartha!

■ **What's worrying you?** Cad é atá ag déanamh buartha duit?

worse ADJECTIVE

▷ *see also* **worse** ADVERB

níos measa

□ It was even worse than that. **Bhí sé níos measa ná sin fiú.** □ My results were bad, but his were even worse. **Bhí mo chuid torthaí go holc, ach bhí a chuid siúd níos measa fós.** □ I'm feeling worse. **Mothaím níos measa.**

worse ADVERB
▷ *see also* **worse** ADJECTIVE
■ **to get worse** dul in olcas
to **worship** VERB
adhair *(God)*
■ **He really worships her.** Síleann sé an dúrud di.
worst ADJECTIVE
▷ *see also* **worst** ADVERB, NOUN
1 is measa
□ Maths is my worst subject. Is é an mata an t-ábhar is measa agam. □ my worst enemy an namhaid is measa agam
2 ba mheasa *(in the past)*
□ He got the worst mark in the whole class. Fuair sé an marc ba mheasa sa rang iomlán.
worst ADVERB
▷ *see also* **worst** ADJECTIVE, NOUN
■ **the musician who performs worst** an ceoltóir is measa a sheinneann
worst NOUN
▷ *see also* **worst** ADJECTIVE, ADVERB
■ **the worst** an ceann is measa □ The worst of it is that … Is é an rud is measa ná …
■ **if the worst comes to the worst** má théann an chúis go cnámh na huillinne
worth ADJECTIVE
■ **It's worth …** Is fiú … é. □ It's worth a lot of money. Is fiú cuid mhór airgid é. □ What is it worth? Cad é is fiú é? □ It's worth it. Is fiú é. □ Is it worth it? An fiú é? □ It's not worth it. Ní fiú é.
would VERB
⌇ **LANGUAGE TIP** Use the Irish conditional tense to express what would happen.
□ If you asked him, he would do it. Dá n-iarrfá air dhéanfadh sé é. □ I said I would do it. Dúirt mé go ndéanfainn é.
■ **Would you like a biscuit?** *(offer)* Ar mhaith leat briosca?
■ **Would you close the door please?** *(request)* An ndruidfeá an doras, le do thoil?
■ **It would have been midnight.** An meán oíche a bhí ann is dócha.
■ **I'd like …** Ba mhaith liom … □ I'd like to go to America. Ba mhaith liom dul go Meiriceá. □ Shall we go and see a film? — Yes, I'd like that. An rachaimid chun scannán a fheiceáil? — Rachaidh, ba bhreá liom sin.
wound NOUN
▷ *see also* **wound** VERB
cneá *fem4*

to **wound** VERB
▷ *see also* **wound** NOUN
goin
□ He was wounded in the leg. Goineadh sa chos é.
to **wrap** VERB
fill i bpáipéar
□ She's wrapping her Christmas presents. Tá sí ag filleadh a cuid bronntanas Nollag i bpáipéar.
■ **Can you wrap it for me please?** *(in shop)* An dtiocfadh leat é a fhilleadh, le do thoil?
to **wrap up** VERB
fill i bpáipéar
wrapping paper NOUN
páipéar fillte *masc1*
wreck NOUN
▷ *see also* **wreck** VERB
1 long bhriste *fem2 (ship)*
2 carr scriosta *masc1 (vehicle)*
■ **That car is a wreck!** Tá an carr sin scriosta!
■ **After the exams I was a complete wreck.** Bhí mé traochta i ndiaidh na scrúduithe.
to **wreck** VERB
▷ *see also* **wreck** NOUN
scrios
□ The explosion wrecked the whole house. Scrios an phléasc an teach iomlán. □ The trip was wrecked by bad weather. Scriosadh an turas ag an drochaimsir.
wreckage NOUN
raic *fem2*
wren NOUN
dreoilín *masc4*
wrestler NOUN
coraí *masc4*
wrestling NOUN
iomrascáil *fem3*
■ **all-in wrestling** iliomrascáil
wrinkled ADJECTIVE
roctha
wrist NOUN
caol na láimhe *masc1*
to **write** VERB
scríobh
□ I wrote a letter to my friend. Scríobh mé litir chuig mo chara.
■ **to write to somebody** scríobh chuig duine □ I'm going to write to her in Irish. Tá mé ag dul a scríobh chuici as Gaeilge.
to **write down** VERB
scríobh síos
□ I wrote down the address. Scríobh mé síos

an seoladh. □ Can you write it down for me, please? An dtiocfadh leat é a scríobh síos dom, le do thoil?

writer NOUN

scríbhneoir *masc3*

□ She's a writer. Is scríbhneoir í.

writing NOUN

scríobh *masc3*

□ I can't read your writing. Ní féidir liom do scríobh a léamh.

■ **in writing** i scríbhinn

written VERB ▷ *see* **write**

wrong ADJECTIVE

▷ *see also* **wrong** ADVERB

1 contráilte

□ The information they gave me was wrong. Bhí an t-eolas a thug siad dom contráilte.
□ the wrong answer an freagra contráilte
□ You've got the wrong number. Tá an uimhir chontráilte agat.

■ **to be wrong** *(mistaken)* bheith contráilte
□ You're wrong about that. Tá tú contráilte faoi sin.

2 olc *(morally bad)*

□ I think hunting is wrong. Sílim go bhfuil an tseilg go holc ó thaobh na moraltachta de.

■ **What's wrong?** Cad é atá cearr?

■ **What's wrong with her?** Cad é atá uirthi?

wrong ADVERB

▷ *see also* **wrong** ADJECTIVE

mícheart

□ You've done it wrong. Rinne tú mícheart.

■ **to go wrong** *(plan)* dul amú □ The robbery went wrong and they got caught. D'imigh rud éigin cearr leis an robáil agus gabhadh iad.

wrote VERB ▷ *see* **write**

WWW NOUN *(= World-Wide Web)*

Gréasán Domhanda *masc1*

Xerox® NOUN
▷ *see also* **xerox** VERB
xéaracs *masc4*
to **xerox** VERB
▷ *see also* **xerox** NOUN
xéaracsáil
Xmas NOUN (= *Christmas*)
Nollaig *fem*
X-ray NOUN
▷ *see also* **X-ray** VERB

x-ghathú *masc (photo)*
□ I had to have an X-ray. Bhí orm x-ghathú a fháil.
to **X-ray** VERB
▷ *see also* **X-ray** NOUN
x-ghathaigh
■ **to X-ray something** rud a X-ghathú
□ They X-rayed my arm. D'X-gháthaigh siad mo sciathán.

Yy

yacht NOUN
luamh *masc1*

yard NOUN
1 clós *masc1 (of building)*
□ in the yard **sa chlós**
2 slat *fem2 (measure)*

to **yawn** VERB
déan méanfach

year NOUN
bliain *fem3*
□ this year **i mbliana** □ next year **an bhliain seo chugainn**
■ **last year** anuraidh
■ **to be 8 years old** bheith 8 mbliana d'aois
■ **an eight-year-old child** páiste ocht mbliana
■ **She's in year 11.** Tá sí i mbliain a 11.
■ **He's a first-year.** Tá sé sa chéad bhliain.

to **yell** VERB
lig béic

yellow ADJECTIVE
buí

yes ADVERB

> **LANGUAGE TIP** To answer 'yes' to a question, repeat the verb from the question.

□ Did you sleep well? — Yes. **Ar chodail tú go maith? — Chodail.** □ Will you take me there? — Yes. **An dtabharfaidh tú ansin mé? — Tabharfaidh.**
■ **Yes, can I help you?** Is ea anois, an bhféadaim cuidiú leat?
■ **Yes, I remember it well.** Is ea, is cuimhin liom go maith é. □ Do you like it? — Yes. **An maith leat é? — Is maith.**
■ **More wine? — Yes please.** An mbeidh tuilleadh fíona agat? — Beidh, le do thoil.

yesterday ADVERB
inné
□ yesterday morning **maidin inné**
□ yesterday afternoon **iarnóin inné**

□ yesterday evening **tráthnóna inné** □ all day yesterday **i rith an lae inné**

yet ADVERB
go fóill
□ Have you finished yet? **An bhfuil tú réidh go fóill?** □ It's not finished yet. **Níl sé réidh go fóill.**
■ **as yet** go dtí seo □ There's no news as yet. **Níl scéal ar bith go dtí seo.**

to **yield** VERB (US)
géill slí *(to other traffic)*

yob NOUN
amhsóir *masc3*

yoghurt NOUN
iógart *masc1*

yolk NOUN
buíocán *masc1*

you PRONOUN
1 tú *(singular)*
□ Do you think it's a good idea? **An síleann tú gur smaoineamh maith é?** □ Are you all right? **An bhfuil tú ceart go leor?** □ How old are you? **Cén aois thú?** □ I don't believe you. **Ní chreidim thú.** □ I saw you. **Chonaic mé thú.**

> **LANGUAGE TIP** For emphasis, use **tusa** instead of **tú.**

□ you and me **mise agus tusa**

> **LANGUAGE TIP** **tú** combines with prepositions such as **do** to become **duit**, and with **le** to become **leat**. The preposition used depends on the verb in the sentence.

□ I gave it to you. **Thug mé duit é.** □ Can I help you? **An féidir liom cuidiú leat?** □ I'll help you. **Cuideoidh mé leat.** □ I'll come with you. **Tiocfaidh mé leat.**
■ **It's for you.** Is duitse é.
■ **Fresh air does you good.** Is mór an sochar duit an t-aer glan.
2 sibh *(plural)*
□ You are both wrong. **Tá sibh araon**

contráilte. □ Did you enjoy yourselves at the party? Ar bhain sibh sult as an gcóisir?

◯ **LANGUAGE TIP** For emphasis, use **sibhse** instead of **sibh**.

□ She's younger than you. Is óige í ná sibhse.

■ both of you an bheirt agaibh

young ADJECTIVE

óg

□ young people an t-aos óg

younger ADJECTIVE

níos óige

□ He's younger than me. Tá sé níos óige ná mé. □ my younger brother an deartháir ís óige agam

youngest ADJECTIVE

is óige

□ my youngest brother an deartháir is óige agam □ She's the youngest. Is ise is óige.

your ADJECTIVE

1 do

◯ **LANGUAGE TIP** Use **do** if something belongs to one person.

□ your car do charr □ your bag do mhála

2 bhur

◯ **LANGUAGE TIP** Use **bhur** if something belongs to more than one person.

□ your car bhur gcarr □ your bag bhur mála

yours PRONOUN

1 an ceann seo agatsa *(singular)*

□ It's better than yours. Is fearr é ná an ceann seo agatsa.

■ Whose is this? — It's yours. Cé leis é seo? — Is leatsa é.

2 an ceann seo agaibhse *(plural)*

□ It's better than yours. Is fearr é ná an ceann seo agaibhse.

■ Whose is this? — It's yours. Cé leis é seo? — Is libhse é.

■ a friend of yours 1 *(singular)* cara leat 2 *(plural)* cara libh

yourself PRONOUN

tú féin

□ Have you hurt yourself? Ar ghortaigh tú tú féin?

yourselves PRONOUN

sibh féin

□ Did you make it yourselves? An ndearna sibh féin é?

youth club NOUN

club óige *masc4*

youth hostel NOUN

brú óige *masc4*

Zz

zany ADJECTIVE
  craiceáilte

to **zap** VERB
  scrios *(delete)*

zebra NOUN
  séabra *masc4*

zebra crossing NOUN
  trasrian síogach *masc1*

zero NOUN
  nialas *masc1*

Zimbabwe NOUN
  an tSiombáib *fem2*
  □ in Zimbabwe sa tSiombáib

zinc NOUN
  sinc *fem2*

zip NOUN
  ▷ *see also* **zip** VERB
  sip *fem2*

to **zip** VERB
  ▷ *see also* **zip** NOUN
  1 dún an tsip

2 zipeáil *(file)*

zip code NOUN (US)
  cód poist *masc1*

zip file NOUN
  zipchomhad *masc1*

zipper NOUN (US)
  sip *fem2*

zit NOUN
  goirín *masc4*

zodiac NOUN
  stoidiaca *masc4*
  □ the signs of the zodiac comharthaí na Stoidiaca

zone NOUN
  crios *masc3*

zoo NOUN
  zú *masc4*

zoom lens NOUN
  féithlionsa *masc4*

zucchini NOUN (US)
  cúirséid *masc1 pl*